W0076881

E-Book inside.

Mit folgendem persönlichen Code
können Sie die E-Book-Ausgabe
dieses Buches downloaden.

70189-r65p6-xpw00-
nttn2

Registrieren Sie sich unter
www.hanser-fachbuch.de/ebookinside
und nutzen Sie das E-Book
auf Ihrem Rechner*, Tablet-PC
und E-Book-Reader.

Bleiben Sie auf dem Laufenden!

Unser **Computerbuch-Newsletter** informiert Sie monatlich über neue Bücher und Termine. Profitieren Sie auch von Gewinnspielen und exklusiven Leseproben. Gleich anmelden unter

www.hanser-fachbuch.de/newsletter

Hanser Update ist der IT-Blog des Hanser Verlags mit Beiträgen und Praxistipps von unseren Autoren rund um die Themen Online Marketing, Webentwicklung, Programmierung, Softwareentwicklung sowie IT- und Projektmanagement. Lesen Sie mit und abonnieren Sie unsere News unter

www.hanser-fachbuch.de/update

Klemens Konopasek

SQL Server 2017

Der schnelle Einstieg

HANSER

Der Autor:

Klemens Konopasek, Gössendorf/Graz
klemens@konopasek.at

Bibliografische Information der Deutschen Nationalbibliothek:

Die Deutsche Nationalbibliothek verzeichnet diese Publikation in der Deutschen Nationalbibliografie; detaillierte bibliografische Daten sind im Internet über http://dnb.d-nb.de abrufbar.

© 2018 Carl Hanser Verlag München, www.hanser-fachbuch.de
Lektorat: Sylvia Hasselbach
Copy editing: Walter Saumweber, Ratingen
Umschlagdesign: Marc Müller-Bremer, München, www.rebranding.de
Umschlagrealisation: Stephan Rönigk
Gesamtherstellung: Kösel, Krugzell
Ausstattung patentrechtlich geschützt. Kösel FD 351, Patent-Nr. 0748702
Printed in Germany

Print-ISBN: 978-3-446-44826-1
E-Book-ISBN: 978-3-446-44916-9

Inhalt

Vorwort

Eine neue SQL Server-Version ist da! Dies bedeutet einerseits viel Freude, wieder mit neuen Features Aufgabenstellungen aus der Praxis noch besser lösen zu können, und andererseits aber auch, dass ich mich wieder hinsetzen muss, um dieses Buch für diese neue Version zu schreiben. Aber das mache ich gerne für Sie!

Und da es viele spannende Neuerungen vorzustellen gibt, ist die Seitenanzahl bei dieser Neuauflage ordentlich angestiegen. Sie werden sich vielleicht fragen, ob der Untertitel *Der schnelle Einstieg* zu einem Buch passt, das eine Stärke von über tausend Seiten aufweist. Die Antwort ist: und ob! Denn selbst in unserer schnelllebigen Zeit hat das Attribut *schnell* auch noch andere Bedeutungen als *rasch* oder *kurz*. Schlägt man den Duden auf, findet man unter dem Begriff *schnell* als erstes die beiden Verwendungen *schnellstens* und *so schnell wie möglich* vor. Diese beiden passen perfekt zum Charakter des Buches. Der Microsoft SQL Server ist ein so umfangreiches Produkt, dass ein rascher oder kurzer Einstieg gar nicht möglich sein kann. Ich bin vielmehr bemüht, durch die Auswahl der Themen und die Fokussierung auf in der Praxis relevante Schwerpunkte Sie so zu unterstützen, dass Ihr Einstieg schnellstens und so schnell wie möglich, und damit verbunden auch effizient, erfolgreich und angenehm erfolgen kann.

Der SQL Server 2017 kommt ja in sehr kurzem Abstand nach dem SQL Server 2016. Daher kommen in dieser Ausgabe Neuerungen beider Versionen zum Zug. Soweit es den SQL Server 2017 betrifft, ist die wohl unangefochten größte Neuerungen die Verfügbarkeit unter Linux. Dies ist auf Entwicklungen der letzten Jahre zurückzuführen, die zuvor absolut unvorstellbar und als Paradigmenbruch gegolten haben. So hat Microsoft in den letzten Jahren eine unheimlich umfassende Öffnung zu anderen Systemen vollzogen. Ist man vor einigen Jahren schon glücklich gewesen, wenn man auf einem Apple- oder Android-Smartphone ein Word-, Excel- oder PowerPoint-Dokument irgendwie zum Lesen anzeigen konnte, sind mittlerweile die Office-Anwendungen für viel Plattformen Standard. Mit der Öffnung der Produkte für nicht Windows-Plattformen ist ein Meilenstein in der Microsoft-Geschichte gesetzt worden, bei dem die Funktionalität und der Service im Vordergrund stehen. Parallel dazu sind die Angebote in der Cloud mit Azure derart umfangreich geworden, dass damit viele Anforderungen ohne Abstriche umgesetzt werden können. Gleichzeitig hat sich die Funktionalität und Usability von Web-Oberflächen – stelle man sich an dieser Stelle Office 365 vor – dermaßen verbessert, dass hier kaum noch Abstriche gegenüber einer Windows-Anwendung gemacht werden müssen.

Ende 2016 ist Microsoft Platinum-Mitglied der Linux-Foundation geworden und bekennt sich damit offiziell zu diesem Betriebssystem. Der SQL Server für Linux ist meiner Ansicht nach bislang die Krönung dieser Mitgliedschaft und der zuvor beschriebenen Entwicklungen. Schon davor ist der SQL Server die führende Datenbankplattform unter Windows gewesen, mit der Ausweitung auf Linux wird der Einsatzbereich noch einmal ganz deutlich vergrößert. Die Form der Implementierung ist insbesondere bemerkenswert, als der SQL Server nicht einfach für Linux nachgebaut worden ist. Die codegleiche Basisengine ist über eine neue Abstraktionsschicht auch unter dem freien Betriebssystem lauffähig geworden.

Servervirtualisierung ist unabhängig vom Betriebssystem State of the Art geworden und auch der Weg in die Cloud ist für Datenbanken an der Schwelle zur breiten Anerkennung. Die Virtualisierung und die Cloud sind endgültig auch bei der Datenbank angekommen. Dies hängt auch damit zusammen, dass sich die Virtualisierungsprodukte derart weiterentwickelt haben, dass Vorbehalte speziell für Datenbankserver nicht mehr bestehen. Es gibt es keine Nachteile mehr gegenüber einem physischen Server. Damit ist mit den Datenbanken eine der letzten Virtualisierungslücken bereits geschlossen. Ausnahmslos alle SQL Server bei meinen Kunden sind längst virtualisierte Server. Anwendungen in die Cloud auszulagern verliert langsam an Schrecken und Vorbehalte verschwinden. Mit dem Inkrafttreten der europäischen Datenschutzgrundverordnung (DSGVO) im Mai 2018 ist es besonders wichtig, dass die großen Cloud-Anbieter europäische Serverstandorte anbieten und die hundertprozentige Datenhaltung in Europa garantieren können.

Mit Windows Azure SQL-Datenbank steht eine einfach zu verwendende und leistungsstarke Cloud-Plattform für den SQL Server zur Verfügung, der Unternehmen den Betrieb eines Datenbankservers in kostengünstiger und effizienter Form ermöglicht. Um Themen wie Verfügbarkeit, Hardware und Skalierbarkeit müssen Sie sich dann keine Gedanken machen. Die Themen Virtualisierung und Cloud trennen die Entscheidungen für eine neue Server-Hardware und das Update der Datenbankversion voneinander. Ist der Umstieg auf eine neue Datenbankversion in der Vergangenheit mit dem Tausch der Server-Hardware einhergegangen, kann aufgrund der beschriebenen Entwicklungen ein Umstieg wesentlich zügiger vonstattengehen. Sie müssen nicht so lange auf den Einsatz der tollen neuen Features warten.

Die Neuerungen

Die Neuerungen des SQL Server 2016/2017 gegenüber ihrer Vorversion sind im Bereich der Datenbankengine auf mehrere Schwerpunkte fokussiert. Daten unter dem Schlagwort „In-Memory OLTP" zur Gänze im Arbeitsspeicher zu halten ist als Feature ganz enorm verbessert worden, temporale Tabellen ermöglichen das Abfragen der Daten und deren Veränderung über die Zeit und die Datensicherheit steigt mit der Verschlüsselung von Daten und der Möglichkeit, Zugriffe auf Datensatzebene zu steuern. Zusätzlich bekommt der SQL Server 2017 mit dem SQL Server Management Studio 17 eine neue Version, welche auch die Nutzung des SQL Server unter Linux unterstützt. Auch wenn die altbekannten Clientprogramme auf Windows beschränkt bleiben, drängen neue Werkzeuge nach, die auch unter Linux und MacOS verfügbar sind. Diese sind das Visual Studio Code, das SQL Operations Studio und das Kommandozeilentool mssql-cli.

Verbesserte Werkzeuge für die Entwicklung unterstützen die Arbeit in einheitlicher Form für alle Plattformen. Die einheitliche Entwicklungsoberfläche stellt eines der Schwerpunktthemen dar. Die Bereiche Datenbank- und Anwendungsentwicklung wachsen immer näher zusammen. Sehen Sie sich das an, Sie werden sicher auch begeistert sein.

Für wen ist das Buch gedacht

Dieses Buch richtet sich an all diejenigen, die sich in SQL Server 2017 einarbeiten möchten. Es sind nicht nur Einsteiger in dieses Thema und dieses Produkt, sondern auch Umsteiger von MS Access und Softwareentwickler, die Datenbankkenntnisse für die Umsetzung ihrer Projekte benötigen. Das Buch ist bemüht, aus der Vielzahl an Möglichkeiten jene Themen herauszufiltern, die für das Arbeiten mit dem Produkt besonders wichtig sind und am häufigsten in der Praxis benötigt werden. Insofern habe ich für Sie mit der Auswahl der Inhalte eine Vorentscheidung getroffen, die Ihnen durch die Konzentration auf das Wesentliche den schnellen Einstieg erleichtern soll. Mit den in diesem Buch vermittelten Kenntnissen werden Sie in die Lage versetzt, effizient und umfassend mit dem neuen SQL Server zu arbeiten. Auch Umsteiger von früheren SQL Server-Versionen werden hier wertvolle Informationen für ihre weitere Arbeit mit dem Produkt finden. Schließlich sind nicht nur neue Features hinzugekommen, auch so manche altbekannte Funktionalität ist nun an einer anderen Stelle und manchmal unter einem neuen Namen anzutreffen. Dies ist vor allem für viele, die eine oder mehrere Versionen des SQL Servers übersprungen haben, eine wertvolle Hilfe.

Unter der Systemumgebung Windows hat der SQL Server mittlerweile die absolute Marktführerschaft bei Client-Server-Datenbanken erlangt. Ein großer Vorteil ist: Um auch anspruchsvolle Anwendungen zu realisieren, kann ein und dasselbe Datenbankmodul des SQL Servers plattformübergreifend verwendet werden: angefangen bei Notebooks unter Microsoft Windows 10 bis hin zu großen Multiprozessor-Servern unter Microsoft Windows Server 2016 Datacenter Edition. Mit dem SQL Server 2017 für Linux fällt für viele ein letzter Nachteil für den SQL Server bei der Auswahl eines Datenbanksystems weg.

Aufbau des Buches

Die Abschnitte des Buches sind so aufgebaut, dass Sie direkt an Ihrem Computer arbeiten und die Anwendungen unmittelbar durch Nutzung des SQL Servers ausprobieren und realisieren können. Zum Aufbau des Buches im Einzelnen:

Im **ersten Kapitel** gebe ich Ihnen einen Einstieg in die Leistungsmerkmale und Anwendungspotenziale des SQL Server 2017. Neben der Vorstellung der Editionen sowie der Erläuterung der Vorgehensweise zur Installation erfahren Sie, welche Voraussetzungen Ihr System für den Einsatz von SQL Server 2017 erfüllen muss.

Im **zweiten Kapitel** lernen Sie die Tools kennen, mit denen Sie auf den SQL Server zugreifen können. Sie benötigen diese, um den SQL Server zu verwalten und auf ihm Datenbanken zu erstellen, aber auch um mit ihm Anwendungen optimal entwickeln zu können. Hier kommen Sie erstmals mit dem SQL Server Management Studio in Kontakt, welches das wichtigste dieser Tools ist und sowohl für die Programmierung als auch die Administration eingesetzt wird.

Das **dritte Kapitel** befasst sich mit der Erstellung einer Datenbank, dem Anlegen von Tabellen und dem Einrichten von Beziehungen. Sie erfahren dabei, aus welchen Komponenten eine SQL Server-Datenbank besteht, und lernen gleichzeitig, Datenintegrität durch den Einsatz von Constraints zu implementieren. Der Einsatz von Datenbankdiagrammen, die nicht nur zum Erstellen von Tabellen und Beziehungen dienen, sondern auch ein ideales Tool zur Dokumentation einer Datenbank sind, wird ebenso beschrieben. Die FileTables kommen in diesem Kapitel auch nicht zu kurz. Kopieren Sie Dateien in einen Ordner auf einem Netz-werk-Share, und schon tauchen diese automatisch wie von Geisterhand in der Datenbank auf.

Im Regelfall wollen Sie nicht ausschließlich Daten in eine Datenbank einpflegen, sondern natürlich Informationen auch wieder aus dem System entnehmen. Zu diesem Zweck erfah-ren Sie im **vierten Kapitel**, wie Sie effizient durch den Einsatz von Abfragen, Sichten und SQL-Anweisungen auf Daten zugreifen. Sie erhalten dabei auch einen kompakten Überblick über die wichtigen Sprachbereiche und Anweisungen von SQL (Structured Query Language).

Kapitel 5 bietet Ihnen einen Überblick über die Datenbanksprache Transact-SQL, die Ihnen sowohl bei der Datenbankprogrammierung als auch bei der Verwaltung von Datenbanken wertvolle Dienste leistet. So können alle Aufgaben, die Sie mit einem grafischen Verwal-tungstool erledigen, auch direkt über diese Sprache realisiert werden. Dadurch können Sie solche Aufgaben in Ihre Applikationen einbauen oder sich Ihre eigenen Verwaltungstools zusammenstellen. Dieses Kapitel erläutert Ihnen die Sprachkomponenten und die dabei verwendeten Strukturen. In der Übersicht der wichtigsten Funktion finden Sie auch jene, die beim SQL Server 2017 neu hinzugekommen sind.

Nach der allgemeinen Einführung in Transact-SQL lesen Sie in **Kapitel 6**, wie Sie diese Sprache zur Programmierung von gespeicherten Prozeduren (Stored Procedures) einsetzen. Durch den gezielten Einsatz solcher Prozeduren bilden Sie die datenbezogenen Vorgänge Ihrer Datenbankapplikation auf dem Server ab. Diese müssen dann von den verschiedenen Client-Programmen nur noch aufgerufen werden. So realisieren Sie effiziente Client-Server-Applikationen.

Transact-SQL wird aber auch zur Programmierung von Triggern verwendet, die es Ihnen erlauben, Automatismen in Ihre Datenbank zu integrieren, die auf das Einfügen, Ändern und Löschen von Datensätzen reagieren. Besonders interessant für die Praxis sind mittler-weile auch Datenbanktrigger, mit denen Sie sowohl Änderungen an der Datenbankstruktur überwachen als auch bei Bedarf unterbinden können. Des Weiteren lernen Sie die benutzer-definierten Funktionen (User-Defined Functions, UDFs) kennen. Diese Funktionen können im Gegensatz zu gespeicherten Prozeduren auch in SQL-Anweisungen eingesetzt werden und erweitern dadurch den Einsatzbereich in der Programmierung von Transact-SQL. Sie können sie darüber hinaus auch verwenden, um die Standardfunktionen vom SQL Server zu erweitern.

Das **Kapitel 7** beschäftigt sich mit dem Thema .NET im Zusammenhang mit dem SQL Ser-ver. Sie lesen hier nicht nur, wie Sie Prozeduren, Funktionen und Trigger mit einer .NET-Programmiersprache für die SQL Server CLR (Common Language Runtime) entwickeln, sondern auch, wie Sie Aggregatfunktionen selbst programmieren. Diese stehen Ihnen dann innerhalb von SQL-Anweisungen wie andere Aggregatfunktionen zur Verfügung. Ein wesentliches Augenmerk habe ich dabei auf die neuen Sicherheitsanforderungen, die für das Ausführen von CLR-Code ab dem SQL Server 2017 erfüllt sein müssen, gelegt. Lesen Sie dazu in diesem Kapitel, wie Sie Ihren Programmcode mit Zertifikaten signieren.

Die Server Management Objects (SMO), mit denen Sie auf so gut wie alle Funktionalitäten des SQL Servers programmatischen Zugriff haben, runden das Kapitel ab. Durch die SQL Server Data Tools wird die Programmierung für die SQL Server CLR interessant, da dazu ein extrem leistungsstarkes und dazu noch freies Werkzeug verwendet werden kann.

Die SQL Server Data Tools revolutionieren für Entwickler die Arbeit mit der Datenbank. Daher sind sie es mir wert, gemeinsam mit den Datenebenenanwendungen in **Kapitel 8** behandelt zu werden. Datenebenenanwendungen, oder Data Tier Applications, wie sie im Original genannt werden, sind mittlerweile schon fast schon integraler Bestandteil für viele Phasen der Datenbankentwicklung. Sie sind das Werkzeug, um Datenbanken auszurollen und Aktualisierungen und Versionierung zu organisieren. Sie sind in die SQL Server Data Tools fest integriert. Die Data Tools sind ein Werkzeug, mit dem es für Programmierer möglich ist, unter dem Dach des Visual Studios mit einem Werkzeug alle Entwicklungsaufgaben von der Datenbank bis zum Frontend zu erledigen.

Da Sie von einer Datenbank nicht viel haben, wenn Ihre wertvollen Daten nicht sicher sind, erfahren Sie in **Kapitel 9**, wie Sie eine SQL Server-Datenbank regelmäßig sichern und im Ernstfall auch wiederherstellen können. Datenbanksicherungen haben ihre Bedeutung aber nicht nur in einem Störfall, sondern sind auch in der täglichen Arbeit mit der Datenbank wichtig, weil sie zum Beispiel auch dafür verwendet werden, eine Datenbank von einem Server auf einen anderen zu übertragen. Besonders begeistert bin ich von den temporalen Tabellen, die ohne Programmieraufwand Veränderungen der Daten über die Zeit verfügbar machen.

In **Kapitel 10** finden Sie alle Informationen, die Sie für die Herstellung der Sicherheit Ihrer Datenbank benötigen. Sie lesen in diesem Kapitel, wie Sie auf Ihrem SQL Server Benutzer anlegen und diesen verschiedene Berechtigungen zuweisen. Sie erfahren, wie Sie Contained Databases einsetzen und nutzen können. Lesen Sie in diesem Kapitel auch, wie Sie den Zugriff auf Zeilenebene einschränken und Ihre Daten mit Always Encrypted verschlüsseln können. Damit können Sie den Anforderungen der europäischen Datenschutzgrundverordnung (DSGVO) mit dem SQL Server noch besser gerecht werden.

In **Kapitel 11** erläutere ich Ihnen zwei erweiterte Funktionalitäten, die Ihnen ergänzend zur Verfügung stehen, falls Sie nicht die Gratis-Edition des SQL Servers 2017 verwenden. Ich stelle Ihnen hierbei Datenbank-E-Mail sowie die Integration Services etwas genauer vor.

In **Kapitel 12** zeige ich Ihnen am Beispiel von Ubutu, wie Sie einen SQL Server unter Linux installieren und einsetzen.

Mit diesem Buch lernen Sie anhand von problembezogenen Aufgabenstellungen in anschaulicher und systematischer Form die zahlreichen Möglichkeiten des SQL Server 2017 für die Datenbankentwicklung kennen. Das Buch eignet sich sowohl zum Selbststudium als auch als begleitende Unterlage für Schulungen.

www.downloads.hanser.de
Hier finden Sie sämtliche Dateien aller im Buch verwendeten Beispiele. Diese enthalten u. a. die Beispiel-Datenbanken, SQL-Skripte zu jedem Kapitel sowie Visual Studio-Projekte.

Ich möchte mich an dieser Stelle bei meinem Dreimäderlhaus – Petra, Alina und Lea – für ihre immense Gedulcd bedanken.

Und nun viel Erfolg beim schnellen Einstieg in die Arbeit mit dem SQL Server 2017.

Klemens Konopasek, Gössendorf/Graz

Icons

In diesem Buch werden verschiedene Icons verwendet, deren Bedeutung Sie hier finden.

 HINWEIS: Mit diesem Symbol soll auf interessante Informationen besonders hingewiesen werden.

 PRAXISTIPP: Mit diesem Symbol sind Informationen gekennzeichnet, mit denen Sie sich das Leben leichter machen können.

 ACHTUNG! Sehen Sie dieses Icon, finden Sie Informationen, wie Sie etwas nicht machen oder worauf Sie ein ganz besonderes Augenmerk legen sollten.

1 Der SQL Server 2017 stellt sich vor

Der SQL Server 2017 ist da – wieder eine tolle neue Version. Auch wenn diese Version sehr rasch nach dem SQL Server 2016 erschienen ist, der als Hauptrelease bezeichnet wird, ist der SQL Server 2017 als vermeintliche Zwischenversion alles andere als unbedeutend. Während der Entwicklung als SQL Server vNext bezeichnet, ist es doch erstmals in der Geschichte des MS SQL Server soweit, dass dieser neben Windows auch für Linux als Betriebssystem verfügbar ist. Und das ist eine echte Revolution. Da diese Versionen so rasch aufeinanderfolgen, gehe ich in dieser Auflage auch auf Features ein, die mit dem SQL Server 2016 eingeführt worden sind.

Ich bin von den Neuerungen der Versionen 2016 und 2017 begeistert und ertappe mich immer wieder, wenn ich bei einem Kunden noch eine der Vorversionen vorfinde, bei dem Gedanken: „Oje, jetzt muss ich wieder auf dieses und jenes verzichten." Mein persönliches Highlight ist die stark verbesserte Möglichkeit, Tabellen einer Datenbank im Arbeitsspeicher zu halten. Sehr spannend finde ich auch die neuen Sicherheitsfunktionen. Wird die Version 2016 von Microsoft selbst doch als das „Performance und Sicherheits-Release" bezeichnet. Und nun ist dies alles mit dem SQL Server 2017 auch für Linux verfügbar. Viele vermeintliche kleinere Features sind aber groß in der Auswirkung, so ist für Entwickler die native Unterstützung von JSON von großer Bedeutung.

Ich hoffe, auch Sie gehen mit Freude an den SQL Server 2017 und an dieses Buch heran!

Im ersten Kapitel möchte ich Ihnen einen Überblick über das Produkt und seine Komponenten geben. Anschließend stelle ich Ihnen die Editionen vor, in denen der SQL Server 2017 verfügbar ist, und zeige Ihnen, wie Sie bei der Installation vorgehen. Darüber hinaus werden Sie erfahren, wie Sie mit dem SQL Server 2017 arbeiten, um vorhandene Datenbanken und darin enthaltene Datenbankobjekte zu nutzen. Ebenso zeige ich Ihnen, wie eine Integration zu Client-Umgebungen erfolgen kann. Den Abschluss dieses Kapitels bilden die Besonderheiten der freien Express-Version.

◼ 1.1 SQL Server – wer ist das?

Eigentlich wollte ich diesen Abschnitt ursprünglich mit „SQL Server – was ist das?" betiteln. Aber das kam mir dann so plump vor, dass ich das „was" durch ein „wer" ersetzt habe. Dies klingt besser, auch wenn ich den SQL Server dadurch nicht personifizieren will.

1.1.1 Der SQL Server im Konzert der Datenbanksysteme

Wenn wir heutzutage von einer Datenbank sprechen, meinen wir in der Regel – ohne dies explizit zu erwähnen – eine relationale Datenbank. Andere Datenbanksysteme, wie zum Beispiel objektorientierte Datenbanken, konnten sich nie wirklich auf breiter Front durchsetzen oder haben ihre beste Zeit bereits hinter sich. Neue moderne Ansätze, die sich unter dem Begriff NoSQL finden, sind für sehr spezielle Anwendungsbereiche ausgerichtet und zielen darauf ab, relationale Datenbanken zu verdrängen oder gar zu ersetzen. Vielmehr wollen sie eine Ergänzung in Nischenbereichen sein, für die relationale Strukturen nicht die ideale Form sind. Daher steht das *No* auch nicht für *kein*, sondern für *not only*. Vielfach kommen diese auch aufs Tapet, wenn von Big Data die Rede ist. Microsoft trägt dem durch die Möglichkeit von hybriden Lösungen mit Hadoop oder R Server Rechnung.

HINWEIS: Relationale Datenbanksysteme entwickeln sich in die Richtung weiter, dass wichtige Features aus dem nicht-relationalen Bereich als Zusätze in die Produkte integriert werden. So bietet der SQL Server 2017 als neues Feature erstmals die Unterstützung von Graph-Daten, eine wichtige Datenart bei NoSQL-Systemen.

Beim „schnellen Einstieg in den SQL Server" gehen wir von relationalen Datenbanksystemen aus und unterteilen diese in

- *Desktop-Datenbanksysteme* und
- *Server-Datenbanksysteme.*

Eine Datenbankanwendung besteht aus drei Komponenten:

- *Data Layer:* Der Data Layer hat die Aufgabe, Daten zu verwalten und zu speichern. Hier werden außerdem die Strukturen der Datenspeicherung definiert. Diese Aufgabe wird von der Datenbank-Engine wahrgenommen.
- *Program Layer:* Im Program Layer werden die Logiken und Abläufe des Datenzugriffs abgebildet. Hier kommen unterschiedliche Entwicklungsumgebungen zum Einsatz.
- *Presentation Layer:* Aufgabe des Presentation Layers ist es, Ausgaben aus der Datenbank darzustellen. Hierzu gehören insbesondere Benutzeroberflächen und Frontend-Komponenten, mit denen der Benutzer interagiert.

Das Hauptmerkmal eines Desktop-Datenbanksystems besteht darin, dass alle drei Komponenten auf dem Desktop anzutreffen sind. Insbesondere läuft auch die Datenbank-Engine auf dem Desktop. Werden Datenbanken eines desktopbasierten Systems auf dem Server abgelegt, wird vom Server lediglich der File-Service genutzt, um die Daten remote zur Verfügung zu stellen.

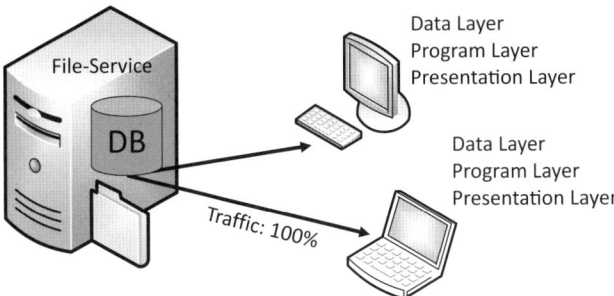

Bild 1.1 Konzept von Desktop-Datenbanken

Ein wesentliches Merkmal eines desktopbasierten Datenbanksystems ist, dass alle datenbankrelevanten Vorgänge auf dem Client ablaufen. Dazu müssen alle Daten vom Server auf den Client transferiert werden, damit die Daten von der lokalen Datenbank-Engine verarbeitet werden können.

Server-Datenbanksysteme hingegen verwenden eine Datenbank-Engine auf dem Server. Von den Clients werden Anfragen an diesen Dienst gestellt, die auf dem Server verarbeitet werden. Dadurch werden nicht alle Rohdaten, sondern nur die Ergebnisse der Anfrage an den Client gesendet. Es findet sozusagen eine Spezialisierung der Aufgaben der Datenverwaltung auf dem Server statt.

In der Abbildung ist der *Program Layer* beiden Komponenten zugeordnet, da Elemente von diesem auch in beiden Komponenten auftreten können. Wir werden später in diesem Buch zwischen serverseitiger und clientseitiger Datenbankprogrammierung unterscheiden.

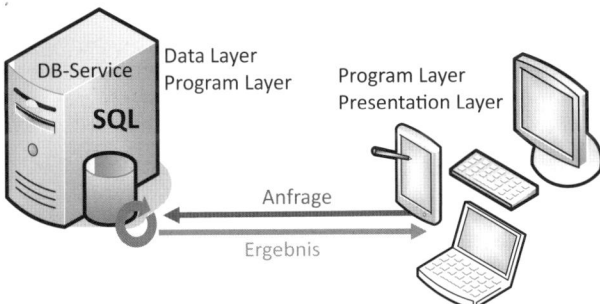

Bild 1.2 Konzept von Server-Datenbanksystemen

In der Kategorie der Desktop-Datenbanksysteme ist vor allem Microsoft Access weit verbreitet. Der SQL Server ist auch als Desktop-Datenbanksystem mit der *LocalDB* genannten Edition vertreten. Diese kann in lokal installierte Anwendungen integriert und weitergegeben werden und ist daher vor allem bei Visual Studio-Entwicklern bekannt. Ebenso in diese Kategorie einzuordnen ist SQLite, die als Embedded-DB ebenso in unzählige Anwendungen lokal integriert ist.

In der Kategorie der Server-Datenbanksysteme sind neben dem Microsoft SQL Server vor allem folgende Produkte von Bedeutung:

- Oracle
- DB2 von IBM
- SAP ASE (früher Adaptive Server Enterprise von Sybase, noch früher Sybase SQL Server)

Als Open-Source-Datenbanksysteme sind zusätzlich von Bedeutung:

- PostgreSQL
- MySQL/MariaDB

Der SQL Server ist das führende serverbasierte Datenbanksystem auf Windows-Plattformen. Bisher sind ja nur die anderen genannten Systeme auch für diverse andere Plattformen verfügbar gewesen.

 HINWEIS: Der SQL Server 2017 ist erstmals für Linux verfügbar. Dies läutet einerseits eine neue Ära für den SQL Server ein, andererseits ist das die logische Konsequenz der generell von Microsoft vollzogenen Öffnung der letzten Jahre zu anderen Systemen. Wie weit der SQL Server auch auf diesen Plattformen eine bedeutende Stellung erhalten wird, wird die Zukunft zeigen.

Informationen über den SQL Server 2017 für Linux finden Sie in Kapitel 12.

ACID – das Konsistenzmodell relationaler Datenbanken

Relationale Datenbanken verwenden das Konsistenzmodell ACID. Bei diesem Modell steht die Datenkonsistenz absolut im Vordergrund und ist somit die oberste Maxime. Wenn wir uns die vier Säulen dieses Modells ansehen, werden wir feststellen, dass die Forderungen dieses Modells bei relationalen Desktop-Datenbanken wie Microsoft Access allerdings nicht erfüllt sind. Bei serverbasierten Datenbanken wie dem Microsoft SQL Server sind sie natürlich erfüllt. Die vier Säulen dieses Konsistenzmodells zeigt Bild 1.3.

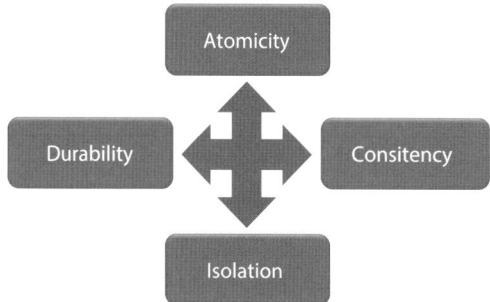

Bild 1.3 Das ACID-Konsistenzmodell

Was bedeuten diese Begriffe im Einzelnen und durch welche Mechanismen werden sie umgesetzt?

- **A – Atomicity:** Zusammenhängende Vorgänge werden entweder zur Gänze oder gar nicht durchgeführt. Gehören mehrere Schreibzugriffe zu einem gemeinsamen Vorgang, werden alle Änderungen erst übernommen, wenn auch der letzte Teilschritt erfolgreich abgeschlossen worden ist. Ist dies aus welchem Grund auch immer nicht möglich, müssen alle bisher vorgenommenen Schritte vollständig wieder rückgängig gemacht werden. Das Werkzeug, um diese Vorgabe zu erreichen, sind *Transaktionen*.

- **C – Consistency:** Die Vorgabe der Konsistenzerhaltung legt fest, dass der Übergang von einem konsistenten Zustand immer nur in einen anderen konsistenten Zustand erfolgen darf. Daten müssen also immer in einem vollständigen Zustand vorliegen, es darf nie Verweise auf nicht vorhandene Daten geben. Die *Referenzielle Integrität* sorgt dafür, dass dieses Ziel erreicht wird.

- **I – Isolation:** Die Forderung der Isolation besagt, dass alle Vorgänge von anderen unbeeinflusst abgegrenzt ablaufen dürfen. Die gleichen Daten können nie zeitgleich von mehreren Personen oder Prozessen geändert werden. Solange Änderungen nicht abgeschlossen sind, sind die betroffenen Daten zumindest für den Schreibzugriff für andere gesperrt. Die Änderungen sind für den Durchführenden sofort sichtbar, für alle anderen erst nach Abschluss des Vorgangs. Auch dafür sind *Transaktionen* zuständig.

- **D – Durability:** Unter der Dauerhaftigkeit versteht man, dass Daten, die einmal festgeschrieben worden sind, dauerhaft verfügbar sind und auch Strom- und andere Systemausfälle überstehen. Dieses Ziel kann durch den Einsatz von *Protokollierung* erfolgen.

Die erwähnten Mechanismen Transaktion, referenzielle Integrität und Protokollierung werden Sie in den entsprechenden Kapiteln dieses Buches im Detail erläutert finden. Besonders interessant ist ACID im Zusammenhang mit den speicheroptimierten Tabellen, die im RAM des Servers gehalten werden. Auf den ersten Blick würde man vermuten, dass diese vor allem im Hinblick auf die Dauerhaftigkeit problematisch sind. Allerdings werden Sie lesen, dass diese Tabellen über eine entsprechende Option bei der Erstellung auch ACID-konform eingesetzt werden können. Dies wird durch das zusätzliche Ablegen der Daten auf den Disks erzielt.

1.1.2 Entscheidungsszenarien für Datenbanksysteme

Wenn Sie vor der Entscheidung stehen, ein Datenbanksystem auszuwählen, gilt es, verschiedene Gesichtspunkte zu berücksichtigen. Ich möchte Ihnen in einem kurzen Überblick die aus meiner Sicht wichtigsten Entscheidungsgründe nennen.

- *Preis (TCO)*: Bei der Betrachtung der Kosten werden häufig fälschlicherweise lediglich die direkten Lizenzkosten angesetzt. Wesentlich zielführender wäre es allerdings, den Ansatz *TCO (Total Cost of Ownership)* zu wählen; denn neben den Lizenzkosten fallen zum Beispiel auch die folgenden Kosten an:
  - Kosten für Hardware
  - Kosten für Schulungen. Hierbei ist auch die Anzahl der zu schulenden Personen zu berücksichtigen. Sollen viele Personen mit einem System umgehen können oder sollen es Spezialisten für Sie erledigen?

- Kosten aufgrund von Ineffizienz, da Personen, ohne entsprechend geschult zu sein, sich statt mit ihrer eigentlichen Arbeit mit Lösungen im Desktopbereich beschäftigen.

Man kann hier keine generelle Empfehlung für ein desktop- oder serverbasiertes System aussprechen. Dies muss in der speziellen Situation beurteilt und entschieden werden.

- *Datenmenge*: Serverbasierte Systeme sind in der Lage, wesentlich größere Datenmengen zu speichern und effizienter zu verwalten als desktopbasierte Systeme.

- *Benutzeranzahl*: Nicht nur die theoretische Benutzeranzahl ist bei Serversystemen höher. Können bei Access beispielsweise theoretisch 255 Benutzer gleichzeitig auf eine Datenbank zugreifen, würde ich die tatsächliche Grenze mit 20 bis 30 gleichzeitig angemeldeten Benutzern schon als hoch angesetzt sehen. Dies ist aus der Topologie leicht zu erklären. Stellen Sie sich vor, in einem Lokal würden sich alle Kellner um einen Zapfhahn scharen und versuchen, Bier zu zapfen. Das entspricht der Logik eines Desktopsystems. Wesentlich effizienter wäre es, nur eine Person an den Zapfhahn zu stellen, die Bestellungen bearbeitet und die gezapften Biere dann an alle Kellner verteilt. Dies würde ungefähr einem serverbasierten Datenbanksystem entsprechen. Wahrscheinlich werden bei der zweiten Variante mehr Biere in der gleichen Zeit in durstigen Kehlen landen. Daher sehe ich hier klare Vorteile für ein serverbasiertes System.

- *Portabilität*: Eine Desktop-Datenbank, die oft aus einer einzigen Datei besteht, kann sehr leicht beispielsweise auf ein Notebook transferiert werden. Dies funktioniert bei einem serverbasierten System nicht so ohne Weiteres. Ersetzt man allerdings den Begriff Portabilität durch *Zugriff von überall*, könnte man darunter verstehen, auf eine Datenbank remote über eine Webapplikation zuzugreifen. Dafür wäre wiederum eine Serverdatenbank besser geeignet.

- *Flexibilität*: Eine besondere Stärke eines Desktop-Datenbanksystems liegt in der Flexibilität und Einfachheit der Anwendung. Daher wird es gerne verwendet für:
  - Auswertungen (zum Beispiel werden häufig von großen Server-Datenbanksystemen Daten importiert und danach in einem Desktop-Datenbanksystem ausgewertet),
  - Prototyping oder
  - Klein- und Kleinstlösungen.

- *Transaktionen*: Transaktionen sind für konsistente Daten unerlässlich. In der Regel werden diese nur von serverbasierten Systemen geboten.

- *Sicherheit*: Sicherheit ist unter zwei Gesichtspunkten zu betrachten.
  - Die *Zugriffssicherheit* legt fest, wer mit welchen Daten was tun darf.
  - Die *Datensicherheit* legt fest, wie sicher Daten vor Verlust geschützt sind.

In beiden Bereichen liegen die Vorteile ganz klar und eindeutig bei Server-Datenbanksystemen, die hierzu spezielle Features anbieten.

- *Backup und Recovery*: Server-Datenbanksysteme ermöglichen Sicherungen im Vollbetrieb und häufig auch das verlustfreie Wiederherstellen exakt bis zum Zustand vor einem Crash. Dies gilt nicht für eine Desktop-Datenbank, bei der diese zunächst alle Anwender verlassen müssen.

- *Netzlast*: Aufgrund der Topologie, dass nur das Ergebnis einer Anfrage vom Server an den Client übertragen wird, der diese Daten dann anzeigt und verarbeitet, können serverbasierte Systeme auch über schwächere Leitungen performant betrieben werden. Eine vorgegebene Bandbreite erlaubt eine größere Anzahl an Benutzern.

- *Stabilität und Verfügbarkeit*: Serversysteme verfügen über Mechanismen, welche die Verfügbarkeit der Datenbank nach dem Prinzip 24-7-365 (24 Stunden am Tag, 7 Tage die Woche und 365 Tage im Jahr verfügbar) ermöglichen.

- *Skalierbarkeit*: Durch den Einsatz unterschiedlicher Editionen ermöglichen Server-Datenbanken ein stufenloses Skalieren einer Lösung von einer kleinen Abteilungslösung bis hin zu Konzernlösungen.

Analysieren Sie Ihre Anforderungen an ein Datenbanksystem anhand dieser Kriterien und treffen Sie dann Ihre Entscheidung.

HINWEIS: Der Microsoft SQL Server bietet ein professionelles Server-Datenbanksystem zu einem vergleichsweise günstigen Preis. Mit den Editionen von Express bis Enterprise werden alle Bedürfnisse bedient; daneben erlauben sie ein uneingeschränktes Wachsen der Datenbank. Bereits ab der Express Edition können Sie die Vorteile von Sicherheit, Stabilität, Transaktionen und geringer Netzlast nutzen. Zudem ist Microsoft SQL Server ein Tool, das einfach und flexibel in der Handhabung ist wie kaum ein vergleichbares System. Außerdem sind in den letzten Versionen immer mehr Features, die nur in lizenzierten Editionen verfügbar gewesen sind, auch in die Express Edition integriert worden. Neue Features wie temporale Tabellen sind beispielsweise von Beginn an auch in der Express Edition verfügbar.

Wenn Sie sich nicht mit der Konfiguration und Wartung des SQL Servers selber auseinandersetzen möchten, können Sie den SQL Server auch in der Cloud mit Azure DB nutzen. Achten Sie aber aufgrund der Europäischen Datenschutzgrundverordnung (DSGV) darauf, dass Ihre Daten dabei stets ausschließlich in einem Rechenzentrum innerhalb der EU gehostet werden.

1.1.3 Komponenten einer Datenbankanwendung

In der Praxis benötigen Sie keine Datenbank, sondern eine Datenbankanwendung. Auch wenn die Datenbank als „Motor" einer Anwendung oft die wichtigste Komponente darstellt, ist ein Motor ohne ein Chassis oft nur wenig von Nutzen. Das Chassis ist die Anwendung, die aus einer Datenbank eine Datenbankanwendung macht. Eine Anwendung wird mit einer Entwicklungsumgebung erstellt und greift über standardisierte Schnittstellen mithilfe von SQL auf ein Datenbanksystem zu. Einen Überblick über einsetzbare Programmiersprachen und Schnittstellen zeigt Bild 1.4.

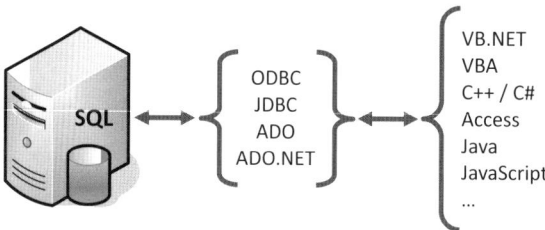

Bild 1.4 Zugriff auf eine Datenbank über Standardschnittstellen

Eine Datenbankanwendung besteht in der Regel aus folgenden Komponenten:

- Datenbankmanagementsystem als Backend für die Verwaltung der Daten
- User-Interface als Frontend für die Bedienung der Anwendung
- Server- und/oder clientseitige Programmierung für die Abbildung von Logiken

Bild 1.5 zeigt eine schematische Darstellung der einzelnen Komponenten und ihr Zusammenspiel.

 HINWEIS: Der SQL Server übernimmt in diesem Szenario die Rolle des Datenbankmanagementsystems, auf das mithilfe der Abfragesprache SQL über standardisierte Schnittstellen zugegriffen wird. Für performante Lösungen ergänzt serverseitige Programmierung mittels Transact-SQL und .NET die Datenbankentwicklung mit dem SQL Server. ■

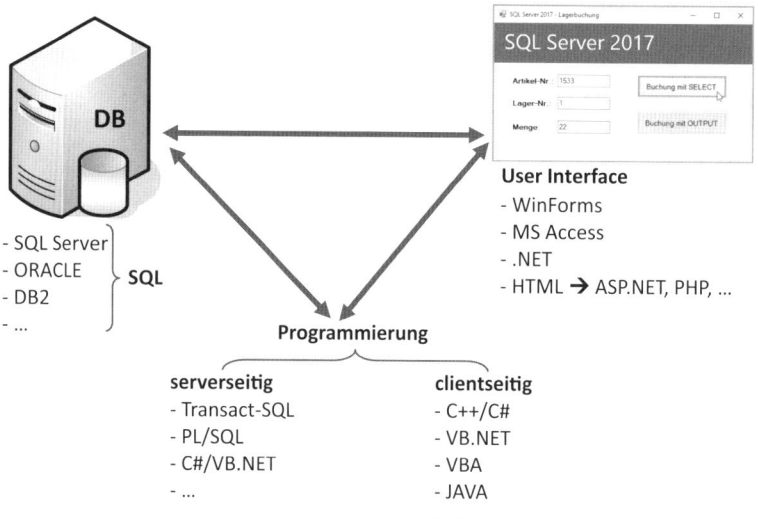

Bild 1.5 Datenbankanwendung und ihre Bestandteile

So lernen Sie den SQL Server in diesem Buch kennen:

- Den SQL Server installieren und konfigurieren
- Datenbanken und Datenbankobjekte mit dem SQL Server erstellen
- Den Zugriff auf Daten mit der Structured Query Language (SQL) vollziehen
- Serverseitig mit Transact-SQL und .NET programmieren
- Die Benutzerverwaltung zur Vergabe von Berechtigungen nutzen
- Sicherung und Wiederherstellung von Datenbanken durchführen
- Erweiterte Features einsetzen

Programmierung im Frontend und Backend

In einer Datenbankanwendung kann sowohl eine Programmierung im Frontend als auch im Backend erfolgen. Im Frontend müssen sämtliche Vorgänge im Zusammenhang mit der Benutzerführung programmiert werden. Manche Vorgänge können aber wahlweise im Frontend oder im Backend programmiert werden. Dies sind vor allem Vorgänge mit Datenbezug.

Die beiden nachfolgenden Abbildungen zeigen die Unterschiede beim Programmablauf von Programmcode, der auf dem Client oder auf dem Server läuft.

Bei clientseitiger Programmierung ist die gesamte Programmlogik im Frontend untergebracht. Werden im Ablauf Informationen aus der Datenbank benötigt oder sind Daten in die Datenbank zu schreiben, werden SQL-Anweisungen zum Datenbankserver geschickt. Mit den Ergebnissen dieser Anweisungen arbeitet der Programmcode anschließend weiter. Ein Programmablauf kann oft aus sehr vielen Einzelschritten bestehen, bei denen mitunter auch sehr viele Datenzugriffe nötig sind.

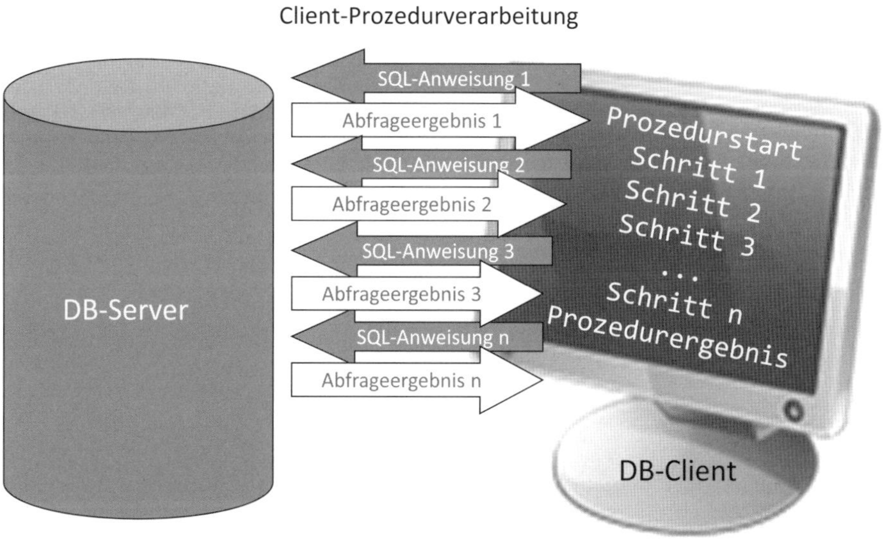

Bild 1.6 Programmlogik im Frontend

Bei serverseitiger Programmierung wird die Programmlogik beispielsweise mithilfe gespeicherter Prozeduren (Stored Procedures) im Backend umgesetzt. Der Vorteil besteht darin, dass das „Hin und Her" zwischen Frontend und Backend entfällt. Im Frontend wird lediglich die am Server hinterlegte Funktionalität aufgerufen und das Ergebnis abgearbeitet.

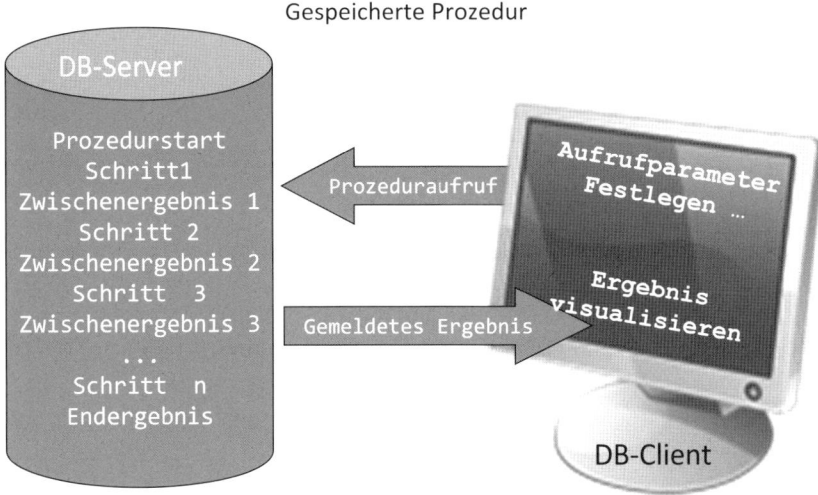

Bild 1.7 Serverseitige Programmierung

In den Kapiteln 4 bis 6 wird das Thema „Serverseitige Datenbankprogrammierung" im Detail behandelt und auf Vor- sowie Nachteile eingegangen. Clientseitige Programmierung ist nicht Thema dieses Buches, da sie nicht vom SQL Server, sondern von der eingesetzten Programmiersprache und Entwicklungsumgebung abhängt. Anhand praktischer Beispiele, die zeigen, wie Programmierelemente des Servers von clientseitigem Code aufgerufen werden, streifen wir jedoch die clientseitige Programmierung.

1.1.4 SQL Server – das Gesamtkonzept

Der SQL Server beschränkt sich keinesfalls auf die Datenbank-Engine. SQL Server ist mittlerweile eine komplette Produktfamilie, die sich um den Kern schart. Damit ist der SQL Server nicht nur ein reines Datenbanksystem. Er bietet auch Lösungen für viele Anwendungen im Datenbankumfeld.

Zur Datenbank-Engine selber zählen folgende Features:

- Volltextsuche
- Datenbankreplikation

Die Zusatzprodukte, oft unter dem Begriff *Business Intelligence (BI)* zusammengefasst, sind folgende Dienste:

- *Integration Services*: Die Integration Services (IS) sind ein umfassendes Werkzeug, um zum Beispiel Daten von A nach B zu transferieren. Dabei sind komplexe Workflows mit Verzweigungen und unzähligen Möglichkeiten realisierbar.

- *Reporting Services*: Aufgabe dieser Services ist es, Berichte, die auf Daten aus der Datenbank basieren, in verschiedenen Formen zur Verfügung zu stellen. Das kann zum Beispiel eine HTML-Seite oder ein PDF-Dokument sein, das per E-Mail verschickt wird. Ziel ist es, das gesamte Berichtswesen eines Unternehmens abbilden zu können. Daher sind diese Berichte auch nicht statisch. Vielmehr erlauben sie es einem Benutzer, durch die Eingabe von Parametern das Ergebnis zu verändern oder über einen definierten Drill-Down immer detailliertere Daten abzurufen. Ein wichtiger Bestandteil der Reporting Services ist neben der Berichtserstellung die Berichtsverteilung. Reporting Services lassen sich sehr gut in Share Point integrieren.

- *Analysis Services*: Diese dienen der Realisierung von Data-Warehouse-Lösungen. Geschäftsleitung, Controller und Marketingmanager benötigen immer anspruchsvollere Analysen und Trendinformationen. Die Basis dafür liegt zu einem Großteil in den bereits auf Servern gespeicherten Unternehmensdaten. In der Praxis werden zur Lösung dieser Aufgabenstellung OLAP-Systeme (Online Analytical Processing; deutsch: analytische Online-Verarbeitung) benötigt, indem auf einfache Weise Informationszusammenstellungen aus OLTP-Daten erstellt werden, die dann für anspruchsvolle Datenanalysen genutzt werden können. Die Analysis Services bieten diese Funktionalität auf einem sehr hohen Niveau und haben den SQL Server in diesem Bereich zu einem der führenden Produkte gemacht.

- *Service Broker*: Dieser Service zielt auf große verteilte Anwendungen ab. Der Service Broker verwaltet Warteschlangen, die mit SQL-Anweisungen „gefüttert" werden können. Die Inhalte der Warteschlange werden dann der Reihe (englisch: queue) nach abgearbeitet. Diese Warteschlangen können nicht nur am lokalen Server positioniert sein, sondern auch remote abgearbeitet werden.

  Anwendungen, die auf dem Prinzip von Warteschlangen basieren, setzen auf einem anderen Anwendungsverständnis auf, als wir es in der Regel gewohnt sind. Schauen wir uns folgendes Beispiel an: Viele von Ihnen haben sicher schon einmal eine Domänenregistrierung vorgenommen. Wenn Sie eine Domäne registrieren möchten, ist der erste Schritt üblicherweise, dass Sie ermitteln, ob die gewünschte Domäne noch verfügbar ist. In einer Online-Applikation würden Sie eine Schaltfläche anklicken, und die Domäne würde Ihnen gehören. So einfach ist es aber bekanntlich nicht. Sie reichen stattdessen den Antrag bei einer akkreditierten Registrierungsstelle ein. Und hier kommt die Warteschlange ins Spiel. Alle Ihre Eingaben (unter Umständen auch Zusatzinformationen) werden in eine Warteschlange eingereiht. Ihr Antrag steht in der Warteschlange und wird, sobald er an der Reihe ist, bearbeitet. Falls Sie der Erste in der Reihe für diese Domäne gewesen sind, werden Sie die Domäne zugeteilt bekommen.

- *Master Data Services*: Darunter versteht man, wenn Organisationen ihre Stammdaten unternehmensweit zentralisiert vereinheitlichen und für gezielte Analysen bereitstellen.

- *Data Quality Services*: Dies ist ein in dieser Version neues Tool, mit dessen Hilfe die Datenqualität in bestehenden Systemen verbessert werden kann. Lücken in Datenbeständen können damit besser aufgefunden und bereinigt werden. Dies können Fragestellungen sein wie: „Sind alle notwendigen Relationen vorhanden und gesetzt?"

Bild 1.8 SQL Server und seine Zusatzkomponenten

Natürlich stehen diese Features nicht in jeder der verschiedenen SQL Server 2016-Editionen zur Verfügung:

- *Integration Services* stehen ab der Standard Edition zur Verfügung, manche spezielle Formen der Datentransformation erst mit der Enterprise Edition. In allen Editionen ist der SQL Server Import und Export Wizard enthalten.
- *Reporting Services* sind bis zu einem bestimmten Grad bereits ab der Express Edition integriert. Volle Integration findet erst ab der Standard Edition statt.
- *Analysis Services* sind teilweise ab der Standard Edition verfügbar, eine volle Integration ist erst mit der Enterprise Edition gegeben.

■ 1.2 Versionen und Editionen des SQL Servers

Dem Buch liegt die aktuelle Version SQL Server 2017 zugrunde. Diese Version weist gemeinsam mit dem SQL Server 2016 gegenüber deren Vorgängersystem SQL Server 2014 wesentliche Neuerungen auf. Dies betrifft nicht nur die eigentliche relationale Datenbank-Engine, die den Kern des Produkts ausmacht, sondern umfangreiche Erweiterungen der Rahmenprodukte. Diese unter dem Begriff BI (Business Intelligence) zusammengefassten Produkte enthalten beispielsweise die Analysis Services, Integration Services oder Reporting Services.

Erneuerungen gibt es in fast allen Bereichen des SQL Servers. Drei große Schwerpunkte, die ich in meiner täglichen Arbeit nutze, sind:

- *Speicheroptimierte Tabellen*: Ein wahrer Performanceboost sind die mit dem SQL Server 2014 eingeführten speicheroptimierten Tabellen. Hinter diesem Begriff verbirgt sich die Möglichkeit, ganze Tabellen vollständig im RAM zu halten. Da der Zugriff auf Festplatten in der Regel das ist, was eine Datenbank am meisten bremst, bietet diese Möglichkeit ungeahnte Performancesteigerungen gegenüber herkömmlichen Tabellen. Hat es in der ersten Implementierung noch einige Einschränkungen in der Verwendung gegenüber herkömmlichen Tabellen gegeben – was in der ersten Implementierung eines komplexen und bahnbrechenden Features nichts Ungewöhnliches ist –, sind die meisten dieser Limitationen nun ausgeräumt. Damit ist dies nun ein extrem gutes und praxistaugliches Feature. Und ein weiteres Plus aus meiner Sicht: Es ist nun nicht mehr auf die Enterprise Edition beschränkt.

- *Always Encrypted*: Sensible Daten werden durch Zugriffsrechte auf dem Server vor unbefugtem Zugriff geschützt. Schon bisher hat es die Möglichkeit gegeben, Zugriffsrechte dermaßen einzuschränken, dass Daten vor unbefugten Zugriffen bestmöglich geschützt worden sind. Daten im Backup zu verschlüsseln, ergänzte diese Möglichkeiten, da die Zugriffsrechte, sobald die Datenbank auf einem eigenen Server eingespielt werden kann, selbst definiert werden können. Mit den neuen Möglichkeiten sind sie auch auf dem Server in der Datenbank verschlüsselbar, sodass selbst jemand, der sich der gesamten Datenbank bemächtigt, diese Daten nicht mehr einsehen kann.

- *Temporale Tabellen*: Änderungsprotokollierung ist in der Praxis sehr oft ein Thema. Trotz mehrerer Ansätze in der Vergangenheit, die in der Praxis kein voll befriedigendes Ergebnis geliefert haben, dies einfach vom System her zur Verfügung zu stellen, werden saubere und zufriedenstellende Lösungen mit Triggern ausprogrammiert. Temporale Tabellen liefern aus meiner Sicht erstmals eine sehr brauchbare Lösung, ohne eigene Programmierung eine Lösung für diese Aufgabenstellung zu erhalten. Mit dem SQL Server 2016 eingeführt, unterstützen sie mit dem SQL Server 2017 auch Änderungs- und Löschweitergaben bei Beziehungen (FOREIGN KEY mit DELETE CASCADE und UPDATE CASCADE).

- *Strict Security für Common Language Runtime (CLR)*: Neue Erweiterungen für die Sicherheit von CLR-Code erhöhen mit dem SQL Server 2017 zwar den Aufwand, um CLR-Code auf dem SQL Server ausführen zu können, bieten aber deutlich höhere Sicherheit. Unter CLR-Code versteht man mit C# oder VB.NET programmierte Prozeduren, die mittels der Common Language Runtime (CLR) direkt auf dem SQL Server ausgeführt werden können.

Ein paar weitere Erweiterungen, die teilweise auch in diesem Buch behandelte Themen betreffen, habe ich exemplarisch in der nachfolgenden Tabelle angeführt.

Tabelle 1.1 Einige Neuerungen in SQL Server 2016 und 2017

Thema	Beschreibung
Windows Azure	Daten können, anstelle lokal auf dem Server gehalten zu werden, in Windows Azure-BLOBs abgelegt werden. Das Hosten von SQL Server-Datenbanken auf einem virtuellen Computer in Windows Azure wird über eigene Bereitstellungsassistenten unterstützt. Die Sicherung einer SQL Server-Datenbank kann über eine URL in Windows Azure-BLOBs erfolgen.
Erstellen von Ausführungsplänen	Durch die überarbeitete Logik der Kardinalitätsschätzung werden die Qualität und damit die Effizienz von Ausführungsplänen verbessert. Das wiederum steigert die Abfrageleistung. (Ausführungspläne legen fest, wie der SQL Server intern eine von uns getätigte Abfrage abarbeitet.)
Live-Abfragestatistik	Abfragestatistiken zur Laufzeit bieten Administratoren einen tieferen Einblick in die Verarbeitung von Anweisungen.
Transact-SQL-Erweiterungen	Es gibt zahlreiche Erweiterungen in Form von neuen Funktionen und Anweisungen in der Sprache zur Bearbeitung von Daten. Beispielsweise sind dies die Funktionen DATEDIFF_BIG(), STRING_SPLIT() und STRING_ESCAPE() mit dem SQL Server 2016 und die Funktionen STRING_AGG(), TRANSLATE(), CONCAT_WS() und TRIM() mit dem SQL Server 2017.
Sicherheitserweiterungen	Berechtigungen können nun auf Datensatzebene vergeben werden. Für diese Funktionalität ist bisher ein Workaround über gefilterte Sichten notwendig gewesen.
Temporäre Datenbank *tempdb*	Das Aufteilen der temporären Datenbank *tempdb* auf mehrere Datendateien, die auch auf unterschiedlichen Datenträgern verwaltet werden können, ermöglicht eine bessere interne Nutzung und damit eine bessere Performance.
Native JSON-Unterstützung	Für Entwickler interessant ist die native Unterstützung von JSON als Ausgabeformat mit der Klausel FOR JSON, die mit der bisherigen Klausel FOR XML vergleichbar ist.
UTF-8 Unterstützung	Ich bin geneigt zu sagen „endlich"! Die Anweisung BULK INSERT, mit der Textdateien (CSV) einfach und schnell importiert werden können, unterstützt ab dem SQL Server 2016 nun auch UTF-8. Das ist mir in der Vergangenheit sehr oft abgegangen.
GRAPH-Unterstützung	Die Unterstützung von Graph-Datenbanken des SQL Server 2017 ist ein weiterer Schritt zur Integration von NoSQL-Elementen.

Editionen des SQL Server 2017

Microsoft liefert den SQL Server 2017 in einer Reihe unterschiedlicher Editionen aus. Ziel dieser Produktdifferenzierung ist es, dem Kunden ein Angebot zu unterbreiten, das es ermöglicht, den jeweiligen Anforderungen in Hinblick auf Leistungsfähigkeit, Laufzeit und Preise gerecht zu werden. Darüber hinaus werden zahlreiche Zusatzkomponenten angeboten. Welche dieser Komponenten im Einzelfall für eine Installation ausgewählt werden, hängt von den konkreten Anforderungen ab. Die früher verfügbare Business Intelligence Edition ist seit dem SQL Server 2016 nicht mehr verfügbar.

Einen schnellen Überblick über die Varianten gibt die folgende Tabelle:

Tabelle 1.2 SQL Server 2017-Editionen

Edition	Bedeutung/Anwendung
Enterprise Edition	Dies ist die von Featureseite umfangreichste SQL Server-Edition, die optimal für große Unternehmen und hochkomplexe Anforderungen geeignet ist und mit der hohe Anforderungen an das Datenbankmanagement erfüllt werden können. Dazu zählt die Unterstützung sehr großer OLTP-Systeme, hochkomplexer Datenanalysen, von Data-Warehousing-Systemen und von Webanwendungen für Unternehmen.
Standard Edition	Dieses Angebot richtet sich an kleine und mittelständische Unternehmen, welche die erweiterten Leistungsoptionen der SQL Server 2017 Enterprise Edition nicht benötigen. Im Lieferumfang der Edition sind die wesentlichen Funktionen von Business Intelligence enthalten.
Web Edition	Die Web Edition unterscheidet sich von der Standard Edition in erster Linie durch die Lizenzierung, die ausschließlich auf CPU-Basis erfolgt. Sie ist auf den Einsatz mit Webanwendungen ausgelegt.
Express Edition	Die Express Edition ist eine frei erhältliche Datenbank, die einfach zu verwenden und zu verwalten ist. Sie wird oftmals gemeinsam mit dem Microsoft Visual Studio verwendet und ist für die Entwicklung von datengesteuerten Anwendungen geeignet. Die Datenbank kann sowohl als eine Clientdatenbank als auch als einfache Serverdatenbank eingesetzt werden. SQL Server Express wendet sich an kleinere Softwarehersteller und Serverbenutzer sowie Entwickler, die nicht hauptberuflich Webanwendungen entwickeln. Die Express Edition gibt es auch als Variante mit *Advanced Services*. Die früher verfügbare *Express Edition mit Tools*, die bereits zusätzlich mit dem Management Studio eine grafische Entwicklungs- und Verwaltungsumgebung hatte, gibt es in dieser Form nicht mehr. Dies ist darin begründet, dass die Clienttools generell separat und frei erhältlich sind. Die Express Edition mit Advanced Services erlaubt zusätzlich noch, eine Volltextsuche einzusetzen, und enthält ein Frontend, um Berichte für die SQL Server Reporting Services zu erstellen.
LocalDB	Die LocalDB wird eingesetzt, wenn SQL Server in eine andere Anwendung eingebettet werden soll. Sie kommt mit minimalen Ressourcen aus und läuft nicht als Service, sondern ist in den Prozess eingebettet. Daher ist sie für den Einsatz von mobilen Anwendungen geeignet, bei denen kein Multiuser-Zugriff auf die Datenbank benötigt wird, denn dieser ist nicht möglich.
Developer Edition	Die Developer Edition ist eine freie Edition für Entwickler. Früher war sie für unter 100 € erhältlich, ab der Version 2016 ist sie überhaupt frei verfügbar. Diese Edition darf keine Produktivsysteme hosten; sie entspricht aber ihrem Umfang nach der Enterprise Edition.

HINWEIS: Der SQL Server 2017 bietet bis hinunter zur Express Edition nur mehr 64-Bit-Versionen an, 32-Bit werden ab der Version 2016 nicht mehr unterstützt. Dies ist dem Umstand geschuldet, dass auch im Desktopbereich, in dem auch die Express Edition oft eingesetzt wird, inzwischen Großteils nur mehr 64-Bit-Systeme im Einsatz sind.

Dass es keine 32-Bit-Versionen für den Server mehr gibt, dürfte in der Praxis kein Problem darstellen. Ich selber kann mich schon kaum mehr daran erinnern, wann ich zuletzt eine solche eingesetzt habe.

 ACHTUNG! Problematischer ist es allerdings, dass mit der Version 17 das Management Studio gemeinsam mit den anderen Client-Anwendungen nun auch nur mehr als 64-Bit-Version verfügbar ist. Damit ist das SQL Server Management Studio in der Version 16.5.3 die letzte Version, die noch für 32-Bit-Systeme verfügbar ist. Ich selber habe zum Beispiel bei Kunden manchmal einen virtuellen Client für Remotearbeiten im Einsatz, der, seinerzeit als 32 Bit installiert, auch auf Windows 10 upgedatet nicht ohne erheblichen Aufwand auf 64 Bit gewechselt werden kann.

Die **Enterprise Edition** ist das Flaggschiff unter den Versionen. Sie bietet eine skalierbare Datenbankserverumgebung für Unternehmen jeglicher Größe. Die Enterprise Edition besitzt keine Beschränkungen im Hinblick auf CPU, RAM oder Datenbankgröße. Sie ermöglicht Multimode-Clustering, Online-Indizierung, Oracle-Replikation und viele weitere Funktionen. Die SQL Server Enterprise Edition passt sich den erforderlichen Leistungsebenen problemlos an, sodass die größten OLTP-Systeme und Websites sowie umfassende Data-Warehouse-Systeme unterstützt werden. Sie bietet dazu die notwendigen Optionen für Skalierbarkeit und Zuverlässigkeit mit verteilten und partitionierten Sichten, Protokollversand und Failover-Clusterunterstützung, die für unternehmensweite, branchenspezifische und Internetszenarien erforderlich sind. Alle diese Hochverfügbarkeitstechnologien sind unter dem Begriff *AlwaysOn* zusammengefasst. SQL Server Enterprise Edition enthält außerdem erweiterte Analysetools bzw. OLAP-Features für den Umgang mit sehr großen Cubes mit vielen Dimensionen für Data-Warehouse-Anwendungen.

Die **Standard Edition** enthält bereits Funktionen, die für eine Unternehmensdatenbank erforderlich sind, wie zum Beispiel 2-Node-Clustering, unbegrenzte RAM-Unterstützung, bis zu 24 Prozessorkerne, unbegrenzte Datenbankgröße sowie eine Auswahl an Business-Intelligence-Funktionen. Die SQL Server Standard Edition stellt eine erschwingliche Option für kleine und mittelständische Unternehmen dar, die keine erweiterten Features für Skalierbarkeit und Zuverlässigkeit oder Analysefeatures von SQL Server Enterprise Edition benötigen.

Die **Web Edition** ist speziell für den Einsatz auf Webanwendungen ausgerichtet. Sie verzichtet zwar auf die meisten Business-Intelligence-Funktionalitäten, unterstützt dafür aber bis zu 16 Prozessorkerne und weist keine Begrenzung des nutzbaren Arbeitsspeichers auf.

Mit der SQL Server **Developer Edition** lassen sich komfortable Anwendungen auf Basis des SQL Servers erstellen. Sie ist quasi eine besondere Option für Entwickler von Datenbanken, die SQL Server als Datenspeicher der zu entwickelnden Anwendungen verwenden. Die Edition umfasst alle Funktionen der Enterprise Edition, beinhaltet jedoch einen besonderen Endbenutzer-Lizenzvertrag (EULA) für Entwicklungen und Tests. Obwohl die Developer Edition alle Funktionen der Enterprise Edition unterstützt, um es Entwicklern zu ermöglichen, Anwendungen zu schreiben und zu testen, die diese Funktionen verwenden können, wird die Developer Edition nur für den Einsatz als Entwicklungs- und Testsystem, jedoch nicht für den Einsatz als Produktionsserver lizenziert.

Kostenlos aus dem Web kann die SQL Server 2017 Evaluation Edition heruntergeladen werden. Diese Edition ist eine mit allen Funktionen ausgestattete Version, die ausschließlich zur Evaluierung der Funktionen des SQL Servers dient und maximal 180 Tage ab dem Installationsdatum ausgeführt werden kann.

Die drei Editionen Evaluation, Express und Developer können Sie von folgender Adresse herunterladen:

https://www.microsoft.com/de-de/sql-server/sql-server-downloads

Sie erhalten hier einen Installer, mit dem Sie entweder direkt installieren oder aber auch wahlweise die aktuellen Installationsmedien vollständig herunterladen können.

Weit verbreitet ist die frei verfügbare **Express Edition**. Diese weist zwar einige Einschränkungen auf, ist aber für kleinere Anwendungen und als Einstiegssystem bestens geeignet.

Schließlich sei noch auf **Microsoft Azure SQL-Datenbank** hingewiesen. Diese in der Cloud von Microsoft gehostete Version bietet die Möglichkeit, Datenanwendungen auszulagern und ohne einen eigenen Server auszukommen. Vor allem auch für kleinere Anwendungen wird dies immer interessanter, da man sich um Dinge wie die Verfügbarkeit nicht mehr kümmern muss. Arbeiten können Sie mit einer derartigen Version beinahe so, als stünde sie bei Ihnen im Haus. Weitere Informationen zu Microsoft Azure SQL-Datenbank finden Sie unter *https://azure.microsoft.com/de-de/services/sql-database*.

■ 1.3 SQL Server 2017 installieren

In diesem Abschnitt gehe ich mit Ihnen Schritt für Schritt die Installation eines SQL Servers unter Windows durch, damit Sie sich ohne Probleme eine funktionierende Arbeitsumgebung einrichten können.

HINWEIS: Die Installation eines SQL Server 2017 unter Linux finden Sie in Kapitel 12 beschrieben.

Voraussetzungen für die Installation

Für eine fehlerfreie Installation des Microsoft SQL Server 2017 muss Ihr Computer bestimmte Systemanforderungen bezüglich Hardware und Betriebssystem erfüllen.

- *Speicherplatz*: Der benötigte Festplattenspeicher hängt von den zu installierenden Komponenten ab. Das Datenbankmodul schlägt dabei mit Replikation, Volltextsuche und Data Quality Services mit ca. 1,5 GB zu Buche. Weitere 306 MB benötigen jeweils die Integration Services und 967 MB sind für die Reporting Services erforderlich. Die Clientkomponenten beanspruchen mit ca. 500 MB viel Kapazität. Beachten Sie, dass beim SQL Server 2017 das Management Studio nicht mehr berücksichtigt ist, da dieses separat herunterzuladen und zu installieren ist. Weitere 200 MB werden von der Online-Dokumentation benötigt. Während des Setups sind auf dem Systemlaufwerk mindestens 6 GB freier Platz nötig.

- *Arbeitsspeicher*: Hier unterscheiden sich die Werte der Express Edition von denen der übrigen Editionen. Die Express Edition (Datenbankmodul alleine!) benötigt minimal 512 MB Arbeitsspeicher, alle anderen Konfigurationen mindestens 1 GB. Empfohlen werden für die Express Edition wenigstens 1 GB, für alle anderen Editionen mindestens 4 GB. Dies sind allerdings Untergrenzen und mehr Arbeitsspeicher macht auf jeden Fall Sinn, vor allem bei steigender Datenbankgröße.

- *Prozessor*: Der SQL Server 2017 unterstützt nur mehr die 64-Bit-Architektur. Sie benötigen mindestens einen 64-Bit-Prozessor mit 1,4 GHz, empfohlen werden 2 GHz oder mehr.

- *Betriebssystem*: Je nach Edition werden unterschiedliche Anforderungen an das Betriebssystem gestellt. Einen groben Überblick gibt die folgende Tabelle. Einen detaillierteren Überblick mit den genauen Angaben über die jeweiligen Editionen der angegebenen Betriebssysteme erhalten Sie unter *https://docs.microsoft.com/de-de/sql/sql-server/install/hardware-and-software-requirements-for-installing-sql-server*.

Tabelle 1.3 Betriebssystemanforderungen für die Installation

Edition	Betriebssystem
Enterprise, Web	Windows Server 2012, Windows Server 2012 R2, jeweils Datacenter, Standard, Essentials und Foundation Windows Server 2016 Datacenter und Standard (nicht: Essentials)
Standard, Developer, Express	Wie Enterprise, zusätzlich: Windows 8, Pro und Enterprise Windows 8.1, Pro und Enterprise Windows 10 Home, Professional und Enterprise, IoT Enterprise

Für die Installation von SQL Server 2017 ist außerdem das .NET Framework 4.6 erforderlich. Sowohl für den SQL Server 2016 als auch für den neuen SQL Server 2017 werden neben dem Windows Server 2008 und 2008 R2 auch Windows 7 nicht mehr als Betriebssystem unterstützt.

 HINWEIS: Die nachfolgenden Screenshots habe ich beim Setup einer Enterprise Edition auf einem Windows Server 2016 angefertigt.

Wie müssen Sie vorgehen, um den SQL Server 2017 auf Ihrem Computer zu installieren?

 ACHTUNG! Wenn Sie eine deutschsprachige Version des SQL Servers installieren, achten Sie darauf, dass in der Systemsteuerung die Spracheneinstellung auf *Deutsch (Deutschland)* eingestellt ist. Sie werden sich nun fragen, warum ich das anmerke. Für mich als Österreicher ist dies nicht selbstverständlich. Denn mit der Einstellung *Deutsch (Österreich)* erhalten Sie eine Fehlermeldung. Diese besagt, dass Sie nicht die passenden Installationsmedien für die gewählte Sprache verwenden. Es ist ausreichend, die Einstellung *Deutsch (Deutschland)* während des Starts des Setups aktiv zu haben, danach können Sie gegebenenfalls sofort wieder auf die vorherige Einstellung zurückkehren.

Legen Sie die Microsoft SQL Server 2017-DVD in das Laufwerk ein. In der Regel werden Sie eine ISO-Datei verwenden, die Sie auf Ihrem Rechner mit der Option BEREITSTELLEN als Laufwerk mounten. Haben Sie eine Express-Edition heruntergeladen, liegt diese zumeist als EXE-Datei vor, die nach dem Aufruf in ein anzugebendes Verzeichnis extrahiert wird. Starten Sie die Datei *Setup.exe* für die Installation.

Der angezeigte Startbildschirm liefert eine Vielzahl an Möglichkeiten und kann auch nach einer Installation jederzeit über das Startmenü als *SQL Server-Installationscenter* geöffnet werden.

Vom SQL Server-Installationscenter aus können sämtliche Aufgaben im Zusammenhang mit einer Installation erledigt und umfassende Informationen dazu eingeholt werden. Auf der linken Seite des Dialogs finden Sie die folgenden Optionen vor:

- *Planen*
- *Installation*
- *Wartung*
- *Extras*
- *Ressourcen*
- *Erweitert*
- *Optionen*

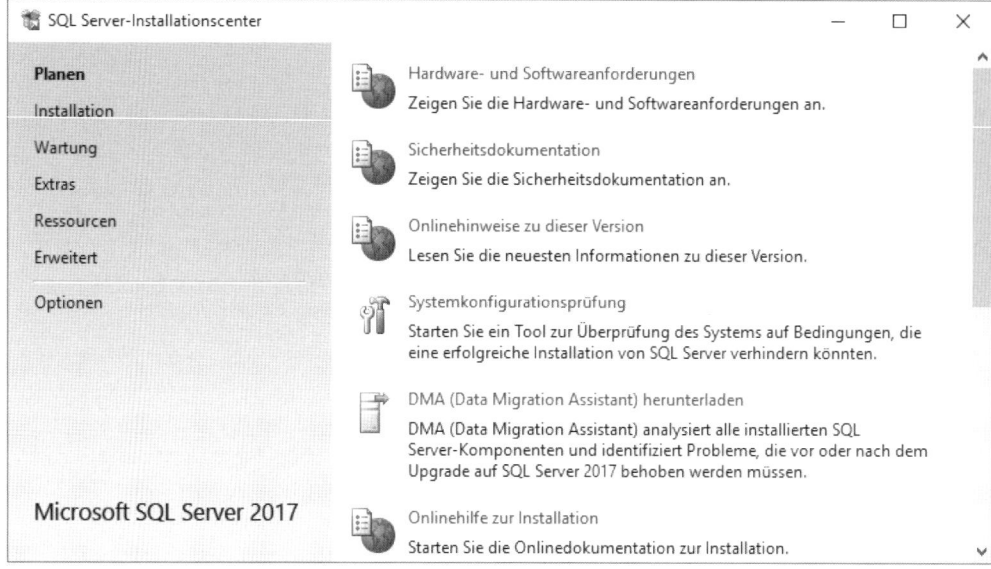

Bild 1.9 Startbildschirm von *SQL Server-Installationscenter*

Unter diesen Optionen sind jeweils mehrere Programmpunkte zusammengefasst. Manche Programmpunkte sind auch unter mehreren Optionen zu finden, da sie inhaltlich zu mehreren Optionen passen.

Unter *Planen* haben Sie direkten Zugriff auf Informationsquellen wie zum Beispiel auf *Hard- und Softwareanforderungen* oder auch die Onlinehilfe für die Installation. Mit der *Systemkonfigurationsprüfung* können Sie schon im Vorfeld einer Installation prüfen, ob die Hard- und Softwarevoraussetzungen erfüllt sind. Das Ergebnis können Sie sich danach in übersichtlicher Form anzeigen lassen.

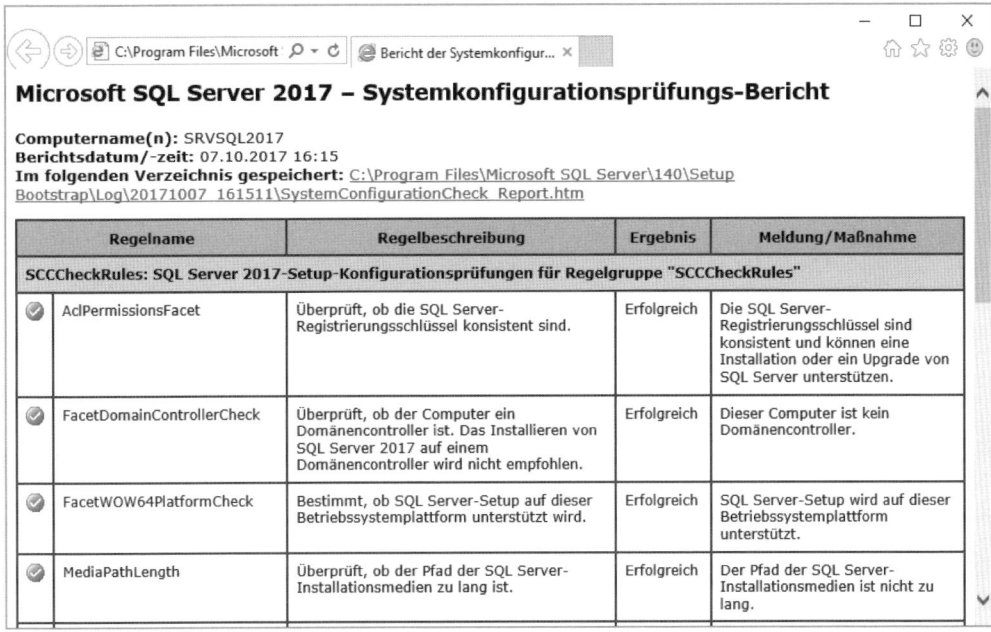

Bild 1.10 Bericht der Systemkonfigurationsprüfung

 PRAXISTIPP: Planen Sie ein Upgrade, sollten Sie unbedingt wie hier angeboten den *DMA* (*Data Migration Assistant*), früher *Upgrade Advisor*, herunterladen und installieren. Dieser prüft sämtliche Voraussetzungen für ein erfolgreiches Upgrade und teilt Ihnen mit, was Sie erledigen müssen, bevor Sie mit dem Upgrade beginnen können. Dies ist ein sehr praktisches Tool, mit dem ich selber schon erfolgreich in kürzester Zeit eine Migration durchgeführt habe.

Sollten Sie planen, eine Microsoft Access-Datenbank auf den neuen SQL Server zu migrieren, ist die Option *SSMA (SQL Server Migration Assistant) herunterladen* hilfreich. Der SQL Server Migration Assistent ist ein sehr praktisches grafisches Werkzeug, das für verschiedene Ausgangsdatenbanksysteme angeboten wird und die Migration vorhandener Datenbanken sehr gut unterstützt. Vor allem kann dieses Tool die vorgenommenen Migrationsdefinitionen als Projekt speichern und ermöglicht es dadurch, den Vorgang so lange zu verfeinern und immer wieder durchzuführen, bis alles optimal vonstattengeht. Verfügbar ist der SSMA für folgende Datenbanksysteme:

- Microsoft Access
  https://www.microsoft.com/en-us/download/details.aspx?id=54255
- Oracle
  https://www.microsoft.com/en-us/download/details.aspx?id=54258
- MySQL
  https://www.microsoft.com/en-us/download/details.aspx?id=54257

- SAP Adaptive Server Enterprise (früher Sybase ASE)
  https://www.microsoft.com/en-us/download/details.aspx?id=54256
- DB2
  https://www.microsoft.com/en-us/download/details.aspx?id=54254

Da der Link für SSMA im Installationscenter im Moment ins Leere geht, habe ich die tatsächlichen Links für die im Moment aktuelle Version 7.6 jeweils ergänzt.

 HINWEIS: Durch die Umbenennung des früheren *Upgrade Advisors* in den *Data Migration Assistant* (DMA) kann es an dieser Stelle leicht zu einer Verwechslung mit dem *SQL Server Migration Assistant* (SSMA) kommen. Allerdings haben die beiden zuvor beschriebenen nichts miteinander zu tun, achten Sie daher auf die jeweils verwendete Begrifflichkeit.

Die eigentliche Installation startet unter der Option *Installation*.

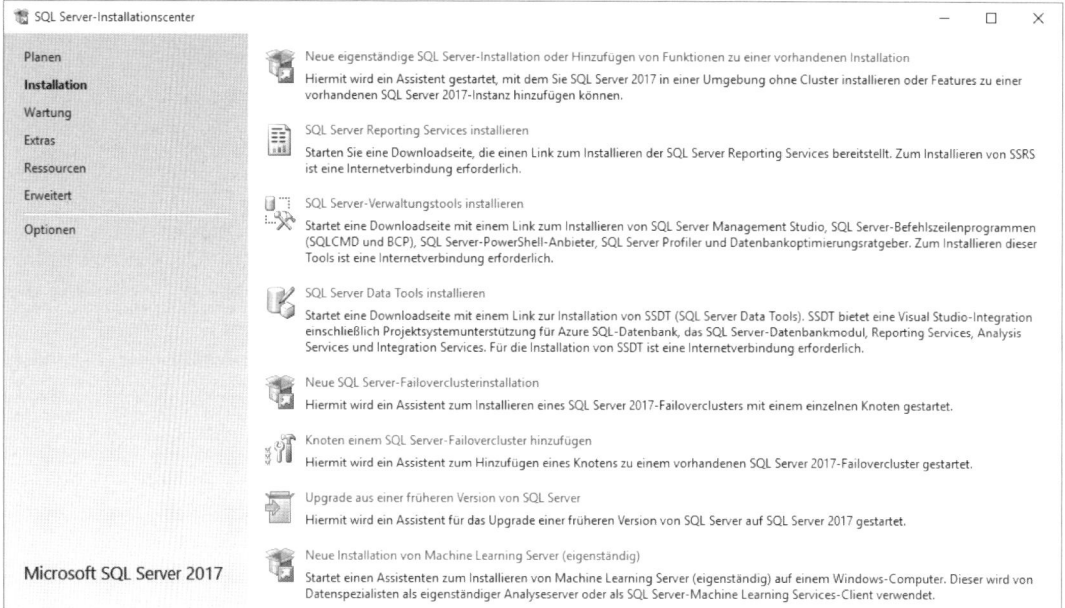

Bild 1.11 Optionen zur Installation

Die wichtigste Option ist die erste mit der Bezeichnung *Neue eigenständige SQL Server-Installation oder Hinzufügen von Funktionen zu einer vorhandenen Installation*. Diese Option werden Sie üblicherweise verwenden. Das Upgrade einer älteren Version – zuvor sollten Sie den Data Migration Assistant verwendet haben – ist ebenfalls hier über *Upgrade aus einer früheren Version von SQL Server* zu starten.

ACHTUNG! Da der SQL Server 2017 unter Windows Server 2008 und 2008 R2 nicht mehr installiert werden kann, kann ein Upgrade auf dieser Plattform nicht direkt erfolgen. Sie müssen stattdessen SQL Server 2017 auf einen neuen Server übertragen.

 HINWEIS: Da die SQL Server-Verwaltungstools wie das SQL Server Management Studio nicht mehr in den Setup-Dateien enthalten sind, findet sich hier auch unter der Option *SQL Server-Verwaltungstools installieren* ein Link zum Herunterladen derselben.

Ebenso finden Sie hier einen Link zu den *SQL Server Data Tools.* Diese bieten in eine Visual Studio Shell verpackt die Möglichkeiten der .NET-Programmierung für den SQL Server sowie die Projektunterstützung für Reporting Services, Analysis Services und Integration Services. Ist eine Visual Studio-Installation bereits vorhanden, werden diese Tools in diese Installation integriert.

Unter der Option *Wartung* können Sie eine Editionsaktualisierung vornehmen. Hier können Sie beispielsweise eine Standard Edition im Nachhinein in eine Enterprise Edition umwandeln, ohne eine Neuinstallation durchführen zu müssen. Ebenso können Sie hier eine beschädigte Installation über die entsprechende Option reparieren.

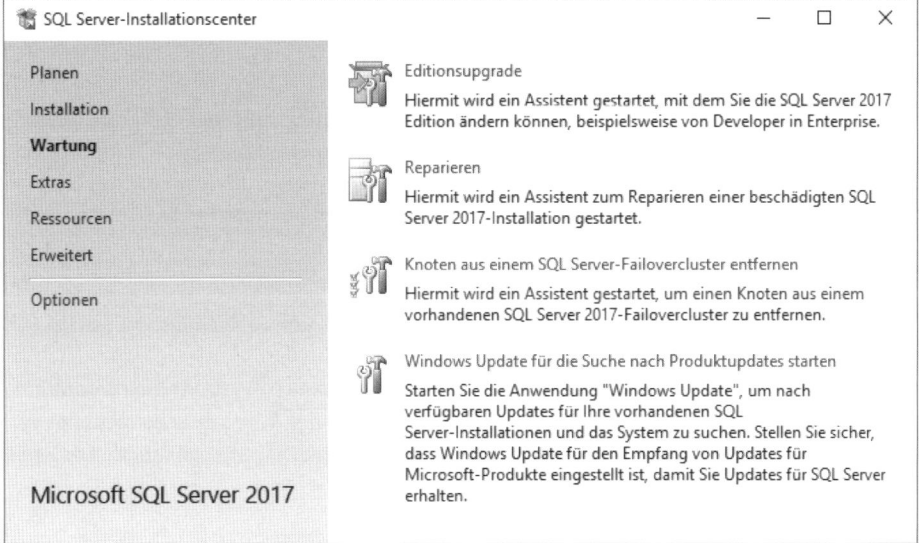

Bild 1.12 Option *Wartung* im Installationscenter

Unter der Option *Extras* finden Sie die Systemkonfigurationsprüfung, die schon unter *Planen* vorhanden war. Außerdem können Sie sich hier einen Überblick über bereits installierte Features und Instanzen verschaffen. Nicht mehr zu finden ist an dieser Stelle die Option, die *SQL Server Data Tools - Business Intelligence,* die noch früher als *Business Intelli-*

gence Development Studio bekannt gewesen sind, direkt zu installieren. Diese dienen zum Beispiel dem Erstellen von Integration Services-Paketen. Sie sind nun kein eigenes Installationspaket mehr und in die zuvor schon erwähnten SQL Server Data Tools integriert. Der Zusatz *Business Intelligence* ist damit verschwunden.

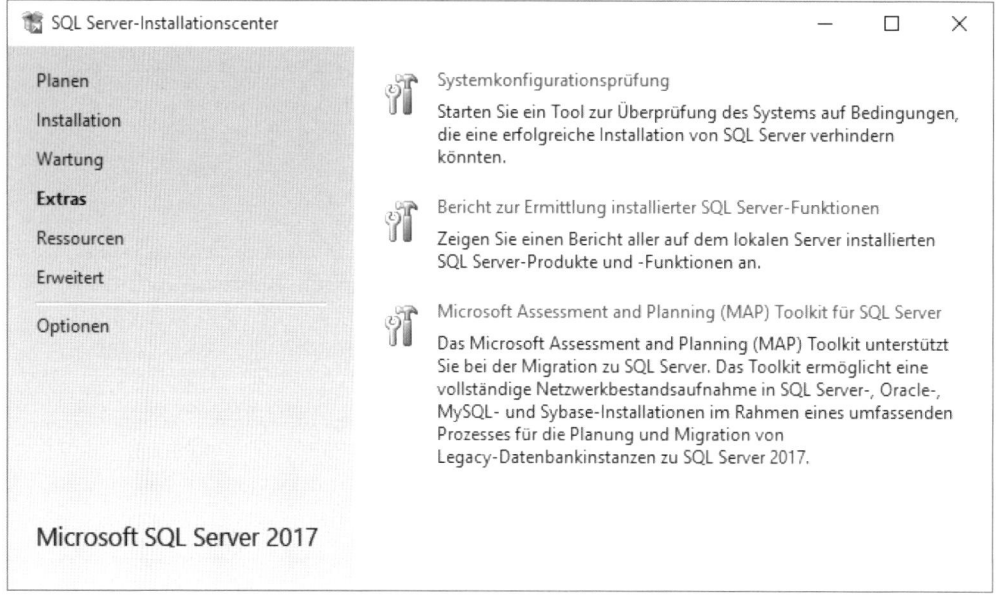

Bild 1.13 *Extras* des Installationscenters

Unter *Ressourcen* finden Sie Links zu unterschiedlichen Online-Informationsquellen. Unter *Erweitert* können Sie eine unbeaufsichtigte Installation mittels einer Konfigurationsdatei vornehmen, einen Failover-Cluster vorbereiten und dessen Konfiguration abschließen. Unter *Optionen* wählen Sie aus, ob Sie 32- oder 64-Bit-Komponenten installieren möchten. Da die Hauptkomponenten nur mehr als 64-Bit verfügbar sind, sehe ich diesen Dialogpunkt lediglich als vergessenen Rest aus den Vorversionen an.

Installation ausführen

Gestartet wird die Installation über den ersten Programmpunkt aus der Option *Installation* des SQL Server-Installationscenters. Grundsätzlich ähnelt der Vorgang sehr dem der Vorgängerversionen, lediglich die Reihenfolge mancher Schritte hat sich geändert. Der erste Schritt ist die Eingabe des *Product Key*.

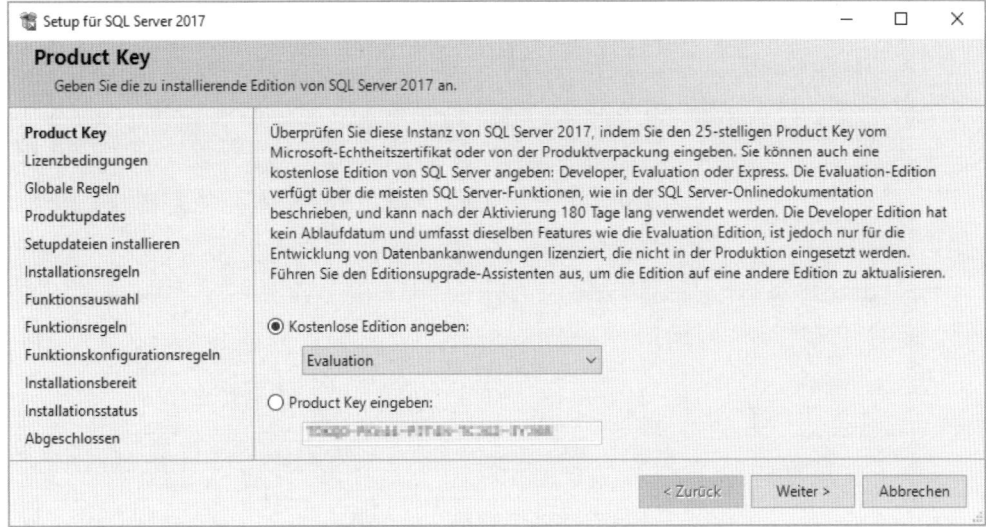

Bild 1.14 Product Key oder freie Edition

Sehr praktisch finde ich die Option, dass man beim Setup mit den Installationsmedien einer Vollversion auch eine der freien Editionen installieren kann. Damit müssen Sie zum Beispiel, wenn Sie die Installationsmedien einer Standard Edition besitzen, für die Installation einer zusätzlichen Express Edition keine separaten Dateien herunterladen. Auch können Sie eine Evaluation oder Developer mit manchen Installationsmedien auswählen. Umgekehrt ist es auch möglich, mit einer heruntergeladenen Evaluation Edition durch Eingabe eines Product Keys direkt auch eine lizenzierte Vollversion zu installieren. Eine Evaluation Edition können Sie 180 Tage lang nutzen und danach bei Bedarf mit einem Editionsupgrade direkt in eine lizenzierte umwandeln.

Nach dem Akzeptieren der Lizenzbestimmung werden die globalen Regeln überprüft. Sie entsprechen großteils der zuvor beschriebenen Systemkonfigurationsprüfung. Sie stellen den ersten Schritt von mehreren Prüfungen dar. Hier werden Voraussetzungen geprüft, die unabhängig von den später gewählten Setup-Optionen stets erfüllt sein müssen. Werden hier Mängel festgestellt, können Sie diese, ohne das Setup zu unterbrechen, beheben und die Prüfung erneut ausführen. Allerdings ist dies nur möglich, wenn das Beheben eines Fehlers keinen Neustart des Rechners erfordert.

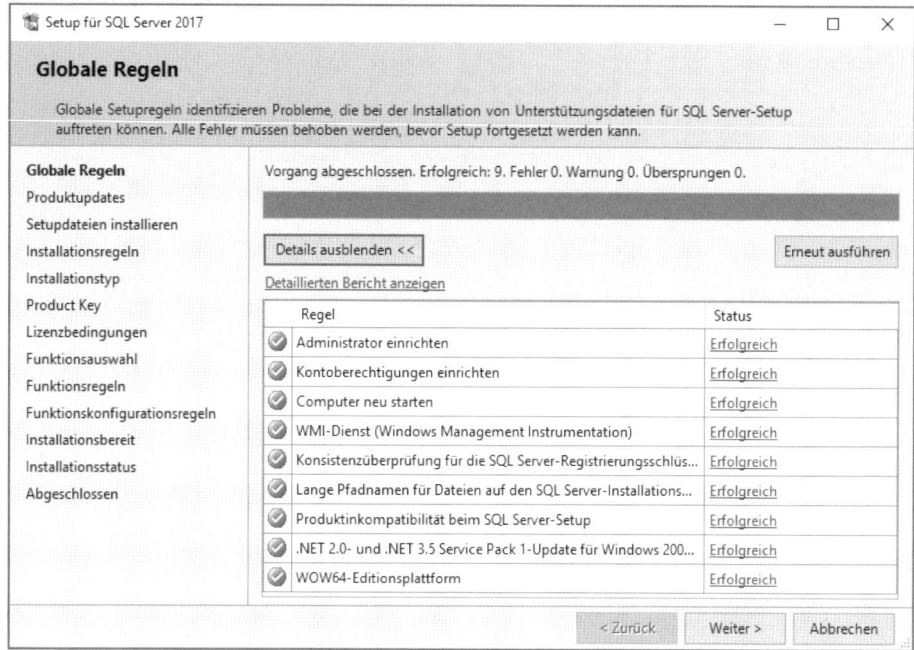

Bild 1.15 Prüfen der globalen Regeln

Sind alle Anforderungen erfüllt, wird das Ergebnis gar nicht mehr angezeigt, sondern direkt zum nachfolgenden Schritt gewechselt. Im linken Dialogbereich sehen wir ja während des gesamten Vorgangs den Status der Gesamtinstallation. So sehen wir, dass als Nächstes der Schritt *Produktupdates* ansteht. Um sich später das Nachinstallieren von Updates zu ersparen, bietet Ihnen das Setup die Möglichkeit, online nach Updates zu suchen und diese gegebenenfalls gleich mit zu installieren.

Nach der Suche und dem unter Umständen notwendigen Herunterladen von *Produktupdates* werden nun die *Setupdateien installiert*. Da diese in der Regel auf dem System verbleiben, muss dies nur bei der ersten auf einem Gerät durchgeführten Installation mit dieser Version erfolgen.

Direkt danach erfolgt die Prüfung weiterer *Installationsregeln*. Hier haben diese eine Warnung im Bereich der Windows-Firewall ergeben. Um die Details der Warnung anzuzeigen, müssen Sie auf die Warnung klicken. Im Dialog werden Ihnen dann weiterführende Informationen angeboten. In unserem Fall ist es die Warnung, dass die Windows-Firewall aktiv ist und bestimmte Programmoptionen des SQL Servers von dieser geblockt werden, sofern nicht bestimmte Ports geöffnet werden. Durch die Windows-Firewall müssen folgende Zugriffe erlaubt werden:

- TCP Port 1433 für die Datenbank-Engine. Bei einer weiteren Instanz muss ein anderer Port verwendet werden; dann ist dieser anzugeben.
- Das SQL Server Management Studio ist in die Liste derjenigen Programme, die durch die Firewall hindurch kommunizieren dürfen, aufzunehmen.

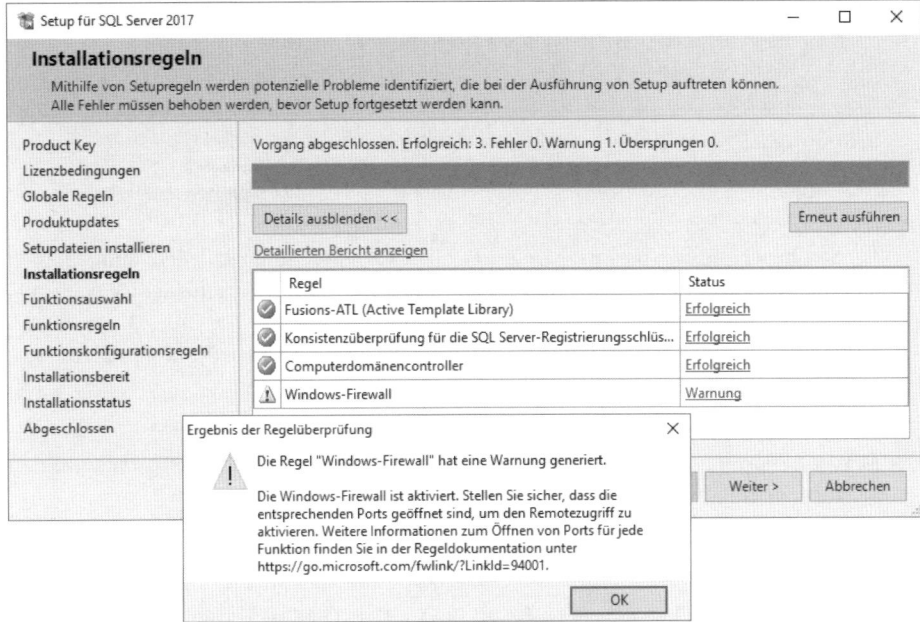

Bild 1.16 Prüfung von Installationsregeln

Eine *Warnung* führt nicht dazu, dass das Setup nicht fortgesetzt werden darf. Lediglich wenn eine der Prüfungen *Nicht erfolgreich* ergibt, kann das Setup vorerst nicht weiter fortgesetzt werden.

Nach der Prüfung der Installationsregeln gelangen Sie zur Funktionsauswahl. Unter diesem Punkt werden *Instanzfunktionen* sowie *Freigegebene Funktionen* gewählt.

- *Instanzfunktionen* gehören zu einer speziellen Instanz und werden für jede Instanz separat installiert. Zu ihnen gehören, je nach gewählter Edition:

  - *Datenbankmoduldienste (Database Engine Services)*: Bei der Auswahl dieser Option wird das Datenbankmodul installiert, wobei separat

    - SQL Server-Replikation,
    - Machine Learning-Dienste (datenbankintern): R, Python
    - Volltext- und semantische Extraktion für die Suche,
    - Data Quality Services und
    - PolyBase-Abfragedienst für externe Daten

    gewählt werden können. Unter Replikation versteht man den Abgleich von mehreren Kopien einer Datenbank untereinander. Bei der Volltextsuche ist auch die semantische Suche dabei. Hier geht es darum, nach der Bedeutung zu suchen. Zum Beispiel suchen Sie nach „Stuhl" und finden den Begriff „Sessel". Die Data Quality Services bieten die Möglichkeit, die inhaltliche und strukturelle Qualität von Daten zu verbessern. Darunter können Sie sich zum Beispiel die Überprüfung und Korrektur von Adressen nach den Eingabegepflogenheiten des jeweiligen Landes vorstellen. R-Services und PolyBase sind beim SQL Server 2016 neu hinzugekommen, mit dem SQL Server 2017 ist hier auch Python verfügbar. Hierbei geht es um Tools zur Big Data Integration.

- *Analysis Services*: Mit dieser Variante werden die Analysis Services installiert, die es ermöglichen, OLAP-Cubes zu bilden, mit denen eine Data-Warehouse-Lösung aufgebaut werden kann.

- *Reporting Services – Systemeigen*: Dieses Feature installiert einen Berichtsserver, der das Erstellen und Verteilen von Berichten in unterschiedlichsten Formaten ermöglicht.

  Bei den Reporting Services wird zwischen zwei Varianten unterschieden: zum einen in der Ausprägung *systemeigen*, hierbei handelt es sich um die eigenständige Variante. Unter den freigegebenen Funktionen finden Sie eine weitere Variante, die in SharePoint integriert ist. Diese benötigen Sie beispielsweise, um Power View zu nutzen.

- *Freigegebene Funktionen* müssen auf einem Rechner nur einmal installiert werden und werden von mehreren Instanzen gemeinsam genutzt.

  - *Machine Learning Server (eigenständig)*: Dieses Feature ist sowohl als Instanzfunktion als auch als freigegebene Funktion verfügbar.

    – R

    – Python

  - *Data Quality Client*: Installiert den Client für die Data Quality Services.

  - *Konnektivität der Clienttools*: Installiert den SQL Server Native Client mit Treibern – zum Beispiel für ODBC.

  - *Integration Services*: Dienste zur Datenintegration und zum Erstellen von Workflows. Neu im SQL Server 2017 sind die Zusatzoptionen des Scale Out-Masters und Scale Out Workers.

  - *Abwärtskompatibilität der Clienttools*: Damit können Clienttools auch für ältere SQL Server-Versionen eingesetzt werden.

  - *Clienttools SDK*: Stellt das Software Development Kit mit Ressourcen für Entwickler zur Verfügung.

  - *Distributed Replay Controller, Distributed Replay Client*: Mit diesen Werkzeugen lassen sich Auslastungs- und Änderungsszenarien simulieren.

  - *SQL Client Connectivity SDK*: Bietet das Software Development Kit für den SQL Server Native Client für Entwickler.

  - *Master Data Services*: Installiert die Master Data Services. Dies ist ein Werkzeug, mit dem Stammdaten aus den verschiedensten Quellen und Systemen zu einem gemeinsamen Stand zusammengeführt und konsolidiert werden können.

HINWEIS: Falls Ihnen an dieser Stelle die *Verwaltungstools* fehlen, die in den Vorversionen jeweils in zwei Varianten auswählbar gewesen sind, sei nochmals erwähnt, dass diese ab dem SQL Server 2016 separat heruntergeladen und installiert werden müssen.

https://docs.microsoft.com/de-de/sql/ssms/download-sql-server-management-studio-ssms

Dasselbe gilt ab dem SQL Server 2017 für die Reporting Services. Sind diese bisher noch in zwei Varianten verfügbar gewesen, sind sie nun auch als eigenes Tool ausgelagert. Sie können es für die separate Installation unter dieser Adresse herunterladen:

https://www.microsoft.com/de-DE/download/details.aspx?id=55252

Nett finde ich die Anzeige im oberen Dialogbereich mit dem Link hinter der Frage *Auf der Suche nach den Reporting Services?*.

Ebenso verschwunden sind in dieser Version die Dokumentationskomponenten. Dies trägt dem Umstand Rechnung, dass diese in erster Linie online genutzt werden.

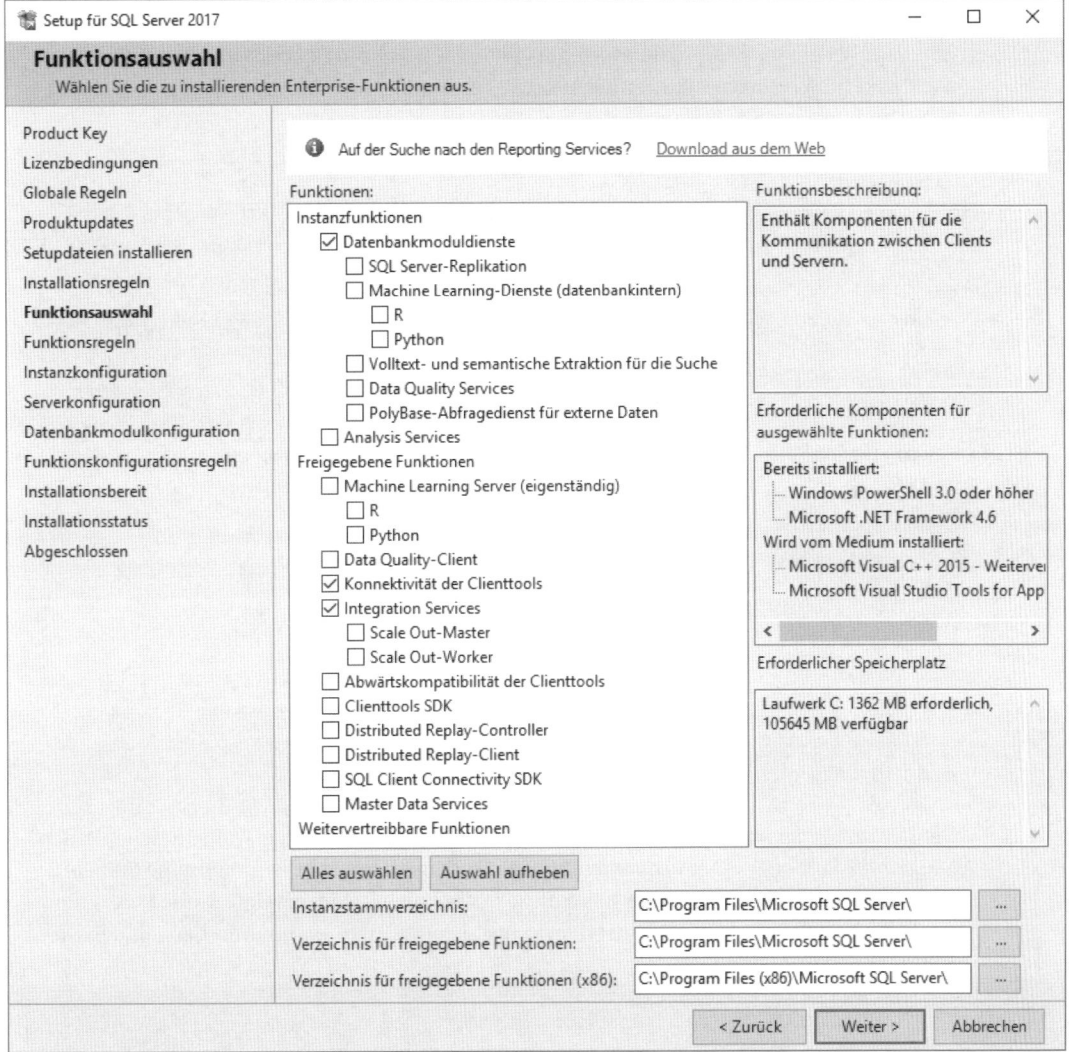

Bild 1.17 Auswahl der zu installierenden Komponenten

Für manche Features kann der Installationspfad an dieser Stelle angepasst werden, ebenso wird an dieser Stelle das *Instanzstammverzeichnis* abgefragt. Dieses gilt für die Programmdateien und muss aus meiner Sicht nicht unbedingt angepasst werden. Den Speicherort für Datendateien können Sie etwas später im Setup noch eigens festlegen.

 HINWEIS: Das Verzeichnis für die freigegebenen Features kann nicht mehr geändert werden, wenn auf dem Rechner bereits frühere Installationen vorhanden sind.

Funktionen können auch später in einem weiteren Durchgang dazu installiert werden. Wählen Sie vorerst die in Bild 1.17 markierten Funktionen für die Erstinstallation aus.

Die Überprüfung der *Funktionsregeln* erfolgt im nächsten Schritt. Hier werden noch Voraussetzungen geprüft, die sich aufgrund der zuvor getroffenen Auswahl ergeben. Auch hier gilt, dass bei einem Fehler zuerst nachinstalliert werden muss, bevor das Setup über diesen Punkt hinaus fortgesetzt werden kann. Bei erfolgreicher Prüfung wird ebenfalls unmittelbar zum nächsten Schritt gewechselt.

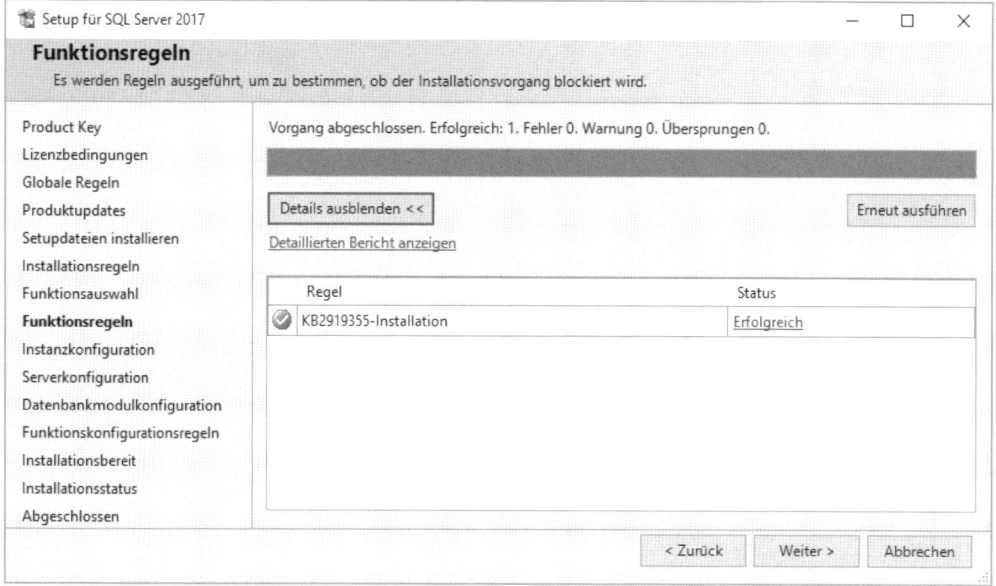

Bild 1.18 Prüfung der Funktionsregeln

Die *Instanzkonfiguration* ist der nächste Schritt. Dabei haben Sie die Wahl zwischen einer *Standardinstanz* oder einer *benannten Instanz*. Auf einem Rechner kann nur eine Standardinstanz installiert werden. Daher kann diese Option nicht mehr gewählt werden, falls eine solche bereits existiert. Bereits installierte Instanzen werden im unteren Bereich des Dialogs angezeigt.

HINWEIS: Bei der Installation der SQL Server Express Edition ist standardmäßig eine benannte Instanz mit dem Instanznamen SQLEXPRESS voreingestellt. Diese Vorgabe können Sie selbstverständlich nach Belieben abändern.

Falls Sie eine benannte Instanz installieren möchten, geben Sie bitte den Namen für die neue Instanz ein. Der Name darf bis zu 16 Zeichen umfassen und muss mit einem Buchstaben oder einem der Zeichen &, _ (Unterstrich) oder # (Raute) beginnen. Der Name darf nicht „Default" oder „MSSQL Server" lauten.

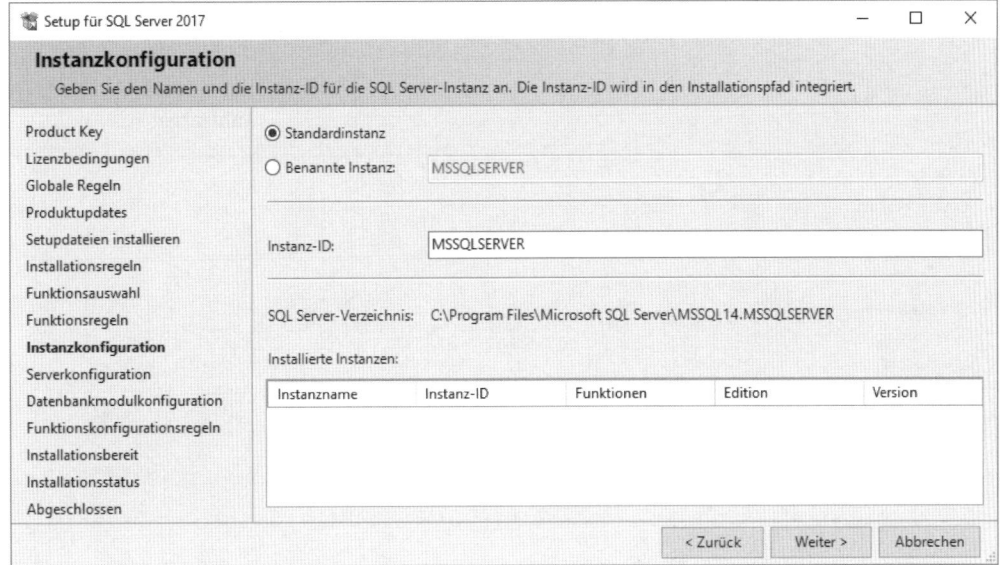

Bild 1.19 Konfiguration der Instanz

Zur Erläuterung sei darauf hingewiesen, dass beim SQL Server die Möglichkeit besteht, mehrere Instanzen auf einer Maschine zu installieren. Deshalb kann auch der Name der Instanz frei gewählt werden. Falls Sie einen besonderen Instanznamen verwenden möchten, müssen Sie auch bedenken, dass sich Clients dann stets mit dem Server gemäß der Syntax *Rechnername\Instanzname* verbinden.

Ich habe für meine neue Instanz – die erste auf dieser Servermaschine – die Option *Standardinstanz* gewählt und den Vorgang fortgesetzt.

Im folgenden Dialog geht es mit der *Serverkonfiguration* weiter. Der erste Schritt ist das Festlegen der Dienstkonten für die gewählten SQL Server-Dienste.

Bei der Verwendung des integrierten Systemkontos *Lokales System* oder eines der vorgegebenen internen Konten für die Dienste, sind diese nicht in der Lage, auf Ressourcen im Netzwerk zuzugreifen. Möchten Sie zum Beispiel automatisiert in der Nacht Daten exportieren, kann die Exportdatei nur auf dem Server selber, nicht aber auf einem Netzlaufwerk abgelegt werden. Verwenden Sie bitte ein Domänenkonto, um einerseits gezielt Berechtigungen im Netzwerk zu vergeben und um andererseits Berechtigungen auf dem lokalen

Rechner einzuschränken. Dies ist vor allem aus Sicherheitsgründen ratsam, falls der SQL Server auf einem Internetserver installiert wird.

Legen Sie daher alternativ ein Domänenkonto an und fügen Sie es der Gruppe der lokalen Administratoren hinzu. Möchten Sie die Rechte einschränken, so geben Sie dem Konto nur die vollen Zugriffsrechte auf die Datenverzeichnisse und das Recht zum Anmelden als Dienst. Für unsere Installation behalten wir die vorgeschlagenen Konten bei.

 HINWEIS: Die den einzelnen Diensten zugeordneten Konten können später jederzeit über den SQL Server-Konfigurations-Manager geändert werden. Allerdings werden die speziellen Konten wie zum Beispiel *NT Service\MSSQLSERVER* beim Setup eigens eingerichtet und die Kennwörter sind für eine spätere Eingabe nicht bekannt.

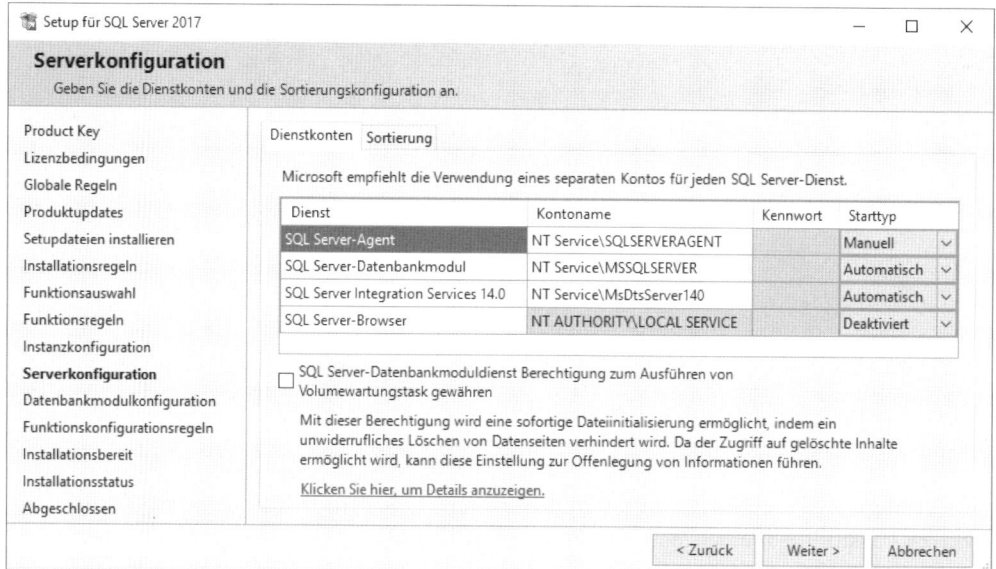

Bild 1.20 Dienstkonten auswählen

Auf dem zweiten Register mit der Beschriftung *Sortierung* wird die Standardsortierung für die SQL Server-Instanz eingestellt.

Hier sollten Sie die Standardeinstellung *LATIN1_GENERAL_CI_AS* übernehmen. Über die Sortierung wird die sogenannte *Collation* (Sortierungskennzeichner) eingestellt. Diese legt für Sortierungen und Vergleiche fest, welche Zeichen aufgrund der gewählten Ländereinstellung als gleich angesehen werden. So legen Sie je nach Auswahl beispielsweise fest, ob bei Suchvorgängen ein „ß" einem „ss" gleichgesetzt wird. Sie legen hier nur die Standardeinstellungen für den Server fest. Sie können für jede Datenbank später eine andere Standardeinstellung und sogar für jedes Feld einer Tabelle mit einem Character-Datentyp eine eigene Einstellung wählen. Außerdem können nur Spalten in Ausdrücken kombiniert oder in Bedingungen gemeinsam verwendet werden, falls diese dieselbe Einstellung aufweisen.

Die Einstellung innerhalb eines Ausdrucks lässt sich jederzeit mit der Anweisung COLLATE dynamisch anpassen.

Wenn Sie auf **ANPASSEN…** klicken, können Sie die Einstellung ändern. Das Kürzel CI in der Voreinstellung steht für *Case Insensitive*, da die Option *Unterscheidung nach Groß-/Kleinschreibung* (sinnvollerweise!) nicht ausgewählt ist. Das Kürzel AS steht für die gewählte *Unterscheidung nach Akzent*.

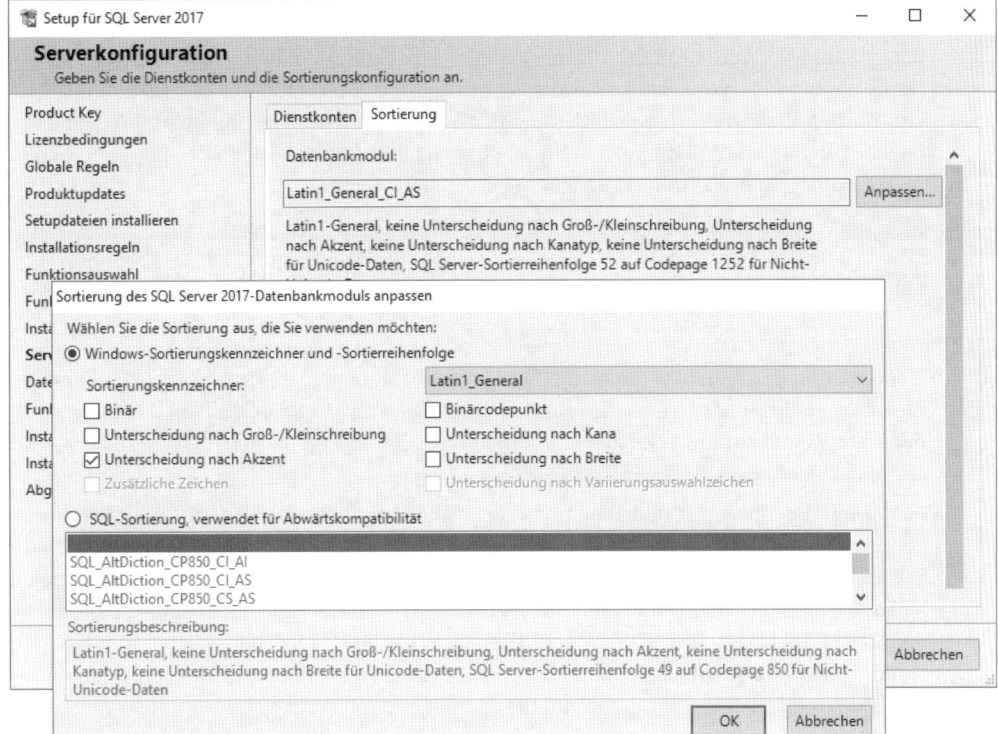

Bild 1.21 Sortierung anpassen

HINWEIS: Falls Sie sich fragen, was die Unterscheidung nach Kana und Breite bedeutet:

- *Kana* steht für die Unterscheidung der japanischen Kana-Zeichen nach Hiragana und Katakana.
- *Breite* steht dafür, ob zwischen ein und demselben Zeichen als Standard- oder Unicode-Zeichen unterschieden werden soll.

Auf die Serverkonfiguration folgt die *Datenbankmodulkonfiguration*. Unter dem Begriff *Serverkonfiguration* findet sich hier die Wahl des *Authentifizierungsmodus*. Es stehen zwei Modi zur Auswahl:

- *Windows-Authentifizierungsmodus*: Der Windows-Authentifizierungsmodus ermöglicht es Benutzern, mithilfe eines Windows-Domänenkontos eine Verbindung herzustellen. Es kann sich sowohl um ein Benutzer- als auch um ein Gruppenkonto handeln.

- *Gemischter Modus (SQL Server-Authentifizierung und Windows-Authentifizierung)*: Der gemischte Modus ermöglicht es Benutzern, mithilfe der Windows-Authentifizierung oder der SQL Server-Authentifizierung eine Verbindung zu einer Instanz von SQL Server herzustellen.

Benutzer, die eine Verbindung über ein Windows-Benutzerkonto herstellen, können entweder im Windows-Authentifizierungsmodus oder im gemischten Modus eine sogenannte vertraute Verbindung verwenden. Bei dieser werden die Informationen des Domänenkontos zur Authentifizierung verwendet. Die SQL Server-Authentifizierung wird für Benutzer benötigt, die über kein Domänenkonto verfügen oder von außen über VPN zugreifen und in dieser Konstellation kein Domänenkonto verwenden können.

HINWEIS: Ausführliche Informationen über die beiden Authentifizierungsmodi und die Anmeldemöglichkeiten finden Sie in Kapitel 10. ■

Übernehmen Sie hier bitte nicht die Standardeinstellungen, sondern wählen Sie den gemischten Modus und vergeben Sie ein Kennwort. Dieses wird dem Benutzer *sa* zugewiesen, der volle Systemadministratorberechtigungen am SQL Server besitzt. Mit dieser Auswahl sind Sie später etwas flexibler.

Schon seit der Version 2008 haben nicht mehr alle Mitglieder der lokalen Administratorengruppe automatisch Zugriff auf den SQL Server. Daher können – oder besser gesagt *müssen* – Sie schon beim Setup ein oder mehrere Konten, die Administratorzugriff bekommen sollen, bestimmen. Das Konto, mit dem Sie gerade arbeiten, sollten Sie über die Schaltfläche Aktuellen Benutzer hinzufügen ergänzen. Damit stellen Sie sicher, nach der Installation selber vollen Zugriff zu haben. Beim Setup des SQL Server 2016 ist es zum Glück an dieser Stelle nicht möglich, im Setup fortzufahren, ohne einen Benutzer mit Administratorzugriff festzulegen. Sie müssen entweder den gemischten Modus aktivieren und ein Kennwort vergeben oder zumindest ein Domänenkonto angeben. Dies ist nicht unbedeutend, denn ich musste noch beim SQL Server 2008 so manche Schulungsraum-Installation aufwendig wieder reparieren, die mit unwissender „Weiter, weiter"-Installationsmethode ohne einen zukünftigen Administrator installiert worden ist.

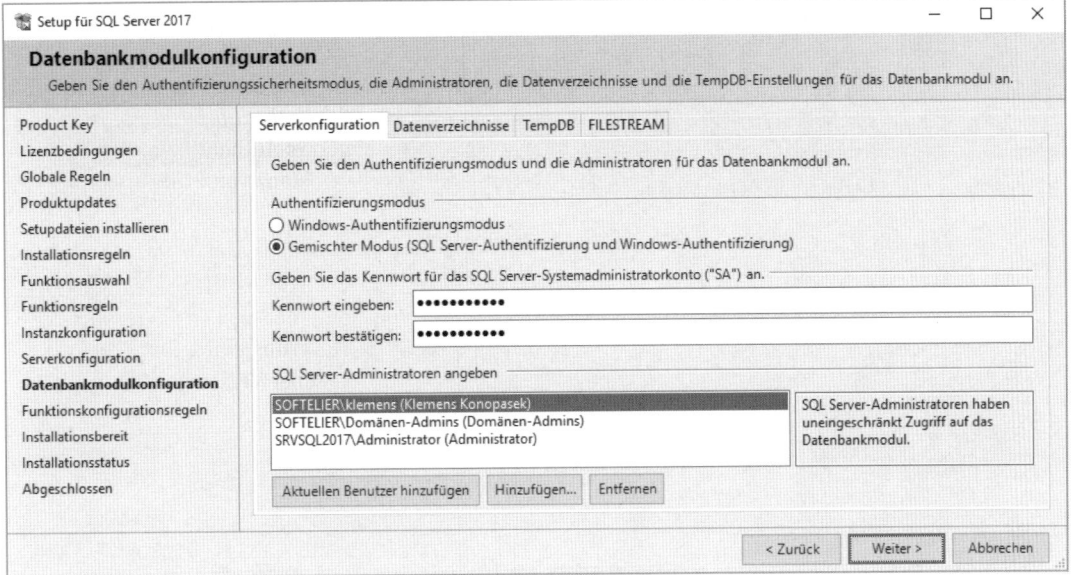

Bild 1.22 Sicherheit für SQL Server konfigurieren

Ein sehr wichtiger Schritt ist es, auf dem Register *Datenverzeichnisse* dieselben festzulegen. Sie können die Standardverzeichnisse an dieser Stelle für verschiedene Daten getrennt angeben. So lässt es sich zum Beispiel schon beim Setup festlegen, dass Datendateien und Protokolldateien auf unterschiedlichen Laufwerken abgelegt werden. Wenn Sie auf dem Register *Datenverzeichnisse* das Datenstammverzeichnis ändern, werden vorerst alle anderen Verzeichnisse nach einem fixen Schema vergeben, können dann aber noch einzeln angepasst werden. Ausgehend vom Datenstammverzeichnis wird folgendes Schema verwendet:

- MSSQL gefolgt von der Version, für den SQL Server 2017 ist dies 14.
- Mit einem Punkt getrennt kommt nun der Name der Instanz, sofern einer vergeben worden ist. Bei einer Standardinstanz wird MSSQLSERVER verwendet.
- Danach folgt der Unterordner MSSQL.
- Zum Schluss noch ein Unterordner mit dem Namen DATA für die Datendateien und BACKUP für die Sicherungen.

 ACHTUNG! Ändern Sie hier bitte unbedingt das vorgegebene Datenstammverzeichnis ab. Daten haben schon per Definition unter *C:\PROGRAMME\...* nichts verloren! Selbst wenn Sie später Ihre Datenbanken beim Erstellen an anderen Orten speichern, liegen zumindest die Systemdatenbanken an dieser Stelle.

In unserem Beispiel habe ich direkt die Datenplatte *D:* als Datenstammverzeichnis angegeben, denn diese ist im Server auch nur dafür da.

PRAXISTIPP: Wenn Sie bei einem Produktivserver – bei Ihrer Entwicklungs-maschine spielt dies keine Rolle – die Möglichkeit haben, sollten Sie die Ver-zeichnisse für Datenbanken und Datenbankprotokolle auf unterschiedliche phy-sische Datenträger legen. Dies bringt einerseits Performancevorteile und liefert andererseits besseren Schutz vor Datenverlust bei einem Plattencrash. Details zu diesem Thema lesen Sie in Kapitel 9.

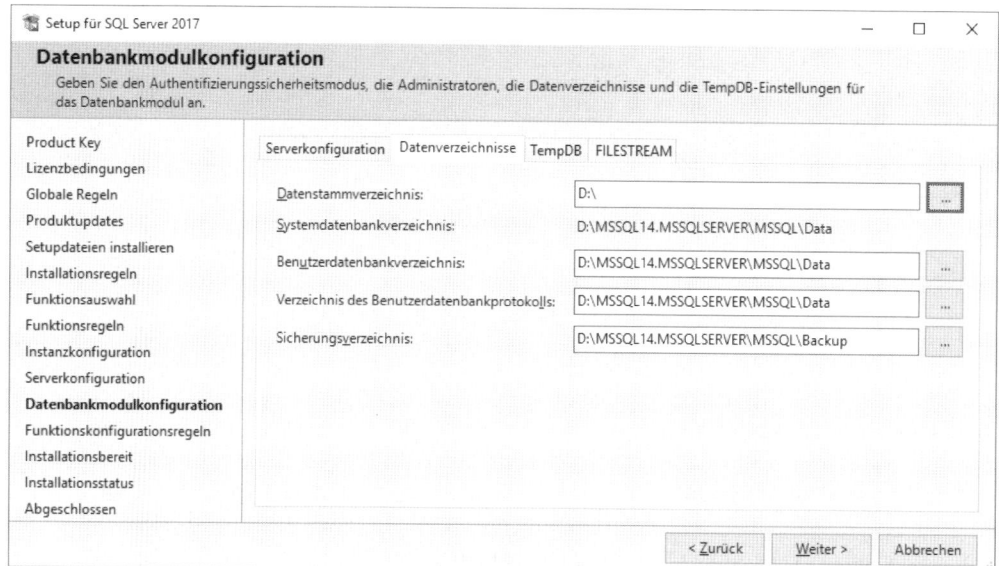

Bild 1.23 Datenverzeichnisse

Bild 1.24 Unterschiedliche HDD für Daten und Protokolle

 HINWEIS: Neu beim SQL Server 2016 und 2017 ist, dass für die temporäre Datenbank *TempDB* gleich bei der Installation mehrere Datendateien festgelegt werden können. Dadurch können temporäre Daten besser verteilt, und, wenn möglich, sogar auf unterschiedlichen Laufwerken abgelegt werden. Diese Paralle-lisierung bringt Vorteile bei der Performance des Gesamtsystems.

Da für die Verwaltung dieses neuen Features mehr Platz vonnöten ist, ist dafür im Dialog ein eigenes Register *TempDB* ergänzt worden. Legen Sie hier die Anzahl der Dateien, deren Anfangsgröße und deren Wert für die automatische Vergrößerung fest. Da wir uns in Kapitel 3 ausführlicher mit der Bedeutung dieser Werte auseinandersetzen werden, übernehmen wir an dieser Stelle die von Microsoft vorgeschlagenen Werte von zwei Dateien mit einer Anfangsgröße von 8 MB und einem automatischen Wachstum von 64 MB. Da die *TempDB* bei jedem Neustart des Server-Dienstes gelöscht und neu erstellt wird, besteht bei ihr nicht so sehr die Gefahr der Fragmentierung, wie dies bei Benutzerdatenbanken gegeben ist. Auch bisher konnte man beim SQL Server manuell weitere Datendateien zur *TempDB* hinzufügen. Neu in dieser Version ist, dass dies schon systematisch und automatisiert bei der Installation des Servers möglich ist.

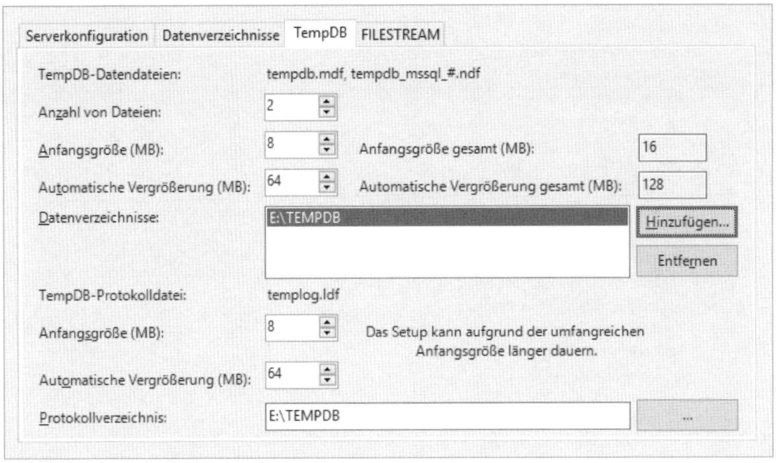

Bild 1.25 Anzahl und Speicherort für temporäre Datenbanken

Auf dem vierten Register können Sie *Filestream* für diese Instanz aktivieren. Dieses Feature, das ich Ihnen ausführlich in Kapitel 3 vorstelle, ermöglicht es, dass der SQL Server Binärdaten im Dateisystem und nicht in der Datenbank speichert. Aus Benutzersicht sieht es aber nach wie vor so aus, als wären die Daten in der Datenbank gespeichert. Als Freigabename wird der Instanzname vorgeschlagen. Dies ist der Name für den Share, mit dem später über das Netzwerk zugegriffen werden kann. Da mir persönlich hier die Vorgabe MSSQL-SERVER nicht so gefällt, ändere ich den Namen auf SQLDATA ab. Damit kann der Zugriff später über den \\SERVERNAME\SQLDATA erfolgen.

Bild 1.26 Filestream konfigurieren

Je nach Featureauswahl können noch weitere Konfigurationsdialoge folgen.

Nachdem nun alle Einstellungen für das Setup getroffen sind, werden die *Funktionskonfigurationsregeln* geprüft, um etwaige Probleme, die sich aus der getätigten Auswahl ergeben könnten, vorweg zu erkennen. Nach dieser Prüfung werden alle getroffenen Einstellungen noch einmal im Dialog *Installationsbereit* angezeigt, bevor der eigentliche Installationsvorgang startet.

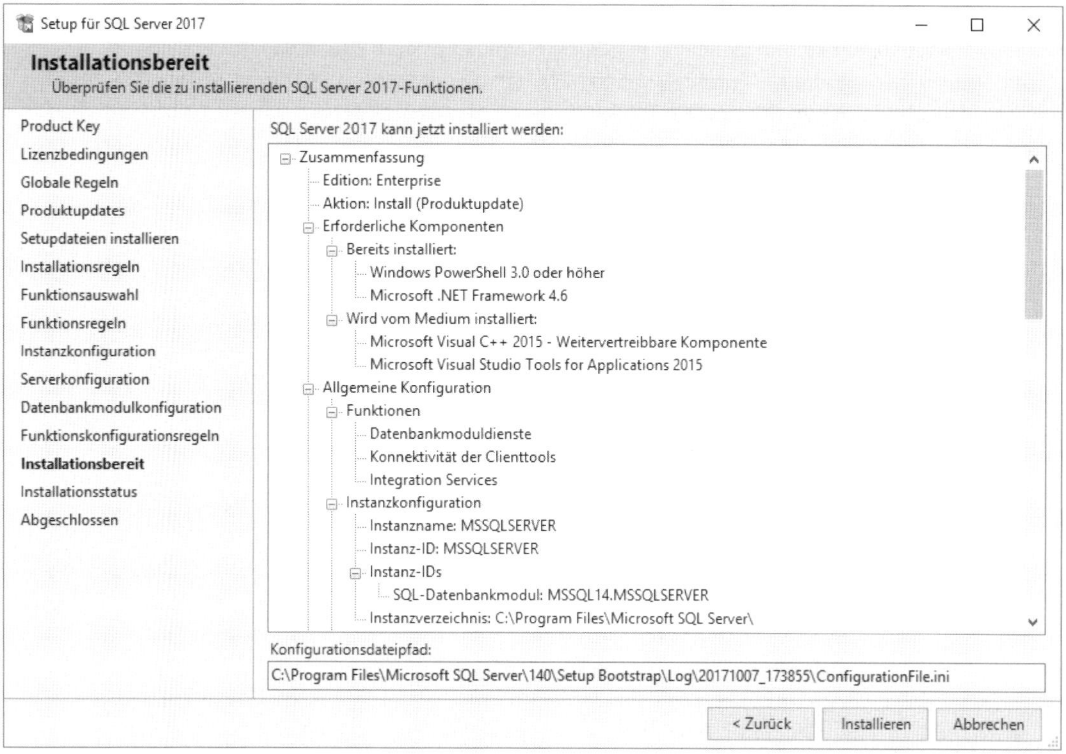

Bild 1.27 Zusammenfassung der Konfiguration

Nach Abschluss der Installation erhalten Sie eine Zusammenfassung mit einem Link zur Zusammenfassungsprotokolldatei.

PRAXISTIPP: Starten Sie nach der Installation bitte noch Windows Update, um eventuell weitere verfügbare Updates zu installieren. Auch wenn Sie bereits beim Setup die Option zur Einbindung von Updates gewählt haben, können Updates für andere Komponenten vorhanden sein.

Ergebnis der Installation

Bei der Installation von Microsoft SQL Server 2017 erstellt das Setup-Programm die in der folgenden Tabelle gezeigten Datenbank- und Protokolldateien (= Systemdatenbanken):

Tabelle 1.4 Datenbanken nach dem Setup

Datenbank	Datenbankdatei(en)	Protokolldatei
master	master.mdf	mastlog.ldf
model	model.mdf	modellog.ldf
msdb	msdbdata.mdf	msdblog.ldf
tempdb	tempdb.mdf, tempdb_mssql_#.ndf	templog.ldf

Die Datenbanken *master, model, msdb* und *tempdb* sind Systemdatenbanken, die nachfolgend noch beschrieben werden. Die Systemdatenbanken werden vom SQL Server benötigt und sollten möglichst unangetastet bleiben. Die Integrität dieser Datenbanken ist sehr wichtig, damit der SQL Server richtig funktioniert.

Die Systemdatenbanken sind in den beim Setup festgelegten Standardverzeichnissen zu finden. Zur Erinnerung: Der Standardspeicherort lautet bei einer Standardinstanz *MSSQL14. MSSQLSERVER\MSSQL\DATA* unter dem beim Setup angegebenen Datenstammverzeichnis, wenn Sie nicht manuell einen anderen Ordner angegeben haben. Bei einer benannten Instanz tritt der Instanzname anstelle von *MSSQLSERVER*.

 HINWEIS: Die bekannte Beispieldatenbank *AdventureWorks* wurde mit dem SQL Server 2016 durch eine neue ersetzt. Diese neue Beispieldatenbank trägt den Namen *Wide World Importers* (WWI) und ist über GitHub mit dem Link *https://github.com/microsoft/sql-server-samples* verfügbar. Informationen über diese Beispieldatenbank finden Sie bei Microsoft auf dieser Seite: *https://docs.microsoft.com/de-de/sql/sample/microsoft-sql-server-samples*

Nachdem die Installation von SQL Server abgeschlossen ist, können mithilfe der grafischen Programme und der Eingabeaufforderungs-Dienstprogramme weitere Konfigurationen erfolgen. In der folgenden Tabelle wird die Unterstützung der Tools beschrieben, die zum Verwalten einer Instanz von SQL Server 2017 verwendet werden.

Tabelle 1.5 Übersicht über die Verwaltungstools

Tool bzw. Dienstprogramm	Erläuterung/Anwendung
Management Studio	Wird verwendet, um Abfragen zu bearbeiten und auszuführen sowie um die Standardtasks von Assistenten zu starten.
Konfigurations-Manager	Dient dem Verwalten der SQL Server-Dienste und Verbindungsprotokolle.
Profiler	Grafische Benutzeroberfläche zum Überwachen einer Instanz des SQL Server-Datenbankmoduls oder einer Instanz von Analysis Services
Datenbankoptimierungsratgeber	Unterstützt beim Erstellen einer optimalen Menge von Indizes, indizierten Sichten und Partitionen.

(Fortsetzung nächste Seite)

Tabelle 1.5 Übersicht über die Verwaltungstools *(Fortsetzung)*

Tool bzw. Dienstprogramm	Erläuterung/Anwendung
SQL Server Data Tools	Entwicklungsumgebung für Analysis Services, Integration Services und Datenbank-Engine
SQLCMD	Verwaltet SQL Server-Objekte von der Kommandozeile aus.
Datenimport und -export	Stellt einen Satz grafischer Tools und programmierbarer Objekte zum Verschieben, Kopieren und Transformieren von Daten bereit.

Direkt nach der Installation des SQL Server 2017 sind von den angeführten Tools vorerst nur der SQL Server 2016-Konfigurations-Manager und SQLCMD verfügbar. Die übrigen Tools stehen nach der separaten Installation des SQL Server Management Studios zur Verfügung. Die SQL Server Data Tools sind ein Bestandteil des Visual Studios. Sie können separat heruntergeladen und installiert werden. Befindet sich noch kein Visual Studio 2015 oder 2017 auf dem Rechner, wird eine abgespeckte Visual Studio Shell installiert und verwendet. Der Download kann von dieser Adresse erfolgen: *https://docs.microsoft.com/de-de/sql/ssdt/download-sql-server-data-tools-ssdt*

Um nach der Installation auf den SQL Server auch über ein Netzwerk zugreifen zu können, müssen eventuell noch folgende Einstellungen vorgenommen werden:

▪ Bei den Editionen Developer, Evaluation und Express ist der Zugriff über das Netzwerk standardmäßig deaktiviert. Um diesen zu erlauben, aktivieren Sie bitte das Serverprotokoll TCP/IP über den SQL Server-Konfigurations-Manager. Anschließend muss der Serverdienst neu gestartet werden, damit die Änderung aktiv wird.

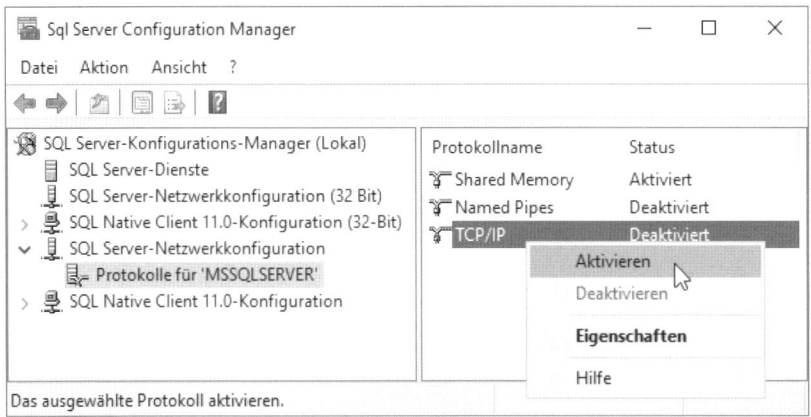

Bild 1.28 TCP/IP-Serverprotokoll aktivieren

▪ Da auf allen Host-Betriebssystemen typischerweise die Windows-Firewall aktiv ist, muss eine eingehende Regel erstellt werden, damit Zugriffe nicht vom Betriebssystem geblockt werden. Erstellen Sie bitte eine Ausnahme für den Port 1433, der standardmäßig vom SQL Server verwendet wird. Fügen Sie zusätzlich das SQL Server Management Studio als Programm hinzu, das durch die Firewall kommunizieren darf.

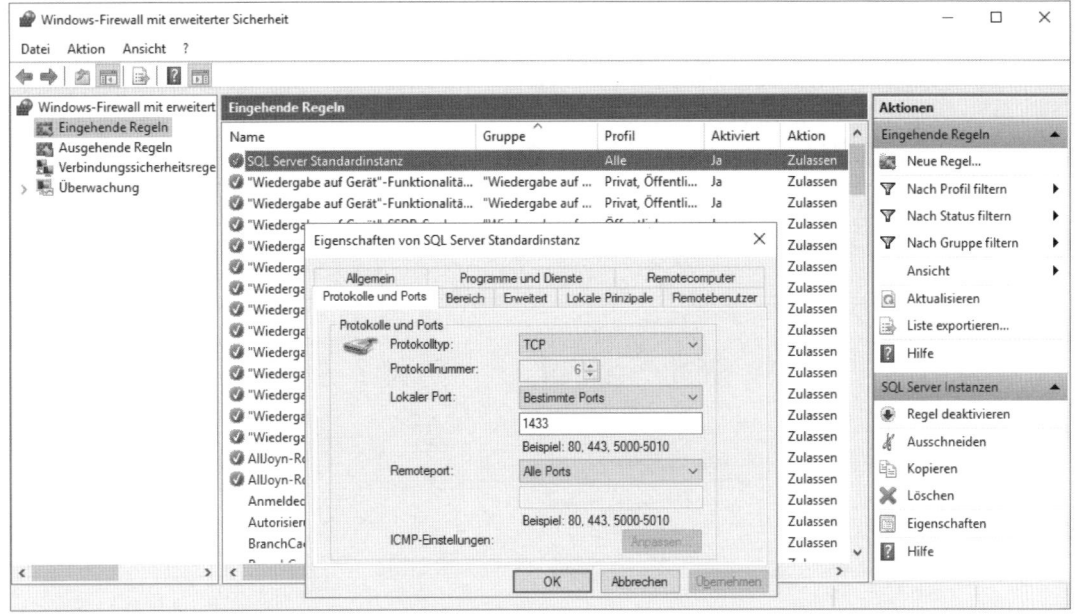

Bild 1.29 Port für SQL Server in Windows-Firewall freischalten

■ 1.4 Datenbanken installieren und nutzen

Um eine vorhandene Datenbank nutzen zu können, müssen Sie diese vorab auf dem Server anfügen.

> **HINWEIS:** Die Beispieldatenbank zu diesem Buch können Sie auf verschiedene Arten auf Ihr System bekommen. Die wichtigsten drei Arten sind:
>
> ▪ Erstellen Sie eine neue Datenbank mit dem Beispielskript, die Beschreibung dazu finden Sie in Kapitel 3.
>
> ▪ Sie verwenden ein Backup der Datenbank, um diese damit wiederherzustellen. Informationen zum Wiederherstellen von Backups finden Sie in Kapitel 9.
>
> ▪ Sie verwenden die Datenbankdateien, um diese am Server zu registrieren. Die detaillierte Beschreibung der Vorgangsweise dazu finden Sie auch in Kapitel 9, die Schnellvariante zeige ich Ihnen im Anschluss.

Die für diese drei Varianten benötigten Dateien finden Sie bei den Beispieldateien zu diesem Buch.

Um die in diesem Buch verwendete Beispieldatenbank *wawi* auf Ihrem Server zu verwenden, gehen Sie bitte wie folgt vor:

1. Kopieren Sie die Dateien *wawi_data.mdf* und *wawi_log.ldf* in ein lokales Verzeichnis auf Ihrem Rechner, zum Beispiel in den Standard-Datenbankordner *MSSQL14.MSSQLSERVER\ MSSQL\DATA*.

2. Starten Sie das SQL Server Management Studio (die Bedienung wird im folgenden Kapitel noch ausführlich erklärt) und melden Sie sich am zuvor installierten SQL Server mit der Windows-Authentifizierung an.

Bild 1.30 Mit Management Studio anmelden

3. Klicken Sie auf den Ordner *Datenbanken* mit der rechten Maustaste und wählen Sie den Befehl ANFÜGEN... aus.

4. Klicken Sie auf HINZUFÜGEN... und wählen Sie die gewünschte Datenbank, beispielsweise die primäre Datendatei *wawi_data.mdf* der Datenbank *wawi*.

5. Nach einem Klicken auf OK wird die gewählte Datenbank im Dialog angezeigt.

6. Bestätigen Sie abermals mit OK, um den Vorgang erfolgreich abzuschließen.

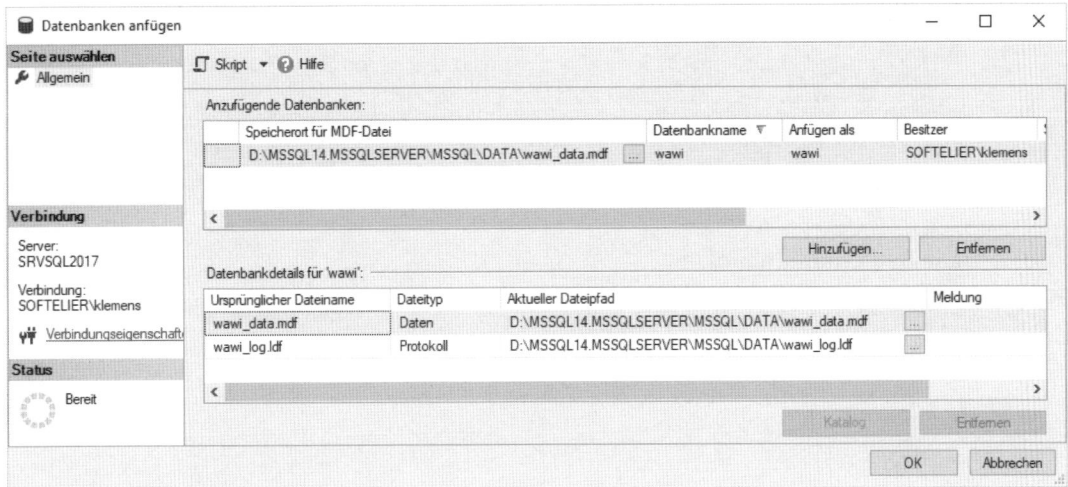

Bild 1.31 Datenbank anfügen

Als Ergebnis wird die neue Datenbank *wawi* im Objekt-Explorer angezeigt.

Bild 1.32 Neue Datenbank im Objekt-Explorer

Die beiden Datenbanken *ReportServer* und *ReportServerTempDB* sind deshalb vorhanden, weil wir die Reporting Services bei der Installation ausgewählt haben und eine Basiskonfiguration für diese durchführen haben lassen. Diese sind bei der Express Edition nicht verfügbar.

 HINWEIS: In Bild 1.32 sehen Sie im Objekt-Explorer den Namen des Servers, mit dem sie verbunden sind. Hinter dem Servernamen werden in Klammern die Versionsnummer und der Name des verwendeten Logins angezeigt. Die Versionsnummer 14 steht für den SQL Server 2017. Die hinteren Nummern geben Aufschluss darüber, welche Patch-Variante bzw. welches Service Pack (Build Number) installiert ist. Die Versionsnummer des SQL Server 2017 RTM lautet 14.0.1000.169. Im Moment ist der aktuellste Patch das Sicherheitsupdate CU3 (Cumulative Update 3) mit der Versionsnummer 14.0.3015.40

PRAXISTIPP: Um immer auf dem aktuellsten Informationsstand über Updates zu allen aktuellen SQL Server-Versionen zu sein, legen Sie sich folgenden Link als Favorit in Ihrem Browser an:

https://buildnumbers.wordpress.com/sqlserver

Die Systemdatenbanken

Microsoft SQL Server-Systeme verfügen über vier Systemdatenbanken:

- master
- model
- msdb
- tempdb

Im Management Studio werden diese zur besseren Unterscheidung von den benutzererstellten Datenbanken durch den eigenen Ordner *Systemdatenbanken* getrennt.

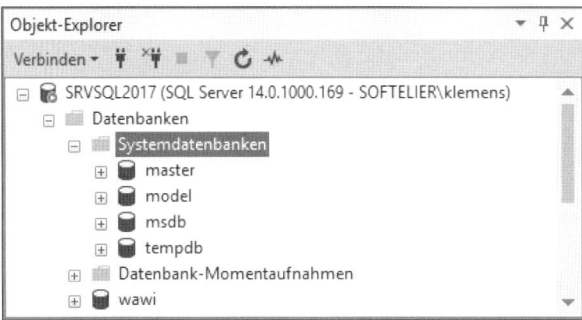

Bild 1.33 Systemdatenbanken

Die *master*-Datenbank enthält eine Aufzeichnung aller Informationen, die auf Systemebene für ein SQL Server-System wichtig sind. Dazu zählen

- alle Anmeldekonten und alle Systemkonfigurationseinstellungen,
- das Vorhandensein aller anderen Datenbanken, einschließlich der Speicherorte der Datenbankdateien,
- die Initialisierungsinformationen für den SQL Server.

 PRAXISTIPP: Achten Sie bitte darauf, dass Sie stets über eine aktuelle Sicherung der *master*-Datenbank verfügen. Damit können Sie nicht nur die Benutzerdaten, sondern auch das System bei Bedarf wiederherstellen.

Die *model*-Datenbank wird als Vorlage für alle Datenbanken verwendet, die in einem System erstellt werden. Bei der Neuanlage einer Datenbank wird der erste Teil der Datenbank derart erstellt, dass der Inhalt der *model*-Datenbank kopiert wird. Anschließend wird der verbleibende Teil der neuen Datenbank mit leeren Seiten aufgefüllt. Wichtig ist: Da die Datenbank *tempdb* bei jedem Start von SQL Server neu erstellt wird, muss die *model*-Datenbank immer in einem SQL Server-System vorhanden sein.

Die *msdb*-Datenbank wird vom SQL Server-Agent verwendet, um Termine für Warnungen und Aufträge zu planen und Operationen aufzuzeichnen. Auch Integration Services-Pakete können in dieser Datenbank gespeichert werden, damit sie direkt am Server ausgeführt werden können.

Jede Datenbank, einschließlich der Systemdatenbanken, verfügt über einen eigenen Satz von Dateien. Diese Dateien werden nicht mit anderen Datenbanken gemeinsam verwendet.

Die Datenbank *tempdb* nimmt alle temporären Tabellen und andere temporäre Objekte auf. Diese Datenbank wird darüber hinaus in allen anderen Situationen verwendet, in denen temporärer Speicherplatz benötigt wird, beispielsweise für Arbeitstabellen, die von SQL Server erzeugt werden. *tempdb* ist eine globale Ressource. Die temporären Tabellen und temporär gespeicherten Prozeduren für alle Benutzer, die eine Verbindung zum System hergestellt haben, werden in dieser Datenbank gespeichert. *tempdb* wird bei jedem Start von SQL Server neu erstellt; das System startet somit mit einer leeren Kopie dieser Datenbank. Da temporäre Tabellen und temporär gespeicherte Prozeduren beim Trennen von Verbindungen automatisch gelöscht werden und keine Verbindung aktiv ist, wenn das System heruntergefahren wird, enthält *tempdb* niemals Inhalte, die von einer SQL Server-Sitzung bis zur nächsten gespeichert werden. Standardmäßig wird *tempdb* während der Ausführung von SQL Server nach Bedarf vergrößert. Anders als andere Datenbanken wird *tempdb* jedoch bei jedem Start des Datenbankmoduls durch das Neuerstellen auf die Anfangsgröße zurückgesetzt.

Der erfolgreiche Betrieb von SQL Server hängt von der Integrität der Informationen in den Systemdatenbanken und Systemtabellen ab. Aus diesem Grund wird das direkte Aktualisieren der Informationen in einer Systemtabelle durch einen Benutzer nicht unterstützt.

Stattdessen stehen administrative Tools zur Verfügung, die Benutzern das umfassende Verwalten des Systems sowie aller Benutzer und Objekte in einer Datenbank ermöglichen. Benutzer können die administrativen Dienstprogramme (z. B. SQL Server Management Studio) verwenden, um das System direkt zu verwalten. Programmierer können die SMO-API (siehe dazu Kapitel 7) verwenden, um die vollständige Funktionalität für das Verwalten von SQL Server in ihre Anwendungen einzubinden. Programmierer, die Transact-SQL-Skripte und gespeicherte Prozeduren erstellen, können die gespeicherten Systemprozeduren sowie DDL-Anweisungen von Transact-SQL verwenden, um alle administrativen Funktionen in ihren Systemen zu unterstützen.

Datenbankobjekte in der SQL Server-Datenbank

Die folgende Aufstellung zeigt die wichtigsten Datenbankobjekte. Genauere Informationen finden Sie unter anderem in Kapitel 3.

Tabelle 1.6 Datenbankobjekte einer SQL Server-Datenbank

Ordner	Bedeutung/Anwendung
Datenbank-diagramme	Ermöglicht wird eine grafische Darstellung der Beziehungen zwischen den Tabellen einer SQL Server-Datenbank.
Tabellen	Tabellen sind Datenbankobjekte, die sämtliche in einer Datenbank enthaltenen Daten umfassen. Die Daten in den Tabellen sind, ähnlich wie in einer Kalkulationstabelle, in Zeilen und Spalten angeordnet.
Sichten	Eine Sicht ist eine virtuelle Tabelle, deren Inhalt durch eine Abfrage definiert wird. Wie eine echte Tabelle besteht auch eine Sicht aus einem Satz benannter Spalten und Zeilen mit Daten.
Synonyme	Synonyme können für andere Datenbankobjekte erstellt werden, um darauf mit diesen anstelle der Originalnamen zugreifen zu können.
Gespeicherte Prozeduren	Eine vorkompilierte Auflistung von Transact-SQL-Anweisungen, die unter einem Namen gespeichert und als Einheit verarbeitet wird. SQL Server stellt gespeicherte Prozeduren zum Verwalten von SQL Server und zum Anzeigen von Informationen über Datenbanken und Benutzer bereit.
Funktionen	Funktionen sind Unterroutinen, bestehend aus einer oder mehreren Transact-SQL-Anweisungen, die Code für die Wiederverwendung kapseln. SQL Server beschränkt Benutzer nicht auf die integrierten Funktionen, die im Rahmen der Transact-SQL-Sprache definiert sind. Benutzer können vielmehr ihre eigenen benutzerdefinierten Funktionen erstellen.
Datenbanktrigger	Datenbanktrigger sind ein Feature, mit dem Änderungen an anderen Datenbankobjekten protokolliert und gegebenenfalls auch verhindert werden können.
Assemblys	Stellen .NET-Code für die Verwendung über die Common Language Runtime zur Verfügung, um beispielsweise gespeicherte Prozeduren, die in .NET entwickelt worden sind, auszuführen.
Typen	Typen werden hier vom Benutzer selbst definiert. Dies ermöglicht es beispielsweise, spezielle von der Anwendung benötigte Daten zu speichern.
Regeln	Regeln werden als separate Objekte erstellt, die anschließend an die Spalte gebunden werden.
Standardwerte	Mit einer Standardeinschränkung können Sie einen Wert für eine Spalte definieren, der immer dann eingefügt wird, wenn ein Benutzer keinen Wert einträgt.
Planhinweislisten	Mit diesen kann im Rahmen der Optimierung von Abfrageleistung Einfluss auf das Erstellen von Ausführungsplänen für Anweisungen genommen werden.
Sequenzen	Diese Nummernspender können zum Generieren von eindeutigen Nummern verwendet werden, die beim Einfügen von Datensätzen gezogen und mit eingefügt werden. Diese sind an keine Tabelle oder Spalte fix gebunden und die gelieferten Werte können vielmehr beliebig in SQL-Anweisungen abgerufen und eingefügt werden.
Benutzer	Einzelpersonen und Gruppen, die Zugriff auf das System erhalten haben.
Rollen	Berechtigungsgruppen, die eingesetzt werden, um die Sicherheit zu gewährleisten.
Schemas	Ein Schema ist ein abgeschlossener Bereich, in dem Datenbankobjekte gespeichert werden.

■ 1.5 Gratis: die Express Edition

Auch von SQL Server 2017 ist wieder eine Express Edition erhältlich. Sie ist kostenlos und kann legal mit der eigenen Software vertrieben werden. Damit ist sie auch eine ernsthafte Konkurrenz für die eigene Desktop-Datenbank MS Access. Wenn man mit Access viel Erfahrung hat, verwendet man es idealerweise weiterhin als Frontend und setzt dazu den SQL Server als Backend ein.

Die wichtigsten Merkmale der Express Edition sind folgende:

- Die maximale Datenbankgröße beträgt 10 GB. Dieser Maximalwert betrifft jedoch nur eine einzelne Datenbank. Sie können also mehrere Datenbanken mit bis zu 10 GB Größe mit dieser Edition nutzen.
- Sie nutzt nur maximal 4 Prozessorkerne und maximal 1 GB RAM.
- Auch Speicheroptimierte Tabellen werden nun von der Express Edition unterstützt. Das sind Tabellen, die zur Gänze im RAM gehalten werden. Der Speicher für diese Tabellen ist auf 352 MB begrenzt.
- Reporting Services, die mit SQL Server Express with Advanced Services eingesetzt werden, sind auf die Nutzung von 4 GB RAM begrenzt.
- Mit *SQL Server Management Studio* steht das grafische Tool auch für die kleine Edition frei zur Verfügung. Welche Features verfügbar sind, hängt nur mehr von der Edition des verbundenen Servers ab.
- Leider gibt es in der Express Edition den *SQL Server-Agent* nicht, mit dem zeitgesteuerte Aufträge definiert werden. Dieses Feature fehlt in der Praxis tatsächlich, da es bei vielen Kleinstinstallationen zumindest für die tägliche automatische Sicherung Verwendung fände. Wenn Sie den Server-Agent benötigen, müssen Sie jetzt mindestens die Standard Edition einsetzen. (Lesen Sie über einen möglichen Workaround in Kapitel 9.)

Im Großen und Ganzen ist die Express Edition eine für viele Anwendungsfälle sehr gut einsetzbare Datenbank, die zudem noch kostenlos ist. Sie ist eine echte Alternative zu einer Desktop-Datenbank wie MS Access, da sie die klassischen Merkmale einer Server-Datenbank aufweist:

- Erhöhte Stabilität im Betrieb
- Reduktion der Netzlast durch Server-Datenbank
- Datensicherheit durch ein effizientes Sicherheitssystem
- Sicherung im Online-Betrieb
- Möglichkeit eines Desaster Recoverys
- Serverseitige Programmierung durch Transact-SQL und CLR-Integration
- Protokollierung von Transaktionen

Die Express Edition des SQL Server 2017 steht unter den Adressen *https://www.microsoft.com/de-DE/download/details.aspx?id=55994* und *https://www.microsoft.com/de-de/sql-server/sql-server-downloads* in drei Varianten über den herunterzuladenden Installer zur Verfügung:

- *LocalDB*: Dies ist eine kleine Basisversion, die im Benutzermode gestartet wird und damit quasi wie eine Desktop-Datenbank lokal verwendet wird. Sie lässt sich direkt in mit dem Visual Studio erstellte Programme einbetten.

- *SQL Server 2017 Express*: In dieser Download-Variante ist ausschließlich das Datenbankmodul enthalten. Sie enthält keine grafischen Clienttools. Lediglich das Kommandozeilentool SQLCMD ist enthalten.

- *SQL Server 2017 Express mit Advanced Services*: In dieser Variante sind Volltextdienste sowie Reporting Services enthalten. Das Management Studio ist in dieser Version nicht mehr direkt enthalten und muss wie bei den anderen Editionen separat installiert werden.

Die Auswahl erfolgt hierbei erst, nachdem der Installer geladen und gestartet worden ist. Entweder installieren Sie direkt mit diesem Installer in einer der Varianten *Standard* oder *Benutzerdefiniert* oder Sie laden sich vorerst einmal die Installationsmedien herunter. Letzteres macht Sinn, wenn Sie die Installation auf mehreren Rechnern durchführen möchten.

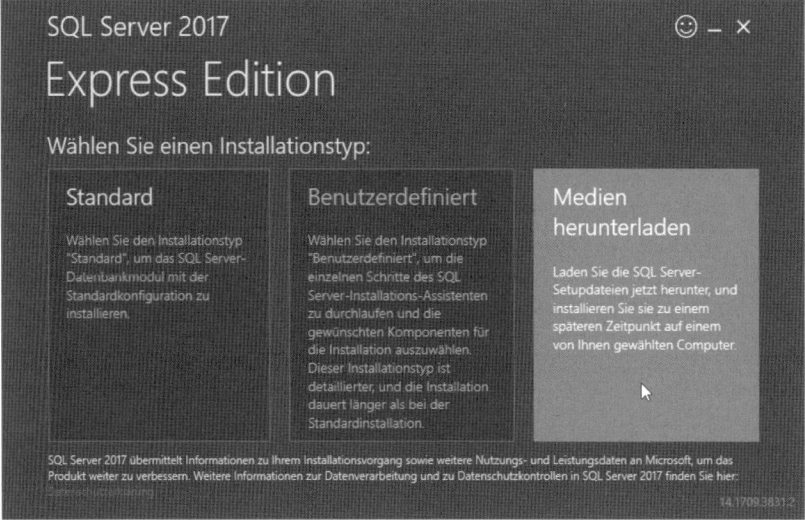

Bild 1.34 Auswahl des Installationstyps

Praktisch finde ich, dass man beim Herunterladen nicht nur eine der drei zuvor beschriebenen Paketversionen auswählen kann, sondern auch noch die Sprachversion separat unabhängig von der Sprachversion des Installers wählen kann.

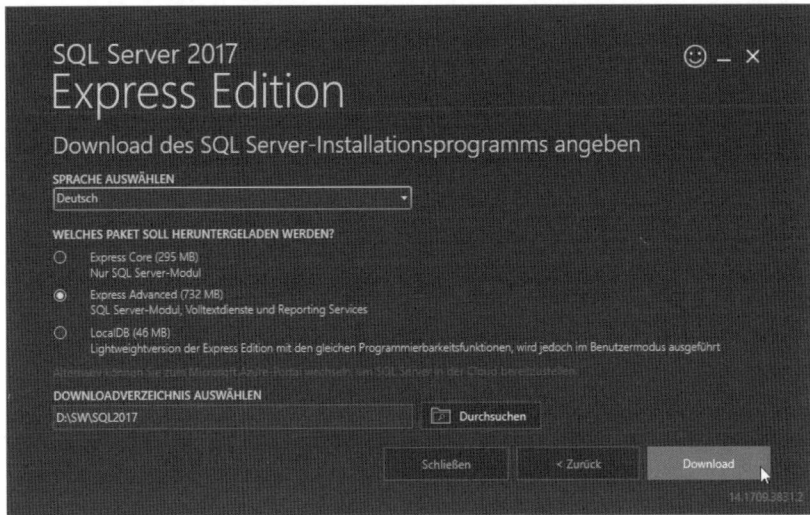

Bild 1.35 Download der Installationsdateien

HINWEIS: Die meisten der in diesem Buch behandelten Themen können in dieser Form auch mit der Express Edition ein- und umgesetzt werden. Wird ein Feature von der Express Edition nicht unterstützt, wird dies an der entsprechenden Stelle erwähnt.

■ 1.6 SQL Server Feature Pack

Auch für den SQL Server 2017 gibt es wieder, wie bereits bei den Vorversionen auch, das sogenannte Feature Pack. In diesem sind mehrere Downloads von Zusatztools und Treibern zusammengefasst. Diese sind entweder Teile des SQL Servers, die frei weitergegeben werden können, oder Add-ons. Alle diese Komponenten können separat heruntergeladen werden. Einige Komponenten sind gegenüber den Vorversionen hinzugekommen, aber es fehlen auch bisher bekannte wie zum Beispiel der SQL Server Native Client. Der SQL Server Migration Assistant ist hier auch nicht mehr zu finden, jedoch ist der Link zum Download ja nun in die Hauptmaske des Setup-Programms integriert.

HINWEIS: Sie finden das aktuelle Feature Pack für den SQL Server 2017 unter folgender Adresse:

https://www.microsoft.com/de-DE/download/details.aspx?id=55992

Hier ist ein Auszug an Elementen des Feature Packs, eine umfassende Auflistung finden Sie an der zuvor angegebenen Adresse:

- SQL Server Master Data Service-Add-in für Microsoft Excel
- Change Data Capture Designer und Service für Oracle von Attunity für Microsoft SQL Server
- Connector für SAP BW für Microsoft SQL Server
- Analysis Services-Clientbibliotheken
- SQL Server®-Berichts-Generator
- JDBC-Treiber für Microsoft SQL Server
- ODBC-Treiber für Microsoft SQL Server
- Treiber für PHP für Microsoft® SQL Server
- SQL Server® Semantic Language Statistics
- SQL Server® Data-Tier Application Framework
- System-CLR-Typen für SQL Server
- SQL Server® Transact-SQL Language Service
- SQL Server® Remote Blob Store
- SQL Server® Service Broker External Activator für Microsoft SQL Server
- Integration Services Feature Pack für Azure
- OLE DB-Anbieter für DB2 v6.0 für Microsoft SQL Server
- Report Viewer-Steuerelement für ASP.NET Web Forms-Apps
- Report Viewer-Steuerelement Windows Forms-Apps

Damit können Sie beispielsweise auf einem Rechner, auf dem keine SQL Server-Installation vorgenommen wird, aktuelle Treiber für den Serverzugriff (ODBC-Treiber) installieren. Für Entwickler, die andere Entwicklungsumgebungen nutzen, werden hier SQL Server-Treiber wie zum Beispiel für JDBC oder PHP bereitgestellt. Aber auch Dokumentationen und Ratgeber sind hier zu finden. Ich persönlich vermisse an dieser Stelle die Befehlszeilenprogramme. Hinter diesen verbergen sich das Tool SQLCMD, mit dem Sie über die Kommandozeile auf einen SQL Server zugreifen können, sowie das BCP-Hilfsprogramm, mit dem Sie Daten von einem SQL Server im angegebenen Format in eine Datei exportieren können. Aber diese Seite ist laufend in Veränderung, so können diese bereits verfügbar sein, wenn Sie diese Zeilen lesen. Bei Bedarf können Sie auf die Dateien des SQL Server 2016 zurückgreifen, die unter dieser Adresse zu finden sind: *https://www.microsoft.com/de-DE/download/details.aspx?id=52676*

HINWEIS: Der SQL Server Native Client, der neben den ODBC-Treibern auch jene für OLE DB bereitgestellt hat, steht ja bereits mit dem SQL Server 2014 nicht mehr zur Verfügung. Microsoft hat den OLE DB Provider (ADO) für den SQL Server mit der Version 2012 letztmalig bereitgestellt und danach abgekündigt (deprecated). Daher stehen an dieser Stelle nur mehr die ODBC-Treiber zur Verfügung. Dies hat starke Auswirkungen für Entwickler gehabt, denen Microsoft Ende der 90er-Jahre den Umstieg von ODBC auf ADO nahegelegt hat. Diese 180-Grad-Drehung hatte zur Folge, dass wieder ODBC für Transaktionsanwendungen favorisiert wurde. Dies war nicht ganz verständlich, da ADO in anderen Bereichen wie zum Beispiel für Analysis Services nach wie vor unterstützt wird, auch bei der aktuellen Version 2017. Sie können den Native Client des SQL Server 2012 noch einsetzen, er wird auch nach wie vor mit dem Setup des SQL Server 2017 installiert. Ende 2017 hat Microsoft sich entschlossen, die Abkündigung von OLE DB für den SQL Server wieder zurückzunehmen und hat für 2018 einen neuen Treiber, der auch alle Versionen nach 2012 – und vor allem viele deren neue Featurens – unterstützen wird, angekündigt. Suchen Sie im Web nach diesem, wenn Sie diese Zeilen lesen – vielleicht gibt es ihn inzwischen schon. Idealerweise wird er direkt beim Feature Pack verfügbar sein.

Wird beim Setup des SQL Servers die Option *Konnektivität der Clienttools* gewählt, findet sich neben dem ODBC-Treiber 13 auch der ODBC-Treiber des SQL Server Native Client 11 auf dem System. 11 ist ja die Versionsnummer des SQL Server 2012, 13 jene des SQL Server 2016. Aber auch der OLE DB-Provider des Native Client wird nach wie vor installiert.

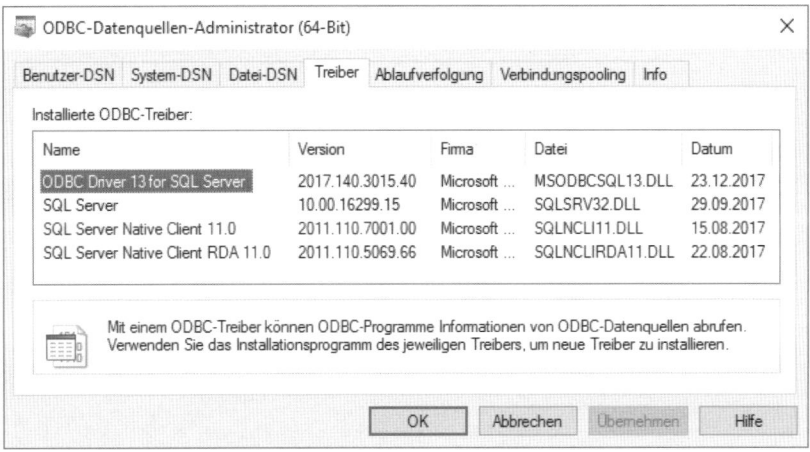

Bild 1.36 Installierte ODBC-Treiber

Wie in Bild 1.36 zu sehen, verwendet auch der mit dem SQL Server 2017 installierte ODBC-Treiber die Nummer 13 und nicht 14. Die neue Version ist aber über die Versionsnummer ersichtlich, die mit 2017.140.3015.14 der CU3-Versionsnummer des SQL Server 2017 entspricht.

2 Die grafischen Tools des SQL Server 2017

Eine der größten Stärken von Microsoft ist es, auch komplexe und komplizierte Sachverhalte und Produkte durch perfekte grafische Oberflächen vielen Benutzergruppen nahezubringen. Somit wird auch Einsteigern in ein Thema das Arbeiten mit Produkten möglich gemacht. Dem Profi wird durch einen einfachen Zugriff auf die Funktionen geholfen, die Arbeit möglichst effizient und effektiv zu erledigen. Manchmal kommt da schon der Gedanke: „Wenn das so einfach ist, kann das wirklich jeder!"

In diesem Kapitel möchte ich Ihnen die grafischen Tools für das Datenbankmodul des SQL Server 2017 vorstellen. Die Einfachheit der grafischen Tools ist mit dafür verantwortlich, dass trotz der Komplexität des Produkts im Hintergrund der SQL Server bei der Anwendung oft als sehr simpel empfunden wird. In der Praxis kann es manchmal aber auch nachteilig sein, wenn die Komplexität eines Produkts zu sehr verborgen wird. Daher verfolge ich mit diesem Buch auch das Ziel, Ihnen die Hintergründe möglichst verständlich aufzubereiten. Denn oft ist es kein Nachteil, zu wissen, was man eigentlich mit einem kleinen Mausklick in Bewegung setzt und was man damit bewirkt.

 HINWEIS: In diesem Kapitel lernen Sie den grundlegenden Umgang mit den grafischen Tools. Über die Inhalte, die sich dahinter verbergen, erfahren Sie mehr in den nachfolgenden Kapiteln.

■ 2.1 Die Tools im Überblick

Zum Einstieg möchte ich Ihnen einen Überblick über die in diesem Kapitel beschriebenen Tools geben. In der Regel installieren Sie die grafischen Tools bei jeder Serverinstallation automatisch auf dem Server mit. Gerade bei Entwicklern wird der SQL Server oft auf der lokalen Maschine installiert, wodurch die Tools automatisch zur Verfügung stehen.

NEU: Wie schon im vorangegangenen Kapitel erwähnt, werden die grafischen Tools, die unter dem Überbegriff *Verwaltungstools* zusammengefasst werden, mit dem SQL Server 2016 und 2017 nicht mehr direkt über das SQL Server-Setup bereitgestellt. Sie müssen beziehungsweise können über folgenden Link bezogen werden: *https://docs.microsoft.com/de-de/sql/ssms/download-sql-server-management-studio-ssms*

Achten Sie darauf, dass sich der Downloadlink auf dieser Seite auch bei der deutschen Ausgabe – zumindest im Moment (das kann sich ja immer wieder ändern) – auf die englische Version bezieht, was Sie an der Endung *ENU* im Dateinamen erkennen. Um die deutsche Sprachversion zu bekommen, scrollen Sie auf dieser Seite etwas nach unten. Dort befinden sich die Links zu anderen Sprachversionen.

Ob Sie die Verwaltungstools auf einem dedizierten Server installieren, bleibt Ihnen überlassen. Microsoft empfiehlt es aus Sicherheitsgründen nicht. Jedenfalls werden Sie die Verwaltungstools auf Ihrem Arbeits-PC installieren. Ich persönlich habe das Management Studio immer gerne auch lokal auf dem Server, das ist manchmal ganz praktisch, wenn es Probleme beim Remotezugriff gibt. So ist zum Beispiel das Debuggen von Stored Procedures (Kapitel 7) lokal viel einfacher zu bewerkstelligen.

Starten Sie die Installation, haben Sie hierbei keine Auswahl, welche Tools Sie installieren möchten und welche nicht. Sie bekommen immer das gesamte Paket. Auch wenn bei der Installation lediglich das Management Studio genannt wird, werden sämtliche Verwaltungstools installiert, die sich zu diesem Zeitpunkt noch nicht auf dem Rechner befinden.

Bild 2.1 Verwaltungstools installieren

- **SQL Server Management Studio:** Das Management Studio ist quasi das Hauptwerkzeug des SQL Server 2017. Es basiert auf der Shell von Visual Studio 2015 und kommt daher Entwicklern von der Optik und der Handhabung her oft bekannt vor. Es ist sowohl das Haupttool zur Verwaltung als auch dasjenige zur Entwicklung. Der integrierte Abfrageeditor dient zum Erstellen und Generieren von Abfragen und kann somit auch von

Nichtspezialisten verwendet werden. Es unterstützt nicht nur das Datenbankmodul, sondern auch andere Dienste wie zum Beispiel die Integration oder Analysis Services. Es gibt nicht mehr wie früher unterschiedliche Varianten, sondern nur mehr eine, die jene Features unterstützt, die auf der verbundenen Instanz des SQL Servers verfügbar sind.

- **SQL Server-Konfigurations-Manager:** Der Konfigurations-Manager dient zur Einstellung der verwendeten Netzwerkprotokolle und zur Konfiguration der SQL Server-Dienste.

- **SQLCMD:** Das Tool SQLCMD (SQL Command) ist das Kommandozeilentool für den Einsatz von SQL und Transact-SQL.

- **SQL Server-Installationscenter:** Das Installationscenter wird für das nachträgliche Ergänzen von Features zu einer existierenden Installation verwendet.

- **SQL Server Profiler:** Der Profiler dient zur Überwachung von Anweisungen und Prozessen auf dem Server. In erster Linie übernimmt er die Auswertung der Leistung und die Analyse der ausgeführten Anweisungen.

- **Datenbankoptimierungsratgeber:** Mithilfe des Optimierungsratgebers können Sie Ihre Datenbank analysieren und Tipps für Verbesserungen der Leistung erhalten.

- **SQL Server Data Tools:** Dieses Tool bietet Entwicklern die Möglichkeit, mit einem Tool alle Bereiche der Datenbankentwicklung abzudecken. Außerdem ermöglicht es das Entwickeln von .NET-Prozeduren ohne eine Vollversion des Visual Studios.

 HINWEIS: Im Bereich der SQL Server Data Tools ist es zu einer sinnvollen Vereinheitlichung gekommen. Vielleicht fragen Sie sich, was aus den **SQL Server Data Tools BI** geworden ist. Diese hat es ja zuvor schon unter verschiedenen Namen gegeben (*Visual Studio Shell* und *Business Intelligence Development Studio*). Über diese spezielle Form des Visual Studios werden Projekte für Analysis Services, Integration Services und Reporting Services erstellt. Aufgrund des ähnlichen Namens konnten die SQL Server Data Tools und die SQL Server Data Tools BI leicht verwechselt werden, auch wenn es sich dabei um zwei eigenständige Werkzeuge gehandelt hat. Jetzt sind alle bisherigen Funktionalitäten der beiden unter den SQL Server Data Tools zusammengefasst und es gibt nur mehr dieses eine Werkzeug. Entweder werden die entsprechenden Projektvorlagen je nach Wahl mit einer Shell des Visual Studios 2015 oder 2017 installiert oder in die jeweilige Version des Visual Studios integriert, wenn dieses auf dem Rechner bereits installiert ist.

- **Import/Export-Assistent:** Ein komfortabler Assistent für den einfachen Import und Export von Daten in oder aus einer Datenbank.

- **Bereitstellungsassistent für Integration Services:** Mit diesem Assistenten können Integration Services-Projekte einfach in einen Integration Services-Katalog auf einem Server übertragen werden.

- **Paketausführungsprogramm:** Mit diesem können Integration Services-Pakete lokal auf einem Client ausgeführt werden. Über das Erstellen von solchen Paketen lesen Sie in Kapitel 11.

- **Projektkonvertierungs-Assistent:** Mit diesem Assistenten können Integration Services-Pakete von Vorversionen für die aktuelle Version konvertiert werden.

- **Integration Services Datenfeedveröffentlichungs-Assitent:** Die Ausgabe eines Integration Services-Pakets kann mithilfe dieses Assistenten als Sicht (View) in einer Datenbank zugänglich gemacht werden. Auf diese Sicht kann konventionell über SQL-Abfragen zugegriffen werden.

HINWEIS: Ein ganz neues Tool, das im Moment nur als Vorschauversion verfügbar ist, ist das *SQL Operations Studio*. Dieses Werkzeug, das dem SQL Server Management Studio ähnlich ist, ist sowohl für Windows, Linux und MacOS verfügbar. Das SQL Operations Studio ist nicht Bestandteil der Verwaltungstools und über einen eigenen Download verfügbar. Damit wird die Ausweitung auf andere Betriebssysteme neben dem SQL Server 2017 für Linux auf Clientebene ebenso fortgesetzt.

■ 2.2 Das Management Studio

Wie bereits erwähnt, ist das Management Studio dasjenige Tool des SQL Server 2017, mit dem Sie wohl am meisten arbeiten werden, da es sowohl zur Verwaltung, zur Entwicklung als auch zum Erstellen von Abfragen eingesetzt wird. Dieses Tool verwendet, wie erwähnt, das grafische Interface von Visual Studio.

Anmelden

Beim Starten des Management Studios müssen Sie sich erstmalig anmelden. In der Regel melden Sie sich am Datenbankmodul (Database Engine) an. Da das Management Studio nicht nur zur Verwaltung der Datenbanken, sondern auch der weiteren SQL Server-Services dient, steht im Anmeldedialog als Servertyp Folgendes zur Wahl:

- *Datenbankmodul*: Dies ist die Standardauswahl für das Arbeiten mit Datenbanken.

- *Analysis Services*: Ermöglicht den Zugriff auf die Verwaltung der Analysis Services zur Erstellung von Data Warehouse-Anwendungen.

- *Reporting Services*: Die Reporting Services erlauben es Ihnen, Berichte, die auf Daten des SQL Servers basieren, in verschiedenen Formaten auszugeben und Benutzern beispielsweise über einen Browser zur Verfügung zu stellen.

- *Integration Services*: Die Integration Services werden für das Abbilden von Workflows verwendet, wodurch sich externe Daten und Funktionen integrieren lassen.

Bild 2.2 Anmeldedialog

Melden Sie sich am Datenbankmodul über Windows-Authentifizierung oder über SQL Server-Authentifizierung mit Eingabe Ihres Benutzernamens und Ihres Kennworts an.

HINWEIS: Detaillierte Informationen über Authentifizierungsmodi und Anmeldungen finden Sie in Kapitel 10.

Warum können Sie sich bei einem frisch installierten SQL Server lokal anmelden?

- Sie haben beim Setup bei der Option zum Hinzufügen von Benutzern mit Administratorzugriff Ihren Windows-Benutzer oder eine Gruppe, deren Mitglied Sie sind, hinzugefügt. Nun können Sie sich mit dem Authentifizierungstyp *Windows-Authentifizierung* anmelden.

- Wenn Sie beim Setup bereits den gemischten Modus gewählt haben, können Sie sich auch mit dem Anmeldenamen *sa* und dem im Setup vergebenen Kennwort über die Verwendung der SQL Server-Authentifizierung anmelden.

ACHTUNG! Um sich von einem Remote-Rechner aus anzumelden, müssen Sie sich entweder über eine der eben genannten Methoden anmelden oder sich zuvor lokal anmelden und ein neues Konto für den Remotezugriff erstellen. Dies ist zum Beispiel notwendig, wenn Sie bisher nur ein lokales Konto für den Zugriff zur Verfügung haben. Wie das funktioniert, lesen Sie in Kapitel 10. Achten Sie auch darauf, dass die für eine Remoteanmeldung notwendigen Serverprotokolle aktiviert und Firewall-Ausnahmen gesetzt sind. Die diesbezügliche Vorgangsweise finden Sie in Kapitel 1 beschrieben.

Wählen Sie den Server, an dem Sie sich anmelden möchten, aus. Wird er in der Auswahlliste noch nicht angezeigt, so wählen Sie *<Suche fortsetzen...>*, um einen Server zu suchen.

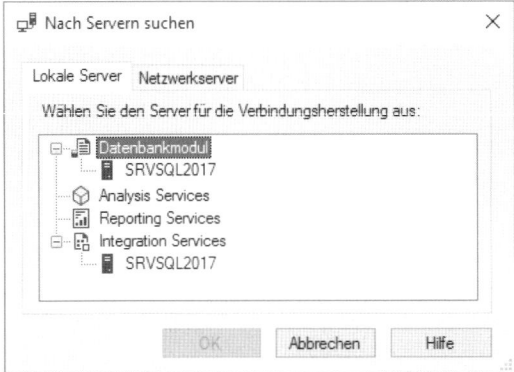

Bild 2.3 Lokalen Server auswählen

Auf dem ersten Register werden die lokal installierten Server – es können ja mehrere Instanzen auf einem Rechner installiert werden – angezeigt. In der Abbildung findet sich eine lokale Standardinstanz auf meinem Rechner. Falls Sie hier Instanzen vorfinden, deren Vorhandensein Sie sich nicht erklären können, bedenken Sie, dass häufig durch andere Programme Express-Instanzen installiert werden. Dies könnte zum Beispiel bei der Installation des Visual Studios erfolgt sein.

Auf dem Register *Netzwerkserver* werden Installationen im Netzwerk gesucht und angezeigt.

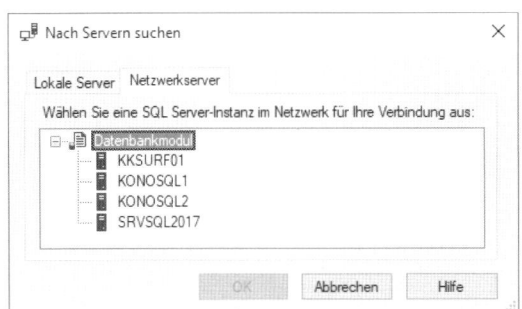

Bild 2.4 Netzwerkserver verbinden

HINWEIS: Sie können sich mit dem Management Studio Version 17 sowohl an einem SQL Server 2017 als auch an einer der Vorgängerversionen anmelden. Sie können sich an einem SQL Server 2017 auch mit einem Management Studio der Version 2014 oder der Vorgängerversion 16 anmelden. Allerdings können Sie manche Aktionen hiermit nicht vornehmen. Aber wenn Sie in erster Linie Abfragen ausführen möchten, stellt dies kein Problem dar.

PRAXISTIPP: Sie können sich an einer lokalen Standardinstanz auch durch manuelle Eingabe eines Punktes oder mittels *(local)* anmelden. Ist der Server über das Netzwerk nicht anders erreichbar, können Sie auch die IP-Adresse des Servers verwenden. Wenn Sie auf eine benannte Instanz zugreifen, müssen Sie den Instanznamen mit einem Schrägstrich ergänzen. Die Express Edition legt beim Setup standardmäßig eine benannte Instanz an, auf die Sie dann mit *Rechnername/SQLEXPRESS* zugreifen. Die Groß-/Kleinschreibung der Serverbezeichnung spielt hierbei keine Rolle.

Nach erfolgter Anmeldung werden Ihnen im Management Studio folgende Fenster angezeigt:

- **Objekt-Explorer:** Hier sehen Sie alle Objekte des Servers, an dem Sie sich angemeldet haben.

- **Details zum Objekt-Explorer:** Hier werden Details zur jeweiligen Auswahl im Objekt-Explorer angezeigt. Manchmal wird dieser nicht angezeigt, dann können Sie die Details über das Menü ANSICHT oder die Taste (F7) einblenden. Der Vorteil dieser Details ist nicht nur, dass man mehr an Informationen auf einen Blick sieht als im Objekt-Explorer, sondern dass es in manchen Situationen praktisch ist, mehrere Objekte gleichzeitig markieren und bearbeiten zu können.

Funktionen für angezeigte Server, Datenbanken und Datenbankobjekte sind über das Kontextmenü zugänglich. Daher nimmt das Kontextmenü bei der Verwendung des Management Studios, vor allem im Objekt-Explorer, eine zentrale Rolle ein.

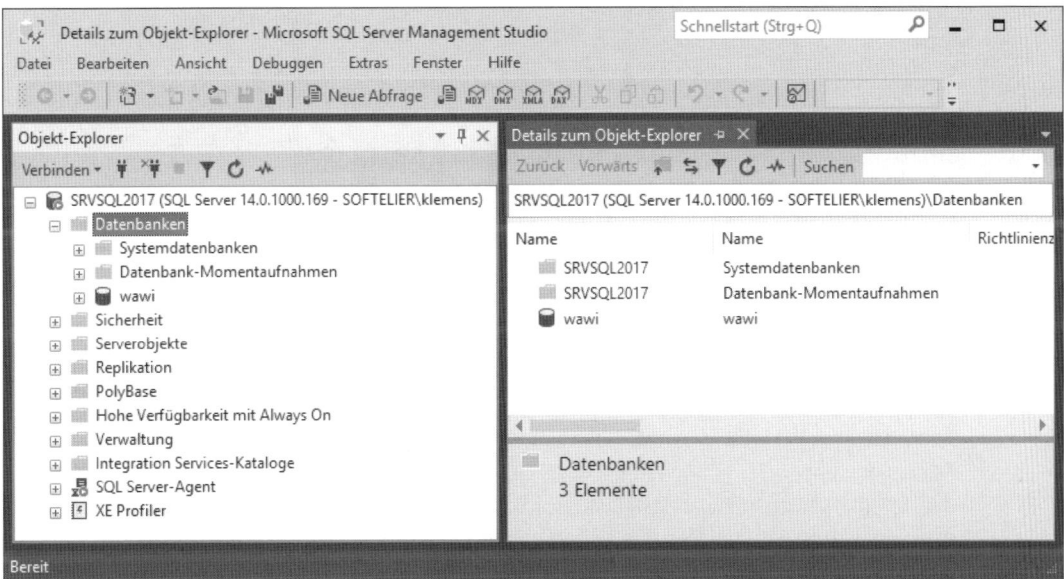

Bild 2.5 Management Studio

Neben den beiden erwähnten Fenstern können sinnvollerweise noch folgende Fenster angezeigt werden:

- Registrierte Server
- Vorlagen-Explorer
- Projektmappen-Explorer
- Eigenschaftsfenster

Weitere Fenster sind verfügbar, werden aber teilweise nur für Spezialaufgaben und daher sehr selten oder gar nicht benötigt. So zum Beispiel das Fenster *Aufrufhierarchie*, das Sie lediglich beim Debuggen von Transact-SQL-Code benötigen.

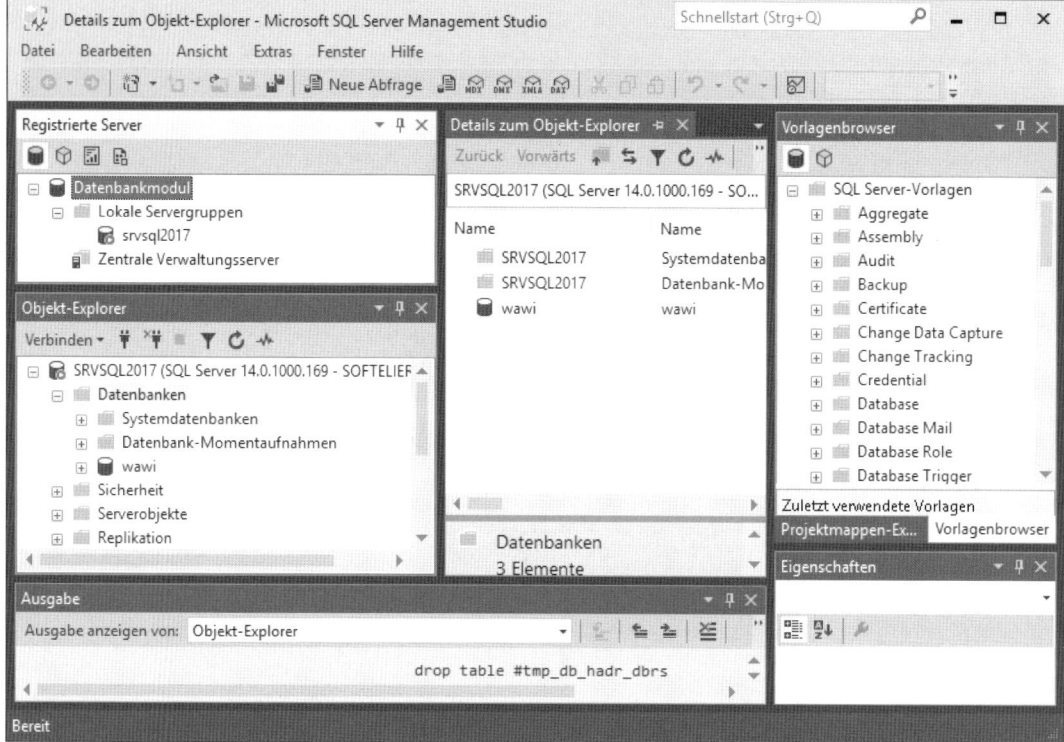

Bild 2.6 Fenster des Management Studios

Standardmäßig sind oftmals mehrere Fenster zu einer Gruppe mit Registern zusammengefasst, wie zum Beispiel der Projektmappen- und der Vorlagen-Explorer.

Die einzelnen Fenster können angedockt, verschoben und auf Register gelegt werden. Blenden Sie die gewünschten Fenster vorerst über das Menü ANSICHT ein, sie erscheinen an ihrer Standardposition. Über das Kontextmenü im Titelbereich der Fenster können Sie die Verankerung aufgeben, das Fenster wieder andocken oder als Dokument im Registerkartenformat andocken. Deutlich komfortabler funktioniert dies aber mit der Maus. Ziehen Sie das Fenster ein wenig, indem Sie es an der Titelleiste angfassen, und schon erscheinen die Marken zur Platzierung. Damit können Sie das Fenster über die vier äußeren Marken entweder am Rand oder über die kreuzförmig über dem aktuell darunter liegenden Fenster angeordneten Marken relativ zu diesem Fenster platzieren. Der Schatten bietet eine Vorschau, so wird das wunschgemäße Platzieren zum Kinderspiel. Bild 2.7 zeigt, wie Sie zum Beispiel das Fenster *Registrierte Server* an einer neuen Position als eigenständiges Fenster rechts neben dem Objekt-Explorer andocken. Programmierern wird dieses Vorgehen von Visual Studio her bestens bekannt sein. Sonst spielen Sie ein wenig mit den Möglichkeiten, Sie werden die Funktionsweise im Nu beherrschen.

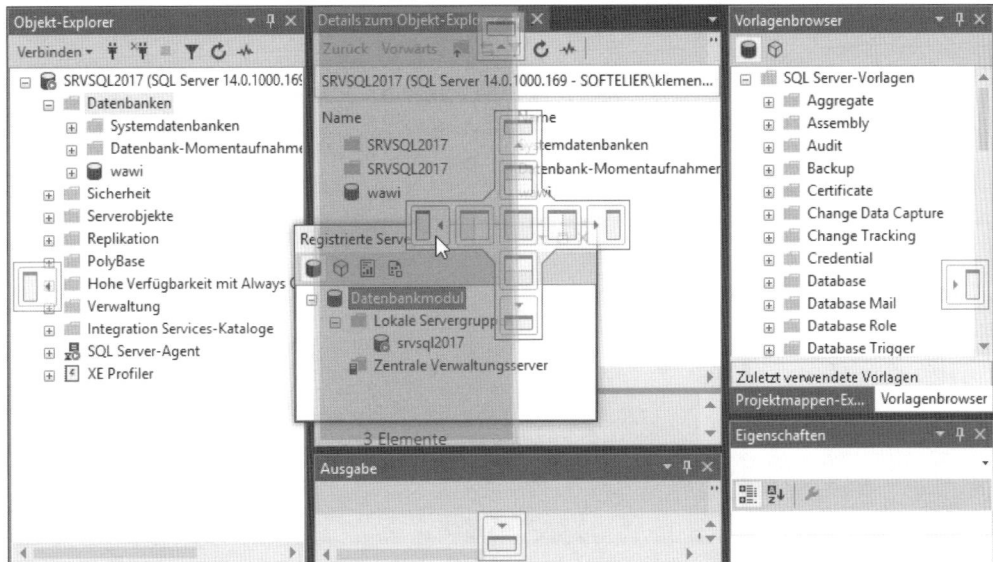

Bild 2.7 Fenster an neuer Position andocken

 PRAXISTIPP: Blenden Sie nur die Fenster ein, die Sie wirklich benötigen. Vorteilhaft sind Bildschirme mit einer hohen Auflösung, um bequem arbeiten zu können.

Wenn Sie sich den Luxus leisten können, dann ist das Arbeiten mit zwei Bildschirmen etwas sehr Praktisches. Gerade als Datenbankentwickler benötigt man oft gleichzeitig Zugriff auf das Datenbanksystem und die Entwicklungsumgebung. So sind zum Beispiel das SQL Server Management Studio einerseits und das Visual Studio andererseits geöffnet. Auch ich verwende für meine Arbeit zwei Monitore und kann diese Arbeitsweise nur empfehlen. Man könnte sich zwar in manchen Situationen das Management Studio durch den Einsatz der SQL Server Data Tools ersparen, aber ich persönlich erledige Datenbankaufgaben viel lieber mit dem Management Studio. Seit ich mein Notebook endgültig durch ein leistungsstarkes Windows-Tablet ersetzt habe, verwende ich de facto sogar drei Bildschirme. Damit hat der Mail-Client auch noch seinen eigenen Platz.

Sehr praktisch beim Einsatz von mehreren Bildschirmen ist die Möglichkeit, ein Fenster aus dem Management Studio auch ganz herauszuziehen und als eigenständiges Fenster auf den anderen Monitor zu verschieben. Ich nutze diese Möglichkeit häufig für einzelne Abfrageeditor-Fenster. Sie sehen ein solches in Bild 2.8 herausgezogen.

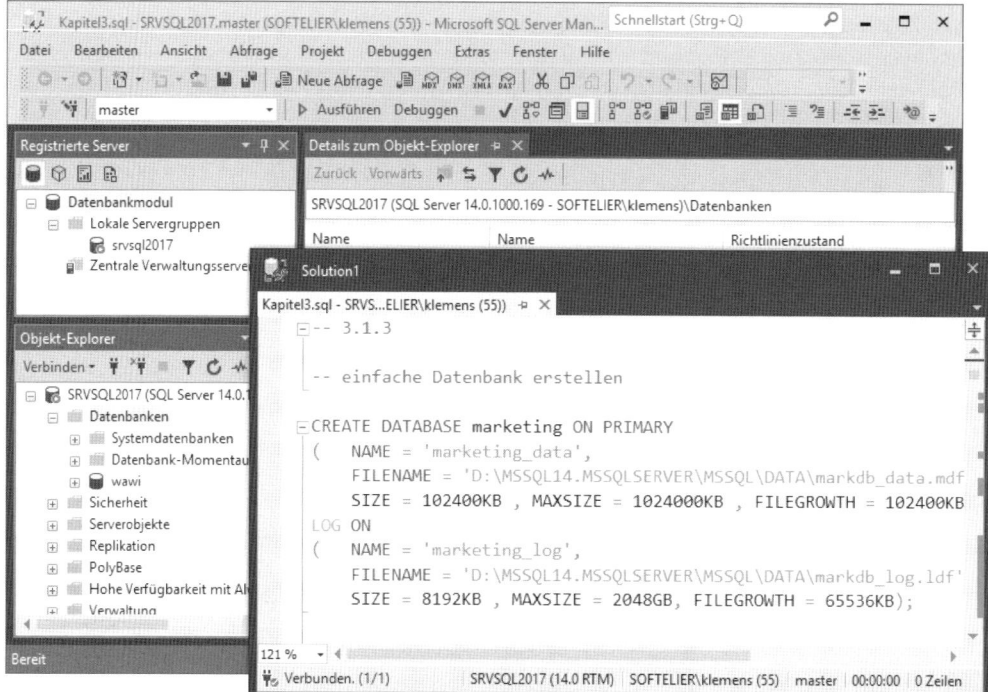

Bild 2.8 Einzelnes Fenster herausziehen

Server registrieren

Wenn Sie regelmäßig mit mehreren Servern arbeiten, empfiehlt sich die Verwendung des Fensters *Registrierte Server*. Dies erleichtert den Zugriff auf verschiedene Server im Netzwerk. Blenden Sie es über den Menübefehl ANSICHT/REGISTRIERTE SERVER ein. Alternativ können Sie zum Einblenden auch die Tastenkombination STRG+ALT+G verwenden.

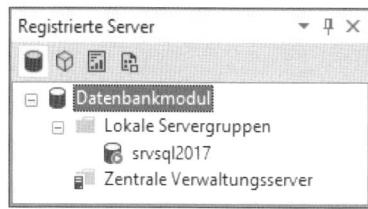

Bild 2.9 Registrierte Server

Sie können hier über das Kontextmenü neue Server registrieren. Um eine bessere Übersicht und Ordnung zu erzielen, können Sie nach Belieben Servergruppen (Ordner) erstellen, denen Sie dann die registrierten Server zuweisen. Um eine Servergruppe zu erstellen, wählen Sie den Ordner *Lokale Servergruppen* und im Kontextmenü den Befehl NEUE SERVER-GRUPPE... aus.

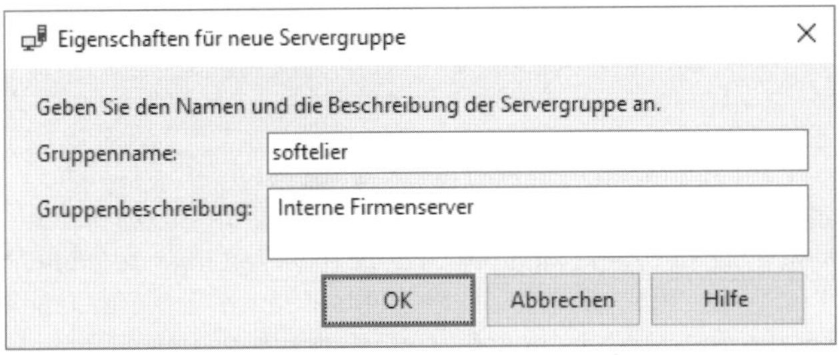

Bild 2.10 Neue Servergruppe anlegen

Im Dialog geben Sie den Namen für die Servergruppe an. Den Ort, unter dem die neue Gruppe eingefügt werden soll, können Sie in dieser Version in diesem Dialog nicht angeben. In einer früheren Version ist dies noch möglich gewesen. Legen Sie also einen Unterordner an, so müssen Sie von vornherein den korrekten übergeordneten Ordner auswählen. Allerdings können Sie einen angelegten Ordner dann nachträglich verschieben und damit in einen anderen integrieren.

Registrieren Sie neue Server über den Befehl NEUEN SERVER REGISTRIEREN..., den Sie ebenfalls im Kontextmenü finden. Wie bei der Anmeldung am Datenbankmodul zuvor geben Sie den Servernamen und die Anmeldeinformationen ein.

Bild 2.11 Neue Serverregistrierung

PRAXISTIPP: Sie können bei der Registrierung einen Namen für die Registrierung frei vergeben. Dies ist besonders dann hilfreich, wenn Sie einen Server über die IP-Adresse registrieren müssen, falls er über das Netzwerk nicht anders erreichbar ist. Auf diese Weise erhalten Sie eine übersichtliche Anzeige. ■

Testen Sie die Verbindung über die Schaltfläche TESTEN, bevor Sie sie endgültig speichern. Der Server wird unterhalb der Servergruppe angezeigt, die beim Ausführen des Befehls markiert gewesen ist. Sie können die Zuordnung zu einer Gruppe jederzeit über den Befehl TASKS/VERSCHIEBEN NACH... im Kontextmenü ändern. Sie können auch Servergruppen ineinander schachteln. Dies könnte zum Schluss ungefähr ein Bild wie das nachfolgende ergeben.

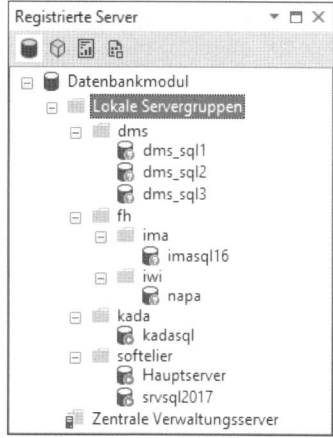

Bild 2.12 Registrierte Server in mehreren Servergruppen

Um auf die Objekte eines registrierten Servers zuzugreifen, verwenden Sie aus dem Kontextmenü einen der beiden folgenden Befehle:

- *Neue Abfrage*: Ein neues Abfrageeditor-Fenster wird geöffnet. Für die Anmeldung werden die bei der Registrierung des Servers verwendeten Informationen herangezogen.
- *Objekt-Explorer*: Im Objekt-Explorer wird der Server mit seinen Objekten dargestellt.

 PRAXISTIPP: Sie können diese Einstellungen auf einen anderen Rechner übernehmen, indem Sie registrierte Server oder Gruppen exportieren. Dies geschieht über den Befehl TASKS/EXPORTIEREN... Der Export erfolgt im XML-Format in eine Datei, die die Erweiterung *regsrvr* trägt. Standardmäßig ist beim Export die Option *Benutzernamen und Kennwörter nicht in die Exportdatei einschließen* aktiviert. Deaktivieren Sie diese, werden die Kennwörter, wenn Sie eine Registrierung mittels SQL Server-Authentifizierung vorgenommen haben, in verschlüsselter Form in der Datei abgelegt. Die Kennwörter sind dann zwar nicht lesbar, können aber nach einem Import der Datei missbräuchlich verwendet werden. Geben Sie also auf diese Datei in diesem Fall besonders acht. ■

Der *Zentrale Verwaltungsserver* speichert mehrere Serververbindungen und kann zum Beispiel dazu verwendet werden, Abfragen auf mehreren Servern auszuführen. Die ist vor allem für Verwaltungsaufgaben, die auf mehreren Servern synchron ablaufen sollen, von Vorteil. Dazu müssen die betroffenen Server hier registriert werden.

Sie können natürlich nicht nur Datenbankmodule registrieren und damit schnell zugreifbar machen, sondern auch die drei weiteren Servertypen Analysis Services, Reporting Services und Integration Services wählen. Klicken Sie dazu jeweils eines der vier Symbole unter der Titelleiste des Fensters an, um die Anzeige entsprechend zu ändern.

Der Objekt-Explorer

Der Objekt-Explorer ist neben dem Abfrageeditor der Bereich, in dem Sie mit Sicherheit am häufigsten arbeiten werden.

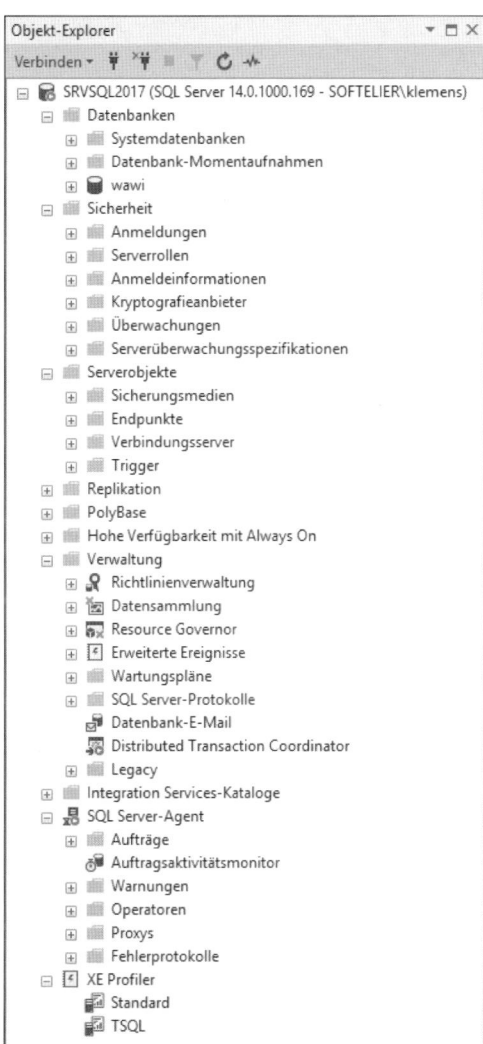

Bild 2.13 Objekt-Explorer

Von hier aus können Sie auf alle Objekte des gewählten Servers zugreifen. Um einen Server im Objekt-Explorer anzuzeigen, stehen unter anderem die folgenden Möglichkeiten zur Verfügung:

- Der Server, an dem Sie sich beim Öffnen des Management Studios angemeldet haben, wird immer automatisch im Objekt-Explorer angezeigt.
- Klicken Sie in der Symbolleiste des Objekt-Explorers auf VERBINDEN/DATENBANKMODUL..., um sich über einen neuen Anmeldedialog an dem gewünschten Server anzumelden. Es können so mehrere Server untereinander im Objekt-Explorer angezeigt werden. Auch über die Symbole *Objekt-Explorer verbinden* und *Trennen* können Sie jederzeit mit unterschiedlichen Servern arbeiten.

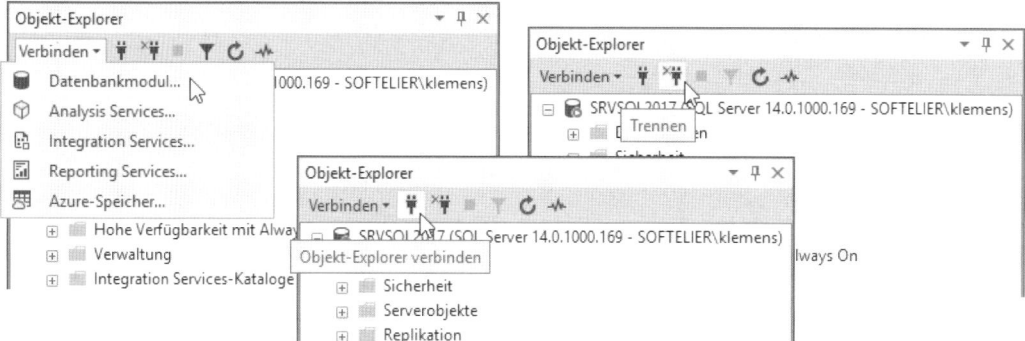

Bild 2.14 Datenbanken im Objekt-Explorer verbinden und trennen

- Über das Kontextmenü im Fenster *Registrierte Server* über den Befehl OBJEKT-EXPLORER.
- Im Menü DATEI über den Befehl OBJEKT-EXPLORER VERBINDEN.

Im Objekt-Explorer haben Sie vor allem folgende wichtige Objekte im Zugriff:

- **Datenbanken:** Neben den Benutzerdatenbanken werden die *Systemdatenbanken* sowie *Datenbank-Momentaufnahmen* (Snapshots) in eigenen Ordnern angezeigt. Datenbank-Snapshots speichern Momentauszüge aus der Datenbank, die nur gelesen und beispielsweise für Auswertungen verwendet werden können. Über die einzelnen Datenbanken gelangen Sie in weiterer Folge zu allen Datenbankobjekten. Lesen Sie hierzu mehr in den folgenden Kapiteln.
- **Sicherheit:** Hier werden Objekte wie Anmeldungen und Serverrollen verwaltet, die für die Organisation der Sicherheit und der Zugriffsberechtigungen auf dem Datenbankserver benötigt werden (lesen Sie dazu Kapitel 10). Außerdem finden Sie an dieser Stelle die Features *Überwachungen* und die *Kryptografie* vor (nicht Express Edition).
- **Serverobjekte:** Hier finden Sie *Sicherungsmedien* (Genaueres dazu in Kapitel 9), *Endpunkte* (nicht Express Edition) und *Verbindungsserver* (*Linked Server*). Letztere benötigen Sie für die Verbindung mehrerer Server miteinander. Sind Server auf diese Art miteinander verlinkt, können Sie in einer Abfrage auf mehrere Datenbankserver gleichzeitig zugreifen (Informationen dazu in Kapitel 10). Außerdem finden Sie in der Rubrik *Serverobjekte* noch *Trigger*, womit hier im Speziellen die DDL-Trigger gemeint sind. Mehr dazu lesen Sie in Kapitel 6.

- **Replikation:** Hier können Sie Objekte erstellen und verwalten, die Sie für verteilte Datenbanken benötigen. Die Bedeutung der Replikation hat allerdings in den letzten Jahren stark abgenommen. Durch die Verfügbarkeit von schnellen Datenleitungen, sowohl in terrestrischer als auch mobiler Form, wird nämlich häufig der einfachere Onlinezugriff auf eine zentrale Datenbank dem Verteilen und Abgleichen der Datenbestände mit all seinen Synchronisationsproblemen vorgezogen. Die Express Edition kann hierbei nur der Abonnent (Empfänger), nicht der Verleger sein.

- **Hohe Verfügbarkeit mit AlwaysOn:** Bei AlwaysOn handelt es sich um ein Feature, hinter dem sich eine bedeutende Weiterentwicklung für Hochverfügbarkeitsszenarien verbirgt. Daher steht dieses Feature in vollem Umfang auch nur bei der Enterprise Edition zur Verfügung, in eingeschränktem Maße auch bei der Standard Edition.

- **Verwaltung:** In dieser Rubrik sind verschiedene Punkte zusammengefasst:

  - **Richtlinienverwaltung:** Sie können zum Beispiel Richtlinien für die Benennung von Objekten erstellen. Diese werden dann bei der Erstellung von Datenbankobjekten erzwungen.

  - **Datensammlung:** Dieses Feature – früher als Datenauflistung bezeichnet – erlaubt es, Konfigurationen für ein Verwaltungs-Data-Warehouse vorzunehmen (nicht Express Edition).

  - **Ressourcenkontrolle (Resource Governor):** Um zu verhindern, dass einzelne Prozesse den ganzen Server blockieren, gibt es dieses Feature. Hierbei können die beanspruchten Ressourcen für einzelne Prozesse limitiert und optimiert werden. Auch dieses Feature steht bei der Express Edition nicht zur Verfügung.

  - **Erweiterte Ereignisse:** Hier bekommen Sie Informationen darüber, ob Ihr System in Ordnung ist, vor allem in Zusammenhang mit AlwaysOn.

  - **Wartungspläne:** Wartungspläne führen Wartungsarbeiten wie zum Beispiel Sicherungen, Index-Reorganisationen oder Prüfungen der Datenbankintegrität gemeinsam oder getrennt zu festgelegten Zeiten aus. Wartungspläne gibt es bei der Express Edition nicht, da sie den hier nicht enthaltenen Server-Agent benötigen.

  - **SQL Server-Protokolle:** Hier werden unterschiedliche Vorgänge protokolliert – wie zum Beispiel Anmeldungen oder das Anfügen und das Sichern von Datenbanken. Vor allem Fehler unterschiedlichster Art werden hier festgehalten.

  - **Datenbank-E-Mail:** Über den SQL Server können SMTP-Mails versendet werden. Diese lassen sich zum Beispiel für Benachrichtigungen aus Datenbanken heraus verwenden oder um Administratoren in bestimmten Situationen zu informieren. In der Express Edition müssen Sie leider auf dieses Feature verzichten. Wir behandeln dieses Thema in Kapitel 11.

  - **Distributed Transaction Coordinator:** Dieser Dienst wird benötigt, wenn Sie Transaktionen verwenden, bei denen mehr als ein Server beteiligt ist.

  - **Legacy:** Hier finden Sie Komponenten, die zur Gewährleistung der Abwärtskompatibilität benötigt werden. Hierzu gehören beim SQL Server 2017 nur mehr die alten Datenbankwartungspläne.

HINWEIS: Falls Sie den Aktivitätsmonitor an dieser Stelle vermissen, der ist schon mit der Version 2008 leider nicht mehr hier zu finden. Um ihn zu öffnen, verwenden Sie das Kontextmenü direkt auf dem Server-Ordner. Über den Aktivitätsmonitor kann man ablesen, welche Benutzer gerade in einer Session mit einer Datenbank verbunden sind. Dazu existieren verschiedene Statusinformationen.

- **Integration Services-Kataloge:** Dahinter verbirgt sich die Möglichkeit, Anwendungen für Integration Services auf den Server zu bringen und von dort auszuführen oder ausführen zu lassen. Diese Variante gefällt mir besonders, da sie wesentlich komfortabler als die früheren Möglichkeiten ausfällt. Sie lesen über diese Variante in Kapitel 11. Integration Services und damit auch dieses Feature sind in der Express Edition nicht enthalten.

- **SQL Server-Agent:** An dieser Stelle werden die Aufträge für den SQL Server-Agent erstellt und verwaltet. Dieser Dienst, der bei der Express Edition leider nicht verfügbar ist, ist für das Abarbeiten zeitgesteuerter Aufgaben zuständig. So ist er zum Beispiel dafür zuständig, dass das allnächtliche Backup durchgeführt wird. Beispiele zur Erstellung von Agent-Aufträgen finden Sie in den Kapiteln 9 und 11.

- **XEvent Profiler:** Dies ist ein neues Feature, das mit der Version 17.3 des Management Studios erstmals – vorerst unter dem Namen XE Profiler – verfügbar ist. Es nutzt die erweiterten Ereignisse (Extended Events/XEvents), um in vereinfachter Form Funktionalitäten des SQL Server Profilers bereitzustellen. Sie ermöglichen es, live zu beobachten, welche Anweisungen auf der aktuellen Serverinstanz gerade ausgeführt werden. Die Möglichkeiten dabei sind nicht so umfassend wie beim SQL Server Profiler, aber das „Mitschauen" beansprucht hier auch weniger Ressourcen.

 HINWEIS: Im Objekt-Explorer werden nur die Features angezeigt, die in der jeweiligen Edition des verbundenen Servers verfügbar sind. Bild 2.13 zeigt die volle Ausprägung einer Enterprise, Evaluation oder Developer Edition. Im Vergleich dazu zeigt Bild 2.15 den Objekt-Explorer mit einer Express Edition verbunden. Das Management Studio selber unterscheidet nicht mehr zwischen der Voll- und Express-Version des Werkzeugs. Es gibt nur mehr eine einheitliche Version und der Funktionsumfang ist nur vom verbundenen Server abhängig und kann mit allen Editionen verwendet werden.

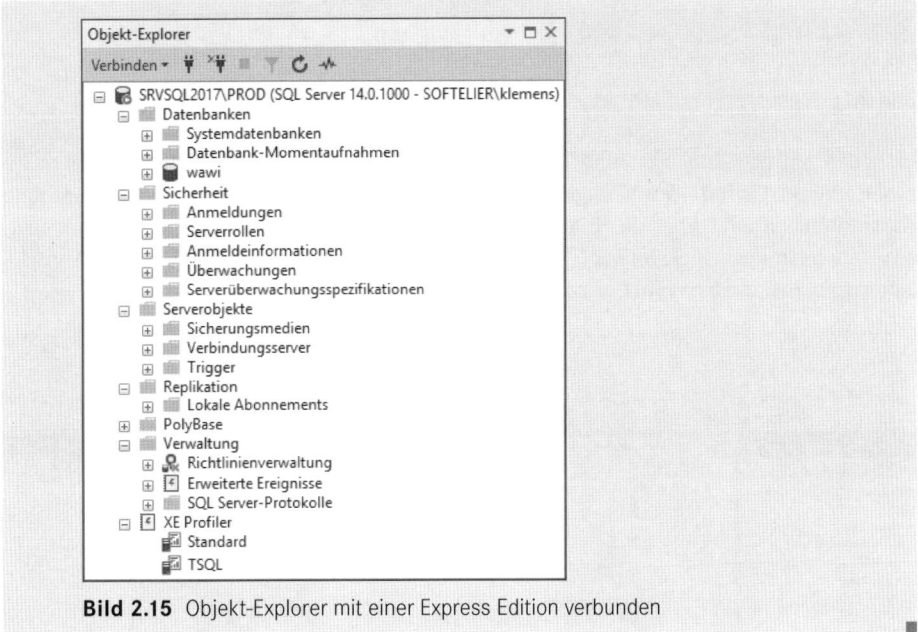

Bild 2.15 Objekt-Explorer mit einer Express Edition verbunden

Der Abfrageeditor

Eine Kernkomponente des Management Studios ist der Abfrageeditor. Dieser dient zum Erstellen und Absetzen von SQL- und Transact-SQL-Anweisungen. Er enthält auch einen grafischen Editor, der beim Schreiben von Statements hilfreich ist.

Um ein Abfrageeditor-Fenster zu öffnen, wählen Sie eine der folgenden Varianten:

- Markieren Sie eine Datenbank im Objekt-Explorer und wählen Sie im Kontextmenü den Befehl NEUE ABFRAGE. Die bereits bestehenden Anmeldeinformationen des im Objekt-Explorer markierten Servers werden dann für die neue Verbindung übernommen. Auch die markierte Datenbank wird im Abfrageeditor-Fenster als Vorgabe übernommen.

- Wählen Sie den Befehl DATEI/NEU/ABFRAGE MIT AKTUELLER VERBINDUNG. Die bereits bestehende Anmeldung des im Objekt-Explorer markierten Servers wird dann ebenso übernommen. Es muss auch gar nicht das Server-Objekt selber markiert sein, es kann ein beliebiges Objekt im Baum darunter ausgewählt sein.

- Wählen Sie im Menü DATEI den Befehl NEU/DATENBANKMODUL-ABFRAGE. Sie werden daraufhin zur Eingabe neuer Anmeldeinformationen aufgefordert.

In Bild 2.16 sehen Sie die entsprechenden Symbole markiert, die Sie alternativ zu den zwei Menübefehlen des Menüs DATEI verwenden können. Das linke, breitere Symbol der beiden führt den Befehl NEUE ABFRAGE aus und übernimmt damit Anmeldung und Datenbank von der aktuellen Markierung im Objekt-Explorer. Mit dem zweiten Symbol wird eine neue Datenbankmodul-Abfrage mit der Eingabe neuer Anmeldeinformationen erstellt.

Bild 2.16 Symbole zum Öffnen eines neuen Abfrageeditor-Fensters

Im neuen Abfrageeditor-Fenster können Sie nun SQL- und Transact-SQL-Anweisungen eingeben und ausführen. Anweisungen werden hierbei über das Ausführen-Symbol mit dem Ausrufezeichen oder über die Taste (F5) ausgeführt. Das Ergebnis wird im unteren Bildschirmbereich angezeigt. Bild 2.17 zeigt zwei einfache SQL-Anweisungen, die im Abfrageeditor gemeinsam ausgeführt worden sind, mit ihren Ergebnissen.

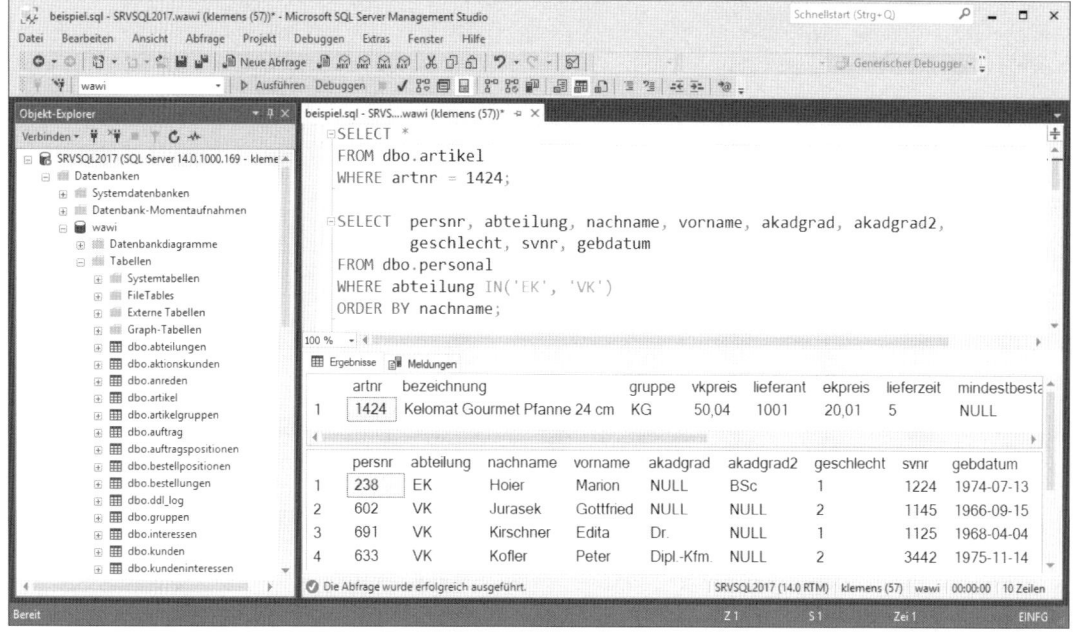

Bild 2.17 Abfrageeditor-Fenster mit SQL-Anweisungen

Die Symbole der Symbolleiste des Abfrageeditors haben von links beginnend folgende Bedeutung. Aufgrund des neuen Designs der Symbole habe ich in Bild 2.18 die der Vorversion zum Vergleich mit dargestellt. Die obere Symbolleiste in der Abbildung stammt aus der Version 16 des Management Studios, die untere Symbolleiste aus der aktuellen Version 17.

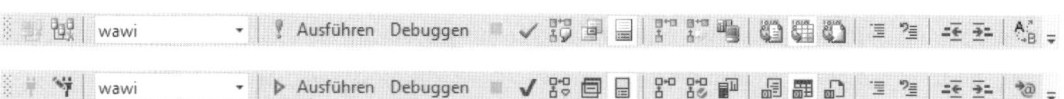

Bild 2.18 Symbolleiste SQL-Editor

- *Verbinden*: Aufbauen einer neuen Verbindung mit einer Datenbank-Engine. Dieses Symbol ist deaktiviert, wenn eine aktive Verbindung besteht. Ist die Verbindung unterbrochen worden, kann sie über dieses Symbol mit denselben Anmeldeinformationen wiederhergestellt werden.

- *Verbindung ändern*: Anmelden mit einer neuen Verbindung.

- *Verfügbare Datenbanken*: Hier wählen Sie die Datenbank aus, mit der Sie aktuell verbunden sind.

- *Ausführen*: Führt die Anweisungen aus. Ist ein Bereich markiert, wird nur der markierte Bereich ausgeführt. Sie können alternativ die Schaltfläche (F5) verwenden.

 ACHTUNG! Das Symbol für *Ausführen* hat sich in der aktuellen Version geändert. Das bisherige rote Ausrufezeichen ist durch den grünen Rechtspfeil ersetzt worden, der in der vorletzten Version, dem Management Studio des SQL Server 2014 noch für das Debuggen in Verwendung gewesen ist. Haben Sie auch diese Version schon verwendet, müssen Sie sich hier umstellen.

- *Debuggen*: Mit diesem Werkzeug können Sie Transact-SQL-Code debuggen. Dies ist eine Methode, um logische Fehler im Programmcode leichter zu finden. Details zum Debuggen finden Sie in Kapitel 6.

- *Ausführung der Abfrage abbrechen*: Bricht die Ausführung einer Anweisung ab, wenn diese zum Beispiel zu lange dauert. Das graue Rechteck, das dieses Symbol ausmacht, wird rot, während eine Abfrage ausgeführt wird, und ist auch nur dann aktiv.

- *Analysieren*: Prüft die Syntax der Anweisung(en).

- *Geschätzten Ausführungsplan anzeigen*: Zeigt den Ausführungsplan der Anweisung an, aus dem unter anderem die Indexverwendung hervorgeht.

- *Abfrageoptionen*: Hier können Parameter eingestellt werden, die beim Ausführen einer Anweisung mit an den Server gesendet werden. So kann zum Beispiel unter den allgemeinen Einstellungen die Anzahl der vom Server zurückgelieferten Datensätze beschränkt und ein Timeout für das Abarbeiten der Abfrage festgelegt werden. Hier wird auch das Batchtrennzeichen mit GO festgelegt, dessen Bedeutung Sie noch in den weiteren Kapiteln kennenlernen werden. Aber auch die Art der Ergebnisausgabe kann weitergehend beeinflusst werden.

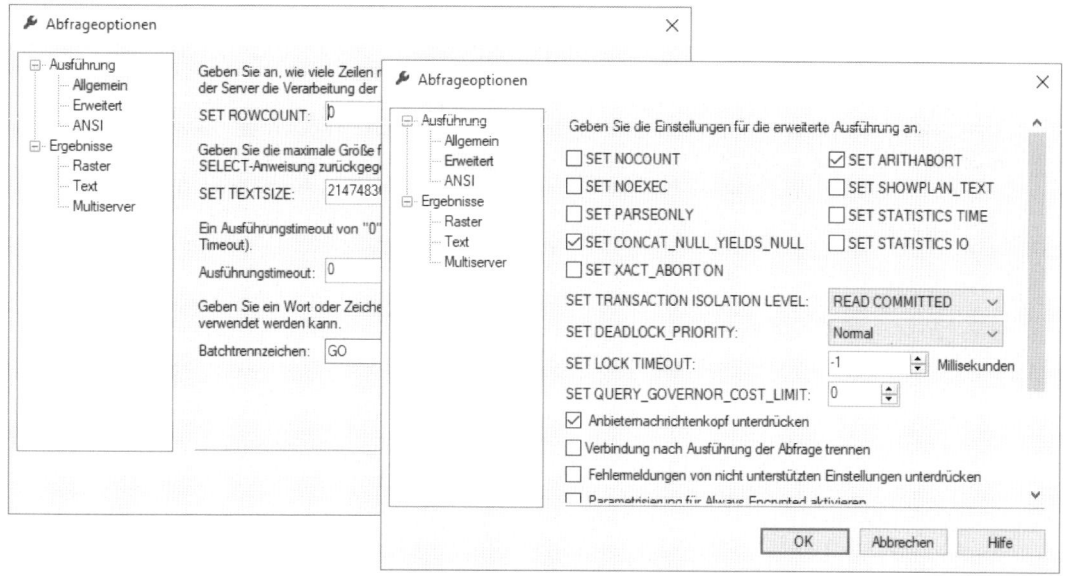

Bild 2.19 Abfrageoptionen festlegen

- *IntelliSense aktiviert*: IntelliSense ist ein Feature, das das Schreiben von SQL-Anweisungen deutlich vereinfacht. Vor allem Programmierer, die dieses Feature von ihrer Entwicklungsumgebung her kennen, werden sich freuen, dies auch in diesem Kontext verwenden zu können. Das IntelliSense-Fenster klappt bei der Eingabe automatisch auf und kann so zur schnellen Auswahl von Spalten- und Tabellennamen verwendet werden. Eine Einschränkung dabei ist allerdings, dass zum Beispiel bei einer SELECT-Anweisung die Spalten erst dann über IntelliSense ausgewählt werden können, wenn zuvor die FROM-Klausel mit dem Tabellennamen eingetippt wurde. Sobald der gewünschte Wert in der Liste markiert ist, kann er mit der (TAB)-Taste übernommen werden. Sind noch mehrere Werte in der Liste enthalten, kann ein Wert zuvor über (PFEIL-NACH-UNTEN) markiert werden. Dies ist in der Regel viel effizienter, als zur Maus zu greifen. Dies funktioniert zwar auch, ist aber äußerst umständlich.

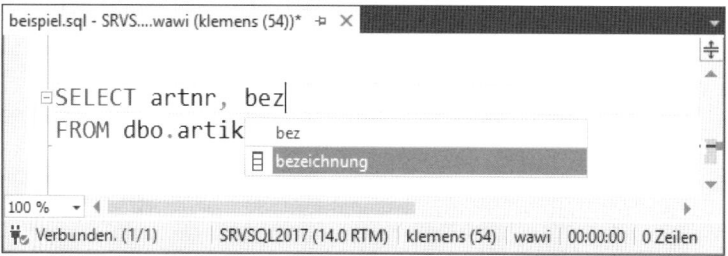

Bild 2.20 IntelliSense in Aktion

- *Tatsächlichen Ausführungsplan einschließen*: Ist diese Option aktiviert, wird beim Ausführen einer Anweisung immer der verwendete Ausführungsplan in einem separaten Register des Ergebnisses mit ausgegeben.

- *Live-Abfragestatistik einschließen*: Während der Ausführungsplan einen Plan anzeigt, zeigt die Live-Abfragestatistik die tatsächlich erreichten Werte der ausgeführten Anweisung an. Sie wird, wenn sie aktiviert ist, ebenso in einem separaten Register des Ergebnisses mit ausgegeben.

- *Clientstatistiken einschließen*: Auch hierbei handelt es sich um eine zusätzliche Option zur Ausgabe. Es werden verschiedene statistische Werte aus Clientsicht, wie zum Beispiel die Anzahl der Anweisungen und Ausführungszeiten, angezeigt. Werden dieselben Anweisungen wiederholt ausgeführt, werden auch die Veränderungen und Mittelwerte angezeigt.

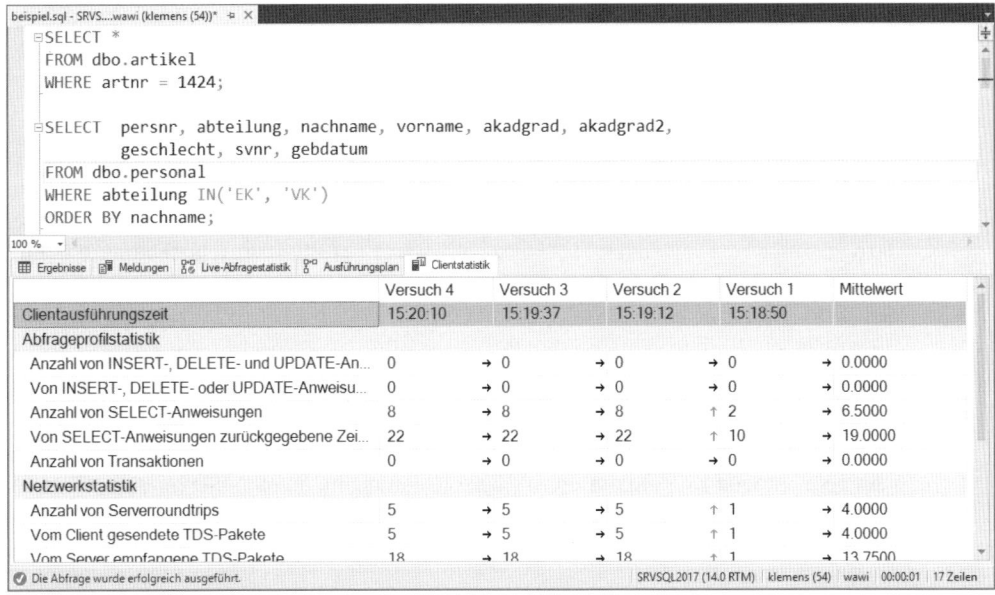

Bild 2.21 Clientstatistiken mit eingeschlossen

- *Ausgabe in Text*: Das Ergebnis wird in einer einfachen Textform ausgegeben, wie in Bild 2.22 zu sehen.

- *Ausgabe in Raster*: Die Ausgabe des Ergebnisses erfolgt in Rasterform, so wie zuletzt in Bild 2.17 zu sehen. Dies ist die Standardausgabeeinstellung.

- *Ausgabe in Datei*: Das Ergebnis wird direkt in eine ASCII-Datei geschrieben und nicht am Bildschirm dargestellt.

- *Kommentiert die ausgewählten Zeilen aus*: Mit diesem Symbol werden alle markierten Zeilen auskommentiert, indem am Beginn jeder Zeile ein doppelter Bindestrich eingefügt wird. Mit dem nachfolgenden Symbol kann der Vorgang rückgängig gemacht und eine entsprechende Auskommentierung aufgehoben werden.

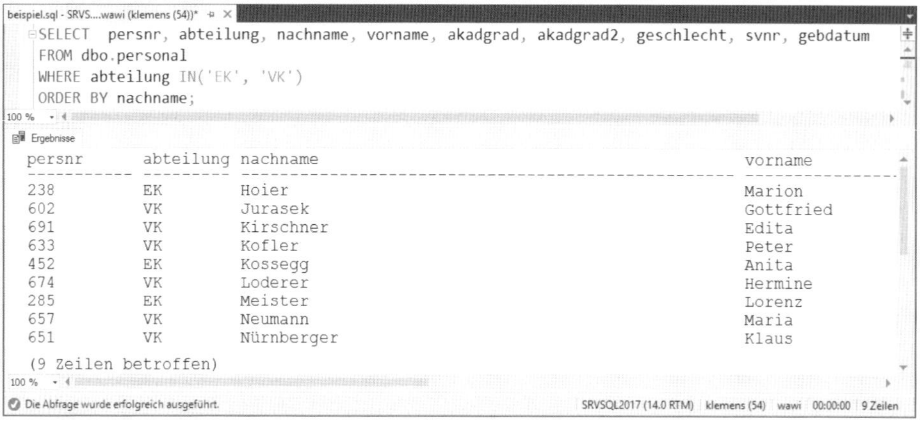

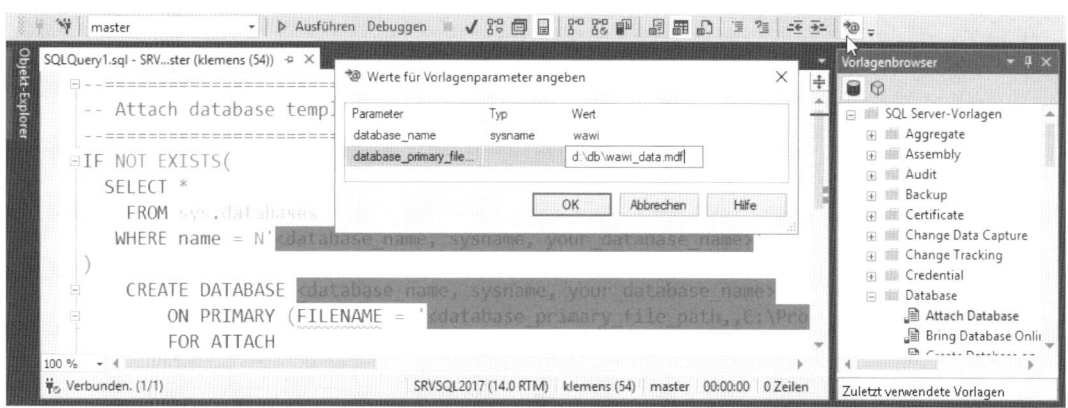

Bild 2.22 Ausgabe in Text

- *Einzug verkleinern, Einzug vergrößern*: Damit können auch mehrere Zeilen gemeinsam weiter eingerückt werden oder der Einzug verkleinert werden. Ich persönlich bevorzuge dazu allerdings die Tastenkürzel (TAB) sowie (SHIFT) + (TAB). Denn ich empfinde den Einsatz von Tastenkürzeln beim Tippen von Anweisungen als schneller und komfortabler als den Griff zur Maus.

- *Werte für Vorlagenwerte angeben*: Über den Vorlagenbrowser stehen viele Anweisungsvorlagen für die unterschiedlichsten Aufgaben bereit. Die in diesen Vorlagen enthaltenen Parameter lassen sich über den mit diesem Symbol öffnenden Dialog komfortabel ersetzen. In Bild 2.23 sehen Sie, wie in die Vorlagen zum Anfügen einer Datenbank die Parameter eingetragen werden, um unsere Beispieldatenbank auf dem Server anzufügen. Es werden automatisch die Parameter aus dem aktiven Abfrageeditor-Fenster in den Dialog übernommen.

Bild 2.23 Werte für Vorlagenparameter angeben

PRAXISTIPP: Sie können – wie in jedem anderen Programm auch – die Symbolleisten anpassen und ergänzen. Somit können Sie beispielsweise aus einer Vorgängerversion bekannte und nun standardmäßig nicht mehr angezeigte Symbole wie *Trennen* und *Abfrage in Editor entwerfen* wieder aus der Versenkung holen. ■

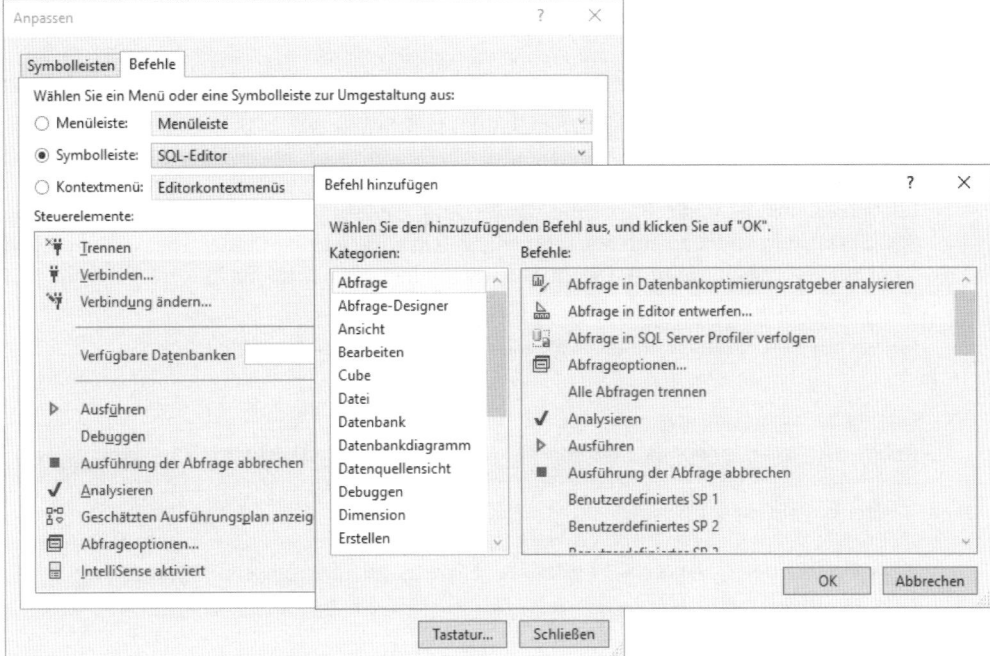

Bild 2.24 Weitere Symbole ergänzen

 HINWEIS: Mehr über das Schreiben von SQL-Anweisungen lesen Sie in Kapitel 4. ■

Dieser kurze Überblick soll Ihnen das Arbeiten mit dem Management Studio erleichtern. Viele weitere Details zu den verschiedenen Verwendungsmöglichkeiten dieses Tools werden bei den jeweiligen Themen in den folgenden Kapiteln behandelt.

■ 2.3 Das Kommandozeilentool: SQLCMD

Ab und zu ist es hilfreich, auch von der Kommandozeile aus auf den SQL Server zuzugreifen, zum Beispiel, wenn SQL-Skripte als Bestandteile anderer Verwaltungsaufgaben – zum Beispiel auf Betriebssystemebene – ausgeführt werden sollen. Auch wenn es kein grafisches Tool im eigentlichen Sinne ist, möchte ich es an dieser Stelle dennoch erwähnen.

 PRAXISTIPP: Wenn Sie die Verwaltungstools auf dem Server nicht installieren, haben Sie dieses Werkzeug dennoch lokal zur Verfügung und es kann in manchen Situationen zum willkommenen Rettungsanker werden.

Wie angedeutet, ist in der Praxis die Verwendung von SQLCMD in Kombination mit einem SQL-Skript, dessen Pfad beim Start mit angegeben wird, weit verbreitet. Dieses Skript wird dann automatisch ausgeführt. Gestartet wird das Tool von der Kommandozeile aus mit dem Befehl SQLCMD.

Die wichtigsten Parameter beim Start zeigt die nachfolgende Übersicht.

Tabelle 2.1 Aufrufparameter von SQLCMD

Parameter	Bedeutung
-S server	Name oder IP-Adresse des Servers. Wird dieser Parameter weggelassen, wird die lokale Standardinstanz verwendet.
-U anmeldename	Anmeldename bei einer Anmeldung mit SQL Server-Authentifizierung
-P kennwort	Kennwort bei einer Anmeldung mit SQL Server-Authentifizierung
-E	Anmeldung mittels Windows-Authentifizierung
-d datenbankname	Name der Datenbank, zu der nach der Anmeldung gewechselt werden soll
-i eingabedatei	Pfad zur SQL-Skript-Datei, die nach dem Anmelden ausgeführt werden soll. Wird diese Option verwendet, wird SQLCMD nach dem Ausführen des Skripts wieder beendet.
-o ausgabedatei	Name einer Datei, in die die Ausgaben geschrieben werden. Dies ist mit der Option AUSGABE IN DATEI im Management Studio vergleichbar.

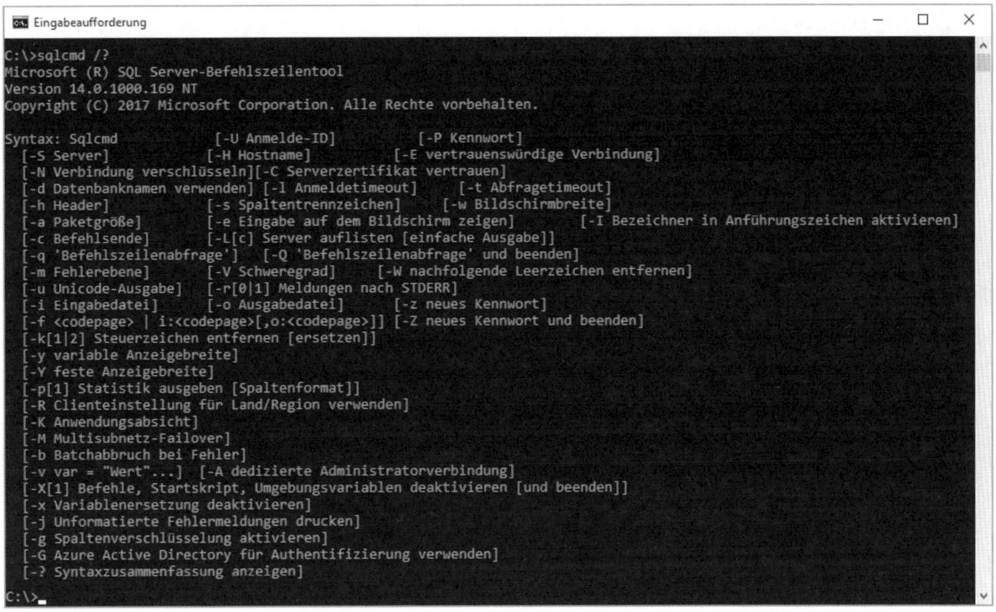

Bild 2.25 Die Aufrufparameter von SQLCMD

Der Aufruf des Tools könnte beispielsweise so aussehen:

```
sqlcmd -U klemens -P konosql -S srvsql2017
```

Um Windows-Authentifizierung zu verwenden, ersetzen Sie die Parameter -U und -P durch den Parameter -E.

ACHTUNG! Sie müssen auf die Groß- und Kleinschreibung bei den Aufrufparametern achten, da es mehrere Buchstaben gibt, die als Groß- bzw. Kleinbuchstabe einem anderen Parameter zugewiesen sind.

Nach der Anmeldung wird der Command-Prompt mit 1> dargestellt. Geben Sie nun beliebige SQL-Anweisungen ein. Bei der Eingabe werden die Zeilen mit dem Command-Prompt fortlaufend nummeriert. Damit die Anweisung ausgeführt wird, wechseln Sie in eine neue Zeile und geben GO ein. Anschließend wird die Anweisung mit ENTER ausgeführt.

```
🔲 Eingabeaufforderung                                —    □    ×
C:\>sqlcmd -S srvsql2017 -E
1> use wawi
2> go
Der Datenbankkontext wurde in "wawi" geändert.
1> SELECT *
2> FROM dbo.abteilungen;
3> go
abtnr bezeichnung
----- -----------------------------------------------------

CO    Controlling
EK    Einkauf
FB    Finanzbuchhaltung
FE    Forschung & Entwicklung
GL    Geschäftsleitung
LA    Lager
MA    Marketing
VK    Verkauf

(8 Zeilen betroffen)
1> exit

C:\>_
```

Bild 2.26 Verwenden von SQLCMD

Beenden Sie das Tool wahlweise mit der Anweisung quit oder exit.

> **HINWEIS:** Ein Beispiel für den Aufruf einer Skript-Datei mit SQLCMD finden Sie in Kapitel 9.

Das Kommandozeilentool kann unter Umständen der Retter in der Not sein. Sie können mit diesem Tool all das realisieren, was Sie im Abfrageeditor des Management Studios erledigen können – vorausgesetzt, Sie kennen die entsprechenden Anweisungen.

▓ 2.4 Der Konfigurations-Manager

Der Konfigurations-Manager ist ein Snap-in der Microsoft Management-Konsole. Als solches kann er entweder direkt über das Windows-Startmenü oder über das Programm MMC aufgerufen werden.

Der Konfigurations-Manager hat drei Aufgaben:

- *Verwaltung der SQL Server-Dienste*: Die einzelnen Dienste können gestartet und beendet, ihre Startart und ihr Dienstkonto festgelegt werden. Am Symbol ist zu erkennen, ob ein Dienst gestartet ist oder nicht. Bei gestarteten Diensten ist in einem weißen Kreis ein grünes Dreieck abgebildet. Ist ein Dienst nicht gestartet, ist an dieser Stelle ein rotes Viereck zu sehen.

- *Netzwerkkonfiguration für den Server*: Hier können Sie Netzwerkprotokolle für den Server aktivieren und deaktivieren. In der Regel verwenden Sie dies nach dem Setup, um TCP/IP für den Remotezugriff zu aktivieren. Für dieses Protokoll lassen sich hier weitere Einstellungen vornehmen; beispielsweise zum Port, der standardmäßig mit 1433 belegt ist.

- *Protokolle für den Client*: Für diesen Rechner als Client können Sie hier die verwendbaren Protokolle einstellen. Sind mehrere aktiv, wird eine Reihenfolge festgelegt, nach der der Client versucht, mit dem jeweiligen Protokoll eine Verbindung zu einem Server aufzubauen.

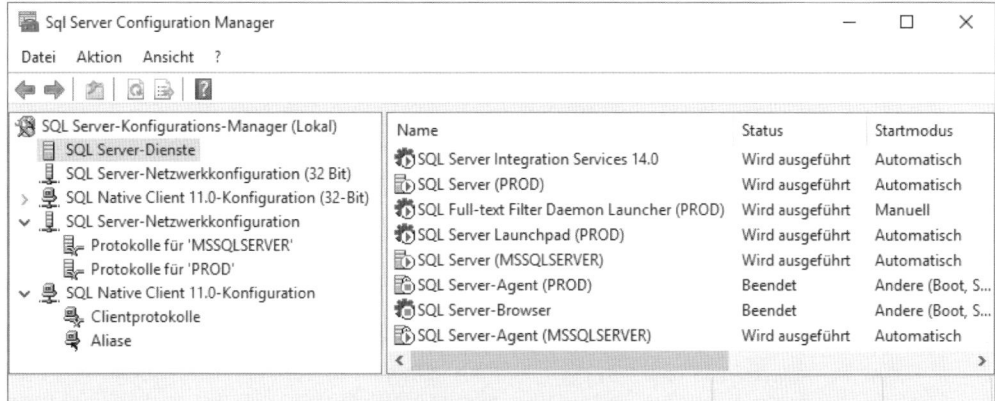

Bild 2.27 SQL Server-Konfigurations-Manager

ACHTUNG: Der SQL Server-Konfigurations-Manager unterscheidet zwischen Einstellungen, die auf dem Server einerseits und Einstellungen, die auf Clients andererseits relevant sind. Dementsprechend müssen diese Einstellungen auch auf dem Server oder auf allen betroffenen Clients vorgenommen werden. Da der Konfigurations-Manager nur lokal und nicht remote verwendet werden kann, muss er auch direkt am Server gestartet werden, um serverseitige Einstellungen vorzunehmen.

Lokal können Sie nach der Installation von Client-Tools die Konfiguration der Client-Protokolle nutzen.

Zusätzlich können Sie für den Client Aliasse für den Zugriff auf den Server erstellen. Dies ist vor allem dann hilfreich, wenn im Netzwerk nur mit der Angabe der IP-Adresse eine Verbindung zum Server aufgebaut werden kann. Ein Alias kann dann im Anmeldedialog anstelle des echten Servernamens – ähnlich einem Hosts-Eintrag – verwendet werden.

PRAXISTIPP: Hilfreich kann der Eintrag auf den Clients auch sein, wenn ein anderer Port als der Standardport 1433 für den Server verwendet wird.

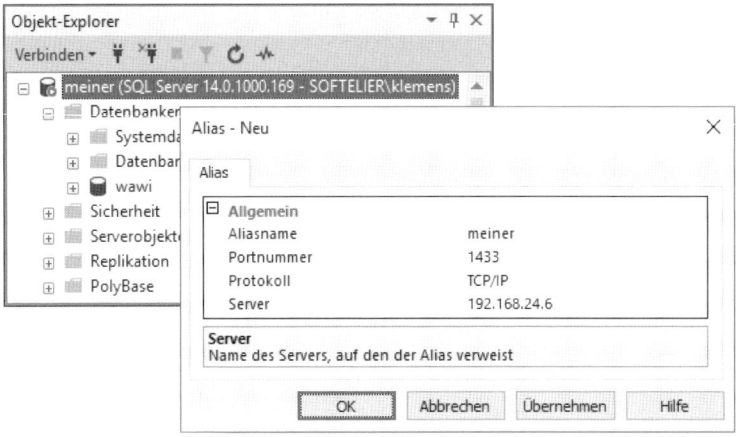

Bild 2.28 Client-Alias für Datenbankverbindung

In diesem Beispiel kann nun bei der Anmeldung als Servername *meiner* verwendet werden.

Bereits in Kapitel 1 haben Sie gelesen, wie Sie einzelne Protokolle für eine Serverinstanz aktivieren und deaktivieren können. Hier können Sie auch den Port einstellen, wenn Sie mehrere Instanzen auf einem Server betreiben. Dynamische Ports, wie automatisch beim Setup für weitere Instanzen vergeben, können nämlich in Firewalls nicht konfiguriert werden und sind daher im Netzwerk wertlos. In Bild 2.29 sehen Sie, wir für die Instanz PROD, die als zweite installierte Instanz standardmäßig mit einem dynamischen Port versehen war, auf den Port 1522 umgestellt wird. Dazu werden die Nullen in den Spalten *Dynamische TCP-Ports* entfernt und der neue Port unter *TCP-Port* bei allen Adressen eingetragen.

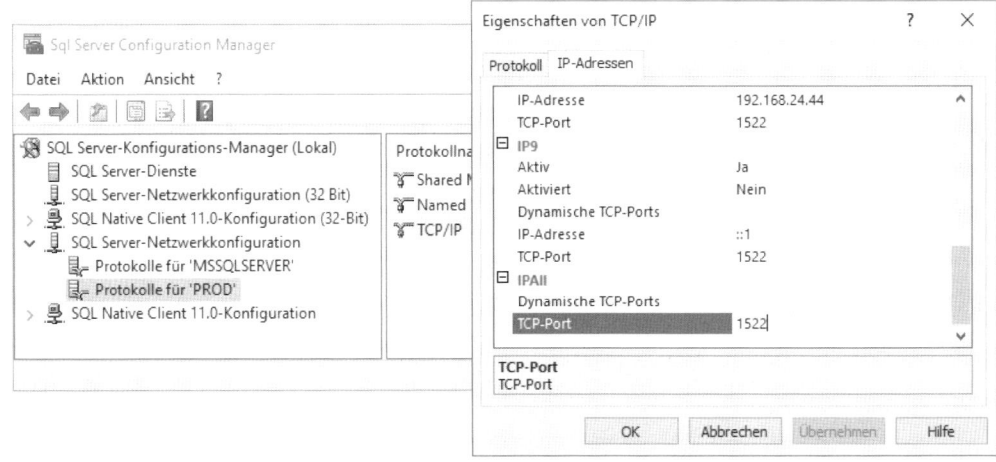

Bild 2.29 Port für TCP/IP festlegen

Je nachdem, wie viele Netzwerkadapter in Ihrem Server vorhanden sind, kann hier eine Vielzahl an IP-Adressen angezeigt werden. Zusätzlich wird noch zwischen IPv4 und IPv6 unterschieden. Bei Änderungen sollten daher immer alle Einträge synchron angepasst werden. Außerdem muss es zu einem Neustart des SQL Server-Dienstes kommen, damit Änderungen wirksam werden.

■ 2.5 Das SQL Server-Installationscenter

Das Installationscenter, das Sie schon bei der Installation Ihres SQL Servers kennengelernt haben, können Sie aus der Liste der Konfigurationstools später erneut starten, um wieder ins Setup zu gelangen und so beispielsweise einzelne Komponenten nachträglich zu installieren.

Dazu wählen Sie im Installationscenter die Option *Neue eigenständige SQL Server-Installation oder Hinzufügen von Funktionen zu einer vorhandenen Installation* und im Weiteren dann die Instanz aus, deren Features ergänzt werden sollen. Die bereits installierten Features werden bei der Funktionsauswahl ausgegraut angezeigt, weitere können analog zur Erstinstallation gewählt und damit zusätzlich installiert werden.

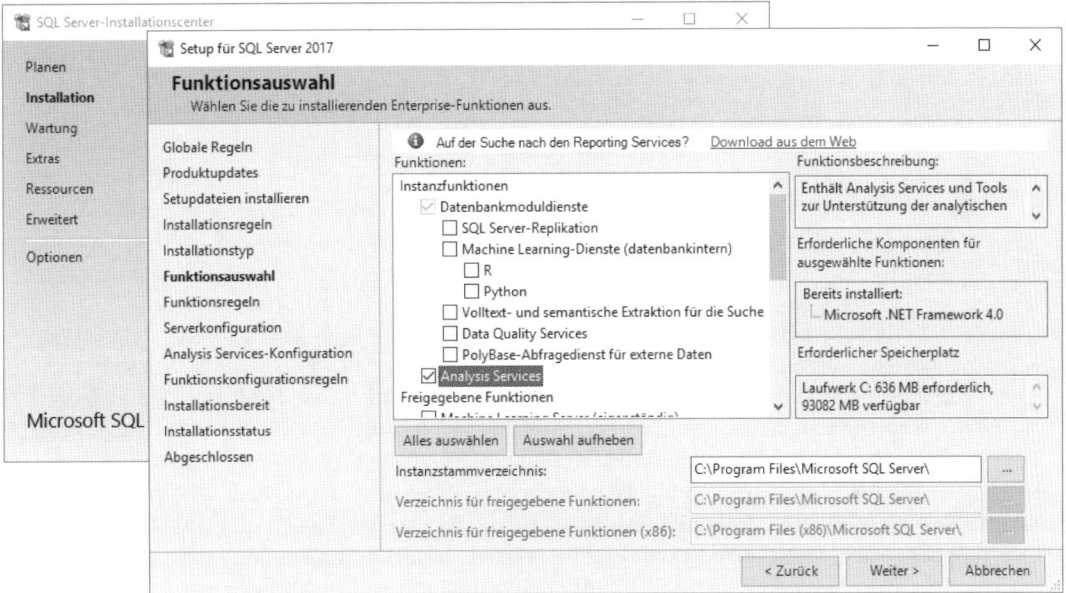

Bild 2.30 Das Installationscenter beim nachträglichen Installieren einzelner Komponenten

 HINWEIS: Sind die Installationsmedien nicht mehr am ursprünglichen Platz zu finden, kann das Installationsmedien-Stammverzeichnis unter *Optionen* geändert werden. ■

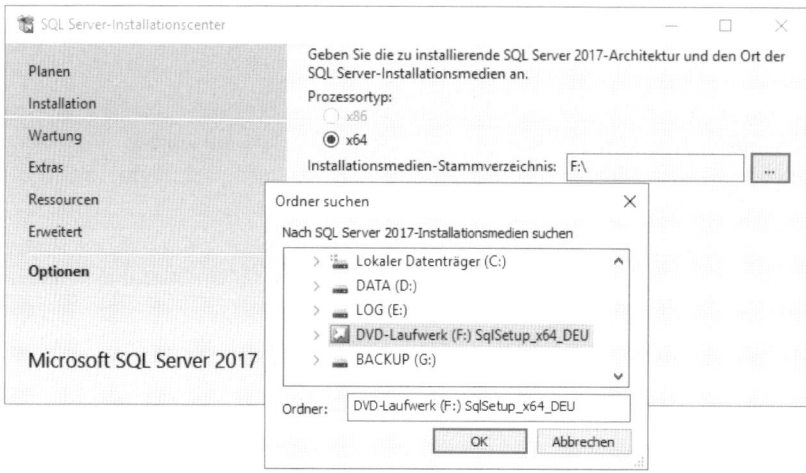

Bild 2.31 Installationsmedien (erneut) auswählen

■ 2.6 Der Profiler

Der Profiler gehört zu den *Leistungstools* und zeichnet Anweisungen auf, die auf dem Server ausgeführt werden. Diese können zur Analyse herangezogen werden und lassen sich nach unterschiedlichen Kriterien filtern. Das Ergebnis kann nicht nur am Bildschirm ausgegeben, sondern auch als sogenannte Trace-Datei gespeichert werden. Eine solche Trace-Datei kann wiederum vom Optimierungsratgeber als Grundlage verwendet werden. Da der Profiler alle Anweisungen der definierten Kategorien aufzeichnet, die auf dem Server ausgeführt werden, wird das erzeugte Protokoll auch bei der Analyse von Fehlern eingesetzt. Sie haben etwas früher vom neuen XEvent Profiler gelesen, dies ist nun, wenn man so will, der große Bruder. Er bietet eine Vielzahl an Einstellungs- und Filtermöglichkeiten.

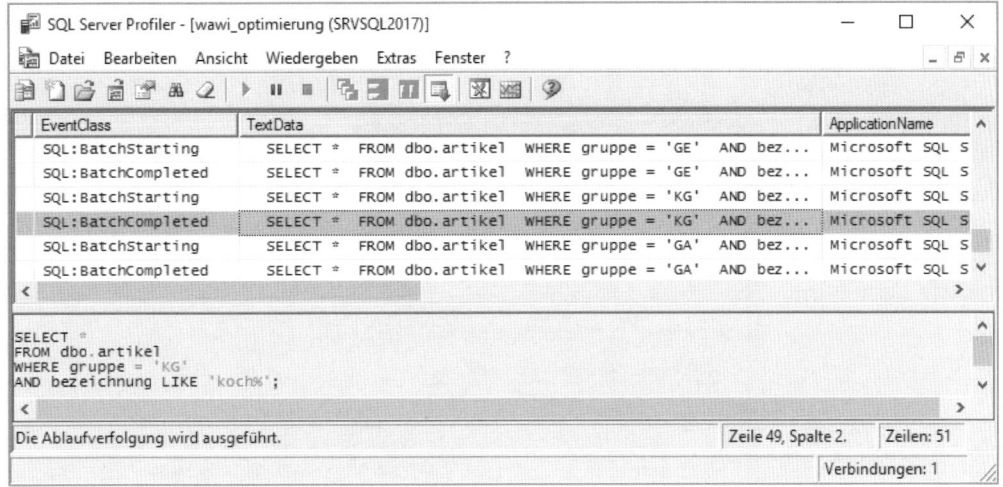

Bild 2.32 Aufzeichnung des SQL Server Profilers

■ 2.7 Der Datenbankoptimierungsratgeber

Der Datenbankoptimierungsratgeber (Database Tuning Advisor) gehört der Kategorie der *Leistungstools* an. Er liefert Änderungsvorschläge zur Indizierung. Dafür muss ihm eine Datei mit Abfragen, die typischerweise auf dieser Datenbank ausgeführt werden, bereitgestellt werden. Um sinnvolle Ergebnisse zu erzielen, muss die Datenbank allerdings realistische Datenmengen enthalten, die dem Echtbetrieb entsprechen. Dieses Eingabefile wird als Trace mit dem Profiler generiert.

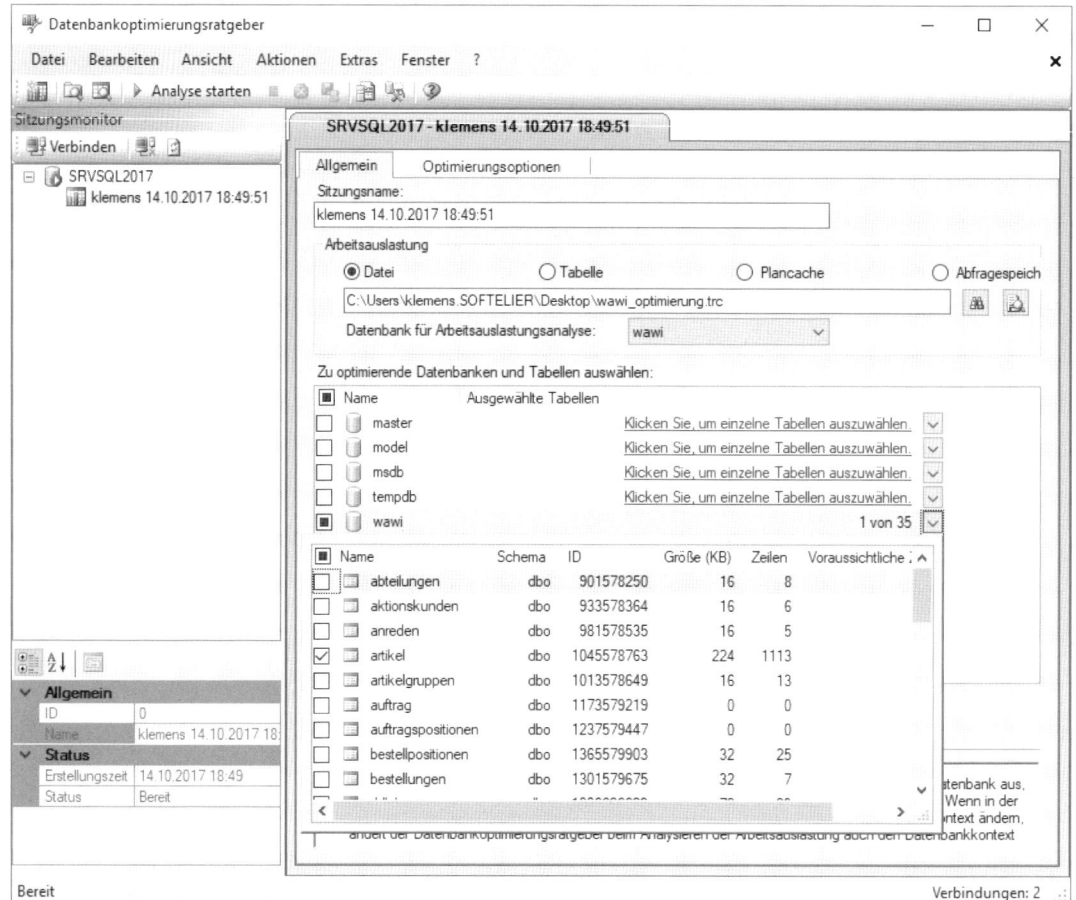

Bild 2.33 Datenbankoptimierungsratgeber

Nach der Auswahl der Trace-Datei und der zu analysierenden Datenbanken sowie Datenbankobjekte wird die Analyse gestartet. Als Ergebnis können Empfehlungen herauskommen. Im Beispiel wird empfohlen, einen gemeinsamen Index für die beiden Spalten mit der Artikelgruppe und der Bezeichnung in der Artikeltabelle erzeugen. Zusätzlich enthält die Empfehlung weitere eingeschlossene Spalten über der Option INCLUDE.

Das Skript zum Erzeugen des entsprechenden Index kann sogleich generiert und in die Zwischenablage kopiert werden. Danach kann die Anweisung im Management Studio eingefügt und ausgeführt werden.

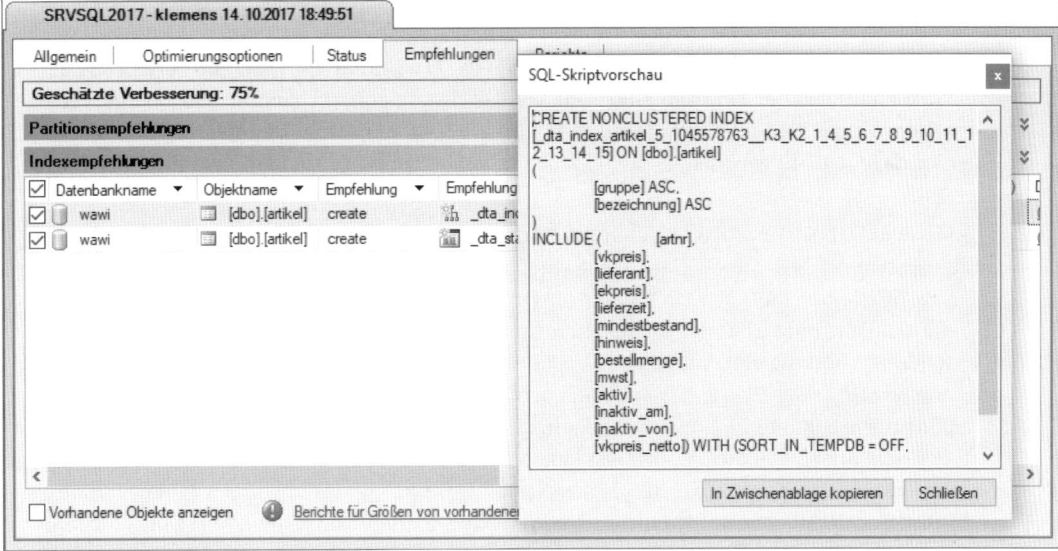

Bild 2.34 Indexempfehlung

■ 2.8 Die SQL Server Data Tools

Als Entwicklungstool über SQL und Transact-SQL hinaus fungiert das Visual Studio. Die darin inkludierten Werkzeuge werden als SQL Server Data Tools bezeichnet, sie stehen aber auch ohne eine Vollversion des Visual Studios zur Verfügung.

Mit den letzten Versionen des SQL Servers ist es regelmäßig zu Änderungen in der Art der Implementierung und zu Umbenennung, Trennung und Zusammenlegung von Werkzeugen gekommen. Um den Überblick nicht zu verlieren, finden Sie hier einen kurzen Ablauf der Entwicklung. Wenn Sie die Vorversionen nicht verwendet haben, können Sie den folgenden zeitlichen Abriss aber getrost überspringen.

Vor dem SQL Server 2012 ist unter dem Namen *Business Intelligence Development Studio* eine spezielle Form des Visual Studios installiert worden. Dieses enthielt lediglich die Projektvorlagen für *Analysis Services*, *Integration Services* und *Reporting Services*. Andere Projekte konnten mit dieser Visual Studio-Version nicht umgesetzt werden. Erst mit der Installation einer Professional Edition wurden auch andere Projekttypen verfügbar. In der Regel war dies immer eine Version hinter der jeweils aktuellen Version des Visual Studios.

Der Name *Business Intelligence Development Studio* ist beim SQL Server 2012 verschwunden. Das gleiche Werkzeug hörte nun auf den Namen *Visual Studio 2010 Shell*. Nach der SQL Server-Installation fanden Sie es im Startmenü einerseits mit dem eigenen Namen unter dem eigenen Ordner *Microsoft Visual Studio 2010* als auch im Ordner *SQL Server 2012* mit der Bezeichnung *SQL Server Data Tools* vor. Dieses konnte in zwei Versionen für das Visual

Studio 2010 und Visual Studio 2012 separat heruntergeladen werden. Nach dem Start standen beim Erstellen eines neuen Projekts die Vorlagenkategorien *Business Intelligence* und *SQL Server* bereit. Unter der ersten finden sich die erwähnten Vorlagen, die bereits aus der Vorversion bekannt gewesen sind. War bei der Installation auf dem Rechner bereits eine andere Visual Studio-Version installiert, sind die Data Tools in diese integriert worden. Ist dies nicht der Fall gewesen, ist die Visual Studio Shell als abgespeckte Form installiert worden.

Mit dem SQL Server 2014 beziehungsweise dem Visual Studio 2013 hat es auf einmal zwei Ausgaben der SQL Server Data Tools gegeben. Einerseits die *SQL Server Data Tools (SSDT)* bzw. *SQL Server Tools in Visual Studio* als Fortführung des mit dem SQL Server 2012 eingeführten Werkzeugs. Für das Visual Studio hat es keinen separaten Download mehr gegeben, sondern es musste eine Version des Visual Studios eingesetzt werden, in der diese mit dem Namen *SQL Server-Tools in Visual Studio* bereits inkludiert gewesen sind. Neben den kostenpflichtigen Editionen hat es auch freie Express-Editionen gegeben, die damit ausgestattet gewesen sind. Zusätzlich ist das fast gleichnamige Werkzeug *SQL Server Data Tools – Business Intelligence* (kurz *SSDT-BI*) als das Nachfolgewerkzeug des zuvor erwähnten *Business Intelligence Development Studios verfügbar gewesen*. Es stellte die Client-Werkzeuge für *Analysis Services, Integration Services* und *Reporting Services* bereit. Es war nicht integriert und musste separat heruntergeladen und installiert werden. Sollten Sie *SQL Server Data Tools – Business Intelligence* für das Visual Studio 2013 und den SQL Server 2014 noch benötigen, können Sie es nach wie vor unter dieser Adresse bekommen:

http://www.microsoft.com/de-de/download/details.aspx?id=42313

Hurra - mit dem SQL Server 2016 und dem Visual Studio 2015 ist es wieder zu einer Vereinheitlichung und einem Zusammenführen dieser Werkzeuge gekommen. Sie können die SQL Server Data Tools nun von dieser Adresse herunterladen:

https://docs.microsoft.com/de-de/sql/ssdt/download-sql-server-data-tools-ssdt

Hier finden Sie die Installer für die Version für das Visual Studio 2015 sowie das Visual Studio 2017.

Sie können den Download beziehungsweise die Installation auf eine der folgenden Varianten vornehmen:

- Für eine einmalige Installation kann der Installer verwendet werden, der die eigentlichen Programmdateien während der Installation lädt.

- Einrichten eines administrativen Installationspunktes: Dazu muss der kleine Installer heruntergeladen und danach auf der Kommandozeile mit der Option `/layout` unter der Angabe eines Zielpfades ausgeführt werden: `SSDTSetup.exe /layout <destination>`. Dorthin werden die Installationsdateien dann automatisch heruntergeladen und können danach direkt von dort installiert werden.

- Die von mir favorisierte Variante ist der Download eines ISO-Images, das dann unter Windows einfach bereitgestellt werden kann und so die einfachste Art der wiederholten Installation darstellt.

Gibt es auf dem Rechner bereits ein Visual Studio in der gewählten Version, werden die SSDT einfach in dieses integriert, widrigenfalls wird eine Shell des Visual Studios installiert, die danach nur die Projektvorlagen, die Sie für den SQL Server installieren, enthält. Sie müssen daher nicht mehr wie seinerzeit beim SQL Server 2014 beziehungsweise beim

Visual Studio 2013 notwendigerweise eine Vollversion installieren, auch wenn dies eine freie Express Edition sein konnte.

 HINWEIS: Neu bei den SSDT 2017 ist, dass dies nicht mehr automatisch geschieht, sondern Sie auswählen können, ob die SSDT in eine vorhandene Instanz des Visual Studios 2017 integriert werden sollen oder ob Sie eine neue eigenständige Instanz installieren möchten. ■

Die sinnvollste Neuerung ist das Zusammenführen von *SQL Server Data Tools* und *SQL Server Data Tools BI*, womit auch ein wenig die Verwirrung um diese beiden Werkzeuge beseitigt worden ist. Bei der Installation dieser nun vereinigten *SQL Server Data Tools können Sie die zu installierenden Projektvorlagen auswählen, wie in* Bild 2.35 *zu sehen. Die Projektvorlage für Datenbankprojekte ist dabei immer fix ausgewählt.*

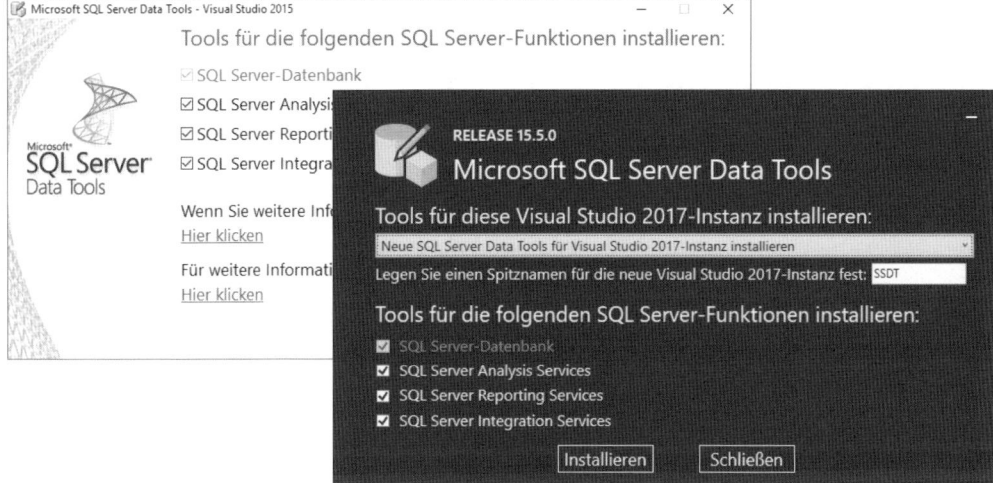

Bild 2.35 Installation der SQL Server Data Tools für VS 2015 oder 2017

Legen Sie in diesem Visual Studio ein neues Projekt an, stehen die Business-Intelligence-Vorlagen sowie die Vorlage für SQL Server-Projekte zur Verfügung.

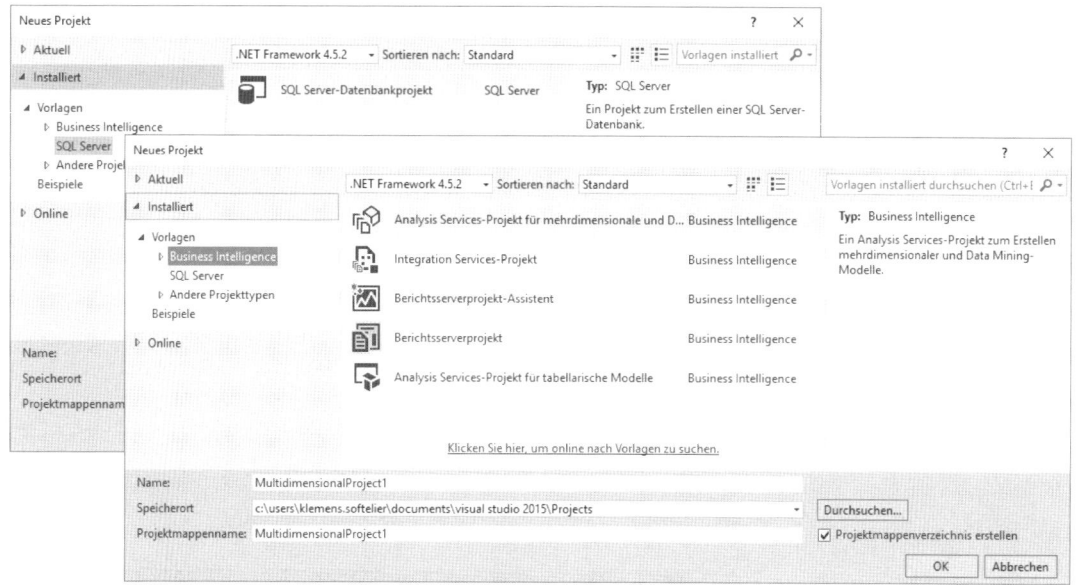

Bild 2.36 SQL Server- und Business-Intelligence-Vorlagen

 HINWEIS: In Kapitel 11 lesen Sie, wie Sie ein Integration Services-Projekt für die Erstellung von Integration Services-Lösungen nutzen.

Wenden wir uns nun dem „klassischen" SQL Server Data Tools-Projekttyp zu. Dieser ermöglicht es Entwicklern, aus einer Umgebung heraus sämtliche Aufgaben der Entwicklung einer Datenbankanwendung zu erledigen. Oft wird nur das Management Studio für die datenbanknahen Aufgaben wie das Erstellen der Tabellen- und Datenbankobjekte verwendet. Programmcode wird teilweise auch im Management Studio und das Frontend im Visual Studio entwickelt. Die volle Integration in das Visual Studio bieten vor allem die Vorteile der Versionierung und des Speicherns aller Bestandteile in einem Projekt und nicht in einzelnen SQL-Skripten.

Besondere Vorteile dieser Form sind auch im Deployment zu finden. Wenn Sie das Projekt mit einer bestehenden Datenbank bereitstellen, werden nur die Änderungen zwischen dem Stand in der Datenbank und dem im Projekt ermittelt und diese Änderungen an der Datenbank vollzogen. Die notwendigen ALTER-Statements werden dabei automatisch generiert.

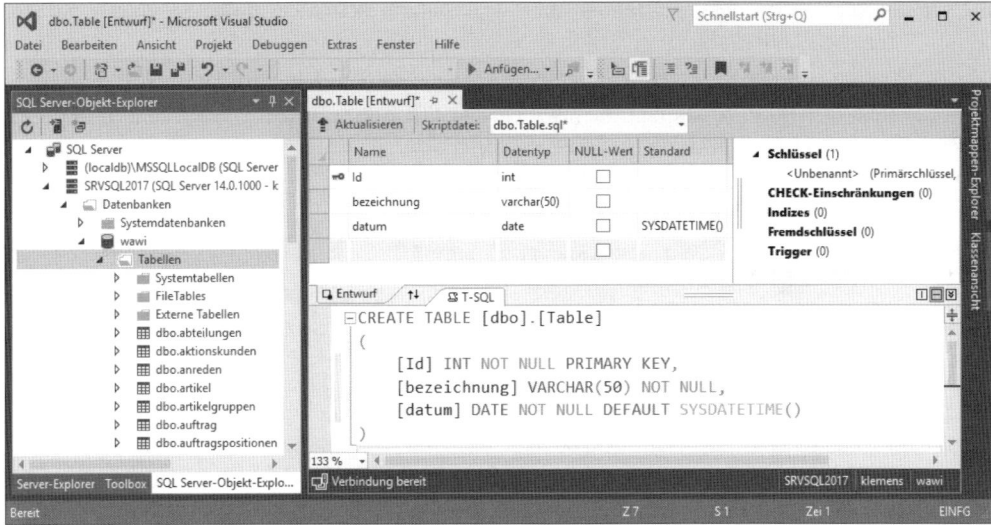

Bild 2.37 Neue Tabelle mit SQL Server Data Tools erzeugen

 HINWEIS: Die SQL Server Data Tools werden in Kapitel 8 behandelt. Dort lesen Sie, welche Features Ihnen dieses Tool im Detail zu bieten hat.

■ 2.9 Der Import/Export-Assistent

Ein sehr praktisches Tool ist der Import/Export-Assistent. Er erlaubt es in wenigen Schritten, Daten in oder aus einer SQL Server-Datenbank zu bringen. Er kann wahlweise aus dem Management Studio heraus oder auch direkt über Start gestartet werden. Der Import/Export-Assistent basiert auf der Technologie der Integration Services, die Sie in Kapitel 11 kennenlernen werden. Daher tauchen in den Dialogen auch einige Begrifflichkeiten aus dieser „Welt" auf. Obwohl Integration Services in der Express Edition grundsätzlich nicht verfügbar sind, ist der Assistent als wichtige Basisfunktionalität auch in dieser Edition verfügbar. Der Unterschied wird erst im letzten Schritt beim Durchlauf durch den Assistenten offensichtlich: Bei der Express Edition kann der Import oder Export nur sofort gestartet werden, während bei den anderen Editionen die zusätzliche Option besteht, die Einstellungen für ein späteres Ausführen und Weiterverarbeiten mit den Integration Services zu speichern.

Nutzen wir ihn in der ersten Variante, um die Artikeltabelle aus der Beispieldatenbank *wawi* nach Excel zu exportieren.

1. Markieren Sie die Datenbank *wawi* und wählen Sie im Kontextmenü den Befehl TASKS/DATEN EXPORTIEREN... aus. Der Assistent startet mit einem Startbildschirm, den Sie für

spätere Starts des Assistenten auch deaktivieren können. Fahren Sie gleich mit der Schaltfläche *Weiter* fort.

2. Der erste eigentliche Schritt ist die Auswahl der Datenquelle für den Export. In der Version 17 wird dazu standardmäßig nicht der *SQL Server Native Client*, sondern der *.NET Framework Data Provider für ODBC* vorgeschlagen.

 PRAXISTIPP: Da für den *.NET Framework Data Provider für ODBC* ein manuell zu erzeugender Connection String oder ein DSN zu konfigurieren wäre, wechseln wir hier entweder auf den *SQL Server Native Client* oder den *Microsoft OLE DB Provider für SQL Server*. Die Vorauswahl von ODBC ist mit der neuen Präferenz von Microsoft für ODBC und das Auslaufen des OLE DB-Providers zwar erklärbar, aber gerade an dieser Stelle ist es nicht einsichtig, dass man manuell Verbindungen zu einer Datenquelle konfigurieren muss, mit der man schon verbunden ist. Hier muss Microsoft noch deutlich nachbessern, indem die notwendigen Parameter schon voreingetragen werden und nicht schon beinahe Kenntnisse eines Entwicklers erfordern. Denn es gibt in anderen Tools auch Assistenten, um diese Verbindungszeichenfolgen zu generieren.

Verwenden Sie eine der beiden von mir vorgeschlagenen Datenquellentypen, sind alle notwendigen Einstellungen schon vorgenommen und Sie können direkt mit *Weiter* fortfahren.

Bild 2.38 Datenquelle für den Export

3. Im nächsten Schritt ist das Ziel für den Export auszuwählen. Die zur Verfügung stehende Auswahl ist teilweise davon abhängig, ob die entsprechenden Programme auch auf dem Rechner installiert sind. So können Sie ohne installiertes Access und Excel in diese Formate nicht exportieren. Wählen Sie als Ziel *Microsoft Excel* aus und geben Sie den Zielpfad und die gewünschte Version an. Damit ich hier die aktuelle Version 2016 verwenden

kann, musste ich auf meiner Entwicklungsmaschine vorerst die 32-Bit-Version der *Microsoft Access Database Engine 2016 Redistributable* installieren. Diese finden Sie unter dieser Adresse zum Download: *https://www.microsoft.com/en-us/download/details.aspx?id=54920*. Allerdings lässt sie sich nicht installieren, wenn sie bereits 64-Bit-Office-Komponenten installiert haben. Die Auswahl der Versionen 97-2003 lässt sich hingegen auf jeder Maschine ausführen und das Format ließe sich bei Bedarf später in Excel problemlos ändern. Also verwenden Sie diese bei Bedarf.

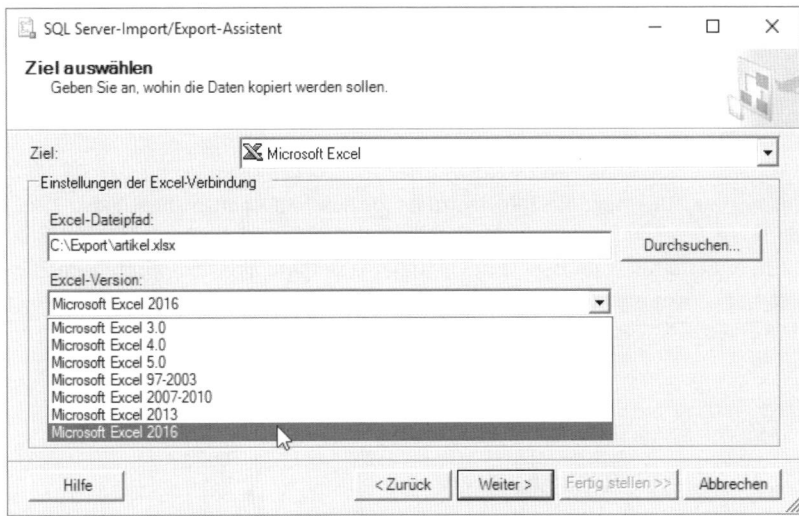

Bild 2.39 Ziel und Zielformat für den Datenexport festlegen

4. Der nächste Schritt ist die Auswahl, welche Daten aus der gewählten Datenbank exportiert werden sollten. Wie Sie in Bild 2.40 sehen, haben Sie dazu prinzipiell die zwei Möglichkeiten, entweder eine Tabelle oder Sicht auszuwählen oder ein SQL-Statement zu verwenden. Für ein SQL-Statement steht allerdings innerhalb des Assistenten nur ein einfaches Eingabefeld ohne jeglichen Komfort zur Verfügung.

 PRAXISTIPP: Wenn Sie eine spezielle Abfrage für den Export benötigen, erzeugen Sie mit den in Kapitel 4 vorgestellten Werkzeugen das passende SQL-Statement, testen es und kopieren es über die Zwischenablage in das dafür vorgesehene Eingabefeld. Das ist wesentlich effizienter als die manuelle Eingabe an dieser Stelle.

Wir wählen an dieser Stelle die Option für den Export einer Tabelle aus und fahren fort.

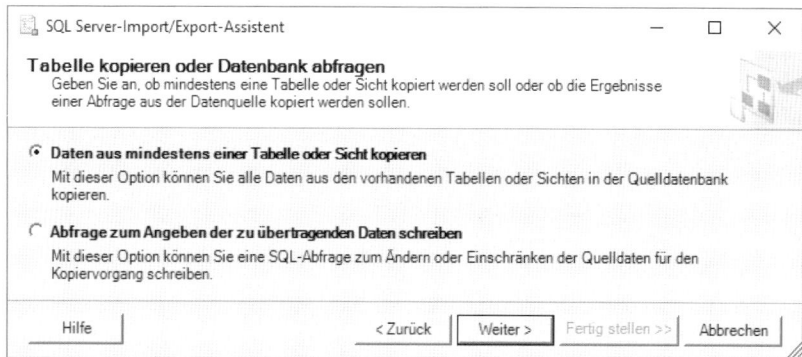

Bild 2.40 Art des Exports festlegen

5. Wählen Sie aus der Auflistung die Tabelle *artikel* für den Export aus. Über die Schaltfläche *Zuordnungen bearbeiten...* könnten Sie Spaltennamen und Datentypen anpassen. Dies macht in erster Linie beim Export in ein anderes Datenbankformat Sinn, beim Zielformat Excel ist dies weniger von Belang. Wenn Sie den Namen des Tabellenblatts in Excel ändern möchten, können Sie dies in der rechten Zielspalte, wie in Bild 2.41 zu sehen, tun.

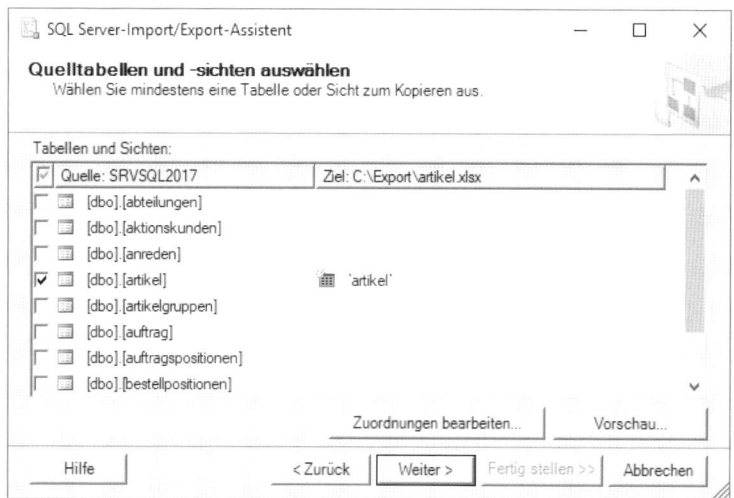

Bild 2.41 Tabelle für den Export auswählen

6. Sollten aus Sicht des Assistenten mögliche Probleme bei den Datentypzuordnungen zwischen Quell- und Zielspalten auftauchen, werden diese als Warnungen im Dialog wie in Bild 2.42 zu sehen angezeigt. Hier können Sie einerseits noch Anpassungen an den Zieltypen vornehmen und andererseits festlegen, wie im Fehlerfall vorgegangen werden soll. Da beim Export nach Excel anders als in eine Datenbank diesbezüglich keine Gefahren zu erwarten sind, habe ich die Einstellung *Ignorieren* gewählt. Aber auch ein Beibehalten der Standardauswahl wird hier zu einem erfolgreichen Export führen.

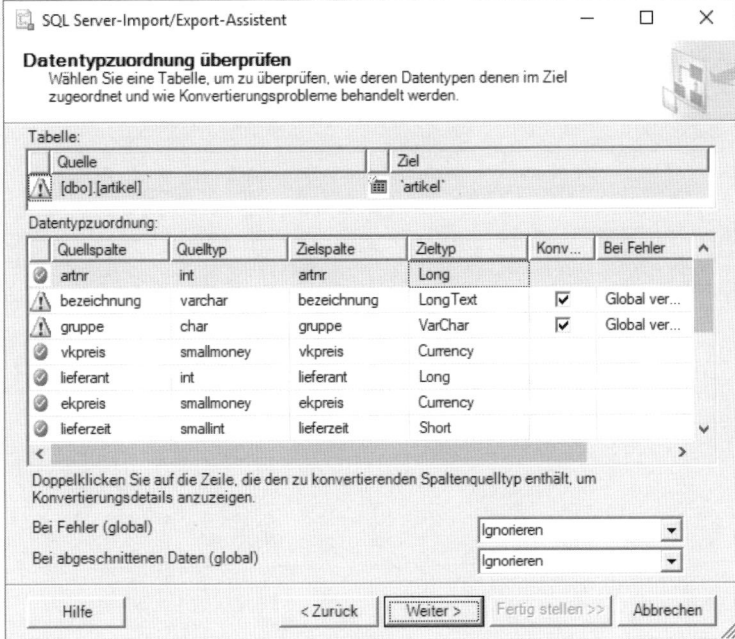

Bild 2.42 Datentypzuordnungen prüfen

7. Schließen Sie den Assistenten mit den abschließenden Zusammenfassungen ab. Bei der Express Edition erhalten Sie noch den Hinweis, dass nur ein direktes Ausführen möglich ist. In Bild 2.43 sehen Sie die abschließende Zusammenfassung und das erzeugte Ergebnis. Über die Schaltfläche BERICHT können Sie ein detailliertes Protokoll des Vorgangs einsehen, was vor allem im Fehlerfall sinnvoll ist.

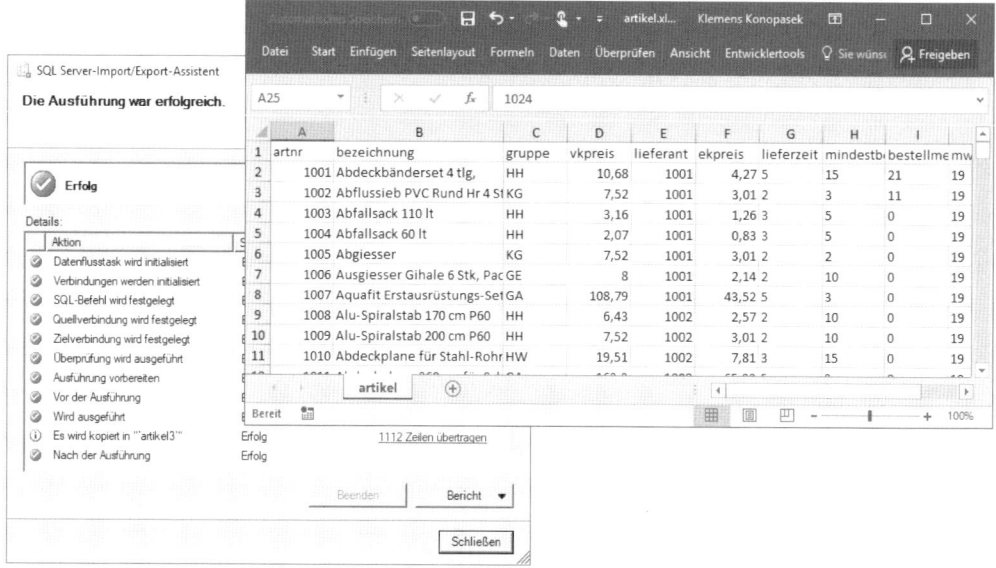

Bild 2.43 Abschluss und Ergebnis des Exports

Nach dem Export direkt aus der Datenbank heraus betrachten wir uns den Import mit der zweiten Startvariante. Diesmal möchten wir eine CSV-Datei mit Artikeldaten in eine temporäre Tabelle in unsere Datenbank importieren. Die CSV-Datei enthält vier Spalten mit Artikelnummer, Bezeichnung, Kürzel der Artikelgruppe und einen Preis. Die Spalten sind in der Datei mit Semikolon voneinander getrennt, die erste Spalte enthält die Spaltenüberschriften.

```
artnr;bezeichnung;gruppe;vkpreis
1001;Abdeckbänderset 4 tlg.;HH;11,19
1002;Abflussieb PVC Rund Hr 4 Stk. Packung Sb;KG;6,49
1003;Abfallsack 110 lt;HH;3,19
1004;Abfallsack 60 lt;HH;2,07
...
```

8. Starten Sie das Programm *SQL Server 2017 Datenimport und -export* direkt über Start beziehungsweise das Startmenü. Auf 64-Bit-Systemen steht dieses als 32- und 64-Bit-Variante zur Verfügung.

9. Als Format für die Datenquelle wählen wir *Flatfilequelle* aus. Dies ist die passende Auswahl für alle auf Textdateien basierenden Formate.

10. Nach der Auswahl des Datenformats passt sich der Dialog automatisch an diese Auswahl an. Hier können Sie nun die zu importierende Datei auswählen. Wie in Bild 2.44 ersichtlich, können noch folgende Zusatzeinstellungen vorgenommen werden:

    - Das zu verwendende Gebietsschema, das zum Beispiel für das automatische, korrekte Erkennen von Zahlenformaten bedeutend ist.

    - Die Codepage der Datei und ob es sich um ein Unicode-Format handelt.

- Das Datenformat, in dem die Daten vorliegen. Die gebräuchlichsten Formate sind hier *Mit Trennzeichen*, *Feste Breite* und *Rechter Flatterrand*.

- Ob ein Textqualifizierer verwendet wird. Manchmal werden in CSV-Dateien Texte durch Hochkommata kenntlich gemacht, die dann aber natürlich nicht mit importiert werden sollten.

- Sie können festlegen, ob eine bestimmte Anzahl an Zeilen am Beginn der Datei auszulassen ist.

- Enthält die erste Zeile, wie in unserem Beispiel, schon die Spaltennamen, können wir diese mit der letzten Option direkt übernehmen.

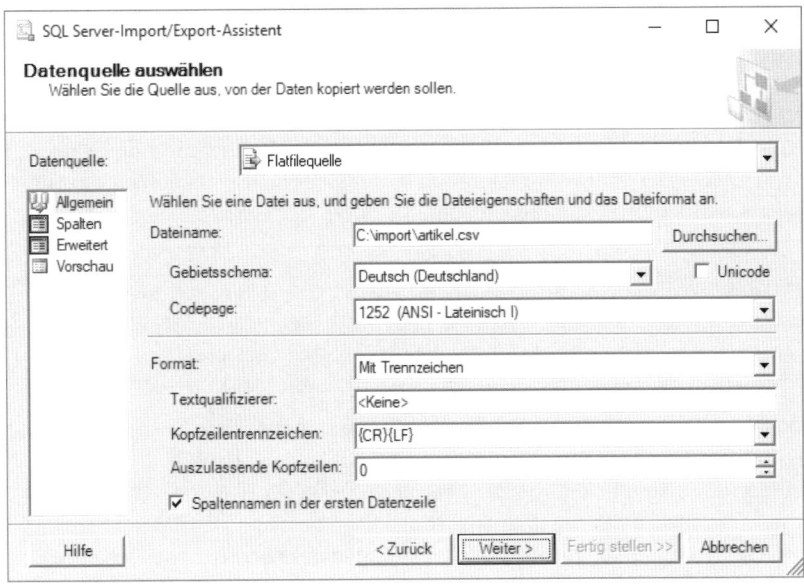

Bild 2.44 Datenquelle auswählen

11. Um eine Vorschau auf die Daten, wie in Bild 2.45 zu sehen, zu bekommen, wählen Sie in der Auswahlliste am linken Dialogrand die Option *Spalten*. Hier können Sie das in der Importdatei verwendete Zeilen- und das Spaltentrennzeichen angeben. Die Vorauswahl Wagenrücklauf und Zeilenvorschub (*{CR}{LF}* für *carriage return* und *line feed*) und Semikolon sind in unserem Fall passend und müssen nicht mehr verändert werden. Dennoch lohnt sich in der Praxis immer ein Kontrollblick auf diese Seite, um festzustellen, ob die verwendeten Einstellungen das gewünschte Ergebnis liefern. Mit den Schaltflächen *Aktualisieren* und *Spalten zurücksetzen* können Sie die Vorschauanzeige nach einer Anpassung der Einstellungen neu aufbauen.

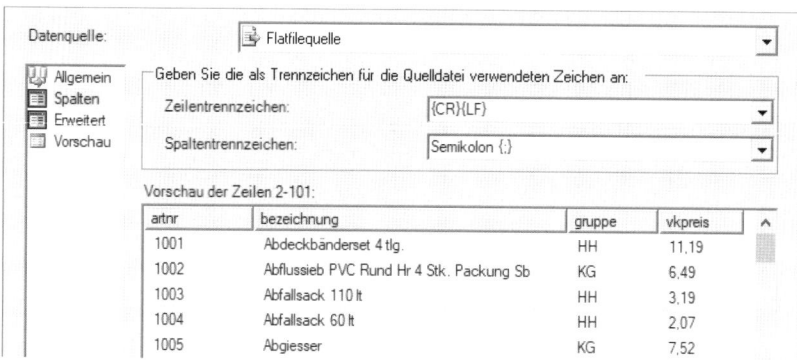

Bild 2.45 Spaltenerkennung

12. Wählen Sie nun noch in der linken Liste die Option *Erweitert*, um detaillierte Einstellungen für die Spalten vornehmen zu können. Standardmäßig wird für jede Spalte der Datentyp *Zeichenfolge* mit dem Kürzel *[DT_STR]* mit einer Länge von 50 Zeichen vorgegeben. Dies entspricht in der Datenbank dem Datentyp *varchar(50)*.

ACHTUNG! Wenn Sie Spalten in Ihren Importdaten haben, bei denen die Länge von 50 Zeichen nicht ausreichend ist, erhöhen Sie unbedingt den Wert für die Länge in der Eigenschaftseinstellung *OutputColumnWidth* entsprechend; sonst würde der Importvorgang später mit einem Fehler unterbrochen werden.

Wenn Sie erst anhand einer Fehlermeldung darauf kommen, dass eine Änderung vorzunehmen ist, und im Assistenten zurückgehen, um diese Änderung vorzunehmen, müssen Sie folgendes beachten: Zu diesem Zeitpunkt hat der Assistent die Tabelle mit der alten Spaltendefinition bereits erstellt. Wenn Sie nun die Änderung vornehmen und den Import mit demselben Zieltabellennamen erneut ausführen, laufen Sie erneut in einen Fehler. Um diesen zu umgehen, verwenden Sie entweder beim nächsten Versuch einen anderen Zieltabellennamen, oder Sie löschen die zuvor vom Assistenten schon erstellte Tabelle beispielsweise mit dem Management Studio, bevor Sie die Änderung im Assistenten vornehmen.

In unserem Beispiel wählen wir für die Spalte *artnr* den Datentyp *int* und für *vkpreis* *money* aus. Da der Assistent auf .NET-Technologien basiert, tauchen hier andere Datentypenbezeichnungen auf als in der Datenbank. Als direkte Entsprechung für *int* ist an dieser Stelle *ganze Zahl mit Vorzeichen und einer Länge von vier Byte [DT_I4]* zu wählen. Das Pendant für *money* ist *Währung [DT_CY]*. Genaue Informationen über Datentypen beim SQL Server finden Sie in Kapitel 3.

Bild 2.46 Erweiterte Spalteneinstellungen

Wenn Sie möchten, können Sie zum Abschluss der Einstellungen noch einen Blick auf die *Vorschau* werfen. Allerdings sehen Sie hier nicht viel mehr als schon zuvor unter *Spalten*. Schließen Sie diesen Schritt mit der Schaltfläche *Weiter* ab.

13. Wählen Sie als Ziel die Datenbank *wawi* als. Verwenden Sie dazu die gleichen Einstellungen wie schon im vorigen Beispiel bei der Auswahl der Quelle. Setzen Sie danach mit *Weiter* fort.

14. Im folgenden Dialog sehen wir schon wie zuvor beim Export die Gegenüberstellung von Quelle und Ziel. Ändern Sie hier den vorgeschlagenen Namen der Zieltabelle auf *dbo. tmp_artikel*. Solange keine Sonderzeichen in diesem Namen enthalten sind, können Sie auch auf die eckigen Klammern verzichten. Der Unterstrich gilt in diesem Fall nicht als Sonderzeichen. Sie sehen diese vorgenommene Änderung in Bild 2.47. Über die Schaltfläche *Zuordnungen bearbeiten...* nehmen Sie bei Bedarf weitere Einstellungen für die Zieltabelle vor.

 HINWEIS: Sie können beim Import sowohl eine neue Tabelle in der Datenbank erstellen als auch die Daten in eine bestehende Tabelle einfügen. Dies hängt nur davon ab, ob die Tabelle mit dem angegebenen Namen in der Zieldatenbank bereits existiert oder nicht, und wird vom Assistenten automatisch erkannt. Ist Letzteres der Fall, müssen Sie über die Zuordnungen sicherstellen, dass die gewünschten Spalten aus der Quelle mit denen des Ziels übereinstimmen. Reihenfolge und Spaltenbezeichnungen werden nämlich häufig nicht von vornherein immer genau zusammenpassen.

In unserem Beispiel erstellen wir eine neue Tabelle. Wir können hier, wie in Bild 2.47 zu sehen, zum Beispiel Spaltennamen anpassen oder Datentypen ändern. Verringern wir hier die Größe für die Spalte *gruppe* auf zwei Zeichen und ändern den Namen von *vkpreis* auf *preis*. Falls Sie sich gerade verwundert die Frage stellen: Haben wir das nicht schon zuvor erledigt? Zur Erklärung: Im vorigen Schritt haben wir die Quelle genauer beschrieben, an dieser Stelle definieren wir das Ziel. Beim Erstellen einer neuen Tabelle als Ziel werden die Einstellungen der Quelle vorerst einmal als Vorgabe übernommen, daher besteht hier ein gewisser Zusammenhang. Zusätzlich können wir auch noch den Datentyp von *money* zu *smallmoney* ändern. Eine Unterscheidung dieser beiden Datentypen unterschiedlicher Größe kennt der SQL Server zwar, aber in .NET gibt es diese Differenzierung nicht. Daher konnten wir diese genaue Einstellung nicht schon zuvor eintragen.

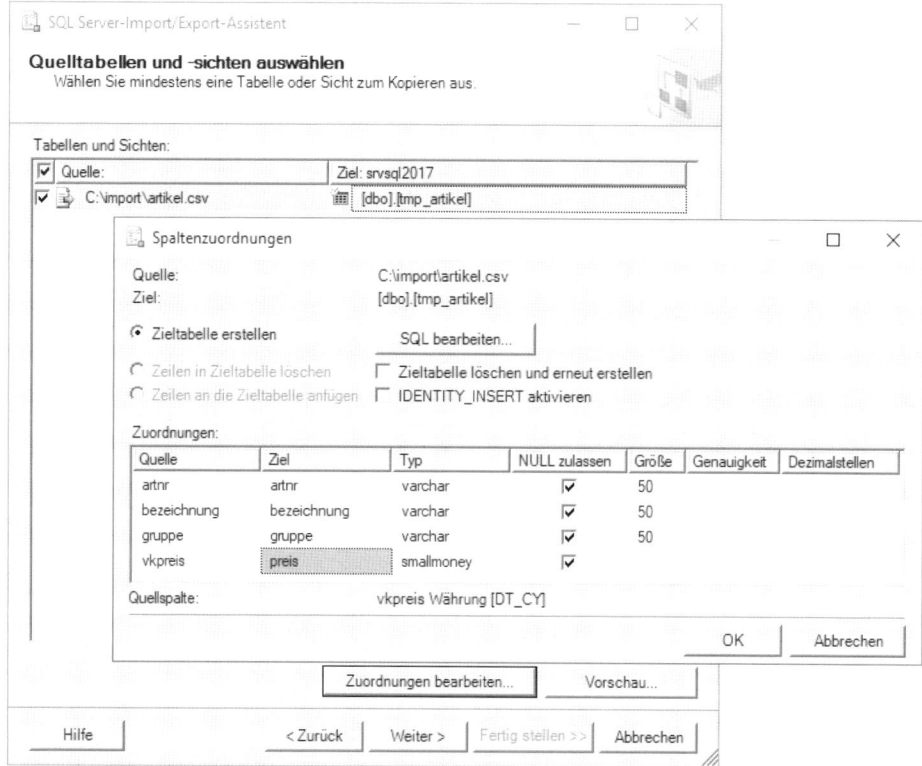

Bild 2.47 Tabellenübersicht und Spaltenzuordnungen

Wenn Sie sich mit SQL bereits gut auskennen, haben Sie hier auch die Möglichkeit, die Anweisung, mit der die Zieltabelle erstellt werden wird, direkt zu editieren. Dazu klicken Sie auf die Schaltfläche *SQL bearbeiten...* und gelangen in den entsprechenden Dialog.

HINWEIS: Fügen Sie Daten beim Import an eine bestehende Tabelle an, können Sie die Zielspalten nur aus der Liste auswählen und damit zuordnen. Sie können dann natürlich keine neuen Spaltennamen und Datentypen vergeben.

15. Schließen Sie den Vorgang nun analog zum ersten Beispiel ab. Sie finden die neue Tabelle danach im Objekt-Explorer des Management Studios.

Der Import/Export-Assistent ist ein sehr praktisches und flexibles Werkzeug, um schnell Daten in eine Datenbank zu importieren oder zum Beispiel für eine Weiterverarbeitung zu exportieren. Wenn Sie dies in gleichbleibender Form in regelmäßigen Abständen und in weiterer Folge vielleicht auch automatisiert erledigt haben möchten, empfiehlt sich dazu die Verwendung der Integration Services. Sie finden ein derartiges Beispiel in Kapitel 11.

■ 2.10 Der SQL Server Migration Assistant

Ein grafisches Werkzeug, das zwar auch nicht direkt mit dem SQL Server ausgeliefert wird, aber inhaltlich an dieser Stelle erwähnt gehört, ist der *SQL Server Migration Assistant*. Ist es früher oftmals ein Geheimtipp gewesen, wird es mit dem SQL Server 2016 und 2017 durch die Aufnahme des Links zum Download in das Installation Center wohl bekannter werden. Dieses Werkzeug ist eine wertvolle Hilfe, wenn Sie eine bestehende Datenbank von einem anderen Datenbankmanagementsystem auf den SQL Server migrieren möchten. Vielleicht sollte ich anstelle von Werkzeug eher Werkzeuge sagen, denn dieses Tool gibt es in unterschiedlichen Ausprägungen, jeweils für ein DBMS ausgelegt.

Der SQL Server Migration Assistant – kurz als *SSMA* bezeichnet – ist nur in englischer Sprache verfügbar, weshalb ich auch den Namen in englischer Form beibehalte. Die aktuelle Version des SSMA ist 7.6 und für folgende Datenbanksysteme verfügbar:

- Microsoft Access (*https://www.microsoft.com/en-us/download/details.aspx?id=54255*)
- Oracle (*https://www.microsoft.com/en-us/download/details.aspx?id=54258*)
- MySQL (*https://www.microsoft.com/en-us/download/details.aspx?id=54257*)
- DB2 (*https://www.microsoft.com/en-us/download/details.aspx?id=54254*)
- SAP Adaptive Server Enterprise (*https://www.microsoft.com/en-us/download/details.aspx?id=54256*; früher Sybase ASE)

Diese Version unterstützt erstmals den SQL Server 2017. Sehr angenehm ist, dass mittlerweile nicht mehr, wie bei älteren Versionen dieses Produkts noch erforderlich, ein Lizenzfile angefordert werden muss. Dieses hat man mit einer Microsoft-ID zwar kostenlos bekommen, es war aber ein zusätzlicher organisatorischer Aufwand, ein solches anzufordern.

Der SSMA übernimmt alle Aufgaben von der Analyse des Ausgangsschemas über das Generieren der neuen Datenbank bis hin zur Datenmigration. Alle diese Schritte können auch manuell angepasst und überarbeitet werden. Da alle getroffenen Einstellungen als Projekt abgespeichert werden, kann der ganze Migrationsvorgang zuerst sehr einfach getestet werden. Danach kann er – unter Umständen mit weiteren Modifikationen – jederzeit erneut ausgeführt werden. Der Vorgang kann damit so oft wiederholt werden, bis er endgültig passt, und dann erst mit der vollen Datenmenge durchgeführt werden. Sie können einen Assistenten nutzen oder die Konfiguration auch manuell vornehmen.

SQL Server Migration Assistant for MS Access

Ich möchte Ihnen am Beispiel des SSMA für MS Access einen kurzen Einblick in dieses aus meiner Sicht sehr wertvolle Tool für Datenbankumsteiger geben.

Direkt nach dem Start des SSMA meldet sich der Assistent mit dem ersten Schritt, in dem auch schon gut ersichtlich ist, aus welchen Teilschritten der gesamte Vorgang besteht:

1. Erstellen eines neuen SSMA-Projekts.

2. Auswählen der Access-Datenbanken, die Sie mit diesem Projekt migrieren möchten.

3. Festlegen, welche Datenbankobjekte aus diesen Datenbanken migriert werden sollen.

4. Herstellen einer Verbindung zur SQL Server-Zielinstanz.

5. Verknüpfen der neuen SQL Server-Tabellen in die Access-Datei als Ersatz für die originalen Tabellen, falls Sie die Access-Anwendung weiterhin verwenden möchten.

6. Konvertieren und Erstellen der Datenbankobjekte in der Zieldatenbank sowie das Übertragen der vorhandenen Daten.

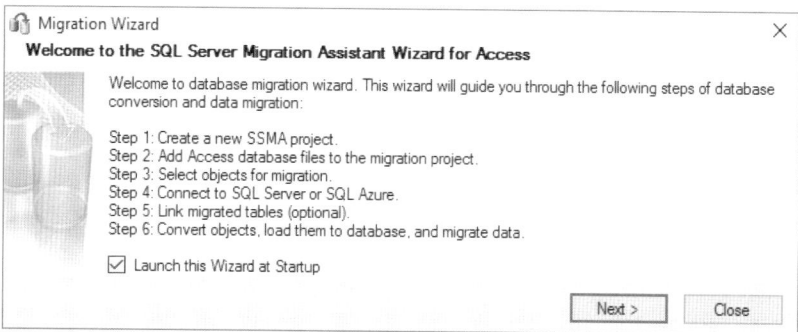

Bild 2.48 Assistent für die DB-Migration

Im ersten Schritt wird das neue Projekt erstellt. Bereits hier ist neben dem Namen und dem Pfad die Zielversion des SQL Servers auszuwählen.

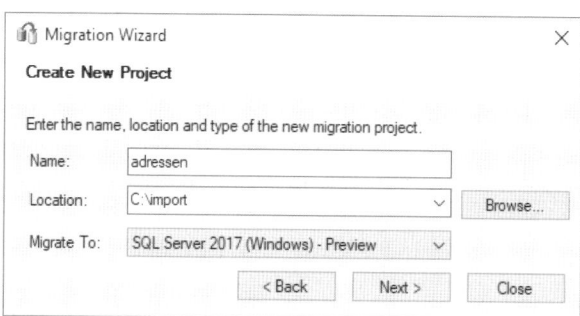

Bild 2.49 SSMA-Projekt anlegen

 ACHTUNG! Es muss auf dem Rechner, auf dem der SSMA ausgeführt wird, auch eine Access-Version installiert sein, damit die für das Auslesen der Objekte erforderlichen Programmbibliotheken (Data Access Objects, kurz DAO) verfügbar sind. Dafür kann aber auch eine Access Runtime-Version installiert werden, es ist keine Access Vollversion vonnöten. Sie können eine Runtime ab der Version 2010 dafür einsetzen. Die Runtime-Version von Access 2016 finden Sie hier: *https://www.microsoft.com/de-de/download/details.aspx?id=50040*

Nach Auswahl der Datenbank – es können auch mehrere Dateien sein – können Sie festlegen, welche Datenbankobjekte Sie jeweils migrieren möchten. Danach kommt es zur Auswahl der Verbindung zum SQL Server. Geben Sie dabei eine nicht vorhandene Tabelle an, wird diese am SQL Server vor der Migration neu angelegt.

 ACHTUNG! Achten Sie bitte unbedingt darauf, dass Sie sich mit einem Login am SQL Server anmelden, der auch die nötigen Berechtigungen zum Erstellen neuer Datenbanken und von Datenbankobjekten besitzt.

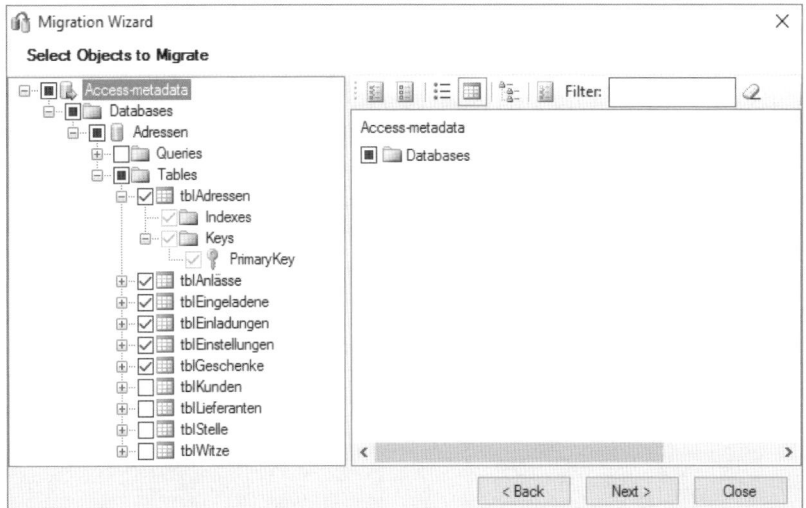

Bild 2.50 Tabellen für die Migration auswählen

Entweder starten Sie den Migrationsprozess danach sogleich oder schließen den Dialog vorerst, um noch manuelle Justierungen vorzunehmen. Eine Einstellung, die ich gerne vornehme, ist eine Festlegung bei den Datentypen. Im oberen Dialogbereich des Projekts finden Sie das Register *Type Mapping*. Hier ändere ich die generelle Festlegung für das Mapping von Access-Spalten mit dem Datentyp *text* von *nvarchar* zu *varchar*, wenn die Unicode-Unterstützung, die ja auch zu einem höheren Speicherplatzbedarf führt, gar nicht benötigt wird. Nach jeder vorgenommenen Änderung können Sie diese auch in den SQL Server übertragen. In Bild 2.51 sehen Sie einerseits die erwähnte Änderung des Mappings im oberen Dialogbereich. Im unteren Teil des Dialogs, der in dieser Abbildung nicht angezeigt wird, befindet sich noch das vorläufige Ergebnis der bereits einmal vorgenommenen Migration. Über das Symbol *Convert Schema* können Sie die Änderungen nun in die SQL Server-Datenbank übernehmen.

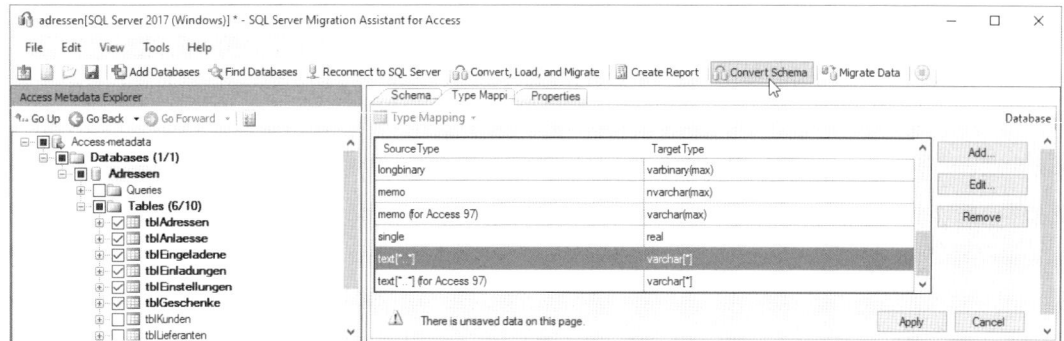

Bild 2.51 Projekt in SSMA mit Einstellungsmöglichkeiten

Danach sind Herkunft und Ziel wieder synchron. Wählen Sie in einem der Bereiche ein Objekt aus, wird im jeweils anderen Bereich dasselbe Objekt ausgewählt, wodurch ein Vergleich von Herkunft und Ziel sehr einfach wird. In Bild 2.52 sehen Sie, dass nach der Synchronisation für alle textbasierten Spalten der Tabelle *tblAdressen* nun nicht mehr *nvarchar* sondern *varchar* als Datentyp umgesetzt worden ist.

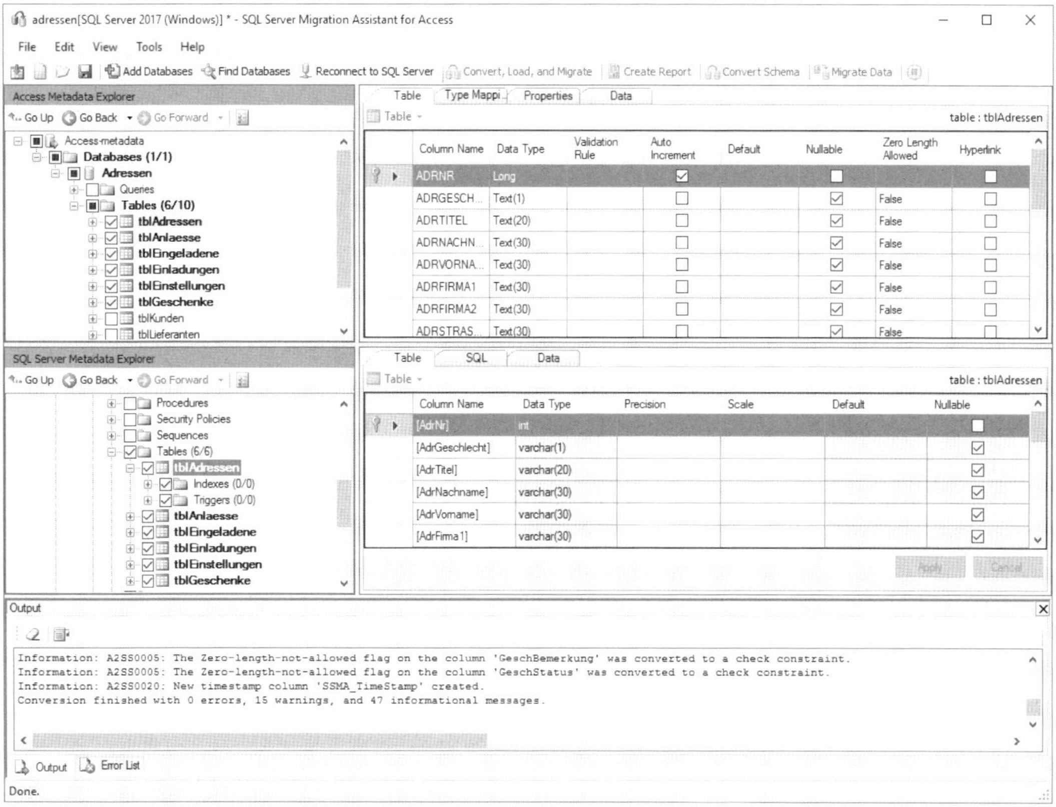

Bild 2.52 Mit Änderungen synchronisierte Zieldatenbank

Ich empfehle Ihnen, die Vorgangsweise derart zu wählen, dass Sie vorerst nur die Struktur an Ihre Anforderungen anpassen. Dabei können Sie die Aktualisierung des Schemas in der Zieldatenbank vornehmen so oft Sie möchten. Danach nutzen Sie die Möglichkeit, die Daten mit dem Symbol *Migrate Data* zu übertragen.

■ 2.11 SQL Operations Studio

Das neue *SQL Operations Studio* ist vorerst als Vorabversion für

- Windows,
- Linux und
- MacOS

verfügbar. Es ist im Aufbau grundsätzlich dem SQL Server Management Studio ähnlich, aber auf einer komplett neuen Plattform aufgebaut. Es basiert nicht auf der Shell des Visual Studio und trägt der Ausweitung des SQL Servers auf andere Betriebssysteme Rechnung.

Das Operations Studio ist über folgende Adresse downloadbar:

https://docs.microsoft.com/de-de/sql/sql-operations-studio/download

Die Verbindung kann entweder zu einem Server oder direkt zu einer Datenbank erfolgen, auch Servergruppen können verwendet werden. In Bild 2.53 sehen Sie die Windows-Version mit der Beispieldatenbank *wawi* auf einem SQL Server für Linux. Im rechten Bereich des Tools sehen Sie eine SQL-Anweisungen aus dem Skript zum Anlegen der Beispieldatenbank, die Ausgabe eines tabellarischen Ergebnisses sowie ausgegebene Ausführungsmeldungen.

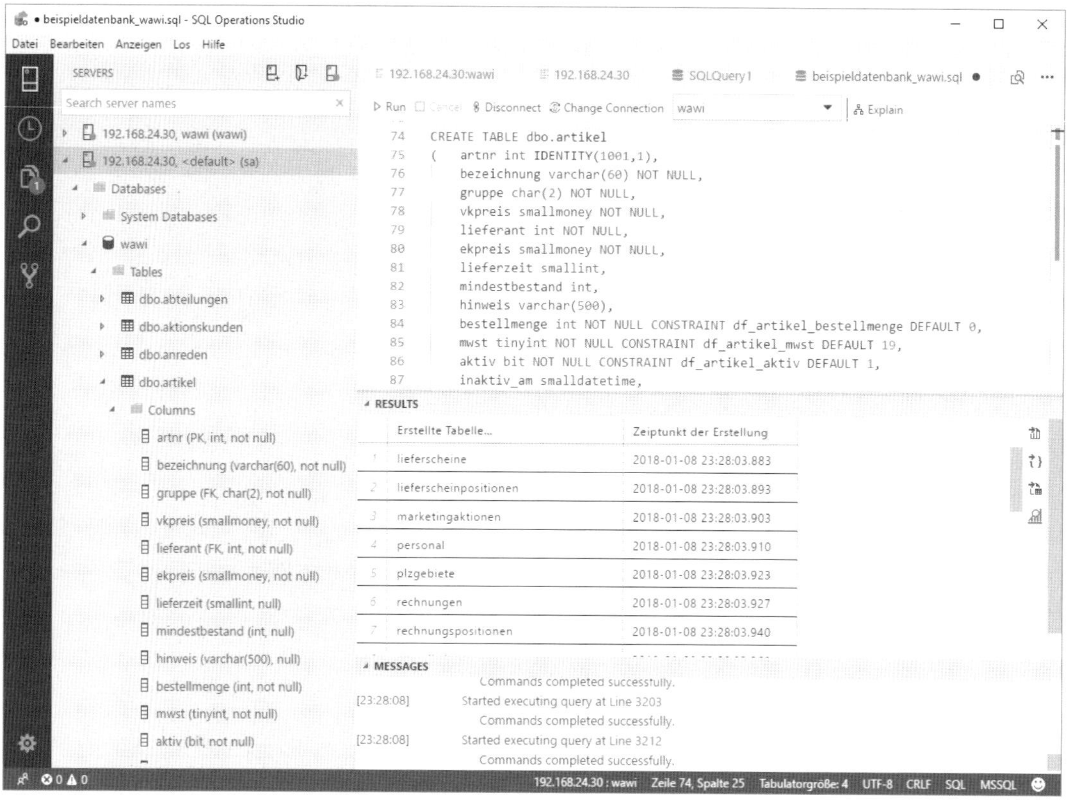

Bild 2.53 Das neue SQL Operations Studio

HINWEIS: Weitere Informationen und Details zum Einsatz des *SQL Operations Studios* finden Sie in Kapitel 12.

Erratum

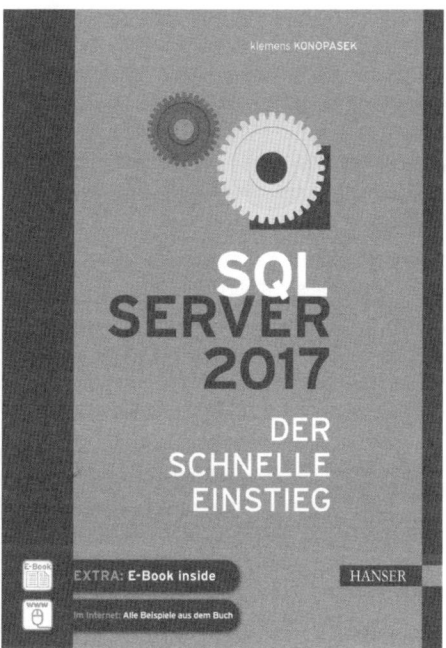

Korrekturen zu „SQL Server 2017" von Klemens Konopasek,
ISBN 978-3-446-44826-1

© 2018 Carl Hanser Verlag München

 HINWEIS

Durch einen technischen Fehler wurden die Tabellen in Kapitel 3 „Eine neue
Datenbank erstellen" nicht ins Buch übernommen.

Diese Tabellen werden hier zur Verfügung gestellt. Vor den Tabellen steht jeweils
der einleitende Text, der auch im Buch enthalten ist. Somit ist erkennbar, zu
welcher Stelle die Tabelle gehört.

Der Verlag entschuldigt sich für diesen Fehler und bittet die Leser um Verständnis.

Fehlende Tabelle in Kapitel 3.1.1 „Bestandteile einer Datenbank"
Abschnitt „Datenbankdateien"   *(Seite 106)*

Eine Datenbank besteht aus Daten- und Transaktionsprotokolldateien. Eine Übersicht über diese Datenbankdateien liefert Ihnen die nachfolgende Tabelle.

Tabelle 3.1 Dateien einer Datenbank

Datei	Typ	Beschreibung
Primäre Daten-datei	MDF	Die primäre Datendatei (Master Data File) gibt es in jeder Datenbank. Bei Datenbanken von kleinerer und mittlerer Größe wird sie auch die einzige Datendatei sein. In dieser werden neben den Benutzerdaten-bankobjekten (Tabellen etc.) auch die Systemobjekte der Datenbank gespeichert. In den Systemtabellen werden zum Beispiel die ganze Struktur der Datenbank, deren Benutzer sowie alle Berechtigungen gespeichert. Die primäre Datendatei wird immer in der Dateigruppe PRIMARY gespeichert.
Weitere Daten-dateien	NDF	Bei großen Datenbanken können weitere Datendateien ergänzt werden, um Datenbankobjekte auf diese zu verteilen.
Transaktions-protokolldateien	LDF	Es können eine oder mehrere Transaktionsprotokolldateien für eine Datenbank festgelegt werden. Im Transaktionsprotokoll werden alle Schreibvorgänge in der Datenbank protokolliert. Diese Informationen dienen der Steuerung von Transaktionen. Fällt der Datenbankserver aus – zum Beispiel durch einen ungesicherten Stromausfall –, werden beim Neustart des Systems alle nicht abgeschlossenen Transaktionen automatisch zurückgesetzt. Des Weiteren wird das Transaktionsproto-koll für Backup- und Recovery-Vorgänge benötigt. (Mehr über die Bedeutung des Transaktionsprotokolls lesen Sie in Kapitel 5 zu den Transaktionen und in Kapitel 9 zum Thema Sichern und Wiederherstel-len von Datenbanken.)

Fehlende Tabelle in Kapitel 3.2.1 „Tabellenfelder definieren" *(Seite 124)*

Für die Definition der Spalten stellt der SQL Server folgende Datentypen zur Verfügung:

Tabelle 3.2 SQL Server-Datentypen

Kategorie	Datentyp	Beschreibung
Character	char(Länge) varchar(Länge) nchar(Länge) nvarchar(Länge) varchar(max) nvarchar(max)	Text mit fixer und variabler (*var*) Länge. Als maximale Länge können 8000 Zeichen definiert werden. Typen mit dem Präfix *n* (für national) verwenden Unicode und belegen den doppelten Speicherplatz. Die maximale Länge beträgt daher 4000 Zeichen. Die Typen mit dem fixen Parameter *max* können als sogenannte CLOBs (Character Large Objects) maximal 2 GB an Daten aufnehmen. Sie ersetzen den alten Datentyp *text*, der in der Verarbeitung nicht so flexibel ist.
Datum/ Uhrzeit	datetime smalldatetime date time(länge) datetime2(länge) datetimeoffset(länge)	Datums- und Zeitangaben. Der Datentyp *datetime* reicht vom 01.01.1753 bis 31.12.9999 auf 3,33 Millisekunden genau und belegt 8 Byte. Der Datentyp *smalldatetime* kommt mit 4 Byte aus, reicht dafür aber mit Minutengenauigkeit nur vom 01.01.1900 bis 06.06.2079. Seit dem SQL Server 2008 sind weitere Datentypen in dieser Kategorie verfügbar. Der Datentyp *date* bietet die Möglichkeit, einen reinen Datumswert ohne eine Uhrzeitkomponente zu verwenden. Er kann in all den Fällen verwendet werden, bei denen immer schon eigentlich nur das Datum benötigt worden ist und die Uhrzeit nur Ballast wäre. Er belegt nur 3 Byte – also weniger als der Datentyp *smalldatetime* – und hat einen wesentlich weiteren Geltungsbereich: vom 01.01.0001 bis 31.12.9999. Der Datentyp *time* enthält nur eine Zeit ohne ein Datum. Über den Längenparameter wird die Genauigkeit von Sekundenbruchteilen festgelegt. Dabei entspricht 0 ganzen Sekunden im Format *hh:mm:ss* und 7 der maximalen Genauigkeit von 100 Nanosekunden (1 Nanosekunde = 10^{-9} Sekunden) mit dem Format *hh:mm:ss.nnnnnnn*. Der belegte Speicherplatz ist vom gewählten Längenparameter abhängig. Bei 0 – 2 werden 3 Byte belegt, bei 3 – 4 sind es 4 Byte und darüber werden 5 Byte benötigt. Wird der Parameter bei der Definition nicht angegeben, entspricht dies der Länge 7. Der Datentyp *datetime2* ist eine Erweiterung des Datentyps *datetime*. Der Datumsbereich entspricht dem von *date*, der enthaltene Zeitbereich dem von *time*; so als würde man einfach *date* und *time* zusammenfügen. Der Längenparameter entspricht eins zu eins dem von *time*. Auch der

Kategorie	Datentyp	Beschreibung
		Speicherplatzbedarf ergibt sich aus der Addition der beiden. Je nach Genauigkeit der Zeit ergibt sich daher ein Bedarf zwischen 6 und 8 Byte. Wenn Sie auch die Information zur jeweiligen Zeitzone speichern wollen, verwenden Sie den Datentyp *datetimeoffset*. Dieser entspricht dem um die Zeitzone ergänzten Datentyp *datetime2* und wird durch das Format *YYYY-MM-DD hh:mm:ss.nnnnnnn {+ | -}hh:mm* dargestellt.
Zahlen	decimal (Genauigkeit, Dezimalstellen) numeric (Genauigkeit, Dezimalstellen) float real bigint int smallint tinyint	*decimal* und *numeric* sind derselbe Datentyp. Ihre Größe wird durch die Genauigkeit in Stellen (maximal 38) und die darin enthaltenen Dezimalstellen angegeben. *real* und *float* repräsentieren Gleitkommazahlen. Da nicht alle Werte im Bereich exakt dargestellt werden können, eignen sich diese Datentypen nicht für Primärschlüssel. Die Integer-Typen repräsentieren ganze Zahlen: *bigint* hat einen Wertebereich von -2^{63} bis 2^{63} und benötigt dafür 8 Byte, *int* kann mit 4 Byte Platzbedarf einen Bereich von $-2.147.483.648$ bis $2.147.483.647$ abdecken. Für den Bereich von -32.768 bis 32.767 kommen Sie mit *smallint* und 2 Byte je Zahl aus. Der „kleinste" *tinyint* benötigt 1 Byte für die Abdeckung des Bereichs 0 bis 255.
Währung	money smallmoney	Währungen speichern Daten auf vier Nachkommastellen genau. Für kleinere Beträge können Sie *smallmoney* mit einem Wertebereich von $-214.748,3648$ bis $214.748,3647$ verwenden. Dafür werden 4 Byte benötigt. Ist dieser Wertebereich zu gering, müssen Sie *money* mit einem Speicherbedarf von 8 Byte verwenden. Dafür können Sie einen Bereich von circa -922 Billionen bis 922 Billionen abbilden.
Boolean	bit	Dieser Datentyp kann die Werte *Wahr* (1), *Falsch* (0) und *NULL* darstellen.
Large Objects	text ntext image	BLOBs (Binary Large Objects) und CLOBs zur Speicherung von Daten bis zu 2 GB Größe. *Text/ntext* (CLOB) und *image* (BLOB) werden aus Gründen der Abwärtskompatibilität zwar noch unterstützt, sind aber mittlerweile durch *varchar(max)* und *varbinary(max)* ersetzt worden. Sie sind auch *deprecated*, was bedeutet, dass sie bei einer der nächsten Versionen nicht mehr unterstützt werden und daher nicht mehr verwendet werden sollten.
Binär	binary(Länge) varbinary(Länge) varbinary(max)	Datentypen zur Speicherung von Binärdaten mit maximal 8000 Byte. Der Datentyp *varbinary(max)* kann als BLOB bis zu $2^{31} - 1$ Bytes Daten aufnehmen.

Kategorie	Datentyp	Beschreibung
XML	xml	In diesem Datentyp können XML-Daten bis zu einer Größe von maximal 2 GB gespeichert werden. Diese können in XPath-Syntax durchsucht und an Strukturregeln gebunden werden.
Variant	sql_variant	Mit diesem Datentyp können unterschiedliche Daten wie zum Beispiel *varchar* oder *int* gespeichert werden. Er passt sich an den Inhalt an. Allerdings muss dieser Datentyp vor der Verwendung in einem Ausdruck explizit in einen passenden anderen Datentyp konvertiert werden. Zum Beispiel in einen *int*, um in einer mathematischen Berechnung verwendet werden zu können.
Räumlich	geography geometry	Der Datentyp *geography* dient dem Speichern von geografischen Daten der Erdkugel. Der Datentyp *geometry* ist in der Lage, Geometriedaten zu speichern, und kann ähnlich wie *geography* verwendet werden. Hier wird aber immer von der Ebene und nicht von der Ellipsenform der Erde ausgegangen.
Hierarchisch	hierarchyid	Der Datentyp *hierarchyid* wird zur Beschreibung von Positionen innerhalb einer Hierarchie verwendet. Der Aufbau der Hierarchie muss allerdings über die Anwendung definiert werden.

Fehlende Tabelle in Kapitel 3.2.3 „Constraints", Abschnitt „Gültigkeitsregeln" *(Seite 130)*

Wir möchten in der Kundentabelle folgende Gültigkeitsregeln implementieren:

Tabelle 3.3 Beispiele für Check-Einschränkungen

Regel	Ausdruck

Das Geschlecht darf die Werte 1 bis 5 enthalten.	`geschlecht BETWEEN 1 AND 5`
	oder zum Beispiel:
	`geschlecht > 0 AND geschlecht < 6`
	oder zum Beispiel:
	`geschlecht IN(1, 2, 3, 4, 5)`

Das Skonto darf nicht negativ sein und nicht über 5 % liegen.	`skonto BETWEEN 0 AND 5`
	oder zum Beispiel:
	`skonto >= 0 AND skonto <= 5`

Die Skontotage dürfen nicht negativ sein und maximal 30 Tage ausmachen.	`skontotage BEWTEEN 0 AND 30`

Regel	Ausdruck

Die E-Mail-Adresse muss gültig sein.	`email LIKE '%_@%_._' OR`
	`email LIKE '%_@%_._' OR`
	`email LIKE '%_@%_._'`

Ist im Geschlecht *Herr/Frau/Familie* ausgewählt, müssen Nachname und Vorname erfasst werden. Ist *Firma/Sonstiges* eingetragen, muss die Firma auch ausgefüllt sein.	`(geschlecht <= 3`
	`AND nachname IS NOT NULL`
	`AND vorname IS NOT NULL)`
	`OR`
	`(geschlecht >= 4`
	`AND firma1 IS NOT NULL)`

Fehlende Tabelle in Kapitel 3.5.5 „Objekte und Datenbanken skripten"
Abschnitt „Einzelne Objekte skripten"   *(Seite 168)*

Für alle Datenbankobjekte und die Datenbank selber besteht die Möglichkeit, direkt über das Kontextmenü das Skript zu erzeugen. Die entsprechende Anweisung ändert sich je nach Objekt, da der Name des Objekttyps in der Anweisung enthalten ist. Bei Tabellen lautet die Anweisung SKRIPT FÜR TABELLE ALS. Gefolgt wird die Anweisung von der nächsten Unteranweisung. Nicht alle dieser Subanweisungen stehen bei allen Objekttypen zur Verfügung. Eine Übersicht über alle Möglichkeiten bietet Ihnen Tabelle 3.4.

Tabelle 3.4 Varianten für das Generieren von Skripten

Anweisung	Bedeutung
CREATE in	Anweisung, um das Objekt zu erstellen.
ALTER in	Bei Sichten, Prozeduren, Triggern und Funktionen ist dies die Basis, um Änderungen an dem jeweiligen Objekt vorzunehmen.
DROP in	Erzeugt eine Anweisung, um das Objekt zu löschen.
DROP und CREATE in	Diese Kombination erzeugt zwei Anweisungen, mit denen das Objekt zuerst gelöscht und danach neu erstellt wird.
SELECT in	Erzeugt für Tabellen und Sichten, aber auch für Skalarwert- und Tabellenwertfunktionen eine SELECT-Musteranweisung, um Daten auszugeben.
INSERT in	Damit kann eine Basisanweisung schnell erzeugt werden, mit der Daten in eine Tabelle oder eine Sicht eingefügt werden können.
UPDATE in	Mit der darüber erzeugten Anweisung bekommen Sie eine Vorlage für das Ändern von Daten in einer Tabelle oder Sicht.
DELETE in	Hiermit bekommen Sie eine Löschanweisung für Tabellen und Sichten.
EXECUTE in	Diese Anweisung wird für das Ausführen von gespeicherten Prozeduren benötigt.

Spalte	Beschreibung
is_offline	Wird dazu verwendet, um das Dateiattribut *Offline* innerhalb der FileTable anzuzeigen.
is_hidden	Dieser Wert entspricht dem Dateiattribut *Versteckt*.
is_readonly	Das Dateiattribut *Schreibgeschützt* wird in dieser Spalte abgebildet.
is_archive	Das Dateiattribut *Archiv* wird von dieser Spalte dargestellt.
is_system	Enthält den Wert 1 für *Wahr*, wenn eine Datei oder ein Ordner als Systemdatei beziehungsweise als Systemordner markiert ist.
is_temporary	Übernimmt das Dateiattribut *Temporär*.

Fehlende Tabelle in Kapitel 3.8.3 „Index für speicheroptimierte Tabellen", Abschnitt „Nicht gruppierter Hash-Index" *(Seite 204)*

Die aus unserer Beispieltabelle gelieferten Werte sind nicht wirklich realitätsnah, da in vielen Tabellen eine nur sehr geringe Anzahl an Beispieldaten enthalten ist.

Die Inhalte dieser Ausgabe und die sich daraus ableitbaren Aussagen sind in Tabelle 3.6 zusammengefasst.

Tabelle 3.6 Statistikinformationen über Hash-Indizes

Ergebnisspalte	Inhalt/Aussage
tabelle	Der Name der betroffenen Tabelle, der mit der Funktion OBJECT_NAME() aus der *object_id* derselben gebildet wird.
indexname	Der Name des betroffenen Hash-Index.
total_bucket_count	Die Bucketanzahl, die beim Erstellen des Hash-Index angegeben wurde.
empty_bucket_count	Die Anzahl der noch freien Buckets.
empty_bucket_percent	Der Prozentsatz der noch freien Buckets, der aus den beiden vorherigen Werten berechnet ist. Liegt dieser Prozentsatz unter 10 Prozent, ist die aktuelle Bucketanzahl wahrscheinlich zu gering. Es sollten immer mehr als 33 Prozent leer sein, da dieser Wert aufgrund der Hashverteilung erreicht wird, wenn die Anzahl der Buckets der Anzahl der eindeutigen Werte im Index entspricht.
avg_chain_length	Diese Spalte zeigt die durchschnittliche Kettenlänge der Zeilenkette an. Es kommt zur Kettenbildung, wenn idente Spaltenwerte denselben Hashwert liefern oder wenn sich mehrere Hashwerte Buckets teilen müssen, weil zu wenige vorhanden sind. Werden diese Ketten zu lang, beeinflusst das die Performance negativ. Ideal ist hier ein Wert von 1 für eindeutige Indizes, steigt dieser Wert auf über 5-10, obwohl noch genügend Buckets frei sind, ist an dieser Stelle ein nicht gruppierter Index vorzuziehen.
max_chain_length	Zeigt die maximale Kettenlänge an.

Fehlende Tabelle in Kapitel 3.6.2 „Objekte in einer FileTable speichern", Abschnitt „Erstellen einer FileTable" *(Seite 184)*

In der Spalte *name* erkennen Sie im Ergebnis die Namen der Dateien und Verzeichnisse. Die genauen Inhalte der Tabelle finden Sie in Tabelle 3.5 aufgeschlüsselt.

Tabelle 3.5 Struktur einer FileTable

Spalte	Beschreibung
stream_id	Diese stellt, wie schon vom „normalen" FILESTREAM her bekannt, eine eindeutige ID für jede Datei oder jeden Ordner bereit. Sie ist auch hier als UNIQUEIDENTIFIER ausgeformt.
file_stream	Diese Spalte repräsentiert die Inhalte von Dateien. Diese sind binär hier in einer *varbinary(max)*-Spalte verfügbar. Für Ordner enthält diese Spalte daher keinen Wert. Auch hier ist der Zusammenhang zu klassischem FILESTREAM zu erkennen.
name	Der Name der Datei oder des Ordners.
path_locator	Diese Spalte vom Datentyp *hierarchyid* repräsentiert den Primärschlüssel in einer FileTable. Er setzt sich aus den Werten der übergeordneten Pfade und denen der Datei zusammen und ist somit eindeutig.
parent_path_locator	Diese Spalte, ebenfalls vom Datentyp *hierarchyid*, stellt einen Verweis auf den übergeordneten Ordner dar. Er enthält den Eintrag aus der Spalte *path_locator* des Ordners, in dem sich die Datei oder das Verzeichnis befindet. Über einen Fremdschlüssel wird hier die Konsistenz gesichert
file_type	Enthält die Dateierweiterung bei Dateien, wie zum Beispiel *mp3* oder *m4a*.
cached_file_size	Diese Spalte ist als *bigint* ausgeformt und zeigt bei Dateien die Größe in Bytes an.
creation_time	Diese Spalte zeigt an, wann die Datei erstellt beziehungsweise in den Ordner kopiert worden ist. Dies ist nicht der Zeitpunkt, den Sie im Explorer als *Änderungsdatum* angezeigt bekommen. Diese Logik entspricht dem bekannten Verhalten, wenn Sie eine Datei in einen gewöhnlichen Ordner kopieren. Sie sehen denselben Zeitpunkt als *Erstellt*, wenn Sie sich im Explorer die Eigenschaften der Datei anzeigen lassen. Für diese Spalte wird der Datentyp *datetimeoffset* verwendet, der auch die Zeitzone mit speichert und anzeigt.
last_write_time	Dieser Wert entspricht dem, der im Explorer als *Änderungsdatum* angezeigt wird. Sie ist ebenfalls mit dem Datentyp *datetimeoffset* definiert.
last_access_time	In den Eigenschaften einer Datei finden Sie den Eintrag *Letzter Zugriff*. In der FileTable finden Sie diesen Wert in dieser Spalte. Wie die beiden zuvor hat diese den Datentyp *datetimeoffset*.
is_directory	Diese bit-Spalte enthält für Ordner den Eintrag *Wahr* (1) und für Dateien den Wert *Falsch* (0).

3 Eine neue Datenbank erstellen

Nachdem wir den SQL Server 2017 installiert und uns ein wenig mit den grafischen Tools vertraut gemacht haben, ist es höchste Zeit, eine erste Datenbank zu erstellen. In diesem Kapitel lesen Sie einerseits, wie Sie dazu vorgehen, andererseits möchte ich Sie auch mit den Hintergründen vertraut machen.

■ 3.1 Erstellen einer neuen Datenbank

Zum Anlegen einer neuen Datenbank verwenden Sie vorzugsweise das SQL Server Management Studio. Hier können Sie wahlweise die grafische Oberfläche verwenden oder in einem Abfrageeditor-Fenster mit der Anweisung CREATE DATABASE die neue Datenbank erstellen. Dazu würde es genügen, den Namen der Datenbank zusätzlich zur Anweisung anzugeben. Die Datenbank wird dann mit allen Standardeinstellungen erstellt.

 PRAXISTIPP: Probieren Sie es ruhig aus! Geben Sie in einem Abfrageeditor-Fenster die Anweisung CREATE DATABASE kapitel3 ein. Führen Sie diese Anweisung aus, haben Sie schon Ihre erste Datenbank erstellt. Die Dateien dieser Datenbank finden Sie standardmäßig im Ordner ... \ *MSSQL14.MSSQLSERVER* \ *MSSQL* \ *DATA* unter dem Ausgangsverzeichnis, das Sie während des Setups als Datenverzeichnis angegeben haben. (Der Teil des Ordnernamens *MSSQLSERVER* kann variieren, wenn Sie eine benannte Instanz installiert oder eine abweichende Instanz-ID beim Setup angegeben haben.) ■

3.1.1 Bestandteile einer Datenbank

Eine SQL Server-Datenbank besteht aus mehreren Dateien, mindestens sind es immer zwei. Bei größeren Datenbanken kann es aber aus Speicherplatz- oder Performancegründen Sinn machen, mehrere Dateien für eine Datenbank zu verwenden. Diese können zu logischen Dateigruppen zusammengefasst werden.

Datenbankdateien

Eine Datenbank besteht aus Daten- und Transaktionsprotokolldateien. Eine Übersicht über diese Datenbankdateien liefert Ihnen die nachfolgende Tabelle.

Eine Standarddatenbank besteht in der Regel aus der MDF-Datei sowie einer Transaktionsprotokolldatei (LDF). Weitere Dateien werden in der Regel nur bei größeren Systemen verwendet. Unter folgenden Voraussetzungen kann es sinnvoll oder sogar notwendig sein, mehrere Datendateien für eine Datenbank einzusetzen:

- Der benötigte *Speicherplatzbedarf* kann auf einem Datenträger nicht zur Verfügung gestellt werden, womit eine Aufteilung auf mehrere Dateien auf unterschiedlichen Datenträgern unumgänglich ist.

- *Performancevorteile* können erzielt werden, wenn zum Beispiel Tabellen in einer Datei und Indizes in einer anderen Datei gespeichert werden. Liegen diese auf unterschiedlichen Datenträgern, die an unterschiedlichen Controllern im Server angeschlossen sind, kann bei Lesevorgängen parallelisiert werden. Nachdem ein Indexeintrag auf dem einen Datenträger gelesen worden ist, kann bereits der nächste Indexeintrag gesucht und gelesen werden, während in der Zwischenzeit bereits die Daten zum ersten Indexeintrag vom anderen Datenträger eingelesen werden.

- Durch die Aufteilung der Daten auf mehrere Dateien und Dateigruppen können diese separat gesichert (*Dateigruppensicherung*) und wiederhergestellt werden. Dies ist vor allem von Vorteil, wenn die Datenbank aufgrund ihrer Größe in einem Durchgang nicht komplett gesichert werden könnte.

- Einzelne Dateien können in *schreibgeschützten Dateigruppen* enthalten sein. Dort können Sie Daten unterbringen, die unveränderlich bleiben sollen. Sie können zum Beispiel Archivdaten in solchen Dateien unterbringen.

 HINWEIS: Für eine kleinere Datenbank bis zu einer Größe von wenigen Gigabyte wird üblicherweise noch keine Aufteilung in mehrere Dateien erwogen.

Für jede Datei einer Datenbank können folgende Parameter vergeben werden:

- *Logischer Name*: Der logische Name ist der interne Name der Datei, über den sie mit SQL-Anweisungen angesprochen werden kann. Dieser dient quasi als Brücke zwischen der Datenbank und den physischen Datenbankdateien. Dieser Name wird zum Beispiel bei der Anweisung RESTORE DATABASE verwendet, wenn beim Wiederherstellen der Datenbank die Datei an einen anderen Pfad verschoben werden soll.

- *Anfangsgröße*: Die Anfangsgröße bestimmt den Speicherplatz, den die Datei schon bei deren Erstellung auf dem Datenträger belegt.

 PRAXISTIPP: Verwenden Sie hier gleich eine angemessene Größe, um eine spätere Fragmentierung der Datei durch viele kleine Vergrößerungen zu vermeiden. Haben Sie allerdings einen sehr modernen Server mit SSD-Platten für Ihre Daten, spielt dies keine Rolle.

- *Automatische Vergrößerung*: Eine Datei kann automatisch vergrößert werden, sobald sie voll ist. Die Vergrößerung kann als Prozentsatz der bisherigen Größe oder als fixe Größe in Megabyte erfolgen. Zusätzlich kann festgelegt werden, ob dieses Wachstum unbeschränkt oder bis zu einer gewissen Maximalgröße erfolgen soll.

 ACHTUNG! Ist die Maximalgröße erreicht, die automatische Vergrößerung nicht aktiviert oder einfach nur der Datenträger voll, so kann in der Datenbank nur noch gelesen werden. Schreibvorgänge sind erst nach Schaffen von weiterem Speicherplatz möglich. Dies kann zum Beispiel durch Hinzufügen von zusätzlichen Dateien oder das Verschieben von Dateien auf andere Datenträger erfolgen. Für Letzteres muss die Datenbank allerdings offline genommen werden.

- *Physischer Dateiname*: Dies ist der Name und Pfad der Datei auf dem Filesystem mit der Erweiterung *MDF*, *NDF* oder *LDF*.

Dateigruppen

Jede Datendatei einer Datenbank wird in einer Dateigruppe gespeichert. Dabei können Sie selbst entscheiden, ob Sie mehrere Dateien in einer Dateigruppe oder in jeweils einer eigenen Dateigruppe anlegen möchten.

 HINWEIS: Jede Datenbank enthält die Standarddateigruppe *PRIMARY*. Diese kann nicht gelöscht werden, da die primäre Datendatei (*MDF*) immer in dieser Dateigruppe gespeichert wird. Jedes Datenbankobjekt, dem beim Erstellen keine Dateigruppe zugewiesen wird, wird standardmäßig immer in der Dateigruppe *PRIMARY* gespeichert.

Beim Anlegen eines Datenbankobjekts (Tabelle, Index etc.) kann die Dateigruppe (nicht die Datendatei!) angegeben werden, in der das Objekt gespeichert werden soll. Bei Tabellen legen Sie damit fest, wo die Daten physisch abgelegt werden.

Wann sollten mehrere Dateien in einer Dateigruppe gespeichert, wann auf mehrere Dateigruppen aufgeteilt werden?

- *Gemeinsame Dateigruppe*: Eine Dateigruppe werden Sie dann gemeinsam für mehrere Datendateien verwenden, wenn mehrere Dateien nur aufgrund von Speicherplatzmangel erstellt werden. In diesem Fall verteilt der SQL Server die Daten selber auf die in der Gruppe enthaltenen Dateien. Sie selbst haben keinen Einfluss darauf, in welcher Datei zum Beispiel eine Tabelle physisch abgelegt wird. Wenn Sie deshalb eine weitere Datei ergänzen, um den zur Verfügung stehenden Speicherplatz zu erweitern, fügen Sie diese derselben Dateigruppe an.

- *Getrennte Dateigruppe*: Sie verwenden eine eigene Dateigruppe für eine Datei, wenn Sie diese gezielt als Speicherort für Datenbankobjekte angeben möchten. Dies ist zum Beispiel der Fall, wenn Sie Tabellen auf einem Laufwerk und Indizes auf einem anderen Laufwerk speichern möchten.

HINWEIS: Dateigruppen werden nur für Datendateien verwendet. Transaktionsprotokolldateien werden nicht in Dateigruppen organisiert, sondern jede für sich gespeichert.

Die beiden nachfolgenden Grafiken sollen Ihnen noch einmal einen Überblick über mögliche Realisierungsvarianten geben. Bild 3.1 zeigt Ihnen eine Standarddatenbank, die aus der primären Datendatei mit dem logischen Namen *db_data1* in der primären Dateigruppe und einer Transaktionsprotokolldatei besteht.

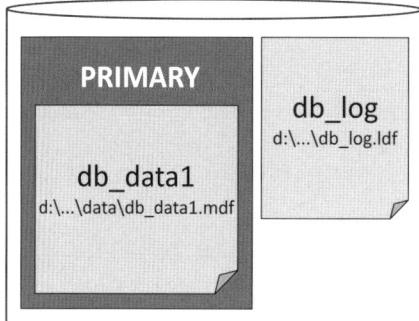

Bild 3.1 Einfache Datenbank mit einer Datendatei in einer Dateigruppe

Bild 3.2 zeigt eine mögliche Variante für eine Datenbank aus mehreren Datendateien. Die primäre Datendatei *db_data1* sowie die weitere Datendatei *db_data2* gehören der Dateigruppe *PRIMARY* an. Die Datendatei *db_data3* befindet sich in einer eigenen Dateigruppe mit dem Namen *DATEN*. Für die Datendatei *db_index* ist ebenfalls eine eigene Dateigruppe mit dem Namen *INDEX* angelegt worden, damit diese beim Erstellen von Indizes als Zieldateigruppe angegeben werden kann. Letztere befindet sich physisch auf einem anderen Datenträger. Das Transaktionsprotokoll kann keiner Dateigruppe zugeordnet werden.

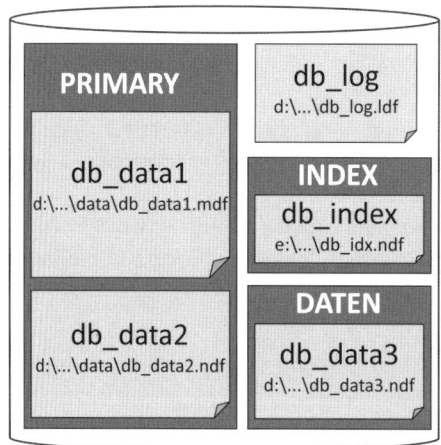

Bild 3.2 Datenbank mit mehreren Datendateien und Dateigruppen

Nach diesem einleitenden Überblick über den Aufbau einer Datenbank möchten wir im nächsten Schritt zum Anlegen einer solchen mit dem Management Studio kommen.

3.1.2 Datenbank mit dem grafischen Tool anlegen

Das Anlegen einer Datenbank mit dem Management Studio ist eine sehr einfache Angelegenheit. Wenn Sie sich die physische Struktur – wie im vorigen Abschnitt beschrieben – der Datenbank schon überlegt haben, können Sie sogleich loslegen.

Im ersten Schritt legen wir eine Datenbank an, die aus lediglich einer Datendatei besteht.

1. Öffnen Sie das Management Studio, und melden Sie sich an dem SQL Server an, auf dem Sie die Datenbank erstellen möchten.

2. Markieren Sie im Objekt-Explorer den Ordner *Datenbanken*, und wählen Sie im Kontextmenü den Befehl **NEUE DATENBANK...** aus.

Bild 3.3 Dialog *Neue Datenbank*

3. Im Dialog *Neue Datenbank* tragen Sie vorerst *marketing* als Namen für die neue Datenbank ein. Dieser wird automatisch als logischer Name für die primäre Datendatei übernommen. Das Transaktionsprotokoll erhält den gleichen Namen mit dem Zusatz *_log*.

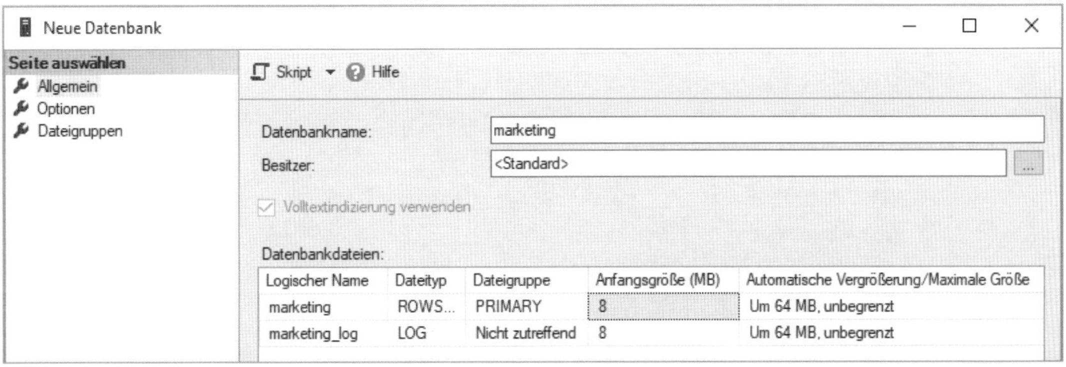

Bild 3.4 Namen für Datenbank vergeben

4. Wenn Sie möchten, können Sie einen Benutzer als Besitzer für die Datenbank angeben. Tun Sie das nicht und übernehmen den Eintrag <Standard>, werden Sie beim Anlegen selber als Datenbankbesitzer übernommen.

5. Ändern Sie die Anfangsgröße der primären Datendatei zum Beispiel auf 100 MB. Als Standardwert wird an dieser Stelle lediglich eine Größe von 8 MB vorgeschlagen.

Bild 3.5 Anfangsgröße der Datendatei festlegen

6. Standardmäßig ist für Datendateien die automatische Vergrößerung aktiviert, und zwar unbeschränkt in Schritten von jeweils 64 Megabyte. Um diese Einstellung anzupassen, klicken Sie in der betreffenden Zeile auf die Schaltfläche mit den drei Punkten.

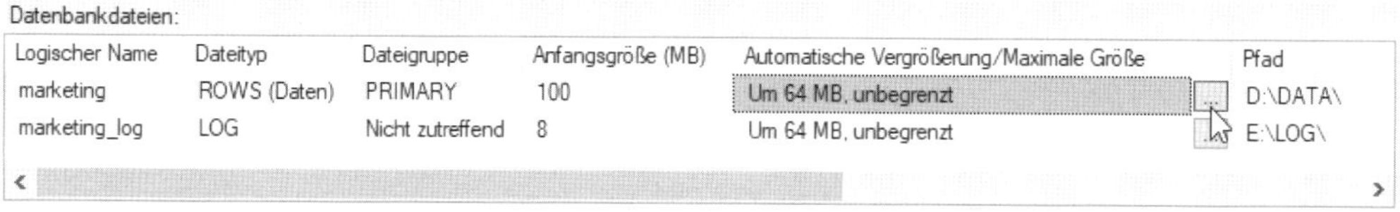

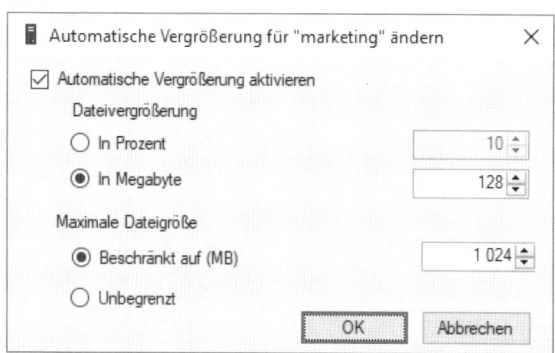

Bild 3.6 Automatische Vergrößerung einstellen

7. Im Dialog *Automatische Vergrößerung für 'DB-Name' ändern* können Sie die gewünschten Einstellungen vornehmen. Ändern Sie die Dateivergrößerung zum Beispiel auf 128 MB, und beschränken Sie das Wachstum auf die maximale Dateigröße von 1024 MB.

Bild 3.7 Einstellungen für automatische Vergrößerung anpassen

ACHTUNG! Achten Sie darauf, dass bei einem Prozentwachstum das Ausmaß der Vergrößerung bei jedem Vorgang ebenso mit anwächst.

8. Legen Sie nun den Pfad für die Datendatei sowie für die Protokolldatei fest. Sie können jeden lokalen Pfad auf dem Server-Rechner auswählen. Greifen Sie remote auf den Server zu, sehen Sie bei der Auswahl des Pfades die Verzeichnisstruktur des Servers, nicht jedoch die Ihres Rechners.

 ACHTUNG! Als Ziel können lediglich lokale Pfade und keine Netzlaufwerke oder gar UNC-Pfade verwendet werden. Wenn Sie den SQL Server-Dienst mit einem Domänenkonto ausführen, muss dieses Konto unbedingt über den Vollzugriff auf die verwendeten Pfade verfügen.

Der Dateiname wird im Management Studio direkt in das dafür vorgesehene Feld eingegeben. Tragen Sie hier keinen ein, wird später der logische Name für die Datendatei mit der Dateierweiterung MDF sowie für die Protokolldatei mit der Erweiterung LDF übernommen. Da die Dateierweiterungen automatisch ergänzt werden, müssen Sie diese bei der Eingabe der Dateinamen nicht berücksichtigen.

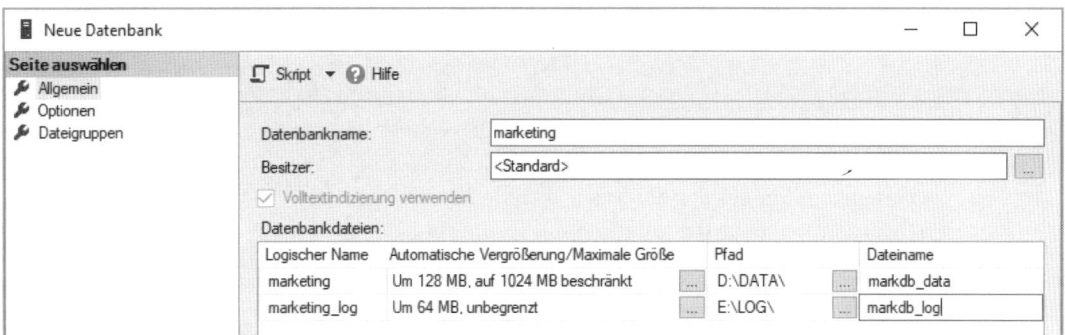

Bild 3.8 Pfad und Namen für Datenbankdateien angeben

9. Wenn Sie möchten, können Sie noch auf die Seite *Optionen* wechseln. Hier können Sie verschiedene Einstellungen wie zum Beispiel die Sortierung (Collation), das Wiederherstellungsmodell und den Kompatibilitätsgrad vornehmen.

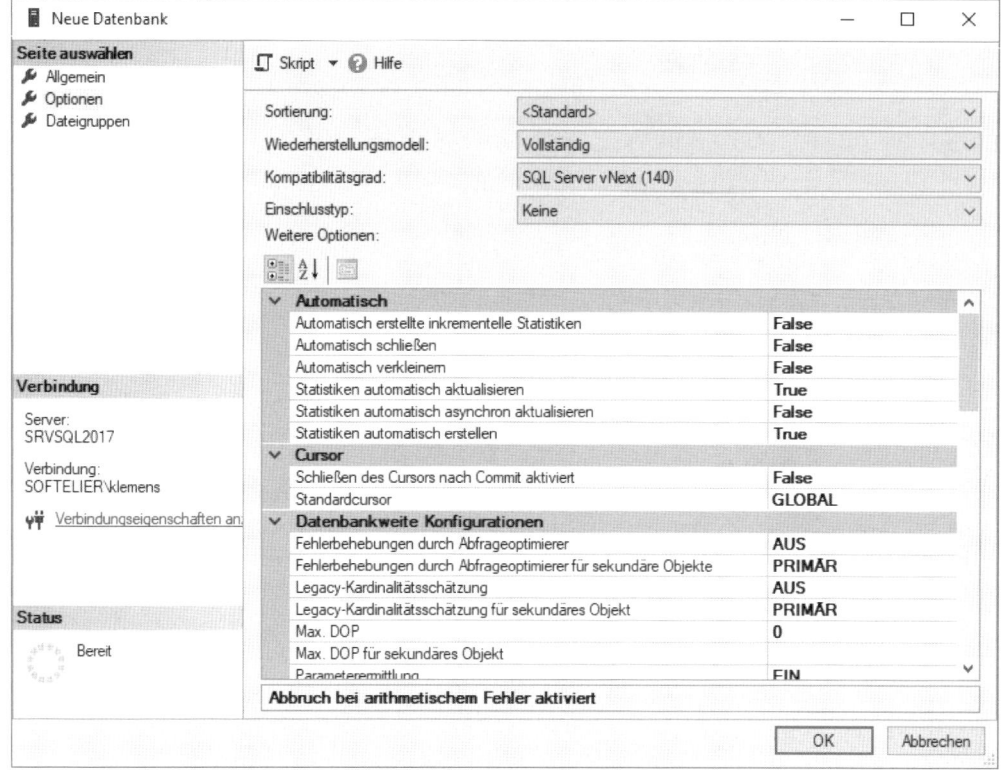

Bild 3.9 Datenbankoptionen einstellen

Übernehmen Sie bei der *Sortierung* – Sie erinnern sich, diese legt fest, nach welchen Sprachgegebenheiten der Vergleich von Texten vorgenommen wird – den Serverstandard über die vorbelegte Einstellung *<Standard>*. Dies ist die Einstellung, die Sie beim Setup des Servers festgelegt haben. Als Wiederherstellungsmodell sollten Sie ebenfalls die Voreinstellung *Vollständig* beibehalten. Damit kann die Datenbank nach einem Crash bis zum Zeitpunkt desselben wiederhergestellt werden. Was diese Einstellung im Detail bedeutet, wird in Kapitel 9 erläutert. Der Kompatibilitätsgrad legt fest, mit welcher SQL Server-Version die Datenbank feature-kompatibel ist. Hier könnte auch eine der vier Vorversionen 2008, 2012, 2014 und 2016 gewählt werden. Dies ist aber nur in Ausnahmefällen sinnvoll, wenn zum Beispiel eine von Ihnen eingesetzte Clientanwendung vom Hersteller nur für eine ältere Version zertifiziert ist. Damit werden dann nur die Features der jeweiligen Version unterstützt und die Datenbank verhält sich nach außen auch wie diese Version. Die Abwärtskompatibilität beschränkt sich bei den einzelnen SQL Server-Versionen meist jeweils nur auf die letzten zwei bis vier Vorgängerversionen, bei einer neuen Version fällt oft eine ältere weg. Mit SQL Server 2016/2017 wird Kompatibilitätsgrad 2005 nicht mehr unterstützt. Die Versionen 2008 und 2008 R2 unterscheiden sich beim Kompatibilitätsgrad nicht, stellen also diesbezüglich gleichsam eine Version dar.

PRAXISTIPP: Den Kompatibilitätsgrad einer Vorversion zu verwenden, bedeutet aber nicht nur Abwärtskompatibilität, sondern auch Einschränkungen bei neuen Features der jüngeren Version. Wenn Sie also bei einer Datenbank, die Sie von einer Vorversion übernommen haben, Probleme mit einem neuen Feature haben, prüfen Sie doch einmal, ob nicht vielleicht beim Kompatibilitätsgrad noch die Version des alten Servers eingestellt ist. Hier kann ein Anpassen dann manchmal wahre Wunder wirken.

Als vierte Hauptoption erscheint der Begriff *Einschlusstyp*. Die Standardeinstellung lautet hier *Keine*, als weitere Auswahl steht *Teilweise* zur Verfügung. Es handelt sich hierbei um das Feature, das sich im Original *Contained Database* nennt. Hierbei geht es darum, dass abhängige Objekte für eine Datenbank, die normalerweise nicht in dieser, sondern extern, beispielsweise in der *Master*-Datenbank, gespeichert sind, nun in die Datenbank übernommen werden. Damit kann diese einfacher auf einen neuen Server übertragen werden und Abhängigkeiten „wandern" mit. Insbesondere sind davon die Logins betroffen, die ja sonst auf Systemebene in der Master-Datenbank gespeichert sind. Damit können Benutzer nur auf Datenbankebene vergeben werden. Detailliertere Informationen über Contained Databases finden Sie in Kapitel 10.

10. Legen Sie die Datenbank an, indem Sie Ihre Eingaben mit der Schaltfläche **OK** abschließen.

Die neue Datenbank wird nun im Objekt-Explorer angezeigt.

Bild 3.10 Neue Datenbank im Objekt-Explorer

Um eine Datenbank nach dem Muster von Bild 3.2 mit mehreren Datendateien und Dateigruppen zu erstellen, definieren Sie beim Anlegen der Datenbank über die Seite *Dateigruppen* vorerst die benötigten Dateigruppen über die Schaltfläche *Hinzufügen*. In unserem Beispiel sind dies die Dateigruppen DATEN und DBINDEX.

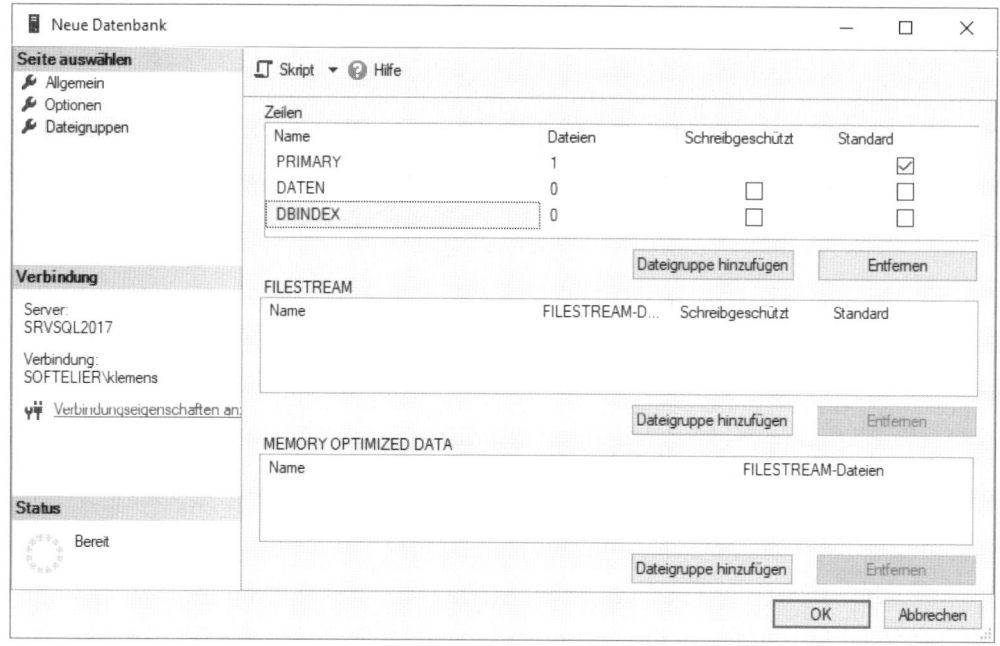

Bild 3.11 Dateigruppen erzeugen

 HINWEIS: Im unteren Dialogbereich können Sie auch Dateigruppen für *Filestream* sowie *Memory Optimized Data* hinzufügen. Auf das Thema Filestream – hier geht es darum, bestimmte Objekte außerhalb der Datenbank zu speichern, aber zum Beispiel automatisiert mit dieser gemeinsam zu sichern – werden wir später in diesem Kapitel zu sprechen kommen. Ebenso später in diesem Kapitel werden wir auf die Möglichkeit zu sprechen kommen, Tabellen und damit Daten permanent im Arbeitsspeicher zu halten, um so die Performance zu steigern. Dieses mit dem SQL Server 2014 erstmals eingeführte und in den Nachfolgeversionen deutlich verbesserte Feature ist ursprünglich nur in den Editionen Enterprise, Developer und Evaluation verfügbar gewesen. Mit dem Service Pack 1 des SQL Server 2016 ist die Verfügbarkeit auf die Editionen Standard und sogar Express ausgeweitet worden. Lediglich die maximal dafür nutzbare Speichermenge ist mit 32 GB beziehungsweise 352 MB begrenzt.

Auf der Seite *Allgemein* können Sie beim Hinzufügen von weiteren Datendateien diese Dateigruppen aus der Liste auswählen. Wie Sie in Bild 3.12 sehen, kann bei einer Datenbankdatei, die als Typ *Protokoll/Log* definiert ist, keine Dateigruppe ausgewählt werden.

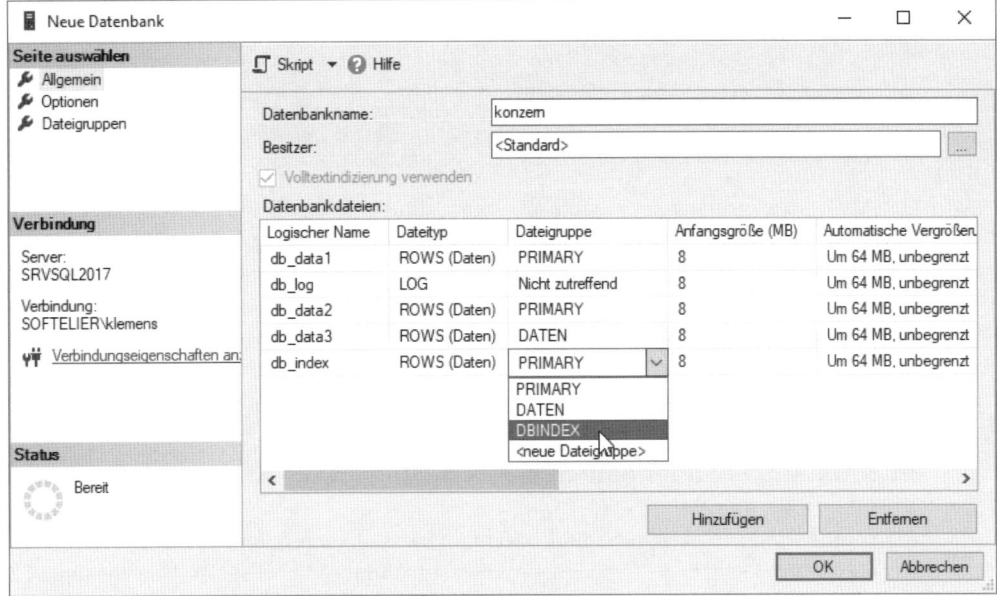

Bild 3.12 Datendateien ergänzen und Dateigruppen zuordnen

 PRAXISTIPP: Falls Sie möchten, können Sie eine neue Dateigruppe auch direkt beim Ergänzen einer Datendatei hinzufügen. Wählen Sie dazu in der Liste den Eintrag *<neue Dateigruppe>* aus, und legen Sie die Dateigruppe über den nachfolgenden Dialog an.

Welche Anfangsgröße sollte man für das Transaktionsprotokoll wählen?

Was die Größe des Transaktionsprotokolls betrifft, gilt folgende Faustregel:

- Bei einer standardmäßigen OLTP-Anwendung (OLTP = Online Transactional Processing) beträgt die Größe des Transaktionsprotokolls etwa ein Drittel der Größe der Datendateien (zum Beispiel eine Warenwirtschaftsanwendung).

    Bei früheren Versionen ist diese Faustregel grob dadurch unterstrichen worden, dass im Dialog bei der Neuanlage einer Datenbank eine Größe von 5 MB für die Datendatei und von 2 MB für die Protokolldatei vorgeschlagen worden ist. Nun müssen wir dieses Verhältnis hier manuell einstellen.

- Bei Archivdatenbanken mit geringem Anteil an Schreibvorgängen, die in erster Linie für Suche und Recherche verwendet werden, wird der reale Wert weit darunterliegen (beispielsweise eine Datenbank für die Verwaltung von Museumsbeständen).

- Bei Datenbanken mit einem enormen Schreibaufkommen kann das Transaktionsprotokoll auch größer als die Datendateien sein (so wie eine Datenbank für die Verarbeitung von Messwerten einer Produktion).

Je nach Ihrer Anwendung wählen Sie einen Ihnen passend erscheinenden Wert für die Anfangsgröße des Transaktionsprotokolls.

PRAXISTIPP: Da im Transaktionsprotokoll sehr viele Schreibzugriffe erfolgen, ist es hier von besonderer Bedeutung, dass die Datei auf dem Datenträger nicht fragmentiert ist. Wählen Sie daher im Zweifel – wenn möglich – eine etwas umfangreichere Anfangsgröße.

Aus Performancegründen ist es sinnvoll, Transaktionsprotokoll und Daten auf unterschiedlichen Datenträgern zu speichern. Da in Datendateien sehr sprunghaft und in Protokolldaten hauptsächlich sequenziell gelesen und geschrieben wird, wird der Schreib-/Lesekopf dann nicht durch die ständig unterschiedlichen Zugriffsarten ausgebremst. Daher werden für einen Datenbankserver auch unabhängige Datenträger anstelle eines Raid-5-Verbundes empfohlen.

3.1.3 Datenbank über eine SQL-Anweisung erstellen

Wie bereits früher in diesem Kapitel erwähnt, lässt sich eine Datenbank ganz schnell mit der Anweisung CREATE DATABASE name über ein Abfrageeditor-Fenster (wie in Kapitel 2 beschrieben) erstellen.

Wenn Sie mit dieser kurzen Anweisung eine Datenbank anlegen, werden für alle Einstellungen Standardwerte herangezogen:

- Es gibt nur die Dateigruppe PRIMARY und eine Datendatei.

- Der Name der Datenbank wird als logischer Name für die primäre Datendatei verwendet. Er wird ebenso für den physischen Namen der Datei herangezogen, die im Standarddatenbankordner angelegt wird. Die Anfangsgröße dieser Datei beträgt 8 MB, sie wird unbeschränkt um jeweils 64 MB wachsen.

- Für die Transaktionsprotokolldatei wird der Datenbankname mit der Erweiterung ..._log ergänzt. Deren Anfangsgröße beträgt in dieser Version ebenfalls 8 MB, und sie wächst auch, auf ca. 2 TB beschränkt, um jeweils 64 MB. Auch sie wird im Standarddatenbankordner angelegt.

- Sie selber sind der Besitzer der Datenbank.

- Der Serverstandard wird für die Sortierung herangezogen, ebenso das vollständige Wiederherstellungsmodell und der Kompatibilitätsgrad für SQL Server 2017 (140).

Erweitern Sie die Anweisung wie im nachfolgenden Beispiel, wird die Beispieldatenbank *marketing* analog zum letzten Abschnitt erzeugt. Lediglich die logischen Namen der Dateien habe ich hier sauberer benannt.

```
CREATE DATABASE marketing ON PRIMARY
(   NAME = 'marketing_data',
    FILENAME = 'D:\MSSQL14.MSSQLSERVER\MSSQL\DATA\markdb_data.mdf',
    SIZE = 102400KB , MAXSIZE = 1024000KB , FILEGROWTH = 102400KB)
LOG ON
(   NAME = 'marketing_log',
    FILENAME = 'D:\MSSQL14.MSSQLSERVER\MSSQL\DATA\markdb_log.ldf',
    SIZE = 8192KB , MAXSIZE = 2048GB, FILEGROWTH = 65536KB);
```

Für jede der zwei Datenbankdateien werden hier der logische Name (NAME), der physische Dateiname (FILENAME) sowie die Faktoren für die automatische Vergrößerung angegeben. ON PRIMARY gibt die Dateigruppe für die primäre Datendatei an. Hinter LOG ON wird das Transaktionsprotokoll angegeben.

Soll eine Datenbank mit mehreren Dateigruppen und mehreren Datendateien angelegt werden, ist diese Anweisung so zu erweitern, wie dies das nachfolgende Beispiel zeigt:

```
CREATE DATABASE konzern ON PRIMARY
(   NAME = 'db_data1',
    FILENAME = 'D:\MSSQL14.MSSQLSERVER\MSSQL\DATA\db_data1.mdf',
    SIZE = 512000KB , FILEGROWTH = 102400KB),
(   NAME = 'db_data2',
    FILENAME = 'D:\MSSQL14.MSSQLSERVER\MSSQL\DATA\db_data2.ndf',
    SIZE = 409600KB , FILEGROWTH = 10%),
FILEGROUP DATEN
(   NAME = 'db_data3',
    FILENAME = 'E:\MSSQL\DATA\db_data3.ndf',
    SIZE = 409600KB , FILEGROWTH = 10%),
FILEGROUP DBINDEX
(   NAME = 'db_index',
    FILENAME = 'F:\MSSQL\IDX\db_index.ndf',
    SIZE = 204800KB , FILEGROWTH = 10%)
LOG ON
(   NAME = 'db_log',
    FILENAME = 'G:\MSSQL\LOGDATA\db_log.ldf',
    SIZE = 153600KB , FILEGROWTH = 10%);
```

Da bei diesem Beispiel zwei Datendateien in der Dateigruppe PRIMARY angelegt werden, werden diese hintereinander angegeben. Datendateien, die in einer eigenen Dateigruppe angelegt werden, erhalten den Namen der Dateigruppe mit dem Schlüsselwort FILEGROUP vorangestellt. Die einzelnen Dateien sind auf unterschiedliche Datenträger verteilt, insbesondere für Indexdaten und das Transaktionsprotokoll sind separate Laufwerke angegeben.

3.1.4 Datenbank mit Filestream ausstatten

Ein besonderes Feature des SQL Servers ist es, Binärdaten im Dateisystem ablegen zu können und dem Anwender das so erscheinen zu lassen, als wären diese Dateien noch immer in der Datenbank gespeichert.

Immer schon konnten Sie zwischen zwei alternativen Methoden wählen, um binäre Daten wie Dokumente, Kalkulationstabellen, Videos und Ähnliches über eine Datenbankanwendung zur Verfügung zu stellen.

1. Sie speichern Binärobjekte (BLOBs = Binary Large Objects) in der Datenbank und verwenden dafür Tabellenspalten mit dem Datentyp *varbinary(max)*. Der Vorteil besteht darin, dass die Objekte durch die Speicherung in der Datenbank mit dieser mit gesichert und gemeinsam mit den Daten verändert werden und daher immer konsistent mit diesen sind. Änderungen an Binärobjekten sind ebenso Bestandteile von Transaktionen. Dem stehen aber folgende Nachteile gegenüber:

   ▪ Die Datenbankgröße nimmt enorm zu.

- Die Größe der gespeicherten Objekte ist auf jeweils 2 GB beschränkt.
- Der Zugriff auf größere Objekte ist über das Dateisystem schneller als über die Datenbank.

2. Als zweite Variante werden Objekte als Dateien im Dateisystem abgelegt und in der Datenbank werden die Pfade bzw. Links zu diesen Dateien als Character-Werte gespeichert. Damit können die bei der Speicherung in der Datenbank auftretenden Nachteile umgangen werden. Jedoch treten dabei andere Nachteile zutage, nämlich jene Punkte, die bei der Speicherung in der Datenbank als Vorteile anzusehen sind:

   - Daten und Dateien werden separat angelegt, gespeichert, verwaltet und gesichert. Es gibt keinen Mechanismus, der sicherstellt, dass in der Datenbank abgelegte Links nicht ins Leere gehen.

   - Für den Zugriff auf die Daten in der Datenbank und die verlinkten Dateien gelten unterschiedliche Berechtigungssysteme. Wie kann man also sicherstellen, dass jeder, der Zugriff auf die Daten hat, auch die dazugehörigen Dateien lesen kann?

Der SQL Server bietet über Filestream die Möglichkeit, die Vorteile beider Welten gemeinsam zu nutzen: Speicherung der Objekte im Dateisystem, aber dennoch volle Integration in die Datenbank. Dies bedeutet: Auch, wenn Objekte direkt auf einem Speichermedium gespeichert werden, stehen sie innerhalb der Datenbank so zur Verfügung, als wären sie in der Datenbank abgelegt. Auch bei der Sicherung der Datenbank werden diese Daten mit gesichert. Fügt man Dateien in die Datenbank ein, werden diese dann automatisch im Dateisystem abgelegt (klassisches Filestream). Und auch der umgekehrte Weg ist mittlerweile möglich. So können Dateien auf einem festgelegten Share abgelegt werden und tauchen danach automatisch in der Datenbank auf. Dieses Feature nennt sich *FileTable*.

Ich möchte Ihnen nun zeigen, welche Vorkehrungen Sie in der Konfiguration des Servers und in der Datenbank treffen müssen, um diese Möglichkeiten nutzen zu können. Es gelten die gleichen Voraussetzungen für den Einsatz von klassischem Filestream und für FileTables.

Als Voraussetzung muss auf Serverebene Filestream aktiviert sein. Wenn dies noch nicht beim Setup geschehen ist, öffnen Sie auf dem Server den Konfigurations-Manager und die Eigenschaften des betroffenen Server-Dienstes. Auf dem Register *Filestream* können Sie denselben für diese Instanz aktivieren.

 HINWEIS: Möchten Sie FileTables einsetzen oder soll der Zugriff über .NET-Programmierung direkt über die API auf FILESTREAM-Daten erfolgen können, aktivieren Sie zusätzlich die Option *FILESTREAM für E/A-Dateizugriff aktivieren* und legen einen Windows-Freigabenamen fest. Dann können Sie bei Ihrer Anwendungsentwicklung nicht nur via Transact-SQL, sondern auch auf Filesystemebene direkt auf Files zugreifen. Dies bringt insbesondere bei großen Dateien über 100 MB Vorteile in der Performance.

Der Windows-Freigabename kann bei bereits aktivierter Freigabe nicht geändert werden. In diesem Fall müssen Sie diese Freigabe vorerst nochmals deaktivieren. Danach können Sie den Freigabenamen ändern und die Freigabe wieder aktivieren.

Soll der direkte Streamingzugriff auch von anderen Rechnern im Netzwerk aus möglich sein, müssen Sie auch die letzte Option in diesem Dialog aktivieren. Anderenfalls funktioniert dies lediglich lokal. Beim Einsatz von FileTable ist dies jedenfalls notwendig.

 ACHTUNG! Bei erstmaligem Aktivieren von FILESTREAM kann es notwendig sein, den Rechner neu zu starten, da neue Komponenten installiert werden müssen. Auf jeden Fall sollten Sie den SQL Server-Dienst neu starten.

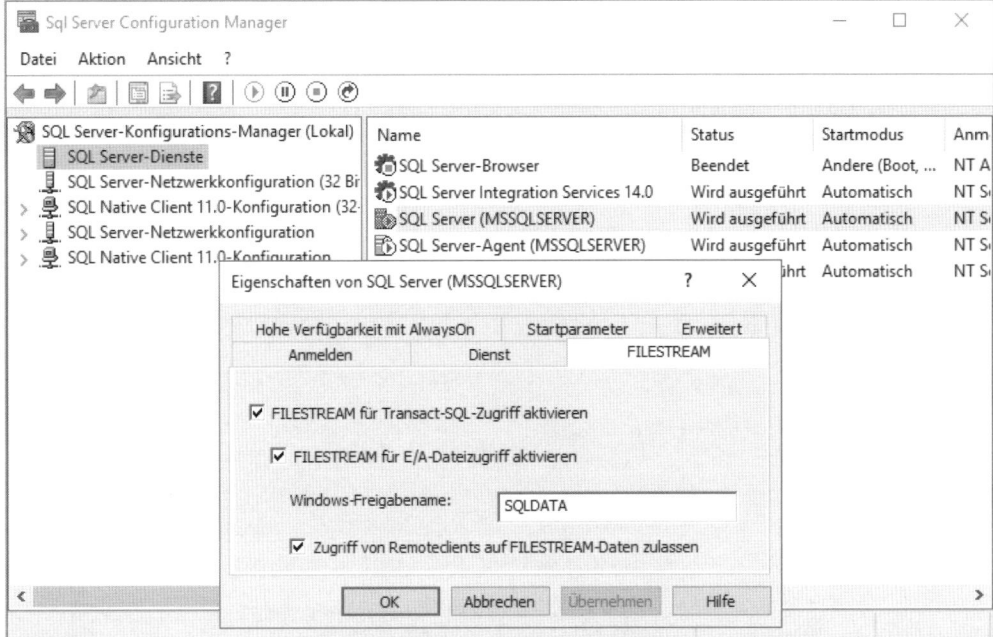

Bild 3.13 Server für FILESTREAM konfigurieren

Unmittelbar danach ist die Netzwerkfreigabe bereits verfügbar und Sie können gegebenenfalls auch schon remote darauf zugreifen. Dateien können allerdings so noch nicht in dieser Freigabe abgelegt werden.

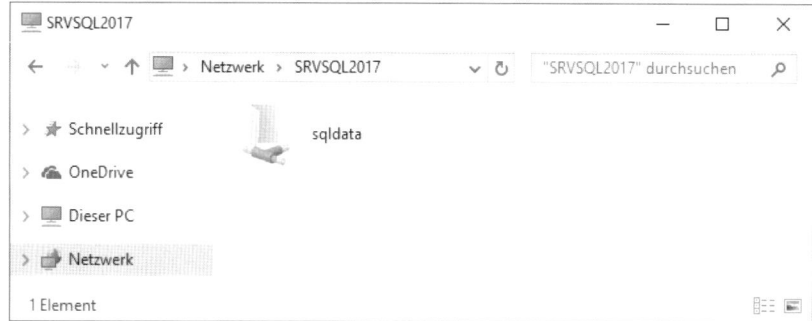

Bild 3.14 Filestream-Freigabe auf SQL Server

Über das Management Studio können Sie die Filestream-Zugriffsebene einstellen. Diese wird in weiterer Folge für den Zugriff auf FileTables benötigt, denen wir uns ein wenig später widmen werden. Dazu öffnen Sie im Objekt-Explorer den Dialog *Servereigenschaften* des entsprechenden Servers über den Befehl Eigenschaften im Kontextmenü. Auf der Seite *Erweitert* finden Sie die entsprechende Einstellung wie in Bild 3.15 zu sehen. Zur Auswahl stehen *Deaktiviert, Transact-SQL-Zugriff aktiviert* und *Vollzugriff aktiviert*. Der Freigabename wird hier zwar auch angezeigt, kann aber nicht geändert werden. Dies ist nur über den SQL Server-Konfigurations-Manager möglich.

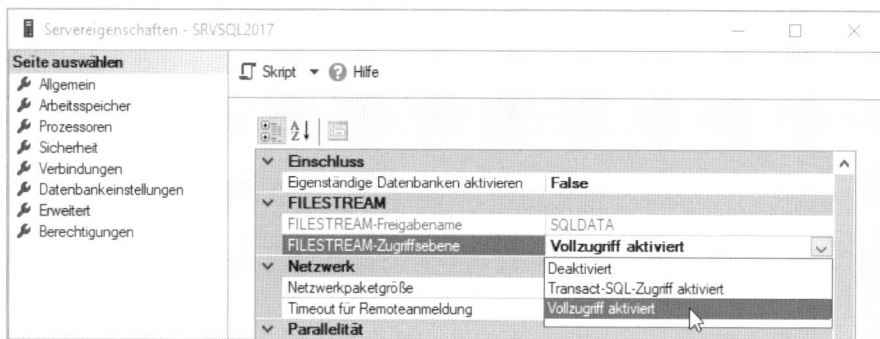

Bild 3.15 Filestream-Zugriffsebene über Servereigenschaften einstellen

Ist der Server für den FILESTREAM aktiviert, ist nun die Datenbank an der Reihe. Davor sollten wir nur noch auf dem Server einen Basisordner für die Aufnahme der Dateien anlegen. Ich habe bei mir auf dem Server SRVSQL2017 dafür auf dem Laufwerk E den Ordner DB_FS erstellt.

Wir erstellen über das Management Studio eine neue Datenbank mit dem Namen *video*. Wie zuvor, legen wir diesmal wieder eine zusätzliche Dateigruppe an, diesmal aber für Filestream. Dazu klicken Sie im Dialog *Neue Datenbank* im unteren beziehungsweise mittleren Teil der Seite *Dateigruppen* auf Hinzufügen und geben der Dateigruppe zum Beispiel den Namen *VIDEOFILES*.

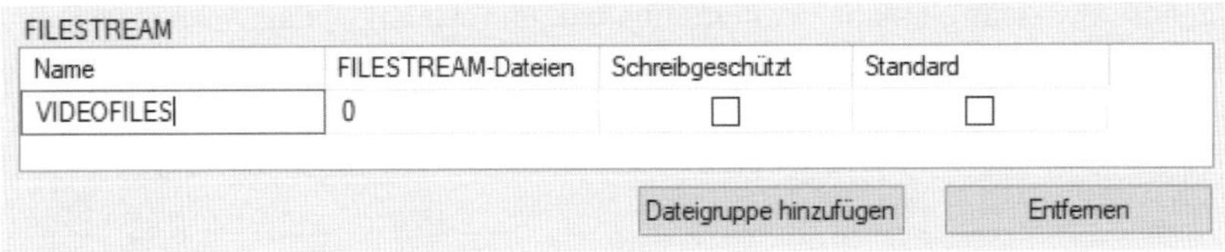

FILESTREAM			
Name	FILESTREAM-Dateien	Schreibgeschützt	Standard
VIDEOFILES	0	☐	☐

Dateigruppe hinzufügen   Entfernen

Bild 3.16 Dateigruppe für Filestream anlegen

Nun muss noch eine neue Datei in dieser Dateigruppe angelegt werden. Dies geschieht wieder auf der Seite *Allgemein* des Dialogs zum Anlegen einer neuen Datenbank. Diese bekommt so wie Daten- und Log-Dateien einen logischen Namen, da sie intern wie eine solche behandelt wird. Ich gebe ihr hier den Namen *video_stream*. Als Dateityp wird diesmal *FILESTREAM-Daten* ausgewählt. Als Dateigruppe wird daraufhin sofort die zuvor angelegte vorgeschlagen. Haben Sie in Ihrem Beispiel mehrere Dateigruppen für Filestream angelegt, können Sie natürlich zwischen diesen wählen. Anfangsgröße und automatische Vergrößerung entfallen bei diesem Dateityp. In der Spalte *Automatische Vergrößerung* ist lediglich festzulegen, ob es eine maximale Gesamtgröße für die Filestream-Daten geben soll. Der Pfad muss aber unbedingt angegeben werden, ich verwende den zuvor angelegten Ordner. So wie bei anderen Datenbankdateien auch muss der angegebene Pfad bei der Erstellung bereits bestehen.

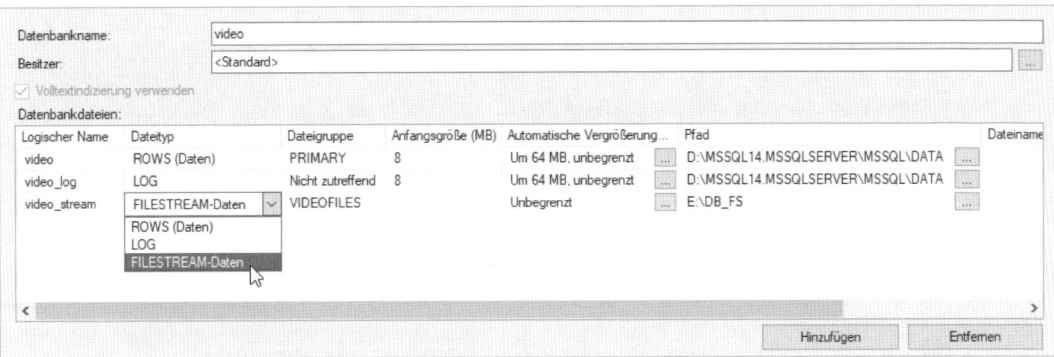

Bild 3.17 Datenbankdatei für Filestream anlegen

Wenn die Datenbank angelegt wird, wird in diesem Basisordner ein weiterer mit dem logischen Namen der Datenbankdatei – in unserem Fall *video_stream* – angelegt. Erstellen wir die Datenbank nicht mit dem grafischen Dialog, sondern mit einer Anweisung in einem Abfrageeditor-Fenster, können wir auch diesen Ordnernamen frei vergeben. Lediglich das grafische Tool verwendet fix den logischen Namen der Datenbankdatei, da das Feld zur Eingabe des Dateinamens nicht editierbar ist.

HINWEIS: Wird die Datenbank gelöscht, verschwindet dieser Ordner mit all seinem Inhalt.

Die nachfolgende Anweisung entspricht den Eingaben, die wir im Dialog *Neue Datenbank* vorgenommen haben, und kann anstelle dieser gleichbedeutend verwendet werden.

```
CREATE DATABASE video
CONTAINMENT = NONE
ON PRIMARY
(   NAME = 'video',
    FILENAME = 'D:\MSSQL14.MSSQLSERVER\MSSQL\DATA\video.mdf',
    SIZE = 8192KB , FILEGROWTH = 65526KB ),
FILEGROUP VIDEOFILES CONTAINS FILESTREAM
(   NAME = 'video_stream',
    FILENAME = 'E:\DB_FS\video_stream')
LOG ON
(   NAME = 'video_log',
    FILENAME = 'D:\MSSQL14.MSSQLSERVER\MSSQL\DATA\video_log.ldf',
    SIZE = 8192KB , FILEGROWTH = 65536KB);
```

Der Anweisungsteil zum Definieren einer neuen Dateigruppe wird um den Zusatz CONTAINS FILESTREAM ergänzt. Sonst gleicht sie größtenteils den bereits zuvor verwendeten Anweisungen.

HINWEIS: Wie Sie Filestream nun beim Anlegen von Tabellen und FileTable nutzen können, lesen Sie später in diesem Kapitel.

ACHTUNG! Für Datenbanken, die Filestream oder FileTable verwenden, kann als Einschlusstyp nur *Keine* (CONTAINMENT = NONE) gewählt werden, da hierbei explizit auf externe Ressourcen zugegriffen wird. Dies ist ein Widerspruch zur Logik einer Contained Database.

■ 3.2 Tabellen in der Datenbank erstellen

Da eine Datenbank erst mit Tabellen zu einer solchen wird, werden wir nun unsere Datenbank mit Leben füllen. Im folgenden Abschnitt möchte ich Ihnen zeigen, wie Sie eine Tabelle anlegen, wie Sie diese indizieren und mit Gültigkeitsregeln versehen. Ein besonderes Augenmerk werde ich auch auf das Erstellen von Beziehungen legen.

HINWEIS: Für die Arbeit mit diesem Kapitel ist es von Vorteil, wenn Sie mit den Grundzügen der relationalen Datenbanktheorie vertraut sind. Wenn Sie zum Beispiel bereits ein wenig Erfahrung mit der Arbeit mit MS Access haben, ist dies ausreichend.

Wir möchten in der im vorigen Abschnitt angelegten Marketing-Datenbank folgende Tabellen anlegen:

- Kunden
- Interessen
- Kundeninteressen

In diesem Beispiel werden neben den Kunden (*kunden*) deren Interessen (*interessen*) in der Datenbank gespeichert. Die m:n-Beziehung zwischen diesen beiden Tabellen wird über die Zwischentabelle *kundeninteressen* aufgelöst. In der Darstellung der Tabelle *kunden* in Bild 3.18 werden allerdings nicht alle Spalten angezeigt.

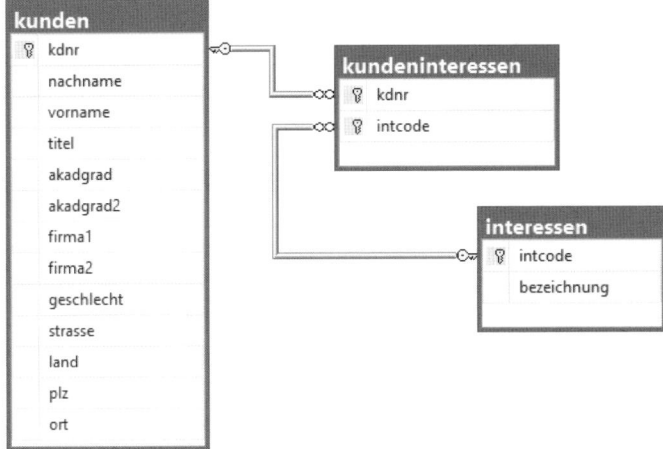

Bild 3.18 Anzulegende Beispieltabellen

3.2.1 Tabellenfelder definieren

Eine Tabelle besteht aus einzelnen *Feldern*. Andere Ausdrücke dafür sind auch *Datenfelder* oder *Spalten*. Auch Tabellenspalten und Tabellenfelder sind gebräuchliche Ausdrücke. Da im Tabellen-Designer des Management Studios der Begriff *Spalte* verwendet wird, verwende ich zumeist auch diesen Ausdruck.

Um eine neue Tabelle anzulegen, erweitern Sie die Ordnerstruktur der neuen Datenbank bis zu den Tabellen. Entweder über den Ordner *Tabellen* oder das Register *Details zum Objekt-Explorer* wählen Sie im Kontextmenü den Befehl NEU/TABELLE... aus. Sind Sie mit einem SQL Server Express Edition verbunden, entfällt im Kontextmenü die Befehlsgruppe NEU. Aufgrund der geringeren Anzahl an Auswahlmöglichkeiten an Tabellentypen wählen Sie hier direkt den Befehl TABELLE... im Kontextmenü.

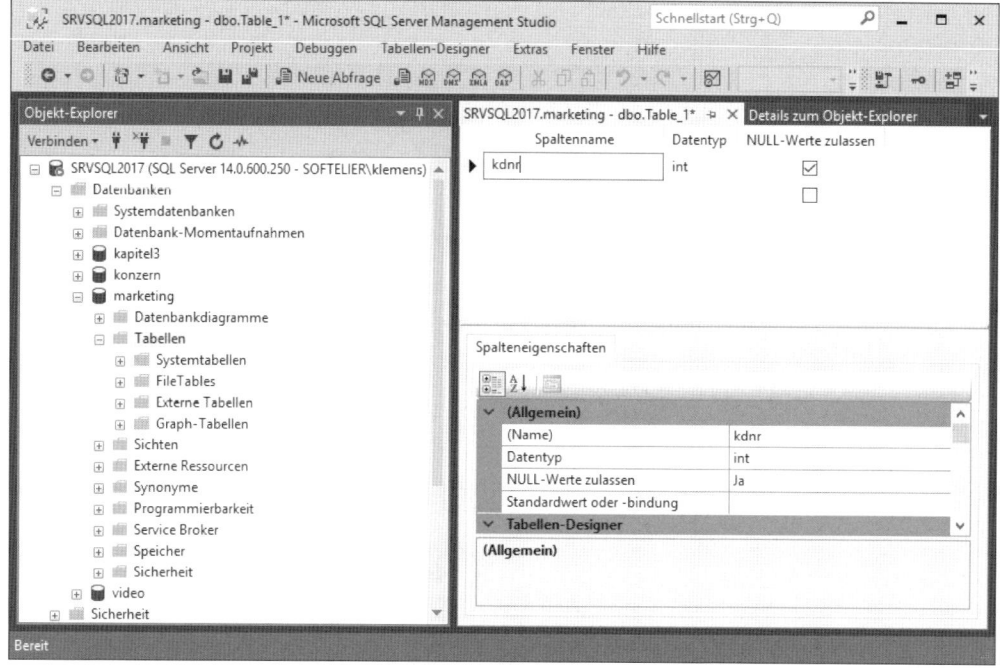

Bild 3.19 Neue Tabelle anlegen

Im Raster können Sie nun die Spalten der Tabelle eintragen. Für die Vergabe der Spaltennamen sollten Sie folgende Regeln beachten:

- Vermeiden Sie Leer- und Sonderzeichen, der Unterstrich ist erlaubt, er gilt nicht als Sonderzeichen. Feldnamen mit Sonderzeichen müssten nämlich immer in eckigen Klammern oder unter doppelten Hochkommata (sogenannte quoted identifiers in ANSI-SQL) geschrieben werden. Dies würde mit der Zeit sehr lästig werden.

- Feldnamen sollten sprechend sein, aber auch möglichst kurz und prägnant. Die maximale Länge beträgt 128 Zeichen.

- Legen Sie sich ein Namensschema zurecht, nach dem Sie die Namen vergeben. Sie merken sich diese dann leichter, wenn Sie sie im Zweifel anhand Ihrer Namenslogik herleiten. Manche verwenden beispielsweise Präfixe, die den Namen der Tabelle widerspiegeln.

 PRAXISTIPP: Welches Benennungsschema Sie für Ihre Tabellen- und Spaltennamen verwenden, ist eigentlich nicht so wichtig. Viel wichtiger ist, dass Sie überhaupt ein Benennungsschema verwenden – und in einem Team alle dasselbe!

Bestimmte Benennungsregeln können Sie über Richtlinien erzwingen. Dazu erfahren Sie später mehr in diesem Kapitel.

Für die Definition der Spalten stellt der SQL Server folgende Datentypen zur Verfügung:

Wenn Sie im grafischen Editor die Spaltennamen eintragen und den Datentyp auswählen, definieren Sie direkt in der dritten Spalte, ob dieses Feld NULL zulassen soll oder nicht. Spalten, die NULL nicht zulassen, müssen einen Eintrag erhalten – sie dürfen also nicht leer sein.

Legen Sie die Felder gemäß der nachfolgenden Grafik an.

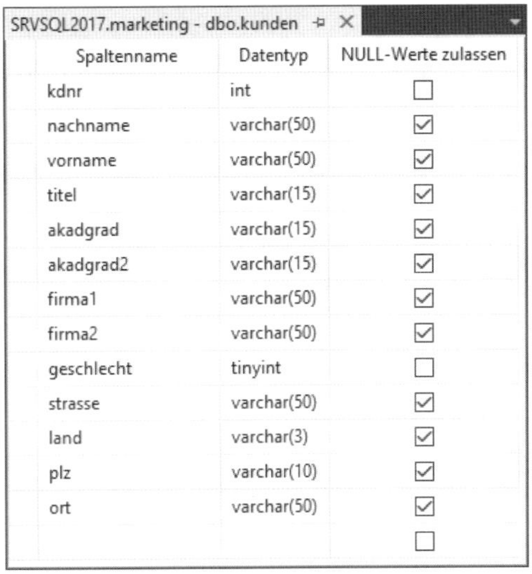

SRVSQL2017.marketing - dbo.kunden		
Spaltenname	Datentyp	NULL-Werte zulassen
kdnr	int	☐
nachname	varchar(50)	☑
vorname	varchar(50)	☑
titel	varchar(15)	☑
akadgrad	varchar(15)	☑
akadgrad2	varchar(15)	☑
firma1	varchar(50)	☑
firma2	varchar(50)	☑
geschlecht	tinyint	☐
strasse	varchar(50)	☑
land	varchar(3)	☑
plz	varchar(10)	☑
ort	varchar(50)	☑
		☐

Bild 3.20 Kundentabelle

Speichern Sie die Tabelle unter dem Namen *kunden* ab, auch wenn sie noch nicht ganz fertig ist. Verwenden Sie dazu das Diskettensymbol in der Symbolleiste.

3.2.2 Spalteneigenschaften

In Abhängigkeit vom gewählten Felddatentyp können weitere Eigenschaften für einzelne Spalten der Tabelle festgelegt werden. Da das SQL Server Management Studio das grafische User-Interface (Shell) des Visual Studios verwendet, können auch hier die Eigenschaften entweder nach Kategorie oder alphabetisch sortiert angezeigt werden. Die nachfolgende Abbildung zeigt die Darstellung nach Kategorie. Über die Symbole links oben auf dem Register kann die Darstellung angepasst werden. Eigenschaften, die mehrere Einstellungen erfordern, sind standardmäßig eingeklappt und können über das dunkle Pfeilsymbol ausgeklappt werden. Auch die einzelnen Kategorien können über das dunkle und das helle Pfeilsymbol expandiert bzw. eingeklappt werden.

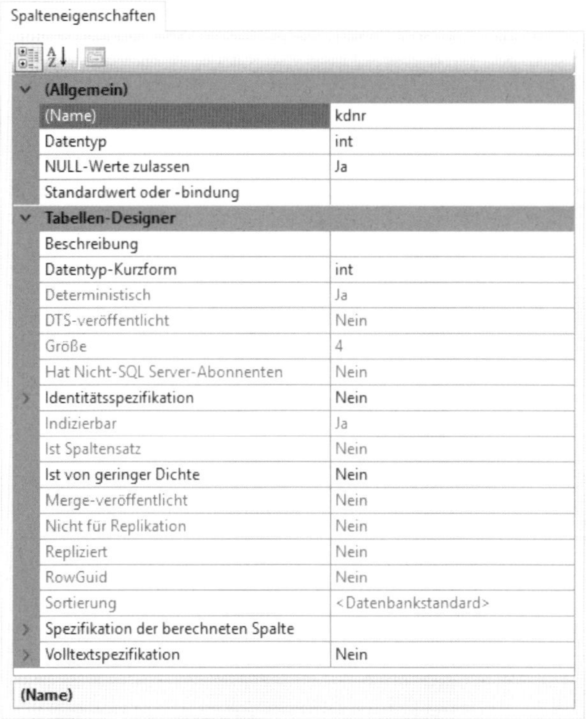

Spalteneigenschaften	
(Allgemein)	
(Name)	kdnr
Datentyp	int
NULL-Werte zulassen	Ja
Standardwert oder -bindung	
Tabellen-Designer	
Beschreibung	
Datentyp-Kurzform	int
Deterministisch	Ja
DTS-veröffentlicht	Nein
Größe	4
Hat Nicht-SQL Server-Abonnenten	Nein
Identitätsspezifikation	Nein
Indizierbar	Ja
Ist Spaltensatz	Nein
Ist von geringer Dichte	Nein
Merge-veröffentlicht	Nein
Nicht für Replikation	Nein
Repliziert	Nein
RowGuid	Nein
Sortierung	<Datenbankstandard>
Spezifikation der berechneten Spalte	
Volltextspezifikation	Nein

(Name)

Bild 3.21 Spalteneigenschaften nach Kategorie

> **PRAXISTIPP:** Wenn Sie möchten, können Sie den Datentyp auch in den Spalten-eigenschaften eingeben. Dies kann vor allem bei Datentypen wie Character, bei denen eine Feldgröße angegeben werden muss, ein wenig komfortabler sein.

Folgende Eigenschaftseinstellungen können für Spalten vorgenommen werden:

- **(Name):** Diese Eigenschaft entspricht dem Spaltennamen, der bereits in der Übersichts-darstellung erfasst worden ist.

- **Datentyp:** Auch hierbei handelt es sich um eine alternative Eingabemöglichkeit für den Datentyp. Dieser wird an dieser Stelle aber ohne den Längen-Parameter ausgewählt, da dieser über eine eigene Eigenschaft eingetragen werden kann bzw. muss.

- **Länge:** Hier wird die Länge zum gewählten Datentyp eingetragen, falls eine solche für den gewählten Datentyp erforderlich ist.

- **NULL-Werte zulassen:** Auch hierbei handelt es sich um eine alternative Eingabemöglichkeit für das Kontrollkästen in der Übersichtsdarstellung.

- **Standardwert oder -bindung:** Diese Eigenschaft wird in der Praxis sehr oft verwendet. Hier können Sie Werte für eine Spalte definieren, mit denen die Spalte bei Neuerfassung eines Datensatzes bereits vorbelegt wird. In unserer Kundentabelle könnte zum Beispiel das Länderkürzel (*land*) mit 'D' vorbelegt werden. Um das Erfassungsdatum (*erfasst*) mit dem aktuellen Datum vorzubelegen, verwenden Sie die Funktion `SYSDATETIME()` als Standardwert.

- **Beschreibung:** Dieser Erläuterungstext dient der eigenen Dokumentation. Hier können Sie einen beliebigen Text eintragen. So könnten Sie beispielsweise für das Geschlecht die verwendeten Kürzel vermerken, z.B.: `1=Frau; 2=Herr; 3=Familie; 4=Firma; 5=Sonstiges` (mit Sonstiges sind zum Beispiel Vereine, öffentliche Einrichtungen und Ähnliches gemeint).

- **Identitätsspezifikation:** Diese Eigenschaft ist nur für Zahlenspalten verfügbar. Pro Tabelle kann eine Spalte als sogenannte *Identität* (Identity) definiert werden. Für diese werden zusätzlich ein Startwert (*ID-Ausgangswert*) und eine Schrittweite (*ID-Inkrement*) definiert. Standardmäßig sind beide mit dem Wert 1 vorbelegt. Beim Einfügen von Datensätzen wird eine Identitätsspalte ausgehend vom Startwert automatisch befüllt. In eine als Identität festgelegte Spalte können ohne besondere Vorkehrungen manuell keine Werte eingetragen werden. Verwenden Sie diese Eigenschaft dann, wenn Sie eine fortlaufende Nummerierung benötigen, bei der Lücken, verursacht durch Löschen von Datensätzen und zurückgerollte Transaktionen, kein Problem darstellen. In der Regel wird diese Eigenschaft für Primärschlüsselspalten verwendet.

- **Ist von geringer Dichte:** Wenn Sie diese Eigenschaft auf *Ja* einstellen, belegen NULL-Werte in dieser Spalte keinen Speicherplatz. Dafür wird der Zugriff auf Werte in dieser Spalte etwas langsamer. Verwenden Sie diese Einstellung daher nur, wenn die Anzahl der NULL-Werte in dieser Spalte und damit das Einsparungspotenzial hoch sind.

- **Sortierung:** Diese Eigenschaft ist nur für Spalten mit Character-Datentypen verfügbar. So wie beim Anlegen der Datenbank eine Sortierreihenfolge festgelegt worden ist, kann diese auch für jede einzelne Spalte mit einem Character-Datentyp festgelegt werden. In der Praxis wird man hier jedoch die Standardeinstellung übernehmen. Es ist nur in Ausnahmefällen sinnvoll, für einzelne Spalten innerhalb einer Datenbank unterschiedliche Sortierreihenfolgen (Collation) einzustellen.

 PRAXISTIPP: Sie können zum Beispiel über eine andere Sortierung für eine Kennwortspalte festlegen, dass in dieser – im Unterschied zu allen anderen Spalten – bei Vergleichen sehr wohl zwischen Groß- und Kleinbuchstaben unterschieden wird. Dazu müssen Sie lediglich dieselbe Sortierung wie die des Datenbankstandards, jedoch mit CS (= case sensitive) anstelle von CI (= case insensitive) in der Zeichenfolge verwenden (zum Beispiel `Latin1_General_CS_AS` anstelle von `Latin1_General_CI_AS`). Das gilt natürlich nicht, wenn Sie Kennwörter verschlüsselt abspeichern.

- **Spezifikation der berechneten Spalte:** Der SQL Server unterstützt berechnete Spalten in Tabellen. Über die Eingabe einer Formel werden hier direkt in der Tabelle die berechneten Werte angezeigt. Beispielsweise könnte der Kundentyp in Abhängigkeit vom Feld *geschlecht* angezeigt werden. Für die Werte 1 bis 3 soll *privat*, für die anderen Werte *Firma* angezeigt werden. Dazu müsste die Formel `CASE WHEN geschlecht <= 3 THEN 'privat' ELSE 'Firma' END` in der Eigenschaft *(Formel)* eingetragen werden. Der Vorteil dieser berechneten Spalten gegenüber an anderen Stellen berechneten Werten ist, dass für sie ein Index erstellt werden kann. Über die Eigenschaft *Ist beständig* wird festgelegt, ob der berechnete Wert mit in der Tabelle gespeichert oder jedes Mal bei der Anzeige neu berechnet wird.

- **Volltextspezifikation:** Ist die Volltextindizierung für die Datenbank aktiviert, kann über diese Eigenschaft festgelegt werden, ob diese Spalte volltextindiziert werden soll.

3.2.3 Constraints

Um Geschäftsregeln in Tabellen zu erzwingen, werden Einschränkungen (Constraints) benötigt. Diese sind zwar eigenständige Objekte mit einem eigenen Namen, sind aber fix mit einer Tabelle verbunden. Wird diese Tabelle gelöscht, werden alle Einschränkungen ebenfalls mitgelöscht. Der SQL Server kennt folgende Einschränkungstypen:

- Primary Key (Primärschlüssel)
- Unique Key (Eindeutiger Schlüssel)
- Foreign Key (Fremdschlüssel)
- Check (Gültigkeitsregel)
- Default (Standardwert)

Im grafischen Tool gibt es keine einheitliche Oberfläche für die Erstellung von Einschränkungen. Jeder der fünf Typen wird an einer anderen Stelle erzeugt. Standardwerte werden zum Beispiel wie zuvor beschrieben über Spalteneigenschaften angelegt. Der Name für eine Standardwert-Einschränkung wird vom Management Studio automatisch vergeben. Es gibt an der Oberfläche keine Möglichkeit, einen solchen Namen einzugeben. Dass Constraints wirklich eigene Objekte sind, ist in der grafischen Oberfläche durch die Integration der Erstellung eigentlich kaum erkennbar. Deutlicher wird dies bei der Erstellung von Tabellen über SQL-Anweisungen.

Primärschlüssel

Pro Tabelle kann es nur einen Primärschlüssel geben, der allerdings auch aus mehreren Spalten bestehen kann. Man spricht in diesem Fall von einem zusammengesetzten Schlüssel. Ein Primärschlüssel weist folgende Merkmale auf:

- Er darf nicht NULL sein.
- Er muss eindeutig sein.
- Es wird automatisch ein Index erstellt.
- Er wird für Beziehungen benötigt.

Um eine oder mehrere Spalten als Primärschlüssel zu definieren, markieren Sie die betroffene(n) Spalte(n), und wählen im Kontextmenü den Befehl PRIMÄRSCHLÜSSEL FESTLEGEN.

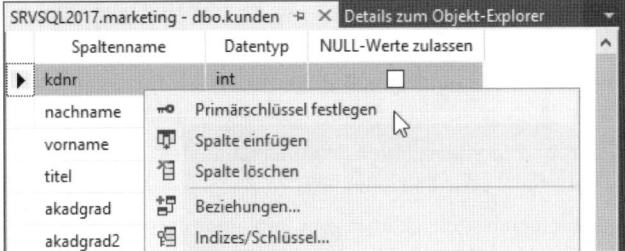

Bild 3.22 Primärschlüssel festlegen

Auch hier wird der Name für die Primärschlüssel-Einschränkung vom Management Studio automatisch vergeben. Es wird hierfür der Name der Tabelle mit dem Präfix *PK_* verwendet. Der Primärschlüssel wird durch ein Schlüsselsymbol optisch hervorgehoben.

Bild 3.23 Primärschlüssel

 HINWEIS: Natürlich können Sie die markierte(n) Spalte(n) auch über das Symbol mit dem Schlüssel in der Symbolleiste als Primärschlüssel für diese Tabelle festlegen.

Gültigkeitsregeln

Mit Check-Einschränkungen werden Gültigkeitsregeln definiert, die auf Datensatzebene wirken. Diese Regeln müssen durch einen Ausdruck abzubilden sein und sich auf den Datensatz beschränken. Das heißt, Sie können bei der Prüfung einer Check-Einschränkung nur auf die Werte innerhalb des Datensatzes zugreifen. Sie können dabei nicht auf andere Datensätze der Tabelle oder gar auf Inhalte anderer Tabellen zugreifen. Folgende Regeln lassen sich zum Beispiel mit einer Check-Einschränkung prüfen:

- In einem Feld dürfen nur Werte von … bis … erfasst werden.
- Der Wert in einem Feld muss größer oder kleiner als der eines anderen Feldes sein.
- Der eingegebene Wert muss einer Eingabemaske entsprechen. Dies könnte zum Beispiel für die Prüfung einer E-Mail-Adresse verwendet werden.
- In zumindest einer von zwei definierten Spalten muss ein Eintrag vorgenommen werden.

Nicht direkt realisierbar – außer über den Einsatz von selbst programmierten benutzerdefinierten Funktionen – sind Aufgabenstellungen wie die nachfolgenden:

- Das Format der Postleitzahl muss dem im Länderkürzel eingetragenen Land entsprechen. (Die Formate für alle Länder sind in einer anderen Tabelle gespeichert.)

- Die Zeitspanne (Spalten von und bis) in einem Datensatz überschneidet sich mit der in einem anderen Datensatz, was aber nicht der Fall sein darf.

Wir möchten in der Kundentabelle folgende Gültigkeitsregeln implementieren:

Gehen Sie wie folgt vor, um eine neue Check-Einschränkung zu erstellen:

1. Klicken Sie (irgendwo) im Tabellen-Designer in den Tabellenentwurf und wählen Sie im Kontextmenü den Befehl **CHECK-EINSCHRÄNKUNGEN...** aus.

2. Im Dialog klicken Sie auf **HINZUFÜGEN**, um eine neue Einschränkung zu erzeugen. Wie die nachfolgende Abbildung zeigt, wird standardmäßig für die neue Einschränkung der Tabellenname mit dem Präfix *CK_* verwendet. Der Stern rechts neben dem Namen zeigt, dass diese Einschränkung noch nicht gespeichert worden ist.

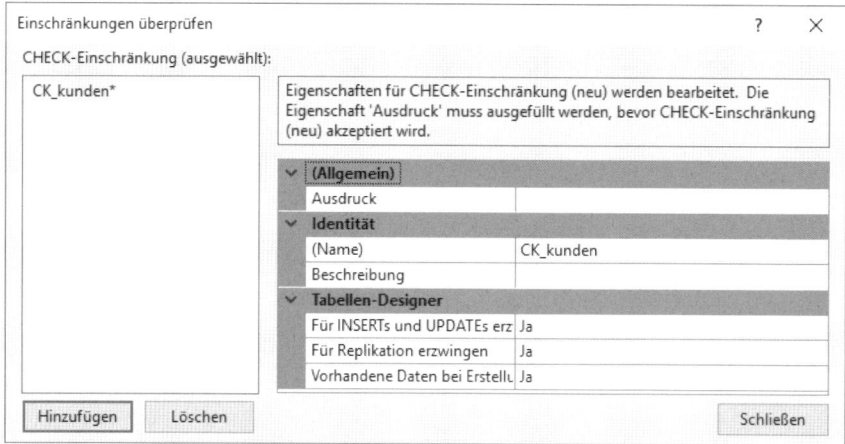

Bild 3.24 Neue CHECK-Einschränkung

3. Tragen Sie in der ersten Zeile *Ausdruck* den Einschränkungsausdruck `geschlecht BETWEEN 1 AND 5` ein. Da dieses Eingabefeld relativ klein ist, klicken Sie wahlweise auf die Schaltfläche mit den drei Punkten, die am rechten Rand des Eingabefeldes auftaucht. Es öffnet sich ein Dialog mit einem größeren Eingabefeld. Tragen Sie alternativ hier den Einschränkungsausdruck ein.

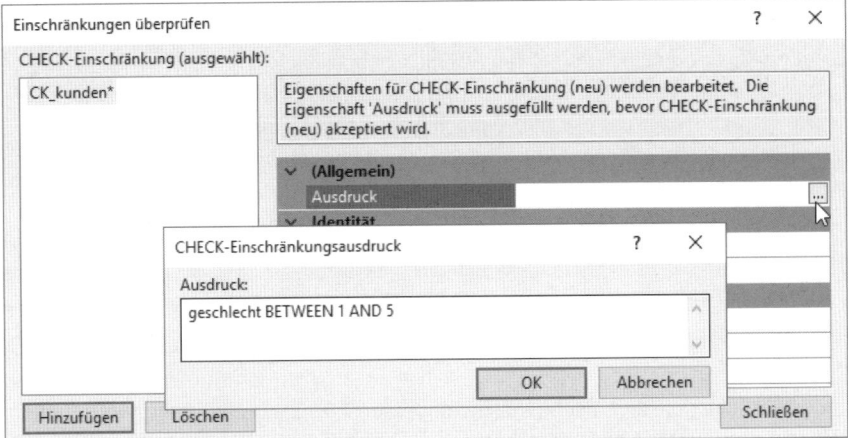

Bild 3.25 Einschränkungsausdruck eintragen

4. Ergänzen Sie den vom System vorgeschlagenen Namen um den Namen der betroffenen Spalte *geschlecht*. Damit realisieren Sie eine saubere Namensgebung, auch wenn Sie mehrere Check-Einschränkungen für eine Tabelle erstellen. Da ich mich in meiner verwendeten Namenskonvention generell für Kleinbuchstaben entschieden habe, ersetze ich das CK am Beginn des Namens ebenfalls durch ck.

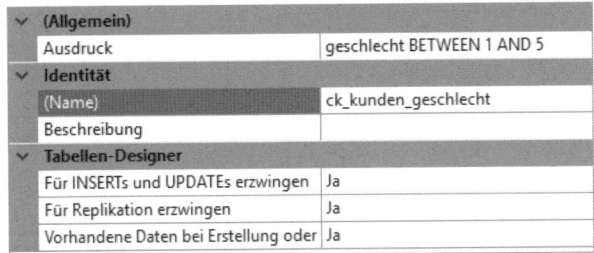

Bild 3.26 Namen für Constraint festlegen

 PRAXISTIPP: Standardmäßig ist die Eigenschaft *Vorhandene Daten bei Erstellung oder Reaktivierung überprüfen* aktiviert. Sind in der Tabelle bereits Daten enthalten, die der neuen Regel nicht entsprechen, kann die Einschränkung nicht erstellt werden. In diesem Fall stellen Sie diese Eigenschaft bitte auf *Nein*. Beizeiten sollten Sie jedoch diese Daten dann auch in Ordnung bringen. Dies entspricht der Option WITH NOCHECK, wenn Sie ein Constraint über eine SQL-Anweisung erstellen.

Ergänzen Sie die übrigen in Tabelle 3.3 dargestellten Check-Einschränkungen für die Tabelle *kunden*.

HINWEIS: Wenn Sie weitere Check-Einschränkungen erstellen und in den Dialog zur Erstellung derselben zurückkehren, wird Ihnen vielleicht auffallen, dass der SQL Server den zuvor von Ihnen eingetragenen Einschränkungsausdruck in die Form (`[geschlecht]>=(1) AND [geschlecht]<=(5)`) umgeschrieben hat. Dies ist nichts Außergewöhnliches und muss Sie nicht beunruhigen. Auch wenn die eckigen Klammern um die Spaltennamen ergänzt werden, müssen Sie diese selber nicht erfassen, solange die Spaltennamen keine Leer- und Sonderzeichen enthalten.

Fremdschlüssel

Der Fremdschlüssel ist die technische Umsetzung einer Beziehung zwischen zwei Tabellen. Dabei wird von einer untergeordneten Detailtabelle mit einem Fremdschlüssel auf den Primärschlüssel einer übergeordneten Mastertabelle referenziert.

Um die Beziehungen, die im Diagramm in Bild 3.18 dargestellt sind, erstellen zu können, müssen Sie vorerst noch die zwei weiteren Tabellen *interessen* und *kundeninteressen* anlegen. Die Tabelle *interessen* enthält den Interessenscode (*intcode*) als Primärschlüssel, der aus drei Buchstaben bestehen soll. Die Bezeichnung des Interesses soll in der Spalte *bezeichnung* gespeichert werden.

SRVSQL2017.marketing - dbo.interessen 🔲 ✕		
Spaltenname	Datentyp	NULL-Werte zulassen
🔑 intcode	char(3)	☐
bezeichnung	varchar(50)	☐
		☐

Bild 3.27 Tabelle *interessen*

Die Tabelle *kundeninteressen* dient der Auflösung der m:n-Beziehung zwischen Kunden und Interessen und ordnet so die Interessen den Kunden zu. Die Spalte *kdnr* dient als Fremdschlüsselspalte für die Beziehung zur Kundentabelle, die Spalte *intcode* als Fremdschlüsselspalte für die Beziehung zur Interessentabelle. Beide gemeinsam werden als zusammengesetzter Primärschlüssel für diese Tabelle definiert. Da ein Primärschlüssel ja eindeutig sein muss, ist dadurch ausgeschlossen, dass einem Kunden ein Interesse mehrmals zugeordnet werden kann.

SRVSQL2017.market....kundeninteressen 🔲 ✕		
Spaltenname	Datentyp	NULL-Werte zulassen
🔑 kdnr	int	☐
🔑 intcode	char(3)	☐
		☐

Bild 3.28 Tabelle *kundeninteressen*

PRAXISTIPP: Da diese Tabellen auch in unserer Beispieldatenbank *wawi* enthalten sind, können Sie sich die Inhalte dieser Tabellen für ein besseres Verständnis der Zusammenhänge ansehen. Die nachfolgende Abbildung zeigt zum Beispiel ein paar Einträge der Tabelle *kundeninteressen*. Hier sehen Sie, wie in jeder Zeile eine Kundennummer einem Interessenscode zugewiesen ist.

SRVSQL2017.wawi -...o.kundeninteressen	
kdnr	intcode
100	BAU
100	HWE
101	KUE
102	HWE
102	KUE
103	HUG
104	HUG
104	KUE
104	SPO
105	HUG
105	KUE

Bild 3.29 Beispieldaten der Tabelle *kundeninteressen*

Sobald Sie diese Tabellen als Voraussetzung für unser Beispiel angelegt haben, können wir uns nun dem eigentlichen Thema, dem Fremdschlüssel, widmen.

Ein Fremdschlüssel weist folgende Eigenschaften auf:

- Er darf nur Werte enthalten, die in der Primärschlüsselspalte der referenzierten Tabelle vorkommen.
- Er darf NULL sein. Anders als ein Primarschlüssel muss er nicht zwingend einen Eintrag enthalten. Wenn Sie dies möchten – was in der Praxis oft der Fall ist –, müssen Sie die Fremdschlüsselspalte extra noch als NOT NULL definieren.

Damit ein Fremdschlüssel erstellt werden kann, müssen folgende Voraussetzungen gegeben sein:

- Die Anzahl und Reihenfolge der Spalten von Fremdschlüssel und referenziertem Primärschlüssel müssen identisch sein.
- Primär- und Fremdschlüssel müssen dieselben Datentypen und Feldgrößen haben.
- Die Feldnamen von Primär- und Fremdschlüsselspalten müssen nicht dieselben sein. Jedoch ist es für Datenbankneulinge zu Beginn einfacher und übersichtlicher, wenn dies der Fall ist.

Fremdschlüssel erstellen

Sie können einen Fremdschlüssel beziehungsweise eine Beziehung im Management Studio auf zwei Arten erstellen:

- Im *Entwurf der Fremdschlüsseltabelle* (*Tabellen-Designer*). Diese Variante werden wir uns als erste ansehen.

- Über ein *Datenbankdiagramm*. Diese Möglichkeit ist wegen der sehr guten grafischen Aufbereitung und wegen der Erstellung der Beziehung per Drag-and-drop sehr intuitiv. Diese Variante lernen Sie später in diesem Kapitel kennen.

Da ein Fremdschlüssel immer zur Detailtabelle gehört, müssen Sie diesen in unserem Beispiel für die Tabelle *kundeninteressen* anlegen. Wenn Sie den Tabellenentwurf dieser Tabelle nicht vor sich haben, wählen Sie die Tabelle im Objekt-Explorer aus und im Kontextmenü den Befehl ENTWERFEN. Gehen Sie danach nach folgenden Schritten vor:

1. Über das Kontextmenü wählen Sie im Tabellenentwurf den Befehl BEZIEHUNGEN... aus. Klicken Sie im Dialog *Fremdschlüsselbeziehungen* auf die Schaltfläche HINZUFÜGEN. Wie schon bei der Erstellung einer Check-Einschränkung wird ein neuer Eintrag mit Standardeinstellungen erzeugt, den Sie nun noch anpassen müssen.

   Klicken Sie dazu in der Zeile *Tabellen- und Spaltenspezifikation* auf die Schaltfläche mit den drei Punkten.

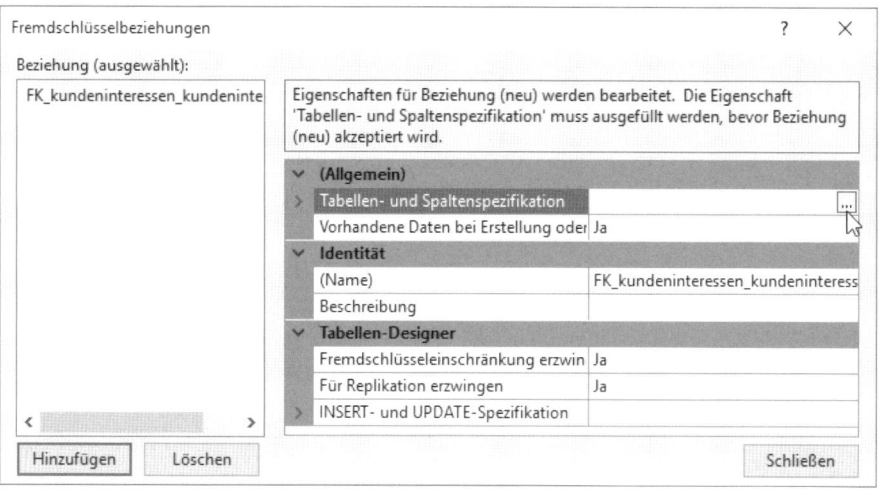

Bild 3.30   Neue Fremdschlüsselbeziehung

2. Wählen Sie im Dialog *Tabellen und Spalten* die Tabelle *kunden* als Primärschlüsseltabelle aus. Der Beziehungsname passt sich sofort an diese Änderung an. Diesen sollten Sie dann auch so belassen, weil der vorgeschlagene Name den allgemeinen Namenskonventionen für Einschränkungen entspricht. Gegebenenfalls ändern Sie nur alles auf Kleinbuchstaben, wenn Ihnen dies mehr zusagt. Stellen Sie die Namen für die Beziehung jeweils in den Spalten *kdnr* ein.

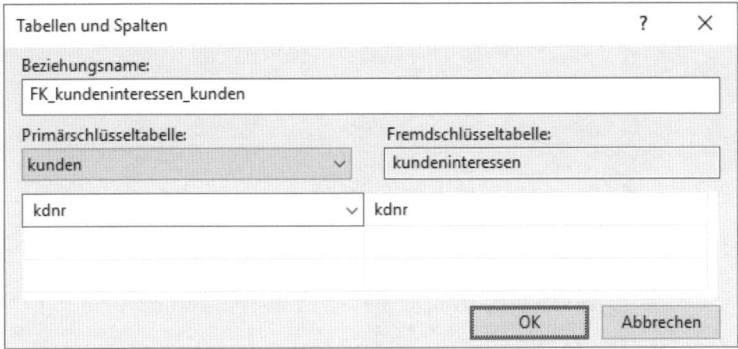

Bild 3.31 Tabellen und Spalten für die Beziehung auswählen

 HINWEIS: Bei der Handhabung ist es etwas verwirrend, dass die Spaltennamen in der Auswahlliste nicht, wie man es erwarten würde, nach der Position in der Tabelle, sondern alphabetisch angeordnet sind. Wundern Sie sich also nicht, dass Sie den Spaltennamen *kdnr* erst etwas weiter unten in der Liste vorfinden. ∎

Bestätigen Sie Ihre Eingaben mit **OK**.

3. Falls Sie möchten, können Sie abschließend noch die Änderungs- oder Löschweitergabe aktivieren. Diese finden Sie in der Rubrik *INSERT- und UPDATE-Spezifikation* unter der Bezeichnung *Regel aktualisieren* beziehungsweise *Regel löschen*. (Eine Erklärung für diese Einstellungen finden Sie im Anschluss.) Stellen Sie zum Beispiel *Regel löschen* auf *Weitergabe* beziehungsweise auf *Überlappend*. (In manchen Versionen des Management Studios taucht leider nach langer Zeit in der deutschen Version wieder diese schlechte wörtliche Übersetzung für *Cascade* auf. *Überlappend* ist hier eine missverständliche Übersetzung, *Weitergabe* ist hier als korrekte Übersetzung zu sehen.)

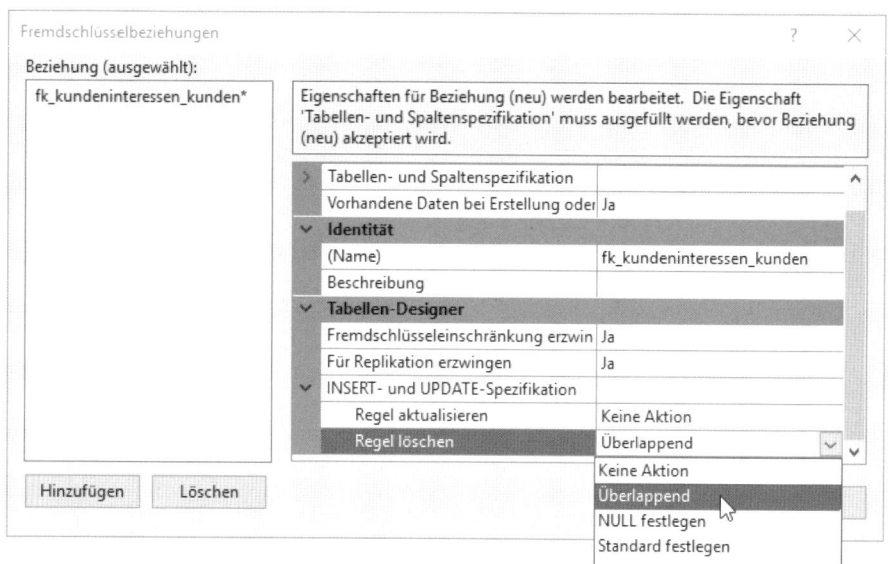

Bild 3.32 Änderungs- oder/und Löschweitergabe festlegen

Erzeugen Sie noch den zweiten Fremdschlüssel zur Tabelle *interessen*, und schließen Sie danach die Eingabe.

 HINWEIS: Die tatsächliche Erstellung der Fremdschlüsselbeziehungen erfolgt erst, wenn Sie die Änderungen an der Tabelle – zum Beispiel über das Diskettensymbol – speichern.

Referenzielle Integrität

Ein Begriff, der auch im Zusammenhang mit der Beziehung zwischen zwei Tabellen steht, ist die *referenzielle Integrität*. Deshalb wird ein Foreign-Key-Constraint auch als *Referential-Integrity-Constraint* bezeichnet. Die referenzielle Integrität erzwingt, dass für jeden Eintrag in einer Fremdschlüsselspalte ein Eintrag in der Primärschlüsselspalte der referenzierten Tabelle vorhanden ist.

- Die referenzielle Integrität verhindert, dass Datensätze aus der Primärschlüsseltabelle (Mastertabelle) gelöscht werden, wenn dazugehörige Einträge in der Fremdschlüsseltabelle (Detailtabelle) vorhanden sind. Umgelegt auf unser Beispiel bedeutet dies, dass Sie keinen Kunden aus der Tabelle *kunden* löschen können, wenn diesem Kunden in der Tabelle *kundeninteressen* Interessengebiete zugeordnet sind.

- Die referenzielle Integrität verhindert, dass der Inhalt der Primärschlüsselspalte der Mastertabelle geändert wird, falls für diesen Datensatz Einträge in der Detailtabelle existieren. Dies bedeutet in unserem Beispiel, dass Sie keinem Kunden, dem Interessen zugeordnet sind, eine neue Kundennummer geben können.

- Die referenzielle Integrität erzwingt, dass in die Fremdschlüsselspalte der Detailtabelle nur Einträge, die in der Mastertabelle auch vorhanden sind, geschrieben werden können. Sie können also zum Beispiel in unserer Zuordnungstabelle *kundeninteressen* nur Kundennummern erfassen, die in der Kundentabelle tatsächlich existieren.

Ergänzungen zu diesen Regeln können über die Änderungs- und Löschweitergabe realisiert werden. Diese schaffen eine Art Workaround, wodurch besagte Änderungen zwar möglich sind, aber die aufgestellten Regeln nicht verletzen:

- *Löschweitergabe (Regel löschen):* Wird ein Datensatz in der Mastertabelle gelöscht, werden alle Detaildatensätze in der Fremdschlüsseltabelle ebenfalls gelöscht. In unserem Beispiel würde dies bedeuten, wenn ein Kunde gelöscht wird, so werden auch alle seine Interessenzuordnungen gelöscht. Dieses Verhalten wird durch die Wahl des Eintrags *Weitergabe (Cascade)* erreicht.

Neben Weitergabe gibt es noch die beiden folgenden Varianten zur Auswahl:

- *NULL festlegen (Set NULL):* Wird ein Eintrag in der Mastertabelle gelöscht, werden Detaildatensätze zwar nicht gelöscht, aber der Inhalt der Fremdschlüsselspalte geleert. Dies ist allerdings nur möglich, wenn diese auch NULL-Werte zulässt.

- *Standard festlegen (Set Default):* Diese Einstellung bewirkt ein ähnliches Verhalten wie die vorige Option. Der Unterschied besteht nur darin, dass der Inhalt der Spalte nicht geleert, sondern auf den definierten Standardwert zurückgesetzt wird. Dies ist allerdings nur möglich, wenn es überhaupt einen Standardwert für diese Spalte gibt und dieser referenziert werden kann. Das heißt, dieser muss als Eintrag in der referenzierten Tabelle vorhanden sein.

- *Änderungsweitergabe (Regel aktualisieren):* Die Änderungsweitergabe bewirkt bei der Auswahl von Weitergabe, dass bei einer Änderung im Masterdatensatz diese im Detaildatensatz mitgezogen wird. Ändern wir in unserem Beispiel die Kundennummer eines Kunden, wird die Kundennummer bei den Interessenzuordnungen ebenfalls geändert. Dadurch gehören auch nach der Änderung noch dieselben Datensätze zusammen.

Wie beim Löschen stehen auch hier die Optionen *Weitergabe*, *NULL festlegen* und *Standard festlegen* zur Auswahl. Ihre Bedeutung ist analog.

 ACHTUNG! Seien Sie mit der Aktivierung der Löschweitergabe sehr vorsichtig. Diese wird in der Praxis nur in sehr wenigen Fällen eingesetzt, da sie zu einem unkontrollierten Löschen von Daten führen kann.

Eindeutiger Schlüssel

Den eindeutigen Schlüssel habe ich mir bis zum Schluss aufgehoben, da er wie ein Index anzulegen ist. Dies wird im darauffolgenden Punkt erläutert.

Ein eindeutiger Schlüssel (*Unique Key*) unterscheidet sich von einem Primärschlüssel durch folgende zwei Punkte:

- NULL-Werte sind im eindeutigen Schlüssel zugelassen; allerdings im Gegensatz zu anderen Datenbanksystemen nur ein Mal. Dies schränkt die Verwendbarkeit stark ein.

- Es kann in jeder Tabelle mehrere eindeutige Schlüssel geben.

Eindeutige Schlüssel werden dann verwendet, wenn Sie in einer Spalte zwar eindeutige Werte haben möchten, diese aber nicht als Primärschlüssel definieren möchten oder können.

 PRAXISTIPP: Sie erstellen zum Beispiel eine Datenbank für einen medizinischen Bereich. Hier würde sich prinzipiell die Sozialversicherungsnummer als Primärschlüssel in der Patienten-Tabelle anbieten. Die Sozialversicherungsnummer ist in Österreich zwölfstellig, in der Schweiz besteht sie aus dreizehn Stellen und umfasst in Deutschland ebenfalls zwölf Stellen. Sie möchten aber unter Umständen keinen so breiten Primärschlüssel, der ja in weiteren Tabellen in der gleichen Form als Fremdschlüssel – zum Beispiel bei Untersuchungen – geführt werden muss, verwenden. Dann könnten Sie eine kürzere interne Patienten-ID, die zum Beispiel aus einem Integer-Wert besteht, als Primärschlüssel einsetzen. Damit die Sozialversicherungsnummer aber dennoch als eindeutige Eingabe in der Patiententabelle erzwungen wird, können Sie nun für diese einen Unique Key verwenden.

Benötigen Sie zusätzlich zum Primärschlüssel Spalten, die eindeutig sind, verwenden Sie einen eindeutigen Schlüssel, da ja pro Tabelle nur ein Primärschlüssel erstellt werden kann. Wie Sie einen eindeutigen Schlüssel erstellen, lesen Sie im folgenden Abschnitt.

3.2.4 Indizierung

Wenn Sie in einer Tabelle einen oder mehrere Werte suchen, muss die Datenbank-Engine alle in dieser Spalte gespeicherten Werte lesen, um die Treffer zu ermitteln. Man nennt dies im Fachjargon einen *Full Table Scan* oder manchmal auch kurz einen *Table Scan*.

Wenn Sie in diesem Buch nach einer ganz bestimmten Information suchen, werden Sie deshalb nicht das ganze Buch von der ersten bis zur letzten Seite durchsuchen, um diese Information zu finden. Vielmehr werden Sie den Index am Ende des Buchs durchsuchen. Dies hat für Sie zwei Vorteile:

- Sie finden den gesuchten Begriff aufgrund der Sortierung schneller.
- Durch die Angabe der Seitenzahl(en) können Sie sofort den gesuchten Text finden, ohne alle Seiten durchschauen zu müssen.

Nach demselben Grundprinzip werden Indizes in Datenbanken verwendet. Um Suchvorgänge zu beschleunigen, können gezielt einzelne Spalten einer Tabelle indiziert werden.

HINWEIS: Sie sollten beachten, dass der SQL Server aufgrund der Statistiken, die er über jeden Index führt, vor dem Ausführen der Abfrage selber entscheidet, ob er den Index verwendet oder nicht. Die Tatsache, dass Sie ihm einen Index für den Suchvorgang zur Verfügung stellen, bedeutet noch lange nicht, dass der Server diesen auch verwendet. (Ich habe mich bei der Erstellung des Index für dieses Buch auch sehr bemüht, habe jedoch keinen Einfluss darauf, ob Sie ihn nutzen oder nicht.)

Nach folgenden Kriterien sollten Sie zu indizierende Spalten auswählen:

- Diese Spalte wird häufig als Suchkriterium oder als Verknüpfungskriterium in Abfragen verwendet. (In SQL bedeutet dies, dass die betroffene Spalte in der WHERE-Klausel auf der linken Seite eines Vergleichsausdrucks verwendet wird: WHERE nr = 10)

- Die erwartete Trefferquote bei der Suche in der indizierten Spalte ist sehr gering. Bei einer erwarteten großen Trefferanzahl ist ein Full Table Scan schneller als eine Suche über den Index. (Wenn Sie in diesem Buch viele Informationen benötigen, werden Sie diese auch nicht der Reihe nach im Index suchen und dann x-mal nach vorne blättern, sondern das Buch von vorne nach hinten durchgehen und dabei die Seiten, die Sie nicht interessieren, überspringen.)

- Die Spalte enthält viele unterschiedliche Werte. Je eindeutiger die Werte in einer Spalte sind, umso effizienter ist ein Index. Ein Index für eine Spalte mit fast gleichen Werten bringt nicht viel. (Sie würden wahrscheinlich auch nicht auf die Idee kommen, den Begriff „SQL Server" in diesem Buch über einen Index zu suchen. Da dieser Begriff enorm oft vorkommt, wäre das alles andere als effizient.)

- Es handelt sich nicht um sehr kleine Tabellen. (Sie würden gewiss nicht für eine vierseitige Broschüre einen Index erstellen, sondern nur für dickere Bücher.)

- Ziehen Sie zusammengesetzte Indizes in Betracht. In einem zusammengesetzten Index – das ist ein Index, der über mehrere Spalten erstellt worden ist – können Sie nach führenden Spalten suchen. Haben Sie zum Beispiel einen zusammengesetzten Index für die Spalten Nachname, Vorname und Postleitzahl erstellt, kann dieser verwendet werden, wenn Sie nach allen drei Spalten, nach Nachname und Vorname oder dem Nachnamen alleine suchen. Zusätzlich können auch einbezogene Spalten zu einer Leistungserhöhung führen. Einbezogene Spalten sind nur für die schnellere Ausgabe eines Ergebnisses nutzbar, dienen aber nicht der Suche selbst.

 ACHTUNG! Da ein Index nicht nur Vorteile bringt, sondern auch Kosten verursacht, wäre es absolut falsch, alle oder einen Großteil der Spalten indizieren zu wollen. In diesem Fall würden die Nachteile die gewonnenen Vorteile mehr als aufwiegen. (Sie kaufen am Samstag auch nicht eine ganze Filiale eines Lebensmittelgeschäfts auf, nur weil Sie noch nicht wissen, was Sie am Sonntag vielleicht essen werden.)

Die Nachteile eines Index sind:

- Er benötigt Speicherplatz, da alle Werte der indizierten Spalte(n) in diesem nochmals gespeichert werden.

- Bei jeder Datenänderung müssen davon betroffene Indizes aktualisiert werden, was wiederum Systemressourcen in Anspruch nimmt.

Gruppierter und nicht gruppierter Index

Der SQL Server unterstützt zwei Arten von Indizes: gruppierte und nicht gruppierte. Beide Arten sind nach einer Baumstruktur aufgebaut, die beginnend von einem Wurzelelement je nach Tabellengröße in einer unterschiedlichen Anzahl an Ebenen verzweigt.

- *Nicht gruppierter Index (Nonclustered Index):* Wird der Index durchsucht und am untersten Ende des Baumes (Blatt-Level; man muss sich diesen Baum auf den Kopf gestellt vorstellen) ein Treffer erzielt, findet man bei diesem die Row-ID des betreffenden Datensatzes. Anhand dieser ID kann dann der Satz gelesen werden.

- *Gruppierter Index (Clustered Index):* Pro Tabelle kann es nur einen gruppierten Index geben. Dies liegt daran, dass die Daten dieser Tabelle physisch gemäß der Indexreihenfolge gespeichert werden. Am Blatt-Level des Index steht nicht die Row-ID, die angibt, wo der Datensatz zu finden ist, sondern schon der Datensatz selber. Der Index ist demnach eng mit der Speicherstruktur der Tabelle verwoben. Dieser Index ist daher bei der Rückgabe von Werten schneller als ein nicht gruppierter Index.

 HINWEIS: Erzeugen Sie einen Primärschlüssel für eine Tabelle, wird dieser standardmäßig als gruppierter Index angelegt, wenn es für die Tabelle nicht schon einen gruppierten Index gibt.

Genau genommen kennt der SQL Server nicht nur zwei Indexarten, sondern eigentlich fünf. Zwei weitere Indexarten sind aber auf spezielle Datentypen und Anwendungsfälle ausgelegt. Sie können nicht für klassische Datenbankspalten verwendet werden und daher habe ich sie in diese Betrachtung nicht mit einbezogen.

Diese zwei weiteren Indexarten sind:

- **XML-Index:** Dies ist ein spezieller Index für Spalten mit dem Datentyp *xml*.

- **Räumlicher Index:** Dieser Index ist speziell für Spalten mit einem der Datentypen *geography* oder *geometry*. Er besteht aus mehreren Ebenen, deren Anzahl festgelegt werden kann, in denen räumliche Daten in immer kleinere Teile zerlegt werden.

Seit dem SQL Server 2012 gibt es als fünften im Bunde den sogenannten **Columnstore Index**. Dies ist ein speziell für Data Warehouse entwickelter Index, der Star-Joins beschleunigen soll. Dies sind Abfragen, in denen eine Faktentabelle, welche die ausgewerteten Daten enthält, mit mehreren Stammdatentabellen verknüpft wird. Diese Indexart ist für Data-Warehouse- und nicht für OLTP-Datenbanken vorgesehen.

Erstellen eines Index

Einen Index haben wir indirekt schon erzeugt: Jedes Mal, wenn wir einen Primärschlüssel anlegen, wird automatisch auch ein Index für diese Spalte angelegt. Da ein Index wie eine Einschränkung ein eigenes Objekt ist, hat er auch einen Namen. Der Name des für den Primärschlüssel angelegten Index entspricht dem für den Primärschlüssel.

Um einen Index anzulegen, öffnen Sie zum Beispiel wie schon zuvor beim Erstellen einer Check-Einschränkung und einer Fremdschlüsselbeziehung die Tabelle im Entwurf. Gehen Sie danach wie folgt vor, um einen Index für die Spalte *nachname* der Tabelle *kunden* zu erzeugen:

1. Über das Kontextmenü wählen Sie im Tabellenentwurf den Befehl INDIZES/SCHLÜSSEL... aus. Im Dialog sehen Sie den für den Primärschlüssel bereits automatisch erstellten Index (*PK_kunden*). Fügen Sie einen neuen Index hinzu. Dieser wird, wie bereits von den vorigen Beispielen bekannt, mit Standardwerten angezeigt.

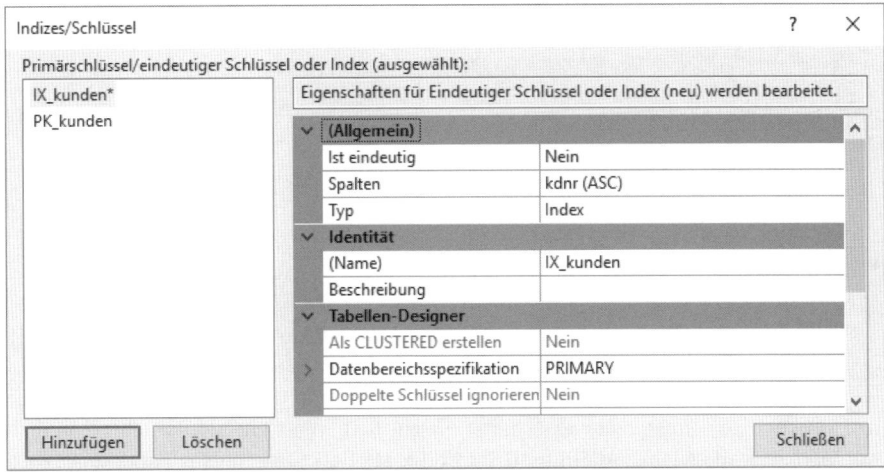

Bild 3.33 Neuen Index anlegen

2. Klicken Sie in die Zeile *Spalten* und danach auf die Schaltfläche mit den drei Punkten, um die Spalte für den Index auszuwählen. Wählen Sie in der Liste *Spaltenname* den Eintrag *nachname* aus. Belassen Sie die Sortierreihenfolge auf *Aufsteigend* (ASC = ascending).

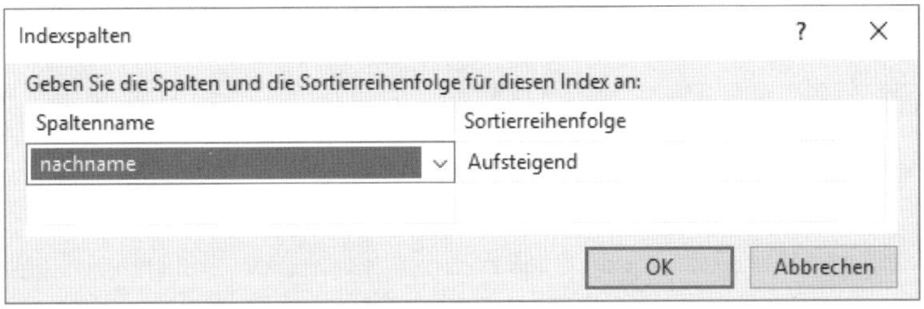

Bild 3.34 Indexspalte(n) auswählen

HINWEIS: Um an anderer Stelle einen mehrspaltigen Index zu erzeugen, wählen Sie hier einfach alle Spalten in der gewünschten Reihenfolge aus. Zur Erinnerung: Die Reihenfolge ist von Bedeutung, da ein mehrspaltiger Index nicht nur bei einer Suche nach allen enthaltenen Spalten, sondern auch bei der Suche nach führenden Kopfspalten verwendet werden kann.

3. Um aus dem Index einen eindeutigen Schlüssel (Unique Key) zu machen, wie im vorigen Abschnitt erläutert, stellen Sie den Typ auf *Eindeutiger Schlüssel*.

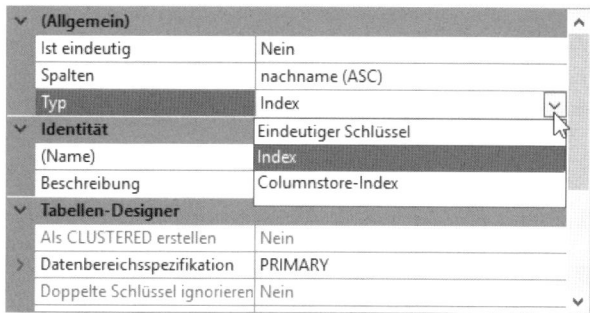

Bild 3.35 Index oder eindeutiger Schlüssel

 HINWEIS: In diesem Beispiel belassen wir jedoch die Einstellung *Index*.

4. Bauen Sie den Namen der indizierten Spalte in den Indexnamen ein. Das typischerweise dabei verwendete Namensgebungsschema gleicht dem von Constraints. Ich persönlich bevorzuge auch die Kleinschreibung beim Präfix *ix_* und passe dieses daher zusätzlich auf Kleinbuchstaben an.

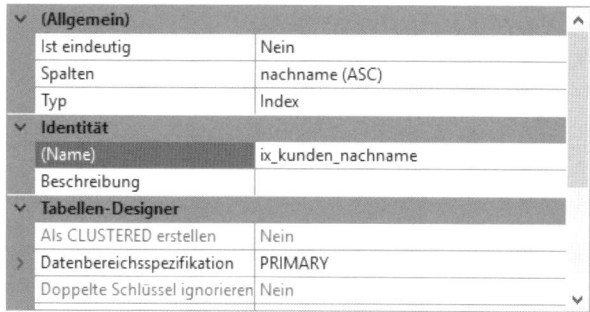

Bild 3.36 Indexname

5. Da der gruppierte Index in dieser Tabelle für den Primärschlüssel schon vergeben ist, ist die Einstellung *Als CLUSTERED erstellen* nicht mehr aktiv.

In der Datenbereichsspezifikation können Sie die Dateigruppe auswählen, in welcher der Index angelegt werden soll. Sie werden sich erinnern, dass wir am Beginn dieses Kapitels die Möglichkeit erörtert haben, einen Index auch in einer anderen Dateigruppe zu platzieren. Da wir in dieser Datenbank nur die Standarddateigruppe PRIMARY zur Verfügung haben, können wir hier im Moment keine andere Dateigruppe wählen.

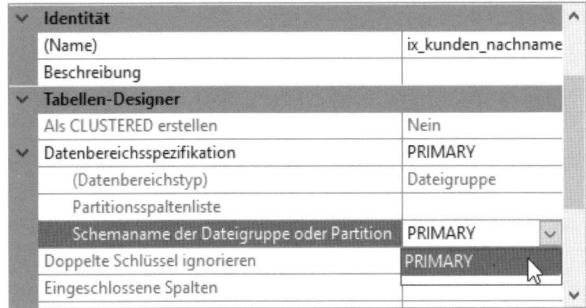

Bild 3.37 Dateigruppe für Index

Erstellen Sie noch weitere Indizes für die Spalten *firma1* und *plz*.

Die Indizes werden angelegt, wenn Sie die vorgenommenen Änderungen im Tabellen-Designer speichern.

 PRAXISTIPP: Sie können die in den vorigen Abschnitten verwendeten Dialoge nicht nur über das Kontextmenü, sondern auch über die Symbolleiste *Tabellen-Designer* öffnen.

Bild 3.38 Symbolleiste Tabellen-Designer

Die Symbole in dieser Symbolleiste von links nach rechts:

- Änderungsskript generieren
- Primärschlüssel festlegen
- Beziehungen
- Indizes und Schlüssel verwalten
- Volltextindex verwalten
- XML-Indizes verwalten
- CHECK-Einschränkungen verwalten
- Räumliche Indizes verwalten

Eine andere grafische Variante, einen neuen Index zu erstellen, besteht direkt im Objekt-Explorer. Hier werden die Indizes direkt unter den jeweiligen Tabellen in einem eigenen Ordner aufgelistet.

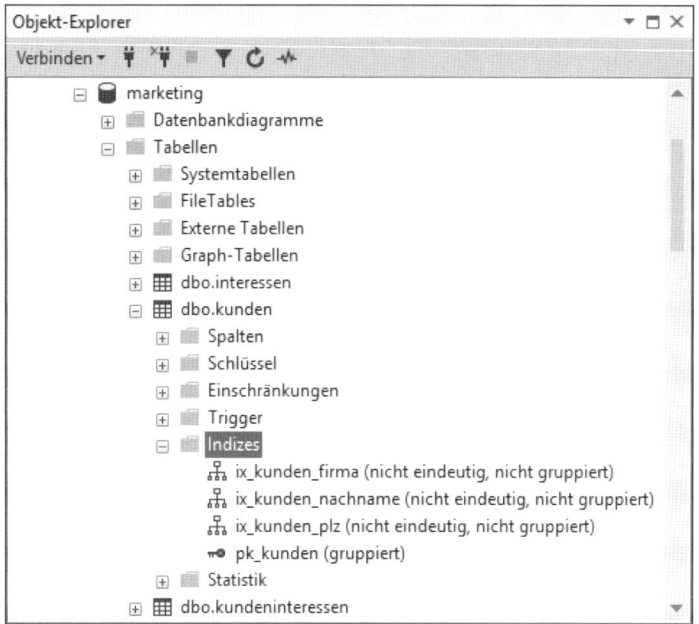

Bild 3.39 Indizes im Objekt-Explorer

Über das Kontextmenü dieses Ordners können Sie direkt über den Befehl NEUER INDEX gefolgt vom jeweiligen Indextyp einen neuen Index erstellen. Dieser Dialog unterscheidet sich von demjenigen, der vom Entwurf der Tabelle aus aufgerufen wird. Zusätzlich bietet er weitere Auswahlmöglichkeiten an, wenngleich Sie auch grundsätzlich dieselben Einstell-möglichkeiten, aber in einer anderen grafisch aufbereiteten Form wiederfinden. In Bild 3.40 habe ich einen neuen NICHT GRUPPIERTER INDEX gewählt. Auf der ersten Seite *Allgemein* geben Sie den Indexnamen ein. Den hier vorgeschlagenen Namen werden Sie in der Regel überschreiben, da er keinen Bezug auf Tabelle oder Spalte enthält, sondern nur auf den Indextyp und den Erstellzeitpunkt, wie zum Beispiel *NonClusteredIndex-20170515-161224*. Darunter können Sie über eine Option auswählen, ob der Index eindeutig sein soll oder nicht. Die Indexspalten wählen Sie über die Schaltfläche HINZUFÜGEN aus. Wenn Sie den Index in einer anderen Dateigruppe erstellen möchten, können Sie diese über die Seite *Speicher* auswählen.

 PRAXISTIPP: Sie können in diesem Dialog auch *enthaltene Spalten* (*included columns*) für einen Index festlegen. Diese können in speziellen Fällen die Abfrage-performance erhöhen, wie dies auch mit weiteren Spalten bei einem zusammen-gesetzten Index möglich ist.

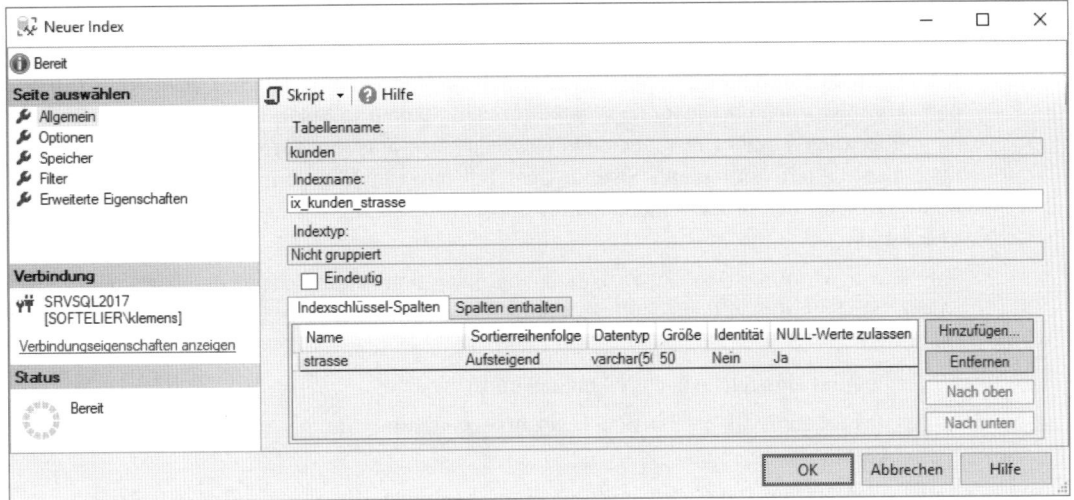

Bild 3.40 Neuen Index erstellen

Ich möchte Ihnen anhand des folgenden kleinen Beispiels die Wirkung von *enthaltenen Spalten* erläutern. Wenn Sie mit einfachen SELECT-Anweisungen noch nicht vertraut sind, finden Sie Informationen dazu in Kapitel 4.

Sie verwenden zum Beispiel folgende Anweisung, um auf Daten aus der Kundentabelle zuzugreifen:

```
SELECT * FROM dbo.kunden WHERE nachname LIKE 'm%';
```

Der SQL Server kann nun den Index für die Spalte *nachname* für die Suche nach Kunden, deren Name mit M beginnt, verwenden. Die restlichen Spalten für die Ausgabe des Ergebnisses werden zum Beispiel anhand der Row-IDs, die aus dem Index gelesen werden, dazu geholt. Nehmen wir nun an, wir ergänzen für diesen Index zusätzlich noch die Spalte *vorname*. Nun könnte der Index auch für folgende Anweisung sinnvoll verwendet werden, wenn nach Nachname und Vorname gefiltert wird:

```
SELECT * FROM dbo.kunden WHERE nachname LIKE 'm%' AND vorname LIKE 'b%';
```

Wenn wir aber gar nicht alle Spalten aus der Tabelle angezeigt haben möchten und daher unsere SELECT-Klausel etwas präzisieren, kann der Index unter Umständen noch effizienter genutzt werden:

```
SELECT nachname FROM dbo.kunden WHERE nachname LIKE 'm%';
```

Nun findet der SQL Server alles, was er für das Erzeugen des gewünschten Ergebnisses benötigt, im Index. Dies bedeutet, er muss sich die Inhalte der restlichen Spalten gar nicht mehr in einem separaten Arbeitsschritt holen und kann das Ergebnis alleine aus dem Index liefern. Diese Variante ist ganz besonders schnell! Wenn nun auch die Spalte *vorname* im Index enthalten ist, kann auch das Ergebnis für diese Anweisung alleine aus dem Index generiert werden.

```
SELECT nachname, vorname FROM dbo.kunden WHERE nachname LIKE 'm%';
```

Je mehr Spalten nun im Index enthalten sind, desto öfter kann dieser „Abfrage-Turbo" zünden. Aber natürlich darf man auch nicht zu viele Spalten in einen Index einbauen, denn dann überwiegen unter Umständen die Nachteile gegenüber den Vorteilen. Alternativ kann man also weitere enthaltene Spalten anstelle von weiteren Indexspalten verwenden. Dadurch bleibt der Index schlanker und die Aktualisierung des Index benötigt weniger Ressourcen.

Vergleichen wir nun die beiden Varianten. Wenn wir in unserem Beispiel den Vornamen als weitere Spalte auf dem Register *Indexschlüssel Spalten* hinzufügen, ist sie Bestandteil des Index und

- beschleunigt eine Suche nach Nachname und Vorname,
- lässt das Ergebnis alleine aus dem Index erzeugen, wenn nur diese beiden Spalten in der SELECT-Klausel angeführt sind,
- und erfordert eine Indexreorganisation, wenn Nachname oder Vorname geändert werden.

Wenn wir einen Index nur für den Nachnamen erstellen und den Vornamen nur auf dem Register *Spalten enthalten* als assoziierte Spalten festlegen,

- beschleunigt dies eine Suche, in der neben dem Nachnamen auch der Vorname gefiltert wird, nicht,
- es ist keine Indexreorganisation notwendig, wenn ein Update auf Vornamen erfolgt,
- aber ein Ergebnis kann ausschließlich und damit sehr schnell aus dem Index gebildet werden, wenn nur Nachname und Vorname in der SELECT-Klausel enthalten sind.

Weitere enthaltene Spalten bringen also keine Vorteile für Suchvorgänge über die WHERE-Klausel, sind dafür aber auch ressourcenschonender. Sie können aber eine Abfrage als Gesamtes beschleunigen, wenn keine anderen Spalten in der SELECT-Klausel enthalten sind.

3.2.5 Erste Daten erfassen

Nachdem wir nun unsere ersten Tabellen angelegt haben, möchten wir jetzt ein paar Testdaten in diesen Tabellen erfassen. Auch wenn das Management Studio kein Tool zur Datenerfassung ist, besteht diese Möglichkeit doch, um dennoch wie jetzt „quick and dirty" in Tabellen zu schreiben. Um Daten zu erfassen, öffnen Sie die Tabelle über den Befehl OBERSTE 200 ZEILEN BEARBEITEN des Kontextmenüs.

HINWEIS: Beim Öffnen der Tabelle über diese Anweisung wird die Anzeige der Daten auf die ersten 200 von der Datenbank gelesenen Datensätze beschränkt. Ich sehe diese Beschränkung als absoluten Vorteil. Denn bei kleinen Tabellen stört diese nicht und bei großen Tabellen erspart man sich das manuelle Abbrechen beim Laden der Daten. Sehr oft habe ich vor Jahren im Management Studio des SQL Server 2005 eine Tabelle geöffnet und dann das Laden der Datensätze manuell abgebrochen, um dann erst über die Eingabe von Kriterien die Daten zu selektieren, die ich wirklich bearbeiten wollte. Dieses Abbrechen sparen wir uns nun, und das ist ein Arbeitsschritt weniger. Und in den sehr wenigen Fällen, in denen ich mit diesem Tool wirklich alle Datensätze anzeigen möchte, ist es kein Problem, diese Einschränkung manuell zu entfernen. Hauptziel ist es, mit dieser Methode zu verhindern, dass sinnlos Unmengen von Daten ausgelesen und an den Client übertragen werden.

Erfassen Sie Daten, wird die betroffene Zeile mit einem Stift am Zeilenkopf dargestellt, solange sie nicht gespeichert sind. Geänderte Feldinhalte werden, bis sie gespeichert worden sind, mit einem Ausrufezeichen versehen. Das Speichern eines Datensatzes oder seiner Änderungen erfolgt in diesem Editor durch das Verlassen der Zeile.

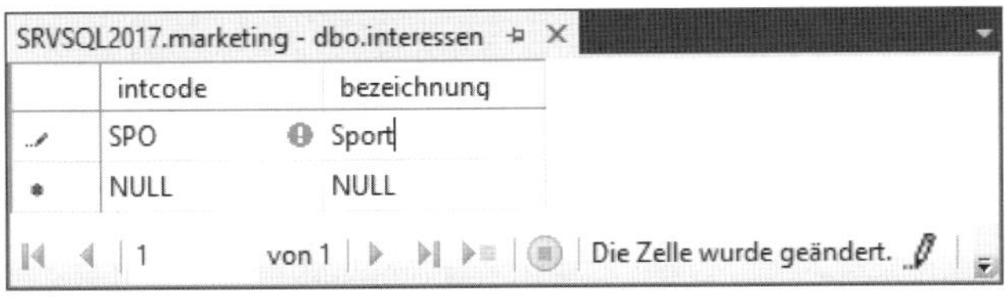

Bild 3.41 Neuen Datensatz erfassen

Haben Sie schon mehrere Datensätze in der Tabelle, können Sie die Navigationsschaltflächen am unteren Tabellenrand benutzen. Sie können damit zum ersten, vorigen, nächsten und letzten Datensatz springen. Über das Symbol mit dem Rechtspfeil und dem gelben Stern gelangen Sie zu einem neuen Datensatz. Mit der letzten Schaltfläche können Sie das Laden von weiteren Datensätzen abbrechen, wenn es sich um sehr große Datenmengen handelt. Standardmäßig werden beim Öffnen ja, wie erwähnt, ohnehin nur 200 Zeilen geladen.

PRAXISTIPP: Sie können die Anzahl der Datensätze von 200 ändern, indem Sie den entsprechenden Wert unter EXTRAS/OPTIONEN... anpassen. Sie finden die Einstellung unter *SQL Server-Objekt-Explorer* in der Unterrubrik *Befehle*.

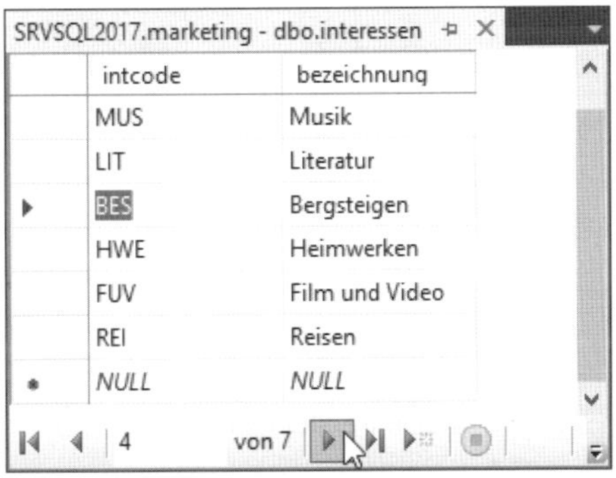

Bild 3.42 Navigation

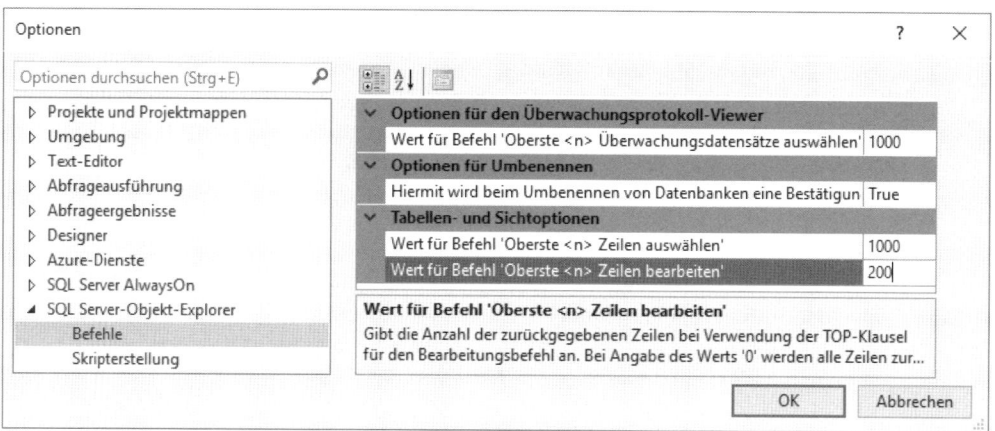

Bild 3.43 Option Oberste <n> Zeilen bearbeiten

 HINWEIS: Geben Sie ungültige Daten ein, erhalten Sie eine Fehlermeldung, die auf den *.NET SqlClient Data Provider* verweist und oft Angaben mit .NET-Daten-typen enthält. Dies liegt daran, dass das Management Studio über ADO.NET mit dem SQL Server kommuniziert.

Eine Gegenüberstellung der SQL Server-Datentypen mit den .NET-Datentypen finden Sie in anderem Zusammenhang in Kapitel 7. Dies hilft Ihnen sicher bei der Interpretation der Fehlermeldungen.

Bild 3.44 Fehlermeldung bei Eingabe ungültiger Daten

Bild 3.45 zeigt eine Fehlermeldung, die auf einen ungültigen Wert für den Datentyp *Boolean* hinweist. Selbstverständlich gibt es einen Datentyp mit diesem Namen beim SQL Server nicht. Dies ist die .NET-Entsprechung für den SQL Server-Datentyp *bit*.

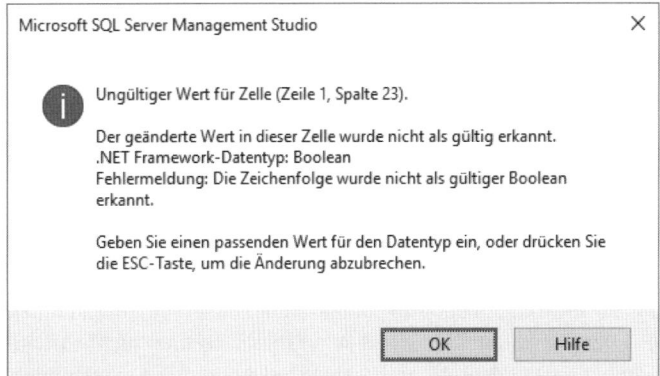

Bild 3.45 Eingabefehler beim Datentyp

Erfassen Sie Testdaten in den drei Tabellen, und achten Sie dabei auf die Regeln, die wir für diese Tabellen festgelegt haben. Verstoßen Sie gegen diese, erhalten Sie eine Fehlermeldung. Bauen Sie zum Test absichtlich solche Fehler ein, um mit dem Umgang mit Fehlermeldungen und deren Interpretation vertraut zu werden. Falsche Eingaben können Sie durch Drücken der Taste **Esc** verwerfen.

Auch wenn im Grid für eine Spalte mit dem Datentyp *bit* die Werte wahr und falsch nach wie vor als *True* und *False* angezeigt werden, müssen sie nicht auf diese Art und Weise eingegeben werden. Sie können auch hier als 1 und 0, wie in SQL üblich, eingegeben werden. Das Management Studio setzt die so eingetragenen Werte auch korrekt um.

 ACHTUNG! Wenn Sie einen Feldeintrag löschen möchten, müssen Sie explizit den Ausdruck *NULL* in das Feld eintragen. Außerdem muss NULL auch unbedingt in Großbuchstaben eingetippt werden, um erkannt zu werden. Es ist nicht ausreichend, den Inhalt einfach zu entfernen, denn dann würde das Tool versuchen, einen Leerstring zu speichern. Das wiederum bringt bei allen Feldern, die nicht einen Character-Datentyp haben, eine Fehlermeldung.

■ 3.3 Datenbankdiagramme einsetzen

Datenbankdiagramme sind ein sehr praktisches Tool sowohl zur Wartung als auch zur Dokumentation des Aufbaus der Datenbank. Durch die grafische Darstellung der Tabellen und Beziehungen sind sie ein beliebtes Werkzeug zur Anzeige der Struktur der Datenbank.

Wenn Sie den Ordner *Datenbankdiagramme* für Ihre Datenbank das erste Mal öffnen, werden Sie aufgefordert, die dafür notwendigen Unterstützungsobjekte in dieser Datenbank zu erstellen. Bestätigen Sie die Aufforderung einfach mit *Ja*, um dies zu tun. Es handelt sich dabei um eigene Systemtabellen, in denen die Informationen für deren Darstellung gespeichert werden.

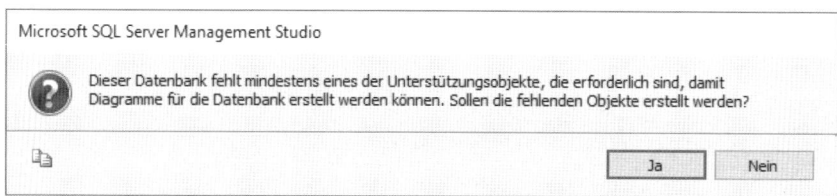

Bild 3.46 Unterstützungsobjekte für Datenbankdiagramme anlegen

Es tritt dabei jedoch ein Fehler auf, wenn die Datenbank keinen gültigen Eigentümer hat. Dies passiert häufig, wenn Sie die Datenbank von einem anderen Server übernommen haben (der ursprüngliche Besitzer ist ja unter Umständen auf Ihrem Rechner nicht vorhanden). Da Sie auf Ihrem Rechner in der Regel Administrator sind, können Sie ungehindert mit dieser Datenbank arbeiten – bis eben auf diesen Punkt. Legen Sie daher einen neuen Anmeldenamen an oder verwenden Sie einen bestehenden, um ihn als Besitzer der Datenbank auf der Seite *Dateien* der Datenbankeigenschaften einzutragen. Wenn Sie Informationen zum Anlegen eines Anmeldenamens benötigen, finden Sie diese in Kapitel 10.

Bild 3.47 Zuweisen des Datenbankbesitzers

Haben Sie die Unterstützungsobjekte hinzugefügt, können Sie nun ein neues Datenbankdiagramm erstellen. Auch bestehende Diagramme einer übernommenen Datenbank können nun angezeigt werden. Klicken Sie auf den Ordner *Datenbankdiagramme* der Datenbank *Marketing*, und wählen Sie im Kontextmenü den Befehl NEUES DATENBANKDIAGRAMM.

Im Dialog *Tabelle hinzufügen* wählen Sie die Tabellen aus, die Sie im Diagramm darstellen möchten.

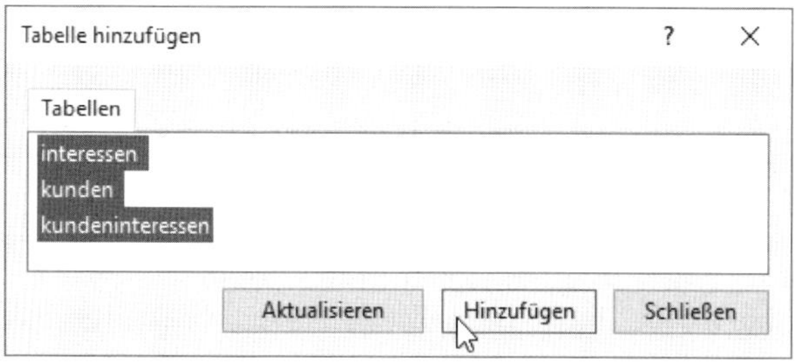

Bild 3.48 Tabellen für Datenbankdiagramm auswählen

 HINWEIS: Bestehende Beziehungen werden im Datenbankdiagramm bereits angezeigt.

Das Datenbankdiagramm bietet eine wesentlich komfortablere Oberfläche zum Erzeugen von Beziehungen als der Tabellen-Designer. Hier können Beziehungen per Drag-and-drop erstellt werden. Ziehen Sie dazu einfach die Fremdschlüsselspalte der Detailtabelle mit gedrückter linker Maustaste auf die Primärschlüsselspalte derjenigen Tabelle, zu der Sie die Beziehung erstellen möchten.

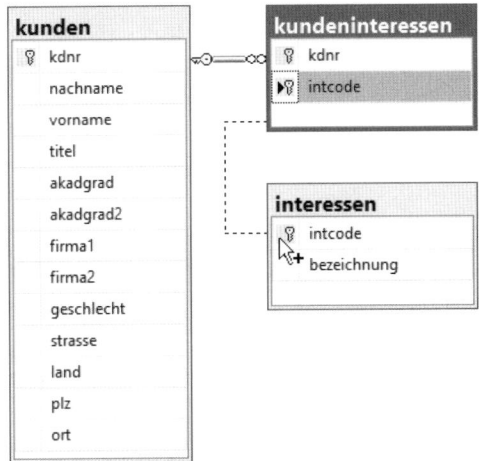

Bild 3.49 Beziehung per Drag-and-drop erzeugen

Nach dem Loslassen der Maustaste öffnet sich der gleiche Dialog, den Sie vom Tabellen-Designer kennen. „Treffen" Sie beim Ziehen die korrekten Felder, müssen Sie hier keine Einstellungen mehr vornehmen. Wenn Sie möchten, können Sie noch die Änderungs- oder Löschweitergabe aktivieren oder den Namen für die generierte Fremdschlüsseleinschränkung editieren.

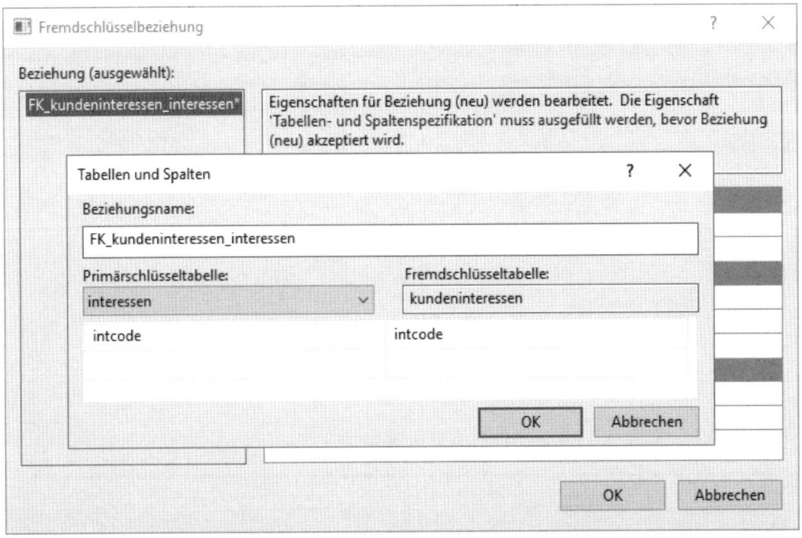

Bild 3.50 Beziehung erstellen

Um das Diagramm übersichtlich zu gestalten, können Sie:

- die Tabellen anordnen
- die Beziehungslinien so verschieben, dass eine gute Übersicht erreicht wird
- über das Kontextmenü neue Textanmerkungen ergänzen und auch formatieren
- Seitenumbrüche anzeigen, um den Ausdruck vorbereiten zu können

Bild 3.51 zeigt ein Datenbankdiagramm der Beispieldatenbank *wawi* mit eingeblendeten Seitenumbrüchen.

Sie können direkt in einem Diagramm neue Tabellen anlegen und auch bestehende bearbeiten. Dazu können Sie über das Kontextmenü die Anzeige der Tabellen so anpassen, wie es für Sie – zum Beispiel zum Ergänzen einer neuen Spalte – am passendsten ist.

PRAXISTIPP: Sie können in einer Datenbank nicht nur mehrere Diagramme erstellen, Sie können Tabellen auch in mehreren Diagrammen anzeigen. In der Praxis hat es sich bewährt, nicht nur ein Diagramm zu erstellen, in dem alle Zusammenhänge dargestellt werden. Zusätzlich bieten weitere kleinere Diagramme die Möglichkeit, Detailaspekte übersichtlicher darzustellen. Nehmen Sie Änderungen an Tabellen und Beziehungen in einem Diagramm vor, werden diese in allen anderen Diagrammen automatisch übernommen.

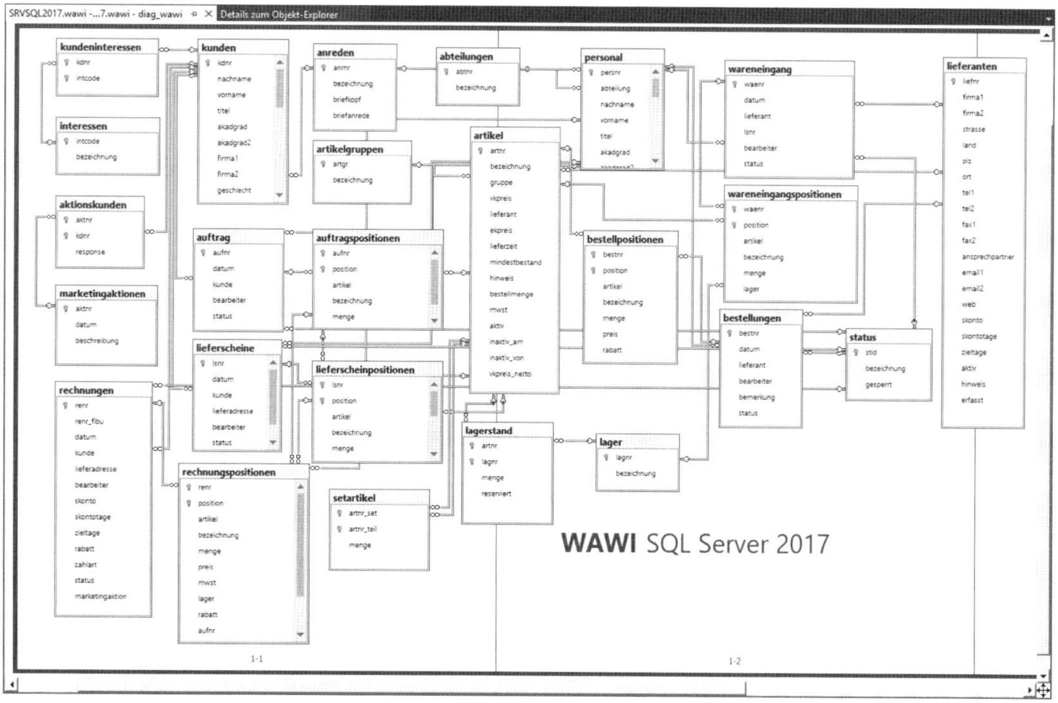

Bild 3.51 Datenbankdiagramm mit Seitenumbrüchen

Über das Kontextmenü können Sie nicht nur die Tabellenansicht für unterschiedliche Darstellungsformen verändern, Sie können auch sämtliche Änderungen und Erweiterungen analog zum Tabellendesigner vornehmen. Im Prinzip können Sie die gesamte Struktur Ihrer Datenbank über ein Datenbankdiagramm aufbauen, sofern Sie dies über die grafische Oberfläche erledigen möchten.

3.4 Richtlinien für Benennungsregeln einsetzen

Mithilfe von *Richtlinien*, die auf verschiedenen Ebenen für unterschiedlichste Dinge definiert werden können, sind Sie in der Lage, die Einhaltung selbst definierter Regeln zu überprüfen. In der englischen Version werden diese als *Policies* bezeichnet. Da wir uns in diesem Kapitel mit dem Erstellen von Tabellen beschäftigen, möchte ich Ihnen zeigen, wie eine Richtlinie für die Benennung von Tabellen erstellt werden kann.

Richtlinien sind im Management Studio unter dem Begriff *Richtlinienverwaltung* auf Serverebene unter dem Ordner *Verwaltung* zu finden. Folgende Objekte sind hier vorhanden:

- **Richtlinien:** Richtlinien sind die Zusammenfassung von verschiedenen Regeln, die gemeinsam angewandt und geprüft werden sollen.

- **Bedingungen:** Bedingungen definieren über Ausdrücke diejenigen Kriterien, die geprüft werden sollen; zum Beispiel, dass der Name eine Mindestlänge von fünf Zeichen aufweist.

- **Facets:** Facets sind diejenigen Objekte, auf die Bedingungen angewandt werden können. Diese sind vordefiniert und werden bei der Erstellung ausgewählt und zugewiesen. Ein Facet ist zum Beispiel eine Datenbank, eine Tabelle oder ein Benutzer. In Bild 3.52 sehen Sie einige der vordefinierten Facets.

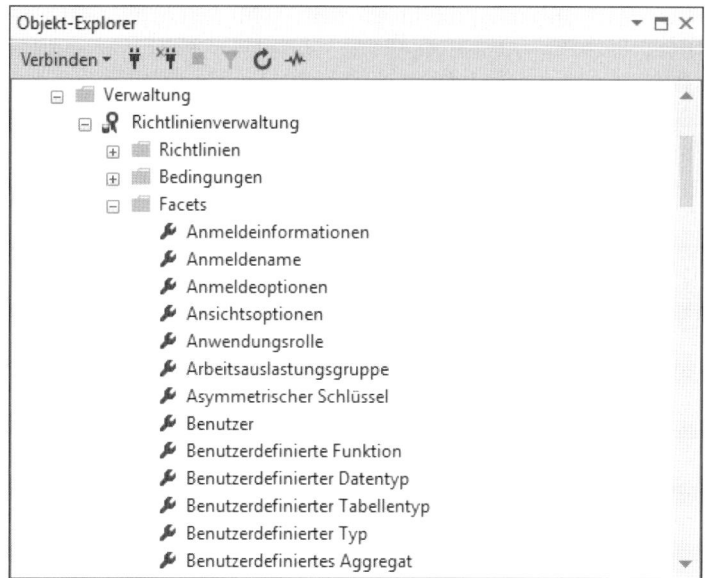

Bild 3.52 Richtlinienverwaltung

Nehmen wir uns zur Veranschaulichung des Themas ein kleines Beispiel her. Wir wollen eine Benennungsregel für Tabellen in der Beispieldatenbank *wawi* definieren. Über das Kontextmenü wählen Sie dazu den Befehl NEUE RICHTLINIE... aus.

Als Erstes vergeben wir für die neue Richtlinie einen Namen, zum Beispiel *tabellennamen_wawi*. Die zur Überprüfung angewandte Richtlinie kann nicht nur neu erstellt, sondern kann auch aus den vorhandenen Bedingungen ausgewählt werden. Damit können Sie verallgemeinerte Bedingungen erstellen, die Sie in mehreren Richtlinien verwenden. Wir haben allerdings noch keine Bedingung und erstellen daher eine neue.

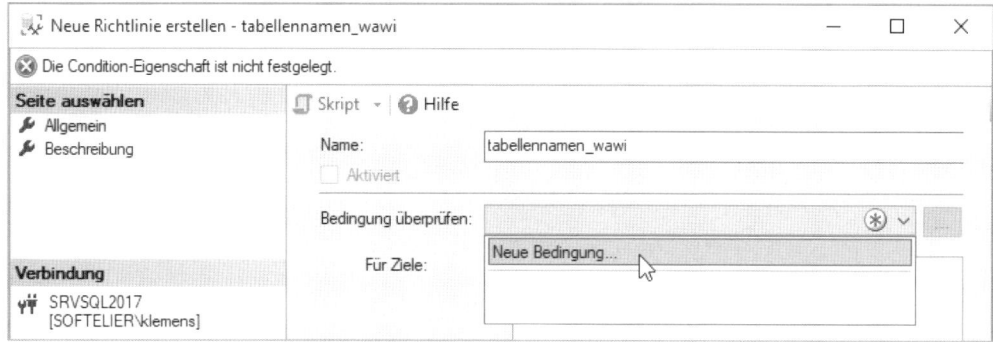

Bild 3.53 Neue Bedingung für neue Richtlinie

Geben Sie den Namen für die neue Bedingung ein und wählen Sie das Facet als Ziel aus. In diesem Beispiel wählen wir das Facet *Tabelle*.

Nun sind nur mehr die Bedingungsausdrücke zu definieren. Mehrere Ausdrücke sind jeweils mit AND oder OR zu kombinieren. Die Ausdrücke müssen hier nicht als Ganzes eingetragen werden, sondern werden aus den Komponenten zusammengesetzt:

- **AndOr:** Wird mehr als ein Ausdruck verwendet, muss ab dem zweiten festgelegt werden, ob dieser mit AND oder mit OR verknüpft wird.

- **Feld:** Aus einer umfangreichen Auswahl ist ein betroffenes Feld auszuwählen. Dieses kann alleine verwendet oder wieder in einen Ausdruck eingebaut werden.

- **Operator:** Die klassischen SQL-Operatoren stehen in einer Liste zur Auswahl.

- **Wert:** Der Wert, mit dem verglichen werden soll. Auch hier können nicht nur konstante Ausdrücke, sondern auch wieder Felder eingebaut werden.

 HINWEIS: Über die Schaltfläche mit den drei Punkten gelangen Sie sowohl beim Feld als auch beim *Wert* in den Dialog *Erweiterte Bearbeitung*. Hier kann der Ausdruck komfortabler eingetragen werden. Funktionen und Eigenschaften können aus einer Liste ausgewählt werden. Zur Unterstützung wird beim Markieren einer solchen ein ausführlicher Erläuterungstext, der sogar eine beispielhafte Verwendung enthält, angezeigt.

Unser Beispiel soll prüfen, ob Tabellennamen nicht mit dem Präfix *tbl* beginnen und eine Mindestlänge von fünf Zeichen aufweisen. Dafür sind folgende Ausdrücke einzutragen:

- `@Name NOT LIKE 'tbl%'`
- `AND LEN(@Name) >= 5`

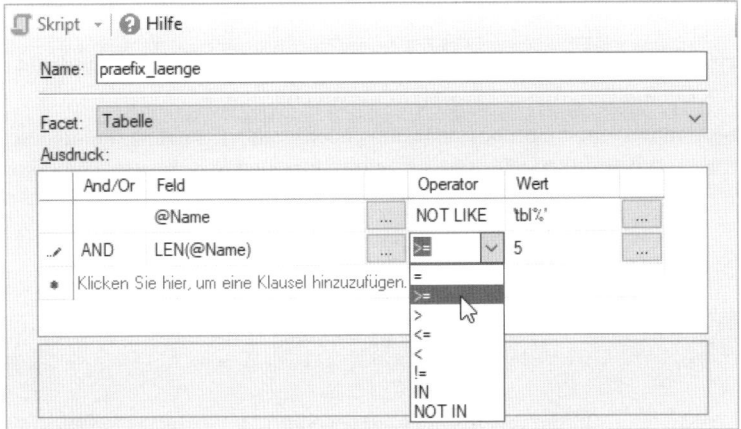

Bild 3.54 Ausdrücke für Bedingung definieren

So wie zuvor schon der Richtlinie, müssen Sie auch der neuen Bedingung einen Namen geben, danach kann sie gespeichert werden. Nach dem Speichern der Bedingung fehlt noch der Wirkungsbereich. Standardmäßig wird als Ziel für die Anwendung der Richtlinie *Alle/Table* in *Alle/Database* vorgeschlagen. Dieses Konglomerat aus Deutsch und Englisch ist nicht sehr schön, aber wir müssen es so hinnehmen. Da wir die Richtlinie ausschließlich auf unsere Beispieldatenbank *wawi* anwenden wollen, klicken wir im Dialog auf das blaue unterstrichene *Alle* vor dem Begriff *Database*. Nun können wir eine weitere Bedingung für die Auswahl der Datenbank anlegen. Ich habe, wie aus Bild 3.55 ersichtlich, für diese neue Bedingung den Namen *datenbank_wawi* vergeben. Diese enthält den Ausdruck `@Name = 'wawi'`, der auf das Facet *Datenbank* angewandt wird.

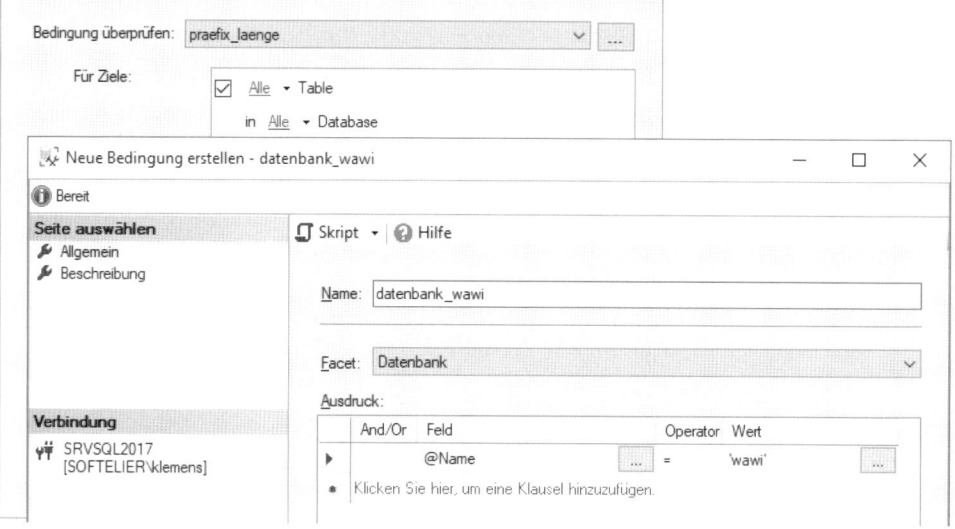

Bild 3.55 Ziele und Auswertungsmodus definieren

Der letzte Schritt ist für uns die Auswahl des Auswertungsmodus. Dieser legt fest, wann die Richtlinien geprüft werden sollen. Hier stehen zwei Varianten zur Auswahl:

- **Bedarfsgesteuert:** Die Prüfung der Richtlinie erfolgt durch manuelles Starten über den Objekt-Explorer über den Befehl **AUSWERTEN** im Kontextmenü.
- **Nach Zeitplan:** Sie können einen Zeitplan auswählen oder erstellen, zu dem die Auswertung automatisch gestartet werden soll. Hier wird ein Job für den SQL Server-Agent eingerichtet. Nähere Informationen zum SQL Server-Agent und zu Aufträgen finden Sie in Kapitel 9.

 HINWEIS: Da der SQL Server-Agent bei der Express Edition nicht enthalten ist, steht bei dieser die Option *Nach Zeitplan* nicht zur Verfügung.

Ich habe für unser Beispiel die Option *Bedarfsgesteuert* gewählt. Nach dem Speichern sind sowohl die neue Richtlinie als auch die beiden in ihr verwendeten Bedingungen im Objekt-Explorer zu sehen. Bedingungen können hier auch losgelöst von Richtlinien erstellt und verändert werden. Gelöscht können sie allerdings nur werden, wenn sie in keiner Richtlinie mehr verwendet werden.

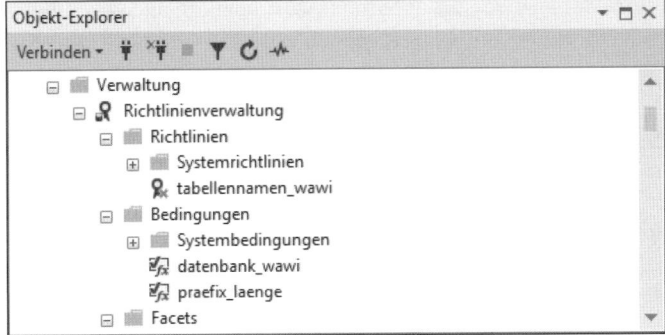

Bild 3.56 Neue Richtlinie und Bedingungen

Vielleicht fällt Ihnen im Symbol der Richtlinie der rote Abwärtspfeil auf. Dieser gibt zu erkennen, dass diese Richtlinie zurzeit deaktiviert ist. Dies ist der Normalzustand für Richtlinien, denen kein Zeitplan zugeordnet ist. Nur Richtlinien mit Zeitplan können über das Kontextmenü aktiviert werden. Dies stört aber weiter nicht, da wir die Richtlinie ja ohnehin manuell auswerten möchten. Dazu setzen wir den gleichnamigen Befehl im Kontextmenü ein. Bevor ich die Richtlinienauswertung starte, habe ich die Beispieltabelle *testpersonal* in *tbl_testpersonal* umbenannt und den Namen der Tabelle *setartikel* auf *sets* geändert.

Werten wir die Richtlinie aus, bekommen wir ein Ergebnis angezeigt. Unser Beispiel liefert das Ergebnis, dass die Richtlinie nicht erfüllt ist. Im unteren Bildschirmbereich werden die Detailergebnisse für alle Tabellen der betroffenen Datenbank *wawi* aufgelistet. In dieser Liste finden wir zwei Einträge, für die die Richtlinie nicht erfüllt ist.

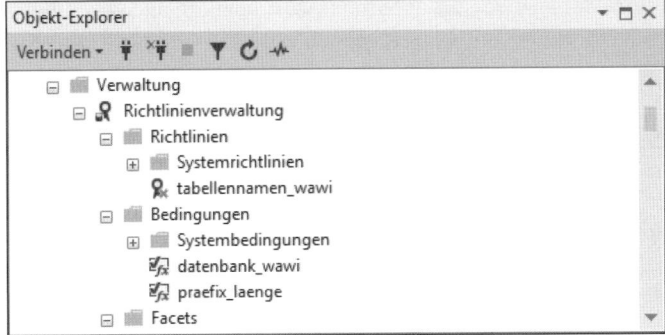

Bild 3.57 Ergebnis der Richtlinienprüfung

Um Details für diese Verstöße anzuzeigen, klicken wir in der betreffenden Zeile auf *Anzeigen...*. Aus der Detailanzeige können wir entnehmen, welche Bedingung nicht erfüllt ist. Hier sehen Sie, dass es in der Datenbank die Tabelle *sets* gibt, die der Bedingung widerspricht, dass Tabellennamen mindestens fünf Zeichen lang sein sollten. Schön in dieser

Darstellung ist, dass nicht nur der bloße Verstoß aufgezeigt wird, sondern auch detaillierte Informationen zum erwarteten Wert und zum Istwert gegenübergestellt werden.

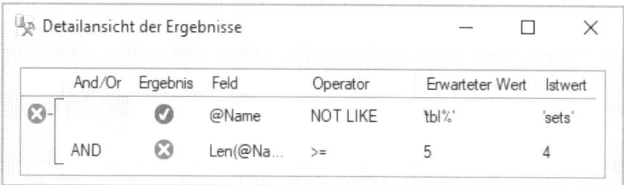

Bild 3.58 Details zum Richtlinienverstoß

Richtlinien dienen also zum Aufzeigen von Verstößen gegen bestimmte Regeln, leider nicht um diese bei der Erstellung von Objekten zu erzwingen.

 PRAXISTIPP: Richtlinien werden nicht in Benutzerdatenbanken, sondern in der Systemdatenbank *msdb* gespeichert. Um diese auf ein anderes System zu übertragen, können Sie entweder einen Export vornehmen oder ein SQL-Skript für die Richtlinie generieren. Beide Vorgänge können Sie über das Kontextmenü ausführen. Beim Export werden die benötigten Informationen in einer XML-Datei gespeichert.

Das SQL-Skript zum Anlegen der Richtlinie aus unserem Beispiel finden Sie bei den Buchbeispielen als Teil der Datei *Kapitel3.sql*.

■ 3.5 Was Sie noch wissen sollten ...

An dieser Stelle des Kapitels möchte ich noch drei Aspekte beleuchten, die im praktischen Arbeiten mit Datenbanken und Tabellen von Bedeutung sein können.

3.5.1 Tabellen in anderen Dateigruppen speichern

Zu Beginn des Kapitels haben Sie erfahren, wie Sie für eine Datenbank mehrere Dateigruppen einrichten können. Beim Anlegen von Indizes haben Sie gelernt, wie Sie diese in einer anderen als der Standarddateigruppe PRIMARY speichern können.

Wie können Sie beim Anlegen einer Tabelle festlegen, in welcher Dateigruppe sie angelegt werden soll? Wenn Sie keine spezielle Dateigruppe angeben, wird das Objekt immer in der Dateigruppe PRIMARY erstellt.

Öffnen Sie beim Erstellen der Tabelle im Tabellen-Designer das Eigenschaftenfenster über das Menü *Ansicht* oder die Taste **F4**. In der Rubrik *Reguläre Datenbereichsspezifikation* wählen Sie die Dateigruppe in der Liste bei der Eigenschaft *Schemaname der Dateigruppe oder Partition* aus.

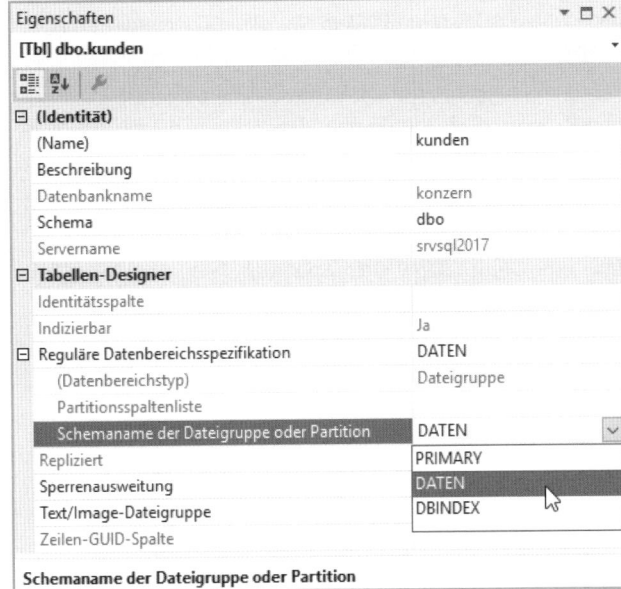

Bild 3.59 Dateigruppe in den Tabelleneigenschaften

Beim Speichern wird die Tabelle in der gewählten Dateigruppe angelegt.

 HINWEIS: Etwas weiter unten in der Liste finden Sie die Eigenschaft *Text/Image-Dateigruppe*. In diesem Kapitel habe ich Ihnen die Datentypen des SQL Servers erläutert, darunter auch die BLOB- und CLOB-Typen zum Speichern großer Objekte. Wenn Sie nun in dieser Eigenschaft eine andere Dateigruppe auswählen, werden diese Objekte – getrennt von den Daten der restlichen Tabelle – in dieser gespeichert. Dies macht vor allem dann Sinn, wenn Sie viele große Dateien in der Datenbank speichern und dafür eine eigene Festplatte verwenden möchten.

 ACHTUNG! Sie können die Dateigruppe, in der eine Tabelle gespeichert werden soll, nur bei der ersten Erstellung der Tabelle angeben. Dies entspricht der Anweisung CREATE TABLE in SQL. Ist eine Tabelle einmal erstellt, kann diese nachträglich nicht mehr in eine andere Dateigruppe verschoben werden. Dies ist nur möglich, indem die Tabelle neu erstellt wird. Danach müssten Sie aber noch die Daten aus der alten in diese neue übertragen und die alte Tabelle danach löschen. Dies lässt sich allerdings mit dem grafischen Tool bei Bedarf automatisiert erledigen.

3.5.2 Tabellen direkt mit DDL-Anweisungen erstellen

Alternativ zum Tabellen-Designer können Sie eine Tabelle in einem Abfrageeditor-Fenster direkt über DDL-Anweisungen erstellen. DDL steht für *Data Definition Language* und ist ein Teilbereich der Abfragesprache SQL.

Ein einfaches Beispiel soll Ihnen einen kleinen Einblick in dieses Thema geben. Dies kann keine umfassende Abhandlung sein, denn diese würde über den Rahmen dieses Buchs hinausgehen. Ziel ist es vielmehr, Ihnen einen Eindruck zu vermitteln.

Mit der nachfolgenden Anweisung wird eine Personaltabelle mit folgenden Parametern angelegt:

- Für die Personalnummer wird eine Identität mit dem Startwert 1000 und der Schrittweite 1 festgelegt.
- Die erforderliche Eingabe wird bei Spalten durch den Zusatz NOT NULL festgelegt. Bei der Personalnummer kann dies entfallen, weil sie später ohnehin als Primärschlüssel definiert wird.
- Für das Eintrittsdatum wird das aktuelle Datum als Standardwert über die Funktion SYSDATETIME() festgelegt. (Hier wäre auch die erweiterte Syntax CONSTRAINT df_personal_eintritt DEFAULT SYSDATETIME() denkbar, um der Einschränkung einen sauberen Namen anstelle des vom System generierten zu geben.)
- Nach den Spalten werden die Primärschlüssel-Einschränkung sowie eine Check-Einschränkung für die Geschlecht-Spalte definiert.
- Über den Zusatz ON DATEN am Ende der Anweisung wird die Tabelle in der Dateigruppe DATEN erstellt.

```
CREATE TABLE dbo.personal
(   persnr int IDENTITY(1000, 1),
    nachname varchar(50) NOT NULL,
    vorname varchar(50) NOT NULL,
    geschlecht char(1) NOT NULL,
    abtlg char(2),
    dw varchar(5) NOT NULL,
    email varchar(60),
    eintritt date DEFAULT SYSDATETIME(),
    CONSTRAINT pk_personal PRIMARY KEY (persnr),
    CONSTRAINT ck_personal_geschlecht
    CHECK (geschlecht IN('w','m'))
) ON DATEN;
```

Sie können einer Tabelle auch nach dem Anlegen eine neue Spalte hinzufügen, allerdings nur am Ende. Dazu benötigen Sie die ALTER TABLE-Anweisung. Das nachfolgende Beispiel ergänzt eine Spalte für das Austrittsdatum.

```
ALTER TABLE dbo.personal
ADD austritt date;
```

Auch Einschränkungen können für eine Tabelle nachträglich ergänzt werden. Diese Anweisung stellt eine Beziehung zwischen der Personaltabelle und der Abteilungstabelle her.

```
ALTER TABLE dbo.personal
ADD CONSTRAINT fk_personal_abteilung FOREIGN KEY (abtlg)
REFERENCES dbo.abteilungen (abtnr);
```

 ACHTUNG! Wenn Sie einen Primärschlüssel mit dieser Methode im Nachhinein ergänzen, muss diese Spalte im Gegensatz zur Beispielanweisung sehr wohl schon als NOT NULL definiert worden sein. Denn nur, wenn der Primärschlüssel schon in der Anweisung CREATE TABLE mit definiert wird, kann diese Festlegung entfallen. ∎

Sie müssten also bei Bedarf zuerst die Spalte als NOT NULL festlegen, um danach den Primärschlüssel ergänzen zu können:

```
ALTER TABLE dbo.personal
ALTER COLUMN persnr int NOT NULL;
ALTER TABLE dbo.personal
ADD CONSTRAINT pk_personal PRIMARY KEY(persnr);
```

Wie Sie im Beispiel sehen, „ändern" Sie den Datentyp einer Spalte, die Sie als NOT NULL festlegen möchten, auf denselben Datentyp, den sie schon zuvor hatte, lediglich mit dem Zusatz NOT NULL versehen. Um für eine Spalte, die im Moment noch kein NULL zulässt, NULL wieder als zulässig festzulegen, gehen Sie gleichermaßen vor und lassen nur den Zusatz NOT NULL beiseite.

 ACHTUNG! Achten Sie daher beim Ändern eines Datentyps für eine Spalte über die beschriebene Anweisung darauf, dass Sie auch beim neuen Datentyp wieder NOT NULL ergänzen, wenn Sie diese Eigenschaft weiterhin beibehalten möchten. ∎

Wenn Sie eine Tabelle über eine SQL-Anweisung und nicht mit dem Tabellen-Designer erstellen, funktioniert IntelliSense oft noch nicht in Bezug auf diese Tabelle. Arbeiten Sie im selben Skript weiter, funktioniert dies in dieser Version zwar schon, aber manchmal eben nicht. Auch wird die neue Tabelle nicht gleich im Management Studio angezeigt. Diese Probleme können Sie aber einfach beheben:

- Wählen Sie im Objekt-Explorer auf dem Ordner *Tabellen* der betroffenen Datenbank im Kontextmenü den Befehl AKTUALISIEREN aus. Dann wird auch die neue Tabelle angezeigt.
- Um IntelliSense auf die Sprünge zu helfen, wählen Sie im Menü BEARBEITEN den Befehl INTELLISENSE/LOKALEN CACHE AKTUALISIEREN aus. Wenn Sie möchten, können Sie dazu alternativ auch die Tastenkombination STRG + SHIFT + R verwenden.

3.5.3 Gefahren der grafischen Oberfläche

Grafische Oberflächen erleichtern zwar die Arbeit ungemein und sind in der Regel sehr komfortabel; sie können aber auch zu einem Fluch werden, wenn man versteckte Gefahren nicht kennt. Viele Dinge, die über die grafische Oberfläche möglich sind, werden direkt von der Datenbank gar nicht unterstützt. Sie funktionieren nur, weil das grafische Tool auf einen Workaround zurückgreift, der in der Datenbank umfangreiche Änderungen vornimmt. Dies soll Ihnen folgendes Beispiel veranschaulichen:

Neue Spalten können an eine Tabelle nur am Ende angefügt werden. Es ist in keiner Datenbank möglich, eine Spalte an vorderer Stelle zu ergänzen. Das grafische Tool lässt dies ohne Weiteres zu. Sie können im Tabellen-Designer neue Spalten über das Kontextmenü einfügen oder die Reihenfolge von Spalten mit der Maus verschieben.

Was geschieht, wenn Sie diese Änderungen speichern?

Da die Änderung direkt nicht möglich ist, erstellt das Tool eine völlig neue Tabelle, kopiert alle Daten von der ursprünglichen Tabelle in die neue hinein, hebt alle Beziehungen der alten Tabelle auf und erstellt sie für die neue Tabelle. Schließlich wird die alte Tabelle gelöscht und die neue umbenannt. Dies hört sich zwar toll an, wenn man sich vorstellt, alle diese Schritte selber manuell umsetzen zu müssen. Die Gefahr liegt allerdings darin, dass solche Vorgänge ausgeführt werden, während andere Benutzer in der Datenbank arbeiten. In diesem Fall führt dieser Vorgang verständlicherweise zu Problemen. Deshalb sollten Sie solche Vorgänge unbedingt zu Zeiten durchführen, in denen nicht in der Datenbank gearbeitet wird.

Wie kann man solche Vorgänge von ungefährlichen unterscheiden?

Es gibt zwei Methoden, um diese Vorgänge vor dem Ausführen zu erkennen:

- *Meldung beim Speichern*: Erhalten Sie beim Speichern eine Meldung, dass die angeführten Tabellen gespeichert werden, müssen die Alarmglocken läuten. Die nachfolgende Meldung erscheint, wenn in der Artikeltabelle der Beispieldatenbank *wawi* die Reihenfolge von Spalten verändert wird. Warum müssen so viele Tabellen gespeichert werden, wenn nur Änderungen an einer Tabelle vorgenommen worden sind? – Weil alle auf diese Tabelle verweisenden Fremdschlüssel vorübergehend gelöscht werden müssen, da sonst die alte Artikeltabelle nicht gelöscht werden kann.

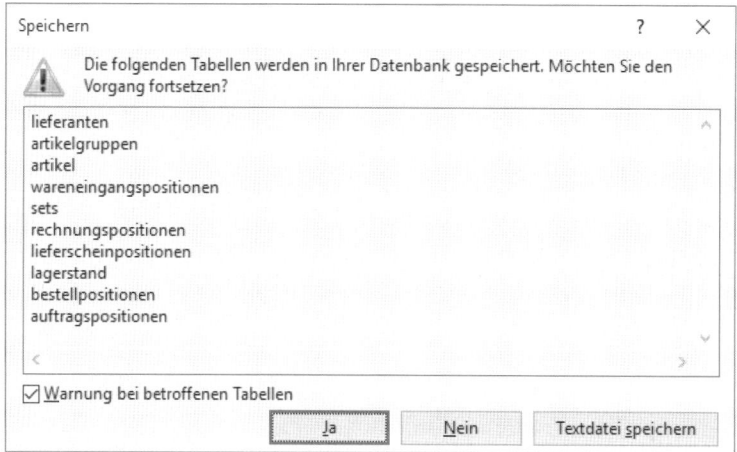

Bild 3.60 Sicherheitsabfrage beim Speichern

- Analyse des Änderungsskripts: Wenn Sie Ihre Änderungen vorgenommen, aber noch nicht gespeichert haben, können Sie sich das Änderungsskript, das alle auszuführenden Anweisungen enthält, anzeigen lassen. Wählen Sie im Kontextmenü den Befehl ÄNDERUNGSSKRIPT GENERIEREN…, oder klicken Sie dazu auf das entsprechende Symbol. Wenn Sie im Skript die Anweisungen DROP TABLE finden, handelt es sich um den beschriebenen Vorgang.

 PRAXISTIPP: Speichern Sie das Änderungsskript über die entsprechende Schaltfläche als Textdatei, dann können Sie es einfacher durchsuchen.

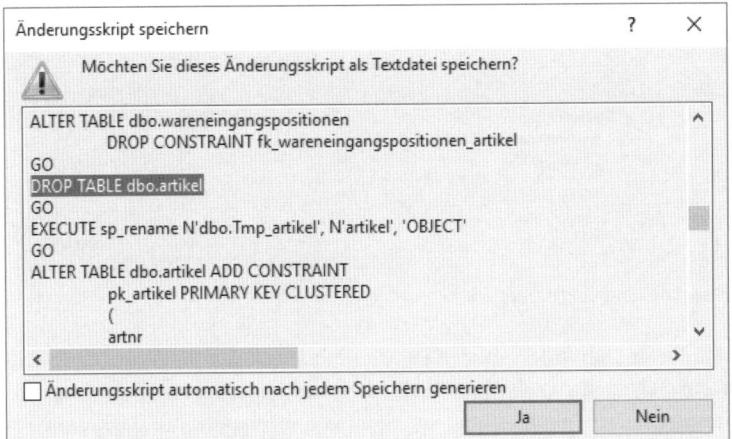

Bild 3.61 Änderungsskript mit DROP TABLE

Im SQL Server Management Studio 17 sind diese gefährlichen Änderungen standardmäßig unterbunden. Sie erhalten daher anstelle der zuvor beschriebenen Sicherheitsabfrage beim Speichern eine Fehlermeldung, wenn eine Neuerstellung der Tabelle notwendig ist.

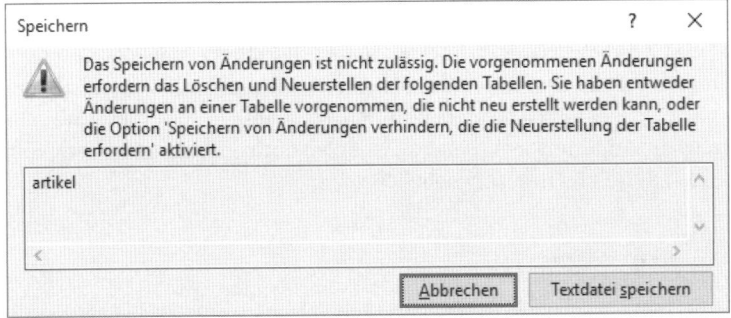

Bild 3.62 Verhindern der Neuerstellung von Tabellen

Bei Bedarf können Sie diese Sperre deaktivieren. Sie finden diese Einstellung, indem Sie im Menü EXTRAS den Befehl OPTIONEN… ausführen. In der Rubrik *Designer* finden Sie in der Unterrubrik *Tabellen- und Datenbank-Designer* die Option *Speichern von Änderungen verhin-*

dern, die die Neuerstellung der Tabelle erfordern. Diese Option wird auch angezeigt, wenn Sie nur die Kategorie *Designer* auswählen. Sie müssen gar nicht bis zur erwähnten Unterkategorie navigieren.

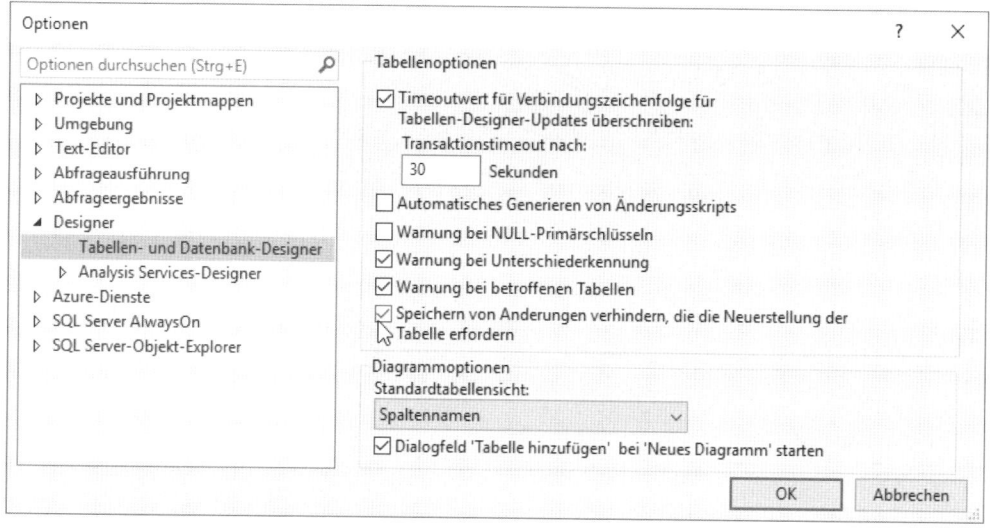

Bild 3.63 Sicherheitseinstellung über Optionen

Durch das Entfernen dieser Option lassen sich solche umfangreichen Änderungen durchführen. Es ist also ein Segen des grafischen Tools, dass dies möglich ist. Allerdings: Es ist dabei wichtig zu wissen, „was" man tut und vor allem „wann" man es tut! Darin sehe ich auch immer eine Gefahr, dass grafische Tools komplexe Dinge derart vereinfachen, dass sie auch von nicht informierten Nutzern manchmal zu leicht durchgeführt werden können.

Nicht alle Änderungen an der Datenstruktur können Sie aber nur zu Inaktivitätszeiten durchführen. Das Anfügen einer neuen Spalte am Ende einer Tabelle kann beispielsweise gefahrlos im laufenden Betrieb erfolgen.

Und nun noch ein Wort zum „Fluch" von grafischen Werkzeugen. Leider arbeitet das Management Studio nicht immer sauber. In manchen Situationen möchte es die Tabelle neu erstellen, ohne dass dies wirklich erforderlich wäre. Ändern Sie zum Beispiel den Datentyp der Spalte *ekpreis* in der Tabelle *artikel* der Beispieldatenbank *wawi* von *smallmoney* auf *money*, käme es zu einer Neuerstellung der Tabelle durch das grafische Tool. Dies wäre aber gar nicht notwendig, da die Änderung in diesem Fall jederzeit auch ohne eine Neuerstellung durch eine einfache ALTER TABLE-Anweisung möglich wäre:

```
ALTER TABLE dbo.artikel
ALTER COLUMN ekpreis money NOT NULL;
```

Leider ist das grafische Tool hier nicht so sauber programmiert, dass alle Möglichkeiten von SQL ausgeschöpft werden, bevor es zur Neuerstellung der Tabelle kommt. Der SQL Server kann hier nämlich einiges mehr, als sein Management Studio vorgibt.

HINWEIS: Generell werden Transact-SQL-Anweisungen im Hintergrund ausgeführt, wann immer Sie Arbeitsschritte mit der grafischen Oberfläche erledigen. Es gibt also nichts, was das grafische Werkzeug mehr leistet, als man mit entsprechenden Anweisungen auch selber realisieren kann. Entscheidend ist hierbei nur, wie gut die Aktionen des grafischen Werkzeugs in diese Anweisungen übersetzt werden. In den meisten grafischen Dialogen lassen sich diese Anweisungen auch skripten. Damit kann man die Anweisungen zum Beispiel auch manuell überarbeiten.

3.5.4 Berechnete Spalten integrieren

Üblicherweise werden Berechnungen in Datenbanken über SELECT-Anweisungen oder, wenn sie gespeichert werden sollen, über Sichten realisiert. Sie können berechnete Spalten aber auch direkt auf Tabellenebene definieren. Dies hat den Vorteil, dass Sie in dieser Spalte einerseits immer aktuell berechnete Werte haben, aber beim Zugriff direkt wie bei einer normalen Spalte vorgehen können.

Ein weiterer Vorteil besteht darin, dass Sie eine derartige Spalte indizieren und diese damit auch beschleunigt als Suchkriterium einsetzen können.

Um eine berechnete Spalte im Tabellen-Designer zu erstellen, öffnen wir zum Beispiel die Tabelle *artikel*. In dieser haben wir ja bereits den Brutto-Verkaufspreis in der Spalte *vkpreis* und den Mehrwertsteuersatz in der Spalte *mwst* gespeichert. Nun möchten wir den Netto-Verkaufspreis in einer eigenen berechneten Spalte anzeigen. Dazu ergänzen wir am Ende der Tabelle eine neue Spalte mit dem Namen *vkpreis_netto*. Bei den Spalteneigenschaften erweitern wir den Bereich *Spezifikation der berechneten Spalte* und tragen in der Eigenschaft (Formel) den gewünschten Ausdruck ein:

```
vkpreis / (100 + mwst) * 100
```

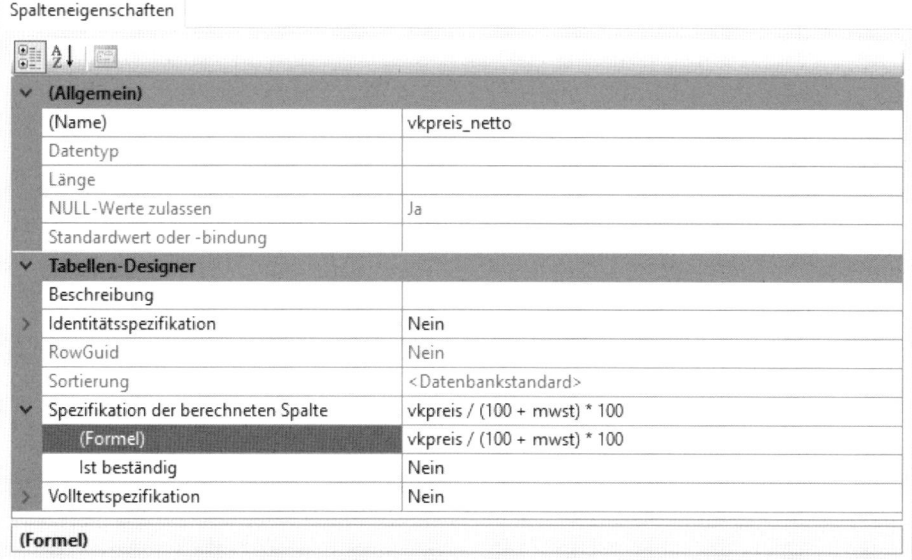

Bild 3.64 Formel für berechnete Spalte eintragen

Speichern wir diese Erweiterung und rufen die Werte nun aus der Tabelle ab.

```
SELECT artnr, bezeichnung, vkpreis, vkpreis_netto
FROM dbo.artikel;
```

	artnr	bezeichnung	vkpreis	vkpreis_netto
1	1001	Abdeckbänderset 4 tlg.	10,68	8,97
2	1002	Abflussieb PVC Rund Hr 4 Stk. Packung Sb	7,52	6,31
3	1003	Abfallsack 110 lt	3,16	2,65
4	1004	Abfallsack 60 lt	2,07	1,73
5	1005	Abgiesser	7,52	6,31
6	1006	Ausgiesser Gihale 6 Stk. Packung	8,00	6,72
7	1007	Aquafit Erstausrüstungs-Set für Schwimmbad	108,79	91,42
8	1008	Alu-Spiralstab 170 cm P60	6,43	5,40

Bild 3.65 Berechnete Spalte ausgeben

Wenn Sie eine berechnete Spalte erstellen, müssen Sie sich entscheiden, ob diese als *persisted* (beständig) angelegt werden soll.

- **Nicht beständig:** Die Werte werden jedes Mal, wenn sie benötigt werden, zu diesem Zeitpunkt neu berechnet und angezeigt. Sie werden nicht intern gespeichert. Daher haben solche Spalten keinen Einfluss auf das Verhalten beim Anlegen neuer Datensätze oder beim Ändern von Spalteninhalten, die Auswirkungen auf das Berechnungsergebnis haben.

- **Beständig:** Die Werte werden berechnet und physisch gespeichert, als wären sie in eine normale Spalte eingetragen worden. Sie belegen also Speicherplatz und beanspruchen Ressourcen, wenn Datensätze angelegt und geändert werden.

> **PRAXISTIPP:** Berechnete Spalten sollten Sie in der Praxis dann als *persisted* erstellen, wenn die Berechnungsausdrücke komplex sind. Dann werden die Abfragen mit diesen Spalten schneller. Bei einfachen Ausdrücken sind nicht persistente Spalten schneller, da das Berechnen der Werte im Prozessor schneller ist als das Lesen der Werte vom Datenträger.

Das Anlegen eines Index für eine solche Spalte weicht nicht von der Vorgangsweise bei einer gewöhnlichen Spalte ab.

Wenn Sie eine berechnete Spalte direkt mit SQL ergänzen möchten, verwenden Sie in der ALTER TABLE-Anweisung den Ausdruck hinter dem Schlüsselwort AS. Beachten Sie, dass der Datentyp hierbei nicht angegeben wird, da er sich aus dem Ausdruck automatisch ergibt.

```
ALTER TABLE dbo.artikel
ADD vkpreis_netto AS vkpreis/(100+mwst)*100;
```

Um die Spalte persistent zu erstellen, ergänzen Sie das Schlüsselwort PERSISTED am Ende der Anweisung.

```
ALTER TABLE dbo.artikel
ADD vkpreis_netto AS vkpreis/(100+mwst)*100 PERSISTED;
```

Die Anweisung zum Erstellen eines Index enthält, wie erwähnt, keine Besonderheiten.

```
CREATE INDEX ix_artikel_vkpreis_netto ON dbo.artikel (vkpreis_netto);
```

> **PRAXISTIPP:** Berechnete Spalten können in der Praxis sehr hilfreich sein und viel Arbeit sparen. Erst vor einiger Zeit hatte ich bei einem Kunden den Fall, dass in einer Artikeltabelle zu einer bereits vorhandenen zweistelligen Kostenstelle eine neue vierstellige Artikelgruppe ergänzt werden sollte. In gewisser Weise wäre dann die alte Kostenstelle obsolet, da sie immer den ersten beiden Stellen der neuen Artikelgruppe entspricht. In Zukunft sollte in der Stammdatenmaske nur mehr die Artikelgruppe gewartet werden. Unter anderen Umständen hätte ich nach der Umstellung die Kostenstelle einfach gelöscht, da diese Information ja nun redundant wäre und doppelt gewartet werden müsste. Ich wollte die Spalte aber nicht so einfach entfernen, da es sehr viele Auswertungen und Programmteile gibt, die auf diese Spalte zugreifen. Und dies alles anzupassen, wollte ich mir ersparen. Daher habe ich die alte Kostenstelle zwar aus der Tabelle gelöscht, aber durch eine neue gleichnamige berechnete Spalte ersetzt. So ist die Kostenstelle nun immer aktuell und die alten Programmteile und Auswertungen funktionieren unverändert weiterhin.

3.5.5 Objekte und Datenbanken skripten

Im Management Studio lässt sich ein SQL-Skript für einzelne Datenbankobjekte separat oder auch für mehrere Datenbankobjekte gemeinsam sehr einfach generieren. Dies ist besonders dann von Vorteil, wenn Sie

- die Datenbank und deren Objekte mit dem grafischen Werkzeug erstellt
- oder es mit einer fertigen Datenbank zu tun haben, die Sie nicht selber entwickelt haben,
- oder wenn die benötigten Anweisungen aus irgendeinem Grund nicht verfügbar sind.

Einzelne Objekte skripten

Für alle Datenbankobjekte und die Datenbank selber besteht die Möglichkeit, direkt über das Kontextmenü das Skript zu erzeugen. Die entsprechende Anweisung ändert sich je nach Objekt, da der Name des Objekttyps in der Anweisung enthalten ist. Bei Tabellen lautet die Anweisung SKRIPT FÜR TABELLE ALS. Gefolgt wird die Anweisung von der nächsten Unteranweisung. Nicht alle dieser Subanweisungen stehen bei allen Objekttypen zur Verfügung. Eine Übersicht über alle Möglichkeiten bietet Ihnen Tabelle 3.4.

Je nachdem, wofür Sie die geskriptete Anweisung benötigen, wählen Sie als dritte Unteranweisung das Ziel. Dabei stehen folgende vier Varianten zur Auswahl, die Sie bereits aus den grafischen Dialogen kennen:

- *Neues Abfrage-Editor-Fenster*: Die Anweisung wir in einem neuen Fenster des Abfrageeditors platziert.
- *Datei…*: Es wird unmittelbar der Dialog *Speichern unter* geöffnet, um das Ziel und den Namen für die zu generierende SQL-Skript-Datei mit der Dateierweiterung *.sql* festzulegen.
- *Zwischenablage*: Die Anweisung landet in der Zwischenablage und kann danach an einer beliebigen Stelle eingefügt werden. Dies ist vor allem dann sehr praktisch, wenn Sie in ein Skript mehrere Anweisungen hintereinander einfügen möchten.
- *Agent-Auftrag…*: Diese Option ist in der Praxis nicht relevant, da man die Anweisungen, die man hier skripten kann, selten in einem Auftrag für den SQL Server-Agent benötigt. Die einzige Ausnahme ist hier die Anweisung EXECUTE für Prozeduren. Diese Variante fehlt bei der Express Edition, da diese keinen Server-Agent besitzt.

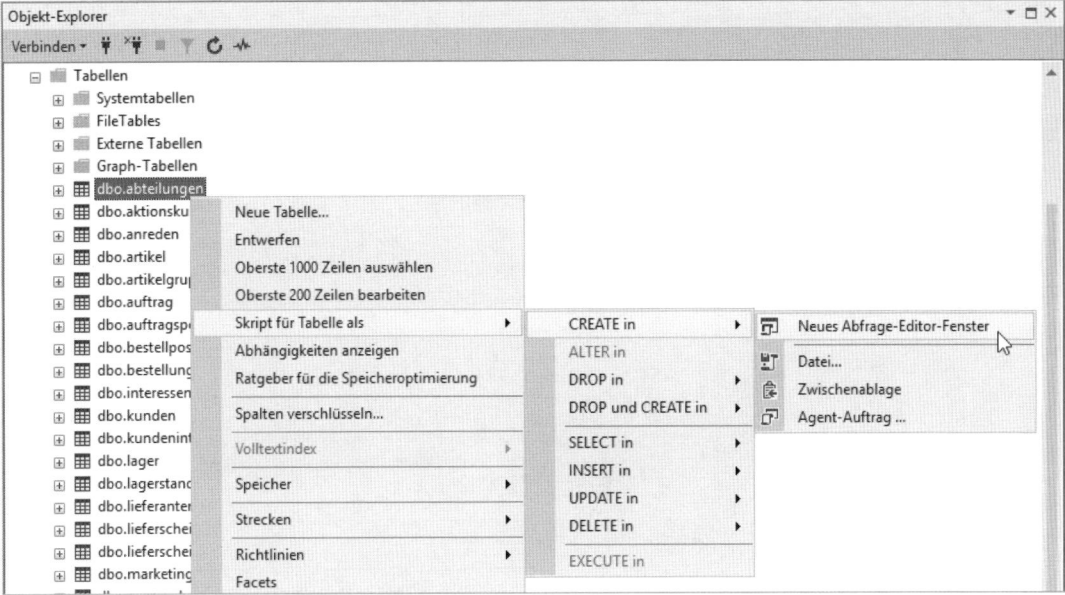

Bild 3.66 Skript für einzelnes Objekt generieren

Datenbank mit Objekten skripten

Möchten Sie eine größere Anzahl an Objekten oder gar die gesamte Datenbank mit all ihren Objekten skripten, ist die zuvor beschriebene Variante wohl zu aufwendig. Für dieses Szenario steht eine andere Möglichkeit bereit. Diese ist im Kontextmenü der Datenbank unter dem Befehl TASKS zu finden. Die gesuchte Anweisung lautet SKRIPTS GENERIEREN… und startet einen eigenen kleinen Assistenten.

Sie müssen lediglich festlegen, ob Sie die Skripterstellung für die gesamte Datenbank und alle Datenbankobjekte oder für bestimmte Datenbankobjekte starten möchten. Für den zweiten Fall wählen Sie die Objekte aus der darunter angeführten Übersicht aus, wie in Bild 3.67 zu sehen.

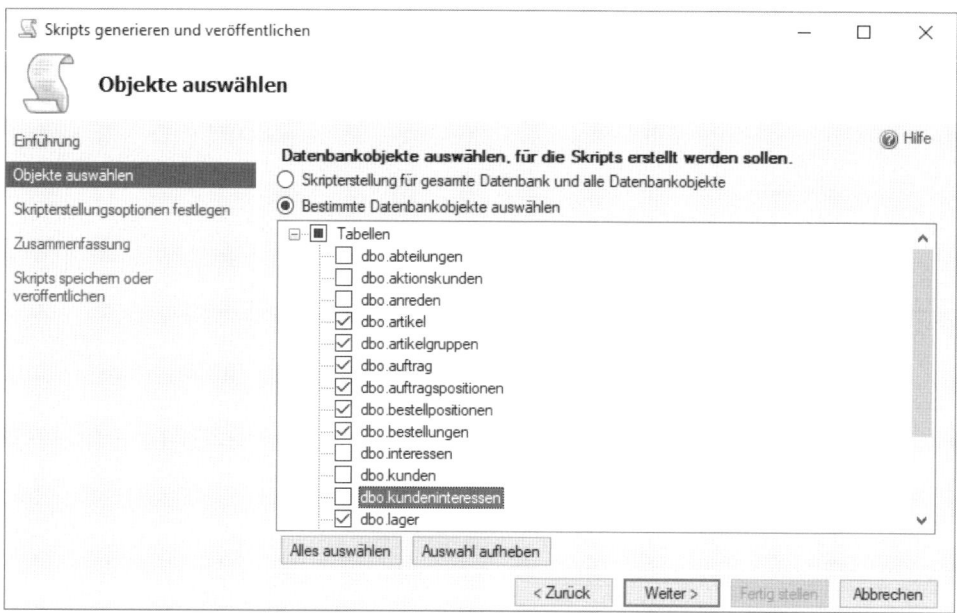

Bild 3.67 Objekte für Skriptgenerierung auswählen

Legen Sie nach der Auswahl der Objekte im nächsten Dialogschritt noch fest, ob Sie das Ergebnis als Datei, neues Abfrageeditor-Fenster oder in der Zwischenablage bekommen möchten. Für eine Datei legen Sie den Dateinamen und Speicherort sowie das Dateiformat fest. Voreingestellt ist standardmäßig *Unicode-Text*.

Über die Schaltfläche *Erweitert* gelangen Sie in den Dialog *Erweiterte Skripterstellungsoptionen*. Hier haben Sie eine Vielzahl an Möglichkeiten, festzulegen, welche Elemente und Zusatzeinstellungen im Skript mit eingebaut werden sollen.

PRAXISTIPP: Sehr gut hinter einer verwirrenden Begrifflichkeit, die auch der Übersetzung ins Deutsche geschuldet ist, ist die Möglichkeit versteckt, auch die Daten als INSERT-Anweisungen zu skripten. Diese oftmals geforderte Option versteckt sich hinter der erweiterten Einstellung *Datentypen, für die ein Skript erstellt wird*. Die Standardeinstellung lautet hier *Nur Schema*, mit dieser Einstellung werden nur die gewählten Datenbankobjekte geskriptet. Mit der Auswahl von *Schema und Daten* werden auch die INSERT-Anweisungen für alle in den gewählten Tabellen enthaltenen Daten mit ins erzeugte Skript aufgenommen. Und mit der Option *Nur Daten* werden gar nur die INSERT-Anweisungen generiert.

Eine weitere Variante, auch Daten aus einer Datenbank zu übernehmen, stellt der Einsatz der sogenannten BACPACS dar, die in Kapitel 8 erläutert werden.

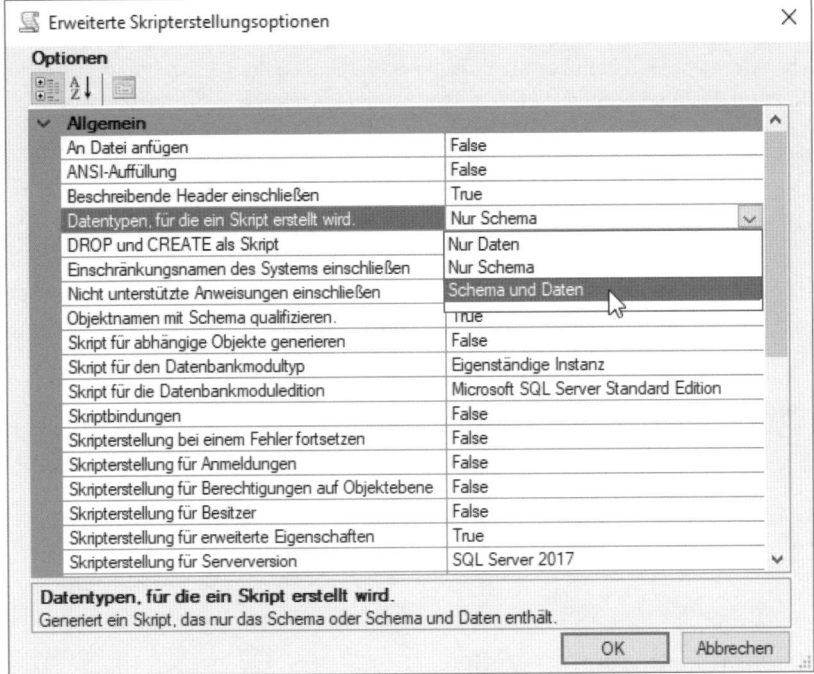

Bild 3.68 Skripterstellungsoptionen

Nachdem Sie die Einstellungen festgelegt haben, starten Sie die Skripterstellung. Sie erhalten noch eine Zusammenfassung Ihrer Eingabe angezeigt und können im abschließenden Dialog den Fortschritt des Vorgangs bis zum Abschluss mitverfolgen.

 PRAXISTIPP: Diese Variante ist eine neben anderen in späteren Kapiteln beschriebenen Möglichkeiten, um eine fertig entwickelte Datenbank auf dem Produktivserver einzuspielen.

■ 3.6 Tabelle mit Filestream und FileTable

In einem früheren Abschnitt dieses Kapitels habe ich Ihnen gezeigt, wie man eine Datenbank mit einer Filestream-Dateigruppe anlegt, und Ihnen das grundlegende Konzept von Filestream und FileTable erläutert. FileTable ist eine Erweiterung, die mit dem SQL Server 2012 eingeführt worden ist, und auf Filestream basiert. Nun möchte ich Ihnen in zwei Abschnitte unterteilt zeigen, wie man Filestream in einer Tabelle nutzt und wie man FileTable einsetzt.

Für den Einsatz von FileStream ist es ausreichend, auf Serverebene die *FILESTREAM-Zugriffsebene* mit *Transact-SQL-Zugriff aktiviert* zu konfigurieren. Bereits früher in diesem Kapitel haben wir diese Einstellung über die Servereigenschaften vorgenommen. Über Transact-SQL kann das alternativ mit diesen Anweisungen erfolgen:

```
EXEC sys.sp_configure 'filestream access level', '1'
GO
RECONFIGURE WITH OVERRIDE
GO
```

Mit der zweiten Anweisung RECONFIGURE WITH OVERRIDE wird diese Änderung sofort aktiviert. Wenn Sie FileTables einsetzen möchten, ist die damit gewählte Zugriffsebene nicht ausreichend. Da FileTables ja sinnvollerweise direkt über das Dateisystem befüllt werden, ist dafür die Konfiguration von *Vollzugriff aktiviert* notwendig, die mit dem Optionswert 2 eingestellt werden kann.

```
EXEC sys.sp_configure 'filestream access level', '2'
GO
RECONFIGURE WITH OVERRIDE
GO
```

3.6.1 Tabelle mit Filestream erstellen

Leider bietet der Tabellen-Designer im Management Studio keine Möglichkeit, eine Spalte für Filestream zu definieren. Daher müssen Sie Tabellen mit Filestream manuell mit einer SQL-Anweisung erstellen. Das ist auch der Grund, warum ich dieses Thema erst gegen Ende des Kapitels behandle.

Ich möchte mit Ihnen in der Video-Datenbank eine Tabelle erstellen, in der Videodateien mit ein wenig Zusatzinformation versehen gespeichert werden sollen. Für diese Videodateien soll Filestream genutzt werden.

Um Filestream zu nutzen, muss eine Tabelle folgende Voraussetzungen erfüllen:

- Eine Spalte vom Datentyp *varbinary(max)* muss mit dem Attribut FILESTREAM versehen werden.

 ACHTUNG! Filestream ist auch beim SQL Server 2017 nur für den Datentyp *varbinary(max)* und nicht für *varchar(max)* verfügbar. Wenn Sie Filestream für umfangreiche Texte nutzen möchten, müssen Sie für diese anstelle von *varchar(max)* daher *varbinary(max)* verwenden.

- Die Tabelle muss eine Spalte enthalten, die als UNIQUEIDENTIFIER und ROWGUID definiert ist. Ein UNIQUEIDENTIFIER ist ein Wert, der aus 32 hexadezimalen Stellen besteht. Nach der achten, zwölften, sechzehnten und zwanzigsten Stelle kommt jeweils ein Bindestrich (xxxxxxxx-xxxx-xxxx-xxxx-xxxxxxxxxxxx). Während eine als IDENTITY definierte Spalte immer innerhalb der Tabelle eindeutige Werte enthält, enthält eine als Unique Identifier festgelegte Spalte eindeutige Werte über alle Tabellen einer Datenbank hinweg. Damit ist ein absolut eindeutiger Wert innerhalb der Datenbank gegeben. Während Identity-Spalten beim Anlegen eines neuen Datensatzes automatisch mit einem neuen Wert versehen werden, geschieht dies bei Unique Identifier-Spalten nicht. Die ROWGUID-Eigenschaft muss zusätzlich gesetzt werden, sonst bekommen Sie beim Erstellen der Tabelle mit Filestream eine Fehlermeldung. Ähnlich wie eine IDENTITY, kann diese Eigenschaft auch nur für eine Spalte in einer Tabelle gesetzt werden. Statt über den Spaltennamen kann sie in einem SELECT-Statement auch mit $ROWGUID referenziert werden, analog zu einer Identitätsspalte, die Sie auch mit $IDENTITY auswählen können (SELECT $ROWGUID FROM tabellenname;).

Dieser eindeutige Wert wird für die Assoziierung der im Filesystem gespeicherten Datei mit dem Datensatz verwendet. Damit ist ausgeschlossen, dass es auf dieser Ebene zu Namenskonflikten kommt, auch wenn in mehreren Tabellen Filestream genutzt wird. (Unique Identifier werden ja auch bei Replikation genutzt, um Datensätze eindeutig zu identifizieren.)

- Die Unique Identifier-Spalte darf nicht leer sein und muss daher als NOT NULL definiert werden. Außerdem muss sie mit einem UNIQUE KEY-Constraint versehen werden, um Eindeutigkeit zu erzwingen. Damit diese Werte automatisch vergeben werden, was sehr zweckmäßig ist, wird als Standardwert die Funktion NEWID() oder NEWSEQUENTIALID() verwendet. Die erste Funktion liefert einen global eindeutigen zufälligen Wert, die zweite einen sequenziell aufsteigenden, ähnlich zu IDENTITY. Der Vorteil von NEWSEQUENTIA-LID() liegt darin, dass sie schneller einen Wert liefert. Dafür ist der nächste Wert vorhersehbar, was aber in unserem Szenario keine Rolle spielt.

Erstellen wir in der Datenbank *video* nun eine neue Tabelle mit dem Namen *medien*. Dazu verwenden wir folgende Anweisung. In der ersten Variante nehmen wir die Spalte *id* als UNIQUEIDENTIFIER. Anstelle eines UNIQUE KEY-Constraints mit NOT NULL versehen kann natürlich auch gleich ein PRIMARY KEY-Constraint verwendet werden.

```
CREATE TABLE dbo.medien
(   id UNIQUEIDENTIFIER ROWGUIDCOL CONSTRAINT pk_medien PRIMARY KEY
       CONSTRAINT df_medien_id DEFAULT NEWSEQUENTIALID(),
    titel varchar(50) NOT NULL,
    beschreibung varchar(1000),
    aufnahmedatum date NOT NULL,
    video varbinary(max) FILESTREAM
);
```

Die Spalte *titel* soll die Kurzbezeichnung des Videos aufnehmen. Deren Eingabe soll verpflichtend sein. Die *beschreibung* kann einen längeren Beschreibungstext aufnehmen. Ebenso soll das *aufnahmedatum* nicht fehlen. Die Spalte *Video* muss mit dem Datentyp *varbinary(max)* definiert werden. Entscheidend ist der Zusatz FILESTREAM dahinter. Durch diesen wird diese Spalte für Filestream definiert, sonst würden die Videoclips später direkt in der Datenbank gespeichert werden und die maximale Größe pro Video wäre 2 GB. Da wir in der Datenbank nur eine Dateigruppe für Filestream definiert haben, ist diese die Default-Dateigruppe dafür und muss in der SQL-Anweisung daher als Ziel nicht extra angegeben werden.

PRAXISTIPP: Falls Sie als Primärschlüssel beziehungsweise als ID gerne einen anderen Wert als den kryptischen 32-stelligen Unique Identifier verwenden möchten, können Sie auch die Funktionen von Primärschlüssel und Unique Identifier voneinander trennen. Dies ist vor allem auch dann sinnvoll, wenn Sie später mit einem Fremdschlüssel auf diese Tabelle verweisen möchten.

Dafür käme dann zum Beispiel folgende Tabellendefinition zum Einsatz:

```
CREATE TABLE dbo.medien
(   id int IDENTITY CONSTRAINT pk_medien PRIMARY KEY,
    titel varchar(50) NOT NULL,
    beschreibung varchar(1000),
    aufnahmedatum date NOT NULL,
    video varbinary(max) FILESTREAM,
    stream_id UNIQUEIDENTIFIER ROWGUIDCOL NOT NULL CONSTRAINT uk_medien_stream UNIQUE
    CONSTRAINT df_medien_stream_id DEFAULT NEWSEQUENTIALID()
);
```

Gegenüber der ersten Variante habe ich hier die *id* als Identität mit dem Datentyp *int* definiert. Für den benötigten Unique Identifier habe ich dafür die Spalte *stream_id* ergänzt. Wieder wird die RowGuid-Eigenschaft über den Zusatz ROWGUIDCOL gesetzt. Das für den Anwendungsfall geforderte Unique Key-Constraint ersetzt hier den Primärschlüssel. Wichtig ist auch die Definition dieser Spalte als NOT NULL.

Für die weiteren Schritte des Beispiels habe ich die zweite Variante verwendet. Um Ihnen eine mögliche Verwendung des Filestreams in einer Anwendung zu zeigen, möchte ich eine „quick and dirty" erstellte Access-Anwendung verwenden.

HINWEIS: Sie finden diese Datei mit dem Namen *filestream.accdb* unter den Buchdateien und können diese ab der Version Access 2007 einsetzen. Ebenso finden Sie dort das Skript *Kapitel3.sql*, das die Anweisungen zum Erstellen der Datenbank *video* und der Tabelle *medien* enthält. Diese Anweisungen können Sie verwenden, um die in diesem Kapitel beschriebenen nicht abtippen zu müssen. Achten Sie aber bitte darauf, dass Sie bei Ihrer Konfiguration gegebenenfalls die Pfade der Dateigruppen an Ihre Gegebenheiten anpassen. Die Access-Datei nutzt die zweite vorgestellte Variante der Tabelle *medien* mit dem separaten Primärschlüssel.

Wenn Sie diese Datei öffnen, muss sie mit Ihrer Datenbank auf Ihrem Server verbunden werden. Dazu muss die ODBC-Verbindungszeichenfolge angepasst werden. Um Ihnen die Verwendung der Datei so einfach wie möglich zu machen, bekommen Sie automatisch die Aufforderung zur Eingabe derselben, wenn Access beim Öffnen der Datei keine Verbindung zum aktuell hinterlegten SQL Server herstellen kann. Wegen des Verbindungstimeouts wird dies beim ersten Öffnen etwas dauern. Sie erhalten danach eine ODBC-Fehlermeldung und den Standarddialog zur Anpassung der ODBC-Anmeldung. Brechen Sie diese ab und Sie bekommen die Anzeige von Bild 3.69.

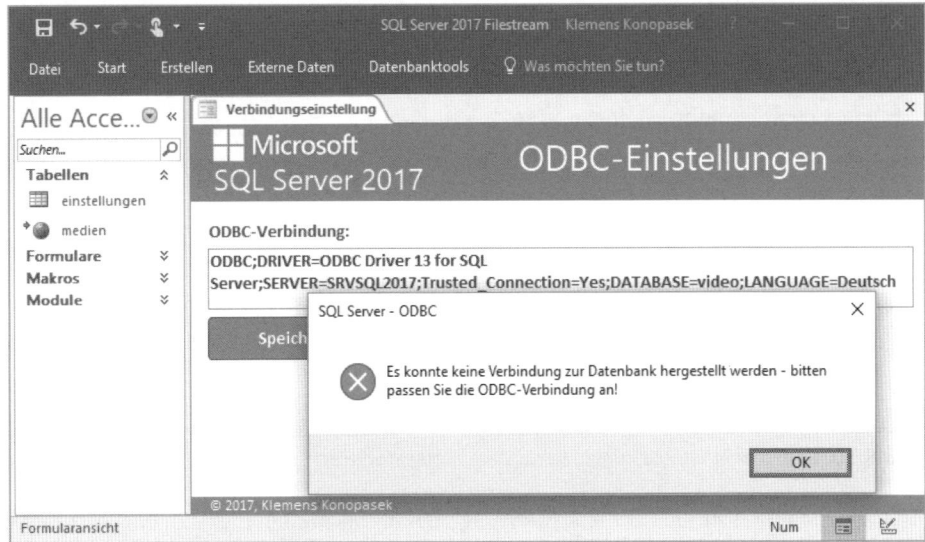

Bild 3.69 ODBC-Verbindung eintragen

Passen Sie hier die ODBC-Verbindungszeichenfolge an Ihre Gegebenheiten an:

- Wenn Sie Windows-Authentifizierung verwenden, müssen Sie lediglich Ihren Servernamen oder die IP-Adresse, analog zur Anmeldung mit dem Management Studio, eintragen:

```
ODBC;DRIVER=ODBC Driver 13 for SQL Server;SERVER=IHR_SERVER;Trusted_Connection=Yes;
DATABASE=video;LANGUAGE=Deutsch
```

- Verwenden Sie SQL Server-Authentifizierung, ersetzen Sie zusätzlich Trusted_ Connection=Yes durch UID und PWD:

```
ODBC;DRIVER=ODBC Driver 13 for SQL Server;SERVER=IHR_SERVER;UID=ihr_login;
PWD=ihr_pwd;DATABASE=video;LANGUAGE=Deutsch
```

- Ist bei Ihnen auf dem Client der hier verwendete *ODBC Driver 13 für SQL Server* noch nicht installiert, laden Sie sich diesen über das SQL Server 2017 Feature Pack wie in Kapitel 1 beschrieben herunter und installieren ihn nach.

Speichern Sie Ihre Änderung, danach erfolgt neuerlich eine Prüfung, ob die Verbindung hergestellt werden kann. Ist diese erfolgreich, wird auch die ODBC-Verbindung der in Access verknüpften Tabelle *medien* angepasst und das Zielformular geöffnet. Da diese neue Verbindung nun gespeichert ist, ist diese Vorgangsweise nur einmalig notwendig und beim erneuten Öffnen von *filestream.accdb* gelangen Sie direkt ins Eingabeformular.

Sie können nun einen ersten Datensatz erfassen. Ein paar Videoclips habe ich beigefügt, die Sie dazu verwenden können. Natürlich können Sie jede andere beliebige Mediadatei verwenden.

Bevor wir einen ersten Datensatz anlegen, werfen wir einen Blick auf das Verzeichnis, das wir für die Filestream-Dateigruppe festgelegt haben. Bei mir ist dies der Ordner *E:\DB_FS\ video_stream* auf dem Server. Ich verbinde mich über den $-Share dorthin. Dieser Ordner ist – wie erwartet – im Moment noch fast leer:

- Nach dem Anlegen der Datenbank *video* befinden sich im Ordner ein Unterordner mit dem Namen *$FSLOG* und die Datei *filestream.hdr*.
- Nach dem Anlegen der Tabelle *medien* kommt ein Ordner, dessen Name das Format eines Unique Identifier aufweist, hinzu.

Bild 3.70 Basisordner für Filestream, bevor Daten erfasst werden

Erfassen Sie nun über die Access-Anwendung Titel, Bezeichnung und Aufnahmedatum für den ersten Clip. Fügen Sie den Clip entweder per Drag-and-drop ein oder verwenden Sie dazu im Kontextmenü den Befehl OBJEKT EINFÜGEN.

Bild 3.71 Datensatz über Access-Formular erfasst

Für die Anwendung (in diesem Fall MS Access) ist Filestream vollkommen transparent. Es macht für Sie keinen Unterschied, ob die Videodatei direkt in der Datenbank oder auf dem Server im Filesystem gespeichert wird. Wo finden wir diese Datei nun auf dem Server?

In einem der Unterordner. Der Filename ist für uns nicht sprechend, muss er aber auch nicht sein.

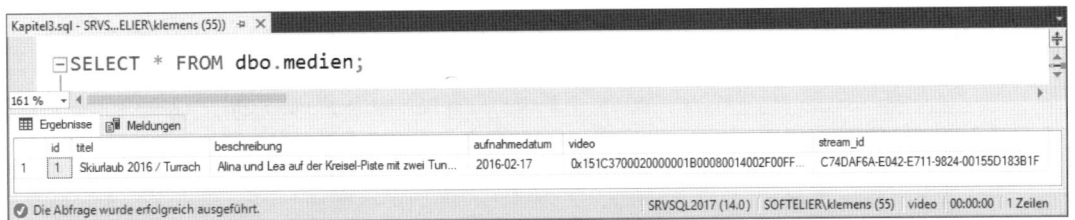

Bild 3.72 Filestream-Objekt im Filesystem des Servers

Wenn Sie diesen Datensatz löschen, verschwindet diese Datei wieder. Aktivieren Sie die Datei über ihre Anwendung, zum Beispiel indem Sie sie im Access-Formular doppelt anklicken, wird sie vom SQL Server aus dem Filesystem gestreamt und an den Client übertragen. Wie gesagt, dies ist für die Clientanwendung alles transparent.

Wenn wir den Datensatz im Abfrageeditor des Management Studios anzeigen, sehen wir die ID des Streamings in Form des Unique Identifiers.

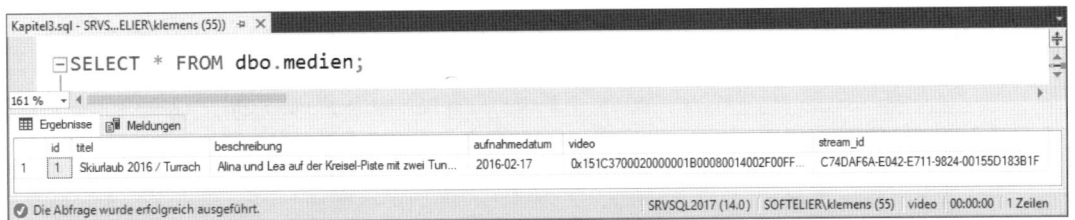

Bild 3.73 Datensatz mit Filestream

Um den Film in der Beispielanwendung anzusehen, müssen Sie das Symbol im Formular nur doppelt anklicken. Der SQL Server streamt die Datei dann vom Filesystem an die Anwendung, in diesem Fall an Access. Hier wird das Objekt dann mit der mit dem Filetyp assoziierten Anwendung – in diesem Fall dem Media Player – abgespielt. Entscheidend ist, dass hier aus der Anwendung heraus kein Unterschied gegenüber einer in der Datenbank gespeicherten Datei zu erkennen ist.

Bild 3.74 Wiedergabe der vom Filesystem des Servers gestreamten Datei

Legen Sie noch weitere Datensätze an und löschen Sie auch wieder welche, um den Vorgang zu testen!

 ACHTUNG! Folgendes müssen Sie beim Einsatz von Filestream unbedingt beachten:

Die vom SQL Server angelegten Ordner und Dateien sind nicht für den direkten Zugriff gedacht. Greifen Sie ausschließlich in Testumgebungen und auch nur lesend darauf zu. In Produktivsystemen sollten keine Benutzer Zugriffsrechte auf diese Ordnerstruktur haben.

Der Tabellen-Designer des Management Studios kann mit Filestream nicht umgehen. Wenn Sie über diesen eine Änderung an der Tabelle vornehmen, die wie beschrieben eine Neuerstellung der Tabelle erfordert, dann fehlt der Filestream danach bei der neu angelegten Tabelle. Zumindest erfolgt das so sauber, dass bei meinem Test die Datei dabei in die Datenbank kopiert worden ist. Wenn auch kein Filestream mehr vorhanden ist, so sind wenigstens keine Daten abhandengekommen. Das heißt, nach außen hat die Änderung keine Probleme verursacht. Dennoch ist das natürlich nicht erwünscht. Daher bearbeiten Sie in der Praxis Tabellen mit Filestream mit DDL-Anweisungen wie ALTER TABLE direkt und nicht über den grafischen Tabellen-Designer.

Wie Sie Datenbanken mit Filestream sichern und wiederherstellen und damit auch auf einen anderen Server transferieren können, lesen Sie in Kapitel 9, das sich unter anderem mit dem Thema Sicherung beschäftigt.

3.6.2 Objekte in einer FileTable speichern

Mit FileTable liefert der SQL Server eine spannende Erweiterung von Filestream. FileTable basiert auf der Technologie von Filestream und bietet die Möglichkeit, Dateien über das Netzwerk in einem Share auf dem Datenbankserver zu speichern. Diese Dateien tauchen dann wie von Zauberhand in einer Tabelle in einer Datenbank auf. Damit hat man dann in weiterer Folge die spannende Möglichkeit, über SQL in den Dateien zu suchen und diese auszuwerten.

Da FileTable auf der Technologie von Filestream basiert, werden die gleichen Anforderungen an den Server und die verwendete Datenbank gestellt. Diese Anforderungen habe ich Ihnen in diesem Kapitel unter Punkt 3.1.4 erläutert.

Für unser Beispiel erstellen wir eine neue Datenbank mit Filestream. Sie können dies wahlweise über den grafischen Dialog im Objekt-Explorer oder über folgende DDL-Anweisung realisieren. Passen Sie dabei die Pfade an Ihre Gegebenheiten an.

```
CREATE DATABASE dateien
CONTAINMENT = NONE
ON PRIMARY
(   NAME = 'dateien_data',
    FILENAME = 'D:\MSSQL14.MSSQLSERVER\MSSQL\DATA\dateien_data.mdf',
    SIZE = 5120KB, FILEGROWTH = 1024KB),
FILEGROUP DATENFILES CONTAINS FILESTREAM
(   NAME = 'dateien_fs',
    FILENAME = 'E:\DB_FS\dateien_fs')
LOG ON
(   NAME = 'dateien_log',
    FILENAME = 'D:\MSSQL14.MSSQLSERVER\MSSQL\DATA\dateien_log.ldf',
    SIZE = 1024KB , FILEGROWTH = 10%);
```

Zur Erinnerung: Wir haben in diesem Kapitel Filestream für unseren Server aktiviert und als Freigabename dabei *sqldata* vergeben und Vollzugriff aktiviert. Diese Einstellungen können über die Servereigenschaften vom Objekt-Explorer aus eingestellt werden. Damit besteht schon einmal der Zugriff auf den Share auf meinem Server mit \\srvsql2017\ *sqldata*. In diesen Ordner kann ich natürlich direkt keine Datei kopieren, ich erhalte dabei eine Fehlermeldung über eine Zugriffsverletzung. Damit wir Dateien hier ablegen können, müssen wir noch einen Ordnernamen für unsere Datenbank festlegen. Hier ist folgende hierarchische Struktur vorgesehen:

- Der Freigabename repräsentiert die gesamte Serverinstanz von SQL Server 2017.

- Für jede Datenbank auf dieser Serverinstanz wird ein eigener Ordner darin festgelegt. Sie können auf einem Server mehrere Datenbanken mit FileTable verwenden, daher ist diese Ebene notwendig.

Den Ordnernamen auf Datenbankebene sowie die Zugriffsart können Sie entweder über den grafischen Dialog oder über entsprechende ALTER DATABASE-Anweisungen festlegen. Öffnen Sie die Datenbankeigenschaften über den Objekt-Explorer. Auf der Seite *OPTIONEN* finden Sie die notwendigen Einstellungen in der Kategorie *FILESTREAM*. Legen Sie den Namen des Ordners in der Eigenschaft *FILESTREAM-Verzeichnisname* fest. Damit Sie später Dateien dort ablegen können, müssen Sie die Eigenschaft *Nicht transaktionsgebundener FILESTREAM-Zugriff* auf *Full* einstellen. Sollen die Dateien später einmal nur gelesen werden können, können Sie diese Eigenschaft auf *ReadOnly* setzen. Um den Zugriff überhaupt zu sperren, stellen Sie die Voreinstellung *Off* wieder her.

Bild 3.75 Verzeichnisname und Zugriff

Alternativ können Sie diese Einstellungen auch über folgende SQL-Anweisungen vornehmen:

```
ALTER DATABASE dateien
SET FILESTREAM(DIRECTORY_NAME = 'dateidatenbank') WITH NO_WAIT;

ALTER DATABASE dateien
SET FILESTREAM (NON_TRANSACTED_ACCESS = FULL) WITH NO_WAIT;
```

Über die Zusatzoption WITH NO_WAIT legen Sie fest, dass diese Änderung nicht auf das Beenden von Transaktionen in der Datenbank wartet und in diesem Fall fehlschlägt. Typischerweise verwenden Sie diese Anweisungen jedoch nicht, wenn in der Datenbank gerade Transaktionen ablaufen. Die weiteren Optionen, die in SQL neben FULL für die Zugriffsoption vergeben werden können, lauten OFF und READ_ONLY.

Nach dieser Änderung können wir nun eine Ebene weiter über den Explorer zugreifen, aber noch immer keine Dateien ablegen: \\srvsql2017\sqldata\dateidatenbank

Erstellen einer FileTable

Der letzte Schritt ist das Erstellen einer FileTable. Diese Tabelle hat eine fixe systemseitig vorgegebene Struktur. Da diese Tabellen auch keine gewöhnlichen Tabellen im herkömmlichen Sinne sind, finden wir sie im Objekt-Explorer auch in einer eigenen Rubrik unter den Tabellen wieder. Es macht durchaus Sinn, sich das Statement zum Erstellen einer solchen Tabelle automatisch zu generieren. Dazu wählen Sie im Kontextmenü entweder auf dem Ordner *Tabellen* oder *FileTables* den Befehl DATEITABELLE... aus.

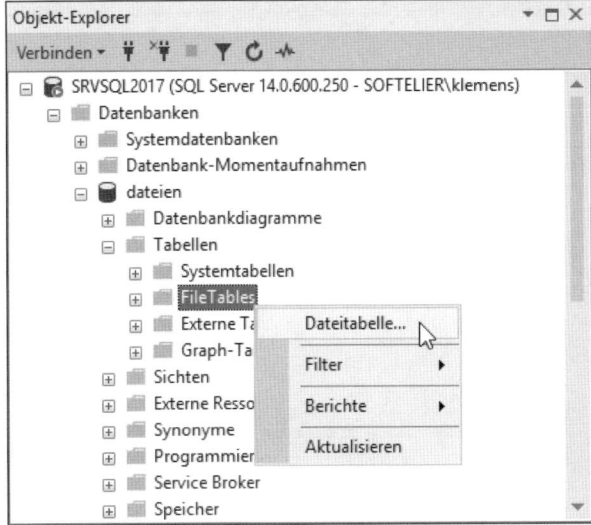

Bild 3.76 Neue FileTable erstellen

Falls Sie nun einen grafischen Dialog erwartet haben, werden Sie enttäuscht. Was Sie erhalten, ist eine Vorlage für eine entsprechende SQL-Anweisung in einem neuen Abfrageeditor-Fenster. Dies ist aber durchaus in Ordnung, haben Sie hier ohnehin nur geringen Spielraum in der Anpassung der Anweisung. Lediglich die Namen für interne Constraints können Sie in dieser Anweisung ergänzen. In der vorgegebenen Basisanweisung ist die Angabe des Basisordners und der Sortierreihenfolge vorgesehen:

- `FILETABLE_DIRECTORY`: Der hier definierte Ordnername stellt den Basisordner der FileTable dar. In diesem können nun über die Freigabe auf Ebene des Betriebssystems Ordner erstellt und Dateien abgelegt werden.

- `FILETABLE_COLLATE_FILENAME`: Der Name für die Sortierreihenfolge, die für die Datei- und Ordnernamen innerhalb von SQL bei Zugriffen auf die FileTable verwendet werden soll. Geben Sie hier eine Sortierreihenfolge wie zum Beispiel `Latin1_General_CI_AS` an oder verweisen Sie mit `database_default` auf die diesbezügliche Standardeinstellung der Datenbank. Diese entspricht dem bei der Installation gewählten Serverstandard, wenn Sie bei der Erstellung der Datenbank nichts anderes angegeben haben.

```
SQLQuery2.sql - SR...ELIER\klemens (59))  ⚐ ×
  -- =========================================
  -- Create FileTable template
  -- =========================================
  USE <database, sysname, AdventureWorks>
  GO

  IF OBJECT_ID('<schema_name, sysname, dbo>.<table_name, sysname, sample_filetable>', 'U') IS NOT NULL
    DROP TABLE <schema_name, sysname, dbo>.<table_name, sysname, sample_filetable>
  GO

  CREATE TABLE <schema_name, sysname, dbo>.<table_name, sysname, sample_filetable> AS FILETABLE
    WITH
    (
        FILETABLE_DIRECTORY = '<file_table_directory_name, sysname, sample_filetable>',
        FILETABLE_COLLATE_FILENAME = <file_table_filename_collation, sysname, database_default>
    )
  GO

161 %   ◄
 ⚐ Verbunden. (1/1)                                  SRVSQL2017 (14.0 CTP2.1)  SOFTELIER\klemens (59)  dateien  00:00:00  0 Zeilen
```

Bild 3.77 Anweisungsvorlage für eine FileTable

Entfernen Sie aus der Anweisung in der Vorlage alle nicht benötigten Elemente. Auch die erste Anweisung, die prüfen soll, ob diese Tabelle schon besteht, und sie dann gegebenenfalls vor der Erstellung löscht, können Sie getrost löschen. Diese Anweisung beginnt mit IF OBJECTID(...). Optional können Sie die Namen für drei interne Constraints mit in der Anweisung angeben. Tun Sie dies nicht, werden diese automatisch vom System vergeben.

- FILETABLE_PRIMARY_KEY_CONSTRAINT_NAME: Legen Sie mit dieser Option den Namen für das Primärschlüssel-Constraint der Tabelle fest. Dieses wird auf die Spalte *path_locator* gesetzt.

- FILETABLE_STREAMID_UNIQUE_CONSTRAINT_NAME: Die Eindeutigkeit der Spalte *stream_id* wird über ein Unique Key-Constraint erzwungen. Der Name dieses Constraints wird über diese Option bestimmt.

- FILETABLE_FULLPATH_UNIQUE_CONSTRAINT_NAME: Ein weiteres Unique Key-Constraint erzwingt die Eindeutigkeit von Datei- und Ordnernamen. Dieser besteht zum einen aus dem *parent_path_locator*, der den Ordner, in dem die Datei gespeichert ist, angibt; des Weiteren aus dem Datei- oder Ordnernamen, der in der Spalte *name* gespeichert wird. Den Namen für dieses Constraint bestimmen Sie mit dieser Option.

Die fertige Anweisung könnte nun folgendermaßen aussehen:

```
CREATE TABLE dbo.meine_dokumente AS FileTable
WITH (
     FILETABLE_DIRECTORY = 'db_docs',
     FILETABLE_COLLATE_FILENAME = database_default,
     FILETABLE_PRIMARY_KEY_CONSTRAINT_NAME = pk_meine_dokumente,
     FILETABLE_STREAMID_UNIQUE_CONSTRAINT_NAME = uk_meine_dokumente_streamid,
     FILETABLE_FULLPATH_UNIQUE_CONSTRAINT_NAME = uk_meine_dokumente_fullpath
     );
```

Auffallend ist, dass diese CREATE TABLE-Anweisung keine Spaltendefinitionen enthält. Dies liegt daran, dass die Struktur einer FileTable fix vorgegeben ist. Dass diese verwendet wird, legt der Zusatz AS FileTable hinter dem Tabellennamen in der Anweisung fest. Erstellen wir nun diese Tabelle, indem wir die Anweisung im Editor markieren und ausführen, taucht nun der im Statement angegebene Ordnername *db_docs* unter der bereits vorhandenen Freigabe auf: *srvsql2017\sqldata\dateidatenbank\db_docs*

In diesem Ordner können nun erstmals zum Beispiel über den Explorer weitere Ordner erstellt und Dateien abgelegt werden. Ich habe dies getan, das Ergebnis oder einen Teil davon können Sie in Bild 3.78 sehen.

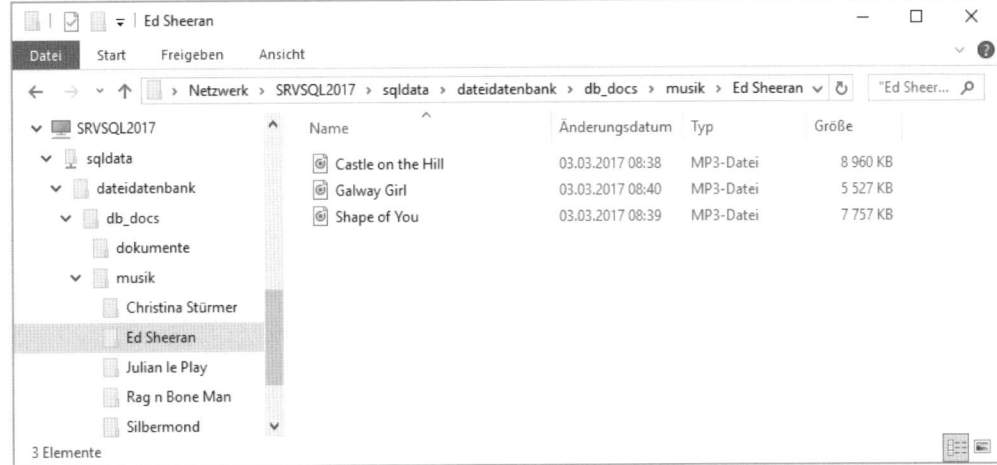

Bild 3.78 In der Freigabe angelegte Ordnerstruktur

Für den Zugriff auf den Ordner benötigen Sie also ausgehend vom Datenbankserver den Freigabenamen, der für eine Instanz definiert wird, gefolgt vom Share, der für jede Datenbank auf dieser Instanz, von der FILESTREAM genutzt wird, erstellt wird. Für jede FileTable innerhalb einer Datenbank wird ein eigenes Verzeichnis sichtbar. Unter dieser vierten Ebene kann nun die weitere Struktur frei definiert und genutzt werden.

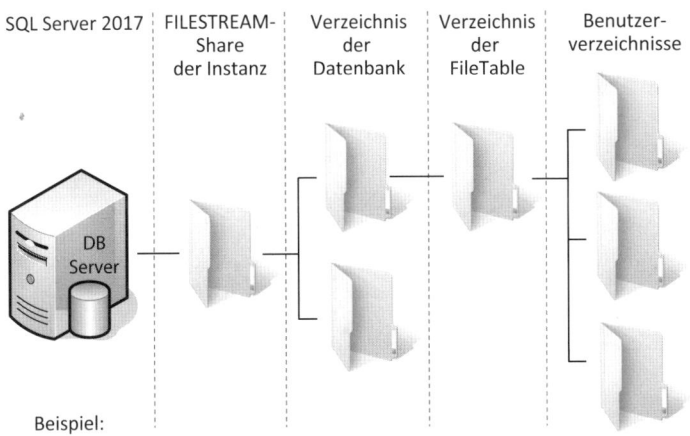

Bild 3.79 Basisstruktur für FileTable mit FILESTREAM

Im Beispiel habe ich vorerst die drei Ordner *dokumente, musik* und *videos* erstellt. Im Ordner *musik* habe ich vier weitere Unterordner angelegt und in diese jeweils ein paar Musikdateien kopiert. Diese Ordner und Dateien erscheinen nun automatisch als Datensätze in der FileTable. Dies ist das Wesen dieser Tabellenart. Betrachten wir uns nun das Ergebnis, indem wir den kompletten Inhalt der Tabelle mit der Anweisung

```
SELECT * FROM dbo.meine_dokumente;
```

im Management Studio ausgeben.

	stream_id	file_stream	name	path_locator	parent_path_locator	file_type	cached_file_
1	F52532F7-E542-E711-9824-00155D183B1F	NULL	dokumente	0xFD009548B2...	NULL	NULL	NULL
2	F72532F7-E542-E711-9824-00155D183B1F	NULL	musik	0xFF8637395B...	NULL	NULL	NULL
3	F92532F7-E542-E711-9824-00155D183B1F	NULL	Christina Stürmer	0xFF8637395B...	0xFF8637395B50...	NULL	NULL
4	FB2532F7-E542-E711-9824-00155D183B1F	0x49443303000000022D1E50524...	Du fehlst hier.mp3	0xFF8637395B...	0xFF8637395B50...	mp3	6979121
5	FD2532F7-E542-E711-9824-00155D183B1F	0x49443303000000022D2850524...	Leicht sein.mp3	0xFF8637395B...	0xFF8637395B50...	mp3	7147698
6	FF2532F7-E542-E711-9824-00155D183B1F	0x49443303000000022D3050524...	Seite an Seite.mp3	0xFF8637395B...	0xFF8637395B50...	mp3	7127706
7	012632F7-E542-E711-9824-00155D183B1F	NULL	Julian le Play	0xFF8637395B...	0xFF8637395B50...	NULL	NULL
8	032632F7-E542-E711-9824-00155D183B1F	0x494433030000000037621505249...	Hand in Hand.mp3	0xFF8637395B...	0xFF8637395B50...	mp3	6880703
9	052632F7-E542-E711-9824-00155D183B1F	0x4944330300000000D5F2750524...	Rollercoaster.mp3	0xFF8637395B...	0xFF8637395B50...	mp3	7091583
10	072632F7-E542-E711-9824-00155D183B1F	0x494433030000000037617505249...	Zugvögel.mp3	0xFF8637395B...	0xFF8637395B50...	mp3	8906386
11	E366CDFD-E542-E711-9824-00155D183B1F	NULL	Silbermond	0xFF8637395B...	0xFF8637395B50...	NULL	NULL
12	E566CDFD-E542-E711-9824-00155D183B1F	0x494433030000000025879505249...	B 96.mp3	0xFF8637395B...	0xFF8637395B50...	mp3	8537258
13	E766CDFD-E542-E711-9824-00155D183B1F	0x49443303000000002590F505249...	Leichtes Gepäck.mp3	0xFF8637395B...	0xFF8637395B50...	mp3	7679943
14	E966CDFD-E542-E711-9824-00155D183B1F	0x49443303000000002590F505249...	Zeit zu tanzen.mp3	0xFF8637395B...	0xFF8637395B50...	mp3	9822137
15	EB66CDFD-E542-E711-9824-00155D183B1F	NULL	Xavier Naidoo	0xFF8637395B...	0xFF8637395B50...	NULL	NULL
16	ED66CDFD-E542-E711-9824-00155D183B1F	0x494433030000000030733505249...	Frei.mp3	0xFF8637395B...	0xFF8637395B50...	mp3	7684205
17	EF66CDFD-E542-E711-9824-00155D183B1F	0x49443303000000003081F505249...	In meinen Armen.mp3	0xFF8637395B...	0xFF8637395B50...	mp3	9910995
18	F166CDFD-E542-E711-9824-00155D183B1F	0x49443303000000003080D50524...	Nicht von dieser Welt - Die Rückkehr.mp3	0xFF8637395B...	0xFF8637395B50...	mp3	5983281
19	F1B03904-E642-E711-9824-00155D183B1F	NULL	videos	0xFDE3954409...	NULL	NULL	NULL
20	3D1CBF30-E642-E711-9824-00155D183B1F	NULL	Rag n Bone Man	0xFF8637395B...	0xFF8637395B50...	NULL	NULL
21	4B834948-E642-E711-9824-00155D183B1F	0x494433030000000032805505249...	Human.mp3	0xFF8637395B...	0xFF8637395B50...	mp3	6591740

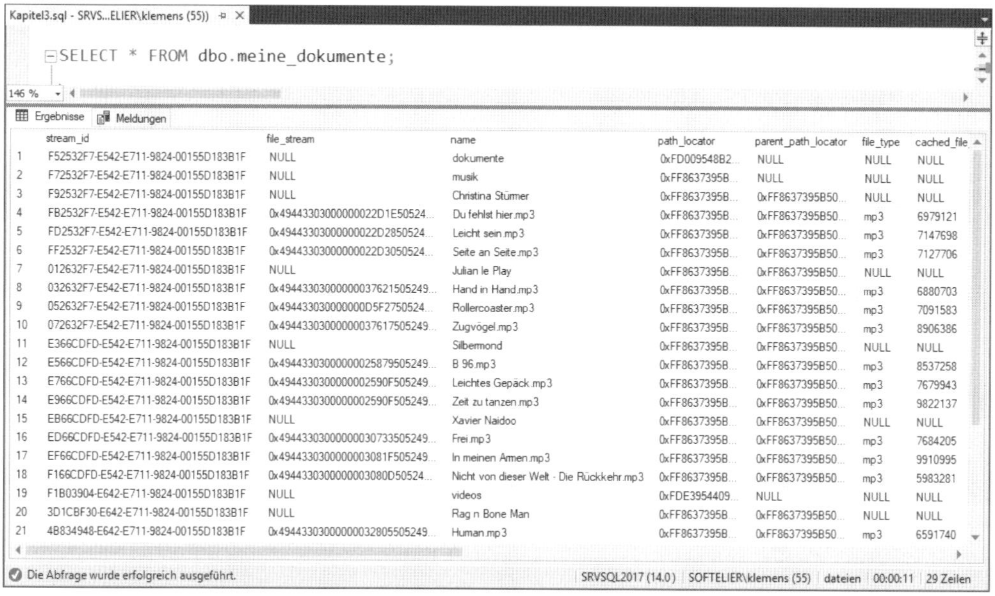

Bild 3.80 Befüllte FileTable

In der Spalte *name* erkennen Sie im Ergebnis die Namen der Dateien und Verzeichnisse. Die genauen Inhalte der Tabelle finden Sie in Tabelle 3.5 aufgeschlüsselt.

ACHTUNG! Sie sind besser mit der Anweisung `SELECT * FROM ...` bei einer FileTable vorsichtig, da in Form von Binärdaten die gesamte Datenmenge, die sich gerade im Verzeichnis befindet, abgerufen werden kann. Das können riesige Datenmengen sein, die Sie in diesem Moment bewegen und den Server sowie Datenleitungen belegen. Verzichten Sie vor allem auf die Spalte *file_stream* in Ihrem `SELECT`, denn diese Spalte enthält die Daten in binärer Form.

Zugriff über SQL

Mich fasziniert an FileTables, dass man die Ordner und Dateien nun bequem über SQL-Anweisungen auswerten kann. In eingeschränkter Form können Sie sogar über SQL Veränderungen vornehmen. Auf die Dateien können Sie programmatisch wie generell auf Binärdaten in einer Datenbank zugreifen. Leider unterstützen dies die aktuellen ODBC-Treiber nicht. Wir bekommen kein Ergebnis angezeigt, wenn wir die Tabelle wie im FILESTREAM-Beispiel in einer Access-Datei verknüpfen. Beschäftigen wir uns nun mit ein paar Beispielen, wie Sie mit SQL auf diese Daten zugreifen können.

 HINWEIS: Wenn Sie mit SQL noch nicht vertraut sind, lesen Sie zuvor das nachfolgende Kapitel. Dort erkläre ich Ihnen die Grundlagen dazu.

Verzeichnisse sind in einer FileTable daran zu erkennen, dass einerseits in der Spalte *file_stream* der Wert NULL zu finden ist, andererseits daran, dass die Spalte *is_directory* den Wert 1 als Bit-Wert für *Wahr* enthält. Mit nachfolgender Anweisung können Sie alle Ordner anzeigen.

```
SELECT name
FROM dbo.meine_dokumente
WHERE is_directory = 1;
```

liefert:

```
name
--------------------------------------------------
dokumente
videos
musik
Xavier Naidoo
Christina Stürmer
Julian le Play
Silbermond
Rag n Bone Man
Yvonne Catterfeld
Ed Sheeran
(10 Zeile(n) betroffen)
```

Um Ordner gemeinsam mit ihren Unterordnern darzustellen, wählen Sie einen Self Join und verknüpfen die Tabelle über die Spalten *path_locator* und *parent_path_locator*.

```
SELECT ISNULL(p.name, 'root') AS ordner,
       d.name AS unterordner
FROM dbo.meine_dokumente d
LEFT OUTER JOIN dbo.meine_dokumente p ON d.parent_path_locator = p.path_locator
WHERE d.is_directory = 1;
```

liefert:

```
ordner                        unterordner
----------------------------  ------------------------------
root                          dokumente
root                          musik
root                          videos
musik                         Xavier Naidoo
musik                         Christina Stürmer
musik                         Julian le Play
musik                         Silbermond
```

```
musik                          Rag n Bone Man
musik                          Yvonne Catterfeld
musik                          Ed Sheeran
(7 Zeile(n) betroffen)
```

Über spezielle Funktionen lässt sich der Pfad zu einer Datei in lesbarer Form ausgeben. Die vorhandene Form als *hierarchyid* ist für uns ja nicht gut lesbar.

- `FileTableRootpath ()`: Diese Funktion liefert den Basispfad, der sich aus der Freigabe und den Verzeichnissen von Datenbank und FileTable ergibt.
- `GetFileNamespacePath ()`: Mit dieser Funktion kann der relative Pfad einer Datei unterhalb der von der FileTable festgelegten Ordnerstruktur ausgelesen werden.

Kombinieren Sie beide, können Sie den gesamten Pfad von Dateien eruieren.

```
SELECT FileTableRootPath() + file_stream.GetFileNamespacePath() AS datei
FROM dbo.meine_dokumente
WHERE file_type = 'mp3';
```

liefert:

```
Datei
-------------------------------------------------------------------------
\\SRVSQL2017\SQLDATA\dateidatenbank\db_docs\musik\Xavier Naidoo\Frei.mp3
\\SRVSQL2017\SQLDATA\dateidatenbank\db_docs\musik\Xavier Naidoo\In meinen Armen.mp3
\\SRVSQL2017\SQLDATA\dateidatenbank\db_docs\musik\Xavier Naidoo\Nicht von dieser Welt
- Die Rückkehr.mp3
\\SRVSQL2017\SQLDATA\dateidatenbank\db_docs\musik\Christina Stürmer\Du fehlst hier.mp3
\\SRVSQL2017\SQLDATA\dateidatenbank\db_docs\musik\Christina Stürmer\Leicht sein.mp3
\\SRVSQL2017\SQLDATA\dateidatenbank\db_docs\musik\Christina Stürmer\Seite an Seite.mp3
...
(19 Zeile(n) betroffen)
```

 PRAXISTIPP: Da Funktionen für jede Zeile separat ausgeführt werden, muss der Basispfad für jeden Eintrag mit der Funktion *FileTableRootpath()* mehrfach eruiert werden, obwohl er für jede Zeile denselben Wert ergeben wird. Um diesen Vorgang effizienter zu gestalten, können Sie diesen konstanten Wert zuvor in einer Transact-SQL-Variablen speichern und verwenden. Eine ausführliche Einführung in Transact-SQL bietet Ihnen Kapitel 5.

Folgende drei Anweisungen liefern dasselbe Ergebnis wie die Anweisung zuvor, reduzieren allerdings den Aufwand für das System, da der Basispfad nur ein einziges Mal eruiert werden muss.

```
DECLARE @basis varchar(100) = FileTableRootPath('meine_dokumente');
SELECT @basis + file_stream.GetFileNamespacePath() AS datei
FROM dbo.meine_dokumente
WHERE file_type = 'mp3';
```

In eingeschränktem Umfang können über SQL auch Schreibzugriffe auf eine FileTable erfolgen. Das nachfolgende Beispiel zeigt, wie Sie einen Ordner umbenennen. Mit einer UPDATE-

Anweisung ändern wir den Namen des Ordners *videos* zu *fotos*. Ich gehe dabei davon aus, dass es in der gesamten Verzeichnisstruktur nur einen Ordner mit diesem Namen gibt und daher die Einschränkung `name = 'video'` ausreichend ist.

```
UPDATE dbo.meine_dokumente
SET name = 'fotos'
WHERE name = 'videos'
AND is_directory = 1;
```

Diese Änderung ist ohne Verzögerung im Dateisystem zu sehen. Haben Sie den Ordner beim Umbenennen gerade geöffnet, „verschwinden" die Inhalte unmittelbar und der Ordner ist leer. Man muss dann zum neuen Ordner navigieren, um die Dateien wieder zu sehen.

Löschen Sie einen Datensatz aus der FileTable, verschwindet die betroffene Datei oder der betroffene Ordner ebenso aus dem Filesystem. Die nachfolgende Anweisung löscht eine Datei:

```
DELETE FROM dbo.meine_dokumente
WHERE name = 'Leichtes Gepäck.mp3';
```

Ein Ordner kann auf diese Art und Weise nur dann gelöscht werden, wenn er bereits leer ist. Ist dies nicht der Fall, bekommen Sie eine Fehlermeldung, die auf eine Fremdschlüssel-Verletzung hinweist. Wir erinnern uns, die Spalte *path_locator* verweist mit einem Fremdschlüssel auf die Spalte *parent_path_locator*. Folgende Anweisung wird in unserem Beispiel daher nicht erfolgreich ausgeführt.

```
DELETE FROM dbo.meine_dokumente
WHERE name = 'Silbermond'
AND is_directory = 1;
```

Die Fehlermeldung lautet:

```
Meldung 547, Ebene 16, Status 0, Zeile 1
Die DELETE-Anweisung steht in Konflikt mit der SAME TABLE REFERENCE-Einschränkung
"FK__meine_dok__paren__3D5E1FD2". Der Konflikt trat in der dateien-Datenbank, Tabelle
"dbo.meine_dokumente", column 'parent_path_locator' auf.
Die Anweisung wurde beendet.
```

 HINWEIS: Wie wir gesehen haben, können wir beim Erstellen der FileTable für bestimmte Constraints selber einen Namen vergeben. Leider ist dies nicht durchgängig für alle Constraints möglich. Daher sehen wir für diesen Fremdschlüssel einen systemseitig vergebenen Namen. Dies stört nicht weiter, außer dass er nicht so „schön" ist wie selbst vergebene. Auch das Umbenennen über das Kontextmenü im Objekt-Explorer ist in diesem Fall nicht möglich. Versuchen Sie es, scheint es vorerst möglich zu sein, Sie erhalten aber eine Fehlermeldung beim Speichern der Änderung.

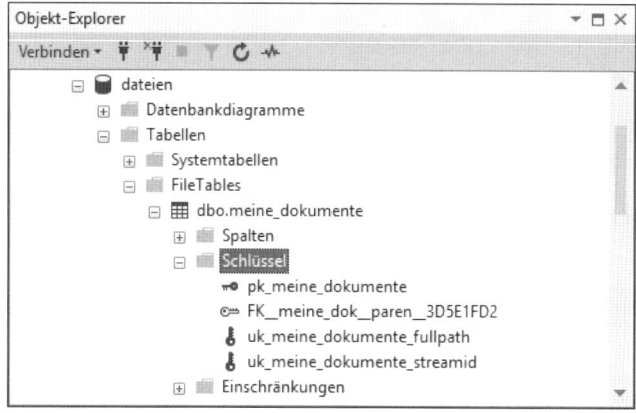

Bild 3.81 Schlüssel der FileTable

Nach dem Ändern und Löschen betrachten wir uns abschließend noch das Einfügen von neuen Datensätzen. Mit der nachfolgenden Anweisung erstellen wir ein weiteres Verzeichnis im Basisordner.

```
INSERT INTO dbo.meine_dokumente (name, is_directory)
VALUES ('filme', 1);
```

Nun kopieren wir eine bestehende Datei ebenfalls in den Basisordner. Dazu müssen wir den Inhalt der Spalte *file_stream* kopieren. Natürlich können wir dabei auch einen anderen Dateinamen vergeben.

```
INSERT INTO dbo.meine_dokumente(name, file_stream)
SELECT 'stürmer_seite_an_seite.mp3', file_stream
FROM dbo.meine_dokumente
WHERE name = 'Seite an Seite.mp3';
```

Als Ergebnis sehen Sie sowohl den neuen Ordner als auch die neue Datei im Basisordner.

 HINWEIS: Um Objekte in einem Unterordner zu erstellen, muss man sich ein wenig mit der Verwendung und Erstellung von Werten für den Datentyp *hierarchyid* befassen. Informationen dazu finden Sie auch in Kapitel 5. Im Besonderen benötigen wir die Methode `GetDescendant()`, um einen neuen untergeordneten Wert in einer Hierarchie zu bekommen. Für die nachfolgenden Beispiele verwende ich Variablen, über die Sie auch in Kapitel 5 detailliert informiert werden.

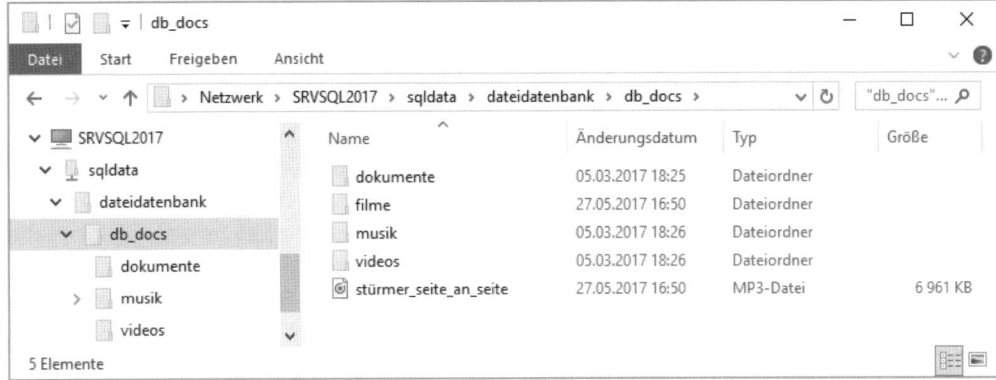

Bild 3.82 Objekte über INSERT mit SQL erstellt

Ich erstelle nun einen Unterordner für den Ordner *musik*. Dazu muss ein passender Hierarchiewert als Nachfolger für den Hierarchiewert dieses Ordners generiert werden. Dazu lese ich zuerst den Wert der Spalte *path_locator* für den Ordner *musik* aus und speichere ihn in der Variablen @ordner ab. Danach benutze ich die Methode GetDescendant(), um für diesen Hierarchiewert einen Nachfolger zu generieren, und weise diesen der Variablen @unterordner zu. Beide Variablen müssen den passenden Datentyp *hierarchyid* verwenden. Den neu generierten Hierarchiewert kann ich nun beim Einfügen in die Tabelle für die Spalte *path_locator* verwenden. Zur Erinnerung: Im vorhergehenden Beispiel haben wir diese Spalte nicht befüllt und das neue Verzeichnis daher im Basisordner angelegt.

```
DECLARE @ordner hierarchyid = (SELECT path_locator FROM dbo.meine_dokumente
                        WHERE name = 'musik');
DECLARE @unterordner hierarchyid = @ordner.GetDescendant(NULL, NULL);

INSERT INTO dbo.meine_dokumente (name, is_directory, path_locator)
VALUES ('deutsch', 1, @unterordner);
```

Mit dem folgenden Beispiel kopiere ich nun eine Datei in diesen Unterordner. Wieder muss ich einen Nachfolgewert für die Hierarchie des Zielordners erstellen und diesen dann als *path_locator* eintragen.

```
DECLARE @ordner hierarchyid = (SELECT path_locator FROM dbo.meine_dokumente
                        WHERE name = 'deutsch');
DECLARE @datei hierarchyid = @ordner.GetDescendant(NULL, NULL);

INSERT INTO dbo.meine_dokumente(name, file_stream, path_locator)
SELECT 'stürmer_seite_an_seite.mp3' , file_stream, @datei
FROM dbo.meine_dokumente
WHERE name = 'Seite an Seite.mp3';
```

Sie sehen an diesen Beispielen, dass Sie beim Erstellen eines Hierarchie-Nachfolgewertes keinen Unterschied machen müssen, ob Sie diesen für einen Ordner oder eine Datei benötigen.

Allerdings müssen wir noch eine Kleinigkeit zusätzlich beachten. Die Methode GetDescendant() besitzt die beiden Parameter child1 und child2, um die Position in der

Hierarchie genauer zu bestimmen. Bisher haben wir für beide Parameter den Wert NULL übergeben. Dies bedeutet, dass quasi der erste Nachfolger in der Hierarchie gebildet wird. Dies wird zum Problem, wenn Sie auf dieselbe Art und Weise nun einen weiteren Ordner in demselben anlegen oder eine weitere Datei einfügen möchten. Denn dann können Sie nicht mehr denselben Nachfolgewert erneut verwenden. Denn die Methode GetDescendant() ist deterministisch, was bedeutet, dass sie mit denselben Parametern aufgerufen immer dasselbe Ergebnis liefert. Würde ich nun also, nachdem ich die Datei zu „Seite an Seite" bereits in den Ordner *deutsch* kopiert habe, auch „Lieder" in denselben Ordner verschieben, dann würde ich eine Primärschlüsselverletzung auslösen, da die eruierte Hierarchiestufe bereits vergeben ist. Daher müssen wir die Parameter von GetDescendant() einsetzen, um dies zu vermeiden. Der Parameter child1 bedeutet, dass ein Wert „nach" diesem, child2 bedeutet ein Wert „vor" diesem generiert werden soll. Wir lesen also immer den größten Wert der betroffenen Hierarchiestufe aus und übergeben ihn als Parameter child1. Damit kann dann nichts mehr schiefgehen.

Im nächsten Beispiel verschieben wir eine Datei, statt sie zu kopieren. Dazu verwenden wir ein gewöhnliches UPDATE, um die neu eruierte Hierarchiestufe der Spalte *path_locator* zuzuweisen. Nebenbei können wir auch gleich den Dateinamen anpassen. In der nun zusätzlich verwendeten Variablen @vorhanden lesen wir den größten Hierarchiewert aus, der dem Zielordner zugewiesen ist. Diesen geben wir nun als Parameter child1 der Methode mit. Gibt es noch gar keine Inhalte im Ordner, erhält die Variable @vorhanden den Wert NULL und wir würden damit auch das gewünschte Ergebnis erzielen.

```
DECLARE @ordner hierarchyid = (SELECT path_locator FROM dbo.meine_dokumente
                               WHERE name = 'deutsch');
DECLARE @vorhanden hierarchyid = (SELECT MAX(path_locator)
                                  FROM dbo.meine_dokumente
                                  WHERE parent_path_locator = @ordner);
DECLARE @datei hierarchyid = @ordner.GetDescendant(@vorhanden, NULL);

UPDATE dbo.meine_dokumente
SET path_locator = @datei,
    name = 'naidoo_nicht_von_dieser_welt.mp3'
WHERE name = 'Nicht von dieser Welt - Die Rückkehr.mp3';
```

Mit dieser Variante können wir nun weitere Dateien in den Ordner *deutsch* verschieben, ohne auf einen Fehler aufzulaufen.

 HINWEIS: Wenn Sie sich mit dem Nachvollziehen der letzten Beispiele noch etwas schwergetan haben, dann empfehle ich Ihnen, die Kapitel 4 und 5 zu lesen, in diesen bekommen Sie die Grundlagen zu SQL und Transact-SQL.

PRAXISTIPP: Wenn Sie mittels UPDATE zum Beispiel einen Ordner verschieben möchten, der andere Dateien enthält, bekommen Sie eine Fremdschlüsselverletzung. Sie können so etwas bewerkstelligen, indem Sie die Dateien einzeln verschieben, um so sauber jeweils den passenden Hierarchiewert zu ermitteln. Um das zu automatisieren, benötigen Sie zum Beispiel eine gespeicherte Prozedur mit einem Cursor, um die Dateien in einer Schleife zu bearbeiten. Lesen Sie die Kapitel 5 und 6, um die dazu notwendigen Vorgangsweisen zu erlernen. ∎

Im letzten Beispiel kopiere ich ein Video aus der früher in diesem Kapitel erstellten Datenbank *video* in die FileTable. Da es sich um eine andere Datenbank handelt, geben wir vor dem Schemanamen der Tabelle *medien* noch den Namen der anderen Datenbank an. Da in der Ursprungstabelle zwar das Video, aber kein Filename gespeichert ist, vergebe ich diesen beim Anfügen.

```
INSERT INTO dbo.meine_dokumente(name, file_stream)
SELECT 'skifahren.mp4', video
FROM video.dbo.medien
WHERE id = 1;
```

Auch dieses Video erscheint letztendlich als Datei im Ordner und der Zugriff darauf über das Filesystem ist möglich. Um diese Datei in einen bestimmten Ordner einzufügen, gehen Sie wie in den vorangegangenen Beispielen vor. Sie finden eine Variante dazu in der Datei *Kapitel3.sql*.

Was zum Thema FileTables noch wichtig ist ...

Prinzipiell unterstützen FileTables alle Funktionen eines normalen Dateisystems. Allerdings ist die Verzeichnistiefe eingeschränkt. Sie können Unterverzeichnisse nur in einer maximalen Tiefe von 15 Ebenen erstellen. Wenn Sie diese maximale Anzahl ausnützen, können Sie aber keine Dateien mehr auf der untersten Ebene speichern, da diese eine weitere Ebene in der für die Darstellung in der Spalte *path_locator* verwendeten *hierarchyid* bedeuten würden.

Informationen über FileTables finden Sie in einer eigenen Systemtabelle *filetables* im Schema *sys*.

```
SELECT * FROM sys.filetables;
```

Hier finden Sie Informationen darüber, ob der Zugriff aktiviert ist, wie der Verzeichnisname der Tabelle lautet sowie welche Sortierreihenfolge für die Namen verwendet wird.

	object_id	is_enabled	directory_name	filename_collation_id	filename_collation_name
1	901578250	1	db_docs	53256	Latin1_General_CI_AS

Bild 3.83 Informationen aus sys.filetables

Wenn wir mit dem Explorer über das Dateisystem mit dem Share auf FileTables zugreifen, sehen wir eine vom SQL Server übersetzte Darstellung. Intern gleicht die Speicherung der von Filestream. Auf der Datenplatte F haben wir für die verwendete Datenbank den Ordner *DB_FS\dateien_fs* gewählt. Darin hat der SQL Server beim Erstellen der FileTable einen weiteren Ordner für diese in der Syntax eines Unique Identifiers angelegt. Für jede FileTable innerhalb derselben Datenbank wird ein eigener Ordner auf dieser Ebene erstellt. Darunter verwaltet der SQL Server die Daten in der Art von FILESTREAM. Die einzelnen Dateien liegen in einer für uns nicht lesbaren Form vor, wie in Bild 3.84 zu sehen.

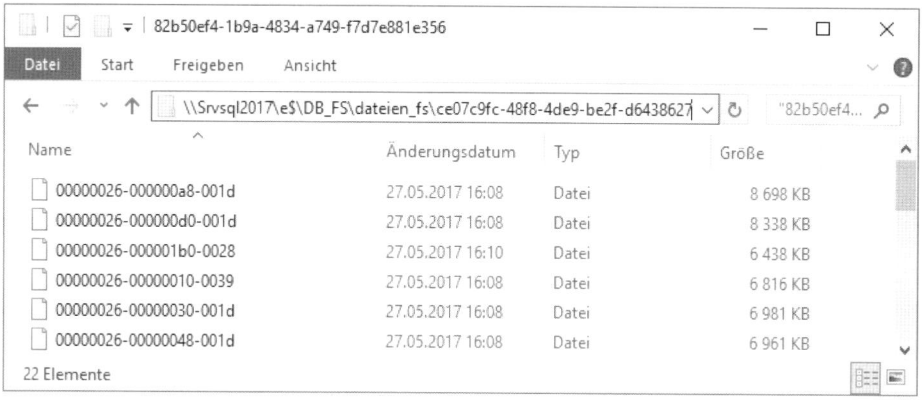

Bild 3.84 Realsicht auf Inhalt einer FileTable

■ 3.7 Beispieldatenbank generieren

Nachdem wir in diesem Kapitel jede Menge über das Erstellen von Datenbanken und Tabellen gehört haben, wird es Zeit, nun die Beispieldatenbank, die wir in den folgenden Kapiteln des Buchs benötigen werden, zu generieren. Im ersten Kapitel habe ich Ihnen gezeigt, wie Sie die Beispieldatenbank *wawi* durch Anfügen der Datenbankdateien, die Sie heruntergeladen haben, verfügbar machen können. Nun möchte ich Ihnen zeigen, wie Sie dies anhand eines SQL-Skripts erledigen können.

HINWEIS: Sie finden die Datei *beispieldatenbank_wawi.sql* bei den Download-Dateien zu diesem Buch.

Öffnen Sie dieses Skript im Management Studio. Wenn Sie möchten, können Sie das Skript danach direkt – zum Beispiel mit der Taste **F5** – ausführen.

Das Skript startet mit den Anweisungen, die eine neue Datenbank mit dem Namen *wawi_basis* erstellen und diese zuvor löschen, sollte sie unter diesem Namen bereits vorhanden sein.

```
USE master
GO
IF EXISTS(SELECT * FROM master.sys.databases WHERE name = 'wawi_basis')
BEGIN
    ALTER DATABASE wawi_basis SET SINGLE_USER WITH ROLLBACK IMMEDIATE;
    DROP DATABASE wawi_basis;
END

CREATE DATABASE wawi_basis;
GO
USE wawi_basis
GO
```

Wie Sie sehen, wird die Datenbank mit allen Standardeinstellungen erzeugt. Passen Sie diesen Teil des Skripts bei Bedarf Ihren Wünschen an. Sie können auch jeden beliebigen anderen Namen für die Datenbank vergeben. Wenn Sie bereits eine leere Datenbank vorbereitet haben, wählen Sie diese aus und starten das Skript erst ab der Anweisung SET NOCOUNT ON. Diese Anweisung schaltet alle Statusmeldungen aus, während die Anweisungen im Skript verarbeitet werden.

```
SET NOCOUNT ON

CREATE TABLE dbo.abteilungen
(   abtnr char(2) NOT NULL,
    bezeichnung varchar(50) NOT NULL,
    CONSTRAINT pk_abteilungen PRIMARY KEY (abtnr)
);
...
```

Wenn Sie das Skript starten, dauert es im Normalfall wenige Sekunden, bis Sie die Vollzugsmeldung erhalten, in der alle erstellten Tabellen mit dem Erstellungszeitpunkt angezeigt werden. Das Skript enthält alle Anweisungen, um die Tabellen zu erstellen und die Beispieldaten in diese einzufügen. Sehen Sie es sich ruhig im Detail an, wenn Sie möchten!

 HINWEIS: Die Erläuterung der Struktur der Beispieldatenbank finden Sie im Anhang des Buchs.

■ 3.8 Speicheroptimierte Tabellen

Hinter dem Begriff *Memory Optimized Tables* steckt eine der bedeutendsten Neuerung des SQL Servers 2014. Unter der offiziellen Bezeichnung *SQL Server In-Memory OLTP* ist das bahnbrechende Feature eingeführt worden, mit dem ganze Tabellen für klassische Datenbankanwendungen zur Gänze im Arbeitsspeicher gehalten werden. Damit kann eine enorme Performancesteigerung erzielt werden.

Mit dem SQL Server 2016/2017 ist dieses Feature noch einmal bedeutend erweitert und verbessert worden, indem in dieser quasi Version 2.0 viele Einschränkungen der Version 1.0 weggefallen sind. Damit wäre ich beinahe geneigt, dies nochmals als neues Feature des SQL Server 2016/2017 zu bezeichnen.

Ich habe vorhin den Begriff „klassische Datenbankanwendung" verwendet, um in diesem Satz keine vielleicht erklärungsbedürftigen Fachbegriffe einzusetzen und direkt auf den Punkt zu kommen. Mit klassischen Datenbanken meine ich explizit keine Data Warehouse-Datenbanken, die OLAP-Anwendungen (Online Analytical Processing) zuzuordnen sind. Mit OLTP-Anwendungen (Online Transaction Processing) sind Datenbanken gemeint, die zur Abwicklung von Transaktionen und nicht in erster Linie für Auswertungen eingesetzt werden – das normale Tagesgeschäft also.

Dieses Feature zielt also zur Gänze auf OLTP-Anwendungen ab. Eine der größten Performancebremsen in Datenbanksystemen ist der IO – das Lesen und Schreiben der angeforderten Daten von und auf Datenträger. Nichts liegt also näher, genau diesen Schritt zu umgehen, um enorme Verbesserungen bei der Performance von Anwendungen zu erreichen. Dies ist vor allem für Unternehmen von großer Bedeutung, die in kurzer Zeit eine enorme Anzahl an Transaktionen zu verarbeiten haben. Viele Datenbanken weisen eine Größe von weniger als 20 GB auf. Und diese Größe lässt sich heutzutage im RAM abbilden. Daher arbeiten alle namhaften Hersteller von Datenbankmanagementsystemen an derartigen Lösungen. Das enorme Plus der Lösung von Microsoft ist, dass sie zur Gänze in die vorhandene Datenbank-Engine integriert ist und es sich um kein parallel betriebenes Zusatzprodukt handelt. Daher ist nicht nur das „Look and Feel" dieser Tabellen mit normalen Tabellen vergleichbar, auch die parallele Verwendung und das Kombinieren dieser Daten ist problemlos möglich.

Das aus meiner Sicht größte Manko: SQL Server In-Memory OLTP steht nur bei der Enterprise Edition zur Verfügung. Natürlich kann das Feature von Entwicklern auch mit der Developer Edition verwendet und getestet werden.

3.8.1 Datenbank mit In-Memory-Filegroup erstellen

Der erste Schritt für den Einsatz von In-Memory OLTP ist das Erstellen einer Datenbank mit einer eigenen dafür ausgelegten Dateigruppe. Aber auch alle klassischen Elemente einer Datenbank werden benötigt. Den auch hier ist es nämlich notwendig, die Daten irgendwann einmal auf Datenträgern abzulegen, da sie sonst bei einem Neustart des Systems verloren wären.

HINWEIS: In Kapitel 1 haben wir das Konsistenzmodell ACID für relationale Datenbanken kennengelernt. Dieses wird auch von speicheroptimierten Tabellen unterstützt, wenn dies gewünscht wird. Dies ist beim Erstellen der jeweiligen Tabelle festzulegen.

Wir erstellen unsere Beispieldatenbank *wawi* nun in dieser neuen Form mit dem Namen *wawi_ram*. Dies können wir über den grafischen Dialog oder über eine SQL-Anweisung erledigen.

Im grafischen Dialog starten wir wie gewöhnlich mit der Eingabe des Datenbanknamens auf der Seite *Allgemein*. Die Anfangsgrößen für Datendatei und Transaktionsprotokoll legen wir zum Beispiel mit 128 MB und 64 MB fest. Den logischen Namen der primären Datendatei ändern wir beispielsweise auf *wawi_ram_hdd*, da ich *wawi_ram* für die tatsächliche RAM-Datei aufheben möchte.

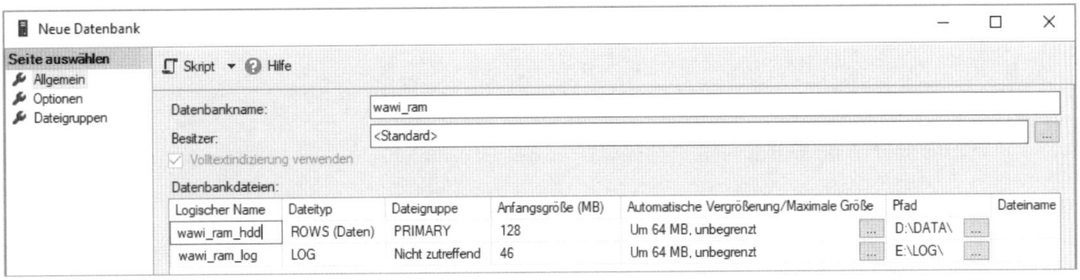

Bild 3.85 Basiseinstellungen für Datenbank mit Memory Optimized Tables

Bevor wir fortfahren können, müssen wir noch eine entsprechende Dateigruppe ergänzen. Dazu wechseln wir auf die Seite *Dateigruppen*. Rechts unten im Dialog finden wir den Bereich für *MEMORY OPTIMIZED DATA* vor. Über die Schaltfläche **DATEIGRUPPE HINZUFÜGEN** ergänzen wir eine neue Dateigruppe und geben ihr den bezeichnenden Namen *ULTRA-SCHNELL*. Hier taucht im Dialog der Begriff *FILESTREAM-Dateien* auf. Dies ist darauf zurück-zuführen, dass diese Technologie für das Zurückschreiben der Daten aus dem RAM auf die Festplatte genutzt wird.

Bild 3.86 Dateigruppe für Memory Optimized Data hinzufügen

Nach dem Anlegen der Dateigruppe wechseln wir retour auf die Seite *Allgemein* und ergän-zen dort eine neue Datendatei mit dem Namen *wawi_ram*. Als Datentyp müssen wir aus dem zuvor erwähnten Grund *FILESTREAM-Daten* auswählen. Als Dateigruppe wird die zuvor erstellte und auch benötigte Gruppe sogleich korrekt vorausgewählt, wenn es in der Definition keine weiteren passenden Dateigruppen gibt.

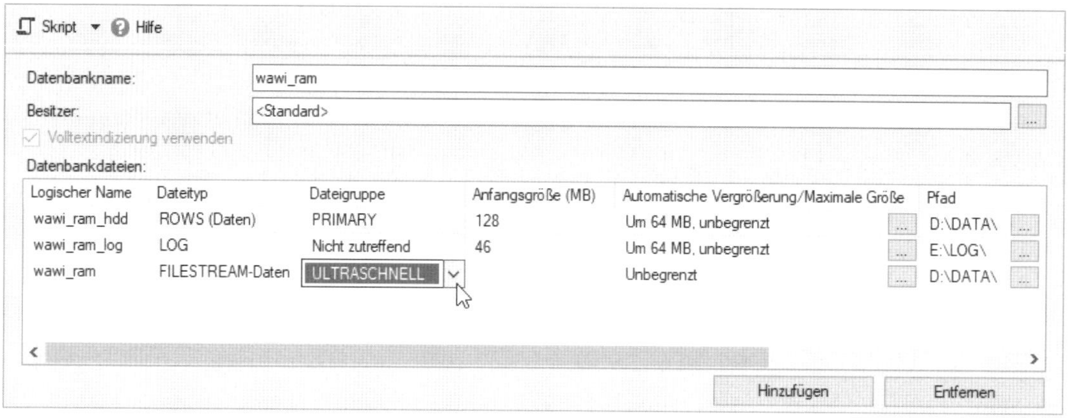

Bild 3.87 Datenbankdatei für Memory Optimized Data hinzufügen

Wenn Sie möchten, können Sie noch die Pfade der Datenbankdateien anpassen. Ich behalte hier die festgelegten Standardordner bei. Damit ist alles Nötige definiert und die Datenbank kann angelegt werden.

Alternativ können Sie eine derartige Datenbank auch über eine CREATE TABLE-Anweisung erzeugen. Auch über diesem Weg müssen wir zusätzlich eine weitere Dateigruppe mit der Zusatzoption CONTAINS MEMORY_OPTIMIZED_DATA ergänzen. Der Name, den Sie für die Dateigruppe in der Anweisung angeben, wird daher zum Basisordner für die Filestream-Daten und gleicht der Struktur, die wir schon kennengelernt haben.

```
CREATE DATABASE wawi_ram
CONTAINMENT = NONE
ON PRIMARY
( NAME = 'wawi_ram_hdd',
  FILENAME = 'D:\MSSQL14.MSSQLSERVER\MSSQL\DATA\wawi_ram_hdd.mdf',
  SIZE = 128MB , FILEGROWTH = 64MB ),
FILEGROUP ULFTRASCHNELL CONTAINS MEMORY_OPTIMIZED_DATA
( NAME = 'wawi_ram', FILENAME = 'D:\MSSQL14.MSSQLSERVER\MSSQL\DATA\wawi_ram')
LOG ON
( NAME = 'wawi_ram_log',
  FILENAME = 'D:\MSSQL14.MSSQLSERVER\MSSQL\LOG\wawi_hdd_log.ldf',
  SIZE = 64MB , FILEGROWTH = 64MB);
GO
```

Sie können eine speicheroptimierte Dateigruppe beziehungsweise eine in ihr platzierte Datenbankdatei auch in dieser Version nicht entfernen, wenn sie einmal erstellt ist. Es kann nur die gesamte Datenbank gelöscht werden.

3.8.2 Speicheroptimierte Tabelle anlegen

Beim Erstellen von speicheroptimierten Tabellen mussten Sie beim SQL Server 2014 noch auf einige Dinge verzichten, die Sie vielleicht von herkömmlichen Tabellen gewohnt sind zu verwenden. Berücksichtigen Sie das daher, wenn Sie noch einen SQL Server 2014 im Einsatz haben. Viele dieser Einschränkungen sind nun mit dem SQL Server 2016 und 2017 weggefallen. Um zu verstehen, warum diese Einschränkungen bisher bestanden haben, muss man sich vor Augen halten, dass dieses Feature enorme Anpassungen auch an den Fundamenten der vorhandenen Datenbank-Engine notwendig gemacht hat. Man muss sich den enormen Entwicklungsaufwand vorstellen, wenn zusätzlich die bisherige Funktionalität nicht beeinträchtigt werden darf. Wir sprechen ja hier nicht von einem Zusatzfeature, sondern von einer Funktionalität, die zur Gänze in den bestehenden Programmkern integriert worden ist.

Die wichtigsten Einschränkungen, die schon mit dem SQL Server 2016 weggefallen sind, sind:

- Speicheroptimierte Tabellen können nun auch mit der Anweisung `ALTER TABLE` geändert werden. Daher muss nicht mehr schon alles bei der Anweisung `CREATE TABLE` berücksichtigt werden. Eine spätere Änderung erfordert nicht mehr ein Neuerstellen der Tabelle inklusive Datenmigration. So können nun Spalten ergänzt, gelöscht und geändert werden. Ebenso können Indizes später ergänzt und auch wieder gelöscht werden.

- FOREIGN KEY-, UNIQUE- und CHECK-Constraints werden nun unterstützt. Damit muss diese wichtige Businesslogik nicht mehr über Prozeduren implementiert werden.

- AFTER-Trigger stehen zur Verfügung.

- Ein Index kann für Textspalten nun mit jeder beliebigen Sortierreihenfolge erstellt werden. Die Limitierung auf eine BIN2-Sortierreihenfolge ist weggefallen und die Verwendung der bei uns häufigsten Einstellung `Latin1_General_CI_AS` ist nun möglich. Ein Ausweichen auf beispielsweise `Latin1_General_BIN2` ist nicht mehr notwendig.

- Indizes, die nicht eindeutig sind, dürfen nun auch NULL-Werte in der indizierten Spalte enthalten.

- Die LOB-Datentypen (Large Objects) `varchar(max)` sowie `varchar(max)` können auch benutzt werden.

- Die Gesamtgröße von mehreren Spalten einer Tabelle darf die Maximalgröße von 8060 Byte übersteigen. Daten werden dann außerhalb der Zeile gespeichert. Dies geschieht aber transparent, also bekommen wir beziehungsweise unsere Abfragen davon nichts mit.

Nach wie vor müssen Sie auf folgende Features für speicheroptimierte Tabellen verzichten. Dies ist aber überschaubar und betrifft aus meiner Sicht keine Kernfeatures:

- CLR-Datentypen (`hierarchy_id`, `geometry`, `geography`) und benutzerdefinierte Datentypen (UDTs) können nicht verwendet werden.

- Kein Einsatz von berechneten Spalten.

- INSTEAD OF-Trigger fehlen im Repertoire der unterstützten Features noch.

 HINWEIS: In den vorangegangenen Aufzeichnungen sind zwei Mal Trigger erwähnt worden. Diese werden in Kapitel 6 behandelt. Die CLR-Datentypen `geometry` und `geography` kommen in Kapitel 4 zum Einsatz.

Speicheroptimierte Tabellen werden auch im Management Studio nicht über den grafischen Dialog erstellt, wie wir es bereits bei Dateitabellen kennengelernt haben. Wenn Sie im Kontextmenü des Objekt-Explorers den Befehl NEU/NEUE SPEICHEROPTIMIERTE TABELLE... auswählen, öffnet sich ein neues Abfrageeditor-Fenster mit einer Vorlage, wie in Bild 3.88 zu sehen.

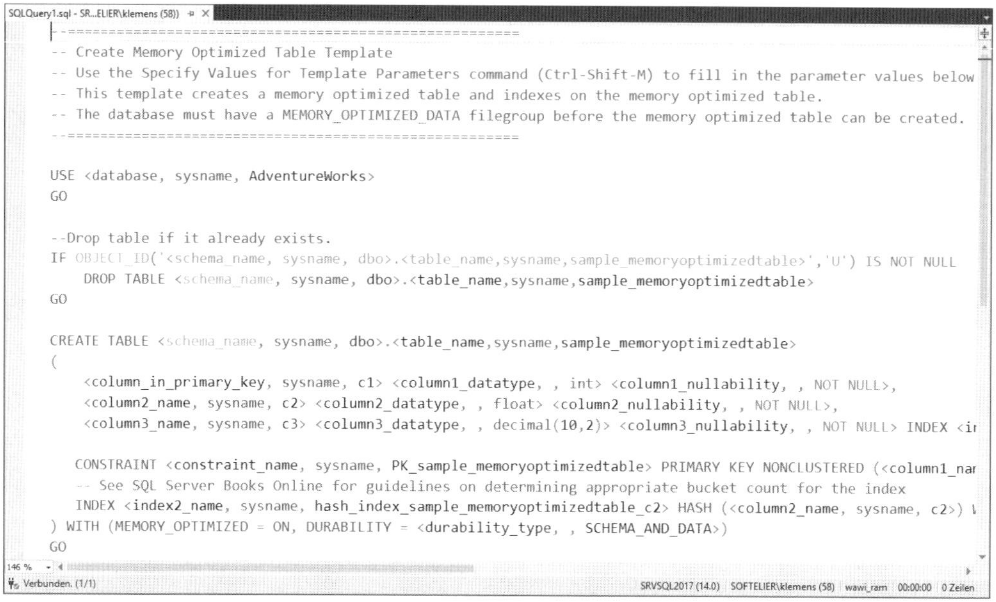

```
--======================================================
-- Create Memory Optimized Table Template
-- Use the Specify Values for Template Parameters command (Ctrl-Shift-M) to fill in the parameter values below
-- This template creates a memory optimized table and indexes on the memory optimized table.
-- The database must have a MEMORY_OPTIMIZED_DATA filegroup before the memory optimized table can be created.
--======================================================

USE <database, sysname, AdventureWorks>
GO

--Drop table if it already exists.
IF OBJECT_ID('<schema_name, sysname, dbo>.<table_name,sysname,sample_memoryoptimizedtable>','U') IS NOT NULL
   DROP TABLE <schema_name, sysname, dbo>.<table_name,sysname,sample_memoryoptimizedtable>
GO

CREATE TABLE <schema_name, sysname, dbo>.<table_name,sysname,sample_memoryoptimizedtable>
(
   <column_in_primary_key, sysname, c1> <column1_datatype, , int> <column1_nullability, , NOT NULL>,
   <column2_name, sysname, c2> <column2_datatype, , float> <column2_nullability, , NOT NULL>,
   <column3_name, sysname, c3> <column3_datatype, , decimal(10,2)> <column3_nullability, , NOT NULL> INDEX <ir

  CONSTRAINT <constraint_name, sysname, PK_sample_memoryoptimizedtable> PRIMARY KEY NONCLUSTERED (<column1_nar
  -- See SQL Server Books Online for guidelines on determining appropriate bucket count for the index
  INDEX <index2_name, sysname, hash_index_sample_memoryoptimizedtable_c2> HASH (<column2_name, sysname, c2>) W
) WITH (MEMORY_OPTIMIZED = ON, DURABILITY = <durability_type, , SCHEMA_AND_DATA>)
GO
```

Bild 3.88 Anweisungsvorlage für speicheroptimierte Tabelle

Aus der Vorlage können Sie sehr gut die entscheidenden Anweisungsteile entnehmen.

- Eine speicheroptimierte Tabelle wird durch den Zusatz `WITH (MEMORY_OPTIMIZED = ON)` am Ende der `CREATE TABLE`-Anweisung erzeugt.
- Optional kann dabei der Parameter `DURABILITY` ergänzt werden. Dieser kann zwei Ausprägungen annehmen:
  - `SCHEMA_AND_DATA`: Wird diese Option gewählt, erfolgt die Datenspeicherung ACID-konform. Daten gehen auch bei Systemausfällen nicht verloren.
  - `SCHEMA_ONLY`: Die Datenspeicherung erfolgt nicht ACID-konform. Daten gehen bei Systemausfällen, aber auch bei einem Neustart des Servers verloren, die Struktur (= Schema) bleibt aber auf jeden Fall bestehen. Diese Option könnte man zum Beispiel für Tabellen mit nur temporär für Verarbeitungsvorgänge notwendigen Daten verwenden.

  Die Standardvorgabe, wenn Sie den Parameter nicht angeben, ist `SCHEMA_AND_DATA`.
- Da speicheroptimierte Tabellen keinen gruppierten Index unterstützen, muss beim Erstellen des Primärschlüssels die Option `NONCLUSTERED` explizit angegeben werden, da die sonst verwendete Standardvorgabe `CLUSTERED` einen Fehler erzeugen würde. Dies gilt auch, wenn ein HASH-Index für den Primärschlüssel festgelegt wird.
- Der Zusatz `NOT NULL` muss für Primärschlüsselspalten nicht mehr explizit angegeben werden. Das wird nun, wie bei normalen Tabellen auch, implizit so eingestellt.
- Beim SQL Server 2014 musste, da ein Index für Character-Spalten nur erstellt werden konnte, wenn diese eine BIN2-Collation aufweisen, eine derartige Primärschlüsselspalte mit der Anweisung `COLLATE` beim Erstellen mit einer solchen Collation versehen werden. Dies ist nun zum Glück auch nicht mehr notwendig.

PRAXISTIPP: Da die Vorlage sehr viele Elemente enthält, die erst ersetzt oder gar gelöscht werden müssen, verwende ich sie gar nicht, sondern gebe die Anweisungen lieber selber manuell im Editor ein. Dies ist in Summe weniger Aufwand und in der Regel schneller. Zum schnellen Nachsehen, wie doch die zusätzliche Syntax bei speicheroptimierten Tabellen aussehen muss, können Sie die Vorlage allemal verwenden.

Erstellen wir nun in unserer Datenbank *wawi_ram* die Tabelle *artikelgruppen* mit nachfolgender Anweisung. Aus der Freude heraus, dass nun CHECK-Constraints möglich sind, definiere ich sogleich eines, das eine Mindestlänge von vier Zeichen für die Bezeichnung der Artikelgruppe erzwingt.

```
CREATE TABLE dbo.artikelgruppen
(   artgr char(2),
    bezeichnung varchar(50) NOT NULL,
    CONSTRAINT ck_artikelgruppen_bezeichnung CHECK (LEN(bezeichnung) > 3),
    CONSTRAINT pk_artikelgruppen PRIMARY KEY NONCLUSTERED (artgr)
) WITH (MEMORY_OPTIMIZED = ON, DURABILITY = SCHEMA_AND_DATA);
```

Danach können Sie wie gewohnt mit DML-Anweisungen Daten in diese Tabelle einfügen, ändern und auch wieder löschen. Beispiel:

```
INSERT INTO dbo.artikelgruppen (artgr, bezeichnung) VALUES ('GA', 'Garten');
```

Auch der Zugriff mit SELECT-Anweisungen ist wie gewohnt möglich. Wenn Sie mit SQL-Anweisungen noch nicht vertraut sind, finden Sie Informationen dazu im nachfolgenden Kapitel 4.

Bei den Beispieldateien zum Buch finden Sie das Skript, um die gesamte Beispieldatenbank mit allen Tabellen und Inhalten zu erzeugen.

Sie können in einer Datenbank normale und speicheroptimierte Tabellen gemischt verwenden. Sie müssen nicht entweder das eine oder das andere einsetzen. Beide lassen sich auch problemlos miteinander verwenden. Die Interoperabilität ist jederzeit gegeben.

Um dieses zu demonstrieren, verwende ich ein kleines Abschlussbeispiel. Dazu habe ich vorbereitend die Tabelle *gruppen* als normale Tabelle mit der gleichen Struktur wie die speicheroptimierte Tabelle *artikelgruppen* erstellt. Ich erstelle eine Anweisung, in der ich die Tabelle *artikel* mit der Tabelle *gruppen* kombiniere. Die Anweisung soll uns neben der Artikelnummer, der Bezeichnung und dem Verkaufspreis auch die Bezeichnung aus der Artikelgruppe für alle Artikel mit einem Verkaufspreis ab 100 Euro liefern.

```
SELECT a.artnr, a.bezeichnung, a.vkpreis, g.bezeichnung AS artikelgruppe
FROM dbo.artikel a
INNER JOIN dbo.gruppen g ON a.gruppe = g.artgr
WHERE a.vkpreis > 100
ORDER BY artikelgruppe, a.bezeichnung;
```

liefert:

```
artnr     bezeichnung                          vkpreis      artikelgruppe
--------  -----------------------------------  -----------  -------------
1124      Braun Rasierer 5005                  141,49       Elektrische Geräte
1214      Einkochautomat mit Zeitschaltuhr     174,20       Elektrische Geräte
...
```

 HINWEIS: Für dieses Beispiel musste die normale Tabelle mit einem anderen Namen, aber in derselben Datenbank angelegt werden. Wir können hier nicht auf die Tabelle in der anderen Beispieldatenbank *wawi* zurückgreifen, da Anweisungen mit speicheroptimierten Tabellen nicht datenbankübergreifend möglich sind.

3.8.3 Index für speicheroptimierte Tabellen

Wie wir bereits beim Erstellen von speicheroptimierten Tabellen gesehen haben, sind gruppierte Indizes für diese nicht vorgesehen. Jede speicheroptimierte Tabelle sollte mindestens einen Index besitzen. Da für jeden Primärschlüssel automatisch ein Index angelegt wird, ist diese Anforderung bereits erfüllt, wenn Sie für jede Tabelle einen Primärschlüssel erstellen.

Sowohl für den Primärschlüssel als auch für weitere Indizes kann einer der folgenden Indexarten erstellt werden:

- *Nicht gruppierter Index*: Diese Indexart entspricht der, die auch bei klassischen Tabellen zum Einsatz kommt. Sie ist dann die bevorzugte Indexart, wenn
  - die indizierte Spalte eine größere Anzahl jeweils gleicher Werte enthält oder
  - bei Suchvorgängen in dieser Spalte typischerweise Bereiche abgefragt werden. Dies ist der Fall, wenn Sie in der WHERE-Klausel beispielsweide die Vergleichsoperatoren <, <=, >, >=, LIKE oder BETWEEN verwenden.
- *Nicht gruppierter Hash-Index*: Diese spezielle Indexart für speicheroptimierte Tabellen wird quasi gegenteilig verwendet. Sie ist zu bevorzugen, wenn
  - indizierte Spalten entweder absolut eindeutige Werte enthalten oder die Anzahl der gleichen Werte zumindest gering ist und
  - typischerweise punktuelle Suchvorgänge in diesen Spalten vorgenommen werden. Dies ist der Fall, wenn als Vergleichsoperatoren das = oder IN verwendet werden.

Indizes von speicheroptimierten Tabellen werden nur im Speicher gehalten und nicht auf die Platten geschrieben. Wenn also der Datenbankdienst neu gestartet wird, müssen diese Indizes daher neu erstellt werden. Indizes konnten beim SQL Server 2014 nur direkt beim Erstellen der Tabelle mit angelegt werden. Nun können sie auch nachträglich mit der ALTER TABLE-Anweisung ergänzt oder gelöscht werden.

Nicht gruppierter Index

Das Erstellen eines nicht gruppierten Index unterscheidet sich in der Syntax für eine speicheroptimierte Tabelle ein wenig von der Anweisung, die Sie für eine normale Tabelle verwenden. Ich verwende den Begriff Syntax hier nicht zufällig, denn Sie müssen Indizes für speicheroptimierte Tabellen generell über eine SQL-Anweisung erstellen, es gibt auch hierfür – wie schon für das Erstellen für speicheroptimierte Tabellen – keinen grafischen Dialog.

Eine einfache Vorlage dazu erhalten Sie, wenn Sie im Objekt-Explorer im Kontextmenü für den Ordner *Indizes* den Befehl **NEUER INDEX/NICHT GRUPPIERTER INDEX...** auswählen. Tun Sie dies für die Tabelle *artikel*, erhalten Sie die in Bild 3.89 dargestellte Anweisungsvorlage.

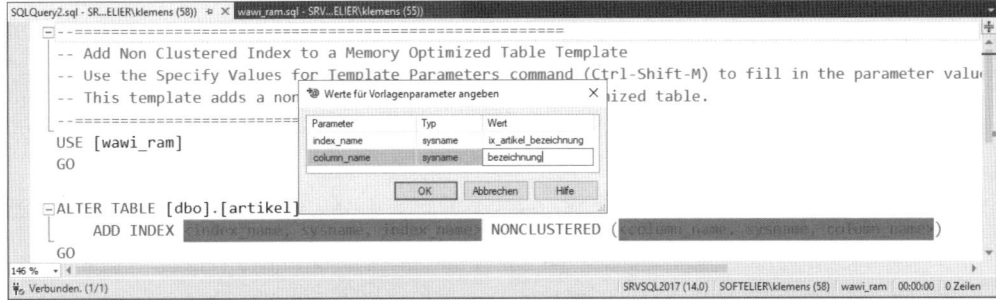

Bild 3.89 Vorlage für nicht gruppierten Index

TIPP: Auch, wenn ich generell nicht der größte Fan von Vorlagen bin, da man oft mehr Arbeit hat, die nicht benötigten Codeteile zu entfernen, als die benötigten selbst von Hand einzutippen, finde ich diese sehr hilfreich. Hier müssen ja lediglich der Namen für den Index und der Spaltenname oder die Spaltennamen eingetragen werden.

Hier hilft die Tastenkombination **STRG** + **SHIFT** + **M**, die auch in der Beschreibung der Vorlage angeführt ist. Mit dieser kann man einen Dialog starten, in dem die Parameter innerhalb der Vorlage sehr schnell und sehr effizient mit den realen Werten ersetzt werden können, wie in Bild 3.89 zu sehen.

Letztendlich wird folgende Anweisung benötigt, um einen nicht gruppierten Index für die Spalte *bezeichnung* der speicheroptimierten Tabelle *artikel* zu erstellen:

```
ALTER TABLE dbo.artikel
ADD INDEX ix_artikel_bezeichnung NONCLUSTERED (bezeichnung);
```

Um denselben Index wieder zu löschen, nutzen Sie ebenfalls eine ALTER TABLE-Anweisung mit dem Zusatz DROP INDEX, gefolgt vom Namen des Index.

```
ALTER TABLE dbo.artikel
DROP INDEX ix_artikel_bezeichnung;
```

Zum Vergleich, für denselben Index würden Sie bei einer normalen Tabelle folgende Anweisungen verwenden. Es handelt sich dabei um alleinstehende Anweisungen, die nicht an die ALTER TABLE-Anweisung gebunden sind.

```
CREATE INDEX ix_artikel_bezeichnung ON dbo.artikel (bezeichnung);
DROP INDEX ix_artikel_bezeichnung ON dbo.artikel;
```

Nicht gruppierter Hash-Index

Bevor Sie einen nicht gruppierten Hash-Index für eine speicheroptimierte Tabelle erstellen, müssen Sie sich darüber Gedanken machen, wie viele unterschiedliche Spalteninhalte es im Index geben wird. Der Grund hierfür ist, dass für jeden Hash-Index eine Hashtabelle erstellt wird, deren Größe festgelegt werden muss. Eine nicht optimale Größe führt zu Performanceeinbußen und eventuell auch zu Speicherverschwendung.

Wird ein HASH-Index für einen Primärschlüssel (PRIMARY KEY) oder eine eindeutige Spalte mit einem eindeutigen Schlüssel (UNIQUE KEY) verwendet, ist dies recht einfach zu lösen. Hier ist als Wert direkt die Anzahl der Datensätze innerhalb der Tabelle heranzuziehen. Wenn Sie die Anzahl nicht kennen, können Sie diese bei einer bestehenden Tabelle mit der Gruppenfunktion COUNT(*) eruieren. Oft gibt es ja schon normale Tabellen, die in speicheroptimierte Tabellen überführt werden sollen.

```
SELECT COUNT(*) AS zeilen FROM dbo.artikel;
```

Wenn Sie zum Beispiel erwägen, einen Index für die Artikelgruppe zu erstellen, können Sie mit der nachfolgenden Anweisung eruieren, wie viele Zeilen, wie viele unterschiedliche Werte und wie viele idente Werte es im Schnitt gibt.

```
SELECT zeilen, artikelgruppen, zeilen / artikelgruppen AS durchschnitt
FROM (SELECT COUNT(*) AS zeilen, COUNT(DISTINCT gruppe) AS artikelgruppen
      FROM dbo.artikel) z;
```

liefert:

```
zeilen       artikelgruppen durchschnitt
-----------  -------------- ------------
1112         8              139
```

Dieses Ergebnis würde darauf hinweisen, eher keinen Hash-Index zu erstellen. Wenn Sie dieselbe Anweisung für die Spalte *bezeichnung* anstelle von *gruppe* ausführen, kommen Werte heraus, die den Einsatz eines Hash-Index rechtfertigen, da die Artikelbezeichnung quasi eindeutig ist. Allerdings ist es nur dann wirklich sinnvoll, einen solchen Index zu erstellen, wenn Sie häufiger unter Verwendung von = nach einem Artikel suchen, und nicht mit LIKE.

Wenn Sie nun einen aus mehreren Spalten zusammengesetzten Index erwägen, können Sie die Anzahl der unterschiedlichen Werte und die Anzahl des durchschnittlichen Auftretens der Werte mit folgender Anweisung eruieren:

```
SELECT SUM(anzahl) AS zeilen,
       COUNT(*) AS unterschiedliche_werte,
       AVG(anzahl) AS durchschnittliches_vorkommen
 FROM ( SELECT gruppe, vkpreis, CAST(COUNT(*) AS real) AS anzahl
        FROM dbo.artikel
        GROUP BY gruppe, vkpreis) z;
```

liefert:

```
zeilen                unterschiedliche_werte durchschnittliches_vorkommen
--------------------- ---------------------- ----------------------------
1112                  337                    3,29970326409496
```

Die Konvertierung der Anzahl in der Unterabfrage in den Datentyp REAL habe ich vorgenommen, um beim danach daraus generierten Durchschnittswert auch Nachkommastellen angezeigt zu bekommen. Um dies für andere Spaltenkombinationen durchzuführen, ersetzen Sie lediglich die Spaltennamen in der SELECT- sowie GROUP BY-Klausel der Unterabfrage.

 HINWEIS: Wenn Sie sich nicht sicher sind, ob die Werte für einen Hash-Index eindeutig genug sind, verwenden Sie im Zweifel eher einen nicht gruppierten Index.

Wenn Sie die Anzahl der eindeutigen Werte kennen, können Sie auch die sogenannte Bucketanzahl festlegen. Diese wird beim Erstellen eines Hash-Index über den Parameter BUCKET_COUNT angegeben. Dieser Wert ist immer ein Vielfaches von zwei. Sie müssen den Wert aber nicht exakt angeben, es wird immer der nächsthöhere Wert herangezogen. Wenn Sie beispielsweise 100.000 angeben, wird der Wert mit 131.072 konfiguriert.

Wie groß sollte nun dieser Wert angegeben werden? Berücksichtigen Sie dabei nicht nur den aktuellen Bedarf, sondern auch das geplante Wachstum der Tabelle. Der Wert sollte im Bereich des Ein- bis Zweifachen der Anzahl an unterschiedlichen Werten liegen. Damit wird auch festgelegt, wie viel Speicherplatz im RAM dafür beansprucht wird.

In der Beispieldatenbank verwenden wir einen Hash-Index für den Primärschlüssel der Artikeltabelle. In dieser gibt es im Moment 1.112 Zeilen und wir erwarten ein Wachstum auf circa 2.500 bis 3.000 Zeilen. Daher verwenden wir für BUCKET_COUNT den Wert 4.096.

```
CREATE TABLE dbo.artikel
(  artnr int IDENTITY(1,1),
   bezeichnung varchar(60) NOT NULL,
   ...
   CONSTRAINT pk_artikel PRIMARY KEY NONCLUSTERED HASH (artnr) WITH (BUCKET_
COUNT=4096),
   ...);
```

Das nachträgliche Ergänzen eines Hash-Index gleicht der Vorgangsweise für einen nicht gruppierten Index. Verwenden Sie dazu wieder die Vorlage aus dem Kontextmenü über den Befehl **NEUER INDEX/HASH-INDEX...** oder tippen Sie die Anweisung direkt ein.

```
ALTER TABLE dbo.kunden
ADD INDEX ix_kunden_nachname HASH (nachname) WITH (BUCKET_COUNT = 8192);
```

Auch die Anweisung zum Löschen eines Hash-Index ist wieder gleich wie bei einem nicht gruppierten Index.

```
ALTER TABLE dbo.kunden
DROP INDEX ix_kunden_nachname;
```

Sind Hash-Indizes dann in Verwendung, können Sie über die Systemsicht *sys.dm_db_xtp_hash_index_stats* Statistikinformationen über diese auslesen.

```
SELECT OBJECT_NAME (h.object_id) AS tabelle,
       i.name AS indexname,
```

```
        h.total_bucket_count,
        h.empty_bucket_count,
        100 * h.empty_bucket_count / h.total_bucket_count AS empty_bucket_percent,
        h.avg_chain_length,
        h.max_chain_length
FROM sys.dm_db_xtp_hash_index_stats AS h
INNER JOIN sys.indexes i ON h.object_id = i.object_id AND h.index_id = i.index_id
ORDER BY tabelle, indexname;
```

Die aus unserer Beispieltabelle gelieferten Werte sind nicht wirklich realitätsnah, da in vielen Tabellen eine nur sehr geringe Anzahl an Beispieldaten enthalten ist.

Die Inhalte dieser Ausgabe und die sich daraus ableitbaren Aussagen sind in Tabelle 3.6 zusammengefasst.

Zusammenfassend lässt sich sagen: Liegt der Prozentsatz der freien Buckets über 33 und die durchschnittliche Kettenlänge ist im niedrigen Bereich von 1 bis 2, ist der Hash-Index die passende Lösung. Gibt es keine freien Buckets mehr und die durchschnittliche Zeilenlänge ist groß, sollte vor allem bei einem eindeutigen Index die Bucketanzahl erhöht werden. Ist die Länge der Zeilenkette bei freien Buckets sehr hoch, gibt es viele gleiche Werte im Index und ein nicht gruppierter Index wäre für diese Spalte sinnvoller.

Um dies mit den Gegebenheiten unserer Beispieldatenbank zu demonstrieren, erstelle ich drei Hash-Indizes.

Der erste Index für die Spalte mit der Artikelgruppe in der Artikeltabelle enthält viele gleiche Werte:

```
ALTER TABLE dbo.artikel
ADD INDEX ix_artikel_gruppe_schlecht HASH (gruppe) WITH (BUCKET_COUNT = 2048);
```

Der zweite Index für die Artikelbezeichnung derselben Tabelle enthält eine viel zu geringe Bucketanzahl für die eigentlich so gut wie eindeutigen Werte:

```
ALTER TABLE dbo.artikel
ADD INDEX ix_artikel_bezeichnung_schlecht HASH (bezeichnung) WITH (BUCKET_COUNT = 4);
```

Für Demozwecke erzeuge ich einen zweiten, aber passenden Index für dieselbe Spalte – das sollten Sie in einer Produktivumgebung nicht tun.

```
ALTER TABLE dbo.artikel
ADD INDEX ix_artikel_bezeichnung_gut HASH (bezeichnung) WITH (BUCKET_COUNT = 2048);
```

Bild 3.90 zeigt die Statistikwerte für die Hash-Indizes der Artikeltabelle. Die ersten beiden weisen passende Werte auf, wobei der erste Eintrag für den Primärschlüssel steht. Die beiden weiteren zeigen nicht adäquate Werte.

	indexname	total_bucket_count	empty_bucket_count	empty_bucket_percent	avg_chain_length	max_chain_length
1	pk_artikel	4096	3111	75	1	3
2	ix_artikel_bezeichnung_gut	2048	1206	58	1	5
3	ix_artikel_gruppe_schlecht	2048	2040	99	139	277
4	ix_artikel_bezeichnung_schlecht	4	0	0	278	301

Bild 3.90 Statistik für Hash-Indizes

3.8.4 Speichernutzung beschränken

Beim Einsatz von In-Memory OLTP macht es zusätzlich Sinn, zu konfigurieren, wie viel Arbeitsspeicher für die Datenbank zur Verfügung steht. RAM wird nämlich auch für andere Prozesse benötigt und eine Datenbank im Speicher soll schließlich nicht das Gesamtsystem in Schwierigkeiten bringen.

Um die Speichernutzung zu limitieren, benötigen Sie einen *Ressourcenpool*. Diesen finden Sie im Objekt-Explorer unter dem Ordner *Resource Govenor* unter *Verwaltung*. Aufgrund der besseren Übersicht, greifen wir zur Einrichtung auf den direkten Aufruf der entsprechenden SQL-Anweisungen und Systemprozeduren zurück.

Über einen Ressourcenpool können verschiedene Ressourcen verwaltet werden, darunter auch der Arbeitsspeicher. Legen Sie den Prozentsatz nach Maßgabe des vorhandenen Arbeitsspeichers und des Bedarfs Ihrer Datenbank fest. Genaue Informationen, wie Sie zum Abschätzen des Speicherbedarfs vorgehen, finden Sie unter dieser Adresse:

> *http://msdn.microsoft.com/de-de/library/dn465872.aspx*

Mit der nachfolgenden Anweisung erstellen Sie einen neuen Ressourcenpool mit dem Namen *wawi_memory_pool*, der 50 Prozent des Arbeitsspeichers belegt. Um diesen Wert fix zu erreichen, verwenden Sie für Minimum- und Maximalwert denselben Prozentsatz.

```
CREATE RESOURCE POOL wawi_memory_pool
WITH
    ( MIN_MEMORY_PERCENT = 50,
      MAX_MEMORY_PERCENT = 50 );
GO
ALTER RESOURCE GOVERNOR RECONFIGURE;
GO
```

Nach dem Erstellen des Ressourcenpools weisen Sie diesem die Datenbank mit der Systemprozedur *sp_xtp_bind_db_resource_pool* zu.

```
EXEC dbo.sp_xtp_bind_db_resource_pool 'wawi_ram', 'wawi_memory_pool'
```

Nach der Zuweisung muss die Einstellung noch aktiv gesetzt werden. Das erreichen Sie dadurch, indem die Datenbank offline und danach wieder online geschaltet wird. Dies können Sie über das Kontextmenü des Objekt-Explorers mit der Anweisung TASKS/OFFLINE SCHALTEN beziehungsweise TASKS/ONLINE SCHALTEN erreichen.

 ACHTUNG! Um eine Datenbank offline zu schalten, darf keine Verbindung zu dieser bestehen. Schließen Sie daher auch alle Abfrageeditor-Fenster, die mit dieser Datenbank verbunden sind, und wechseln Sie zum Beispiel mit der Anweisung USE zu einer anderen Datenbank.

Sie können diese Aufgabe aber auch gleich im Abfrageeditor erledigen.

```
USE master
GO
ALTER DATABASE wawi_ram SET OFFLINE;
GO
```

```
ALTER DATABASE wawi_ram SET ONLINE;
GO
```

Um die Zuordnung der Datenbank zu diesem Ressourcenpool zu kontrollieren, können Sie nachfolgende Anweisung verwenden.

```
SELECT d.database_id, d.name, d.resource_pool_id, p.name
FROM sys.databases d
INNER JOIN sys.resource_governor_resource_pools p ON d.resource_pool_id= p.pool_id;
```

Den aktuellen Speicherbedarf können Sie mit dieser Anweisung ermitteln:

```
SELECT pool_id, name,
       min_memory_percent AS prozent_min,
       max_memory_percent AS prozent_max,
       max_memory_kb/1024 AS mb_max,
       used_memory_kb/1024 AS mb_verwendet
FROM sys.dm_resource_governor_resource_pools;
```

Das in meiner Arbeitsumgebung erzielte Ergebnis für diese Anweisung sehen Sie in Bild 3.91. Die vergleichsweise niedrigen Werte lassen sich mit dem dynamisch zugeordneten Speicher in meiner virtuellen Umgebung erklären.

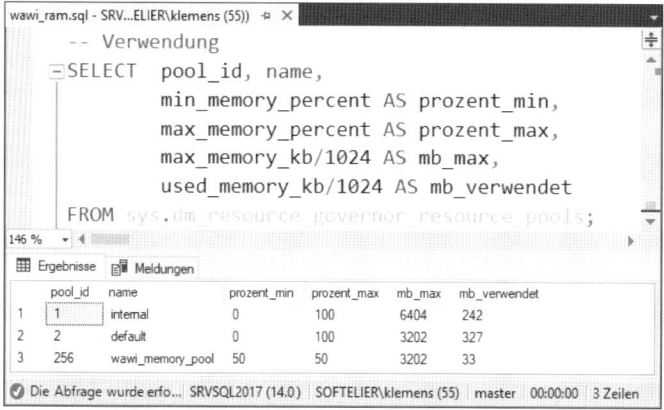

Bild 3.91 Verwendeter Arbeitsspeicher

Wenn Sie die Datenbank *wawi_ram* nur zu Testzwecken erstellt haben und nun den Speicher wieder freigeben möchten, verwenden Sie zum „Aufräumen" die hier abschließend angeführten Anweisungen.

```
USE master
GO
EXEC dbo.sp_xtp_unbind_db_resource_pool 'wawi_ram'
GO
DROP RESOURCE POOL wawi_memory_pool;
GO
ALTER DATABASE wawi_ram SET SINGLE_USER WITH ROLLBACK IMMEDIATE;
GO
DROP DATABASE wawi_ram;
GO
```

4 SQL – Zugriff auf Daten

Die Aufgabe einer Datenbank ist nicht nur, Daten in strukturierter Form zu speichern, sondern auch, diese Daten in jeder denkbaren Form auszugeben und auswertbar zu machen. Datenzugriffe erfolgen dabei mithilfe der standardisierten Abfragesprache SQL, von welcher der SQL Server auch seinen Namen hat.

SQL, die *Structured Query Language*, ist die Standardabfragesprache für relationale Datenbanken. Sie wurde vom American National Standards Institute (ANSI) standardisiert. Die wichtigsten der heute verfügbaren Features sind bereits durch den im Jahr 1999 verabschiedeten Standard ANSI SQL 99 definiert worden. Da es der dritte verabschiedete Standard ist, wird er auch als SQL 3 bezeichnet. Erweiterungen sind in den Jahren 2003, 2006, 2008 und 2011 verabschiedet worden.

SQL besteht aus fünf unterschiedlichen Sprachbereichen, um alle typischen Datenbankaufgaben abdecken zu können.

- **DQL (Data Query Language):** Mit SELECT werden Informationen aus der Datenbank gelesen. Diese können auf mannigfache Art ausgewertet werden. Jegliche Art von Berechnungen ist hierbei möglich.

- **DML (Data Manipulation Language):** Mit DML-Anweisungen werden Daten in eine Datenbank geschrieben. Dabei handelt es sich um die drei Vorgänge Einfügen (INSERT), Ändern (UPDATE) und Löschen (DELETE) von Daten. Mit MERGE steht eine Kombination dieser drei Anweisungen in einem Vorgang zur Verfügung.

- **Transaktionssteuerung:** Die Steuerung von Transaktionen ist fest mit DML verbunden. Hiermit können mehrere Anweisungen zu einer Transaktion zusammengefasst werden, die nach dem Prinzip „alles oder nichts" abläuft.

- **DDL (Data Definition Language):** Dieser Sprachbereich dient zum Anlegen von Datenbankobjekten, wie zum Beispiel Tabellen und Sichten.

- **DCL (Data Control Language):** DCL dient dazu, Benutzer und Rollen in einem Datenbanksystem anzulegen und ihnen Berechtigungen zu erteilen.

Zugriffe auf Daten, die in einer Datenbank auf dem SQL Server gespeichert sind, können auf unterschiedliche Art und Weise erfolgen. Eines haben alle Varianten gemeinsam: Am Ende wird SQL für den Zugriff verwendet – auch wenn es nicht von Ihnen selber eingegeben wurde.

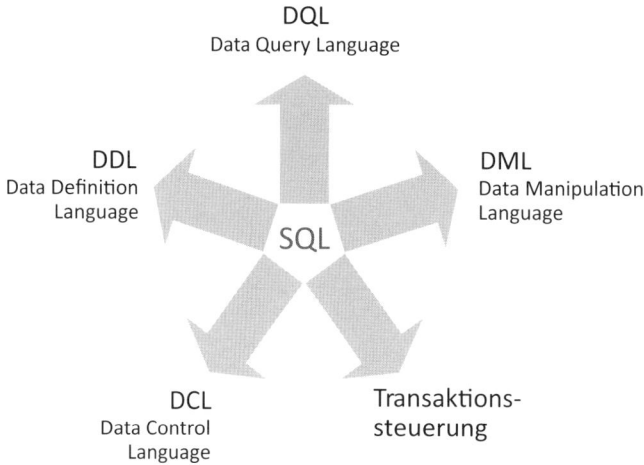

Bild 4.1 SQL-Sprachbereiche

SQL-Anweisungen, die von der Datenbank-Engine des SQL Servers interpretiert werden, können auf folgende Arten erzeugt werden:

- SQL-Anweisungen werden direkt in einen SQL-Editor eingetippt. Der SQL Server stellt als solchen den Abfrageeditor des Management Studios zur Verfügung.

- Tools wie der Abfrage-Designer erlauben das einfache Erstellen von Anweisungen über eine grafische Oberfläche. Der Benutzer muss keinerlei SQL-Kenntnisse für das Erzeugen von Abfragen besitzen. Die SQL-Anweisungen werden im Hintergrund generiert.

- Erstellen von Datenbankobjekten, die SQL-Anweisungen für die Rückgabe von Daten enthalten:
  - Sichten (Views)
  - Gespeicherte Prozeduren
  - Funktionen

- Verwenden von Programmierschnittstellen wie zum Beispiel ODBC oder ADO.NET, um auf relationale Datenbanken zuzugreifen. Aus Programmierumgebungen heraus setzen Sie Schnittstellenbibliotheken für den Datenzugriff ein. Diese Schnittstellen wiederum verwenden SQL, wenn sie deren Objekte benutzen. Häufig werden auch direkt SQL-Anweisungen in diesen Umgebungen verwendet. Eine weitere Möglichkeit ab .NET 3.5 stellt der Einsatz von LINQ (Language Integrated Query) dar. Diese SQL sehr ähnliche Sprache kann bei der .NET-Programmierung den direkten Einsatz von SQL ersetzen.

In diesem Kapitel lernen Sie den Umgang mit dem Abfrage-Designer, die Erstellung von Views und Grundlagen von SQL zum Abfragen von Daten kennen.

■ 4.1 Einsatz des Abfrage-Designers

Die schnellste und wahrscheinlich auch komfortabelste Variante, eine Abfrage zu erstellen, ist die Verwendung des Abfrage-Designers, der in das SQL Server Management Studio integriert ist.

Der Abfrage-Designer kann auf verschiedene Arten genutzt werden:

- Von einer im Management Studio geöffneten Tabelle ausgehend können Elemente des Abfrage-Designers aktiviert werden, um eine Abfrage zu definieren. Eigentlich muss man beim Management Studio den Begriff geöffnete Tabelle in Hochkommata setzen, da nicht wirklich die Tabelle geöffnet wird. Sie verwenden den Befehl OBERSTE 200 ZEILEN BEARBEITEN, um die Tabelle scheinbar zu öffnen. Und was dabei herauskommt, ist eigentlich schon eine Abfrage.

- Bei der Erstellung von Sichten wird ebenfalls der Abfrage-Designer verwendet.

- Wenn Sie SQL-Anweisungen in einem Abfrageeditor-Fenster eingeben, können Sie den Abfrage-Designer über das Kontextmenü zur Unterstützung aktivieren.

4.1.1 Die Bereiche des Abfrage-Designers

Der Abfrage-Designer besteht aus mehreren Bereichen, die Sie nach Bedarf ein- und ausblenden können. Diese Bereiche sind

- der *Diagrammbereich*,

- der *Kriterienbereich*,

- der *SQL-Bereich*

- sowie der *Ergebnisbereich*.

Betrachten wir diese Bereiche vorab ein wenig im Detail.

Diagrammbereich

Im Diagrammbereich werden die Tabellen und ihre Verknüpfungen für eine Abfrage eingefügt und definiert. Fügen Sie neue Tabellen hinzu, werden die Verknüpfungen (Joins) gemäß den bestehenden Beziehungen angezeigt.

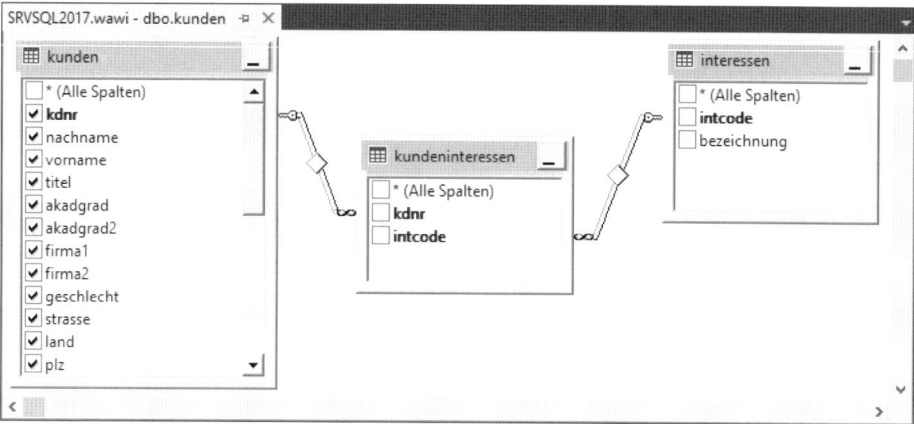

Bild 4.2 Diagrammbereich des Abfrage-Designers

Um weitere Tabellen in den Diagrammbereich zu übernehmen, wählen Sie im Kontextmenü den Befehl TABELLE HINZUFÜGEN… aus. Alternativ können Sie auf das Symbol *Tabelle hinzufügen* klicken. Im Dialog können Sie eine Tabelle, eine Sicht, eine Funktion oder ein Objekt über ihr Synonym auswählen.

Bild 4.3 Tabelle hinzufügen

Um eine Tabelle aus dem Diagrammbereich zu entfernen, markieren Sie die Tabelle und wählen im Kontextmenü den Befehl ENTFERNEN. Alternativ können Sie auch einfach nur die ENTF-Taste drücken.

Spalten, die Sie im Ergebnis angezeigt haben möchten, markieren Sie über die Checkbox links neben dem Spaltennamen. Um alle Spalten anzuzeigen, markieren Sie den Stern in der ersten Spalte. Durch den Befehl OBERSTE 200 ZEILEN BEARBEITEN ist als Basisanweisung SELECT TOP (200) spalte1, spalte2, ... FROM tabellenname generiert worden. Daher sind, wie Sie in Bild 4.2 erkennen können, alle Spalten der Ausgangstabelle (hier *kunden*) gewählt, aber keine Spalten der nachträglich ergänzten Tabellen (hier *kundeninteressen* und *interessen*).

In den dargestellten Tabellen können auch weitere Informationen ersichtlich sein. Diese ergeben sich zumeist aus Eingaben im Kriterienbereich. Die nachfolgende Darstellung zeigt für die Spalte *nachname* eine *aufsteigende* Sortierung an. Der Trichter neben dem Spaltennamen *land* bedeutet, dass für diese Spalte ein Filterkriterium definiert worden ist.

Bild 4.4 Ausgewählte Spalten mit Zusatzinformationen

 PRAXISTIPP: Benötigen Sie eine Verknüpfung (Join) zwischen zwei Tabellen, die nicht automatisch angezeigt worden ist, so können Sie diese jederzeit per Drag-and-drop erzeugen.

Kriterienbereich

Im Kriterienbereich werden die im Diagrammbereich ausgewählten Spalten angezeigt. Spalten können auch direkt im Kriterienbereich ausgewählt werden.

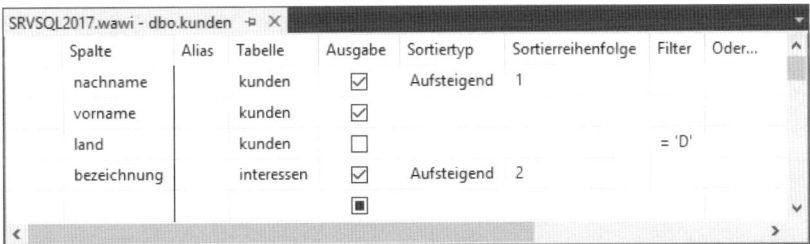

Bild 4.5 Kriterienbereich des Abfrage-Designers

Folgende Eingaben können Sie im Kriterienbereich vornehmen:

- Auswahl der anzuzeigenden Spalte
- In der Spalte *Spalte* kann neben einem Spaltennamen alternativ auch ein Berechnungsausdruck für eine berechnete Spalte eingetragen werden.
- Aliasnamen können definiert werden, um zum Beispiel berechneten Spalten eine Spaltenüberschrift zu geben.

- In der Spalte *Tabelle* wird der Name der Tabelle angezeigt, aus der die Spalte stammt. Wird ein Tabellen-Alias innerhalb der Abfrage definiert, wird hier der Tabellen-Alias anstelle des echten Tabellennamens angezeigt.

- Um Spalten nicht im Ergebnis anzuzeigen, weil sie nur zur Filterung oder zur Sortierung ausgewählt worden sind, entfernen Sie das Häkchen in der Spalte *Ausgabe.*

- In der Spalte *Sortiertyp* kann für eine oder mehrere Spalten eine auf- oder absteigende Sortierung festgelegt werden. Für den Fall, dass nach mehreren Spalten sortiert werden soll, wird die Reihenfolge in der Spalte *Sortierreihenfolge* festgelegt.

- Kriterien zur Auswahl von Datensätzen werden in der Spalte *Filter* eingetragen. Werden mehrere Kriterien untereinander in der Spalte eingetragen, gelten diese als mit AND verknüpft. Um eine Oder-Verknüpfung zu erreichen, tragen Sie die weiteren Kriterien in den rechten Spalten mit der Bezeichnung *Oder...* ein.

- Wird für die Abfrage eine Gruppierung vorgenommen, wird in der Spalte *Gruppieren nach* (diese wird in der vorigen Grafik nicht angezeigt) zum Beispiel die anzuwendende Gruppenfunktion ausgewählt. Um diese Spalte einzublenden, wählen Sie im Kontextmenü den Befehl GRUPPE HINZUFÜGEN NACH aus.

SQL-Bereich

Der SQL-Bereich wird laufend aktualisiert und zeigt exakt die SQL-Anweisung an, die den im Diagramm- und Kriterienbereich vorgenommenen Eingaben entspricht. Die Wirkung ist wechselseitig. Verändern oder ergänzen Sie die angezeigte SQL-Anweisung, werden diese Änderungen in die beiden Bereiche übernommen, sobald Sie den SQL-Bereich verlassen.

```
SRVSQL2017.wawi - dbo.kunden  ⊣  ×
SELECT    TOP (200) kunden.nachname, kunden.vorname, interessen.bezeichnung
FROM       kunden INNER JOIN
              kundeninteressen ON kunden.kdnr = kundeninteressen.kdnr INNER JOIN
              interessen ON kundeninteressen.intcode = interessen.intcode
WHERE     (kunden.land = 'D')
ORDER BY kunden.nachname, interessen.bezeichnung
```

Bild 4.6 SQL-Bereich des Abfrage-Designers

Der Zusatz *TOP (200)* im angezeigten Statement rührt daher, dass ursprünglich der Befehl OBERSTE 200 ZEILEN BEARBEITEN ausgeführt worden ist. Wenn Sie mehr Zeilen angezeigt haben möchten, müssen Sie lediglich die Zahl 200 erhöhen oder diesen Teileintrag ganz entfernen.

 PRAXISTIPP: Falls Sie mit SQL noch nicht so vertraut sind, nutzen Sie diesen Bereich, um interaktiv SQL zu lernen. Analysieren Sie die generierten Anweisungen, wenn Sie Abfragen erzeugen.

Ergebnisbereich

Im Ergebnisbereich wird das Ergebnis der Abfrage angezeigt, wenn diese ausgeführt wird. Dies geschieht in der Regel über das Symbol *SQL ausführen*.

 ACHTUNG! Mit dem Wechsel der Shell auf das neue Visual Studio hat sich teilweise auch das Aussehen von Symbolen geändert. Sind Sie von den bisherigen Versionen gewohnt gewesen, dass das Symbol *SQL ausführen* mit einem roten Ausrufezeichen dargestellt wird, müssen Sie sich hier an eine neue Option gewöhnen. Bild 4.7 zeigt die alte und die neue Symbolleiste *Abfrage-Designer* untereinander mit dem Symbol zum Ausführen einer Abfrage hervorgehoben.

Die Optik der Symbole für den Abfrage-Designer hat sich zwar geändert, die Reihenfolge und Bedeutung ist allerdings unverändert geblieben. Die Beschreibung dazu finden Sie gleich im nachfolgenden Abschnitt.

Bild 4.7 Alte und neue Symbolleiste Abfrage-Designer mit Ausführen-Symbol

Enthält die Abfrage ein editierbares Ergebnis, können die Daten über den Ergebnisbereich verändert werden. Auch das Hinzufügen von neuen und das Löschen von bestehenden Datensätzen sind möglich.

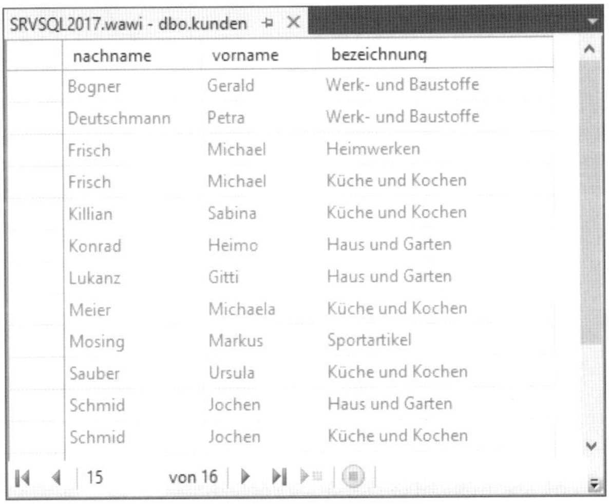

nachname	vorname	bezeichnung
Bogner	Gerald	Werk- und Baustoffe
Deutschmann	Petra	Werk- und Baustoffe
Frisch	Michael	Heimwerken
Frisch	Michael	Küche und Kochen
Killian	Sabina	Küche und Kochen
Konrad	Heimo	Haus und Garten
Lukanz	Gitti	Haus und Garten
Meier	Michaela	Küche und Kochen
Mosing	Markus	Sportartikel
Sauber	Ursula	Küche und Kochen
Schmid	Jochen	Haus und Garten
Schmid	Jochen	Küche und Kochen

SRVSQL2017.wawi - dbo.kunden

| 15 von 16

Bild 4.8 Ergebnisbereich des Abfrage-Designers

Ist das Ergebnis nicht editierbar, zum Beispiel, weil die Abfrage wie im Ergebnis der Abbildung mehrere Tabellen enthält, wird die Schrift grau dargestellt.

HINWEIS: Wurde die Abfragedefinition nach ihrer Ausführung noch verändert, wird links oben im Ergebnisbereich ein rotes Ausrufezeichen auf gelbem Hintergrund angezeigt, um darauf hinzuweisen, dass das angezeigte Ergebnis nicht mehr der angezeigten Definition entspricht.

Die Symbolleiste des Abfrage-Designers

Die einzelnen Bereiche des Abfrage-Designers werden über die Symbolleiste ein- bzw. ausgeblendet. Die Leiste ist in der nachfolgenden Abbildung dargestellt.

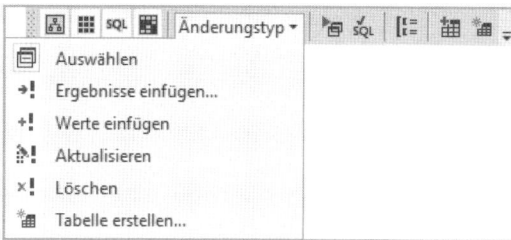

Bild 4.9 Die Symbolleiste des Abfrage-Designers

Die Bedeutung der Symbole von links nach rechts:

- **Diagrammbereich anzeigen:** Ein- und Ausblenden des Diagrammbereichs (Tastenkürzel STRG + 1)
- **Kriterienbereich anzeigen:** Ein- und Ausblenden des Kriterienbereichs (Tastenkürzel STRG + 2)
- **SQL-Bereich anzeigen:** Ein- und Ausblenden des SQL-Bereichs (Tastenkürzel STRG + 3)
- **Ergebnisbereich anzeigen:** Ein- und Ausblenden des Ergebnisbereichs (Tastenkürzel STRG + 4)
- **Änderungstyp:** Ändern des Abfragetyps. Der Abfrage-Designer unterstützt folgende Abfragetypen:
  - *Auswählen* (Standardtyp)/SELECT
  - *Ergebnisse einfügen…*/INSERT INTO … SELECT
  - *Werte einfügen*/INSERT INTO … VALUES
  - *Aktualisieren*/UPDATE
  - *Löschen*/DELETE
  - *Tabelle erstellen…*/SELECT … INTO
- **SQL ausführen:** Ausführen der Abfrage und Anzeigen des Ergebnisses im Ergebnisbereich (Tastenkürzel STRG + R)
- **SQL-Syntax überprüfen:** Überprüfen der Syntax der Anweisung, ohne sie auszuführen
- **Gruppe hinzufügen nach:** Einblenden der Spalte zur Gruppierung im Kriterienbereich
- **Tabelle hinzufügen:** Öffnen des Auswahldialogs zum Hinzufügen weiterer Tabellen

- **Neue abgeleitete Tabelle hinzufügen:** Hinzufügen einer Unterabfrage (Subquery), die als Inline-View mit den vorhandenen Tabellen verknüpft werden kann

4.1.2 Erstellen einer Abfrage

Abfragen sind mit dem Management Studio erstellte SELECT-Anweisungen, um ad hoc Daten auszugeben. Diese werden nicht gespeichert und sind somit nicht wiederverwendbar. Um wiederverwendbare Anweisungen zu generieren, erstellen Sie eine Sicht oder erzeugen die Anweisung in einem Abfrageeditor-Fenster und speichern diese als SQL-Skript ab.

Einen Überblick über die Varianten zeigt die nachfolgende Tabelle. Für alle drei Varianten ist der Abfrage-Designer einsetzbar.

Tabelle 4.1 Einsatzvarianten für den Abfrage-Designer

Variante	Beschreibung
Abfrage	Eine Abfrage kann nur über den Abfrage-Designer erstellt werden. Sie wird nicht gespeichert und ist daher nicht erneut verwendbar. Das Ergebnis wird am Bildschirm angezeigt. Das Ergebnis ist auch editierbar, wenn die Abfrage nicht zu komplex ist. Dies ist zum Beispiel der Fall, wenn sie mehrere Tabellen, Berechnungen oder Gruppierungen enthält. Um direkt die SQL-Anweisung zu editieren, steht nur der (wenig komfortable) SQL-Bereich des Abfrage-Designers zur Verfügung.
Abfrageeditor/ SQL-Skript	Im Abfrageeditor kann eine SELECT-Anweisung direkt eingetippt oder mithilfe des Abfrage-Designers erstellt werden. Das Ergebnis kann als SQL-Skript im Dateisystem abgelegt und später wieder aufgerufen werden. Im Skript können mehrere Anweisungen eingefügt werden; ebenso können Kommentare zur Erläuterung hinzugefügt werden. Da das Skript im Dateisystem gespeichert wird, benötigen Sie keine speziellen Berechtigungen für die Datenbank, sondern lediglich Leserechte an den Daten.
View/Sicht	Eine View (Sicht) ist ein Datenbankobjekt. Die Abfrage wird daher am Server gespeichert und nicht im Dateisystem. Sie benötigen daher entsprechende Berechtigungen in der Datenbank, um eine View zu erstellen. Eine View kann mit dem Abfrage-Designer oder im Abfrageeditor erzeugt werden. Der Abfrageeditor ist bei der direkten SQL-Eingabe wesentlich komfortabler als der SQL-Bereich des Abfrage-Designers.

Wir befassen uns nun mit der ersten der drei beschriebenen Varianten.

 HINWEIS: Wir verwenden für die nachfolgenden Beispiele die Beispieldatenbank *wawi*. Wie Sie diese auf Ihrem System einsetzen, haben Sie bereits in den Kapiteln 1 und 3 erfahren. Ausführliche Informationen zum Hinzufügen bestehender Datenbanken auf Ihren Server finden Sie in Kapitel 9.

Eine einfache Abfrage im Management Studio erstellen

Für unser erstes Beispiel verwenden wir die Tabelle *kunden*. Wir werden im ersten Schritt die angezeigten Kunden auf die Kunden aus Deutschland und in einem zweiten Schritt auf die Kunden aus Bayern einschränken.

Gehen Sie zur Lösung des Beispiels wie folgt vor:

1. Öffnen Sie die Tabelle *kunden* mit dem Befehl OBERSTE 200 ZEILEN BEARBEITEN im Kontextmenü.

2. Blenden Sie den Diagramm- und den Kriterienbereich ein.

 HINWEIS: Im Diagrammbereich sind bereits alle Einzelspalten ausgewählt. Sie werden daher auch im Kriterienbereich angezeigt. Wenn Sie nicht alle Spalten anzeigen möchten, löschen Sie die jeweilige Zeile, die diese Spalte repräsentiert, im Kriterienbereich oder entfernen Sie das Häkchen neben dem jeweiligen Spaltennamen im Diagrammbereich.

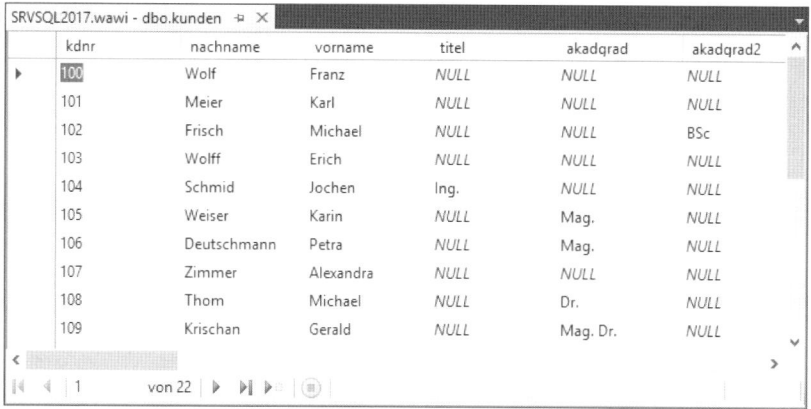

Bild 4.10 Geöffnete Tabelle

 PRAXISTIPP: Wenn Sie wirklich alle Spalten anzeigen möchten, können Sie anstelle der Einzelspalten auch *(Alle Spalten)* wählen, dann bleibt der Kriterienbereich übersichtlicher.

3. Verfahren Sie wie beschrieben und wählen Sie *(alle Spalten)* aus. Lassen Sie allerdings zusätzlich auch die Spalte *land* ausgewählt. Da diese Spalte ja bereits indirekt über den Stern im Ergebnis enthalten ist und sie damit doppelt angezeigt wird, erscheint in der Spalte *Alias* automatisch der Eintrag *Expr1*, da Spaltennamen in einem Ergebnis immer eindeutig sein müssen. Da aber eine doppelte Anzeige nicht benötigt wird, entfernen Sie das Häkchen in der Spalte Ausgabe. Der Aliasname verschwindet damit. In der Spalte *Filter* tragen Sie das Kriterium ='D' ein.

HINWEIS: Was für Umsteiger von MS Access auf den ersten Blick ungewohnt erscheinen mag, entspricht aber dem ANSI-SQL-Standard: Texte werden nicht – wie in MS Access üblich – in doppelten, sondern in einfachen Hochkommata geschrieben.

Da das angezeigte Ergebnis – es wird ja noch der gesamte Tabelleninhalt angezeigt – nicht mehr der darüber festgelegten Definition entspricht, erscheint in der linken oberen Ecke des Ergebnisbereichs ein Ausrufezeichen. Dieses wird auch in der rechten unteren Ecke mit dem Zusatztext *Abfrage geändert* angezeigt.

 PRAXISTIPP: Sie müssen als Kriterium nicht die gesamte Bedingung = 'D' eintragen. Es genügt, nur den Buchstaben D einzugeben, da der Editor Ihre Intentionen erkennt und den Rest selber ergänzt, sobald Sie das Eingabefeld verlassen.

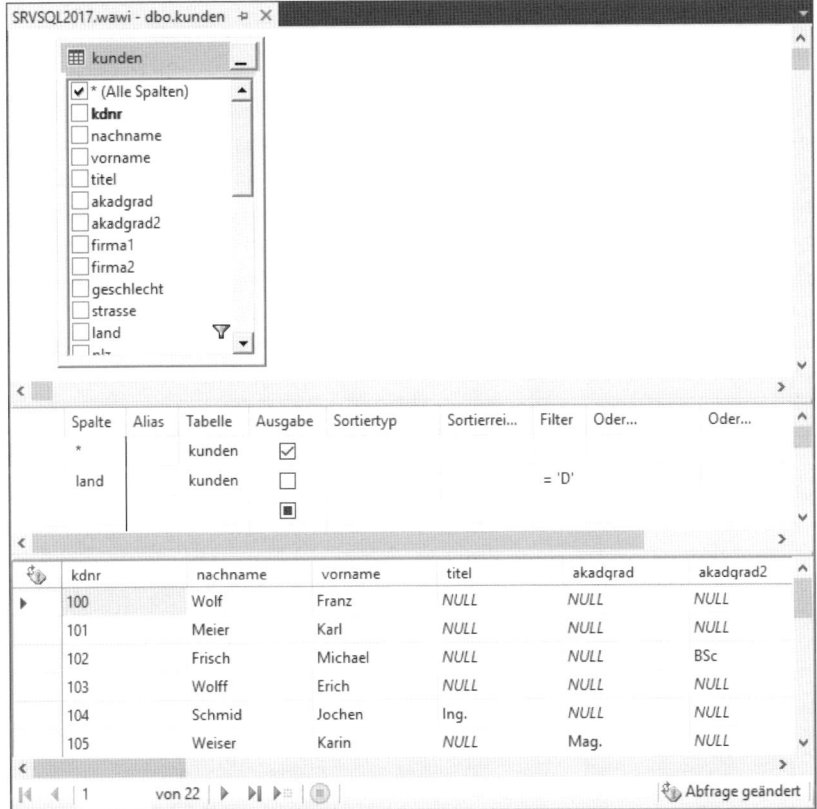

Bild 4.11 Kriterium, um nur deutsche Kunden anzuzeigen

4. Führen Sie die Abfrage aus, um das neue Ergebnis im Ergebnisbereich anzuzeigen.

Anstelle der ursprünglich 22 Kunden werden jetzt nur noch diejenigen 16 Kunden angezeigt, die ihren Wohnsitz in Deutschland haben.

Eine Abfrage mit mehreren Kriterien versehen

Wie bereits angekündigt, soll das Beispiel noch um ein weiteres Kriterium erweitert werden. Es sollen nun diejenigen Kunden angezeigt werden, die in Bayern wohnen. Das sind jene, deren Postleitzahl mit einer Acht beginnt. Werden in einer Abfrage mehrere Kriterien benötigt, sind diese logisch über ein UND oder ein ODER miteinander verknüpft.

Um die bayerischen Kunden auszuwählen, müssen beide Bedingungen erfüllt sein. UND-Kriterien werden in der gleichen Spalte eingetragen. Um alle Postleitzahlen zu selektieren, die mit einer Acht beginnen, wählen Sie die Spalte *plz* aus und tragen als Filter die Bedingung LIKE '8%' ein.

Spalte	Alias	Tabelle	Ausgabe	Sortiertyp	Sortierreihenfolge	Filter	Oder...
*		kunden	☑				
land		kunden	☐			= 'D'	
plz		kunden	☐			LIKE '8%'	

Bild 4.12 UND-Kriterien

Der Operator LIKE wird in SQL für Mustervergleiche wie diesen verwendet. Das Prozentzeichen steht als Platzhalter für eine beliebige Anzahl weiterer Zeichen. Auch dieses entspricht dem ANSI-Standard, nicht aber der Stern, den MS Access-Umsteiger in dieser Funktion kennen. Um in einem Mustervergleich ein festes beliebiges Zeichen einzubauen, wird in ANSI SQL ein Unterstrich und kein Fragezeichen – wie in MS Access üblich – verwendet.

Um im Ergebnis nur den Namen und die Postleitzahl sowie den Ort anzuzeigen, löschen Sie den Stern aus der ersten Zeile des Kriterienbereichs und wählen die Spalten wie in der folgenden Abbildung aus. Führen Sie die Abfrage bitte aus. Das Ergebnis liefert in diesem Fall zwei Zeilen.

SRVSQL2017.wawi - dbo.kunden

Spalte	Alias	Tabelle	Ausgabe	Sortiertyp	Sortierreihenfolge	Filter	Oder...
nachname		kunden	☑				
vorname		kunden	☑				
land		kunden	☑			= 'D'	
plz		kunden	☑			LIKE '8%'	
ort		kunden	☑				

	nachname	vorname	land	plz	ort
▶	Meier	Michaela	D	80686	München
	Prazsky	Bernhard	D	80102	München
*	NULL	NULL	NULL	NULL	NULL

|◀ ◀ | 1 | von 2 | ▶ ▶| ▶* | (🔲) |

Bild 4.13 Abfrageergebnis mit UND-Kriterien und einzelnen Spalten

ODER-Kriterien werden in den weiteren Spalten rechts neben der ersten Filterspalte eingetragen. Wir erweitern das Beispiel nun so, dass zusätzlich zu den bayerischen Kunden alle
weiblichen Kunden angezeigt werden – unabhängig davon, wo sie wohnen. Zusätzlich soll
das Ergebnis nach dem Länderkürzel und der Postleitzahl aufsteigend sortiert werden.

Für Frauen wird in der Spalte *geschlecht* eine Eins als Kürzel verwendet. Fügen Sie die
Spalte *geschlecht* hinzu und tragen Sie in der ersten *Oder…*-Spalte in der Zeile das Kriterium =1 ein, und ergänzen Sie die Sortierungen.

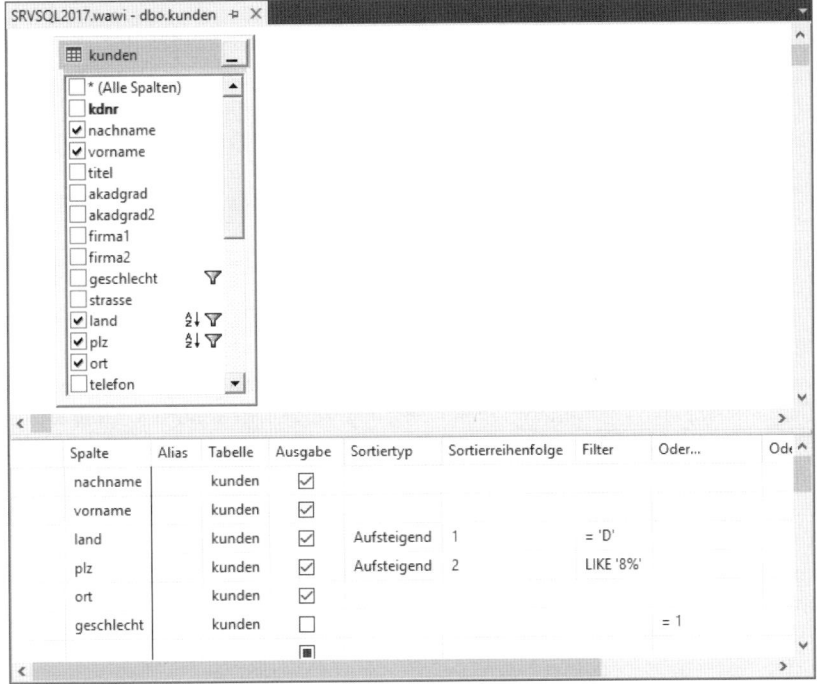

Bild 4.14 Abfrage mit ODER-Kriterien

Führen Sie die Abfrage aus, liefert diese elf Datensätze als Ergebnis.

SRVSQL2017.wawi - dbo.kunden				
nachname	vorname	land	plz	ort
Kahr	Ulrike	A	1200	Wien
Weiser	Karin	A	8010	Graz
Thomaselli	Ulrike	A	8045	Graz
Killian	Sabina	D	04109	Leipzig
Lukanz	Gitti	D	14055	Berlin
Thaller	Stephanie	D	46357	Essen
Deutschmann	Petra	D	47198	Duisburg
Zimmer	Alexandra	D	70376	Stuttgart
Prazsky	Bernhard	D	80102	München
Meier	Michaela	D	80686	München
Sauber	Ursula	D	90403	Nürnberg
NULL	NULL	NULL	NULL	NULL

Bild 4.15 Ergebnis der Abfrage

Mehrere Tabellen in einer Abfrage verwenden

Die Tabelle, die ursprünglich hinzugefügt wurde, wird in der Abfrage standardmäßig verwendet. Es können beliebig viele weitere Tabellen ergänzt werden. Erweitern wir nun unser bisheriges Beispiel dahingehend, dass wir zusätzlich zur Kundentabelle die Tabelle *anreden* in das Ergebnis einbauen. Diese beiden Tabellen können über das Kürzel im Geschlecht miteinander verknüpft werden. Dadurch kann für jeden Kunden zusätzlich die Anrede angezeigt werden. Fügen Sie nun bitte diese neue Tabelle hinzu, indem Sie den Dialog über das Kontextmenü oder das Symbol öffnen. Da die Spalte *geschlecht* ein Fremdschlüssel ist, der die Spalte *anrnr* der Tabelle *anreden* referenziert, wird eine entsprechende Verknüpfung (JOIN) in der Abfrage gleich vorgegeben.

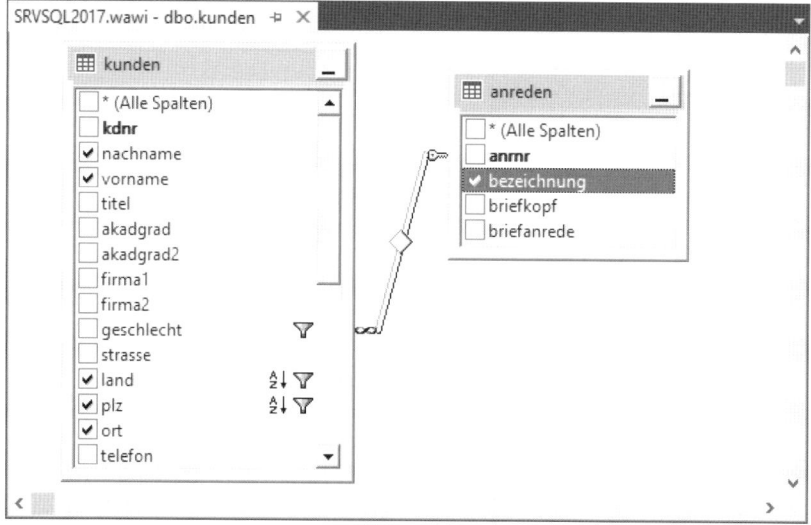

Bild 4.16 Weitere Tabelle in einer Abfrage

Übernehmen Sie bitte aus der Tabelle *anreden* die Spalte *bezeichnung* und ziehen Sie sie an die erste Position. In der Spalte *Tabelle* wird daraufhin die Herkunft der gewählten Spalte angezeigt. Um das Ergebnis zu verschönern, erfassen Sie einen Aliasnamen für die Anrede. Die Spalte *geschlecht* muss nun nicht mehr angezeigt werden, weshalb wir sie aus der Ausgabe herausnehmen.

SRVSQL2017.wawi - dbo.kunden							
Spalte	Alias	Tabelle	Ausgabe	Sortiertyp	Sor...	Filter	Oder...
bezeichnung	anrede	anreden	☑				
nachname		kunden	☑				
vorname		kunden	☑				
land		kunden	☑	Aufsteigend	1	= 'D'	
plz		kunden	☑	Aufsteigend	2	LIKE '8%'	
ort		kunden	☑				
geschlecht		kunden	☐			= 1	

Bild 4.17 Spalten aus mehreren Tabellen

Führen Sie die Abfrage nun aus, um das Ergebnis mit der Anrede Herr/Frau zu sehen.

SRVSQL2017.wawi - dbo.kunden						
anrede	nachname	vorname	land	plz	ort
Frau	Kahr	Ulrike	A	1200	Wien
Frau	Weiser	Karin	A	8010	Graz
Frau	Thomaselli	Ulrike	A	8045	Graz
Frau	Killian	Sabina	D	04109	Leipzig
Frau	Lukanz	Gitti	D	14055	Berlin
Frau	Thaller	Stephanie	D	46357	Essen
Frau	Deutschmann	Petra	D	47198	Duisburg
Frau	Zimmer	Alexandra	D	70376	Stuttgart
Herr	Prazsky	Bernhard	D	80102	München
Frau	Meier	Michaela	D	80686	München
Frau	Sauber	Ursula	D	90403	Nürnberg

|◄ ◄ | 1   von 11 | ► ►| ►▦ ▣ | Die Zelle ist schreibgeschützt. |

Bild 4.18 Ergebnis aus mehreren Tabellen

HINWEIS: Das Ergebnis ist nun, weil wir eine zweite Tabelle ergänzt haben, schreibgeschützt. Die Daten werden im Grid nicht schwarz, sondern gräulich dargestellt. Der Hinweistext *Die Zelle ist schreibgeschützt* wird neben den Navigationsschaltflächen angezeigt. Die Schaltfläche zum Einfügen einer neuen Zeile ist inaktiv.

Berechnungen in eine Abfrage einbauen

Abfragen können auch dazu verwendet werden, Berechnungen durchzuführen. Generell gilt für relationale Datenbanken, dass Informationen, die sich nach einer fixen Formel aus anderen Informationen, die bereits in der Datenbank gespeichert werden, ergeben, nicht mehr gespeichert werden sollen.

Als Beispiel verwenden wir dieses Mal die Artikeltabelle. Wir möchten alle Artikel anzeigen, bei denen die Spanne zwischen Ein- und Verkaufspreis mindestens 200 Euro beträgt. Das Ergebnis möchten wir außerdem absteigend nach dieser Spanne ausgeben lassen. Da der Einkaufspreis in der Tabelle *artikel* als Nettopreis, der Verkaufspreis aber als Bruttopreis gespeichert wird, muss er noch auf den Nettopreis umgerechnet werden. Dazu wird der ebenfalls in der Tabelle gespeicherte Mehrwertsteuersatz verwendet.

Öffnen Sie nun bitte die Tabelle *artikel* und fügen Sie außerdem noch die Tabelle *artikelgruppen* im Diagrammbereich hinzu. Zeigen Sie aus der Artikeltabelle die Spalten *artnr*, *bezeichnung* und *ekpreis* an. Die Spalte *bezeichnung* ergänzen Sie aus der Tabelle *artikelgruppen*.

Berechnungen werden in derselben Eingabespalte des Designers wie Spaltennamen eingetragen. Für die Berechnung des Nettoverkaufspreises erfassen Sie in einer neuen Zeile folgenden Ausdruck:

```
vkpreis / (100 + mwst) * 100
```

Sobald Sie das Eingabefeld verlassen, werden bei allen Spalten die Tabellennamen ergänzt.

```
artikel.vkpreis / (100 + artikel.mwst) * 100
```

Für eine berechnete Spalte muss ein Aliasname erfasst werden. Vergeben Sie für die soeben ergänzte Spalte den Namen *verkaufspreis*. Nun muss nur noch die Differenz zwischen Einkaufspreis und Nettoverkaufspreis berechnet werden. Berechtigterweise wäre man versucht, die Berechnung mit der Formel `verkaufspreis - ekpreis` anzustellen.

 ACHTUNG! Aliasnamen können in ANSI SQL und damit auch beim SQL Server nicht in weiteren Berechnungen wiederverwendet werden. Sie müssen stattdessen den ursprünglichen Berechnungsausdruck in der neuen Berechnung erneut verwenden.

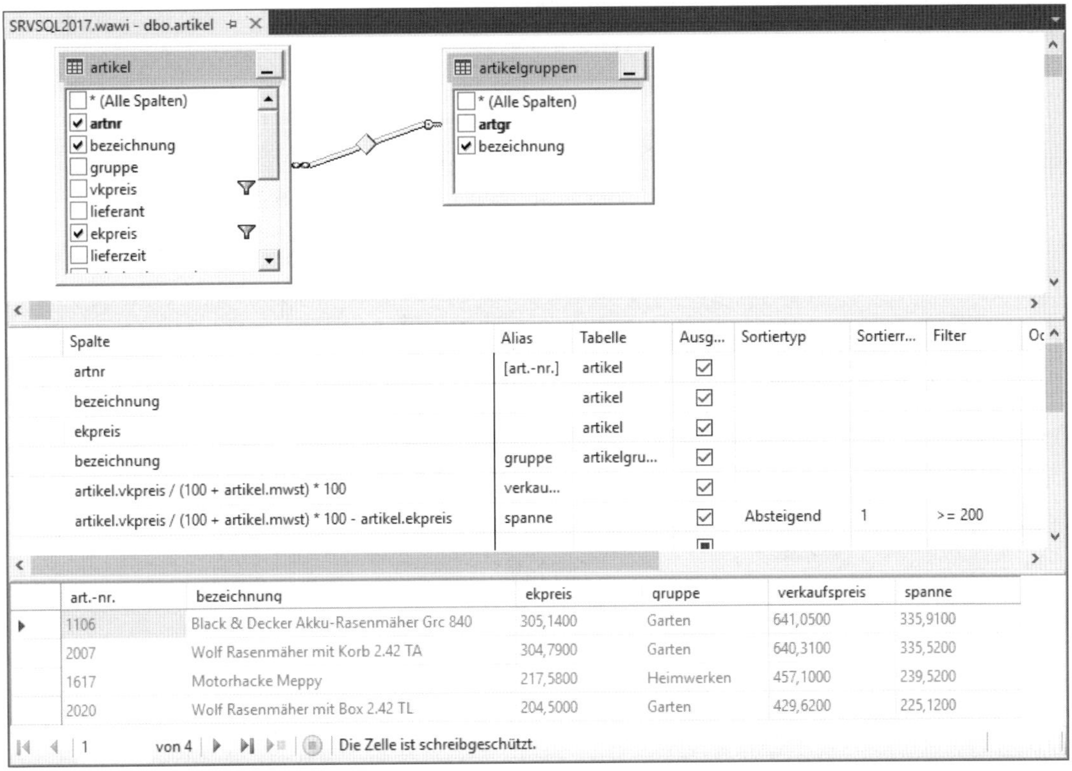

Bild 4.19 Abfrage mit Berechnungen

Für die Berechnung der Spanne verwenden Sie folgenden Ausdruck:

```
vkpreis / (100 + mwst) * 100 - ekpreis
```

Um die Abfrage fertigzustellen, geben Sie noch passende Aliasnamen ein. Wenn Sie Aliasnamen verwenden, die Sonder- und Leerzeichen enthalten, müssen diese in eckigen Klammern eingetragen werden. Mit der Sortierung und dem Filterkriterium für die berechnete Spalte *spanne* ist die Abfrage nun komplett.

Bei dieser Form der Berechnung erfolgt die Auswertung des Berechnungsausdrucks immer zeilenweise. Die Werte werden in jeder Ergebniszeile separat berechnet.

ACHTUNG! Was in unseren bisherigen Beispielen zwar noch nicht von Bedeutung war, aber unbedingt berücksichtigt werden muss, ist die Tatsache, dass die Anzeige der Treffer standardmäßig auf die ersten 200 Zeilen begrenzt ist. Um gegebenenfalls mehr Treffer angezeigt zu bekommen, muss diese Beschränkung aufgehoben werden.

Damit alle Treffer angezeigt werden, entfernen Sie die Limitierung auf eine der folgenden beiden Arten:

- Öffnen Sie die Abfrageeigenschaften entweder über die Taste F4 oder über den Menübefehl ANSICHT/EIGENSCHAFTSFENSTER. Erweitern Sie dort die Anzeige der Rubrik *Oberste Angabe* und ändern Sie die Eigenschaft *(Top)* auf *Nein*.

- Blenden Sie den SQL-Bereich ein und entfernen Sie aus der Anweisung direkt nach dem SELECT-Schlüsselwort die Erweiterung TOP (200).

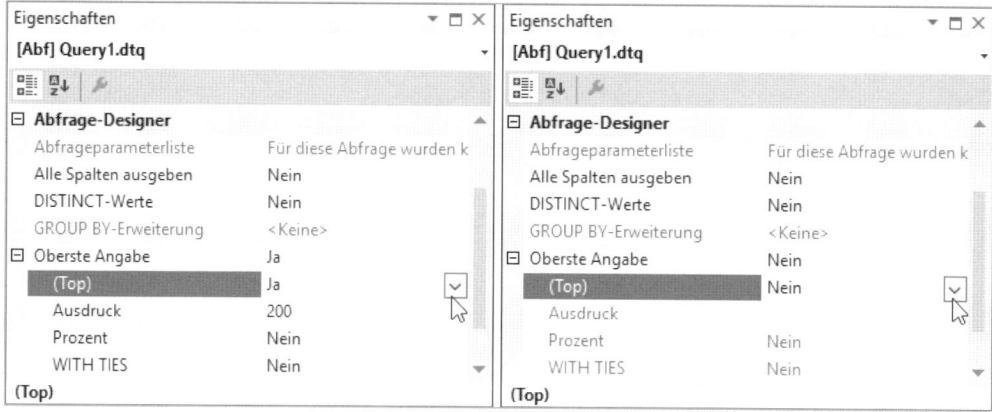

Bild 4.20 Standard-Ausgabebeschränkung auf 200 Zeilen

Werte in einer Abfrage gruppieren

Berechnungen, die auf Werte aus mehreren Zeilen zurückgreifen, benötigen *Gruppenfunktionen*. Diese werden auch als *Aggregatfunktionen* oder *Multiple-Row-Funktionen* bezeichnet. Meist werden sie in Kombination mit einer Gruppierung eingesetzt.

Mit Gruppierungen lassen sich Aufgabenstellungen lösen, in denen Schlüsselbegriffe wie „je" oder „pro" vorkommen, wie zum Beispiel:

- Umsatz je Kunde
- Stück je Artikelgruppe
- Einkäufe pro Quartal

Beim Einsatz einer Gruppierung sind immer Werte vorhanden, nach denen gruppiert wird, sowie Werte, die gruppiert werden. Alle Datensätze, die in der gruppierten Spalte den gleichen Wert haben, werden zu einer Zeile zusammengefasst. Wird nach mehreren Spalten gruppiert, werden diese Spalten zur Gruppenbildung zusammengefasst. Die Inhalte aller gruppierten Spalten müssen übereinstimmen, damit diese Zeilen zu einer Gruppe zusammengefasst werden können. Werden mehrere Datensätze zu einer Zeile zusammengefasst, kann für ausgesuchte Spalten festgelegt werden, über welche Aggregatfunktion sie zusammengefasst werden.

Die nachfolgende Grafik zeigt das Schema einer Gruppierung an. Es wird nach dem Namen gruppiert; die Werte werden je nach gewählter Aggregatfunktion zusammengefasst.

name	wert
Meier	4
Meier	2
Gruber	1
Gruber	7
Gruber	3

name	SUM	COUNT	MIN	MAX	AVG
Meier	6	2	2	4	3
Gruber	11	3	1	7	3,7

Bild 4.21 Gruppierung und Aggregatfunktionen

Die in der Praxis wichtigsten Aggregatfunktionen sind:

- SUM (Summe)
- COUNT (Anzahl)
- MIN (Minimum)
- MAX (Maximum)
- AVG (Durchschnitt)
- STDEV (Standardabweichung)

Beispiel: Wir möchten eine Abfrage erstellen, in der die Anzahl und der Durchschnittspreis je Artikelgruppe in der Tabelle *artikel* berechnet werden.

Dafür öffnen wir wieder die Artikeltabelle und ergänzen die Tabelle *artikelgruppen*, um den Namen der Artikelgruppen im Ergebnis anzeigen zu können.

> **ACHTUNG!** Wird eine Gruppierung verwendet, wird für eine Abfrage weder der Stern für alle Spalten verwendet, noch kommen alle Spalten separat zur Anzeige. Vielmehr werden nur die Spalten der Gruppierung und die aggregierten Spalten, die zusammengefasst werden sollen, benutzt. Alle übrigen Spalten müssen ausgeblendet werden. Der Stern wird nur in Kombination mit der Aggregatfunktion `COUNT(*)` verwendet, um die Anzahl der Datensätze zu ermitteln.

Zeigen Sie in der Abfrage daher nur die Spalten *gruppe* und *bezeichnung* für die Bildung der Gruppe und die Spalte *vkpreis* für die Berechnung des Durchschnittspreises an.

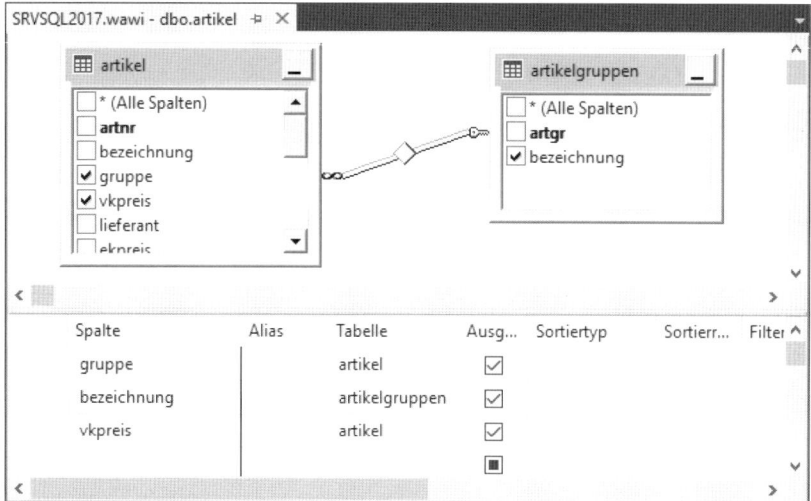

Bild 4.22 Für die Gruppierung ausgewählte Spalten

Klicken Sie auf das Symbol *Gruppe hinzufügen nach*, so wird im Kriterienbereich zusätzlich die Spalte *Gruppieren nach* angezeigt. Bevor Sie hier eine Auswahl treffen, wird in jeder Zeile *Gruppieren nach* angezeigt. Diese Einstellung muss für alle Spalten beibehalten werden, nach denen gruppiert werden soll.

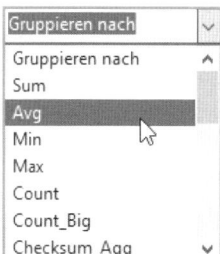

Bild 4.23 Gruppenfunktionen auswählen

Für alle anderen Spalten muss eine Gruppenfunktion ausgewählt werden. Wählen Sie bitte für unser Beispiel die Funktion *Avg* für die Spalte mit dem Verkaufspreis aus. Ergänzen Sie den Stern aus der Tabelle *artikel* und wählen Sie die Gruppenfunktion *Count* aus. Typischerweise wird *Count* schon vorausgewählt, wenn Sie den Stern nachträglich ergänzen.

Spalte	Alias	Tabelle	Ausgabe	Sortiertyp	Sortierreihenfolge	Gruppieren nach
gruppe		artikel	☑			Gruppieren nach
bezeichnung		artikelgruppen	☑	Aufsteigend	1	Gruppieren nach
vkpreis	durchschnittspreis	artikel	☑			Avg
*	anzahl		☑			Count

Bild 4.24 Gruppierung in einer Abfrage

HINWEIS: Count gibt es auch in der Ausprägung Count_Big. Dies bedeutet, dass der Ergebniswert nicht den üblichen Datentyp Integer, sondern Biginteger aufweist. Dies ist aber nur dann von Bedeutung, wenn Sie Ergebnisse erwarten, die den Maximalwert von 2.147.483.647 für Integer überschreiten (können).

Auch im Diagrammbereich werden die gewählten Einstellungen hervorgehoben. Das Gruppierungssymbol neben den Spalten, nach denen gruppiert wird, und das Summensymbol neben den zusammengefassten Spalten lassen die Angabe noch übersichtlicher erscheinen.

Im Ergebnis wird jede Artikelgruppe einmal (als Gruppe) dargestellt. Daneben sehen wir den Durchschnittspreis sowie die Anzahl der Artikel in jeder Gruppe.

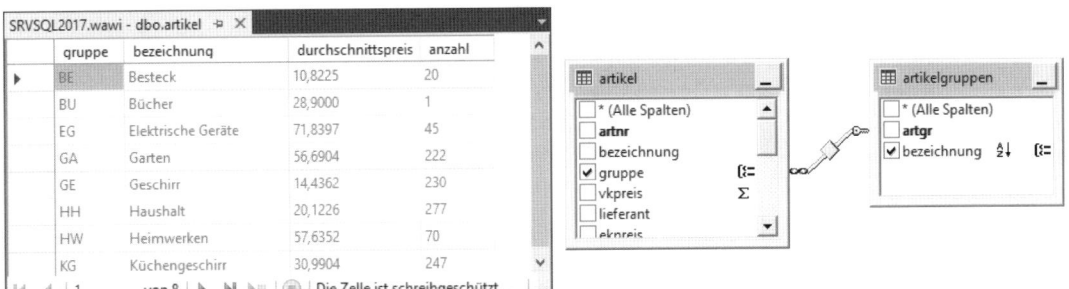

Bild 4.25 Ergebnis einer Gruppierung sowie Darstellung im Diagrammbereich

Besonderheiten beim Gruppieren

Beim Einsatz von Gruppenfunktionen gibt es ein paar Besonderheiten, denen wir uns zum Abschluss noch ein wenig widmen möchten.

- *NULL-Werte*: Gruppenfunktionen ignorieren NULL-Werte generell. Sie werden in die Berechnung nicht mit einbezogen. Dies können Sie am Beispiel, das Bild 4.26 zeigt, erkennen. In der Kundentabelle werden die Gesamtanzahl der Kunden, die Anzahl der Kunden mit Titel sowie die Anzahl der Akademiker ermittelt. COUNT(*) zählt immer die Anzahl der Datensätze – unabhängig von deren Inhalt. COUNT(Feldname) zählt die Einträge in diesem Feld, ohne die NULL-Werte mitzuzählen. Im Ergebnis sehen wir, dass zwei der 22 Kunden einen Titel besitzen und zehn Akademiker sind. Um dem Bologna-Prozess Rechnung zu tragen, habe ich in der Beispieldatenbank die Spalte *akadgrad2* ergänzt, die diese neuen Grade, die nicht vor, sondern nach dem Namen geführt werden, enthält. Um diese zu berücksichtigen, ersetzen Sie den Namen *akadgrad* in der Spalte *Spalte* um den Ausdruck ISNULL(akadgrad; akadgrad2). Damit wird der Inhalt der zweiten Spalte auch noch berücksichtigt, sollte die erste NULL sein.

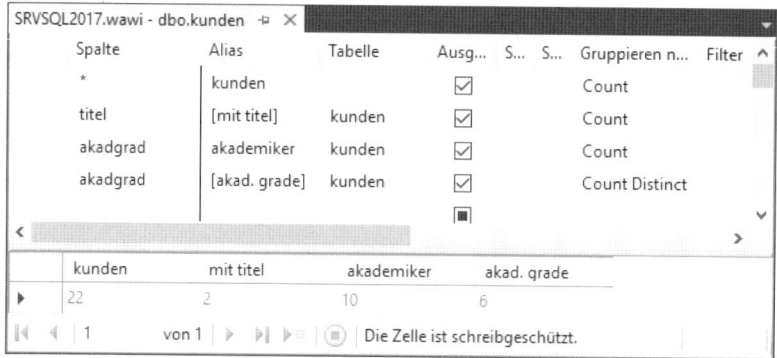

Bild 4.26 Verschiedene Verwendungen von COUNT

- *Distinct*: Einige der Gruppenfunktionen existieren auch in der Variante `Distinct`. Dies bedeutet, dass jeder mehrfach vorkommende Wert nur einmal berücksichtigt wird. Haben also drei Kunden denselben akademischen Grad, so wird dieser nur einmal gezählt. So zeigt das Ergebnis in Bild 4.26, dass es zwar zehn Akademiker, aber nur sechs unterschiedliche akademische Grade gibt. Dies bedeutet, dass mehrere Kunden denselben akademischen Grad führen.

- *Where*: Wird ein Filterkriterium für eine Spalte der Gruppierung oder für eine Spalte mit zusammengefassten Werten eingetragen, bezieht sich der Vergleichsausdruck auf das Ergebnis der Gruppierung. (Zum Beispiel soll die berechnete Anzahl kleiner als ein bestimmter Wert sein.)

  Häufig benötigen Sie aber auch die Variante, dass Sie Werte filtern möchten, bevor diese in die Gruppierung einbezogen werden. Das Beispiel in Bild 4.26 zeigt das vorige Beispiel, jedoch sollen in die Betrachtung lediglich die weiblichen Kunden einbezogen werden. Damit die Bedingung `geschlecht = 1` vor der Gruppenbildung angewandt wird, muss in der Spalte *Gruppieren nach* der Eintrag *Where* ausgewählt werden. Da eine solche Spalte in der Gruppierung nicht angezeigt werden kann, sondern nur vorweg als Auswahlkriterium gilt, verschwindet das Häkchen in der Spalte *Ausgabe* automatisch.

- *Expression*: Berechnungsausdrücke, die unabhängig von oder nach der Gruppierung ausgeführt werden sollen, werden in der Spalte *Gruppieren nach* mit dem Eintrag *Expression* versehen. Dieser Ausdruck wird dann quasi „nebenher" ausgewertet und hat mit der Gruppenbildung nichts zu tun. Das Beispiel in Bild 4.27 verwendet diese Möglichkeit, um das aktuelle Datum über die Funktion `SYSDATETIME()` in einer eigenen Spalte auszugeben.

Leider können Sie die soeben erstellten Abfragen nicht speichern. Wie eingangs bereits erwähnt, wird diese Form daher nur für Ad-hoc-Auswertungen verwendet, die nicht mehrmals benötigt werden.

PRAXISTIPP: Wenn Sie jedoch einmal in die Situation kommen sollten, eine erzeugte Abfrage, anders als ursprünglich geplant, doch speichern zu wollen, so blenden Sie den SQL-Bereich ein und kopieren die generierte SQL-Anweisung über die Zwischenablage in ein Abfrageeditor-Fenster, um es danach als SQL-Skript zu speichern.

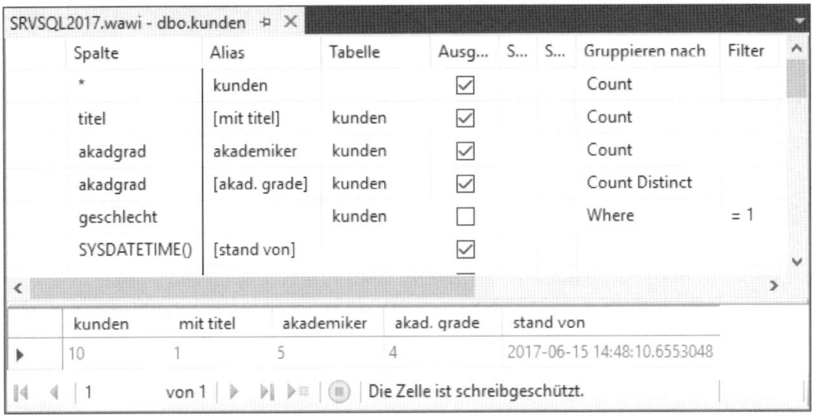

SRVSQL2017.wawi - dbo.kunden								
Spalte	Alias	Tabelle	Ausg...	S...	S...	Gruppieren nach	Filter	
*	kunden		☑			Count		
titel	[mit titel]	kunden	☑			Count		
akadgrad	akademiker	kunden	☑			Count		
akadgrad	[akad. grade]	kunden	☑			Count Distinct		
geschlecht		kunden	☐			Where	= 1	
SYSDATETIME()	[stand von]		☑					

	kunden	mit titel	akademiker	akad. grade	stand von
▶	10	1	5	4	2017-06-15 14:48:10.6553048

⏮ ◀ | 1 von 1 | ▶ ▶⏭ ▶⁑ | ⏹ | Die Zelle ist schreibgeschützt.

Bild 4.27 Bedingung und Ausdruck

■ 4.2 Sichten für den Datenzugriff gestalten

Abfragen werden direkt im Management Studio erstellt und ausgeführt, ohne gespeichert werden zu können. Sichten (Views) werden als eigene Datenbankobjekte (so wie Tabellen) direkt am Server in der Datenbank gespeichert. Damit sind sie dauerhaft vorhanden und können jederzeit aufgerufen werden. Hinter einer Sicht verbirgt sich jeweils eine – mehr oder weniger komplexe – SELECT-Anweisung. Diese wird intern jedes Mal ausgeführt, wenn sie abgefragt wird. Sie haben richtig gelesen: abgefragt wird.

Auf eine Sicht wird genauso zugegriffen wie auf eine Tabelle auch. Oft weiß ein Endbenutzer gar nicht, ob er auf eine Tabelle oder eine Sicht zugreift. Es spielt auch keine Rolle. Deshalb müssen Sie eine Sicht wie eine Tabelle abfragen, wenn Sie Daten über sie (und nicht aus ihr) erhalten möchten. Der Unterschied liegt darin, dass eine Sicht keine eigenen Daten besitzt. Wenn Sie auf eine Sicht zugreifen, werden die Daten zu diesem Zeitpunkt über die mit ihr definierte SELECT-Anweisung „just in time" ausgelesen. Die Daten stammen jedoch immer aus den der Sicht zugrunde liegenden Tabellen. Deshalb zeigen Sichten auch immer die aktuellen Daten an. Wenn Sie Daten in einer Sicht verändern – was prinzipiell möglich ist, falls die Sicht nicht zu komplex ist –, verändern Sie die Daten nicht in der Sicht, sondern in der zugrunde liegenden Tabelle.

4.2.1 Gründe für den Einsatz von Sichten

Prinzipiell sind Sichten lediglich SELECT-Anweisungen. Diese sind auch für sich alleine verwendbar. Was sind nun Gründe für den Einsatz von Sichten?

- *Verbergen von Komplexität*: Sichten können dazu verwendet werden, Benutzern den Zugriff auf Daten zu vereinfachen, indem komplexe Zusammenhänge (Verknüpfungen mehrerer Tabellen, Berechnungen usw.) bereits in der Sicht realisiert sind. Quasi ist in einer Tabelle zu sehen, was eigentlich auf viele Tabellen verteilt ist. Benutzer benötigen dann lediglich recht einfache SQL-Anweisungen, um auf diese Sichten zuzugreifen. Der Schulungsaufwand lässt sich damit verringern, da die Endbenutzer keine SQL-Spezialkenntnisse mehr benötigen.

- *Arbeitserleichterung*: Sie sparen sich sehr viel Arbeit, wenn Sie viele Tabellen nicht jedes Mal erneut miteinander verknüpfen müssen, sondern das Zwischenergebnis bereits fertig vorliegen haben, um mit wenig Aufwand darauf zurückgreifen zu können.

- *Regeln von Datenzugriffen*: In vielen Unternehmen gibt es Daten, die nicht jedermann sehen darf. Es kann notwendig sein, eine Tabelle gedanklich sowohl horizontal als auch vertikal zu unterteilen, um Benutzern nicht Zugriff auf alle Daten zu gewähren.

  - *Einschränkung auf Spaltenebene*: Benutzern, die nicht Zugriff auf alle Spalten einer Tabelle haben sollen, sondern nur auf bestimmte Informationen, wird eine Sicht zur Verfügung gestellt, in der nur diejenigen Spalten enthalten sind, auf die zugegriffen werden darf. So sind in einer Personaltabelle zum Beispiel auch sensible Daten über Mitarbeiter gespeichert, auf die nur Mitarbeiter der Personalabteilung Zugriff haben dürfen. Bestimmte Informationen über die Mitarbeiter müssen aber auch Abteilungsleiter zur Verfügung haben, wie zum Beispiel die private Telefonnummer. Auch der verbleibende Resturlaub kann bei der Genehmigung eines Urlaubsantrags von Interesse sein. Diese benötigten Informationen können Sie über eine Sicht abrufbar machen.

  - *Einschränkung auf Datensatzebene*: Auch eine Einschränkung des Zugriffs auf bestimmte Datensätze, die nur den Arbeitsbereich des Benutzers betreffen, ist oft eine Notwendigkeit. So soll der Abteilungsleiter nur auf die Daten seiner Mitarbeiter und keinesfalls auf die anderer Angestellter zugreifen dürfen. Dazu müssen Sie eine Sicht erstellen, die aufgrund der Filtereinschränkungen (WHERE-Klausel) jedem Benutzer ausschließlich nur die für ihn bestimmten Datensätze liefert.

Sichten unterstützen für diesen Vorgang indirekte Berechtigungen. Dies bedeutet, dass ein Benutzer, der die Leseberechtigung für eine Sicht hat, die über die Sicht gelieferten Daten lesen darf, auch wenn er über keine Zugriffsberechtigung auf die zugrunde liegenden Tabellen verfügt. Damit ist es möglich, dass der Abteilungsleiter keinen Zugriff auf die Personaltabelle erhält, aber mithilfe einer Sicht die für ihn bestimmten Daten lesen darf. Die einzige Voraussetzung dazu ist, dass sich die Sicht und die Tabelle im selben Schema befinden.

 PRAXISTIPP: Einschränkungen auf Spaltenebene können zwar direkt auf Tabellenebene über Berechtigungen geregelt werden, sind aber weniger elegant als eine Lösung über eine Sicht. Da in einer Sicht nur diejenigen Spalten enthalten sind, auf die man berechtigt zugreifen darf, kann es zu keinen Fehlermeldungen kommen, falls man versehentlich versucht, auf eine verbotene Spalte zuzugreifen.

Wie Sie Berechtigungen im Zusammenhang mit Sichten verwenden, erfahren Sie in Kapitel 10.

4.2.2 Erstellen einer Sicht

Das Erstellen einer Sicht erfolgt entweder wie bei einer Tabelle über den Objekt-Explorer des Management Studios oder über die Anweisung CREATE VIEW.

Im Objekt-Explorer markieren Sie den Ordner *Sichten* und erstellen eine neue Sicht über das Kontextmenü mit der Anweisung NEUE SICHT…. Es öffnet sich ein neues Register, auf dem standardmäßig alle Bereiche des Abfrage-Designers eingeblendet sind. Ebenso automatisch wird der Dialog zur Auswahl einer oder mehrerer Tabellen angezeigt.

 HINWEIS: Da für das Erstellen von Sichten ebenfalls der Abfrage-Designer verwendet wird, ändert sich in der Handhabung gegenüber dem Erstellen einfacher Abfragen nichts.

Der einzige Unterschied einer Sicht im Gegensatz zur Erstellung einer Abfrage ist, dass die Sicht gespeichert werden kann. Das Diskettensymbol in der Symbolleiste ist nun nicht grau.

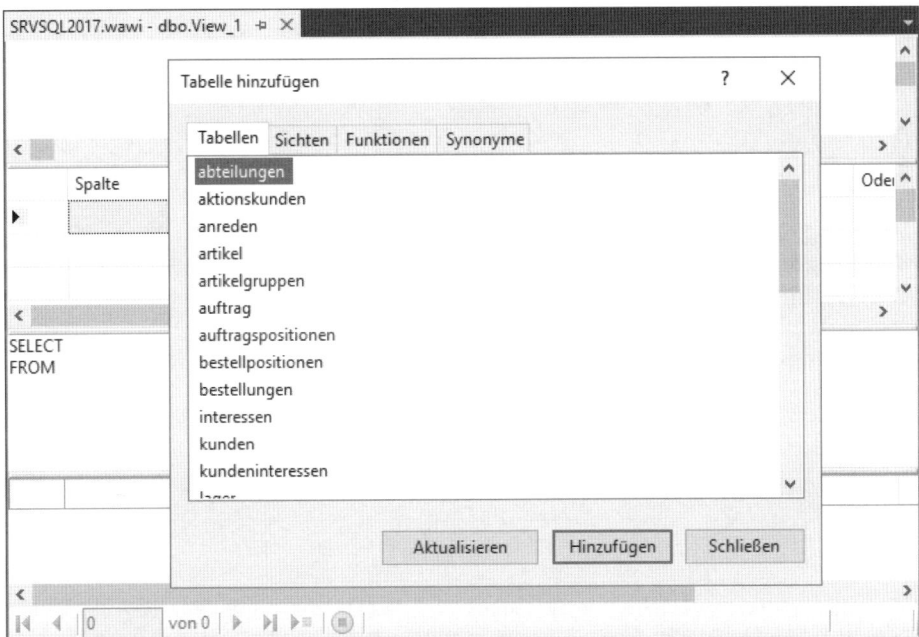

Bild 4.28 Neue Sicht mit dem Abfrage-Designer erstellen

Erstellen wir als erstes Beispiel eine Sicht, welche die Privatkunden und deren Interessen anzeigt. Der Kundenname soll dieses Mal in einer Spalte zusammengefasst werden.

1. Erstellen Sie eine neue Sicht und übernehmen Sie die Tabellen *kunden*, *interessen* und *kundeninteressen*.

2. Fügen Sie eine berechnete Spalte mit dem Ausdruck `ISNULL(dbo.kunden.akadgrad + ' '; '') + dbo.kunden.vorname + ' ' + UPPER (dbo.kunden.nachname) + ISNULL(', ' + dbo.kunden.akadgrad2; '')` ein. Zeigen Sie zusätzlich die Spalte *bezeichnung* aus der Tabelle *interessen* an. Vergeben Sie als Aliasnamen für diese Spalten die Bezeichnungen *kunde* und *interesse*. Wenn Sie die Spalte *akadgrad2* wieder berücksichtigen möchten, erweitern Sie den Ausdruck um eine weitere ISNULL-Funktion: `UPPER(nachname) + ' ' + vorname + ISNULL(', ' + ISNULL(akadgrad; akadgrad2); '')`

3. Ergänzen Sie die Spalte *geschlecht*, ohne sie auszugeben, und legen Sie das Filterkriterium <=3 fest, um nur Privatkunden in die Sicht aufzunehmen.

4. Speichern Sie die Sicht unter dem Namen *vw_kundeninteressen* ab.

Bei der verwendeten Berechnung ist die Funktion ISNULL () zu beachten. Für den Fall, dass einer der akademischen Grade NULL ist, wird dieser gemeinsam mit dem Leerzeichen beziehungsweise dem Komma durch einen Leerstring ersetzt. Dies ist notwendig, da sonst der ganze Name NULL würde. Ist ein Teil eines Ausdrucks NULL, ist auch der Gesamtausdruck NULL. Deshalb müssen NULL-Werte mithilfe der ISNULL()-Funktion unterdrückt werden.

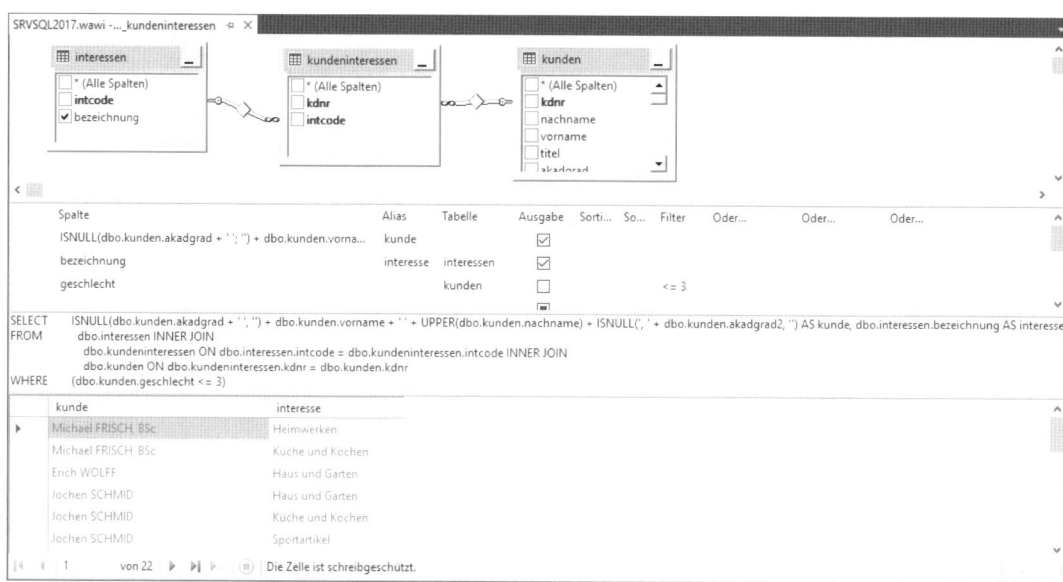

Bild 4.29 Sicht-Definition im Abfrage-Designer inklusive Ergebnisvorschau

Leider hat es Microsoft auch in der Version 17 des Management Studios wieder versäumt, die Eingabe zu vereinheitlichen. Verwenden Sie eine Funktion wie ISNULL() im Kriterienbereich, so muss diese in deutscher Syntax eingegeben werden. Dies bedeutet, dass als Trennzeichen zwischen den einzelnen Funktionsparametern (wie in unserem Beispiel) das Semikolon verwendet werden muss. Im SQL-Bereich wird diese Eingabe – wie in SQL nicht anders möglich – dagegen mit einem Komma angezeigt. Auch manuelle Eingaben im SQL-

Bereich müssen Sie in so einem Fall mit Komma vornehmen. Es wäre schön gewesen, hätte Microsoft den Versionswechsel zu einer Beendigung dieser unterschiedlichen Vorgehensweisen genutzt. In der englischen Version wird dagegen in beiden Fällen das Komma verwendet.

 ACHTUNG! Sie sollten in einer Sicht keine Sortierung verwenden. Dies wird von einer Sicht auch gar nicht unterstützt. Legen Sie im Abfrage-Designer eine Sortierung fest, so wird als Workaround die Klausel TOP (100) PERCENT ergänzt, um das überhaupt möglich zu machen. Die TOP-Klausel wird sonst nur für Aufgabenstellungen wie zum Beispiel die teuersten zehn Artikel oder die jüngsten drei Mitarbeiter verwendet. Eine Sortierung in einer Sicht macht deshalb keinen Sinn, da ja eine Sicht erst mit einer SELECT-Anweisung abgefragt werden muss. Erst danach sollte sortiert werden – und nicht schon vorher in der Sicht.

4.2.3 Daten aus einer Sicht abrufen

Da eine Sicht selbst keine Daten enthält, muss sie zunächst ausgeführt werden. Dafür stehen folgende Varianten zur Verfügung:

- *Vorschau im Abfrage-Designer*: Bereits bei der Definition einer Sicht kann diese direkt im Abfrage-Designer ausgeführt werden, um eine Art Vorschau auf das Ergebnis zu erhalten. Dies ist auch möglich, falls die Sicht noch nicht gespeichert ist. Es gelingt nur, weil der Abfrage-Designer in diesem Fall nicht die Sicht ausführt, sondern direkt die enthaltene SELECT-Anweisung.

- *Öffnen über den Objekt-Explorer*: Da eine Sicht prinzipiell wie eine Tabelle zu behandeln ist, kann sie auch direkt aus dem Objekt-Explorer des Management Studios über das Kontextmenü geöffnet werden. Ist sie geöffnet, kann sie selbst Basis einer weiteren Abfrage sein. Auch hier steht wie bei Tabellen der Befehl OBERSTE 200 ZEILEN BEARBEITEN zur Verfügung. Alles Weitere gilt analog wie für Tabellen.

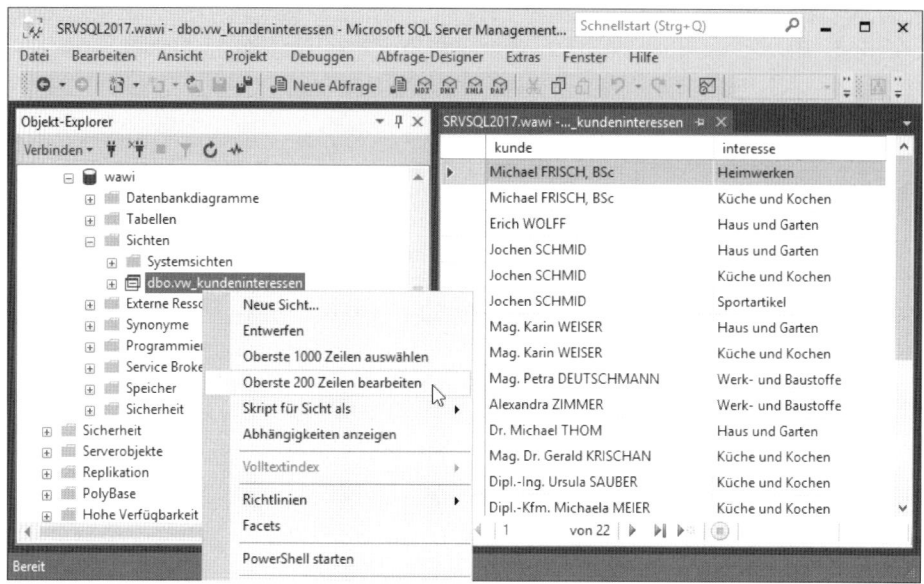

Bild 4.30 Sicht öffnen und Daten anzeigen

- *SELECT im Abfrage-Editor*: Verwenden Sie eine SELECT-Anweisung im Abfrageeditor des SQL Server Management Studios, können Sie dabei beliebig sortieren und das Ergebnis mit WHERE-Bedingungen einschränken oder mithilfe von Verknüpfungen mit anderen Sichten und Tabellen erweitern.

Öffnen Sie bitte ein Abfrageeditor-Fenster, zum Beispiel über das Symbol *Neue Abfrage*. Weitere Informationen über die Verwendung des Abfrageeditors finden Sie in Kapitel 2.

Tippen Sie folgende Anweisung ein:

```
SELECT kunde, interesse
FROM dbo.vw_kundeninteressen
ORDER BY kunde, interesse;
```

Führen Sie die Anweisung nun über das Symbol *Ausführen* aus oder verwenden Sie dazu die Taste F5. Sie erhalten das folgende Ergebnis:

```
kunde                        interesse
---------------------------- --------------------
Alexandra ZIMMER             Werk- und Baustoffe
Dipl.-Ing. Ursula SAUBER     Küche und Kochen
Dipl.-Kfm. Michaela MEIER    Küche und Kochen
Dipl.-Vw. Gerald BOGNER      Werk- und Baustoffe
Dipl.-Vw. Heimo KONRAD       Haus und Garten
Dr. Michael THOM             Haus und Garten
Dr. Ulrike KAHR              Heimwerken
Dr. Ulrike KAHR              Küche und Kochen
...
Ulrike THOMASELLI            Küche und Kochen
(22 Zeile(n) betroffen)
```

Wie das letzte Ergebnis zeigt, werden Daten aus einer Sicht ebenfalls mit einem SELECT-Statement abgerufen. Auch wenn das grafische Tool diese Aufgabe für uns übernimmt – zum Beispiel, wenn wir die Sicht direkt über das Kontextmenü (wie in der ersten Variante beschrieben) öffnen. Da bei diesem Statement eine Sortierung erfolgen kann, ist es nicht sinnvoll, in der Sicht eine Sortierung einzubauen.

 PRAXISTIPP: Wie Sie an diesem Beispiel sehen, eignet sich die in der Sicht generierte Spalte *kunde* nicht besonders gut zur Sortierung. Ergänzen Sie in einem solchen Fall in der Sicht entsprechende Spalten, auch wenn Sie diese nicht zur Anzeige, sondern nur für die Sortierung benötigen. Dies könnten in diesem Beispiel *nachname* und *vorname* sein:

```
SELECT kunde, interesse
FROM dbo.vw_kundeninteressen
ORDER BY nachname, vorname, interesse;
```

Wenn Sie im Kontextmenü den Befehl OBERSTE 1000 ZEILEN AUSWÄHLEN verwenden, wird in einem neuen Abfrageeditor-Fenster folgende Anweisung eingetragen und sofort ausgeführt:

```
/****** Skript für SelectTopNRows-Befehl aus SSMS ******/
SELECT TOP 1000 [kunde]
      ,[interesse]
  FROM [wawi].[dbo].[vw_kundeninteressen]
```

Je nachdem, ob Sie diese ergänzt haben, finden Sie die Spalten *nachname* und *vorname* in diesem generierten Skript vor oder nicht. Auch hier können Sie jederzeit eine ORDER BY-Klausel für eine Sortierung ergänzen. Wie Sie selbst SQL-Anweisungen schreiben, lesen Sie im folgenden Abschnitt.

■ 4.3 SQL-Anweisungen verwenden

Im letzten Abschnitt sollen Sie noch einen komprimierten Überblick über die beiden SQL-Sprachbereiche erhalten, die in der Praxis am häufigsten benötigt werden:

- Data Query Language
- Data Manipulation Language

Für die Eingaben verwenden wir den schon in Kapitel 2 beschriebenen Abfrageeditor des SQL Server Management Studios. Ein Fenster des Abfrageeditors kann nicht nur eine, sondern eine beliebige Anzahl an SQL-Anweisungen enthalten. Diese können als einzelne Skriptdateien oder als Projekte, die aus mehreren Skriptdateien bestehen, gespeichert werden.

PRAXISTIPP: Nutzen Sie auch die Möglichkeit, Kommentare zwischen den Anweisungen einzugeben. Einzeilige Kommentare werden mit zwei Bindestrichen (--) eingeleitet. Mehrzeilige Kommentare beginnen nach einem /* und werden mit einem */ wieder beendet. Kommentare werden im Abfrageeditor in der Standardeinstellung in grüner Schrift dargestellt.

 HINWEIS: Die im Folgenden verwendeten Anweisungen finden Sie bei den Dateien zum Buch in einer Skriptdatei zusammengefasst.

4.3.1 Data Query Language (DQL)

Die Data Query Language ist mit dem Anweisungstyp SELECT wohl der am meisten eingesetzte Sprachbereich von SQL. Auch von ihrer Variantenvielfalt her ist die SELECT-Anweisung mit Abstand die häufigste Anweisung. Sie haben bei der Verwendung des Abfrage-Designers und beim Arbeiten mit Sichten ja schon einige Elemente der SELECT-Anweisung kennengelernt.

Daten abrufen

Eine SELECT-Anweisung besteht aus mindestens einer Klausel. Als Klausel wird ein Abschnitt einer SQL-Anweisung bezeichnet. Diese Klauseln müssen in einer genau definierten Reihenfolge verwendet werden. Eine SELECT-Anweisung, die aus nur einer einzigen Klausel besteht, ruft keine Daten aus einer Tabelle ab, sondern gibt das Ergebnis eines Ausdrucks aus.

Zum Beispiel liefert die nachfolgende Anweisung die aktuelle Systemzeit des Servers:

```
SELECT SYSDATETIME();
```

Um Daten aus einer Tabelle abzurufen, wird die FROM-Klausel benötigt. Die SELECT-Klausel legt fest, welche Spalten aus der Datenquelle angezeigt werden sollen. Im nachfolgenden Beispiel werden alle Spalten über die Verwendung des Sterns in der SELECT-Klausel aus der Artikeltabelle abgerufen. Das Beispiel liefert den gesamten Inhalt der Tabelle.

```
SELECT *
FROM dbo.artikel;
```

Um nur bestimmte Spalten einer Tabelle auszugeben, werden nur diese Spalten in der SELECT-Klausel angegeben. Die Reihenfolge kann dabei beliebig gewählt werden und muss nicht der Reihenfolge der Spalten in der zugrunde liegenden Tabelle entsprechen.

```
SELECT persnr, nachname
FROM dbo.personal;
```

HINWEIS: Die Groß-/Kleinschreibung ist beim Schreiben von SQL-Anweisungen nicht relevant. Wenn man sie verwendet, dann nur um eine bessere Lesbarkeit zu erreichen. Ebenso verhält es sich mit Zeilenumbrüchen und Einrückungen, die Sie so einsetzen können, wie Sie möchten, um die Übersicht zu wahren oder zu verbessern. ∎

Die nachfolgende Anweisung liefert somit dasselbe Ergebnis wie die vorige.

```
select persnr, nachname from dbo.personal;
```

In der SELECT-Klausel können nicht nur Spaltennamen, sondern auch Ausdrücke angegeben werden. Das nachfolgende Beispiel zeigt neben dem aktuellen Verkaufspreis auch noch den um 5 Prozent erhöhten Preis an.

```
SELECT artnr, bezeichnung, vkpreis, vkpreis * 1.05
FROM dbo.artikel;
```

liefert:

```
artnr bezeichnung                         vkpreis
----- ----------------------------------- ------------ ---------
1001  Abdeckbänderset 4 tlg.              10,68        11.214000
1002  Abflussieb PVC Rund Hr 4 Stk.       7,52         7.896000
1003  Abfallsack 110 lt                   3,16         3.318000
1004  Abfallsack 60 lt                    2,07         2.173500
1005  Abgiesser                           7,52         7.896000
1006  Ausgiesser Gihale 6 Stk. Packung    8,00         8.400000
...
```

Da berechnete Spalten keinen Namen haben, können Sie ihnen einen Aliasnamen geben. Dieser wird hinter dem Ausdruck, optional durch das Schlüsselwort AS getrennt, angegeben.

```
SELECT artnr, bezeichnung, vkpreis, vkpreis * 1.05 AS neupreis
FROM dbo.artikel;
```

liefert:

```
artnr bezeichnung                         vkpreis      neupreis
----- ----------------------------------- ------------ ---------
1001  Abdeckbänderset 4 tlg.              10,68        11.214000
1002  Abflussieb PVC Rund Hr 4 Stk.       7,52         7.896000
1003  Abfallsack 110 lt                   3,16         3.318000
1004  Abfallsack 60 lt                    2,07         2.173500
1005  Abgiesser                           7,52         7.896000
1006  Ausgiesser Gihale 6 Stk. Packung    8,00         8.400000
...
```

ACHTUNG! Der Alias kann innerhalb derselben Anweisung leider nicht weiterverwendet werden. Dies ist in ANSI SQL nicht vorgesehen, auch wenn es zum Beispiel in MS Access möglich ist. Daher kann er weder für eine weitere Berechnung noch als Filterkriterium eingesetzt werden. Die einzige Ausnahme stellt das Sortieren dar, wofür Aliase direkt verwendet werden können.

Wenn Sie möchten, dass das Ergebnis der berechneten Spalte wieder auf dieselbe Art formatiert dargestellt wird wie die Spalte *vkpreis* selber, müssen Sie es in denselben Datentyp konvertieren. Der SQL Server hat nämlich in der Berechnung aus unterschiedlichen Ursprungsdatentypen in diesem Fall als Zieldatentyp *decimal* ausgewählt. Zusätzlich ist es sinnvoll, den Ergebniswert auf zwei Nachkommastellen zu runden.

```
SELECT artnr, bezeichnung, vkpreis,
       CAST(ROUND(vkpreis * 1.05, 2) AS money) AS neupreis
FROM dbo.artikel;
```

liefert:

```
artnr bezeichnung                            vkpreis     neupreis
----- -------------------------------------- ----------- ---------
1001  Abdeckbänderset 4 tlg.                 10,68       11,21
1002  Abflusssieb PVC Rund Hr 4 Stk.         7,52        7,90
1003  Abfallsack 110 lt                      3,16        3,32
1004  Abfallsack 60 lt                       2,07        2,17
1005  Abgiesser                              7,52        7,90
1006  Ausgiesser Gihale 6 Stk. Packung       8,00        8,40
...
```

Sortierungen einbauen

Um das Ergebnis der Anweisung zu sortieren, muss die Klausel ORDER BY ergänzt werden. In dieser werden ein oder mehrere Sortierkriterien durch Kommata voneinander getrennt angegeben.

```
SELECT *
FROM dbo.artikel
ORDER BY vkpreis;
```

Für eine absteigende Sortierung muss das Schlüsselwort DESC (descending) hinter dem Sortierkriterium angegeben werden.

```
SELECT *
FROM dbo.artikel
ORDER BY vkpreis DESC;
```

Eine Sortierung kann nicht nur wie in den beiden ersten Beispielen durch die Angabe der Spaltennamen, sondern auch durch Verwendung der Position innerhalb der SELECT-Klausel erfolgen. Im folgenden Beispiel erfolgt die Sortierung nach dem Eintrittsdatum, das heißt der dritten Spalte in der SELECT-Klausel.

```
SELECT persnr, nachname, eintritt
FROM dbo.personal
ORDER BY 3;
```

liefert:

```
persnr      nachname                    eintritt
----------  --------------------------  ----------
182         Hille                       1993-08-01
115         Konstantin                  1999-10-01
674         Loderer                     2000-05-01
952         Morillanitsch               2001-06-01
691         Kirschner                   2001-08-01
332         Ideenreich                  2002-02-01
799         Schulz                      2002-07-02
387         Mörtl                       2002-10-01
...
651         Nürnberger                  2006-04-01
(20 Zeile(n) betroffen)
```

 ACHTUNG! Diese Variante ist allerdings nicht mehr ANSI-konform und wird irgendwann einmal nicht mehr unterstützt werden.

Wird in einer Anweisung ein Aliasname verwendet, kann auch dieser für die Sortierung benutzt werden.

```
SELECT artnr, bezeichnung, vkpreis - ekpreis AS spanne
FROM dbo.artikel
ORDER BY spanne DESC;
```

Werden mehrere Spalten für die Sortierung benötigt, so werden diese mit Komma voneinander getrennt. Die Sortierung erfolgt von links nach rechts.

Im folgenden Beispiel kommt die Sortierung nach Geschlecht erst dann zum Tragen, wenn es mehrere gleiche Werte für die Abteilung gibt.

```
SELECT abteilung, geschlecht, nachname
FROM dbo.personal
ORDER BY abteilung, geschlecht, nachname;
```

Bedingungen definieren

Da man in der Regel nicht immer alle Datensätze aus einer Tabelle abrufen möchte, benötigt man die WHERE-Klausel, um Auswahlkriterien zu definieren. Dies sind Bedingungsausdrücke, wie Sie sie zum Beispiel auch von Excel her kennen. Diese Bedingungen liefern als Ergebnis stets wahr oder falsch.

Um zum Beispiel alle Artikel, deren Preis über 300 Euro liegt, anzuzeigen, kann die folgende Anweisung verwendet werden:

```
SELECT *
FROM dbo.artikel
WHERE vkpreis > 300;
```

Kriterien können sich aber nicht nur auf Zahlenfelder, sondern auch auf Spalten mit Character-Werten beziehen. Vergleichswerte müssen in einfache Hochkommata gesetzt werden. Sofern Sie es über die Sortiereinstellungen beim Setup des Servers nicht explizit angegeben haben, wird bei einem Vergleich nicht zwischen Groß- und Kleinbuchstaben unterschieden.

```
SELECT *
FROM dbo.personal
WHERE nachname = 'hoier';
```

Datumswerte werden wie Texte in Hochkommata gesetzt. Es spielt keine Rolle, ob Sie als Datumstrennzeichen den Punkt, den Bindestrich oder den Schrägstrich verwenden.

```
SELECT persnr, nachname, eintritt,
       DATENAME(weekday, eintritt)
FROM dbo.personal
WHERE eintritt >= '01.05.2005';
```

Von Bedeutung kann allerdings die Reihenfolge von Tag, Jahr oder Monat sein. Diese ist unter anderem von den verwendeten Ländereinstellungen abhängig. Mit der Anweisung SET DATEFORMAT legen Sie die Reihenfolge für Tag (d), Monat (m) und Jahr (y) fest.

```
set dateformat dmy;
```

Alternativ können Sie die Konvertierung des Textes in ein Datum auch explizit mit der CONVERT()-Funktion vornehmen. Der Parameter 104 entspricht dabei dem deutschen Datumsformat, so wie im Beispiel verwendet.

```
SELECT persnr, nachname, eintritt,
       DATENAME(weekday, eintritt)
FROM dbo.personal
WHERE eintritt >= CONVERT(datetime, '01.05.2005', 104);
```

 HINWEIS: Hinter der Zahl 104 steckt keine tiefere Logik, außer dass bei 104 die Jahresangabe vierstellig erfolgt und bei 4 nur zweistellig. 100 dazu addiert, um eine vierstellige Jahresangabe zu erzielen, gilt für alle möglichen Format-Codes. Alle übrigen Formate können Sie der Übersicht in der Online-Dokumentation entnehmen. Suchen Sie dort nach dem Begriff CONVERT().

Als dritte Variante ist es möglich, das Universalformat YYYYMMDD bei der Eingabe des Datums zu verwenden. Dieses funktioniert unabhängig von den Rahmenbedingungen.

```
SELECT persnr, nachname, eintritt,
       DATENAME(weekday, eintritt)
FROM dbo.personal
WHERE eintritt >= '20050101';
```

Sie können als Trennzeichen bei der Datumseingabe den Punkt, den Bindestrich oder einen Schrägstrich verwenden.

Bei der Suche in Textfeldern werden gerne Mustervergleiche herangezogen, wie bereits in diesem Kapitel gezeigt. Das folgende Beispiel liefert alle Artikel, deren Bezeichnung mit dem Buchstaben „d" beginnt.

```
SELECT artnr, bezeichnung
FROM dbo.artikel
WHERE bezeichnung LIKE 'd%';
```

Muster lassen sich aus mehreren Zeichen zusammensetzen. Das nachfolgende Beispiel sucht nach E-Mail-Adressen, die mindestens aus zwei Zeichen vor dem @-Zeichen und mindestens zwei Zeichen dahinter bestehen. Nach dem Punkt müssen zwei, drei oder vier Zeichen den Abschluss bilden. Für beliebig viele Zeichen wird das Prozentzeichen verwendet; für genau ein Zeichen der Unterstrich.

```
SELECT email
FROM dbo.kunden
WHERE email LIKE '%_@_%._ _'
OR email LIKE '%_@_%._ _ _'
OR email LIKE '%_@_%._ _ _ _';
```

Ein typischer SQL-Operator ist BETWEEN. Damit werden die Werte innerhalb einer Spanne zwischen einer Unter- und einer Obergrenze selektiert. Die Grenzwerte gehören dabei mit zum Ergebnis. Das folgende Beispiel fragt alle Artikel ab, deren Preis zwischen 100 und 150 Euro beträgt.

```
SELECT artnr, bezeichnung, vkpreis
FROM dbo.artikel
WHERE vkpreis BETWEEN 100 AND 150;
```

Ein weiterer SQL-Vergleichsoperator ist IN(). Er entspricht einem Gleichheitszeichen, allerdings werden hierbei mehrere Werte miteinander verglichen. Das folgende Beispiel liefert alle Artikel, die einer der Artikelgruppen Geschirr (GE), Kochgeschirr (KG) oder Besteck (BE) angehören.

```
SELECT artnr, bezeichnung, gruppe, vkpreis
FROM dbo.artikel
WHERE gruppe IN('ge', 'kg', 'be');
```

Ein eigener Vergleichsoperator wird in ANSI SQL verwendet, um auf NULL-Werte hin zu prüfen. Diese werden nicht mit einem Gleichheitszeichen, sondern mit dem Operator IS ermittelt. Das folgende Beispiel selektiert alle Mitarbeiter, die keine Akademiker sind.

```
SELECT *
FROM dbo.personal
WHERE akadgrad IS NULL;
```

Um alle Akademiker anzuzeigen, prüfen Sie mit IS NOT NULL auf Feldinhalte, die nicht NULL sind.

```
SELECT *
FROM dbo.personal
WHERE akadgrad IS NOT NULL;
```

Werden mehrere Kriterien in einer Abfrage benötigt, müssen diese entweder mit AND oder mit OR verbunden werden. Bei AND müssen beide Bedingungen erfüllt sein, damit die Zeile zum Abfrageergebnis gehört.

```
SELECT *
FROM dbo.artikel
WHERE gruppe = 'hw' AND vkpreis > 50;
```

Bei OR hingegen reicht es aus, dass eine der Bedingungen erfüllt ist. Es können aber auch beide zutreffen. Eine ausschließende Oder-Bedingung, bei der nur eine der Bedingungen erfüllt sein darf, gibt es in SQL nicht, diese muss entsprechend logisch mit AND NOT umschrieben werden.

```
SELECT artnr, bezeichnung, gruppe
FROM artikel
WHERE gruppe LIKE 'h%' OR gruppe LIKE 'g%';
```

Genau genommen, müssten wir für das Eruieren der Akademiker und Nicht-Akademiker auch den nachgestellten akademischen Grad berücksichtigen. Dazu müssen wir auch jeweils eine zweite Bedingung ergänzen. Für Nicht-Akademiker benötigen wird ein AND, damit beide Spalten als leer gefiltert werden.

```
SELECT *
FROM dbo.personal
WHERE akadgrad IS NULL AND akadgrad2 IS NULL;
```

Bei den Akademikern muss zumindest eine der Spalten *akadgrad* oder *akadgrad2* einen Wert enthalten, es können aber auch beide befüllt sein.

```
SELECT *
FROM dbo.personal
WHERE akadgrad IS NOT NULL OR akadgrad2 IS NOT NULL;
```

Ein oder mehrere Filterkriterien können auch mit NOT ins Gegenteil umgekehrt werden, indem es vor das jeweilige Kriterium gesetzt wird. Aufgrund der unterschiedlichen Priorität der logischen Operatoren müssen mehrere Kriterien, wenn sie gemeinsam umgekehrt werden sollen, in Klammern gesetzt werden. Das Beispiel für die Akademiker könnte man daher alternativ auch mit Umkehrung der Variante für die Nicht-Akademiker lösen.

```
SELECT *
FROM dbo.personal
WHERE NOT (akadgrad IS NULL AND akadgrad2 IS NULL);
```

Tabellen miteinander verknüpfen

Für das Verknüpfen von mehreren Tabellen in einer Abfrage wird die FROM-Klausel um einen JOIN-Ausdruck erweitert. Dieser legt fest, welche Tabellen miteinander verknüpft werden sollen. Über welche Spalten der Join zu erfolgen hat, wird hinter dem Schlüsselwort ON angegeben. Man nennt dies die Join-Bedingung. Werden in einer SELECT-Anweisung mehrere Tabellen verwendet, sollte vor jeder Spalte der Tabellenname mit einem Punkt getrennt angegeben werden. Besteht Namensgleichheit bei Spalten, so muss der Tabellenname mit angegeben werden. Um dies praktikabel zu halten, verwendet man Tabellen-Aliasnamen. Diese sollten so kurz wie möglich (im Idealfall nur ein Zeichen lang) sein. Sie werden jeweils hinter den Tabellennamen geschrieben. Die Anweisung

```
SELECT p.nachname, p.vorname, a.bezeichnung AS abteilung
FROM dbo.personal p
INNER JOIN dbo.abteilungen a ON p.abteilung = a.abtnr
ORDER BY p.nachname;
```

liefert:

```
nachname             vorname                abteilung
-------------------  ---------------------  --------------------
Hille                Bernadette             Geschäftsleitung
Hoier                Marion                 Einkauf
Holzmann             Bernhard               Controlling
Huber                Ludwig                 Lager
Ideenreich           Anastasia              Marketing
...
```

Die Verknüpfung kann entweder ein INNER JOIN oder ein OUTER JOIN sein.

- **INNER JOIN:** Im Ergebnis werden die Datensätze aus beiden Tabellen angezeigt, für die es Entsprechungen in der anderen Tabelle gibt. Im vorigen Beispiel wurden die Tabellen *personal* und *abteilungen* miteinander verknüpft. Abteilungen, denen keine Mitarbeiter zugeordnet sind, erscheinen nicht im Ergebnis.

- **OUTER JOIN:** Bei einem OUTER JOIN werden auch diejenigen Zeilen aus einer oder beiden Tabellen angezeigt, für die es keine Entsprechung in der anderen Tabelle gibt. Welche dieser beiden Tabellen dies ist, wird dadurch festgelegt, ob ein LEFT, RIGHT oder FULL OUTER JOIN verwendet wird.

Das Beispiel zeigt die Kunden und deren Interessen. Aufgrund der Angabe OUTER JOIN werden auch die Kunden angezeigt, denen kein Interesse zugeordnet ist. Da für diese Kunden kein Interesse existiert, enthält die Spalte für diese Datensätze NULL-Werte.

```
SELECT k.nachname, k.vorname, i.intcode
FROM dbo.kunden k
LEFT OUTER JOIN dbo.kundeninteressen i ON k.kdnr = i.kdnr
ORDER BY k.nachname;
```

liefert:

```
nachname             vorname                intcode
-------------------  ---------------------  --------
...
Lukanz               Gitti                  HUG
Meier                Karl                   KUE
Meier                Michaela               KUE
Mosing               Markus                 SPO
Prazsky              Bernhard               NULL
Sauber               Ursula                 KUE
Schmid               Jochen                 HUG
Schmid               Jochen                 KUE
Schmid               Jochen                 SPO
...
(28 Zeile(n) betroffen)
```

Für einen JOIN mit mehr als zwei Tabellen gilt zu berücksichtigen, dass immer nur die neue Tabelle ergänzt wird. Bereits vorhandene Tabellen werden in weiteren JOINs nicht nochmals angeführt. Das nachfolgende Bespiel verknüpft die Artikel zuerst mit den Artikelgruppen und danach mit den Lieferanten.

```
SELECT a.ArtNr, a.bezeichnung,
       g.bezeichnung AS Artikelgruppe,
       l.firma1 + ISNULL(' ' + l.firma2, '') AS Lieferant
FROM dbo.artikel a
INNER JOIN dbo.artikelgruppen g ON a.gruppe = g.artgr
INNER JOIN dbo.lieferanten l ON a.lieferant = l.liefnr;
```

Anhand der JOIN-Bedingung hinter dem Schlüsselwort ON erkennt der Abfrageprozessor, mit welcher der davor angeführten Tabellen der JOIN erfolgen soll.

Gruppieren

Die Logik von Gruppierungen haben wir bereits bei Abfragen kennengelernt, die mit dem Abfrage-Designer erstellt wurden. In einer SQL-Anweisung werden die Gruppenfunktionen in der SELECT-Klausel verwendet. Um zu definieren, wonach gruppiert werden soll, werden diese Spalten in der GROUP BY-Klausel angegeben. Im folgenden Beispiel wird nur nach einer Spalte gruppiert, der Abteilungsnummer. Das Ergebnis zeigt die Anzahl der Mitarbeiter in jeder Abteilung und das Durchschnittsalter. Das Alter wird dabei mit der Funktion DATEDIFF() aus der Zeitdifferenz zwischen Geburtsdatum und aktuellem Datum berechnet, bevor daraus der Durchschnittswert errechnet wird. (In diesem Beispiel wird außer Acht gelassen, dass DATEDIFF() das Alter nicht ganz korrekt berechnet, da nur das Kalenderjahr berücksichtigt wird.)

```
SELECT abteilung, COUNT(*) AS anzahl,
       AVG(DATEDIFF(year, gebdatum, SYSDATETIME())) AS Durchschnittsalter
FROM dbo.personal
GROUP BY abteilung;
```

liefert:

```
abteilung anzahl      Durchschnittsalter
--------- ----------- ------------------
CO        2           46
EK        3           45
FB        1           62
GL        3           49
LA        3           42
MA        2           40
VK        6           49
(7 Zeile(n) betroffen)
```

Eine Sicht erstellen

Im vorigen Abschnitt haben wir Sichten mithilfe des Abfrage-Designers erstellt. Um eine Sicht über eine SQL-Anweisung zu erzeugen, müssen Sie der SELECT-Anweisung lediglich den Befehl CREATE VIEW sowie den Namen für die neue Sicht voranstellen.

```
CREATE VIEW dbo.vw_einkaeufer
AS
   SELECT persnr AS ID, nachname AS NN,
          vorname AS VN, abteilung
   FROM dbo.personal
   WHERE abteilung = 'EK';
```

Um eine bestehende Sicht zu ändern, wird anstelle von CREATE die Anweisung ALTER verwendet.

```
ALTER VIEW dbo.vw_einkaeufer
AS
   SELECT persnr AS ID, nachname AS NN,
          vorname AS VN, abteilung, eintritt AS seit
FROM dbo.personal
WHERE abteilung = 'EK';
```

Wenn dazu das seinerzeit zum Anlegen der View verwendete Skript nicht mehr verfügbar ist, kann das Statement über das Management Studio einfach geskriptet werden. Typischerweise verwendet man dazu als Ziel ein neues Abfrageeditor-Fenster oder die Zwischenabfrage.

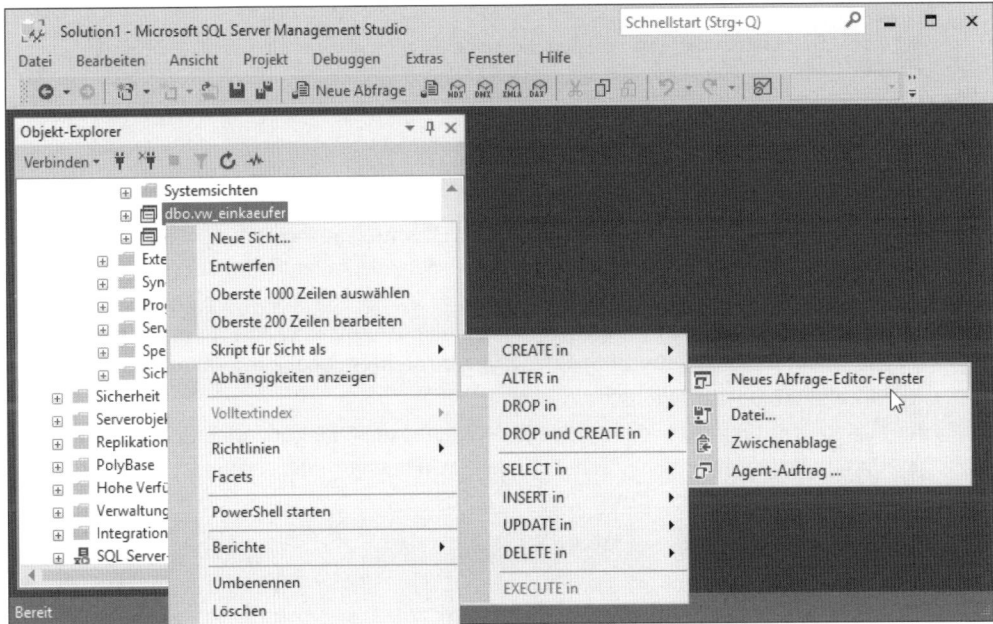

Bild 4.31 Definition einer Sicht aus Objekt-Explorer skripten

Wird eine Sicht nicht mehr benötigt, kann sie mit der Anweisung DROP wieder gelöscht werden.

```
DROP VIEW dbo.vw_einkaeufer;
```

4.3.2 Data Manipulation Language (DML)

DML-Anweisungen werden dazu verwendet, um Schreibvorgänge in der Datenbank vorzunehmen. Zu diesem Sprachbereich gehören die Anweisungen INSERT, UPDATE und DELETE.

Neue Datensätze einfügen

Neue Datensätze werden mit INSERT eingefügt. In der INSERT-Klausel müssen die Namen der Zielspalten nicht angegeben werden, sofern für jede der Spalten in der Tabelle in der richtigen Reihenfolge ein Wert angegeben wird. Die einzufügenden Werte werden in der VALUES-Klausel mit Komma voneinander getrennt aufgeführt.

```
INSERT INTO dbo.artikelgruppen
VALUES ('GT', 'Getränke');
```

Werden in der INSERT-Klausel die Zielspalten angegeben, müssen Sie nur diejenigen Spalten befüllen, die Sie benötigen.

```
INSERT INTO dbo.kunden (kdnr, nachname, geschlecht)
VALUES (144, 'Müller', 2 );
```

 ACHTUNG! Allerdings dürfen Sie keine Spalten auslassen, die als NOT NULL definiert sind und keinen Standardwert besitzen.

Datensätze ändern

Bestehende Datensätze werden mit der UPDATE-Anweisung geändert. Wird diese Anweisung ohne eine WHERE-Klausel verwendet, werden alle Zeilen in der angegebenen Tabelle geändert. Verwenden Sie deshalb die WHERE-Klausel, um genau diejenigen Datensätze auszuwählen, die geändert werden sollen. Mit einer Anweisung kann der Inhalt einer Spalte oder auch ein Update mehrerer Spalten erfolgen. Mehrere Spalten werden in der SET-Klausel mit Komma voneinander getrennt angegeben.

Im Beispiel wird der Preis der Artikel der Artikelgruppe Elektrogeräte (EG) um 5 Prozent gesenkt. Dabei wird der neue Preis auf zwei Nachkommastellen gerundet.

```
UPDATE dbo.artikel
SET vkpreis = ROUND(vkpreis * 0.95, 2)
WHERE gruppe = 'eg';
```

Entfernen nicht mehr benötigter Datensätze

Für das Löschen von Datensätzen wird die DELETE-Anweisung verwendet. Diese hat eine sehr einfache Syntax. Sie besteht lediglich aus der DELETE-Klausel, in der die Tabelle angegeben wird, aus der gelöscht werden soll. Um die Zeilen auszuwählen, die gelöscht werden sollen, verwenden Sie die WHERE-Klausel.

Im Beispiel wird der zuvor eingefügte Kundendatensatz wieder gelöscht.

```
DELETE FROM dbo.kunden
WHERE kdnr >= 143;
```

 ACHTUNG! Verwenden Sie die DELETE-Anweisung ohne eine WHERE-Klausel, so wird der gesamte Inhalt der Tabelle gelöscht, sofern dies nicht durch die referenzielle Integrität verhindert wird.

 PRAXISTIPP: Wenn Sie sich nach diesem SQL-Überblick detaillierter mit SQL beschäftigen möchten, so empfehle ich Ihnen das von mir erstellte video2brain-Videotraining *SQL Grundkurs*, zu dem es auch einen zweiten reinen Übungsteil gibt.

4.3.3 Die MERGE-Anweisung

Da die MERGE-Anweisung aus meiner Sicht sehr wertvoll und vielen noch unbekannt ist, habe ich mich entschlossen – obwohl sie eigentlich ein Element der zuvor behandelten Data Manipulation Language (DML) ist –, sie nicht als Unterpunkt von DML zu behandeln. Vielmehr ist sie es mir wert, ihr einen eigenen Abschnitt in diesem Kapitel zu widmen.

Die MERGE-Anweisung ermöglicht es, Daten in eine vorhandene Tabelle „hineinzumischen". Das bedeutet, dass mit einer einzigen Anweisung noch nicht vorhandene Datensätze ergänzt, vorhandene aktualisiert und nicht mehr benötigte gelöscht werden können. Dazu waren bisher drei separate Anweisungen erforderlich, die mit JOIN und Unterabfragen realisiert werden mussten. MERGE ersetzt somit also einen separaten INSERT-, UPDATE- und DELETE-Befehl.

Ich habe für Sie ein kleines Beispiel zur Veranschaulichung vorbereitet. Dafür verwende ich die Tabelle *artikelgruppen* der Beispieldatenbank *wawi*.

Die Anweisung

```
SELECT * FROM dbo.artikelgruppen ORDER BY artgr;
```

liefert den gesamten Inhalt der Tabelle, also die folgenden zehn Artikelgruppen:

```
artgr bezeichnung
----- ------------------------
BE    Besteck
BU    Bücher
EG    Elektrische Geräte
GA    Garten
GE    Geschirr
HH    Haushalt
HW    Heimwerken
KG    Küchengeschirr
PC    Computer
```

```
SP    Spielwaren
(10 Zeile(n) betroffen)
```

Diese Tabelle soll mit den Inhalten der Tabelle *x_gruppe_merge1* abgeglichen werden. Deren Inhalt unterscheidet sich von dem der Tabelle *artikelgruppen* in drei Einträgen:

```
artgr bezeichnung
----- ------------------------
BE    Besteck
BR    Blu-ray Discs
BU    Bücher und Zeitschriften
...
(10 Zeile(n) betroffen)
```

Es gibt eine weitere Artikelgruppe *Blu-ray Discs* mit dem Kürzel *BR*, die Bezeichnung der Artikelgruppe *BU* lautet statt *Bücher* nun *Bücher und Zeitschriften*. Die Artikelgruppe *Spielwaren* (*SP*) ist nicht mehr enthalten. Ziel ist es, die beiden Tabellen derart abzugleichen, dass die Inhalte der Tabelle *artikelgruppen* exakt denen der Tabelle *x_gruppe_merge1* entsprechen. Dazu sind ohne die Verwendung von MERGE folgende drei Einzelanweisungen erforderlich:

Um die in der Tabelle *x_gruppe_merge1* enthaltenen Änderungen an bestehenden Datensätzen zu übernehmen, wird eine UPDATE-Anweisung verwendet.

```
UPDATE g
SET g.bezeichnung = m.bezeichnung
FROM dbo.artikelgruppen g
INNER JOIN dbo.x_gruppe_merge1 m ON g.artgr = m.artgr
WHERE g.bezeichnung != m.bezeichnung;
```

In dieser Anweisung werden die zwei Tabellen über das Artikelgruppenkürzel miteinander verknüpft. Dort, wo sich die Bezeichnung unterscheidet, erfolgt ein Update. Nach dem Ausführen dieser Anweisung finden wir in der Tabelle *artikelgruppen* die aktualisierte Bezeichnung *Bücher und Zeitschriften* vor.

Neue Einträge werden mit der nachfolgenden INSERT-Anweisung eingebaut. Hierbei ist ein OUTER JOIN nötig, um diejenigen Datensätze zu finden, die in der Tabelle bisher nicht vorhanden waren.

```
INSERT INTO dbo.artikelgruppen (artgr, bezeichnung)
SELECT m.artgr, m.bezeichnung
FROM dbo.artikelgruppen g
RIGHT OUTER JOIN dbo.x_gruppe_merge1 m ON g.artgr = m.artgr
WHERE g.artgr IS NULL;
```

Nach dem Ausführen dieser Anweisung ist auch die Artikelgruppe *Blu-ray Discs* in der Zieltabelle zu finden.

Schließlich müssen noch nicht mehr benötigte Artikelgruppen, die in der Abgleichtabelle nicht mehr vorhanden sind, aus der Originaltabelle gelöscht werden. Die einfachste Variante hierfür ist die folgende Anweisung:

```
DELETE FROM dbo.artikelgruppen
WHERE artgr NOT IN( SELECT artgr
                    FROM dbo.x_gruppe_merge1);
```

Nach dem Ausführen der letzten Anweisung fehlt nun auch die Artikelgruppe *Spielwaren*; die beiden Tabellen sind nun synchronisiert.

Mit der MERGE-Anweisung gelingt dies alles in einer einzigen Anweisung, die für mein Dafürhalten auch einfacher und weniger komplex ist als die beschriebenen Anweisungen in Summe. Die nachfolgende Tabelle beschreibt die Bestandteile von MERGE.

Tabelle 4.2 Bestandteile einer MERGE-Anweisung

Bestandteil	Beschreibung
MERGE	MERGE gibt die Tabelle an, in der die Daten abgeglichen werden sollen. Dies ist das Ziel des Schreibvorgangs.
USING	USING definiert die Herkunftstabelle für die Synchronisation. Zusätzlich enthält dieser Teil eine Bedingung, wie die Datensätze der beiden Tabellen zusammenzufügen sind. Diese entspricht in ihrer Syntax einer JOIN-Bedingung.
MATCHED	MATCHED legt fest, was geschieht, wenn eine Übereinstimmung festgestellt wird. Üblicherweise erfolgt dann ein UPDATE.
NOT MATCHED	NOT MATCHED legt fest, was geschieht, falls keine Übereinstimmung ermittelt wurde.
NOT MATCHED BY TARGET	Dies definiert genauer, auf welcher Seite etwas fehlt. BY TARGET legt fest, dass etwas gefunden worden ist, was in der Zieltabelle nicht vorhanden ist. Typischerweise folgt daraufhin ein INSERT in diese Tabelle.
NOT MATCHED BY SOURCE	Im Gegensatz zur vorhergehenden Variante wird hier festgelegt, was geschieht, wenn etwas in der Ursprungstabelle für den Abgleich nicht mehr vorhanden ist. In der Regel werden die Datensätze aus der Zieltabelle gelöscht.
OUTPUT	Hiermit kann optional eine Information über die betroffenen Datensätze ausgegeben werden.

Auch für die MERGE-Anweisung gelten natürlich die Regeln der referenziellen Integrität. Daher habe ich im Beispiel für das Löschen die Artikelgruppe *Spielwaren* vorgesehen. Dieser Gruppe ist kein Artikel zugeordnet und sie kann daher im Beispiel problemlos gelöscht werden.

Die komplette MERGE-Anweisung zur Synchronisation der Tabellen *artikelgruppen* und *x_gruppe_merge1* hat folgende Syntax:

```
MERGE dbo.artikelgruppen g
USING dbo.x_gruppe_merge1 m ON g.artgr = m.artgr
    WHEN MATCHED AND (g.bezeichnung != m.bezeichnung) THEN
        UPDATE SET g.bezeichnung = m.bezeichnung
    WHEN NOT MATCHED BY TARGET THEN
        INSERT (artgr, bezeichnung)
        VALUES(m.artgr, m.bezeichnung)
    WHEN NOT MATCHED BY SOURCE THEN
        DELETE;
```

ACHTUNG! Ganz wichtig ist es, eine MERGE-Anweisung mit einem Semikolon abzuschließen. Bei den klassischen SQL-Anweisungen war dieses beim SQL Server früher zwar optional, bei der MERGE-Anweisung allerdings nicht mehr. Das Fehlen des Semikolons führt zu einem Fehler. Mittlerweile ist das Schreiben einer SQL-Anweisung ohne ein schließendes Semikolon beim SQL Server bereits *deprecated*. Dies bedeutet, dass es bei einer der nächsten Versionen dann nicht mehr unterstützt wird. Ich empfehle Ihnen generell, jede SQL-Anweisung mit einem Semikolon abzuschließen.

Meldung 10713, Ebene 15, Status 1, Zeile 9

Eine MERGE-Anweisung muss durch ein Semikolon (;) abgeschlossen werden.

In der ersten Zeile (MERGE) wird die Zieltabelle angegeben, in der die Änderungen vorgenommen werden sollen. In der zweiten Zeile (USING) wird die Ursprungstabelle für die Änderungen festgelegt. Wie bei einem JOIN macht es Sinn, diesen Tabellen kurze Tabellen-Aliasnamen zu geben. Hinter dem Schlüsselwort ON wird wie bei einem JOIN festgelegt, wie die beiden Tabellen zusammenzufügen sind; in unserem Beispiel über die Spalte *artgr* der beiden Tabellen.

```
MERGE dbo.artikelgruppen g
USING dbo.x_gruppe_merge1 m ON g.artgr = m.artgr
```

Existiert eine Übereinstimmung und unterscheidet sich die Artikelgruppenbezeichnung, so soll der Text abgeglichen werden. Ohne die Zusatzbedingung, dass die Bezeichnungen unterschiedlich sein sollen, würden alle Artikelpreise – auch die unveränderten – erneut überschrieben werden. Dies würde einen unnötigen Aufwand bedeuten. Die folgenden Bedingungen werden immer mit dem Schlüsselwort WHEN eingeleitet.

```
WHEN MATCHED AND (g.bezeichnung != m.bezeichnung) THEN
    UPDATE SET g.bezeichnung = m.bezeichnung
```

Kommt eine Artikelgruppe in der Zieltabelle nicht vor, wird sie eingefügt. Die Anweisung dazu ist fast mit der Syntax einer normalen INSERT-Anweisung identisch. Lediglich der Name der Zieltabelle muss hier nicht mehr angegeben werden.

```
WHEN NOT MATCHED BY TARGET THEN
    INSERT (artgr, bezeichnung)
    VALUES(m.artgr, m.bezeichnung)
```

Nicht mehr in der Ursprungstabelle enthaltene Datensätze sollen gelöscht werden. Dafür genügt es, das Schlüsselwort DELETE anzugeben.

```
WHEN NOT MATCHED BY SOURCE THEN
    DELETE;
```

Wenn Sie diese Anweisung ausführen, werden die beiden Tabellen synchronisiert. Sie erzielen dasselbe Ergebnis wie mit den drei zuvor erläuterten separaten Anweisungen.

HINWEIS: Die Tabelle *x_gruppe_merge2* enthält dieselben Daten wie die Tabelle *artikelgruppen* zu Beginn. Sie müssen also nur in der Anweisung die Tabelle *x_gruppe_merge1* durch *x_gruppe_merge2* ersetzen, um wieder den Ausgangs-zustand herzustellen. Anschließend können Sie den Vorgang beim Testen wieder-holen. ∎

Statt nur der DML-Standardmeldung (X Zeile(n) betroffen) kann mit MERGE auch ein detailliertes Ergebnis ausgegeben werden. Dazu muss am Ende der Anweisung OUTPUT er-gänzt werden. Über $action wird die Anweisungsart abgerufen: über die Tabellen inserted die neuen und über deleted die alten Daten. Diese beiden internen Tabellen sind ähnlich wie Trigger zu sehen. (Lesen Sie dazu Kapitel 6.)

```
MERGE dbo.artikelgruppen gUSING dbo.x_gruppe_merge1 m ON g.artgr = m.artgr
    WHEN MATCHED AND (g.bezeichnung != m.bezeichnung) THEN
        UPDATE SET g.bezeichnung = m.bezeichnung
    WHEN NOT MATCHED BY TARGET THEN
        INSERT (artgr, bezeichnung)
        VALUES(m.artgr, m.bezeichnung)
    WHEN NOT MATCHED BY SOURCE THEN
        DELETE
OUTPUT $action, inserted.*, deleted.*;
```

liefert:

```
$action     artgr bezeichnung                 artgr bezeichnung
----------  ----- --------------------------  ----- -----------------
INSERT      BR    Blu-ray Discs               NULL  NULL
UPDATE      BU    Bücher und Zeitschriften    BU    Bücher
DELETE      NULL  NULL                        SP    Spielwaren
(3 Zeile(n) betroffen)
```

Bei INSERT sehen wir logischerweise nur die neuen Werte, bei UPDATE die neuen sowie die alten. Im Falle von DELETE können nur die alten Werte angezeigt werden.

Da die Ausgabe mit $action auch nur eine Spalte darstellt, kann sie bei Bedarf auch mit einem Aliasnamen versehen werden. Ebenso wie auch nur bestimmte Spalten aus inserted oder deleted ausgegeben werden können.

```
OUTPUT $action AS vorgang, inserted.bezeichnung, deleted.bezeichnung;
```

 HINWEIS: Zusammenfassend ist die MERGE-Anweisung den drei separat aus-geführten Anweisungen nicht nur hinsichtlich ihrer Leistung überlegen. Auch die Syntax ist wesentlich weniger komplex, da man sich um keine OUTER JOIN-Befehle oder Ähnliches kümmern muss. ∎

4.3.4 Den Abfrage-Designer im Abfrageeditor einsetzen

Nachdem wir uns ausführlich mit den verschiedenen Varianten zum Erstellen von Abfragen und SQL-Anweisungen beschäftigt haben, möchte ich Sie nun noch auf die Integration von Abfrageeditor und Abfrage-Designer aufmerksam machen. Direkt aus dem Abfrageeditor heraus kann der Abfrage-Designer aufgerufen werden, um beim Schreiben von SQL-Anweisungen zu helfen.

Um den Abfrage-Designer zu nutzen, wählen Sie im Abfrageeditor im Kontextmenü den Befehl ABFRAGE IN EDITOR ENTWERFEN... aus. Sie können auch das Tastenkürzel STRG + UMSCHALT + Q verwenden. Dieses Kürzel ist einerseits sehr leicht zu merken, da das „Q" für Query steht, andererseits ist diese Kombination auch sehr leicht mit der linken Hand mit drei Fingern zugleich zu drücken. Der Abfrage-Designer öffnet sich in einem neuen Fenster und kann zum Generieren von SQL-Anweisungen verwendet werden. Beim Schließen des Designers wird die generierte Anweisung in das Abfrageeditor-Fenster übernommen. Um eine bereits vorhandene Anweisung im Designer zu bearbeiten, markieren Sie diese, bevor Sie den Designer über das Kontextmenü öffnen. Sie wird dann übernommen und dargestellt.

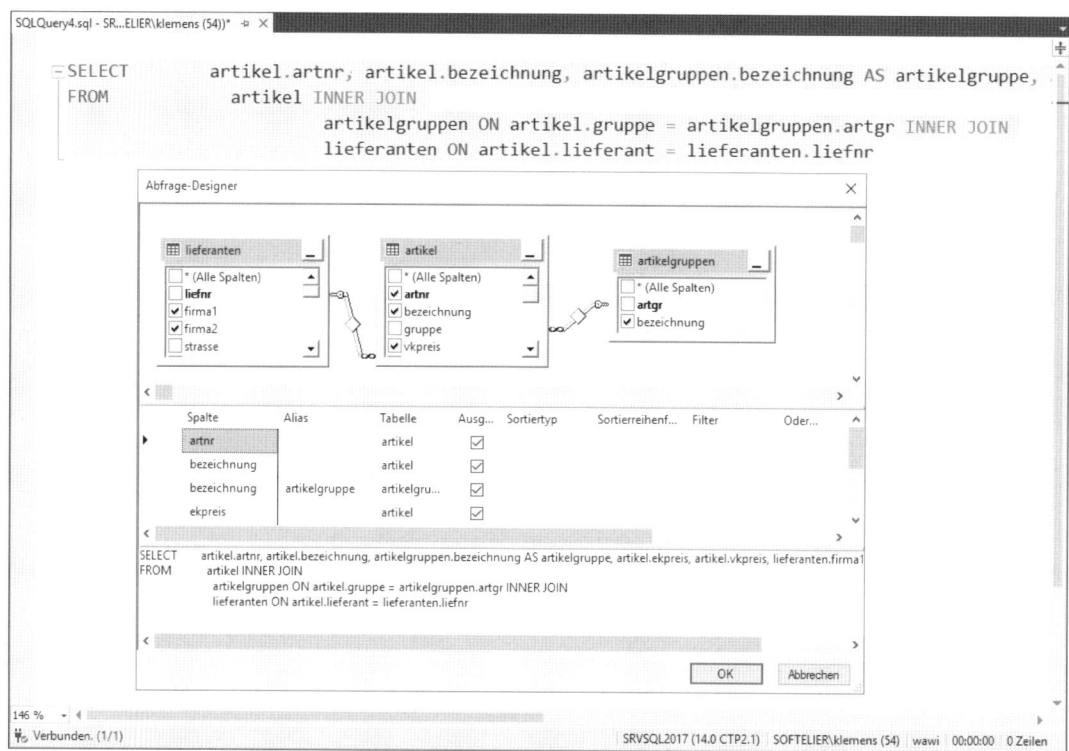

Bild 4.32 Abfrage-Designer im Abfrageeditor einsetzen

Anders als bei Sichten können so wie bei Abfragen mit dem Designer auf diesem Weg auch DML-Anweisungen generiert werden. Ändern Sie dazu den Abfragetyp über das Kontextmenü. Die nachfolgende Grafik zeigt eine mit dem Designer erstellte UPDATE-Anweisung.

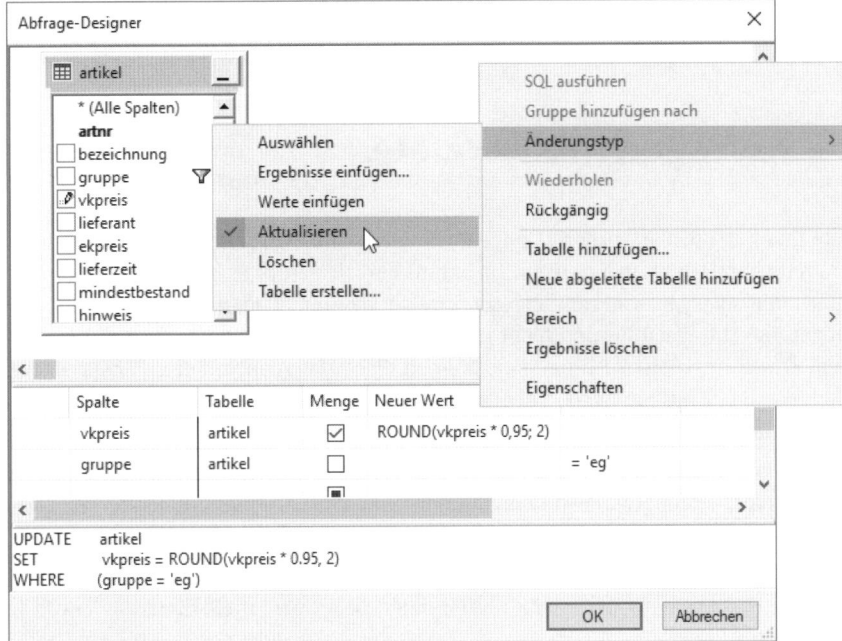

Bild 4.33 UPDATE-Anweisung im Abfrage-Designer

Auf diese Art können Sie bequem Anweisungen fertigstellen oder auch die Basis einer Anweisung generieren und dann nur Feinheiten noch manuell im Editor ergänzen – ganz, wie Sie es gerade benötigen. Ein Nachteil aus meiner Sicht ist allerdings, dass die Einrückungen vor allem bei Verknüpfungen nicht wirklich ideal sind. Und auch wenn Sie diese manuell anders gesetzt haben, dann werden sie beim nachträglichen Einsatz des Designers „zerstört".

Daher würde ich eine Anweisung so „formatieren":

```
SELECT  a.artnr, a.bezeichnung, g.bezeichnung AS artikelgruppe,
        a.ekpreis, a.vkpreis, l.firma1, l.firma2
FROM artikel a
INNER JOIN artikelgruppen g ON a.gruppe = g.artgr
INNER JOIN lieferanten AS l ON a.lieferant = l.liefnr
WHERE a.vkpreis > 50
ORDER BY artikelgruppe, a.bezeichnung;
```

Der Designer liefert folgendes „Design":

```
SELECT          a.artnr, a.bezeichnung, g.bezeichnung AS artikelgruppe, a.ekpreis,
        a.vkpreis, l.firma1, l.firma2
FROM            artikel AS a INNER JOIN
                        artikelgruppen AS g ON a.gruppe = g.artgr INNER JOIN
                        lieferanten AS l ON a.lieferant = l.liefnr
```

```
WHERE      (a.vkpreis > 50)
ORDER BY artikelgruppe, a.bezeichnung
```

Letztendlich ist es aber Geschmackssache, welches Anweisungslayout Ihnen besser gefällt und vor allem, welches Sie als besser lesbar beurteilen.

■ 4.4 Abfragen mit Geodaten

Ich möchte Ihnen in diesem Abschnitt zeigen, wie man beim SQL Server in SQL-Anweisungen mit räumlichen Datentypen umgeht. Dazu müssen wir natürlich auch einiges über das Thema Geodaten an sich erfahren. Typischerweise verwendet man dies direkt in SQL-Anweisungen im Abfrageeditor und nicht mithilfe des Abfrage-Designers. In Kombination mit Systemen wie zum Beispiel Bing Maps können diese Daten auch optisch ansprechend ausgegeben werden. Aber Sie werden überrascht sein, welche optisch ansprechenden Ausgabemöglichkeiten bereits das Management Studio bringt.

In Kapitel 3 habe ich schon die beiden Datentypen *geography* und *geometry* erwähnt. Diese können verwendet werden, um Positionen auf der Erde über ihre Koordinaten festzulegen. Worin bestehen die Unterschiede zwischen diesen beiden Datentypen?

■ Der Datentyp *geography* verwendet ein geodätisches Modell, das Längen- und Breitengrade für die Beschreibung der Position verwendet. Dabei wird die Krümmung der Erde berücksichtigt.

■ Der Datentyp *geometry* verwendet ein Modell mit einer ebenen Fläche. Positionen werden über ihre Koordinaten bestimmt. Da die Koordinaten hier nicht auf die Ausprägung der Erdkoordinaten beschränkt sind und der Bereich frei gewählt werden kann, kann der Datentyp auch für andere 2D-Modelle verwendet werden. Zum Beispiel können die Grundfläche eines Bürogebäudes abgebildet und die Plätze der Mitarbeiter darin über deren Koordinaten festgelegt werden.

 HINWEIS: Wenn man sich ernsthaft und tiefer mit dem Thema beschäftigt, sollte man sich auch ein wenig mit der Theorie von Geodaten beschäftigen. Hierbei gibt es verschiedene internationale Standards, die auch bei der Implementierung von Microsoft berücksichtigt wurden. Ich habe in diesem Abschnitt für Sie ein paar kleine und überschaubare Beispiele vorbereitet, die einen einfachen Einstieg in die Thematik ermöglichen sollen. ■

4.4.1 Typen im Geodatenmodell

Beim Einsatz von Geodaten werden unterschiedliche Typen verwendet und miteinander in Beziehung gebracht. Diese sind vom Open Geospatial Consortium (OGC) definiert und festgelegt worden.

- **Punkte:** Punkte sind der einfachste Typ. Sie werden durch einen Längen- und Breitengrad bei *geography* oder über eine X- und eine Y-Koordinate bei *geometry* definiert. So ist zum Beispiel der Hauptplatz meiner Heimatstadt Graz durch die Angabe 47,07109° nördlicher Breite und 15,43811° östlicher Länge bestimmt.

- **Linien:** Linien werden durch mindestens zwei Punkte definiert. Werden mehr als zwei Punkte verwendet, muss eine Linie keine Gerade mehr sein.

- **Gebiete:** Mindestens drei unterschiedliche Punkte sind notwendig, um ein Gebiet zu definieren.

- **Kreisbogensegmente:** Gebogene Linien, die durch zumindest drei Punkte definiert werden müssen.

Inhalt der Geo-Typen definieren

Bei der Definition der Typen werden die englischen Begriffe benutzt. So wird für „Punkt" der Begriff *Point* verwendet, für „Linie" *Line* und für „Gebiet" wird *Polygon* benutzt.

Um einen Typ festzulegen, wird meist der sogenannte *Well-Known Text* (*WKT*) verwendet. Dieser String enthält die Koordinateninformationen in einer bestimmten Syntax. Betrachten wir die Syntax für Point, Line und Polygon:

- *Point:* `POINT(28 55)` bestimmt den Punkt mit den Koordinaten 28 auf der X-Achse und 55 auf der Y-Achse. Bei *geography* würde dies 28° östlicher Länge und 55° nördlicher Breite entsprechen.

- *LineString:* Mittels `LINESTRING (25 35,30 40,40 65)` wird eine Linie, die aus drei Punkten besteht, festgelegt. Jeder dieser drei Punkte wird über die zwei Koordinaten analog zu Point festgelegt. Die Punkte werden mit Komma voneinander getrennt.

- *Polygon:* Ein Polygon wird über `POLYGON((40 50,50 60,60 50,40 50))` aus mindestens drei Punkten gebildet. Im Beispiel sehen Sie vier Punkte, da ein Polygon immer dadurch geschlossen werden muss, dass Start- und Endpunkt übereinstimmen. Daher wird der Startpunkt am Ende nochmals angegeben. Die Punkte des Polygons werden zudem in Klammern gesetzt.

Zum Visualisieren dieser Typen nutzen wir das Management Studio. Dieses ist in der Lage, Geodaten auch grafisch darzustellen. Davor müssen wir den Well-Known Text in SQL Server-interne Daten umwandeln. Das realisieren wir mit einer der Methoden `STPointFromText`, `STLineFromText` und `STPolyFromText`. Zur Darstellung eines Punktes verwenden wir folgende Anweisung:

```
Geometry::STPointFromText('POINT(28 55)', 0)
```

Um das Ergebnis anzuzeigen, setzen wir ein SELECT davor und führen die Anweisung aus:

```
SELECT 'Point' As Typ, Geometry::STPointFromText('POINT(28 55)', 0) As Darstellung;
```

Wir erhalten:

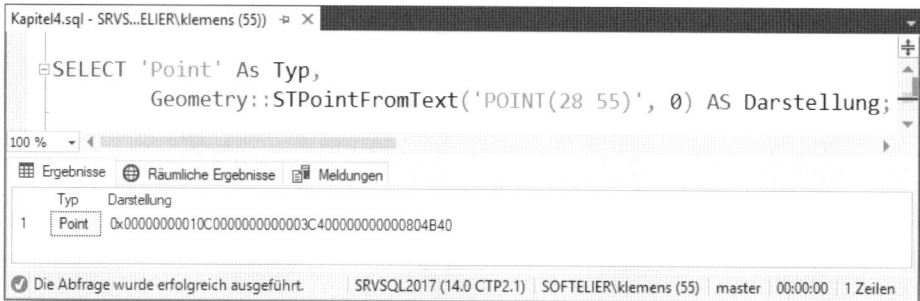

Bild 4.34 Point aus WKT

Das an sich ist noch nicht sehr spannend. Wie Sie in Bild 4.34 sehen, taucht im Ergebnisbereich des Management Studios das Register *Räumliche Ergebnisse* auf. Klicken Sie auf dieses Register, wird Ihnen das Ergebnis in einem Koordinatenraster angezeigt. Dies ist bei einem einzelnen Punkt, der dazu noch genau auf dem Raster zu liegen kommt und zudem kaum sichtbar ist, nicht wirklich beeindruckend.

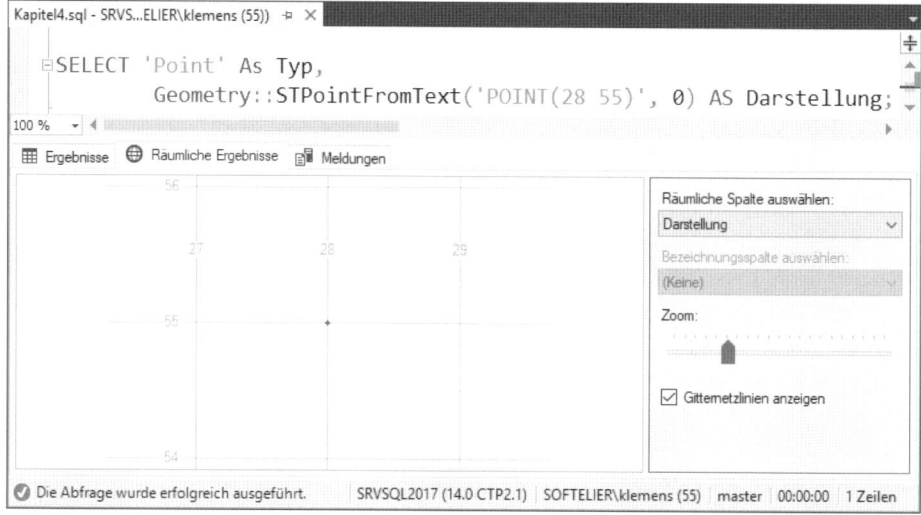

Bild 4.35 Räumliches Ergebnis

Etwas mehr bekommen wir zu sehen, wenn wir dasselbe mit einer Linie durchführen.

```
SELECT 'Line' As Typ,
       Geometry::STLineFromText('LINESTRING(25 35, 30 40, 40 65)', 0) AS Darstellung;
```

Hier macht sich nun auch die Dummy-Spalte mit dem Aliasnamen Typ bemerkbar. Bei den räumlichen Ergebnissen ist beim Punkt die Option *Bezeichnungsspalte auswählen* noch grau und inaktiv gewesen. Bei einer Linie oder einem Polygon kann diese aber aktiviert und damit eine Beschriftung in der Darstellung ergänzt werden. Der Text *Linie* aus der von mir gewählten Spalte *Typ* erscheint neben der Linie in der Grafik. Dies wird für spätere Beispiele noch von Bedeutung sein.

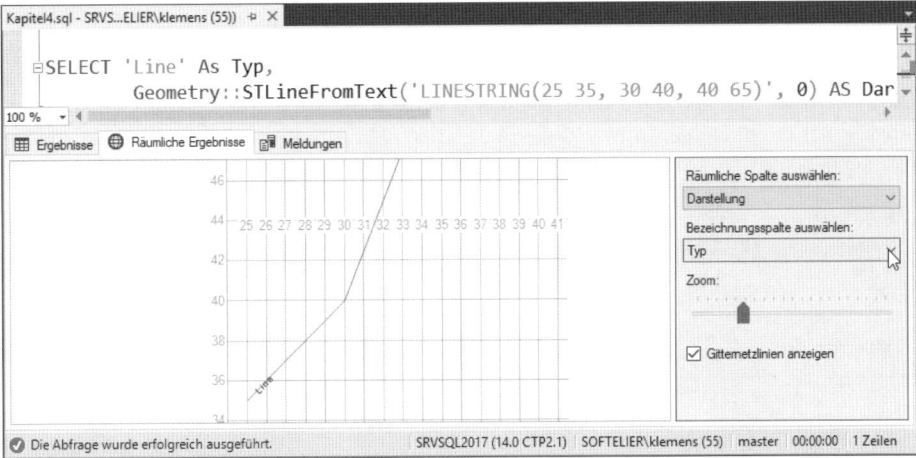

Bild 4.36 Linie aus LINESTRING

Zum Abschluss schauen wir uns noch das Polygon an. Es ist aus mindestens drei Punkten zu definieren, zusätzlich müssen der Anfangs- und der Endpunkt übereinstimmen.

```
SELECT 'Polygon' AS Typ,
Geometry::STPolyFromText('POLYGON((40 50, 50 60, 60 50, 40 50))', 0) AS Darstellung;
```

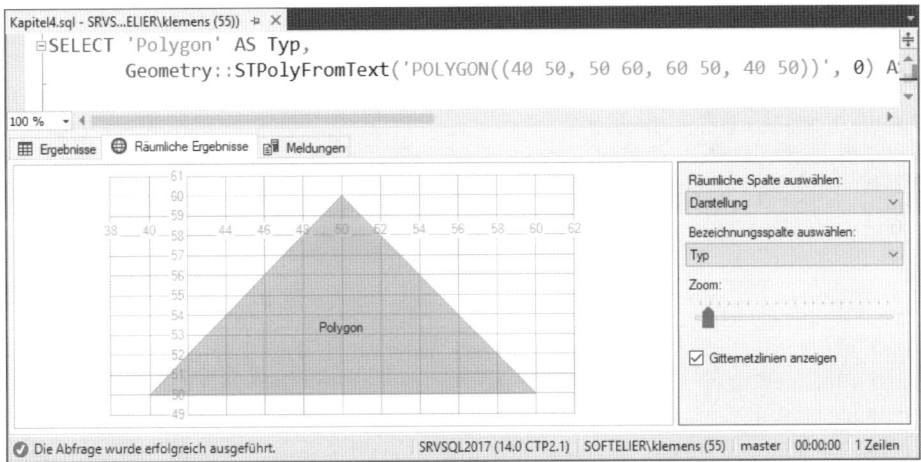

Bild 4.37 Polygon

Diese drei Typen gibt es jeweils auch in einer Multi-Ausformung:

- **Multipoint:** Ein Objekt besteht aus mehreren Punkten. Dies ist durchaus mit einem Polygon vergleichbar, aber ohne die Verbindungslinien und ohne die Fläche.

- **Multiline:** Mehrere Linien bilden ein Objekt. Die Linien können sich schneiden, an einem oder zwei Enden aneinanderstoßen und Ähnliches. Sämtliche denkbaren Varianten sind hier möglich.

- **Multipolygon:** Mehrere Polygone, die einander auch schneiden dürfen, sofern *geometry* verwendet wird. Bei *geography* ist dies nicht möglich.

Betrachten wir alle sechs Varianten gemeinsam. Um sie in einem Ergebnis anzuzeigen, müssen wir die einzelnen Anweisungen mit UNION ALL zu einem Gesamtergebnis zusammenfügen.

```
SELECT  'Point' As Typ,
        Geometry::STPointFromText('POINT(28 55)', 0) AS Darstellung
UNION ALL
SELECT  'Line',
        Geometry::STLineFromText('LINESTRING(25 35, 30 40, 40 65)', 0)
UNION ALL
SELECT  'Polygon',
        Geometry::STPolyFromText('POLYGON((40 50, 50 60, 60 50, 40 50))', 0)
UNION ALL
SELECT  'Multipoint',
        Geometry::STMPointFromText('MULTIPOINT(35 35, 36 35, 37 36)', 0)
UNION ALL
SELECT  'Multiline',
        Geometry::STMLineFromText('MULTILINESTRING((45 65, 56 66),
        (47 66, 58 68))', 0)
UNION ALL
SELECT  'Multipolygon',
        Geometry::STMPolyFromText('MULTIPOLYGON(((45 42, 49 46, 52 40, 45 42),
        (45 35, 49 39, 52 32, 47 31, 45 35)))', 0);
```

Was ist beim Schreiben der WKT-Variante für die Multi-Typen zu berücksichtigen?

Bei Multipoint werden die einzelnen Punkte durch Kommata voneinander getrennt. Bei Multiline werden die einzelnen Linien so wie die einzelnen Polygone bei Multipolygonen jeweils in runde Klammern gesetzt.

 HINWEIS: Achten Sie bitte darauf, dass die Methoden der Multivarianten sich gegenüber den Einzelvarianten durch das M an dritter Stelle unterscheiden.

Da leider die Bezeichnungsspalte bei diesem Ergebnis nicht ausgewählt werden kann – weil Point und Multipoint dies nicht unterstützen –, habe ich in der letzten Grafik die Beschriftungen manuell ergänzt und auch die Punkte etwas vergrößert, damit diese besser zu erkennen sind.

Die bestehenden sechs Grundobjekttypen sind in der Vorversion um drei weitere Arten ergänzt worden, die zu den Kreisbogensegmenten zu zählen sind.

- *Circularstring*: Über drei Punkte, die ein Dreieck bilden, wird ein Kreisbogensegment gebildet.

- *CompoundCurve*: Dieses Objekt wird aus mehreren Kreisbögen mit unterschiedlichen Radien gebildet.

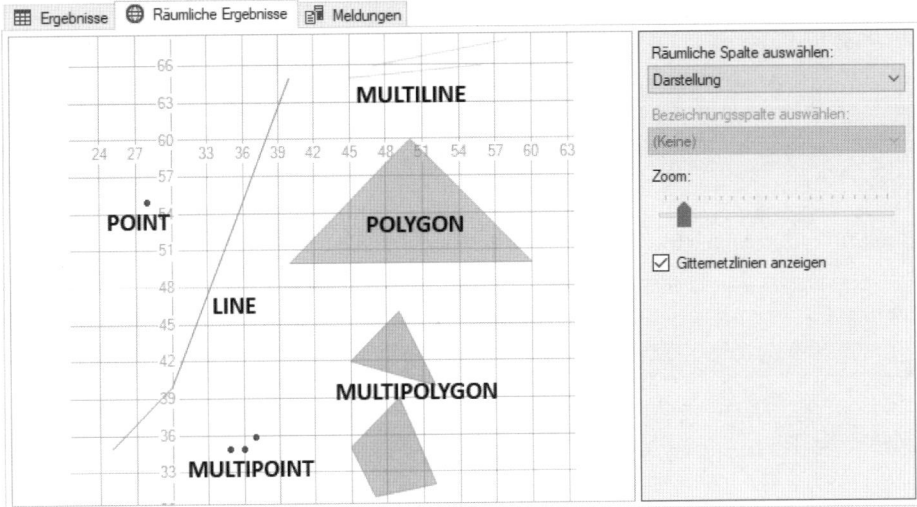

Bild 4.38 Die sechs Typen in einer Grafik

- *CurvePolygon*: Auch dieses Objekt besteht aus mehreren Elementen. In einem äußeren geschlossenen Bogen befindet sich eine beliebige Anzahl weiterer Bögen.

Wenn Sie sich mit diesen komplexeren Formen auseinandersetzen möchten, finden Sie hier weitere Informationen dazu:

https://docs.microsoft.com/de-de/sql/relational-databases/spatial/spatial-data-sql-server

Daten auf der Kugel

Bis jetzt haben wir uns auf Daten in der Ebene konzentriert. Wie sieht es eigentlich mit Positionen auf der Erdkugel aus? Um der Ellipsenform der Erde und den auf ihr bestimmten Positionen gerecht zu werden, die auf die Ebene projiziert werden, wird bei der Definition von Positionen ein sogenannter *Spatial Reference Identifier* (*SRID*) benötigt. Vielleicht ist Ihnen bei den zuvor verwendeten Anweisungen bereits aufgefallen, dass am Ende eine Null als Parameter mit übergeben wird.

```
Geometry::STPointFromText('POINT(28 55)', 0);
```

Dies ist genau dieser SRID. Beim Datentyp *geometry* wird beim SQL Server in der Regel immer der Standard 0 verwendet, da dieser nicht erforderlich ist.

 ACHTUNG! Der Datentyp *geography* hingegen benötigt einen vom SQL Server unterstützten SRID, um Berechnungen durchführen zu können. Dies liegt daran, dass Ergebnisse von Berechnungen von der zugrunde liegenden Ellipsenform abhängen. Jeder SRID ist dabei einer bestimmten Ellipsenform zugeordnet. ∎

In der Praxis wird zumeist der SRID 4326 verwendet. Dieser ist dem räumlichen Referenzsystem WGS 84 zugeordnet, das beispielsweise von GPS (Global Positioning System) verwendet wird. Spätestens durch die Verbreitung von Navigationssystemen ist GPS fast jedem ein Begriff.

Alle für den SQL Server verfügbaren SRIDs können über die Systemsicht *sys.spatial_reference_systems* abgerufen werden.

```
SELECT * FROM sys.spatial_reference_systems
WHERE spatial_reference_id = 4326;
```

Zum SRID 4326 finden Sie folgende Informationen in den Systemkatalogen:

Tabelle 4.3 Informationen zum SRID 4326

Spalte	Wert
spatial_reference_id	4326
authority_name	EPSG
authorized_spatial_reference_id	4326
well_known_text	GEOGCS["WGS 84", DATUM["World Geodetic System 1984", ELLIPSOID["WGS 84", 6378137, 298.257223563]], PRIMEM["Greenwich", 0], UNIT["Degree", 0.0174532925199433]]
unit_of_measure	Metre
unit_conversion_factor	1

Mit den Koordinaten meiner Heimatstadt führe ich nun die nachfolgende Anweisung aus. Da ich hierbei *geography* verwende, muss ein SRID zwingend angegeben werden.

```
SELECT Geography::STPointFromText('POINT(15.43811 47.07109)', 4326);
```

Bei der räumlichen Ergebnisanzeige von *geography* kann eine der folgenden Projektionen ausgewählt werden:

- Equirectangular (Standard)
- Mercator
- Robinson
- Bonne

Auch diese Darstellung ist nicht sehr spannend, aber das wird sich bei den nachfolgenden Beispielen noch ändern.

 ACHTUNG! In einer Tabelle beziehungsweise Spalte können Daten mit unterschiedlichen SRIDs gespeichert werden. Sämtliche Vergleichsoperationen liefern jedoch NULL, falls Daten mit unterschiedlichen SRIDs miteinander verglichen werden. Sie können also in Operationen jeweils nur Daten mit demselben SRID verwenden.

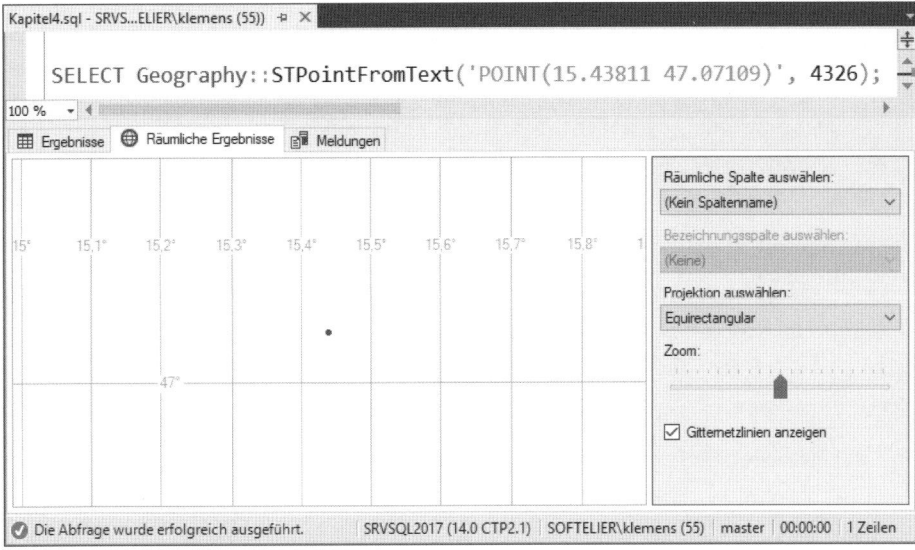

Bild 4.39 Darstellung eines Geography-Wertes mit dem SRID 4326

4.4.2 Geodaten in Tabellen speichern und verwenden

Ziel von Geodaten ist es, Berechnungen und Positionierungen vorzunehmen. Dazu gibt es in der Tabelle *personal* der Beispieldatenbank *wawi* die Spalte *geogr*. Diese hat den Datentyp *geography*. Hier habe ich die Koordinaten der Adressen der Mitarbeiter gespeichert.

PRAXISTIPP: Koordinaten von Adressen kann man zum Beispiel über unterschiedliche geografische Informationssysteme im Internet erhalten. Aber auch über Navigationssysteme kann man diese in der Regel ermitteln. Ich habe die Adressen und damit auch die Koordinaten der Beispieldatensätze über die auf meinem Smartphone installierte Navigationssoftware ermittelt.

Die Koordinaten habe ich mithilfe der im vorigen Abschnitt erläuterten Methode in die Datensätze eingetragen. Hier folgen zum Beispiel die Koordinaten von Ismaning:

```
UPDATE dbo.personal
SET geogr = Geography::STPointFromText('POINT(11.67239 48.22496)', 4326)
WHERE persnr = 101;
```

Alternativ können Sie bei *geography*-Daten auch die Methode `Point` verwenden. Die nachfolgende Anweisung entspricht der vorherigen.

```
UPDATE dbo.personal
SET geogr = Geography::Point(48.22496, 11.67239, 4326)
WHERE persnr = 101;
```

HINWEIS: Der markanteste Unterschied zwischen diesen recht ähnlichen Varianten betrifft die Reihenfolge der Eingabe von Längen- und Breitengrad. Bei der WKT-Variante wird zuerst der Längengrad als Pendant zur X-Achse und danach der Breitengrad angegeben. Die Methode Point verlangt zuerst den Breitengrad und danach den Längengrad.

Zur Anzeige der in der Tabelle *personal* gespeicherten Geodaten verwenden Sie bitte folgende Anweisung:

```
SELECT persnr, nachname, land, plz, ort,
       geogr, geogr.STAsText() AS wkt
FROM dbo.personal
ORDER BY nachname;
```

Über die Methode STAsText() kann der Well-Known Text des Inhalts generiert werden.

	persnr	nachname	land	plz	ort	geogr	wkt
1	182	Hille	D	14052	Berlin	0xE6100000010CD1798D5D...	POINT (13.25557 52.52058)
2	238	Hoier	A	8010	Graz	0xE6100000010CBEA4315A...	POINT (15.45254 47.07249)
3	833	Holzmann	D	28307	Bremen	0xE6100000010CC49448A29...	POINT (8.92451 53.04369)
4	958	Huber	A	6020	Innsbruck	0xE6100000010C40F67AF7...	POINT (11.39522 47.24829)
5	332	Ideenreich	D	50737	Köln	0xE6100000010C96CFF23C...	POINT (6.92082 50.99781)
6	602	Jurasek	A	3130	St. Pölten	0xE6100000010C6553AEF02...	POINT (15.69165 48.24362)
7	691	Kirschner	A	4010	Linz	0xE6100000010C16F6B4C35...	POINT (14.28804 48.30761)
8	633	Kofler	D	60311	Frankfurt am Main	0xE6100000010C75029A081...	POINT (8.68378 50.1102)
9	115	Konstantin	A	8700	Leoben	0xE6100000010C6EDDCD53...	POINT (15.10088 47.36027)
10	452	Kossegg	A	9020	Klagenfurt	0xE6100000010C51A5660FB...	POINT (14.22718 46.67737)

Bild 4.40 Beispieldaten

Eine Vielzahl an Methoden steht bei der Arbeit mit Geodaten zur Verfügung. In Tabelle 4.4 finden Sie eine Auswahl der wichtigsten. Diejenigen Methoden, deren Name mit ST beginnt, sind Implementierungen der jeweiligen vom OGC definierten Funktion. Die anderen zählen zu den erweiterten Methoden des SQL Servers.

 ACHTUNG! Sie müssen bei der Verwendung dieser Methoden unbedingt die Groß-/Kleinschreibung beachten, sonst werden diese nicht erkannt und Sie bekommen beim Ausführen der Anweisung einen Fehler gemeldet.

Tabelle 4.4 Wichtige Methoden für Geodaten

Methode	Beschreibung
STAsText	Liefert den Well-Known Text (WKT) einer *geometry*-Instanz.
STDistance	Liefert die kürzeste Entfernung zu einer anderen *geometry*-Instanz.
STEndPoint, STStartPoint	Liefern den End- bzw. Startpunkt einer *geometry*-Instanz.

Methode	Beschreibung
STGeometryN	Liefert einen Teil einer Multi-Instanz.
STGeometryType	Liefert den Typnamen einer *geometry*-Instanz.
STIntersection	Liefert die Schnittmenge mit einer anderen *geometry*-Instanz als neue *geometry*-Instanz.
STIntersects	Gibt Auskunft darüber, ob sich zwei *geometry*-Instanzen überschneiden.
STOverlaps	Gibt Auskunft darüber, ob sich zwei *geometry*-Instanzen überlappen. Im Gegensatz zu STIntersects liefert diese Methode nicht wahr, wenn die beiden Instanzen sich lediglich berühren.
STNumGeometries	Stellt die Anzahl enthaltener Teile einer Multi-Instanz fest.
STIsValid	Gibt an, ob eine *geometry*-Instanz gültig ist oder nicht.
MakeValid	Konvertiert eine ungültige *geometry*-Instanz in eine gültige, meist unter Verwendung eines anderen Objekttyps. So wird zum Beispiel aus einem ungültigen Polygon ein gültiges Multipolygon.
ToString	Liefert den Well-Known Text (WKT) einer *geometry*-Instanz.
BufferWithCurves	Umgibt eine *geometry*-Instanz mit einer Kurve im angegebenen Abstand.
IsValidDetailed	Gibt im Gegensatz zur Methode IsValid nicht nur an, ob eine *geometry*-Instanz gültig ist, sondern im Falle einer Ungültigkeit auch eine Begründung. Sind mehrere Fehler enthalten, wird jeweils der zuerst auftretende angegeben.
ShortestLineTo	Liefert die kürzeste Entfernung zwischen zwei Instanzen als Linestring.

Mit Geometrie-Aggregatmethoden lassen sich mehrere Instanzen zusammenfassen – ähnlich den klassischen SQL-Aggregatfunktionen.

Tabelle 4.5 Geometry-Aggregatmethoden

Methode	Beschreibung
UnionAggregate	Kombiniert mehrere Instanzen zu einer neuen einzelnen Gesamtinstanz.
EnvelopeAggregate	Liefert das umschließende Rechteck von zuvor kombinierten *geometry*-Instanzen.
ConvexHullAggregate	Liefert die konvexe Hülle von zuvor kombinierten *geometry*-Instanzen.
CollectionAggregate	Im Gegensatz zu UnionAggregate bleibt die Sichtbarkeit der Ränder der ursprünglichen Instanzen erhalten, da diese zu einer Collection zusammengefasst werden.

Jetzt sehen wir uns noch einige Beispiele für die Verwendung der gespeicherten Daten mithilfe dieser Methoden an.

Arbeiten mit Punkten

Das folgende Beispiel soll das Arbeiten mit Punkten veranschaulichen. Wir möchten die Entfernung der Mitarbeiter zueinander mithilfe einer SELECT-Anweisung bestimmen. Dazu benötigen wir eine Abfrage, in der wir jeden Mitarbeiter mit jedem anderen einmal kombinieren.

Dies lässt sich am besten mit einem CROSS JOIN realisieren. Ein CROSS JOIN (Kreuzprodukt oder auch kartesisches Produkt) liefert alle möglichen Kombinationen der beiden miteinander verknüpften Tabellen. Außerdem wird in diesem Beispiel ein Self-Join verwendet. Da dieselbe Tabelle mit sich selber verknüpft wird, werden durch die unterschiedlichen Tabellen-Aliasnamen a und b für die Dauer der Abfrage sozusagen virtuell zwei Tabellen erstellt.

```
SELECT a.nachname, a.ort, b.nachname, b.ort
FROM dbo.personal a
CROSS JOIN dbo.personal b;
```

Diese Anweisung liefert für die 20 Mitarbeiter 400 Ergebnissätze in der Tabelle. Jede Kombination ist dabei doppelt, da jeder Mitarbeiter einmal rechts und einmal links vorkommt. Da wir aber jede Kombination stets nur einmal benötigen, ergänzen wir eine Bedingung, dass die Personalnummer auf der einen Seite immer größer sein muss als auf der anderen Seite. Damit eliminieren wir gleichzeitig diejenigen Ergebnissätze, bei denen links und rechts derselbe Mitarbeiter auftritt. Mit dieser Bedingung erhalten wir die gewünschten 190 Varianten.

```
SELECT a.nachname, a.ort, b.nachname, b.ort
FROM dbo.personal a
CROSS JOIN dbo.personal b
WHERE a.persnr < b.persnr;
```

Wir verwenden die Methode STDistance(), um die Entfernung zwischen den Adressen zu bestimmen.

```
SELECT  a.nachname, a.ort,
        ROUND(a.geogr.STDistance(b.geogr) / 1000, 2) As "Entfernung in km",
        b.nachname, b.ort
FROM dbo.personal a
CROSS JOIN dbo.personal b
WHERE a.persnr < b.persnr
ORDER BY "Entfernung in km" DESC;
```

Die Entfernung zwischen den beiden geografischen Punkten wird mit a.geogr. STDistance(b.geogr) ermittelt. Der Ausgangspunkt ist a.geogr (Punkt der ersten Adresse); die Methode STDistance ermittelt den Abstand zu b.geogr (Punkt der zweiten Adresse). Dabei wird die Krümmung der Erde berücksichtigt. Beim Eintragen der Punkte wurde der SRID 4326 verwendet. Aufgrund der Information, die wir über diesen SRID aus der Systemsicht *sys.spatial_reference_systems* ausgelesen haben, wissen wir, dass die Einheit bei diesem SRID Meter lautet. Daher müssen wir das Ergebnis durch 1000 dividieren, um auf einen Wert in Kilometern zu kommen. Das Ergebnis weist den Datentyp *real* auf, der an dieser Stelle sehr viele Nachkommastellen ausgibt. Daher runden wir das Ergebnis mit der Funktion ROUND() auf zwei Nachkommastellen.

HINWEIS: Ausführliche Informationen zu den in SQL verwendbaren Funktionen finden Sie in Kapitel 5. ∎

Führen wir diese Anweisung aus, so erhalten wir folgendes Ergebnis:

```
nachname    Ort           Entfernung in km  nachname    Ort
----------  ------------  ----------------  ----------  ------------
Hoier       Graz          819,93            Neumann     Hamminkeln
Neumann     Hamminkeln    817,75            Prügger     Graz
Kossegg     Klagenfurt    814,42            Loderer     Hamburg
Hoier       Graz          811,46            Holzmann    Bremen
Hoier       Graz          811,42            Loderer     Hamburg
Meister     Villach       811,38            Loderer     Hamburg
Loderer     Hamburg       810,58            Prügger     Graz
Prügger     Graz          810,22            Holzmann    Bremen
Kossegg     Klagenfurt    803,7             Holzmann    Bremen
Meister     Villach       797,5             Holzmann    Bremen

...
Kofler      Frankfurt     23,26             Nürnberger  Darmstadt
Hoier       Graz          3,97              Prügger     Graz
(190 Zeile(n) betroffen)
```

Die größte Entfernung – es geht hier um die Luftlinie – besteht demnach zwischen Graz und Hamminkeln, der geringste Abstand ist zwischen zwei Adressen innerhalb von Graz zu finden.

Arbeiten mit Flächen

Interessant ist es auch, mit Flächen zu arbeiten. Dazu benötigt man entsprechendes Datenmaterial. Wenn Sie ein wenig im Internet recherchieren, werden Sie viele Quellen mit unterschiedlichen kostenpflichtigen Datenbeständen finden. Für unser Beispiel verwenden wir eine Quelle mit freien Daten, welche die Postleitzahlengebiete von Deutschland in Form von Multipolygonen ausgibt. Es handelt sich um das Projekt Mapbender, zu dem Sie Informationen unter *http://www.mapbender.org* finden. Die für das folgende Beispiel verwendete Datei finden Sie als Download unter dieser Adresse:

http://sourceforge.net/projects/mapbender/files/Data/PLZ/plz.zip/download

Bitte laden Sie sich die Datei *plz.zip* herunter, wenn Sie dieses Beispiel nachvollziehen möchten. Die Datei enthält ein SQL-Skript, mit dem die Daten in eine PostgreSQL-Datenbank eingefügt werden. Wir müssen diese etwas bearbeiten, um sie mit dem SQL Server verwenden zu können.

Im ersten Schritt benötigen wir eine Zieltabelle, die Sie in der *wawi*-Datenbank unter dem Namen *plzgebiete* finden. Sie können diese in jeder anderen Datenbank bei Bedarf mit der folgenden Anweisung anlegen:

```
CREATE TABLE dbo.plzgebiete
(   id int CONSTRAINT pk_plzgebiete PRIMARY KEY,
    plz char(5) NOT NULL,
    plzint int NOT NULL,
    ort varchar(100) NOT NULL,
```

```
    geo geometry
);
```

Öffnen Sie die heruntergeladene und entpackte Datei *plz.sql* entweder mit dem Management Studio oder mit einem beliebigen Texteditor und entfernen Sie alle Zeilen am Beginn und Ende, sodass lediglich die INSERT-Anweisungen übrigbleiben.

Die Anweisungen liegen in folgendem Format vor:

```
INSERT INTO post_code_areas VALUES (0, '01067', 1067, 'Dresden', 'SRID=4326;
MULTIPOLYGON(((13.7189358 51.07600017, ... ,13.7189358 51.07600017)))');
```

Um in der SQL Server-Datenbank eingefügt werden zu können, müssen die Anweisungen in das folgende Format umgewandelt werden:

```
INSERT INTO dbo.plzgebiete VALUES (0, '01067', 1067, 'Dresden', Geography::
STMPolyFromText('MULTIPOLYGON(((13.7189358 51.07600017, ... ,13.7189358
51.07600017)))', 4326));
```

Leider liefert uns diese Form beim SQL Server so noch kein brauchbares Ergebnis. Dies hängt von der Reihenfolge der Koordinaten ab, die beim SQL Server zu einem „weltumspannenden" Polygon werden. Sie sehen das Ergebnis für ein Postleitzahlgebiet in Bild 4.41.

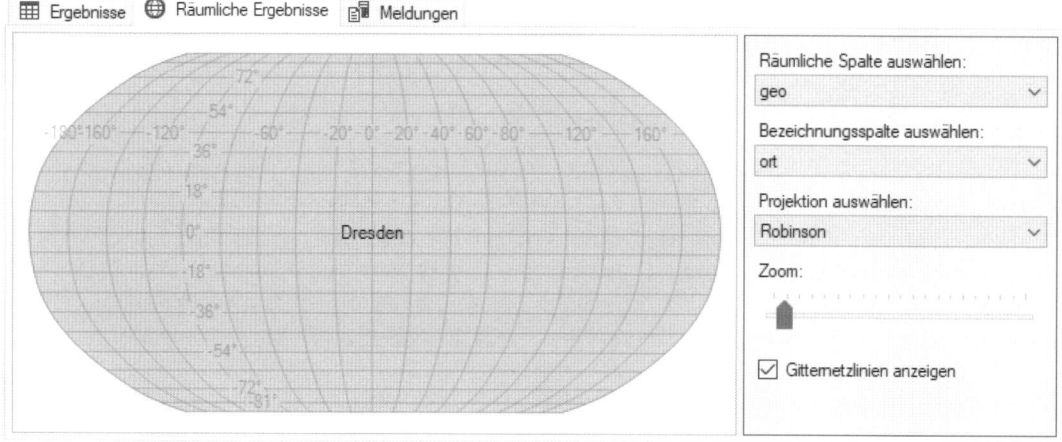

Bild 4.41 Nicht korrektes Multipolygon

Daher habe ich für dieses Beispiel in der Tabelle *plzgebiete* nicht den Datentyp *geography*, sondern *geometry* vorgesehen, denn bei diesem Datentyp tritt das Problem mit den vorliegenden Beispieldaten nicht auf. Die dafür notwendige Form der INSERT-Anweisung ist daher leicht zu modifizieren:

```
INSERT INTO dbo.plzgebiete VALUES (0, '01067', 1067, 'Dresden', Geometry::STMPolyFrom
Text('MULTIPOLYGON(((13.7189358 51.07600017, ... ,13.7189358 51.07600017)))', 0));
```

Um auf diese Form zu kommen, gehen Sie wie folgt vor:

- Ersetzen Sie `post_code_areas` durch `dbo.plzgebiete`.

- Ersetzen Sie `'SRID=4326;` durch `Geometry::STMPolyFromText('`.
- Ersetzen Sie `)))'` durch `)))', 0)`.

Da die Daten in *geometry* eingefügt werden, wird der SRID nicht benötigt. Es funktioniert in diesem Fall aber auch das implizite Konvertieren von Text in *geometry*. Dazu müssen Sie mit den heruntergeladenen Ausgangsanweisungen lediglich Folgendes tun:

- Ersetzen Sie `post_code_areas` durch `dbo.plzgebiete`.
- Entfernen Sie `SRID=4326;`.

Sie verwenden dann anstelle der obigen Variante folgende kürzere Syntax:

```
INSERT INTO dbo.plzgebiete
VALUES (0, '01067', 1067, 'Dresden',
       'MULTIPOLYGON(((13.7189358 51.07600017, ... ,13.7189358 51.07600017)))');
```

Speichern Sie das veränderte Skript und führen Sie es aus, egal für welche der beiden Varianten Sie sich entschieden haben.

PRAXISTIPP: Bei meinen Test war die kürzere Variante mit dem impliziten Konvertieren bedeutend schneller beim Einfügen. Hat der gesamte Einfügevorgang aller Postleitzahlgebiete in meiner Testumgebung mit dieser Variante circa zwölf Sekunden gedauert, benötigt die Variante mit `Geometry::STMPolyFromText()` die doppelte Zeit.

Ich möchte noch einmal kurz auf das Problem mit den Multipolygonen bei Verwendung von *geography* zurückkommen. Der SQL Server in der Version 2008 hat einen Fehler beim Einfügen von Multipolygonen geliefert, wenn diese sich überlappen. Auch die Ringreihenfolge, also ob eine links- oder rechtsläufige Anordnung der Punkte benutzt wird, hat eine gewisse Rolle gespielt und konnte zu Fehlern führen. Bereits mit dem SQL Server 2012 ist hier insofern eine Erleichterung eingetreten, dass die Ringreihenfolge nicht mehr „so streng genommen" wird und zu keinem Fehler führt, da es zu einer internen Korrektur kommt. Leider führt diese interne Korrektur aber nicht immer zu dem gewünschten Ergebnis. Daher können wir, wie vorhin gezeigt, *geography* mit den vorhandenen Beispieldaten nicht verwenden. Das hat sich bis zum SQL Server 2017 nicht geändert.

Dieses Problem tritt bei der Verwendung von *geometry* nicht auf, daher verwenden wir diese Projektion in die Ebene. Wenn Sie die SQL-Anweisungen so umbauen, dass Sie aus dem Multipolygon einen Multipoint machen, funktioniert das Einfügen auch mit *geography*. Für die nachfolgende Anweisung muss aber auch die Zielspalte mit dem Datentyp *geography* definiert sein.

```
INSERT INTO dbo.plzgebiete VALUES (0, '01067', 1067, 'Dresden', Geography::STMPoint
FromText('MULTIPOINT(13.7189358 51.07600017, ... ,13.7189358 51.07600017)', 4326));
```

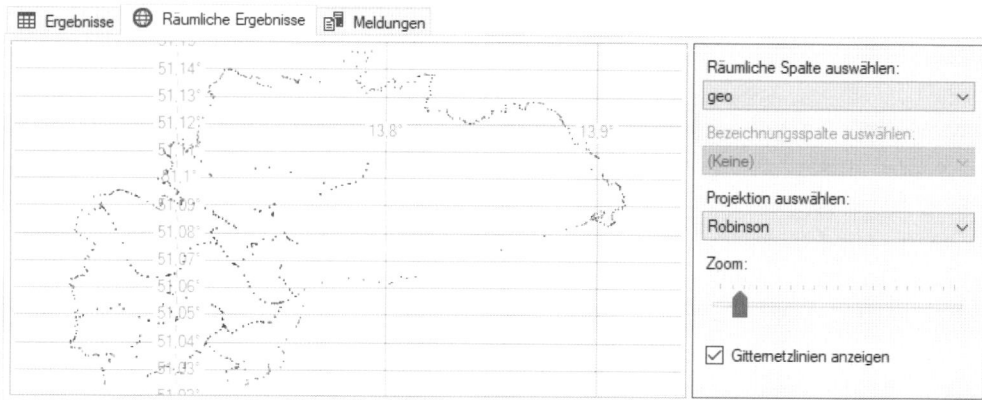

Bild 4.42 Postleitzahlgebiete als Multipoint-Objekte

Über das Multipoint-Objekt ist zwar der Umriss der Gebiete erkennbar, aber für unsere weiteren geplanten Flächenberechnungen ist es nicht brauchbar.

 ACHTUNG! Wichtig ist, dass alle Daten, die später miteinander verglichen werden sollen, denselben Datentyp und auch denselben SRID haben. Die Varianten *geometry* und *geography* sind ohnehin zueinander nicht kompatibel. Ein Vergleich führt zu einem Fehler. Ein Unterschied im SRID führt dazu, dass kein Ergebnis zustande kommt – auch bei *geometry*, wo der SRID eigentlich nichts bewirkt. Achten Sie daher bitte bei der Eingabe in ein *geography*-Feld stets darauf, dass tatsächlich ein einheitlicher SRID – zum Beispiel der SRID 0 – verwendet wird.

Sobald die 8720 Datensätze eingefügt sind, erstellen wir unsere erste Abfrage. Wir sind ja schon sehr gespannt, welche Darstellung der räumlichen Ergebnisse wir erzielen werden.

Wir lassen uns zum Beispiel das Postleitzahlengebiet 2 anzeigen.

```
SELECT * FROM dbo.plzgebiete WHERE plz LIKE '2%';
```

Wir erkennen in den räumlichen Ergebnissen deutlich die Polygone.

 HINWEIS: Leider können Sie nicht ganz Deutschland auf diese Art und Weise darstellen lassen, denn in diesem Fall ist für das Management Studio die Anzahl der Polygone zu hoch. Es werden daher nicht alle auf dem Register *Räumliche Ergebnisse* angezeigt.

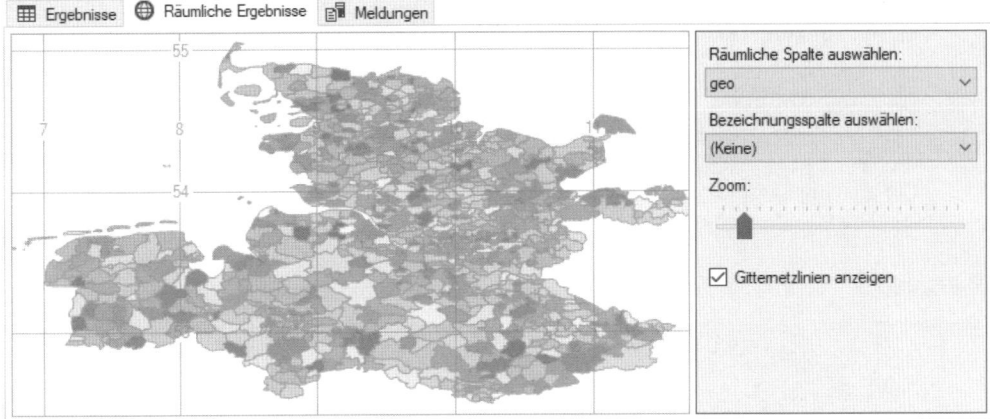

Bild 4.43 Räumliche Darstellung von PLZ-Polygonen

Werden nicht so viele Polygone wie im vorigen Beispiel angezeigt, kann auch eine Bezeichnungsspalte wieder sinnvoll eingesetzt werden. Begeben wir uns, damit die Verteilung gerecht ist, nach dem Norden nun in den Süden und lassen uns München anzeigen.

```
SELECT * FROM dbo.plzgebiete WHERE ort = 'München';
```

In der räumlichen Darstellung wählen wir als Bezeichnungsspalte *plz* aus.

 PRAXISTIPP: Sie können zwar nur eine Bezeichnungsspalte auswählen, aber Sie können sich ja einen entsprechenden Ausdruck für diese Spalte zusammenstellen.

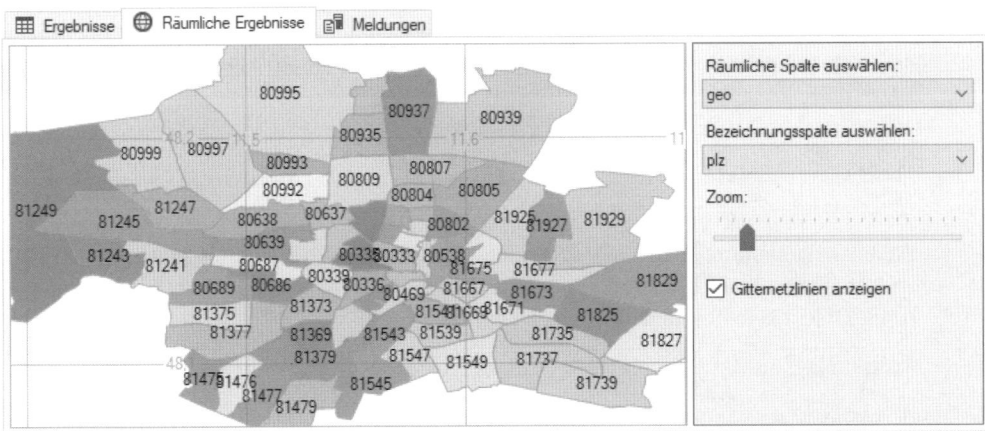

Bild 4.44 München mit eingeblendeten Postleitzahlen

Um beispielsweise die Postleitzahl und darunter den Ortsnamen anzuzeigen, verwenden Sie die Funktion CHAR(), um mit CHAR(10) einen Zeilenumbruch einzufügen.

```
SELECT geo, plz + CHAR(10) + ort AS beschriftung
FROM dbo.plzgebiete
WHERE plz BETWEEN '83300' AND '83400';
```

Um anschließend leichter auswählen zu können, vergessen Sie bitte nicht, dem Ausdruck einen Aliasnamen zu geben.

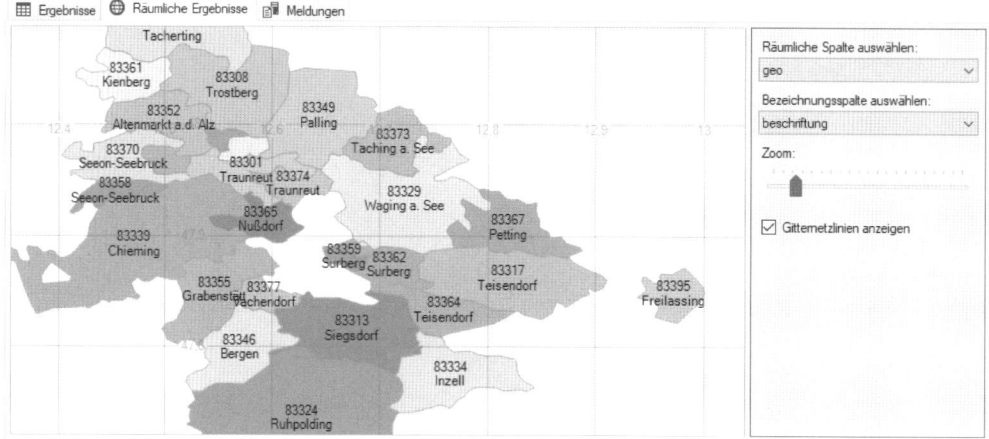

Bild 4.45 Räumliches Ergebnis mit zweizeiliger Beschriftung

Werfen wir nun einen Blick auf ein paar Methoden. Mit der Methode BufferWithCurves wird das Objekt mit einer Kurvenlinie umgeben.

Der dabei einzuhaltende Abstand muss der Methode als Parameter mitgegeben werden. In der nachfolgenden Anweisung wird Freilassing mit einem solchen Buffer mit dem Abstand von 0,005 Einheiten umgeben. Da die Grundeinheiten in diesem Fall über die Koordinaten der Erdkugel definiert sind, müssen wir eine so kleine Einheit wählen, um ein sinnvolles Ergebnis zu erzielen.

```
SELECT geo.BufferWithCurves(0.005), ort
FROM dbo.plzgebiete
WHERE plz = '83395';
```

Da diese Darstellung alleine jedoch keinen guten Eindruck von diesem neuen Objekt gibt, verwende ich UNION, um sowohl das Postleitzahlengebiet selber als auch das neue umgebende Objekt gemeinsam darstellen zu können.

```
SELECT geo, ort
FROM dbo.plzgebiete
WHERE plz = '83395'
UNION ALL
SELECT geo.BufferWithCurves(0.005), ''
FROM dbo.plzgebiete
WHERE plz = '83395';
```

Wir erhalten nun zwei Datensätze und betrachten uns das räumliche Ergebnis. Die Methode `BufferWithCurves` hat ein zweites, Freilassing umgebendes Objekt erzeugt.

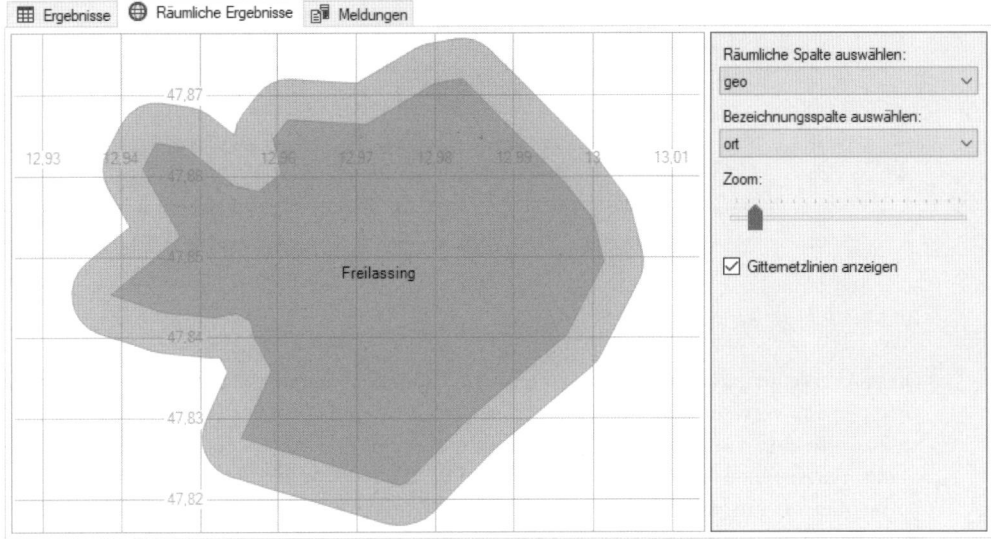

Bild 4.46 Methode BufferWithCurves

Besonders gut gefallen mir die Geometry-Aggregatmethoden. Mit diesen können mehrere Objekte zu einem neuen größeren Objekt zusammengefasst werden.

Deren Verwendung unterscheidet sich nicht vom Einsatz von Aggregatfunktionen in SQL. Zuvor haben wir alle Postleitzahlengebiete von München ausgegeben. Wir haben dabei 74 einzelne Polygone erhalten, die gemeinsam München darstellen, wenn wir uns die räumliche Ansicht im Management Studio betrachten. Dies können wir in Bild 4.44 sehen. Mit der Methode `UnionAggregate` können wir aus diesen ein einzelnes Polygon erzeugen.

```
SELECT Geometry::UnionAggregate(geo)
FROM dbo.plzgebiete
WHERE ort = 'münchen';
```

Da wir die Aggregatmethode ohne Gruppierung verwendet haben, erhalten wir ein einzelnes Polygon, das nun die Umrisse von ganz München darstellt.

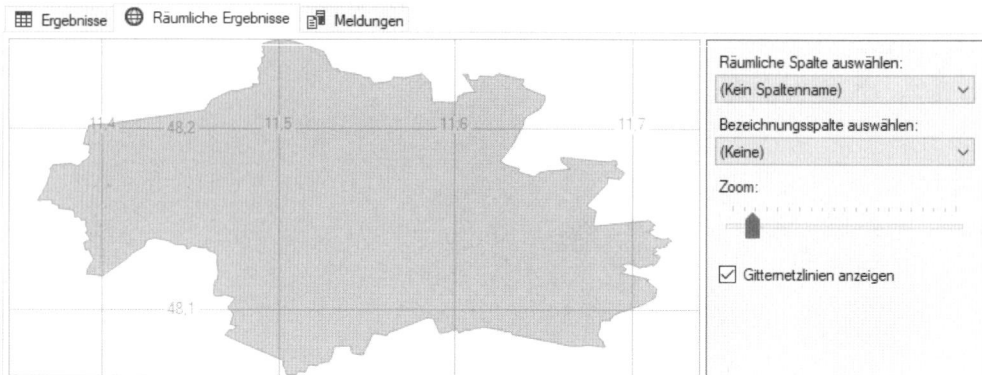

Bild 4.47 Aggregierte Polygone

Diese Aggregate wirken wie normale Aggregatfunktionen auch und können daher mit einer Gruppierung verwendet werden. Sie müssen einer Gruppierung verwenden, wenn Sie beispielsweise den Ortsnamen als Bezeichnungsspalte verwenden möchten oder mehrere Städte darzustellen sind. Da die beiden Städte nicht so weit auseinandergelegen sind, betrachten wir uns das am Beispiel von Köln und Düsseldorf. Sie können gerne auch noch Bonn dazunehmen, wenn Sie möchten.

```
SELECT Geometry::UnionAggregate(geo), ort
FROM dbo.plzgebiete
WHERE ort IN('köln', 'düsseldorf')
GROUP BY ort;
```

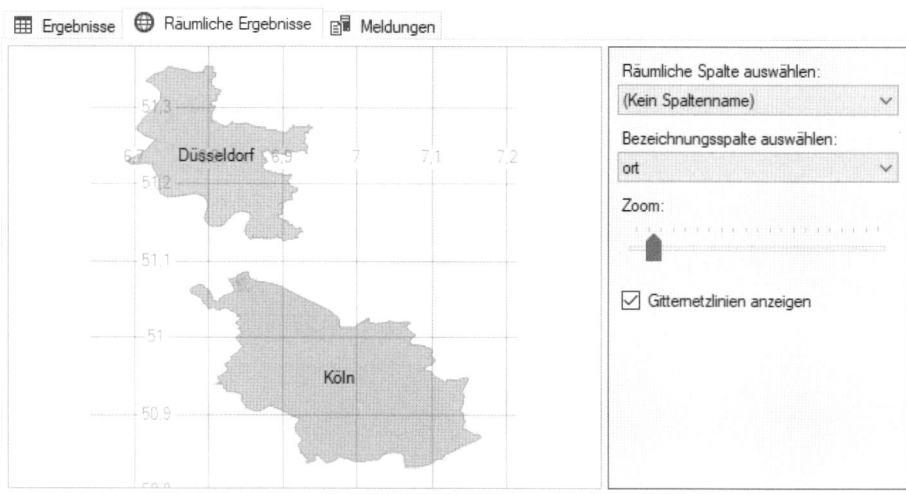

Bild 4.48 Aggregierte Polygone mit Gruppierung und Bezeichnungsspalte

Um Ihnen die Funktionsweise von `ConvexHullAggregate` und `EnvelopeAggregate` zu veranschaulichen, habe ich diese mit Union zum bisherigen Element ergänzt. Dadurch sehen wir am Beispiel von Düsseldorf nämlich alle drei Polygone in einer Darstellung übereinander.

```
SELECT Geometry::UnionAggregate(geo)
FROM dbo.plzgebiete
WHERE ort = 'düsseldorf'
UNION ALL
SELECT Geometry::ConvexHullAggregate(geo)
FROM dbo.plzgebiete
WHERE ort = 'düsseldorf'
UNION ALL
SELECT Geometry::EnvelopeAggregate(geo)
FROM dbo.plzgebiete
WHERE ort = 'düsseldorf';
```

Der reale Umriss von Düsseldorf ist nun einerseits als eine umgebende Linie und andererseits mit einem umgebenden Rechteck zu sehen.

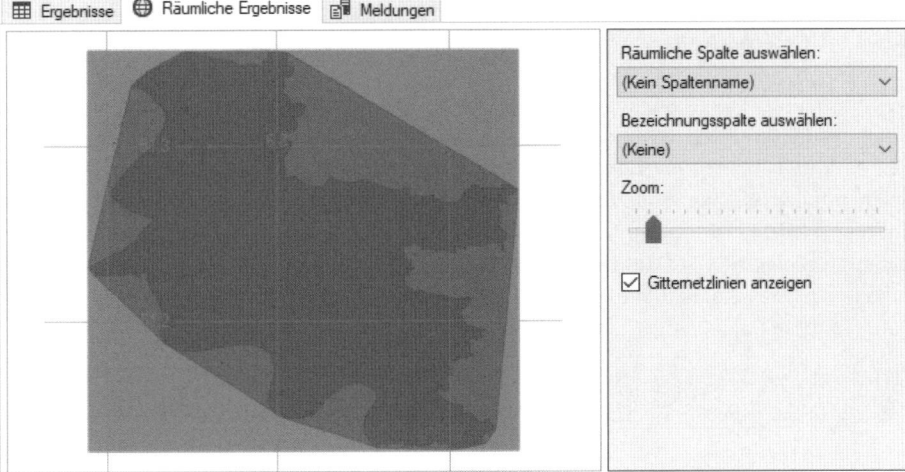

Bild 4.49 EnvelopeAggregate und ConvexHullAggregate

Als letzte dieser Varianten sehen wir uns noch die Methode CollectionAggregate an. Diese liefert ein Polygon, bei dem noch die Grenzen der ursprünglichen Polygone sichtbar sind. Ich nutze dieses Beispiel zusätzlich dazu, hier auch eine Gruppierung zu verwenden, um mehrere aggregierte Elemente zu bekommen. Dazu wähle ich die Nachbarstädte Düsseldorf und Neuss aus und gruppiere nach den Ortsnamen. Wir erhalten aufgrund der GROUP BY-Klausel nun zwei Ergebniszeilen und zwei separate Gebiete, was einerseits in der Ausgabe des Rasterergebnisses und andererseits an den zwei unterschiedlichen Farben bei den räumlichen Ergebnissen sichtbar wird. Innerhalb der Orte sind die Grenzen der ursprünglichen Teilpolygone wegen der verwendeten Methode durch graue Linien sichtbar.

```
SELECT ort, Geometry::CollectionAggregate(geo) AS geo,
FROM dbo.plzgebiete
WHERE ort IN('düsseldorf', 'neuss')
GROUP BY ort;
```

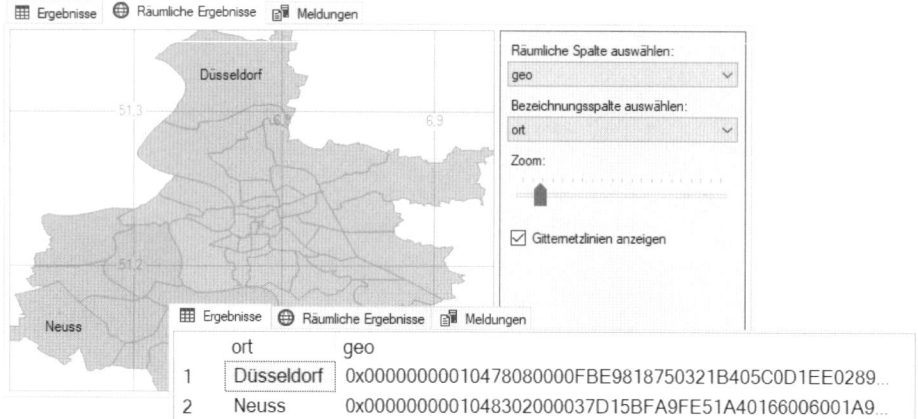

Bild 4.50 CollectionAggregate

Nun ist es an der Zeit, Suchvorgänge mit diesen Geodaten zu starten. Wie erwähnt, kann dies nur funktionieren, wenn der Datentyp und der SRID der Spalte identisch sind. Deshalb gibt es in der Tabelle *personal* neben der bereits verwendeten Spalte *geogr* eine weitere Spalte mit dem Namen *geom*. Die Erstere besitzt den Datentyp *geography* und enthält Daten mit dem SRID 4326 – diese haben wir ja bereits verwendet. Die Spalte *geom* besitzt den Datentyp *geometry*. Die Daten sind hier mit dem SRID 0 eingefügt, damit sie mit unserer Tabelle *plzgebiete* kompatibel sind. Die nachfolgende UPDATE-Anweisung zeigt, wie ich die Daten in diese Spalte eingetragen habe.

```
UPDATE dbo.personal
SET strasse = 'Kaiserstraße 69',
    plz = '70599',
    ort='Stuttgart',
    geogr = Geography::Point(48.71757, 9.20556, 4326),
    geom = Geometry::STPointFromText('POINT(9.20556 48.71757)', 0)
WHERE persnr = 455;
```

Nun können wir mit den Daten aus den Tabellen *personal* und *plzgebiete* arbeiten. Im ersten Beispiel möchte ich überprüfen, ob ich beim Auslesen der Koordinaten für die Adressen der Mitarbeiter aus meinem Smartphone die korrekten Postleitzahlen entnommen habe. Dazu verwende ich die Methode STIntersects (siehe dazu auch Bild 4.51), um für jede Adresse zu ermitteln, in welchem Postleitzahlengebiet sie liegt. Da uns nur Daten aus Deutschland vorliegen, werden hierbei natürlich auch nur Adressen aus Deutschland zu Treffern führen.

```
SELECT p.persnr, p.nachname,
       p.plz, g.plz AS plz_kontrolle,
       p.ort, g.ort AS ort_kontrolle
FROM dbo.personal p
INNER JOIN dbo.plzgebiete g ON g.geo.STIntersects(p.geom) = 1;
```

Die Anweisung verwendet die JOIN-Bedingung g.geo.STIntersects(p.geom) = 1, um die zwei erwähnten Tabellen miteinander zu verknüpfen. Wie ist diese Anweisung im Detail zu interpretieren?

Mit g.geo ist die Spalte aus der Tabelle *plzgebiete* gemeint, da dieser Tabelle in der Anweisung der Tabellen-Aliasname g zugewiesen wird. Die Methode STIntersects() prüft, ob sich der Inhalt dieses Feldes mit einem anderen Gebiet überschneidet. Dieses wiederum wird in der Klammer als Argument der Methode übergeben. Hier wird der Inhalt aus der Spalte *geom* aus der Personaltabelle mit dem Tabellen-Alias p übergeben. Die Methode liefert entweder 1 für wahr oder 0 für falsch, je nachdem ob die beiden Objekte sich schneiden. Wir möchten ja nur diejenigen Objekte anzeigen, bei denen der Ort innerhalb des Gebiets liegt; daher verwenden wir 1 als Bedingung.

 HINWEIS: Natürlich funktioniert auch die umgekehrte Variante:

```
p.geom.STIntersects(g.geo) = 1
```

Führen wir die Anweisung aus, erhalten wir das folgende Ergebnis: Bis auf eine Adresse aus Darmstadt stimmen die von mir ermittelten Postleitzahlen mit denen aus den importierten Geodaten überein. Auch die Ortsnamen stimmen überein.

	persnr	nachname	plz	plz_kontrolle	ort	ort_kontrolle
1	101	Obermann	85737	85737	Ismaning	Ismaning
2	182	Hille	14052	14052	Berlin	Berlin-West
3	332	Ideenreich	50737	50737	Köln	Köln
4	387	Mörtl	40547	40547	Düsseldorf	Düsseldorf
5	455	Pullmeier	70599	70599	Stuttgart	Stuttgart
6	633	Kofler	60311	60311	Frankfurt am Main	Frankfurt am Main
7	651	Nürnberger	64283	64291	Darmstadt	Darmstadt
8	657	Neumann	46499	46499	Hamminkeln	Hamminkeln
9	674	Loderer	21073	21073	Hamburg	Hamburg
10	833	Holzmann	28307	28307	Bremen	Bremen
11	952	Morillanitsch	04159	04159	Leipzig	Leipzig

Bild 4.51 Vergleiche mit STIntersects

Um von vornherein nur diejenigen Datensätze anzuzeigen, bei denen etwas nicht passt, können Sie eine entsprechende WHERE-Klausel verwenden.

```
SELECT p.persnr, p.nachname,
       p.plz, g.plz AS plz_kontrolle,
       p.ort, g.ort AS ort_kontrolle
FROM dbo.personal p
INNER JOIN dbo.plzgebiete g ON g.geo.STIntersects(p.geom) = 1
WHERE p.plz != g.plz
OR p.ort != g.ort;
```

Hierbei wird dann auch der Datensatz mit „Berlin" mit ausgegeben, da hierfür in den Geodaten „Berlin-West" eingetragen ist.

In einem zweiten Beispiel wollen wir das Wohngebiet von Mitarbeiter Gernot Obermann mit der Personalnummer 101 anzeigen. Zusätzlich sollen alle angrenzenden Gebiete mit im Ergebnis enthalten sein. Dazu ermitteln wir in Anlehnung an das vorige Beispiel das Wohn-

gebiet in einer Unterabfrage. Das Ergebnis dieser Unterabfrage ist das Polygon des Wohnge-
biets. In der Hauptabfrage ermitteln wir alle Gebiete, die sich mit diesem Polygon schneiden, indem wir die Unterabfrage als Parameter der Methode STIntersects übergeben.

```
SELECT ort, plz, geo
FROM dbo.plzgebiete
WHERE geo.STIntersects((SELECT g.geo
                        FROM dbo.personal p
                        INNER JOIN dbo.plzgebiete g
                        ON g.geo.STIntersects(p.geom) = 1
                        WHERE persnr = 101)) = 1;
```

 ACHTUNG! Achten Sie bitte darauf, dass Sie hier zwei runde Klammernpaare
benötigen. Das äußere Klammernpaar gehört zur Methode STIntersects, das
innere umklammert die Unterabfrage.

Führen Sie die Anweisung bitte aus und wählen Sie im Management Studio wieder das
Register mit dem räumlichen Ergebnis aus. Hier bietet es sich an, die Spalte *ort* als Bezeichnungsspalte auszuwählen. Dann sehen wir Ismaning als Wohngebiet im Zentrum, umgeben
von allen Nachbargebieten.

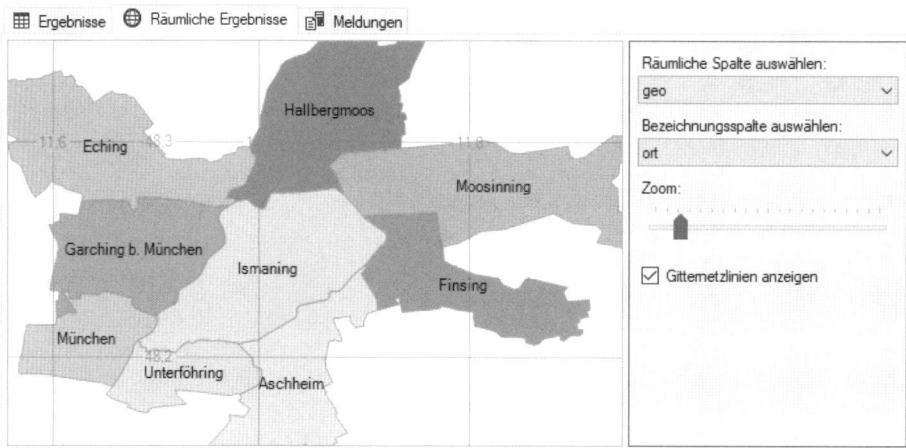

Bild 4.52 Angrenzende Gebiete

Zum Abschluss dieser Betrachtung möchte ich Ihnen noch die neue Methode ShortestLineTo
in einem Beispiel zeigen.

Sie erzeugt eine Linie, welche die kürzeste Verbindung zu einem Objekt darstellt. Ist dieses
Objekt ein Polygon, zeigt diese Methode sozusagen die Stelle mit dem Eintrittspunkt, der
dem anderen Objekt am nächsten ist. Verwenden wir dazu die nachfolgende Anweisung.
Wieder nehmen wir die UNION-Anweisung, um mehrere Ergebnisse gemeinsam anzeigen
zu können. Die erste Teilanweisung zeigt die kürzeste Verbindung vom Wohnort des Mitarbeiters mit der Personalnummer 101 zum Gebiet der Postleitzahl 85774.

```
SELECT 'Luftlinie' AS bezeichnung,
       geo.ShortestLineTo((SELECT geom
                           FROM dbo.personal
                           WHERE persnr = 101))
FROM dbo.plzgebiete
WHERE plz = '85774'
UNION ALL
SELECT ort, geo
FROM dbo.plzgebiete
WHERE plz = '85774'
UNION ALL
SELECT 'Ausgangspunkt', geom.BufferWithCurves(0.005R)
FROM dbo.personal
WHERE persnr = 101;
```

Die zweite Teilanweisung liefert das Postleitzahlgebiet 85774 selbst und die dritte Teilanweisung den Wohnort des Mitarbeiters. Damit dieser Punkt etwas besser sichtbar wird, habe ich ihn mit der Methode BuffersWithCurves umschlossen. Dadurch wird er als Kreis dargestellt. Bei den Ausmaßen des Kreises bin ich großzügig gewesen, denn sonst würde der Inhalt der Bezeichnungsspalte nicht angezeigt werden.

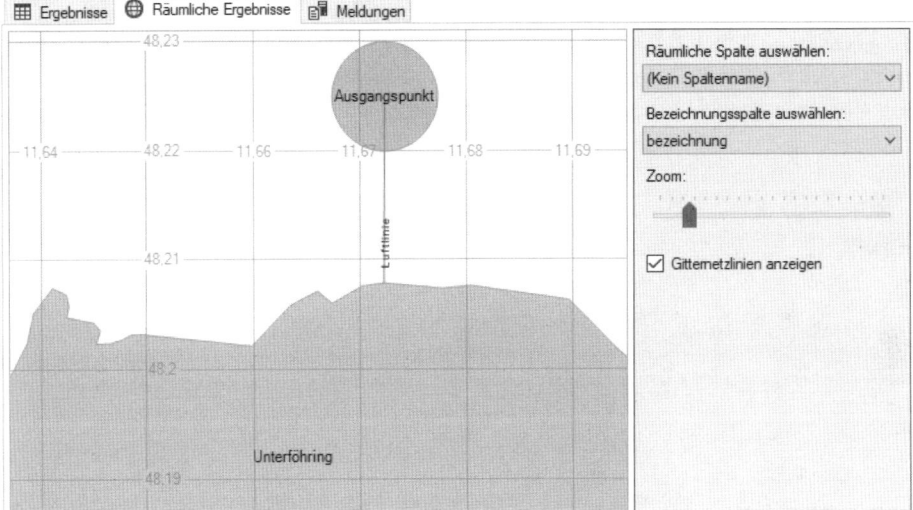

Bild 4.53 Methode ShortestLineTo

Das nächste Beispiel zeigt, wie Sie mehrere Methoden miteinander kombinieren. Das Ziel ist es, diejenigen drei Postleitzahlengebiete herauszufiltern, die zum Wohnort derselben Person am nächsten liegen. Dazu verwenden wir die Methoden ShortestLineTo, um den kürzesten Abstand zu eruieren, und die Methode STLenght, um die Länge dieser Linie zu berechnen. Das Gebiet, das den Wohnort umgibt, schließen wir über die WHERE-Klausel aus. Um die drei kürzesten Entfernungen zu bekommen, sortieren wir nach der Entfernung und verwenden den Zusatz TOP 3.

```
SELECT TOP 3 g.ort, g.plz,
       g.geo.ShortestLineTo(p.geom).STLength() AS entfernung
```

```
FROM dbo.personal p CROSS JOIN dbo.plzgebiete g
WHERE p.persnr = 101 AND p.plz != g.plz
ORDER BY entfernung;
```

liefert:

```
ort                      plz    entfernung
---------------------    -----  ----------------------
Garching b. München      85748  0,0111006658469931
Unterföhring             85774  0,0170554419840563
München                  80939  0,0224323976492677
```

4.4.3 Index für räumliche Daten

Der SQL Server bietet für räumliche Daten einen eigenen Indextyp an. Dieser ist speziell auf diese Daten abgestimmt und besteht aus mehreren Ebenen mit jeweils kleiner werdenden Rastern.

Erstellen wir zum Abschluss einen räumlichen Index für die Spalte *geo* unserer „Deutschlandtabelle" *plzgebiete*. Wir starten direkt im Objekt-Explorer über den Ordner *Indizes* unter der betroffenen Tabelle. Dort ist im Kontextmenü der Befehl NEUER INDEX/RÄUMLICHER INDEX... auszuführen. Indexname und betroffene Spalten werden wie bei einem klassischen Index vergeben beziehungsweise ausgewählt.

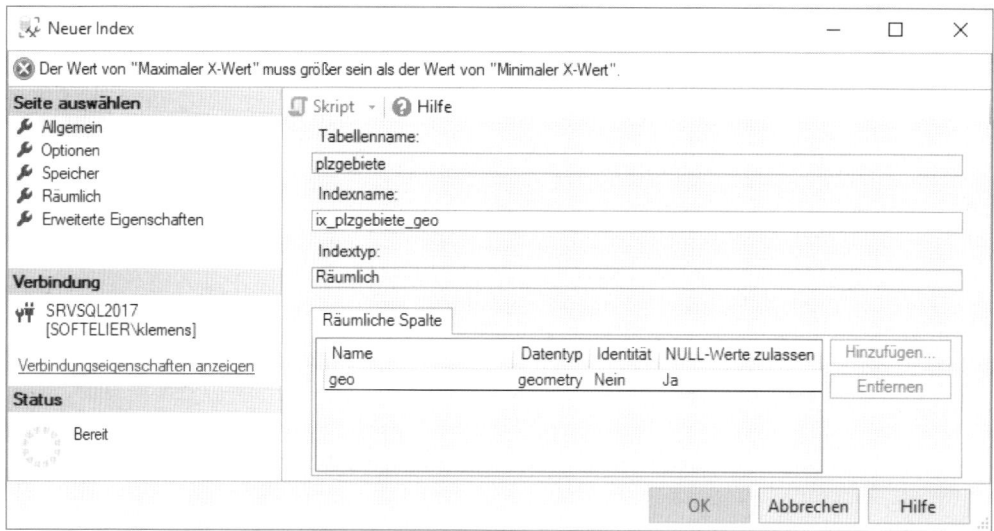

Bild 4.54 Allgemeine Einstellungen für einen räumlichen Index

Die eigentlichen Einstellungen werden auf der Seite *Räumlich* getroffen. Folgende Definitionen sind für einen räumlichen Index zu treffen:

- **Mosaikschema:** Das zu verwendende Raster ist für eine zu indizierende Spalte mit dem Datentyp *geometry* das in Bild 4.55 gewählte *Geometrieraster*. Der *Geografieraster* wird bei Spalten mit dem Datentyp *geography* eingesetzt.

- **Zellen pro Objekt:** Die Anzahl der Zellen pro Projekt, in die die Unterteilung erfolgt. Der Standardwert beträgt 16. Er kann von 1 bis 8192 reichen. Je höher der Wert an dieser Stelle festgelegt wird, desto genauer und speicherintensiver ist der Index.

- **Raster:** Das Raster kann für jede der vier verwendeten Ebenen von *Niedrig* bis *Hoch* eingestellt werden. Die Standardvorgabe lautet hier *Mittel*. Jede Ebene unterteilt das Raster der vorigen Ebene nochmals. *Niedrig* unterteilt in ein 4×4-Raster; *Mittel* verwendet ein 8×8-Raster und *Hoch* setzt ein 16×16-Raster ein. Je größer die Teilung ist, desto besser ist der Index, aber auch umso mehr Speicher wird belegt.

- **Umgebendes Feld:** Dieses wird nur für das Geometrieraster festgelegt. Damit wird der gesamte mögliche Bereich festgelegt. Bei einem Geografieraster sind automatisch die möglichen Koordinaten der Erdkugel die Grenzen.

Für die Koordinaten von Deutschland habe ich diese Grenzen mit 5 bis 16 auf der X-Achse (Längengrade) und 47 bis 56 auf der Y-Achse (Breitengrade) festgelegt.

 ACHTUNG! Solange die Werte für *Umgebendes Feld* nicht eingetragen sind, erscheint, wie auch in Bild 4.54 zu sehen, aufgrund der Standardvorgabe von 0 für alle Einträge am oberen Dialogrand die Fehlermeldung *Der Wert von „Maximaler X-Wert" muss größer sein als der Wert von „Minimaler X-Wert"*. Sie verschwindet, sobald Sie korrekte Werte eintragen. ∎

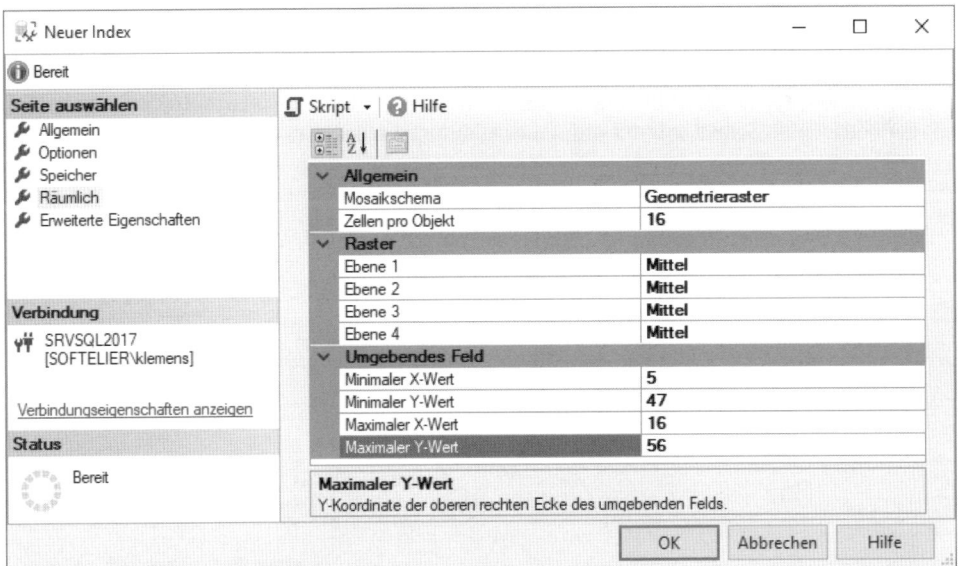

Bild 4.55 Räumliche Einstellungen für den Geometrie-Index

Die Anweisung für das Erstellen dieses Index lautet:

```
CREATE SPATIAL INDEX ix_plzgebiete_geo ON dbo.plzgebiete(geo)
USING GEOMETRY_GRID
WITH ( BOUNDING_BOX =(5, 47, 16, 56),
        GRIDS =(LEVEL_1 = MEDIUM,
                LEVEL_2 = MEDIUM,
                LEVEL_3 = MEDIUM,
                LEVEL_4 = MEDIUM),
        CELLS_PER_OBJECT = 16 );
```

Der Index kann vom Query-Prozessor verwendet werden, falls eine der folgenden Methoden innerhalb einer WHERE-Klausel verwendet wird:

- STContains
- STDistance
- STDistance
- STEquals
- STIntersects
- STOverlaps
- STTouches
- STWithin

Dies könnte eine Anweisung nach folgendem Muster sein:

```
SELECT ort, plz, geo
FROM dbo.plzgebiete
WHERE geo.STIntersects(Geometry::STPointFromText('POINT(11.67239 48.22496)', 0))=1;
```

Dass dies wirklich der Fall ist, können Sie über die Anzeige des Ausführungsplans überprüfen. Bild 4.56 zeigt die unterschiedlichen Ausführungspläne vor und nach der Erstellung des räumlichen Index. Vom zweiten Ausführungsplan ist lediglich ein Ausschnitt zu sehen, der betreffende Schritt mit der Indexverwendung ist markiert.

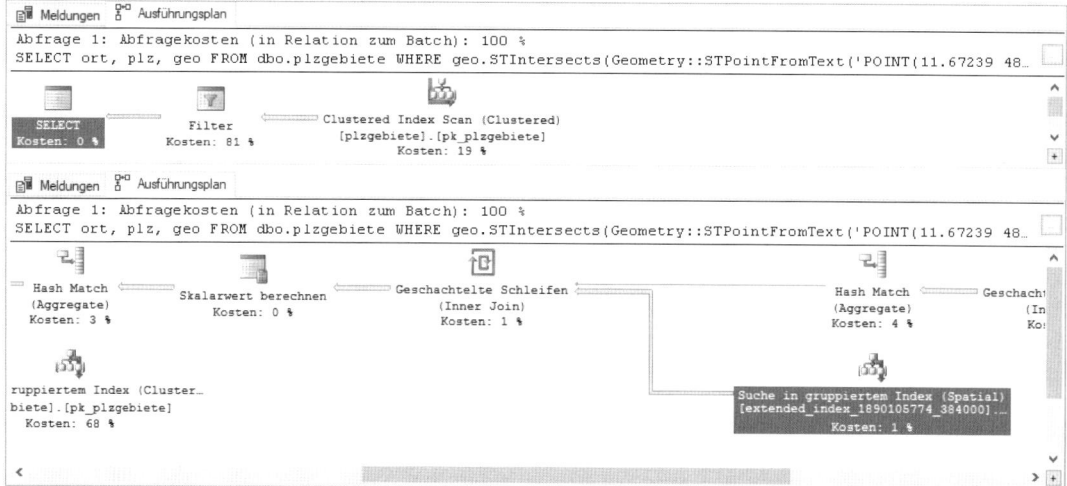

Bild 4.56 Ausführungsplan vor und nach Räumlicher-Indexerstellung

PRAXISTIPP: Der SQL Server bietet Ihnen als Mosaikschema auch die zwei Optionen *Automatisches Geometrieraster* und *Automatisches Geografieraster* an. Dabei übernimmt der SQL Server die Optimierung der Genauigkeit der Rasterebenen. Verwenden Sie diese Option, wenn Sie selber noch nicht so viel Erfahrung mit Geodaten haben.

Im CREATE-Statement werden bei dieser Variante die Raster nicht mehr angegeben. Nur mehr die Typen GEOMETRY_AUTO_GRID beziehungsweise GEOGRAPHY_AUTO_GRID sind zu definieren.

```
CREATE SPATIAL INDEX ix_plzgebiete_geo ON dbo.plzgebiete(geo)
USING GEOMETRY_AUTO_GRID
WITH ( BOUNDING_BOX =(5, 47, 16, 56),
       CELLS_PER_OBJECT = 16);
```

 Noch ein **PRAXISTIPP** zum Abschluss dieses Kapitels. Oftmals findet man Geodaten im Internet in Form von Shapes zur Verfügung gestellt. Diese lassen sich dann mit einem einfachen Tool sehr einfach in den SQL Server importieren. Sie finden dieses unter *http://www.sharpgis.net/page/Shape2SQL*.

5

Transact-SQL – die Sprache zur Serverprogrammierung

In diesem Kapitel lernen Sie die grundlegenden Konzepte der Datenbankprogrammiersprache Transact-SQL. Sie erfahren, aus welchen Bestandteilen diese Sprache besteht, wie sie eingesetzt wird und welcher Syntax sie sich bedient. Am Ende dieses Kapitels sollten Sie in der Lage sein, die Sprache zu verstehen und anzuwenden. Das Erstellen von Datenbankobjekten, die mittels dieser Sprache programmiert werden, ist Thema des darauffolgenden Kapitels.

Über die SQL Server CLR (Common Language Runtime) kann serverseitige Programmierung auch mit .NET-Programmiersprachen erfolgen. Dies ist eine Ergänzung zu Transact-SQL, um gemeinsam das gesamte Spektrum der Datenbankprogrammierung abzudecken. Sie können auch als .NET-Programmierer nicht auf Transact-SQL verzichten. Spätestens dann, wenn Sie auf Daten zugreifen, werden Sie diese Anweisungen auch innerhalb des .NET-Codes benötigen. Die Einsatzbereiche dieser beiden Sprachen lassen sich wie folgt abgrenzen:

- Transact-SQL sollten Sie immer dann einsetzen, wenn Datenzugriffe im Vordergrund stehen. Dabei spielt es keine Rolle, ob Sie lesend oder schreibend auf Daten zugreifen. Effiziente Formen des Datenzugriffs sind die Stärke von Transact-SQL.

- .NET-Programmierung ist dann zu bevorzugen, wenn es aufwendige Algorithmen umzusetzen gilt. Zusätzlich wird .NET-Programmierung für alles eingesetzt, was nicht direkt datenbankspezifisch ist; zum Beispiel der Zugriff auf das Filesystem, auf einen FTP-Server oder das Bearbeiten einer Grafikdatei, bevor sie in die Datenbank eingefügt wird.

 HINWEIS: In diesem Kapitel beschäftigen wir uns ausschließlich mit Transact-SQL. Der .NET-Programmierung mit dem SQL Server widmen wir uns später in einem separaten Kapitel. ∎

Die standardisierte Abfragesprache SQL (ANSI SQL) ist keine prozedurale Sprache. Zur Programmierung reichen die vorhandenen Funktionalitäten nicht aus. Weiterführende Funktionen werden von der prozeduralen Spracherweiterung von SQL geboten: Transact-SQL.

Transact-SQL ist eine prozedurale Spracherweiterung zu SQL, die bestimmte Konstrukte aufweist, die wir von Programmiersprachen der dritten Generation (3GL-Sprachen) her kennen. Genannt seien hier beispielsweise Auswahl- und Wiederholungsstrukturen. Die Erweiterung ist rein herstellerbezogen und nur in den Produkten MS SQL Server und Sybase Adaptive Server Enterprise enthalten. Das liegt daran, dass diese beiden Produkte vor vielen Jahren gemeinsame Wurzeln gehabt haben. Gleichartige und vergleichbare Sprachen haben auch andere Hersteller in ihren Datenbankprodukten implementiert. Beispielsweise heißt die prozedurale Spracherweiterung bei Oracle PL/SQL, wobei PL für Procedural Language steht. PL/SQL und Transact-SQL haben jedoch – außer der Grundkonzeption und Funktionalität – hinsichtlich ihrer Sprachsyntax nicht allzu viele Gemeinsamkeiten.

Transact-SQL – auch kurz als T-SQL bezeichnet – wird bei der Entwicklung von Datenbanken unter anderem für die Erstellung *gespeicherter Prozeduren* (Stored Procedures), *benutzerdefinierter Funktionen* (Userdefined Functions) und *Schalter* (Trigger) verwendet. Zunächst zur begrifflichen Abgrenzung:

1. *Stored Procedures* sind Programme, die direkt auf dem Server gespeichert und ausgeführt werden. Der Aufruf erfolgt häufig aber von Client-Anwendungen aus. Um die Wirkungsweise der Prozedur zu steuern, werden einer Stored Procedure beim Aufruf Parameterwerte übergeben. Dies erfolgt wie bei Prozeduren in anderen Programmiersprachen auch.

2. *Userdefined Functions* liefern wie Systemfunktionen einen Wert oder eine Tabelle zurück und können im Gegensatz zu gespeicherten Prozeduren auch in SQL-Anweisungen verwendet werden.

3. *Trigger* sind mit den Ereignisprozeduren in anderen Programmiersprachen vergleichbar. Sie können nicht wie Prozeduren und Funktionen explizit aufgerufen werden. Sie werden vielmehr durch Ereignisse ausgelöst, die in Tabellen auftreten. Diese sind das Einfügen (INSERT), Ändern (UPDATE) und Löschen (DELETE) von Datensätzen.

Auf das Erstellen von gespeicherten Prozeduren, benutzerdefinierten Funktionen und Triggern gehe ich im nächsten Kapitel ein. In diesem Kapitel werden wir uns der Sprache T-SQL widmen.

Für die Eingabe und Erstellung der Beispiele in diesem Kapitel verwenden wir das SQL Server Management Studio. Öffnen Sie dieses bitte, melden Sie sich am Datenbankmodul Ihres Servers an und wählen Sie die Datenbank *wawi* aus.

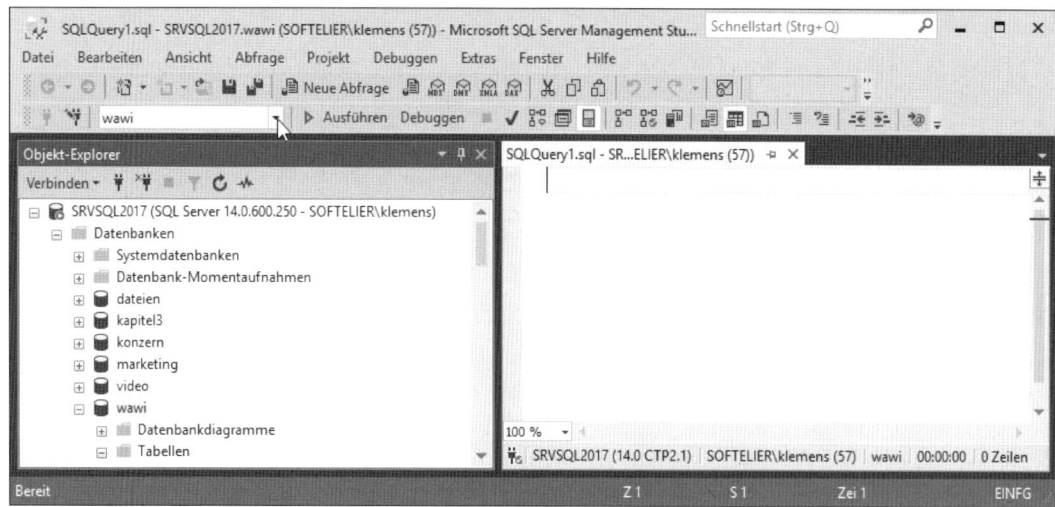

Bild 5.1 Beispieldatenbank für die Arbeit in diesem Kapitel auswählen

■ 5.1 Bestandteile und Funktionalität von Transact-SQL

In diesem ersten Abschnitt gebe ich Ihnen eine Übersicht über die wichtigsten Elemente von T-SQL.

 HINWEIS: Damit Sie die nachfolgenden Beispiele verstehen, möchte ich darauf hinweisen, dass in Transact-SQL so wie auch in SQL innerhalb einer Anweisung ein Zeilenumbruch stattfinden darf. Es kann also vorkommen, dass eine Programmzeile nicht unbedingt eine Codezeile sein muss. Solche Zeilenumbrüche werden vor allem dann verwendet, wenn durch sie die Lesbarkeit besonders langer Anweisungen erhöht werden kann. Sehr häufig betrifft dies SQL-Anweisungen, bei denen jede Klausel in eine eigene Zeile geschrieben wird. ■

5.1.1 Variablen und Datentypen

Wie in jeder anderen Programmiersprache stehen in Transact-SQL auch Variablen zur Verfügung. Es handelt sich dabei um benutzerdefinierte Objekte, die einen Datentyp haben und in denen Werte während der Programmausführung zwischengespeichert und abgerufen werden können. Diese können zum einen Variablen sein, die im Programmcode deklariert werden und bei der Programmausführung Werte zugewiesen bekommen. Es können zum anderen auch Variablen sein, die bereits beim Aufruf der Prozedur mit Übergabewerten gefüllt werden.

Einer Variablen können nicht beliebige Inhalte zugewiesen werden. Diese besitzen – genauso wie Datenfelder einer Tabelle – bestimmte Datentypen. Die für Variablen verwendbaren Datentypen sind dieselben, die innerhalb der Datenbank für Felddatentypen zur Verfügung stehen.

Eine Übersicht entnehmen Sie der nachfolgenden Tabelle.

Tabelle 5.1 Datentypen für Variablen

Kategorie	Datentyp
Character	CHAR(Länge)
	VARCHAR(Länge)
	NCHAR (Länge)
	NVARCHAR(Länge)
	VARCHAR(MAX)
	NVARCHAR(MAX)

(Fortsetzung nächste Seite)

Tabelle 5.1 Datentypen für Variablen *(Fortsetzung)*

Kategorie	Datentyp
Datum/Uhr- zeit	DATETIME SMALLDATETIME DATE DATETIME2(Länge) DATETIMEOFFSET(Länge) TIME
Zahl	DECIMAL(Genauigkeit, Dezimalstellen) FLOAT(Länge) REAL BIGINT INT SMALLINT TINYINT
Währung	MONEY SMALLMONEY
Boolean	BIT
Binär	BINARY(Länge) VARBINARY(Länge) VARBINARY(MAX)
XML	XML
Variante	SQL_VARIANT
Hierarchie	HIERARCHYID
Räumlich	GEOGRAPHY GEOMETRY

Da Sie vielleicht so manche SQL Server-Version „übersprungen" haben, möchte ich noch kurz auf den Datentyp *VARCHAR(MAX)* eingehen. Dieser Datentyp vereint die Vorteile der Datentypen *VARCHAR()* und *TEXT*. In einem Feld und in einer Variablen vom Datentyp *TEXT* können mehr als 8000 Zeichen gespeichert werden; allerdings können diese nicht mit Standard-SQL-Anweisungen und Zeichenfolgefunktionen verarbeitet werden. *TEXT* und *IMAGE* – ersetzt durch *VARBINARY(MAX)* – existieren nur aus Gründen der Abwärtskompatibilität und sind bereits auf der Liste der abgekündigten Features.

Folgendes können Sie mit *VARCHAR(MAX)* tun, was mit *TEXT* nicht möglich ist:

▪ Verwenden als Datentyp für Variablen

▪ Verwenden von String-Funktionen wie beispielsweise CHARINDEX() oder REPLACE() zur Bearbeitung

▪ Inhalte mit anderen Feldern oder Variablen eines *CHARACTER*-Datentyps verketten

Auch *IMAGE* kann nicht für Variablen verwendet werden, der Nachfolger *VARBINARY(MAX)* aber sehr wohl.

Beachten Sie bitte, dass SQL Server zwischen zwei Arten von Variablen unterscheidet:

1. *Benutzerdefinierte Variablen* werden innerhalb eines Transact-SQL-Programms oder einer Benutzersitzung vom Benutzer erzeugt und gelten ausschließlich innerhalb des Pro-

gramms oder der Sitzung, in der sie deklariert wurden. Benutzerdefinierte Variablen werden innerhalb einer Prozedur mit der Anweisung DECLARE erzeugt. Der Name von benutzerdefinierten Variablen beginnt stets mit einem @.

2. *Globale Variablen* sind vom System vordefinierte Variablen, deren Inhalte durch das System zugewiesen werden. Die Inhalte dieser Variablen geben dem Benutzer wertvolle Informationen über das System oder über aktuelle Zustände im Programmcode. Die Namen von globalen Variablen beginnen immer mit @@. Globale Variablen können nur gelesen werden; ihnen kann explizit kein Wert zugewiesen werden. Damit ähneln sie Systemfunktionen in der Verwendung.

HINWEIS: Das System, dass Variablen in Transact-SQL immer mit einem @ beginnen, erleichtert die Arbeit und vor allem die Lesbarkeit von Programmcode enorm. Variablen sind sofort als solche zu erkennen, auch wenn sie denselben Namen haben wie das Feld einer Tabelle. Verwechslungen mit Feldnamen sind daher ausgeschlossen. Nur zum Vergleich: In der Oracle-Programmiersprache PL/SQL werden Variablen nicht extra derart als solche gekennzeichnet. Hier muss sich der Entwickler an Prioritätsregeln halten, um zu bestimmen, ob bei Namensgleichheit die Variable oder der Feldname gemeint ist. In dieser Hinsicht gefällt mir die SQL Server-Implementierung wesentlich besser.

Lokale Variablen deklarieren

Lokale Variablen werden mit der Anweisung DECLARE unter Angabe ihres Datentyps definiert. Dabei kann optional das Schlüsselwort AS verwendet werden.

```
DECLARE @var1 AS int
DECLARE @var2 AS smalldatetime
DECLARE @var3 AS varchar(25)
```

Mit einer DECLARE-Anweisung können Sie auch mehrere Variablen in einer Zeile deklarieren. Dabei müssen alle Variablen mit Komma voneinander getrennt geschrieben werden.

```
DECLARE @var1 int, @var2 smalldatetime, @var3 varchar(25)
DECLARE @var4 int
```

ACHTUNG! Auch wenn Sie mehrere Variablen desselben Datentyps deklarieren, muss bei jeder Variablen der Datentyp separat angegeben werden. Es ist nicht möglich, eine Auswahl für mehrere Variablen gemeinsam zu definieren.

So ist zum Beispiel nachfolgende Deklaration, die drei Variablen vom Typ Integer deklarieren soll, ungültig.

```
DECLARE @var1, @var2, @var3 int
```

Stattdessen muss der Datentyp bei jeder Variablen explizit angegeben werden.

```
DECLARE @var1 int, @var2 int, @var3 int
```

Die Wertzuweisung an eine Variable kann auf zwei Arten erfolgen:

- SET-Anweisung
- SELECT-Anweisung

Die direkte Zuweisung eines Variablenwertes erfolgt mit der Anweisung SET. Die Syntax hierzu lautet:

```
SET @variable = wert
```

Als Wert kann der Variablen ein skalarer Wert, ein Berechnungsausdruck oder das Ergebnis einer Unterabfrage zugewiesen werden. Dabei ist zu berücksichtigen, dass die Unterabfrage in runde Klammern gesetzt werden muss.

```
SET @variable = (SELECT wert FROM ...)
```

Wird ein Wert über eine Unterabfrage zugewiesen, muss diese so ausgelegt sein, dass sie genau eine Spalte und eine Zeile zurückgibt. Liefert die Abfrage mehrere Zeilen – weil beispielsweise die WHERE-Klausel nicht korrekt ist –, führt dies zu einem Fehler.

Sie deklarieren beispielsweise eine Variable und weisen ihr den Namen eines Mitarbeiters zu. Sie vergessen dabei aber die WHERE-Klausel, die sicherstellen sollte, dass die Unterabfrage nur eine Zeile zurückliefert. Also zum Beispiel so:

```
DECLARE @nachname varchar(50)
SET @nachname = (SELECT nachname FROM dbo.personal)
```

Das System meldet Ihnen einen Fehler:

```
Meldung 512, Ebene 16, Status 1, Zeile 2
Die Unterabfrage hat mehr als einen Wert zurückgegeben. Das ist nicht zulässig, wenn
die Unterabfrage auf =, !=, <, <=, > oder >= folgt oder als Ausdruck verwendet wird.
```

Um mehrere Werte aus einer Tabelle abzufragen, müssen Sie daher mehrere SET-Anweisungen verwenden.

Sie möchten beispielsweise den Nachnamen, den Vornamen und das Geburtsdatum des Mitarbeiters mit der Personalnummer 452 in Variablen einlesen:

```
DECLARE @nachname varchar(50), @vorname varchar(50)
DECLARE @gebdatum date

SET @nachname = ( SELECT nachname
                  FROM dbo.personal
                  WHERE persnr = 452 )
SET @vorname = ( SELECT vorname
                 FROM dbo.personal
                 WHERE persnr = 452 )
SET @gebdatum = ( SELECT gebdatum
                  FROM dbo.personal
                  WHERE persnr = 452 )

SELECT @nachname AS NN, @vorname AS VN, @gebdatum AS Geburtsdatum;
```

Ergebnis:

```
NN              VN              Geburtsdatum
--------------  --------------  --------------
Kossegg         Anita           1969-06-20
(1 Zeile(n) betroffen)
```

Die abschließende SELECT-Anweisung dient zur Anzeige der Variableninhalte.

Da Sie mit der SET-Anweisung immer nur einen Wert zuweisen können, müssen Sie mehrere Anweisungen und damit mehrere Abfragen hintereinander verwenden, um drei Werte aus derselben Zeile einer Tabelle auszulesen und in Variablen abzulegen.

In einer solchen Situation ist es effizienter und sinnvoller, die SELECT-Anweisung zur Zuweisung der Variableninhalte zu verwenden. Da mit einer SELECT-Anweisung auch mehrere Variablen mit einer einzigen Anweisung befüllt werden können, benötigen Sie für das vorangegangene Beispiel anstelle von drei separaten Datenzugriffen lediglich einen einzigen.

Die Syntax für die Wertzuweisung über die SELECT-Anweisung lautet:

```
SELECT @var1 = wert1, @var2 = wert2, @var3 = wert3, ...
[FROM ...]
```

Jeder Variablen wird ein Wert zugewiesen. Die einzelnen Zuweisungen werden voneinander mit Komma getrennt. Sofern die Werte aus einer Abfrage stammen, kann diese direkt in die Zuweisung integriert werden. Ergänzen Sie dazu die SELECT-Anweisung mit einer FROM-Klausel und optional mit weiteren Klauseln, die Sie von SELECT-Anweisungen her kennen.

Das obige Beispiel (Name, Vorname und das Geburtsdatum für den Mitarbeiter mit der Personalnummer 452 sollen in einer Variablen gespeichert werden) ist mithilfe der SELECT-Anweisung folgendermaßen zu realisieren:

```
DECLARE @nachname varchar(50), @vorname varchar(50)
DECLARE @gebdatum date

SELECT @nachname = nachname,
       @vorname = vorname,
       @gebdatum = gebdatum
FROM dbo.personal
WHERE persnr = 452;

SELECT @nachname AS NN, @vorname AS VN, @gebdatum AS Geburtsdatum;
```

Ergebnis:

```
NN              VN              Geburtsdatum
--------------  --------------  --------------
Kossegg         Anita           1969-06-20
(1 Zeile(n) betroffen)
```

Auch hier ist darauf zu achten, dass die Anweisung nur eine Zeile zurückliefert. Im Unterschied zur ersten Variante führt es aber zu keinem Fehler, falls mehrere Zeilen geliefert werden. Nach der Anweisung sind jene Werte in den Variablen anzufinden, welche die letzte zurückgegebene Zeile geliefert hat. Da dies oft zu unerwarteten Ergebnissen führen kann, sollten Sie immer eine WHERE-Klausel verwenden, um die gewünschte Zeile exakt auszuwählen.

 PRAXISTIPP: Generell sollten Sie die SET-Anweisung gegenüber der SELECT-Anweisung bevorzugen. Wenn aber aus einer Datenzeile mehrere Werte in Variablen übernommen werden sollen, so weisen Sie diese besser mit einer einzigen SELECT-Anweisung als durch separate SET-Anweisungen mit Unterabfragen zu. Sie verringern damit die Anzahl der Datenzugriffe und erhöhen gleichzeitig die Leistung.

Sind Variablen einmal befüllt, können Sie sie in beliebigen Ausdrücken und Anweisungen verwenden.

```
DECLARE @mwst tinyint
DECLARE @netto smallmoney, @brutto smallmoney
SET @mwst = 19
SET @netto = 280
SET @brutto = @netto * (@mwst + 100) / 100
SELECT @netto AS Netto, @brutto AS Brutto;
```

Ergebnis:

```
Netto                  Brutto
--------------------   --------------------
280,00                 333,20
(1 Zeile(n) betroffen)
```

 ACHTUNG! Achten Sie darauf, dass jede Variable, bevor Sie ihr einen Wert zuweisen, NULL enthält. Dies führt dazu, dass sie NULL bleibt, falls Sie beispielsweise zum vorhandenen Variableninhalt etwas hinzufügen möchten, da ein Ausdruck immer NULL ergibt, sofern ein Teilausdruck NULL enthält.

Das nachfolgende Beispiel liefert also nicht den erwarteten Wert 15, sondern NULL.

```
DECLARE @nr int
SET @nr = @nr + 3
SET @nr = @nr * 5
SELECT @nr AS Nr;
```

Ergebnis:

```
Nr
-----------
NULL
(1 Zeile(n) betroffen)
```

Um den NULL-Wert zu unterdrücken, weisen Sie der Variablen entweder zuvor den Wert 0 zu oder verwenden die Funktion ISNULL(). Die Funktion ISNULL() weist einen angegebenen Ersatzwert zu, wenn der Wert NULL ist:

```
SET @nr = 0
SET @nr = @nr + 3
...
```

oder

```
SET @nr = ISNULL(@nr, 0) + 3
...
```

 PRAXISTIPP: Idealerweise weisen Sie einer Variablen schon direkt bei der Deklaration einen Wert zu.

```
DECLARE @variable datentyp = wert
```

Demnach können Sie das Beispiel auch auf diese Art lösen:

```
DECLARE @nr int = 3

SET @nr = @nr + 3
SET @nr = @nr * 5
SELECT @nr AS Nr;
```

Variablen werden häufig auch innerhalb einer SQL-Anweisung verwendet.

```
DECLARE @plz varchar(5)

SELECT nachname, vorname
FROM dbo.personal
WHERE plz = @plz;
```

Ergebnis:

```
nachname                 vorname
------------------------ -------------------------
Hoier                    Marion
(1 Zeile(n) betroffen)
```

 ACHTUNG! Da jede Variable bereits einen Datentyp hat, ist es nicht notwendig, zusätzlich Hochkommata bei Variablen vom Typ *Character* oder *Datum/Uhrzeit* zu verwenden. Bei Zahlen kommt dies ohnehin nicht zum Tragen.

Die folgende Anweisung ist falsch:

```
SELECT nachname, vorname
FROM dbo.personal
WHERE plz = '@plz';
```

Die korrekte Syntax lautet hingegen:

```
SELECT nachname, vorname
FROM dbo.personal
WHERE plz = @plz;
```

 HINWEIS: An dieser Stelle möchte ich ein paar Gedanken zum Thema Semikolon am Anweisungsende anbringen. Beim SQL Server war es in der Regel nie notwendig, Anweisungen mit einem Semikolon abzuschließen. Daher sind es viele, die schon sehr lange mit dem SQL Server arbeiten – ich selber hatte meinen ersten Kontakt mit dem SQL Server 6.5, also 8 Versionen zurück – nicht gewohnt gewesen, ein solches zu verwenden. Da es bei reinen SQL-Anweisungen aufgrund der ANSI-Kompatibilität der Anweisungen sinnvoll ist, diese mit einem Semikolon zu beenden, habe ich das bei diesen hingegen immer schon gemacht. Bei Transact-SQL-Anweisungen wie dem Deklarieren von Variablen und den soeben beschriebenen Wertzuweisungen habe ich es eigentlich immer unterlassen. Das ergibt dann allerdings beim Schreiben von T-SQL-Code das ungewöhnliche Bild, dass einige Anweisungen mit Semikolon beendet werden, andere hingegen nicht. Vielleicht ist Ihnen das bei den vorangegangenen Beispielen auch aufgefallen. Das ist für uns Entwickler seit langer Zeit ein gewohntes Bild und niemand stößt sich bis heute daran. Auch wenn Sie sich Beispielcode von Microsoft-Seiten ansehen, werden Sie das Semikolon am Ende von T-SQL-Anweisungen nicht vorfinden. Mittlerweile gibt es Anweisungen wie MERGE, die einen Fehler liefern, wenn sie nicht mit einem Semikolon beendet werden. Aber hierbei kann man ja noch argumentieren, dass es sich hier um eine SQL-Anweisung handelt, und daher schließen wir diese ohnehin ordnungsgemäß mit Semikolon ab. Anders sieht es da schon mit der Anweisung THROW aus. Dies ist keine Standard-SQL-Anweisung, sondern sie muss T-SQL zugeordnet werden. Sie lernen diese Anweisung, mit der eine Fehlermeldung erzeugt wird, später in diesem Kapitel noch kennen. Sie muss nicht nur bloß mit einem Semikolon beendet werden, sondern sie erfordert zusätzlich, dass dies auch für die direkt davor verwendete Anweisung umgesetzt wird. Handelt es sich dabei um eine Wertzuweisung zu einer Variablen, muss diese Anweisung eben SET @nr = @nr + 3; lauten.

Es könnten also eigentlich alle bisher verwendeten Anweisungen, also DECLARE und SET – und nicht nur SELECT – mit einem Semikolon beendet werden. Irgendwie trage ich schon seit geraumer Zeit den Gedanken mit mir herum, dies alles zu vereinheitlichen. Und jetzt habe ich entschieden, es mit dieser Ausgabe des Buchs umzusetzen. Daher werde ich ab dieser Stelle weitere Anweisungen mit Semikolon abschließen, auch wenn dies nicht gefordert ist und auch keinen Unterschied in der Anwendung macht. Seien Sie also nicht überrascht, wenn Sie dies in Beispielen anderer Publikationen so nicht vorfinden, beide Varianten sind korrekt. Dies gilt insbesondere für dieses und das Folgekapitel. Wie Sie dies handhaben möchten, bleibt aber Ihnen selber überlassen. An manchen Codestellen würde ein Semikolon allerdings zu einem Fehler führen, dort wird es natürlich weggelassen und ich werde beim jeweils ersten Auftreten einer solchen Konstellation darauf hinweisen.

Und noch ein letzter Hinweis dazu: Standard-SQL-Anweisungen, wie in Kapitel 4 beschrieben, sollten Sie jedenfalls mit einem Semikolon beenden, auch wenn diese Anweisungen auch ohne ein solches fehlerfrei funktionieren. Denn diese Anweisungen stehen, ohne ein schließendes Semikolon verwendet, bereits auf der Liste der abgekündigten Features.

Und noch ein allerletzter Hinweis dazu: Verzeihen Sie mir und seien Sie bitte nicht allzu kritisch, wenn ab und zu dann doch noch ein Semikolon fehlen wird, denn die Macht der Gewohnheit fordert manchmal ihren Tribut.

5.1.2 Benutzerdefinierte Tabellentypen

Mit benutzerdefinierten Tabellentypen lassen sich Variablen realisieren, die als Inhalt Tabellendaten enthalten. Damit lassen sich nicht nur einzelne Werte, sondern ganze Tabellen in Variablen ablegen.

Ein benutzerdefinierter Tabellentyp muss in einer Datenbank definiert werden, bevor er für eine Variable verwendet werden kann. Dazu wird die Anweisung CREATE TYPE verwendet. Die weitere Syntax entspricht dem eines CREATE TABLE-Kommandos zum Anlegen einer Tabelle.

```
CREATE TYPE dbo.kunden_tab AS TABLE
(    kdnr int PRIMARY KEY,
     nachname varchar(50),
     vorname varchar(50)
);
```

Im Objekt-Explorer sind angelegte benutzerdefinierte Tabellentypen unter dem Ordner *Programmierbarkeit* zu finden.

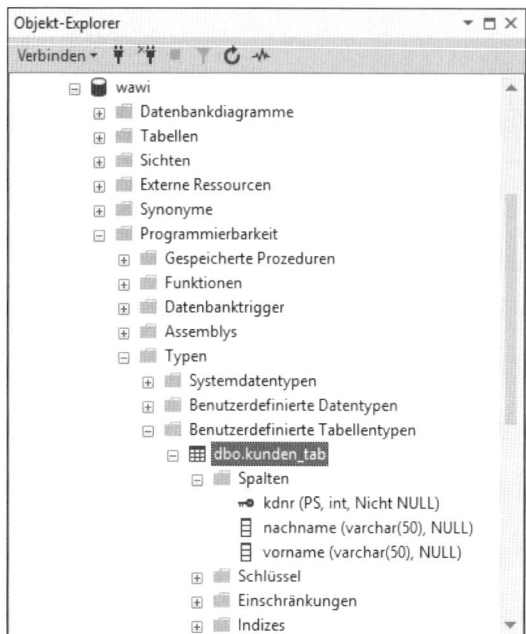

Bild 5.2 Benutzerdefinierte Tabellentypen

Nach der Erstellung kann dieser Typ wie ein interner Datentyp für eine Variable vergeben werden. Die nachfolgenden Anweisungen deklarieren eine Variable mit diesem Typ und befüllen sie mit einer INSERT-Anweisung.

```
DECLARE @kunden kunden_tab;
INSERT INTO @kunden (kdnr, nachname, vorname)
SELECT kdnr, nachname, vorname
FROM dbo.kunden
WHERE land = 'D';
```

Diese Variablen können in Anweisungen wie Tabellen verwendet werden. Sie erfüllen dabei eine Funktionalität wie temporäre Tabellen. Der große Vorteil dabei ist, dass diese Variablen auch als Parameter an eine Prozedur übergeben werden können und sich daher auch für den Datenaustausch von Prozeduren untereinander eignen.

Zwar sind gespeicherte Prozeduren erst Thema des nächsten Kapitels, aber ich verwende hier ein kleines Beispiel zur Demonstration, ohne auf alle Details einzugehen. Der nachfolgenden Prozedur wird eine Tabellenvariable als Parameter übergeben. Die Prozedur gibt Inhalte aus der Tabelle aus.

```
CREATE PROCEDURE dbo.sp_tabellentest
    @kdnamen kunden_tab READONLY
AS
BEGIN
    SELECT UPPER(nachname) + ' ' + vorname AS Kunde
    FROM @kdnamen
    ORDER BY Kunde;
END;
```

Wie jede andere Variable behält eine Tabellenvariable ihre Gültigkeit nur innerhalb des Batches. Daher müssen das Deklarieren der Variablen, das Befüllen sowie der Aufruf der zuvor erzeugten Prozedur in einem Batch erfolgen. Beim Aufruf wird der Prozedur die Variable @kunden als Parameter für @kdnamen übergeben.

```
DECLARE @kunden kunden_tab;

INSERT INTO @kunden (kdnr, nachname, vorname)
SELECT kdnr, nachname, vorname
FROM dbo.kunden
WHERE land = 'D';

EXEC dbo.sp_tabellentest @kunden;
```

Die Prozedur liefert folgendes Ergebnis:

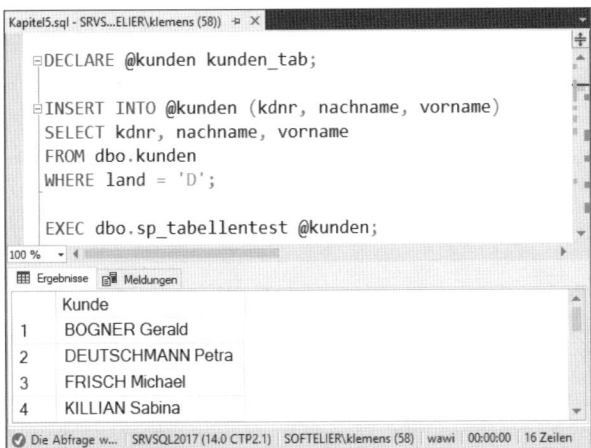

Bild 5.3 Prozeduraufruf mit Tabellenvariable

Im Prozedurbeispiel finden Sie am Ende der Anweisungszeile kein Semikolon vor. Da dies eigentlich keine eigene Anweisung, sondern eine Ergänzung zur Anweisung CREATE PRO-CEDURE darstellt, würde dies zu einem Fehler führen. Auch mit einem Semikolon hinter BEGIN und END kann ich mich noch nicht ganz anfreunden und verwende es daher nicht.

5.1.3 Funktionen

Transact-SQL enthält eine Reihe Funktionen, die direkt in SQL-Anweisungen, aber auch in Berechnungsausdrücken und Codezeilen verwendet werden können. In diesem Abschnitt erhalten Sie einen Überblick über die wichtigsten Funktionen. Ich habe mich dabei auf die Funktionen beschränkt, die in der Praxis am häufigsten benötigt werden.

So wie in anderen Programmiersprachen auch, sind diese Funktionen in mehrere Kategorien zusammengefasst. Dies erleichtert das Auffinden einer gewünschten Funktion in der Onlinehilfe oder in anderen Tools enorm.

5.1.3.1 Konfigurationsfunktionen

Unter den Funktionen werden beim SQL Server auch globale Variablen angeführt, die mit einem doppelten @ beginnen. Auch wenn sie keine Funktionen im eigentlichen Sinn sind, so geben sie dennoch einen Wert zurück. Globale Variablen können nur gelesen, aber nicht vom Benutzer befüllt werden.

Konfigurationsfunktionen liefern Informationen über das System, seine Einstellungen und die Konfiguration.

- **@@LANGUAGE:** Mithilfe dieser Variablen lesen Sie die Spracheinstellung der aktuellen Session aus.

```
SELECT @@LANGUAGE;
```

liefert (zum Beispiel):

```
Deutsch
```

- **@@NESTLEVEL:** Diese Variable gibt die aktuelle Schachtelungstiefe bei Programmaufrufen an. SQL Server kann Programme bis maximal 32 Ebenen schachteln. Mehr darüber lesen Sie in Kapitel 6.

- **@@SERVERNAME:** Diese Variable liefert Ihnen den Namen des Servers.

```
SELECT @@SERVERNAME;
```

liefert (zum Beispiel):

```
SRVSQL2017
```

- **@@VERSION:** Über diese Variable lesen Sie aus, welche Programmversion auf Ihrem Server installiert ist. Sie können hier nicht nur die Version und Edition des SQL Servers entnehmen, sondern erhalten auch Informationen über das Host-Betriebssystem. Es ist sogar erkennbar, ob dieses mit Hyper-V virtualisiert ist.

```
SELECT @@VERSION
```

liefert:

```
Microsoft SQL Server 2017 (RTM-GDR) (KB3164398) - 14.0.600.250 (X64)
    May 10 2017 12:21:23
    Copyright (C) 2017 Microsoft Corporation. All rights reserved.
    Enterprise Evaluation Edition (64-bit) on
    Windows Server 2016 Datacenter 10.0 <X64> (Build 14393: ) (Hypervisor)
```

In der Praxis kann die interne Versionsnummer interessant sein, wenn Sie in Ihrer Applikation abfragen möchten, ob eine bestimmte Funktionalität verwendet werden kann. Die interne Versionsnummer finden Sie in meinem Beispiel ab der Position 51 in der Ergebniszeichenfolge (14.0). Die dritte Nummer in der Versionsnummer gibt Auskunft darüber, ob oder welches Service Pack installiert ist. Ich empfehle aber nicht, diese Nummer programmatisch aus diesem Ergebnisstring herauszulesen, da die Position früher einmal von Version zu Version konstant gewesen ist, aber bei den letzten Versionen ständig gewechselt hat, sogar nach der Installation von Service Packs und Cumulative Updates.

- **SERVERPROPERTY():** Diese Funktion gehört zwar der Kategorie der Metadatenfunktionen an, sie liefert aber je nach Parameter verschiedene Informationen über den Server. Sie ist daher den zuvor beschriebenen Systemvariablen sehr ähnlich und soll daher an dieser Stelle erwähnt werden.

 PRAXISTIPP: Wesentlich effizienter ist es, wenn die Version programmatisch greifbar sein soll, die Funktion SERVERPROPERTY() mit dem Parameter Product-Version zu verwenden, da diese nur die interne Versionsnummer liefert.

```
SELECT SERVERPROPERTY('ProductVersion');
```

liefert:

```
14.0.600.250
```

Mit der Funktion SERVERPROPERTY() können viele weitere Informationen über den Server ausgelesen werden, wie beispielsweise der Name des Servers (ServerName), des Rechners, auf dem er installiert ist (MachineName), die verwendete Edition (Edition) oder den Namen der Instanz (InstanceName). Sie liefert mit dem letztgenannten Parameter NULL, wenn eine Standardinstanz verwendet wird.

5.1.3.2 Cursor-Funktionen

Cursor-Funktionen liefern Informationen über aktuell geöffnete Cursor. Mehr dazu lesen Sie im Abschnitt „Cursor für Datenzugriffe einsetzen".

5.1.3.3 Datums- und Uhrzeitfunktionen

Datums- und Uhrzeitfunktionen benötigen Sie für verschiedene Berechnungen mit Datumswerten.

- **DATEADD (datumsteil, anzahl, datum):** Mit dieser Funktion können Sie zu einem angegebenen Datum eine bestimmte Anzahl an Intervallen hinzufügen oder abziehen. Als Intervall können Sie zum Beispiel year, month, week, day oder quarter ebenso wie hour, minute oder second angeben.

```
SELECT DATEADD(week, 3, '01.01.2017');
```

liefert:

```
2017-01-22 00:00:00.000
```

Wenn Sie es ganz genau wissen möchten, können Sie neben millisecond auch macrosecond und nanosecond für sehr kleine Zeiteinheiten verwenden. Für die beiden letzteren müssen Sie den Datumswert allerdings in einen datetime2-Datentyp konvertieren, sonst bekommen Sie einen Fehler:

```
SELECT DATEADD(nanosecond, 100, CAST('01.01.2017' AS datetime2));
```

liefert (da 100 Nanosekunden die kleinste verfügbare Einheit darstellen):

```
2017-01-01 00:00:00.0000001
```

 PRAXISTIPP: Wenn Sie nicht deutsche Sprach- beziehungsweise Datumsformateinstellungen in Ihrer Session verwenden, nutzen Sie in diesen Beispielen ein von diesen Einstellungen unabhängiges Datumsformat YYYYMMDD oder YYYY-MM-DD, und verwenden anstelle von '01.01.2017' die Eingabe '20170101' oder '2017-01-01'. ∎

- **DATEDIFF (datumsteil, startdatum, enddatum), DATEDIFF_BIG(datumsteil, startdatum, enddatum):** Diese Funktionen liefern die Differenz zwischen zwei Datumswerten. Sie müssen dabei angeben, ob Sie die Differenz in Monaten, Wochen oder einer anderen Einheit erhalten möchten.

```
SELECT DATEDIFF(month, '08.01.2017', '15.11.2017');
```

liefert:

```
10
```

 NEU! Die Funktion DATEDIFF_BIG() ist mit dem SQL Server 2016 „endlich" neu eigeführt worden. Während die Funktion DATEDIFF() als Ergebnis einen Integer-Wert liefert, liefert die neue Funktion einen Biginteger-Wert als Ergebnis. Damit sind auch Zeitspannen möglich, die den Wertebereich von Integer sprengen. Dies ist insbesondere der Fall, wenn als Zeiteinheit Sekunden oder darunter verwendet werden. Diese liefern bei DATEDIFF() oft einen Überlauffehler. Dies ist nun bei DATEDIFF_BIG() nicht mehr der Fall oder zumindest sehr unwahrscheinlich. Ich musste in meinem Test zum Beispiel bis zum März 1725 zurückgehen, um mit der Zeitspanne bis zum heutigen Datum in Nanosekunden einen Überlauf zu erzeugen. ∎

```
SELECT DATEDIFF(nanosecond, '08.01.2017', '15.11.2017');
```

liefert:

```
Meldung 535, Ebene 16, Status 0, Zeile 232
Die datediff-Funktion hat zu einem Überlauf geführt. Die Anzahl von datepart-
Werten, die zwei Datums-/Uhrzeitinstanzen trennen, ist zu groß. Verwenden Sie eine
datediff-Funktion mit einem weniger präzisen datepart-Wert.
```

Hingegen ist dies mit DATEDIFF_BIG() möglich:

```
SELECT DATEDIFF_BIG(nanosecond, '08.01.2017', '15.11.2017');
```

liefert:

```
26870400000000000
```

 ACHTUNG! Auch wenn die Funktion DATEDIFF_BIG() in der Übersicht der Funktionen im Objekt-Explorer der Version 17 des Management Studios (noch) nicht angezeigt wird, können Sie sie verwenden. Oft sind hier die Aktualisierungen bei neuen Versionen vorerst in der Onlinehilfe verfügbar und werden erst später in die Anzeige ins Management Studio übernommen. Viele der in den letzten Versionen ergänzten Funktionen wurden überhaupt erst mit dem Management Studio Version 16 angezeigt und haben in den Ausgaben der SQL Server 2012 oder 2014 noch gefehlt.

- **DATENAME (datumsteil, datum):** Liefert den angegebenen Datumsteil. Monat und Wochentag werden dabei mit dem Namen angeführt. Die Sprache hängt von der auf Session-Ebene festgelegten Spracheinstellung ab. Diese können Sie mit der Anweisung SET LANGUAGE einstellen. (Sie können hier alle Sprachen wählen, die in der Systemtabelle *master.dbo.syslanguages* zu finden sind.)

```
SET LANGUAGE german;
SELECT DATENAME(weekday, '04.09.2017');
```

liefert:

```
Montag
```

- **DATEPART (datumsteil, datum):** Diese Funktion ist mit der vorigen vergleichbar, liefert den Datumsteil jedoch immer als ganze Zahl zurück.

```
SELECT DATEPART(weekday, '04.09.2017');
```

liefert:

```
1
```

Auch dieser Ergebniswert ist von den Spracheinstellungen und damit verbunden dem Wochenbeginn abhängig. Bei englischen Einstellungen liefert dasselbe Datum den Wert 1. Achtung: In diesem Fall müssten Sie das Datum im Format MM/DD/YYYY oder in einem Universalformat wie YYYYMMDD eingeben!

Ich persönlich verwende auch häufig den Parameter iso_week, um die Kalenderwoche zu eruieren. Dieser liefert die Kalenderwoche wie bei uns gebräuchlich, mit der ersten Woche mit zumindest 4 Tagen als KW 1. So liefert sie mit dem 1. Januar 2016 die KW 53 und mit 1. Januar 2017 sogar die KW 52. Für den 1. Januar 2018 liefert sie dann KW 1.

- **DAY (datum), MONTH (datum), YEAR (datum):** Diese Funktionen liefern jeweils den dem Funktionsnamen entsprechenden Datumsteil als Zahl. Sie lassen sich alle auch mit **DATEPART()** unter Angabe des jeweiligen Datumsteiles ersetzen.

```
SELECT DAY('15.07.2017') AS Tag,
       MONTH('15.07.2017') AS Monat,
       YEAR('15.07.2017') AS Jahr;
```

liefert:

```
Tag          Monat        Jahr
-----------  -----------  -----------
15           7            2017
```

- **GETDATE(), SYSDATETIME():** Mit diesen Funktionen erhalten Sie die aktuelle System-zeit des Servers. Während GETDATE() einen DATETIME-Wert, der bis auf drei Tausendstel genau ist, liefert, ist das Ergebnis von SYSDATETIME() vom Typ DATETIME2(7). Dieser liefert einen Zeitwert, der auf eine Nanosekunde genau ist.

HINWEIS: SYSDATETIME() sowie weitere neue Datumsfunktionen sind mit der Version 2008 gemeinsam mit dem neuen Datumsdatentyp DATETIME2 einge-führt worden, um dessen höherer Genauigkeit Rechnung zu tragen. GETDATE() wird aus Gründen der Abwärtskompatibilität weiterhin unterstützt.

```
SELECT GETDATE() AS datetime, SYSDATETIME() AS datetime2 , CURRENT_TIMESTAMP AS
datetime;
```

liefert zum Beispiel:

```
datetime                 datetime2                     datetime
-----------------------  ----------------------------  -----------------------
2017-07-24 12:11:01.603  2017-07-24 12:11:01.5929143   2017-07-24 12:11:01.603
```

- **GETUTCDATE(), SYSUTCDATETIME():** Liefern die aktuelle Weltzeit (Universal Time Coordinated), die von der Zeitzoneneinstellung des Betriebssystems abgeleitet wird. Ers-tere liefert das Ergebnis als DATETIME, die zweite als DATETIME2.

- **ISDATE():** Kann dazu verwendet werden, um festzustellen, ob ein Wert in ein Datum konvertierbar ist, bevor man eine Konvertierung vornimmt. Damit lässt sich ein etwaiger Fehler vermeiden. Die nachfolgende Anweisung liefert 1 (wahr) für den ersten und 0 (falsch) für den zweiten Ausdruck.

```
SELECT ISDATE('24.12.2017'), ISDATE('240.12.2017');
```

- **CURRENT_TIMESTAMP:** Diese Funktion ist die ANSI-SQL-Entsprechung zu GETDATE(). Die beiden Funktionen sind somit gleichwertig.

ACHTUNG! Diese Funktion muss ohne das sonst bei Funktionen übliche Klammernpaar eingegeben werden.

- **SYSDATETIMEOFFSET():** Diese Funktion liefert die aktuelle Zeit im datetimeoffset-Format, das die Abweichung zur Weltzeit (UTC) enthält.

```
SELECT SYSDATETIMEOFFSET();
```

liefert zum Beispiel:

```
2017-03-25 12:52:56.0916763 +01:00
```

 ACHTUNG! Bei aktiver Sommerzeit ändert sich in unseren Breiten die Ausgabe von +01:00 auf +02:00.

- **SWITCHOFFSET():** Diese Funktion gibt die aktuelle Zeit einer anderen Zeitzone aus. Neben einem *datetimeoffset* wird das Offset angegeben, für das dieselbe Zeit ausgegeben werden soll. Das Offset von Vancouver beträgt zur Normalzeit -8.

```
SELECT SYSDATETIMEOFFSET() AS Graz,
       SWITCHOFFSET(SYSDATETIMEOFFSET(), '-08:00') AS Vancouver
```

liefert die aktuelle Zeit in Graz und parallel die Zeit in Vancouver. Der Unterschied beträgt neun Stunden.

```
Graz                                Vancouver
----------------------------------- -----------------------------------
2017-03-25 15:31:04.3493091 +01:00 2017-03-25 06:31:04.3493091 -08:00
```

- **TODATETIMEOFFSET():** Diese Funktion wandelt einen datetime2-Wert in ein *datetimeoffset* mit der angegebenen Zeitzone um.

```
SELECT TODATETIMEOFFSET(SYSDATETIME(), '-08:00');
```

liefert zum Beispiel:

```
2017-03-25 16:56:41.2336520 -08:00
```

- **DATEFROMPARTS(), DATETIMEFROMPARTS(), DATETIME2FROMPARTS(), DATETIMEOFFSETFROMPARTS(), SMALLDATETIMEFROMPARTS(), TIMEFROMPARTS():** Mit diesen Funktionen können Sie, wie die Namen schon aussagen, Datums- und Uhrzeitwerte aller Datentypen aus ihren jeweiligen Bestandteilen bilden. Die Paramater fangen jeweils mit dem größten Teilwert an – also Jahr bei Datum oder Stunde bei Uhrzeit – und geben dann alle weiteren Parameter mit Komma getrennt an. Das erste Beispiel liefert einen reinen Datumswert.

```
SELECT DATEFROMPARTS(2017, 5, 30);
```

liefert:

```
2017-05-30
```

Um den Geburtszeitpunkt unserer ersten Tochter auszugeben, verwende ich folgende Anweisung:

```
SELECT DATETIMEFROMPARTS(2001, 5, 30, 19, 7, 0, 0);
```

liefert:

```
2001-05-30 19:07:00.000
```

 ACHTUNG! Sie müssen bei diesen Funktionen immer alle Parameter angeben. Auch wenn die Sekunden und Tausendstelsekunden beim vorigen Beispiel nicht unbedingt notwendig erscheinen, müssen sie als 0 mit übergeben werden.

Alternativ können Sie als Zieldatentyp ja auch smalldatetime verwenden, dann ist der Wert nur bis zur Minute anzugeben:

```
SELECT SMALLDATETIMEFROMPARTS(2003, 12, 24, 0, 53);
```

liefert:

```
2003-12-24 00:53:00
```

Zum Glück ufert die Angabe von Parametern bei den Datentypen time und datetime2 insofern nicht aus, dass nicht bis zu sieben mögliche Kommastellen hinter der Sekunde separat angegeben werden müssen. Hinter der Sekunde folgen immer fix die beiden Parameter *fractions* und *precision*. Diese stellen die Sekundenbruchteile und die Stellen dieser dar.

```
SELECT DATETIME2FROMPARTS(2017, 5, 30, 19, 7, 0, 50, 7) AS sieben_nachkomma,
       DATETIME2FROMPARTS(2017, 5, 30, 19, 7, 0, 50, 3) AS drei_nachkomma,
       TIMEFROMPARTS(19, 7, 30, 0, 0) AS sekundengenau;
```

liefert:

```
sieben_nachkomma                drei_nachkomma                sekundengenau
----------------------------    --------------------------    ----------------
2017-05-30 19:07:00.0000050     2017-05-30 19:07:00.050       19:07:30
```

Folgerichtig liefert die Anweisung TIMEFROMPARTS(19, 7, 30, 5, 0) einen Fehler, da zwar mit 5 ein Wert für *fractions* angegeben ist, danach aber mit dem Wert 0 für *precision* dafür kein Platz eingeräumt wird.

- **EOMONTH():** Anhand dieser Funktion lässt sich sehr einfach der Monatsletzte sowie in weiterer Folge der Monatserste zu einem angegebenen Datumswert eruieren. Das „EO" am Beginn des Funktionsnamens steht für „end of". Als Parameter ist der Funktion das Ausgangsdatum zu übergeben.

```
SELECT EOMONTH('20170815') AS monatsletzter;
```

liefert:

```
monatsletzter
-------------
2017-08-31
```

Als weiterer optionaler Parameter kann eine Monatsanzahl angegeben werden, die hinzugefügt beziehungsweise abgezogen wird.

```
SELECT EOMONTH('20170815', 3);
```

liefert:

```
2017-11-30
```

Um den Monatsersten zu bekommen, muss lediglich zum Monatsletzten des Vormonats ein Tag ergänzt werden. Somit kann das einfach mit nachfolgendem Beispiel erzielt werden.

```
SELECT DATEADD(day, 1, EOMONTH('20170815', -1)) AS monatserster;
```

liefert:

```
monatserster
------------
2017-08-01
```

5.1.3.4 Mathematische Funktionen

Mathematische Funktionen kommen auch in SQL bei Berechnungen immer wieder zum Einsatz. In der Praxis werden vor allem folgende Funktionen benötigt.

- **ROUND (zahl, länge, [funktion]):** Diese Funktion rundet die angegebene Zahl auf die angegebene Anzahl Stellen. Als Funktion kann ein Wert eingegeben werden. 0 steht hier für kaufmännisches Runden, jeder andere Wert für Abrunden. Wird kein Wert angegeben, wird 0 angenommen. Wird als Länge ein negativer Wert angegeben, so wird auf Vorkommastellen gerundet.

```
SELECT ROUND(5.129, 2), ROUND(18452, -2), ROUND(1.99,1,1);
```

liefert:

```
------ ----------- -----
5.130  18500        1.90
```

- **CEILING (zahl):** Diese Funktion gibt die kleinste ganze Zahl zurück, die größer oder gleich der angegebenen Zahl ist. Man könnte es als Aufrunden auf die nächste ganze Zahl bezeichnen.

```
SELECT CEILING(5.129);
```

liefert:

```
6
```

- **FLOOR (zahl):** Diese Funktion ist das Gegenstück zur vorigen Funktion. Sie rundet jeden Wert auf die nächste ganze Zahl ab.
- **ABS (zahl):** Diese Funktion liefert den absoluten (positiven) Wert einer Zahl.

- **RAND(startwert):** Diese Funktion liefert einen Zufallswert. Der Wert vom Datentyp *float* liegt stets zwischen 0 und 1. Der Startwert gibt die Startposition innerhalb der Zufallswertekette an. Wird RAND() wiederholt mit demselben Startwert aufgerufen, ergibt sich immer derselbe Wert.

5.1.3.5 Metadaten-Funktionen

Metadaten sind Informationen über die Struktur, den Aufbau und die Beschaffenheit von Daten. Metadaten sind in den Systemtabellen der Master-Datenbank einerseits und in den Benutzerdatenbanken andererseits gespeichert. Die Namen von Systemtabellen beginnen mit *sys* oder befinden sich im Schema *sys*.

- **DB_NAME (id), DB_ID (name):** Mit DB_NAME() und DB_ID() kann der Name bzw. die ID der Datenbank angezeigt werden. Diese Information stammt aus der *sysdatabases*-Tabelle der *master*-Datenbank. Jede neue Datenbank bekommt eine fortlaufende ID. Die *master*-Datenbank selber hat stets die ID 1. Falls kein Parameter angegeben wird, wird der Name beziehungsweise die ID der aktuellen Datenbank zurückgeliefert.

```
SELECT DB_NAME(), DB_NAME(1), DB_ID(), DB_ID('master');
```

liefert (die ID der aktuellen Datenbank kann bei Ihnen variieren):

```
------------ ------------ ------ ------
WAWI         master       8      1
```

PRAXISTIPP: Ich setze bei Kunden oft neben den produktiven Datenbanken zusätzlich Testdatenbanken ein, um hier neue Features vorab zu testen. Zusätzlich können sie auch bei der Fehlersuche gute Dienste liefern, indem man diese zum Nachstellen von Szenarien nutzen kann. Manchmal tritt dabei das Problem auf, dass bestimmte Aktionen beim Testen nicht ausgeführt werden sollen, wie zum Beispiel der Versand von Benachrichtigungsemails oder die Ausgabe von Daten an externe Schnittstellen. Damit der Code in der Testdatenbank nicht separat angepasst werden muss, benenne ich Testdatenbanken immer mit dem Suffix *_test*. In Prozeduren verwende ich dann die Funktion DB_NAME(), um den Namen der aktuellen Datenbank auszulesen. Und wenn dieser auf *_test* endet, werden bestimmte Aktionen nicht ausgeführt. Damit kann ein und derselbe Programmcode (lesen sie dazu Kapitel 6) unverändert in Produktiv- und Testumgebungen eingesetzt werden.

- **COL_LENGTH (tabellenname, spaltenname), COL_NAME (id, nr):** Äußerst praktisch ist die Funktion COL_LENGHT(), da man sehr schnell die Spaltenlänge einer Spalte eruieren kann, ohne sich durch den Objekt-Explorer durchklicken oder Systemtabellen abfragen zu müssen. Als Parameter müssen ihr nur der Name der Tabelle und der gewünschte Spaltenname übergeben werden. Gibt es diese nicht oder der Benutzer hat keinen Zugriff darauf, liefert die Funktion NULL als Ergebnis.

```
SELECT COL_LENGTH('wawi.dbo.artikel','bezeichnung');
```

liefert:

```
60
```

- **OBJECT_ID (name)**, **OBJECT_NAME (id):** Mit diesen beiden Funktionen bekommt man die interne, in Systemtabellen verwendete Objekt-ID eines Objekts – wie zum Beispiel einer Tabelle – oder zur Objekt-ID den Namen geliefert. Die Objekt-ID wird häufig als Parameter für Funktionen benötigt. Hingegen ist in Systemtabellen oft nur die ID des Objekts zu sehen, dann kann mit OBJECT_NAME() der Name in der Anzeige ergänzt werden.

```
SELECT OBJECT_ID('artikel');
```

liefert (zum Beispiel):

```
389576426
```

Und

```
SELECT OBJECT_NAME(389576426);
```

liefert:

```
artikel
```

Um zum Beispiel den Namen der zweiten Spalte einer Tabelle zu ermitteln, muss man der Funktion COL_NAME() die Objekt-ID der Tabelle als ersten Parameter übergeben:

```
SELECT COL_NAME(OBJECT_ID('artikel'), 2)
```

liefert:

```
bezeichnung
```

- **SERVERPROPERTY()**, **DATABASEPROPERTY()**, **OBJECTPROPERTY()**, **OBJECTPROPERTY():** Die Funktion SERVERPROPERTY() haben wir ja bereits etwas früher besprochen. Weitere Funktionen liefern Informationen über diverse Objekte. Eine genaue Auflistung der unterstützten Eigenschaften ist teilweise versionsabhängig und am besten der Onlinedokumentation zu entnehmen. So sind schon mit dem SQL Server 2016 zum Beispiel acht neue Eigenschaften hinzugekommen: *InstanceDefaultDataPath*, *InstanceDefaultLogPath*, *ProductBuild*, *ProductBuildType*, *ProductMajorVersion*, *ProductMinorVersion*, *ProductUpdateLevel* und *ProductUpdateReference*.

Hier ein kleines Verwendungsbeipiel der Funktionen OBJECTPROPERTY() und COLUMNPROPERTY():

```
SELECT OBJECTPROPERTY(OBJECT_ID('artikel'), 'IsTable') AS IsTable,
       OBJECTPROPERTY(OBJECT_ID('artikel'), 'IsView') AS IsView,
       COLUMNPROPERTY(OBJECT_ID('artikel'), 'bezeichnung', 'AllowsNull') AS
AllowsNull;
```

liefert:

```
IsTable      IsView      AllowsNull
-----------  ----------- -----------
1            0           0
```

5.1.3.6 Sicherheitsfunktionen

Sicherheitsfunktionen geben Auskunft über die Benutzer und deren Gruppen- und Rollenzugehörigkeit.

- **USER_NAME (id), USER_ID (name):** Gibt den Namen bzw. die ID des angegebenen Datenbankbenutzers zurück. Wird der Name bzw. die ID nicht angegeben, werden der Name bzw. die ID des aktuell angemeldeten Datenbankbenutzers zurückgeliefert. Diese Funktionen werden häufig für Protokollierungszwecke verwendet: Wer hat den Datensatz angelegt? Wer hat die Änderung vorgenommen?

- **SUSER_NAME (server_id), SUSER_ID(login):** Im Gegensatz zu den beiden vorherigen Funktionen wird hier nicht der Datenbankbenutzer, sondern der Systembenutzer ermittelt. Dies ist die alte Bezeichnung für Login beziehungsweise Anmeldename.

HINWEIS: Für Mitglieder der Systemrolle *sysadmin* beispielsweise liefert die Funktion USER_NAME() immer das Ergebnis *dbo*. Hier kann es hilfreich sein, mit der Funktion SUSER_NAME() einen brauchbaren Namen zu bekommen. Informationen zu Benutzern und Rollen finden Sie in Kapitel 10.

- **IS_MEMBER (gruppe oder rolle):** Überprüft die Mitgliedschaft in einer Windows-Gruppe oder einer Datenbank-Rolle des aktuellen Benutzers. Als Ergebnis liefert die Funktion 0 (falsch) oder 1 (wahr).

```
SELECT IS_MEMBER('db_owner') AS db_owner,
       IS_MEMBER('softelier\entwickler') AS entwickler;
```

liefert (zum Beispiel):

```
db_owner     entwickler
-----------  -----------
1            0
```

Existiert ein Rollen- oder Gruppenname nicht, liefert die Funktion NULL als Ergebnis.

- **IS_ROLEMEMBER(rolle), IS_SRVROLEMEMBER(rolle):** Diese Funktionen liefern ähnlich zur vorangegangenen Funktion die Mitgliedschaft in einer Datenbank- oder Serverrolle. Wird nur der Rollenname als Parameter übergeben, bezieht sich die Funktion auf den aktuellen Benutzer beziehungsweise Anmeldenamen. Als zweiter Parameter kann aber optional der Name eines anderen angegeben werden, wenn dessen Mitgliedschaft eruiert werden soll. Diese Funktionen liefern dieselben Ergebnisse wie IS_MEMBER().

5.1.3.7 Zeichenfolge-Funktionen

Zeichenfolge-Funktionen kommen oft beim Arbeiten mit Daten zum Einsatz. Sehr häufig müssen Inhalte mehrerer Character-Datenfelder miteinander kombiniert oder nach verschiedenen Regeln behandelt werden. Dabei können Sie mit diesen Funktionen beispielsweise feststellen, ob ein Text in einem anderen enthalten ist, einen Teil aus einem Text herauslösen oder die Länge eines Textes ermitteln.

- **ASCII (buchstabe), CHAR (code):** `ASCII()` gibt den ASCII-Code des angegebenen Zeichens zurück. Wird eine Zeichenkette übergeben, wird der erste Buchstabe verwendet. Die Umkehrfunktion dazu ist `CHAR()`, die den Buchstaben zum ASCII-Code liefert.

```
SELECT ASCII('m'), CHAR(109);
```

liefert:

```
----------- ----
109         m
```

- **CHARINDEX(suchtext, text, [start]):** `CHARINDEX()` liefert die Position, an der ein Textteil innerhalb eines anderen (erstmals) vorkommt. Kommt der Suchtext innerhalb des durchsuchten Textes nicht vor, liefert die Funktion 0 als Ergebnis. Optional kann eine Startposition angegeben werden, ab der die Suche beginnen soll.

```
SELECT CHARINDEX(' ','SQL Server'), CHARINDEX(' ','SQL Server 2017', 5);
```

liefert:

```
----------- -----------
4           11
```

- **LEFT (text, stellen), RIGHT (text, stellen):** Diese beiden Funktionen liefern die ersten n Stellen links oder rechts eines angegebenen Textes.

```
DECLARE @name varchar(30), @vorname varchar(15);
DECLARE @position int;

SET @name = 'Petra Konopasek';
SET @position = CHARINDEX(' ', @name);
SET @vorname = LEFT(@name, @position - 1);

SELECT @vorname AS Vorname;
```

liefert:

```
Vorname
---------------
Petra
```

- **LEN (text):** Liefert die Anzahl der Zeichen des angegebenen Textes.

```
SELECT MAX(LEN(nachname)) AS "Längster Name"
FROM dbo.personal;
```

liefert:

```
Längster Name
-------------
13
```

- **LOWER (text)**, **UPPER (text):** Diese Funktionen wandeln den angegebenen Text in Kleinbeziehungsweise Großbuchstaben um.

```
SELECT vorname + ' ' + UPPER(nachname) AS Name
FROM dbo.personal
ORDER BY nachname;
```

liefert:

```
Name
-----------------------------------
Bernadette HILLE
Marion HOIER
Bernhard HOLZMANN
Ludwig HUBER
...
Paul SCHULZ
(20 Zeile(n) betroffen)
```

- **LTRIM (text)**, **RTRIM (text):** Diese Funktionen entfernen links oder rechts alle Leerzeichen. RTRIM() wird in der Praxis häufig verwendet, um die Leerzeichen am Ende von Feldern mit fixer Länge (char, nchar) zu entfernen.

- **TRIM([zeichen FROM] text) :** Diese Kombination von LTRIM() und RTRIM ist neu beim SQL Server 2017. Einerseits werden überschüssige Leerzeichen vorne und hinten entfernt, andererseits können optional auch beliebige andere Zeichenfolgen entfernt werden. Dazu müssen die zu ersetzenden Zeichen – es können hier ein einzelnes Zeichen oder mehrere Zeichen zum Einsatz kommen – getrennt mit dem Schlüsselwort FROM vorangestellt werden.

```
SELECT TRIM('   ohne Leerzeichen vorne und hinten        ') AS ohne_leerzeichen,
       TRIM('*' FROM '***ohne Sterne vorne und hinten****') AS ohne_sterne;
```

liefert:

```
ohne_leerzeichen                         ohne_sterne
---------------------------------------- -----------------------------------
ohne Leerzeichen vorne und hinten        ohne Sterne vorne und hinten
```

- **REPLACE(text, suchen, ersetzen) :** Mit dieser Funktion können Sie aus einer Zeichenkette bestimmte Zeichen durch andere ersetzen. Im Beispiel ersetzen wir in den Nachnamen aus der Tabelle *personal* die „ü" durch „ue".

```
SELECT REPLACE(Nachname, 'ü', 'ue') AS ohne_ü
FROM dbo.personal
WHERE nachname LIKE '%ü%';
```

liefert:

```
ohne_ü
--------------------
Nuernberger
Pruegger
(2 Zeile(n) betroffen)
```

Sollen alle Umlaute entfernt werden, muss die Funktion zweimal in einander geschachtelt werden, da sie immer nur eine einzelne bestimmte Ersetzung vornehmen kann.

```
SELECT REPLACE(REPLACE(REPLACE(Nachname, 'ä', 'ae'), 'ö', 'oe'), 'ü', 'ue')
FROM dbo.personal
WHERE nachname LIKE '%ö%' OR nachname LIKE '%ä%' OR nachname LIKE '%ü%';
```

liefert:

```
ohne_umlaute
--------------------
Moertl
Nuernberger
Pruegger
(3 Zeile(n) betroffen)
```

- **TRANSLATE():** Diese Funktion ist ganz neu beim SQL Server 2017. Sie ist der Funktion REPLACE() sehr ähnlich, weist aber zwei Unterschiede auf:

  - Es können mehrere unterschiedliche Ersetzungen in einem Durchgang vorgenommen werden.

  - Er werden einzelnen Zeichen, aber keine Zeichenfolgen ersetzt.

Im Beispiel wollen wir aus einer im englischen Format formatierten Zahl eine in deutschen Format formatierte Zahl machen. Dabei soll aus der Zeichenfolge 1,234.56 die Zeichenfolge 1.234,56 werden. Dazu muss der Punkt durch ein Komma und das Komma durch einen Punkt ersetzt werden. Mit REPLACE können wir dies nicht in einem Schritt erledigen, da geschachtelte Funktionen hintereinander ausgeführt werden. Daher ersetzen wir ein Zeichen zwischenzeitlich durch ein drittes, zum Beispiel eine Raute.

```
SELECT REPLACE(REPLACE(REPLACE('1,234.56', '.', '#'), ',', '.'), '#', ',') AS
deutsch;
```

liefert:

```
deutsch
--------------------
1.234,56
```

Mit Translate kann dieser Vorgang deutlich vereinfacht werden. Dasselbe Resultat kann mit folgender Anweisung erzielt werden:

```
SELECT TRANSLATE('1,234.56', ',.', '.,') AS deutsch;
```

Das erste Zeichen im Suchtext wird mit dem ersten Zeichen im Ersatztext ersetzt. Ebenso wird zweite Zeichen im Suchtext mit dem zweiten Zeichen im Ersatztext ersetzt. Da immer nur einzelne Zeichen ersetzt werden können, kann TRANSLATE leider nicht als Ersatz für unser früheres Beispiel zum Ersetzen der Umlaute verwendet werden. Diese Anweisung erzeugt leider einen Fehler, da die Anzahl der Zeichen nicht übereinstimmt:

```
SELECT TRANSLATE(Nachname, 'äöü ', 'aeöeue')
FROM dbo.personal
```

- **REPLICATE (zeichen, anzahl):** Wiederholt die angegebenen Zeichen so oft wie angegeben.

```
SELECT REPLICATE('#', 15 - LEN(nachname)) + nachname AS Name
FROM dbo.personal;
```

liefert:

```
Name
--------------------------------
#########Hille
#########Hoier
######Holzmann
#########Huber
...
########Schulz
(20 Zeile(n) betroffen)
```

- **SOUNDEX (text):** Diese Funktion liefert einen Code, der für phonetische Vergleiche herangezogen wird. Dem ersten Buchstaben folgt ein dreistelliger Code. Je verschiedenartiger der Code ist, desto weniger ähnlich klingt der Text.

```
SELECT SOUNDEX('Maier') AS Maier,
       SOUNDEX('Meyer') AS Meyer,
       SOUNDEX('Mayer') AS Mayer,
       SOUNDEX('Peyer') AS Peyer,
       SOUNDEX('Ober') AS Ober,
       SOUNDEX('Obermann') AS Obermann,
       SOUNDEX('Hausmahn') AS Hausmann;
```

liefert:

```
Maier Meyer Mayer Peyer Ober  Obermann Hausmahn
----- ----- ----- ----- ----- -------- --------
M600  P600  0160  0165        H255
```

Wie Sie am Ergebnis dieses Beispiels sehen, hat der Name „Meier" in allen Schreibweisen denselben phonetischen Code. Beginnt der Name mit einem anderen Buchstaben und klingt sonst aber gleich, so ist der Zifferncode identisch. „Ober" und „Obermann" unterscheiden sich dadurch voneinander, dass der zweite Name länger ist. Daher unterscheiden sich die beiden nur in der hinteren Ziffer. Die hinteren Teile von „Obermann" und „Hausmann" klingen gleich, daher haben sie dieselbe Endziffer im Code.

- **SPACE(anzahl):** Liefert die angegebene Menge an Leerzeichen. SPACE(n) liefert dasselbe Ergebnis wie REPLICATE(' ', n).

- **STR (zahl, [stellen], [nachkomma]):** Wandelt eine Zahl in einen Text um. Dies ist zum Beispiel dann praktisch, wenn Sie eine Zahl in eine Zeichenkette einbauen. Als zusätzliche Formatierung können Sie angeben, auf wie viele Stellen und Nachkommastellen die Zahl formatiert werden soll. Standardmäßig werden zehn Stellen verwendet.

```
SELECT bezeichnung + ' kostet ' + vkpreis + ' €' AS Preise
FROM dbo.artikel;
```

liefert einen Fehler:

```
Meldung 293, Ebene 16, Status 0, Zeile 1
Der char-Wert kann nicht in 'smallmoney' konvertiert werden. Die Syntax des char-
Wertes ist falsch.
```

Wird die Zahl hingegen in einen Text konvertiert, kann sie als Teil in eine Zeichenkette eingebaut werden.

```
SELECT  bezeichnung + ' kostet '
        + STR(vkpreis, 5, 2) + ' €' AS Preise
FROM dbo.artikel;
```

liefert:

```
Preise
----------------------------------------------------------
Abdeckbänderset 4 tlg. kostet 10.68 €
Abflussieb PVC Rund Hr 4 Stk. Packung Sb kostet  7.52 €
Abfallsack 110 lt kostet  3.16 €
Abfallsack 60 lt kostet  2.07 €
Abgiesser kostet  7.52 €
Ausgiesser Gihale 6 Stk. Packung kostet  8.00 €
...
Kochbuch "Einfach Wild" kostet 28.90 €
(1112 Zeile(n) betroffen)
```

- **SUBSTRING (text, start, anzahl):** Diese Funktion liefert aus einem Text die angegebene Anzahl an Zeichen ab der Startposition.

```
DECLARE @name varchar(30);
DECLARE @nachname varchar(15);
DECLARE @position int;

SET @name = 'Alina Konopasek';
SET @position = CHARINDEX(' ', @name);
SET @nachname = SUBSTRING(@name, @position + 1, 15);

SELECT @nachname AS Nachname;
```

liefert:

```
Nachname
----------------
Konopasek
```

- **CONCAT(text1, text2 [, text_n]):** Mit dieser Funktion werden Texte miteinander verkettet, ohne dass ein NULL-Wert wie bei einer Verkettung mit dem Plus dazu führt, dass das Ergebnis NULL ist. Dies sehen Sie in folgendem Abschnitt im Beispiel für die Funktion *ISNULL()* erläutert. Im nachfolgenden Beispiel habe ich das Trennzeichen – ein Leerzeichen oder ein Komma und ein Leerzeichen – jeweils mit einem Plus angehängt, damit es automatisch verschwindet, wenn das Element selber NULL ist. Diese Funktion ist erst seit dem SQL Server 2012 verfügbar. Bei älteren Versionen müssen Sie daher auf die bereits erwähnte Variante mit der Funktion *ISNULL()* zurückgreifen.

```
SELECT CONCAT(akadgrad + ' ', vorname + ' ', nachname, ', ' + akadgrad2) AS Namen
FROM dbo.personal;
```

liefert:

```
Namen
Dr. Gernot Obermann
Dipl.-Ing. Martin Konstantin
Bernadette Hille
Marion Hoier, BSc
Mag. Lorenz Meister
Mag. Anastasia Ideenreich
Gerald Mörtl
...
```

- **CONCAT_WS(trennzeichen, text1, text2 [, text_n]):** Diese neue Funktion, die uns der SQL Server 2017 beschert, ermöglicht es zusätzlich, ein Trennzeichen mit anzugeben, das zwischen den Elementen eingefügt wird. Dieses wird als erster Parameter der Funktion übergeben. Dadurch ersparen wir uns gegenüber dem vorherigen Beispiel, das Leerzeichen bei jedem Element separat anzugeben.

```
SELECT CONCAT_WS(' ', akadgrad, vorname, nachname)
FROM dbo.personal;
```

liefert:

```
Namen
-----------------------------
Dr. Gernot Obermann
Dipl.-Ing. Martin Konstantin
Bernadette Hille
Marion Hoier
...
```

Das Trennzeichen wird nur zwischen zwei vorhandenen Elementen eingefügt. Es entfällt, wenn eines der Elemente NULL ist.

 ACHTUNG! Soll oder darf das Trennzeichen auch bei NULL-Werten nicht fehlen, muss dieses mit der Funktion ISNULL() ersetzt werden.

Beispielweise sollen Spalten für die Ausgabe im CSV-Format zusammengefügt werden. Verwenden wir die Form wie zuvor, führt dies zu einer unterschiedlichen Anzahl an Trennzeichen je Zeile, da NULL-Werte dabei sind.

```
SELECT 'akadgrad;vorname;nachname;akadgrad2;abteilung;gebdatum' AS CSV
UNION ALL
SELECT CONCAT_WS(';', akadgrad, vorname, nachname, akadgrad2, abteilung, gebdatum)
FROM dbo.personal;
```

liefert (ein falsches Ergebnis):

```
CSV
-----------------------------------------------------------
akadgrad;vorname;nachname;akadgrad2;abteilung;gebdatum
Dr.;Gernot;Obermann;GL;1975-08-01
Dipl.-Ing.;Martin;Konstantin;GL;1954-08-04
Bernadette;Hille;GL;1965-09-11
Marion;Hoier;BSc;EK;1971-07-13
...
```

Korrekterweise versehen wir daher jene Spalten, die NULL-Werte enthalten können, mit der Fuktion ISNULL():

```
SELECT 'akadgrad;vorname;nachname;akadgrad2;abteilung;gebdatum' AS CSV
UNION ALL
SELECT CONCAT_WS(';', ISNULL(akadgrad, ''), vorname, nachname, ISNULL(akadgrad2,
''), abteilung, gebdatum)
FROM dbo.personal;
```

liefert (formatidente Zeilen):

```
CSV
-----------------------------------------------------------
akadgrad;vorname;nachname;akadgrad2;abteilung;gebdatum
Dr.;Gernot;Obermann;;GL;1975-08-01
Dipl.-Ing.;Martin;Konstantin;;GL;1954-08-04
;Bernadette;Hille;;GL;1965-09-11
;Marion;Hoier;BSc;EK;1971-07-13
...
```

- **FORMAT(wert, format [, kultur]):** Diese Funktion dient dazu, Ausgaben in ein bestimmtes Format zu bringen. Dies ist oft für Zahlen und Datumswerte notwendig, das Ergebnis ist dann aber nicht mehr vom ursprünglichen Datentyp, sondern immer ein *nvarchar*. Das Format kann entweder als Kürzel, typischerweise mit einer *kultur*-Angabe kombiniert, oder als benutzerdefiniertes Format angegeben werden. Wird der *kultur*-Parameter nicht mit angegeben, wird die aktuelle Spracheinstellung (SET LANGUAGE) der Session verwendet. Diese Funktion steht erst seit der SQL Server-Version 2012 zur Verfügung.

Im ersten Beispiel lassen wir uns das aktuelle Datum gemäß der deutschen und amerikanischen Einstellung ausgeben. Das kurze Datum wird mit dem Parameter *d*, das lange Datum mit demselben als Großbuchstabe *D* angegeben. Beim Parameter *kultur* stehen der erste Teil für die Sprache und der zweite Teil für länderspezifische Gegebenheiten. So stehen *en-us* für amerikanisches und *en-gb* für britisches Format. Analog stehen *de-de* für das deutsche und *de-at* für das österreichische Format.

```
SELECT  FORMAT(SYSDATETIME(), 'd','en-us') AS kurz_us,
        FORMAT(SYSDATETIME(), 'd', 'de-de') AS kurz_de,
        FORMAT(SYSDATETIME(), 'D', 'en-us') AS lang_us,
        FORMAT(SYSDATETIME(), 'D', 'de-de') AS lang_de;
```

liefert (zum Beispiel):

```
kurz_us        kurz_de         lang_us                     lang_de
-------------  --------------  --------------------------  ------------------------
6/18/2017      18.06.2017      Sunday, June 18, 2017       Sonntag, 18. Juni 2017
```

Mit den Parametern t und T bekommen Sie eine entsprechend formatierte Uhrzeit. Als Kleinbuchstabe verwendet liefert der Parameter die Uhrzeit aus Stunde und Minute, als Großbuchstabe ist die Sekunde auch mit dabei.

```
SELECT  FORMAT(SYSDATETIME(), 't','en-us') AS min_us,
        FORMAT(SYSDATETIME(), 't', 'de-de') AS min_de,
        FORMAT(SYSDATETIME(), 'T', 'en-us') AS sek_us,
        FORMAT(SYSDATETIME(), 'T', 'de-de') AS sek_de;
```

liefert (zum Beispiel):

```
min_us         min_de          sek_us          sek_de
-------------  --------------  --------------  --------------
5:48 PM        17:48           5:48:44 PM      17:48:44
```

Um die länderspezifischen Unterschiede zu sehen, verwenden wir nachfolgendes Beispiel. Wir bekommen in beiden Fällen das Datum auf Deutsch, aber eben einmal mit Januar und einmal mit Jänner.

```
SELECT  FORMAT(CAST('20170129' AS date), 'D', 'de-de') AS de,
        FORMAT(CAST('20170129' AS date), 'D', 'de-at') AS at;
```

liefert:

```
de                               at
-------------------------------  -------------------------------
Sonntag, 29. Januar 2017         Sonntag, 29. Jänner 2017
```

Neben den fixen Formaten können Sie auch benutzerdefinierte Formate verwenden, ähnlich wie Sie es vermutlich von anderen Programmen her schon kennen. Hier steht das große M für Monat und das kleine m für Minute. Je nachdem, ob Sie das H als Klein- oder Großbuchstabe einsetzen, erhalten Sie die Uhrzeit im 12- oder 24-Stundenformat.

```
SELECT  FORMAT(SYSDATETIME(), 'dd.MM.yyyy hh:mm') AS kurz_12,
        FORMAT(SYSDATETIME(), 'd. MMMM yyyy, HH:mm') AS lang_24;
```

liefert (zum Beispiel):

```
kurz_12                          lang_24
-------------------------------  -------------------------------
30.07.2017 02:55                 30. Juli 2017, 14:55
```

Auch bei numerischen Formaten können Sie zwischen fixen und benutzerdefinierten Varianten wählen. Bei den fixen Formaten steht N für Numerisch, G für General und C für Currency.

```sql
SELECT FORMAT(5555.5, '#,##0.00', 'de-de') AS de,
       FORMAT(5555.5, '#,##0.00', 'en-us') AS us,
       FORMAT(5555.5, 'N', 'de-de') AS numerisch,
       FORMAT(5555.5, 'G', 'de-de') AS allgemein,
       FORMAT(5555.5, 'C', 'de-de') AS währung_de,
       FORMAT(5555.5, 'C', 'de-at') AS währung_at,
       FORMAT(5555.5, 'C', 'se-se') AS währung_se,
       FORMAT(5555.5, 'C', 'en-us') AS währung_us,
       FORMAT(5555.5, 'C', 'en-gb') AS währung_gb;
```

Das Ergebnis dieser Anweisung wird in Bild 5.4 dargestellt. Bis zum Ausführen dieser Anweisung ist mir nicht bewusst gewesen, dass wir in Österreich ein Leerzeichen als Tausendertrennzeichen verwenden.

	de	us	numerisch	allgemein	währung_de	währung_at	währung_se	währung_us	währung_gb
1	5.555,50	5,555.50	5.555,50	5555,5	5.555,50 €	€ 5 555,50	5.555,50 kr	$5,555.50	£5,555.50

Bild 5.4 Verschiedene Zahlenformate in der Anwendung

Weitere Formatmöglichkeiten und Länderkürzel finden Sie in der Online-Dokumentation.

- **STRING_SPLIT(wert, trennzeichen):** Diese Funktion ist mit dem SQL Server 2016 neu eingeführt worden. Mein erster Gedanke, als ich damals von dieser neuen Funktion erfahren habe: Endlich – was ich in der Vergangenheit immer herumprogrammieren musste, um diese Funktionalität zu erreichen! Diese Funktion liefert einen Tabellenwert, daher ist sie auch nicht in der SELECT-, sondern in der FROM-Klausel zu verwenden. Es werden die Inhalte eines Textes gemäß dem angegebenen Trennzeichen in eigene Werte aufgesplittert. In Bild 5.5 sehen Sie, wie das Leerzeichen dazu verwendet wird, um den Text „Jeder Teil alleine eine Zeile" aufzuteilen. Das Ergebnis ist, wie erwähnt, eine Tabelle mit der Spalte *value*, welche die eruierten Einzelteile jeweils als eigenen Datensatz zurückliefert.

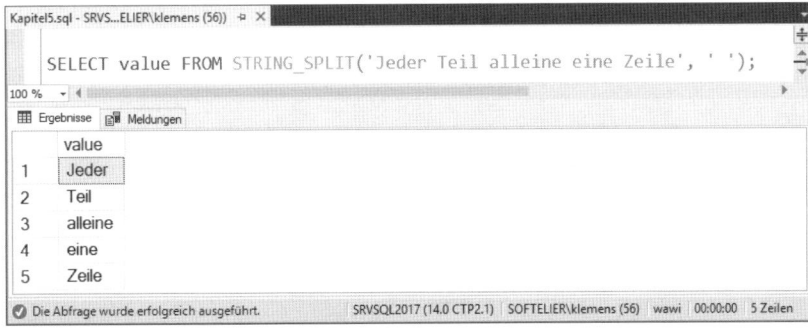

Bild 5.5 Text in Bestandteile zerlegt

Als Trennzeichen kann ein beliebiges Zeichen angegeben werden. Im folgenden Beispiel wird ein Komma angegeben, um die angegebenen Namen zu trennen.

```
SELECT value FROM STRING_SPLIT('Petra, Alina, Lea', ',');
```

Wie Sie sehen, befindet sich im Beispiel hinter dem Komma jeweils noch ein Leerzeichen. Dieses kann aber nicht mit in das Trennzeichen aufgenommen werden, da dieses nur aus einem einzelnen Zeichen bestehen darf. Damit würden im Ergebnis vor den Namen Lea und Petra jeweils ein Leerzeichen stehen. Um dies zu vermeiden, können wir dieses einfach mit der Funktion LTRIM() abschneiden. Zusätzlich können wir der Spalte *value* auch einen Aliasnamen mitgeben und das Ergebnis dazu auch noch sortieren.

```
SELECT LTRIM(value) AS vorname
FROM STRING_SPLIT('Petra, Alina, Lea', ',')
ORDER BY vorname;
```

liefert:

```
vorname
------------------
Alina
Lea
Petra
```

In der Praxis ist man immer wieder mit folgender Situation konfrontiert, auch wenn sie allen Regeln der Normalisierung widerspricht: Mehrere Werte sind in einer Spalte eingetragen und müssten separiert werden. In der Tabelle *dbo.nummern* finden wir die Spalten *name* und *rufnummern* und folgende Datensätze vor:

```
name           rufnummern
-------------- ------------------------------------------
Christian      0664/1515987,0316/151598-33
Veronika       0676/5588444,03862/336633-66
Monika         0676/6699555,03862/663366-33
Michi          0664/5151678,0316/789789,03862/363636-63
Uwe            0650/1919191
Daniel         NULL
```

Mithilfe der neuen Funktion können diese Daten sehr einfach in eine saubere Form überführt werden, bei der jede Rufnummer mit dem Namen gemeinsam als eigener Datensatz ausgegeben wird. Dazu verwenden wir die OUTER APPLY-Klausel, die für jeden Eintrag die dazu passenden mit STRING_SPLIT() eruierten Werte verknüpft. APPLY liefert für jede Zeile den passenden Inhalt aus der angegebenen Spalte. In unserem Beispiel ist es die Spalte *rufnummern*, die der Funktion übergeben wird. OUTER führt dazu, dass auch Werte angezeigt werden, für die keine Nummer vorhanden ist. Mit CROSS würde in unserem Fall Daniel, für den keine Rufnummer erfasst ist, im Ergebnis fehlen.

HINWEIS: Die Verwendung von APPLY unterscheidet sich von einem klassischen JOIN dadurch, dass auf der rechten Seite eine Tabellenwertfunktion verwendet werden kann, für die als Parameter ein Wert der linken Tabelle möglich ist. Entscheidend ist, dass dieser Wert bei jeder verknüpften Zeile neu übergeben wird und nicht einmal unverändert für alle Datensätze verwendet wird. Bei einem JOIN können zwar auch Tabellenwertfunktionen anstelle von echten Tabellen verwendet werden, aber es kann kein Parameter dynamisch aus der linken Tabelle übergeben werden, was in diesem Fall aber vonnöten ist.

```
SELECT n.name, e.value AS rufnummer
FROM dbo.nummern n
OUTER APPLY STRING_SPLIT(n.rufnummern, ',') e
ORDER BY n.name, rufnummer;
```

liefert:

```
name                rufnummer
----------------    ------------------
Christian           0316/151598-33
Christian           0664/1515987
Daniel              NULL
Michi               0316/789789
Michi               03862/363636-63
Michi               0664/5151678
Monika              03862/663366-33
Monika              0676/6699555
Uwe                 0650/1919191
Veronika            03862/336633-66
Veronika            0676/5588444
```

 ACHTUNG! Um neue Funktionen nutzen zu können, ist es nicht ausreichend, die jeweilige Version des SQL Server zu verwenden. Auch die Datenbank muss mit dem jeweiligen Kompatibilitätsgrad 130 für den SQL Server 2016 oder 140 für den SQL Server 2017 eingestellt sein. Dies muss nicht automatisch gegeben sein, wenn die Datenbank zum Beispiel aus einem Backup von einer älteren Version eingespielt worden ist. Ändern Sie den Kompatibilitätsgrad gegebenenfalls über die Datenbankeigenschaften im Objekt-Explorer des Management Studios oder mit der folgenden Anweisung:

```
ALTER DATABASE dbname SET COMPATIBILITY_LEVEL = 140;
```

Und nun noch mein zweiter Gedanke, als ich von dieser neuen Funktion erfahren habe: Wie oft werde ich mir wohl bei einem Kunden wünschen, ich hätte schon den SQL Server 2016 oder 2017 zur Verfügung, um diese Funktion zu nutzen – und danach diese Funktionalität wieder aufwendiger selber programmieren.

- **STRING_AGG(spalte, trennzeichen):** Diese ebenso beim SQL Server 2017 neue Funktion ist keine Single-Row-Funktion wie die bisherigen erläuterten Funktionen, sondern eine Multiple-Row-Funktion (Gruppenfunktion, Aggregatfunktion), da sie Werte mehrerer Zeilen zusammenfasst. Mit dieser Funktion werden beim Gruppieren alle Werte innerhalb einer Gruppe mit dem angegebenen Trennzeichen zu einem Text zusammengehängt. Sie finden ein Verwendungsbeispiel zu dieser Funktion in Kapitel 7.

5.1.3.8 Andere Funktionen

Zugegeben, diese Kategoriebezeichnung ist nicht besonders schlau. Sie erinnert ein wenig an das Extras-Menü in Programmen vor der Umstellung auf Ribbons. Alles was sonst nirgends dazu passte, ist hier gelandet. Ich habe diese Bezeichnung zu Ihrer besseren Orientierung aus dem Objekt-Explorer übernommen. Bei früheren Versionen hieß diese Kategorie noch *Systemfunktionen*, was aber auch nicht wirklich besser gewesen ist, da die Unterkategorie damit denselben Namen wie die übergeordnete Kategorie getragen hat. In der Onlinedokumentation gibt es noch weitere Kategorien, auf die die hier enthaltenen Funktionen verteilt sind. Eine davon lautet zum Beispiel *Konvertierungsfunktionen*. Ich habe mich dazu entschieden, die Nomenklatur des Management Studios beizubehalten. In dieser Kategorie sind allgemeine Funktionen, die für verschiedene Aufgaben benötigt werden, zu finden. Die aus meiner Sicht relevantesten habe ich wieder zur genaueren Erläuterung herausgeholt.

- **CONVERT(zieldatentyp, wert, [format])**, **CAST (wert As zieldatentyp)**: CONVERT() und CAST() sind die Standardfunktionen zur Datentypkonvertierung. Ein Beispiel für die Notwendigkeit, den Datentyp zu konvertieren, haben wir bereits kennengelernt: Mit STR() haben wir eine Zahl in einen Text konvertiert, um sie in eine Zeichenkette einbinden zu können. CONVERT() kann unterschiedliche Datentypen konvertieren. Häufig wird CONVERT() auch dazu verwendet, ein Datum für die Ausgabe zu formatieren. Dazu wird als Zieldatentyp *varchar* benutzt. Bei Datumswerten kann auch das Format angegeben werden. Dazu wird ein Zahlencode verwendet. Um die deutsche Darstellungsweise zu verwenden, wird *4* oder *104* benötigt. Der um 100 erhöhte Code bewirkt, dass die Jahreszahl vierstellig dargestellt wird. Eine Übersicht über alle verfügbaren Codes finden Sie in der Onlinehilfe von SQL Server, wenn Sie im Register Index *CONVERT* als Suchbegriff eingeben.

```
SELECT SYSDATETIME() AS Datum,
       CONVERT(varchar, SYSDATETIME(), 4) As [Jahr 2-stellig],
       CONVERT(varchar, SYSDATETIME(), 104) AS [Jahr 4-stellig];
```

liefert (zum Beispiel):

```
Datum                       Jahr 2-stellig  Jahr 4-stellig
--------------------------- --------------- ---------------
2017-07-24 13:44:01.5415443 24.07.17        24.07.2017
```

Das Ergebnis des vorherigen Beispiels ist für Spalte 2 und 3 ein Text.

PRAXISTIPP: Um das aktuelle Tagesdatum mit `GETDATE()`, `CURRENT_TIMESTAMP` oder `SYSDATETIME()` ohne die Uhrzeit zu erhalten, muss das Funktionsergebnis in den *date*-Datentyp konvertiert werden. Falls ein Datum mit Uhrzeit gespeichert wird, wird es in einem Vergleichsausdruck auch nur mit dieser Uhrzeit gefunden. ∎

Um das aktuelle Datum ohne die Uhrzeit zu generieren, verwenden Sie eine Konvertierung in den *date*-Datentyp. Da dieser keine Uhrzeit besitzt, wird diese dabei automatisch abgeschnitten.

```
SELECT SYSDATETIME() AS Aktueller_Zeitpunkt,
       CONVERT(date, SYSDATETIME()) AS Heute,
       CAST(SYSDATETIME() AS date) AS Auch_Heute;
```

liefert:

```
Aktueller_Zeitpunkt             Heute        Auch_Heute
----------------------------    ----------   ----------
2017-07-24 19:28:02.9465924     2017-07-24   2017-07-24
```

 PRAXISTIPP: Sie können sowohl `CAST()` als auch gleichberechtigt `CONVERT()` bei der Konvertierung verwenden. Wenn Sie jedoch einen Text in ein Datum oder ein Datum in einen Text konvertieren, empfiehlt sich der Einsatz von `CONVERT()`, da Sie nur hier ein Format mitgeben können. ∎

- **PARSE(wert AS zieldatentyp, [Culture]):** Diese Funktion ist eine weitere Variante von CAST() und CONVERT(), die optional über den Kultur-Parameter verfügt. Diesen haben wir bereits bei der Verwendung der Funktion FORMAT() kennengelernt und er ist hier auch analog zu verwenden. Wird auf diesen Parameter verzichtet, greift die Funktion auf die aktuellen Spracheinstellungen zurück.

```
SET LANGUAGE german;
SELECT PARSE('14.02.2017' AS date);
```

liefert:

```
2017-02-14
```

Passen das verwendete Format und die aktuellen Spracheinstellungen nicht zusammen, kommt es bei der Konvertierung zu einem Fehler.

```
SET LANGUAGE english;
SELECT PARSE('14.02.2017' AS date);
```

liefert:

```
Meldung 9819, Ebene 16, Status 1, Zeile 555
Error converting string value '14.02.2017' into data type date using culture ''.
```

Übergeben wir hingegen die korrekte Kultureinstellung, funktioniert dies unabhängig von den Spracheinstellungen.

```
SELECT PARSE('14.02.2017' AS date USING 'de-de');
```

Dies kann auch bei numerischen Datentypen, wie zum Beispiel bei Währungsbeträgen, verwendet werden.

```
SELECT PARSE('2.590,50€' AS money USING 'de-de')
```

■ **TRY_CAST(), TRY_CONVERT(), TRY_PARSE():** Ich liebe diese Funktionen! Sie gleichen im Prinzip ihren Namensvettern. Der Unterschied besteht darin, dass sie die Konvertierung „versuchen", und wenn es nicht funktioniert, keinen Fehler, sondern lediglich einen NULL-Wert liefern. In der Regel ist es weniger aufwendig, mit NULL-Werten als mit Fehlern, vor allem innerhalb von Programmcode, umzugehen.

```
SELECT TRY_CAST('1234' AS int) AS erfolgreich,
       TRY_CAST('1234X' AS int) AS nicht_erfolgreich,
       TRY_CAST('24.12.2017' AS date) AS erfolgreich,
       TRY_CAST('Weihnachten 2017' AS date) AS nicht_erfolgreich;
```

liefert:

```
erfolgreich nicht_erfolgreich erfolgreich nicht_erfolgreich
----------- ----------------- ----------- -----------------
1234        NULL              2017-12-24  NULL
```

Analog funktioniert dies auch mit den Funktionen TRY_CONVERT() und TRY_PARSE(). Sie finden Beispiele dazu auch im Skript *Kapitel5.sql* zu diesem Kapitel.

 PRAXISTIPP: Diese Funktionen sind sehr gut geeignet, ungültige Daten aus großen Datenmengen herauszufinden. Dazu müssen sie lediglich in der WHERE-Klausel eingesetzt werden, um diejenigen Daten zu filtern, bei denen die versuchte Konvertierung zu NULL führt. Um nur die fehlerhaften Daten zu finden, müssen NULL-Werte in der betroffenen Spalte zusätzlich ausgeschlossen werden.

```
SELECT *
FROM tabellenname
WHERE TRY_CAST(spaltenname AS date) IS NULL
AND spaltenname IS NOT NULL;
```

Der Vorteil dieser drei Funktionen offenbart sich in der Praxis vor allem bei der Verarbeitung von großen Datenmengen, in denen ungültige und fehlerhafte Inhalte, die zu Konvertierungsfehlern führen, oft untergehen und nur sehr schwierig herausgefiltert werden können. Bei der Verarbeitung von einzelnen Daten innerhalb von Programmcode, wie Sie es noch später in diesem Buch kennenlernen werden, kann notfalls auch eine Fehlerbehandlung Abhilfe schaffen.

ACHTUNG! Sie dürfen ungültige Werte nicht mit ungültigen Datentypen verwechseln. Es ist nicht so, dass die TRY-Funktionen nie zu einem Fehler führen. Es liefert `TRY_CONVERT(date, '1')` als Ergebnis NULL, da der Text '1' zu keinem gültigen Datumswert werden kann. Hingegen führt der Ausdruck `TRY_CONVERT(date, 1)` zu einem Fehler, da eine explizite Konvertierung eines Integer-Wertes in ein DATE generell unzulässig ist. Nur unzulässige Werte liefern NULL als Ergebnis der versuchten Konvertierung.

- **CURRENT_USER ():** Diese Funktion ist eine Alternative zur bereits besprochenen Funktion `USER_NAME()`. Allerdings kann hier wirklich nur der aktuelle Benutzername und nicht auch ein Benutzername zu einer Benutzer-ID eruiert werden.

- **HOST_NAME (), HOST_ID ():** Diese Funktionen liefern den Namen bzw. die ID der Arbeitsstation, von der aus die Session mit dem SQL Server hergestellt wurde. Damit kann beispielsweise festgehalten werden, von welchem Arbeitsplatz aus bestimmte Änderungen vorgenommen worden sind. Durch eine Kennzeichnung mithilfe des Hostnamens lassen sich Arbeitsdaten von verschiedenen Arbeitsplätzen unterscheiden, indem man den Namen oder die ID mit in betroffenen Datensätzen abspeichert.

```
SELECT HOST_NAME() AS Arbeitsplatz, HOST_ID() AS ID;
```

liefert (zum Beispiel):

```
Arbeitsplatz                         ID
------------------------------- --------
KKW10VM1                             940
```

- **@@IDENTITY, SCOPE_IDENTITY():** Über diese Funktionen können Sie direkt, nachdem Sie in eine Tabelle mit einer Identitätsspalte einen Wert eingegeben haben, den Wert ermitteln, der für diese Spalte vergeben worden ist.

```
INSERT INTO dbo.artikel ( bezeichnung, gruppe, vkpreis, ekpreis, lieferant)
VALUES('Wassereimer 15L', 'GA', 3.99, 2.12, 1003);

SELECT @@IDENTITY AS neu_nr_v1,
       SCOPE_IDENTITY() AS neu_nr_v2;
```

liefert:

```
neu_nr_v1           neu_nr_v2
------------------- -------------------
2114                2114
```

Was ist der Unterschied zwischen `@@IDENTITY` und `SCOPE_IDENTITY()`? Erstere gibt den letzten Wert innerhalb der Session zurück, auch wenn er in einem anderen Kontext entstanden ist. Zum Beispiel wird innerhalb einer Prozedur ein Datensatz in eine Tabelle eingefügt, dabei wird ein Identitätswert generiert. Durch das Einfügen wird zusätzlich ein Trigger ausgelöst, der einen Datensatz in einer anderen Tabelle einfügt, wodurch wieder ein anderer Identitätswert vergeben wird. `@@IDENTITY` liefert in diesem Fall den in der zweiten Tabelle generierten Identitätswert, die Funktion `SCOPE_IDENTITY()` jenen, der in der ersten Tabelle vergeben worden ist.

- **IDENT_CURRENT (tabelle), IDENT_SEED (tabelle), IDENT_INCR (tabelle):** Diese drei Funktionen liefern ebenso Informationen über Indentitätswerte, sind aber nicht auf die aktuelle Session bezogen. Als Parameter wird allen drei Funktionen jeweils der Name der Tabelle, auf dessen IDENTITY man sich bezieht, mitgegeben. Besitzt die angegebene Tabelle gar keine IDENTITY, liefern die Funktionen NULL als Ergebnis. IDENT_CURRENT() liefert den absoluten zuletzt in der Tabelle vergebenen Identitätswert, IDENT_SEED() den definierten Startwert und IDENT_INCR() die festgelegte Schrittweite.

```
SELECT IDENT_CURRENT('dbo.artikel') AS letzter_wert,
       IDENT_SEED('dbo.artikel') AS startwert,
       IDENT_INCR('dbo.artikel') AS schrittweite,
       IDENT_CURRENT('dbo.artikelgruppen') AS nicht_festgelegt;
```

liefert (zum Beispiel):

```
letzter_wert    startwert       schrittweite    nicht_festgelegt
--------------  --------------  --------------  ------------------
2114            1001            1               NULL
```

- **ISNULL (wert, ersatz):** Die Funktion ISNULL() haben wir bereits in einem der vorigen Abschnitte verwendet. Diese Funktion ersetzt einen Wert durch einen Ersatzwert, falls der eigentliche Wert NULL ist. Dies ist bei vielen Ausdrücken wichtig, da ein einziger Teilausdruck, der NULL zurückgibt, den Gesamtausdruck NULL werden lässt.

```
SELECT titel + ' ' + akadgrad + ' '
       + vorname + ' ' + nachname AS Kunden
FROM dbo.kunden
ORDER BY nachname;
```

liefert:

```
Kunden
--------------------------------------
NULL
...
NULL
NULL
Prof. Dr. Ulrike Kahr
NULL
...
NULL
(22 Zeile(n) betroffen)
```

Im Ergebnis sehen wir nur diejenigen Kunden, die sowohl einen Titel als auch einen akademischen Grad haben. Erweitern wir die SQL-Anweisung und ersetzen die NULL-Werte durch leere Zeichenfolgen, werden alle Namen, wie erwartet, korrekt dargestellt. Auch der nachgestellte akademische Grad kann nun mit Komma getrennt ergänzt werden, ohne dass das Komma auch bei allen anderen angefügt wird.

```
SELECT ISNULL(titel + ' ','')
       + ISNULL(akadgrad + ' ', '')
       + vorname + ' ' + nachname
       + ISNULL(', ' + akadgrad2, '') AS Kunden
```

```
FROM dbo.kunden
ORDER BY nachname;
```

liefert:

```
Kunden
-------------------------------------
Dipl.-Vw. Gerald Bogner
Mag. Petra Deutschmann
Michael Frisch, BSc
Prof. Dr. Ulrike Kahr
Sabina Killian
...
(22 Zeile(n) betroffen)
```

Sie können bei dieser Aufgabenstellung ab der Version 2012 auch die Funktion *CONCAT()* zum Einsatz bringen.

- **COALESCE (wert, ersatz, ersatz, ...):** Diese Funktion ist der vorherigen Funktion sehr ähnlich, kann aber nicht nur einen Ersatzwert, sondern eine beliebige Anzahl davon beinhalten. Es wird der erste Wert in der Reihenfolge zurückgegeben, der ungleich NULL ist. Erweitern wir das vorherige Beispiel zur ISNULL()-Funktion um die Anforderung, dass der Titel nur angezeigt werden soll, wenn kein akademischer Grad vorhanden ist, ergibt sich diese Reihenfolge in der Prüfung: *akadgrad, titel,* Leerstring

```
SELECT COALESCE(akadgrad + ' ', titel + ' ', '')
       + vorname + ' ' + nachname
       + ISNULL(', ' + akadgrad2, '') AS Kunden
FROM dbo.kunden
ORDER BY nachname;
```

liefert:

```
Kunden
-------------------------------------
Dipl.-Vw. Gerald Bogner
Mag. Petra Deutschmann
Michael Frisch, BSc
Dr. Ulrike Kahr
Sabina Killian
...
(22 Zeile(n) betroffen)
```

- **@@ROWCOUNT, ROWCOUNT_BIG():** Liefert uns die Anzahl der Zeilen, die von der letzten zuvor ausgeführten Anweisung betroffen sind. Es ist dabei unerheblich, ob es beispielsweise eine SELECT- oder eine DML-Anweisung gewesen ist.

```
UPDATE dbo.artikel
SET vkpreis = vkpreis * 0.95
WHERE vkpreis > 200;
```

liefert:

```
Anzahl um 5% verbilligt
-----------------------
21
```

ROWCOUNT_BIG() liefert dasselbe Ergebnis, der Rückgabewert weist allerdings nicht `int`, sondern `bigint` als Datentyp auf. Warum ist das eine formal eine Systemvariable, das andere eine Funktion? Das hat historische Gründe, @@ROWCOUNT gibt es schon viel länger und neue Features werden nur mehr über Funktionen implementiert.

■ **NULLIF(ausdruck1, ausdruck2):** Diese Funktion liefert als Ergebnis NULL, wenn beide Ausdrücke das idente Ergebnis liefern. Der Vorteil liegt darin, dass auch NULL-Werte korrekt berücksichtigt werden. Betrachten wir uns das an folgendem Beispiel. In der Tabelle *dbo.testartikel* befinden sich ein paar Einträge. Wir möchten nun herausfinden, welche Artikel in den beiden Tabellen nicht denselben Preis aufweisen. Dazu könnten wir prinzipiell die folgende Anweisung verwenden:

```
SELECT a.artnr, a.bestellmenge, a.vkpreis, t.vkpreis
FROM dbo.artikel a
INNER JOIN dbo.testartikel t ON a.artnr = t.artnr
WHERE a.vkpreis <> t.vkpreis;
```

liefert zwei Zeilen:

```
artnr       bestellmenge vkpreis                 vkpreis
----------- ------------ ----------------------- ----------------------
1011        0            163,30                  165,00
1013        0            43,39                   39,99
```

Problematisch wird es aber, wenn Preise auch NULL sein können. Denn in diesem Fall werden Artikel nicht angezeigt, die in einer der beiden Tabellen gar keinen erfassten Preis haben. Um auch jene anzuzeigen, müsste man die WHERE-klausel erweitern – unter der Annahme, dass die Preise wirklich auf beiden Seiten NULL sein können.

```
...
WHERE a.vkpreis <> t.vkpreis
OR a.vkpreis IS NOT NULL AND t.vkpreis IS NULL
OR a.vkpreis IS NULL AND t.vkpreis IS NOT NULL;
```

Wer kreativ ist, könnte zur Vereinfachung auf folgende Lösung kommen. Als Ersatzwert müsste bei der ISNULL()-Funktion aber unbedingt ein Wert verwendet werden, der nicht zufälligerweise ein gültiger Preis in der anderen Tabelle sein kann. Ich verwende dazu hier den Wert -1.

```
...
WHERE ISNULL(a.vkpreis, -1) <> ISNULL(t.vkpreis, -1);
```

Oder aber wir verwenden die Funktion IFNULL(), denn diese kann mit NULL-Werten korrekt umgehen und prüft auch dann erfolgreich, wenn einer der beiden Ausdrücke NULL liefert.

```sql
SELECT a.artnr, a.bestellmenge, a.vkpreis, t.vkpreis
FROM dbo.artikel a
INNER JOIN dbo.testartikel t ON a.artnr = t.artnr
WHERE NULLIF(a.vkpreis, t.vkpreis) IS NOT NULL;
```

liefert nun drei Zeilen:

```
artnr       bestellmenge vkpreis
----------- ------------ --------------------- ---------------------
1011        0            163,30                165,00
1012        0            3,16                  NULL
1013        0            43,39                 39,99
```

■ **HASHBYTES(algorithmus, eingabewert):** Mit dieser Funktion erzeugen Sie einen Hashwert mit dem angegebenen Algorithmus. Als Algorithmus stehen dabei MD2, MD4, MD5, SHA, SHA1, SHA2_256 und SHA2_512 zur Auswahl. Diese Funktion eignet sich sehr gut, um Kennwörter verschlüsselt in der Datenbank zu speichern. Der Algorithmus ist als Text ebenso unter Hochkommata einzutragen.

```sql
SELECT HASHBYTES('SHA2_256', 'mein kennwort') AS hashwert_varinary;
```

liefert:

```
hashwert_varinary
-----------------------------------------------------------------------
0xC5A3672C1CB1453B4BC032FB183B1D96370DECC8C487D42A9331512F4F0792A1
```

Die Funktion liefert als Ergebnis einen Wert mit dem Datentyp *varbinary*. Die Länge ist vom verwendeten Algorithmus abhängig. So sind dies 16 Bytes für MD2, MD4 und MD5, 20 Bytes für SHA und SHA1, 32 Bytes für SHA2_256 und 64 Bytes für SHA2_512. Wobei ab dem SQL Server 2016 alle Algorithmen außer SAH2_256 und SHA2_512 als deprecated gelten und nur mehr aus Abwärtskompatibilitätsgründen vorerst noch unterstützt werden. Wenn Sie das Ergebnis als Text in der Datenbank speichern möchten oder für Vergleichszwecke als Text benötigen, müssen Sie das Ergebnis zunächst explizit in einen *char* oder *varchar* konvertieren. Für jedes binäre Byte benötigen Sie hierzu zwei Text-Bytes. Daher verwenden wir im nachfolgenden Beispiel einen *varchar(64)* für einen Hashwert mit dem Algorithmus SHA2_256 (256 Bit = 32 Byte) als Zieldatentyp mit der Funktion *CONVERT()*. Der Parameter 2 für das Format bewirkt in diesem Beispiel, dass 0x am Beginn nicht vorangestellt wird und die netto 64 Zeichen als Ergebnis herauskommen. Häufig werden in der Praxis gerne Kleinbuchstaben verwendet. Daher ergänzen wir hier zusätzlich noch die Funktion *LOWER()*.

```sql
SELECT LOWER(CONVERT(varchar(64), HASHBYTES('SHA2_256', 'mein passwort'), 2)) AS
hashwert_character;
```

liefert:

```
hashwert_character
-----------------------------------------------------------------------
f7f3a4be853cee6b08d5a2957a118b9df4e7c1f8aa31fc4c54272f0e620d06ca
```

Häufig werden Hashwerte nicht nur für das Kennwort erstellt und gespeichert, sondern zuvor noch mit einem sogenannten Salt (Salz) „gewürzt". Dieses Salt wird in der Regel automatisch generiert und auch in der Datenbank abgespeichert. Dieses Beispiel wird den Vorgang etwas verdeutlichen:

```
DECLARE @pwd varchar(20) = 'I#likeSQL2017!';
DECLARE @salt varchar(20) = 'shdfXydfmDSfc13dOwWd';
DECLARE @hash varbinary(32) = HASHBYTES('SHA2_256', @pwd + @salt);
SELECT @hash AS hashwert;
```

liefert:

```
hashwert
-------------------------------------------------------------------
0x910E5851AD41146F29CF97AC2C57F4CEB5AD340EE6741C3FA2F35EB47BABC241
```

Der Eingabewert ist früher auf 8.000 Byte beschränkt gewesen, diese Grenze ist mit dem SQL Server 2016 offiziell weggefallen. Den Wegfall kann ich allerdings vorerst nicht bestätigen, denn das nachfolgende Beispiel liefert auch mit dem SQL Server 2017 ab dem Zeitpunkt, ab dem die 8.000 Byte überschritten werden, immer das idente Ergebnis.

```
DECLARE @wert varchar(max) = REPLICATE('8Zeichen', 1111);
DECLARE @hash varbinary(64) = HASHBYTES('SHA2_512', @wert);
SELECT @hash AS hashwert;
```

liefert:

```
hashwert
-------------------------------------------------------------------
0xDD8D5FACD77E271ADCB86C687E620EA55709AFA1D2D92EB82F8221BDD87C0994
```

5.1.3.9 Rangfolgefunktionen

Rangfolgefunktionen geben je nach verwendeter Funktion einen Rangfolgewert für jede Zeile zurück.

- **RANK ():** Mit dieser Rangfolgefunktion können Sie einen Rang für eine gesamte Zeile oder für einen Bereich bestimmen. Die Reihenfolge muss mittels des Parameters ORDER BY festgelegt werden. Der Bereich, der mittels PARTITION BY festgelegt wird, ist optional. Ex-aequo-Werte werden berücksichtigt.

Das Beispiel zeigt den Rang der Artikel nach absteigendem Preis.

```
SELECT bezeichnung, vkpreis AS preis,
       RANK() OVER( ORDER BY vkpreis DESC) AS rang
FROM dbo.artikel;
```

liefert:

```
bezeichnung                              preis    rang
---------------------------------------  -------- -----
Black & Decker Akku-Rasenmäher Grc 840   762,85   1
Wolf Rasenmäher mit Korb 2.42 TA         761,97   2
Motorhacke Meppy                         543,96   3
Wolf Rasenmäher mit Box 2.42 TL          511,25   4
Swimming Pool 360 cm Komplettset mit     434,95   5
Gartenlaube Wörthersee                   434,95   5
Kelomat Töpfeset Murano 5tlg.            399,00   7
Kelomat Murano Geschirrset 9 tlg.        325,94   8
Mole Stop Solar                          234,37   9
Moulinex Fleischwolf                     217,80   10
Hauszelt Colorado 360 X 240 X 180 cm     217,80   10
Bosch Heckenschere Ahs 600               217,80   10
Bosch Allesschneider AS/MAS8500          217,80   10
Edelstahlgeschirrset Magnum 20 tlg.      217,80   10
Gloria 2010 Kolbenrückenspritze 17lt     216,93   15
...
Steakmesser für Jausenset 438544         0,76     1112
Isi Rezeptheft                           0,00     1113
```

Soll der Rang innerhalb einer jeden Artikelgruppe angezeigt werden, muss ein Bereich (Partition) ergänzt werden. Sie können diesen Bereich mit einer Gruppierung vergleichen.

```
SELECT bezeichnung, vkpreis AS preis, gruppe,
       RANK() OVER( PARTITION BY gruppe
                    ORDER BY vkpreis DESC) AS rang
FROM dbo.artikel;
```

liefert:

```
bezeichnung                              preis   gruppe rang
---------------------------------------  ------- ------ ----
Küchenlöffelset 6-tlg.                   32,48   BE     1
Fiskars Schere 2-St.-Packung             21,58   BE     2
Essmesser 6-Stk.-Packung                 18,42   BE     3
Geflügelschere                           18,42   BE     3
Fixiermesser mit Etui                    17,33   BE     5
...
Steakmesser für Jausenset 438544         0,76    BE     20
Moulinex Fleischwolf                     217,80  EG     1
Wagner Spritzpistole W 200               184,23  EG     2
Krups Kaffeeautomat Ka/espresso Primo    174,20  EG     3
Einkochautomat mit Zeitschaltuhr         174,20  EG     3
Philips Eismaschine Delizia 1,2 lt       163,30  EG     5
...
```

- **DENSE_RANK()** unterscheidet sich von RANK() dadurch, dass nach Ex-aequo-Werten der nächsthöhere Rang vergeben wird und nicht der absolute Rang. Ansonsten sind diese beiden Funktionen in ihrer Verwendung gleich. Wenn Sie die Ergebnisse vergleichen, sehen Sie unten, dass nach den zwei Ex-aequo-Werten 5 nicht mit 7, sondern mit 6 weitergezählt wird.

```
SELECT bezeichnung, vkpreis AS preis,
       DENSE_RANK() OVER( ORDER BY vkpreis DESC) AS rang
FROM dbo.artikel;
```

liefert:

```
bezeichnung                               preis      rang
----------------------------------------- ---------- ------
Black & Decker Akku-Rasenmäher Grc 840    762,85     1
Wolf Rasenmäher mit Korb 2.42 TA          761,97     2
Motorhacke Meppy                          543,96     3
Wolf Rasenmäher mit Box 2.42 TL           511,25     4
Swimming Pool 360 cm Komplettset mit      434,95     5
Gartenlaube Wörthersee                    434,95     5
Kelomat Töpfeset Murano 5tlg.             399,00     6
Kelomat Murano Geschirrset 9 tlg.         325,94     7
Mole Stop Solar                           234,37     8
...
```

- **NTILE()** kann für eine Unterteilung in gleich große Gruppen verwendet werden. Die Anzahl der Gruppen ist über einen Parameter anzugeben. Das Beispiel teilt die Mitarbeiter in fünf Gruppen ein, wobei nach dem Alter sortiert wird.

```
SELECT nachname, vorname,
       NTILE(5) OVER( ORDER BY gebdatum) AS gruppe
FROM dbo.personal;
```

liefert:

```
Nachname             Vorname              Gruppe
-------------------- -------------------- --------
Neumann              Maria                1
Pullmeier            Eva                  1
Konstantin           Martin               1
Prügger              Mathias              1
Jurasek              Gottfried            2
Kirschner            Edita                2
Hille                Bernadette           2
Meister              Lorenz               2
Ideenreich           Anastasia            3
Loderer              Hermine              3
Kossegg              Anita                3
Huber                Ludwig               3
Schulz               Paul                 4
Hoier                Marion               4
Holzmann             Bernhard             4
Kofler               Peter                4
Nürnberger           Klaus                5
Obermann             Gernot               5
Morillanitsch        Manfred              5
Mörtl                Gerald               5
```

- **ROW_NUMBER()** gleicht von ihrer Syntax her den übrigen drei Funktionen. Die Funktion liefert die Zeilennummer, man könnte es auch als eine laufende Nummerierung bezeichnen. Es gibt im Unterschied zu RANK() also keine Ex-aequo-Werte.

```
SELECT bezeichnung, vkpreis,
       ROW_NUMBER() OVER( ORDER BY vkpreis DESC) AS "lfd.Nr."
FROM dbo.artikel;
```

Auch wenn es meist Sinn macht, die Sortierung des Ergebnisses, wie in den gezeigten Beispielen, der Rangfolgefunktionen beizubehalten, ist dies allerdings keine Voraussetzung. Sie können jederzeit eine andere Sortierung über die ORDER BY-Klausel definieren, ohne die Rangfolgebildung damit zu beeinflussen.

```
SELECT artnr, bezeichnung, vkpreis,
       ROW_NUMBER() OVER( ORDER BY vkpreis DESC) AS "lfd.Nr."
FROM dbo.artikel
ORDER BY artnr;
```

liefert:

```
artnr bezeichnung                                    vkpreis lfd.Nr.
----- ------------------------------------------- ------- -------
1001  Abdeckbänderset 4 tlg.                         10,68   666
1002  Abflusssieb PVC Rund Hr 4 Stk. Packung Sb      7,52    811
1003  Abfallsack 110 lt                              3,16    1011
1004  Abfallsack 60 lt                               2,07    1089
1005  Abgiesser                                      7,52    810
1006  Ausgiesser Gihale 6 Stk. Packung               8,00    809
1007  Aquafit Erstausrüstungs-Set für Schwimmbad   108,79   73
...
```

 PRAXISTIPP: In der Praxis habe ich immer wieder die Anforderung, eine Laufnummer in einer Tabelle fix einzutragen und nicht so wie im vorigen Beispiel beim SELECT auszugeben. Diese kann mit ROW_NUMBER() generiert und über ein UPDATE in die Tabelle eingetragen werden.

Dazu ergänze ich eine neue Spalte mit dem Namen *lfd* in der Artikeltabelle.

```
ALTER TABLE dbo.artikel
ADD lfd int;
```

Die einfache Zuweisung innerhalb einer UPDATE-Anweisung ist leider nicht möglich, auch wenn diese Variante sehr intuitiv wäre.

```
UPDATE dbo.artikel
SET lfd = ROW_NUMBER()
          OVER(ORDER BY gruppe, vkpreis, bezeichnung);
```

Auf diese Anweisung hin bekommen wir die folgende Fehlermeldung:

```
Meldung 4108, Ebene 15, Status 1, Zeile 471
Fensterfunktionen sind nur in der SELECT- oder ORDER BY-Klausel zulässig.
```

Damit wir dennoch die Laufnummer eintragen können, müssen wir diese also in der SELECT-Klausel generieren. Dazu verwenden wir eine Unterabfrage und verknüpfen diese im Update mit der Artikeltabelle.

```
UPDATE a
SET a.lfd = l.lfd
FROM dbo.artikel a
INNER JOIN ( SELECT artnr,
             ROW_NUMBER()
             OVER(ORDER BY gruppe, vkpreis, bezeichnung) AS lfd
             FROM dbo.artikel) l ON a.artnr = l.artnr
```

5.1.3.10 Statistische Systemfunktionen

Statistische Systemfunktionen liefern Informationen über das System und dessen Auslastung. Zu diesen zählen unter anderen @@CONNECTIONS, @@CPU_BUSY oder @@IO_BUSY.

5.1.3.11 Text- und Bildfunktionen

Text- und Bildfunktionen werden für die Bearbeitung von Daten vom Typ *text*, *ntext* und *image* verwendet. Diese Datenfelder können nicht wie skalare Datentypen verwendet werden. Zu ihnen gehören PATINDEX(), TEXTPTR() und TEXTVALID().

HINWEIS: Die Datentypen *text* und *image* werden aus Gründen der Abwärtskompatibilität noch unterstützt. Verwenden Sie anstelle dieser besser die neuen Datentypen *varchar(max)* und *varbinary(max)*.

5.1.3.12 Hierarchie-ID-Funktionen

Für den Datentyp *hierarchyid*, mit dem hierarchische Strukturen aufgebaut werden können, gibt es eigene Funktionen, um mit Hierarchiewerten zu arbeiten. Der Datentyp *hierarchyid* ist als .NET-Datentyp implementiert. Daher werden die Funktionen als Methoden an ein Hierarchie-Element verwendet. Zum Beispiel: hierarchyid::GetRoot() oder @element.GetDescendant()

- **TOSTRING ():** Hiermit wird die HierarchyID in einen anzeigbaren Text umgewandelt.

- **GETROOT ():** Mittels GETROOT() ermitteln Sie den Stamm der Hierarchie.

```
DECLARE @root hierarchyid;
SET @root = hierarchyid::GetRoot();
SELECT @root.ToString() AS Wurzeleintrag, @root AS WurzelID;
```

liefert:

```
Wurzeleintrag   WurzelID
--------------- ---------------
/               0x
```

- **GETDESCENDANT():** Diese Methode wird für das Generieren eines untergeordneten Knotens verwendet.

```
...
DECLARE @nachfolger hierarchyid;
SET @nachfolger = @root.GetDescendant(NULL, NULL);
SELECT @nachfolger.ToString() AS Nachfolger;
```

liefert:

```
Nachfolger
---------------
/1/
```

- **ISDESCENDANTOF():** Diese Funktion prüft, ob ein Knoten der Nachfolger eines anderen ist. Sie liefert einen bit-Wert (0 oder 1) als Ergebnis.

```
...
SELECT @nachfolger.IsDescendantOf(@root) AS IstNachfolger1,
       @root.IsDescendantOf(@nachfolger) AS IstNachfolger2;
```

liefert:

```
IstNachfolger1 IstNachfolger2
-------------- --------------
1              0
```

- **GETLEVEL():** Hiermit ermitteln Sie den Level eines Knotens. Das Ergebnis ist eine Zahl. Der Level des Root-Elements ist 0.

```
...
SELECT @root.GetLevel() AS LevelRoot,
       @nachfolger.GetLevel() AS LevelNachfolger;
```

liefert:

```
LevelRoot LevelNachfolger
--------- ---------------
0         1
```

- **GETANCESTOR():** Diese Funktion bestimmt den Vorgänger, wobei als Parameter die Anzahl der Hierarchieebenen anzugeben ist.

```
...
DECLARE @vorgaenger hierarchyid
SET @vorgaenger = @nachfolger.GetAncestor(1)
SELECT @vorgaenger.ToString() As Vorgänger;
```

liefert:

```
Vorgänger
------------
/
```

5.1.4 Kontrollstrukturen

In jeder höheren Programmiersprache existieren Kontrollstrukturen, um komplexe Programmabläufe abzubilden, bei denen nicht sequenziell ein Befehl nach dem anderen abgearbeitet werden soll, sondern der Programmablauf durch Bedingungen und Wiederholungen gekennzeichnet wird. Der Name „Kontrollstrukturen" kommt daher, dass Sie durch ihren Einsatz zusätzliche Kontrollmöglichkeiten über den Programmablauf erhalten. Kontrollstrukturen werden in zwei Kategorien unterteilt:

- Auswahl- oder Entscheidungsstrukturen
- Wiederholungsstrukturen

Auswahlstrukturen kommen immer dann zum Einsatz, wenn ein Teil des Programmcodes nur unter bestimmten Voraussetzungen abgearbeitet wird oder in Abhängigkeit von bestimmten Bedingungen einer Variablen unterschiedliche Werte zugewiesen werden sollen. Kurz: immer dann, wenn irgendwelche Bedingungen geprüft werden müssen.

Folgende Aufgabenstellungen lassen sich beispielsweise durch Auswahlstrukturen abbilden:

- Falls die Kundennummer bereits vergeben ist, muss eine andere gesucht werden. Andernfalls kann sie für den neuen Kunden verwendet werden.
- Falls es für einen Artikel in einem bestimmten Lager schon einen Lagerstandwert in der Lagertabelle gibt, soll dieser angepasst werden. Andernfalls soll eine neue Zeile in die Lagerstandtabelle eingefügt werden.
- Falls eine offene Bestellung vorhanden ist, soll ein neu bestellter Artikel zu dieser Bestellung hinzugefügt werden. Andernfalls soll eine neue Bestellung erstellt werden.

Programmabläufe werden gern in Ablaufdiagrammen abgebildet. In diesen wird für jede Anweisung ein Kästchen gezeichnet. Ein Kästchen folgt dem vorhergehenden – so wie eine Anweisung in einem Programm. Bei Bedingungen wird das Kästchen geteilt, sodass für den Fall der erfüllten Bedingung sowie für den Fall der nicht erfüllten Bedingung eigene Anweisungen eingetragen werden können. Ist der Bedingungsblock beendet, wird wieder mit „normalen" Anweisungen fortgefahren.

Das zweite der vorangegangenen Beispiele wird durch folgendes Ablaufdiagramm dargestellt:

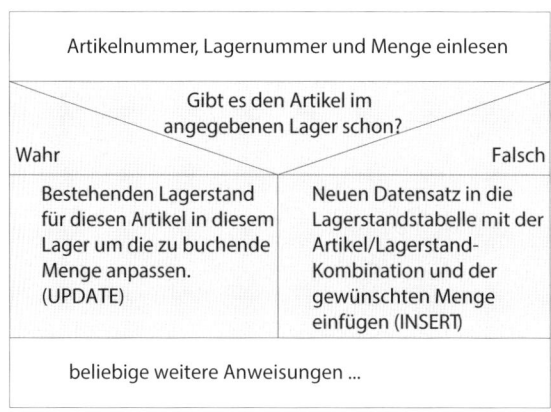

Bild 5.6 Ablaufdiagramm mit Auswahlstruktur

Wiederholungsstrukturen dienen dazu, eine oder mehrere Anweisungen mehrmals hintereinander auszuführen. Die Anzahl der Wiederholungen kann dabei auf unterschiedliche Weise festgelegt werden. Wir kennen Wiederholungsstrukturen mit

- einer fixen Anzahl Wiederholungen, die bereits zu Beginn der Schleife feststehen,
- Wiederholungen, die so lange durchgeführt werden, bis eine Abbruchbedingung zutrifft. Das Eintreten der Abbruchbedingung kann sowohl am Anfang als auch am Ende der Schleife überprüft werden.

Schleifen werden verwendet, wenn beispielsweise folgende Aufgabenstellungen im Programmcode abzubilden sind:

- Generiere für jeden Monat des Jahres die Umsatzauswertung. Da das Jahr aus zwölf Monaten besteht, sind von vornherein zwölf Wiederholungen festgelegt. Innerhalb der Schleife erfolgt die Umsatzauswertung jeweils für einen Monat.
- Verteile die vorhandene Menge eines Artikels so lange auf die eingegangenen Bestellungen, bis sie verbraucht ist. Innerhalb der Schleife werden so viele Einheiten vom Lagerstand abgebucht, wie in der jeweiligen Bestellung geordert sind. Die Abbruchbedingung für die Schleife lautet, dass der Lagerstand verbraucht ist. Sobald diese Bedingung eintritt, wird die Schleife beendet. Die Anzahl der Schleifendurchläufe steht daher zu Beginn noch nicht fest.

Auch eine Wiederholungsstruktur lässt sich in einem Ablaufdiagramm darstellen. Das nachfolgende Ablaufdiagramm beschreibt dieses Beispiel. Vorhandene Artikel werden so lange auf offene Bestellungen verteilt, bis entweder keine Artikel mehr vorhanden oder alle Bestellungen erledigt sind.

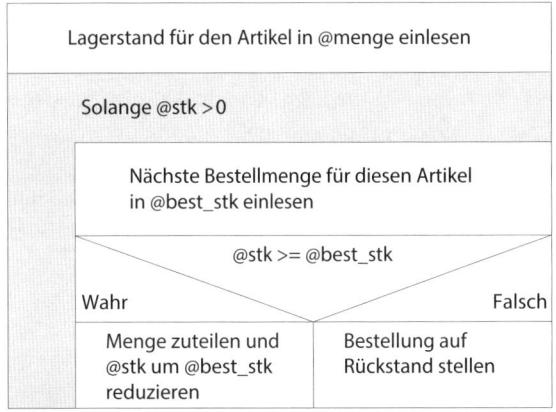

Bild 5.7 Ablaufdiagramm mit Wiederholungsstruktur

HINWEIS: Zuvor habe ich den Begriff *Schleife* verwendet. Dieser wird im Programmierer-Jargon synonym mit Wiederholungsstruktur verwendet.

In anderen höheren Programmiersprachen finden Sie eine größere Auswahl unterschiedlicher Syntaxvarianten. Diese erweitern zwar das Spektrum der verschiedenen Varianten, dennoch gehören sie alle entweder den Auswahl- oder den Wiederholungsstrukturen an. Jene Strukturen, die in Transact-SQL nicht enthalten sind, müssen durch andere Konstruktionen ersetzt und nachempfunden werden. Einiges hierzu erfahren Sie im nachfolgenden Abschnitt.

Wie eben angedeutet, ist Transact-SQL sehr spartanisch mit Kontrollstrukturen ausgestattet. Jeweils eine Syntaxvariante repräsentiert die zwei besprochenen Kategorien:

- **IF-ELSE** (Auswahlstruktur)
- **WHILE** (Wiederholungsstruktur)

Diese beiden Strukturen sollen jetzt im Detail besprochen werden.

 HINWEIS: Es ist von Vorteil, wenn Sie bereits über Erfahrungen mit Programmiersprachen wie zum Beispiel VB.NET, C#, Java, VBA oder ähnlichen Sprachen verfügen.

5.1.4.1 Einfache IF-Anweisungen

Die IF-Anweisung wird verwendet, um Bedingungen zu prüfen.

In der einfachsten Form wird im Anschluss an die Bedingung direkt die bedingte Anweisung geschrieben.

```
IF Bedingung
    Anweisung
```

Die IF-Anweisung in Transact-SQL kennt im Gegensatz zu vielen anderen Programmiersprachen weder Then- noch eine EndIf-Anweisung.

Ergibt die Anweisung den booleschen Wert *True*, wird die nachfolgende Anweisung ausgeführt; andernfalls wird sie einfach übersprungen. Die von anderen Programmiersprachen her bekannte ElseIF-Bedingung existiert in Transact-SQL nicht, wohl aber die ELSE-Anweisung. Mit dieser kann ein ElseIF jedoch jederzeit leicht nachgebildet werden. Anweisungen, die hinter der ELSE-Anweisung stehen, werden ausgeführt, sofern die zuvor abgefragte Bedingung nicht erfüllt ist.

```
IF Bedingung
    Anweisung
ELSE
    Anweisung
```

Um ein ElseIF nachzuempfinden, ergänzen Sie einfach eine zweite geschachtelte IF-Bedingung und rücken diese entsprechend ein. Dazu lesen Sie etwas später noch mehr.

Es wird kein EndIF verwendet, um den Bedingungsblock abzuschließen. IF und ELSE implizieren in dieser Form, dass jeweils die auf die Klausel folgende Anweisung betroffen ist.

PRAXISTIPP: Wie in anderen Programmiersprachen auch, ist es in Transact-SQL üblich, Bedingungsblöcke einzurücken. Man verwendet dazu vorzugsweise einen Tabulator. Dadurch wird die Lesbarkeit des Gesamtcodes stark verbessert, da sofort der Beginn und das Ende eines (Bedingungs-)Blocks gut erkennbar sind. Alle Anweisungen auf einer Anweisungsebene stehen somit auch optisch auf einer Ebene.

Viele Entwickler rücken bereits die Programmzeilen auf erster Ebene um eine Einrückung ein, um diese von der Variablendeklaration, die üblicherweise am Beginn des Programmcodes vorgenommen wird, abzuheben.

Beispiel: Falls das aktuelle Datum in der ersten Jahreshälfte liegt, soll im Abfrageeditor-Fenster mit Print der Text „Wir sind in der ersten Jahreshälfte." ausgegeben werden. Liegt das aktuelle Datum hingegen im zweiten Halbjahr, soll stattdessen der Text „Wir befinden uns im zweiten Halbjahr." zurückgegeben werden. Beachten Sie bitte auch die im Musterbeispiel verwendeten Einrückungen.

```
DECLARE @monat tinyint;
    SET @monat = MONTH(SYSDATETIME());
    IF @monat <= 6
        PRINT 'Wir sind in der ersten Jahreshälfte.';
    ELSE
        PRINT 'Wir befinden uns im zweiten Halbjahr.';
```

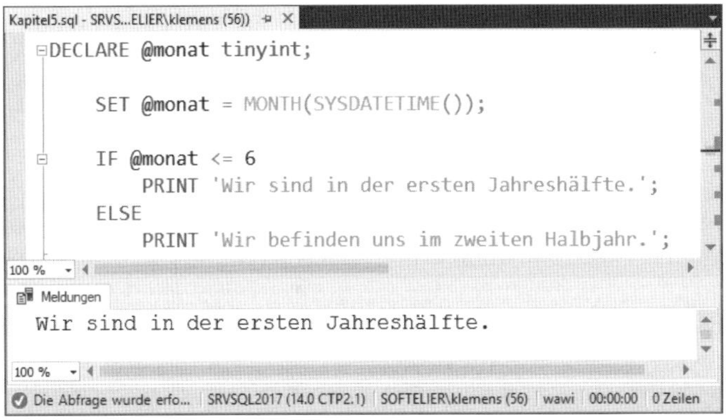

Bild 5.8 Bedingung mit Ausgabe über PRINT

Betrachten wir nun ein weiteres Beispiel: In der Tabelle *kundeninteressen* werden die Interessenzuordnungen zu Kunden gespeichert. Ist ein Interesse für einen Kunden erfasst, muss ein Datensatz in der Tabelle enthalten sein, der bereits die Kundennummer sowie das Kürzel des Interesses enthält. Über ein kleines Programm könnte eine neue Interessenzuordnung erfolgen. Dieses Programm würde eine Meldung zurückliefern, wenn das Interesse dem Kunden bereits zugeordnet ist. Gibt es noch keine Zuordnung, so soll diese erfolgen.

Weisen wir ein Interesse ohne vorherige Prüfung zu, kommt es zu einem Fehler, falls bereits eine derartige Zuordnung existiert. Hier wird versucht, dem Kunden mit der Kundennummer 106 (Petra Deutschmann) das Interesse mit dem Kürzel HUG (Haus und Garten) zuzuordnen. Die INSERT-Anweisung innerhalb des Programmblocks schlägt fehl, da die erneute Zuweisung zur Verletzung der PRIMARY KEY-Einschränkung führt.

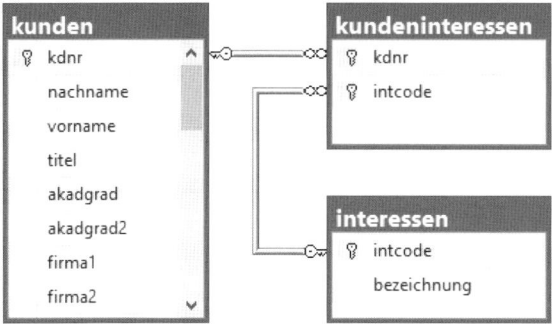

Bild 5.9 Interessenszuordnung

```
DECLARE @kunde int;
DECLARE @interesse char(3);

    SET @kunde = 106;
    SET @interesse = 'HUG';

    INSERT INTO dbo.kundeninteressen(kdnr, intcode)
    VALUES (@kunde, @interesse);
```

Ergebnis:

```
Meldung 2627, Ebene 14, Status 1, Zeile 7
Verletzung der PRIMARY KEY-Einschränkung 'pk_kundeninteressen'. Ein doppelter
Schlüssel kann in das dbo.kundeninteressen-Objekt nicht eingefügt werden. Der
doppelte Schlüsselwert ist (106, HUG).
Die Anweisung wurde beendet.
```

Um das gezeigte Problem zu umgehen, kann vor dem Einfügen geprüft werden, ob es bereits einen Datensatz mit gleichen Inhalten gibt. Dafür können Sie die Gruppenfunktion COUNT verwenden, um festzustellen, wie viele Datensätze für die definierte Bedingung existieren. Ebenso können Sie das EXISTS-Schlüsselwort verwenden.

Variante 1: COUNT

```
IF (SELECT COUNT(*) FROM dbo.kundeninteressen
    WHERE kdnr = @kunde
    AND intcode = @interesse) = 1
```

Variante 2: EXISTS

```
IF EXISTS(SELECT * FROM dbo.kundeninteressen
        WHERE kdnr = @kunde AND intcode = @interesse)
```

Liefert COUNT den Wert 1, so existiert in unserem Beispielfall bereits ein Eintrag in der Tabelle. EXISTS liefert entweder *True* (1) oder *False* (0), je nachdem, ob die Abfrage mindestens einen Datensatz zurückliefert oder nicht.

Bauen wir nun diese Bedingung in unsere Lösung ein, kommen wir zu folgendem Ergebnis:

```
DECLARE @kunde int;
DECLARE @interesse char(3);

    SET @kunde = 106;
    SET @interesse = 'HUG';

    IF ( SELECT COUNT(*) FROM dbo.kundeninteressen
         WHERE kdnr = @kunde AND intcode = @interesse) = 1
        PRINT 'Zuordnung bereits vorhanden.';
    ELSE
        INSERT INTO dbo.kundeninteressen(kdnr, intcode)
        VALUES (@kunde, @interesse);
```

Ergebnis:

```
Zuordnung bereits vorhanden.
```

Verwenden wir stattdessen das Interesse SPO (Sportartikel), ergibt die Prüfung mit COUNT, dass diese Zuordnung noch nicht existiert. Daher wird der ELSE-Block ausgeführt, der einen neuen Datensatz in der Tabelle *kundeninteressen* anlegt.

```
    ...
    SET @kunde = 106;
    SET @interesse = 'SPO';
    ...
    ELSE
        INSERT INTO dbo.kundeninteressen(kdnr, intcode)
        VALUES (@kunde, @interesse);
```

Ergebnis:

```
(1 Zeile(n) betroffen)
```

 ACHTUNG! Falls Sie EXISTS in einem Bedingungsausdruck verwenden, liefert dieser bereits wahr oder falsch. Es ist nicht möglich, diesem noch vergleichend das Ergebnis 0 (falsch) oder 1 (wahr) zuzuweisen. Die nachfolgende Syntax führt demnach zu einem Fehler.

```
IF EXISTS(...) = 0
IF EXISTS(...) = 1
```

Um mit EXISTS zu prüfen, ob etwas nicht enthalten ist, müssen Sie die Verneinung mit NOT verwenden.

```
IF NOT EXISTS(...)
```

Wichtig ist, dass in der bisher beschriebenen Syntax immer nur eine Anweisung im Bedingungsblock enthalten sein darf. Dasselbe gilt natürlich für den ELSE-Block. Daher erkennt das System auch ohne EndIF, wann der Block beendet wird.

5.1.4.2 Erweiterte IF-Anweisungen

In der Praxis wird jedoch oft mehr als eine Anweisung in einem Bedingungsblock benötigt. Selbstverständlich ist es in Transact-SQL möglich, beliebig lange Anweisungen zu schreiben. Dazu müssen alle Anweisungen, die zu einem Anweisungsblock gehören, zwischen BEGIN und END eingeschlossen werden.

```
IF Bedingung
BEGIN
    Anweisung 1
    Anweisung 2
    ...
    Anweisung n
END
```

Dasselbe gilt für den ELSE-Block, sodass sich folgende Syntax für eine Gesamtanweisung ergibt.

```
IF Bedingung
BEGIN
    Anweisung 1
    ...
    Anweisung n
END
ELSE
BEGIN
    Anweisung 1
    ...
    Anweisung n
END
```

Sie müssen BEGIN/END aber nur in dem Teil verwenden, in dem tatsächlich mehr als eine Anweisung enthalten ist. Wenn beispielsweise der ELSE-Block mehrere Anweisungen enthält, können Sie davon unberührt den IF-Block in der kurzen Syntax verwenden.

```
IF Bedingung
    Anweisung
ELSE
BEGIN
    Anweisung 1
    ...
    Anweisung n
END
```

 PRAXISTIPP: Falls Sie nur eine Anweisungszeile in einem Block haben, können Sie ihn je nach Geschmack aber dennoch auch zwischen BEGIN und END setzen. Dies erhöht zuweilen die Lesbarkeit des Codes, falls auch der andere Block mit BEGIN und END umschlossen ist.

ACHTUNG! Ein BEGIN und END ohne eine einzige Anweisung dazwischen führt zu einem Fehler. Möchten Sie jedoch einen noch nicht fertigen Programmcode testen und haben Sie den Block im Code schon durch BEGIN und END markiert, so schreiben Sie einfach die Zeile SELECT 1 oder PRINT 1 oder etwas Ähnliches dazwischen. Entfernen Sie diese Dummy-Zeile wieder, nachdem Sie den eigentlichen Code ergänzt haben. ∎

Wir erweitern unser voriges Beispiel der Interessenzuordnung. Hier haben wir eine benutzerdefinierte Meldung mit PRINT ausgegeben, falls eine Zuordnung bereits zuvor erfolgt ist. Wenn aber tatsächlich ein neuer Eintrag in die Tabelle *kundeninteressen* erfolgt, haben wir außer der Standardmeldung, dass eine Zeile betroffen ist, keine Rückmeldung erhalten. Es wäre jedoch schön, wenn wir in diesem Fall eine positive Meldung der Art „Das Interesse wurde erfolgreich dem Kunden zugewiesen" bekämen. Dies ist bisher aufgrund des einzeiligen Anweisungsblocks nicht möglich gewesen. Nun können wir das Beispiel erweitern.

```
DECLARE @kunde int = 106;
DECLARE @interesse char(3) = 'HUG';

    IF ( SELECT COUNT(*) FROM dbo.kundeninteressen
        WHERE KdNr = @kunde AND IntCode = @interesse) = 1
        PRINT 'Zuordnung bereits vorhanden.';
    ELSE
    BEGIN
        INSERT INTO dbo.kundeninteressen(kdnr, intcode)
        VALUES (@kunde, @interesse);
        PRINT 'Interesse wurde zugewiesen.';
    END;
```

Wird ein neuer Teilnehmer eingetragen, kommt es nun zu dieser Ergebnismeldung:

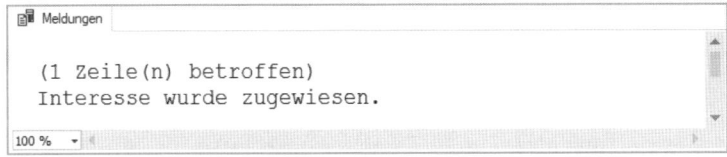

Bild 5.10 Ergebnisanzeige nach Bedingungsprüfung

 ACHTUNG! Ich habe am Beginn dieses Kapitel über den Einsatz von Semikolons am Ende von Anweisungen geschrieben. Wenn Sie bei einem Bedingungsblock auch ein Semikolon zum Abschluss verwenden möchten, dann darf es nur am Ende des Gesamtblocks stehen. Beim letzten Beispiel wäre dies nach dem schließenden Ende des ELSE-Blocks. Ein Semikolon bereits nach dem IF oder ELSE würde zu einem Fehler führen! ∎

5.1.4.3 ELSEIF-Blöcke substituieren

Wie bereits erwähnt, ist Transact-SQL in puncto Kontrollstrukturen nicht allzu umfangreich mit Syntaxvarianten ausgestattet. In der Praxis werden häufig mehrere Bedingungen hintereinander geprüft. Dafür wird in anderen Programmiersprachen der ElseIF-Block verwendet. Der Unterschied dieses Blocks zur Verwendung mehrerer IF-Blöcke hintereinander ist, dass bei mehreren IF-Blöcken alle geprüft werden, auch wenn eine der vorhergehenden Bedingungen erfüllt gewesen ist. Bei ElseIF-Blöcken wird jedoch nicht weiter geprüft, sobald eine Bedingung erfüllt ist.

Die Logik, die sich dahinter verbirgt, ist folgende:

```
Wenn Bedingung 1
    Anweisungen
Sonst Wenn Bedingung 2
    Anweisungen
Sonst Wenn Bedingung 3
    Anweisungen
Sonst
    Anweisungen
```

Ist Bedingung 1 erfüllt, so werden die Bedingungen 2 und 3 nicht mehr geprüft.

Da Transact-SQL eine ElseIF-Anweisung nicht kennt, kann diese Form der Bedingungsprüfung nur durch die Verwendung geschachtelter IF-Anweisungen in der folgenden Syntax erzielt werden.

```
IF Bedingung 1
    Anweisung
ELSE
    IF Bedingung 2
        Anweisungen
    ELSE
        IF Bedingung 3
            Anweisungen
        ELSE
            Anweisungen
```

Dabei muss mit jeder Alternativbedingung eine weitere Schachtelungsebene definiert werden. Achten Sie in der Praxis bitte darauf, dass Sie Anweisungsblöcke, die aus mehreren Anweisungen bestehen, mit BEGIN/END umschließen. Jedoch wird in diesem Fall ausnahmsweise auch eine gesamte IF-Anweisung als eine Anweisung betrachtet und muss daher nicht zwischen BEGIN/END gesetzt werden. Dies erkennen Sie daran, dass nach der ersten ELSE-Anweisung in der vorherigen Darstellung kein BEGIN erforderlich ist.

Das folgende Beispiel zeigt, wie in Abhängigkeit vom aktuellen Tagesdatum festgestellt wird, ob zurzeit Vor-, Haupt- oder Nachsaison ist.

```
IF MONTH(SYSDATETIME()) IN(1,2,3,4,5)
    PRINT 'Vorsaison';
ELSE
    IF MONTH(SYSDATETIME ()) IN(6,7,8,9)
        PRINT 'Hauptsaison';
    ELSE
        PRINT 'Nachsaison';
```

Ergebnis (zum Beispiel):

```
Hauptsaison
```

 ACHTUNG! Sobald in einem Anweisungsblock mehr als eine Anweisung vorkommt, muss der gesamte Block von BEGIN und END umschlossen werden. Dies gilt aber nicht für den übergeordneten Block, solange dieser nur den gesamten IF-Block und keine weitere Anweisung enthält.

Wird das Beispiel also um den Hinweis, dass in der Hauptsaison alles sehr teuer ist, erweitert, muss dieser innerhalb von BEGIN und END gesetzt werden. Sie sehen aber auch, dass für den übergeordneten ELSE-Block diese Notwendigkeit nicht besteht. Dies rührt daher, dass die nachfolgende IF-Anweisung als eine Einheit betrachtet wird.

```
IF MONTH(SYSDATETIME()) IN(1,2,3,4,5)
    PRINT 'Vorsaison';
ELSE
    IF MONTH(SYSDATETIME()) IN(6,7,8,9)
    BEGIN
        PRINT 'Hauptsaison';
        PRINT 'Hier ist alles sehr teuer.';
    END
    ELSE
        PRINT 'Nachsaison';
```

Das Ergebnis ist (zum Beispiel):

```
Hauptsaison
Hier ist alles sehr teuer.
```

 PRAXISTIPP: Sie können aber das fehlende ElseIF durch gezielten Einsatz von Einrückungen geschickt nachempfinden. Dies ist möglich, da Einrückungen ja lediglich der Lesbarkeit des Programmcodes dienen und diesen inhaltlich nicht beeinflussen.

So können Sie das letzte Beispiel auch auf folgende Weise formatieren und die Einrückungen der weiteren Ebenen auf die erste Ebene reduzieren. Da Zeilenumbrüche in T-SQL ja nicht zwingend zum Einsatz kommen, können Sie das IF in der Zeile darüber gleich neben dem ELSE platzieren.

```
IF MONTH(SYSDATETIME()) IN(1,2,3,4,5)
    PRINT 'Vorsaison';
ELSE IF MONTH(SYSDATETIME()) IN(6,7,8,9)
BEGIN
    PRINT 'Hauptsaison';
    PRINT 'Hier ist alles sehr teuer.';
END
ELSE
    PRINT 'Nachsaison';
```

Wenn Sie diese Variante einsetzen, ergeben sich damit keine Änderungen gegenüber der eventuell von anderen Programmiersprachen her bekannten Optik; selbst wenn Sie eine größere Anzahl an Bedingungen prüfen.

```
IF Bedingung 1
BEGIN
    Anweisung(en)
END
ELSE IF Bedingung 2
BEGIN
    Anweisung(en)
END
ELSE IF Bedingung 3
BEGIN
    Anweisung(en)
END
ELSE
BEGIN
    Anweisung(en)
END;
```

5.1.4.4 IF-Anweisung mit mehreren Bedingungen

In einer IF-Anweisung können Sie mehrere Bedingungen beliebig miteinander – zum Beispiel mit AND und OR – kombinieren. Die Bedingung muss in ihrer Syntax der WHERE-Klausel einer normalen SQL-Anweisung (ohne das Schlüsselwort WHERE) entsprechen.

```
IF Bedingung 1 AND Bedingung 2 OR Bedingung 3
BEGIN
    Anweisungen
END;
```

 HINWEIS: Achten Sie bei der Verwendung von mehreren Bedingungen darauf, dass analog zu einer WHERE-Klausel beim Auswerten der Gesamtbedingung AND eine höhere Priorität hat als OR. Daher müssen Sie gegebenenfalls Klammern verwenden, um eine andere Priorität zu erzwingen.

Bei einem unserer vorherigen Beispiele, bei dem wir einem Kunden ein Interesse zugeordnet haben, haben wir geprüft, ob diese Zuordnung bereits zuvor erfolgt war. Sollten wir nicht auch prüfen, ob der Kunde überhaupt noch „aktiv" ist?

Dazu müssen wir eine Bedingung ergänzen. Wir lesen hierzu in einer Unterabfrage den Status des gewählten Kunden aus. Ergibt die Abfrage, dass der Kunde nicht mehr aktiv ist, wird der Vorgang nicht fortgesetzt.

```
DECLARE @kunde int = 111;
DECLARE @interesse char(3) = 'SPO';

    IF (SELECT COUNT(*) FROM dbo.kundeninteressen
        WHERE KdNr = @kunde AND IntCode = @interesse) = 1
        OR (SELECT aktiv FROM dbo.kunden WHERE kdnr = @kunde) = 0
```

```
        PRINT 'Zuordnung bereits vorhanden oder Kunde nicht mehr aktiv.';
    ELSE
    BEGIN
        INSERT INTO dbo.kundeninteressen (kdnr, intcode)
        VALUES (@kunde, @interesse);
        PRINT 'Interesse wurde zugewiesen.';
    END
```

Ergebnis (da die Kundin mit der Nummer 111 inaktiv ist):

```
Zuordnung bereits vorhanden oder Kunde nicht mehr aktiv.
```

 PRAXISTIPP: Werden mehrere Bedingungen in einer Anweisung angegeben, werden stets alle Bedingungen geprüft. Dies ist auch dann der Fall, wenn eine der vorangegangenen Bedingungen bereits nicht zutraf. Aus Gründen der Performance kann es daher bei bestimmten Bedingungen sinnvoll sein, diese stattdessen zu verschachteln, um unnötige weitere Prüfungen zu vermeiden.

Folgende Bedingung erfordert, dass zwei Datenzugriffe erfolgen, um die Bedingung zu prüfen. Das zweite SELECT wird aber auch dann ausgeführt, wenn EXISTS bereits festgestellt hat, dass es nichts gibt. Das SELECT benötigt dann zusätzliche Zeit, die in diesem Fall umsonst investiert wird.

```
IF EXISTS(SELECT ...) AND (SELECT ...) = 1
BEGIN
    Anweisungen
END;
```

Damit die SELECT-Anweisung nur dann ausgeführt wird, wenn dies auch sinnvoll ist, muss die Bedingung gesplittet und geschachtelt werden.

```
IF EXISTS(SELECT ...)
    IF (SELECT ...) = 1
    BEGIN
        Anweisungen
    END;
```

5.1.4.5 CASE-Anweisung

Keine Kontrollstruktur im eigentlichen Sinn ist die CASE-Anweisung. Sie soll hier nur erwähnt werden, weil sie sich in manchen Situationen als Alternative gut einsetzen lässt. Die CASE-Anweisung wird innerhalb einer Anweisungszeile eingesetzt. Ihrer Logik nach entspricht sie einer Wenn ()-Funktion, die Sie vielleicht von Excel oder Access her kennen.

```
Wenn(Bedingung; Dann; Sonst)
```

Die CASE-Anweisung ist eine ANSI-kompatible Anweisung, die von den meisten Datenbankmanagementsystemen in allen Standard-SQL-Anweisungen unterstützt wird. Es gibt sie in zwei Syntaxvarianten:

In der einfacheren Variante wird ein Ausdruck mit verschiedenen Ergebniswerten verglichen.

```
CASE Bedingungsausdruck
WHEN Vergleichsausdruck1 THEN Ergebnisausdruck1
WHEN Vergleichsausdruck2 THEN Ergebnisausdruck2
...
ELSE Sonstausdruck END;
```

In der erweiterten Syntax – Microsoft spricht von der komplexen Syntax – können jeweils unterschiedliche Bedingungen geprüft werden.

```
CASE WHEN Bedingung1 THEN Ergebnisausdruck1
     WHEN Bedingung1 THEN Ergebnisausdruck2
     ...
     ELSE Sonstausdruck END;
```

Bei beiden Syntaxvarianten kann der ELSE-Teil weggelassen werden. Wichtig ist, dass die Anweisung mit END beendet wird.

Den Unterschied zwischen den beiden Varianten sollen die nachfolgenden Beispiele verdeutlichen. Die Ziffer des Wochentags, der über die Funktion DATEPART() ermittelt werden kann, soll in den Namen des Wochentags umgewandelt werden. Der Ausdruck wird einmal zu Beginn ausgewertet und dann mit unterschiedlichen Werten verglichen. Die Vergleiche können bei der einfachen Variante ausschließlich auf Gleichheit hin erfolgen. (Natürlich ließe sich diese Aufgabenstellung einfacher mit der Funktion DATENAME () lösen, aber ich möchte Ihnen mit diesem Beispiel die Verwendung der einfachen CASE-Syntax veranschaulichen.)

```
SET DATEFIRST 1;       -- legt den Montag als ersten Wochentag fest
DECLARE @wotag varchar(10);

SET @wotag = CASE DATEPART(weekday, SYSDATETIME())
              WHEN 1 THEN 'Montag'
              WHEN 2 THEN 'Dienstag'
              WHEN 3 THEN 'Mittwoch'
              WHEN 4 THEN 'Donnerstag'
              WHEN 5 THEN 'Freitag'
              WHEN 6 THEN 'Samstag'
              ELSE 'Sonntag'
              END;

SELECT @wotag AS [Heute ist];
```

Ergebnis (Beispiel):

```
Heute ist
----------
Montag
(1 Zeile(n) betroffen)
```

Das Wesen der einfachen Syntax ist, dass eine Sache auf unterschiedliche Ergebniswerte auf Gleichheit überprüft werden kann. Es können weder mehrere Kriterien kombiniert, andere Vergleichsoperatoren verwendet noch Kriterien während der Prüfung geändert werden. Bei der komplexen Variante können beliebige Vergleichsoperatoren verwendet und unterschiedliche Aspekte überprüft werden. Sie können hier alles einsetzen, was auch in einer WHERE-Klausel gültig ist. So verwendet das nachfolgende Beispiel den Vergleichsoperator <. Das WHEN wandert bei dieser Syntaxvariante nach vorne, direkt hinter das CASE.

```
SET DATEFIRST 1;
DECLARE @typ varchar(10);

SET @typ = CASE WHEN DATEPART(weekday, SYSDATETIME()) < 6
                THEN 'Arbeitstag'
                ELSE 'Wochenende' END;

SELECT @typ AS "Heute ist";
```

Ergebnis (Beispiel):

```
Heute ist
----------
Arbeitstag
(1 Zeile(n) betroffen)
```

HINWEIS: CASE kann auch innerhalb von Standardanweisungen wie SELECT verwendet werden, da sie einen Ausdruck darstellt.

```
SELECT CASE geschlecht WHEN 1 THEN 'Frau' ELSE 'Herr' END AS anrede,
       vorname, nachname
FROM dbo.personal;
```

Ergebnis:

```
anrede vorname              nachname
------ -------------------- ---------------------------
Herr   Gernot               Obermann
Herr   Martin               Konstantin
Frau   Bernadette           Hille
Frau   Marion               Hoier
Herr   Lorenz               Meister
Frau   Anastasia            Ideenreich
...
(20 row(s) affected)
```

Als einfache Alternative zu CASE gibt es seit dem SQL Server 2012 nun auch die Anweisung IIF(), die dem Wenn() von Excel exakt gleicht. Sie können damit zwei Varianten abdecken. Für mehr als zwei Varianten muss analog zu Excel geschachtelt werden.

Die Anweisung IIF() verwendet drei Parameter:

- Bedingung (Wenn)
- Wert, wenn die Bedingung erfüllt ist (Dann)
- Wert, wenn die Bedingung nicht erfüllt ist (Sonst)

Wir können sie analog zum vorigen Beispiel einsetzen, um die Anrede für die Einträge der Personal-Tabelle zu generieren. Die nachfolgende Anweisung liefert exakt dasselbe Ergebnis wie zuvor:

```
SELECT IIF(geschlecht = 1, 'Frau', 'Herr') AS anrede,
       vorname, nachname
FROM dbo.personal;
```

Für geringe Anforderungen ist IIF() einfacher als CASE, weist aber bei Weitem nicht diese Flexibilität und den Variantenreichtum auf.

Die ebenso erst seit dem SQL Server 2012 verfügbare Anweisung CHOOSE() passt ebenso in diese Kategorie. Mit dieser werden Werte aus einer Liste ausgewählt. Der übergebene numerische Index gibt dabei an, der wievielte Wert aus der Liste genommen werden soll.

Diese Variante bietet sich an, wenn Sie mit eins beginnende numerische Werte durch etwas anderes ersetzen möchten. Als erster Parameter wird der Index übergeben, der angibt, den wievielten Wert wir verwenden möchten. Danach werden die Werte in der Indexreihenfolge angeführt übergeben. Diese Anweisung eignet sich gut, um dem Geschlechtskürzel in der Kunden-Tabelle einen Wert zuzuweisen. Diese Kürzel bewegen sich im Wertebereich von eins bis fünf. Je nach Eintrag in der Spalte *geschlecht* wird der erste, zweite, dritte, vierte oder fünfte Wert in der Aufzählung genommen. Da es für den Eintrag mit der Nummer fünf (Sonstige, Institutionen) keine spezielle Anrede gibt, wird hier ein Leerstring übergeben.

```
SELECT geschlecht AS kuerzel,
       CHOOSE(geschlecht, 'Frau', 'Herr', 'Familie', 'Firma', '') AS anrede,
       IIF(geschlecht <=3, vorname + ' ' + nachname,
       firma1 + ISNULL(' ' + firma2, '')) AS kunde
FROM dbo.kunden;
```

liefert:

```
kuerzel  anrede   kunde
-------- -------- ----------------------------------------
5                 Magistrat Graz Hochbauamt
4        Firma    Meiers Kantine
2        Herr     Michael Frisch
2        Herr     Erich Wolff
2        Herr     Jochen Schmid
1        Frau     Karin Weiser
...
```

5.1.4.6 WHILE-Schleifen

In Transact-SQL ist die Schleifenvariante implementiert, bei der die Prüfung, ob die Schleife durchlaufen werden soll oder nicht, zu Beginn beim Schleifeneintritt erfolgt. Je nach Sichtweise kann man diese Bedingung als Abbruch- oder Fortsetzungsbedingung interpretieren. Ist die Bedingung erfüllt, wird die Schleife durchlaufen. Am Ende der Schleife erfolgt ein Rücksprung an den Schleifenstart zur abermaligen Prüfung. Das „Spiel" wiederholt sich so lange, bis die Bedingung nicht mehr erfüllt ist. Dann wird mit derjenigen Anweisung fortgesetzt, die auf die Schleife folgt.

```
WHILE bedingung(en)
BEGIN
    Anweisungen
END;
```

Da die Bedingung zu Beginn geprüft wird, ist es möglich, dass es zu keinem einzigen Schleifendurchlauf kommt. Die Variante, dass die Bedingung am Schleifenende geprüft wird und damit ein Schleifendurchlauf garantiert ist, ist hingegen in Transact-SQL nicht implementiert.

Als Bedingung kommt jeder logische Ausdruck infrage, der entweder als wahr oder als falsch ausgewertet wird.

 ACHTUNG! Achten Sie bitte darauf, dass die Abbruchbedingung irgendwann tatsächlich eintritt. Andernfalls erzeugen Sie eine sogenannte Endlosschleife.

WHILE-Schleifen werden oft im Zusammenhang mit Cursor verwendet. Cursor können mehrere Datensätze zur Bearbeitung zur Verfügung stellen. Sie finden deshalb ein ausführliches Beispiel dazu im nächsten Abschnitt.

Zusätzlich können Sie innerhalb einer WHILE-Schleife folgende Anweisungen verwenden:

- **BREAK:** Mit der Anweisung BREAK wird die Schleife unmittelbar vorzeitig verlassen. Der Programmcode wird mit der auf die Schleife folgenden Anweisung fortgesetzt.

```
WHILE bedingung1
BEGIN
    Anweisungen
    IF bedingung2
        BREAK
END;
```

- **CONTINUE:** Mit CONTINUE wird der Schleifendurchlauf abgebrochen und mit der Prüfung der Bedingung fortgesetzt. Alle innerhalb der Schleife nachfolgenden Anweisungen werden für diesen Durchlauf übersprungen.

```
WHILE bedingung1
BEGIN
    Anweisungen
    IF bedingung2
        CONTINUE
    Anweisungen
END;
```

 PRAXISTIPP: Mit BREAK lässt sich bei Bedarf eine Schleife mit Bedingungsprüfung bei Schleifenaustritt nachempfinden. Sie müssen dazu als normale Schleifenbedingung eine verwenden, die immer auf *wahr* auswertet, wie zum Beispiel 1=1. Am Ende der Schleife verwenden Sie die eigentliche Abbruchbedingung in Kombination mit BREAK.

```
WHILE 1 = 1           -- immer gültig!
BEGIN
    Anweisungen
    IF abbruchbedingung
        BREAK
END;
```

5.1.4.7 FOR-Schleifen mit WHILE simulieren

In Transact-SQL sind FOR-NEXT-Schleifen, wie Sie sie von anderen Programmiersprachen her vielleicht kennen, nicht verfügbar. Oft wird aber eine derartige Funktionalität benötigt. Dann kann man diese mit einer WHILE-Schleife simulieren. Dazu wird eine Zählervariable benötigt, die vor dem Start der Schleife auf einen Startwert gesetzt wird. Als Abbruchbedingung für die Schleife wird definiert, dass der Zähler kleiner oder gleich dem gewünschten Endwert ist. Am Ende des Anweisungsblocks wird der Zähler um den Wert der Schrittweite erhöht. Vergessen Sie dies bitte nicht, andernfalls haben Sie eine Endlosschleife programmiert!

Das nachfolgende Beispiel entspricht einer FOR-NEXT-Schleife, die mit einer Schrittweite von 1, beginnend mit dem Startwert 1, bis 10 läuft.

```
DECLARE @zaehler
    SET @zaehler = 1
    WHILE @zaehler <= 10
    BEGIN
        ... (Anweisungen)
        SET @zaehler = @zaehler + 1
    END;
```

 PRAXISTIPP: Der SQL Server bietet für das Inkrementieren von Variablen eine weitere komfortable Syntaxvariante an, die auch in vielen anderen Programmiersprachen zum Einsatz kommt.

```
SET @variable += inkrement;
```

Damit wird die Variable um das angegebene Inkrement erhöht. So kann anstelle der üblichen Form

```
SET @zaehler = @zaehler + 1;
```

auch die Variante

```
SET @zaehler += 1;
```

eingesetzt werden.

Diese Syntaxform kann aber nicht nur für Addition, sondern auch für Subtraktion, Multiplikation und Division verwendet werden.

```
SET @nr -= 1;
```

```
SET @nr *= 2;
SET @nr /= 3;
SET @nr += 4;
```

 ACHTUNG! Ganz wichtig ist, dass zwischen dem verwendeten Operator und dem Gleichheitszeichen kein Leerzeichen stehen darf. Das würde zu einem Fehler führen: `SET @nr + = 4;`

5.1.5 Cursor für Datenzugriffe einsetzen

Cursor sind ein wichtiges Element innerhalb der Transact-SQL-Programmierung. Sie bieten die Möglichkeit, mehrere Zeilen eines Auswahlergebnisses zu verarbeiten. Über einen Cursor hat man eine definierte Menge von Zeilen im Zugriff, innerhalb derer man sich vorwärts und rückwärts bewegen kann. Den jeweils aktuellen Datensatz kann man für bestimmte Operationen verwenden. So eignet sich ein Cursor dazu, eine bestimmte Aktion in gleicher Art und Weise auf mehrere Datensätze hintereinander anzuwenden. Diese Technik ist Ihnen vielleicht aus der Programmierung in einer höheren Programmiersprache bekannt.

Dennoch sollten Sie Cursor immer nur dann verwenden, wenn dies für den Programmablauf wirklich von Vorteil ist und die Programmierung sich dadurch vereinfacht. Zum Beispiel, wenn Sie eine gespeicherte Prozedur für jede Zeile einer Ergebnismenge aufrufen müssen. Der Grund hierfür ist, dass Cursor aus Performance-Sicht nicht unbedingt die beste Lösung sind. Das bedeutet allerdings nicht, dass Sie keine Cursor verwenden sollten. Setzen Sie diese nur dort ein, wo es sinnvoll ist.

Cursor können eingesetzt werden, wenn große Datenmengen in Batchläufen manipuliert werden sollen und die dafür benötigte Zeit eine untergeordnete Rolle spielt. Der Vorteil einer solchen Vorgangsweise liegt darin, dass einerseits nicht die Gefahr besteht, dass das Transaktions-Log überläuft, und andererseits eine Sperre der gesamten Tabelle verhindert werden kann. Warum? Wenn Sie beispielsweise mit einer UPDATE-Anweisung eine große Tabelle manipulieren, wird – nachdem der Server versucht, eine für die Operation optimale Sperrmethode anzuwenden – die gesamte Tabelle für alle anderen Prozesse gesperrt. Nachdem die gesamte Operation durch eine Anweisung realisiert wird, werden alle geänderten Daten zugleich im Transaktions-Log gespeichert, um bei Bedarf zurückgerollt zu werden. Ist das Transaktions-Log nicht groß genug, kann die Operation nicht erfolgreich ausgeführt werden. Erfolgt die Datenmanipulation über einen Cursor, werden nur wenige Daten gesperrt und stehen anderen Prozessen zur Bearbeitung zur Verfügung. Außerdem kann, während der Batchjob noch läuft, das Transaktions-Log abgeschnitten werden.

5.1.5.1 Cursor definieren

Bevor ein Cursor geöffnet werden kann, muss er deklariert werden. Dies geschieht mit der Anweisung DECLARE, die wir schon von der Deklaration lokaler Variablen her kennen. Auf DECLARE CURSOR folgt immer eine SELECT-Anweisung, welche die Daten auswählt, die im Cursor enthalten sein sollen.

SQL Server unterstützt zwei Syntaxvarianten der Cursor-Definition:

- SQL 92-Syntax
- Erweiterte Transact-SQL-Syntax

Die SQL 92-Syntax folgt dem ANSI-Standard. Sie lautet für die Deklaration eines Cursors:

```
DECLARE cursor_name [INSENSITIVE] [SCROLL] CURSOR
FOR select_anweisung
FOR READ ONLY | FOR UPDATE [OF spalten_namen]
```

Als Name für den Cursor ist jeder Name gültig, der den allgemeinen Namensregeln entspricht, also beispielsweise mit einem Buchstaben beginnt.

Wird ein Cursor mit dem Schlüsselwort INSENSITIVE deklariert, hat dies zwei Auswirkungen:

1. Der Cursor spiegelt keine Änderungen an den zugrunde liegenden Daten wider, die durch andere Benutzer beziehungsweise Prozesse vorgenommen werden.

2. Da ein insensitiver Cursor eine temporäre Kopie der enthaltenen Daten verwendet, ist er schreibgeschützt. Außerdem können keine Änderungen an den zugrunde liegenden Daten vorgenommen werden.

Bei einem Cursor, der viele Datensätze enthält, kann es zu Performance-Einbußen kommen, falls eine temporäre Kopie einer großen Datenmenge erzeugt werden muss. Andererseits ist ein Performance-Vorteil bei kleinen Datenmengen gegeben, da keine Sperrmechanismen für diese Datensätze benötigt werden.

Unter gewissen Umständen wird ein Cursor automatisch als insensitiv angelegt, auch wenn das Schlüsselwort INSENSITIVE nicht verwendet wird. Es sind die gleichen Anweisungen innerhalb einer SELECT-Anweisung, die bei einer View verhindern, dass DML-Anweisungen auf sie ausgeführt werden:

- In der SELECT-Anweisung kommt eines der Schlüsselwörter DISTINCT, UNION oder GROUP BY vor.
- Zumindest eine der zugrunde liegenden Tabellen enthält keinen eindeutigen Index.
- Es wird ein OUTER JOIN verwendet.
- In der SELECT-Klausel kommt ein berechneter Ausdruck vor.

Das Schlüsselwort SCROLL verwenden Sie, sofern Sie sich innerhalb des Cursors in alle Richtungen oder sprunghaft bewegen möchten.

Die angegebene SELECT-Anweisung liefert die Daten für den Cursor. Die Verwendung der Schlüsselwörter COMPUTE, FOR BROWSE und INTO ist hierbei jedoch ausgeschlossen.

Falls Sie die Daten im Cursor nicht ändern möchten, verwenden Sie die Option READ ONLY. Solange Sie den Cursor nicht als insensitiv deklarieren, bekommen Sie auf diese Weise von anderen Benutzern vorgenommene Änderungen an den zugrunde liegenden Daten mit. Sie können die Daten über den Cursor jedoch keinesfalls ändern.

Falls Spalten mittels des Cursors geändert werden sollen, verwenden Sie die UPDATE-Option. Wird diese ohne weitere Angabe von Spalten verwendet, können über den Cursor alle enthaltenen Spalten bearbeitet werden. Falls nur bestimmte Spalten geändert werden müssen, geben Sie diese über die Verwendung von UPDATE OF in Kombination mit einer Aufzählung der veränderbaren Spalten an.

HINWEIS: Auch wenn es nicht unbedingt notwendig ist, die veränderbaren Spalten anzugeben, sollten Sie es dennoch tun, da Sie Ihren Programmcode auf diese Weise übersichtlich und besser lesbar gestalten. Außerdem werden diejenigen Spalten, die nicht in der FOR UPDATE OF-Auflistung vorkommen, vor unbeabsichtigten Änderungen geschützt.

Die erweiterte Transact-SQL-Syntax bietet zusätzliche Möglichkeiten. Die Syntax lautet:

```
DECLARE cursor_name CURSOR
[ LOCAL | GLOBAL ]
[ FORWARD_ONLY | SCROLL ]
[ STATIC | KEYSET | DYNAMIC | FAST_FORWARD ]
[ READ_ONLY | SCROLL_LOCKS | OPTIMISTIC ]
[ TYPE_WARNING ]
FOR select_statement
[ FOR UPDATE [ OF column_name [ ,...n ] ] ]
```

Ein als LOCAL definierter Cursor ist nur in der Prozedur gültig, in der er erzeugt wurde. Hingegen sind ein als GLOBAL definierter Cursor sowie ein nach der SQL 92-Syntax definierter Cursor immer global. Das heißt, auch andere Prozeduren können auf ihn zugreifen, und er bleibt erhalten, wenn er am Ende der Prozedur nicht mit der Anweisung DEALLOCATE zerstört wird.

Wird die Option FORWARD_ONLY verwendet, kann der Cursor nur einmal von Anfang bis Ende durchlaufen werden. Andere Bewegungen als zur jeweils nächsten Zeile innerhalb des Cursors sind nicht möglich. SCROLL hingegen lässt auch andere Bewegungen zu.

Die Daten eines mit STATIC deklarierten Cursors werden als Kopie in eine temporäre Tabelle gespeichert. Daher lässt der Cursor auch keine Änderungen an den Daten zu. Bei der Option KEYSET hingegen werden nur die Schlüsselwerte der ausgewählten Daten temporär kopiert. Das bewirkt, dass Änderungen anderer Benutzer im Cursor sichtbar werden, da die Daten immer direkt aus der Tabelle abgerufen werden. Da die Schlüssel aber kopiert sind, können keine von anderen Benutzern neu angelegten Datensätze über den Cursor angezeigt werden. Der Inhalt eines mit der Option DYNAMIC definierten Cursors hingegen kann sich bei jedem Abruf einer Zeile ändern, da immer direkt auf die Daten und nicht auf eine Kopie zugegriffen wird. Deshalb sind auch Änderungen und Neueinfügungen anderer Benutzer im Cursor sichtbar. FAST_FORWARD optimiert die Leistung, kann aber nicht in Kombination mit SCROLL oder FOR UPDATE verwendet werden. Auch kann es nicht mit FORWARD_ONLY gemeinsam angegeben werden. Verwenden Sie daher immer nur eine der beiden Varianten.

Mit READ_ONLY wird ein Cursor explizit auf „schreibgeschützt" gesetzt. Dies ist zum Beispiel notwendig, wenn Sie KEYSET verwenden, um die Änderungen anderer Benutzer zu sehen, aber selber keine Änderungen zulassen möchten. Verwenden Sie SCROLL_LOCKS, um beim Öffnen des Cursors bereits alle Datensätze zu sperren. Somit gehen Sie sicher, dass keine andere Transaktion Ihnen zuvorkommt. OPTIMISTIC bewirkt, dass die Aktualisierung einer Zeile über den Cursor fehlschlägt, wenn diese zeitlich nach dem Öffnen des Cursors noch von einem anderen Benutzer geändert wurde.

PRAXISTIPP: Ich empfehle Ihnen, mit dem SQL Server 2017 die modernere und variantenreichere Syntaxform des erweiterten SQL Server-Cursors zu verwenden. Deshalb setze ich diesen auch in unseren Beispielen ein.

5.1.5.2 Cursor öffnen

Auf einen deklarierten Cursor kann erst zugegriffen werden, nachdem er geöffnet wurde. Dies geschieht mit der OPEN-Anweisung.

```
OPEN cursor_name
```

Erst beim Öffnen eines Cursors erfolgt der eigentliche Zugriff auf die zugrunde liegenden Daten. Wird ein nicht dynamischer Cursor geöffnet, wird zu diesem Zeitpunkt die temporäre Tabelle erstellt. Bei dynamischen Cursor-Typen werden temporäre Daten mit den Schlüsselinformationen der ausgewählten Zeilen angelegt. Beachten Sie bitte, dass bei großen Datenmengen dieser Vorgang viel Zeit in Anspruch nehmen kann.

Die Anzahl der abgerufenen Zeilen kann bei einem nicht dynamischen Cursor bereits direkt nach dem Öffnen über die globale Variable @@CURSOR_ROWS abgerufen werden. Bei DYNAMIC und FORWARD_ONLY liefert sie allerdings immer -1.

5.1.5.3 Zeilen aus einem Cursor abrufen

Daten werden aus einem Cursor über die Anweisung FETCH abgerufen. Dies geschieht Zeile für Zeile, wobei der Inhalt der abgerufenen Zeilen in lokalen Variablen gespeichert wird. Typischerweise wird aus einem Cursor mit der ersten Zeile beginnend eine nach der anderen bis zur letzten abgerufen.

Die allgemeine Syntax für das Abrufen von Cursor-Zeilen lautet:

```
FETCH [ NEXT | PRIOR | FIRST | LAST | ABSOLUTE n | RELATIVE n ]
FROM cursor_name
[ INTO @locale_variable1, @locale_variable2, @locale_variable3, ... ];
```

Die mit Abstand am häufigsten verwendete Variante ist FETCH NEXT, um die jeweils nächste Zeile aus einem Cursor abzurufen. Wird FETCH NEXT das erste Mal verwendet, um eine Zeile abzurufen, wird die erste Zeile zurückgegeben. Da NEXT außerdem die Standardvariante ist, um Daten aus einem Cursor abzurufen, wird sie auch verwendet, wenn keine Option angegeben ist.

Um eine der nachfolgenden FETCH-Optionen verwenden zu können, darf der Cursor nicht mit der Option FORWARD_ONLY definiert werden:

- PRIOR: Wird verwendet, um die vorherige Zeile aus dem Rowset abzurufen.
- FIRST: Liest die erste Zeile aus dem Cursor aus.
- LAST: Ruft die letzte Zeile aus dem Cursor ab.
- ABSOLUTE n: Mit dieser Option kann eine spezifische Zeile aus dem Cursor abgerufen werden, indem die absolute Zeilenposition angegeben wird. Beispielsweise wird mit FETCH ABSOLUTE 8 die achte Zeile aus dem Cursor abgerufen. Verwenden Sie eine nega-

tive Zahl, wird die absolute Zeile von hinten beginnend ausgewählt. So liefert beispielsweise FETCH ABSOLUTE -3 die drittletzte Zeile.

- RELATIVE n: Ebenso wie mit ABSOLUTE können Sie mit RELATIVE eine Zeile über deren Position abrufen, wobei die zurückgelieferte Zeile von der momentanen Position im Cursor abhängt. Ist n eine positive Zahl, wird die n-te Zeile vorwärts, bei einer negativen Zahl die n-te Zeile rückwärts ausgelesen.

Damit auf die Inhalte der abgerufenen Zeile zugegriffen werden kann, wird der Inhalt in lokalen Variablen gespeichert. Bei der FETCH-Anweisung werden die Variablen, welche die Daten aufnehmen sollen, über die Option INTO angegeben. Zu beachten ist dabei, dass die Datentypen jener Variablen, in welche die Cursor-Werte geschrieben werden sollen, mit den Datentypen der dem Cursor zugewiesenen Tabellenspalten übereinstimmen müssen. Außerdem ist entscheidend, dass die Anzahl und die Reihenfolge der Variablen mit den in der SELECT-Klausel des Cursors angeführten Spalten übereinstimmen müssen.

 HINWEIS: Ist die absolute oder relative Position im Cursor nicht vorhanden, bleibt der zuletzt abgerufene Zeilenwert in der zugewiesenen lokalen Variablen bestehen. Wird beispielsweise zuerst die erste Zeile und danach eine relative Zeilenposition abgerufen, welche die Anzahl der Zeilen im Cursor übersteigt, sind nach wie vor die Werte der ersten Zeile – und nicht jene der letzten Zeile, wie man vermuten könnte – in den lokalen Variablen zu finden.

Es soll beispielsweise ein Cursor mit dem Namen kunden_cursor erstellt werden, um alle aktiven Kunden abzurufen. Die Variablen @kdnr und @nachname werden deklariert, um die Inhalte der jeweils abgerufenen Cursor-Zeile aufzunehmen. Nachdem der Cursor – in diesem Fall als statischer Cursor – deklariert worden ist, wird er mit der OPEN-Anweisung geöffnet. FETCH NEXT ruft den ersten Satz ab und speichert die Daten in den Variablen @kdnr und @nachname.

```
DECLARE @kdnr int;
DECLARE @nachname varchar(50);

DECLARE kunden_cursor CURSOR LOCAL STATIC
FOR
    SELECT kdnr, nachname
    FROM dbo.kunden
    WHERE aktiv = 1;

OPEN kunden_cursor;
FETCH NEXT FROM kunden_cursor INTO @kdnr, @nachname;
```

Was ist, wenn der Cursor keine Daten enthält?

In diesem Fall enthalten die Variablen @kdnr und @nachname ihren alten Wert, im Beispiel den Wert null, da ja noch keine andere Zuweisung erfolgt ist. Dass die lokalen Variablen null enthalten, ist aber noch kein zwingender Hinweis darauf, dass der FETCH-Vorgang nicht erfolgreich war, weil keine Zeile abgerufen werden konnte. FETCH erzeugt keinen Fehler, falls keine Daten vorhanden sind oder das Ende der Datensatzgruppe erreicht ist. Es liefert schlicht keine Daten.

Woran kann man erkennen, dass der FETCH-Vorgang nicht erfolgreich war?

Erinnern wir uns daran, dass SQL Server wichtige Informationen über globale Variablen zur Verfügung stellt. SQL Server liefert uns den Status des letzten FETCH-Vorgangs über die Variable @@FETCH_STATUS. Lesen Sie bitte diese globale Variable aus, um entsprechend reagieren zu können.

Die Variable @@FETCH_STATUS kann folgende Werte haben:

Tabelle 5.2 Ergebniswerte für @@fetch_status

Wert	Beschreibung
0	Der FETCH-Vorgang war erfolgreich.
−1	Die gewünschte Zeile konnte nicht abgerufen werden, weil zum Beispiel das Ende der Datensatzgruppe erreicht ist oder der Cursor keine Daten enthält.
−2	Nachdem der Cursor geöffnet wurde, wurde die abgerufene Spalte gelöscht oder deren Schlüssel geändert. Dies kann nur bei einem dynamischen Cursor vorkommen.

Lesen Sie bitte den Wert der Variablen @@FETCH_STATUS nach jedem FETCH-Vorgang aus, um festzustellen, ob er erfolgreich gewesen ist. Erst danach sollten Sie mit den FETCH-Ergebnissen Ihren Programmablauf fortsetzen.

In der Praxis wird meist nach dem ersten Abrufen einer Zeile eine WHILE-Schleife begonnen, die so lange durchlaufen wird, bis eine gültige Zeile abgerufen werden kann. Mit anderen Worten, solange FETCH den Status 0 liefert. Innerhalb der Schleife können beliebig viele Codezeilen enthalten sein; am Ende muss erneut eine Zeile abgerufen werden. Da durch das Abrufen einer Zeile immer mehr als eine Codezeile innerhalb der WHILE-Schleife enthalten ist, müssen diese Zeilen unbedingt zwischen BEGIN und END gesetzt werden.

```
WHILE @@fetch_status = 0
BEGIN
    ...
    FETCH NEXT FROM kunden_cursor INTO @kdnr, @nachname;
END
```

 ACHTUNG! Vergessen Sie auf keinen Fall, am Ende der Schleife eine neue Zeile abzurufen, da sich der Inhalt der globalen Variablen @@FETCH_STATUS andernfalls nicht ändert und Sie eine Endlosschleife erzeugen. Diese wird einmal begonnen und nie mehr verlassen, da die Abbruchbedingung nicht eintreten kann.

5.1.5.4 Einen Cursor schließen

Wird ein Cursor nicht mehr benötigt, so schließen Sie ihn mit der Anweisung CLOSE. Diese Anweisung ist das Gegenstück zur OPEN-Anweisung. Die Zeilen werden freigegeben, und es kann auf den Cursor nicht mehr zugegriffen werden. Er kann aber jederzeit mit der OPEN-Anweisung erneut geöffnet werden. Wird der Cursor nicht mehr benötigt, so löschen Sie ihn mit der Anweisung DEALLOCATE gefolgt vom Namen des Cursors. Diese letzte Anweisung ist das Gegenstück zur DECLARE CURSOR-Anweisung.

```
CLOSE kunden_cursor;
DEALLOCATE kunden_cursor;
```

 ACHTUNG! Solange Sie einen globalen oder einen gemäß der ANSI-Syntax deklarierten Cursor nicht deallokieren, erhalten Sie einen Fehler, sobald ein neuer Cursor mit demselben Namen erstellt wird. Um diesen Fehler zu beheben, führen Sie nachträglich die Anweisung DEALLOCATE cursor_name aus. Wird die Server-Session beendet, werden alle innerhalb dieser Session erzeugten Cursor gelöscht. ∎

 HINWEIS: Beispiele für den Einsatz eines Cursors finden Sie im nächsten Kapitel. ∎

■ 5.2 Transaktionen gezielt steuern

Transaktionen sind Vorgänge, die nach dem Prinzip „alles oder nichts" ablaufen. Jeder Vorgang – egal aus wie vielen Einzelschritten er besteht – kann in eine Transaktion eingebettet werden.

Kann ein einziger Schritt der Verarbeitung nicht erfolgreich abgeschlossen werden, werden alle bisherigen Datenänderungen ebenfalls verworfen. Das heißt, der Zustand der Daten spiegelt den Stand vor dem Start der Transaktion wider. Werden alle Verarbeitungsschritte erfolgreich beendet, können die Änderungen festgeschrieben oder zurückgerollt werden.

Das klassische Beispiel für eine Transaktion ist eine Banküberweisung, die aus zwei Arbeitsschritten besteht. Im ersten Schritt wird der Betrag vom Konto des Auftraggebers abgebucht. Den zweiten Schritt stellt die Buchung des Überweisungsbetrags auf das Konto des Empfängers dar. Tritt beispielsweise nach der Abbuchung des Betrags ein Fehler auf, bevor die Buchung auf dem Zielkonto erfolgen kann, muss die Abbuchung rückgängig gemacht werden, um einen inkonsistenten Zustand zu vermeiden. Man bezeichnet diesen Vorgang als Rollback (Zurückrollen) der Transaktion. Konnte die Buchung jedoch erfolgreich vorgenommen werden, werden alle in der Transaktion vorgenommenen Änderungen festgeschrieben. Dies wird als Commit bezeichnet.

Während eine Transaktion aktiv ist, kann auf die innerhalb der Transaktion geänderten Daten von anderen Benutzern nicht zugegriffen werden. Erst wenn die Transaktion abgeschlossen ist, können die betroffenen Daten wieder von anderen Prozessen verwendet werden.

Transaktionen sollten daher so kurz wie möglich gehalten und so schnell wie möglich abgeschlossen werden, um zu verhindern, dass zu viele Datenzeilen blockiert werden.

SQL Server unterscheidet zwischen

* automatischen Transaktionen,
* impliziter Transaktionsverarbeitung und
* expliziter Transaktionsverarbeitung.

Automatische Transaktionen werden vom Server selbstständig gestartet und abgeschlossen. Explizite Transaktionen werden durch den Benutzer beziehungsweise im Programmcode gestartet und beendet. Implizite Transaktionen werden automatisch mit einer DML-Anweisung gestartet, müssen aber explizit beendet werden.

5.2.1 Automatische Transaktionen

Automatische Transaktionen werden beim SQL Server standardmäßig verwendet, falls keine Transaktion explizit gestartet wird. Sie werden bei jedem einzelnen Befehl gestartet und nach dessen Verarbeitung sofort abgeschlossen. Das heißt, Änderungen werden bei einer erfolgreichen Verarbeitung einer DML-Anweisung sofort festgeschrieben.

 HINWEIS: Einmal festgeschriebene Änderungen können nicht mehr rückgängig gemacht werden. Dessen sollten Sie sich bei der Eingabe jeder Anweisung bewusst sein, wenn automatische Transaktionen verwendet werden – und dies ist der Standardfall.

Automatische Transaktionen werden automatisch zurückgerollt, wenn die Anweisung nicht erfolgreich abgeschlossen wird. Dies bedeutet, dass Änderungen an Datensätzen, die bereits durchgeführt worden sind, rückgängig gemacht werden, falls die Anweisung bei nur einem weiteren Datensatz einen Fehler erzeugt.

Mit der nachfolgenden Anweisung sollen alle Kunden aus der Tabelle *kunden* gelöscht werden, die inaktiv sind.

```
DELETE FROM dbo.kunden WHERE aktiv = 0;
```

Wird die Anweisung abgesetzt, werden der Reihe nach alle betroffenen Datensätze gelöscht. Kann jedoch einer dieser Datensätze beispielsweise wegen der referenziellen Integrität nicht gelöscht werden, so wird eine Fehlermeldung ausgegeben:

```
Meldung 547, Ebene 16, Status 0, Zeile 1
Die DELETE-Anweisung steht in Konflikt mit der REFERENCE-Einschränkung
'fk_kundeninteressen_kunden'. Der Konflikt trat in der wawi-Datenbank,
Tabelle 'dbo.kundeninteressen', column 'kdnr' auf.
Die Anweisung wurde beendet.
```

Da die Anweisung aufgrund der automatischen Transaktion zurückgerollt wird, sind auch die bisher durch die Anweisung gelöschten Kunden wieder vorhanden. Ein Zurückrollen von Befehlen bedeutet nicht nur, dass die Änderungen vorangegangener Anweisungen rückgängig gemacht werden, sondern auch alle Änderungen, die durch den Befehl, der den Fehler ausgelöst hat, bereits vorgenommen worden sind.

5.2.2 Explizite und implizite Transaktionen

Explizite Transaktionen werden vom Benutzer gestartet und immer dann benötigt, wenn eine Transaktion aus mehr als einer Anweisung besteht.

Explizite Transaktionen werden mit der Anweisung BEGIN TRANSACTION eingeleitet. Alle danach durchgeführten DML-Anweisungen sind so lange Teil dieser Transaktion, bis die Transaktion abgeschlossen wird. Genauso wie bei einer impliziten Transaktion wird diese entweder zurückgerollt oder festgeschrieben. Eine explizite Transaktion wird mit COMMIT TRANSACTION festgeschrieben. Ab diesem Zeitpunkt kann keine der in der Transaktion enthaltenen Änderungen mehr rückgängig gemacht werden. Das Schlüsselwort TRANSACTION kann bei der Eingabe mit TRAN abgekürzt werden.

Sie verstehen das Prinzip von Transaktionen am besten, wenn Sie das nachfolgende Beispiel nachvollziehen. Um das Beispiel leicht nachvollziehen zu können, habe ich die Tabelle *testpersonal* angelegt. Diese stellt einen Ausschnitt der Tabelle *personal* dar, die lediglich die ersten zehn Mitarbeiter enthält und aus den Spalten *nr, nachname, abteilung* sowie *eintritt* besteht.

```
nr      nachname                abteilung eintritt
------  --------------------    --------- ----------
101     Obermann                GL        2005-01-02
115     Konstantin              GL        1999-10-01
182     Hille                   GL        1993-08-01
238     Hoier                   EK        2005-04-01
285     Meister                 EK        2003-01-02
332     Ideenreich              MA        2002-02-01
387     Mörtl                   MA        2002-10-01
452     Kossegg                 EK        2003-05-01
455     Pullmeier               FB        2004-02-15
602     Jurasek                 VK        2005-11-01
(10 Zeile(n) betroffen)
```

Kontrollieren Sie bitte den Inhalt der Tabelle *testpersonal*:

```
SELECT * FROM dbo.testpersonal;
```

Als Ergebnis sollten Sie die oben angeführten zehn Datensätze erhalten. Ändern Sie, ohne zuvor eine Transaktion zu starten, den Nachnamen des Mitarbeiters mit der Nummer 101 auf „Untermann".

```
UPDATE dbo.testpersonal
SET nachname = 'Untermann'
WHERE Nr = 101;
```

Überprüfen Sie mit der nachfolgenden SQL-Anweisung, ob sich die Änderung in den Daten widerspiegelt.

```
SELECT * FROM dbo.testpersonal WHERE Nr = 101;
```

Sie sollten das folgende Ergebnis erhalten:

```
nr      nachname                 abteilung eintritt
------  --------------------     --------- ----------
101     Untermann                GL        2005-01-02
(1 Zeile(n) betroffen)
```

Nachdem wir keine explizite Transaktion gestartet haben, ist diese Änderung sofort festgeschrieben und kann nicht mehr rückgängig gemacht werden. Versuchen Sie es dennoch, indem Sie die Anweisung

```
ROLLBACK TRAN;
```

eingeben; Sie erhalten die (erwartete) Fehlermeldung, dass keine Transaktion gestartet wurde.

```
Meldung 3903, Ebene 16, Status 1, Zeile 1
Die ROLLBACK TRANSACTION-Anforderung hat keine entsprechende BEGIN TRANSACTION-
Anweisung.
```

Nun verwenden wir eine explizite Transaktion, um die Änderung rückgängig machen zu können. Wir starten eine explizite Transaktion mit der Anweisung:

```
BEGIN TRANSACTION;
```

Danach löschen Sie alle Mitarbeiter der Abteilungen Marketing und Einkauf.

```
DELETE FROM dbo.testpersonal
WHERE abteilung IN('MA', 'EK');
```

Außerdem fügen Sie einen neuen Mitarbeiter in die Tabelle ein:

```
INSERT INTO dbo.testpersonal(nr, nachname, abteilung,eintritt)
VALUES(700, 'Deutschmann', 'MA', SYSDATETIME());
```

Betrachten Sie die vorgenommenen Änderungen, indem Sie den Inhalt der Tabelle anzeigen:

```
SELECT * FROM dbo.testpersonal ORDER BY nr;

nr      nachname                 abteilung eintritt
------  --------------------     --------- ----------
101     Untermann                GL        2005-01-02
115     Konstantin               GL        1999-10-01
182     Hille                    GL        1993-08-01
455     Pullmeier                FB        2004-02-15
602     Jurasek                  VK        2005-11-01
700     Deutschmann              MA        2012-07-14
(6 Zeile(n) betroffen)
```

Fünf Zeilen sind gelöscht und die letzte Zeile ist neu eingefügt worden. Noch ist diese Transaktion nicht abgeschlossen, daher sind die Änderungen für andere Benutzer nicht sichtbar. Rollen wir nun zunächst unsere Änderungen zurück:

```
ROLLBACK TRANSACTION;
```

Nun werden alle Änderungen zurückgerollt, und die Tabelle enthält wieder beinahe dieselben Daten wie zu Beginn.

```
SELECT * FROM dbo.testpersonal ORDER BY nr;

nr     nachname             abteilung eintritt
------ -------------------- --------- ----------
101    Untermann            GL        2005-01-02
115    Konstantin           GL        1999-10-01
182    Hille                GL        1993-08-01
238    Hoier                EK        2005-04-01
285    Meister              EK        2003-01-02
332    Ideenreich           MA        2002-02-01
387    Mörtl                MA        2002-10-01
452    Kossegg              EK        2003-05-01
455    Pullmeier            FB        2004-02-15
602    Jurasek              VK        2005-11-01
(10 Zeile(n) betroffen)
```

Starten Sie nun eine neue Transaktion und löschen Sie alle Mitarbeiter, die der Abteilung Geschäftsleitung angehören.

```
BEGIN TRANSACTION;

DELETE FROM dbo.testpersonal
WHERE abteilung = 'GL';
```

Als zweiten Schritt fügen Sie wieder den Datensatz ein, dessen Einfügen Sie vorhin durch das ROLLBACK rückgängig gemacht haben.

```
INSERT INTO dbo.testpersonal(nr, nachname, abteilung,eintritt)
VALUES(700, 'Deutschmann', 'MA', SYSDATETIME());
```

Diesmal sollen die Änderungen festgeschrieben werden. Dies erreichen Sie mit der Anweisung:

```
COMMIT TRANSACTION;
```

Betrachten Sie nun die geänderte Tabelle.

```
nr     nachname             abteilung eintritt
------ -------------------- --------- ----------
238    Hoier                EK        2005-04-01
285    Meister              EK        2003-01-02
332    Ideenreich           MA        2002-02-01
387    Mörtl                MA        2002-10-01
452    Kossegg              EK        2003-05-01
455    Pullmeier            FB        2004-02-15
602    Jurasek              VK        2005-11-01
700    Deutschmann          MA        2012-07-14
(8 Zeile(n) betroffen)
```

Die letzten Änderungen sind jetzt festgeschrieben und können nicht mehr rückgängig gemacht werden. Des Weiteren können diese Änderungen nun von allen Benutzern gesehen werden.

Alle Anweisungen einer Transaktion, unabhängig davon, wie viele es sind, in wie vielen verschiedenen Tabellen sie vorgenommen werden und wie lange sie dauern, werden entweder gemeinsam festgeschrieben oder gemeinsam rückgängig gemacht.

 HINWEIS: Die Verwendung des Schlüsselworts TRANSACTION oder der Abkürzung TRAN hinter COMMIT oder ROLLBACK ist optional und kann genauso gut entfallen. Sie können eine Transaktion auch direkt mit

COMMIT;

oder

ROLLBACK;

beenden.

Manchmal kann es notwendig sein, dass nur ein Teil einer Transaktion rückgängig gemacht wird; beispielsweise, wenn Sie bemerken, dass Ihnen beim n-ten Befehl ein Fehler unterlaufen ist, und Sie die Änderungen, die dieser Befehl vorgenommen hat, zurückrollen möchten. Sie möchten aber nicht, dass alle übrigen bisherigen Änderungen ebenfalls zurückgerollt werden und Sie mit der gesamten Arbeit von vorn beginnen müssen. Um dies zu vermeiden, können Sie innerhalb einer Anweisung beliebig viele sogenannte *Savepoints* setzen. Sie haben dann die Möglichkeit, immer nur bis zu einem bestimmten Savepoint zurückzurollen, und müssen nicht alle Schritte rückgängig machen.

Um einen Savepoint zu setzen, verwenden Sie die folgende Anweisung:

```
SAVE TRAN savepointname;
```

Sie können den Namen für den Savepoint frei vergeben. Sinnvollerweise setzen Sie einen Savepoint, wenn die Transaktion einerseits schon aus erfolgreich abgeschlossenen Anweisungen besteht, andererseits aber noch einige Anweisungen abgearbeitet werden müssen, bevor die gesamte Transaktion abgeschlossen werden kann. Die nachfolgende Abbildung zeigt, wie ein Savepoint eingesetzt wird. Zwischen verschiedenen DML-Anweisungen setzen Sie einen Savepoint mit einem Namen. Sie können bis zu einem Savepoint zurückrollen, indem Sie im Anschluss an die Rollback-Anweisung den Namen des Savepoint eingeben.

```
ROLLBACK TRAN savepointname;
```

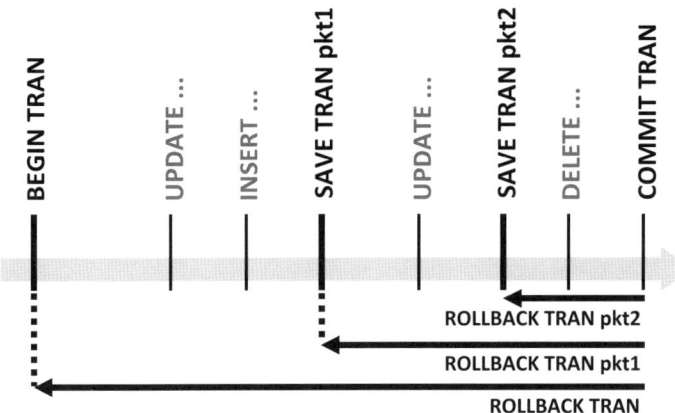

Bild 5.11 Rollback zu einem Savepoint

Wird bis zu einem Savepoint zurückgerollt, so werden nicht nur alle Änderungen bis zu diesem Punkt rückgängig gemacht, sondern auch alle gegebenenfalls dazwischen liegenden Savepoints. Im Beispiel der obigen Grafik würde die Anweisung ROLLBACK TRAN pkt1 den Savepoint pkt2 löschen.

Ein Savepoint kann nur zum Zurückrollen verwendet werden. Es gibt keine Möglichkeit, bis zu einem Savepoint zu „committen" oder wieder vorzurollen.

 ACHTUNG! Beim Zurückrollen bis zu einem Savepoint wird auch der Savepoint selbst gelöscht. Sie müssen daher an dieser Stelle einen neuen Savepoint setzen, um später eventuell nochmals an dieselbe Stelle zurückrollen zu können.

Wenn Sie nicht jede Transaktion manuell starten möchten, aber sich dennoch die Möglichkeit offenlassen wollen, Änderungen gegebenenfalls wieder rückgängig zu machen, dann verwenden Sie *implizite Transaktionen*. Implizite Transaktionen gleichen von der Logik her den expliziten Transaktionen. Sie unterscheiden sich in zwei Punkten:

- Implizite Transaktionen benötigen die Anweisung BEGIN TRANSACTION nicht.
- Sie werden implizit mit der jeweils ersten Anweisung in einer Session oder nach der Beendigung einer vorangegangenen Transaktion gestartet.

Implizite Transaktionen sind beim SQL Server standardmäßig nicht aktiv. Um diese nutzen zu können, müssen sie auf Session-Ebene aktiviert werden. Dazu verwenden Sie folgende SET-Anweisung:

```
SET IMPLICIT_TRANSACTIONS ON;
```

Damit sind implizite Transaktionen für die Dauer dieser Session aktiv, wenn Sie sie nicht mit der Anweisung

```
SET IMPLICIT_TRANSACTIONS OFF;
```

wieder deaktivieren. Mit aktivierten impliziten Transaktionen gleichen Sie den SQL Server zum Beispiel an das Standardverhalten von Oracle oder MySQL mit InnoDB-Engine an.

Mit der ersten DML-Anweisung, die Sie ausführen, wird jeweils implizit eine Transaktion gestartet und ist so lange aktiv, bis sie analog zu einer expliziten Transaktion mit COMMIT oder ROLLBACK beendet wird. Um dieses Verhalten zu testen, verwenden wir nachfolgende Beispielanweisungen. Aktivieren Sie als ersten Schritt implizite Transaktionen mit der zuvor beschriebenen Anweisung. Um zu prüfen, ob im Moment noch eine Transaktion aktiv ist, führen Sie folgende Anweisung aus:

```
SELECT @@TRANCOUNT;
```

Ist keine Transaktion aktiv, liefert die Anweisung 0, sonst die Anzahl der aktiven Transaktionen. Solange keine geschachtelten Transaktionen verwendet werden, wird dies in der Regel 1 sein. Ändern wir nun alle Mitarbeiternamen auf *Gruber*.

```
UPDATE dbo.testpersonal
SET nachname = 'Gruber';
```

Wenn wir nun die Anweisung SELECT @@TRANCOUNT erneut ausführen, sehen wir, dass implizit eine Transaktion gestartet worden ist, da diese Anweisung nun 1 liefert.

Da die Vereinheitlichung des Namens aller Mitarbeiter nun wirklich keinen Sinn macht, rollen wir diese implizite Transaktion wieder zurück und lassen uns danach noch einmal die Anzahl der aktiven Transaktionen anzeigen. Wie erwartet bekommen wir nun das Ergebnis 0.

```
ROLLBACK TRANSACTION;
SELECT @@TRANCOUNT;
```

 ACHTUNG! Wenn Sie implizite Transaktionen verwenden, vergessen Sie nicht, diese beim Arbeiten ständig vorhandenen Transaktionen auch regelmäßig wieder mit COMMIT TRANSACTION zu beenden, damit die Sperren auf der Datenbank für andere Benutzer wieder verschwinden.

Möchten Sie generell implizite Transaktionen verwenden, können Sie eine betreffende Einstellung auf Serverebene ändern. Wenn Sie dies tun, gilt diese Einstellung allerdings für alle Benutzer, die auf diesen Server zugreifen. Verwirrend kann es auch für Benutzer werden, wenn Sie mehrere Server mit unterschiedlichen diesbezüglichen Einstellungen im Unternehmen verwenden.

Öffnen Sie im Objekt-Explorer die Eigenschaften des Servers über das Kontextmenü. Im Dialog finden Sie die betreffende Einstellung auf der Seite *Verbindungen*. Die impliziten Transaktionen finden Sie unter den Standardverbindungsoptionen an erster Stelle. Sie sind in der Standardeinstellung nicht aktiv.

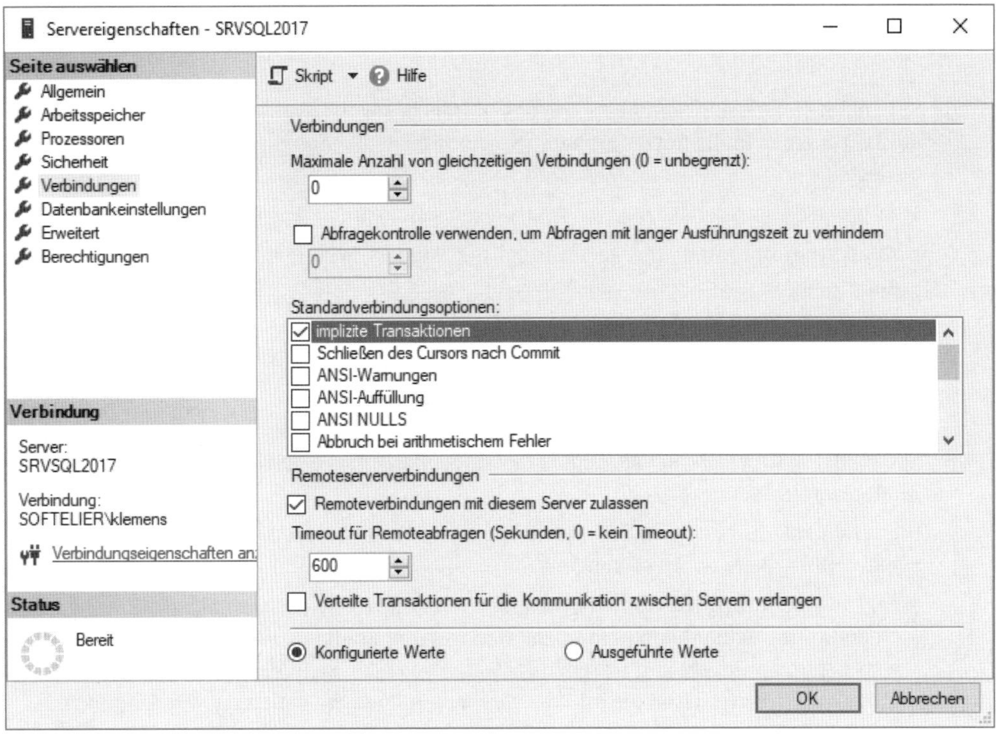

Bild 5.12 Implizite Transaktionen auf Serverebene festlegen

5.2.3 Benannte Transaktionen

Sie können Transaktionen auch benennen, um den Programmcode besser lesbar zu machen. Dazu müssen Sie lediglich den einzelnen Kommandos einen Namen nachstellen. Die Verwendung von Namen verbessert die Lesbarkeit Ihres Programmcodes, hat aber sonst keinerlei Auswirkungen.

```
BEGIN TRAN klemens;
INSERT ...
UPDATE ...
DELETE ...
COMMIT TRAN klemens;
```

Sinnvoll ist dies in der Praxis vor allem dann, wenn Sie Transaktionen ineinander schachteln und so im Programmcode die passenden COMMIT- und ROLLBACK-Anweisungen leichter einer bestimmten Transaktion zuordnen können.

■ 5.3 SET-Optionen verwenden

SET-Optionen sind Einstellungen, die das abfragebezogene Verhalten des SQL Servers für die Dauer einer Endbenutzer-Sitzung (Session) oder der Ausführung von Programmcode festlegen.

Man unterscheidet dabei zwischen Analysezeitoptionen und Ausführungszeitoptionen.

- **Analysezeitoptionen** werden während der Analyse wirksam. In der Analysezeit wird unter anderem die Syntax von Anweisungen geprüft und der interne Ausführungsplan auf dem Server erstellt.

- **Ausführungszeitoptionen** werden während der Ausführung von Anweisungen wirksam und beeinflussen so das Ergebnis oder dessen Aussehen.

Der Großteil der verfügbaren Optionen sind Ausführungszeitoptionen; lediglich vier Optionen (QUOTED_IDENTIFIER, PARSEONLY, OFFSETS und FIPS_FLAGGER) zählen zur Gruppe der Analysezeitfunktionen.

Die Wirksamkeitsdauer von SET-Optionen ist jeweils beschränkt. Folgende Regeln bestimmen die Gültigkeit von Anweisungen:

- Legt ein Benutzer SET-Optionen in einer Session fest – beispielsweise während er in einem Abfrageeditor-Fenster mit dem Management Studio arbeitet –, gelten diese, bis sie vom Benutzer aufgehoben werden. Spätestens mit der Beendigung der Benutzersitzung mit dem Server verlieren die mit SET vorgenommenen Einstellungen ihre Gültigkeit.

- SET-Optionen, die innerhalb einer gespeicherten Prozedur oder eines Triggers festgelegt werden, gelten so lange, bis sie entweder noch innerhalb der Prozedur oder des Triggers zurückgesetzt werden oder bis die Ausführung derselben beendet ist.

- Rufen sich Prozeduren oder Trigger gegenseitig auf, so gelten im aufrufenden Code festgelegte Optionen auch im aufgerufenen Code, sofern dort nicht andere Einstellungen explizit vorgenommen werden.

- Optionen behalten ihre Gültigkeit, wenn Sie sich innerhalb einer Sitzung zu einer anderen Datenbank verbinden. Dies ist zum Beispiel der Fall, wenn Sie in einem Abfrageeditor-Fenster im Management Studio die Anweisung USE datenbankname verwenden.

 ACHTUNG! SET-Optionen können nicht innerhalb einer benutzerdefinierten Funktion (Userdefined Function) eingesetzt werden. ■

Im vorigen Abschnitt haben wir bereits die Option IMPLICIT_TRANSACTIONS kennengelernt, um damit implizite Transaktionen zu aktivieren oder zu deaktivieren. Nachfolgend stelle ich Ihnen eine Auswahl der weiteren, in der Praxis am häufigsten verwendeten SET-Optionen vor.

SET ANSI_NULLS {ON|OFF}

SET ANSI_NULLS legt fest, wie ein Vergleich bei der Verwendung von = und <> mit einem NULL-Wert ausgewertet wird. Die Kompatibilität ab ANSI SQL-92 bedeutet, dass ein Vergleich mit NULL zu falsch führt, da NULL nicht bestimmt ist. Daher werden im folgenden Beispiel weder Zeilen ausgewählt, die einen Eintrag enthalten, noch solche, die NULL enthalten.

```
SET ANSI_NULLS ON;
DECLARE @agrad varchar(10);
SET @agrad = Null;

SELECT nachname, akadgrad
FROM dbo.personal
WHERE akadgrad = @agrad;
```

liefert:

```
nachname                        akadgrad
------------------------------- ----------------
(0 Zeile(n) betroffen)
```

Wird ANSI_NULLS deaktiviert, folgen die Vergleichsoperatoren = und <> nicht dem ANSI-Standard. Zeilen mit NULL-Werten werden beim Vergleich auf den Wahrheitswert wahr hin ausgewertet.

```
SET ANSI_NULLS OFF;
DECLARE @agrad varchar(10);
SET @agrad = Null;

SELECT nachname, akadgrad
FROM dbo.personal
WHERE akadgrad = @agrad;
```

liefert alle Personen ohne akademischen Grad:

```
nachname                        akadgrad
------------------------------- ----------------
Hille                           NULL
Hoier                           NULL
Mörtl                           NULL
Jurasek                         NULL
Loderer                         NULL
Schulz                          NULL
Holzmann                        NULL
Morillanitsch                   NULL
Huber                           NULL
(9 Zeile(n) betroffen)
```

Dasselbe Beispiel auf Ungleichheit hin geprüft, liefert alle Personen, die einen akademischen Grad besitzen:

```
nachname                        akadgrad
------------------------------- ----------------
Obermann                        Dr.
Konstantin                      Dipl.-Ing.
Meister                         Mag.
Ideenreich                      Mag.
Kossegg                         Dr.
Pullmeier                       Dipl.-Hdl.
```

```
Kofler                        Dipl.-Kfm.
Nürnberger                    Dipl.-Kfm.
Neumann                       Dipl.-Hdl.
Kirschner                     Dr.
Prügger                       Dipl.-Kfm.
(11 Zeile(n) betroffen)
```

Die Standardeinstellung lautet hier ON, Sie sollten hier nur in begründeten Ausnahmefällen eine Änderung vornehmen.

SET CONCAT_NULL_YIELDS_NULL {ON|OFF}

Diese Anweisung legt fest, wie sich NULL-Werte auf das Verketten von Zeichenketten auswirken. Ohne explizite Einstellung wird die Standardeinstellung ON des Servers verwendet.

```
SELECT akadgrad + ' ' + nachname AS Mitarbeiter
FROM dbo.personal;
```

liefert bei der Einstellung ON:

```
Mitarbeiter
-----------------------------------------------
Dr. Obermann
Dipl.-Ing. Konstantin
NULL
NULL
Mag. Meister
Mag. Ideenreich
NULL
Dr. Kossegg
...
(20 Zeile(n) betroffen)
```

Und bei der Einstellung OFF:

```
Mitarbeiter
-----------------------------------------------
Dr. Obermann
Dipl.-Ing. Konstantin
 Hille
 Hoier
Mag. Meister
Mag. Ideenreich
 Mörtl
Dr. Kossegg
...
(20 Zeile(n) betroffen)
```

 PRAXISTIPP: Vergessen Sie in diesem Beispiel nicht die Funktion LTRIM(), damit nicht vor Namen ohne akademischen Grad, wie im Beispielergebnis zu sehen, ein Leerzeichen steht.

```
SET CONCAT_NULL_YIELDS_NULL OFF;
SELECT LTRIM(akadgrad + ' ' + nachname) AS Mitarbeiter
FROM dbo.personal;
```

Typischerweise verwendet man die Standardeinstellung ON und berücksichtigt dies in der Anweisung, indem man NULL-Werte mit der Funktion ISNULL() abfängt:

```
SELECT ISNULL(akadgrad + ' ', '') + nachname AS Mitarbeiter
FROM dbo.personal;
```

SET DATEFIRST n

Mit dieser Einstellung legen Sie fest, mit welchem Wochentag die Woche beginnen soll. Mögliche Einstellungen sind die Werte 1 bis 7, die für Montag (1) bis Sonntag (7) stehen. In der deutschen Server-Version ist standardmäßig der Montag als erster Wochentag eingestellt, in der englischen Version ist es der Sonntag. Wird der Wochentag ermittelt, liefert der Server eine Zahl von eins bis sieben, wobei der als Wochenbeginn festgelegte Tag den Wert 1 liefert.

```
SET DATEFIRST 1;
SELECT DATEPART(weekday, '01.06.2017') AS Tag;
```

liefert:

```
Tag
-----------
4
```

Im Gegenzug dazu liefert

```
SET DATEFIRST 7;
SELECT DATEPART(weekday, '01.06.2017') AS Tag;
```

als Ergebnis:

```
Tag
-----------
5
```

Wenn Sie die aktuelle Einstellung auslesen möchten, verwenden Sie dazu die Funktion @@DATEFIRST.

```
SELECT @@DATEFIRST AS wochenbeginn;
```

 PRAXISTIPP: Verwenden Sie diese Option in Prozeduren, wenn Sie mit DATE-PART() den Wochentag feststellen und im Vorhinein nicht sicher sein können, dass diese Prozedur immer auf einem Server mit den gleichen Einstellungen eingesetzt wird beziehungsweise diese Einstellung auf Anmelde- oder Session-Ebene geändert worden ist.

HINWEIS: Die Einstellung DATEFIRST wird bei der Verwendung von SET LANGUAGE ebenfalls gemäß den Spracheinstellungen festgelegt. Wenn Sie die Sprache also auf Deutsch festlegen, müssen Sie den Wochenbeginn nicht auch noch separat auf den Montag legen.

SET DATEFORMAT format

Gerade bei der Eingabe von Datumswerten für Auswahlkriterien und beim Einfügen von Daten in eine Tabelle muss man immer besonders gut aufpassen. Interpretiert der Server das Datum so, wie ich es gemeint habe? Wird die Angabe '08.10.12' als 8. Oktober 2012, als 10. August 2012 oder als 10. Dezember 2008 oder gar ganz anders interpretiert?

Legen Sie daher die Reihenfolge mit SET DATEFORMAT format explizit fest, um Klarheit zu schaffen. Als Format kann jede mögliche Kombination aus den Buchstaben d, m und y angegeben werden.

```
DECLARE @datum date;
SET @datum = '15.08.2017';
```

Das kann je nach Servereinstellung zu einem Fehler führen:

```
Meldung 241, Ebene 16, Status 3, Zeile 2
Fehler beim Konvertieren einer Zeichenfolge in ein Datum und/oder eine Uhrzeit.
```

Um bei jeder gewünschten Servereinstellung mit dem deutschen Standardformat zum Erfolg zu kommen, verwenden Sie vor der Anweisung:

```
SET DATEFORMAT dmy;
```

 ACHTUNG! Die etwas später besprochene Anweisung SET LANGUAGE stellt – wie auch schon bei DATEFIRST erwähnt – nicht nur die Sprache, sondern unter anderem auch diese Datumsreihenfolge um. Also setzen Sie SET LANGUAGE nie nach einem ein anderes Format wählenden SET DATEFORMAT ein, da damit das Datumsformat wieder auf die Standardeinstellung der neuen Sprache zurückgesetzt werden würde.

SET IDENTITY_INSERT tabelle {ON|OFF}

In Identity-Spalten können keine Werte eingetragen werden, da diese vom System automatisch vergeben werden. Zuweilen kann es aber Situationen geben, in denen Sie explizit einen Wert eingeben müssen, beispielsweise um eine Lücke zu füllen.

```
SET IDENTITY_INSERT dbo.artikel ON;

INSERT INTO dbo.artikel (artnr, bezeichnung, gruppe, vkpreis, ekpreis, lieferant)
VALUES (2222, 'Gartenschlauch 15m', 'GA', 23.99, 17.11, 1003);
```

ACHTUNG! Ist `IDENTITY_INSERT` für eine Tabelle auf `ON` gesetzt, so muss beim Einfügen eines neuen Datensatzes in die Identity-Spalte explizit ein Wert angegeben werden; andernfalls erzeugt die `INSERT`-Anweisung einen Fehler. ∎

Wird ein höherer als der bisher vergebene Wert explizit vergeben, werden danach weitere Identitätswerte höher als dieser vergeben. Durch die explizite Eingabe übersprungene Werte werden nicht mehr benutzt. Setzen Sie den Wert nach dem Einfügen neuer Datensätze gleich wieder auf `OFF`.

SET IMPLICIT_TRANSACTIONS {ON|OFF}

Wenn Sie eine Transaktion nicht jedes Mal mit `BEGIN TRANSACTION` initiieren möchten, aktivieren Sie – wie schon im vorigen Abschnitt über Transaktionen gezeigt – implizite Transaktionen, indem Sie `IMPLICITE_TRANSACTIONS` auf `ON` stellen. Ist noch keine Transaktion aktiv, startet eine der folgenden Anweisungen eine Transaktion:

- `INSERT, UPDATE, DELETE`
- `SELECT`
- `ALTER TABLE, TRUNCATE TABLE, CREATE, DROP`
- `REVOKE, GRANT`
- `OPEN, FETCH`

Die Transaktion muss, um beendet zu werden, vom Benutzer mit `COMMIT` oder `ROLLBACK` abgeschlossen werden.

 ACHTUNG! Wenn der Benutzer die Verbindung trennt, ohne die Transaktion zuvor explizit abgeschlossen zu haben, insbesondere ohne ein `COMMIT` auszuführen, wird die Transaktion zurückgerollt. Damit werden (vielleicht ungewollt) auch alle Änderungen rückgängig gemacht. Immerhin fragt das Management Studio in einem solchen Fall nach, was mit der Transaktion geschehen soll. Dies ist aber nicht bei allen SQL-Editoren so. ∎

SET LANGUAGE sprache

Durch die Sitzungssprache werden die Datumsformate sowie Systemmeldungen bestimmt. Legen Sie die Sprache bitte fest, indem Sie den Namen der Sprache angeben, wie dieser in der Systemtabelle *syslanguages* gespeichert ist. Neben den Sprachen sind hier auch die Standard-Datumsreihenfolge, der erste Wochentag sowie die Monats- und Wochentagnamen gespeichert.

```
SELECT langid, name, alias, dateformat, datefirst
FROM master..syslanguages;
```

liefert:

```
langid name              alias        dateformat datefirst
------ ----------------- ------------ ---------- ---------
0      us_english        English      mdy        7
1      Deutsch           German       dmy        1
2      Français          French       dmy        1
3      日本語             Japanese     ymd        7
4      Dansk             Danish       dmy        1
5      Español           Spanish      dmy        1
...
19     ελληνικα          Greek        dmy        1
20     български         Bulgarian    dmy        1
21     русский           Russian      dmy        1
...
(34 Zeile(n) betroffen)
```

Die Sprachen können auch über ihre englische Alias-Bezeichnung angegeben werden. So können Sie beispielsweise anstelle von *deutsch* auch *german* verwenden.

```
SET LANGUAGE English;
SET LANGUAGE français;
SET LANGUAGE german;
SET LANGUAGE latviešu;
SET LANGUAGE русский;
SET LANGUAGE 简体中文
```

SET LOCK_TIMEOUT dauer

Wenn Sie einen Datensatz ändern möchten, der gerade von einer anderen Transaktion gesperrt wird, müssen Sie warten, bis diese Sperre wieder aufgehoben ist. Bei der Standardeinstellung wird dabei auch „ewig" gewartet. Um eine Wartezeit festzulegen, nach der eine Anweisung ein Timeout erhält und mit einem Fehler abbricht, geben Sie diese in Millisekunden an.

Tabelle 5.3 Varianten der Timeout-Festlegung bei Sperren

Einstellung	Wirkung
SET LOCK_TIMEOUT -1	Es wird „ewig" gewartet.
SET LOCK_TIMEOUT 0	Es wird sofort abgebrochen, wenn auf dem zu ändernden Datensatz eine Sperre liegt.
SET LOCK_TIMEOUT 2000	Legt den Timeout mit zwei Sekunden fest.

SET NOCOUNT {ON|OFF}

Bei jeder SQL-Anweisung gibt der Server die Anzahl der hiervon betroffenen Zeilen zurück.

```
(33 Zeile(n) betroffen)
```

Diese Anzeige kann abgeschaltet werden, indem NOCOUNT auf ON gesetzt wird.

PRAXISTIPP: Die Verwendung von SET NOCOUNT ON kann in Prozeduren zu Performance-Vorteilen führen, wenn nicht für jede Anweisung die Anzahl der betroffenen Zeilen ausgegeben werden muss. Zumal diese Information in den meisten Fällen einerseits auch gar nicht benötigt wird und andererseits so auch gar nicht greifbar wäre, ist eine Ausgabe derselben innerhalb einer Prozedur wirklich absolut sinnlos.

SET QUOTED_IDENTIFIER {ON|OFF}

Transact-SQL erlaubt keine Bezeichner mit Leer- oder Sonderzeichen. ANSI SQL dagegen erlaubt diese Zeichen, sofern sie zwischen doppelten Hochkommata angegeben werden. Ist die Option QUOTED_IDENTIFIERS auf ON gestellt, werden diese auch von SQL Server unterstützt. Diese Einstellung ist standardmäßig gesetzt.

```
SET QUOTED_IDENTIFIER OFF;
CREATE TABLE quot_id_test
( ID int,
  "Kunden Name" varchar(60) );
```

Dies führt zu einer Fehlermeldung:

```
Meldung 102, Ebene 15, Status 1, Zeile 4
Falsche Syntax in der Nähe von 'Kunden Name'.
```

Mit der aktivierten Eigenschaft QUOTED_IDENTIFIER kann die Tabelle aus dem vorherigen Beispiel erstellt werden. Beim SQL Server können in einem solchen Fall auch die eckigen Klammern anstelle der doppelten Hochkommata verwendet werden, diese Form ist aber nicht ANSI-konform. Generell empfehle ich den Einsatz von Leer- und Sonderzeichen in Namen nicht, sondern rate sogar entschieden davon ab.

```
SET QUOTED_IDENTIFIER OFF;
CREATE TABLE quot_id_test
( ID int,
  [Kunden Name] varchar(60) );
```

SET ROWCOUNT n

Mit ROWCOUNT kann die Anzahl der Datensätze, die mit einer Anweisung vom SQL Server verarbeitet werden, limitiert werden. Ist die angegebene Anzahl erreicht, bricht der Server die Verarbeitung ab, ohne jedoch eine Fehlermeldung zu erzeugen.

```
SET ROWCOUNT 5;

SELECT persnr, nachname, vorname
FROM dbo.personal
ORDER BY persnr;
```

liefert lediglich fünf der 21 Datensätze:

```
PersNr  PersNachname          Persvorname
-------  --------------------  ---------------------
101     Obermann              Gernot
115     Konstantin            Martin
182     Hille                 Bernadette
238     Hoier                 Marion
285     Meister               Lorenz
(5 Zeile(n) betroffen)
```

Diese Option kann verwendet werden, um zu verhindern, dass von Benutzern sehr aufwendige Abfragen gestartet werden. Sie deaktivieren diese Einstellung wieder, indem Sie ihr den Wert 0 zuweisen.

 HINWEIS: Eine vollständige Übersicht über alle SET-Optionen finden Sie in der Online-Dokumentation des SQL Servers.

■ 5.4 Fehlerbehandlung in den Code einbauen

Wenn in einem Batch-Prozess oder in einer Prozedur ein Fehler auftritt – weil zum Beispiel ein Schreibvorgang gegen die referenzielle Integrität verstößt –, wird eine Fehlermeldung ausgegeben. Der Ablauf wird jedoch nicht beendet, weitere Anweisungen werden ausgeführt.

Dies ist vor allem in Prozeduren, die von einem Client-Programm aufgerufen werden, sehr lästig. In den meisten Programmiersprachen ist es üblich, dass der Programmablauf bei einem Fehler unterbrochen und nicht fortgesetzt wird.

Ein wichtiger Bestandteil einer jeden Programmiersprache ist es, solche Fehler abzufangen und darauf zu reagieren. Dies möchte ich anhand des nachfolgenden Beispiels demonstrieren. Hierbei soll eine neue Artikelgruppe in die Tabelle *artikelgruppen* eingefügt werden. Existiert das Kürzel für die neue Artikelgruppe in dieser Tabelle bereits, führt dies zu einer Primärschlüsselverletzung und dadurch zu einem Fehler.

```
SET NOCOUNT ON;
DECLARE @gruppe char(2), @name varchar(30);
SET @gruppe = 'GE';
SET @name = 'Geschirr';

INSERT INTO dbo.artikelgruppen (artgr, bezeichnung)
VALUES (@gruppe, @name);

IF @@rowcount = 0
    SELECT 'Fehler!' AS Ergebnis;
ELSE
    SELECT 'Erledigt ;-)' AS Ergebnis;
```

Wenn die angegebene Artikelgruppe noch nicht existiert, erhalten wir folgendes Resultat.

```
Ergebnis
------------
Erledigt ;-)
```

Existiert die Gruppe aber bereits oder Sie führen den Code mit denselben Werten erneut aus, erhalten Sie nicht nur die von Ihnen gewünschte Meldung, sondern zuvor noch die durch das missglückte Einfügen verursachte Fehlermeldung.

```
Meldung 2627, Ebene 14, Status 1, Zeile 8
Verletzung der PRIMARY KEY-Einschränkung 'pk_artikelgruppen'. Ein doppelter Schlüssel
kann in das dbo.artikelgruppen-Objekt nicht eingefügt werden. Der doppelte
Schlüsselwert ist (GE).
Die Anweisung wurde beendet.
Ergebnis
--------
Fehler!
```

Diese Fehlermeldungen werden an Frontend-Programme weitergeleitet und müssen dort abgefangen und behandelt werden. Schöner wäre es jedoch, dies gleich in der Datenbank beziehungsweise in der dort gestarteten Prozedur zu erledigen.

Um das Auftreten des Fehlers zu vermeiden, könnten Sie zuerst mit EXISTS() prüfen, ob diese Artikelgruppe bereits vorhanden ist, bevor sie tatsächlich eingefügt wird.

```
SET NOCOUNT ON;
DECLARE @gruppe char(2), @name varchar(30);
SET @gruppe = 'GE';
SET @name = 'Geschirr';

IF exists (SELECT * FROM dbo.artikelgruppen WHERE artgr = @gruppe)
    SELECT 'Fehler!' AS Ergebnis;
ELSE
BEGIN
    INSERT INTO dbo.artikelgruppen (artgr, bezeichnung)
    VALUES (@gruppe, @name);
    SELECT 'Erledigt ;-)' AS Ergebnis;
END
```

Der Nachteil dieser Variante ist, dass jedes Mal ein zusätzlicher Datenzugriff notwendig ist. Dabei tritt der Fehlerfall seltener ein als eine erfolgreiche Bearbeitung. Daher wäre es effizienter, den Normalfall ohne Prüfung schneller zu gestalten und nur im Problemfall eine verlangsamte Bearbeitung durch eine Fehlerbehandlung in Kauf zu nehmen.

Eine saubere Fehlerbehandlung, wie man sie aus anderen Programmiersprachen kennt, ist in Transact-SQL schon seit SQL Server 2005 implementiert. Sie besteht aus einem TRY- und einem CATCH-Block. Den Lesern unter Ihnen, die zum Beispiel mit Visual Studio arbeiten, wird die Syntax sehr vertraut vorkommen.

```
BEGIN TRY
    Anweisung(en)
END TRY
BEGIN CATCH
    Anweisung(en)
END CATCH;
```

Im TRY-Block steht die Anweisung, die unter Umständen zu einem Fehler führen kann. Der CATCH-Block muss direkt danach eingesetzt werden. Es dürfen keine Anweisungen dazwischen stehen; auch darf ein Batch nicht durch ein GO unterbrochen werden.

In den CATCH-Block schreiben Sie den Code, der im Fehlerfall ausgeführt werden soll. Tritt kein Fehler auf, wird dieser Codeteil automatisch übersprungen und damit ausgelassen. Wenn Sie mit Semikolon abschließen möchten, dann erst am Ende des gesamten Programmblocks nach END CATCH.

Bezogen auf unser Beispiel kann eine Lösung mit SQL Server nun so umgesetzt werden:

```
SET NOCOUNT ON;
DECLARE @gruppe char(2), @name varchar(30);
SET @gruppe = 'GE';
SET @name = 'Geschirr';

BEGIN TRY
    INSERT INTO dbo.artikelgruppen (artgr, bezeichnung)
    VALUES (@gruppe, @name);
    SELECT 'Erledigt ;-)' AS Ergebnis;
END TRY
BEGIN CATCH
    SELECT 'Fehler!' AS Ergebnis;
END CATCH;
```

 ACHTUNG! Wenn die im TRY-Block verwendeten Anweisungen in einer Transaktion zusammengefasst werden, muss diese im CATCH-Block unbedingt zurückgerollt werden. Dies ist notwendig, da die Transaktion in den Status *doomed* versetzt wird, in dem sie nicht mehr commited werden kann.

```
SET NOCOUNT ON;
DECLARE @gruppe char(2), @name varchar(30);
SET @gruppe = 'GE';
SET @name = 'Geschirr';

BEGIN TRY
    BEGIN TRANSACTION;
    INSERT INTO dbo.artikelgruppen (artgr, bezeichnung)
    VALUES (@gruppe, @name);
    COMMIT;
    SELECT 'Erledigt ;-)' AS Ergebnis;
END TRY
BEGIN CATCH
    ROLLBACK;
    SELECT 'Fehler!' AS Ergebnis;
END CATCH;
```

Fehler mit einem Schweregrad von 10 bis 19 werden an den CATCH-Block übergeben. In diese Kategorie fallen alle Fehler, die zum Beispiel Fehler in den Daten oder Fehler in mathematischen Berechnungen betreffen.

Fehler ab dem Schweregrad 20 sind gravierende Fehler, die zu einer Beendigung der Client-Verbindung führen. Derartige Fehler können mit dem beschriebenen System nicht abgefangen werden.

Falls Sie selber Fehler durch den Einsatz der Anweisung RAISERROR() generieren, verwenden Sie bitte einen Status zwischen 10 und 19. Üblicherweise wird für benutzerdefinierte Fehler der Status 16 verwendet. Die später erläuterte Alternative THROW() generiert immer einen Fehler mit dem Statuswert 16.

```
BEGIN TRY
    RAISERROR('Fehler!', 16, 1);
    SELECT 'kein Fehler' AS Ergebnis;
END TRY
BEGIN CATCH
    SELECT 'Fehler aufgetreten' AS Ergebnis;
END CATCH;
```

Um innerhalb des CATCH-Blocks genaue Informationen über den aufgetretenen Fehler zu erhalten, stehen zusätzliche Funktionen zur Verfügung, die über die Systemfunktion @@ERROR hinausgehen.

- ERROR_NUMBER() gibt analog zur Systemvariablen @@ERROR die Fehlernummer zurück. Der Unterschied ist, dass Sie @@ERROR unbedingt mit der ersten Anweisung im CATCH-Block auslesen müssten, damit Sie nicht 0 zurückgeliefert bekommen. Denn @@ERROR wird nach jeder Anweisung überschrieben. Die neuere und modernere Funktion ERROR_NUMBER() hingegen liefert auch später innerhalb des gesamten CATCH-Blocks die gewünschte Information.

- Mit ERROR_MESSAGE() können Sie auf den originalen Text der Fehlermeldung zurückgreifen.

 PRAXISTIPP: Ich verwende diese Funktion regelmäßig, um zu eruieren, welcher Fehler aufgetreten ist. Denn in der Fehlermeldung kann man nach prägnanten Inhalten suchen, wie zum Beispiel nach den Namen von verletzten Constraints. ∎

- ERROR_SEVERITY() gibt den Schweregrad des Fehlers zurück.

- ERROR_STATE() liefert den Fehlerstatus.

- Mit ERROR_LINE() lesen Sie die Nummer der Zeile, in der der Fehler aufgetreten ist, aus.

- Mit ERROR_PROCEDURE() lesen Sie den Namen der Prozedur oder des Triggers aus, in der bzw. in dem der Fehler aufgetreten ist. Dies ist vor allem dann interessant, wenn Sie im TRY-Block Prozeduren aufrufen oder Anweisungen ausführen, die Trigger auslösen. Denn dann lässt sich ein aufgetretener Fehler leichter lokalisieren.

Zum Abschluss geben wir als Ergebnis die originale Fehlermeldung des Servers aus:

```
SET NOCOUNT ON;
DECLARE @gruppe char(2), @name varchar(30);
SET @gruppe = 'GE';
SET @name = 'Geschirr';

BEGIN TRY
```

```
    BEGIN TRANSACTION;
    INSERT INTO dbo.artikelgruppen (artgr, bezeichnung)
    VALUES (@gruppe, @name);
    COMMIT;
    SELECT 'Erledigt ;-)' AS Ergebnis;
END TRY
BEGIN CATCH
    ROLLBACK;
    SELECT ERROR_MESSAGE() AS Ergebnis;
END CATCH;
```

liefert:

```
Ergebnis
----------------------------------------------------------
Verletzung der PRIMARY KEY-Einschränkung 'pk_artikelgruppen'. Ein doppelter Schlüssel
kann in das dbo.artikelgruppen-Objekt nicht eingefügt werden. Der doppelte
Schlüsselwert ist (GE).
```

Sie können aber auch einen eigenen Fehlertext zu einem erkannten aufgetretenen Fehler generieren. Für nicht erwartete oder unbekannte Fehler behalten wir sicherheitshalber die Ausgabe des Standardtextes bei.

```
BEGIN CATCH
    ROLLBACK;

    IF ERROR_MESSAGE() LIKE '%pk_artikelgruppen%'
        SELECT @gruppe + ' existiert bereits.' AS Ergebnis;
    ELSE
        SELECT ERROR_MESSAGE() AS Ergebnis;

END CATCH
```

Als Alternative zu RAISERROR steht seit dem SQL Server 2012 auch die Anweisung THROW zur Verfügung. Auch THROW „wirft" einen Fehler.

Die Unterschiede zwischen den beiden Varianten sind, dass die bei THROW verwendete Fehlernummer – auch diese muss jenseits der vom System reservierten 50.000sein – nicht zuvor im System registriert werden muss. Der Schweregrad des Fehlers ist immer 16, er kann nicht mit angegeben werden. Für RAISERROR müssen Fehlermeldungen zuvor mit der Systemprozedur dbo.sp_addmessage definiert werden. Zuerst in Englisch, danach können auch andere Sprachen ergänzt werden.

```
EXEC dbo.sp_addmessage 54444, 16, 'userdefined error-message!', 'us_english';
EXEC dbo.sp_addmessage 54444, 16, 'Benutzerdefinierte Fehlermeldung!', 'german';

SELECT * FROM dbo.sysmessages WHERE error > 50000;
```

Die festgelegte ID kann anstelle einer Meldung mit RAISERROR angegeben werden. Aufgrund der aktuellen Session-Sprache wird dabei die Sprachversion der Fehlermeldung gewählt. Ist für die aktuelle Sprache keine Fehlermeldung vorhanden, wird Englisch verwendet.

```
SET LANGUAGE English;
RAISERROR (54444, 16, 1);

SET LANGUAGE german;
RAISERROR (54444, 16, 1);
```

In den Meldungstext können Sie auch Platzhalter verpacken, die Sie dann zur Laufzeit durch Inhalte ersetzen. Dieses Vordefinieren ist bei THROW nicht notwendig, auch die Parameter im Meldungstext gibt es nicht. Dies ist aber auch nicht notwendig, da Sie die Meldung in Form einer Variablen übergeben können und damit die gleiche Textflexibilität haben.

```
BEGIN TRY
    THROW 55555, 'Fehler!', 1;
    SELECT 'kein Fehler' AS Ergebnis;
END TRY
BEGIN CATCH
    SELECT 'Fehler aufgetreten' AS Ergebnis;
END CATCH;
```

THROW kann auch dazu verwendet werden, einen abgefangenen Fehler erneut zu generieren und damit ans Frontend zurückzugeben. Durch die Möglichkeit, verschiedene Fehlercodes einfach zu erzeugen, können Sie in der Fehlerbehandlung des Frontends einfach zwischen den unterschiedlichen Fehlern unterscheiden.

```
BEGIN TRY
    THROW 55555, 'Fehler!', 1;
    SELECT 'kein Fehler' AS Ergebnis;
END TRY
BEGIN CATCH
    SELECT 'Fehler aufgetreten' AS Ergebnis;
    THROW;
END CATCH;
```

liefert:

```
Ergebnis
------------------
Fehler aufgetreten
(1 Zeile(n) betroffen)
Meldung 55555, Ebene 16, Status 1, Zeile 2
Fehler!
```

 ACHTUNG! Beachten Sie, dass die Anweisung vor dem THROW unbedingt mit einem Semikolon beendet werden muss, sonst erhalten Sie einen Syntaxfehler. (Auch wenn dies nicht unbedingt logisch erscheint, ist es dennoch so.)

Folgende Verwendung führt also zu einem Syntaxfehler:

```
DECLARE @meldung varchar(100) = 'Fehler aufgetreten'
THROW 50001, @meldung, 1
```

Ein entscheidender Unterschied zwischen RAISERROR und THROW ist, dass bei RAISERROR nach der Ausgabe der Fehlermeldung der Code fortgesetzt wird, während er bei THROW sofort beendet wird.

```
RAISERROR('Fehler!', 16, 1);
SELECT 'Ausgeführt!' AS dennoch;
```

liefert:

```
Meldung 50000, Ebene 16, Status 1, Zeile 1
Fehler!
dennoch
-----------
Ausgeführt!
```

Hingegen bekommen wir bei THROW die nachfolgende Meldung nicht mehr.

```
THROW 55555, 'Fehler!', 1;
SELECT 'Ausgeführt!' AS sehen_wir_nicht;
```

liefert (nur):

```
Meldung 55555, Ebene 16, Status 1, Zeile 1
Fehler!
```

 PRAXISTIPP: Dadurch, dass THROW keine Registrierungen im System erfordert, müssen beim Transfer einer Datenbank auf eine andere Server-Instanz die systemseitigen Registrierungen wie für RAISERROR nicht im neuen System nachgezogen werden.

■ 5.5 Sequenzen

Als ich das erste Mal beim SQL Server 2012 von den neuen Sequenzen gehört habe, habe ich doch ein deutliches Déjà-vu gehabt. Und je detaillierter ich mir die Features angesehen habe, desto deutlicher ist dieses geworden. Das liegt daran, dass ich dieses beim SQL Server neue Objekt schon seit vielen Jahren in genau dieser Form kenne: nämlich von Oracle. Dort werden Sequenzen schon seit jeher für das verwendet, was beim SQL Server Identitäten erledigen: das Erzeugen einer laufenden Nummerierung. Nun gibt es sie beim SQL Server auch – warum, darüber können Sie sich eine eigene Meinung bilden. Böse Zungen sagen ja unter vorgehaltener Hand, um die Migration von Oracle-Datenbanken auf den SQL Server zu erleichtern.

Sequenzen sind Nummernspender, die beim Befüllen von Spalten verwendet werden. Sie können sowohl bei Insert- als auch bei Update-Vorgängen eingesetzt werden. Was sind die Unterschiede zu Identitäten?

- Sequenzen sind eigenständige Objekte und daher nicht an eine bestimmte Spalte einer bestimmten Tabelle gebunden. Sie sind daher auch gut geeignet, um eine tabellenübergreifende Nummerierung zu erzeugen.

- Sequenzen können als Zyklus definiert werden und damit immer wiederkehrende Nummern liefern. Dies kann sehr praktisch sein und das Schreiben von Programmcode ersetzen; beispielsweise, wenn Sie die eintreffenden Aufträge automatisch den Sachbearbeitern 1 bis 10 in wiederkehrender Reihenfolge zuordnen möchten.

- Sequenzen können eine Ober- und Untergrenze aufweisen. Sind diese erreicht und es ist kein Zyklus festgelegt, erzeugt das Abrufen eines Wertes aus der Sequenz einen Fehler.

Sie können Sequenzen grafisch über den Objekt-Explorer oder über eine T-SQL-Anweisung erzeugen. Im Objekt-Explorer sind Sequenzen unter Programmierbarkeit zu finden. Wir möchten uns an dieser Stelle die T-SQL-Anweisung ansehen.

```
CREATE SEQUENCE dbo.wawi_seq
    AS smallint
    START WITH 50
    INCREMENT BY 10
    MINVALUE 10
    MAXVALUE 100
    CACHE 3
    CYCLE;
```

Um die Funktionsweise zu zeigen, habe ich alle möglichen Parameter in diesem Beispiel verpackt.

Die Sequenz weist folgende Parameter auf:

- Als Datentyp muss ein numerischer Datentyp zugeordnet werden. Möglich sind alle Integer-Varianten (*tinyint*, *smallint*, *int* und *bigint*) sowie *decimal* beziehungsweise *numeric*.

- Der *Startwert* legt fest, bei welchem Wert begonnen wird.

- *Mindest-* und *Maximalwert* legen die jeweilige Ober- und Untergrenze fest. Diese haben entweder bei einem positiven oder negativen Inkrementwert sowie bei einem Zyklus eine Bedeutung.

- Der *Zyklus* legt fest, ob die Werte wiederholt oder nur einmal zurückgegeben werden. Bei einem positiven Inkrement wird beim Erreichen des Maximalwertes wieder beim Minimalwert fortgesetzt, bei einem negativen Inkrement ist dies genau umgekehrt.

- Der *Cachewert* legt fest, ob und wie viele Werte im Cache gehalten werden. Dadurch werden die Werte schneller zurückgegeben, gehen aber verloren, wenn der Serverdienst neu gestartet wird.

Werte werden mit NEXT VALUE FOR aus der Sequenz ausgelesen.

```
SELECT NEXT VALUE FOR dbo.wawi_seq;
```

Diese liefert in unserem Beispiel beim ersten Aufruf den Startwert 50, beim nächsten den Wert 60 und so weiter. Nach dem Maximalwert 100 wird erstmals mit dem Minimalwert 10 fortgesetzt. Dieses Beispiel zeigt, dass Startwert und Minimalwert nicht dieselben sein müssen.

Rufen Sie die Anweisung mehrmals hintereinander auf, um die zurückgegebenen Werte zu beobachten!

Nun ändern wir das Inkrement auf einen neuen negativen Wert.

```
ALTER SEQUENCE dbo. wawi_seq
INCREMENT BY -5;
```

Wiederholen Sie nun den Aufruf. Ab jetzt werden die Werte absteigend zurückgegeben, nach dem Minimalwert wird wieder mit dem Maximalwert fortgesetzt.

Um einen Sequenzwert in einen Datensatz einzufügen, speichern Sie ihn entweder zuvor in einer Variablen oder weisen ihn direkt beim INSERT oder UPDATE zu.

```
DECLARE @wert smallint;
SET @wert = NEXT VALUE FOR dbo.wawi_seq;
SELECT @wert AS sequenzwert;
```

Um dies zu demonstrieren, erstellen wir schnell eine Testtabelle.

```
CREATE TABLE dbo.test (nr int, bezeichnung varchar(20));
INSERT INTO dbo.test (nr, bezeichnung)
VALUES (NEXT VALUE FOR dbo.wawi_seq, 'Sequenzwert');
```

Verschiedene Informationen über Sequenzen lassen sich aus der Systemtabelle *sys.sequences* abrufen. Aus der Spalte *current_value* lässt sich der zuletzt abgerufene Wert auslesen.

```
SELECT current_value
FROM sys.sequences
WHERE name = 'wawi_seq';
```

Wenn der vergebene und in einer Tabelle eingefügte Wert für Sie von Bedeutung ist, sollten Sie ihn über den Umweg einer Variablen einlesen; denn dann ist er auch im Anschluss noch verfügbar. Das Auslesen des *current_value* ist in einer Mehrbenutzerumgebung zu unsicher.

 HINWEIS: Wie bei einer Identität auch gehen Werte verloren, wenn sie in einer Transaktion abgerufen und eingefügt werden, die danach zurückgerollt wird. ∎

Im Management Studio können Sie Sequenzen über den grafischen Dialog erstellen und bearbeiten. Sequenzen sind im Objekt-Explorer als letzter Eintrag unter *Programmierung* der jeweiligen Datenbank zu finden.

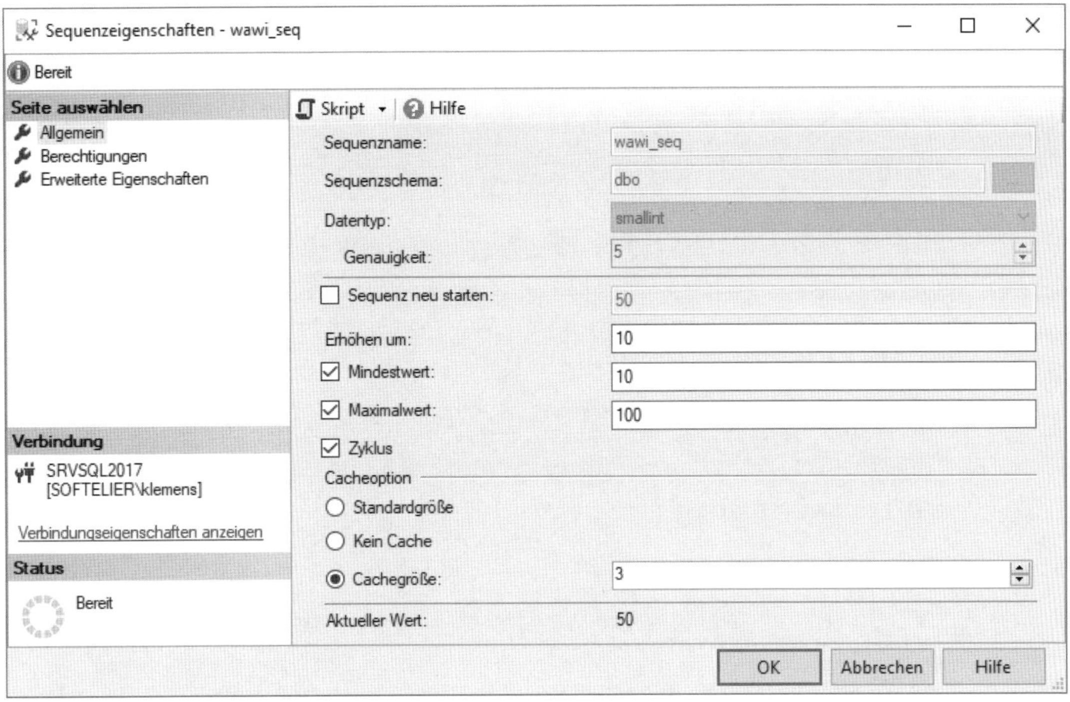

Bild 5.13 Sequenz im Management Studio

▓ 5.6 Paging mit OFFSET und FETCH

Unter Paging versteht man die Möglichkeit, quasi seitenweise in Daten zu blättern: die ersten 20, die nächsten 20 und so weiter.

Die Schlüsselwörter OFFSET und FETCH stellen eine Erweiterung der ORDER BY-Klausel dar und sind daher eine Form der Filterung, die wie TOP auf der Sortierung basiert.

Mit OFFSET geben Sie die Startposition an, indem Sie die Anzahl der zu überspringenden Datensätze festlegen. Mit FETCH wird angegeben, wie viele Zeilen ab dieser Position gewünscht werden. Die exakte Syntax dazu lautet:

```
OFFSET n ROWS FETCH FIRST m ROWS ONLY;
```

Um die ersten Zeilen abzurufen, verwenden Sie das Offset von null. Die nachfolgende Anweisung liefert die ersten 15 Artikel nach der Artikelnummer aufsteigend sortiert.

```
SELECT artnr, bezeichnung, vkpreis
FROM dbo.artikel
ORDER BY artnr
OFFSET 0 ROWS FETCH FIRST 15 ROWS ONLY;
```

Dies ist noch nichts Besonderes, das hätten wir prinzipiell einfacher auch haben können. Aber die weiteren Blöcke sind das Tolle bei dieser Sache. Dazu müssen wir nun lediglich das Offset entsprechend erhöhen. Um die zweite Tranche zu bekommen, verwenden wir 15 als Offset.

```
SELECT artnr, bezeichnung, vkpreis
FROM dbo.artikel
ORDER BY artnr
OFFSET 15 ROWS FETCH FIRST 15 ROWS ONLY;
```

Wenn wir dies nun mit der Rangfolgefunktion ROW_NUMBER() kombinieren, sehen wir, dass hier wirklich korrekt durchnummeriert wird. Wir erhalten nämlich bei einem Offset von 30 als ersten Wert nicht eins, sondern 31.

```
SELECT ROW_NUMBER() OVER(ORDER BY artnr) AS lfd,
       artnr, bezeichnung, vkpreis
FROM dbo.artikel
ORDER BY artnr
OFFSET 30 ROWS FETCH FIRST 15 ROWS ONLY;
```

liefert:

```
lfd     artnr       bezeichnung                                  vkpreis
-------  ----------  -------------------------------------------  -------
31       1031        Adlus Stiel 150 cm                           7,52
32       1032        Adlus Stiel 180 cm                           8,61
33       1033        Adlus Schaufel Klein                         5,34
34       1034        Alu Haushaltsleiter 3 Stufen Önorm           43,39
35       1035        Alu Haushaltsleiter 4 Stufen Önorm           50,04
36       1036        Alu Haushaltsleiter 5 Stufen Önorm           62,03
37       1037        Alu Haushaltsleiter 6 Stufen Önorm           81,65
38       1038        Alu Haushaltsleiter 7 Stufen Önorm           97,02
39       1039        Airstop-Reparaturset                         4,25
40       1040        Angelgarnitur                                17,33
41       1041        Adlus Spitzschaufel                          8,61
42       1042        Adlus Rechen                                 7,52
43       1043        Adlus Laubbesen                              8,61
44       1044        Ausgiesser Gihale                            1,09
45       1045        Ascher Meteor 14 cm Glas                     3,16
(15 Zeile(n) betroffen)
```

Damit lassen sich Paging-Funktionalitäten sehr einfach umsetzen.

■ 5.7 Window-Funktionen

Mit den Window-Funktionen ist es möglich, Gruppenfunktionen auf Partitionen anzuwenden. Diese Partitionen oder Fenster werden über eine Unter- und Obergrenze definiert. Damit Sie sich darunter etwas vorstellen können: zum Beispiel die Summe der Werte von drei Datensätzen vor dem aktuellen bis zum aktuellen Datensatz. Hier wären „drei davor" die Untergrenze und der aktuelle Datensatz die Obergrenze.

Klassische Anwendungsfälle für Window-Funktionen sind Berechnungen wie laufende Summen oder gleitendes Mittel. Das Fenster wird in der OVER-Klausel, die wir ja schon von den Rangfolgefunktionen kennen, definiert.

```
ROWS/RANGE BETWEEN untergrenze AND obergrenze
```

Mit ROWS werden Zeilen, mit RANGE Werte als Grenzwerte festgelegt. Die Ober- und Untergrenze für ROWS können auf folgende Arten angegeben werden:

- CURRENT ROW: Damit wird auf die aktuelle Zeile verwiesen. Diese kann sowohl als Unter- als auch als Obergrenze angegeben werden.
- UNBOUND PRECEDING: Diese Angabe ist nur für die Untergrenze zulässig und definiert den ersten Wert in der Gruppe, für die jeweils das Aggregat gebildet wird. Wenn wir zum Beispiel die Summen je Bestellung bilden, wird mit jeder Bestellnummer ein neues Fenster begonnen.
- UNBOUND FOLLOWING: Diese Angabe ist das genaue Gegenteil von der vorigen Variante. Sie kann nur als Obergrenze verwendet werden und legt den letzten Wert in der Gruppe fest.
- n PRECEDING: Gibt an, wie viele Zeilen davor begonnen werden soll. Der Buchstabe n steht für eine positive ganze Zahl.
- n FOLLOWING: Gibt im Gegensatz zur vorigen Variante die Anzahl Zeilen danach an.

Wenn Sie in einer Anweisung keine Partition angeben, wird das Aggregat über alle Werte gebildet. Das ist genau gleich wie bei den Rangfolgefunktionen oder bei einem SELECT mit einer Gruppenfunktion ohne eine GROUP BY-Klausel. Verwenden Sie also je nach Bedarf entweder ORDER BY alleine oder gemeinsam mit PARTITION BY in der OVER-Klausel.

Das nachfolgende Beispiel zeigt die Bildung einer laufenden Summe der Bestellwerte aller Bestellpositionen. Hier wird keine Partition angegeben, daher werden alle Datensätze als eine Partition betrachtet. Mit der verwendeten ROWS-Angabe wird die Summe jeweils vom ersten bis zum aktuellen Zeilenwert gebildet. Sortiert wird nach der Bestell- sowie der Positionsnummer.

```
SELECT bestnr, position, menge * preis AS betrag,
       SUM(menge * preis) OVER ( ORDER BY bestnr, position
                            ROWS BETWEEN UNBOUNDED PRECEDING
                            AND CURRENT ROW) AS summe_lfd
  FROM dbo.bestellpositionen;
```

liefert:

```
bestnr      position betrag          summe_lfd
----------  -------- --------------- ---------------
1000        1        68,80           68,80
1000        2        105,35          174,15
1000        3        102,80          276,95
1001        1        453,60          730,55
1001        2        179,34          909,89
1001        3        465,60          1375,49
1001        4        465,60          1841,09
1001        5        884,40          2725,49
...
1005        1        768,60          33660,73
```

```
1005         2        325,80        33986,53
1005         3        180,60        34167,13
1005         4       2715,00        36882,13
1007         1       1086,00        37968,13
(24 Zeile(n) betroffen)
```

In der letzten Spalte sehen Sie die laufende Summe, die über alle Zeilen gebildet wird. Um nun die laufende Summe für jede Bestellung separat zu bilden, ergänzen wir in der Anweisung eine entsprechende Partition.

```
SELECT bestnr, position, menge * preis As betrag,
       SUM(menge * preis) OVER ( PARTITION BY bestnr
                         ORDER BY bestnr, position
                         ROWS BETWEEN UNBOUNDED PRECEDING
                         AND CURRENT ROW) AS summe_lfd
FROM dbo.bestellpositionen;
```

liefert:

```
bestnr      position betrag          summe_lfd
----------- -------- --------------- ---------------
1000         1        68,80          68,80
1000         2       105,35          174,15
1000         3       102,80          276,95
1001         1       453,60          453,60
1001         2       179,34          632,94
1001         3       465,60         1098,54
1001         4       465,60         1564,14
1001         5       884,40         2448,54
1002         1      5620,00         5620,00
1003         1      1575,60         1575,60
1003         2      1086,00         2661,60
1004         1       412,00          412,00
1004         2       863,20         1275,20
1004         3       255,84         1531,04
1004         4       345,60         1876,64
1004         5        82,40         1959,04
1004         6     11748,00        13707,04
1004         7      3042,00        16749,04
1004         8      5136,00        21885,04
1005         1       768,60          768,60
1005         2       325,80         1094,40
1005         3       180,60         1275,00
1005         4      2715,00         3990,00
1007         1      1086,00         1086,00
(24 Zeile(n) betroffen)
```

Im Ergebnis sehen Sie, dass die laufende Summe nun bei jeder Bestellnummer von Beginn an neu gebildet wird. Ich habe die letzte Positionszeile pro Bestellung im Ergebnis jeweils fett markiert dargestellt, damit Sie die Übergänge besser nachverfolgen können.

6

Gespeicherte Prozeduren, Funktionen und Trigger

Im vorangegangenen Kapitel haben Sie gelernt, wie die Sprache Transact-SQL aufgebaut ist, woraus sie besteht und welcher Syntax sie folgt. In diesem Kapitel werden wir diese Sprache zum Erstellen von Datenbankobjekten benutzen.

 ACHTUNG! Da im vorigen Kapitel die Techniken erläutert werden, die in diesem Kapitel zum Einsatz kommen, sollten Sie das vorige Kapitel nicht übersprungen haben oder mit seinen Inhalten vertraut sein, wenn Sie sich diesem Kapitel widmen.

Die klassischen mit Transact-SQL programmierbaren Datenbankobjekte sind:

- Gespeicherte Prozeduren (Stored Procedures)
- Benutzerdefinierte Funktionen (User-Defined Functions/UDFs)
- Trigger

Durch die Integration der *Common Language Runtime* (CLR) können Prozeduren, Funktionen und Trigger auch mit einer .NET-Programmiersprache anstelle von Transact-SQL programmiert werden. Dies ist dann sinnvoll, falls nicht Datenzugriffe, sondern komplexe Algorithmen im Vordergrund der Lösung stehen. Für klassische Datenbankaufgaben ist der Einsatz von Transact-SQL die wesentlich bessere und bewährtere Variante. Bei und vor der Einführung der CLR hat es viele Diskussionen zur Frage gegeben, ob Transact-SQL damit nun „tot" sei. Dies ist schon damals mit dem Argument verneint worden, dass es für beide Varianten klare Einsatzbereiche gibt, in denen die eine Variante der anderen überlegen ist. .NET-Prozeduren waren schon immer als Ergänzung zu T-SQL gedacht, um diejenigen Bereiche abzudecken, für die T-SQL nicht so gut oder gar nicht geeignet ist. Außerdem kommt man beim Einsatz von .NET-Prozeduren nicht ohne T-SQL aus. In der Praxis hat T-SQL seine Bedeutung nicht eingebüßt – es ist nach wie vor die Hauptsprache zum Entwickeln von Prozeduren und Triggern. Durch neue Features hat seine Bedeutung noch weiter zugenommen. In den letzten Jahren habe ich die Möglichkeiten der .NET-Integration für Spezialaufgaben sehr zu schätzen gelernt.

HINWEIS: Da der Einsatz von .NET zur Entwicklung von Prozeduren, Funktionen und Triggern eine komplett andere Technologie darstellt, behandle ich dieses Thema in einem eigenen Kapitel. ∎

Eine weitere immer wieder auftauchende Diskussion ist, ob der Einsatz von serverseitiger Datenbankprogrammierung generell sinnvoll ist. Dazu möchte ich Folgendes bemerken:

- Es gibt Fälle, in denen tatsächlich Argumente gegen den Einsatz solcher Technologien sprechen. Das ist immer der Fall, wenn das Datenbanksystem hinter einer Anwendung austauschbar sein soll; zum Beispiel bei der Entwicklung einer Standardsoftware, bei der der Kunde das verwendete Datenbanksystem aus verschiedenen Systemen auswählen können soll. In diesen Szenarien wird man Geschäftslogiken in eigenen Klassen abbilden, die mit Standardschnittstellen wie zum Beispiel ADO.NET unter der Verwendung von ANSI-SQL-Anweisungen ohne die Nutzung produktspezifischer Möglichkeiten auf die Datenbank zugreifen. Nur so kann das Datenbanksystem hinter der Anwendung ohne großen Aufwand ausgetauscht werden. Leider werden hier aber in der Regel spezielle Fähigkeiten bestimmter Datenbanksysteme nicht ausgenutzt.

- Sinnvoll hingegen ist der Einsatz der beschriebenen Technologien, wenn der SQL Server das von Ihnen verwendete Datenbanksystem ist und ein Wechsel auf ein anderes System nicht angedacht ist. Denn durch den Einsatz serverseitiger Programmierung nutzen Sie das Potenzial des Systems voll aus. Da die Syntax allerdings produktspezifisch ist, wäre der Wechsel des Systems mit einem erhöhten Aufwand verbunden.

- Programmierlösungen mit T-SQL sind sehr einfach und schnell zu realisieren. Dieselben Aufgaben mit einer anderen Programmiersprache zu lösen, bedeutet in der Regel mehr Aufwand.

In vielen Entwicklungsszenarien ist der Einsatz von T-SQL sehr effizient und vor allem performant – und damit auch sehr sinnvoll. Also gehen wir es an!

6.1 Gespeicherte Prozeduren programmieren

Gespeicherte Prozeduren sind kleine Programme, die direkt auf dem Server gespeichert sind und dort ausgeführt werden. Diese können entweder lediglich Daten zurückgeben (wie eine gewöhnliche SELECT-Anweisung), Daten manipulieren (über die Verwendung von DML-Befehlen) oder auch vielfältige komplexe Aufgaben übernehmen. Jedenfalls sollten Sie bei der Entwicklung von Client-Server-Datenbanken darauf achten, so viel Funktionalität wie möglich weg von der Client-Programmierung in gespeicherte Prozeduren zu übertragen, da

- gespeicherte Prozeduren am Server bekannt sind und nach dem Aufruf sofort ausgeführt werden können, sodass Performance-Vorteile gegenüber ad hoc abgesendeten SQL-Statements realisierbar sind;

- Programmlogik, die in gespeicherten Prozeduren abgebildet ist, nur einmal ausprogrammiert werden muss, unabhängig davon, wie viele Frontend-Applikationen darauf zugreifen. Jede Programmlogik, die im Frontend programmiert wird, muss in jedem neuen Frontend neu ausprogrammiert werden.

Optimal wird die Programmlogik also immer im Backend implementiert, das Frontend greift nur darauf zu. Das heißt allerdings nicht, dass clientseitige Programmierung nicht mehr eingesetzt werden soll. Primär sollte sie aber bei datenbezogenen Operationen dafür verwendet werden, auf dem Server gespeicherte Prozeduren aufzurufen und deren Rückgabewerte auszulesen.

 PRAXISTIPP: Sie benötigen eine Funktion, um eine Lagerbuchung von einer Windows-Applikation aus durchzuführen. Programmieren Sie diese in einem Frontend, müssen Sie die gesamte Logik noch einmal ausprogrammieren, wenn Sie später für ein Web-Frontend dieselbe Funktionalität benötigen.

Erstellen Sie aber für diese Aufgabe eine gespeicherte Prozedur, der als Parameter die für die Lagerbuchung relevanten Daten wie Artikelnummer, Lagernummer und Menge übergeben werden, so muss nur ein einziges Programm erstellt werden. Sie müssen in jedem Frontend nur noch den Aufruf der fertigen Prozedur umsetzen. Der Vorteil dieser Lösung wird insbesondere dann klar, wenn man den Aufwand berücksichtigt, der in jedem Programm allein für die Fehlerbehandlung benötigt wird.

Weitere Vorteile gespeicherter Prozeduren gegenüber der Verwendung von separaten SQL-Anweisungen sind:

- *Reduktion des Netzwerkverkehrs:* Statt viele einzelne Anweisungen über das Netzwerk zum Server zu schicken, können Benutzer für eine komplexe Aufgabe mit dem Aufruf einer einzigen Prozedur auskommen. Auf diese Weise wird die Anzahl der zwischen dem Server und dem Client übermittelten Anforderungen stark reduziert.

- *Besserer Überblick für Benutzer:* Benutzer haben es bei der Erledigung ihrer Aufgaben nicht mit einer unüberschaubaren Vielzahl an Tabellen zu tun, sondern kommen beispielsweise mit einem Satz an Prozeduren aus, die sie gezielt einsetzen. Dadurch ist ein direkter Zugriff auf Tabellen nicht erforderlich.

- *Zugriffssicherheit:* Sie können einem Benutzer auch die Berechtigung geben, eine Prozedur auszuführen, ohne dass er direkt auf Tabellen und Sichten, die in der Prozedur verwendet werden, zugreifen darf. Er kann damit lediglich die Aktionen starten, die über die Prozeduren vorgesehen sind. Es kann somit zu keinem Direktzugriff auf Daten und einer ungewollten Bearbeitung kommen. Voraussetzung hierfür ist lediglich, dass die Prozedur und die betroffenen Tabellen im gleichen Schema gespeichert sind.

PRAXISTIPP: Prozeduren werden verstärkt bei der Entwicklung von Webapplikationen eingesetzt, da diese im Hinblick auf Datenbankzugriffe hohe Sicherheitsanforderungen besitzen. Im Idealfall werden hier alle Datenzugriffe mithilfe von Prozeduren gesteuert. Damit müssen dem Webbenutzer keine Rechte auf Tabellen gewährt werden. Wird Ihr Webserver „gehackt", ist Ihre Datenbank dennoch sicher. Mehr dazu erfahren Sie später in diesem Kapitel.

6.1.1 Aufbau einer gespeicherten Prozedur

Eine gespeicherte Prozedur besteht aus beliebigen Transact-SQL-Anweisungen. Im vorigen Kapitel haben wir Transact-SQL-Anweisungsblöcke erzeugt und im Management Studio aus einem Abfrageeditor-Fenster heraus gestartet. Diese Anweisungen wurden aber auf dem Server nicht gespeichert. Sofern sie gespeichert werden, erfolgt dies in einer SQL-Skriptdatei auf einem Client.

Diese Anweisungsblöcke können nun zu Prozeduren zusammengefasst und in Datenbanken auf dem Server gespeichert werden.

Die Vorteile dieser Methode gegenüber eigenständigen Blöcken liegen darin, dass

- Prozeduren jederzeit von einem Client aus aufgerufen werden können,
- sie in programmierte Client-Server-Applikationen fest integriert werden können und
- sie in einer Art kompilierter Form am Server gespeichert sind und so schneller ausgeführt werden als neu an den Server übertragene Anweisungsblöcke.

Prozeduren werden über das Kommando CREATE PROCEDURE erzeugt. Falls benötigt, folgt dieser Anweisung die Definition der Übergabeparameter. Im Anschluss an das Schlüsselwort AS werden die eigentlichen Programmblöcke der Prozedur geschrieben. Häufig wurden Prozeduren in der Vergangenheit durch die Anweisung RETURN beendet; aber auch das Einbetten des Prozedurblocks in BEGIN/END ist inzwischen weit verbreitet. Das hängt ein wenig damit zusammen, wie die von Microsoft mitgelieferten Vorlagen aufgebaut sind. Diese bestimmen indirekt zu einem gewissen Grad die diesbezügliche „Mode". Mit RETURN wird die Prozedurausführung unmittelbar beendet. Die Anweisung kann daher auch – beispielsweise in einem Bedingungsblock – innerhalb einer Prozedur verwendet werden, um die Ausführung vorzeitig zu beenden. Sie wirkt dann wie beispielsweise ein Exit Sub in Visual Basic.

```
CREATE PROCEDURE prozedurname
    @var1 datentyp,
    @var2 datentyp,
    ...
AS
    Anweisungen;
RETURN;
```

HINWEIS: Die Angabe von RETURN am Ende ist für das Beenden der Prozedur nicht notwendig, macht aber den Prozedurcode besser lesbar, vor allem wenn Sie mehrere Prozeduren in einem Skript mit dem Management Studio anlegen.

Die zweite verbreitete Variante ist die nachfolgende. Auch hier ist BEGIN/END nicht zwingend erforderlich, erhöht aber die Struktur und damit die Lesbarkeit der Prozedur.

```
CREATE PROCEDURE prozedurname
    @var1 datentyp,
    @var2 datentyp,
    ...
AS
BEGIN
    Anweisungen;
END;
```

Parameter, die an eine Prozedur übergeben werden, können – wie bei Funktionen üblich – auch in Klammern gesetzt werden.

```
CREATE PROCEDURE prozedurname (@var1 datentyp, @var2 datentyp, ...)
AS
...
```

Ebenso ist die Verwendung des Zeilenvorschubs zwischen einzelnen Parametern optional und kann daher je nach Geschmack eingesetzt werden.

Im vorigen Kapitel habe ich über das Semikolon am Anweisungsende geschrieben. Um eine Einheitlichkeit in der Schreibweise zu bewahren, verwende ich es auch bei Prozeduren und Triggern, auch wenn dies nicht notwendig wäre.

6.1.2 Erzeugen einer gespeicherten Prozedur

Eine gespeicherte Prozedur kann sowohl mittels eines SQL Server-Tools (wie beispielsweise Management Studio oder SQL Server Data Tools) als auch mittels verschiedener anderer Tools erzeugt werden, die in der Lage sind, SQL-Anweisungen an den SQL Server zu übertragen. Theoretisch könnten Sie vorerst auch Notepad dazu verwenden. Jedoch besitzt der Abfrageeditor des Management Studios Funktionalitäten, die Ihnen das Schreiben von Prozeduren erleichtern.

Durch die Integration von IntelliSense macht das Programmieren von Prozeduren mit dem Management Studio viel Spaß. Auch das Ein- und Ausklappen von Bereichen ist ein sehr angenehmes Feature.

Eine gespeicherte Prozedur mit dem Management Studio anlegen

Eine übersichtliche Methode zum Erstellen von gespeicherten Prozeduren ist die Verwendung des SQL Server Management Studios. Hier haben Sie alle gespeicherten Prozeduren sowie alle anderen Datenbankobjekte im Überblick und im direkten Zugriff. Außerdem können Sie eine gespeicherte Prozedur hier auch testen.

1. Starten Sie dazu das Management Studio und erweitern Sie die Ordnerstruktur bis hin zur gewünschten Datenbank. Wählen Sie dort den Eintrag *Programmierbarkeit* und darunter den Eintrag *Gespeicherte Prozeduren* aus. Bereits vorhandene Prozeduren werden im rechten Fenster (*Details zum Objekt-Explorer*) angezeigt.

2. Klicken Sie mit der rechten Maustaste auf den Eintrag *Gespeicherte Prozeduren* und wählen Sie im Kontextmenü den Befehl NEU/GESPEICHERTE PROZEDUR... aus.

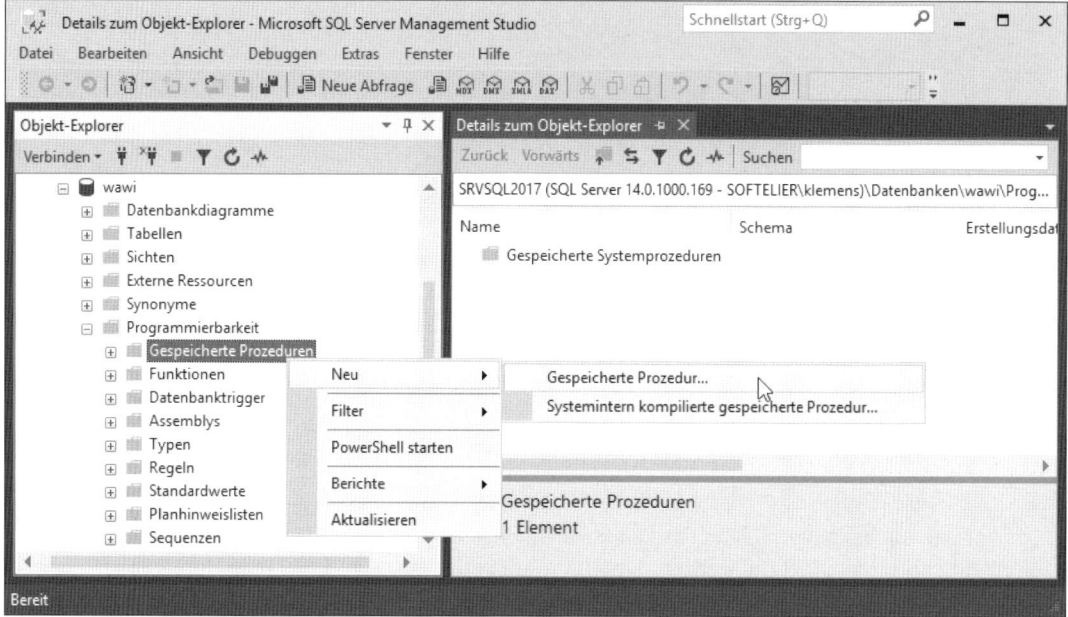

Bild 6.1 Eine gespeicherte Prozedur im Management Studio anlegen

Es erscheint ein neues Abfrageeditor-Fenster mit der Standardvorlage für gespeicherte Prozeduren. Auch hier ist der SQL-Befehl `CREATE PROCEDURE <Procedure_Name, sysname, ProcedureName>` für die Anlage einer Prozedur bereits vorgegeben.

```
SQLQuery1.sql - SR...ELIER\klemens (59))  +  ×  Details zum Objekt-Explorer

    SET ANSI_NULLS ON
    GO
    SET QUOTED_IDENTIFIER ON
    GO
    -- ===========================================
    -- Author:      <Author,,Name>
    -- Create date: <Create Date,,>
    -- Description: <Description,,>
    -- ===========================================
    CREATE PROCEDURE <Procedure_Name, sysname, ProcedureName>
        -- Add the parameters for the stored procedure here
        <@Param1, sysname, @p1> <Datatype_For_Param1, , int> = <Default_Value_For_Param1, , 0>,
        <@Param2, sysname, @p2> <Datatype_For_Param2, , int> = <Default_Value_For_Param2, , 0>
    AS
    BEGIN
        -- SET NOCOUNT ON added to prevent extra result sets from
        -- interfering with SELECT statements.
        SET NOCOUNT ON;

        -- Insert statements for procedure here
        SELECT <@Param1, sysname, @p1>, <@Param2, sysname, @p2>
    END
    GO
91 %   ▼  ◄
 ⚡ Verbunden. (1/1)                           SRVSQL2017 (14.0 RTM)  SOFTELIER\klemens (59)  wawi  00:00:00  0 Zeilen
```

Bild 6.2 Eingabefenster für gespeicherte Prozeduren im Management Studio

Die klassischen Schritte, die beim Anlegen einer neuen gespeicherten Prozedur erforderlich sind, habe ich im nachfolgenden Überblick kurz zusammengefasst.

- *Syntax überprüfen:* Über das Symbol ANALYSIEREN (früher blaues, jetzt graues Häkchen) können Sie prüfen, ob die Syntax der Prozedur fehlerfrei ist. Hier werden nur Formalismen überprüft; etwa ob für jedes BEGIN auch ein END gesetzt ist, Spaltennamen in den angegebenen Tabellen richtig sind, Befehle und Funktionen sowie SQL-Anweisungen die korrekte Schreibweise und richtige Anzahl an Parametern haben und Ähnliches. Alternativ können Sie zum Aufruf anstelle des Symbols auch die Tastenkombination STRG + F5 verwenden. Entweder Sie erhalten entsprechende Fehlermeldungen oder Befehl(e) wurde(n) erfolgreich abgeschlossen. angezeigt, wenn die Syntax fehlerfrei ist.

> **ACHTUNG!** Verlassen Sie sich aber nicht darauf, dass eine erfolgreiche Syntaxüberprüfung auch ein Garant für eine fehlerfreie Prozedur ist. Fehler innerhalb der Programmlogik können selbstverständlich nicht überprüft werden. Es werden auch nicht alle Fehler entdeckt. Ungültige Spalten- oder Tabellennamen rutschen bei der Prüfung manchmal auch unerkannt durch.

Tippfehler werden zum Glück aufgrund von IntelliSense vermieden oder zumindest als solche (mit einer roten Wellenlinie unterstrichen) erkannt. Der nachfolgende Fehler wird nämlich bei der Syntaxprüfung selber noch nicht erkannt.

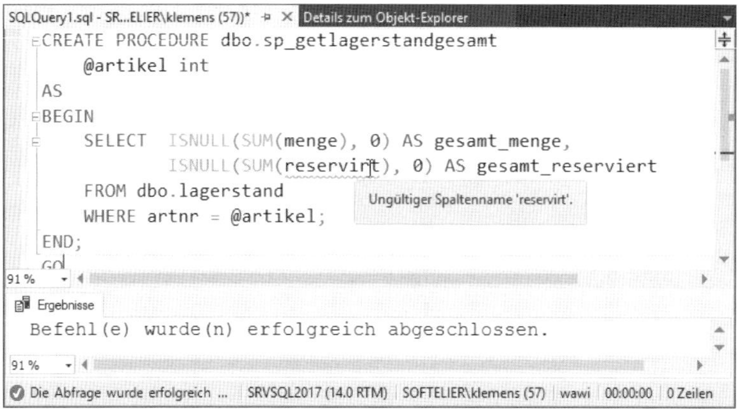

Bild 6.3 Tippfehler bei Spaltenname

Allerdings wird der Fehler beim Erstellen der Prozedur zum Glück erkannt und auch entsprechend ausgegeben.

Wird ein echter Syntaxfehler entdeckt (im nachfolgenden Beispiel fehlt die rechte schließende Klammer der Funktion SUM()), wird er, wie die nachfolgende Grafik zeigt, mit der Zeilennummer versehen angegeben.

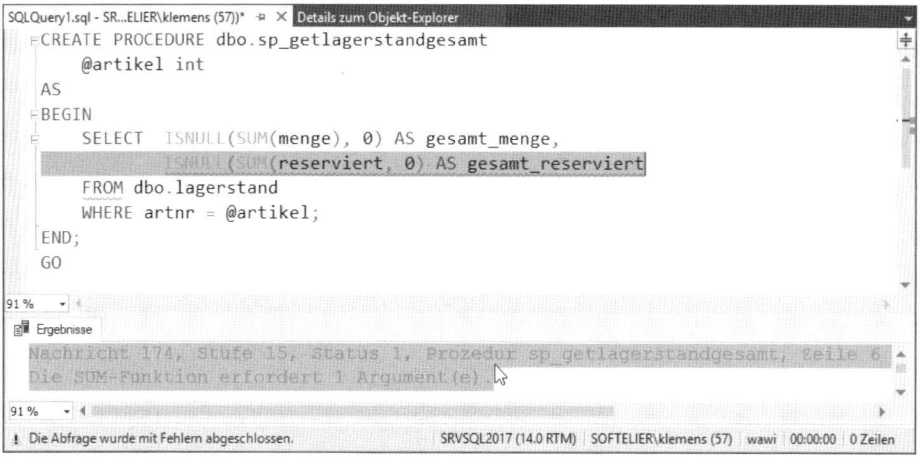

Bild 6.4 Fehlermeldung mit Zeilenanzeige

Mit einem Doppelklick auf die Fehlermeldung im Fenster *Ergebnisse* kann die fehlerhafte Zeile direkt markiert werden.

HINWEIS: Neu ist im Management Studio Version 16 und 17, dass nicht mehr wie in der Vorversion die absolute Zeilennummer des Fehlers im Skript und auch nicht, wie noch weiter davor, die Zeilennummer für den Fehler innerhalb des ausgeführten Anweisungsteils, sondern eine Kombination der beiden Altvarianten angezeigt wird. Die erste Zeilenangabe bezieht sich auf die Fehlerzeile innerhalb des Batches, sprich der geprüften Prozedur. Zusätzlich wird auch die Startzeile des Batches selbst angezeigt. Die Summe der beiden entspricht der absoluten Zeile, die am unteren Fensterrand für die aktuelle Cursorposition angezeigt wird. ■

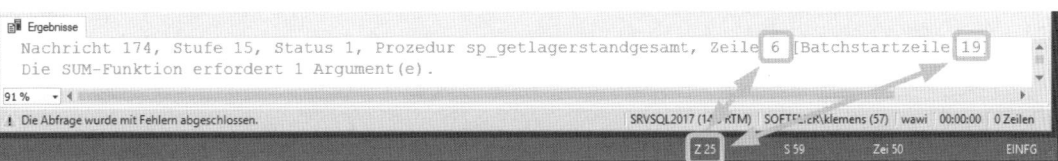

Bild 6.5 Zeilennummer(n) der Fehlermeldung im Skript

- *Prozedur speichern:* Sie können eine neue Prozedur gespeichern, indem Sie den gesamten Prozedurtext markieren und auf das Symbol **AUSFÜHREN** klicken oder die Taste **F5** drücken. Sofern sich im Eingabefenster nur diese eine Prozedur befindet, muss sie zuvor nicht extra markiert werden.

 ACHTUNG! Eine Prozedur kann auf dem Server nur gespeichert werden, falls sie keine Syntaxfehler enthält. Das bedeutet, dass vor allem Kontrollstrukturen immer vollständig ausprogrammiert werden müssen. Sehen Sie gegebenenfalls Dummy-Zeilen im Code vor, um unfertige Prozeduren dennoch speichern zu können. Sie können allerdings jederzeit unfertigen Code auch als Skriptdatei auf Ihrem lokalen Rechner speichern. ■

- *Berechtigungen vergeben:* Sobald Sie eine Prozedur gespeichert haben, können Sie Berechtigungen für diese vergeben. Das ist zumeist die Berechtigung EXECUTE. Jedem, der diese Prozedur ausführen möchte, muss diese Berechtigung direkt oder indirekt über eine Rolle zugewiesen worden sein.

  Klicken Sie dazu entweder im Objekt-Explorer oder im Fenster *Details zum Objekt-Explorer* mit der rechten Maustaste auf die fertige gespeicherte Prozedur und wählen Sie im Kontextmenü den Befehl *Eigenschaften*.

 HINWEIS: Es kann sein, dass die Prozedur nach ihrer Erstellung weder im Objekt-Explorer noch im Fenster *Details zum Objekt-Explorer* angezeigt wird. Aktualisieren Sie in diesem Fall die Anzeige, zum Beispiel über den Befehl **AKTUALISIEREN** im Kontextmenü. ■

Hier können Sie definieren, welchen Datenbankbenutzern bzw. Datenbankrollen Sie das Recht geben möchten, die Prozedur auszuführen. Es besteht nicht nur die Möglichkeit, dies zu erlauben, sondern auch jemandem das Ausführen der Prozedur explizit zu verbieten. Dann darf der Benutzer die Prozedur selbst dann nicht ausführen, obgleich er einer Rolle angehört, die dazu berechtigt ist.

Wählen Sie im EIGENSCHAFTEN-Dialog im linken oberen Bereich *Seite auswählen* den Eintrag *Berechtigungen* aus. Klicken Sie anschließend auf die Schaltfläche SUCHEN..., um einen oder mehrere Datenbankbenutzer oder Datenbankrollen zu ergänzen. Erteilen Sie danach im unteren Fensterbereich die Berechtigung *Ausführen* (*Execute*). Schließen Sie Ihre Eingabe mit Betätigen der Schaltfläche OK ab. Erst hiermit werden die erteilten Berechtigungen gespeichert.

Sie können alternativ für diese Berechtigungsvergabe die folgende Anweisung verwenden:

```
GRANT EXECUTE ON dbo.sp_getlagerstandgesamt TO petra;
```

 HINWEIS: Details zum Erstellen von Anmeldungen und Benutzern und zur Vergabe von Berechtigungen lesen Sie in Kapitel 10.

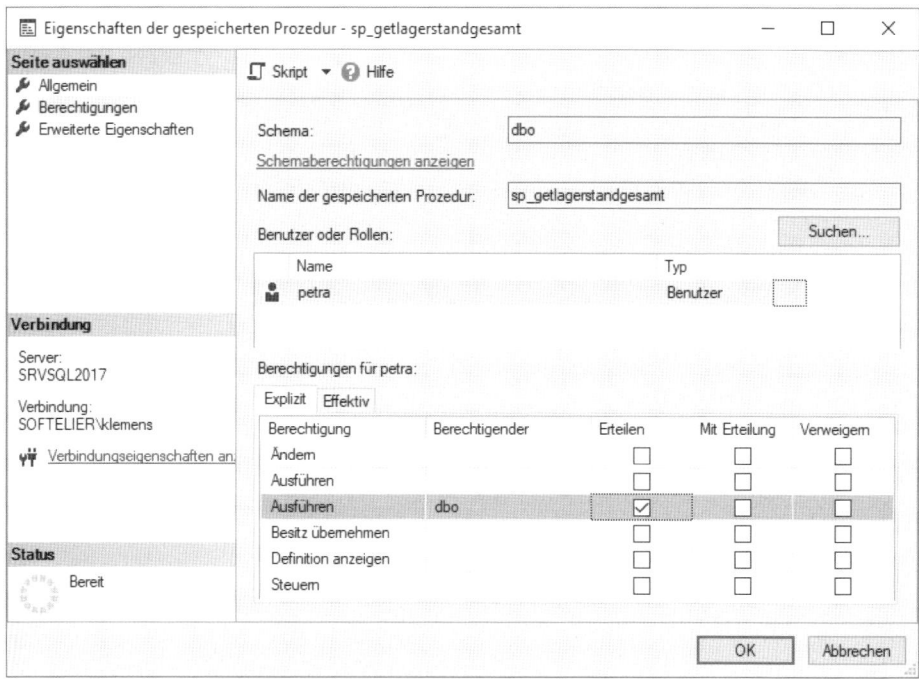

Bild 6.6 Ausführen-Berechtigung für eine Prozedur erteilen

Eine gespeicherte Prozedur manuell oder über eine Vorlage erstellen

Sie müssen eine neue gespeicherte Prozedur allerdings nicht unbedingt über den beschriebenen Weg anlegen. Sie können dies auch durch eine direkte Eingabe in ein neues Abfrageeditor-Fenster erledigen. Klicken Sie dazu im Management Studio auf das Symbol NEUE ABFRAGE. Im Editor erstellen Sie dann einfach die Prozedur durch eine manuelle Eingabe.

 ACHTUNG! Achten Sie bitte darauf, dass Sie dabei die richtige Datenbank ausgewählt haben, da dies nicht wie bei der zuvor beschriebenen Methode automatisch die richtige sein muss. Und falls der Benutzer über entsprechende Berechtigungen verfügt, kann die Prozedur auch in einer falschen Datenbank angelegt werden, möglicherweise sogar in der *master*-Datenbank. Und dort hat sie wahrlich nichts verloren! Da Entwickler oft – vor allem bei lokalen Installationen – der Rolle *sysadmin* angehören, haben sie automatisch die Berechtigung, in dieser Systemdatenbank Objekte anzulegen.

Sie können die richtige Datenbank aber nicht nur über die Symbolleiste auswählen. Alternativ schreiben Sie die Anweisung USE gefolgt vom Datenbanknamen und GO direkt in den Editor. Sie führen die Anweisung entweder sofort oder später gemeinsam mit dem Anlegen der neuen Prozedur aus.

```
USE wawi
GO
```

 ACHTUNG! Anders als bei anderen Datenbankobjekten kann beim Erstellen einer Prozedur leider nicht der Name der Datenbank dem Prozedurnamen vorangestellt werden. Sie müssen daher vorher auf jeden Fall die richtige Datenbank auswählen. Die Anweisung CREATE PROCEDURE wawi.dbo.sp_meine_ prozedur erzeugt einen Fehler:

```
Meldung 166, Ebene 15, Status 1, Zeile 1
Für 'CREATE/ALTER PROCEDURE' kann der Datenbankname nicht als Präfix
des Objektnamens angegeben werden.
```

Sie können auch eine Vorlage zur Erstellung einer Prozedur verwenden. Dazu müssen Sie den *Vorlagen-Explorer* gegebenenfalls noch über den Menübefehl ANSICHT/VORLAGEN-EXPLORER oder die Tastenkombination STRG + ALT + T einblenden. Dort finden Sie unter dem Ordner *Stored Procedure* mehrere Vorlagen. Hier fällt gleich die erste mit dem SQL Server 2016 neue Vorlage *Alter Natively Compiled Stored Procedure* ins Auge. Denn in der Vorversion konnte eine derartige Prozedur noch gar nicht mit ALTER geändert werden, sondern musste gelöscht und neu erstellt werden.

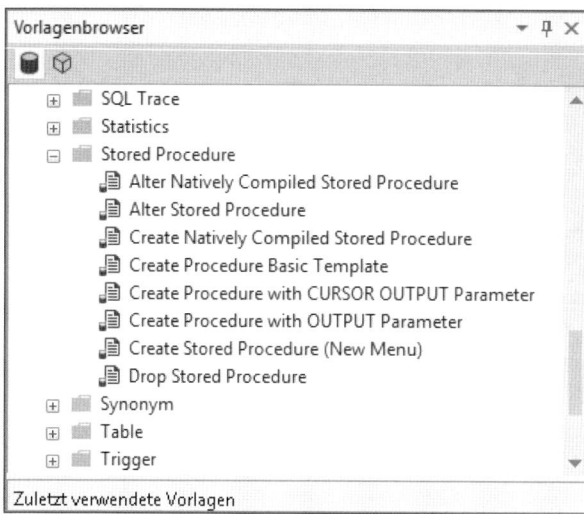

Bild 6.7 Vorlagen-Explorer zur Auswahl einer Vorlage

Ziehen Sie eine Vorlage mit der Maus in ein Abfrageeditor-Fenster und fahren Sie wie gewohnt fort. Neben dem Code für den Prozedur-Header fügt eine Vorlage auch das Codegerüst ein, mit dem Sie vor dem Erstellen der Prozedur über die Systemtabellen auslesen, ob die Prozedur mit dem angegebenen Namen bereits existiert. Ist dies der Fall, würde sie vor dem neuerlichen Erstellen gelöscht werden. Außerdem wird nach dem Prozedur-Teil derjenige Code erstellt, mit dem Sie die fertige Prozedur später starten und somit testen können.

In der Praxis ist oftmals das manuelle Erstellen die einfachste Variante. Denn über die Vorlagen werden viele Kommentare und zusätzliche Codeteile eingefügt, die in der Regel nicht benötigt werden. Damit ist der Aufwand, die nicht benötigten Teile zu löschen, häufig größer als jener, um die benötigten Teile von Hand einzutippen.

Allerdings finde ich es sehr bedenklich, dass so manche Vorlage einen Code anbietet, der vor dem Anlegen einer Prozedur diese (falls vorhanden) löschen würde. Dies suggeriert, dass dies in irgendeiner Form eine empfohlene Vorgangsweise wäre. Das ist allerdings keineswegs so. Wenn Sie eine Prozedur löschen und neu anlegen, verlieren Sie sämtliche hierfür zuvor bereits vergebenen Berechtigungen! Daher sollten Sie eine vorhandene Prozedur niemals löschen, um sie zu ändern, sondern sie stattdessen mit ALTER PROCEDURE überschreiben. In Bild 6.8 sehen Sie diesen Code bei der Vorlage *Create Procedure Basic Template*.

```
-- =============================================
-- Create basic stored procedure template
-- =============================================

-- Drop stored procedure if it already exists
IF EXISTS (
  SELECT *
    FROM INFORMATION_SCHEMA.ROUTINES
   WHERE SPECIFIC_SCHEMA = N'<Schema_Name, sysname, Schema_Name>'
     AND SPECIFIC_NAME = N'<Procedure_Name, sysname, Procedure_Name>'
)
   DROP PROCEDURE <Schema_Name, sysname, Schema_Name>.<Procedure_Name, sysname, Procedure_Name>
GO

CREATE PROCEDURE <Schema_Name, sysname, Schema_Name>.<Procedure_Name, sysname, Procedure_Name>
    <@param1, sysname, @p1> <datatype_for_param1, , int> = <default_value_for_param1, , 0>,
    <@param2, sysname, @p2> <datatype_for_param2, , int> = <default_value_for_param2, , 0>
AS
    SELECT @p1, @p2
GO

-- =============================================
-- Example to execute the stored procedure
-- =============================================
EXECUTE <Schema_Name, sysname, Schema_Name>.<Procedure_Name, sysname, Procedure_Name> <value_fo
GO
```

Bild 6.8 Basic Template für eine Prozedur

ACHTUNG! Wenn Sie eine bereits angelegte Prozedur verändern, können Sie sie natürlich nicht mehr über die Anweisung CREATE PROCEDURE auf dem Server speichern. Dies würde zu einem Fehler führen, da das Objekt bereits besteht. Ändern Sie daher die Anweisung in ALTER PROCEDURE.

Speichern Sie bitte Ihre Prozeduren nicht nur durch einfaches Ablegen in der Datenbank, sondern immer auch als SQL-Skript ab. Dies erleichtert Ihnen das Einspielen von Änderungen auf unterschiedlichen Systemen. Alle Änderungen, die am Entwicklungssystem vollzogen wurden, lassen sich so auf einfache Art und Weise am Echtsystem nachvollziehen. Es müssen lediglich am Zielsystem die Skripte geöffnet und ausgeführt werden. Und falls Sie einmal eine Änderung einspielen müssen, aber nicht vor Ort sind, können Sie im Notfall auch einen ungeschulten Benutzer über Telefon anweisen, ein Skript zu öffnen und zu starten.

PRAXISTIPP: Das Management Studio erleichtert die Verwaltung der Skripte enorm durch deren wahlweise Zusammenfassung zu Projekten. Dadurch können zu einem Projekt gehörende Skriptdateien übersichtlich zusammengefasst und wiedergefunden werden!

Eine gespeicherte Prozedur mit dem Visual Studio anlegen

Eine gespeicherte Prozedur kann nicht nur mit den vom SQL Server mitgelieferten Programmen erzeugt werden. Auch andere Programme, die mit SQL Server kommunizieren können, sind dazu in der Lage. Ein Beispiel hierfür wäre Access. Hier könnten Sie das Erstellen von Prozeduren über Pass-Through-Abfragen über ODBC erledigen.

Eine für Visual Studio-Entwickler praktische Variante ist das Erstellen von Prozeduren direkt aus einem beliebigen Projekt heraus. Dazu müssen Sie lediglich im SQL Server-Objekt-Explorer – Achtung, verwechseln Sie diesen nicht mit dem Server-Explorer – eine neue Datenverbindung zur gewünschten Datenbank herstellen. Darunter sind dann die meisten SQL Server-Datenbankobjekttypen verfügbar. Über das Kontextmenü können Sie dort direkt eine neue gespeicherte Prozedur anlegen.

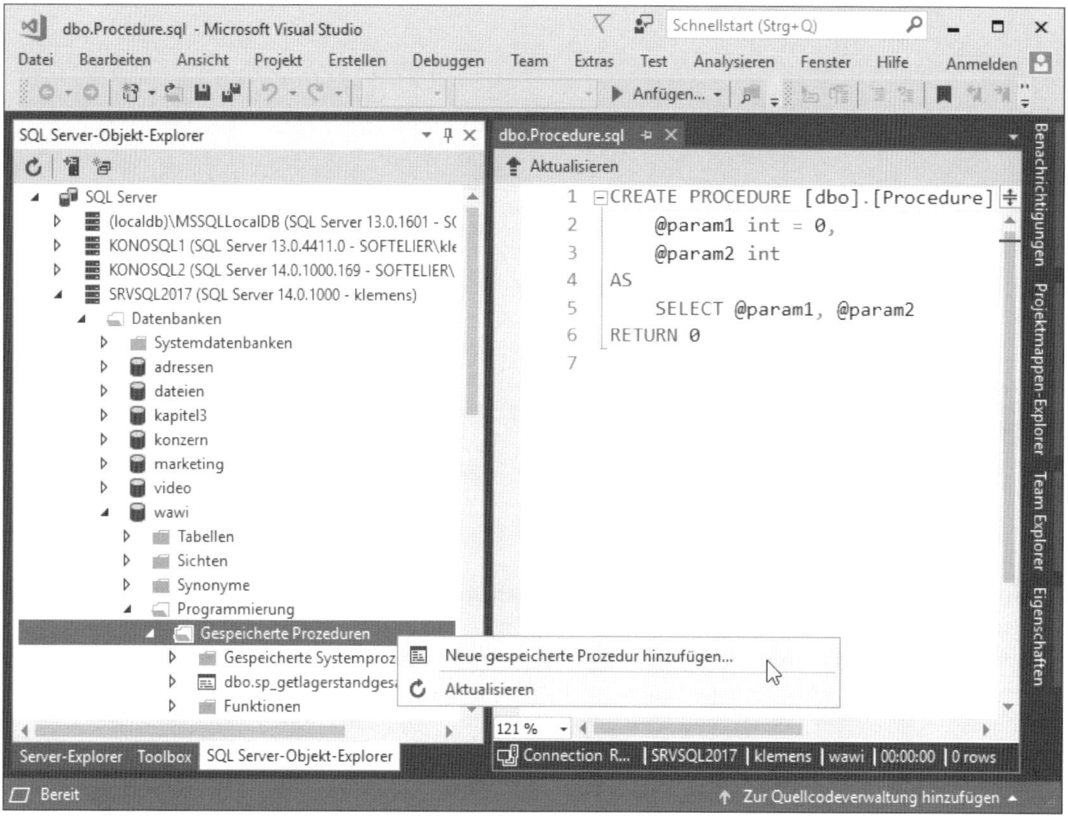

Bild 6.9 SQL Server-Objekt-Explorer in Visual Studio

> **HINWEIS:** Wesentlich umfangreicher als diese Möglichkeit sind die Varianten, die Ihnen die das Visual Studio mit den integrierten SQL Server Data Tools bietet. Lesen Sie darüber in Kapitel 8.

Auch andere Programme können eingesetzt werden. Es existieren unterschiedliche SQL-Editoren von Drittherstellern. Exemplarisch sei an dieser Stelle das *Aqua Data Studio* der Firma Aquafold erwähnt. Dieses unterstützt eine Vielzahl von Datenbanken, darunter auch SQL Server 2016. Dieser Editor ist vor allem für Entwickler gut geeignet, die mit unterschiedlichen Datenbanksystemen arbeiten und gerne alles in einer Oberfläche erledigen. Ich habe noch keinen anderen Editor gefunden, der derart vorteilhaft eine solch große Anzahl unterschiedlicher Datenbanksysteme unterstützt. Auch DELL Software (früher Quest Software, bald wieder Quest) bietet mit *Toad* einen tollen Editor für den SQL Server an, den es sowohl als Freeware als auch als lizenzierte Version gibt. Toad für Oracle ist hier wesentlich bekannter als die Version für den SQL Server.

6.1.3 Einfache gespeicherte Prozeduren

Falls Sie sich nach diesem Überblick nun entschieden haben, welches Tool Sie für die Erstellung Ihrer Prozeduren verwenden möchten, können wir uns einigen Beispielen widmen. Wir beginnen mit leichten Anwendungsfällen und steigern uns dann langsam zu komplexeren Aufgabenstellungen. Ich verwende für die vorgestellten Beispiele das SQL Server Management Studio. Sie können für das Erstellen jeweils eine Vorlage verwenden oder über das Kontextmenü in jeweils einem neuen Abfrageeditor-Fenster beginnen. Ich persönlich tippe die Anweisungen am liebsten direkt ein, so wie sie auch in den Beispielen zu sehen sind.

 HINWEIS: Bei den Dateien zum Buch finden Sie auch zu diesem Kapitel eine SQL-Skriptdatei, die alle verwendeten Beispiele enthält.

Gespeicherte Prozeduren können in ihrer einfachsten Form aus simplen SQL-Anweisungen bestehen und somit Zeilen aus Tabellen als Ergebnis liefern. Der Vorteil einer solchen Prozedur gegenüber einer zur Laufzeit eingegebenen SQL-Anweisung liegt in deren schnelleren Ausführung, da die Analyse des Statements entfällt.

```
CREATE PROCEDURE dbo.sp_artikelliste
AS
BEGIN
    SET NOCOUNT ON;

    SELECT  a.artnr,
            a.bezeichnung AS bezeichnung,
            g.bezeichnung AS artikelgruppe,
            a.vkpreis AS preis
    FROM dbo.artikel a
    INNER JOIN dbo.artikelgruppen g ON a.gruppe = g.artgr
    ORDER BY a.bezeichnung;
END;
```

Wird in einer Prozedur eine SELECT-Anweisung verwendet, gibt diese das Ergebnis zurück. Eine Ausnahme bildet eine SELECT-Anweisung, die zum Befüllen von Variablen wie im nachfolgenden Beispiel verwendet wird. Hier werden die Personalnummer, der Nachname, der Vorname, das Eintrittsdatum und der Abteilungsname jenes Mitarbeiters, der als letzter eingestellt worden ist, in Variablen gespeichert. Diese SELECT-Anweisung ist als Ergebnis direkt nicht sichtbar. Der letzte Mitarbeiter, der eingestellt wurde, ist derjenige, dessen Eintrittsdatum dem spätesten Eintrittsdatum entspricht. Dieses wird mithilfe einer Unterabfrage ermittelt.

```
CREATE PROCEDURE dbo.sp_neuling
AS
BEGIN
    SET NOCOUNT ON;

    DECLARE @nr int;
    DECLARE @nachname varchar(50), @vorname varchar(50);
    DECLARE @eintritt date, @abteilung varchar(30);

    SELECT @nr = p.persnr,
           @nachname = p.nachname,
           @vorname = p.vorname,
           @eintritt = p.eintritt,
           @abteilung = a.bezeichnung
    FROM dbo.personal p
    INNER JOIN dbo.abteilungen a ON p.abteilung = a.abtnr
    WHERE p.eintritt = (SELECT MAX(eintritt)
                        FROM dbo.personal);
    SELECT @nr AS nr, @nachname AS nachname,
           @vorname AS vorname, @eintritt AS eintritt,
           @abteilung AS abteilung;
END;
```

Eine Prozedur wird über die Anweisung EXECUTE <Prozedurname> ausgeführt. EXECUTE kann durch EXEC abgekürzt werden. Dies ist vergleichbar mit dem Schlüsselwort TRANSACTION, das ebenfalls mit TRAN abgekürzt werden kann. Der Anweisung EXECUTE folgt der Name der Prozedur. Wie bei der Angabe eines Tabellennamens in der FROM-Klausel einer SQL-Anweisung kann der Name der Prozedur mit dem vollen Bezeichner angegeben werden. Dies ist dann erforderlich, wenn sich die Prozedur in einer anderen Datenbank befindet als diejenige, mit der man gerade verbunden ist. Ist die Prozedur im Standardschema angelegt, muss dieses auch nicht mit angegeben werden. Sie können zum Starten der Beispielprozedur eine der beiden nachfolgenden Anweisungen verwenden.

```
EXEC dbo.sp_neuling;
EXEC wawi.dbo.sp_neuling;
```

Die Prozedur liefert folgendes Ergebnis:

```
nr     bachname      vorname    eintritt       abteilung
-----  ------------  ---------  -------------  -----------
651    Nürnberger    Klaus      2006-04-01     Verkauf
```

PRAXISTIPP: Wenn Sie im Management Studio IntelliSense aktiviert haben, empfehle ich Ihnen, den Prozedur-Body zwischen BEGIN und END zu setzen, da damit die einklappbaren Bereiche besser gesetzt werden. Auch sollten Sie, sofern Sie mehrere Prozeduren in einem Skript anlegen, nach jeder Prozedur ein GO verwenden. Da hierdurch ein Batch abgeschlossen wird, wird nicht jeder Prozedurname mit einer roten Wellenlinie unterlegt.

Obwohl die Syntax korrekt ist, erscheint die rote Wellenlinie. Wenn Sie die Computer-Maus darüber bewegen, erhalten Sie den Hinweis, dass in einem Batch nur einmal CREATE PRO-CEDURE stehen darf. Dies spielt zwar keine Rolle, solange wir nicht alle Anweisungen im Skript auf einmal gemeinsam starten, aber der angezeigte Fehler stört. Daher setzen wir nach jeder Prozedur lieber ein GO; auch im Skript zu diesem Kapitel werden Sie das so finden. Allerdings gilt bei den meisten Anweisungen schon lange nicht mehr, dass sie die einzige Anweisung im Batch sein müssen – aber das weiß der Editor offensichtlich noch nicht.

```
CREATE PROCEDURE dbo.sp_neuling
AS          Falsche Syntax: 'CREATE PROCEDURE' muss die einzige Anweisung im Batch sein.
BEGIN
    SET NOCOUNT ON;

    DECLARE @nr int;
    DECLARE @nachname varchar(50), @vorname varchar(50);
```

Bild 6.10 Mehrere Anweisungen ohne GO dazwischen

Die nachfolgende Abbildung zeigt, wie bei aktiviertem IntelliSense die einklappbaren Bereiche angezeigt werden. Damit dies sauber geschieht, wird der gesamte Prozedur-Body in ein BEGIN/END gesetzt, auch wenn dies in T-SQL nicht unbedingt notwendig wäre. Das Ende der Prozedur wird wegen der GO-Anweisung als Ende des Batches erkannt; die Bereiche enden dort.

```
CREATE PROCEDURE dbo.sp_artikelliste
AS
BEGIN
    SET NOCOUNT ON;

    SELECT  a.artnr,
            a.bezeichnung AS bezeichnung,
            g.bezeichnung AS artikelgrupe,
            a.vkpreis AS preis
    FROM dbo.artikel a INNER JOIN dbo.artikelgruppen g
    ON a.gruppe = g.artgr
    ORDER BY a.bezeichnung;

END;
GO
```

Bild 6.11 Bereiche im Abfrageeditor-Fenster am linken Rand angezeigt

```
CREATE PROCEDURE dbo.sp_artikelliste
 AS
BEGIN...;
 GO
```

Bild 6.12 Bereich zusammengeklappt

HINWEIS: IntelliSense steht im Management Studio nur dann zur Verfügung, sofern Sie mit einem Server ab Version 2008 verbunden sind und die Server-Version nicht neuer als die des Management Studios ist.

6.1.4 Gespeicherte Prozeduren mit Eingabeparametern

In der Praxis sind Prozeduren, die ohne Eingabeparameter auskommen, eher selten. In der Regel benötigt eine Prozedur einen oder mehrere Parameter, um ihre Aufgabe erledigen zu können. Dies ist mit Funktionen vergleichbar, die es ebenfalls sowohl mit als auch ohne Eingabeparameter gibt.

HINWEIS: Oft werden Eingabeparameter auch als Übergabeparameter bezeichnet, weil sie einer Prozedur oder Funktion beim Aufruf übergeben werden. Da es bei gespeicherten Prozeduren sowohl Eingabe- als auch Ausgabeparameter gibt, wird meist der Begriff des Eingabeparameters zur exakten Bestimmung verwendet. Ebenso ist die Bezeichnung „Input-Parameter" gebräuchlich.

Manche Funktionen kommen ohne Eingabeparameter aus. Man könnte sagen, sie wissen auch so, was sie zu tun haben. Beispiele dafür sind die Funktionen SYSDATETIME() sowie CURRENT_USER. Die augenblickliche Systemzeit ist auch ohne zusätzliche Informationen eindeutig. Daher benötigt die Funktion SYSDATETIME() keine weiteren Angaben. Mit CURRENT_USER wird der Name des aktuellen Benutzers zurückgegeben. Auch hier wird keine weitere Information benötigt.

Andere Funktionen, wie zum Beispiel die Funktion DATEPART(), können nur dann ein Ergebnis liefern, wenn wir beim Aufruf Informationen mitgeben. In diesem Beispiel ist es die Angabe, welchen Teil des Datums wir benötigen.

Nach dem gleichen logischen Schema können einer Prozedur ein oder mehrere Eingabeparameter übergeben werden. Diese werden am Beginn der Prozedur zwischen dem Prozedurnamen und dem Schlüsselwort AS, nach dem die eigentliche Prozedur beginnt, angegeben. Die Angabe gleicht der Deklaration von Variablen. Ebenso beginnen die Namen von Eingabeparametern mit einem @-Zeichen. Bei der Definition von Eingabeparametern wird lediglich das Schlüsselwort DECLARE weggelassen.

ACHTUNG! Achten Sie bitte darauf, dass Sie bei der Verwendung mehrerer Eingabeparameter diese durch Komma voneinander trennen. Dies wird leicht übersehen, da oft jeder Parameter in einer eigenen Zeile definiert wird.

Ein Eingabeparameter wird wie folgt definiert:

```
@parametername [AS] datentyp [=standardwert]
```

Die Angabe von AS zwischen dem Namen des Parameters und dem Datentyp ist optional und kann weggelassen werden. Ebenso bleibt es Ihnen überlassen, ob Sie alle Parameter zwischen Klammern setzen oder Zeilenumbrüche zur besseren Lesbarkeit verwenden. Ich persönlich verwende in der Regel weder AS noch Klammern und schreibe jeden Parameter in eine eigene Zeile.

```
CREATE PROCEDURE dbo.sp_parameter_v1
    @param1 int,
    @param2 date,
    @param3 varchar(15)
AS
BEGIN
...
```

Oder:

```
CREATE PROCEDURE dbo.sp_parameter_v2
    (@param1 int, @param2 date, @param3 varchar(15))
AS
BEGIN
...
```

Im nachfolgenden Beispiel wird (in leichter Abwandlung des vorigen Beispiels) einer Prozedur, die Mitarbeiterinformationen bereitstellen soll, die Personalnummer desjenigen Mitarbeiters übergeben, über den wir diese Informationen haben möchten. Nur durch diesen Eingabeparameter „weiß" die Prozedur, welchen Mitarbeiter sie auswählen soll.

```
CREATE PROCEDURE dbo.sp_mitarbeiterinfo
    @nr int
AS
BEGIN
    SET NOCOUNT ON;

    DECLARE @nachname varchar(50), @vorname varchar(50);
    DECLARE @eintritt date, @abteilung varchar(30);

    SELECT @nachname = p.nachname,
           @vorname = p.vorname,
           @eintritt = p.eintritt,
           @abteilung = a.bezeichnung
    FROM dbo.personal p
    INNER JOIN abteilungen a ON p.abteilung = a.abtnr
    WHERE p.persnr = @nr;

    SELECT @nachname AS nachname,
```

```
        @vorname AS vorname,
        @eintritt AS eintritt,
        @abteilung AS abteilung;
END;
```

Innerhalb der Prozedur kann ein Eingabeparameter wie jede andere Variable verwendet und eingesetzt werden. Auch die Zuweisung eines neuen Wertes oder die Veränderung des alten Wertes ist möglich. In diesem Beispiel wird die übergebene Personalnummer in der WHERE-Klausel der SELECT-Anweisung verwendet, um den Mitarbeiter auszuwählen. Rufen Sie bitte die Prozedur auf und übergeben Sie ihr die Personalnummer 755.

```
EXEC dbo.sp_mitarbeiterinfo 755
```

liefert:

```
nachname    vorname    eintritt       abteilung
----------  ---------  -------------  -------------
Prügger     Mathias    2004-06-01     Controlling
```

HINWEIS: Da in der Prozedur die Option SET NOCOUNT ON verwendet wird, fehlt im Ergebnis der altbekannte Hinweis (x Zeile(n) betroffen).

Verwenden Sie in Prozeduren bitte immer die Option SET NOCOUNT ON, da dies (wie im vorangegangenen Kapitel beschrieben) Performance-Vorteile bringt. Dies ist vor allem dann der Fall, wenn Prozeduren über Jobs aufgerufen werden, da für die Ausgabe der Meldungen, die ohnehin keiner sieht, eine eigene Shell am Server geladen werden müsste.

Eingabeparameter können mit Default-Werten versehen werden, falls häufig die gleichen Werte übergeben werden. Default-Werte werden den Eingabeparametern mit einem Gleichheitszeichen, in der Reihenfolge nach dem Datentyp, zugewiesen.

```
CREATE PROCEDURE dbo.sp_parameter_test
    @var1 int,
    @var2 int = 20,
    @var3 decimal(2,1) = 5.5
AS
...
```

Diese Prozedur kann jetzt ohne Angabe von Werten für den zweiten und dritten Parameter aufgerufen werden.

```
EXEC dbo.sp_parameter_test 50;
```

Möchten Sie für den dritten Parameter dennoch einen Wert übergeben, müssen Sie eine der folgenden Varianten für den Aufruf verwenden:

- *Übergabe von Werten durch Position:* Sie vergeben auch für den zweiten Parameter einen Wert, um anschließend für den dritten in der richtigen Reihenfolge einen Wert eingeben zu können.

  ```
  EXEC dbo.sp_parameter_test 50, 20, 8;
  ```

- *Verwenden von* DEFAULT: Um einen danach kommenden Parameter vergeben und dennoch für den vorangegangenen Parameter den Standardwert verwenden zu können, benutzen Sie das Schlüsselwort DEFAULT.

  ```
  EXEC dbo.sp_parameter_test 50, DEFAULT, 8;
  ```

- *Übergabe von Werten durch Parameternamen:* Um nicht an die definierte Reihenfolge gebunden zu sein, können Sie den Parameterwert auch direkt dem Parameternamen zuweisen:

  ```
  EXEC dbo.sp_parameter_test @var1 = 50, @var3 = 8;
  ```

  Dadurch können Sie Parameter mit Default-Werten auslassen, auch wenn in der Reihenfolge nach diesen vorkommende Parameter mit Werten versorgt werden müssen.

 PRAXISTIPP: Um den Prozeduraufruf und die Parameterübergabe so weit als möglich zu vereinfachen, sollten Sie Parameter mit Standardwerten immer zuletzt definieren.

Um an eine Prozedur Daten in Tabellenform zu übergeben, verwenden Sie – wie in Kapitel 5 beschrieben – einen benutzerdefinierten Tabellentyp. Dieser muss zuerst in der Datenbank erzeugt werden.

```
CREATE TYPE dbo.kunden_tab AS TABLE
( kdnr int PRIMARY KEY,
  nachname varchar(50),
  vorname varchar(50)
);
```

Diesen Typ können wir bei der Parameterdefinition einer Prozedur verwenden.

```
CREATE PROCEDURE dbo.sp_tabellentest
    @kdnamen kunden_tab READONLY
AS
BEGIN
    SELECT UPPER(nachname) + ' ' + vorname AS Kunde
    FROM @kdnamen
    ORDER BY Kunde;
END;
```

6.1.5 Ergebnisrückgabe von Prozeduren

Prozeduren können Ergebnisse auf verschiedene Arten an denjenigen, der sie aufruft, zurückliefern. Das kann eine Eingabe im Abfrageeditor, ein externes Programm oder eine andere gespeicherte Prozedur sein, die diese aufruft. Welche Variante dabei zum Einsatz kommt, hängt auch von der Art des Aufrufs vom Frontend aus ab. Denn nicht jede Aufrufvariante kann jeden Rückgabewert auch entgegennehmen.

Folgende Rückgabevarianten sind möglich:

- RETURN-Anweisung
- PRINT-Anweisung
- SELECT-Anweisung
- OUTPUT-Parameter

Diese vier Varianten möchte ich Ihnen nun im Detail vorstellen und dabei auch auf ihre Einsatzbereiche eingehen.

RETURN

Die RETURN-Anweisung haben wir schon kennengelernt, um einen Anweisungsblock oder eine Prozedur sofort zu beenden. Alle nach RETURN stehenden Anweisungen werden nicht mehr ausgeführt. RETURN beendet aber eine Prozedur nicht nur, sondern kann auch einen ganzzahligen Wert liefern. Wird nach RETURN kein Wert explizit angegeben, wird 0 zurückgeliefert. Der Rückgabewert kann entweder direkt oder indirekt über eine Variable zurückgegeben werden:

```
RETURN 5;
RETURN @nummer;
```

Der von der Prozedur zurückgelieferte Wert muss in einer Variablen aufgefangen werden. Diese Variable muss direkt beim Aufruf angegeben werden:

```
EXEC @ergebnisvariable = prozedurname param_1, param_n;
```

Das nachfolgende Beispiel zeigt die Verwendung von RETURN, um ein Ergebnis zurückzuliefern. Der Prozedur sp_anz_in_artikelgruppe wird ein Artikelgruppenkürzel übergeben. Die Prozedur stellt fest, wie viele aktive Artikel dieser Artikelgruppe zugeordnet sind, und gibt das Ergebnis über RETURN zurück.

```
CREATE PROCEDURE dbo.sp_anz_in_artikelgruppe
    @gruppe char(2)
AS
BEGIN
    SET NOCOUNT ON;
    DECLARE @anz int;
    SET @anz = ( SELECT COUNT(*)
                 FROM dbo.artikel
                 WHERE gruppe = @gruppe);
    RETURN @anz;
END
```

Um diese Prozedur aufzurufen, deklarieren Sie eine Variable vom Typ Integer (int). Diese geben Sie als Ziel beim Aufruf über EXECUTE an. Sie enthält nach Beendigung der Prozedur den Ergebniswert, den Sie mit SELECT anzeigen können.

```
DECLARE @ergebnis int
EXEC @ergebnis = dbo. sp_anz_in_artikelgruppe 'GE'
SELECT @ergebnis AS anzahl;
```

Das Beispiel liefert folgendes Ergebnis:

```
Anzahl
-----------
230
(1 Zeile(n) betroffen)
```

 HINWEIS: Die Anzeige der betroffenen Zeilen erfolgt in diesem Beispiel, da die Anweisung SET NOCOUNT ON nur innerhalb der Prozedur gilt, in der sie enthalten ist. Die Anzeige, dass eine Zeile betroffen ist, rührt aber von der außerhalb der Prozedur bei deren Aufruf verwendeten Anweisung SELECT @ergebnis AS anzahl her.

Häufig wird diese Variante der Wertrückgabe nicht dazu verwendet, um Daten aus der Datenbank auszugeben, sondern um eine Art Statusbericht zu liefern, ob die der Prozedur übertragenen Aufgaben erfolgreich erledigt wurden.

Das nächste Beispiel demonstriert dies:

In der Tabelle *lagerstand* werden die Lagerstände von Artikeln gespeichert. Neben der Artikelnummer (*artnr*) werden die ID des Lagers (*lagnr*) sowie die Menge (*menge*) und die reservierte Menge (*reserviert*) gespeichert.

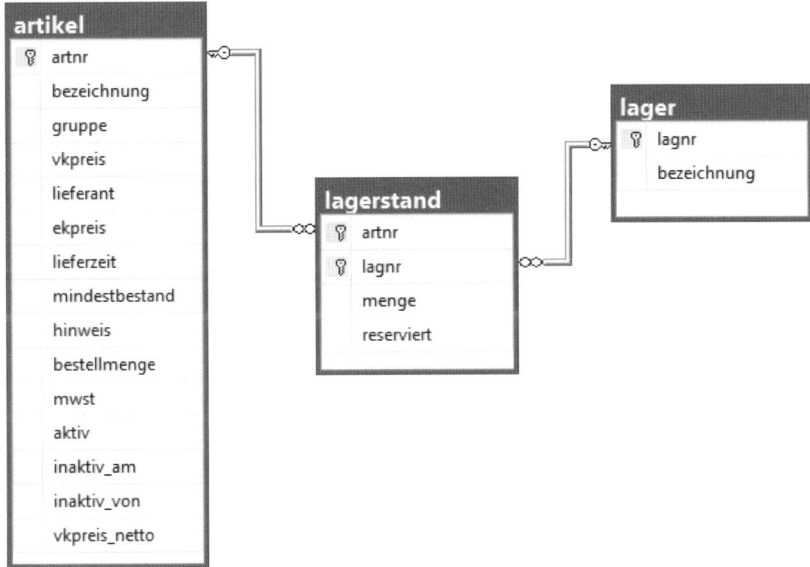

Bild 6.13 Tabellen für den Lagerstand

An verschiedensten Stellen der Applikation werden Lagerstandbuchungen benötigt; zum Beispiel wenn eine Lieferung eines Lieferanten eingeht oder eine Rechnung oder ein Lieferschein für einen Kunden geschrieben werden. Da eine Lagerstandbuchung immer ein einheitlicher Vorgang ist, macht es Sinn, hierfür eine Prozedur zu schreiben.

Dieser Prozedur (wir geben ihr den Namen `sp_lagerbuchung_return`) werden beim Aufruf die Artikelnummer, die Lagernummer sowie die zu- oder abzubuchende Menge übergeben. Eine abzubuchende Menge wird dabei als negativer Wert übergeben. Als optionaler Parameter soll die zu reservierende Menge übertragen werden. Diese wird nicht immer benötigt und daher standardmäßig mit 0 festgelegt.

Gibt es die Kombination aus Artikel und Lager schon, wird die vorhandene Lagerstandmenge angepasst. Gibt es sie noch nicht, muss ein neuer Datensatz in die Lagerstandstabelle eingefügt werden. Dieser Umstand wird dadurch erkannt, dass der zuerst versuchte UPDATE-Vorgang keine Treffer erzielt hat. Dies wird über die Systemvariable @@ROWCOUNT geprüft. Der in diesem Fall nun als zweiter Schritt versuchte INSERT-Vorgang wird in einen TRY-Block gesetzt. Dadurch soll ein etwaiger Fehler abgefangen werden, falls eine ungültige Artikelnummer oder Lagernummer übergeben wird. (In diesem Fall würde das INSERT eine Fremdschlüsselverletzung auslösen.)

Bei einem Fehler gibt die Prozedur mit RETURN den Wert −1 zurück (innerhalb des CATCH-Blocks), bei Erfolg wird am Ende der Prozedur der Wert 1 zurückgeliefert.

Schauen wir uns nun den Code der Prozedur an:

```
CREATE PROCEDURE dbo.sp_lagerbuchung_return
    @artikel int,
    @lager tinyint,
    @stk int,
    @res_stk int = 0
AS
BEGIN
    SET NOCOUNT ON;

    UPDATE dbo.lagerstand
    SET menge = menge + @stk,
        reserviert = reserviert + @res_stk
    WHERE artnr = @artikel AND lagnr = @lager;

    IF @@ROWCOUNT = 0
        BEGIN TRY
            INSERT INTO dbo.lagerstand(artnr, lagnr, menge, reserviert)
            VALUES (@artikel, @lager, @stk, @res_stk);
        END TRY
        BEGIN CATCH
            RETURN -1;
        END CATCH;
RETURN 1;
END;
```

 HINWEIS: Da der gesamte TRY-CATCH-Block aus Sicht des IF ein einziger zusammenhängender Anweisungsblock ist, wird für den IF-Block hier kein BEGIN/END benötigt.

Um die Prozedur zu testen, lesen wir den momentanen Lagerstandwert des Artikels mit der Nummer 1666 für das Lager 1 aus.

```
SELECT menge
FROM dbo.lagerstand
WHERE artnr = 1666
AND lagNr = 1;
```

liefert:

```
menge
-----------

(0 Zeile(n) betroffen)
```

Wir erhalten kein Ergebnis, das heißt, dieser Artikel ist noch nie auf dieses Lager gebucht worden. Beim ersten Aufruf der Prozedur muss also ein neuer Datensatz eingefügt werden. Wir wollen nun 300 Stück buchen:

```
DECLARE @ergebnis int;
EXEC @ergebnis = dbo.sp_lagerbuchung_return 1666, 1, 300;
SELECT @ergebnis AS anzahl;
```

liefert:

```
anzahl
-----------
1
```

Das bedeutet, dass die Buchung erfolgreich war. Kontrollieren wir nun erneut den Lagerstand, erhalten wir das folgende Ergebnis:

```
Menge
-----------
300
```

Bei einem erneuten Aufruf erhalten wir dasselbe Ergebnis von der Prozedur gemeldet, jetzt erfolgt jedoch ein UPDATE der vorhandenen Menge von 300 auf 600 Stück.

Wird beim Prozeduraufruf jedoch eine ungültige Artikelnummer oder Lagernummer übergeben, kann diese Artikel-Lager-Kombination bei einem UPDATE natürlich nicht gefunden werden. Bei einem anschließenden INSERT tritt eine Fremdschlüsselverletzung auf. Dieser Fehler wird abgefangen, und die Prozedur liefert -1 als Ergebnis.

Im folgenden Beispiel wird die ungültige Artikelnummer 166 übergeben:

```
DECLARE @ergebnis int;
EXEC @ergebnis = dbo.sp_lagerbuchung_return 166, 1, 300;
SELECT @ergebnis As anzahl;
```

Daher liefert der Aufruf:

```
Anzahl
-----------
-1
```

PRAXISTIPP: Testen Sie bitte diese Prozedur, indem Sie gültige sowie ungültige Artikel- und Lagernummern übergeben. Kontrollieren Sie, ob für diese Fälle tatsächlich die Werte 1 bzw. −1 zurückgegeben werden.

Abschließend lässt sich über die Ergebnisrückgabe mit RETURN noch Folgendes bemerken:

- Diese Methode ist nur anwendbar, sofern sich das Ergebnis durch eine ganze Zahl ausdrücken lässt.

- Die Variante kann gut verwendet werden, wenn der Aufruf der Prozedur über ein Abfrageeditor-Fenster des Management Studios oder über eine andere Prozedur erfolgt.

- Verschiedene Frontend-Werkzeuge können diesen Wert nicht oder nur sehr aufwendig entgegennehmen.

- Sie können immer nur einen einzigen Wert als Ergebnis zurückliefern.

Sie können eine gespeicherte Prozedur auch über den Objekt-Explorer des Management Studios aufrufen. Dazu müssen Sie lediglich die gewünschte Prozedur markieren und über das Kontextmenü starten.

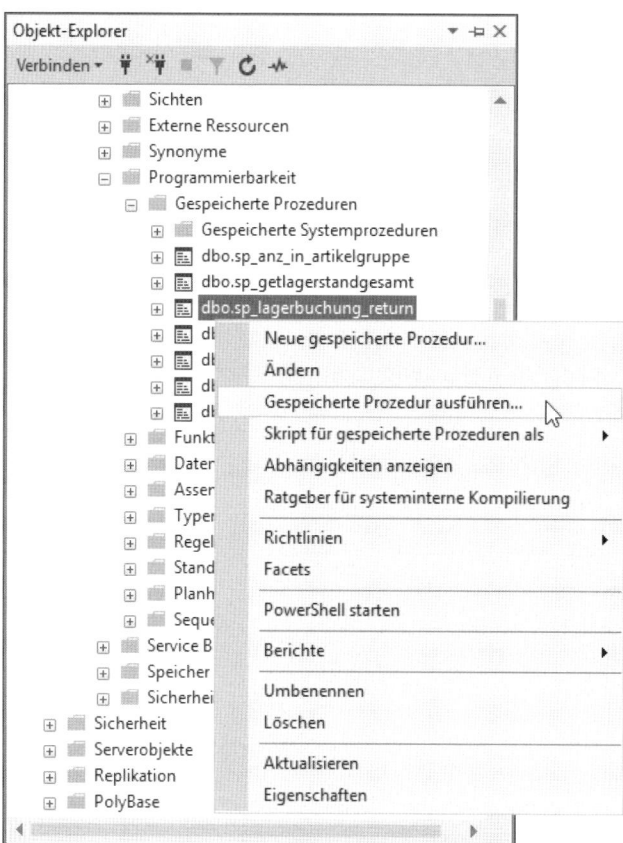

Bild 6.14 Gespeicherte Prozedur ausführen

Im Dialog *Prozedur ausführen* müssen die Werte für die Parameter der Prozedur eingetragen werden. Um für einen Parameter einen NULL-Wert zu übergeben, kreuzen Sie die entsprechende Option an. Um einen Parameter nicht zu übergeben, weil Sie den zugewiesenen Standardparameter verwenden möchten, lassen Sie ihn einfach unausgefüllt.

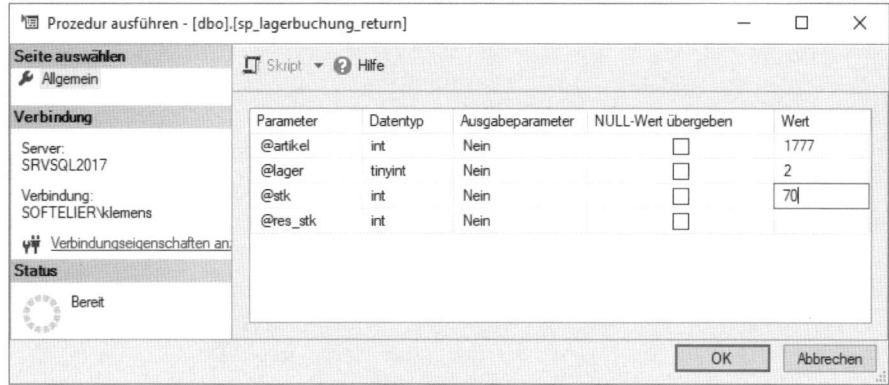

Bild 6.15 Parameter für Prozedur eintragen

Bestätigen Sie Ihre Eingabe mit **OK**, so wird ein neues Abfrageeditor-Fenster mit dem generierten Aufrufcode angezeigt. Dieser Code wird unmittelbar ausgeführt, was Sie daran erkennen, dass das Ergebnis ebenso gleich angezeigt wird. Sie können bei Bedarf diesen Code anpassen und erneut über das Symbol **AUSFÜHREN** oder die Taste **F5** ausführen.

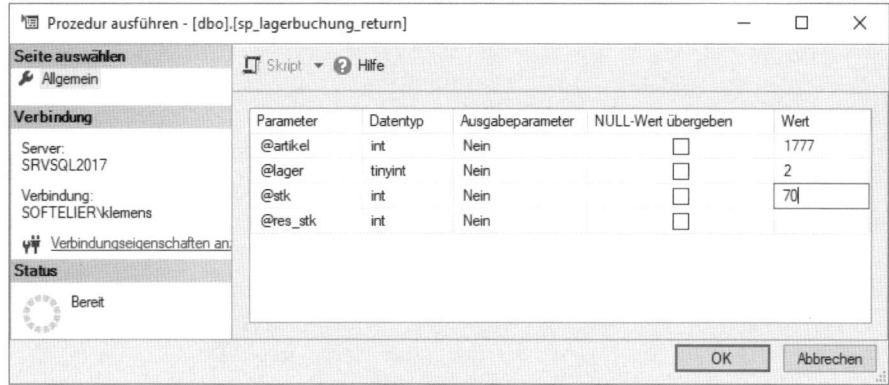

Bild 6.16 Generierter Aufrufcode und Aufrufergebnis

PRINT

Eine weitere Variante, die nur für einen direkten Prozeduraufruf über ein Abfrageeditor-Fenster des Management Studios sinnvoll ist, ist die Verwendung von PRINT. Die PRINT-Anweisung haben wir bereits im vorangegangenen Kapitel kennengelernt.

Wir behalten das vorige Beispiel bei und verändern es so, dass das Ergebnis mithilfe der PRINT-Anweisung ausgegeben wird. Dabei spielt es keine Rolle, ob Sie das Ergebnis über einen Zahlencode wie vorhin oder durch eine Meldung in Klartext ausgeben. Zur leichteren Unterscheidung habe ich der Prozedur den Namen sp_lagerbuchung_print gegeben.

```
CREATE PROCEDURE dbo.sp_lagerbuchung_print
    @artikel int,
    @lager tinyint,
    @stk int,
    @res_stk int = 0
AS
BEGIN
    SET NOCOUNT ON;

    UPDATE dbo.lagerstand
    SET menge = menge + @stk,
        reserviert = reserviert + @res_stk
    WHERE artnr = @artikel AND lagnr = @lager;

    IF @@ROWCOUNT = 0
        BEGIN TRY
            INSERT INTO dbo.lagerstand(artnr, lagnr, menge, reserviert)
            VALUES (@artikel, @lager, @stk, @res_stk);
            PRINT 'Lagerbuchung erfolgreich.';
        END TRY
        BEGIN CATCH
            PRINT 'Artikel- oder Lagernummer ungültig!';
        END CATCH;
    ELSE
        PRINT 'Lagerbuchung erfolgreich.';
END;
```

Der Vorteil dieser Variante besteht darin, dass Sie für den Aufruf mit der einfachen EXECUTE-Anweisung auskommen und keine Variable für die Aufnahme des Ergebnisses benötigen.

```
EXEC dbo. sp_lagerbuchung_print 1777, 3, 200;
```

liefert:

```
Lagerbuchung erfolgreich.
```

Vertippen wir uns absichtlich und rufen die Prozedur mit der Lagernummer 11 auf, erhalten wir folgendes Ergebnis angezeigt:

```
Artikel- oder Lagernummer ungültig!
```

 HINWEIS: Testen Sie bitte, ob Sie mit einer ungültigen Lagernummer die erwartete Fehlermeldung erhalten.

PRAXISTIPP: In der Praxis wird PRINT in erster Linie für die Ausgabe von Debug-Informationen verwendet. Dabei werden beispielsweise Variableninhalte ausgegeben. Dies ist eine wichtige Hilfe beim Auffinden von logischen Fehlern im Programmablauf. Vergessen Sie aber nicht, diese innerhalb des Codes eingesetzten PRINT-Anweisungen auch wieder zu löschen oder auszukommentieren, wenn die Fehlersuche abgeschlossen ist.

SELECT-Anweisung

Eine sehr beliebte Variante, vor allem dann, wenn die Prozedur von einem programmierten Frontend aus aufgerufen wird, ist die Rückgabe des Ergebnisses mithilfe einer SELECT-Anweisung.

Hierbei enthält die Prozedur – in der Regel ist dies meist die letzte Anweisung innerhalb der Prozedur – eine SELECT-Anweisung, die entweder beliebig viele Zeilen und Spaltenwerte aus der Datenbank liefert oder den Inhalt einer oder mehrerer Variablen ausgibt.

Das Lagerbuchungsbeispiel behalten wir bei und arbeiten es nun auf die Variante mit der SELECT-Ausgabe um. Dabei wird der Rückgabetext der Variablen @ok zugewiesen. Am Ende der Prozedur wird der Variableninhalt mit SELECT ausgegeben. Diese Variante der Prozedur trägt den Namen sp_lagerbuchung_select.

```
CREATE PROCEDURE dbo.sp_lagerbuchung_select
    @artikel int,
    @lager tinyint,
    @stk int,
    @res_stk int = 0
AS
BEGIN
    SET NOCOUNT ON;
    DECLARE @ok varchar(50);
    UPDATE dbo.lagerstand
    SET menge = menge + @stk,
        reserviert = reserviert + @res_stk
    WHERE artnr = @artikel AND lagnr = @lager;

    IF @@ROWCOUNT = 0
        BEGIN TRY
            INSERT INTO dbo.lagerstand(artnr, lagnr, menge, reserviert)
            VALUES (@artikel, @lager, @stk, @res_stk);
            SET @ok = 'Lagerbuchung erfolgreich.(I)';
        END TRY
        BEGIN CATCH
            SET @ok='Artikel- oder Lagernummer ungültig!';
        END CATCH;
    ELSE
        SET @ok = 'Lagerbuchung erfolgreich.(U)';
    SELECT @ok AS Ergebnis;
END;
```

Im Beispiel wird im Ergebnistext durch den Zusatz in Klammern (I oder U) überdies ausgegeben, ob die Buchung im ersten Schritt über UPDATE oder im zweiten Schritt über INSERT erfolgt ist.

Rufen wir diese Beispielvariante mit der Anweisung

```
EXEC dbo.sp_lagerbuchung_select 1888, 2, 200;
```

auf, erhalten wir folgende Anzeige:

```
Ergebnis
-------------------------------------------
Lagerbuchung erfolgreich.(U)
```

HINWEIS: Testen Sie bitte auch diese Prozedurvariante wieder mit verschiedenen Übergabewerten.

PRAXISTIPP: Generell ist diese Variante sehr gut verwendbar. Der einzige Nachteil dieser Art der Ergebnisrückgabe ist, dass sie nur sehr umständlich dazu verwendet werden kann, um Werte von einer Prozedur an eine andere zu übergeben. Dazu müssten Sie das Ergebnis direkt mit INSERT INTO in eine (temporäre) Tabelle eintragen und dort wieder in eine Variable auslesen

Die SELECT-Variante ist in den folgenden Fällen geeignet:

- Die Prozedur soll mehrere Zeilen aus einer Datenbank als Ergebnis zurückgeben.

- Die Prozedur wird von einem Frontend-Programmiertool aufgerufen, welches das Erstellen und Auslesen von Recordsets unterstützt. Das sind insbesondere Programmiertools wie VB.NET, VBA, C# oder auch Java. Daher unterstützen diese auch häufig im Web eingesetzte Tools wie ASP.NET. Hierbei ist im Frontend derselbe Code für den Aufruf der Prozedur ausreichend, der auch für ein gewöhnliches SELECT verwendet wird. Daher ist dies in der Regel sehr einfach und mit geringstem Aufwand verbunden.

- Der Aufruf generell ist sehr einfach, da keine Variablen bereitgestellt werden müssen, um das gelieferte Ergebnis zu greifen und dann erst separat auszugeben.

OUTPUT-Parameter

Die wohl am häufigsten einsetzbare Variante ist die Verwendung von Output-Parametern.

- Output-Parameter können über das Ausgabefenster des Management Studios oder über einen beliebigen SQL-Editor ausgelesen und ausgegeben werden.

- Über Output-Parameter können Prozeduren untereinander Werte übergeben.

- Output-Parameter können über viele Programmiertools, wie zum Beispiel C# und VB.NET und mithilfe von ADO (ActiveX Data Objects) oder ADO.NET, ausgelesen werden.

- Über Output-Parameter können Sie jedoch keine Datenzeilen zurückliefern. Auch die Verwendung der benutzerdefinierten Tabellentypen liefert hier leider keine Lösung. Denn diese können nur mit der Option READONLY und damit nicht für OUTPUT-Parameter verwendet werden.

Output-Parameter werden in einer Prozedur wie Eingabeparameter definiert, gefolgt vom Schlüsselwort OUTPUT. Verwenden Sie mehrere Output-Parameter, so müssen Sie OUTPUT bei jedem Ausgabeparameter ergänzen.

 PRAXISTIPP: Sie können Eingabe- und Ausgabeparameter in ihrer Reihenfolge beliebig mischen. Jedoch ist es von der Übersichtlichkeit her meist sinnvoller, zuerst die Eingabe- und danach die Ausgabeparameter zu definieren.

Sie können einen Output-Parameter mit einem Einkaufskorb vergleichen, den Sie jemandem zum Einkauf mitgeben, mit der Bitte, ihn mit bestimmten Dingen zu füllen. Nach dem Einkauf bekommen Sie ihn zurück und finden die gewünschten Artikel im Korb. Genauso funktioniert es mit Output-Parametern: Sie übergeben der Prozedur für jeden Output-Parameter eine Variable. Die Prozedur schreibt die Ergebniswerte in diese Variablen, und somit stehen diese Werte nach Beendigung der Prozedur zur Verfügung. Sofern Ihnen von anderen Programmiersprachen die Parameterübergabe per Referenz ein Begriff ist, können Sie dies mit OUTPUT-Parametern vergleichen.

 HINWEIS: Sie können einen OUTPUT-Parameter zusätzlich auch wie einen INPUT-Parameter verwenden, um der Prozedur Werte zu übergeben. (Vergleichbar mit dem Geld, das Sie für den Einkauf in den Korb legen.) Man spricht allgemein von IN-, OUT- und INOUT-Parametern, wobei der Transact-SQL-OUTPUT-Parameter der letzten der drei Varianten entspricht.

Unser Lagerbuchungsbeispiel habe ich nun auf die Variante mit einem Output-Parameter umgebaut und als sp_lagerbuchung_output angelegt.

```
CREATE PROCEDURE dbo.sp_lagerbuchung_output
    @artikel int,
    @lager tinyint,
    @stk int,
    @ok varchar(50) OUTPUT,
    @res_stk int = 0
AS
BEGIN
    SET NOCOUNT ON;

    UPDATE dbo.lagerstand
    SET menge = menge + @stk,
        reserviert = reserviert + @res_stk
    WHERE artnr = @artikel AND lagnr = @lager;

    IF @@ROWCOUNT = 0
        BEGIN TRY
            INSERT INTO dbo.lagerstand(artnr, lagnr, menge, reserviert)
            VALUES (@artikel, @lager, @stk, @res_stk);
            SET @ok = 'Lagerbuchung erfolgreich.(I)';
        END TRY
        BEGIN CATCH
            SET @ok='Artikel- oder Lagernummer ungültig!';
```

```
        END CATCH;
    ELSE
        SET @ok = 'Lagerbuchung erfolgreich.(U)'
END;
```

Das Entscheidende ist, dass der Output-Variablen innerhalb der Prozedur ein Wert zugewiesen wird. Er ist dann der Ergebniswert für diesen Parameter. Auf diese Art können ein oder mehrere Werte an die aufrufende Stelle übergeben werden. Dies hängt nur von der Anzahl der verwendeten OUTPUT-Parameter ab.

Für den Aufruf dieser Prozedur muss eine Variable deklariert werden. Diese wird beim Aufruf wie ein Eingabeparameter übergeben. Jedoch genügt es nicht, dass der entsprechende Parameter in der Prozedur als Output-Parameter definiert worden ist. Auch die beim Aufruf übergebene Variable muss mit OUTPUT gekennzeichnet werden.

```
DECLARE @ergebnis varchar(50);
EXEC dbo.sp_lagerbuchung_output 1788, 2, 50, @ergebnis OUTPUT;
SELECT @ergebnis AS ergebnis;
```

liefert:

```
ergebnis
-------------------------------------------
Lagerbuchung erfolgreich.(2)
(1 Zeile(n) betroffen)
```

Damit einer Output-Variablen in der Prozedur eine Variable übergeben werden kann, muss diese an der aufrufenden Stelle definiert werden. Im Abfrageeditor-Fenster geschieht dies über eine Transact-SQL-Variable. Nach dem Aufruf der Prozedur enthält diese Variable, die auch als Host-Variable bezeichnet wird, den Ergebniswert – so wie der Korb, der die Einkäufe enthält. Damit Sie den Inhalt dieser Variablen und damit das Ergebnis sehen können, müssen Sie den Variableninhalt zum Beispiel noch mit SELECT ausgeben.

6.1.6 Cursor in gespeicherten Prozeduren nutzen

Im vorigen Kapitel haben wir die Struktur eines Cursors kennengelernt. Nun möchten wir diesen in einem Beispiel einsetzen. Vorweg möchte ich Ihnen noch Folgendes in Erinnerung rufen:

- Cursor liefern den Zugriff auf definierte Daten mit der Möglichkeit zur Navigation (gehe zu ...).

- Cursor werden verwendet, wenn die gleiche Aktion auf mehrere Daten angewandt werden soll.

- Verwenden Sie niemals einen Cursor, um Daten zu ändern, falls dies auch über ein einfaches UPDATE möglich ist, da Cursor hierbei immer langsamer sind. Außerdem ist das Schreiben des Codes mit dem Cursor viel mehr Aufwand als eine klassische SQL-Anweisung.

- Verwenden Sie für einen Cursor nur den Zugriffsmodus, den Sie für diese Aufgabenstellung benötigen, da Sie sonst unnötige Performance-Einbußen in Kauf nehmen. Das heißt, verwenden Sie keinen Cursor, der Schreibzugriff und Datenaktualisierung ermöglicht, falls Sie über den Cursor nur Daten lesen möchten. In diesem Fall genügt ein statischer Cursor, wenn der Datenzugriff nur einen kurzen Augenblick (Sekunden oder Sekundenbruchteile) dauert.

- Vermeiden Sie, wenn möglich, Cursor, die große Datenmengen enthalten.

- Setzen Sie einen Cursor nur dann ein, falls es die Aufgabenstellung nicht anders zulässt.

Und nun zu unserem Beispiel:

Bisher haben wir mit unseren Lagerbuchungsprozeduren einzelne Artikel auf ein Lager zu- und abgebucht. Nun wollen wir diese Funktionalität auf Setartikel ausweiten. Setartikel sind Artikel, die wiederum aus mehreren einzelnen Artikeln bestehen. So kann zum Beispiel ein Kochtopfset aus mehreren einzelnen Kochtöpfen bestehen, die jeweils eine eigene Artikelnummer besitzen. Abgebildet wird dies in der Tabelle *sets*. Falls Sie diese Tabelle nicht wie ich bei einem Beispiel in Kapitel 3 umbenannt haben, wird deren Name bei Ihnen nicht *sets*, sondern noch *setartikel* sein und Sie müssen das nachfolgende Beispiel entsprechend anpassen.

 PRAXISTIPP: Sie können ein Objekt nicht nur über den Objekt-Explorer umbenennen, sondern auch direkt im Editor über einen Aufruf der Systemprozedur sp_rename. Als Parameter sind ihr der bisherige Objektname inklusive des Schemanamens sowie der neue Name – diesmal ohne den Schemanamen, der ja gleichbleiben muss – mitzugeben.

```
EXEC dbo.sp_rename 'dbo.sets', 'setartikel';
```

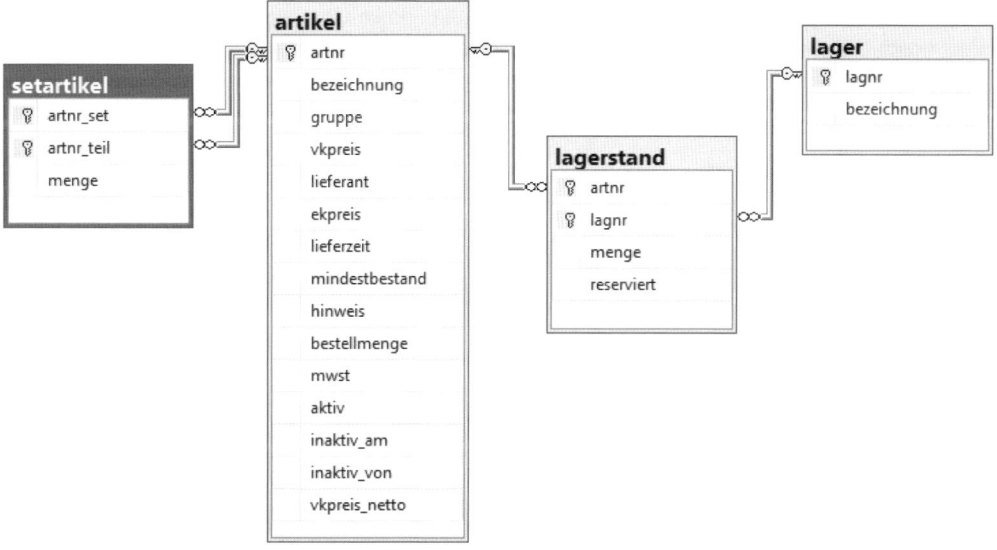

Bild 6.17 Setartikel

Wie die Abbildung zeigt, bestehen zwei Beziehungen von der Tabelle *setartikel* zur Tabelle *artikel*: Die Spalte *artnr_set* enthält die Artikelnummer des gesamten Sets. Die Spalte *artnr_teil* enthält die Artikelnummer des jeweiligen Bestandteils. Beide können nur gültige bestehende Artikelnummern sein.

Ergebnisse | Meldungen

	artnr_set	artnr_teil	menge
1	1286	1277	1
2	1286	1278	1
3	1286	1279	2
4	1286	1280	2
5	1351	1292	1
6	1351	1308	1
7	1351	1320	1
8	1404	1372	1
9	1404	1373	1
10	1423	1411	1
11	1423	1414	8
12	1544	1433	1
13	1544	1436	1
14	1544	1437	1
15	1544	1438	1
16	1544	1482	1
17	1771	1683	1
18	1771	1684	1
19	1855	1844	2

Bild 6.18 Inhalt der Tabelle sets

Die beiden Spalten *artnr_set* und *artnr_teil* bilden zusammen den Primärschlüssel. Die Spalte *menge* gibt Aufschluss darüber, wie viele Stücke eines Artikels in dem Set vorkommen. Betrachten wir exemplarisch das Set mit der Artikelnummer 1286. Hinter diesem verbergen sich folgende Artikel und Teile:

Ergebnisse | Meldungen

	artnr	bezeichnung	vkpreis	menge	preis_im_set
1	1277	Gaz Kocher Bleuet S 206	38,04	1	38,04
2	1278	Gaz Lampe Lumogaz T206	50,04	1	50,04
3	1279	Gaz Kartusche Cv 470	9,70	2	19,40
4	1280	Gaz Kartusche C 206	1,96	2	3,92
5	1286	GAZ Campingset XXL	98,50	NULL	NULL

Bild 6.19 Setartikel und dazugehörige Teile

Die Teile 1277, 1278, 1279 und 1280 sind diejenigen Teile, die jeweils als einzelne Artikel einen eigenen Preis haben. Alle vier werden gemeinsam als Set unter der Artikelnummer 1286 mit einem eigenen Setpreis verkauft. Zwei dieser Artikel sind im Set sogar mit jeweils zwei Stück enthalten. Lagerstände können natürlich nur für die einzelnen Bestandteile und nicht für das gesamte Set geführt werden. Das Set als solches darf aus diesem Grund im

Lager nicht vorkommen. Daher muss die Lagerbuchungsprozedur erkennen, wann es sich um ein Set handelt, und gegebenenfalls die Einzelteile anstelle des Sets buchen.

Damit die Logik der einzelnen Buchung nicht nochmals implementiert werden muss, wird hier der folgende Aufbau für die neue Lagerbuchungsprozedur verwendet:

- Zuerst wird geprüft, ob der zu buchende Artikel ein Set darstellt oder nicht. Dies geschieht, indem geprüft wird, ob diese Artikelnummer in der Spalte *artnr_set* der Tabelle *sets* vorkommt.

- Ist der zu buchende Artikel kein Set, wird die bestehende Lagerbuchungsprozedur mit denselben Artikel-/Lager-/Menge-Werten aufgerufen.

- Ist der zu buchende Artikel ein Set, werden die Set-Einzelteile in einen Cursor geladen und danach die bestehende Lagerbuchungsprozedur für jeden dieser Einzelteile aufgerufen, um diese anstelle des Sets zu verbuchen. Die zu buchende Menge muss dabei mit jener Menge multipliziert werden, in der der Teil im Set enthalten ist.

Für die Lagerbuchung verwenden wir jetzt eine allgemeinere Variante, die gegenüber der zuletzt verwendeten (sp_lagerbuchung_output) folgende Unterschiede aufweist:

- Wir verwenden den allgemeineren Namen sp_lagerbuchung.

- Der Output-Parameter hat den Datentyp bit. Dies ist ausreichend, um als Ergebnis erfolgreich (1) oder nicht erfolgreich (0) zurückzuliefern. Vor allem wenn eine Prozedur von einer anderen aufgerufen wird, wie es in unserem Beispiel der Fall sein wird, ist eine Ergebnismeldung in codierter Form sinnvoller als ein ausformulierter Text.

- Es wird bei einem erfolgreichen Ergebnis nicht unterschieden, ob die Buchung durch INSERT oder UPDATE erfolgt ist.

 HINWEIS: In der Praxis werden Ergebnisse von Prozeduren von der Art wie unser Lagerbuchungsbeispiel nicht als Klartext, sondern in einer codierten Form zurückgeliefert. So könnte ein detailliertes Ergebnis auch so lauten: 1 = erfolgreich, –1 = ungültiger Artikel, –2 = ungültiges Lager, –3 = sonstiger Fehler oder so ähnlich. Welchen Code Sie hierbei verwenden, bleibt dabei völlig Ihnen überlassen. Es könnte genauso gut ein Text sein, zum Beispiel: E = erfolgreich, A = ungültiger Artikel, L = ungültiges Lager, S = sonstiger Fehler und so fort. Das Anzeigen einer ausformulierten Fehlermeldung ist dann Aufgabe der Frontend-Applikation. Diese setzt den Code in den entsprechenden Text um. Dies ist in der Regel nicht Aufgabe des Backends (also der Datenbank).

Die endgültige, noch angepasste Version der Lagerbuchungsprozedur, die wir hier unter dem Namen sp_lagerbuchung verwenden, hat folgendes Aussehen. Sie liefert die Werte 0 für nicht erfolgreich und 1 für erfolgreich als Ergebnis zurück:

```
CREATE PROCEDURE dbo.sp_lagerbuchung
    @artikel int,
    @lager tinyint,
    @stk int,
    @ok bit OUTPUT,
    @res_stk int = 0
AS
```

```
BEGIN
    SET NOCOUNT ON;

    UPDATE dbo.lagerstand
    SET menge = menge + @stk,
        reserviert = reserviert + @res_stk
    WHERE artnr = @artikel AND lagnr = @lager;

    IF @@ROWCOUNT = 0
        BEGIN TRY
            INSERT INTO dbo.lagerstand(artnr, lagnr, menge, reserviert)
            VALUES (@artikel, @lager, @stk, @res_stk);
            SET @ok = 1;
        END TRY
        BEGIN CATCH
            SET @ok = 0;
        END CATCH;
    ELSE
        SET @ok = 1;
END;
```

Nun widmen wir uns der eigentlichen Prozedur mit dem Namen sp_lagerbuchung_aufruf. Beim Aufruf werden ihr dieselben Parameter übergeben wie der eigentlichen Buchungsprozedur. Aufgabe der Aufrufprozedur ist, zu prüfen, ob der Artikel ein Set ist, und dieses gegebenenfalls in seine Einzelteile aufzuteilen. Die Verbuchung selber soll weiterhin die Buchungsprozedur erledigen.

```
CREATE PROCEDURE dbo.sp_lagerbuchung_aufruf
    @artikel int,
    @lager tinyint,
    @stk int,
    @ok bit OUTPUT,
    @res_stk int = 0
AS
BEGIN
    SET NOCOUNT ON;
    DECLARE @set int;
```

Um festzustellen, ob es sich beim zu buchenden Artikel um ein Set handelt, wird geprüft, ob die Artikelnummer in der Spalte *artnr_set* der Tabelle *sets* vorkommt. Die Anzahl wird in der Variablen @set zwischengespeichert.

```
    -- ist es ein Set?
    SET @set = (SELECT COUNT(*)
                FROM dbo.sets
                WHERE artnr_set = @artikel);
```

Handelt es sich nicht um einen Setartikel, ist die in der Variablen @set gespeicherte Anzahl gleich 0. In diesem Fall wird sofort die Buchungsprozedur aufgerufen, und die Parameter werden eins zu eins durchgereicht. Ebenso gilt das für den Output-Parameter. (Wenn wir bei unserem Vergleich mit dem Warenkorb bleiben, bedeutet dies, dass der Warenkorb an eine weitere Person – an einen Subunternehmer – weitergereicht, also der Einkauf delegiert wird. Am Ende wird der Warenkorb vom Subunternehmer an den Hauptunternehmer zurückgegeben, der wiederum gibt Ihnen den Korb. Am Endergebnis – nämlich dass Sie den Korb mit dem Inhalt erhalten – ändert sich also nichts.)

```
IF @set = 0
    EXEC dbo.sp_lagerbuchung @artikel, @lager, @stk, @ok OUTPUT, @res_stk;
```

Der restliche Teil der Prozedur spielt sich im ELSE-Block ab. Das heißt, die Buchung eines Einzelartikels ist mit dem Aufruf der Buchungsprozedur erledigt.

Zu Beginn des ELSE-Blocks, der ausgeführt wird, wenn der Artikel als Setartikel erkannt wurde, indem die Variable @set einen Wert größer als 0 enthält, werden noch zusätzliche Variablen deklariert. Die Variablen @teil und @teil_stk sollen die Werte aus dem Cursor aufnehmen. Wie im vorigen Kapitel beschrieben, wird für den Abruf einer Zeile aus einem Cursor für jede Spalte eine Variable mit passendem Datentyp benötigt. In unserem Beispiel sind dies die Artikelnummer des Einzelteils und die Menge, mit der dieses im Set vertreten ist.

Die zu buchende und zu reservierende Menge muss noch mit der Menge, in der sie im Set enthalten ist, multipliziert werden. Diese zu buchende Gesamtmenge wird mithilfe der Variablen @stk_gesamt und @res_stk_gesamt errechnet.

```
ELSE
BEGIN
    -- Variablen für Cursor
    DECLARE @teil int, @teil_stk int;
    DECLARE @stk_gesamt int, @res_stk_gesamt int;
```

Nun kommt der entscheidende Teil mit dem Cursor. Bei der Deklaration werden dem Cursor über das SELECT die Teile-Artikelnummern und die Mengen zugewiesen – und zwar diejenigen Teile, bei denen die Set-Artikelnummer der zu buchenden Nummer entspricht.

Da der Cursor nur für den Bruchteil einer Sekunde offen ist und die Daten nur gelesen werden, wird der als LOCAL (nur innerhalb der Prozedur zugänglich) deklarierte Cursor auch STATIC (die Daten werden beim Öffnen des Cursors eingelesen, sind daher statisch und können nicht geändert werden) definiert.

Danach wird der Cursor mit der Anweisung OPEN geöffnet.

```
    -- Cursor definieren
    DECLARE teile CURSOR LOCAL STATIC
    FOR
        SELECT artnr_teil, menge
        FROM dbo.sets
        WHERE artnr_set = @artikel;
    -- Cursor öffnen
    OPEN teile;
```

Der nächste Schritt ist, die erste Zeile aus dem Cursor abzurufen.

```
    -- ersten Eintrag abrufen
    FETCH NEXT FROM teile INTO @teil, @teil_stk;
```

Solange FETCH erfolgreich ist, gibt die Systemvariable @@FETCH_STATUS den Wert 0 zurück. In einer Schleife werden alle Zeilen des Cursors durchlaufen. Für jeden Teil des Sets werden nun

- die gesamt zu buchende und zu reservierende Menge errechnet und
- die Buchungsprozedur mit diesen Mengen und der Teilartikelnummer aufgerufen, so wie für ein Einzelteil.

```
WHILE @@FETCH_STATUS = 0
BEGIN
    SET @stk_gesamt = @teil_stk * @stk;
    SET @res_stk_gesamt = @teil_stk * @res_stk;

    EXEC dbo.sp_lagerbuchung @teil, @lager, @stk_gesamt,
                             @ok OUTPUT, @res_stk_gesamt;
    -- nächste Zeile aus Cursor abrufen
    FETCH NEXT FROM teile INTO @teil, @teil_stk;
END;
```

ACHTUNG! Vergessen Sie bitte niemals, am Ende der Schleife einen neuen Fetch einzufügen. Sonst haben Sie eine sogenannte Endlosschleife erzeugt.

Nach Abschluss der Buchungen wird der nun nicht mehr benötigte Cursor geschlossen und die von ihm belegten Ressourcen werden freigegeben.

```
    -- Cursor schließen
    CLOSE teile;
    -- Cursor deaktivieren
    DEALLOCATE  teile;
    END;
END;
```

Nun ist die Prozedur fertig und kann ausgetestet werden!

Buchen wir zuerst einen „normalen" Artikel. Zum Beispiel buchen wir 50 Stück des Artikels mit der Artikelnummer 1111 auf das Lager 1.

```
DECLARE @ok bit;
EXEC sp_lagerbuchung_aufruf 1111, 1, 50, @ok OUTPUT;
SELECT @ok AS ergebnis;
```

liefert:

```
Ergebnis
--------
1
```

Nun kontrollieren wir das Ergebnis:

```
SELECT * FROM dbo.lagerstand WHERE artnr = 1111 AND lagnr = 1;
```

liefert:

```
artnr       lagnr menge       reserviert
----------- ----- ----------- -------------
1111        1     50          0
```

Jetzt wiederholen wir den Vorgang mit dem Camping-Set mit der Artikelnummer 1286.

```
DECLARE @ok bit;
EXEC dbo.sp_lagerbuchung_aufruf 1286, 3, 150, @ok OUTPUT, 10;
SELECT @ok AS ergebnis;
```

Wieder erhalten wir das Ergebnis 1 und kontrollieren, ob wir Artikel 1286 im Lager finden.

```
SELECT * FROM dbo.lagerstand WHERE artnr = 1286;
```

Dies liefert, da das Set ja nicht selber gebucht werden darf:

```
artnr       lagnr menge       reserviert
----------- ----- ----------- -------------

 (0 Zeile(n) betroffen)
```

Prüfen wir hingegen auf die Teile des Sets mit den Artikelnummern 1277, 1278, 1279 und 1280, müssten wir fündig werden.

```
SELECT * FROM dbo.lagerstand
WHERE artnr BETWEEN 1277 AND 1280 AND lagnr = 3;
```

Dies liefert erwartungsgemäß:

```
artnr       lagnr menge       reserviert
----------- ----- ----------- -------------
1277        3     150         10
1278        3     150         10
1279        3     300         20
1280        3     300         20
(4 Zeile(n) betroffen)
```

In einem dritten Test entnehmen wir ein einzelnes Set wieder aus demselben Lager.

```
DECLARE @ok bit;
EXEC dbo.sp_lagerbuchung_aufruf 1286, 3, -1, @ok OUTPUT;
SELECT @ok AS ergebnis;
```

Nachdem der Aufruf wieder 1 als Ergebnis geliefert hat, betrachten wir erneut die Bestände der Einzelteile.

```
artnr       lagnr menge       reserviert
----------- ----- ----------- -------------
1277        3     149         10
1278        3     149         10
1279        3     298         20
1280        3     298         20
(4 Zeile(n) betroffen)
```

Beachten Sie, dass von den Artikeln mit den Nummern 1279 und 1280 korrekterweise jeweils die doppelte Menge gebucht worden ist, da von diesem im Set zwei Stück enthalten sind.

HINWEIS: Testen Sie diese Prozedur bitte auch mit anderen Werten. Achten Sie darauf, dass bei den bisher verwendeten Werten im ersten Schritt jeweils eine Buchung mittels INSERT erfolgt ist, weil die betroffenen Artikel erstmals auf die Lager gebucht wurden.

6.1.7 Transaktionen in Prozeduren

Transaktionen lassen sich in Prozeduren sehr einfach integrieren. So einfach, dass man in der Praxis oft deshalb eine Prozedur zur Lösung einer Aufgabenstellung verwendet, um eine Transaktion einsetzen zu können. Wir erweitern unsere Lagerbuchungsprozedur im Rahmen der Setverbuchung um eine Transaktion: Falls die Verbuchung eines Setbestandteils fehlschlägt, müssen alle abgeschlossenen Buchungen von anderen Teilen rückgängig gemacht werden. Das Gleiche gilt, falls es während der Buchung eines Sets zu einem Systemausfall kommt.

Eine Transaktion sollte wegen der Sperren, die für die Dauer der Transaktion auf den betroffenen Datensätzen liegen, immer

- so spät wie möglich begonnen und
- so früh wie möglich beendet werden.

In der Prozedur sp_lagerbuchung_aufruf wird die Transaktion begonnen, bevor die Cursor-Schleife mit der Buchung der Setbestandteile beginnt. Dies kann entweder mit der Anweisung BEGIN TRANSACTION oder mit der Kurzform BEGIN TRAN erfolgen.

 ACHTUNG! Da es sich beim nachfolgenden Code um eine Überarbeitung einer bestehenden Prozedur und nicht eine Erstellung einer neuen handelt, verwenden wir hier die Anweisung ALTER PROCEDURE. Wenn Sie zum Beispiel den vorigen Schritt übersprungen haben und diese Prozedur erstmalig neu erstellen, verwenden Sie wie gewohnt die Anweisung CREATE PROCEDURE.

 PRAXISTIPP: Wenn Sie das Skript für Ihre Prozedur nicht mehr verfügbar haben, markieren Sie diese im Objekt-Explorer und verwenden im Kontextmenü den Befehl ÄNDERN oder SKRIPT FÜR GESPEICHERTE PROZEDUREN ALS/ALTER IN/NEUES ABFRAGE-EDITOR-FENSTER, um den Code zum Editieren wieder vor sich zu haben.

```
ALTER PROCEDURE dbo.sp_lagerbuchung_aufruf
    @artikel int,
    @lager tinyint,
    @stk int,
    @ok bit OUTPUT,
    @res_stk int = 0
AS
```

```
BEGIN
    SET NOCOUNT ON;
    DECLARE @set int;
    SET @set = (SELECT COUNT(*)
                FROM dbo.sets
                WHERE artnr_set = @artikel);
    IF @set = 0
        EXEC dbo.sp_lagerbuchung @artikel, @lager, @stk,
                                 @ok OUTPUT, @res_stk;
    ELSE
    BEGIN
        DECLARE @teil int, @teil_stk int;
        DECLARE @stk_gesamt int, @res_stk_gesamt int;

        DECLARE teile CURSOR LOCAL STATIC
        FOR
            SELECT artnr_teil, menge
            FROM dbo.sets
            WHERE artnr_set = @artikel;

        OPEN teile;
        FETCH NEXT FROM teile INTO @teil, @teil_stk;
        BEGIN TRANSACTION;
        WHILE @@FETCH_STATUS = 0
        BEGIN
            SET @stk_gesamt = @teil_stk * @stk;
            SET @res_stk_gesamt = @teil_stk * @res_stk;
            EXEC dbo.sp_lagerbuchung @teil, @lager, @stk_gesamt,
                                     @ok OUTPUT, @res_stk_gesamt;
```

Wenn die Buchung eines Einzelteils nicht erfolgreich ist und die Prozedur daher 0 als Ergebnis liefert, muss die Transaktion mit ROLLBACK zurückgerollt werden. Da in diesem Fall die restlichen Buchungen ebenfalls nicht mehr ausgeführt werden müssen, wird die Schleife mit der Anweisung BREAK vorzeitig verlassen.

```
            IF @ok = 0
            BEGIN
                ROLLBACK;        -- oder: ROLLBACK TRAN[SACTION];
                BREAK;
            END;
            FETCH NEXT FROM teile INTO @teil, @teil_stk
```

Nach jedem FETCH wird geprüft, ob noch ein weiterer Setbestandteil zur Buchung vorhanden ist. Ist dies nicht der Fall und ist die Prozedurausführung bis an diese Stelle gelangt, muss die Transaktion noch mit COMMIT festgeschrieben und damit beendet werden.

```
            IF @@FETCH_STATUS != 0
                COMMIT;          -- oder: COMMIT TRAN[SACTION];
        END;
        CLOSE teile;
        DEALLOCATE teile;
    END;
END;
```

ACHTUNG! An welcher Stelle im Code genau Sie eine Transaktion mit COMMIT bestätigen oder mit ROLLBACK zurückrollen, ist nicht so entscheidend. Wichtig ist dabei nur:

Sie müssen sicherstellen, dass jede Transaktion irgendwann entweder mit COMMIT oder ROLLBACK beendet wird. Sie dürfen eine Transaktion nicht einfach offenlassen.

Es darf nie zu dem Fall kommen, dass sowohl COMMIT als auch ROLLBACK für ein und dieselbe Transaktion ausgeführt werden – egal in welcher Reihenfolge. Ein COMMIT oder ROLLBACK führt schließlich zu einem Fehler, wenn keine Transaktion mehr offen ist:

```
Meldung 3902, Ebene 16, Status 1, Zeile 1
Die COMMIT TRANSACTION-Anforderung hat keine entsprechende BEGIN
TRANSACTION-Anweisung.
```

 PRAXISTIPP: Um festzustellen, ob noch eine Transaktion offen ist oder wie viele geschachtelte Transaktionen zurzeit offen sind, verwenden Sie die Systemvariable @@TRANCOUNT. Damit können Sie prüfen und sicherstellen, dass am Ende einer Prozedur genauso viele Transaktionen geschlossen werden, wie zuvor gestartet worden sind. Idealerweise liefert @@TRANCOUNT am Beginn einer Prozedur exakt denselben Wert wie am Ende derselben.

Beachten Sie dabei das Verhalten von geschachtelten Transaktionen. Während ein COMMIT immer nur die zuletzt gestartete Transaktion beendet, beendet ein ROLLBACK alle zu diesem Zeitpunkt offenen Transaktionen. Dies lässt sich mit folgendem Test leicht nachvollziehen. Hier werden drei Transaktionen hintereinander gestartet und danach jeweils mit COMMIT beendet. Nach jeder Anweisung wird die Anzahl der aktiven Transaktionen mit PRINT ausgegeben.

```
PRINT @@TRANCOUNT;        --> 0
BEGIN TRANSACTION;
PRINT @@TRANCOUNT;        --> 1
BEGIN TRANSACTION;
PRINT @@TRANCOUNT;        --> 2
BEGIN TRANSACTION;
PRINT @@TRANCOUNT;        --> 3
COMMIT;
PRINT @@TRANCOUNT;        --> 2
COMMIT;
PRINT @@TRANCOUNT;        --> 1
COMMIT;
PRINT @@TRANCOUNT;        --> 0
```

Diese Befehlsabfolge liefert die Werte 0, 1, 2, 3 und danach 2, 1 und 0. In einer zweiten Variante starten wir wieder drei Transaktionen hintereinander und führen danach direkt ein ROLLBACK aus. Nun liefert @@TRANCOUNT nicht 2, sondern 0, da alle drei Transaktionen damit zurückgerollt worden sind.

```
PRINT @@TRANCOUNT;      --> 0
BEGIN TRAN;
PRINT @@TRANCOUNT;      --> 1
BEGIN TRAN;
PRINT @@TRANCOUNT;      --> 2
BEGIN TRAN;
PRINT @@TRANCOUNT;      --> 3
ROLLBACK;
PRINT @@TRANCOUNT;      --> 0
COMMIT;                 --> Fehler
ROLLBACK;               --> Fehler
```

Erfolgt danach noch ein COMMIT oder ROLLBACK, führt dies daher zu einem Fehler.

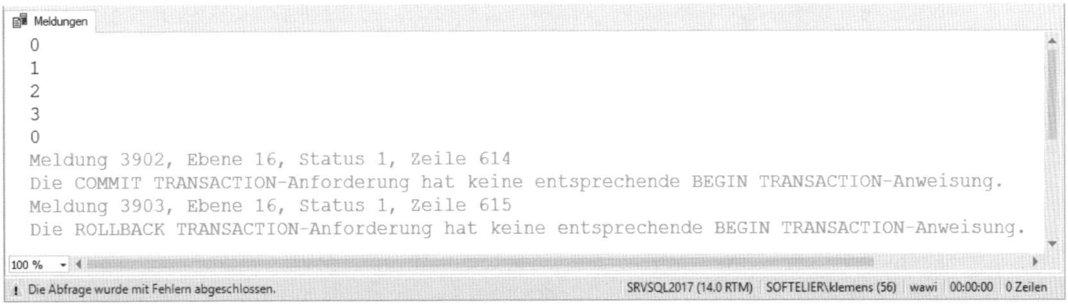

```
Meldungen
0
1
2
3
0
Meldung 3902, Ebene 16, Status 1, Zeile 614
Die COMMIT TRANSACTION-Anforderung hat keine entsprechende BEGIN TRANSACTION-Anweisung.
Meldung 3903, Ebene 16, Status 1, Zeile 615
Die ROLLBACK TRANSACTION-Anforderung hat keine entsprechende BEGIN TRANSACTION-Anweisung.
```
100 %
Die Abfrage wurde mit Fehlern abgeschlossen.   SRVSQL2017 (14.0 RTM)   SOFTELIER\klemens (56)   wawi   00:00:00   0 Zeilen

Bild 6.20 ROLLBACK beendet alle offenen Transaktionen.

Dieses Verhalten kann sich in bestimmten Situationen auch negativ auf den Ablauf in einer Prozedur mit eigener Transaktion auswirken. So beeinflusst ein Rollback in einem Trigger, der durch eine in der Prozedur verwendete Anweisung ausgelöst worden ist, die Prozedur selber auch. Wie es zu einem Rollback in einem Trigger kommen kann, lesen Sie später in diesem Kapitel.

Um unsere Prozedur dahingehend abzusichern, dass dieses Verhalten zu keinem Fehler führt, müssen lediglich ein paar Anweisungen ergänzt werden. Merken Sie sich direkt nach dem Starten der Transaktion den aktuellen Level in einer Variablen.

```
DECLARE @tran_aktuell int = @@TRANCOUNT;
```

Vor den Commit- und Rollback-Anweisungen ergänzen Sie die Bedingung, dass die aktuelle Transaktionsanzahl nach wie vor der in der Variablen gemerkten entspricht.

```
IF @ok = 0
BEGIN
    IF @tran_aktuell = @@TRANCOUNT
        ROLLBACK;
    BREAK;
END;

FETCH NEXT FROM teile INTO @teil, @teil_stk;
```

```
IF @@FETCH_STATUS != 0 AND @tran_aktuell = @@TRANCOUNT
    COMMIT;
```

Achten Sie zusätzlich beim Einsatz von Transaktionen in Prozeduren darauf, dass am Ende der Prozedur die Anzahl der aktiven Transaktionen immer jener beim Start der Prozedur entsprechen muss. Wenn Sie also eine gestartete Transaktion nicht innerhalb der Prozedur wieder abschließen, führt dies zu einem Fehler. Zur Veranschaulichung finden Sie im Beispielskript zum Kapitel die Prozedur *sp_transaction_test*:

```
EXEC dbo.sp_transaction_test;
```

liefert:

```
Nachricht 266, Stufe 16, Status 2, Prozedur sp_transaction_test, Zeile 0
[Batchstartzeile 686]
Die Transaktionsanzahl nach EXECUTE deutet auf eine nicht übereinstimmende Anzahl von
BEGIN- und COMMIT-Anweisungen hin. Vorherige Anzahl = 1, aktuelle Anzahl = 0.
```

Manchmal lässt sich dieses Verhalten aber nicht verhindern. In unserer Lagerbuchungsprozedur wird ja auch eine Transaktion gestartet und im Fehlerfall zurückgerollt. Wird diese nun aus einer expliziten Transaktion heraus gestartet – bei impliziten Transaktionen tritt dieses Phänomen nicht auf – würde diese auch zurückgerollt werden und somit der Fehlerfall eintreten. Damit dieser Fehler abgefangen wird, sollten Sie den Aufruf von Prozeduren, die ein Zurückrollen einer Transaktion auslösen könnten, unbedingt mit einer Fehlerbehandlung versehen. Das nachfolgende Codefragment zeigt dieses Vorgehen, so wie es in einer Prozedur enthalten sein könnte. Zuerst wird eine neue Transaktion gestartet und zur besseren Übersicht die Anzahl der aktiven Transaktionen ausgegeben. Danach könnten beliebige Anweisungen folgen, bis schließlich der Aufruf der Prozedur erfolgt, welche in diesem Fall die Transaktion beendet. Aufgrund des Codes zur Fehlerbehandlung wird nun kein Fehler ausgegeben, sondern direkt in den Catch-Block verzweigt. Wichtig ist, dass das dort häufig enthaltene Rollback an die Bedingung geknüpft wird, dass überhaupt noch eine Transaktion aktiv ist. Damit kommt es nur dann zu einem Rollback, wenn ein anderer Fehler aufgetreten ist als der soeben beschriebene.

```
BEGIN TRY
    BEGIN TRANSACTION;
    PRINT @@TRANCOUNT;
    --...
    EXEC dbo.sp_transaction_test;
    --...
    COMMIT;
END TRY
BEGIN CATCH
    IF @@TRANCOUNT > 1
        ROLLBACK;
    PRINT @@TRANCOUNT;
END CATCH;
```

Wenn Sie dieses Codefragment im Editor ausführen, liefert dies keinen Fehler, sondern nur die beiden Ausgaben der Anweisung PRINT.

6.1.8 Table-Valued Parameter einsetzen

Im vorigen Kapitel habe ich Ihnen die benutzerdefinierten Tabellentypen vorgestellt. Mit ihnen kann man Tabellenparameter an eine Prozedur übergeben. An dieser Stelle möchte ich Ihnen in einem Beispiel zeigen, wie man diese in einer Prozedur einsetzen kann. Weil es sich für das Beispiel gerade anbietet, werde ich dort die MERGE-Anweisung verwenden.

Da wir uns in das Lagerbuchungsbeispiel schon so gut vertieft haben, möchte ich bei diesem bleiben. Aber wir werden die beiden erwähnten Features nutzen, um dieses Beispiel auf eine ganz andere Art zu lösen. Die Entscheidung, welche Art Ihnen letztendlich besser gefällt, bleibt bei Ihnen.

In der letzten Version der Lösung haben wir einen Cursor verwendet, um gegebenenfalls alle Teile eines Setartikels zu buchen. Wir haben besprochen, dass eine Mengenoperation (= INSERT-, UPDATE- oder DELETE-Anweisung, die quasi in einem Schritt viele Datensätze bearbeiten kann) stets schneller ist als eine zeilenweise Verarbeitung. Da wir mehrere Zeilen mit einer gewissen Logik zu verarbeiten hatten, mussten wir einen Cursor verwenden. Die MERGE-Anweisung bietet die Möglichkeit, Ändern und Einfügen in einer Mengenoperation zu erledigen. Dazu müssten wir lediglich die zu verarbeitenden Daten in Tabellenform vorliegen haben. Hierzu bietet sich ein benutzerdefinierter Tabellentyp an.

Wir wollen also die Informationen für die Buchung nicht mehr über einzelne Variablen für Artikel, Lager und Menge übergeben, sondern diese in Form einer Tabelle beim Prozeduraufruf bereitstellen. Daher ist der erste Schritt das Erstellen des benutzerdefinierten Tabellentyps (User-defined Table Type). Dieser enthält vier Spalten für die Artikelnummer, die Lagernummer, die zu buchende Menge sowie die zu buchende Reservierungsmenge. Letztere bekommt den Standardwert 0, da sie nicht immer verwendet werden muss.

```
CREATE TYPE dbo.lagerbuchung AS TABLE
(   artikel int NOT NULL,
    lager tinyint NOT NULL,
    menge int NOT NULL,
    reserviert int NOT NULL DEFAULT 0
);
```

Mit diesem Typ wird dann der Input-Parameter für die neue Prozedur sp_lagerbuchung_tab deklariert. Den Inhalt des Parameters verwenden wir in der MERGE-Anweisung.

```
CREATE PROCEDURE dbo.sp_lagerbuchung_tab
    @buchung lagerbuchung READONLY,
    @ok bit OUTPUT
AS
BEGIN
    SET NOCOUNT ON;

    MERGE dbo.lagerstand l
    USING @buchung b ON l.artnr = b.artikel AND l.lagnr = b.lager
    WHEN MATCHED THEN
        UPDATE SET l.menge = l.menge + b.menge,
                   l.reserviert = l.reserviert + b.reserviert
    WHEN NOT MATCHED BY TARGET THEN
        INSERT (artnr, lagnr, menge, reserviert)
        VALUES(b.artikel, b.lager, b.menge, b.reserviert);
```

```
      IF @@ROWCOUNT = 0
          SET @ok = 0;
      ELSE
          SET @ok = 1;
END;
```

In der MERGE-Anweisung wird der Parameter mit der Lagerstandstabelle über die Artikel-
und die Lagernummer verknüpft.

```
      MERGE dbo.lagerstand l
      USING @buchung b ON l.artnr = b.artikel AND l.lagnr = b.lager
```

Gibt es einen Treffer, erfolgt die Buchung über das UPDATE, das im WHEN MATCHED-Block
definiert wird. Die Werte aus dem Parameter werden zu den bestehenden Lagerwerten hin-
zugerechnet beziehungsweise abgezogen, sofern negativ.

```
WHEN MATCHED THEN
    UPDATE SET l.Menge = l.Menge + b.menge,
               l.reserviert = l.reserviert + b.reserviert
```

Artikel-Lager-Kombinationen, die in der Lagerstandstabelle noch nicht vorkommen, werden
als neue Datensätze eingefügt.

```
WHEN NOT MATCHED BY TARGET THEN
    INSERT (artnr, lagnr, menge, reserviert)
    VALUES(b.artikel, b.lager, b.menge, b.reserviert);
```

Damit können in diesem Beispiel mit der MERGE-Anweisung alle Erfordernisse abgedeckt
werden. Zum Abschluss wird wie gewohnt der Erfolg der Anweisung über @@ROWCOUNT
ermittelt.

 ACHTUNG! Ich möchte an dieser Stelle noch einmal daran erinnern, dass eine
MERGE-Anweisung unbedingt mit einem Semikolon abgeschlossen werden muss. ▪

Testen wir im Anschluss nun die neue Prozedur. Die nachfolgende SELECT-Anweisung lie-
fert einen Datensatz, da es für zwei der drei angegebenen Artikel noch keine Einträge in der
Lagerstandstabelle gibt. Sollten bei Ihnen zufälligerweise doch entsprechende Datensätze
enthalten sein, weil Sie zum Beispiel beim Üben von SQL-Anweisungen in einem früheren
Kapitel schon welche eingefügt haben, können Sie diese – wenn Sie möchten – mit einer
DELETE-Anweisung löschen.

```
SELECT *
FROM dbo.lagerstand
WHERE artnr IN(1221, 1331, 1441)
AND lagnr IN(1, 2);
```

liefert:

```
artnr       lagnr menge    reserviert
----------- ----- ---------- -------------
1441        2     10         0
(1 Zeile(n) betroffen)
```

In einem Anweisungsblock deklarieren wir eine Variable mit dem zuvor definierten Tabellentyp. Danach fügen wir drei Datensätze in diese Variable ein. Dabei nutzen wir die Möglichkeit des SQL Servers, über die VALUES-Klausel auch mehrere Datensätze mit einer Anweisung einzutragen. Dazu müssen wir lediglich die einzelnen Datensätze mit Kommata voneinander trennen und nicht mehr separate Anweisungen verwenden.

Danach rufen wir die Prozedur auf und übergeben die Variable als Parameter.

```
DECLARE @zubuchen lagerbuchung, @ok bit;

INSERT INTO @zubuchen
VALUES(1221, 1, 15, 0),
      (1331, 2, 10, 2),
      (1441, 2, 50, 0);

EXEC dbo.sp_lagerbuchung_tab @zubuchen, @ok OUTPUT;
SELECT @ok AS ergebnis;
```

Führen wir diesen Anweisungsblock aus, liefert er wie erwartet das Ergebnis 1. Kontrollieren wir das Ergebnis in der Tabelle, indem wir die letzte SELECT-Anweisung erneut ausführen, erhalten wir diesmal folgendes Ergebnis:

```
artnr       lagnr menge    reserviert
----------- ----- ---------- -------------
1221        1     15         0
1331        2     10         2
1441        2     60         0
(3 Zeile(n) betroffen)
```

Zwei Datensätze sind neu in die Lagerstandstabelle eingefügt, der Bestand für den bereits vorhandenen Artikel ist angepasst worden. Um nun auch das Ausbuchen mit der Anweisung zu testen, führen wir dasselbe nochmals mit folgenden Werten aus:

```
DECLARE @zubuchen lagerbuchung, @ok bit;

INSERT INTO @zubuchen
VALUES (1221, 1, -5, 3),
       (1331, 1, 35, 0);

EXEC dbo.sp_lagerbuchung_tab @zubuchen, @ok OUTPUT;
SELECT @ok AS ergebnis;
```

Dies liefert einen neuen Datensatz (1331 in Lager 1) und eine Abbuchung mit gleichzeitiger Reservierung (1221 in Lager 1).

```
artnr       lagnr menge       reserviert
----------- ----- ----------- --------------
1221        1     10          3
1331        1     35          2
1331        2     10          0
1441        2     60          0
(4 Zeile(n) betroffen)
```

Zwei Schwachstellen sind allerdings in dieser Lösung noch zu finden.

- Wird eine Artikel-Lager-Kombination mehrmals bei einem Aufruf übergeben, tritt bei der MERGE-Anweisung ein Fehler auf, da eine Zeile innerhalb einer Anweisung nicht mehrmals geändert oder gelöscht werden darf.

- Bei einer ungültigen Artikel- oder Lagernummer tritt wie bei den vorherigen Varianten auch beim Einfügen in die Lagerstandstabelle eine Fremdschlüsselverletzung auf.

Um das erste Problem zu lösen, gruppieren wir den Inhalt des Übergabeparameters in einer Unterabfrage. Dabei bilden wir die Summe der Mengen, um diese in einem Schritt zu buchen.

```
MERGE dbo.lagerstand l
USING ( SELECT artikel, lager,
               SUM(menge) AS menge,
               SUM(reserviert) AS reserviert
        FROM @buchung
        GROUP BY artikel, lager) b
        ON l.ArtNr = b.artikel AND l.LagNr = b.lager
WHEN MATCHED THEN
    UPDATE SET l.menge = l.menge + b.menge,
               l.reserviert = l.reserviert + b.reserviert
WHEN NOT MATCHED BY TARGET THEN
    INSERT (artnr, lagnr, menge, reserviert)
    VALUES(b.artikel, b.lager, b.menge, b.reserviert);
```

Zur Lösung des zweiten Problems verwenden wir analog zu den Lösungen der Vorgängerversionen einen TRY/CATCH-Block.

Wir passen nun auch die Prozedur sp_lagerbuchung_aufruf an die neuen Gegebenheiten an und legen sie als neue Prozedur sp_lagerbuchung_tab_aufruf an. Wieder prüfen wir zu Beginn, ob es sich bei dem zu buchenden Artikel um einen Einzel- oder einen Setartikel handelt. Einen Einzelartikel fügen wir direkt in die Tabellenvariable @buchen ein. Bei einem Setartikel werden die Teile aus der Tabelle sets eingefügt, um anstelle mit diesen einen Cursor zu öffnen. Da die neue Prozedur sp_lagerbuchung_tab ja mit jeder beliebigen Anzahl von Einträgen arbeiten kann, genügt ein einziger Aufruf aus der aufrufenden Prozedur.

```
CREATE PROCEDURE dbo.sp_lagerbuchung_tab_aufruf
    @artikel int,
    @lager tinyint,
    @stk int,
    @ok bit OUTPUT,
    @res_stk int = 0
AS
BEGIN
```

```
SET NOCOUNT ON;
DECLARE @buchen lagerbuchung;
DECLARE @set int = ( SELECT COUNT(*)
                     FROM dbo.sets
                     WHERE artnr_set = @artikel );
IF @set = 0
    INSERT INTO @buchen (artikel, lager, menge, reserviert)
    VALUES(@artikel, @lager, @stk, @res_stk);
ELSE
    INSERT INTO @buchen (artikel, lager, menge, reserviert)
    SELECT artnr_teil, @lager, menge * @stk, menge * @res_stk
    FROM dbo.sets
    WHERE artnr_set = @artikel;

    EXEC dbo.sp_lagerbuchung_tab @buchen, @ok OUTPUT;
END
```

Testen Sie den Aufruf mit unterschiedlichen Werten und kontrollieren Sie jeweils die geänderten Inhalte der Tabelle lagerstand nach einer erfolgreichen Ausführung.

- Der Beispielaufruf für einen Einzelartikel ist erfolgreich und liefert 1:

```
DECLARE @ok bit;
EXEC dbo.sp_lagerbuchung_tab_aufruf 1333, 1, 33, @ok OUTPUT, 2;
SELECT @ok AS ergebnis;
```

- Der ebenso erfolgreiche Aufruf für einen Setartikel, der auch 1 liefert:

```
DECLARE @ok bit;
EXEC dbo.sp_lagerbuchung_tab_aufruf 1286, 3, -1, @ok OUTPUT;
SELECT @ok AS ergebnis;
```

- Testen Sie auch mit einem ungültigen Artikel (hier Nr. 333), wie zum Beispiel mit folgender Anweisung. Sie liefert aufgrund der Fehlerbehandlung den Wert 0:

```
DECLARE @ok bit;
EXEC dbo.sp_lagerbuchung_tab_aufruf 333, 3, 3, @ok OUTPUT;
SELECT @ok AS ergebnis;
```

 HINWEIS: Der Einsatz des Tabellenparameters und der MERGE-Anweisung erspart uns in diesem Beispiel nicht nur den Cursor, sondern auch die Transaktion. Da die MERGE-Anweisung den einzigen Schreibvorgang im gesamten Ablauf darstellt, wird keine Transaktion benötigt. Diese wäre erst bei mehreren DDL-Anweisungen, die zu einem Vorgang gehören, zweckmäßig.

Das letzte Beispiel soll Ihnen zeigen, wie Sie oftmals anhand von geschicktem Einsatz von SQL die Performance steigern und den Programmcode vereinfachen können. Nutzen Sie diese Möglichkeit, denn diese bieten Ihnen klassische Programmiersprachen nicht in diesem Umfang. Daher benötigen Sie in anderen Programmiersprachen viel öfter Schleifen als in Transact-SQL. Beachten Sie aber, dass diese Vorgangsweise allerdings nicht immer möglich ist und Sie dann dennoch auf Cursor und Schleifen zurückgreifen müssen.

6.1.9 Systemintern kompilierte gespeicherte Prozeduren

Einmal ehrlich: *Systemintern kompilierte gespeicherte Prozedur* ist eine furchtbar künstliche Bezeichnung. Der englische Originalbegriff *Natively Compiled Stored Procedure* ist auch nicht viel besser oder vielsagender.

Hinter diesem Begriff verbirgt sich eine mit dem SQL Server 2014 neue Art von Prozeduren, die speziell für die Bearbeitung von speicheroptimierten Tabellen vorgesehen sind. Seit diese zur Gänze im Arbeitsspeicher gehaltene Form von Tabellen nicht mehr auf die Enterprise Edition begrenzt ist, sind auch diese Prozeduren in den anderen Editionen verfügbar. Speicheroptimierte Tabellen haben Sie in Kapitel 3 kennengelernt und dort die Beispieldatenbank *wawi_ram* erstellt. Das Skript zum Erstellen dieser Datenbank, die Sie als Basis für diesen Abschnitt benötigen, finden Sie daher bei den Beispieldateien zu Kapitel 3. Auch wenn dies keine offizielle Abkürzung ist, verwende ich ab hier das Kürzel *NCSP* für *Natively Compiled Stored Procedures*, da dieses den weiteren Text leichter lesbar macht.

Durch den Einsatz von NCSPs hat sich beim SQL Server 2014 die Möglichkeit geboten, Geschäftslogik beim Einsatz von speicheroptimierten Tabellen umzusetzen, da diese ja weder Fremdschüssel, Trigger noch Check-Constraints unterstützt haben. Diese Limitierungen sind ja schon mit dem SQL Server 2016 weggefallen, daher lege ich mit den Beispielen zur neuen Version den Fokus auf die Gegenüberstellung zu klassischen Prozeduren. Für das Umsetzen von komplexerer Businesslogik, die über die Fähigkeiten von Constraints hinausgeht, macht der Einsatz von NCSP aber weiterhin Sinn.

Grundlagen für den Einsatz von Natively Compiled Stored Procedures

Generell verwenden Sie in NCSPs wie gewohnt Transact-SQL, aber wie auch schon bei speicheroptimierten Tabellen gibt es einige Einschränkungen. Dies ist unter anderem damit zu erklären, dass NCSPs im Gegensatz zu konventionellen Prozeduren nicht interpretiert werden, sondern als kompilierte DLLs vorliegen und ausgeführt werden. Wie bei den speicheroptimierten Tabellen auch, sind bei den NCSPs in dieser Version einige Einschränkungen jedoch schon wieder weggefallen.

Daher können mit dem SQL Server 2016 und 2017 folgende Funktionalitäten in NCSPs genutzt werden:

- `OUTER JOIN` und Unterabfragen innerhalb eines `SELECT` können verwendet werden, ebenso stehen `UNION` und `UNION ALL` nun zur Verfügung.

- Large Objects (LOBs) lassen sich nun auch für Variablendeklaration und Parameter einsetzen. Dies sind die Datentypen `VARCHAR(MAX)` für Texte (Character Large Object/CLOB) und `VARBINARY(MAX)` für binäre Daten wie zum Beispiel Bilder (Binary Large Object/BLOB).

- Die Unterstützung für interne Sicherheits- sowie mathematische Funktionen ist erweitert worden. Diese Funktionen haben Sie in Kapitel 5 kennengelernt, Sicherheitsfunktionen kommen auch in Kapitel 9 zum praktischen Einsatz.

- Bei NCSPs musste bisher fix `EXECUTE AS OWNER` angegeben werden. Da nun auch `EXECUTE AS CALLER` unterstützt wird, ist die `EXECUTE AS`-Klausel nun nicht mehr verpflichtend anzugeben. Über die Bedeutung dieser Klausel lesen Sie in Kapitel 10.

- Die aus meiner Sicht wichtigste Neuerung ist, dass eine Prozedur nun auch mit der Anweisung ALTER PROCEDURE geändert werden kann. Bisher musste sie gelöscht (DROP PROCEDURE) und wieder neu erstellt werden (CREATE PROCEDURE), da eine Änderung nicht möglich gewesen ist. Damit kann eine Änderung auch in Produktivumgebungen jederzeit durchgeführt werden, da die alte Version exakt so lange verfügbar ist, bis die neue Variante einsatzbereit ist. Denn es entsteht keine zeitliche Lücke mehr, wie dies beim Löschen und neu Erstellen in der Vergangenheit der Fall gewesen ist.

Dennoch müssen wird auf einige Features nach wie vor verzichten. Oft sind es kleine Features und dies fällt erst dann auf, wenn man eine Prozedur erstellen möchte, und dann über eine Fehlermeldung informiert wird, dass dieses oder jenes in dieser Art von Prozeduren nicht unterstützt wird. Dies ist zum Beispiel beim Einsatz vieler Systemfunktionen der Fall.

Die wichtigsten Einschränkungen sind:

- Innerhalb einer NCSP können keine SET-Anweisungen verwendet werden. So kann auch das sonst generell verwendete SET NOCOUNT ON nicht zum Einsatz kommen. Dies ist allerdings kein Nachteil, da eine NCSP die Ausgaben, die mit dieser Anweisung unterbunden werden, ohnehin nicht vornimmt. Wichtig ist also nur, dass man diese Anweisung nicht aus Gewohnheit auch bei diesen Prozeduren einzusetzen versucht.

- Unterabfragen (Subquery) können nun zwar in SELECT-Anweisungen, aber beispielsweise noch immer nicht bei DML-Anweisungen (INSERT, UPDATE und DELETE) verwendet werden.

- Um zu prüfen, ob es bestimmte Daten gibt, kann EXISTS (), da es auch eine Form einer Unterabfrage darstellt, nicht eingesetzt werden. Dies lässt sich aber leicht umgehen, indem man eine Unterabfrage mit COUNT(*) einsetzt und deren Ergebnis einer Variablen zuweist. Dies werden Sie in einem nachfolgenden Beispiel auch sehen.

- Dynamisches SQL mit der Anweisung EXECUTE () wird nicht unterstützt.

- MERGE sowie ein synchronisiertes UPDATE, das mit einem JOIN versehen ist, lassen sich nicht verwenden.

- Ein SELECT kann nicht mit dem * verwendet werden. Da dies aber generell verpönt ist, sollte dies weiter kein Problem darstellen.

- Temporäre Tabellen können nicht erstellt werden. Nutzen Sie anstelle dieser die Variablen mit einem benutzerdefinierten Tabellentyp, den Sie in Kapitel 5 kennengelernt haben. Diesen gibt es dazu auch in einer speicheroptimierten Variante.

- Auf den Vergleichsoperator LIKE müssen Sie verzichten.

- Da Cursor in NCSPs nicht verwendbar sind, müssen Sie diese zum Beispiel mit einer WHILE-Schleife substituieren. Auch benutzerdefinierte Tabellentypen können hier hilfreich sein.

- Bei der Verwendung von Schleifen mit WHILE müssen Sie ohne die Sprunganweisungen BREAK und CONTINUE auskommen.

- Die Ausgabe von Werten mit PRINT, zum Beispiel um Informationen für die Fehlersuche anzuzeigen, ist nicht möglich. Gegebenenfalls können Sie das kurzfristig mit SELECT umgehen.

Erstellen Sie eine NCSP wie gewohnt in einem Abfrageeditor-Fenster. Eine Vorlage dazu erhalten Sie, wenn Sie über das Kontextmenü im Objekt-Explorer den Befehl NEU/SYSTEM-

INTERN KOMPILIERTE GESPEICHERTE PROZEDUR... ausführen. Um die Übersichtlichkeit zu wahren, habe ich die Vorlage im nachfolgenden Listing etwas gekürzt. Bei dieser Prozedurart macht die vorangestellte Anweisung zum Löschen derselben – falls es diese schon gibt – erstmals Sinn, da ja kein ALTER PROCEDURE möglich ist.

```
-- Drop stored procedure if it already exists
IF OBJECT_ID('schema.procedure_name>','P') IS NOT NULL
    DROP PROCEDURE schema.procedure_name
GO

CREATE PROCEDURE schema.procedure_name
    -- Add the parameters for the stored procedure here
    @param1 datatype_for_param1,
    @param2 datatype_for_param2
WITH NATIVE_COMPILATION, SCHEMABINDING
AS BEGIN ATOMIC WITH
( TRANSACTION ISOLATION LEVEL = transaction_isolation_level,
  LANGUAGE = 'language')
    --Insert statements for the stored procedure here
    SELECT @param1, @param2
END
GO
```

Die fett markierten Codeteile sind für diese Prozedurart sind verpflichtend, sie wegzulassen würde zu einem Fehler führen. Folgende Optionen sind notwendig:

- NATIVE_COMPILATION: Diese Option legt den Prozedurtyp als NCSP fest.

- SCHEMABINDING: Diese Option legt bei Prozeduren, wie zum Beispiel auch bei Sichten, fest, dass an den zugrundeliegenden Objekten keine Strukturänderungen vorgenommen werden können. Diese Objekte sind in der Praxis in erster Linie Tabellen. Da NCSPs kompiliert abgespeichert werden, ist das Verwenden dieser Option unabdingbar.

- EXECUTE AS: Diese Klausel kann in dieser Version entfallen und ist in der Vorlage daher nicht mehr enthalten. Sie legt fest, in welchem Sicherheitskontext eine gespeicherte Prozedur ausgeführt wird. Verwenden Sie hier typischerweise die Variante EXECUTE AS OWNER. Genauere Informationen zu dieser Option finden Sie gegen Ende von Kapitel 10, wo es um Zugriffsberechtigungen geht.

- ATOMIC WITH: Dieser Block ist bei dieser Prozedurart fix vorgegeben und gibt die unteilbare Ausführung der gesamten Prozedur an. Innerhalb der Prozedur kann es zu keinem COMMIT von einem Teil der Anweisungen kommen und durch einen Fehler wird ein ROLLBACK für alle enthaltenen Anweisungen ausgeführt. So kann auch keine eigene Transaktion, wie in Abschnitt 6.1.7 beschrieben, innerhalb einer NCSP gestartet werden. SET-Anweisungen werden ja innerhalb der Prozedur nicht unterstützt, sie müssen schon eingangs für die Kompilierung festgelegt werden. Exemplarisch finden Sie hier die Einstellung LANGUAGE, die zum Beispiel entscheidend für die Interpretation und Ausgabe von Datumswerten ist.

ACHTUNG! Durch die Verwendung von ATOMIC wird eine Prozedur als eine Transaktion behandelt. Dies führt wie erwähnt dazu, dass alle bereits innerhalb der Prozedur vorgenommenen Schreibvorgänge in Tabellen zurückgerollt werden, wenn ein Fehler auftritt. Wenn Sie diesen Fehler aber mittels TRY-CATCH abfangen, ist dies nicht der Fall. Entspricht es also Ihrer Ablauflogik, dass bereits vorgenommene Änderungen zurückgerollt werden, darf der Fehler nicht innerhalb der Prozedur abgefangen werden. Dies erzeugt ein anderes Verhalten, als wir es von Transaktionen in klassischen gespeicherten Prozeduren kennen. ∎

Ich möchte Ihnen dieses Verhalten an einem einfachen Beispiel demonstrieren. In diesem übergeben wir einer Prozedur eine Artikelnummer, einen Verkaufspreis und einen Einkaufspreis. In zwei aufeinanderfolgenden UPDATE-Anweisungen wird zuerst der Verkaufspreis, danach der Einkaufspreis dem Artikel zugewiesen. Um zu zeigen, dass eine NCSP atomar abläuft, ergänze ich eine THROW-Anweisung zwischen den zwei Updates, um für Demozwecke einen Fehler zu erzeugen.

```
CREATE PROCEDURE dbo.sp_trantest
    @artikel int,
    @vk smallmoney,
    @ek smallmoney
WITH NATIVE_COMPILATION, SCHEMABINDING, EXECUTE AS OWNER
AS
BEGIN ATOMIC
WITH ( TRANSACTION ISOLATION LEVEL = SNAPSHOT, LANGUAGE = 'german')
    UPDATE dbo.artikel SET vkpreis = @vk WHERE artnr = @artikel;
    THROW 50001, 'Fehler ...' , 1;
    UPDATE dbo.artikel SET ekpreis = @ek WHERE artnr = @artikel;
END;
```

Rufen wir die Prozedur auf, wird die Fehlermeldung ausgegeben und auch die Änderung des Verkaufspreises wird automatisch rückgängig gemacht.

```
EXEC dbo.sp_trantest 1001, 11, 8;
```

liefert:

```
Nachricht 50001, Stufe 16, Status 1, Prozedur sp_trantest, Zeile 11 [Batchstartzeile 22]
Fehler ...
```

Implementieren wir nun ein Error Handling in der Form, wie wir das von normalen gespeicherten Prozeduren gewohnt sind, und ergänzen eine Ergebnisrückgabe mit Wahr (1) für den Erfolgsfall und Falsch (0) für den – hier natürlich immer eintretenden – Fehlerfall.

```
ALTER PROCEDURE dbo.sp_trantest
    @artikel int,
    @vk smallmoney,
    @ek smallmoney
WITH NATIVE_COMPILATION, SCHEMABINDING, EXECUTE AS OWNER
AS
BEGIN ATOMIC
WITH ( TRANSACTION ISOLATION LEVEL = SNAPSHOT, LANGUAGE = 'german')
```

```
    BEGIN TRY
        UPDATE dbo.artikel SET vkpreis = @vk WHERE artnr = @artikel;
        THROW 50001, 'Fehler ...' , 1;
        UPDATE dbo.artikel SET ekpreis = @ek WHERE artnr = @artikel;
        SELECT 1 AS ok;
    END TRY
    BEGIN CATCH
        SELECT 0 AS ok;
    END CATCH
END;
```

Wiederholen wir nun den Prozeduraufruf von vorhin, ist nun der Verkaufspreis danach sehr wohl geändert, der Einkaufspreis allerdings nicht, da diese Anweisung nach dem Fehler nicht mehr ausgeführt wird. Wenn dies nicht das gewünschte Verhalten ist, muss die Fehlerbehandlung außerhalb der Prozedur erfolgen. Eine Alternative wäre es, im CATCH-Block wieder einen Fehler mit THROW zu erzeugen. Dann wird die erfolgte Änderung des Verkaufspreises auch wieder zurückgerollt.

```
    BEGIN CATCH
        SELECT 0 AS ok;
        THROW 50002, 'Gesamtfehler ...', 1;
    END CATCH
```

Berücksichtigen Sie daher dieses grundsätzliche Verhalten bei der Planung von Programmabläufen mit Transaktionen beim Einsatz von NCSPs.

Abläufe mit Natively Compiled Stored Procedures umsetzen

Um Ihnen die Unterschiede beim Einsatz von klassischen Prozeduren und NCSPs zu verdeutlichen, setzen wir unser bekanntes Lagerbuchungsbeispiel nun auch in dieser Form um. Wie auch schon für das vorherige Demobeispiel benötigen wir hier die in Kapitel 3 erstellte Datenbank *wawi_ram*.

Meine erste Idee ist es gewesen, als Basis für die Umsetzung als NCSP die Prozedur *sp_lagerbuchung_tab* heranzuziehen. Da MERGE in einer NCSP nicht verwendbar ist, müsste man anstelle von MERGE ein UPDATE verwenden und zuvor noch nicht in der Tabelle *lagerstand* enthaltene Artikel/Lager-Kombinationen von Setbestandteilen mit INSERT einfügen. Da ja OUTER JOIN nun unterstützt wird, könnte man damit genau diese fehlenden eruieren und einfügen. Dies möchte ich mit dem nachfolgenden Codefragment darstellen. Bei *dbo. lagerbuchung* handelt es sich um einen benutzerdefinierten Tabellentyp, der mit den Setbestandteilen gefüllt werden müsste.

```
DECLARE @teile dbo.lagerbuchung;
...
INSERT INTO dbo.lagerstand(artnr, lagnr, menge, reserviert)
SELECT t.artikel, t.lager, 0, 0
FROM @teile t
LEFT OUTER JOIN dbo.lagerstand l ON t.artikel = l.artnr AND t.lager = l.lagnr
WHERE l.artnr IS NULL;
```

Die noch nicht vorhandenen Tabelleneinträge würden mit den Mengen 0 eingefügt werden, damit anschließend die Buchung für alle Teile einheitlich über das Update erfolgen kann. Dieses Update müsste die Tabelle *lagerstand* mit der Variablen @teile verbinden.

```
UPDATE l
SET  l.menge = l.menge + t.menge,
     l.reserviert = l.reserviert + t.reserviert
FROM dbo.lagerstand l
INNER JOIN @teile t ON l.artnr = t.artikel AND l.lagnr = t.lager;
```

Aber genau hier habe ich die Rechnung wieder ohne den Wirt gemacht. Beim Erzeugen der Prozedur kommt die Fehlermeldung, dass diese Form des Updates nicht unterstützt wird.

```
Nachricht 12319, Stufe 16, Status 81, Prozedur sp_lagerbuchung_tab, Zeile 23
[Batchstartzeile 670]
Das Verwenden der FROM-Klausel in einer UPDATE-Anweisung und das Angeben einer
Tabellenquelle in einer DELETE-Anweisung wird bei systemintern kompilierte Module
nicht unterstützt.
```

Die Idee endet also bei der Realisierbarkeit des zweiten Schritts. Dies ist eines von vielen kleinen Features, die in NCSPs nicht unterstützt werden, die ich vorhin erwähnt habe. Rechnen Sie zu Beginn bei der Arbeit mit NCSPs, dass eine derartige Fehlermeldung immer wieder einmal auftauchen kann.

PRAXISTIPP: Ich habe mir eine kleine Prozedur mit dem Namen *sp_featuretest* angelegt, in die ich ein Feature einfüge, das ich erstmals verwenden möchte. Damit teste ich vorweg, ob dieses Feature in der benötigten Form in einer NCSP genutzt werden kann, wenn ich mir nicht ganz sicher darüber bin. Dies erspart mir gegebenenfalls die Ernüchterung in einer fortgeschrittenen Phase der Entwicklung einer neuen Prozedur.

Somit bin ich wieder auf meine erste Realisierungsvariante mit den Prozeduren *sp_lagerbuchung* und *sp_lagerbuchung_aufruf* als Basis für die Umsetzung mit NCSPs zurückgekehrt, da sich der hier nicht verwendbare Cursor durchaus durch anderen Code ersetzen lassen wird.

Die Prozedur *sp_lagerbuchung*, welche die Verbuchung eines Einzelartikels vornimmt, unterscheidet sich inhaltlich nicht von ihrem Pendant für normale Tabellen. Der Unterschied liegt hier lediglich in der Definition als NCSP, da im eigentlichen Programmteil nichts enthalten ist, was von NCSPs nicht unterstützt wird.

```
CREATE PROCEDURE dbo.sp_lagerbuchung
    @artikel int,
    @lager tinyint,
    @stk int,
    @ok bit OUTPUT,
    @res_stk int = 0
WITH NATIVE_COMPILATION, SCHEMABINDING
AS
BEGIN ATOMIC
WITH ( TRANSACTION ISOLATION LEVEL = SNAPSHOT, LANGUAGE = 'german')
```

```
        UPDATE dbo.lagerstand
        SET menge = menge + @stk,
            reserviert = reserviert + @res_stk
        WHERE artnr = @artikel AND lagnr = @lager;

        IF @@ROWCOUNT = 0
            BEGIN TRY
                INSERT INTO dbo.lagerstand(artnr, lagnr, menge, reserviert)
                VALUES (@artikel, @lager, @stk, @res_stk);

                SET @ok = 1;
            END TRY
            BEGIN CATCH
                SET @ok = 0;
            END CATCH
        ELSE
            SET @ok = 1;
END;
```

Anders sieht es hingegen in der zweiten Prozedur *sp_lagerbuchung_aufruf* aus. In den bisher verwendeten Varianten haben wir einerseits einen Cursor verwendet, für den wir einen anderen Lösungsweg finden müssen.

Prinzipiell wäre es möglich, eine klassische Stored Procedure dazu einzusetzen. Der Aufruf einer NCSP aus einer solchen heraus ist möglich. Im Beispielskript finden Sie diese Variante umgesetzt. Aber wir möchten versuchen, die gesamte Aufgabenstellung ausschließlich mit NCSP umzusetzen, um das Performanceoptimum auch für diesen Vorgang herauszuholen.

Der erste Teil der Prozedur kann beinahe analog zur Mustervariante angelegt werden. Um zu prüfen, ob es sich bei dem zu buchenden Artikel um einen Setartikel handelt, kann in einer NCSP allerdings kein EXISTS() verwendet werden und auch die folgende Variante wird nicht unterstützt, da eine Unterabfrage nur in einem SELECT verwendet werden kann:

```
IF (SELECT COUNT(*) FROM ...) = 0
```

Möglich ist es aber, den Wert einer Variable zuzuweisen und diese anschließend in der IF-Abfrage zu verwenden:

```
SET @variable = (SELECT COUNT(*) FROM ...);
IF @variable = 0
```

Handelt es sich um einen Einzelartikel, wird die zuvor erstellte NCSP *sp_lagerbuchung* aufgerufen und die Parameter werden an diese durchgereicht. Für Setartikel müssen nun die Einzelteile eingelesen und verbucht werden, dazu haben wir in der Mustervariante einen Cursor verwendet.

Ein Cursor lässt sich durchaus auch mit einer gewöhnlichen WHILE-Schleife substituieren. Dazu müssen für folgende zwei Überlegungen Lösungen gefunden werden:

- Mit welcher SELECT-Anweisung kann analog zu einem Cursor-Fetch immer genau die eine nächste Zeile ausgelesen werden?

  Dazu verwenden wie hier ein SELECT mit dem Zusatz TOP 1, um genau eine Zeile auszulesen. Die restliche Anweisung entspricht dem SELECT der Cursor-Definition. Die Variablen werden nun aber nicht mit dem Fetch, sondern direkt mit der Anweisung befüllt.

ACHTUNG! Wichtig ist bei dieser SELECT-Anweisung unbedingt die Sortierung (ORDER BY), da hier der Zusammenhalt der Zeilen über den Cursor fehlt und nur über die Reihenfolge sichergestellt werden kann, dass jede benötigte Zeile genau einmal abgerufen wird. Wir starten hier also mit dem Setbestandteil mit der niedrigsten Artikelnummer und werden uns in der Schleife der Reihe nach bis zum Bestandteil mit der höchsten Artikelnummer durcharbeiten.

- Wie muss die Abbruchbedingung für die Schleife definiert werden?

  Die Abbruchbedingung muss lauten, dass das SELECT keine Zeile mehr zurückgibt. Dazu wird die Systemvariable @@ROWCOUNT herangezogen und das Ergebnis in einer Variablen gespeichert, damit es danach ausgewertet werden kann. Diese Variable trägt in unserem Beispiel den Namen @zeile. Da es ja kein BREAK bei einer NCSP geben kann, muss auch für das vorzeitige Beenden der Schleife im Fehlerfall die gewählte Abbruchbedingung herhalten. Daher weisen wir der Variablen im Fall, dass die aufgerufene Subprozedur einen Fehler zurückmeldet, direkt den Wert 0 zu, wodurch die Schleife beendet wird. Diese wird durchlaufen, solange die Variable den Wert 1 aufweist.

Damit in der WHILE-Schleife jeder Setartikel-Bestandteil mit der Subprozedur, deren Aufruf sich nicht von der normalen Prozedurvariante unterscheidet, gebucht wird, muss am Ende jedes Durchlaufs der nächste Bestandteil ausgelesen werden. Für die Beibehaltung der Reihenfolge ist es besonders wichtig, nicht nur die Sortierung im SELECT beizubehalten, sondern auch die WHERE-Klausel so zu erweitern, dass der nächste Artikel eine größere Artikelnummer als der aktuell verarbeitete Bestandteil aufweist. Dazu wird AND artnr_teil > @teil im Statement ergänzt.

Hier sehen Sie nun die gesamte NCSP abgebildet. Die Codeteile, die sich aufgrund der Überarbeitung von einer normalen Prozedur zu einer NCSP geändert haben, sind extra hervorgehoben.

```
CREATE PROCEDURE dbo.sp_lagerbuchung_aufruf_ncsp
    @artikel int,
    @lager tinyint,
    @stk int,
    @ok bit OUTPUT,
    @res_stk int = 0
WITH NATIVE_COMPILATION, SCHEMABINDING, EXECUTE AS OWNER
AS
BEGIN ATOMIC
WITH ( TRANSACTION ISOLATION LEVEL = SNAPSHOT, LANGUAGE = 'german')
    DECLARE @set int;
    SET @set = (SELECT COUNT(*)
                FROM dbo.setartikel
                WHERE artnr_set = @artikel);
    IF @set = 0
        EXEC dbo.sp_lagerbuchung @artikel, @lager, @stk, @ok OUTPUT, @res_stk;
    ELSE
    BEGIN
        DECLARE @teil int, @teil_stk int;
        DECLARE @stk_gesamt int, @res_stk_gesamt int;

        SELECT TOP 1 @teil = artnr_teil,
```

```
                    @teil_stk = menge
        FROM dbo.setartikel
        WHERE artnr_set = @artikel
        ORDER BY artnr_teil;

        DECLARE @zeile int = @@ROWCOUNT;

        WHILE @zeile = 1
        BEGIN
            SET @stk_gesamt = @teil_stk * @stk;
            SET @res_stk_gesamt = @teil_stk * @res_stk;

            EXEC dbo.sp_lagerbuchung @teil, @lager,@stk_gesamt, @ok OUTPUT,
                            @res_stk_gesamt;
            IF @ok = 0
                SET @zeile = 0;
            ELSE
            BEGIN
                SELECT TOP 1 @teil = artnr_teil,
                        @teil_stk = menge
                FROM dbo.setartikel
                WHERE artnr_set = @artikel AND artnr_teil > @teil
                ORDER BY artnr_teil;

                SET @zeile = @@ROWCOUNT;
            END;
        END;
    END;
END;
```

Die Beispielanweisungen zum Aufruf der Prozedur finden Sie im SQL-Skript zum Kapitel. Damit haben wir nun eine Lösung geschaffen, die für speicheroptimierte Tabellen auch eine optimierte performante Verarbeitung bietet.

 ACHTUNG! Prinzipiell haben wir gesehen, dass NCSPs beim SQL Server ab Version 2016 mit der Anweisung ALTER PROCEDURE änderbar sind. Da NCSPs aber immer die Option SCHEMABINDING erfordern, können Objekte, auf die sie sich beziehen, nicht geändert werden. Dies gilt nicht nur für Tabellen, sondern zum Beispiel eben auch für Prozeduren. So führt der gerade umgesetzte Aufruf der NCSP *sp_lagerbuchung* aus der zweiten NCSP *sp_lagerbuchung_aufruf_ncsp* heraus dazu, dass erstere danach nicht mehr geändert werden kann. Ein derartiger Versuch liefert den folgenden Fehler:

Nachricht 3729, Stufe 16, Status 17, Prozedur sp_lagerbuchung, Zeile 1 [Batchstartzeile 1042]

Das ALTER von "dbo.sp_lagerbuchung" ist nicht möglich, da das sp_lagerbuchung_aufruf_ncsp-Objekt darauf verweist.

Daher muss die aufrufende Prozedur gelöscht werden, bevor eine Änderung erfolgen kann, und darf erst danach wieder neu erstellt werden. Dabei sind die Problematiken in Produktivumgebungen zu berücksichtigen, wenn Prozeduren während der Änderung in Verwendung sind und Berechtigungen nach einer Neuerstellung auch wieder neu erteilt werden müssen.

Benutzerdefinierter speicheroptimierter Tabellentyp

Dass oftmals viele Wege nach Rom führen, gilt insbesondere beim Programmieren. Daher möchte ich Ihnen an dieser Stelle noch eine Variante der letzten NCSP vorstellen, die zum Ersetzen des Cursors einen benutzerdefinierten speicheroptimierten Tabellentyp verwendet.

Wir haben einen benutzerdefinierten Tabellentyp in diesem Kapitel bereits verwendet. Für die Nutzung innerhalb einer NCSP steht ein speicheroptimiertes Pendant zur Verfügung. Die nun angestrebte Umsetzungsvariante sieht vor, die Daten, die in den Cursor eingelesen worden wären, in einer Variablen zu speichern. Denn auch die Alternative, die Daten separat in einer temporären Tabelle zu speichern, wird von NCSPs nicht unterstützt. Mit dem Speichern in einer Variablen ist die Abgrenzung der benötigten Daten erreicht.

In der Erstellung gleichen sich diese beiden Varianten der Tabellentypen, es ist im Menü zur Erstellung jeweils der gewünschte Typ mit oder ohne den Zusatz „speicheroptimiert" im Befehl auszuwählen. Wir erhalten mit dem Ausführen des Menübefehls NEU/BENUTZERDE-FINIERTER SPEICHEROPTIMIERTER TABELLENTYP... wie gewohnt eine Vorlage in einem neuen Abfrageeditor-Fenster.

Wir erstellen uns einen Typ, welcher der Struktur der Tabelle *setartikel* gleicht, und somit Datensätze aus dieser eins zu eins aufnehmen kann. Bereinigt ergibt sich aus der Vorlage die nachfolgende Anweisung. Hier werden gegenüber der normalen Variante zwei Erweiterungen benötigt:

- Der Zusatz `WITH (MEMORY_OPTIMIZED = ON)` legt den Typ speicheroptimiert an.

- Die Definition eines Primärschlüssels ist verpflichtend, analog zu einer speicheroptimierten Tabelle muss dieser als `NONCLUSTERED` definiert werden. `HASH` macht an dieser Stelle keinen Sinn, da in einer Variablen immer nur eine geringe Anzahl an Zeilen eingefügt wird.

```
CREATE TYPE dbo.setartikel AS TABLE
(    artnr_set int,
     artnr_teil int,
     menge int,
     PRIMARY KEY NONCLUSTERED (artnr_set, artnr_teil)
) WITH (MEMORY_OPTIMIZED = ON);
```

Die gesamte Prozedur *sp_lagerbuchung_aufruf_ncsp_udtt* finden Sie im Skript zum Kapitel, hier sehen Sie den angepassten Mittelteil zur Verbuchung der Positionen.

Der zuvor erstellte Tabellentyp wird der Variablen mit dem Namen `@teile` zugewiesen.

 ACHTUNG! Wenn Sie innerhalb einer NCSP eine Variable mit einem Tabellentyp deklarieren, muss dabei unbedingt der Schemaname mit angegeben werden, in unserem Fall ist dies dbo.

In die Variable `@teile` werden nun die Bestandteile des Sets eingefügt. Wir wollen nun diese Teile einzeln auslesen und nach der erfolgten Buchung jeweils löschen. Die Abbruchbedingung für die Schleife ist, dass die Tabellenvariable leer ist. Dazu wird die Anzahl vor und am Ende jedes Schleifendurchlaufes mit `COUNT(*)` ausgelesen und in der Variablen

@anz_teile abgelegt. Bei jedem Schleifendurchlauf wird eine beliebige Zeile aus der Variablen @teile mit TOP 1 ausgelesen und diese Zeile nach erfolgter Buchung gelöscht. Durch die bereits zuvor erfolgte Abgrenzung der benötigten Daten innerhalb der Variablen, ist die Reihenfolge nicht relevant und auf ein ORDER BY kann beim Auslesen daher verzichtet werden. Sollte es zu einem Fehler aus der aufgerufenen Prozedur kommen, wird der Variablen @anz_teile der Wert 0 zugewiesen, wodurch die Schleife beendet wird.

```
-- Teile des Sets auslesen und in Variable speichern
DECLARE @teile dbo.setartikel;

INSERT INTO @teile (artnr_set, artnr_teil, menge)
SELECT artnr_set, artnr_teil, menge
FROM dbo.setartikel
WHERE artnr_set = @artikel;

DECLARE @anz_teile int = (SELECT COUNT(*) FROM @teile);

WHILE @anz_teile > 0
BEGIN
    SELECT TOP 1 @teil = artnr_teil,
                 @teil_stk = menge
    FROM @teile;

    SET @stk_gesamt = @teil_stk * @stk;
    SET @res_stk_gesamt = @teil_stk * @res_stk;

    EXEC dbo.sp_lagerbuchung @teil, @lager,@stk_gesamt, @ok OUTPUT,
                    @res_stk_gesamt;

    IF @ok = 0
        SET @anz_teile = 0;
    ELSE
    BEGIN
        DELETE FROM @teile
        WHERE artnr_set = @artikel AND artnr_teil = @teil;
        SET @anz_teile = (SELECT COUNT(*) FROM @teile);
    END;
END;
```

Auch für diese Prozedurvariante finden Sie die Testaufrufe im Skript.

Auf den ersten Blick mag diese Vorgangsweise, sich Alternativen für gewohnte Vorgangsweisen zu suchen, als sehr aufwendig erscheinen. Aber wir müssen uns vor Augen halten, dass das Ziel absolute Performance lautet. Und wenn wir diese Performance durch einen höheren Aufwand in der Applikationsentwicklung erkaufen müssen, soll uns das recht sein. Vor allem, wenn die Performancesteigerung in der beeindruckenden Manier wie durch den Einsatz von speicheroptimierten Tabellen ausfällt. Und diese werden am performantesten mit NCSPs bearbeitet.

6.1.10 Gespeicherte Prozeduren aus Client-Anwendungen heraus aufrufen

Zum Abschluss dieses Abschnitts möchte ich Ihnen noch einige Beispiele vorstellen, wie Sie auf dem SQL Server gespeicherte Prozeduren aus einer Client-Anwendung heraus aufrufen.

6.1.10.1 Visual Basic for Applications

Wir beginnen mit zwei Funktionen, die Sie in VBA (zum Beispiel aus Access oder Excel heraus) einsetzen können. Dazu stehen zwei Client-Schnittstellen und entsprechende Bibliotheken dahinter zur Verfügung.

- **ODBC** (Open Database Connectivity) ist eine standardisierte, treiberbasierte Schnittstelle für relationale Datenbanken. In VBA verwenden Sie die Objektbibliothek DAO (Data Access Objects), um sich mittels ODBC mit einer SQL Server-Datenbank zu verbinden.

- **OLE DB** ist eine ursprünglich von Microsoft als Nachfolger von ODBC entwickelte Schnittstelle, die nicht nur relationale Datenquellen, sondern auch andere Daten in den verschiedensten Formaten erschließt. Viele andere Hersteller stellen Provider – so werden die Treiber für diese Schnittstelle genannt – für ihre Produkte zur Verfügung und unterstützen diese damit. Ein allgemeiner Provider für ODBC ermöglicht es, diese Schnittstelle auch für jene DBMS einzusetzen, die zwar ODBC, aber nicht direkt OLE DB unterstützen. In VBA verwenden Sie die Objektbibliothek ADO (ActiveX Data Objects), um die OLE-DB-Schnittstelle zu nutzen.

Ende der 90er-Jahre hat Microsoft die OLE-DB-Schnittstelle quasi als Nachfolger von ODBC propagiert und allen Entwicklern empfohlen, von DAO auf ADO umzusteigen. So habe auch ich in den darauffolgenden eineinhalb Jahrzenten ausschließlich ADO verwendet, um zum Beispiel von MS Access aus auf den SQL Server zuzugreifen. Danach hat sich das Blatt aber wieder gewendet und Microsoft hat die Entwicklung seines OLE-DB-Providers für den SQL Server mit der Version 2012 eingestellt. Es gab also die längste Zeit keinen neuen Provider mehr für den SQL Server 2014 und 2016 oder 2017. Stattdessen hatte Microsoft allen nahegelegt, Applikationen wieder auf ODBC umzustellen.

Also hat es keinen Sinn gemacht, weiter auf OLE DB zu setzen. Wir haben uns also dahin zurückbewegt, wo wir bereits vor eineinhalb Jahrzehnten gewesen sind. Für mich hat diese Sache aber immer einen entscheidenden Haken gehabt. Dies ist nämlich ein Verlust an Funktionalität, denn mit ADO kann man Dinge realisieren, für die es in DAO keine Entsprechungen gibt, diese sind nie nachgereicht worden. Konkret geht es hierbei zum Beispiel um den Aufruf von Stored Procedures, die OUTPUT-Parameter verwenden. Da der Provider für den SQL Server 2012 noch eine ganze Weile einsetzbar gewesen ist, auch wenn er für den SQL Server 2014, 2016 und 2017 nicht direkt unterstützt ist, musste man nicht ad hoc alles umstellen. Aber für neue Projekte habe ich auf ODBC gesetzt.

NEU! Jetzt, im Herbst 2017 kommt nach langer Zeit doch die erlösende Nachricht, dass Microsoft die Abkündigung des OLE DB Providers für SQL Server zurückgenommen hat. Für das erste Quartal 2018 ist eine neue Version angekündigt, die dann neben allen aktuellen SQL Server-Versionen auch die Azure DB unterstützen wird. Damit stehen für die Zukunft ODBC und OLE DB wieder parallel zur Verfügung.

Ich werde Ihnen daher an dieser Stelle beide Varianten vorstellen. Sie können sich damit ein Bild machen und für sich selber entscheiden, welchen Weg Sie gehen möchten.

Stored Procedures mit ADO aufrufen

ADO benötigt zunächst eine Verbindung zur Datenquelle. Diese wird über einen Connect-String realisiert. Zu diesem gelangen Sie am einfachsten über eine sogenannte Datenlinkdatei. Dies ist eine Textdatei mit der Dateierweiterung *UDL*. Um einen Datenlink anzulegen, klicken Sie mit der rechten Maustaste und erstellen über den Befehl NEU eine neue TEXTDATEI. Diese benennen Sie von **.txt* nach **.udl* um. Danach klicken Sie doppelt auf diese Datei, um den Datenlink zu konfigurieren. Auf dem Register *Provider* wählen Sie *SQL Server Native Client 11.0* für den SQL Server aus. Auch wenn Sie sogar einen älteren SQL Server (zum Beispiel 2008 R2) noch einsetzen, empfehle ich Ihnen dennoch, diesen (zur Zeit noch) letzten Provider in der Version 11 zu verwenden.

 HINWEIS: Der SQL Server Native Client 11 wird zum Beispiel mit dem SQL Server Management Studio auf dem Rechner installiert. Wenn er auf einem Client-Rechner noch fehlt, können Sie sich alternativ aber auch ein separates Installationspaket downloaden. Er ist als ein Teil von vielen des sogenannten Feature-Packs für den SQL Server 2012 SP3 unter

https://www.microsoft.com/de-DE/download/details.aspx?id=49999

zu finden. Beachten Sie, dass es den Native Client separat für 32 Bit und 64 Bit gibt. Für 2018 ist wieder ein neuerer Provider angekündigt. Wenn dieser verfügbar ist, verwenden Sie diesen anstelle desjenigen mit der Version 11.

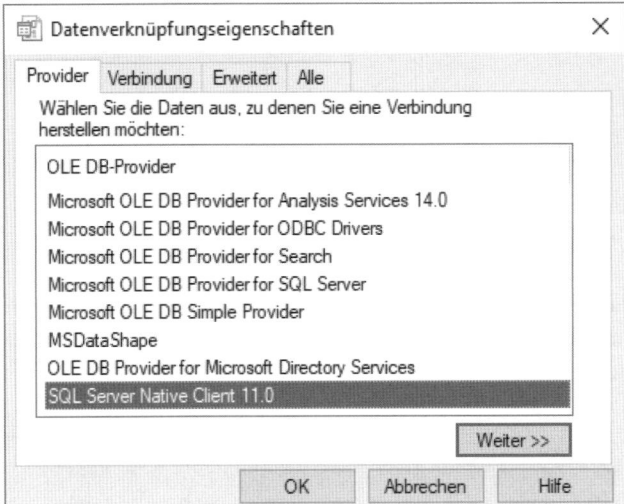

Bild 6.21 Provider auswählen

Danach wechseln Sie auf das Register *Verbindung* und wählen den Server, den Anmeldemodus sowie die Datenbank aus. Sofern möglich, sollten Sie die Windows-Authentifizierung verwenden. Beachten Sie, dass in der englischen Version hierfür noch der ältere Begriff *Windows NT integrated security* anstelle von *Windows-Authentication* verwendet wird. Dafür erhalten Sie, wenn Sie die Verbindung testen, in der deutschen Sprachversion eine weniger schöne Übersetzung für *Test connection succeeded* in der Meldung.

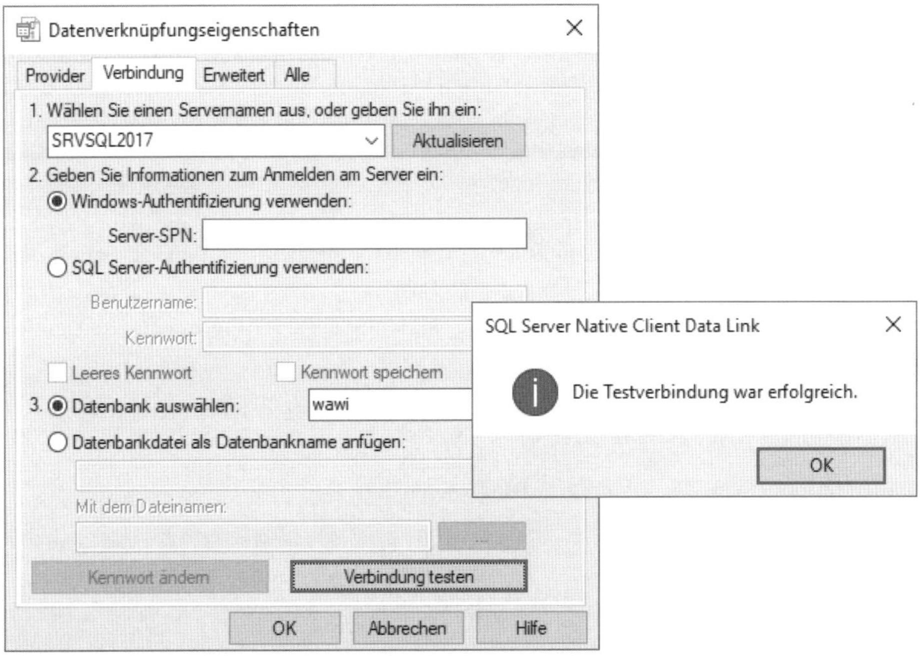

Bild 6.22 Server, Anmeldung und Datenbank auswählen

Testen Sie die Verbindung, speichern Sie Ihre Einstellungen und schließen Sie die Datei. Öffnen Sie die Datei nun mit einem Texteditor, um den Connect-String aus der Datei zu kopieren.

```
wawi.udl - Editor                                    —    □    ×
Datei  Bearbeiten  Format  Ansicht  ?
[oledb]
; Everything after this line is an OLE DB initstring
Provider=SQLNCLI11.1;Integrated Security=SSPI;
Persist Security Info=False;User ID="";
Initial Catalog=wawi;Data Source=SRVSQL2017;
Initial File Name="";Server SPN=""
```

Bild 6.23 Connect-String in Datenlinkdatei

> **HINWEIS:** Sie können die Datenlinkdatei auch gleich zur Herstellung der Verbindung verwenden und deren Pfad und Dateinamen angeben. Jedoch ist es in der Praxis sinnvoller, nur den Connect-String zu übernehmen und in den Code zu kopieren. Dann muss man nicht darauf achten, auch diese Datei immer mit zu kopieren und den Pfad richtig anzugeben.

Prozedur mit SELECT-Rückgabe – ADO

Die Funktion LagerbuchungSelect() ruft eine leicht modifizierte Variante der weiter oben in diesem Kapitel erstellten gespeicherten Prozedur sp_lagerbuchung_select auf. Diese gibt das Ergebnis als Zahl und nicht als Text zurück. Sie finden das Skript für diese modifizierte Prozedur bei den Buchdateien in der Datei *Kapitel6.sql*. Die EXECUTE-Anweisung wird in der Variablen sql zusammengesetzt. Für die Verbindung werden ein Connection-Objekt und für das Auslesen der zurückgegebenen Prozedurwerte ein Recordset-Objekt benötigt. Zuerst wird die Verbindung hergestellt; anschließend wird das Recordset mit der EXECUTE-Anweisung erzeugt.

Im Beispiel liefert die Prozedur immer eine Zeile mit einer Spalte. Diese wird aus dem Recordset ausgelesen und der Funktion als Ergebnis zugewiesen. Danach werden das Recordset sowie die Verbindung wieder geschlossen.

Damit der Connection-String global verfügbar ist, hinterlegen wir ihn in einer Konstanten mit dem Namen str_oledb.

```
Public Const str_oledb = "Provider=SQLNCLI11.1;Integrated Security=SSPI;Persist
Security Info=False; Initial Catalog=wawi;Data Source=sqlsrv2017"
```

Diese Konstante wird dann in der Prozedur referenziert.

```
Public Function LagerbuchungSelect(ByVal artikel As Long, ByVal lager As byte, ByVal
stk As Long) As Long

Dim dbcon As ADODB.Connection, rs As ADODB.Recordset
Dim sqlanw As String
```

```
    sqlanw = "EXEC dbo.sp_lagerbuchung_select " & artikel & ", " & lager & "," & stk

    Set dbcon = New ADODB.Connection
    dbcon.ConnectionString = str_oledb
    dbcon.Open
    Set rs = New ADODB.Recordset
    rs.Open sqlanw, dbcon, adOpenStatic
    LagerbuchungSelect = rs(0)

    rs.Close
    Set dbcon = Nothing
End Function
```

HINWEIS: Nicht benötigte Elemente aus dem Connection-String können entfernt beziehungsweise weggelassen werden. So habe ich beispielsweise die Parameter User ID="" oder Server SPN="" aus dem generierten String weggelassen, da dieser bei der Verwendung von Windows-Authentifizierung nicht relevant ist.

Prozedur mit OUTPUT-Parametern – ADO

Um eine Prozedur mit Output-Parametern anzusprechen, wird ein Command-Objekt verwendet. Diesem werden sowohl die Eingabeparameter als auch die Ausgabeparameter „umgehängt". Dem Command-Objekt werden außer den Parametern auch der Zieltyp (*CommandType*) und der Name der Prozedur (*CommandText*) zugewiesen. Sie können auch das Timeout (*CommandTimeout*) in Sekunden angeben. Dieses legt fest, wie viel Zeit dem Command bei der Ausführung bis zum Liefern des Ergebnisses gegeben wird, bevor mit einem Timeout-Fehler abgebrochen wird. Beim Anhängen der Parameter werden der Datentyp sowie der Typ (Input/Output) definiert. Eingabeparametern muss ein Wert zugewiesen werden. Nachdem das Command-Objekt mit Execute ausgeführt worden ist, können Output-Parameter ausgelesen werden. Wir rufen jetzt in unserem Beispiel die gespeicherte Prozedur sp_lagerbuchung_aufruf auf.

ACHTUNG! In Access ist beim Dateiformat *accdb* standardmäßig kein Verweis auf die Bibliothek *Microsoft ActiveX-Data Objects* eingerichtet. Wenn Sie eine neue Datei erstellen, richten Sie diesen im VBA-Editor im Menü EXTRAS/ VERWEISE ein.

```
Public Function LagerbuchungOutput(ByVal artikel As Long, ByVal lager As byte, ByVal
stk As Long) As Boolean

Dim dbcon As ADODB.Connection
Dim dbparam As ADODB.Parameter, dbcmd As ADODB.Command

    Set dbcon = New ADODB.Connection
    dbcon.ConnectionString = str_oledb
    dbcon.Open
```

```
    Set dbcmd = New ADODB.Command
    dbcmd.CommandText = "sp_lagerbuchung_aufruf"
    dbcmd.CommandType = adCmdStoredProc
    dbcmd.CommandTimeout = 30

    Set dbparam = dbcmd.CreateParameter("@artikel", adInteger, adParamInput)
    dbparam.Value = artikel
    dbcmd.Parameters.Append dbparam

    Set dbparam = dbcmd.CreateParameter("@lager", adTinyInt, adParamInput)
    dbparam.Value = lager
    dbcmd.Parameters.Append dbparam

    Set dbparam = dbcmd.CreateParameter("@stk", adInteger, adParamInput)
    dbparam.Value = stk
    dbcmd.Parameters.Append dbparam

    Set dbparam = dbcmd.CreateParameter("@ergebnis", adBoolean, adParamOutput)
    dbcmd.Parameters.Append dbparam

    Set dbcmd.ActiveConnection = dbcon
    dbcmd.Execute
    LagerbuchungOutput = dbcmd.Parameters("@ergebnis")
    Set dbcon = Nothing
End Function
```

Sie finden die Beispiele bei den Buchdateien in der Datei *ADO.accdb*. Sie können dieses Beispiel mit einer Access-Version ab 2007 verwenden.

Um Ihnen auch den Aufruf der Prozeduren aus einer Benutzeroberfläche heraus zu veranschaulichen, habe ich in der Access-Lösung ein kleines Demoformular eingebaut, das beim Öffnen der Datei automatisch angezeigt wird. Hier können die drei benötigten Parameter (Artikelnummer, Lagernummer und Menge) eingetragen werden. Die beiden Schaltflächen verwenden die zuvor beschriebenen VBA-Prozeduren.

Bild 6.24 Access-Beispielformular, um eine Stored Procedure aufzurufen

Nachfolgend sehen Sie den Code für die erste Schaltfläche. Ich habe im Listing die Meldungsausgaben (`MessageBox`) umbrochen, um eine übersichtliche Darstellung im Druck zu erhalten. Im Beispiel sind diese Umbrüche natürlich nicht enthalten.

```
Private Sub btn_proz_select_Click()
Dim ergebnis As Integer
    If IsNull(Me.txt_artikel) Then
        MsgBox "Bitte geben Sie eine Artikelnummer ein.",vbCritical, Eingabefehler"
        Me.txt_artikel.SetFocus
    ElseIf IsNull(Me.txt_lager) Then
        MsgBox "Bitte geben Sie eine Lagernummer ein.",vbCritical, "Eingabefehler"
        Me.txt_lager.SetFocus
    ElseIf IsNull(Me.txt_stk) Then
        MsgBox "Bitte geben Sie eine Menge ein.", vbCritical, "Eingabefehler"
        Me.txt_stk.SetFocus
    Else
        'Prozeduraufruf
        ergebnis = LagerbuchungSelect(Me.txt_artikel, Me.txt_lager, Me.txt_stk)
        'Ausgabe des Ergebnisses
        Select Case ergebnis
            Case 1
                MsgBox "Buchung erfolgreich vorgenommen.(Update)",
                    vbInformation, "Lagerbuchung"
            Case 2
                MsgBox "Buchung erfolgreich vorgenommen. (Insert)",
                    vbInformation, "Lagerbuchung"
            Case Else
                MsgBox "Die Buchung konnte leider nicht erfolgreich
                    abgeschlossen werden.", vbExclamation, "lagerbuchung"
        End Select
    End If
End Sub
```

ACHTUNG! Achten Sie bitte darauf, dass Sie die Verbindungszeichenfolge an Ihre Gegebenheiten anpassen, insbesondere den Servernamen für den Parameter Data Source.

Stored Procedures mit DAO über ODBC aufrufen

Den *Microsoft ODBC-Treiber 13.1 für SQL Server* bekommen Sie nicht nur über die Installation des Management Studios auf einen Client-PC, sondern auch durch direkte Installation. Dazu können Sie ihn direkt über die Adresse *https://www.microsoft.com/de-DE/download/details.aspx?id=53339* oder beispielsweise auch über das SQL Server 2016 oder 2017 Feature Pack (*https://www.microsoft.com/de-DE/download/details.aspx?id=52676* beziehungsweise *https://www.microsoft.com/de-DE/download/details.aspx?id=55992*) herunterladen.

ACHTUNG! Sie müssen die ODBC-Treiber passend zur Office-Version verwenden. Haben Sie Office als 32-Bit-Edition im Einsatz, müssen Sie auch die 32-Bit-ODBC-Treiber verwenden. Office als 64-Bit-Edition erfordert auch die ODBC-Treiber in der 64-Bit-Variante.

So wie für OLE DB auch, benötigen Sie für ODBC eine Verbindungszeichenfolge. Diese können Sie manuell erstellen oder sie über einen sogenannten DSN (Data Source Name) generieren. Unter Windows finden Sie das dazu benötigte Programm *ODBC-Datenquellen einrichten* in der Systemsteuerung unter *Verwaltung*. Unter Windows 10 genügt es aber auch, direkt unter START „ODBC" einzugeben, um es direkt zu starten. Im geöffneten *ODBC-Datenquellen-Administrator* erzeugen wir einen Datei-DSN, da wir ihn nicht im System ablegen, sondern den Connect-String aus der Datei entnehmen möchten. Für einen System-DSN sind Administratorberechtigungen erforderlich, denn dieser wird auf der Maschine für alle Benutzer hinterlegt. Dazu müsste der ODBC-Datenquellen-Administrator mit der Anweisung *Als Administrator ausführen* gestartet werden. Ein Benutzer-DSN ist nur für den erstellenden Benutzer verfügbar.

1. Wählen Sie im *ODBC-Datenquellen-Administrator* die Schaltfläche HINZUFÜGEN ... auf dem Register *Datei-DSN*.

2. Wählen Sie den *ODBC Driver 13 for SQL Server* als Treiber für die neue Datenquelle aus und setzen Sie mit WEITER fort.

3. Wählen Sie den Speicherort und Namen für die zu erstellende Datei aus. Standardmäßig wird diese in den eigenen Dokumenten abgelegt. Bestätigen Sie und klicken Sie danach auf FERTIG STELLEN.

> **HINWEIS:** Auch wenn Sie nun auf FERTIG STELLEN klicken, sind Sie noch nicht fertig, sondern es geht jetzt erst richtig los. Dies liegt daran, dass Sie nun den standardisierten Vorgang des Betriebssystems abschließen und an den gewählten Treiber übergeben, der das Aussehen der nachfolgenden Dialoge bestimmt. ∎

4. Geben Sie nun eine optionale Beschreibung ein und erfassen Sie den Namen des Zielservers in einer der gewohnten Schreibweisen.

5. Wählen Sie im nächsten Schritt aus, ob Sie sich mit Windows-Authentifizierung oder SQL Server-Authentifizierung anmelden möchten. Diese Wahl beeinflusst direkt das Aussehen der späteren Verbindungszeichenfolge.

6. Aktivieren Sie im nächsten Schritt die Option *Change the default database to* und wählen Sie die Zieldatenbank aus, in unserem Fall *wawi*. Die Datenbank lässt sich an dieser Stelle nur dann auswählen, wenn Ihre zuvor definierte Anmeldung erfolgreich gewesen ist.

7. Wenn Sie möchten, können Sie im folgenden Schritt noch die Sprache fix vorgeben, um die Standardeinstellung am Server zu übersteuern. Dies entspricht der Anweisung SET LANGUAGE direkt im SQL-Editor. Dazu müssen Sie die Option *Change the language of SQL Server system messages to* setzen.

8. Am Ende des Vorgangs bekommen Sie noch die Zusammenfassung Ihrer Eingaben angezeigt, wie im rechten Teil von Bild 6.25 zu sehen. Testen Sie abschließend die erstellte Verbindung.

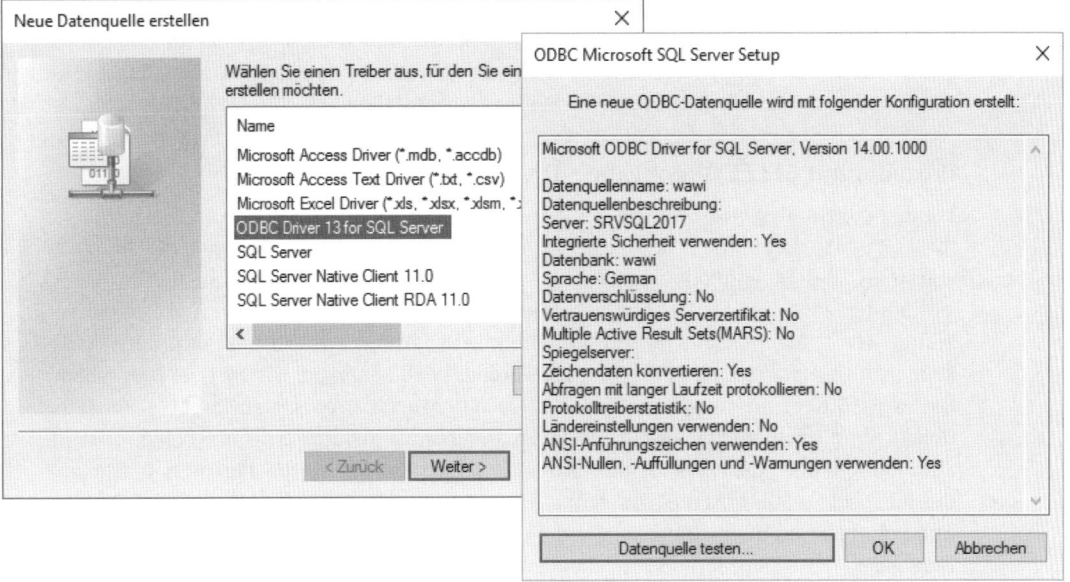

Bild 6.25 ODBC-Verbindung konfigurieren

Öffnen Sie die nun erstellte Datei mit einem Texteditor. Sie finden diese unter Ihren persönlichen Dokumenten, wenn Sie keinen anderen Speicherort bei der Erstellung angegeben haben. Sie trägt die Dateierweiterung *dsn*.

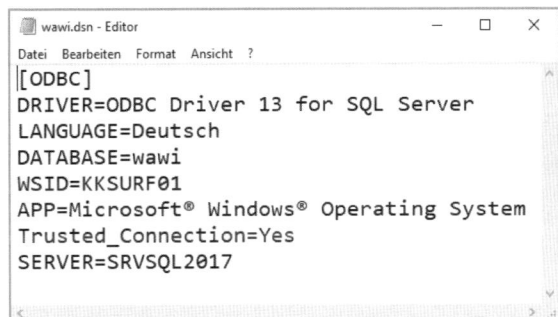

Bild 6.26 ODBC-Verbindungszeichenfolge

Den Inhalt können Sie direkt in einen String in VBA übernehmen, die Zeilenumbrüche ersetzen Sie jeweils durch ein Semikolon und entfernen die eckigen Klammern vom Begriff ODBC. Wie bereits im Beispiel für ADO, können Sie nicht unbedingt benötigte Elemente wie zum Beispiel *Description*, *WSID* oder *APP* dabei weglassen und auch die Reihenfolge verändern. Im Beispiel lege ich die Verbindungszeichenfolge in einer globalen Konstante str_odbc ab.

```
Public Const str_odbc = "ODBC;DRIVER=ODBC Driver 13 for SQL Server;SERVER=SRVSQL2017;
Trusted_Connection=Yes;DATABASE=wawi;LANGUAGE=Deutsch;"
```

Sie finden die fertige Beispiellösung in der Datei *DAO.accdb*. Das Formular und der dahinter liegende Code entsprechen denen der zuvor beschriebenen Datei *ADO.accdb*. Die Unterschiede finden sich in den Funktionen LagerbuchungSelect und LagerbuchungOutput, die den direkten Datenzugriff auf den SQL Server bewerkstelligen.

Prozedur mit SELECT-Rückgabe – DAO

Für den Zugriff über ODBC verwenden Sie in Access die Data Access Objects. Diese sind von ihrer Grundkonzeption auf den Zugriff von lokalen Access-Tabellen ausgelegt. Um direkt auf eine ODBC Datenquelle zuzugreifen, müssen Sie entweder deren Tabellen in Access verknüpfen oder eine Pass-Through-Abfrage verwenden. Da nur Tabellen und Sichten verknüpft werden können, benötigen wir für unsere Lösung Pass-Through-Abfragen. Diese können auch dynamisch im Code erzeugt werden. Dazu benötigen wir ein QueryDef-Objekt. Dieses wird über die Anweisung Set qdf = CurrentDb.CreateQueryDef("") als neues Objekt ohne fixen Namen in der aktuellen Datenbank instanziiert. Entscheidend ist die Zuweisung der festgelegten ODBC-Verbindungszeichenfolge an die Eigenschaft Connect. Der Eigenschaft SQL wird die Anweisung für den Aufruf der Prozedur zugewiesen. Da diese Abfrage ein Ergebnis in Datensatzform liefert, wird die Eigenschaft ReturnsRecords auf True gesetzt. Mit der Methode OpenRecordset wird die Abfrage ausgeführt und damit die Prozedur gestartet. Nach dem Auslesen des Ergebnisses wird das Recordset geschlossen und die Abfrage verworfen.

```
Public Function LagerbuchungSelect(ByVal artikel As Long, ByVal lager As Byte, ByVal
stk As Long) As Long

Dim qdf As DAO.QueryDef, rs As DAO.Recordset
Dim sqlanw As String

    sqlanw = "EXEC dbo.sp_lagerbuchung_select " & artikel & ", " & lager & "," & stk

    Set qdf = CurrentDb.CreateQueryDef("")
    qdf.Connect = str_odbc
    qdf.sql = sqlanw
    qdf.ReturnsRecords = True
    Set rs = qdf.OpenRecordset
    LagerbuchungSelect = rs(0)

    rs.Close
    Set qdf = Nothing
End Function
```

Das Beispiel zeigt, dass der Aufruf einer Prozedur, die das Ergebnis mit SELECT zurückliefert, mit DAO nicht viel aufwendiger ist als mit ADO.

Prozedur mit OUTPUT-Parametern – DAO

Wenn wir versuchen, eine Prozedur mit OUTPUT-Parametern über DAO aufzurufen, treffen wir allerdings auf ein Problem. Während ADO mit dem Command-Objekt eine standardisierte Methode dazu zur Verfügung stellt, finden wir hierzu in DAO nichts Vergleichbares. Man muss sich vor Augen führen, dass ADO eine allgemeine Bibliothek für relationale DBMS ist, während DAO speziell auf die Jet-Datenbank-Engine von MS Access zugeschnitten ist.

Nachdem ich die letzten eineinhalb Jahrzehnte ausschließlich mit ADO gearbeitet habe, ist mir diese Funktionalität auch nicht abgegangen. Durch die beschriebene Kehrtwende von Microsoft ist sie nun wieder vonnöten. Ich habe intensiv recherchiert, aber keine funktionierende Methode gefunden, diese Funktionalität mit DAO und Pass-Through-Abfragen abzubilden. Ich schließe nicht aus, dass es eine gibt und ich sie nur nicht gefunden habe. Ich hoffe andererseits auf kommende Erweiterungen dieser Bibliothek, da eine solche Funktionalität aus meiner Sicht unabdingbar ist. Leider hat auch Office 2016 diese Hoffnung enttäuscht. Wie können wir uns in der Zwischenzeit behelfen, um zum Beispiel die Prozedur `sp_lagerbuchung_aufruf` über VBA aufzurufen? Da sich keine clientseitige Lösung anbietet, visiere ich eine serverseitige Lösung an. Dazu kommen folgende zwei Varianten infrage:

- Wir schreiben eine Wrapper-Prozedur, die für uns die Output-Parameter handelt und uns das Ergebnis über SELECT weiterreicht. Diese Variante ist vor allem dann sinnvoll, wenn wir die ursprüngliche Prozedur nicht verändern können oder möchten.

- Alternativ können wir eine Prozedur so erweitern, dass sie ihr Ergebnis sowohl über OUTPUT-Parameter liefert, damit sie weiterhin von anderen Prozeduren aufgerufen werden kann, oder alternativ über ein SELECT ausgibt.

Für welche Sie sich entscheiden, ist reine Geschmackssache. Beide laufen darauf hinaus, dass das Ergebnis als SELECT und nicht über OUTPUT-Parameter an den Client übertragen wird.

Die Wrapper-Prozedur packte den Aufruf der Zielprozedur in die Parameterübergabe und das Zurückliefern des Ergebnisses ein.

```
CREATE PROCEDURE dbo.sp_lagerbuchung_wrapper
    @artikel int,
    @lager tinyint,
    @stk int,
    @res_stk int = 0
AS
BEGIN
    SET NOCOUNT ON;
    DECLARE @ok int;
    -- eigentlicher Aufruf
    EXEC dbo.sp_lagerbuchung_aufruf @artikel, @lager, @stk, @ok OUTPUT, @res_stk;
    SELECT @ok AS Ergebnis;
END
```

Für die zweite Variante nehmen wir die Prozedur `dbo.sp_lagerbuchung_aufruf` als Vorlage und legen sie erneut mit dem Namen `dbo.sp_lagerbuchung_kombi` an. Um unser Ziel zu erreichen, sind nur folgende kleine Erweiterungen notwendig:

- Damit der Output-Parameter optional wird, muss ihm ein Standardwert in der Form =NULL zugewiesen werden.

- Ein weiterer optionaler Parameter wird benötigt, um damit festzulegen, ob das im OUTPUT-Parameter nach wie vor enthaltene Ergebnis am Ende mit einer SELECT-Anweisung ausgegeben werden soll. Dafür ist lediglich ein *bit* notwendig, der mit 0 (False) vorbelegt wird. Dadurch wird erreicht, dass der bisherige Aufruf der Prozedur nicht angepasst werden muss. Dies ist vor allem dann von Bedeutung, wenn Sie diese Erweiterung zu einem späteren Zeitpunkt in einer bestehenden Prozedur ergänzen und diese bereits an anderer Stelle in Verwendung ist.

- Am Ende der Prozedur wird geprüft, ob das Ergebnis mittels SELECT zurückgegeben werden soll. Und dies erfolgt nur dann, wenn es über den entsprechenden Aufruf gewünscht ist.

Wie viele OUPUT-Parameter Sie auf diese Art und Weise in das SELECT einbauen, spielt keine Rolle. In unserem Beispiel ist es eben nur einer.

```
CREATE PROCEDURE dbo.sp_lagerbuchung_kombi
    @artikel int,
    @lager tinyint,
    @stk int,
    @ok bit = NULL OUTPUT,
    @res_stk int = 0,
    @select bit = 0
AS
BEGIN
...
    IF @select = 1
        SELECT @ok AS ergebnis;
END
```

Durch die Optionalität der Parameter kann die Prozedur unverändert – bis auf den Namen – so wie bisher aufgerufen werden:

```
DECLARE @ok bit;
EXEC dbo.sp_lagerbuchung_kombi 1788, 2, 50, @ok OUTPUT;
SELECT @ok AS ergebnis;
```

Um die neue erweiterte Möglichkeit zu nutzen, verwenden wir zum Beispiel folgenden Aufruf. Der OUTPUT-Parameter wird einfach weggelassen und dem Parameter @select der Wert 1 (True) übergeben.

```
EXEC dbo.sp_lagerbuchung_kombi 1788, 2, 50, @select = 1;
```

Eine der beiden Lösungen kann nun in Access über die beschriebene Verwendung einer Pass-Through-Abfrage implementiert werden.

 HINWEIS: Dieses Beispiel in zwei Ausführungen zeigt gut die Aufgabenteilung zwischen Frontend-Anwendung und serverseitiger Programmierung. In der Prozedur wird die Arbeit erledigt und das Ergebnis – typischerweise in codierter Form – zurückgeliefert. In unserem Beispiel sind dies die Ergebniswerte 1, 2 und 0. Die Kommunikation mit dem Anwender erledigt die Frontend-Anwendung. Ihre Aufgabe ist es nicht nur, die Eingaben des Benutzers der Prozedur bereitzustellen, sondern insbesondere das codierte Ergebnis in einer entsprechenden Form anzuzeigen. Hier ist es eine einfache Lösung, eine Meldung in Worten auszugeben. Die Aufgabe der Frontend-Anwendung ist es also, das codierte Ergebnis der gespeicherten Prozedur in eine verständliche Form umzuwandeln.

6.1.10.2 VB.NET und C# mit ADO.NET

Als eine weitere Lösung finden Sie hier ein Beispiel dafür, wie eine gespeicherte Prozedur über ADO.NET aufgerufen wird. Dieses Beispiel wurde mit Visual Basic.NET und dem Visual Studio 2017 realisiert. Das zuvor über ADO Gesagte hat für ADO.NET keinerlei Relevanz, diese Bibliothek wird weiterhin unterstützt.

 HINWEIS: Sie finden das Beispiel bei den Buchdateien im Ordner *adonet_vb* als Visual Studio-Projekt. Ebenso finden Sie dort den entsprechenden Code in C# im Ordner *adonet_cs*. Aus Platzgründen bespreche ich hier im Text aber nur die VB.NET-Variante.

Das Beispiel ist einfach aufgebaut und in eine Windows-Applikation eingebaut. Diese besteht aus einem Eingabeformular, über das die Artikelnummer, die Lagernummer und die Menge einzugeben sind. (Die Reservierungsmenge wurde in diesem Beispiel zur Vereinfachung weggelassen.) Dieses Beispiel ist ähnlich aufgebaut wie die zuvor in Access mit VBA realisierte Implementierung.

- Über den Button BUCHUNG MIT SELECT wird die Lagerbuchungsprozedur aufgerufen, die das Prozedurergebnis über eine SELECT-Anweisung zurückliefert.

- Über den zweiten Button BUCHUNG MIT OUTPUT wird die Lagerbuchungsprozedur aufgerufen, die einen Output-Parameter verwendet, um das Ergebnis der Buchung zurückzuliefern.

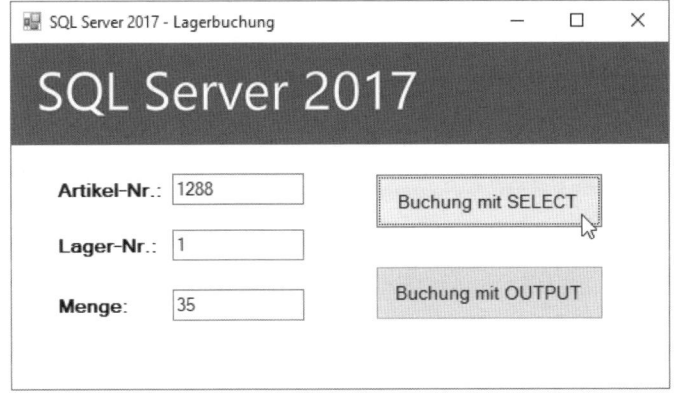

Bild 6.27 Aufrufformular für Prozeduren über VB.NET-Applikation

Für den Aufruf der Prozeduren wird die Klasse `Datenzugriff` erstellt. Damit das Beispiel möglichst einfach ist und die Klasse beim Aufruf nicht instanziiert werden muss, werden die beiden Methoden für die Aufrufe als `Shared` Sub definiert.

 HINWEIS: Um die benötigten Objekte für den Datenzugriff über den SqlClient einfacher deklarieren zu können, wird in unserer Klasse ein Verweis auf die Basisklasse mit der Anweisung `Imports System.Data.SqlClient` eingefügt.

Die erste Methode für den Aufruf der Prozedur mit dem Namen LagerbuchungSelect verwendet einen DataReader, um das Ergebnis auszulesen. Für diesen wird ein SqlCommand definiert, dem die benötigten Parameter „umgehängt" werden.

 ACHTUNG! Wenn Sie das Beispiel nachbauen, vergessen Sie bitte nicht, den Connect-String an Ihre Gegebenheiten anzupassen!

```
Public Class Datenzugriff
Shared Sub LagerbuchungSelect(ByVal artikel As Integer,
    ByVal lager As Short, ByVal stk As Integer ,
    ByRef ok As Short)

    Dim dbcon As New SqlConnection
    Dim strcon As String
    Dim strsql As String
    Dim cmd As SqlCommand
    Dim rdr As SqlDataReader

    strcon = "server=SRVSQL2017;database=wawi;Integrated Security=SSPI"
    strsql = "EXEC dbo.sp_lagerbuchung_select @artikel, @lager, @stk"
    dbcon.ConnectionString = strcon
    dbcon.Open()

    Try
        cmd = New SqlCommand(strsql, dbcon)
        cmd.Parameters.AddWithValue("@artikel", artikel)
        cmd.Parameters.AddWithValue("@lager", lager)
        cmd.Parameters.AddWithValue("@stk", stk)

        rdr = cmd.ExecuteReader()
        rdr.Read()
        ok = rdr(0)

        rdr.Close()
        cmd.Dispose()
        dbcon.Close()
    Catch ex As Exception
            MessageBox.Show(ex.Message, "Datenzugriffsfehler", MessageBoxButtons.OK,
                            MessageBoxIcon.Exclamation)
    End Try
End Sub
```

Die zweite Methode verwendet den Output-Parameter der Prozedur, um das Ergebnis auszulesen. Die Sub mit dem Namen LagerbuchungAufruf verwendet die serverseitige Prozedur sp_lagerbuchung_aufruf.

Diese Variante kommt ohne DataReader aus. Der Parameter @ok wird dem Command SqlCommand zugewiesen. Wichtig ist hierbei, dass der Parameter über seine Direction-Eigenschaft als Output-Parameter festgelegt wird. Und beim Aufrufstring für die Prozedur muss unbedingt – wie in Transact-SQL üblich – das Schlüsselwort OUTPUT ergänzt werden. SqlCommand wird mit der Methode ExecuteNonQuery ausgeführt. Danach kann das Ergebnis aus dem definierten Parameter ausgelesen werden.

HINWEIS: Im Gegensatz zum vorigen und zum Access-Beispiel habe ich hier nun bewusst nicht die Windows-Authentifizierung, sondern die SQL Server-Authentifizierung verwendet, um Ihnen diese Alternative auch zu zeigen. In der Praxis werden Sie den Anmeldenamen sowie das Kennwort natürlich nicht als Klartext in den String einbauen, sondern entsprechend parametrisiert verarbeiten.

```
Shared Sub LagerbuchungAufruf(ByVal artikel As Integer,
          ByVal lager As Short, ByVal stk As Integer ,
          ByRef ok As Short )

    Dim dbcon As New SqlConnection
    Dim strcon As String
    Dim strsql As String
    Dim cmd As SqlCommand
    strcon = "server=SRVSQL2017;database=wawi;User ID=klemens;Password=klemens"
    strsql = "EXEC dbo.sp_lagerbuchung_aufruf @artikel, @lager, @stk, @ok OUTPUT"

    Try
        dbcon.ConnectionString = strcon
        dbcon.Open()

        cmd = New SqlCommand(strsql, dbcon)
        cmd.Parameters.AddWithValue("@artikel", artikel)
        cmd.Parameters.AddWithValue("@lager", lager)
        cmd.Parameters.AddWithValue("@stk", stk)
        cmd.Parameters.AddWithValue("@ok", 0)
        cmd.Parameters("@ok").Direction = ParameterDirection.Output

        cmd.ExecuteNonQuery()
        ok = cmd.Parameters("@ok").Value
        cmd.Dispose()
        dbcon.Close()
    Catch ex As Exception
            MessageBox.Show(ex.Message, "Datenzugriffsfehler", MessageBoxButtons.OK,
                            MessageBoxIcon.Exclamation)
    End Try
End Sub
End Class
```

Der Aufruf dieser beiden Methoden erfolgt über die Click-Ereignisse der beiden Schaltflächen im Formular. Nach einer einfachen Prüfung, ob die benötigten Parameterwerte eingetragen wurden, wird die Methode LagerbuchungSelect der Klasse Datenzugriff aufgerufen.

```
Private Sub btn_proz_select_Click(ByVal sender As System.Object,
ByVal e As System.EventArgs) Handles btn_proz_select.Click

    Dim artikel As Integer
    Dim lager As Short
    Dim stk As Integer
    Dim ok As Short

    If Me.txt_artikel.Text = "" Then
```

```
            MessageBox.Show("Geben Sie eine Artikelnummer ein!", "Eingabefehler",
                        MessageBoxButtons.OK, MessageBoxIcon.Warning)
        Me.txt_artikel.Focus()
    ElseIf Me.txt_lager.Text = "" Then
        MessageBox.Show("Geben Sie eine Lagernummer ein!", "Eingabefehler",
                        MessageBoxButtons.OK, MessageBoxIcon.Warning)
        Me.txt_lager.Focus()
    ElseIf Me.txt_lager.Text = "" Then
        MessageBox.Show("Geben Sie bitte eine Menge ein!", "Eingabefehler",
                        MessageBoxButtons.OK, MessageBoxIcon.Warning)
        Me.txt_lager.Focus()
    Else
        artikel = Me.txt_artikel.Text
        lager = Me.txt_lager.Text
        stk = Me.txt_lager.Text
        Datenzugriff.LagerbuchungSelect(artikel, lager, stk, ok)

        Select Case ok
            Case 1
                MessageBox.Show("Buchung erfolgreich! (Update)",
                            "Lagerbuchung", MessageBoxButtons.OK,
                            MessageBoxIcon.Information)
            Case 2
                MessageBox.Show("Buchung erfolgreich! (Insert)",
                            "Lagerbuchung", MessageBoxButtons.OK,
                            MessageBoxIcon.Information)
            Case Else
                MessageBox.Show("Buchung nicht erfolgreich!",
                            "Fehler", MessageBoxButtons.OK,
                            MessageBoxIcon.Error)
        End Select
    End If
End Sub
```

Der Event-Handler der zweiten Schaltfläche unterscheidet sich von dem der ersten in erster Linie dadurch, dass die Methode LagerbuchungAufruf der Klasse Datenzugriff verwendet wird.

```
Private Sub btn_proz_output_Click(ByVal sender As System.Object, ByVal e As System.
EventArgs) Handles btn_proz_output.Click
    ...
        Datenzugriff.LagerbuchungAufruf(artikel, lager, stk, ok)
    ...
End Sub
```

▨ 6.2 Mit Triggern automatisieren

Als Nächstes möchte ich Ihnen Trigger näherbringen. Trigger sind in Transact-SQL geschriebene Programme, die mit Ereignisprozeduren beziehungsweise Event-Handlern in anderen Programmiersprachen vergleichbar sind. Ereignisprozeduren werden automatisch gestartet, wenn das zugrunde liegende Ereignis eintritt. Man könnte Trigger demnach als Ereignisprozeduren (Event-Handler) für Tabellen bezeichnen, da sie auf Datenänderungen in Tabellen reagieren.

Trigger sind Programme, die auf Datenänderungen, das heißt auf das Einfügen, Löschen und Ändern von Daten reagieren. In dieser Form können sie auch ähnliche Aufgaben wie Constraints erfüllen. Bevor Constraints ab der Version 6.0 des SQL Servers integriert worden sind – Sie sehen, dies ist schon eine kleine Ewigkeit her –, war es alleinige Aufgabe von Triggern, Geschäftsregeln durchzusetzen. Da Constraints eine bessere Leistung als Trigger bieten, werden sie in der Regel für diese Aufgabe eingesetzt. Dennoch werden Trigger häufig als Ergänzung verwendet, da sie über eine wesentlich größere Flexibilität als Constraints verfügen. Aufgabenstellungen, die mit Constraints nicht mehr realisierbar sind, werden mit Triggern umgesetzt.

Wenn Trigger als Ergänzung von Gültigkeitsprüfungen eingesetzt werden, werden sie erst ausgeführt, wenn bereits alle anderen Integritätsprüfungen – Constraints wie *Primary Key*, *Foreign Key* oder *Check* – abgeschlossen sind. Der entscheidende Unterschied zwischen einem Trigger und einem Check-Constraint besteht darin, dass ein Trigger auch auf Daten in anderen Tabellen und Serverobjekten zugreifen kann. Ein Check-Constraint hingegen bleibt immer auf Inhalte innerhalb des aktuellen Datensatzes beschränkt. Des Weiteren ist ein Trigger in der Lage, Änderungen an anderen Datensätzen – auch in anderen Tabellen – vorzunehmen.

Die Hauptanwendungsfälle für einen Trigger sind demnach:

- Überprüfen von Geschäftsregeln, die für Constraints zu komplex sind. Damit können Sie Datenmanipulationen unterbinden, falls diese Ihren in dem Trigger definierten Bedingungen widersprechen.
- Ausführen von weiteren Aktionen, wenn eine Datenänderung abgeschlossen ist.
- Ausführen von Ersatzhandlungen, die anstelle der ursprünglichen Anweisung ausgeführt werden sollen.

Ein Trigger ist fest mit einer bestimmten Tabelle verknüpft und wird bei einer Datenmodifikation ausgeführt. Bis auf wenige Einschränkungen stehen einem Trigger sämtliche SQL-Funktionen und Transact-SQL-Anweisungen zur Verfügung.

6.2.1 DML-Trigger: Insert, Update, Delete

Es gibt drei Arten von DML-Triggern oder, wenn man so möchte, drei Ereignisse, auf die Trigger reagieren können:

- Insert-Trigger
- Update-Trigger
- Delete-Trigger

 HINWEIS: DDL-Trigger reagieren auf Änderungen in der Datenstruktur. Diese werden später in diesem Kapitel behandelt; wir beschäftigen uns vorerst mit den klassischen DML-Triggern.

Ein Trigger muss allerdings nicht ausschließlich einer dieser drei Arten angehören, sondern kann auch für mehrere Ereignisse konzipiert sein. So kann ein und derselbe Trigger sowohl beim Einfügen als auch beim Ändern aktiv werden. Auf welche Ereignisse ein Trigger reagiert, wird im Kopfbereich des Triggers festgelegt.

Um im Management Studio einen Trigger zu erstellen, wählen Sie im Objekt-Explorer die gewünschte Tabelle aus. Dort selektieren Sie den Ordner *Trigger*. Über das Kontextmenü wählen Sie den Befehl NEUER TRIGGER... aus.

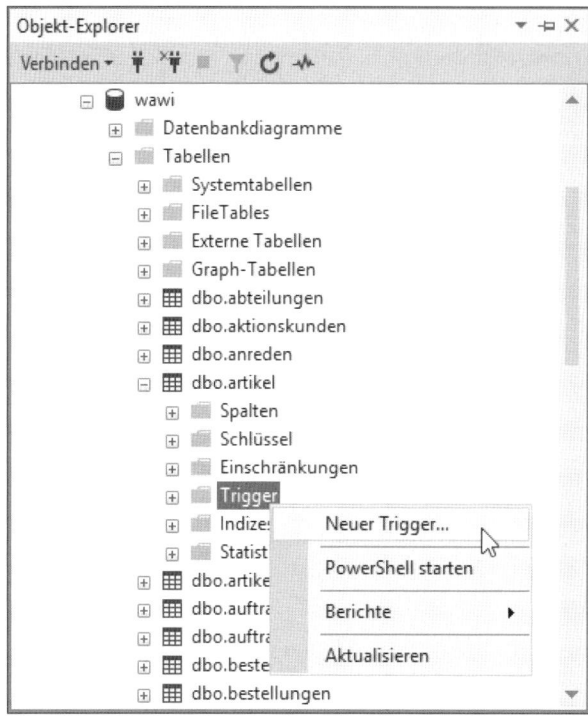

Bild 6.28 Neuen Trigger anlegen

Im Management Studio wird analog zum Erstellen einer Prozedur ein neues Abfrageeditor-Fenster geöffnet. Hier wird aus einer Vorlage der Basiscode eingefügt. Auch hier ist einiges an textuellem Füllmaterial vorhanden, das zuerst durch Ihre Daten und Codezeilen ersetzt werden muss.

Alternativ können Sie auch aus dem Vorlagen-Explorer eine Trigger-Vorlage auswählen. Dazu haben Sie zwei Möglichkeiten:

- Klicken Sie die gewünschte Vorlage doppelt an, um mit dieser ein neues Abfrageeditor-Fenster zu öffnen.
- Ziehen Sie die Vorlage per Drag-and-drop in ein bestehendes Abfrageeditor-Fenster hinein.

```
SQLQuery1.sql - SR...ELIER\klemens (57))    Details zum Objekt-Explorer
    SET ANSI_NULLS ON
    GO
    SET QUOTED_IDENTIFIER ON
    GO
    -- =============================================
    -- Author:        <Author,,Name>
    -- Create date: <Create Date,,>
    -- Description: <Description,,>
    -- =============================================
    CREATE TRIGGER <Schema_Name, sysname, Schema_Name>.<Trigger_Name, sysname, Trigger_Name>
        ON <Schema_Name, sysname, Schema_Name>.<Table_Name, sysname, Table_Name>
        AFTER <Data_Modification_Statements, , INSERT,DELETE,UPDATE>
    AS
    BEGIN
        -- SET NOCOUNT ON added to prevent extra result sets from
        -- interfering with SELECT statements.
        SET NOCOUNT ON;

        -- Insert statements for trigger here

    END
91 %
Verbunden. (1/1)                                   SRVSQL2017 (14.0 RTM)  SOFTELIER\klemens (57)  wawi  00:00:00  0 Zeilen
```

Bild 6.29 Trigger aus Vorlage im Abfrageeditor-Fenster oder über Menü

Die Vorlagen, die Ihnen zur Verfügung stehen, sind:

- *Alter T-SQL Trigger*: Mit dieser Vorlage erzeugen Sie den Code, um einen bestehenden Trigger zu ändern.

- *Create T-SQL Trigger (New Menu)*: Dies ist die Vorlage, die verwendet wird, wenn Sie einen neuen Trigger in der zuerst beschriebenen Variante über das Kontextmenü im Objekt-Explorer erstellen.

- *Create T-SQL Trigger*: Dies ist die etwas schlankere Basisvorlage für das Anlegen eines neuen Triggers.

- *Drop Trigger*: Diese Schablone dient zum Erstellen einer DROP TRIGGER-Anweisung, mit der Sie einen bestehenden Trigger löschen.

Bild 6.30 Trigger-Vorlagen

Weitere Vorlagen finden Sie im Vorlagen-Explorer unter dem Punkt *Earlier Versions* und *Create Trigger*. Das sind diejenigen Vorlagen, die seinerzeit im Query Analyzer des SQL Server 2000 zur Verfügung standen.

- *Create INSTEAD OF Trigger Basic Template*: Mit einem INSTEAD OF-Trigger leiten Sie eine DML-Anweisung um. Anstelle der vom Benutzer ausgeführten SQL-Anweisung wird die im Trigger angegebene ausgelöst. Häufig wird ein INSTEAD OF-Trigger für eine View erzeugt, die schreibgeschützt ist und daher keine DML-Anweisungen zulässt. Der Trigger leitet die Anweisung auf die der View zugrunde liegende Tabelle um, wo die Ausführung der Anweisung möglich ist.

- *Create Trigger Basic Template*: Dies ist die Vorlage für einen normalen Trigger. Diese Vorlage entspricht weitgehend der aktuellen Basisvorlage.

- *Create Trigger Contained IF COLUMNS_UPDATED*: Mit der COLUMNS_UPDATED()-Klausel können Sie in einem INSERT- oder UPDATE-Trigger überprüfen, welche Spalten in der Tabelle aktualisiert worden sind. Diese Klausel verwendet eine ganzzahlige Bitmaske, um die zu testenden Spalten anzugeben. (Spalte 1 = 1, Spalte 2 = 2, Spalte 3 = 4, Spalte 4 = 8, Spalte 5 = 16 usw.; um die Spalten 2, 3 und 4 zu referenzieren, muss somit als Summe dieser Werte die Zahl 14 verwendet werden. Jede Spaltenkombination ergibt aufgrund der Verdoppelung des Basiswertes von Spalte zu Spalte einen eindeutigen Summenwert.)

- *Create Trigger Contained IF UPDATE*: Mit UPDATE() können Sie einzelne Spalten der Tabelle daraufhin überprüfen, ob sie geändert worden sind. Im Gegensatz zur vorigen Variante werden hier direkt Spaltennamen verwendet.

Nach Übernahme einer Vorlage sind im Eingabefenster die SQL-Anweisungen zum Anlegen des Triggers bereits vorgegeben.

 PRAXISTIPP: Analog zu Stored Procedures wird es in der Regel weniger aufwendig und übersichtlicher sein, den Trigger manuell in einem Abfrageeditor-Fenster zu erfassen, da viele der über die Schablone vorgegebenen Codeteile nicht benötigt werden. Diese zu entfernen ist oft aufwendiger, als die schon benötigten Teile selber zu erfassen. Ich persönlich verwende diese Schablonen in der Praxis deshalb nie. Für Anfänger sind sie aber dennoch sehr hilfreich, da sie ein Grundgerüst bieten. Es macht Sinn, dieses zu verwenden, bis man so weit ist, den Code selber ohne Hilfe zu schreiben.

Betrachten wir den allgemeinen Aufbau eines Triggers. Der Anweisung CREATE TRIGGER folgt der Name des Triggers. Der Name ist gemäß den allgemeinen Namenskonventionen frei wählbar. Sinnvollerweise sollte aus dem Namen hervorgehen, auf welche Tabelle er sich bezieht und welche Aufgaben er erfüllt oder auf welches Ereignis er reagiert. Zu welcher Tabelle der Trigger gehört, wird im Anschluss durch das Schlüsselwort ON angegeben. Auf welches Ereignis ein Trigger reagiert, wird über die Schlüsselwörter INSERT, UPDATE und DELETE angegeben, die auch kumulativ eingesetzt werden können. Die Ereignisse werden zusätzlich mit FOR, AFTER oder INSTEAD OF kombiniert. Der Anweisungsblock kann wie bei einer gespeicherten Prozedur entweder von BEGIN/END umschlossen werden oder aber auch freistehen.

```
CREATE TRIGGER triggername
ON tabellenname
[WITH ENCRYTION, EXECUTE AS]
[NOT FOR REPLICATION]
{FOR|AFTER|INSTEAD OF} {INSERT, UPDATE, DELETE}
AS
BEGIN
    IF UPDATE(spaltenname) [OR|AND UPDATE(spaltenname)]
    SQL-Anweisungen
END
```

Es gibt drei Einstellungsmöglichkeiten, die festlegen, wie beziehungsweise wann ein Trigger reagieren soll.

- FOR: Der Trigger reagiert beim Ereignis. Diese Einstellung wird zum Beispiel verwendet, wenn der Trigger zur Überprüfung einer Aktion herangezogen wird.
- AFTER: Der Trigger wird erst ausgeführt, wenn die den Trigger auslösende Aktion vollständig abgeschlossen ist. Insbesondere bedeutet dies, dass alle Constraints-Überprüfungen und referenziellen kaskadierenden Aktionen (Änderungs- und Löschweitergaben von Beziehungen) abgeschlossen sind.
- INSTEAD OF: Mit dieser Anweisung werden Trigger erzeugt, die anstelle der ursprünglichen, den Trigger auslösenden Aktion eine Ersatzaktion ausführen.

Wenn Sie den optionalen Parameter WITH ENCRYPTION verwenden, wird der SQL-Anweisungsblock in den Systemtabellen (*dbo.syscomments, sys.sql_modules*) verschlüsselt und kann nicht eingesehen werden.

Falls der Trigger nicht ausgelöst werden soll, wenn das auslösende Ereignis durch einen Replikationsprozess herbeigeführt worden ist, verwenden Sie die Option NOT FOR REPLICATION. Dem Schlüsselwort AS folgt der eigentliche Programmblock des Triggers.

 ACHTUNG! Wenn Sie die Option WITH ENCRYPTION verwenden, kann der Code auch von Ihnen selber nicht mehr eingesehen werden. Es kann auch kein SQL-Skript mehr für diesen Code im Management Studio erzeugt werden. Speichern Sie den Code also unbedingt in einem SQL-Skript ab, um ihn für eine spätere Bearbeitung zur Verfügung zu haben.

Um einen Trigger zu bearbeiten, muss die gesamte Anweisung mit ALTER TRIGGER anstelle von CREATE TRIGGER – analog zu einer Prozedur – erneut ausgeführt werden. Wenn Sie das entsprechende Skript noch zur Verfügung haben, so ändern Sie einfach CREATE zu ALTER. Sofern Sie kein Skript zur Verfügung haben, klicken Sie im Objekt-Explorer doppelt auf den Trigger, um ihn in einem neuen Abfrageeditor-Fenster editieren zu können. Alternativ können Sie dies auch über das Kontextmenü mit dem Befehl ÄNDERN tun. Hier haben Sie weitere Möglichkeiten. Sie können sowohl die Aktion als auch das Ziel wählen. Als Aktion können Sie wählen, ob Sie ein Skript haben möchten, mit dem Sie

- mit CREATE den Trigger erzeugen,
- mit ALTER den Trigger ändern oder

- mit DROP den Trigger löschen möchten oder
- mit DROP und CREATE den Trigger löschen und neu erzeugen.

Je nachdem, wie Ihr nächster Bearbeitungsschritt aussieht, können Sie das erzeugte Skript

- wie bei einem Doppelklick in einem neuen Abfrageeditor-Fenster anzeigen,
- als Datei an einem gewählten Zielort speichern,
- in die Zwischenablage kopieren, um es von dort an beliebiger Stelle einzufügen, oder
- in einen Auftrag für den Server-Agent kopieren – wobei ich mir nicht erklären kann, wozu dies bei einem Trigger gut sein soll.

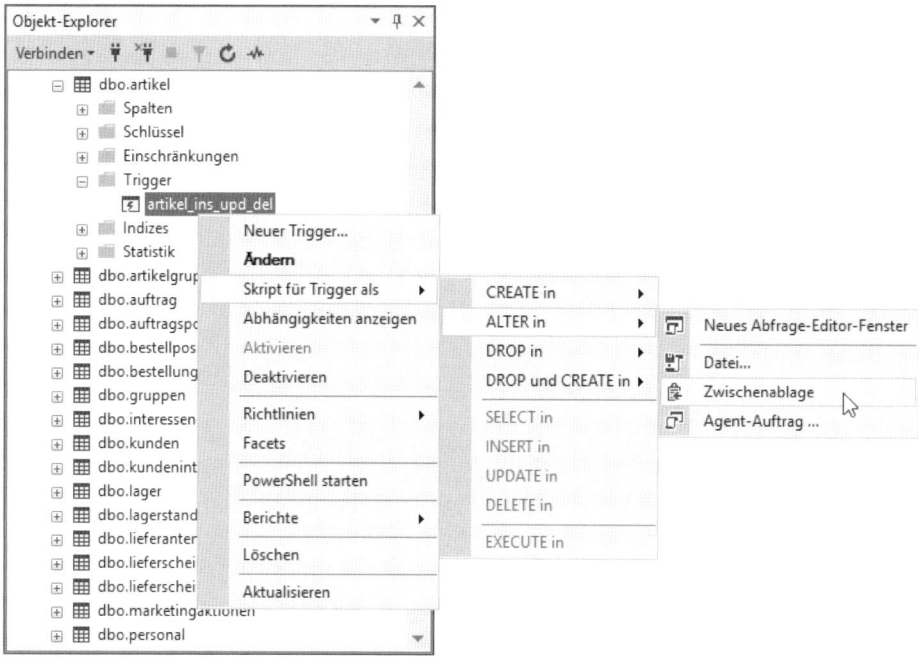

Bild 6.31 Skript für einen bestehenden Trigger erzeugen

Leider ist es nicht möglich, den Trigger einfach in ein bestehendes Abfrageeditor-Fenster zu ziehen. Wenn Sie dies dennoch tun, wird lediglich der Name des Objekts anstelle des gesamten Codes übernommen. In diesem Fall wählen Sie die Variante über die Zwischenablage und fügen den Code dann aus dieser in das gewünschte Fenster ein.

Trigger für weiterführende Aktionen

Nach den allgemeinen Einführungen möchte ich mich nun den eigentlichen Trigger-Beispielen zuwenden. Wir beginnen mit Triggern, die bei einer Datenänderung weiterführende Aktionen vornehmen.

Das Entscheidende bei einem Trigger – egal welcher Kategorie er angehört – ist, diejenigen Daten auslesen zu können, die von der Datenänderung betroffen sind.

Um Werte aus dem eingefügten Datensatz auszulesen, wird die Pseudotabelle *inserted* benötigt. Diese Pseudotabelle existiert nur während der Ausführung eines Triggers. Ihre Struktur spiegelt exakt die Struktur der Tabelle wider, in welcher der Datensatz eingefügt wird. Daher verwenden Sie die Spaltennamen der Triggertabelle beim Zugriff auf Inhalte. Die Tabelle *inserted* enthält immer den eingefügten Datensatz. Verwenden Sie diese, um die eingetragenen Werte abzufragen. Als Gegenstück dazu gibt es eine zweite Pseudotabelle mit dem Namen *deleted*. Diese enthält einen gerade gelöschten Datensatz und ermöglicht es, seine Werte auszulesen. Man könnte nun erwarten, dass es auch eine dritte Pseudotabelle mit dem Namen *updated* gibt – es ist aber nicht so. Bei UPDATE-Vorgängen werden ebenso die beiden Tabellen *inserted* und *deleted* verwendet. Hierbei enthält die Tabelle *deleted* die alten, vor der Änderung gültigen Werte; und die Tabelle *inserted* ist bereits mit den neuen Inhalten gefüllt. Dies ist vor allem interessant, wenn man, um Änderungen nachzuvollziehen, die alten mit den neuen Werten vergleichen möchte.

 HINWEIS: Mit derselben Bedeutung kommen *inserted* und *deleted* auch bei der OUTPUT-Klausel der MERGE-Anweisung vor. Diese haben wir ja bereits kennengelernt und eingesetzt.

Und das ist unser Beispiel:

In der Artikeltabelle gibt es die Spalte *bestellmenge*. Diese enthält immer die aktuell beim Lieferanten bestellte Menge. Diese Menge soll nicht manuell geführt, sondern automatisch gewartet werden. Wenn ein Artikel bestellt wird, muss die Menge automatisch erhöht werden; wenn eine Lieferung kommt, muss sie automatisch reduziert werden. Über eine Prozedur muss eine Möglichkeit vorhanden sein, Buchungen zu korrigieren; beispielsweise, wenn von einem Artikel eine geringere Menge als bestellt geliefert wird und keine Nachlieferung mehr erfolgt. Dieser gewünschte Automatismus kann einfach über Trigger implementiert werden.

INSERT-Trigger

Der erste Trigger von dreien für die Tabelle *bestellpositionen*, der für die Lösung der Aufgabenstellung benötigt wird, ist derjenige, der nach dem Einfügen eines neuen Datensatzes in die Tabelle die eingefügte Artikelnummer und Menge ausliest. Um diese Menge wird die offene Bestellmenge im Artikelstamm erhöht. Wir benennen den Trigger nach der Tabelle und dem Ereignis, für das er feuert: `bestellpositionen_ins`

 HINWEIS: Ob Sie bei einem Triggernamen den Schemanamen voranstellen oder nicht, spielt keine Rolle. Denn ein Tigger gehört ohnehin automatisch immer demselben Schema an wie die Tabelle, für die er feuert.

```
CREATE TRIGGER bestellpositionen_ins
ON dbo.bestellpositionen
AFTER INSERT
AS
BEGIN
```

```
    SET NOCOUNT ON;

    DECLARE @artikel int;
    DECLARE @menge int;

    SET @artikel = (SELECT artikel FROM inserted);
    SET @menge = (SELECT menge FROM inserted);

    UPDATE dbo.artikel
    SET bestellmenge = bestellmenge + @menge
    WHERE artnr = @artikel;
END;
```

Der Trigger, der für das Ereignis INSERT der Tabelle definiert wird, wird mit der Option AFTER definiert, da der Eintrag in der Artikeltabelle nach allen anderen Änderungen erfolgen soll.

 HINWEIS: Bei diesem Beispiel würde es jedoch praktisch keinen Unterschied machen, wenn Sie anstelle von AFTER das Schlüsselwort FOR verwendeten, da es ohnehin keine kaskadierenden Datenänderungen gibt. Aber man könnte als Faustregel Folgendes festhalten: Für Trigger, die weiterführende Aktionen durchführen, verwenden wir AFTER, für Trigger, die Eingabeprüfungen zum Ziel haben, setzen wir FOR ein.

Zu Beginn des Anweisungsblocks wird die bereits von Prozeduren her bekannte Anweisung SET NOCOUNT ON verwendet, um die Ausgabe der betroffenen Zeilenanzahl zu deaktivieren. Diese würde sonst bei manchen Frontends zu Problemen führen.

Wir deklarieren zwei Variablen, um danach die Artikelnummer sowie die bestellte Menge zwischenspeichern zu können. Diese zwei Werte werden aus der internen Trigger-Tabelle *inserted* ausgelesen. Die Zuweisung des Inhalts der Spalte *artikel* erfolgt an die Variable @artikel sowie für *menge* an die Variable @menge.

Nun erfolgt das Update auf die Tabelle *artikel*, wobei die offene Bestellmenge (*bestellmenge*) für genau den eingefügten Artikel erhöht wird.

 PRAXISTIPP: Der immense Vorteil der Trigger-Variante gegenüber einer Funktion, die vom Client aufgerufen wird, ist, dass der Trigger vom Benutzer praktisch nicht umgangen werden kann. Er wird immer ausgeführt, egal ob ein Datensatz über eine Client-Prozedur, über ein dafür vorgesehenes Client-Formular oder vom Benutzer direkt Mittels INSERT-Anweisung in die Tabelle eingefügt wird. Denken Sie daran, wie leicht eine Programmierung in einem Formular umgangen werden kann, falls Daten „hintenherum" direkt in einer Tabelle verändert werden.

ACHTUNG! Generell sollten Sie bei der Erstellung eines Triggers Folgendes bedenken: Ist von der SQL-Anweisung, die einen Trigger auslöst, in Ihrer Anwendung immer nur ein Datensatz betroffen, oder können es auch mehrere sein?

Die Antwort auf diese Frage hat nicht unerheblichen Einfluss auf die Gestaltung eines Triggers, da in den Pseudotabellen *inserted* und *deleted* immer alle Datensätze enthalten sind, die von einer Anweisung gemeinsam betroffen sind. Bei einem INSERT werden ja mit einer Anweisung meist nur dann mehrere Zeilen eingefügt, wenn diese aus einer Unterabfrage stammen. Auch wenn ab der Version 2008 auch mehrere Datensätze über VALUES() mit einer einzigen Anweisung eingefügt werden können, wird diese Variante in der Regel von Frontend-Applikationen selten bis nicht genutzt. Daher kommt es in einer Datenbankanwendung mit manueller Datenerfassung sehr selten vor, dass mehrere Datensätze mit einer Anweisung eingefügt werden, und daher könnte das eher noch vernachlässigt werden. Gefährlicher ist es bei einem UPDATE oder einem DELETE: Hierbei können häufig mehrere Datensätze von einer Anweisung betroffen sein. Aber letztendlich kann auch nicht mit hundertprozentiger Sicherheit ausgeschlossen werden, dass ein INSERT mehrere Datensätze einfügt.

Enthält die Tabelle *inserted* oder *deleted* mehr als einen Datensatz, so kann der Inhalt einer Spalte nicht in eine Variable übergeben werden. Die vorhin verwendete Syntax würde dann nicht jede der eingefügten Zeilen richtig verbuchen. Wird einer Variablen ein Wert aus einer der Pseudotabellen über die SET-Anweisung mittels einer Unterabfrage zugewiesen, erzeugt dies einen Fehler:

```
Meldung 512, Ebene 16, Status 1, Prozedur bestellpositionen_ins, Zeile 12
[Batchstartzeile 1222]
Die Unterabfrage hat mehr als einen Wert zurückgegeben. Das ist nicht zulässig, wenn
die Unterabfrage auf =, !=, <, <=, > oder >= folgt oder als Ausdruck verwendet wird.
Die Anweisung wurde beendet.
```

Um dies zu vermeiden, sollte man – wenn möglich – einen Trigger so programmieren, dass er auch dann noch fehlerfrei funktioniert, falls mehrere Datensätze von einer Anweisung betroffen sind.

Hierzu existieren zwei mögliche Lösungsansätze:

1. Falls möglich, kann das weitere Einfügen, Ändern oder Löschen durch Verknüpfen der Zieltabelle mit *inserted* oder *deleted* in einer einzigen SQL-Anweisung erfolgen. Dann werden auch mehrere Datensätze erfolgreich verarbeitet.

2. Wenn dies aufgrund der Komplexität der Anforderung nicht möglich ist, muss im Trigger ein Cursor verwendet werden, der alle Zeilen aus *inserted* oder *deleted* einzeln ausliest und verarbeitet.

Versuchen wir, das Beispiel mit der Buchung der Bestellmenge so umzuschreiben, dass sie auch beim gleichzeitigen Einfügen mehrerer Datensätze funktioniert, so kommen wir mit der ersten Lösungsvariante zu folgendem Ergebnis:

```
ALTER TRIGGER bestellpositionen_ins
ON dbo.bestellpositionen
AFTER INSERT
```

```
AS
BEGIN
    SET NOCOUNT ON;

    UPDATE a
    SET a.bestellmenge = a.bestellmenge + i.menge
    FROM inserted i
    INNER JOIN dbo.artikel a ON i.artikel = a.artnr;
END;
```

Diese Variante verwendet stets eine Verknüpfung der Pseudotabelle mit jener, in der etwas „geschehen" soll. In unserem Beispiel wird für das vorzunehmende UPDATE die Tabelle *artikel* mit der Tabelle *inserted* über die Artikelnummer verknüpft. Aufgrund dieser Verknüpfung kann die Ist-Bestellmenge um den neu erfassten Wert aus der Tabelle *inserted* erhöht werden.

Um die Funktionsweise des neuen Triggers zu kontrollieren, fügen wir eine neue Bestellposition für einen Artikel hinzu. Zuvor zeigen wir die aktuelle offene Bestellmenge des Artikels mit der Nummer 1024 an:

```
SELECT bestellmenge
FROM dbo.artikel
WHERE Artnr = 1024;
```

Ergebnis:

```
Bestellmenge
----------------
0
```

Fügen Sie nun bitte in die Tabelle *bestellpositionen* einen neuen Datensatz ein (es wird die zweite Position für die Bestellung mit der Nummer 1007):

```
INSERT INTO dbo.bestellpositionen (bestnr, position, artikel,
                              bezeichnung, menge, preis, rabatt)
SELECT 1007, 2, artnr, bezeichnung, 50, ekpreis, 0
FROM dbo.artikel
WHERE ArtNr = 1024;
```

Rufen Sie nach dem Einfügen den Wert für den Artikel erneut ab und kontrollieren Sie ihn:

```
Bestellmenge
----------------
50
```

Wie Sie sehen, ist eine Menge von 50 Stück zu dem Artikel gebucht worden.

 ACHTUNG! Gibt es bei Ihnen Probleme beim Testen, weil zum Beispiel die hier verwendeten Werte bereits vorhanden sind, so legen Sie ruhig eine neue Bestellung an und testen Sie mit anderen Werten!

Die hier verwendete Trigger-Variante funktioniert auch, wenn Sie zum Beispiel eine ganze Bestellung duplizieren und daher mit einer Anweisung mehrere Datensätze einfügen. Legen Sie dazu eine neue Bestellung an und kopieren Sie alle Positionen der alten hinein (1008 steht stellvertretend für die Bestellnummer der neuen Bestellung und 1007 für die der alten Bestellung, denn die neue Bestellung kann bei Ihnen ja auch eine andere Nummer erhalten):

```
INSERT INTO dbo.bestellpositionen
SELECT 1008, position, artikel, bezeichnung, menge, preis, rabatt
FROM dbo.bestellpositionen
WHERE bestnr = 1007;
```

Kontrollieren Sie danach die offenen Bestellmengen in der Artikeltabelle.

DELETE-Trigger

Nachdem wir beim Einfügen einer neuen Bestellposition die Bestellmenge über den ersten Trigger automatisch verbuchen, muss auch eine Rückbuchung erfolgen, falls ein Datensatz in dieser Tabelle gelöscht wird.

```
CREATE TRIGGER bestellpositionen_del
ON dbo.bestellpositionen
AFTER DELETE
AS
BEGIN
    SET NOCOUNT ON;

    UPDATE a
    SET a.bestellmenge = a.bestellmenge - d.menge
    FROM deleted d
    INNER JOIN dbo.artikel a ON d.artikel = a.artnr;
END;
```

Der DELETE-Trigger gleicht dem INSERT-Trigger bis auf zwei kleine Unterschiede:

- Die Verknüpfung erfolgt anstelle mit der Tabelle *inserted* mit der Tabelle *deleted*, welche die gelöschten Werte enthält.
- In der UPDATE-Anweisung wird die Menge nicht addiert, sondern subtrahiert.

Löschen Sie den zuvor vorgenommenen Eintrag in der Tabelle *bestellpositionen* wieder.

```
DELETE FROM dbo.bestellpositionen
WHERE bestnr = 1007 AND position = 2;
```

Kontrollieren Sie das Ergebnis in der Tabelle *artikel* für den Artikel mit der Nummer 1024: Die bestellte Menge ist wieder abgezogen.

UPDATE-Trigger

Der dritte Trigger reagiert auf Änderungen an bestehenden Datensätzen. Ändert ein Benutzer die Artikelnummer oder die Menge in einem bereits gespeicherten Datensatz, so muss eine Korrekturbuchung erfolgen. Der Trigger muss folgende Anforderungen erfüllen:

- Er soll nur dann reagieren, wenn die Artikelnummer oder die Menge geändert wurde. Bei einer bloßen Änderung des Preises beispielsweise ist keine Reaktion erforderlich.
- Die bereits verbuchten Werte müssen zurückgebucht, die neuen Werte gebucht werden.

In UPDATE-Triggern kommt häufig die Anweisung IF UPDATE (spaltenname) zum Einsatz, da oft nicht generell auf irgendeine Änderung reagiert werden soll, sondern sehr differenziert auf Änderungen in bestimmten Feldern. Möchten Sie mehrere Felder daraufhin überprüfen, ob zumindest eines von ihnen geändert wird, so verknüpfen Sie die Abfrage für die einzelnen Felder mit OR:

```
IF UPDATE(feld1) OR UPDATE(feld2) OR UPDATE(feld3) ...
```

Soll ein SQL-Block nur ausgeführt werden, falls mehrere Felder gemeinsam geändert werden, so verknüpfen Sie die Bedingungen mit AND:

```
IF UPDATE(feld1) AND UPDATE(feld2) AND UPDATE(feld3) ...
```

Natürlich können Sie auch NOT verwenden, wenn die Bedingung lautet, dass ein bestimmtes Feld nicht geändert wird:

```
IF UPDATE(feld1) AND NOT UPDATE(feld2) ...
```

Der Trigger für die Änderung einer Bestellposition könnte so realisiert werden:

```
CREATE TRIGGER bestellpositionen_upd
ON dbo.bestellpositionen
AFTER UPDATE
AS
BEGIN
    SET NOCOUNT ON;

    IF UPDATE(artikel) OR UPDATE(menge)
    BEGIN
        UPDATE a
        SET a.bestellmenge = a.bestellmenge - d.menge
        FROM deleted d
        INNER JOIN dbo.artikel a ON d.artikel = a.artnr;

        UPDATE a
        SET a.bestellmenge = a.bestellmenge + i.menge
        FROM inserted i
        INNER JOIN dbo.artikel a ON i.artikel = a.artnr;
    END;
END;
```

Damit nur dann gebucht wird, wenn dies aufgrund der geänderten Daten notwendig ist, wird zu Beginn mit IF UPDATE(artikel) OR UPDATE(menge) abgefragt, ob eine buchungsrelevante Aktualisierung vorgenommen wurde. Ist dies der Fall, erfolgt zuerst die Rückbuchung der alten Werte. Dieser Anweisungsteil entspricht dem DELETE-Trigger. Die anschließende Buchung des neuen Artikels entspricht genau genommen dem zuvor erläuterten INSERT-Trigger.

Fügen Sie nun testweise wieder eine neue Position ein und ändern Sie wahlweise die Artikelnummer, die Bestellmenge oder beides, um die Veränderungen zu beobachten. Entsprechende Beispielanweisungen finden Sie im Skript zum Kapitel.

Kombinierte Trigger

 PRAXISTIPP: Ein Trigger kann für ein, zwei oder alle drei DML-Anweisungstypen eingesetzt werden. Für das vorangegangene Beispiel könnte man sich überlegen, ob sich nicht alle drei Trigger durch einen einzigen ersetzen lassen. Dies ist in diesem Beispiel leicht möglich, da beim UPDATE-Trigger eine Kombination der Anweisungen von INSERT- und DELETE-Trigger verwendet wird.

Verwenden wir den nachfolgenden Trigger als Ersatz für drei einzelne Trigger, müssen bei der Definition des Triggers alle drei Ereignisse – INSERT, UPDATE und DELETE – angegeben werden.

Der Beispiel-Trigger besteht aus zwei SQL-Anweisungen, welche die gelöschten Werte abbuchen und die neuen Werte zubuchen. Funktioniert dies nun bei allen drei Ereignissen korrekt?

- INSERT: Werden neue Datensätze eingefügt, sind diese in der Tabelle *inserted* enthalten; die Tabelle *deleted* hingegen ist leer. Es erfolgt, auch wenn die erste UPDATE-Anweisung ausgeführt wird, keine Retourbuchung. Dies ist der Fall, weil über den Inner Join keine Zeilen zurückgegeben werden, falls die Tabelle *deleted* leer ist. Die zweite Anweisung bucht die erfassten Werte, da diese in der Tabelle *inserted* enthalten sind. Dies erfolgt, da die Bedingung IF UPDATE() bei INSERT-Vorgängen immer positiv ausgewertet wird.

- UPDATE: Bei einem UPDATE sind sowohl die Tabelle *inserted* als auch die Tabelle *deleted* gefüllt. Die alten Werte werden retourgebucht und durch die neuen ersetzt.

- DELETE: Da nur die Tabelle *deleted* Zeilen enthält, kommt es zwar zu einer Rückbuchung der gelöschten Zeilen, da aber die Tabelle *inserted* leer ist, zu keiner neuen Buchung. Damit auch bei einem Löschvorgang die Buchung ausgeführt wird, wird für diesen die Bedingung (SELECT COUNT(*) FROM inserted) = 0 ergänzt.

Um die drei vorigen Trigger zu ersetzen, verwenden Sie den nachfolgenden:

```
CREATE TRIGGER bestellpositionen_ins_upd_del
ON dbo.bestellpositionen
AFTER INSERT, UPDATE, DELETE
AS
BEGIN
    SET NOCOUNT ON;

    IF UPDATE(artikel) OR UPDATE(menge) OR (SELECT COUNT(*) FROM inserted) = 0
    BEGIN
        UPDATE a
        SET a.bestellmenge = a.bestellmenge - d.menge
        FROM deleted d
        INNER JOIN dbo.artikel a ON d.artikel = a.artnr;

        UPDATE a
        SET a.bestellmenge = a.bestellmenge + i.menge
        FROM inserted i
        INNER JOIN dbo.artikel a ON i.artikel = a.artnr;
    END;
END;
```

ACHTUNG! Wenn Sie diesen kombinierten Trigger anlegen, ohne die vorherigen einzeln startenden Trigger zu löschen, werden sämtliche Vorgänge doppelt ausgeführt, da dann bei jedem Ereignis beide Trigger feuern. Beim SQL Server ist es möglich, mehrere Trigger zu haben, die beim selben Ereignis ausgelöst werden.

Löschen Sie diese Trigger mit DROP TRIGGER oder deaktivieren Sie sie:

```
ALTER TABLE dbo.bestellpositionen
DISABLE TRIGGER bestellpositionen_ins;
```

Derart deaktivierte Trigger können auch mit der Anweisung ENABLE TRIGGER wieder aktiviert werden. Deaktivierte Trigger werden im Objekt-Explorer mit einem kleinen roten Abwärtspfeil im rechten unteren Eck des Symbols dargestellt. Die Befehle AKTIVIEREN und DEAKTIVIEREN sind bei Triggern auch im Kontextmenü zu finden.

 PRAXISTIPP: Das Deaktivieren und Aktivieren von Triggern ist beim Testen von unterschiedlichen Triggern sehr praktisch. So kann man zum Beispiel eine neuere Version eines Triggers mit einem anderen Namen erstellen und dann alternativ die alte und die neue Version aktivieren, bis diese dann ausgetestet ist und dann endgültig zum Einsatz kommt. Dies ist vor allem dann praktisch, wenn man gerade keine separate Testumgebung zur Verfügung hat oder es sich offenhalten möchte, leicht und schnell zur älteren Version zurück zu wechseln.

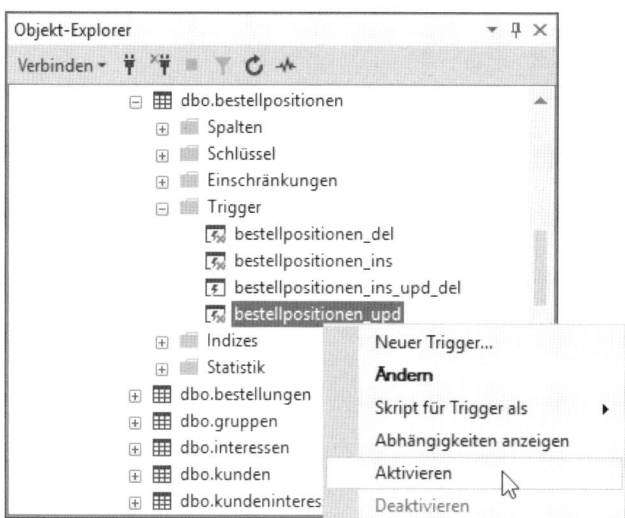

Bild 6.32 Trigger deaktivieren und aktivieren

Trigger zur Eingabeprüfung

Eine Abbruchbedingung verwenden Sie in einem Trigger dann, wenn das Verändern der Werte unterbunden werden soll. Dies kann in folgender Situation notwendig sein: Der eingefügte Datensatz enthält Werte, die einer im Trigger überprüften Geschäftsregel widersprechen. Trigger werden dazu verwendet, Eingabeprüfungen vorzunehmen, die für ein Constraint zu komplex sind und von einem solchen daher nicht überprüft werden können.

 HINWEIS: Wann ist eine Geschäftsregel eigentlich zu komplex, um mit einem Trigger umgesetzt zu werden? Check-Constraints sind bei der Validierung von Eingaben auf Ausdrücke angewiesen, und können nur auf Inhalte des betroffenen Datensatzes zugreifen. Inhalte anderer Datensätze oder gar anderer Tabellen stehen Ihnen bei der Prüfung nicht zur Verfügung. Ein einziger Workaround wäre eine benutzerdefinierte Funktion, die im Ausdruck verwendet wird und dies erledigt.

Ist eine Prüfung so komplex, dass sie sich nicht über einen Ausdruck abbilden lässt, sondern Programmlogik mit Bedingungen oder gar Schleifen benötigt, muss sie ebenfalls mit einem Trigger implementiert werden.

Wir verwenden für unser erstes Beispiel eine einfache Abbruchbedingung: Datenänderungen dürfen nur während der Geschäftszeiten zwischen 8 und 16 Uhr erfolgen.

Kommt man bei der Prüfung zum Schluss, dass der Vorgang abzubrechen ist, müssen zwei Dinge getan werden:

1. Vorgang mit ROLLBACK TRANSACTION beziehungsweise ROLLBACK abbrechen
2. Ausgeben einer Fehlermeldung mit RAISERROR oder THROW

Mit RAISERROR kann sowohl auf benutzerdefinierte Fehlermeldungen, die in der Tabelle *sysmessages* gespeichert sind, zurückgegriffen als auch unmittelbar eine Fehlermeldung mit einem direkt erfassten Text ausgegeben werden.

```
RAISERROR (fehlercode|eigene fehlermeldung, schweregrad, status)
```

Ist eine benutzerdefinierte Fehlermeldung in der Tabelle *sysmessages* definiert, kann ein benutzerdefinierter Fehlercode verwendet werden. Benutzerdefinierte Fehlercodes sind jenseits der Zahl 50.000 angesiedelt. Sogenannte Ad-hoc-Fehlermeldungen, bei denen der Text der Fehlermeldung direkt erfasst wird, erhalten den Fehlercode 50.000. Der Schweregrad des Fehlers ist ein Wert zwischen 0 und 25 und in dieser Situation nur von informativer Natur. Der Schweregrad 15 oder 16 ist für mit RAISERROR erzeugte User Error vorgesehen. Der Fehlerstatus ist eine Zahl von 1 bis 127. Diesem Status kommt nur in ganz speziellen Situationen eine Bedeutung zu. Im Zusammenhang mit Ad-hoc-Fehlermeldungen ist der Status bedeutungslos und es wird daher 1 verwendet.

ACHTUNG! Der Programmablauf wird durch eine Fehlermeldung nicht – wie Sie es vielleicht von einer anderen Programmiersprache her gewohnt sind – unterbrochen. Soll dies dennoch geschehen, verlassen Sie bitte den Trigger oder die Prozedur mit RETURN.

Als Alternative zu RAISERROR bietet der SQL Server ab der Version 2012 das im vorigen Kapitel beschriebene THROW an. Dieses beendet den Programmablauf im Gegensatz zu RAISERROR, daher können Sie in diesem Fall auf das RETURN verzichten.

In unserem Beispiel soll der Programmablauf nicht einfach unterbrochen, sondern das Einfügen der fehlerhaften Daten unterbunden werden. Daher wird die aktuelle Transaktion mit der Anweisung ROLLBACK zurückgerollt. ROLLBACK rollt die gesamte Transaktion zurück, in deren Verlauf es zum Feuern des Triggers gekommen ist. Der Trigger selber wird dadurch nicht verlassen, wenn danach noch weitere Anweisungen folgen. Falls dies der Fall sein soll, beenden Sie den Trigger zum Beispiel mit RETURN.

```
CREATE TRIGGER dbo.artikel_ins_upd_del
ON dbo.artikel
FOR INSERT, UPDATE, DELETE
AS
BEGIN
    SET NOCOUNT ON;

    IF DATEPART(hour, SYSDATETIME()) NOT BETWEEN 8 AND 15
    BEGIN
        ROLLBACK;
        RAISERROR ('Datenmanipulation nur in der Geschäftszeit!', 16, 1);
        RETURN;
    END;
    -- ...
    -- beliebige weitere Anweisungen
END;
```

Versuchen Sie außerhalb des definierten Zeitraums zum Beispiel ein UPDATE auf die Tabelle *artikel*,

```
UPDATE dbo.artikel
SET vkpreis = vkpreis * 1.05
WHERE gruppe = 'BE';
```

erhalten Sie folgende Fehlermeldung, eigentlich sind es zwei:

```
Nachricht 50000, Stufe 16, Status 1, Prozedur artikel_ins_upd_del, Zeile 11
[Batchstartzeile 1455]
Datenmanipulation nur in der Geschäftszeit!
Meldung 3609, Ebene 16, Status 1, Zeile 1456
Die Transaktion endete mit dem Trigger. Der Batch wurde abgebrochen
```

Auch wenn Sie in der Tabelle direkt editieren, zum Beispiel nachdem Sie sie über den Objekt-Explorer über das Kontextmenü geöffnet haben, erhalten Sie dieselbe Fehlermeldung.

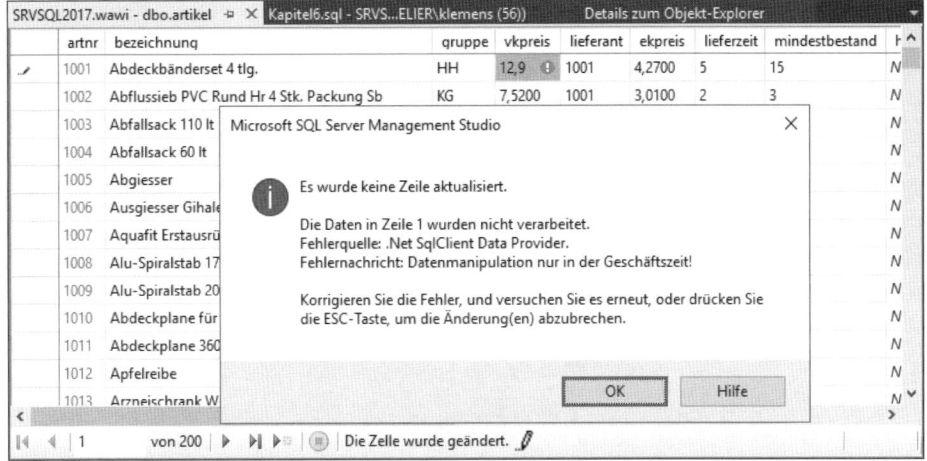

Bild 6.33 Fehlermeldung beim Editieren von Daten nach einem Abbruch über Trigger

Wenn Sie dieses Beispiel mit THROW lösen, benötigen Sie das RETURN nach dem Werfen des Fehlers nicht mehr. Achten Sie aber unbedingt darauf, dass die Anweisung vor dem THROW mit einem Semikolon abgeschlossen werden muss, um keinen Fehler zu erzeugen. Da wir ja mittlerweile generell das Semikolon am Ende der einzelnen Anweisungen verwenden, sollte dies nicht mehr ungewohnt sein.

```
CREATE TRIGGER dbo.artikel_ins_upd_del
ON dbo.artikel
FOR INSERT, UPDATE, DELETE
AS
BEGIN
    SET NOCOUNT ON;

    IF DATEPART(hour, GETDATE()) NOT BETWEEN 8 AND 15
    BEGIN
        ROLLBACK;
        THROW 50000, 'Datenmanipulation nur in der Geschäftszeit!', 1;
    END;
    -- ...
    -- beliebige weitere Anweisungen
END;
```

Als weiterer Unterschied ist beim Testen erkennbar, dass nur mehr die benutzerdefinierte Fehlermeldung ausgegeben wird. Die zweite, die darauf hinweist, dass der Batch im Trigger geendet hat, entfällt. Aus meiner Sicht wird sie ohnehin nicht benötigt und ich sehe das daher als absoluten Vorteil.

```
Nachricht 50000, Stufe 16, Status 1, Prozedur artikel_ins_upd_del, Zeile 11
[Batchstartzeile 1450]
Datenmanipulation nur in der Geschäftszeit!
```

Um Ihnen zu zeigen, dass ein Trigger wirklich universell und vom Frontend unabhängig immer funktioniert, habe ich für Sie noch eine Abbildung ergänzt. Diese zeigt eine Access-Datenbank, in der die Tabellen der SQL Server-Datenbank *wawi* über ODBC verknüpft sind.

Dort habe ich die Tabelle *artikel* geöffnet und versucht, den Preis eines Artikels zu verändern. Beim Versuch, diese Änderung zu speichern, erhalte ich eine Fehlermeldung mit genau dem Text, den wir in der THROW-Anweisung verwendet haben. Und natürlich habe ich auch hier keine Chance, einen Datensatz zu verändern, sofern es bereits später als 16 Uhr ist.

Bild 6.34 Fehlermeldung in einer Access-Datenbank

In der Fehlermeldung im Frontend finden sich sowohl der im Trigger definierte Hinweistext als auch der vergebene Fehlercode wieder. Auf diesen kann gegebenenfalls im Error Handling des Frontends verwiesen werden.

 PRAXISTIPP: Ich persönlich bevorzuge die einfacher zu verwendende Anweisung THROW. Allerdings weist RAISERROR auch Vorteile auf. So können für diese Anweisung analog zu Systemfehlermeldungen mit der Systemprozedur sp_addmessage eigene Fehlercodes mit einem Codewert jenseits von 50.000 in verschiedenen Sprachen hinterlegt werden. Im Fehlerfall wird dann automatisch die Meldung derjenigen Sprache zurückgegeben, die der Benutzer gerade verwendet. Gibt es für diese Sprache keinen eigenen Text, wird der englische herangezogen. Verwenden Sie THROW, müssen Sie sich selbst darum kümmern, wie der Fehlertext aussieht. Auch dynamische Elemente müssen Sie selber in den Text einbauen, da es im Gegensatz zu RAISERROR keine Platzhalter im Text gibt. Dafür ist der Einsatz von THROW einfacher und die empfohlene Variante.

Als zweites Beispiel möchte ich Ihnen nun einen Trigger zeigen, der bei der Eingabeprüfung auf den Inhalt einer anderen Tabelle zugreift.

Wieder erzeugen wir einen Trigger für die Tabelle *bestellpositionen*. Diesmal soll der Trigger verhindern, dass irgendeine Änderung an den Bestellpositionen vorgenommen wird, sobald eine Bestellung abgeschlossen und versendet worden ist. Dies manifestiert sich durch den Statuswert in der Kopftabelle *bestellungen*, der von 1 auf 2 geändert wird. Dazu soll ein Trigger programmiert werden, der verhindert, dass bestehende Positionen verändert oder gar gelöscht werden und dass neue Positionen zu dieser Bestellung nachträglich ergänzt werden.

Der Trigger mit dem Namen `bestellpositionen_check_ins_upd_del` wird für alle drei Ereignisse definiert. Der Trigger muss den Vorgang abbrechen, wenn sich auch nur in einer der beiden internen Trigger-Tabellen *inserted* oder *deleted* zumindest eine Bestellnummer findet, deren Bestellung in der Tabelle *bestellungen* in der Spalte *status* einen Wert aufweist, der zu einer Sperrung der Tabelle führen muss. Damit einfach konfigurierbar ist, für welche Statuswerte eine Sperre gelten soll, findet sich in der Tabelle *status* die Spalte *gesperrt* mit dem Datentyp *bit*. Damit können später noch leicht weitere Statuswerte ergänz werden, die es im Moment noch nicht gibt. Dies könnten beispielsweise Werte wie „geliefert" oder „teilweise geliefert" sein. Mit Bild 6.35 können Sie sich ein Bild von dieser Tabelle machen.

	stid	bezeichnung	gesperrt
1	1	erfasst	0
2	2	abgeschlossen	1
3	9	storniert	1

Bild 6.35 Statuswerte für Bestellungen

Im Trigger verknüpfen wir im ersten Schritt die Tabelle *inserted* mit den Tabellen *bestellungen* und *status*. Aufgrund des Inner Joins werden dabei ohnehin nur betroffene Zeilen aus diesen Tabellen gewählt. Zusätzlich müssen wir nur noch auf den Wert 1 für die Spalte *gesperrt* filtern und die Anzahl der zurückgelieferten Zeilen mit `COUNT(*)` zählen. Ist dieser Wert größer als Null, gibt es Positionen, die nicht mehr verändert werden dürfen, und der Vorgang ist abzubrechen. Mit der beschriebenen Anweisung prüfen wir neu eingefügte und geänderte Werte, da wir hier die Tabelle *inserted* einsetzen. Bei der Änderung werden nicht nur Positionen einer gesperrten Bestellung erfasst, sondern auch bestehende Positionen, die man durch eine Änderung der Bestellnummer – auch wenn dies in der Praxis nicht häufig vorkommen wird – einer bereits gesperrten Bestellung neu zuordnen würde.

Im zweiten Schritt wird die gleiche Anweisung mit der Tabelle *deleted* anstelle von *inserted* verwendet. Hierbei werden die Fälle berücksichtig, dass entweder eine Position einer gesperrten Bestellung gelöscht oder durch ein Update auf eine andere Bestellung verschoben wird, die noch nicht gesperrt ist. Dieser Fall einer Änderung würde nämlich bei der ersten Prüfung noch durchrutschen. Diese zweite Prüfung wird sinnvollerweise natürlich nur dann vorgenommen, wenn die erste Prüfung noch keinen Grund für einen Abbruch gefunden hat.

In beiden Fällen wird die Anzahl der Treffer in der Variablen `@anz` gespeichert. Ist der Inhalt dieser Variablen letztendlich größer als null, wird das Rollback durchgeführt und der Vorgang abgebrochen.

```
CREATE TRIGGER dbo.bestellpositionen_check_ins_upd_del
ON dbo.bestellpositionen
FOR INSERT, UPDATE, DELETE
AS
BEGIN
    SET NOCOUNT ON;
    DECLARE @anz int;

    SET @anz = (SELECT COUNT(*)
                FROM dbo.bestellungen b
                INNER JOIN inserted i ON b.bestnr = i.bestnr
                INNER JOIN dbo.status s ON b.status = s.stid
                WHERE s.gesperrt = 1);

    IF @anz = 0
        SET @anz = (SELECT COUNT(*)
                    FROM dbo.bestellungen b
                    INNER JOIN deleted d ON b.bestnr = d.bestnr
                    INNER JOIN dbo.status s ON b.status = s.stid
                    WHERE s.gesperrt = 1);

    IF @anz > 0
    BEGIN
        ROLLBACK;
        THROW 50012, 'Keine Änderungen mehr an dieser Bestellung.', 1;
    END;
END;
```

Versuchen wir nun zum Beispiel, die Bestellmenge bei einer bereits abgeschlossenen Bestellung zu ändern, greift der Trigger für die Tabelle *bestellpositionen*, obwohl der Grund für den Abbruch in der Tabelle *bestellungen* zu finden ist.

```
UPDATE dbo.bestellpositionen
SET menge = menge * 2
WHERE bestnr = 1001 AND position = 1;
```

liefert:

```
Nachricht 50012, Stufe 16, Status 1, Prozedur bestellpositionen_check_ins_upd_del,
Zeile 28 [Batchstartzeile 1545]
Keine Änderungen mehr an dieser Bestellung.
```

 HINWEIS: Im Skript zu diesem Kapitel finden Sie ein weiteres Beispiel für einen Trigger für die Tabelle *kundeninteressen*. Dieser verhindert, dass Kunden, die bereits inaktiv sind, noch weitere Interessen zugeordnet werden oder bestehende Zuordnungen geändert werden.

6.2.2 Triggerreihenfolge festlegen

Wie aus den vorangegangenen Beispielen ersichtlich, kann es für eine Tabelle mehrere Trigger geben, die für dasselbe Ereignis starten. Wir haben für die Tabelle *bestellpositionen* zuerst den Trigger geschrieben, der die offene Bestellmenge in der Artikeltabelle den Gegebenheiten anpasst. Nun haben wir einen zweiten Trigger ergänzt, der die beschriebenen Eingabeprüfungen durchführt. Beide Trigger starten bei allen drei DML-Ereignissen.

Da einer der beiden Trigger die Transaktion gegebenenfalls abbricht, wäre es sinnvoll, wenn er vor dem Trigger feuert, der noch zusätzliche Schreibzugriffe auf die Datenbank ausführt. Denn es macht ja schließlich keinen Sinn, den einen Trigger noch weitere Arbeiten erledigen zu lassen, um diese danach gleich wieder rückgängig zu machen. Um dieses Verhalten zu verhindern, gibt es grundsätzlich zwei Vorgangsweisen:

- Die Inhalte der beiden Trigger werden in einem gemeinsamen Trigger zusammengefasst. Damit ist es ein Einfaches, die zusätzlichen Aktionen nur dann zu starten, wenn kein Abbruch erfolgen muss. In diesem Fall würde man einen AFTER-Trigger einsetzen, der sowohl Eingabeprüfungen erledigt als auch für weitere Aktionen zuständig ist.

- Die Reihenfolge für den Start von Triggern, die für ein und dasselbe Ereignis feuern, kann über die Systemprozedur `sp_settriggerorder` festgelegt werden.

In diesem Abschnitt möchte ich Ihnen zeigen, wie Sie die Systemprozedur `sp_settriggerorder` für das Festlegen von Startreihenfolgen verwenden können. Vorweg möchte ich in einem kleinen Test deutlich machen, in welcher Reihenfolge die Trigger ohne eine Festlegung über diesen Weg starten. Diese ist allerdings nicht fix und mehr oder weniger zufällig. Dazu füge ich am Beginn des Triggers zur Eingabeprüfung, der aus unserer Sicht zuerst starten sollte, die Anweisung `PRINT 'erster Trigger'` ein. In den bereits zuvor erstellen Trigger `bestellpositionen_ins_upd_del` ergänze ich an der gleichen Stelle die Anweisung `PRINT 'zweiter Trigger'`. Nun führe ich ein Update aus, von dem ich weiß, dass es durch den Trigger zur Eingabeprüfung zurückgerollt werden wird.

```
UPDATE dbo.bestellpositionen
SET menge = 44
WHERE bestnr = 1004 AND position = 4;
```

Diese Anweisung liefert das Ergebnis, das in Bild 6.36 angezeigt wird. Es wird ersichtlich, dass in diesem Testfall zuerst der Trigger startet, der aus unserer Sicht erst danach gestartet werden sollte. Zuerst startet der zweite Trigger, der noch zusätzliche Arbeit verrichtet. Danach erst startet der erste Trigger, der die Eingabeprüfung erledigt und die ganze Aktion mit einem ROLLBACK beendet, wie an der am Ende ausgegebenen Fehlermeldung ersichtlich ist.

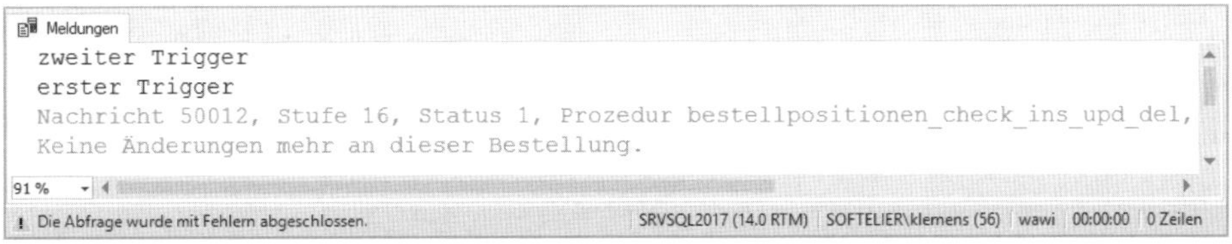

Bild 6.36 Sichtbar gemachte Startreihenfolge für zwei Trigger

Damit diese sinnlose Vorgangsweise nicht weiterhin besteht, verändern wir nun die Startreihenfolge der Trigger mit der Systemprozedur sp_settriggerorder. Dabei müssen wir Folgendes berücksichtigen:

- Für jedes Ereignis kann festgelegt werden, welcher Trigger als erster und welcher als letzter gestartet werden soll. Damit kann für maximal drei Trigger die exakte Startreihenfolge festgelegt werden. Aber ich habe in der Praxis tatsächlich noch nie mehr als zwei Trigger für ein Ereignis verwendet, im Allgemeinen sollte man mit dieser Anzahl gut auskommen.

- Die Reihenfolge ist für jedes Ereignis separat festzulegen. Wenn es notwendig wäre, könnten also dieselben Trigger für unterschiedliche Ereignisse sogar in einer anderen Reihenfolge starten.

Der Prozedur sp_settriggerorder müssen drei Parameter übergeben werden: Der Name des Triggers (@triggername), die Reihenfolge (@order) sowie das Ereignis (@stmttype). Für die Reihenfolge werden die Werte first, last oder none verwendet. Für das Ereignis werden – wie Sie wahrscheinlich ohnehin erwarten werden – die Optionen insert, update und delete eingesetzt. Als Ergebnis gibt die Prozedur 0 oder 1 zurück, wobei 1 für einen Fehler steht. Die Prozedur besitzt zwar noch einen vierten Parameter, der gelangt aber für DML-Trigger nicht zur Anwendung.

Um in unserem Beispiel den Trigger bestellpositionen_check_ins_upd_del zuerst starten zu lassen, starten wir die folgenden Anweisungen, damit dies für alle drei verwendeten Ereignisse festgelegt wird.

```
DECLARE @fehler bit;
EXEC @fehler = sp_settriggerorder 'dbo.bestellpositionen_check_ins_upd_del', 'first',
                                  'insert';
PRINT @fehler;
EXEC @fehler = sp_settriggerorder 'dbo.bestellpositionen_check_ins_upd_del', 'first',
                                  'update';
PRINT @fehler;
EXEC @fehler = sp_settriggerorder 'dbo.bestellpositionen_check_ins_upd_del', 'first',
                                  'delete';
PRINT @fehler;
```

Idealerweise wird für diese Anweisungen mit PRINT dreimal eine Null ausgegeben.

Führen wir nun die zuvor verwendete UPDATE-Anweisung ein weiteres Mal aus, wird der zweite Trigger nach dem durch den ersten Trigger verursachten Abbruch gar nicht mehr gestartet:

```
erster Trigger
Nachricht 50012, Stufe 16, Status 1, Prozedur bestellpositionen_check_ins_upd_del,
Zeile 30 [Batchstartzeile 1544]
Keine Änderungen mehr an dieser Bestellung.
```

Fügen Sie eine weitere Position zu einer neuen Bestellung ein, werden beide Trigger in der nun vorgegebenen Reihenfolge ausgeführt.

```
DECLARE @nr int = (SELECT MAX(bestnr) FROM dbo.bestellungen WHERE status = 1);
DECLARE @pos tinyint = (SELECT ISNULL(MAX(position), 0) + 1
                        FROM dbo.bestellpositionen
                        WHERE bestnr = @nr);
```

```
INSERT INTO dbo.bestellpositionen (bestnr, position, artikel, bezeichnung, menge,
                                   preis, rabatt)
SELECT @nr, @pos, artnr, bezeichnung, 5, ekpreis, 15
FROM dbo.artikel WHERE artnr = 1357;
```

liefert:

```
erster Trigger
zweiter Trigger
(1 Zeile(n) betroffen)
```

Diese sinnvollere Startreihenfolge ist nun fixiert und bleibt auch fix bestehen, solange nichts anderes explizit festgelegt wird.

 ACHTUNG! Wenn Sie für Testzwecke PRINT-Anweisungen in Triggern verwenden, vergessen Sie nicht, diese nach dem Test auch wieder zu entfernen oder zumindest auszukommentieren. Sie sollten keinesfalls im Echtbetrieb verwendet werden. Es gilt hier nämlich analog das, was früher in diesem Kapitel zum Einsatz von SET NOCOUNT ON festgehalten ist.

 ACHTUNG! Einen nicht unwichtigen Aspekt dürfen Sie keinesfalls außer Acht lassen. Wenn Sie einen Trigger mit ALTER TRIGGER ändern, verliert der Trigger die zugewiesene Reihenfolge. Daher muss danach die Prozedur sp_settrigger-order unbedingt erneut aufgerufen werden. Das Gleiche gilt natürlich, wenn Sie einen Trigger löschen und neu erstellen.

6.2.3 INSTEAD OF-Trigger

Ein INSTEAD OF-Trigger führt eine Aktion anstelle derjenigen aus, die ihn ausgelöst hat. Das auslösende Ereignis wird dadurch neutralisiert.

INSTEAD OF-Trigger können für Tabellen sowie für Views erstellt werden. Bei Views (Sichten) werden diese Trigger vor allem dann eingesetzt, wenn die View selber nicht aktualisierbar ist. Die Aktualisierung wird dann direkt an die zugrunde liegende Tabelle umgeleitet und damit quasi indirekt durchgeführt.

 ACHTUNG! Für jede Tabelle oder jede View kann für jedes Ereignis nur ein einziger INSTEAD OF-Trigger erzeugt werden.

Betrachten wir die Funktionsweise eines solchen Triggers anhand des folgenden Beispiels:

Wenn ein Artikel gelöscht wird, soll dies nicht tatsächlich geschehen; stattdessen soll die Spalte *aktiv* auf *Nein* gesetzt werden. Dies soll für Benutzer vollkommen transparent sein.

Das heißt, Benutzer können wie gewohnt eine DELETE-Anweisung verwenden. Tatsächlich wird der Datensatz aber nicht gelöscht, sondern auf inaktiv gesetzt. Zusätzlich wird noch protokolliert, wann dies geschehen ist und wer es getan hat.

Für dieses Beispiel benötigen wir in der Artikeltabelle die folgenden drei Spalten:

- *aktiv:* Dieses Feld vom Datentyp *bit* enthält standardmäßig 1 (True). Dieser Wert soll im Falle des Löschens auf 0 (False) gesetzt werden.

- *inaktiv_am:* In diesem Feld vom Datentyp *smalldatetime* wird beim Deaktivieren der aktuelle Zeitpunkt über die Funktion SYSDATETIME() gespeichert.

- *Inaktiv_von:* Hier soll beim Deaktivieren protokolliert werden, wer dies getan hat. Dafür wird eine der Funktionen USER_NAME() oder SUSER_NAME() benutzt.

Der Trigger für die Tabelle *artikel* wird mit der Option INSTEAD OF DELETE definiert. Um alle Artikel, die ursprünglich gelöscht werden sollten, zu deaktivieren, werden die betroffenen Artikelnummern über die Unterabfrage aus der Tabelle *deleted* ausgelesen.

```
CREATE TRIGGER dbo.artikel_io_del
ON dbo.artikel
INSTEAD OF DELETE
AS
BEGIN
    SET NOCOUNT ON;

    UPDATE dbo.artikel
    SET aktiv = 0,
        inaktiv_am = SYSDATETIME(),
        inaktiv_von = SUSER_NAME() -- oder: USER_NAME()
    WHERE artnr IN (SELECT artnr FROM deleted)
    AND aktiv = 1;
END
```

Testen Sie bitte den Trigger, indem Sie den Artikel mit der Nummer 1606 löschen.

```
DELETE FROM dbo.artikel
WHERE artnr = 1606;
```

liefert:

```
(1 Zeile(n) betroffen)
```

Es scheint also alles so, als wäre der Löschvorgang normal durchgeführt worden. Ein Blick in die Artikeltabelle zeigt allerdings, dass der Artikel noch vorhanden ist, aber als deaktiviert angezeigt wird.

```
SELECT artnr, aktiv, inaktiv_am, inaktiv_von
FROM dbo.artikel
WHERE artnr = 1606;
```

liefert:

```
artnr    aktiv     inaktiv_von          inaktiv_am
-------  --------  -----------------    -----------------------
1606     0         softelier\klemens    2016-10-22 15:04:00
(1 Zeile(n) betroffen)
```

PRAXISTIPP: In der Praxis lässt man Benutzer in einem solchen Szenario mit einer View anstelle einer Tabelle arbeiten, damit derart deaktivierte Artikel gar nicht erst angezeigt werden. Die View filtert diese heraus. Auf diese Weise muss keine einschränkende Bedingung bei einem SELECT ergänzt werden, falls „gelöschte" Artikel nicht mit angezeigt werden sollen.

Die View könnte dazu zum Beispiel wie folgt definiert sein:

```
CREATE VIEW dbo.vw_artikel
AS
    SELECT artnr, bezeichnung, gruppe, vkpreis, vkpreis_netto, lieferant, ekpreis,
           lieferzeit, mindestbestand, hinweis, bestellmenge, mwst,
           aktiv, inaktiv_am, inaktiv_von
    FROM dbo.artikel
    WHERE aktiv = 1;
```

Mit der Anweisung SELECT * FROM dbo.vw_artikel werden deaktivierte Artikel nicht mehr angezeigt. Wird anstelle der Tabelle nur mehr die Sicht verwendet, entsteht sogar der Eindruck, als seien diese Artikel gelöscht.

Natürlich wirkt der Trigger auch, wenn nur über die View gearbeitet wird. Löschen wir zum Beispiel einen weiteren Artikel, diesmal über die View.

```
DELETE FROM dbo.vw_artikel
WHERE artnr = 1707;
```

Wir erhalten die Meldung, dass ein Datensatz gelöscht wurde. In der View ist er auch nicht mehr zu finden. Dies können Sie mit folgender Anweisung kontrollieren:

```
SELECT artnr, bezeichnung
FROM dbo.vw_artikel
WHERE artnr = 1707;
```

In der Tabelle *artikel* ist der Artikel aber wie bisher noch immer vorhanden.

 PRAXISTIPP: Ich verwende in der Praxis mittlerweile lieber die Funktion SUSER_NAME() anstelle von USER_NAME(), wenn festgehalten werden soll, durch wen ein Vorgang geschehen ist. Der Grund liegt darin, dass als Datenbankbenutzer (USER_NAME()) für Mitglieder der Serverrolle *sysadmin* immer der Name *dbo* zurückgegeben wird. Gibt es mehrere Personen, die dieser Rolle angehören, wird dadurch das Ergebnis verwässert. Der Anmeldename, der mit der Funktion SUSER_NAME() eruiert wird, ist hingegen immer eindeutig. Eine weitere Alternative ist die Verwendung von USER_SID(), aber dieser Wert ist ohne Join mit der Tabelle *sys.database_principals* nicht so sprechend und daher für mich für dieses Beispiel nicht so passend.

Detaillierte Informationen zu Anmeldenamen und Benutzernamen sowie den drei erwähnten Funktionen finden Sie in Kapitel 10.

6.2.4 Rekursive Trigger

Wenn ein Trigger Daten in einer anderen Tabelle ändert, kann es vorkommen, dass dadurch ein weiterer Trigger feuert, der in der Zieltabelle zum Beispiel als UPDATE-Trigger definiert ist. Dieser Trigger kann seinerseits eine Datenänderung in einer anderen Tabelle vornehmen und damit einen weiteren Trigger auslösen.

SQL Server unterstützt solche geschachtelten Trigger, allerdings nur bis zu einer Schachtelungstiefe von 32 Ebenen. Dasselbe gilt, falls sich gespeicherte Prozeduren gegenseitig aufrufen. Jeder Trigger, jede Funktion, jede Prozedur und jede View, die sich gegenseitig aufrufen, erhöhen die Schachtelungsebene um eins. Wird die Schachtelungstiefe von 32 überschritten, wird die Ausführung mit einem Fehler abgebrochen.

```
Meldung 217, Ebene 16, Status 1, Prozedur xy, Zeile n [Batchstartzeile n]
Die maximale Schachtelungsebene für gespeicherte Prozeduren, Funktionen, Trigger oder
Sichten wurde überschritten (Limit ist 32).
```

Gerade bei Triggern kann es schwierig sein, bei bestimmten Änderungen festzustellen, welche zusätzlichen Änderungen in weiterer Folge durch Trigger ausgelöst werden. Bei Triggern wird zwischen zwei Arten von Rekursion unterschieden:

- *Direkte Rekursion:* Ein Trigger ändert etwas in seiner eigenen Tabelle und ruft sich dadurch selbst auf.
- *Indirekte Rekursion:* Ein Trigger ändert etwas in einer anderen Tabelle, für die wiederum ein anderer Trigger definiert ist. Dieser ändert Daten in der ursprünglichen Tabelle und löst damit den ersten Trigger erneut aus.

 HINWEIS: Die direkte Rekursion kann generell auf Datenbankebene aktiviert oder deaktiviert werden; die indirekte Rekursion nur auf Serverebene.

Der SQL Server ist standardmäßig so konfiguriert, dass er indirekte Rekursion bei Triggern zulässt. Sie können diese Einstellung allerdings deaktivieren. In diesem Fall wird ein Trigger nicht ausgelöst, falls das zugrunde liegende Ereignis durch einen anderen Trigger ausgelöst wurde.

Um die Einstellung zu ändern, öffnen Sie im Objekt-Explorer des Management Studios die Eigenschaften des gewünschten Servers über das Kontextmenü. Im Dialog *Servereigenschaften* wählen Sie unter *Seite auswählen* die Option *Erweitert* aus. Unter der Rubrik *Sonstiges* finden Sie die Eigenschaft *Triggern ermöglichen, weitere Trigger auszulösen*. Diese Option ist standardmäßig auf *True* eingestellt.

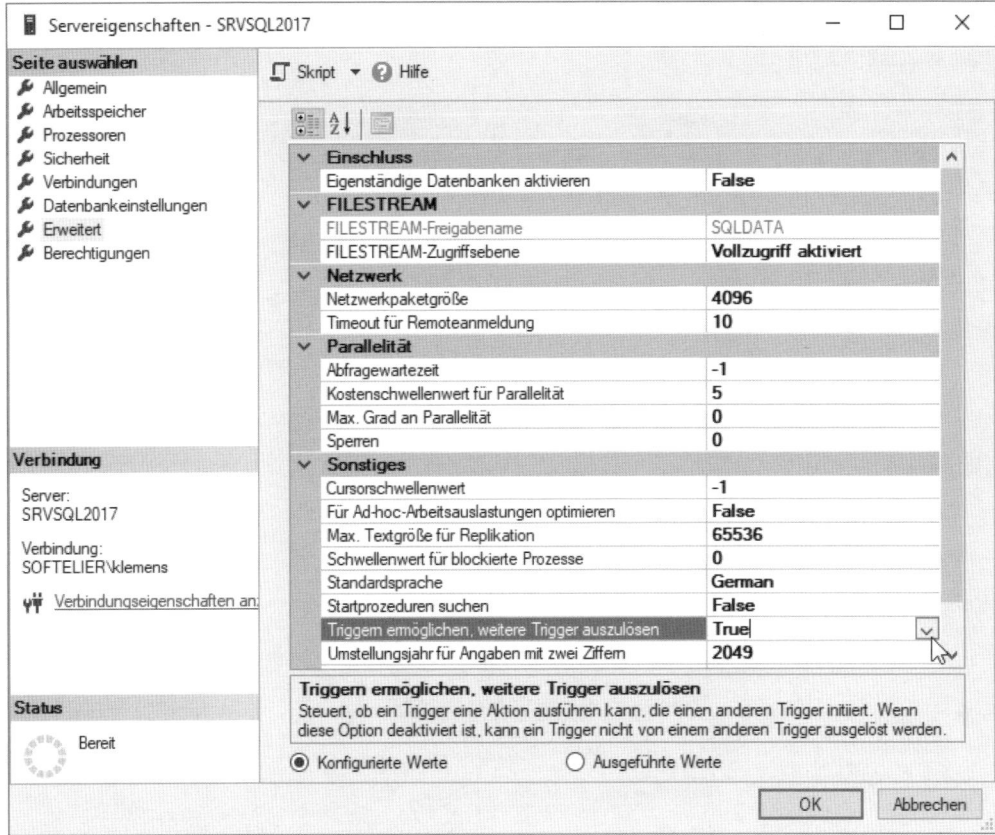

Bild 6.37 Servereigenschaften geschachtelter Trigger

Sie können diese Einstellung auch direkt über Transact-SQL vornehmen:

```
EXEC sys.sp_configure 'nested triggers', 0;
```

Mit dieser Anweisung deaktivieren Sie die Option. Mit 1 anstelle von 0 aktivieren Sie sie wieder. Nach Ausführen dieser Anweisung ist der Wert zwar geändert, aber diese Änderung ist noch nicht aktiv. Um die Änderung auch aktiv zu schalten, müssen Sie noch die Anweisung

```
RECONFIGURE WITH OVERRIDE;
```

ausführen.

Die direkte Rekursion wird auf Datenbankebene gesteuert. Sie ist standardmäßig deaktiviert. Um diese Einstellung zu ändern, öffnen Sie über das Kontextmenü im Objekt-Explorer die Eigenschaften der gewünschten Datenbank. Im Dialog *Datenbankeigenschaften* wählen Sie *Optionen* aus. Unter *Sonstiges* – Sie müssen ein wenig nach unten scrollen – finden Sie die Einstellung *Rekursive Trigger aktiviert* vor.

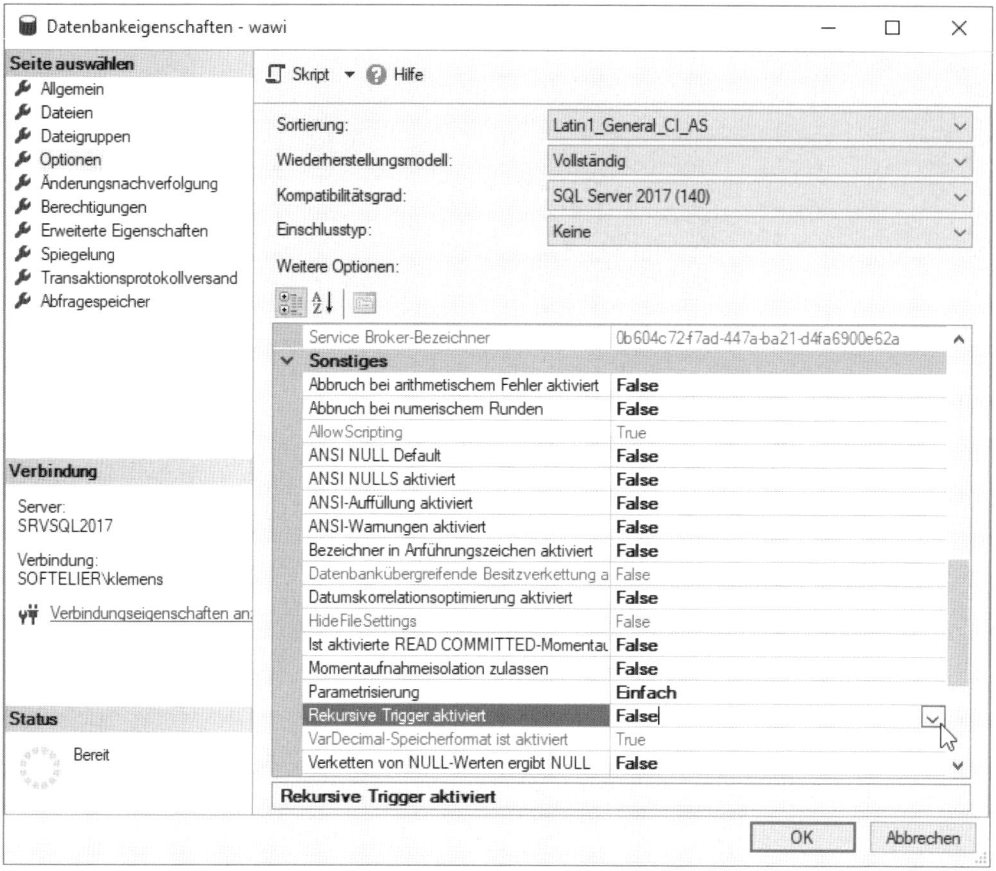

Bild 6.38 Datenbankeigenschaften rekursiver Trigger

Auch diese Einstellung kann über eine Transact-SQL-Anweisung geändert werden. Um die Option für unsere Beispieldatenbank zu aktivieren, verwenden Sie die Anweisung:

```
ALTER DATABASE wawi
SET RECURSIVE_TRIGGERS ON WITH NO_WAIT;
```

Um sie wieder zu deaktivieren, verwenden Sie OFF anstelle von ON.

ACHTUNG! Problematisch ist es in der Praxis, dass diese Einstellung immer für den gesamten Server beziehungsweise die gesamte Datenbank gilt. So ist es durchaus möglich, dass in der Praxis rekursive Trigger – egal ob direkt oder indirekt rekursiv – in einer Anwendungssituation erforderlich, in einer anderen aber absolut störend sind; und dies häufig sogar innerhalb einer Datenbank. Problematisch wird es vor allem dann, wenn Sie für jemanden eine Datenbank entwickeln und gar keinen Einfluss darauf haben, wie die Einstellungen auf dessen Server vorgenommen werden.

PRAXISTIPP: Daher empfiehlt es sich in der Praxis, die Schachtelungstiefe in einem Trigger selber zu überwachen, um damit von den Einstellungen möglichst unabhängig zu sein. (Übrig bleibt lediglich der Problemfall, dass Sie die indirekte Rekursion benötigen und diese auf Serverebene deaktiviert ist. Einstellungen auf Datenbankebene fallen in Ihrer Datenbank in der Regel ohnehin in Ihren Kompetenzbereich als Entwickler.)

Daher ist es zweckmäßig, die Prüfung der Schachtelungstiefe im Trigger selber vorzunehmen und gegebenenfalls eine Ausführung der Trigger-Aktionen dort zu unterbinden.

Um die Schachtelungstiefe im Trigger zu ermitteln, gibt es zwei Möglichkeiten:

- `@@NESTLEVEL`: Diese Systemvariable liefert die absolute Schachtelungstiefe, wobei jeder Trigger, jede Prozedur sowie jede Funktion und View mitgezählt werden. `@@NESTLEVEL` liefert folgende Werte:

  - 0: Es ist im Moment weder eine Prozedur, eine Funktion oder ein Trigger aktiv. Sie erhalten das Ergebnis 0, wenn Sie `@@NESTLEVEL` zum Beispiel direkt in einem Abfrageeditor-Fenster mit SELECT ausgeben.

  - 1: Wann immer eine Prozedur oder ein Trigger aufgerufen ist, erhalten Sie 1 als Schachtelungstiefe.

  - 2 – 32: Wenn eine Prozedur, ein Trigger oder eine Funktion durch eine andere (einen anderen) aufgerufen worden ist, erhalten Sie je nach Schachtelungstiefe einen Wert zwischen 2 und 32.

- `TRIGGER_NESTLEVEL ()`: Diese Funktion zählt nur jene Ebenen mit, die Trigger betreffen. Wird die Funktion ohne Parameter angegeben, wird jeder Trigger-Aufruf gezählt. Sie können zusätzliche Parameter verwenden:

  - *Objekt-ID:* Wird die Objekt-ID eines bestimmten Triggers angegeben, werden nur die Aufrufe dieses Triggers gezählt. Die Objekt-ID holen Sie sich am besten mit der Funktion `OBJECT_ID()`, der Sie als Parameter den Namen des Triggers übergeben.

  - *Triggertyp:* Hier kann das Zählen der Schachtelungstiefe auf einen bestimmten Trigger-Typ eingeschränkt werden. Geben Sie entweder AFTER oder IOT (für INSTEAD OF-Trigger) an.

  - *Ereigniskategorie:* Hier können Sie angeben, ob Sie auf DML- oder DDL-Trigger einschränken möchten. Geben Sie dazu DML oder DDL an.

Wenden wir dies nun in einem Beispiel an:

Wir möchten in unserer Datenbank eine Protokolltabelle erstellen, in der Einfüge-, Änderungs- und Löschvorgänge in ausgewählten Tabellen protokolliert werden. Änderungen, die indirekt über einen Trigger erfolgen, sollen nicht protokolliert werden. Außerdem soll sichergestellt werden, dass einerseits keine Protokolleinträge manuell erfasst werden können und es andererseits nicht möglich ist, bestehende Einträge zu ändern oder gar zu löschen. Damit soll eine Manipulation des Protokolls ausgeschlossen werden.

Wir erstellen zunächst eine Protokolltabelle, in welche die Protokolleinträge geschrieben werden sollen.

Für eine solche Aufgabenstellung existieren zwei mögliche Realisierungsansätze.

- Man erzeugt eine allgemeine Protokolltabelle, in der die Protokolleinträge für die Änderungen in allen zu protokollierenden Tabellen eingetragen werden. Dann speichert man in dieser den Namen der Herkunftstabelle. Sofern die Daten des geänderten Datensatzes auch gespeichert werden sollen, werden diese in einem Feld als String zusammengefasst gespeichert. Hierfür bietet sich der Datentyp VARCHAR(MAX) an.

  Vorteile:

  - Alle Änderungen befinden sich in einer Tabelle. Das Protokoll kann leicht tabellenübergreifend ausgewertet werden, falls man beispielsweise wissen möchte, welche Änderungen ein bestimmter Benutzer in einem bestimmten Zeitraum vorgenommen hat.

  - Die Struktur der Protokolltabelle muss nicht angepasst werden, wenn bei einer der zu protokollierenden Tabellen beispielsweise eine neue Spalte ergänzt wurde.

  Nachteil:

  - Das Befüllen der Protokolltabelle wird umso aufwendiger, je mehr Inhalte Sie in das Protokoll mitnehmen möchten.

- Alternativ kann man für jede Tabelle eine eigene Protokolltabelle vorsehen.

  Vorteile:

  - Sie können die Struktur der Protokolltabellen jeweils an jene der zu protokollierenden Tabelle anpassen. Der Einfügevorgang in die Protokolltabelle wird dadurch einfacher, da Sie nicht die Inhalte aller Spalten zu einem String zusammenfassen müssen.

  - Auswertungen der Protokolldateien, die sich auf die Inhalte der geänderten Spalten beziehen, sind einfacher, da diese Inhalte nicht aus einem Gesamtstring extrahiert werden müssen.

  Nachteile:

  - Auswertungen, die sich auf Benutzer oder Zeiträume und nicht auf eine bestimmte Tabelle beziehen, sind sehr schwierig und aufwendig zu erstellen.

  - Die Protokolltabelle muss bei Änderungen an der Struktur der zu protokollierenden Tabelle immer mit angepasst werden, sofern diese Änderungen sich auch im Protokoll widerspiegeln sollen.

Wir entscheiden uns für die erste Variante mit einer einzigen Protokolltabelle. Diese erzeugen wir mit der nachfolgenden Anweisung:

```
CREATE TABLE dbo.protokoll
( id int IDENTITY CONSTRAINT pk_protokoll PRIMARY KEY,
  tabelle varchar(50) NOT NULL,
  tabelle_id varchar(50) NOT NULL,
  vorgang char(1) CONSTRAINT ck_protokoll_vorgang
              CHECK (vorgang IN('I', 'U', 'D')),
  inhalt varchar(max),
  datum datetime2(0) NOT NULL CONSTRAINT df_protokoll_datum DEFAULT SYSDATETIME(),
  benutzer sysname NOT NULL CONSTRAINT df_protokoll_benutzer DEFAULT SUSER_NAME()
);
```

In der Spalte *tabelle* wird der Name der Tabelle gespeichert, für welche die Änderung protokolliert wird. In der Spalte *tabelle_id* wird der Eintrag der Primärschlüsselspalte des protokollierten Datensatzes gespeichert. Damit ist es möglich, die Protokolleinträge für Auswertungen später mit den Echtdaten in den Ursprungstabellen zu verknüpfen. Da die Datentypen der Primärschlüssel in den Ursprungstabellen unterschiedlich sein können, wird als Datentyp *VARCHAR* verwendet. In diesen können alle anderen Datentypen konvertiert werden. In der Spalte *vorgang* wird vermerkt, ob es sich um einen INSERT- (I), UPDATE- (U) oder DELETE-Vorgang (D) handelt. Die Daten des protokollierten Datensatzes werden als String zusammengesetzt in der Spalte *inhalt* abgelegt. Der Zeitpunkt des Vorgangs wird über den Standardwert mit der Funktion SYSDATETIME() in der Spalte *datum* gespeichert, ebenso wie der Name des Datenbankbenutzers in der Spalte *benutzer*. Hierfür wird der Standardwert mit der Funktion SUSER_NAME() vergeben.

Nun wenden wir uns dem ersten von mehreren Triggern zu. Der Trigger protokoll_ins feuert, wenn ein Datensatz in die Protokolltabelle eingefügt wird. Seine Aufgabe ist es, zu verhindern, dass Zeilen manuell in die Protokolltabelle eingefügt werden. Nur über einen anderen Trigger eingefügte Werte sollen akzeptiert werden.

Liefert die Funktion TRIGGER_NESTLEVEL () den Wert eins, dann ist der Eintrag nicht über einen anderen Trigger erfolgt. Denn sonst müsste diese Funktion mindestens den Wert zwei liefern. (Level eins für den eintragenden Trigger, der zweite Level für den Trigger protokoll_ins selber.) Ist die Trigger-Schachtelungstiefe tatsächlich eins, wird der Vorgang abgebrochen, indem die Transaktion beendet wird.

```
CREATE TRIGGER protokoll_ins
ON dbo.protokoll
FOR INSERT
AS
BEGIN
    SET NOCOUNT ON;

    IF TRIGGER_NESTLEVEL() = 1
    BEGIN
        ROLLBACK;
        THROW 50001, 'Kein direktes Einfügen in Protokolltabelle!', 1;
    END;
END;
```

Wir können dies sofort testen. Versuchen wir über ein simples INSERT, einen Datensatz manuell in die Protokolltabelle einzutragen:

```
INSERT INTO dbo.protokoll (tabelle, tabelle_id, vorgang, inhalt)
VALUES ('Tabelle', 'Tabellen-ID', 'I', 'Inhalt');
```

Prompt erhalten wir die Fehlermeldung, die wir im Trigger mit der Anweisung THROW definiert haben.

```
Meldung 50001, Ebene 16, Status 1, Prozedur protokoll_ins, Zeile 12
[Batchstartzeile 1736]
Kein direktes Einfügen in Protokolltabelle!
```

Der zweite Trigger für die Tabelle *protokoll* feuert für die Ereignisse Ändern und Löschen. Diese Vorgänge sollen unterbunden werden, egal wann und wie sie erfolgen. Deshalb erfolgt sofort ein ROLLBACK TRANSACTION ohne Prüfung einer Bedingung. Damit wird sichergestellt, dass Protokolleinträge nachträglich nicht mehr manipuliert werden können.

```
CREATE TRIGGER protokoll_upd_del
ON dbo.protokoll
FOR UPDATE, DELETE
AS
BEGIN
    SET NOCOUNT ON;

    ROLLBACK;
    THROW 50000, 'Kein Ändern/Löschen von Protokolleinträgen!', 1;
END;
```

Nun kommen wir zu den Triggern, die bei Änderungen an Datensätzen in bestimmten Tabellen diese Änderungen in die Protokolltabelle schreiben. Für jede Tabelle muss ein eigener Trigger geschrieben werden, die aber alle denselben Aufbau aufweisen.

Für unser Beispiel suchen wir uns die Tabelle *artikel* aus. Da wir alle Vorgänge protokollieren möchten und der Name `artikel_ins_upd_del` in unserer Beispieldatenbank schon vergeben ist, definieren wir einen Trigger mit dem Namen `artikel_protokoll` für alle drei DML-Ereignisse. Man könnte natürlich stattdessen auch den vorhandenen Trigger um die neuen Anforderungen erweitern, aber das möchten wir in diesem Fall nicht tun, um das Beispiel überschaubar zu halten.

 HINWEIS: In der Praxis werden meist nur UPDATE- und DELETE-Vorgänge protokolliert. Die Erfassung eines Datensatzes selber wird oft nicht protokolliert, zumal Erfasser und Erfassungszeitpunkt häufig schon direkt im Datensatz gespeichert werden. Sie können, wenn Sie das Beispiel auf Ihre Anwendung anpassen, das INSERT-Ereignis daher auch weglassen.

Zu Beginn des Triggers wird die Variable @vorgang deklariert, um die Art des auslösenden Vorgangs zu speichern. Grund dafür ist, dass bei einer Neuerfassung die zu protokollierenden Daten aus der Tabelle *inserted*, bei Änderungen und Löschungen jedoch aus der Tabelle *deleted* in die Protokolltabelle eingefügt werden. Hintergrund ist, dass bei einer Änderung die alten Werte protokolliert werden, da die neuen Werte ja ohnehin in der Tabelle selber zu finden sind. Bei Löschvorgängen gibt es ohnehin keine neuen Werte.

```
CREATE TRIGGER artikel_protokoll
ON dbo.artikel
AFTER INSERT, UPDATE, DELETE
AS
BEGIN
    SET NOCOUNT ON;
    DECLARE @vorgang char(1);
```

Auch in diesem Trigger muss die Funktion `TRIGGER_NESTLEVEL()` verwendet werden. Grund hierfür ist, dass die Protokollierung nur dann erfolgen soll, wenn der Schreibvorgang in der Artikeltabelle nicht durch einen anderen Trigger erfolgt.

Protokolliert werden sollen nur Änderungen, die entweder durch ein direktes INSERT, UPDATE oder DELETE erfolgen oder über eine gespeicherte Prozedur realisiert werden.

Falls noch kein anderer Trigger im Spiel ist, darf die Funktion TRIGGER_NESTLEVEL() innerhalb unseres neuen Triggers immer nur den Wert eins zurückliefern.

 PRAXISTIPP: Verwenden Sie hier @@NESTLEVEL anstelle von TRIGGER_NESTLEVEL(), falls Sie Änderungen, die über gespeicherte Prozeduren erfolgen, auch nicht protokollieren möchten.

Da der gesamte restliche Codeblock des Triggers in den IF-Block eingebettet ist, geschieht danach nichts, falls die Bedingung nicht erfüllt ist.

```
IF TRIGGER_NESTLEVEL() = 1
BEGIN
    IF (SELECT COUNT(*) FROM deleted) = 0
        SET @vorgang = 'I';
    ELSE IF (SELECT COUNT(*) FROM inserted) = 0
        SET @vorgang = 'D';
    ELSE
        SET @vorgang = 'U';
```

Dass es sich um einen INSERT-Vorgang handelt, erkennt man daran, dass die Tabelle *deleted* leer ist. In diesem Fall wird der Variablen @vorgang ein I zugewiesen. Ist die Tabelle *inserted* leer, muss es sich um einen DELETE-Vorgang handeln. Für diesen wird ein D in die Variable geschrieben. In allen anderen Fällen wird ein U verwendet, da es sich nur mehr um einen UPDATE-Vorgang handeln kann. Diese Kürzel werden danach in der Bedingung verwendet, welche die Art des Vorgangs prüft. Außerdem wird der Inhalt der Variablen @vorgang dann auch in die Spalte *vorgang* der Protokolltabelle geschrieben.

Zuerst wird der Fall für einen Einfüge-Vorgang mit dem Kürzel I abgehandelt. Hier werden in die Protokolltabelle neben dem Tabellennamen (*artikel*) die Artikelnummer, das Vorgangskürzel I und der Inhalt des eingefügten Datensatzes als String zusammengefasst aus der Tabelle *inserted* eingefügt. Die Artikelnummer muss dabei in den Datentyp *Character* konvertiert werden, um dem Datentyp in der Protokolltabelle zu entsprechen.

Beim Zusammenfassen der Daten aller Spalten des Datensatzes müssen alle Spalten, die nicht einen Character-Datentyp haben, in einen solchen konvertiert werden.

 ACHTUNG! Vergessen Sie bitte nicht, dass NULL-Werte von Spalten, die einen solchen enthalten können, mit der ISNULL()-Funktion abgefangen und zum Beispiel durch den Text 'NULL' ersetzt werden müssen. Andernfalls wird der gesamte String NULL und die Protokollierung verfehlt ihr Ziel.

```
IF @vorgang = 'I'
    INSERT INTO dbo.protokoll (tabelle, tabelle_id, vorgang, inhalt)
    SELECT 'artikel', CONVERT(varchar, artnr), @vorgang,
    'artnr=' + CONVERT(varchar,ArtNr) + '; ' +
    'bezeichnung='+ bezeichnung + '; ' +
    'gruppe=' + gruppe + '; ' +
    'vkpreis=' + CONVERT(varchar, vkpreis) + '; ' +
```

```
    'lieferant=' + CONVERT(varchar, lieferant) + '; ' +
    'ekpreis=' + CONVERT(varchar, ekpreis) + '; ' +
    'lieferzeit=' + ISNULL(CONVERT(varchar, lieferzeit),'NULL') + '; ' +
    'mindestbestand=' + ISNULL(CONVERT(varchar, mindestbestand), 'NULL') + '; ' +
    'hinweis=' + ISNULL(hinweis, 'NULL') + '; ' +
    'mwst=' + CONVERT(varchar, mwst) + '; ' +
    'aktiv=' + CONVERT(varchar, aktiv) + '; ' +
    'inaktiv_am=NULL; inaktiv_von=NULL'
    FROM inserted;
```

Im ELSE-Block der Bedingung wiederholt sich der vorige Schritt, hier jedoch für UPDATE- und DELETE-Vorgänge als auslösende Ereignisse. Der Unterschied der hier verwendeten INSERT-Anweisung gegenüber der vorigen ist lediglich, dass anstelle von *inserted* aus der Tabelle *deleted* eingefügt wird.

```
    ELSE
        INSERT INTO dbo.protokoll (tabelle, tabelle_id, vorgang, inhalt)
        SELECT 'artikel', CONVERT(varchar, artnr), @vorgang,
        'artnr=' + CONVERT(varchar,ArtNr) + '; ' +
        ...
        'inaktiv_am='+ISNULL(FORMAT(inaktiv_am,'dd.MM.yyyy hh:mm:ss'),'NULL')+'; '+
        'inaktiv_von=' + ISNULL(inaktiv_von, 'NULL')
        FROM deleted;
    END;
END;
```

HINWEIS: Falls Sie sich die Frage stellen, warum ich hier bei der Konvertierung in einen *VARCHAR* keinen Längenparameter definiere: Wird dieser nicht mit angegeben, wird die Standardlänge von 30 Zeichen verwendet. Damit kann der Längenparameter zur Vereinfachung entfallen, wenn diese Länge mit Sicherheit nicht überschritten wird. ∎

Nun müssen wir das Ergebnis nur noch testen!

ACHTUNG! Werfen Sie zuvor einen Blick auf die Uhr! Falls Sie den früher beschriebenen Trigger artikel_ins_upd_del angelegt haben, verhindert dieser Änderungen in der Artikeltabelle vor 8:00 Uhr und nach 16:00 Uhr. Auch der Trigger artikel_io_del, der das Löschen verhindert, stört unseren Test. (In der Praxis würden diese Trigger in dieser Form nie koexistieren! Gegebenenfalls würde man sie kombinieren oder gegenseitig im Code berücksichtigen.) ∎

Sie können einen Trigger gegebenenfalls auch deaktivieren. Dann müssen Sie ihn nicht löschen, und er kann später erneut aktiviert werden. Deaktivieren Sie einen Trigger mit folgender Anweisung:

```
ALTER TABLE dbo.artikel DISABLE TRIGGER artikel_ins_upd_del;
```

und

```
ALTER TABLE dbo.artikel DISABLE TRIGGER artikel_io_del;
```

Sie können die Trigger später gegebenenfalls mit ENABLE TRIGGER wieder aktivieren. Alternativ können Sie einen Trigger auch im Objekt-Explorer über das Kontextmenü aktivieren und deaktivieren. Deaktivierte Trigger werden im Objekt-Explorer mit einem roten Abwärtspfeil dargestellt.

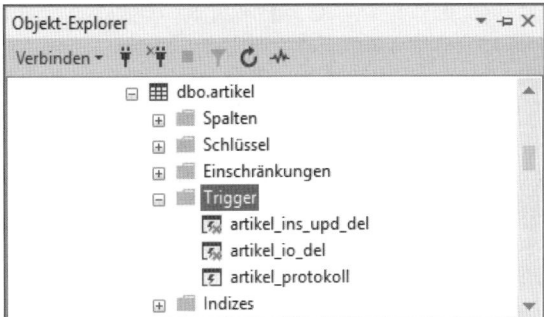

Bild 6.39 Deaktivierte Trigger mit rotem Abwärtspfeil

Noch ist die Protokolltabelle leer. Führen Sie zum Test nun bitte die folgenden drei Anweisungen aus:

```
UPDATE dbo.artikel
SET vkpreis = ROUND(vkpreis * 1.1, 1)
WHERE artnr = 1588;

INSERT INTO dbo.artikel (bezeichnung, gruppe, vkpreis, ekpreis, lieferant)
VALUES ('Test für Protokoll', 'BE', 20, 16, 1001);

DELETE FROM dbo.artikel
WHERE artnr = SCOPE_IDENTITY();    -- Der zuvor eingefügte Artikel
```

Testen Sie danach das Ergebnis, indem Sie den Inhalt der Protokolltabelle anzeigen.

```
SELECT * FROM dbo.protokoll;
```

	id	tabelle	tabelle_id	vorgang	inhalt	datum	benutzer
1	1	artikel	1599	U	artnr=1599; bezeichnung=Moulinex Haarfön Hf/infr...	2017-06-24 19:38:12	SOFTELIER\klem...
2	2	artikel	2115	I	artnr=2115; bezeichnung=Test für Protokoll; grupp...	2017-06-24 19:38:14	SOFTELIER\klem...
3	3	artikel	2115	D	artnr=2115; bezeichnung=Test für Protokoll; grupp...	2017-06-24 19:38:18	SOFTELIER\klem...

Bild 6.40 Ergebnis der Protokollierung

Da die Protokolltabelle nun Daten enthält, können Sie abschließend noch den Trigger protokoll_upd_del testen, der das Manipulieren der Protokolldaten verhindern soll.

```
DELETE FROM dbo.protokoll;
```

liefert:

```
Nachricht 50002, Stufe 16, Status 1, Prozedur protokoll_upd_del, Zeile 9
[Batchstartzeile 1845]
Kein Ändern/Löschen von Protokolleinträgen!
```

Als weiteres Beispiel bietet sich eine Erweiterung des Triggers artikel_ins_upd_del an. Dieser lässt ja Änderungen an der Artikeltabelle nur zwischen 08:00 und 16:00 zu. Dies bedeutet, dass außerhalb dieses Zeitraums auch keine Bestellungen erfasst werden können, da der Trigger bestellpositionen_ins_upd_del ein Update auf die Spalte *bestellmenge* der Artikeltabelle vornimmt. Dieses Update wird ebenso durch den ersteren Trigger unterbunden, weshalb indirekt auch die meisten Schreibvorgänge in der Tabelle *bestellpositionen* nicht möglich sind. Dafür ist die indirekte Rekursion verantwortlich.

Daher ergänzen wir in diesem Trigger eine Anweisung, damit die Änderung nicht unterbunden wird, wenn ein Update auf die Bestellmenge vom Trigger bestellpositionen_ins_upd_del erfolgt. Zusätzlich können wir auch gleich sicherstellen, dass jederzeit ein Update der offenen Bestellmenge nur über den Trigger erfolgen kann und nicht durch eine direkte Änderung durch eine im Editor ausgeführte Anweisung.

Ergänzen wir zu Beginn des Triggers die Bedingung, dass die Trigger-Schachtelungsebene 1 aufweist, erfolgt die Prüfung nur, wenn kein anderer Trigger involviert ist. In diesem Fall würde damit das vom Trigger bestellpositionen_ins_upd_del ausgelöste Update nicht abgebrochen werden, auch wenn es außerhalb der erlaubten Zeit erfolgt. Zusätzlich prüfen wir, wenn der Auslöser kein Trigger gewesen ist, ob die Spalte *bestellmenge* geändert ist und ob es sich um ein UPDATE handelt, und nicht um ein INSERT. Dazu zählen wir die Einträge in der Tabelle *deleted*. Diese sind bei einem UPDATE vorhanden, bei einem INSERT aber nicht. Sind diese Bedingungen erfüllt, brechen wir den Vorgang nun auch ab.

```
ALTER TRIGGER dbo.artikel_ins_upd_del
ON dbo.artikel
FOR INSERT, UPDATE, DELETE
AS
BEGIN
    SET NOCOUNT ON;

    IF TRIGGER_NESTLEVEL() = 1
    BEGIN
        IF DATEPART(hour, SYSDATETIME()) NOT BETWEEN 8 AND 15
        BEGIN
            ROLLBACK;
            THROW 50010, 'Datenmanipulation nur in der Geschäftszeit!', 1;
        END;

        IF UPDATE(bestellmenge) AND (SELECT COUNT(*) FROM deleted) > 0
        BEGIN
            ROLLBACK;
            THROW 50011, 'Keine direkte Änderung der offenen Bestellmenge', 1;
        END;
    END;
END;
```

ACHTUNG! Bevor Sie den geänderten Trigger testen können, müssen Sie ihn gegebenenfalls noch aktivieren. Denn wenn Sie ihn zuvor deaktiviert haben, führt auch die Anweisung ALTER TRIGGER nicht dazu, dass er wieder aktiviert wird. Das muss separat mit der Anweisung ENABLE TRIGGER erfolgen.

Nun kann wieder zu jeder Uhrzeit bestellt werden und eine direkte Manipulation der offenen Bestellmenge ist hingegen nicht mehr möglich.

```
UPDATE dbo.artikel
SET bestellmenge = 5
WHERE artnr = 1616;
```

liefert:

```
Nachricht 50011, Stufe 16, Status 1, Prozedur artikel_ins_upd_del, Zeile 19
[Batchstartzeile 1883]
Keine direkte Änderung der offenen Bestellmenge
```

Die umgesetzte Lösung lässt nun jede indirekte Änderung durch einen beliebigen Trigger zu. Wenn dies nicht die gewünschte Lösung ist und Sie nur ganz bestimmte Trigger prüfen und ausnehmen oder sperren möchten, geben Sie den gewünschten Trigger explizit bei der Funktion TRIGGER_NESTLEVEL() an.

Für eine derartige Lösung ist nur eine einfache Modifikation nötig. Um zu prüfen, ob ein bestimmter Trigger involviert ist, muss dessen Objekt-ID übergeben werden. Diese eruieren wir mit der Funktion OBJECT_ID(). Nun muss die Bedingung lauten, dass die Eingabe zu prüfen ist, wenn genau dieser Trigger nicht involviert ist. Dies ist der Fall, wenn die Funktion den Wert 0 liefert.

```
ALTER TRIGGER dbo.artikel_ins_upd_del
ON dbo.artikel
FOR INSERT, UPDATE, DELETE
AS
BEGIN
    SET NOCOUNT ON;

    DECLARE @id int = OBJECT_ID('bestellpositionen_ins_upd_del');

    IF TRIGGER_NESTLEVEL(@id) = 0
    BEGIN
        ...
    END;
END;
```

Bis auf das Eruieren der Objekt-ID und das Ändern der Bedingung kann der restliche Code des Triggers unverändert bleiben. Sollen später auch andere Trigger in den Genuss dieser Ausnahme kommen, müssen deren IDs zusätzlich ausgelesen werden und die Bedingung entsprechend erweitert werden. Dies könnte beispielsweise ein Trigger sein, der bei einem Wareneingang die offene Bestellmenge wieder reduziert.

```
...
DECLARE @id_b int = OBJECT_ID('bestellpositionen_ins_upd_del');
```

```
DECLARE @id_w int = OBJECT_ID('wareneingangspositionen_ins_upd_del');

IF TRIGGER_NESTLEVEL(@id_b) = 0 AND TRIGGER_NESTLEVEL(@id_w) = 0
...
```

 HINWEIS: Wir haben nun eine Reihe von Triggern erzeugt, deaktiviert und auch wieder aktiviert. Sollten nun wieder mehrere Trigger für dasselbe Ereignis einer Tabelle aktiv sein – dies könnte für die Artikeltabelle der Fall sein –, sollten Sie auch wieder die Startreihenfolge mit der Prozedur sp_settriggerorder festlegen.

6.2.5 Trigger löschen

Da wir weiter vorne für die Verbuchungen der Bestellpositionen einen Trigger geschrieben haben, der alle drei Ereignisse abdeckt, müssen die ersten drei einzelnen Trigger gelöscht werden. Wenn diese aktiv bleiben, wird, wie erwähnt, bei jedem Ereignis der alte und der neue Trigger ausgelöst. Dies hätte zur Folge, dass alle Buchungen doppelt erfolgen.

Das Management Studio stellt Ihnen verschiedene Möglichkeiten zum Löschen von Triggern zur Verfügung.

1. *Objekt-Explorer*: Löschen Sie einen Trigger über das Kontextmenü. Um mehrere Trigger auf einmal zu löschen, markieren Sie diese im Register *Details zum Objekt-Explorer* und drücken Sie die ENTF-Taste. Ebenso können Sie auch das Kontextmenü verwenden.

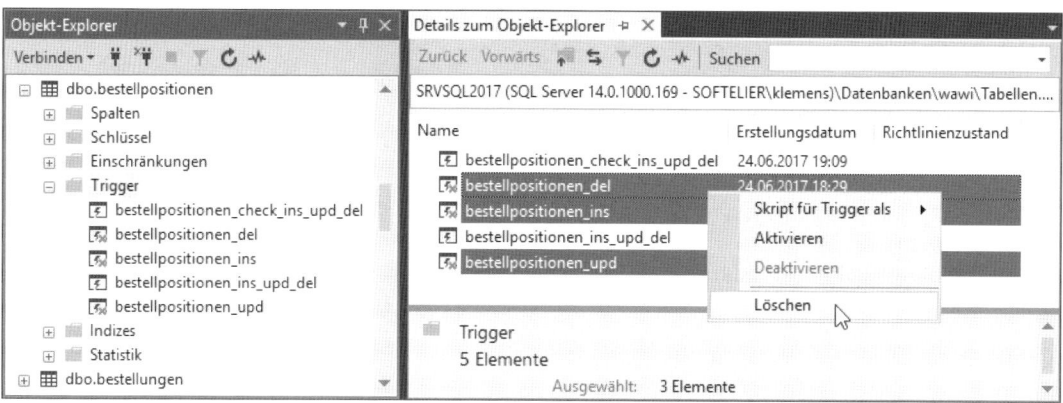

Bild 6.41 Trigger über (Details zum) Objekt-Explorer löschen

Im folgenden Löschdialog werden nochmals alle zum Löschen ausgewählten Objekte aufgelistet.

2. *Abfrageeditor-Fenster*: Genauso wie ein Trigger über die Anweisung CREATE erstellt wird, kann er mittels DROP wieder gelöscht werden. Verwenden Sie dazu die Anweisung DROP TRIGGER <Trigger-Name>.

Für unser Beispiel müssen folgende drei Anweisungen ausgeführt werden:

```
DROP TRIGGER bestellpositionen_ins;
DROP TRIGGER bestellpositionen_upd;
DROP TRIGGER bestellpositionen_del;
```

6.2.6 Systemeigen kompilierte Trigger

Mit dem SQL Server 2016 sind Trigger auch für speicheroptimierte Tabellen eingeführt worden, diese werden als *systemeigen kompilierte Trigger* bezeichnet. In Analogie zu den Prozeduren werde ich diese *Natively Compiled Trigger* im Weiteren kurz als *NCT* bezeichnen. Sie dienen der Lösung derselben Aufgabenstellung wie klassische DML-Trigger:

- Erledigung von Zusatzaufgaben
- Komplexe Eingabeprüfungen

Instead-OF-Trigger können im Moment für speicheroptimierte Tabellen noch nicht erstellt werden. Analog zu den Prozeduren werden wir dieselben Beispiele wie für klassische Trigger nun auch für speicheroptimierte Tabellen umsetzen. Dadurch lassen sich die Unterschiede am besten herausarbeiten.

Trigger für weiterführende Aktionen

Im ersten Schritt setzten wir den Trigger *bestellpositionen_ins_upd_del* um, der bei einer Eingabe, einer Änderung oder dem Löschen einer Bestellposition die Bestellmenge in der Spalte *bestellmenge* der Tabelle *artikel* aktualisiert.

HINWEIS: Wenn Sie die Anforderungen und die Umsetzung des Triggers *bestellpositionen_ins_upd_del* für normale Tabellen nicht mehr zur Gänze in Erinnerung haben, lesen Sie zuvor bitte noch einmal im Abschnitt 6.2.1 nach.

Bei NCTs gelten dieselben Einschränkungen, die wir bereits beim Einsatz von NCSPs kennengelernt haben. In diesem Beispiel schmerzt uns vor allem, dass wir UPDATES mit einem JOIN nicht einsetzen und Unterabfragen nur in Kombination mit SELECT verwendet werden können. Daher wird die Umsetzung dieses Beispiels als NCT deutlich mehr Code erfordern, als die Lösung für normale Tabellen. Hier ist Kreativität gefragt, wie man die fehlenden Features jeweils wettmachen beziehungsweise ersetzen kann.

TIPP: Wir möchten den NCT so programmieren, dass er auch damit umgehen kann, wenn mehrere Zeilen von einem INSERT, UPDATE oder DELETE betroffen sind. Da wir dazu keinen Cursor einsetzen können und eine Schleife benötigen, die jede Zeile eindeutig identifiziert, ergänzen wir in der Tabelle eine neue Spalte *id*, die wir als Identität anlegen. Durch diesen eindeutigen Wert ist der Zugriff im Code auf eine bestimmte Zeile deutlich einfacher als über den zusammengesetzten Schlüssel *bestnr* und *position*.

```
ALTER TABLE dbo.bestellpositionen

ADD id int NOT NULL IDENTITY;
```

Im Header eines NCT benötigen wir die gleichen Ergänzungen, die wir schon bei einer NCSP eingesetzt haben, man könnte sie direkt mit Copy/Paste übernehmen.

```
CREATE TRIGGER dbo.bestellpositionen_ins_upd_del
ON dbo.bestellpositionen
WITH NATIVE_COMPILATION, SCHEMABINDING
AFTER INSERT, UPDATE, DELETE
AS
BEGIN ATOMIC
WITH ( TRANSACTION ISOLATION LEVEL = SNAPSHOT, LANGUAGE = 'german')
```

Wir erinnern uns, dass Unterabfragen direkt in einer IF-Anweisung nicht verwendet werden können. Um erkennen zu können, ob der Trigger für ein DELETE feuert, müssen wir aber die Anzahl der Einträge in der Tabelle *inserted* zählen. Dazu weisen wir diese gleich beim Deklarieren der Variablen @del zu.

```
DECLARE @artikel int;
DECLARE @menge int;
DECLARE @zeile int;
DECLARE @id int;
DECLARE @del int = (SELECT COUNT(*) FROM inserted);
```

Der Trigger muss etwas tun, wenn bei einem UPDATE zumindest eine der Spalten *menge* oder *artikel* betroffen ist (UPDATE(artikel) OR UPDATE(menge)). Bei einem INSERT ist diese Bedingung jedenfalls erfüllt und der Code wird ausgeführt. Die dritte Bedingung @del = 0 sorgt dafür, dass der Code auch bei einem DELETE ausgeführt wird.

```
IF UPDATE(artikel) OR UPDATE(menge) OR @del = 0
BEGIN
```

Im ersten Schritt werden die neuen Werte zugebucht. Dazu werden der Reihe nach die Artikelnummer und die Menge aus der internen Triggertabelle *inserted* ausgelesen. Die SELECT-Anweisung nutzt dazu den Zusatz TOP 1, kombiniert mit einer aufsteigenden Sortierung nach der zuvor eingefügten Spalte *id*. Die Schleife wird erst beendet, wenn mit dieser Vorgangsweise am Schleifenende keine neue Zeile mehr vorhanden ist, dessen *id* größer ist als die des Vorgängers. Innerhalb der WHILE-Schleife wird die Bestellmenge eines jeden enthaltenen Artikels mit einem Einzelupdate auf die Artikeltabelle übertragen. Da die Tabelle *inserted* bei einem Löschvorgang leer ist, ist in diesem Fall die Eintrittsbedingung in die Schleife nie erfüllt. Es kommt daher folgerichtig zu keiner Zubuchung.

```
-- Neue Werte zubuchen (INSERT, UPDATE)
SELECT TOP 1 artikel = artikel,
             @menge = menge,
             @id = id
FROM inserted
ORDER BY id;
```

```
        SET @zeile = @@ROWCOUNT;

        WHILE @zeile = 1
        BEGIN
            UPDATE dbo.artikel
            SET bestellmenge = bestellmenge + @menge
            WHERE artnr = @artikel;

            SELECT  TOP 1 @artikel = artikel,
                          @menge = menge,
                          @id = id
            FROM inserted
            WHERE id > @id
            ORDER BY id;

            SET @zeile = @@ROWCOUNT;
        END;
```

Im zweiten Teil kommt es zu einer Abbuchung der alten Werte, was bei einem UPDATE- und einem DELETE-Vorgang von Belang ist. Der Code gleicht großteils dem ersten Teil. Lediglich die Tabelle *deleted* ersetzt die Tabelle *inserted* und die UPDATE-Anweisung enthält ein Minus anstelle des Plus.

```
        -- Alte Werte abbuchen (UPDATE DELETE)
        SELECT TOP 1 @artikel = artikel,
                     @menge = menge,
                     @id = id
        FROM deleted
        ORDER BY id;

        SET @zeile = @@ROWCOUNT;

        WHILE @zeile = 1
        BEGIN
            UPDATE dbo.artikel
            SET bestellmenge = bestellmenge - @menge
            WHERE artnr = @artikel;

            SELECT TOP 1 @artikel = artikel,
                         @menge = menge,
                         @id = id
            FROM deleted
            WHERE id > @id
            ORDER BY id;

            SET @zeile = @@ROWCOUNT;
        END;
    END;
END;
```

Für den Test des NCT ziehen wir die Artikel mit den Nummern 1500 bis 1504 heran, die im Moment alle keine offene Bestellmenge aufweisen. Wir werden die Bestellung mit der Nummer 1007, die im Moment nur eine Position besitzt, mit neuen Positionen versorgen. Die erste Anweisung fügt eine einzelne Zeile mit einer Anweisung ein.

```
INSERT INTO dbo.bestellpositionen (bestnr, position, artikel, bezeichnung, menge,
                                   preis, rabatt)
VALUES (1007, 2, 1500, 'Kochstar Pfanne Primus 24 cm', 5, 11.32, 15);
```

Diese Anweisung erhöht die offene Bestellmenge für den Artikel mit der Nummer 1500 von 0 auf 5. Die nächste Anweisung fügt drei Positionen auf einmal ein.

```
INSERT INTO dbo.bestellpositionen (bestnr, position, artikel, bezeichnung, menge,
                                   preis, rabatt)
VALUES (1007, 3, 1501, 'Kochstar Pfanne Primus 28 cm', 20, 12.99, 15),
       (1007, 4, 1502, 'Kochstar Pfanne Juwel 20 cm', 15, 10.42, 15),
       (1007, 5, 1503, 'Kochstar Pfanne Juwel 24 cm', 15, 12.99, 15);
```

Auch diese führen zu einer korrekten Zubuchung bei den Artikeln 1501, 1502 und 1503. In einem dritten Schritt verdoppeln wir die Bestellmengen für die zweite und fünfte Position der Bestellung.

```
UPDATE dbo.bestellpositionen
SET menge = menge * 2
WHERE bestnr = 1007 AND position IN(2, 5);
```

Kontrollieren Sie danach den Inhalt der Spalte *bestellmenge* für die beiden betroffenen Artikel mit den Nummern 1500 und 1503. Sie sehen, dass sich die Werte analog verdoppelt haben.

Nun ändern wir mit einem UPDATE bei einer Position sowohl die Artikelnummer wie auch die Menge.

```
UPDATE dbo.bestellpositionen
SET artikel = 1504, menge = 100, preis = 14.78
WHERE bestnr = 1007 AND position = 5;
```

Sie sehen, dass dadurch beim Artikel 1503 die offene Bestellmenge wieder auf 0 reduziert worden ist, während sie hingegen beim Artikel 1504 den Wert 100 anzeigt. Dies zeigt das korrekte Funktionieren der Zu- als auch der Abbuchung.

In einem letzten Testschritt löschen wir alle zuvor eingeführten Positionen wieder, um zu sehen, dass die offene Bestellmenge aller betroffenen Artikel sich wieder auf 0 reduziert. Damit ist auch das Funktionieren des NCT bei Löschvorgängen erfolgreich geprüft.

```
DELETE FROM dbo.bestellpositionen
WHERE bestnr = 1007 AND position >= 2;
```

Sie finden die vollständigen Anweisungen zum Test des NCT inklusive der SELECT-Anweisungen zur Anzeige der Testergebnisse im SQL-Skript zu diesem Kapitel.

Trigger zur Eingabeprüfung

Der NCT zur Prüfung der Eingabe unterscheidet sich nur geringfügig von der Variante für eine normale Tabelle. Wir haben etwas früher in diesem Kapitel den Trigger *artikel_ins_upd_del* programmiert, der für die Tabelle *artikel* prüft, ob DML-Vorgänge nur innerhalb der definierten Arbeitszeiten erfolgen und diese Vorgänge widrigenfalls unterbindet. Zusätzlich prüft derselbe Trigger, ob ein UPDATE auf die Spalte *bestellmenge* über einen anderen Trigger erfolgt. Ist dies nicht der Fall und es handelt sich um ein versuchtes direktes UPDATE, wird dies ebenso zunichtegemacht.

Um aus diesem Trigger nun die Variante als NCT bilden, müssen die üblichen Ergänzungen im Header gemacht werden. Im reinen Programmteil des Triggers ist lediglich eine Anpassung zu machen, um diesen Code NCT-tauglich zu machen: Die ROLLBACK-Anweisungen sind zu entfernen.

HINWEIS: Da NCTs analog zu NCSPs immer mit dem Zusatz ATOMIC definiert werden, wird alles innerhalb dieses zu einer Transaktion. Diese wird alleine durch einen auftretenden Fehler beendet, ein ROLLBACK kann und muss dazu auch nicht verwendet werden. Das verkürzt den Code, da es ausreichend ist, einen Fehler mit der Anweisung THROW zu werfen, wenn die Gültigkeitsprüfung einen ungültigen Vorgang erkennt.

Da der Abbruch nun alleine mit der Anweisung THROW erfolgt, kann bei den Abbruchbedingungen wahlweise das BEGIN und END entfallen.

```
CREATE TRIGGER dbo.artikel_ins_upd_del
ON dbo.artikel
WITH NATIVE_COMPILATION, SCHEMABINDING
FOR INSERT, UPDATE, DELETE
AS
BEGIN ATOMIC
WITH ( TRANSACTION ISOLATION LEVEL = SNAPSHOT, LANGUAGE = 'german')
    IF TRIGGER_NESTLEVEL() = 1
    BEGIN
        IF DATEPART(hour, SYSDATETIME()) NOT BETWEEN 8 AND 15
            THROW 50010, 'Datenmanipulation nur in der Geschäftszeit!', 1;

        DECLARE @del int = (SELECT COUNT(*) FROM deleted);
        IF UPDATE(bestellmenge) AND @del > 0
            THROW 50011, 'Keine direkte Änderung der offenen Bestellmenge', 1;
    END;
END;
```

Testen wir nun die Wirkung des NCT zur Eingabeprüfung. Führen wir die nachfolgende Anweisung beispielsweise nach 16 Uhr aus, muss diese Änderung durch den NCT unterbunden werden. Als Fehlermeldung wird ausgegeben, was über das THROW festgelegt wird.

```
UPDATE dbo.artikel SET vkpreis = 15 WHERE artnr = 1001;
```

liefert:

```
Nachricht 50010, Stufe 16, Status 1, Prozedur artikel_ins_upd_del, Zeile 13
[Batchstartzeile 589]
Datenmanipulation nur in der Geschäftszeit!
```

Führen wir als abschließenden Test zwischen 8 und 16 Uhr eine Anweisung aus, die versucht, die Spalte *bestellmenge* zu ändern, wird dies ebenso durch den NCT unterbunden.

```
UPDATE dbo.artikel SET bestellmenge = 15 WHERE artnr = 1001;
```

liefert:

```
Nachricht 50011, Stufe 16, Status 1, Prozedur artikel_ins_upd_del, Zeile 16
[Batchstartzeile 585]
Keine direkte Änderung der offenen Bestellmenge
```

 HINWEIS: Vollkommen analog zu normalen Triggern erfolgt bei NCTs das Löschen, Aktivieren und Deaktivieren sowie das Festlegen der Startreihenfolge. ∎

Um den NCT für alle drei Ereignisse als denjenigen festzulegen, der als Erster gestartet wird, verwenden Sie die folgenden Anweisungen:

```
EXEC sp_settriggerorder 'dbo.artikel_ins_upd_del', 'first', 'insert';
EXEC sp_settriggerorder 'dbo.artikel_ins_upd_del', 'first', 'update';
EXEC sp_settriggerorder 'dbo.artikel_ins_upd_del', 'first', 'delete';
```

Aktivieren und deaktivieren können Sie ihn mit den entsprechenden ALTER TABLE-Anweisungen oder Sie verwenden das Kontextmenü im Objekt-Explorer.

```
ALTER TABLE dbo.artikel DISABLE TRIGGER artikel_ins_upd_del;
ALTER TABLE dbo.artikel ENABLE TRIGGER artikel_ins_upd_del;
```

Löschen Sie einen NCT entweder über den Objekt-Explorer oder über eine DROP TRIGGER-Anweisung:

```
DROP TRIGGER dbo.artikel_ins_upd_del;
```

6.2.7 DDL-Trigger

DDL-Trigger sind ein spezielles Feature des SQL Servers. Mit ihnen kann man auf Änderungen in der Datenbankstruktur reagieren. Sie sind damit eine tolle Ergänzung zu den klassischen DML-Triggern.

DDL-Trigger können auf zwei Ebenen definiert werden:

- Datenbankebene (DATABASE)
- Serverebene (ALL SERVER)

Der Aufbau eines DLL-Triggers ist weitgehend identisch mit dem eines DML-Triggers.

```
CREATE TRIGGER name
ON {ALL SERVER|DATABASE}
[WITH ENCRYPTION]
{FOR|AFTER} {ereignis_typ, ... | DDL_DATABASE_LEVEL_EVENTS}
AS
...
```

Die den Trigger auslösenden Ereignisse können Sie auf zwei Arten angeben. Entweder geben Sie mehrere Ereignisse mit Komma voneinander getrennt an oder Sie setzen die

Option `DDL_DATABASE_LEVEL_EVENTS` ein, mit der Sie gleich pauschal alle DDL-Ereignisse auswählen.

Es gibt zwei wichtige Einsatzbereiche für DDL-Trigger:

- Protokollierung von DDL-Aktivitäten

- Kontrollieren und Unterbinden von DDL-Aktivitäten

Um etwas zu protokollieren oder zu unterbinden, benötigt man Informationen über den aktuellen Vorgang. Die Funktion, die bei einem DML-Trigger die Tabellen *inserted* und *deleted* haben, übernimmt bei einem DDL-Trigger die Funktion `EVENTDATA()`. Sie liefert umfangreiche Informationen über das auslösende Ereignis. Das Rückgabeergebnis der Funktion ist vom Datentyp *XML*. Um Informationen aus diesem XML-Text herauszufiltern, können XQuery-Abfragetechniken verwendet werden.

Protokollieren von DDL-Aktivitäten

Im folgenden Beispiel wollen wir alle Aktivitäten auf Tabellenebene in unserer Datenbank protokollieren.

In der einfachen Variante verwenden wir für die Protokollierung eine Tabelle, die lediglich den von der Funktion `EVENTDATA()` zurückgelieferten XML-Text speichert.

```
CREATE TABLE dbo.ddl_log
( id int IDENTITY CONSTRAINT pk_ddl_log PRIMARY KEY,
  datum datetime2(0) NOT NULL CONSTRAINT df_ddl_log_datum DEFAULT SYSDATETIME(),
  logtext xml
);
```

Der Trigger `db_ddl_log` wird auf Datenbankebene definiert und für die Ereignisse `DROP_TABLE`, `ALTER_TABLE` und `CREATE_TABLE` festgelegt. Das Rückgabeergebnis der Funktion `EVENTDATA()` wird direkt in die Spalte *logtext* der Tabelle *ddl_log* eingefügt. Diese Spalte hat den Datentyp *XML* und kann daher dieses Ergebnis speichern.

```
CREATE TRIGGER db_ddl_log
ON DATABASE
AFTER DROP_TABLE, ALTER_TABLE, CREATE_TABLE
AS
BEGIN
    SET NOCOUNT ON;

    INSERT INTO dbo.ddl_log (logtext)
    VALUES (EVENTDATA());
END;
```

Legen wir nun eine Testtabelle an

```
CREATE TABLE dbo.ddl_test
( id int identity PRIMARY KEY,
  name varchar(50)
);
```

und löschen wir sie danach gleich wieder.

```
DROP TABLE dbo.ddl_test;
```

Wenn Sie den Inhalt der Protokolltabelle mit der Anweisung

```
SELECT * FROM dbo.ddl_log;
```

anzeigen, erhalten Sie ungefähr folgendes Bild:

Ergebnisse | Meldungen

	id	datum	logtext
1	1	2017-06-24 21:39:16	<EVENT_INSTANCE><EventType>CREATE_TABLE</EventTy...
2	2	2017-06-24 21:39:25	<EVENT_INSTANCE><EventType>DROP_TABLE</EventType...

Bild 6.42 Protokollierte Event-Einträge

Sie können einen XML-Eintrag im Ergebnisraster einfach mit der Maus anklicken. Dann wird der gesamte XML-Text in einem neuen Abfrageeditor-Fenster angezeigt.

logtext1.xml | Kapitel6.sql - SRVS...ELIER\klemens (57)) | Details zum Objekt-Explorer

```
<EVENT_INSTANCE>
  <EventType>CREATE_TABLE</EventType>
  <PostTime>2017-06-24T21:39:16.030</PostTime>
  <SPID>57</SPID>
  <ServerName>SRVSQL2017</ServerName>
  <LoginName>SOFTELIER\klemens</LoginName>
  <UserName>dbo</UserName>
  <DatabaseName>wawi_ram</DatabaseName>
  <SchemaName>dbo</SchemaName>
  <ObjectName>ddl_test</ObjectName>
  <ObjectType>TABLE</ObjectType>
  <TSQLCommand>
    <SetOptions ANSI_NULLS="ON" ANSI_NULL_DEFAULT="ON" ANSI_PADDING="ON" QU
    <CommandText>CREATE TABLE dbo.ddl_test
(  id int identity PRIMARY KEY,
   name varchar(50)
)</CommandText>
  </TSQLCommand>
</EVENT_INSTANCE>
```

91 %

Bild 6.43 XML-Text eines Event-Eintrags

In einer weiteren Ausbaustufe können wir mit XQuery aus dem XML-Text direkt bestimmte Informationen auslesen und auch gleich in der Protokolltabelle vermerken. Dafür erweitern wir die Protokolltabelle um vier weitere Spalten, um den Benutzernamen, den Tabellennamen, das Ereignis und die gesamte DDL-Anweisung separat zu speichern.

```
ALTER TABLE dbo.ddl_log
ADD benutzer varchar(50);

ALTER TABLE dbo.ddl_log
ADD tabelle varchar(50);

ALTER TABLE dbo.ddl_log
ADD ereignis varchar(15);
```

```
ALTER TABLE dbo.ddl_log
ADD anweisung varchar(max);
```

Im nächsten Schritt erweitern wir den Trigger. Um die in XML gelieferten Event-Daten mit XQuery auswerten zu können, wird zuvor die Variable `@event` mit dem Datentyp XML deklariert. Dieser wird das Ergebnis der Funktion `EVENTDATA()` zugewiesen.

Um aus dieser Variablen einen Wert aus dem XML-Text mit XQuery auszulesen, verwenden Sie folgende Syntax:

```
@event.query('data(//elementname)')
```

Elementname ist hierbei der Name des XML-Elements. Möchten Sie auf ein geschachteltes Element zugreifen, so trennen Sie dessen Namen mit einem Slash (/) vom Namen des übergeordneten Elements.

ACHTUNG! Sie müssen beim Elementnamen unbedingt die Groß-/Kleinschreibung beachten. Sie erhalten andernfalls zwar keinen Fehler, aber auch keine Daten.

```
ALTER TRIGGER db_ddl_log
ON DATABASE
AFTER DROP_TABLE, ALTER_TABLE, CREATE_TABLE
AS
BEGIN
    SET NOCOUNT ON;
    DECLARE @event xml = EVENTDATA();

    INSERT INTO dbo.ddl_log (benutzer, tabelle, ereignis, anweisung, logtext)
    VALUES (CONVERT(varchar(50), @event.query('data(//UserName)')),
            CONVERT(varchar(50), @event.query('data(//ObjectName)')),
            CONVERT(varchar(15), @event.query('data(//EventType)')),
            CONVERT(varchar(max), @event.query('data(//TSQLCommand/CommandText)')),
            @event);
END;
```

PRAXISTIPP: Die Namen der Elemente können Sie direkt aus dem XML-Dokument auslesen und übernehmen.

Führen wir nun folgende Anweisungen aus und kontrollieren wir danach erneut den Inhalt der Protokolltabelle:

```
CREATE TABLE dbo.ddl_test
( id int identity PRIMARY KEY,
  name varchar(50));

ALTER TABLE dbo.ddl_test
ADD vorname varchar(50);

DROP TABLE dbo.ddl_test;
```

Die aus dem XML-Dokument ausgelesenen Ereignisdaten werden nun in den Zeilen 7 bis 9 des Ergebnisses zusätzlich angezeigt. Wie Sie im Bild sehen, ist auch das Ergänzen der vier neuen Spalten zur Protokolltabelle in dieser protokolliert worden (Zeilen 3 bis 6).

	id	datum	logtext	benutzer	tabelle	ereignis	anweisung
1	1	2017-06-24 21:39:16	<EVENT_INSTANCE><EventType>CREATE_TAB..	NULL	NULL	NULL	NULL
2	2	2017-06-24 21:39:25	<EVENT_INSTANCE><EventType>DROP_TABLE..	NULL	NULL	NULL	NULL
3	3	2017-06-24 21:51:57	<EVENT_INSTANCE><EventType>ALTER_TABL..	NULL	NULL	NULL	NULL
4	4	2017-06-24 21:52:02	<EVENT_INSTANCE><EventType>ALTER_TABL..	NULL	NULL	NULL	NULL
5	5	2017-06-24 21:52:05	<EVENT_INSTANCE><EventType>ALTER_TABL..	NULL	NULL	NULL	NULL
6	6	2017-06-24 21:52:07	<EVENT_INSTANCE><EventType>ALTER_TABL..	NULL	NULL	NULL	NULL
7	7	2017-06-24 21:52:19	<EVENT_INSTANCE><EventType>CREATE_TAB..	dbo	ddl_test	CREATE_TABLE	CREATE TABLE dbo.ddl_test&#..
8	8	2017-06-24 21:52:23	<EVENT_INSTANCE><EventType>ALTER_TABLE..	dbo	ddl_test	ALTER_TABLE	ALTER TABLE ddl_test A..
9	9	2017-06-24 21:52:25	<EVENT_INSTANCE><EventType>DROP_TABLE..	dbo	ddl_test	DROP_TABLE	DROP TABLE ddl_test

Bild 6.44 Erweiterte Protokolltabelle

PRAXISTIPP: Mit der Funktion *USER_NAME()* als Standardwert für die Spalte *benutzer* wird der Name des aktuellen Datenbankbenutzers gespeichert. Diese Funktion liefert für alle Mitglieder der Serverrolle *sysadmin* immer den Namen *dbo*. Wenn dies für mehrere Personen zutrifft, kann nicht unterschieden werden, wer die protokollierten Anweisungen tatsächlich ausgeführt hat. Verwenden Sie in solchen Szenarien wahlweise anstelle der Funktion *USER_NAME()* die Funktion *SUSER_NAME()*. Diese liefert ja nicht den aktuellen Datenbankbenutzer, sondern den Anmeldenamen. Dieser gibt immer den tatsächlich angemeldeten Namen zurück, auch bei Administratoren und Gruppenkonten.

Um einen Datenbank-Trigger wieder zu löschen, muss bei der gewohnten DROP-Anweisung der Zusatz ON DATABASE ergänzt werden:

```
DROP TRIGGER triggername ON DATABASE;
```

Alternativ kann ein Datenbank-Trigger auch über das Kontextmenü im Objekt-Explorer gelöscht werden.

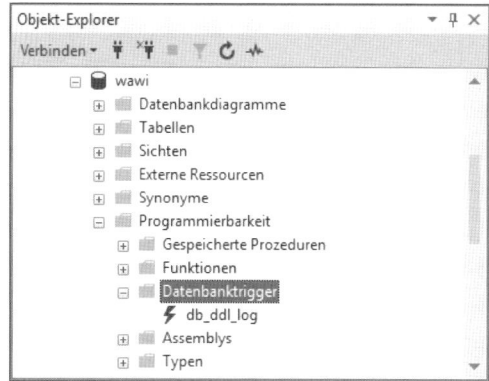

Bild 6.45 Datenbank-Trigger im Objekt-Explorer

Kontrollieren von DDL-Aktivitäten

So wie ein DML-Trigger dazu verwendet werden kann, Geschäftsregeln umzusetzen und Datenänderungen zu verhindern, kann ein DDL-Trigger dazu verwendet werden, Änderungen an der Struktur der Datenbank zu unterbinden. Ein solcher Trigger funktioniert genauso, wie Sie es wahrscheinlich aufgrund der bisher behandelten Themen erwarten:

- Er wird für das Ereignis definiert, das überprüft werden soll.

- Mit der Funktion EVENTDATA() und XQuery-Auswertungen werden Informationen gesammelt, um eine Entscheidungsbasis für einen etwaigen Abbruch zu haben.

- Falls abgebrochen werden soll, wird dies mit ROLLBACK getan; mit RAISERROR oder THROW kann noch zusätzlich ein spezifischer Fehler erzeugt werden.

Wir möchten im folgenden Beispiel verhindern, dass die Trigger, welche die Protokolltabelle *protokoll* vor Datenmanipulationen schützen, deaktiviert, geändert oder gar gelöscht werden.

Um diese Aufgabe zu lösen, muss der DDL-Trigger auf folgende Ereignisse reagieren:

- DROP_TRIGGER, damit die Trigger nicht gelöscht werden können.

- ALTER_TRIGGER, damit sie nicht geändert werden können. (Es ist wichtig, dies zu unterbinden, denn um einen Trigger unschädlich zu machen, müsste man nur den Code so verändern, dass er nichts mehr tut. – Zum Beispiel ein RETURN gleich zu Beginn des Triggers einbauen.)

- ALTER_TABLE, damit die Trigger nicht deaktiviert werden können.

Wenn wir schon so weit sind, nehmen wir das Ereignis DROP_TABLE gleich noch mit, damit die Protokolltabelle selber nicht gelöscht werden kann.

 ACHTUNG! Sobald eine Tabelle gelöscht wird, werden ja auch alle Trigger dieser Tabelle mit gelöscht. Da aber dieses Löschen der Trigger nicht das Ereignis DROP_TRIGGER auslöst, wird damit nicht – wie man vielleicht erwarten könnte – indirekt das Löschen der Tabelle unterbunden. Es muss also explizit das Ereignis DROP_TABLE verwendet werden, falls das Löschen der Tabelle verhindert werden soll. ∎

Im Trigger, den wir db_protect_protokoll nennen, lesen wir wieder die Event-Daten aus. Daraus holen wir uns mit XQuery den Namen des betroffenen Objekts. Ist dies der Name der Tabelle oder einer der beiden Trigger, wird der Vorgang mit ROLLBACK abgebrochen.

```
CREATE TRIGGER db_protokoll_schutz
ON DATABASE
FOR ALTER_TABLE, DROP_TABLE, DROP_TRIGGER, ALTER_TRIGGER
AS
BEGIN
    SET NOCOUNT ON;
    DECLARE @event xml = EVENTDATA();
    DECLARE @objekt varchar(50);
    SET @objekt = CONVERT(varchar(50), @event.query('data(//ObjectName)'));

    IF @objekt IN('protokoll','protokoll_upd_del','protokoll_ins')
```

```
    BEGIN
        ROLLBACK;
        THROW 50000, 'Protokolltabelle ist tabu!', 1;
    END;
END;
```

Versuchen Sie nun, der Protokolltabelle etwas „anzutun". Es wird nicht funktionieren. Die nachfolgende Fehlermeldung ist beim Versuch entstanden, den Trigger protokoll_ins über das Kontextmenü im Objekt-Explorer zu deaktivieren.

Bild 6.46 Fehlermeldung beim Deaktivieren des Triggers

Fairerweise muss ich anmerken, dass es doch eine Lücke gibt: die für die Anweisung TRUNCATE TABLE. Diese DDL-Anweisung leert die Tabelle auf einen Schlag komplett und gibt den Speicherplatz frei. Für diese Anweisung gibt es aber leider kein Ereignis, daher kann sie auch mit einem Trigger, der für alle Ereignisse definiert ist (DDL_DATABASE_LEVEL_EVENTS), nicht abgewendet werden. Die Anweisung TRUNCATE TABLE dbo.protokoll kann also weder vom DML-Trigger – da es ja kein Löschen ist – noch von einem DDL-Trigger unterbunden werden. Nur fehlende Berechtigungen der Ausführenden würden diese Anweisung verhindern. Allerdings kann man hier einen kleinen Trick anwenden. Die TRUNCATE-Anweisung funktioniert nämlich nicht bei Tabellen, auf die ein Fremdschlüssel verweist. Erstellen wir also eine Dummy-Tabelle, die auf die Protokolltabelle referenziert, so funktioniert TRUNCATE nicht mehr. (Auch diese Tabelle sollte man mit dem Datenbank-Trigger vor dem Löschen sichern.)

```
CREATE TABLE dbo.protokollschutz
(id int CONSTRAINT fk_protokollschutz FOREIGN KEY REFERENCES dbo.protokoll (id));
```

Die Anweisung TRUNCATE TABLE dbo.protokoll läuft aufgrund dieser Hilfstabelle auf einen Fehler auf.

```
Meldung 4712, Ebene 16, Status 1, Zeile 1
Die dbo.protokoll-Tabelle kann nicht abgeschnitten werden, da eine FOREIGN KEY-
Einschränkung auf sie verweist.
```

Diese „Schutztabelle" muss keinen einzigen Datensatz enthalten. Es genügt ihr bloßes Vorhandensein.

■ 6.3 Benutzerdefinierte Funktionen implementieren

In jeder höheren Programmiersprache haben Sie die Möglichkeit, benutzerdefinierte Funktionen zu schreiben. Diese Funktionen können wie integrierte Funktionen in Programmen zur Anwendung kommen. Gespeicherte Prozeduren können zwar auch wie Funktionen Werte zurückgeben, können aber nicht in SQL-Anweisungen verwendet werden. Dies können aber die Transact-SQL UDFs (User-Defined Functions).

Es gibt drei Typen benutzerdefinierter Funktionen:

■ *Skalarwertfunktionen:* Benutzerdefinierte Funktionen, die einen skalaren Wert zurückliefern. Dieser Wert entspricht einem der SQL Server-Datentypen.

■ *Tabellenwertfunktionen:* Benutzerdefinierte Funktionen, die eine Tabelle zurückliefern.

■ *Inline-Funktionen:* Benutzerdefinierte Funktionen, die aus einer SQL-Anweisung bestehen und auch ein tabellarisches Ergebnis liefern.

Für das Erstellen benutzerdefinierter Funktionen gibt es dieselben Möglichkeiten wie für gespeicherte Prozeduren. Auch für Funktionen stehen einige Vorlagen zur Verfügung, ich empfehle aber auch hier die manuelle Erstellung.

6.3.1 Skalarwertfunktionen

Benutzerdefinierte Funktionen sind gespeicherten Prozeduren in vielerlei Hinsicht ähnlich. Ihnen können Parameter beim Aufruf übergeben werden, und sie liefern ein Ergebnis.

Erzeugt werden benutzerdefinierte Funktionen mit der Anweisung CREATE FUNCTION, gefolgt vom Namen der Funktion und den optionalen Übergabeparametern. In der Basisvariante der Skalarwertfunktion wird in der darauffolgenden Zeile der Datentyp des Rückgabewertes festgelegt. Dies ist ein beliebiger SQL Server-Datentyp. Eingeleitet wird die Zeile mit dem Schlüsselwort RETURNS. Wie wir es bereits von gespeicherten Prozeduren und Triggern her kennen, folgt darauf ein AS. Eingeschlossen von BEGIN und END folgen beliebige T-SQL-Anweisungen, bevor das Ergebnis schließlich mit dem Schlüsselwort RETURN zurückgeliefert wird. Anders als bei Prozeduren und Triggern kann BEGIN/END hier nicht entfallen.

```
CREATE FUNCTION [schema.]funktionsname ([parameter1 datentyp1,...])
RETURNS datentyp
AS
BEGIN
    anweisungen
    RETURN ausdruck;
END;
```

Lernen wir nun Skalarwertfunktionen anhand des folgenden einfachen Beispiels kennen: Die Funktion SYSDATETIME() liefert neben dem aktuellen Datum stets die Uhrzeit mit. Wird dieser Wert in ein Feld eingetragen, das nicht nur das Datum, sondern auch die Uhrzeit speichert – das ist jeder Datums-Datentyp außer *date* –, ergibt sich oft das Problem, dass mit dem Suchkriterium

```
WHERE IrgendeinDatum = '01.10.2017'
```

keine Treffer geliefert werden, weil die Uhrzeit mit abgespeichert worden ist. Ebenso würde ein Suchkriterium

```
WHERE IrgendeinDatum > '01.10.2017'
```

vielleicht nicht, wie erwartet, Werte ab dem 2. Oktober liefern, sondern auch alle Werte vom 1. Oktober zurückgeben, weil ein späterer Zeitpunkt als 0:00 enthalten ist. Um diesem Problem aus dem Weg zu gehen, müssen entweder Zeitbereiche als Vergleichswerte in WHERE-Klauseln verwendet werden, oder Sie schneiden die Uhrzeit bereits bei der Erfassung oder bei der Auswertung ab. Um die Uhrzeit abzuschneiden, wurden bei früheren SQL Server-Versionen Datumswerte üblicherweise mit der Funktion CONVERT() in einen Text umgewandelt, wobei über die bewusste Verwendung eines Konvertierungsformats ohne Uhrzeit die Uhrzeit abgeschnitten wird. Dieser Text wird danach wieder in ein Datum zurückkonvertiert.

```
CONVERT(datetime, CONVERT(varchar, datumswert, 104), 104)
```

Mit dem Datentyp *date*, der ja keine Uhrzeit enthält, lässt sich der Vorgang mittlerweile ja noch etwas vereinfachen. Auch die zweite Konvertierungsfunktion CAST() kann nun verwendet werden, da ja hier nun kein Format-Parameter mehr benötigt wird. Man kommt damit auf eine etwas kürzere Form.

```
CONVERT(date, datumswert)
CAST(datumswert AS date)
```

Kapselt man diesen Konvertierungsvorgang in eine Funktion, kann diese anstelle des Ausdrucks verwendet werden. Dies verkürzt den Vorgang dann nochmals. Die nachfolgende Funktion kann dann verwendet werden, wenn man das aktuelle Datum ohne eine Uhrzeit benötigt.

```
CREATE FUNCTION dbo.fn_tag()
RETURNS date
AS
BEGIN
    RETURN CONVERT(date, SYSDATETIME());
END;
```

Diese Funktion lässt sich problemlos in SQL-Anweisungen einbauen. Geben Sie zum Beispiel im Abfrageeditor-Fenster folgende Anweisung ein, um die soeben erstellte Funktion zu testen:

```
SELECT dbo.fn_tag() AS NurDatum, SYSDATETIME() AS MitUhrzeit;
```

Hier wird direkt das aktuelle Datum ohne Uhrzeit demjenigen, das die Funktion SYSDATE-TIME() liefert, gegenübergestellt.

```
NurDatum                MitUhrzeit
----------------------  -----------------------------
2017-11-19              2017-11-19 09:26:42.9528470
(1 Zeile(n) betroffen)
```

 ACHTUNG! Benutzerdefinierten Funktionen müssen Sie beim Aufruf stets den Namen des Schemas – in der Regel dbo – voranstellen. Andernfalls wird die Funktion nicht gefunden, und Sie erhalten eine Fehlermeldung. Diese besondere Einschränkung im Vergleich zu anderen Datenbankobjekten gilt seit der Einführung von Funktionen mit dem SQL Server 2000.

Benutzerdefinierte Funktionen stehen nur in der Datenbank zur Verfügung, in der sie gespeichert sind. Innerhalb der Datenbank können sie überall verwendet werden, zum Beispiel auch in Tabellendefinitionen, um einen Standardwert für eine Spalte zu definieren.

Wenn Sie eine Funktion nicht mehr benötigen, können Sie diese, wie Sie es von anderen Datenbankobjekten her gewohnt sind, mit der Anweisung DROP wieder löschen.

```
DROP FUNCTION dbo.fn_tag;
```

Skalarwertfunktionen werden oft dazu eingesetzt,

- um lange Ausdrücke in SQL-Statements zu verkürzen,
- um komplexe Schachtelungen von Funktionen zu entwirren und
- um Algorithmen abzubilden, die in keinem Ausdruck mehr untergebracht werden können, weil sie zum Beispiel eine Schleife erfordern.
- Und natürlich auch dann, wenn es um die Wiederverwendbarkeit geht, falls ein Ausdruck immer wieder benötigt wird.

Weiter vorne im Kapitel haben wir für die Tabelle *artikel* den Trigger artikel_protokoll programmiert. Hier mussten wir alle nicht *CHAR*-Werte in einen *varchar* konvertieren und gegebenenfalls den Text NULL eintragen. Für diesen Ausdruck können wir zur Vereinfachung eine Funktion schreiben und verwenden:

```
ISNULL(CONVERT(varchar, spaltenname),'NULL')
```

Damit diese Funktion für alle Ausgangsdatentypen verwendet werden kann, die in einen Character konvertiert werden müssen, verwenden wir für den beim Aufruf übergebenen Parameter @wert den universellen Datentyp *sql_variant*. Damit kann man dieselbe Funktion zum Beispiel für Zahlen-, Datums-, Währungstypen sowie auch für boolesche Werte einsetzen. Der zu ersetzende Ausdruck wird innerhalb der Funktion verwendet.

```
CREATE FUNCTION dbo.fn_charnull(@wert AS sql_variant)
RETURNS varchar(8000)
AS
BEGIN
```

```
    DECLARE @char varchar(8000);
    SET @char = ISNULL(CONVERT(varchar(8000), @wert), 'NULL');
RETURN @char;
END;
```

Im Trigger können wir diese Funktion nun im INSERT-Statement überall dort einsetzen, wo ein Nicht-Character, der auch NULL sein kann, angefügt werden muss:

```
INSERT INTO dbo.protokoll (tabelle, tabelle_id, vorgang, inhalt)
SELECT 'artikel', CONVERT(varchar, artnr), @vorgang,
       'ArtNr=' + CONVERT(varchar, artnr) + '; ' +
       ...
       'ArtLieferzeit=' + dbo.fn_charnull(ArtLieferzeit) + '; ' +
       'ArtMindBestand=' + dbo.fn_charnull(ArtMindBestand) + '; ' +
       ...
FROM inserted;
```

Ein weiteres Beispiel zeigt eine Funktion, mit der man deutsche Umlaute und den Buchstaben ß aus einem String entfernen kann. In einem Ausdruck wäre dieses Vorhaben sehr unübersichtlich, da man die Funktion REPLACE() vier Mal ineinander schachteln müsste.

```
SELECT REPLACE(REPLACE(REPLACE(REPLACE('ä-ö-ü-ß', 'ä', 'ae'), 'ö', 'oe'), 'ü', 'ue'),
'ß', 'ss') AS umlaute;
```

liefert:

```
umlaute
-------------------------
ae-oe-ue-ss
```

Baut man dies in eine Funktion ein, ist dies wesentlich übersichtlicher, da man die einzelnen Schritte hintereinander erledigen kann.

```
CREATE FUNCTION dbo.fn_ohneumlaut(@text AS varchar(500))
RETURNS varchar(500)
AS
BEGIN
    SET @text = REPLACE(@text, 'ä', 'ae');
    SET @text = REPLACE(@text, 'ö', 'oe') ;
    SET @text = REPLACE(@text, 'ü', 'ue') ;
    SET @text = REPLACE(@text, 'ß', 'ss') ;
RETURN @text;
END;
```

 HINWEIS: Ich habe in diesem Beispiel die Textlänge auf 500 Zeichen beschränkt. Diese ließe sich bei Bedarf beliebig bis hin zu *varchar(max)* erweitern. Bei Bedarf können Sie anstelle von *varchar* natürlich auch *nvarchar* einsetzen. ∎

Nicht nur, dass der Aufbau der Funktion übersichtlicher ist als der zuvor eingesetzte Ausdruck, auch die Verwendung in der SQL-Anweisung ist wesentlich übersichtlicher. Nicht zu vergessen die Wiederverwendbarkeit dieser Funktion, die viel Schreibarbeit ersparen kann.

Vor dem nachfolgenden Test füge ich noch einen weiteren Eintrag für den Namen Neiß in die Personaltabelle ein. Das entsprechende Statement ist im Skript zum Kapitel enthalten.

```
SELECT nachname AS Name_mit_Umlaut,
       dbo.fn_ohneumlaut(nachname) AS Name_ohne_Umlaut
FROM dbo.personal
WHERE nachname LIKE '%ä%'
OR nachname LIKE '%ü%'
OR nachname LIKE '%ö%'
OR nachname LIKE '%ß%'
ORDER BY Name_mit_Umlaut;
```

liefert:

```
Name_mit_Umlaut              Name_ohne_Umlaut
---------------------------  -------------------------
Kossegg
Mörtl                        Moertl
Neiß                         Neiss
Nürnberger                   Nuernberger
Prügger                      Pruegger
(5 Zeile(n) betroffen)
```

Diese Funktion könnte man zum Beispiel zum Generieren von E-Mail-Adressen verwenden, in denen ja keine Umlaute enthalten sein dürfen.

HINWEIS: Vielleicht wundern Sie sich, warum hier der Name *Kossegg* im Ergebnis auftaucht, obwohl wir in der WHERE-Klausel LIKE '%ß%' und nicht LIKE '%ss%' verwenden. Dies liegt an der Sortiereinstellung, an der sogenannten *Collation*. Diese haben wir beim Setup des Servers besprochen. Die bei einem deutschen Server verwendete Standardeinstellung *Latin1_General_CI_AS*, die auch für die Spalte *nachname* der Tabelle *personal* vergeben ist, setzt den Buchstaben ß bei Vergleichen mit ss gleich. Daher führt dies zu einem Treffer. Sie können in einer Anweisung die Collation eines Feldes ändern. Wandeln wir den Inhalt des Nachnamens zum Beispiel in eine hebräische Collation um, werden ß und ss nicht gleichgesetzt:

```
... OR nachname COLLATE Hebrew_CI_AS LIKE '%ß%'
```

Alternativ könnten Sie auch die kürzere Form nachname LIKE '%[äüöß]%' verwenden, um alle mit einem Umlaut sowie mit ß zu filtern. Die vier Buchstaben in eckigen Klammern in Kombination mit LIKE bedeuten, dass jeder dieser Buchstaben gemeint ist, und dies ersetzt damit die ODER-Logik. Bei dieser Variante wird das ss nicht mit ausgegeben, denn es greift die Collation nicht.

Den Abschluss bildet ein Beispiel für eine Verarbeitung, die in einem Ausdruck nicht untergebracht werden kann, da sie eine Schleife erfordert. Und zwar soll das vorige Beispiel so erweitert werden, dass nicht nur alle Umlaute ersetzt, sondern auch alle Zeichen entfernt werden, die keinen Buchstaben darstellen. In einer Schleife werden alle Zeichen des

Suchstrings von links nach rechts durchlaufen. Nur diejenigen, deren ASCII-Code im Bereich von 65 bis 90 (A bis Z) oder von 97 bis 122 (a bis z) liegt, werden an den Zielstring angefügt. Damit werden alle anderen Zeichen eliminiert.

```
CREATE FUNCTION dbo.fn_buchst(@text varchar(100))
RETURNS varchar(100)
AS
BEGIN
    DECLARE @zieltext varchar(100) = '';
    DECLARE @zeichen char(1);
    DECLARE @i tinyint = 1;

    SET @text = REPLACE(@text, 'ä', 'ae');
    SET @text = REPLACE(@text, 'ö', 'oe');
    SET @text = REPLACE(@text, 'ü', 'ue');
    SET @text = REPLACE(@text, 'ß', 'ss');

    WHILE @i <= LEN(@text)
    BEGIN
        SET @zeichen = SUBSTRING(@text, @i, 1);
        IF ASCII(@zeichen) BETWEEN 65 AND 90 OR ASCII(@zeichen) BETWEEN 97 AND 122
            SET @zieltext += @zeichen;
        SET @i += 1;
    END;
RETURN @zieltext;
END;
```

Testen wir die Funktion mit folgendem Aufruf:

```
SELECT dbo.fn_buchst('Al~in..|1a2,L$e&a#34Pet*r/a'') AS nur_buchstaben
```

liefert:

```
nur_buchstaben
--------------------------
AlinaLeaPetra
```

Ein kleines Praxisproblem bleibt uns noch zu lösen: Aufgrund der aktuellen Kollation (Collation, Sortierung) werden Groß- und Kleinbuchstaben im Vergleich mit einem Kleinbuchstaben in gleicher Weise erkannt und beide generell im Programmcode durch den Kleinbuchstaben ersetzt.

```
SELECT dbo.fn_buchst('Özgür') AS vorname;
```

liefert:

```
vorname
--------------------
oezguer
```

Um auch große Umlaute korrekt zu berücksichtigen, verwenden wir erneut COLLATE, um für den Vergleich eine Kollation zu verwenden, die case sensitive ist. Dazu fügen wir in den beiden vorigen Funktionen vor dem ersten REPLACE() folgende drei Zeilen ein:

```
SET @text = REPLACE(@text COLLATE Latin1_General_CS_AS, 'Ä', 'Ae');
SET @text = REPLACE(@text COLLATE Latin1_General_CS_AS, 'Ö', 'Oe');
SET @text = REPLACE(@text COLLATE Latin1_General_CS_AS, 'Ü', 'Ue');
```

Wir verwenden die Standardkollation, allerdings ersetzen wir CI (case insensitive) durch CS (case sensitive). Damit werden in dieser Vergleichstranche nur die großen Umlaute ersetzt, die kleinen erfolgen danach über den bisher auch schon verwendeten Programmcode.

```
SELECT dbo.fn_buchst('Özgür') AS vorname;
```

liefert nach der Erweiterung:

```
vorname
--------------------
Oezguer
```

6.3.2 Inline-Funktionen

Benutzerdefinierte Funktionen können nicht nur einen Wert, sondern auch ganze Tabellen zurückliefern. Der Unterschied der zurückgegebenen Tabellen zu Datensätzen, die eine gespeicherte Prozedur liefert, ist, dass diese Tabellen wie gewöhnliche Tabellen in Abfragen verwendet und auch mit anderen verknüpft werden können.

Bei diesem Funktionstyp wird der Datentyp für den Rückgabewert als TABLE definiert. Der Name Inline-Funktion stammt daher, dass sie lediglich aus einer SELECT-Anweisung besteht, also einer Anweisung innerhalb einer Zeile.

 HINWEIS: In einem anderen Zusammenhang werden auch Unterabfragen, die in einer FROM-Klausel verwendet werden, als Inline-Views bezeichnet, weil sie wie eine Sicht wirken, aber innerhalb der SQL-Anweisungszeile definiert werden.

Inline-Funktionen wirken und werden wie Sichten verwendet. Der große Unterschied besteht darin, dass eine Funktion Übergabeparameter haben kann – etwas, womit eine Sicht nicht aufwarten kann. Da es sich immer nur um eine einzige Anweisung handelt, entfällt bei dieser Variante die Umklammerung des Funktionsteils mit BEGIN und END.

 HINWEIS: Im Management Studio finden Sie Inline-Funktionen im Objekt-Explorer in der Rubrik *Funktionen* und dort in der Unterrubrik *Tabellenwertfunktionen*. Es existiert für Inline-Funktionen keine eigene Rubrik.

Die nachfolgende Funktion liefert alle Artikel, die jener Artikelgruppe angehören, deren Artikelgruppenkürzel übergeben wird.

```
CREATE FUNCTION dbo.fn_artikelgruppe(@gruppe char(2))
RETURNS TABLE
```

```
AS
RETURN
    SELECT artnr AS nr,
           bezeichnung,
           vkpreis AS preis,
           lieferant
    FROM dbo.artikel
    WHERE gruppe = @gruppe;
```

Wie erwähnt, kann diese Funktion wie eine echte Tabelle in einer SQL-Anweisung verwendet werden. Sie können sie auch in der JOIN-Klausel verwenden, um sie mit anderen Tabellen zu verknüpfen. Sie greifen dabei auf Spalten dieser Funktion wie auf Tabellenspalten zu.

Um das Ergebnis zu testen, setzen Sie in einem Abfrageeditor-Fenster folgende SELECT-Anweisung ab:

```
SELECT *
FROM dbo.fn_artikelgruppe('be')
ORDER BY bezeichnung;
```

Als Ergebnis erhalten wir alle Artikel zurück, die der Artikelgruppe *Besteck* angehören:

```
nr     bezeichnung                     preis      lieferant
------ ------------------------------- ---------- -----------
1180   Eislöffel 6-St.-Packung         8,61       1001
1178   Essgabel 6-St.-Packung          9,70       1003
1179   Esslöffel 6-St.-Packung         9,70       1003
1177   Essmesser 6-St.-Packung         18,42      1003
1228   Fiskars Schere 2-St.-Packung    21,58      1020
1227   Fixiermesser mit Etui           17,33      1020
...
1914   Steakmesser für Jausenset       0,76       1001
(20 Zeile(n) betroffen)
```

Da eine Inline-Funktion wie eine Tabelle oder View zu verwenden ist, können Sie Ergebnisspalten in Berechnungen verwenden, mit anderen Tabellen verknüpfen, einschränken, gruppieren usw.

```
SELECT a.nr, a.bezeichnung,
       ROUND(a.preis * 1.05, 2) AS neupreis,
       l.firma1 + ISNULL(' ' + l.firma2, '') AS lieferant
FROM dbo.fn_artikelgruppe ('be') a
INNER JOIN dbo.lieferanten l ON a.lieferant = l.liefnr
WHERE a.preis > 10
ORDER BY a.bezeichnung;
```

 PRAXISTIPP: Sie können sich auch Inline-Funktionen für das bessere Auswerten unserer Protokolltabelle erstellen. Der Beispielfunktion werden der Tabellenname sowie der Vorgangstyp (I, U, D) übergeben. Die Funktion liefert die betroffenen Einträge.

```
CREATE FUNCTION dbo.fn_protokoll (@tabelle varchar(50), @vorgang char(1))
RETURNS TABLE
AS
RETURN
    SELECT tabelle_id AS schluessel, inhalt, datum, benutzer
    FROM dbo.protokoll
    WHERE tabelle = @tabelle
    AND vorgang = @vorgang;
```

Ich verwende Inline-Funktionen häufig als Ersatz für Sichten, da sie aufgrund der Parametrisierung viel universeller einsetzbar sind.

6.3.3 Tabellenwertfunktionen

Für den zweiten Funktionstyp, der ein Ergebnis in Tabellenform zurückgibt, müssen Sie zusätzlich einen Namen für die Tabellenvariable vergeben. Danach definieren Sie die Struktur der Tabelle in derselben Syntax, als würden Sie diese als echte Tabelle über eine DDL-Anweisung erzeugen. Im Anweisungsblock befüllen Sie die Tabelle mittels INSERT-Anweisungen. Auch hier unterscheidet sich die Syntax nicht von derjenigen, die beim Einfügen in eine echte Tabelle verwendet wird.

```
CREATE FUNCTION [schema.]funktionsname ([parameter1 datentyp1,...])
RETURNS variablenname TABLE
    ( feld1 datentyp1,
      feld2 datentyp2,
      ...
    )
AS
BEGIN
    Anweisungen;
RETURN;
END;
```

Am Ende des Anweisungsblocks steht stets das Schlüsselwort RETURN. Dem Wort RETURN folgt kein Variablenname oder irgendein anderer Ausdruck, da ja bereits in der Funktionsdefinition festgelegt worden ist, dass eine Tabelle zurückgegeben wird. Das tatsächliche Rückgabeergebnis hängt nur davon ab, was Sie im Anweisungsblock in die interne Funktionstabelle einfügen.

Funktionen bieten sich für die Rückgabe von Ergebnissen an, die Sie mit einer SQL-Anweisung nicht unmittelbar erzeugen können.

Beispiel: Werden von Lieferanten bestellte Waren geliefert, werden diese in unserer Beispieldatenbank in den Tabellen *wareneingang* sowie *wareneingangspositionen* erfasst. Da die Waren direkt nach der Warenübernahme fertig mit Preisetiketten versehen werden, sollen diese entsprechend der eingegangenen Warenmengen ausgedruckt werden. Auf den ersten Blick scheint dieses Unterfangen nicht allzu schwierig zu sein, aber beim genaueren Hinsehen zeigt sich das Problem: Erzeugen wir in einem Frontend-Tool einen Bericht für die Etiketten mit einer Abfrage über die Tabellen *wareneingangspositionen* und *artikel* als Grundlage, bekommen wir für jeden Artikel nur ein Etikett! Wie schaffen wir es, für jeden Artikel so viele Etiketten auszudrucken, wie wir geliefert bekommen haben?

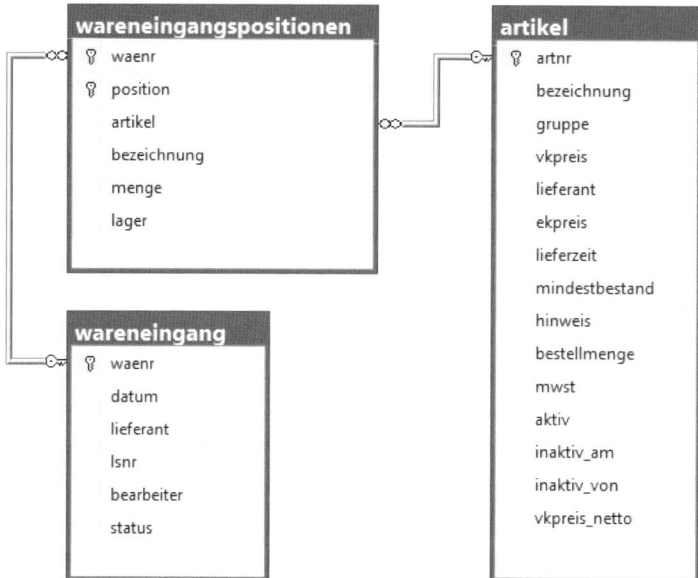

Bild 6.47 Artikel- und Wareneingangstabellen

Hier bietet sich eine Tabellenfunktion an, da das Ergebnis mit gewöhnlichem SQL nicht zu erzielen ist. Die Funktion soll das folgende Ergebnis liefern:

```
artikel   bezeichnung                        preis     gruppe
--------  ---------------------------------  --------  ------
1201      Eierbecher Barkerole               3,16      GE
1201      Eierbecher Barkerole               3,16      GE
1201      Eierbecher Barkerole               3,16      GE
1201      Eierbecher Barkerole               3,16      GE
1201      Eierbecher Barkerole               3,16      GE
1201      Eierbecher Barkerole               3,16      GE
...
1178      Essgabel 6-St.-Packung             9,70      BE
1178      Essgabel 6-St.-Packung             9,70      BE
1178      Essgabel 6-St.-Packung             9,70      BE
1178      Essgabel 6-St.-Packung             9,70      BE
...
```

Die Daten, die für den Etikettendruck benötigt werden, müssen für jeden Artikel so oft im Ergebnis vorkommen, wie gedruckte Etiketten benötigt werden.

Betrachten wir nun die für die Lösung vorgesehene Funktion fn_wae_etiketten im Detail: Beim Aufruf wird der Funktion die Wareneingangsnummer des Wareneingangs übergeben, für den die Etiketten gedruckt werden müssen. Die interne Funktionstabelle wird mit den vier Spalten für die Artikelnummer, die Artikelbezeichnung, den Preis und die Artikelgruppe definiert. Da diese Werte über einen Cursor eingelesen werden, benötigen wir für jeden dieser Werte eine Variable, die bei einem Fetch aus dem Cursor befüllt wird.

```
CREATE FUNCTION dbo.fn_wae_etiketten(@wae int)
RETURNS @etik TABLE
```

```
(   artikel int,
    bezeichnung varchar(100),
    preis smallmoney,
    gruppe char(2))
AS
BEGIN
    DECLARE @artikel int;
    DECLARE @name varchar(100), @gruppe char(2);
    DECLARE @stk int, @preis smallmoney;
    DECLARE @i int;
```

Der Cursor liefert alle Daten, die benötigt werden. Das sind die Artikelnummer und die Menge aller Positionen des Wareneingangs. Preis, Bezeichnung und Artikelgruppe werden aus der Artikeltabelle ergänzt.

```
    DECLARE wae_cursor CURSOR LOCAL STATIC
    FOR
        SELECT w.artikel, w.menge, a.gruppe, a.vkpreis, a.bezeichnung
        FROM dbo.wareneingangspositionen w
        INNER JOIN dbo.artikel a ON w.artikel = a.artnr
        WHERE w.waenr = @wae
        ORDER BY w.bezeichnung;

    OPEN wae_cursor;
    FETCH NEXT FROM wae_cursor @artikel, @stk, @gruppe, @preis, @name;
```

In der WHILE-Schleife (zum Durchlaufen des Cursors) wird der Zähler zu Beginn für jeden Artikel auf 1 gesetzt. Dieser Zähler wird benötigt, um so lange Zeilen in die interne Tabelle einzufügen, wie Etiketten für diesen Artikel benötigt werden. Dafür wird die innere WHILE-Schleife verwendet. Bei jedem Schleifendurchlauf wird der Zähler @i um 1 erhöht und eine Zeile in die interne Tabelle @etik eingefügt.

```
    WHILE @@fetch_status = 0
    BEGIN
        SET @i = 1;

        WHILE @i <= @stk
        BEGIN
            INSERT INTO @etik(artikel, bezeichnung, preis, gruppe)
            VALUES (@artikel, @name, @preis, @gruppe);

            SET @i += 1;
        END;

        FETCH NEXT FROM wae_cursor INTO @artikel, @stk, @gruppe, @preis, @name;
    END

    CLOSE wae_cursor;
    DEALLOCATE wae_cursor;
RETURN;
END;
```

Am Ende wird automatisch der gesamte Inhalt der internen Tabelle als Funktionsergebnis ausgegeben.

Eine Tabellenfunktion verwenden Sie wie eine Tabelle in einer SELECT-Anweisung. Rufen Sie die Funktion zum Beispiel mit der Wareneingangsnummer 2000001 auf:

```
SELECT * FROM dbo.fn_wae_etiketten (2000001);
```

HINWEIS: Da eine Tabellenfunktion wie eine normale Tabelle verwendet werden kann, können Sie auch einzelne Spalten auswählen, Auswahlkriterien vergeben, Sortierkriterien definieren oder die Funktion mit anderen Tabellen verknüpfen.

Im Gegensatz zu Inline-Funktionen können auf Tabellenfunktionen generell keine DML-Anweisungen ausgeführt werden. Die Daten werden sozusagen „read only" geliefert.

Zum Abschluss möchte ich Ihnen ein Beispiel nicht vorenthalten, das ich in einem Kundenprojekt einmal so umgesetzt habe. Denn dieses zeigt nochmals den Einsatzbereich von Tabellenfunktionen sehr gut auf. Die Aufgabenstellung ist gewesen, mehrere E-Mail-Adressen, die in einer Einstellungstabelle mit Semikolon getrennt eingegeben werden, auf Gültigkeit zu prüfen, am besten schon bei der Eingabe über einen Trigger. Da ich schon eine .NET User-Defined Function zur Verfügung habe, welche die Gültigkeit einer einzelnen E-Mail-Adresse überprüft, wollte ich diese gleich einbinden und keine neue .NET-Funktion schreiben, um mehrere Adressen zu prüfen. Das wollte ich – da viel schneller umgesetzt – gleich in Transact-SQL umsetzen. Außerdem kommt jetzt eine Tabellenfunktion ins Spiel, die ich ebenso schon des Öfteren benötigt habe.

HINWEIS: Die hier verwendete .NET-Skalarfunktion *dbo.fn_mail_ok* wird im nachfolgenden Kapitel 7 erstellt und erläutert.

Bei der Tabellenfunktion geht es darum, mit einem Trennzeichen getrennte Werte in Tabellenform für eine spätere Verarbeitung umzusetzen. Dabei habe ich im Hinterkopf eine so ähnliche Funktionalität wie die Methode Split in VB.NET, um einen String in ein String-Array zu konvertieren. Ab Version 2016 gibt es ja dazu zwar die in Kapitel 5 beschriebene neue Funktion *STRING_SPLIT()*, allerdings benötigt man diese Funktionalität oftmals auch bei einer Vorversion und kann sie durch diese Tabellenfunktion nachbauen. Ich persönlich bin bei Kunden häufig mit älteren Versionen konfrontiert, bei denen ich auf neue Features oft schmerzhaft verzichten muss. Ein zusätzlicher kleiner Vorteil besteht darin, dass man weitere Funktionalitäten, wie zum Beispiel eine fortlaufende Nummerierung, integrieren könnte.

Der Funktion dbo.fn_daten_tab wird der Text der mit Semikolon getrennten Inhalte als *varchar(max)* übergeben. Ich habe hier fix das Semikolon als Trennzeichen verwendet, aber auch das ließe sich als zweiter Parameter bei Bedarf dynamisch übergeben. Die interne Tabelle der Tabellenfunktion besteht aus zwei Spalten. Die erste Spalte *nr* soll eine laufende Nummer enthalten, die zweite Spalte *inhalt* den Zeilenstring, der aus dem gesamten Text herausgelöst worden ist. In einer Schleife wird der Text zerlegt und bei jedem Durchlauf ein Teil herausgelöst und in die Tabelle eingefügt. Dabei werden überschüssige Leerzeichen mit entfernt und auch berücksichtigt, dass die Liste mit einem Trennzeichen enden könnte. Das soll verhindern, dass zum Schluss noch eine leere Zeile eingefügt wird. Auch leere Einträge zwischendurch werden unterbunden.

Und auch bei dieser Funktion wird der Inhalt der internen Tabelle am Ende als Funktionsergebnis zurückgeliefert.

```
CREATE FUNCTION dbo.fn_daten_tab(@data nvarchar(max))
RETURNS @daten TABLE
(   nr int,
    inhalt nvarchar(200)
)
AS
BEGIN
    DECLARE @i int = 0;
    DECLARE @inhalt nvarchar(200) ;
    DECLARE @pos smallint = 1;

    WHILE @pos > 0
    BEGIN
        SET @pos = CHARINDEX(';', @data, 1);
        IF @pos > 0
            SET @inhalt = SUBSTRING(@data, 1, @pos);
        ELSE
            SET @inhalt = @data;

        SET @inhalt = RTRIM(REPLACE(@inhalt, ';',''));
        IF @inhalt != ''
        BEGIN
            SET @i += 1;
            INSERT INTO @daten(nr, inhalt)
            VALUES (@i, @inhalt);
        END;

        SET @data = LTRIM(SUBSTRING(@data, @pos + 1, LEN(@data)));
    END;
RETURN;
END;
```

Rufen wir die Funktion zum Test nun mit folgender Anweisung auf.

```
DECLARE @namen varchar(max) = 'Petra;Alina;Lea;Wolfgang;Felix;Ulli';
SELECT * FROM dbo.fn_daten_tab(@namen);
```

liefert:

```
nr    inhalt
----- --------------------
1     Petra
2     Alina
3     Lea
4     Wolfgang
5     Felix
6     Ulli
```

Aufgrund der beschriebenen Sicherheitsmaßnahmen liefert diese Funktion auch mit nachfolgendem Input dasselbe Ergebnis:

```
DECLARE @namen varchar(max);
SET @namen = 'Petra;     ; Alina; Lea;Wolfgang; Felix; Ulli;          ; ;;;;   ';
```

Diese Funktion lässt sich nun überall einsetzen, wenn Sie getrennte Daten verarbeiten möchten. Häufig lässt sich das in Datenbanken in Tabellenform schneller realisieren. Mit dieser Tabellenwertfunktion können Sie das durch die einfache Aufrufbarkeit der gerade erstellten Funktion elegant umsetzen.

Wie erwähnt, können Sie dieselbe Aufgabenstellung mittlerweile auch mit einer internen Funktion lösen. Um dieselbe Nummerierung hinzubekommen und die Reihenfolge der Einträge beizubehalten, muss man allerdings ein wenig kreativ werden. Denn die Funktion *ROW_NUMBER()* benötigt die Angabe einer Sortierung, und diese würde die Elemente dann nicht mehr in der ursprünglichen Reihenfolge ausgeben. Aber mit einer Unterabfrage und einer Dummy-Spalte mit identem Inhalt für die Sortierung bekommen wir das hin:

```
DECLARE @namen varchar(max) = 'Petra; Alina; Lea; Wolfgang; Felix; Ulli';
SELECT ROW_NUMBER() OVER(ORDER BY dummy) AS nr, inhalt
FROM ( SELECT 1 AS dummy,
              LTRIM(value) AS inhalt
       FROM STRING_SPLIT(@namen, ';')) x;
```

Nach dem eigentlichen Hauptteil möchte ich Ihnen natürlich auch den letzten Schritt des Beispiels nicht vorenthalten. Nachdem ich diese Funktion und jene zum Prüfen einer einzelnen E-Mail-Adresse schon verfügbar gehabt habe, habe ich diese beiden für die Gültigkeitsprüfung der Liste mit E-Mail-Adressen auch gleich verwendet. Diese dritte Funktion – es handelt sich dabei um eine Skalarwertfunktion – bekommt den Namen *dbo.fn_mail_ok_all*. Enthält die Liste mit Mail-Adressen mehrere Einträge, wird sie mit einem Cursor durchlaufen. Sobald eine Adresse ungültig ist, wird die Prüfung beendet. Die Funktion liefert als *bit*-Wert 1, wenn keine ungültige Adresse dabei ist. Ist auch nur eine ungültige Adresse dabei, liefert die Funktion 0.

```
CREATE FUNCTION dbo.fn_mail_ok_all (@mail varchar(1000))
RETURNS bit
AS
BEGIN
    DECLARE @ok bit;

    IF @mail IS NULL OR @mail = ''        -- leer (auch ok)
        SET @ok = 1;
    ELSE IF @mail NOT LIKE '%;%'          -- nur eine
        SET @ok = dbo.fn_mail_ok(@mail);
    ELSE
    BEGIN                                 -- mehrere
        DECLARE adr CURSOR LOCAL STATIC
        FOR
            SELECT inhalt
            FROM dbo.fn_daten_tab(@mail);

        OPEN adr;
        FETCH NEXT FROM adr INTO @mail;
        WHILE @@FETCH_STATUS = 0
        BEGIN
            SET @ok = dbo.fn_mail_ok(@mail);
```

```
            IF @ok = 0
                BREAK;

            FETCH NEXT FROM adr INTO @mail;
        END;

        CLOSE adr;
        DEALLOCATE adr;
    END;
RETURN @ok;
END;
```

Testen wir diese Funktion zuerst mit einer Liste aus nur gültigen E-Mail-Adressen.

```
DECLARE @email varchar(1000) = 'klemens@konopasek.at; db@t-sql.eu; info@databases.at'
SELECT dbo.fn_mail_ok_all(@email);
```

liefert: 1

Zuletzt verpacken wir einen Fehler in die mittlere Mail-Adresse.

```
DECLARE @email varchar(1000) = 'klemens@konopasek.at; db@@t-sql.eu; info@databases.at'
SELECT dbo.fn_mail_ok_all(@email);
```

liefert: 0

6.3.4 Systemintern kompilierte benutzerdefinierte Funktionen

Neu ab der Version 2016 gibt es die *systemintern kompilierten benutzerdefinerten Funktionen*. Dabei handelt es sich um Skalarfunktionen, die einen definierten Wert zurückliefern. Tabellenfunktionen sind im Moment auch beim SQL Server 2017 noch nicht implementiert. Dieser werden wahlweise als Natively Compiled Userdefined Function (NCUDF) oder *Natively Compiled Scalar Function* (NCSF) bezeichnet. Auch wenn beide hier verwendeten Abkürzungen keine offiziellen sind, verwende ich analog zu den Prozeduren und Triggern fortan das Kürzel *NCSF*.

Diese Funktionen eignen sich unter anderem exzellent dafür, Funktionalitäten, die in NCPs nicht verwendet werden können, nachzubauen und damit verfügbar zu machen. Beispielweise kann ja der Vergleichsoperator LIKE in einer NCP nicht verwendet werden, ebenso nicht in einem NCT. Um zu prüfen, ob eine Zeichenfolge in einer anderen enthalten ist, kann dieser Vergleichsoperator also nicht verwendet werden. Als Alternative würden uns eventuell noch die beiden Systemfunktionen CHARINDEX() und PATINDEX() einfallen, aber leider lassen sich diese beiden hier auch nicht als Ersatz verwenden.

 HINWEIS: Im Beispielskript zu diesem Kapitel finden Sie zum selber Ausprobieren den Code für drei Prozeduren, die LIKE, CHARINDEX() oder PATINDEX() verwenden. Der Versuch, eine davon zu erstellen, mündet allerdings in einen Fehler mit dem Hinweis, dass die jeweilige Funktionalität von systemintern kompilierten Modulen nicht unterstützt wird.

Erstellen einer systemintern kompilierten benutzerdefinierten Funktion

Als Beispiel erzeugen wir uns eine NCSF, die uns analog zu den Funktionen CHARINDEX() und PATINDEX() die Position eines Textes innerhalb eines anderen Textes liefert und 0 zurückgibt, wenn er gar nicht enthalten ist.

Um eine NCSF zu erstellen, müssen Sie entweder auf den Vorlagen-Explorer zurückgreifen oder die notwendigen Anweisungen von Hand eingeben, denn diese können (noch) nicht über das Kontextmenü im Objekt-Explorer erzeugt werden. Im Vorlagen-Explorer finden Sie die passende Vorlage unter *Function* mit der englischen Bezeichnung *Create Natively Compiled Scalar Function*. Mit einem Doppelklick lässt sich die Vorlage zum Beispiel in ein neues Abfrage-Editorfenster übernehmen.

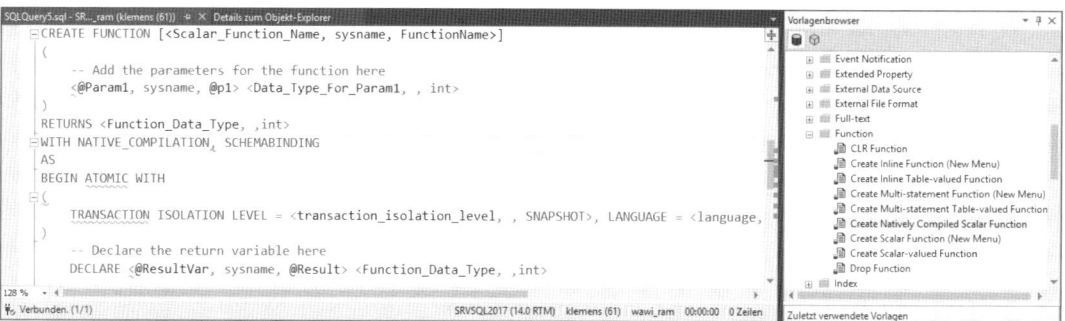

Bild 6.48 NCSF über Vorlagen-Explorer erstellen

Im Grunde genommen unterscheidet sich diese Variante einer NCSF von einer klassischen Skalarwertfunktion lediglich über die altbekannten Zusätze, die Sie von NCP und NCT bereits kennen:

- WITH NATIVE_COMPILATION, SCHEMABINDING im Header der Funktion,
- BEGIN ATOMIC zur Einleitung,
- der Zusatz WITH (TRANSACTION ISOLATION LEVEL = …, LANGUAGE = '…') danach am Beginn des Anweisungsblocks.

Um die beschriebene Funktionalität nachzubilden, werden Variablen mit der Länge des Textes und der des Suchtextes deklariert. In einer Schleife wird beginnend von der ersten Position geprüft, ob der Substring von der Länge des Suchtextes dem Suchtext entspricht. Ist dies nicht der Fall, wird der Vorgang so lange von der jeweils nächsten Startposition fortgesetzt, bis entweder der restliche Text zu kurz ist oder es auf die beschriebene Art zu einem Treffer kommt. Kommt es zu einem Treffer, ist einerseits die aktuelle Startposition des Vergleichs das Ergebnis und andererseits ist die Schleife zu beenden.

 PRAXISTIPP: Da auch die Anweisung BREAK an dieser Stelle nicht unterstützt wird, um die WHILE-Schleife zu verlassen, ist wieder Kreativität gefragt. Die nächste Bedingungsprüfung darf nicht *Wahr* ergeben. Dazu wird einfach die Startposition auf die Länge des Textes gesetzt, damit der Suchtext auf keinen Fall ein weiteres Mal mehr Platz findet.

Eine alternative Variante wäre es, in einer derartigen Situation eine eigene Variable @ende zu verwenden, die ebenso mit AND @ende = 0 am Ende an die Bedingung angehängt wird. Diese Variable wird auf 1 gesetzt, wenn die Schleife beendet werden soll.

```
CREATE FUNCTION dbo.fn_enthaelt(@suchtext nvarchar(100), @text nvarchar(max))
RETURNS int
WITH NATIVE_COMPILATION, SCHEMABINDING
AS
BEGIN ATOMIC
WITH ( TRANSACTION ISOLATION LEVEL = SNAPSHOT, LANGUAGE = 'german')
    DECLARE @laenge_t int = LEN(@text);
    DECLARE @laenge_s int = LEN(@suchtext);
    DECLARE @start int = 1;
    DECLARE @position int = 0;

    -- Solange der Suchtext hineinpasst und falls er nicht leer ist
    WHILE @laenge_t >= (@start - 1) + @laenge_s AND @laenge_s > 0
    BEGIN
        IF SUBSTRING(@text, @start, @laenge_s) = @suchtext
        BEGIN             -- Treffer!
            SET @position = @start;
            -- führt zum Schleifenende (BREAK nicht unterstützt):
            SET @start = @laenge_t;
        END
        SET @start += 1;
    END;

RETURN @position
END;
```

Testen wir diese Funktion nun mit folgenden Beispielaufrufen:

SELECT dbo.fn_enthaelt('li', 'alina'); liefert 2

SELECT dbo.fn_enthaelt('ali', 'alina'); liefert 1

SELECT dbo.fn_enthaelt('na', 'alina'); liefert 4

SELECT dbo.fn_enthaelt('x', 'alina'); liefert 0

SELECT dbo.fn_enthaelt('lea', 'lea'); liefert 1

SELECT dbo.fn_enthaelt('', 'lea'); liefert 0, da der Suchtext eine Länge von 0 aufweist.

Diese Funktion lässt sich nun ohne Einschränkungen innerhalb einer NCP oder eines NCT einsetzen. Im Beispielskript zum Kapitel finden Sie eine kleine Testprozedur, die dies auch nutzt.

■ 6.4 Debuggen

Da niemand perfekt ist und eine Prozedur immer auf Anhieb fehlerfrei programmiert, benötigen wir Werkzeuge, die uns das Auffinden von Fehlern erleichtern. Den Vorgang der toolgestützten Fehlersuche nennt man *Debuggen*. Das Debuggen hat viele Aspekte, die alle zu behandeln hier den Rahmen sprengen würde. Daher möchte ich nur auf das Wesentliche eingehen. Der wichtigste Aspekt ist, dass man eine Prozedur schrittweise, Anweisung für Anweisung, ausführen kann. Auf diese Weise kann man beobachten, was sich beim Ausführen jeder dieser Anweisungen tut. Man nennt diesen Modus Einzelschrittmodus.

6.4.1 Voraussetzungen für das Debuggen

Das Debuggen funktioniert problemlos, wenn Sie es mit dem Management Studio lokal auf dem Rechner starten, auf dem auch die SQL Server-Instanz installiert ist. Für ein Remote-Debuggen von einem Clientrechner aus müssen hingegen gewisse Voraussetzungen erfüllt sein.

Ist beim Client die Windows-Firewall aktiv, sind folgende Ausnahmen zu definieren:

- Für DCOM ist der Port TCP 135 zu öffnen.
- IPSEC auf UDP 4500/UDP 500 muss entsperrt sein, wenn dies im Netzwerk verwendet wird.
- Das Management Studio muss durch die Firewall kommunizieren dürfen.

Ist dies nicht der Fall und starten Sie einen Debugging-Vorgang auf Ihrem Rechner, erhalten Sie eine Warnmeldung, die Ihnen auch gleich die Option anbietet, die erforderlichen Einstellungen für Sie in der Firewall vorzunehmen. Damit dies funktioniert, müssen Sie lokale Administratorberechtigungen auf Ihrem Rechner besitzen. Sie haben die Möglichkeit, die Blockierung für Ihr internes Netz (Subnetz) oder generell aufzuheben. In der Regel wird es reichen, dies für Ihr internes Netz zu tun.

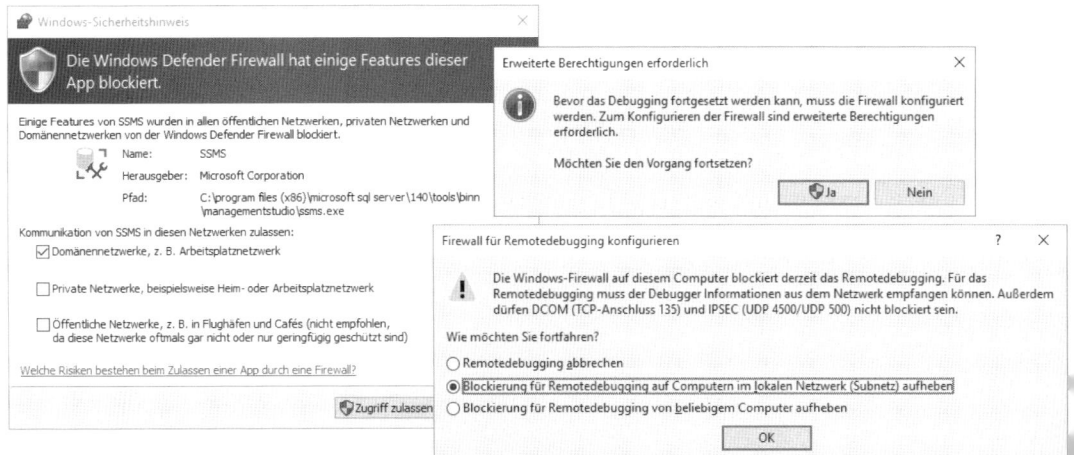

Bild 6.49 Firewall für Remotedebugging konfigurieren

PRAXISTIPP: Ich habe die Erfahrung gemacht, dass dies problemfreier vonstattengeht, wenn man dazu das Management Studio gleich vorweg mit der Option *Als Administrator ausführen* startet.

Zusätzlich muss auch der Server entsprechend eingerichtet werden, wenn er nicht auf der lokalen Maschine läuft, wie zum Beispiel ein Entwicklungsserver. Lassen Sie dort das Programm *sqlservr.exe* durch die Firewall kommunizieren. Sie finden diese Datei im Ordner *Binn* der jeweiligen Instanz. Je nachdem, wie Sie beim Setup vorgegangen sind, kann der Pfad leicht variieren. Bei meiner Instanz ist dies beispielsweise der Ordner *C:\Program Files\Microsoft SQL Server\MSSQL14.MSSQLSERVER\MSSQL\Binn*.

1. Starten Sie die Verwaltung der Windows-Firewall, zum Beispiel über die Systemsteuerung oder die Desktop-App *Windows Firewall mit erweiterter Sicherheit*, dann können Sie den zweiten Schritt überspringen.

2. Wählen Sie dort die *Erweiterten Einstellungen*.

3. Wählen Sie *Eingehende Regeln* auf der linken Seite des Dialogs und danach *Neue Regel ...* auf der rechten Seite.

4. Behalten Sie die erste Option *Programm* bei und wählen Sie WEITER.

5. Suchen Sie die Datei *sqlservr.exe* wie beschrieben und wählen Sie sie aus.

6. Im nächsten Schritt verwenden Sie die Option *Verbindung zulassen*.

7. Typischerweise wird es im Folgeschritt ausreichend sein, die Regel für die Domäne anzuwenden.

8. Geben Sie abschließend noch einen Namen für diese Regel ein, wie zum Beispiel *SQL Server EXE*, und speichern Sie die Regel.

9. Wenn Sie diese Regel etwas einschränken möchten, öffnen Sie danach die Eigenschaften und nehmen auf dem Register *Protokolle und Ports* folgende Einstellungen vor:

   - Protokolltyp: *TCP*
   - Lokaler Port: *Dynamische RPC-Ports*

Den Vorgang wiederholen Sie für die Datei *svhchost.exe* aus dem Ordner *System32* im Windows-Systemordner. Im letzten Schritt ersetzen Sie die Auswahl für den lokalen Port durch *RPC-Endpunktzuordnung*.

 HINWEIS: Eine genaue Anleitung zur Konfiguration von Server und Client finden Sie auch unter der Adresse

http://technet.microsoft.com/de-de/library/cc646024.aspx.

Dies ist hilfreich, wenn die automatische Freischaltung auf dem Client nicht erfolgreich ist.

Damit sind die netzwerktechnischen Voraussetzungen für das Remote-Debuggen gegeben.

ACHTUNG! Eine weitere wichtige Voraussetzung für das Debuggen – egal ob remote oder auf einer lokalen Instanz – ist die Mitgliedschaft in der Serverrolle *sysadmin*. Wenn Sie die Instanz selber installiert haben, werden Sie sich schon beim Setup dieser Rolle hinzugefügt haben. Sonst finden Sie Informationen dazu in Kapitel 10.

 PRAXISTIPP: Lassen Sie sich nicht entmutigen, wenn Sie clientseitig dennoch eine Fehlermeldung bekommen, dass das Remote-Debuggen nicht möglich sei. Dies ist einerseits der Fall, wenn Sie die serverseitigen Einstellungen erst danach vornehmen, und andererseits wartet das Management Studio das von ihr initiierte Einrichten der Firewall auf dem Client nicht ab. Der zweite nachfolgende Versuch wird demnach dann funktionieren.

6.4.2 Debuggen einer gespeicherten Prozedur

Um eine gespeicherte Prozedur zu debuggen, geben Sie einen Aufruf derselben in einem Abfrageeditor-Fenster des Management Studios ein. Markieren Sie diesen und starten Sie das Debuggen über eine der folgenden Varianten:

- Befehl DEBUGGEN STARTEN im Menü DEBUGGEN
- Die Tastenkombination ALT + F5 oder F11
- Das Symbol DEBUGGEN (rechts neben AUSFÜHREN) in der Symbolleiste

Wir wollen in unserem Beispiel die in diesem Kapitel erstellte Lagerbuchungsprozedur debuggen. Dazu verwenden wir folgenden Standardaufruf:

```
DECLARE @ok bit;
EXEC dbo.sp_lagerbuchung_aufruf 1111, 1, 50, @ok OUTPUT;
SELECT @ok AS ergebnis;
```

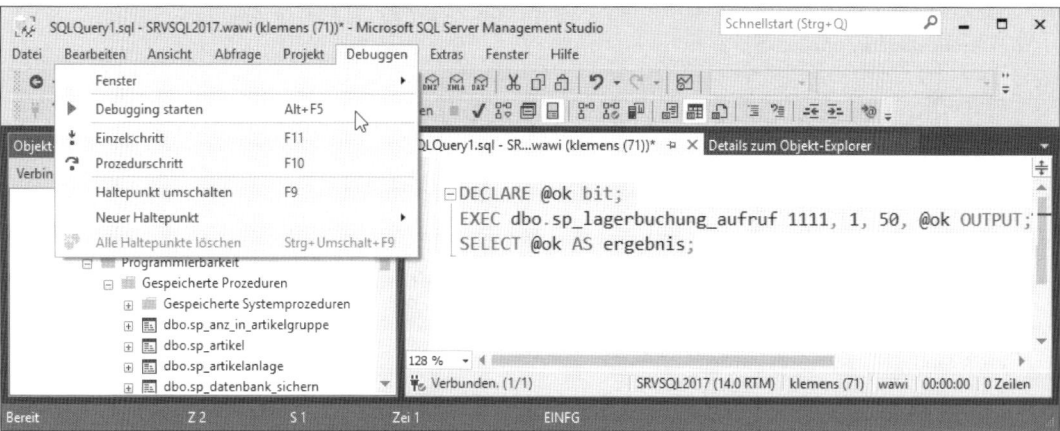

Bild 6.50 Debuggen im Management Studio starten

HINWEIS: Wenn Sie die Firewall für das Debugging bereits aktiviert haben, kommt teilweise bei jedem Start eines Debug-Vorgangs erneut die Meldung wie in Bild 6.51 zu sehen. Sie können diese Meldung aber mit NEIN wegklicken, und der Debug-Vorgang startet dennoch. Wenn Sie das Management Studio einmal als Administrator starten und nochmals die Einstellungen vornehmen, taucht diese Meldung nicht mehr auf. ∎

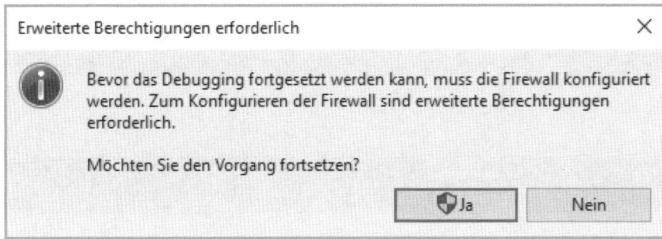

Bild 6.51 Firewall für Debugging konfigurieren

Das Ausführen wird sofort im Einzelschrittmodus gestartet. Dies erkennen Sie am gelben Pfeil am rechten Rand des Abfrageeditor-Fensters, der auf die aktuelle Zeile zeigt. Außerdem werden im Management Studio die nachfolgenden Änderungen automatisch vorgenommen, welche nach dem Beenden des Debuggens sofort wieder rückgängig gemacht werden:

- Der Objekt-Explorer wird ausgeblendet, da er während des Debuggens nicht benötigt wird.

- Das Fenster mit den Registern *Lokal* und *Auto* wird eingeblendet.

- Ein weiteres Fenster mit den Registern *Aufrufliste, Haltepunkte, Befehlsfenster, Direktfenster* und *Ausgabe* wird eingeblendet.

- Der *Projektmappen-Explorer* wird angezeigt.

- Die Symbolleiste *Debuggen* erscheint.

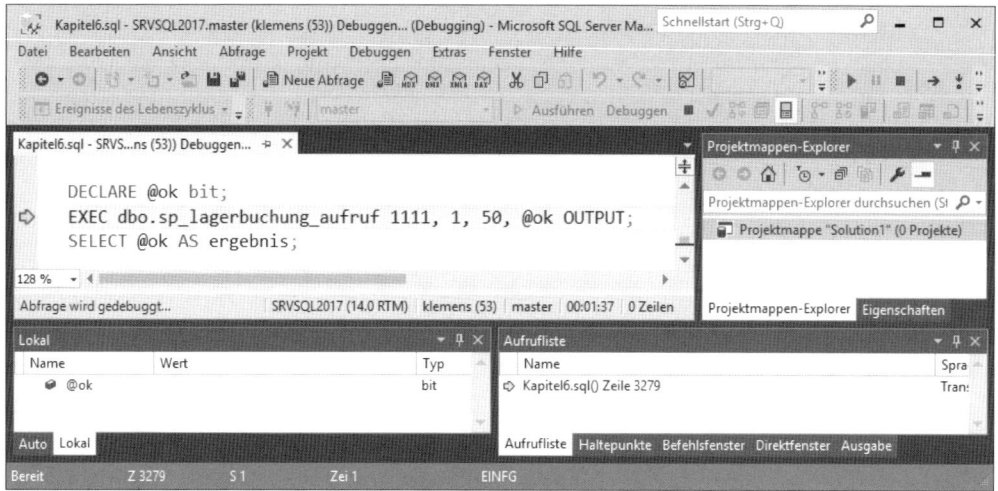

Bild 6.52 Einzelschrittmodus nach Start des Debuggens

Während der Prozedurablauf unterbrochen ist, kann mit verschiedenen Methoden nach Fehlern gesucht werden. Folgende Funktionalitäten sind von praktischer Bedeutung:

- *Einzelschritte:* Mit der Taste F11 oder über die Symbolleiste können Sie jeweils einen Schritt weitergehen und so den Ablauf der Prozedur schrittweise verfolgen. Sobald der Aufruf einer gespeicherten Prozedur erfolgt, wird diese in einem neuen Abfrageeditor-Fenster dargestellt und dort mit dem Debuggen fortgesetzt. Der Einzelschritt ist das fünfte Symbol von links in der Symbolleiste.

Bild 6.53 Symbolleiste Debuggen

Die Symbole von links aus gesehen:

- Weiter (ALT + F5)
- Alle unterbrechen (STRG + ALT + BREAK)
- Debuggen beenden (UMSCHALT + F5)
- Nächste Anweisung anzeigen (ALT + NUM)
- Einzelschritt (F11)
- Prozedurschritt (F10)
- Ausführen bis Rücksprung (UMSCHALT + F11)
- Hexadezimale Anzeige
- Haltepunkte (STRG + ALT + B)

Falls Sie eine weitere Prozedur innerhalb des Aufrufs nicht im Detail durchlaufen möchten, können Sie den Prozedurschritt verwenden. Dies können Sie über das Symbol oder mittels der Taste F10 bewerkstelligen.

- *Setzen von Haltepunkten:* Bereits im Vorfeld oder im Debug-Modus können Sie Haltepunkte setzen. Dies ist einerseits über das Kontextmenü als auch über ein Klicken in der grauen Leiste am linken Fensterrand möglich. Haltepunkte werden durch rote Punkte beziehungsweise Kugeln angezeigt. An diesen Haltepunkten wird die Ausführung gezielt unterbrochen. Wenn Sie im Einzelschrittmodus mit dem Symbol WEITER oder mit der Tastenkombination ALT + F5 fortfahren, gelangen Sie entweder bis zum Ende Ihres Aufrufcodes oder bis zum nächsten Haltepunkt, sofern ein solcher gesetzt ist. Damit müssen Sie nicht alle Zeilen einzeln debuggen, sondern nur diejenigen, die Sie möchten. Auf dem Register *Haltepunkte* können Sie alle derzeit gesetzten Haltepunkte erkennen. Ein gerade „gehaltener" Haltepunkt wird in der Übersicht mit fetter Schrift hervorgehoben.

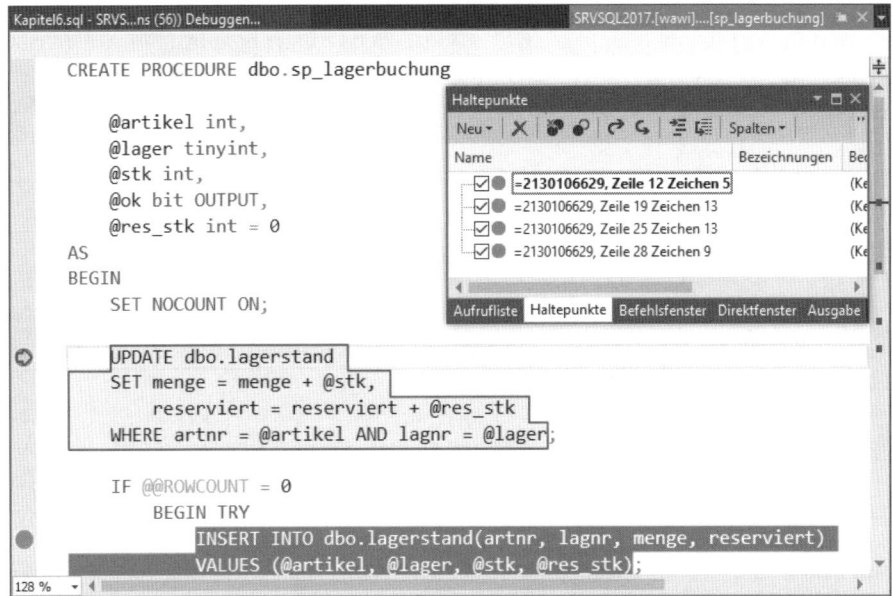

Bild 6.54 Aktuelle Haltepunkte

 PRAXISTIPP: Wird ein Fenster mit einer weiteren aufgerufenen Prozedur geöffnet, können Sie hier sofort Haltepunkte setzen. Diese bleiben auch für weitere Testdurchläufe erhalten, da bei einem weiteren Start des Debuggens wieder dasselbe Fenster verwendet wird. Wenn Sie es in der Zwischenzeit geschlossen haben, wird es automatisch wieder geöffnet. Erst mit dem Schließen des Management Studios gehen gesetzte Haltepunkte verloren.

- *Anzeigen von Variableninhalten:* Auf dem Register *Lokal* können Sie die Inhalte der Variablen während der unterbrochenen Ausführung beobachten. Zusätzlich können die Inhalte der Variablen verändert werden, indem Sie in die Zeile klicken und den Wert überschreiben. Damit können Sie das weitere Debuggen indirekt beeinflussen. Auch Was-wäre-wenn-Szenarien sind dadurch gut durchspielbar. Manuell geänderte Werte werden in der Folge rot angezeigt.

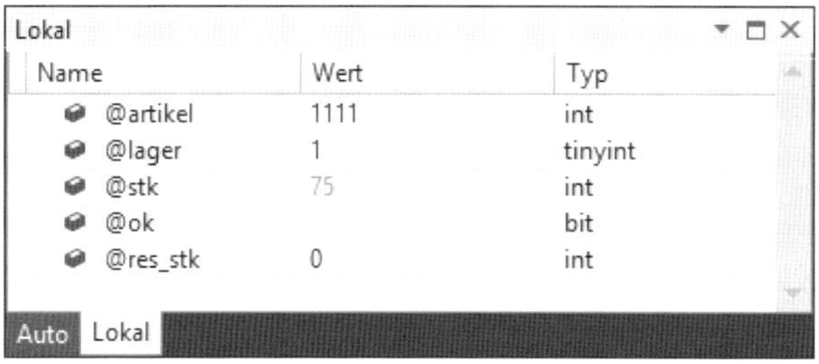

Bild 6.55 Inhalt lokaler Variablen anzeigen und überschreiben

- *Aufrufliste:* Über die Aufrufliste können Sie jederzeit die Reihenfolge gegenseitiger Aufrufe verfolgen. Die Abbildung zeigt, dass ausgehend vom Erstaufruf im SQL-Skript (unterste Zeile) im Abfrageeditor die Prozedur sp_lagerbuchung_aufruf und von dieser aus wiederum die Prozedur sp_lagerbuchung gestartet worden ist. Der gelbe Pfeil in der ersten Zeile zeigt an, dass wir uns gerade in letzterer Prozedur befinden.

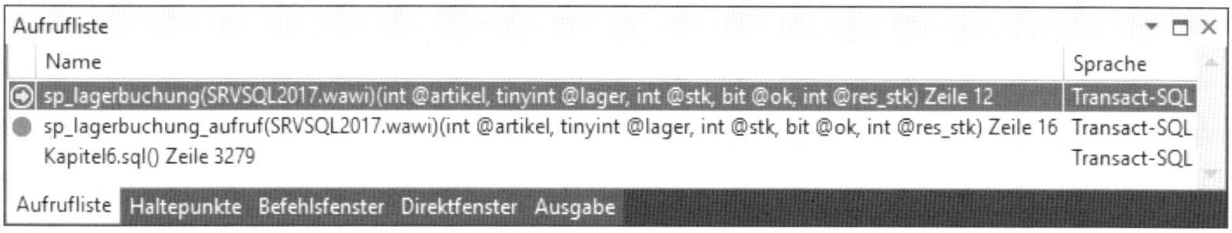

Bild 6.56 Aufrufliste

- *Überwachen:* Zusätzlich zu Variableninhalten können Sie auch Überwachungen hinzufügen. Dies sind Ausdrücke, deren Inhalt laufend berechnet und angezeigt wird. Ein Überwachungsausdruck kann über das Menü, das Kontextmenü oder direkt im Register eingetragen werden. Ich habe direkt im Register den Ausdruck @@ROWCOUNT eingetragen. Damit kann man nach jeder Anweisung im Einzelschrittmodus sehen, wie viele Zeilen von ihr betroffen sind. Bild 6.57 zeigt, dass von der im letzten Einzelschritt ausgeführten UPDATE-Anweisung eine Zeile betroffen ist. Um das Prinzip zu zeigen, dass auch Ausdrücke und nicht nur Variablen überwacht werden können, habe ich zusätzlich den Ausdruck @stk * 5 - @lager als Überwachung ergänzt. Es spielt keine Rolle, dass dieser inhaltlich keinen Sinn macht, da dies nur zu Demonstrationszwecken erfolgt.

> **PRAXISTIPP:** Wenn das Register *Überwachen* bei Ihnen noch nicht angezeigt wird, wählen Sie zum Beispiel im Register *Lokal* im Kontextmenü den Befehl ÜBERWACHUNG HINZUFÜGEN aus, dann erscheint es.

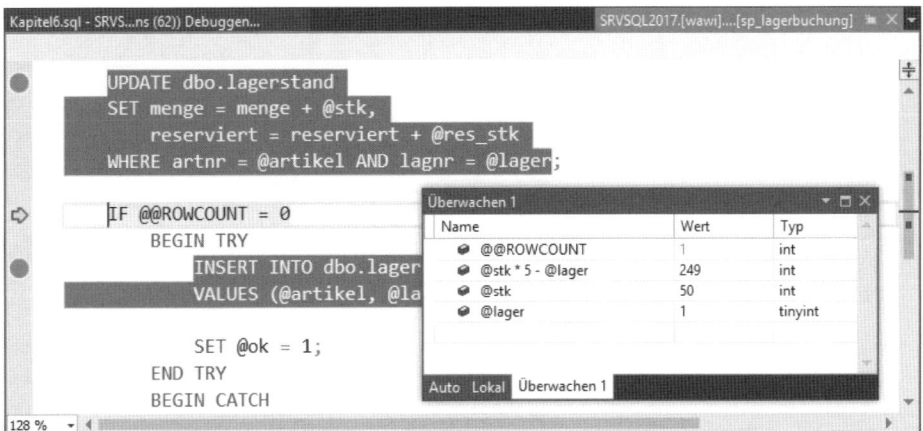

Bild 6.57 Überwachungsausdrücke

Nutzen Sie bitte die beschriebenen Möglichkeiten, um logische Fehler in Prozeduren leichter aufzufinden. Durch das Debuggen läuft eine Prozedur nicht mehr als Blackbox ab, da Sie Schritt für Schritt beobachten können, was gerade und im nächsten Schritt passiert. Und dadurch lässt sich leichter erkennen, warum etwas nicht so läuft, wie man sich das vorstellt.

 ACHTUNG! Auch Prozeduraufrufe, die lediglich zum Debuggen erfolgen, verändern Daten. Falls dies nicht der Fall sein soll, weil Sie zum Beispiel in einer Produktionsumgebung debuggen müssen, so bauen Sie bitte den Debugging-Aufruf in eine explizite Transaktion ein. Dann wird nach dem Testdurchlauf alles wieder rückgängig gemacht. ∎

Verwenden Sie zum Debuggen demnach folgenden Aufruf:

```
BEGIN TRANSACTION;

DECLARE @ok bit;
EXEC dbo.sp_lagerbuchung_aufruf 1111, 1, 50, @ok OUTPUT;
SELECT @ok AS ergebnis;
```

Wichtig ist vor allem das Starten einer expliziten Transaktion mit BEGIN TRANSACTION. Außerdem muss die Anweisung BEGIN TRANSACTION beim Starten des Debuggens mit markiert sein. Am Ende erfolgt automatisch ein Rollback und Sie können auf die Anweisung ROLLBACK beziehungsweise ROLLBACK TRANSACTION verzichten.

6.4.3 Debuggen von Triggern

Mithilfe dieser Methode können auch Trigger leichter getestet werden. Es muss lediglich das Debuggen mit einer Anweisung gestartet werden, die den Trigger auslöst. Damit lassen sich auch sehr gut rekursive Trigger-Aufrufe nachvollziehen.

Versuchen Sie das einmal mit folgendem Aufruf:

```
BEGIN TRANSACTION;

UPDATE dbo.bestellpositionen
SET menge = 25
WHERE bestnr = 1000
AND position = 1;
```

Sofort nach dem Ausführen der UPDATE-Anweisung im Einzelschritt wird – analog zum Debuggen einer Prozedur – der Trigger bestellpositionen_check_ins_upd_del in einem eigenen Abfrageeditor-Fenster geöffnet. Fahren Sie im Einzelschritt fort, wird der Vorgang unter Umständen über diesen Trigger wieder abgebrochen, wenn dies der Status der verwendeten Bestellung erfordert. Ist dies nicht der Fall und Sie beenden das Debuggen nicht, feuert danach der zweite Trigger bestellpositionen_ins_upd_del. Dieser wiederum erzwingt durch sein UPDATE auf die Tabelle *artikel* den Aufruf des Triggers artikel_ins_upd_del, der wiederum die Eingabeprüfung für die Artikeltabelle vornimmt. Aufgrund der Bedingung innerhalb dieses Triggers, dass Aktionen nur ausgeführt werden, falls die Anweisung nicht von einem anderen Trigger ausgeführt wurde (TRIGGER_NESTLEVEL()), erfolgen in diesem Trigger keine weiteren Aktionen. Dies können Sie nun im Einzelschrittmodus gut mitverfolgen. Auch in der Aufrufreihenfolge wird dies schön angezeigt. In Bild 6.58 erkennen Sie, wie von unserem ursprünglichen Aufruf der zweite Trigger ausgelöst wurde, der wiederum den dritten Trigger gefeuert hat. Der allererste Trigger scheint hier nicht mehr auf, da die Eingabeprüfung für die Tabelle *bestellpositionen* zu diesem Zeitpunkt ja bereits erledigt und der diesbezügliche Triggerdurchlauf abgeschlossen ist. Letztendlich wird dann auch noch der Trigger artikel_protokoll durchlaufen werden, der die Änderungen am Artikelstamm protokolliert.

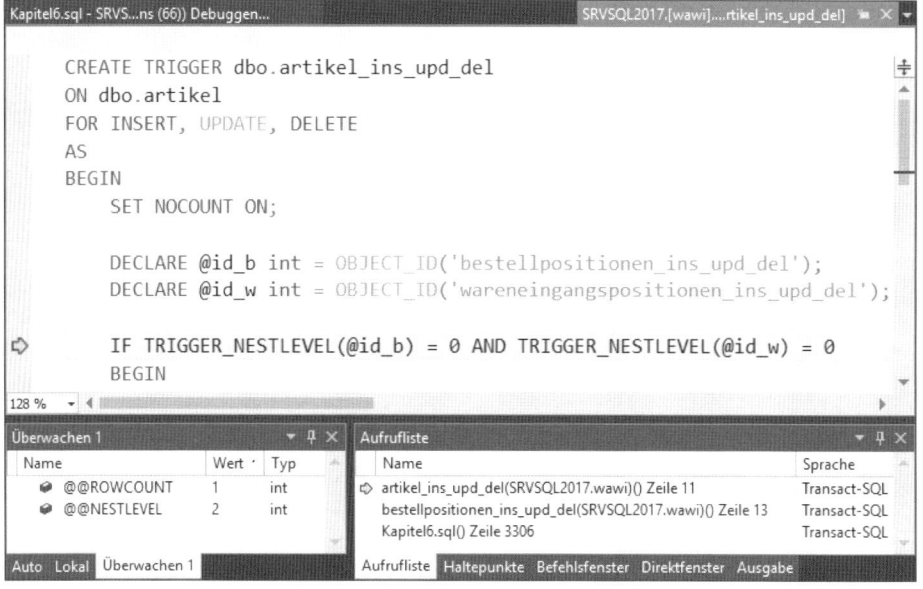

Bild 6.58 Indirekter rekursiver Trigger-Aufruf beim Debuggen

Leider lässt sich TRIGGER_NESTLEVEL() als Überwachungsausdruck nicht korrekt auswerten, sie liefert in diesem Kontext keinen Wert. Sonst könnten wir an dieser Stelle mitverfolgen, warum die Protokollierung der Änderung im Artikelstamm hier zu Recht nicht erfolgt. Dass Funktionen grundsätzlich funktionieren, zeigt der Überwachungsausdruck für die Funktion SYSDATETIME(). So können wir vorerst nur im Einzelschrittmodus mitverfolgen, dass die IF-Bedingung nicht erfüllt ist und der Code übersprungen wird. Die Systemvariable @@NESTLEVEL liefert zwar einen Wert, der in dieser Situation auch der passende ist, aber das ist ja nicht in allen Konstellationen der Fall.

Überwachen 1		
Name	Wert	Typ
@@NESTLEVEL	2	int
TRIGGER_NESTLEVEL()	0	int
SYSDATETIME()	26.10.2017 20:21:55	datetime2

Auto Lokal Überwachen 1

Bild 6.59 Nicht auswertbarer Überwachungsausdruck

Um die Trigger-Schachtelungstiefe dennoch beim Debuggen sehen zu können, müssen wir einen Trigger leicht umschreiben. Wir weisen dabei den Wert, den TRIGGER_NESTLEVEL() liefert, einer Variablen zu, denn ihren Inhalt bekommen wir ja auch im Register *Lokal* angezeigt und benötigen dazu nicht einmal einen Überwachungsausdruck.

Ändern wir also zum Beispiel den ersten Teil des Triggers *artikel_protokoll* wie folgt ab:

```
ALTER TRIGGER artikel_protokoll
ON dbo.artikel
AFTER INSERT, UPDATE, DELETE
AS
BEGIN
    SET NOCOUNT ON;
    DECLARE @vorgang char(1);
    DECLARE @tiefe tinyint = TRIGGER_NESTLEVEL()

    IF @tiefe = 1
    BEGIN
    ...
    END;
END;
```

Nun können wir die Trigger-Schachtelungstiefe indirekt über die Variable @tiefe während des Testens anzeigen lassen.

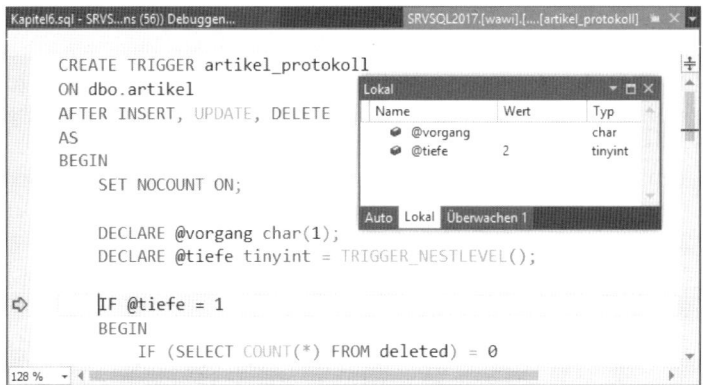

Bild 6.60 Inhalt eines Ausdrucks beim Testen mittels einer Variablen anzeigen

6.4.4 Debuggen von Funktionen

Das Debuggen von Funktionen geschieht nach exakt demselben Prinzip wie das von Prozeduren und Triggern.

 ACHTUNG! Ich möchte Sie vorweg daher lediglich auf einen Sachverhalt hinweisen: Falls Sie eine Skalarwertfunktion mit einer Anweisung debuggen, die viele Zeilen verarbeitet, dann wird diese Funktion für jede Ergebniszeile einmal aufgerufen. Daher kann das Debuggen hier eine lästige Angelegenheit werden.

Brechen Sie daher das Debuggen nach einem Durchlauf ab oder verwenden Sie eine Anweisung, die lediglich eine Zeile liefert.

Debuggen Sie daher nicht mit:

```
SELECT nachname AS Name_mit_Umlaut,
       dbo.fn_ohneumlaut(nachname) AS Name_ohne_Umlaut
FROM dbo.personal;
```

sondern lieber mit dieser Anweisung:

```
SELECT nachname AS Name_mit_Umlaut,
       dbo.fn_ohneumlaut(nachname) AS Name_ohne_Umlaut
FROM dbo.personal
WHERE PersNr = 387;
```

 PRAXISTIPP: Ein Tipp zum Abschluss: Debuggen Sie einmal nachfolgende Anweisung, das erhöht drastisch das Verständnis für den Ablauf der Funktion!

(Und falls Sie sich fragen, warum dieser Funktionsaufruf *AlinaLeaPetra* liefert: Petra ist meine Frau, Alina und Lea sind unsere beiden Töchter.)

```
SELECT dbo.fn_buchst('Al~in..|1a2,L$e&a#34Pet*r/a') AS nur_buchstaben;
```

Besonders die Veränderungen in den Variablen im Fenster *Lokal* während des Debuggens zeichnen ein gutes Bild über die Funktionsweise der Funktion. Einen Ausschnitt daraus zeigt Bild 6.61.

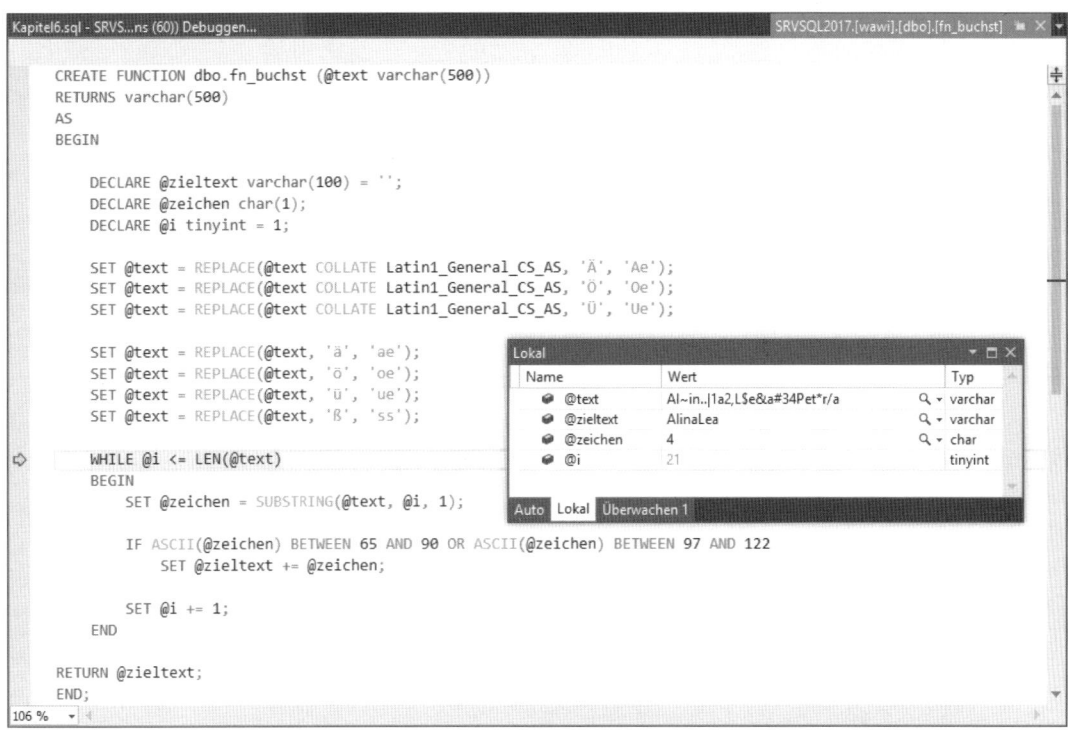

Bild 6.61 Funktion debuggen

■ 6.5 Praxistipps

Zum Abschluss dieses Kapitels möchte ich noch drei Praxistipps anbringen, die in den übrigen Abschnitten nicht untergebracht werden konnten. Unter anderem auch deshalb, um die Aufmerksamkeit nicht von den eigentlichen Themen abzulenken. Da ich aber der Meinung bin, dass sie die Arbeit mit gespeicherten Prozeduren durchaus bereichern können, nutzte ich diesen letzten Abschnitt dazu.

Damit Sie sich nicht zum Abschluss noch in ein neues Beispiel hineindenken müssen, habe ich diese in Erweiterungen zu unserer altbekannten Lagerbuchungsprozedur verpackt, der ich den Namen *sp_lagerbuchung_v2* gegeben habe.

6.5.1 Fehleranalyse mit ERROR_MESSAGE()

Tritt in einer Prozedur ein Fehler auf, kann dieser in einem Catch-Block behandelt werden. Dazu wird die Fehlerursache über die Funktionen `ERROR_NUMBER()` oder `ERROR_MESSAGE()` eruiert. Generell empfiehlt sich für ein exaktes Eruieren der Fehlerursache das Auslesen der eindeutigen Fehlernummer, da der Inhalt der Fehlermeldung auch von den aktuellen Spracheinstellungen abhängig ist und mit der Sprache variiert. Daher empfiehlt sich eine Analyse des Fehlermeldungstextes in der Praxis nur bedingt.

Ganz anders sieht der Sachverhalt aber aus, wenn es sich bei den Fehlern um Constraint-Verletzungen in einer Datenbank handelt. Denn die Verletzung ein und desselben Constraint-Typs liefert dieselbe Fehlernummer und ermöglicht damit keine Unterscheidung. Dies zeigen uns die nachfolgenden Beispielanweisungen.

```
SET LANGUAGE german;
INSERT INTO dbo.lagerstand(artnr, lagnr, menge, reserviert)
VALUES (9999, 1, 10, 0);
INSERT INTO dbo.lagerstand(artnr, lagnr, menge, reserviert)
VALUES (1111, 99, 10, 0);

SET LANGUAGE italian;
INSERT INTO dbo.lagerstand(artnr, lagnr, menge, reserviert)
VALUES (1111, 99, 10, 0);
```

liefert für die ungültige Artikelnummer 9999:

```
Meldung 547, Ebene 16, Status 0, Zeile 3221
Die INSERT-Anweisung steht in Konflikt mit der FOREIGN KEY-Einschränkung "fk_
lagerstand_artikel". Der Konflikt trat in der wawi-Datenbank, Tabelle "dbo.artikel",
column 'artnr' auf.
```

liefert für die ungültige Lagernummer 99:

```
Meldung 547, Ebene 16, Status 0, Zeile 3224
Die INSERT-Anweisung steht in Konflikt mit der FOREIGN KEY-Einschränkung "fk_
lagerstand_lager". Der Konflikt trat in der wawi-Datenbank, Tabelle "dbo.lager",
column 'lagnr' auf.
```

liefert für die ungültige Lagernummer mit italienischer Spracheinstellung:

```
Meldung 547, Ebene 16, Status 0, Zeile 3229
L'istruzione INSERT è in conflitto con il vincolo FOREIGN KEY "fk_lagerstand_lager".
Il conflitto si è verificato nella tabella "dbo.lager", column 'lagnr' del database
"wawi".
```

Der unverändert konstante Bestandteil in Fehlermeldungen ist bei unterschiedlichen Sprachen der Name des verletzten Constraints. Auch daher empfehle ich immer, schon beim Erstellen von Tabellen alle Constraints sauber zu benennen, da dies dann das Referenzieren auf diese deutlich erleichtert.

Daher mein Praxistipp an dieser Stelle: Prüfen Sie in Fehlermeldungen aus Fehlern, die sich aus Schreibzugriffen in Tabellen ergeben, auf Constraint-Namen, um die exakte Fehlerursache zu ermitteln.

Dies sehen wir uns nun in einem Beispiel an. In der bisherigen Version der Prozedur zur Verbuchung einer Lagerbuchung haben wir in der Fehlerbehandlung nicht unterschieden, um welchen Fehler es sich im Detail gehandelt hat. Konkret haben wir nicht eruiert, ob es sich um eine ungültige Lager- oder Artikelnummer handelt, die eine Fremdschlüsselverletzung auslöst. Dies ergänzen wir nun in der Variante der Prozedur mit dem Namen *sp_lagerbuchung_v2*.

Diese Variante der Prozedur liefert uns als Ergebnis den Wert 1, wenn die Buchung erfolgreich verlaufen ist, und unterscheidet bei Fehlern zwischen den Werten 2 für eine ungültige Artikelnummer und 3 für eine nicht vorhandene Lagernummer. Dieser Wert wird über einen OUTPUT-Parameter zurückgegeben.

 TIPP: Berücksichtigen Sie in einer Fehlerbehandlung immer auch den unerwarteten Fehler, mit dem eigentlich nicht zu rechnen ist. Da im Fehlerfall innerhalb eines Catch-Blocks immer in den Catch-Bock verzweigt wird, muss dieser nicht erwartete Fehler sicherheitshalber auch behandelt werden, selbst wenn er in der Realität wahrscheinlich nie eintreten wird. Aber man kann ja oft nicht erahnen, was irgendwann unter speziellen Bedingungen geschieht. Daher vergeben wir für diese unerwarteten Fehler einen eigenen Rückgabewert in dieser Prozedur mit der Ziffer 9.

```
CREATE PROCEDURE dbo.sp_lagerbuchung_v2
    @artikel int,
    @lager tinyint,
    @stk int,
    @ok tinyint OUTPUT,
    @res_stk int = 0
AS
BEGIN
    SET NOCOUNT ON;

    UPDATE dbo.lagerstand
    SET menge = menge + @stk,
        reserviert = reserviert + @res_stk
    WHERE artnr = @artikel AND lagnr = @lager;

    IF @@ROWCOUNT = 0
        BEGIN TRY
            INSERT INTO dbo.lagerstand(artnr, lagnr, menge, reserviert)
            VALUES (@artikel, @lager, @stk, @res_stk);

            SET @ok = 1;
        END TRY
        BEGIN CATCH
            IF ERROR_MESSAGE() LIKE '%fk_lagerstand_artikel%'
                SET @ok = 2;
            ELSE IF ERROR_MESSAGE() LIKE '%fk_lagerstand_lager%'
                SET @ok = 3;
            ELSE
                SET @ok = 9;
        END CATCH;
    ELSE
```

```
        SET @ok = 1;
END;
```

Die beiden Fremdschlüssel tragen die Namen *fk_lagerstand_artikel* sowie *fk_lagerstand_lager*. Mit dem Vergleichsoperator LIKE prüfen wir jeweils, ob dieser Name in der Fehlermeldung enthalten ist und nutzen zum Eruieren derselben die Funktion ERROR_MESSAGE(). Den erwähnten unerwarteten Fehlerfall berücksichtigen wir im ELSE-Bock.

Anweisungen, um diese Prozedurvariante zu testen, finden Sie im Skript zu diesem Kapitel.

6.5.2 Fehler gezielt zur Ablaufsteuerung einsetzen

Prinzipiell wird eine Fehlebehandlung mit TRY und CATCH dazu verwendet, um Laufzeitfehler abzufangen und zu verhindern, dass diese zu einer Fehlermeldung im Frontend oder zu einem unkontrollierten Programmabbruch führen.

Mein Praxistipp: Nutzen Sie die Fehlerbehandlung zu einer gezielten Ablaufsteuerung, indem Sie eigene Fehler mit der Anweisung THROW generieren.

In Prozeduren kommen oft zwei unterschiedliche Arten zusammen, mit Fehlern umzugehen. Einerseits Dinge, die wir im Vorfeld prüfen, und andererseits Fehler, die auftreten und über ein Error Handling abfangen. So können zum Beispiel einige Prüfungen zusammenkommen, die vor dem eigentlichen Programmcode ausgeführt werden. Dies kann dann eine Vielzahl geschachtelter Bedingungen hervorrufen, der Hauptcode der Prozedur befindet sich letztendlich im letzten geschachtelten ELSE-Block, da er nur ausgeführt werden soll, wenn all diese Prüfungen erfolgreich passiert worden sind. Oft ist ein derartiger Prozedurcode dann sehr verschachtelt und unübersichtlich. Gibt es zusätzlich ein Error Handling, werden mögliche Rückgabewerte teilweise am Beginn bei den Prüfungen und teilweise am Ende in einem CATCH-Block ermittelt.

Um das zu veranschaulichen, ergänzen wir in der Prozedur *dbo.sp_lagerbuchung_v2* eine weitere Funktionalität. Zukünftig soll es nicht mehr möglich sein, mehr von einem Lager abzubuchen, als überhaupt vorhanden ist. Wir verhindern damit, dass ein Lagerstand negativ wird und ergänzen dazu einen weiteren Ergebniswert für diese Prozedur, nämlich 4.

Dazu ergänzen wir vor dem bisherigen Code folgende Zeilen. Damit es bei der späteren Prüfung keine ungewollten Seiteneffekte durch einen etwa bereits beim Aufruf übergebenen Wert im Parameter @ok geben kann, setzten wir ihn vorerst einmal auf 0. Ist die Stückzahl negativ, handelt es sich um eine Abbuchung. In diesem Fall lesen wir aus, wie hoch der aktuelle Lagerstand für den zu buchenden Artikel in diesem Lager ist und speichern den Wert in der Variablen @vorhanden. Durch den Einsatz von ISNULL() berücksichtigen wir auch den Fall, dass es für den Artikel in diesem Lager noch gar keinen Eintrag gibt. Ist die auf diese Art ermittelte vorhandene Menge geringer als jene, die abgebucht werden soll, setzen wir den Ergebniswert bereits auf 4.

```
SET @ok = 0;
-- Bei Abbuchungen die Buchung unter 0 prüfen
IF @stk < 0
BEGIN
    DECLARE @vorhanden int = ISNULL((SELECT menge
```

```
                                        FROM dbo.lagerstand
                                        WHERE artnr = @artikel
                                        AND lagnr = @lager), 0);
            IF @vorhanden < ABS(@stk)
                SET @ok = 4;
        END;
```

Den restlichen Code verpacken wir in die Bedingung, dass der Ergebniswert nicht den Wert 4 enthält.

```
IF @ok != 4
BEGIN
    UPDATE dbo.lagerstand ...
    ...
    IF @@ROWCOUNT = 0
        BEGIN TRY
            ...
        END TRY
    ELSE
        SET @ok = 1
END
```

Wie vorweg erwähnt, befindet sich die Ermittlung des Endergebnisses nun an zwei Stellen in der Prozedur und es kommt zu einer weiteren Schachtelung. Letzteres lässt sich noch etwas optimieren, indem das erste Update in den TRY-Block übernommen wird. Denn dann kann ein BEGIN/END direkt durch diesen mit ersetzt werden und fällt weg. Dies hat den zusätzlichen Minivorteil, dass der unwahrscheinliche Fall, dass der Lagerstand durch massive Zubuchung von 2.147.483.647 Stück einen Overflow beim Datentyp Integer hervorruft, ebenfalls vom Error Handling erfasst wird. Dies würde dann auf diese Weise umgesetzt werden:

```
IF @ok != 4
BEGIN TRY
    UPDATE dbo.lagerstand
    SET menge = menge + @stk,
        reserviert = reserviert + @res_stk
        WHERE artnr = @artikel AND lagnr = @lager;

    IF @@ROWCOUNT = 0
        INSERT INTO dbo.lagerstand(artnr, lagnr, menge, reserviert)
        VALUES (@artikel, @lager, @stk, @res_stk);

    SET @ok = 1;
END TRY
BEGIN CATCH
    ...
END CATCH
```

HINWEIS: Sie finden beide Codevarianten im Beispielskript zu diesem Kapitel und können sie dort in Ruhe analysieren und vergleichen.

Auch wenn dieser Code nun bereits optimiert worden ist, ist damit meiner Ansicht nach das volle Potential noch nicht ausgenutzt und ich möchte nun nach diesem Beispiel zur eigentlichen Umsetzungserweiterung kommen: dem THROW.

Durch den Einsatz eines benutzerdefinierten Fehlers lässt sich auch das Manko beheben, dass der Rückgabewert an unterschiedlichen Stellen in der Prozedur ermittelt wird. Jedes Mal, wenn eine von uns durchgeführte Prüfung zu dem Ergebnis kommt, dass der Vorgang so nicht fortgesetzt werden kann, werfen wir mit der Anweisung THROW einen Fehler. Dadurch springen wir sofort in den CATCH-Block, wo wir das Ergebnis an einer Stelle gemeinsam mit den echten Fehlerfällen eruieren.

In der nun folgenden weiteren Variante der Prozedur *dbo.sp_lagerbuchung_v2* habe ich dies umgesetzt. In einer derartigen Variante, muss der gesamte Prozedurblock in den TRY-Block eingefügt werden. Ergibt die einleitende Prüfung, dass eine abzubuchende Menge im Lager nicht verfügbar ist, wird noch nicht der Ergebniswert gesetzt, sondern erst einmal ein Fehler generiert: THROW 50004, 'Bestand zu gering.', 1;

Dadurch verzweigt der Code sofort in den CATCH-Block, in dem dann aufgrund des benutzerdefinierten Fehlercodes der Ergebniswert analog zu den anderen Fehlerfällen gesetzt wird. Durch das Überspringen der restlichen Anweisungen im TRY-Block entfällt die Notwendigkeit, das Fortfahren an eine Bedingung innerhalb eines weiteren IF-Blocks zu knüpfen.

```
ALTER PROCEDURE dbo.sp_lagerbuchung_v2
    @artikel int,
    @lager tinyint,
    @stk int,
    @ok tinyint OUTPUT,
    @res_stk int = 0
AS
BEGIN
    SET NOCOUNT ON;
    BEGIN TRY

        -- Bei Abbuchungen die Buchung unter 0 prüfen
        IF @stk < 0
        BEGIN
            DECLARE @vorhanden int = ISNULL((SELECT menge
                                             FROM dbo.lagerstand
                                             WHERE artnr = @artikel
                                             AND lagnr = @lager), 0);
            IF @vorhanden < ABS(@stk)
                THROW 50004, 'Bestand zu gering.', 1;
        END

        UPDATE dbo.lagerstand
        SET menge = menge + @stk,
        reserviert = reserviert + @res_stk
        WHERE artnr = @artikel AND lagnr = @lager;

        IF @@ROWCOUNT = 0
            INSERT INTO dbo.lagerstand(artnr, lagnr, menge, reserviert)
            VALUES (@artikel, @lager, @stk, @res_stk);

        SET @ok = 1;
```

```
    END TRY
    BEGIN CATCH
        IF ERROR_NUMBER() = 50004
            SET @ok = 4;
        ELSE IF ERROR_MESSAGE() LIKE '%fk_lagerstand_artikel%'
            SET @ok = 2;
        ELSE IF ERROR_MESSAGE() LIKE '%fk_lagerstand_lager%'
            SET @ok = 3;
        ELSE
            SET @ok = 9;
    END CATCH;
END;
```

 PRAXISTIPP: Durch die beschriebene Vorgangsweise ersparen Sie sich in der Regel oft verschachtelte Bedingungen und vereinfachen damit den Programmcode. Je umfangreicher und komplexer die durchzuführenden Prüfungen sind, desto größer wird die dadurch erzielbare Optimierung ausfallen. Auch wenn unser Beispiel zur Veranschaulichung lediglich eine einzige Bedingung prüft und damit bewusst sehr einfach gewählt ist, zeigt es den Effekt sehr schön. ∎

6.5.3 Fehlerprotokoll führen

In meiner Praxis habe ich es sehr häufig mit Prozeduren zu tun, die automatisiert über Jobs ausgeführt werden. Diese verfügen zudem oft über kein Frontend, das eine Ergebnis- oder Fehlermeldung an einen Benutzer ausgeben würde. Vor allem auftretende Fehler dürfen aber auf keinen Fall übersehen werden, sondern müssen entsprechend bearbeitet werden. Aber auch bei Prozeduren, die über ein Frontend aufgerufen werden, ist oft eine detailliertere Fehlerinformation kein Nachteil. Was also tun, damit Fehler nachvollziehbar und damit für die Zukunft behebbar bleiben?

Mein Praxistipp: Protokollieren Sie aufgetretene Fehler mit möglichst vielen Informationen in einer Protokolltabelle, um diese auch später noch bearbeiten zu können.

Damit Fehlerinformationen gespeichert werden können, müssen wir im ersten Schritt eine Fehlertabelle erstellen:

- Diese sollte zumindest den Fehlerzeitpunkt und die Fehlermeldung enthalten.
- Ich ergänze auch immer gerne den Loginnamen des Benutzers, der die Prozedur aufgerufen hat, um etwaige auftauchende Rückfragen über weitere Umstände zu ermöglichen.
- Da Einträge in die Protokolltabelle von unterschiedlichen Prozeduren erfolgen können, ist der Objektname der eintragenden Prozedur hilfreich.
- Weitere Informationen, wie zum Beispiel beim Aufruf an die Prozedur übergebene Parameterwerte, erleichtern zudem die Nachvollziehbarkeit.
- Als Primärschlüssel bietet sich eine Identitätsspalte an.

Eine derartige Tabelle lässt sich mit dem nachfolgenden Statement erstellen:

```
CREATE TABLE dbo.fehlerprotokoll
( id int IDENTITY CONSTRAINT pk_fehlerprotokoll PRIMARY KEY,
  datum datetime2(0) NOT NULL
  CONSTRAINT df_fehlerprotokoll_datum DEFAULT SYSDATETIME(),
  objekt varchar(100) NOT NULL,
  information varchar(200),
  fehler varchar(500) NOT NULL,
  benutzer sysname NOT NULL
  CONSTRAINT df_fehlerprotokoll_benutzer DEFAULT SUSER_NAME()
);
```

Bei jeder Prozedur, bei der Fehler zu protokollieren sind, müssen nun entsprechende INSERT-Anweisungen ergänzt werden. Typischerweise wird dies innerhalb von CATCH-Blöcken erfolgen. Ich habe diese Ergänzung in der in diesem Abschnitt verwendeten Beispielprozedur *dbo.sp_lagerbuchung_v2* vorgenommen. Da die Spalte *id* als Identität ausgeformt ist, die Spalte *datum* über einen Standardwert mit dem aktuellen Zeitpunkt über die Funktion SYSDATETIME() befüllt wird, und auch die Spalte *benutzer* mit der Funktion SUSER_NAME() als Standardwert versorgt wird, werden diese Spalten beim INSERT ausgelassen.

 PRAXISTIPP: Die Funktion USER_NAME() liefert als aktuellen Benutzernamen für Anmeldungen, die Mitglieder der Serverrolle *sysadmin* sind, immer *dbo* zurück. Dies ist mir zu ungenau, insbesondere wenn es mehrere derartige Anmeldungen gibt, denn dann kann nicht nachvollzogen werden, wer von ihnen eine protokollierende Prozedur tatsächlich ausgeführt hat. Daher bevorzuge ich an dieser Stelle die Funktion SUSER_NAME(), die den aktuellen Anmeldenamen liefert. Dieser ist immer eindeutig, auch wenn ein Windows-Gruppenkonto zur Anmeldung verwendet wird. Denn in diesem Fall liefert die Funktion den Kontonamen des Mitglieds, und nicht jenen der Gruppe. Informationen zu Anmeldenamen, Benutzernamen und Serverrollen finden Sie in Kapitel 10.

Der Namen der Prozedur, in der der Fehler aufgetreten ist, wird mit der Funktion ERROR_PROCEDURE() ermittelt und in die Spalte *objekt* eingetragen. Hierbei handelt es sich um den Namen der aktuellen Prozedur oder jenen einer von dieser aufgerufenen Subprozedur. Denn eine Subprozedur delegiert einen Fehler an die aufrufende Prozedur, wenn er in ihr selber nicht behandelt wird. In die Spalte *fehler* wird über die Funktion ERROR_MESSAGE() die Fehlermeldung zum aufgetretenen Fehler eingetragen. Die Spalte *information* ist für Zusatzinformationen gedacht. In unserem Beispiel werden die Aufrufparameterwerte als Zeichenkette in der Variablen @info zusammengestellt und beim INSERT an diese Spalte übergeben.

```
BEGIN CATCH
    IF ERROR_NUMBER() = 50004
        SET @ok = 4;
    ELSE IF ERROR_MESSAGE() LIKE '%fk_lagerstand_artikel%'
        SET @ok = 2;
    ELSE IF ERROR_MESSAGE() LIKE '%fk_lagerstand_lagr%'
```

```
            SET @ok = 3;
    ELSE
            SET @ok = 9;

    DECLARE @info varchar(200) = '@artikel=' + CAST(@artikel AS varchar) + ', '
    SET @info += '@lager=' + CAST(@lager AS varchar) + ', '
    SET @info += '@stk=' + CAST(@stk AS varchar)

    INSERT INTO dbo.fehlerprotokoll(objekt, information, fehler)
    VALUES(ERROR_PROCEDURE(), @info, ERROR_MESSAGE());
END CATCH;
```

Jeder auftretende Fehler wird nun in der Tabelle *fehlerprotokoll* eingetragen und kann über diese abgerufen werden.

```
SELECT * FROM dbo.fehlerprotokoll;
```

liefert das in Bild 6.62 zu sehende Ergebnis.

	id	datum	objekt	information	fehler	benutzer
1	1	2017-11-01 14:45:36	dbo.sp_lagerbuchung_v2	@artikel=4444, @lager=3, @stk=50	Die INSERT-Anweisung steht in Konflikt mit der FOREI...	klemens
2	2	2017-11-01 14:47:14	dbo.sp_lagerbuchung_v2	@artikel=1212, @lager=33, @stk=10	Die INSERT-Anweisung steht in Konflikt mit der FOREI...	softelier\alina
3	3	2017-11-01 14:49:16	dbo.sp_lagerbuchung_v2	@artikel=1234, @lager=3, @stk=-45	Bestand zu gering.	softelier\lea
4	4	2017-11-01 14:51:28	dbo.sp_lagerbuchung_v2	@artikel=1235, @lager=3, @stk=-1	Bestand zu gering.	petra

Bild 6.62 Inhalt des Fehlerprotokolls

ACHTUNG! Wenn Sie diese Form der Protokollierung in einer Prozedur einsetzen, die zudem eine Transaktion verwendet, müssen Sie das ROLLBACK im CATCH-Block unbedingt *vor* dem INSERT in das Fehlerprotokoll vornehmen. Denn ein versehentlich danach ausgeführtes Zurücksetzen der Transaktion würde auch den Protokolleintrag selber wieder verwerfen.

6.5.4 Über Fehler benachrichtigen lassen

Im vorigen Abschnitt habe ich Ihnen gezeigt, wie Sie mit einfachen Mitteln auftretende Fehler in einem Fehlerprotokoll sammeln können. Unter all diesen Fehler gibt es häufig Fehler mit unterschiedlichen Gewichtungen. Bei nicht so gravierenden Fehlern kann es ausreichend sein, von Zeit zu Zeit eine manuelle Kontrolle der Einträge vorzunehmen. Es kann aber auch gravierende Fehler geben, bei denen ein rasches Handeln erforderlich ist.

Mein Praxistipp: Lassen Sie sich beim Auftreten von gravierenden Fehler automatisiert per E-Mail benachrichtigen.

Hinweis: Für die Umsetzung dieses Praxistipps werden der SQL Server-Agent sowie Datenbank-E-Mail benötigt. Beide Features sind bei der Express-Edition leider nicht verfügbar.

Da wir uns nicht über alle, sondern nur über ausgesuchte Fehler benachrichtigen lassen wollen, ergänzen wir für die Tabelle *fehlerprotokoll* eine weitere Spalte mit dem Namen *nachricht*. Für diese verwenden wir den Datentyp *bit* und legen 0 als Standardwert fest. Zusätzlich ergänzen wir eine weitere Spalte *mail_id* mit dem Datentyp *int*. Da in dieser Spalte später im Falle einer Benachrichtigung die ID der generierten Mail eingetragen werden soll, muss diese NULL-Werte zulassen.

```
ALTER TABLE dbo.fehlerprotokoll
ADD nachricht bit NOT NULL CONSTRAINT df_fehlerprotokoll_nachricht DEFAULT 0,
    mail_id int;
```

In weiterer Folge verwenden wir eine Prozedur, die über einen Cursor alle Protokolleinträge ausliest, die zur Versendung vorgesehen sind und noch keine ID einer Mail eingetragen haben. Die einzelnen Mails werden über Datenbank-E-Mail mittels der Systemprozedur *msdb.dbo.sp_send_dbmail* versendet.

HINWEIS: Die Einrichtung, Konfiguration und Verwendung von Datenbank-E-Mail wird im Detail in Kapitel 11 behandelt.

Für den Versand von Mails benötigen wir ein konfiguriertes Mailprofil sowie Empfänger. Da wir diese Informationen nicht hartcodiert in der Prozedur eintragen möchten, erstellen wir zuvor eine Einstellungstabelle, welche die Informationen leicht wartbar aufnehmen kann. Diese Tabelle *einstellungen* besteht lediglich aus den Spalten *id*, welche die Kennung der jeweiligen Einstellung enthält, sowie der Spalte *wert*, in der die eingestellten Werte abgelegt werden. Wir tragen hier gleich entsprechende Werte unter den Kennungen error_mail_to, error_mail_cc sowie error_mail_profile ein.

```
CREATE TABLE dbo.einstellungen
(  id varchar(20) CONSTRAINT pk_einstellungen PRIMARY KEY,
   wert varchar(1000) NOT NULL
);
GO
INSERT INTO dbo.einstellungen (id, wert)
VALUES ('error_mail_to', 'fehlernachricht@softelier.com'),
       ('error_mail_cc', 'admin@softelier.com'),
       ('error_mail_profile', 'error_notification');
```

Die Prozedur *dbo.sp_fehler_mail* ist mit dem optionalen Paramater @anz ausgestattet. Dieser wird bei der Auswahl der zu selektierenden Fehler in der TOP-Klausel verwendet. Dies hat sich als praktisch erwiesen, weil man so zum Testen festlegen kann, wie viele Mails bei einem Aufruf maximal versendet werden sollen. Der hohe Standardwert stellt sicher, dass, wenn die Prozedur ohne diesen Parameter aufgerufen wird, gleichsam alle anstehenden Fehlernachrichten sofort versendet werden.

Die Variable @id dient der Aufnahme der ID des gerade verarbeiteten Fehlerprotokolls, die Variable @mldg wird für die Zusammenstellung des Nachrichtetextes der E-Mail benötigt. Aus der zuvor angelegten Einstellungstabelle werden das Profil und die Empfänger ausgelesen und in den Variablen @profil, @empf und @kopie gespeichert. Der Cursor mit dem bezeichnenden Namen fehler liest alle Fehler aus dem Protokoll ein, die in der neuen Spalte *nachricht* mit einer 1 gekennzeichnet sind und noch keine Mail-ID eingetragen haben. Dabei wird in der SELECT-Anweisung schon der fertige Nachrichtentext aus den Inhalten des Fehlerprotokolleintrags generiert.

Die Versendung der Fehlernachricht erfolgt über die Prozedur *msdb.dbo.sp_send_dbmail*, der alle notwendigen Informationen über die entsprechenden Parameter übergeben werden. Jede versendete Mail bekommt eine eindeutige ID, welche von der Prozedur zurückgeliefert wird. Diese wird abschließend beim entsprechenden Protokolleintrag eingetragen. Dies hat einerseits den Effekt, dass dieser damit als versendet markiert wird, andererseits kann anhand dieser ID der Verlauf der Nachrichtensendung bei Bedarf nachvollzogen werden.

```
CREATE PROCEDURE dbo.sp_fehler_mail
    @anz int = 10000
AS
BEGIN
    SET NOCOUNT ON;

    DECLARE @id int;
    DECLARE @mldg varchar(max);
    DECLARE @betr varchar(150) = 'Fehlerinfo';
    DECLARE @profil varchar(50) = (SELECT wert FROM dbo.einstellungen WHERE id =
'error_mail_profile');
    DECLARE @empf varchar(300) = (SELECT wert FROM dbo.einstellungen WHERE id =
'error_mail_to');
    DECLARE @kopie varchar(300) = (SELECT wert FROM dbo.einstellungen WHERE id =
'error_mail_cc');
    DECLARE @mail_id int;

    DECLARE fehler CURSOR LOCAL STATIC
    FOR
        SELECT TOP(@anz) id,
                'Folgender Fehler ist aufgetreten:' + CHAR(10) + CHAR(10)
                + 'ID: ' + CAST(id AS varchar) + CHAR(10)
                + 'Datum: ' + CONVERT(varchar, datum, 120) + CHAR(10)
                + 'Vorgang: ' + objekt + CHAR(10)
                + 'Information: ' + information + CHAR(10)
                + 'Fehler: ' + fehler AS mldg
        FROM dbo.fehlerprotokoll
        WHERE nachricht = 1 AND mail_id IS NULL
        ORDER BY id;

    OPEN fehler;
    FETCH NEXT FROM fehler INTO @id, @mldg;

    WHILE @@fetch_status = 0
    BEGIN
        EXEC msdb.dbo.sp_send_dbmail @profile_name = @profil,
                                     @recipients = @empf,
                                     @copy_recipients = @kopie,
```

```
                              @subject = @betr,
                              @body = @mldg,
                              @importance = 'HIGH',
                              @exclude_query_output = 1,
                              @mailitem_id = @mail_id OUTPUT;

        UPDATE dbo.fehlerprotokoll
        SET mail_id = @mail_id
        WHERE id = @id;

        FETCH NEXT FROM fehler INTO @id, @mldg;
    END;

    CLOSE fehler;
    DEALLOCATE fehler;
END;
```

Der Aufruf der Prozedur über die Anweisung EXEC dbo.sp_fehler_mail kann nun in einen Auftrag des SQL Server-Agents als Schritt eingefügt werden.

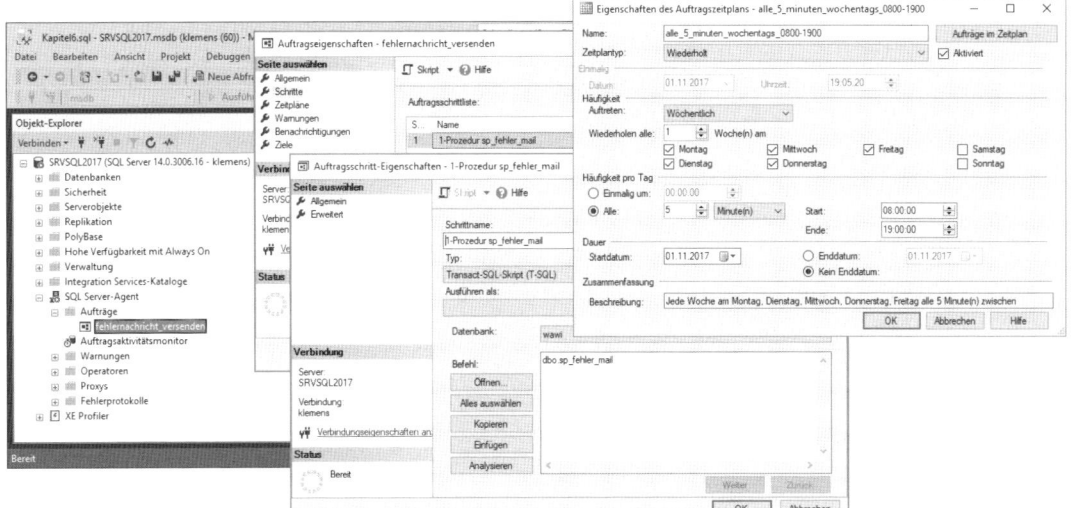

Bild 6.63 Auftrag zum automatischen Versand von Fehlernachrichten

HINWEIS: Informationen zum Erstellen von Jobs, die automatisiert über den SQL Server-Agent ausgeführt werden, finden Sie in Kapitel 9.

Im Beispielskript zu diesem Kapitel ist auch der Code enthalten, mit dem ein entsprechender Auftrag mit dem Namen *fehlernachricht_versenden* erzeugt werden kann, der wochentags in der Zeit von 08:00 bis 19:00 Uhr alle fünf Minuten ausgeführt wird.

6.5.5 Automatisierte Importe mit BULK INSERT

In Kapitel 11 finden Sie ein mit den Integration Services umgesetztes Beispiel, in dem eine CSV-Datei von einem FTP-Server abgeholt, importiert und verarbeitet wird. Standardisierte Importe lassen sich aber auch ohne Interation Services abbilden, wenn zum Beispiel Pfade und Darteinamen sowie Datenstrukturen konstant sind.

Mit der Anweisung BULK INSERT lassen sich auf sehr einfache Art und Weise Daten aus einer CSV-Datei in eine Tabelle importieren.

 HINWEIS: Neu mit dem SQL Server 2017 ist die Möglichkeit, mit BULK INSERT auch Daten direkt aus einem Azure BLOB-Store zu importieren. ∎

Betrachten wir uns diese Anweisung anhand eines kleinen Beispiels. Die Datei *preise.csv*, die Sie in Bild 6.64 dargestellt sehen, befindet sich auf dem Server im Pfad *d:\import*. Für den Import mit BULK INSERT kann als Herkunft neben einem lokalen Pfad auf dem Server auch ein UNC-Pfad angegeben werden, der vom Server aus erreichbar ist.

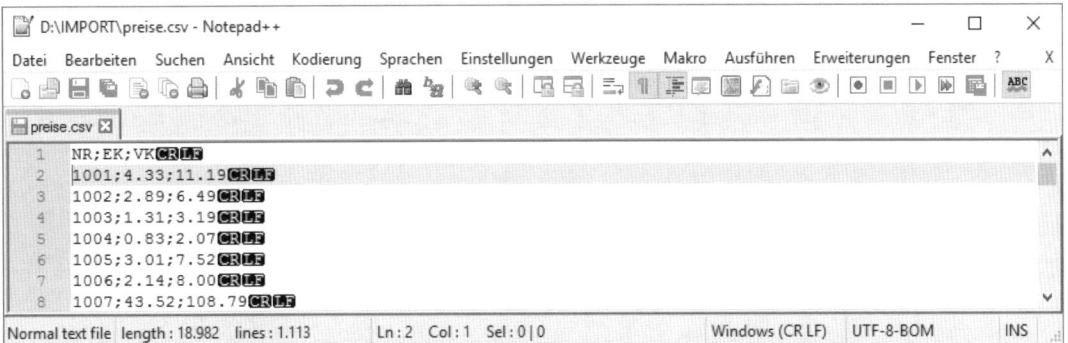

Bild 6.64 CSV-Datei für den Import mit BULK INSERT

Die CSV-Datei im Unicode-Format (UTF-8) enthält Daten, die aus drei Spalten bestehen. Dieses sind eine Artikelnummer, ein Einkaufs- sowie ein Verkaufspreis und sind jeweils durch ein Semikolon von einander getrennt. Die erste Zeile enthält die Spaltennamen. Die einzelnen Zeilen werden durch einen Wagerücklauf (CR) und Zeilenvorschub (LF) getrennt.

Um diese Datei, die Sie auch bei den Beispieldaten zu diesem Buch finden, zu importieren, erstellen wir vorerst eine temporäre Tabelle mit drei Spalten. Wichtig ist, dass diese dieslebe Struktur wie die zu importierenden Daten aufweist.

```
CREATE TABLE #import
( nr int,
  ek smallmoney,
  vk smallmoney);
```

Danach importieren wir die Datei in diese temporäre Tabelle mit der folgenden Anweisung:

```
BULK INSERT #import
FROM 'd:\import\preise.csv'
```

```
WITH
( FIRSTROW = 2,
  FIELDTERMINATOR = ';',
  ROWTERMINATOR = '\r',
  CODEPAGE = '65001',
  ERRORFILE = 'd:\import\preise_csv_err.txt');
```

Die Anweisung BULK INSERT verfügt über eine Vielzahl an möglichen Parametern. Diese im speziellen verwenden wir hier in diesem Beispiel:

- Die Zieltabelle wird direkt am Beginn der Anweisung angegeben.

- Es folgt die Angabe der Importdatei mit einem FROM

- FIRSTROW: Gibt an, bei welcher Zeile der Import beginnen soll. Da die erste Zeile, welche die Spaltenüberschriften enthält, nicht importiert werden soll, verwenden wir 2. Der Standardwert ist 1.

- FIELDTERMINATOR: Wir geben als Feldtrennzeichen das Semikolon an.

- ROWTERMINATOR: Wir geben für das Zeilentrennzeichen \r (Wagenrücklauf/Zeilenvorschub) an, aber auch \n (Neue Zeile) oder die hexadezimale Form 0x0a sind hier verwendbar und führen zu einem korrekten Ergebnis.

- CODEPAGE: Die Angabe der korrekten Codepage ist vor allem für den Import von Texten sehr wichtig, da eine falsche Angabe zu Fehlern beim Import führen kann. Da unsere Beispieldatei nur Ziffern enthält, ist diese Gefahr hier allerdings nicht gegeben. ANSI wird über ACP angegeben, bei RAW erfolgt keine Konvertierung. Jede andere Codepage kann über ihre Nummer angegeben werden, wir verwenden hier 65001 für UTF-8.

 ACHTUNG! Die Codepage 65001 für UTF-8 (Unicode) ist erst ab dem SQL Server 2016 verwendar. Mit früheren Versionen ist der Import von Unicode-Dateien mit dieser Methode daher leider nicht immer fehlerfrei möglich. Probleme treten zwar noch nicht auf, wenn die zu importierende Datei in diesem Format codiert ist, sondern erst wenn tatsächlich spezielle Zeichen aus dieser Codepage enthalten sind, die nicht übersetzt werden können.

- ERRORFILE: Treten beim Import Fehler auf, werden diese in eine Fehlerdatei geschrieben, die im selben Verzeichnis angelegt wird, in der die zu importierende Datei gespeichert ist. Über den Parameter ERRORFILE können Sie den Namen für diese Fehlerdateien festlegen. Denn eigentlich sind es zwei Dateien, die angelegt werden. Eine enthält die Beschreibung des Fehlers, eine weitere die fehlerhaften Zeilen. Beide bekommen denselben Dateinamen, bei der ersten Datei wird die Dateierweiterung *error.txt* zusätzlich ergänzt.

In Bild 6.65 sehen Sie den Inhalt der beiden Dateien, die beim Import mit der nachfolgend beschriebenen Prozedur erzeugt worden sind. Dazu habe ich den Parameter FIRSTROW testweise auf 1 gesetzt. Das hat den Fehler verursacht, da die erste Zeile aufgrund der Datentypen in der Zieltabelle nicht importiert werden kann.

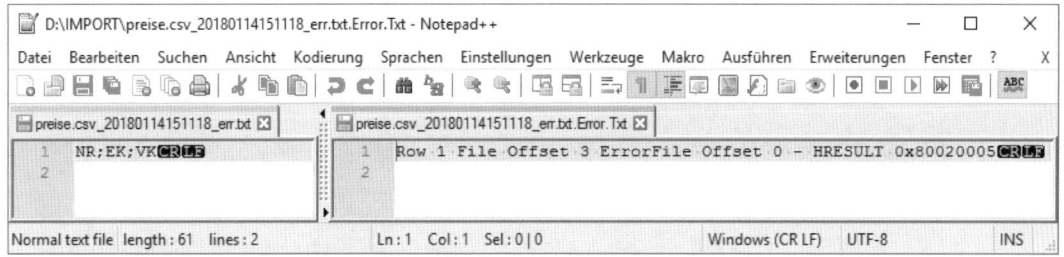

Bild 6.65 Fehlerdateien bei BULK INSERT

Mit dem SQL Server 2017 hat die Anweisung BULK INSERT weitere Parameter bekommen, da nun auch der Import aus dem Azure Blob-Store unterstützt wird. Diese neuen Parameter sind zum Beispiel DATASOURCE und ERRORFILE_DATA-SOURCE.

PRAXISTIPP: Interessant ist auch der neue Parameter FORMATFILE. Hier können Sie eine Formatdatei angeben, in der Sie spezielle Informationen für den Import festlegen können. Dies ermöglicht folgende Szenarien, die bisher nicht unterstützt gewesen sind:

- Die Anzahl oder Reihenfolge der Spalten aus der zu importierenden Datei weicht von der Struktur der Zieltabelle ab.
- Es wird kein einheitliches Spaltentrennzeichen verwendet.

Informationen über den Aufbau einer solchen Formatdatei finden Sie an folgender Stelle:

https://docs.microsoft.com/de-de/sql/relational-databases/import-export/create-a-format-file-sql-server

Ich verwenden die Anweisung BULK INSERT in der Praxis heufig innerhalb von gespeicherten Prozeduren, die zeitgesteuert über den Server-Agent aufgerufen werden und Daten importieren.

Über eine Prozedur ist es möglich, zum Beispiel den Importpfad und den Namen der Datei dynamisch zu übergeben. Da der Name der Importdatei bei BULK INSERT aber leider nicht über eine Variable angeben werden kann, muss die Anweisung als dynamisches SQL in einer Textvariablen zusammengesetz werden, die danach ausgeführt wird. In der Prozedur *sp_artikelpreise_import* übernimmt diese Funktion die Variable @sql. Innerhalb dieser verwende ich vorerst die Platzhalter {impdatei} und {impfehler}. Diese werden erst später mit den Namen der Importdatei und der Fehlerdatei ersetzt. Wichtig ist ausserdem, dass Zeichenfolgen innerhalb der SQL-Zeichenfolge in der in SQL üblichen Form mit zwei ' hintereinander eingegeben werden. Dies gilt für alle Parameterwerte, wie beispielsweise die Werte für den ROWTERMINATOR, den FIELDTERMINATOR sowie die CODEPAGE.

Da der Pfad und der Dateiname der Importdatei über zwei separate Parameter übergeben werden, werden sie in der Variablen @impdatei zusammengefügt. Dasselbe geschieht in der Variablen @impfehler für die Fehlerdatei.

 ACHTUNG! Die Anweisung BULK INSERT schlägt fehl, wenn eine Datei mit dem Namen der Fehlerdatei im Ordner bereist existiert. Daher bauen wir mit FORMAT(SYSDATETIME(), 'yyyyMMddHHmmss') in den Namen der Fehlerdatei die Systemzeit mit ein. Damit gehen wir sicher, dass bei mehrmaligen Vesuchen, ein und dieselbe Datei zu importieren, jeweils eine andere Fehlerdatei geschrieben wird. Sollte es sogar möglich sein, dass der Aufruf der Prozedur mehrmals innerhalb einer Sekunde erfolgt, müsste an dieser Stelle im Format eine noch kleinere Zeiteinheit als die Sekunde verwendet werden.

Mit der Funktion REPLACE() werden die beiden Dateinamen in die Anweisung eingebaut. Die fertige Anweisung wird danach innerhalb eines TRY-CATCH-Blocks mit EXECUTE () – dies kann auch mit EXEC() abgekürzt werden – ausgeführt.

```
CREATE PROCEDURE dbo.sp_artikelpreise_import
    @pfad varchar(300),
    @datei varchar(100),
    @zeilen int = NULL OUTPUT,
    @select bit = 1
AS
BEGIN
    SET NOCOUNT ON;

    DECLARE @sql varchar(max) = 'BULK INSERT #import
                                FROM ''{impdatei}''
                                WITH
                                ( FIELDTERMINATOR = '';'',
                                  FIRSTROW = 2,
                                  ROWTERMINATOR = ''\r'',
                                  CODEPAGE = ''65001'',
                                  ERRORFILE = ''{impfehler}'');'

    CREATE TABLE #import
    ( nr int,
      ek smallmoney,
      vk smallmoney);

    DECLARE @impdatei varchar(400) = @pfad + CASE WHEN @pfad NOT LIKE '\' THEN '\'
                                             ELSE '' END + @datei;
    DECLARE @impfehler varchar(410) = @datei + '_' + FORMAT(SYSDATETIME(),
                                      'yyyyMMddHHmmss') + '_err.txt';

    SET @sql = REPLACE(@sql, '{impdatei}', @impdatei);
    SET @sql = REPLACE(@sql, '{impfehler}', @impfehler);

    BEGIN TRY
        EXEC (@sql);
        SET @zeilen = @@ROWCOUNT;
        /*
        ... beliebige weitere Verarbeitungsschritte
```

```
    ...
    */
END TRY
BEGIN CATCH
    SET @zeilen = -1;
    --PRINT ERROR_MESSAGE();
END CATCH;

IF @select = 1
    SELECT @zeilen AS zeilen;
END;
```

Der Aufruf der Prozedur erfolgt dann beispielsweise in dieser Form. Dabei wird die Anzahl der importierten Zeilen ausgegeben wird. Im Fehlerfall würde -1 als Anzahl ausgegeben werden.

```
EXEC dbo.sp_artikelpreise_import @pfad = 'd:\import',
                                 @datei = 'preise.csv';
```

liefert:

```
zeilen
------------
1112
```

Dieses Beispielfragment zeigt, wie die Daten in eine temporäre Tabelle importiert werden können. Der Code, der mit diesen importierten Daten weitere Prozessschritte umsetzt und die importieren Daten verarbeitet, ist im Praxisfall noch zu ergänzen. Hier sind viele verschiedene Erweiterungen denkbar.

Auch im Vorfeld können Sie weiteren Code verwenden, um beispielsweise Dateinamen aus einem Ordner auszulesen, um danach diese zu importieren. In Kapitel 7 wird eine entsprechende CLR-Prozedur erstellt, die den Inhalt eines Ordners in Tabellenform zurückliefert. Das Ergebnis dieser Prozedur lässt sich auf einfache Weise über ein INSERT zum Beispiel in eine temporäre Tabelle einfügen. Danach kann darauf zugegriffen werden, auch die Verarbeitung der eingelesenen Dateinamen über einen Cursor wäre denkbar.

```
CREATE TABLE #dateien (dateiname varchar(200));

INSERT INTO #dateien
EXEC dbo.sp_ordnerinhalt 'd:\import';

SELECT dateiname
FROM #dateien
WHERE dateiname LIKE '%.csv';
```

liefert:

```
dateiname
----------------------------
preise.csv
```

7 SQL Server CLR-Integration

Mittlerweile schon seit der Version 2005 sind Sie beim Programmieren des SQL Servers nicht mehr nur auf Transact-SQL beschränkt. Dabei arbeiten der SQL Server und das Visual Studio eng zusammen. Das ist auch notwendig, denn der SQL Server enthält eine *Common Language Runtime* (CLR), das heißt, er ist in der Lage, .NET-Code laufen zu lassen. Für die Code-Entwicklung benötigen Sie das Visual Studio. Erst der fertige Code wird in einer Datenbank auf dem SQL Server integriert.

Die *SQL Server Data Tools* (SSDT) sind einerseits in Visual Studio 2015 und 2017 integriert, sind aber andererseits auch in beiden Versionen frei separat verfügbar. Die Integration erstreckt sich auch auf die freie Community Edition des Visual Studio. Somit ist gewährleistet, dass man ohne separat lizenziertes Visual Studio Professional den vollen Umfang der CLR-Programmierung für den SQL Server nutzen kann.

Die Data Tools sind ein umfangreiches Toolset, das alle Bereiche der Datenbankentwicklung mit dem SQL Server abdeckt. Dies ist nicht nur für Programmierer von Vorteil, die lieber in ihrer gewohnten Umgebung bleiben möchten und nicht so gerne mit den SQL Server-Tools arbeiten. Wir konzentrieren uns in diesem Kapitel auf die Programmierung für die SQL Server CLR und werden uns im nächsten Kapitel ausführlicher mit den Data Tools auseinandersetzen.

Sofern Sie noch keine Form der Data Tools auf Ihrem Rechner verfügbar haben, laden Sie diese unter folgender Adresse herunter: *https://docs.microsoft.com/de-de/sql/ssdt/download-sql-server-data-tools-ssdt*

Je nachdem, welche Version Sie bevorzugen, laden Sie sich die SSDT für Visual Studio 2015 oder 2017 herunter oder eine der unterstützten Editionen für Visual Studio in denselben Versionen. Die SQL Server Data Tools integrieren sich in eine bereits installierte Version oder verwenden die abgespeckte Visual Studio Shell. Ich verwende hier das freie Visual Studio 2017 Community Edition. Für Sie sollte es einerlei sein, ob Sie Visual Studio 2015 oder 2017 einsetzen.

 ACHTUNG! Frühere Versionen der SQL Server Data Tools werden nicht mehr aktualisiert und sind bereits nicht mehr auf dem letzten Stand. Daher können Sie diese für den SQL Server 2017 nicht mehr verwenden.

Ziel der CLR-Programmierung ist es, Transact-SQL in denjenigen Bereichen zu ergänzen, wo es naturgemäß Schwächen gibt. Dies sind vor allen Aufgabenstellungen, die

- einen sehr komplexen Algorithmus verlangen
- oder einen Bezug außerhalb der Datenbank – wie zum Beispiel Zugriff auf das Dateisystem – aufweisen.

Überall dort, wo Datenzugriffe im Vordergrund stehen, sollte weiterhin T-SQL zum Einsatz kommen. Aufgabenstellungen, für die in älteren SQL Server-Versionen erweiterte Systemprozeduren (xp_...) zum Einsatz kamen, werden nun über eine Common Language gelöst. Erweiterte Systemprozeduren werden lediglich aus Gründen der Abwärtskompatibilität noch unterstützt.

HINWEIS: Für die Arbeit mit diesem Kapitel ist es von Vorteil, wenn Sie bereits mit der .NET-Programmierung und dem Visual Studio vertraut sind. Insbesondere benötigen Sie Kenntnisse in ADO.NET. Da eine eingehende Behandlung dieser Themen über den Rahmen dieses Buches hinausginge, verweise ich auf weiterführende Literatur zu diesen Themen. ∎

■ 7.1 Mit im Boot: .NET Framework

Der SQL Server ist durch die Common Language Runtime (CLR) in der Lage, .NET-Code auszuführen. Das Visual Studio dient als Entwicklungswerkzeug für die vom SQL Server ausführbaren Objekte.

Diese sind:

- .NET User-Defined Functions (UDF)
- .NET Stored Procedures
- .NET Trigger
- User-Defined Aggregates (UDA)
- User-Defined Datatypes (UDT)

Benutzerdefinierte Funktionen, gespeicherte Prozeduren und Trigger gleichen in ihrer Funktionalität und ihrem Einsatzbereich ihren Transact-SQL-Pendants.

HINWEIS: Microsoft bedient sich bei der Weiterentwicklung des SQL Servers dieser Funktionalität. So sind die räumlichen Datentypen *geography* und *geometry* sowie der Datentyp *hierarchy_id* als .NET-Datentypen integriert worden. ∎

Aber damit ist noch nicht alles abgedeckt – das .NET Framework spielt auch bei der Verwaltung des SQL Servers mit. Die COM-basierten *Distributed Management Objects* (*SQL-DMO*), die früher verwendet worden sind, sind mittlerweile durch die .NET-basierten *SQL Server Management Objects* (*SMO*) abgelöst worden.

Mit dem .NET Framework und der Datenbank-Engine prallen aber auch zwei Welten aufeinander, zwischen denen Brücken geschlagen werden müssen. Daher gibt es einen eigenen Satz an SQL-Datentypen, um SQL Server-Datentypen mit den .NET-Datentypen zu verbinden. Eine Übersicht finden Sie in der nachfolgenden Tabelle.

Innerhalb von .NET-Code verwenden Sie die SQL-Typen an den Schnittstellen von und zur Datenbank. Innerhalb des Codes verwenden Sie wie gewohnt die .NET-Datentypen. Sie benutzen übliche Konvertierungen, um Inhalte von Variablen mit .NET-Typen in solche mit SQL-Typen und umgekehrt zu konvertieren.

Tabelle 7.1 Datentypenzuordnung

SQL Server-Datentyp	SqlType	.NET-Datentyp
char varchar nchar nvarchar text ntext	SqlString	String
bigint	SqlInt64	Int64
int	SqlInt32	Int32
smallint	SqlInt16	Int16
tinyint	SqlByte	Byte
numeric decimal	SqlDecimal	Decimal
money smallmoney	SqlMoney	Decimal
real	SqlSingle	Single
float	SqlDouble	Double
datetime smalldatetime	SqlDateTime	Datetime
bit	SqlBoolean	Boolean
binary varbinary image timestamp	SqlBinary SqlBytes	Byte()
uniqueidentifier	SqlGuid	Guid

Sie sollten, bevor Sie mit diesem Kapitel arbeiten, die Kapitel 5 und 6 gelesen haben. In diesen lernen Sie nicht nur die Sprache Transact-SQL, sondern auch die Konzepte hinter dem Einsatz von gespeicherten Prozeduren, Triggern und benutzerdefinierten Funktionen kennen. Diese werden in diesem Kapitel benötigt und nicht nochmals erarbeitet.

7.1.1 Integration mit dem Visual Studio

Die SSDT werden mit dem Setup von SQL Server noch nicht mit installiert. Wie zuvor und in Kapitel 2 beschrieben, müssen Sie die SQL Server Data Tools oder eine entsprechende Visual Studio-Version separat installieren.

 HINWEIS: In diesem Kapitel werden wir die Beispiele mit Visual Basic .NET umsetzen. Sie finden bei den Beispieldateien zum Buch allerdings alle Beispiele auch mit C# umgesetzt. Beide Varianten im Text zu behandeln, würde den zur Verfügung stehenden Rahmen sprengen. Daher habe ich mich für das für Einsteiger einfachere Visual Basic entschieden.

Sie finden bei den Buchbeispielen Projektdateien in VB.NET und C# für die Visual Studio-Versionen 2015 und 2017.

Erstellen wir zu Beginn mit den SSDT ein neues Projekt mit der Vorlage *SQL Server-Datenbankprojekt* aus der Gruppe *SQL Server*.

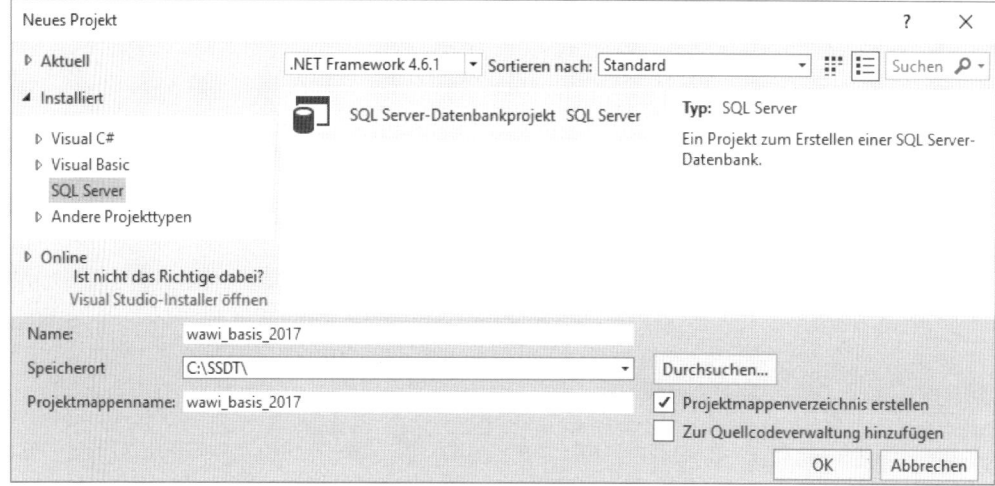

Bild 7.1 Neues SQL Server-Datenbankprojekt in Visual Studio 2017

 ACHTUNG! Ändern Sie nach dem Erstellen das Framework von 4.6.1 zum Beispiel auf 4.0, damit das Projekt später auch auf den SQL Server 2012 übertragen werden kann. Verwenden Sie die Version 3.5, wenn Sie auch den SQL Server 2008 R2 unterstützen möchten. In Visual Studio 2017 können Sie dies auch schon direkt im Dialog beim Erstellen erledigen.

Der Name, den Sie diesem Projekt geben, wird später in Ihrer Datenbank als Assembly-Name verwendet, wenn Sie die im Studio erstellten Objekte von Visual Studio automatisch bereitstellen oder veröffentlichen lassen. Das neue Projekt wird wie gewohnt im Projektmappen-Explorer mit dem Projektnamen angezeigt. Dort finden Sie den Eintrag *Projekt-mappe „wawi_basis_2017"*, den Ordner *wawi_basis_2017* mit den Unterordnern *Properties* und *Verweise*.

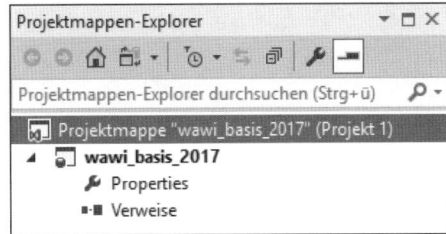

Bild 7.2 Projektmappen-Explorer

In Visual Studio 2015/2017 ist standardmäßig eine Verbindung zu einer LocalDB im SQL Server-Objekt-Explorer eingerichtet. Ist dieser bei Ihnen noch nicht sichtbar, können Sie ihn über das Menü ANSICHT einblenden. Wenn Sie möchten, richten wir uns eine neue Verbindung zu unserem Server ein, da wir mit unserer Datenbank *wawi* arbeiten möchten. Wir benötigen diese Verbindung zwar nicht unbedingt, um für die CLR zu programmieren, aber wir haben dadurch die Namen von Tabellen und Spalten im Blickfeld, was sicher kein Nachteil ist. Außerdem können wir erstellte Objekte sofort in der Datenbank sehen. Wählen wir dazu im Menü EXTRAS den Befehl SQL SERVER HINZUFÜGEN... oder klicken auf das entsprechende Symbol im *SQL Server-Objekt-Explorer*. Im anschließenden Anmeldedialog, den wir vom SQL Server Management Studio kennen, melden wir uns an unserem Server an.

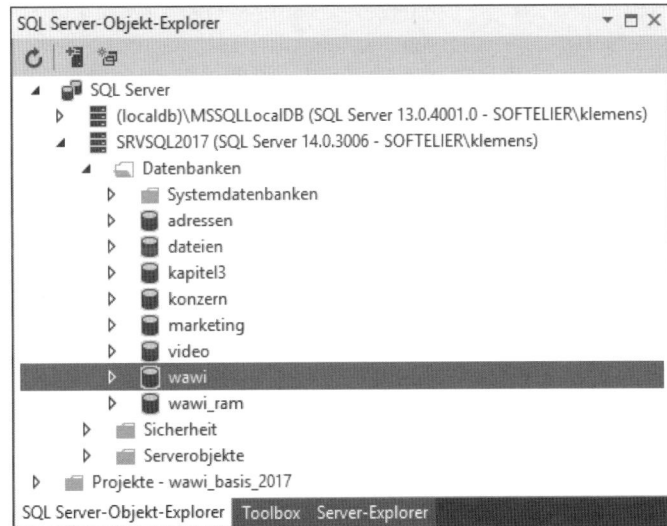

Bild 7.3 SQL Server-Objekt-Explorer

ACHTUNG! Je nachdem, welche Installationsmedien Sie für Ihr Visual Studio verwendet haben, müssen Sie noch ein Update installieren, bevor Sie mit dem SQL Server 2017 arbeiten können. Sie erhalten sonst eine Fehlermeldung beim Versuch, sich mit dem aktuellen SQL Server zu verbinden.

Verwenden Sie den Menübefehl EXTRAS/EXTENSIONS UND UPDATES..., um verfügbare Updates anzuzeigen.

Bild 7.4 Aktualisierungen installieren

Bei der Installation von Visual Studio 2017 ist bereits eine LocalDB mit der Version 13 (SQL Server 2016) installiert worden. Haben Sie auf Ihrem Rechner zuvor auch andere Versionen des Visual Studio installiert, können weitere Versionen der LocalDB vorhanden sein. Wie auch bei den Vorversionen, wird mit einem zukünftigen Update auch die LocalDB in der aktuellsten Version 14 ergänzt werden. Jedenfalls werden alle verfügbaren Instanzen im SQL Server-Objekt-Explorer automatisch angezeigt. In Bild 7.3 erkennen Sie die als Erstes erwähnte Version im SQL Server-Objekt-Explorer über der gerade ergänzten Verbindung.

Projekteinstellungen können unter den Eigenschaften des Projektordners vorgenommen werden. Klicken Sie dazu im Projektmappen-Explorer den Ordner *Properties* doppelt an. Die Eigenschaften sind, wie in Visual Studio üblich, in verschiedene Kategorien unterteilt. Die für uns im Moment wichtigen Einstellungen finden wir unter *SQLCLR*. Hier werden der Name der Assembly und die Berechtigungsstufe – über beides werden wir später noch sprechen – eingestellt. Auch das Zielframework kann hier konfiguriert werden. Damit kann die diesbezügliche Auswahl, die Sie im Visual Studio 2017 beim Erstellen des Projekts getroffen haben, noch einmal verändert werden. Hier stellen Sie auch ein, ob Sie Visual Basic oder C# als Sprache für dieses Projekt einsetzen möchten.

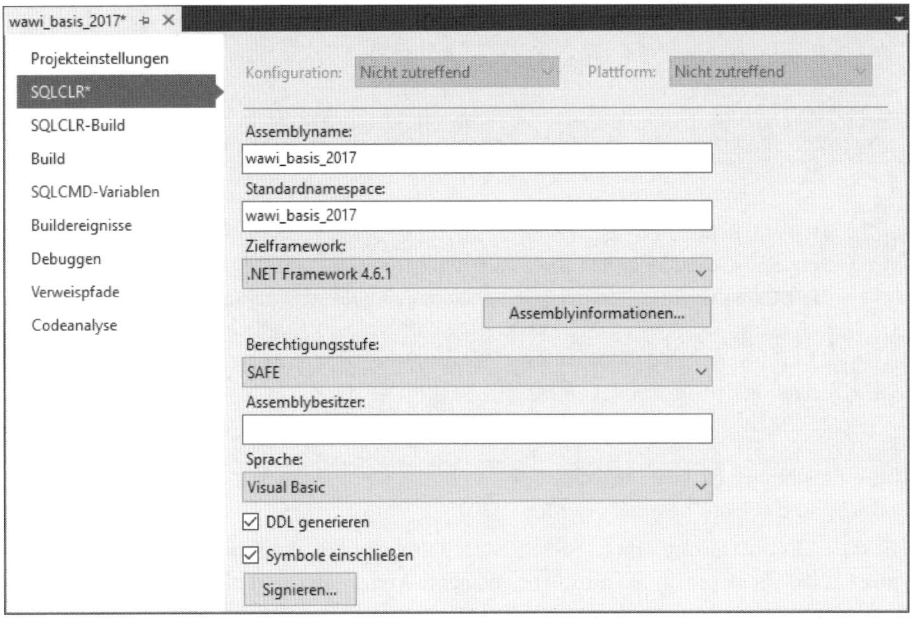

Bild 7.5 Projekteinstellungen

Die Zielplattform wird auf der Seite *Projekteinstellungen* ausgewählt. Dies kann ein SQL Server ab der Version 2005 oder Azure SQL Database sein. Die Einstellung passt aber nicht das verwendete Zielframework mit an, sondern wirkt sich in erster Linie auf das Deployment aus.

Bevor wir mit dem Programmieren für die CLR beginnen, beschäftigen wir uns mit dem Schaffen der nötigen Voraussetzungen auf dem SQL Server.

■ 7.2 CLR-Aktivierung

Nach der Installation ist die CLR bei jeder SQL Server 2017-Edition zunächst deaktiviert. Sie müssen daher die CLR auf Ihrem Server aktivieren, bevor Sie die nachfolgenden Beispiele ausführen können.

> **PRAXISTIPP:** Wenn Sie nicht wissen, ob CLR bei Ihrem Server schon aktiviert ist, können Sie dies aus dem Systemkatalog *sys.configurations* auslesen.

Verwenden Sie zum Beispiel folgende Anweisung:

```
SELECT name, value, description
FROM sys.configurations
WHERE name LIKE 'CLR%';
```

Sie erhalten:

```
name                 value   description
-------------------- ------- ----------------------------------------------
clr enabled          0       CLR user code execution enabled in the server
clr strict security  1       CLR strict security enabled in the server
```

 HINWEIS: Mit dem SQL Server 2017 ist eine neue Variante für die Sicherheit von .NET-Code eingeführt worden. Diese hat den Namen *CLR strict security* und sie ist standardmäßig aktiviert. Per Update wird dieses Feature auch nachträglich beim SQL Server 2016 integriert, ist aber per default nicht aktiviert, um die Abwärtskompatibilität zu wahren. Auf dieses neue Feature werden wir etwas später in diesem Kapitel eingehen.

Diese Einstellung ist keine erweiterte Einstellung, kann also ohne vorherige Aktivierung der *Advanced Options* geändert werden.

Für die CLR-Aktivierung führen Sie die Systemprozedur sp_configure aus. Mit der Anweisung RECONFIGURE setzen Sie die zuvor gemachte Änderung sofort aktiv.

```
EXEC sp_configure 'clr enabled', 1;
GO
```

Ist die CLR-Aktivierung noch nicht erfolgt, erhalten Sie nach der Aktivierung, bevor Sie RECONFIGURE ausführen, folgende Meldung:

```
Die Konfigurationsoption 'clr enabled' wurde von 0 in 1 geändert. Führen Sie zum
Installieren die RECONFIGURE-Anweisung aus.
```

Prüfen wir nochmals die Einstellung, sehen wir, dass diese Eigenschaft nun den Wert 1 (wahr) aufweist, der verwendete Wert aber noch 0 (falsch) lautet.

```
SELECT name, value, value_in_use
FROM sys.configurations
WHERE name LIKE 'CLR%';
```

liefert:

```
name                 value           value_in_use
-------------------- --------------- ---------------
clr enabled          1               0
clr strict security  1               1
```

Da es sich bei dieser Einstellung um einen dynamischen Wert handelt, kann er sofort aktiviert werden. Führen Sie dazu bitte die Anweisung RECONFIGURE aus.

```
RECONFIGURE;
GO
```

Danach stimmen *value* und *values_in_use* wieder überein.

HINWEIS: Sie können alle nachfolgenden Beispiele erstellen, auch wenn die CLR noch nicht aktiviert ist. Aber spätestens bevor Sie sie ausführen möchten, muss die CLR-Integration aktiv sein.

Offensichtlich gilt die Aktivierung der CLR nur für benutzerdefinierten Code. Denn die in früheren Kapiteln beschriebenen Datentypen *geography*, *geometry* und *hierarchy_id* sind ja als .NET-Datentypen integriert, funktionieren aber auch, wenn die CLR deaktiviert ist.

 ACHTUNG! Aufgrund der neuen *CLR strict security* beim SQL Server 2017 gelten höhere Anforderungen, um CLR-Code ausführen zu können. Da ich der Meinung bin, dass diese Neuerungen besser zu verstehen sind, wenn man sich schon mit CLR-Code befasst hat, möchte ich auf diese Neuerungen und ihre Auswirkungen erst am Ende dieses Kapitels eingehen.

Damit die Beispiele (vorerst) funktionieren können, müssen aber unbedingt folgende Voraussetzungen gegeben sein:

- Der Eigentümer der Datenbank muss Mitglied der Serverrolle *sysadmin* sein.
- Die Eigenschaft TRUSTWORTHY muss für die betroffene Datenbank auf ON gesetzt werden.

Der Eigentümer einer Datenbank kann auf der Seite *Dateien* des Dialogs *Datenbankeigenschaften* eingesehen und auch eingestellt werden (Bild 7.6).

Bild 7.6 Datenbankbesitzer anzeigen und ändern

Auslesen können Sie den Datenbankbesitzer auch mit dieser Anweisung:

```
SELECT d.name AS db, l.name AS besitzer
FROM sys.databases d
INNER JOIN sys.syslogins l  ON d.owner_sid = l.sid
WHERE d.name = 'wawi';
```

Einen neuen Datenbankbesitzer können Sie bei Bedarf mit folgender Anweisung festlegen und ihm gegebenenfalls noch die Mitgliedschaft bei den SQL Server-Administratoren erteilen:

```
ALTER AUTHORIZATION ON DATABASE::wawi TO [softelier\alina];
ALTER SERVER ROLE sysadmin ADD MEMBER [softelier\alina];
```

Die TRUSTWORTY-Eigenschaft stellen Sie mit folgender ALTER DATABASE-Anweisung ein:

```
ALTER DATABASE wawi SET TRUSTWORTHY ON;
```

Wenn Sie den SQL Server selber installiert und die Datenbank erstellt haben, sind in der Regel beide Voraussetzungen schon gegeben – Sie sind Mitglied der Serverrolle *sysadmin* und Eigentümer der Datenbank. Sie müssen dann lediglich TRUSTWORTHY für die gewünschte Datenbank aktivieren.

Ich möchte an dieser Stelle nochmals erwähnen, dass diese Vorgangsweise nicht unbedingt die endgültige sein muss, und nur verwendet wird, um vorerst problemlos mit der CLR-Nutzung und den Beispielen beginnen zu können.

7.2.1 Code auf den Server bringen: Assembly

.NET-Code wird auf dem SQL Server in Assemblys zusammengefasst. Diese Assemblys werden aus einer mit dem Visual Studio erzeugten DLL generiert. Dazu stehen Ihnen verschiedene Varianten zur Auswahl, die nachfolgend in diesem Kapitel beschrieben werden:

- Assemblys können aus dem Visual Studio heraus direkt in eine Datenbank eingespielt werden. Dazu muss lediglich bei einem geöffneten SQL Server-Datenbankprojekt (SSDT) im Menü ERSTELLEN der Befehl PROJEKTNAME WIRD VERÖFFENTLICHT... gewählt werden. Danach ist nur mehr die Zieldatenbank anzugeben. Mehr ist nicht zu tun. Dies ist sicher die komfortabelste Variante. Haben Sie direkt eine Verbindung zum Zielserver, können Sie direkt dort veröffentlichen, sonst können Sie sich ein Skript dazu generieren lassen.

- Sie erstellen eine neue Assembly mit der Anweisung CREATE ASSEMBLY direkt auf dem SQL Server. Diese Variante können Sie auch verwenden, wenn Sie mit dem Visual Studio keine Verbindung zum Zielserver herstellen können. Dazu müssen Sie lediglich die DLL, die Sie im Projektordner standardmäßig im Unterordner *BIN\DEBUG* finden, in einen Ordner auf den Server kopieren. Haben Sie das Projekt bei den Build-Einstellungen im Visual Studio beziehungsweise den SQL Server Data Tools schon auf *Release* eingestellt, finden Sie die DLL im Unterordner *BIN\RELEASE* oder einem anderen Ordner, den Sie dort manuell eingestellt haben. Beim Ausführen der Anweisung CREATE ASSEMBLY geben Sie den Pfad zur auf den Server kopierten DLL an, wie das nachfolgende Beispiel zeigt.

```
CREATE ASSEMBLY sql_manuell AUTHORIZATION dbo
FROM 'd:\projekte\sql_manuell.dll'
WITH PERMISSION_SET = SAFE;
```

Hierbei wird auch das Permission-Set für diese Assembly definiert, das standardmäßig auf SAFE eingestellt ist. Verwenden Sie in dem in dieser Assembly enthaltenen Programmcode externe Zugriffe zum Beispiel auf das Dateisystem, so muss dieses auf EXTERNAL_ ACCESS gesetzt werden. Mehr dazu erfahren Sie später. Die dritte Einstellungsmöglichkeit, die das Ausführen jeglichen Codes zulässt, lautet UNSAFE.

PRAXISTIPP: Aus Sicherheitsgründen sollten Sie diejenigen Prozeduren, die einen externen Zugriff benötigen, in einer eigenen Assembly zusammenfassen, damit Sie das Permission-Set für alle anderen Assemblys auf SAFE setzen können.

In der Assembly enthaltene Prozeduren müssen manuell angelegt werden, falls sie nicht über das Visual Studio bereitgestellt oder veröffentlicht worden sind. Hier werden wie gewohnt die Anweisungen CREATE PROCEDURE oder CREATE FUNCTION verwendet. Sie enthalten den Zusatz AS EXTERNAL NAME mit einem Verweis auf das gewünschte Objekt. Dieser muss in der Syntax Assemblyname.Klassenname.Objektname angegeben werden. Die nachfolgenden Beispiele zeigen das Erstellen einer gespeicherten Prozedur sowie einer benutzerdefinierten Funktion. Parameter werden wie bei Transact-SQL-Pendants angegeben.

```
CREATE PROCEDURE dbo.sp_pfad_auslesen
( @pfad nvarchar(100) )
AS EXTERNAL NAME sql_manuell.StoredProcedures.sp_pfad_auslesen;

CREATE FUNCTION dbo.neg_zahl (@wert varchar(20))
RETURNS money
AS EXTERNAL NAME sql_manuell.UserDefinedFunctions.neg_zahl;
```

Diese Prozeduren, Funktionen oder Trigger sind die Transact-SQL-Wrapper, um den CLR-Code einzupacken und innerhalb der Datenbank verwenden zu können.

- Verwenden Sie den Objekt-Explorer des Management Studios, um dasselbe mit dem Menübefehl NEUE ASSEMBLY... zu erledigen, müssen Sie die DLL nicht auf den Server kopieren, sondern können einen lokalen Pfad am Client verwenden. Denn bei der aus dem Dialog generierten Anweisung wird nicht, wie in der vorherigen Variante gesehen, der Pfad zur DLL-Datei, sondern direkt die hexadezimale Repräsentation des Inhalts verwendet.

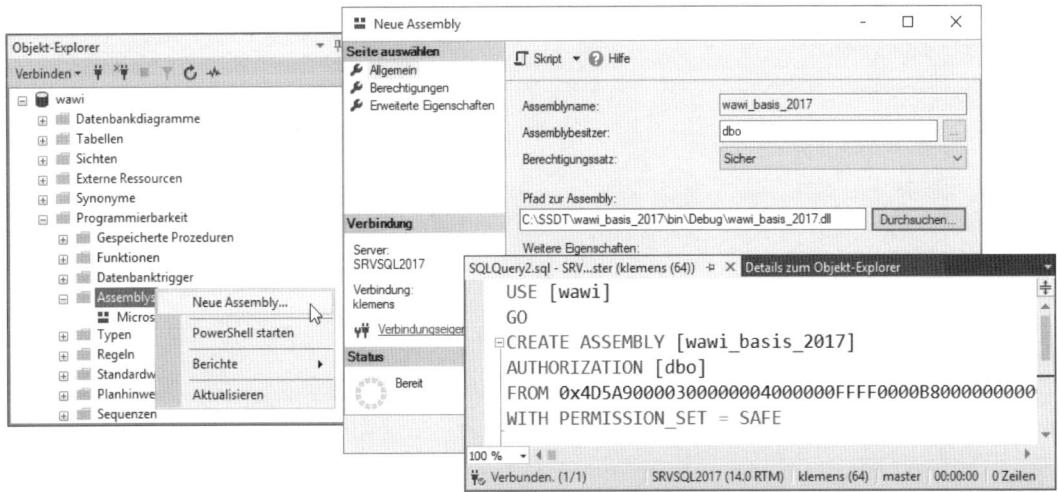

Bild 7.7 Assembly über Objekt-Explorer anlegen

HINWEIS: Auch wenn in der englischen Sprache die korrekte Pluralbezeichnung von *Assembly* die Form *Assemblies* wäre, habe ich mich generell für die Schreibweise *Assemblys* entschieden, da diese in der deutschen Oberfläche der grafischen Tools verwendet wird. So finden Sie diese Schreibweise zum Beispiel im Objekt-Explorer verwendet.

Eine Assembly kann über den Objekt-Explorer des Management Studios sowie die Anweisung DROP ASSEMBLY wieder gelöscht werden.

 ACHTUNG! Sie können eine Assembly erst löschen, wenn Sie zuvor alle Datenbankobjekte gelöscht haben, die auf in ihr enthaltenem Code basieren. Verwenden Sie zum Löschen zum Beispiel die Anweisung DROP PROCEDURE.

Wenn Sie nicht genau wissen, welche Objekte auf dem Code einer Assembly basieren, verwenden Sie den Befehl ABHÄNGIGKEITEN ANZEIGEN aus dem Kontextmenü des Objekt-Explorers im Management Studio.

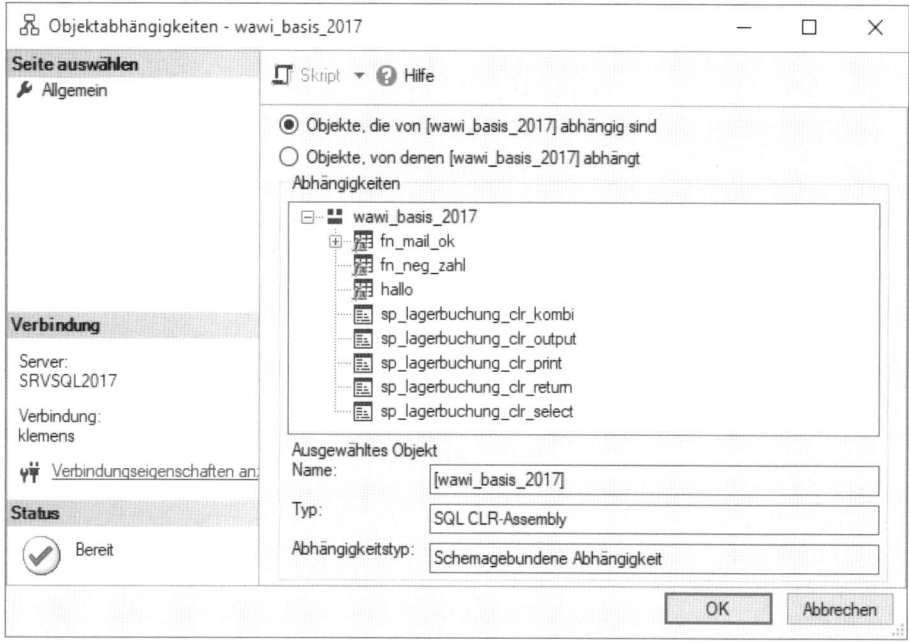

Bild 7.8 Objekt-Abhängigkeiten anzeigen

Assemblys werden beim Erstellen in der Datenbank gespeichert und daher mit dieser mit gesichert. Die DLL wird ab diesem Zeitpunkt also nicht mehr benötigt.

PRAXISTIPP: Sie können eine Assembly auch via Skript von einer Datenbank in eine andere übertragen. Dazu generieren Sie ein Skript wie von anderen Datenbankobjekten her gewohnt im Objekt-Explorer des Management Studios über das Kontextmenü. ∎

Im SQL Server-Objekt-Explorer des Visual Studios erreichen Sie dasselbe über den Befehl CODE ANZEIGEN.

Den Beginn eines solchen Skripts sehen Sie nachfolgend dargestellt. Es enthält die Repräsentation der Assembly in hexadezimaler Form.

```
CREATE ASSEMBLY [assemblyname]
AUTHORIZATION [dbo]
FROM 0x4D5A9000030000004000000FFFF0000B80000000000000400000000000
2062652072756E20696E20444F53206D6F64652E0D0D0A240000000000000050450
0004C010400A6CB0144000 ...
```

Sie finden das vollständige Beispielskript bei den Dateien zum Buch.

In jeder SQL Server 2017-Datenbank finden Sie bereits von vornherein die Assembly *Microsoft.SqlServer.Types*. Diese Assembly implementiert die Datentypen *geography*, *geometry* und *hierarchy_id*.

∎ 7.3 .NET User-Defined Functions

Wie bereits in Kapitel 6 herausgearbeitet, sollen benutzerdefinierte Funktionen, die mit .NET erstellt worden sind, nicht alle bisherigen mit Transact-SQL programmierten Funktionen ersetzen. Transact-SQL ist immer dann der Vorzug zu geben, wenn Datenzugriffe im Vordergrund stehen. Bei solchen Aufgabenstellungen wird die Transact-SQL-Lösung auch performanter sein. Steht jedoch der Algorithmus oder ein Zugriff auf externe Ressourcen im Vordergrund, wird .NET die richtige Wahl sein. Es ist aber auch eine Kombination möglich, wenn Sie zum Beispiel aus einer gespeicherten Prozedur heraus eine weitere aufrufen, die in der jeweils anderen Entwicklungsumgebung erstellt worden ist.

Ich habe für die nachfolgenden Beispiele das Projekt *wawi_basis_2017* angelegt. Um eine neue Funktion zu erstellen, klicken Sie den Projektordner im Projektmappen-Explorer an und wählen im Kontextmenü den Befehl HINZUFÜGEN/NEUES ELEMENT... aus. Bei den SSDT, die ja sämtliche Bereiche der Datenbankentwicklung abdecken, gibt es jede Menge Auswahlmöglichkeiten. Wählen Sie in der Kategorie *SQL CLR VB* – VB steht hier für Visual Basic – den Typ *benutzerdefinierte Funktion* und vergeben hier für das erste Beispiel den Namen *hallo*.

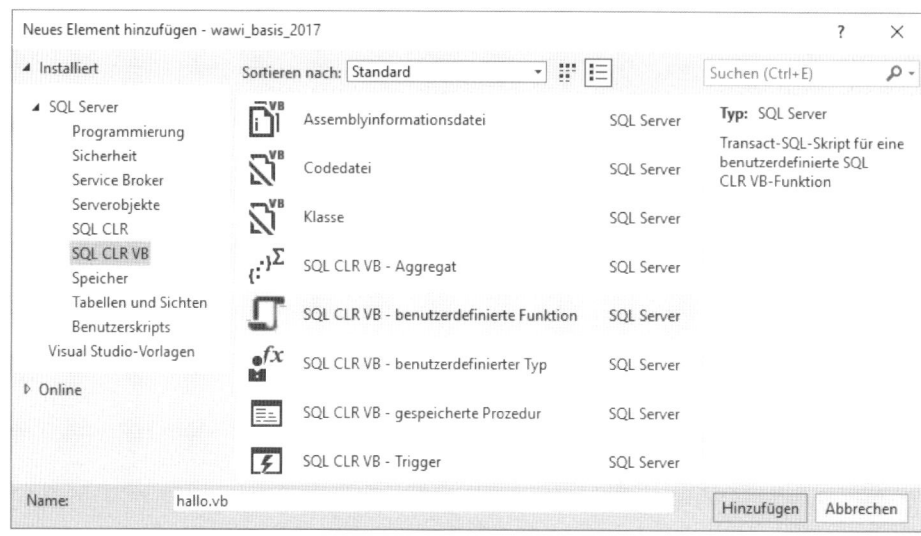

Bild 7.9 Neue Funktion erstellen

 HINWEIS: In Bild 7.9 sehen Sie in der linken Spalte die Auswahl *SQL CLR VB*. Dies hängt damit zusammen, dass wir vorhin die Sprache des Projekts in den Eigenschaften auf Visual Basic eingestellt haben. Sonst würden Sie an dieser Stelle den Eintrag *SQL CLR C#* vorfinden. ∎

Es wird ein neues Fenster mit der Klasse UserDefinedFunctions angelegt. Im Header werden feste Referenzen auf die folgenden Systemklassen angelegt:

```
Imports System
Imports System.Data
Imports System.Data.SqlClient
Imports System.Data.SqlTypes
Imports Microsoft.SqlServer.Server
```

Der nachfolgende Code wird standardmäßig angezeigt. Lediglich den Text in der RETURN-Zeile habe ich editiert.

```
Partial Public Class UserDefinedFunctions
    <Microsoft.SqlServer.Server.SqlFunction()> _
    Public Shared Function hallo() As SqlString
        ' Fügen Sie hier Ihren Code ein
        Return New SqlString("Hallo, ich komme aus der CLR!")
    End Function
End Class
```

Sie sehen, dass für den Rückgabetyp der SQL-Datentyp *SqlString* verwendet wird. Bis auf die Änderung des Rückgabetextes lassen wir alles so, wie es vom Visual Studio erstellt worden ist. Bevor wir uns umfangreicheren Beispielen zuwenden, betrachten wir zunächst die weitere Vorgangsweise.

Um das Ergebnis in eine SQL Server-Datenbank zu übertragen, führen Sie im Kontextmenü des Projektordners den Befehl VERÖFFENTLICHEN... aus. Dasselbe erreichen Sie über den Befehl WAWI_BASIS_2017 WIRD VERÖFFENTLICHT... im Menü ERSTELLEN. Der Befehl übernimmt jeweils den Namen des Projekts. Im Dialog richten Sie eine Verbindung zur gewünschten Datenbank ein und starten den Vorgang. Die SSDT bieten auch die Variante an, dies über eine Datenebenenanwendung zu realisieren, was wir aber im Moment nicht tun.

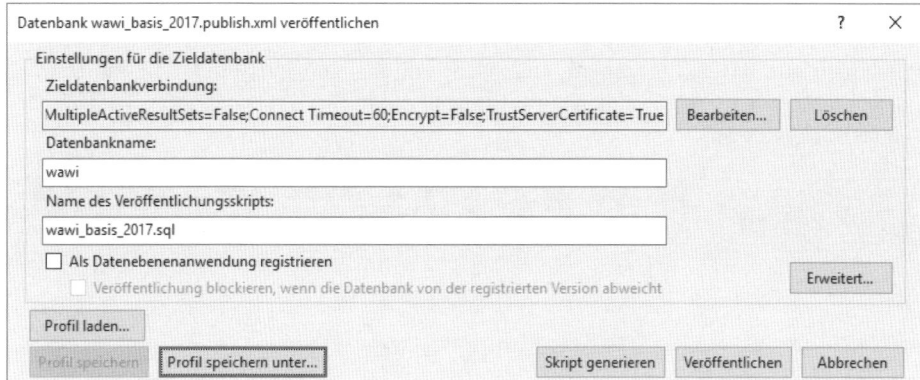

Bild 7.10 Veröffentlichen in einer Datenbank

PRAXISTIPP: Damit wir die Auswahl nicht beim nächsten Mal erneut vornehmen müssen, speichern wir die Einstellung über die Schaltfläche *Profil speichern*. Die Einstellungen werden in einer XML-Datei im Projektordner abgelegt, und können beim nächstem Mal mit einem Klick wieder aufgerufen werden.

Über die Schaltfläche *Veröffentlichen* starten Sie den Vorgang. Haben Sie keine direkte Verbindung zur Zieldatenbank, können Sie sich auch das entsprechende Skript über *Skript generieren* erstellen lassen.

ACHTUNG! Das vom Visual Studio generierte Skript enthält – zumindest in der gerade aktuellen Version – noch immer auch die Anweisung, um TRUSTWORTHY zu deaktivieren, wenn es aktiviert ist. Dies führt bei einem SQL Server 2017 ohne weitere Vorarbeiten dazu, dass das Veröffentlichen auch dann fehlschlägt, wenn es sich um eine Assembly mit der Berechtigungsstufe SAFE handelt. Daher wählen Sie vorerst eine der folgenden Vorgangsweisen:

- Wählen Sie die Option *Skript generieren*, um mit diesem direkt im Visual Studio oder wahlweise im Management Studio nur die entsprechenden Anweisungen CREATE ASSEMBLY und CREATE FUNCTION ohne die vorausgehenden Einstellungsanweisungen auszuführen.
- Wenn Sie bereits die Option *Veröffentlichen* gewählt haben, warten Sie die Fehlermeldung ab und verwenden ebenso das generierte Skript, um nur die Anweisungen zum Erstellen der Objekte einzeln auszuführen.

- Sie generieren das Skript, bevor Sie TRUSTWORTHY für die Datenbank aktivieren, denn dann enthält das Skript die Anweisung zur Deaktivierung erst gar nicht. Danach aktivieren Sie TRUSTWORTHY, bevor Sie erst danach das gesamte generierte Skript ausführen.
- Oder: Sie generieren einfach das Skript, löschen die besagte Anweisung heraus und führen das Skript danach manuell aus.

Wir lassen nun das Skript generieren, welches direkt im Visual Studio angezeigt wird. Danach löschen wir die störenden Anweisungen, die in Bild 7.11 angezeigt werden, oder kommentieren Sie aus.

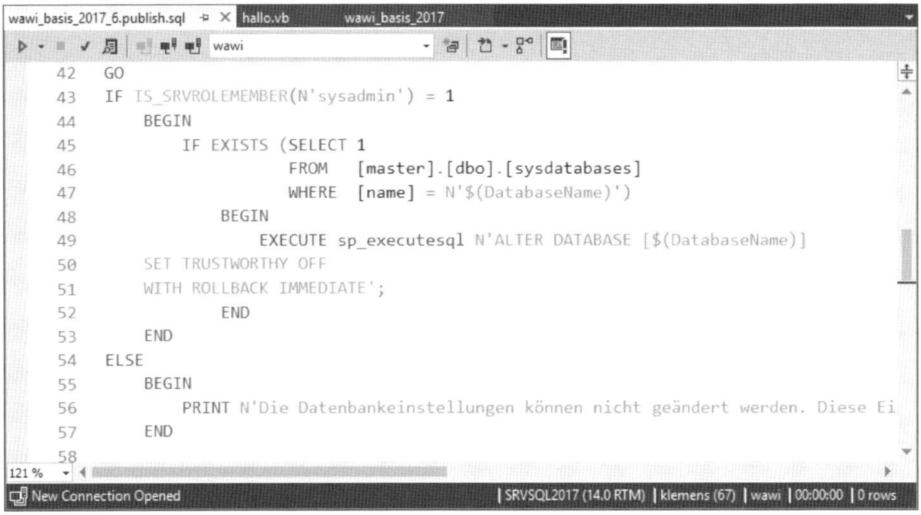

Bild 7.11 Die zu entfernenden Anweisungen

Das Skript kann nun direkt über das Symbol EXECUTE (grüner Rechtspfeil links oben) oder die Tastenkombination STRG + UMSCHAFT + E ausgeführt werden.

Im Management Studio finden Sie die neue Assembly sowie die Funktion hallo im Objekt-Explorer. Rufen wir die neue Funktion wie eine mit Transact-SQL erstellte Funktion auf, erhalten wir als Ergebnis den eingegebenen Text.

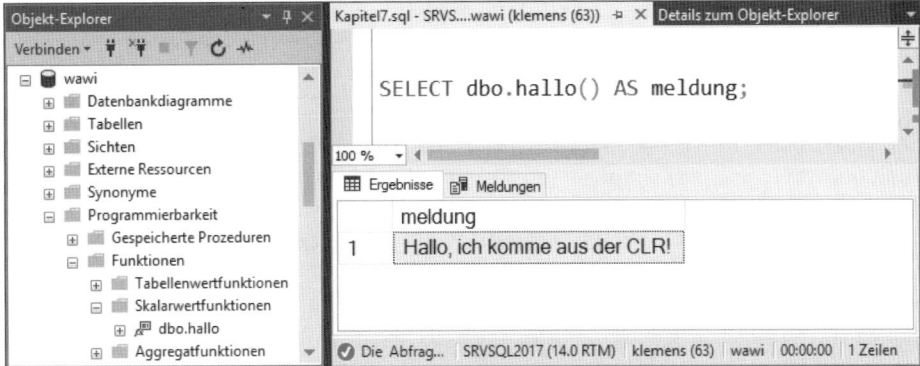

Bild 7.12 CLR-Funktion im Management Studio ausführen

Ungewohnt für uns ist, dass wir die Funktion auch direkt im Visual Studio ausführen können. Dazu führen Sie im Kontextmenü des SQL Server-Objekt-Explorers den Befehl FUNKTION AUSFÜHREN... aus. Es wird damit ein neues SQL-Skript mit den in Bild 7.13 angezeigten Anweisungen erzeugt und sofort ausgeführt. Da das Management Studio ja die Shell des Visual Studio verwendet, sieht dies alles sehr ähnlich aus. Im Detail jedoch gibt es doch Unterschiede. Sei es die etwas andere Optik – auch wenn die optischen Unterschiede im Vergleich zu früheren Versionen deutlich geringer geworden sind – oder dass ähnliche Anweisungen in den beiden Werkzeugen unterschiedliche Bezeichnungen tragen oder andere Tastaturkombinationen zum Ausführen benötigt werden.

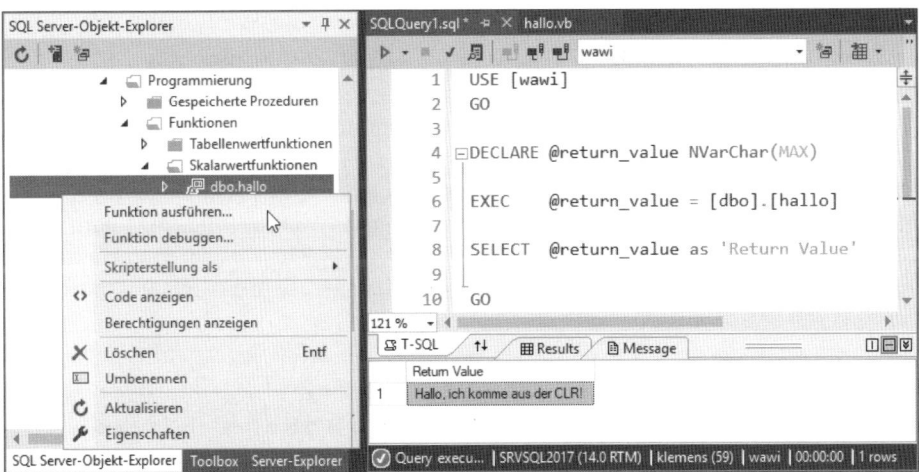

Bild 7.13 CLR-Funktion im Visual Studio ausführen

Im Rest des Kapitels werde ich folgende einheitliche Vorgansweise wählen: Entwickeln des Codes mit dem Visual Studio und Ausführen des fertigen Codes im SQL Server Management Studio.

Wenden wir uns nun einem weiteren Beispiel zu. Die neue Funktion soll zum Umformatieren von Importdaten dienen. Für dieses Beispiel ziehe ich eine Funktion heran, die ich in früheren SQL Server-Versionen bereits mit Transact-SQL realisiert habe. Dieses Beispiel ist für die Umsetzung mit .NET prädestiniert, da hier nur String-Operationen vorgenommen werden und nicht auf Daten zugegriffen werden muss.

Die Ausgangssituation für dieses Beispiel ist folgende: Aus einer SAP-Anwendung werden periodisch Daten in eine Textdatei exportiert, die anschließend in die SQL Server-Datenbank importiert und dort verarbeitet werden. Bei diesem Export werden Zahlen mit einem Tausendertrennpunkt und negative Zahlen mit einem nachgestellten Minuszeichen in die Textdatei geschrieben. Als Kommatrennzeichen wird das Komma und nicht der Punkt verwendet. Ein Wert könnte zum Beispiel so aussehen: 4.299,50-

Ein einfaches Konvertieren dieses Textes in eine Zahl ist so nicht möglich. Die Verwendung einer CLR-Funktion ermöglicht jedoch ein sauberes Konvertieren dieses Wertes in eine Zahl auf dem SQL Server.

Für die korrekte Konvertierung in einen Wert vom Datentyp *money* schreiben wir nun eine .NET-benutzerdefinierte Funktion.

Wir gehen im Visual Studio wie oben beschrieben vor, um eine neue Funktion anzulegen.

 ACHTUNG! Legen Sie bitte für jede Funktion ein eigenes Fenster an. Ergänzen Sie nie manuell eine zweite Funktion in einem bestehenden Fenster. Beim Veröffentlichen berücksichtigt das Visual Studio nur eine Funktion je Fenster, nämlich die erste. Auch wenn auf mehrere Fenster verteilt, sind dennoch alle Funktionen in der Klasse UserDefinedFunctions enthalten. Über den Zusatz Partial bei der Klassendefinition wird eine Klasse auf mehrere Fenster aufgeteilt.

In der Funktionszeile ergänzen wir einen Aufrufparameter für die Funktion. Dieser muss, da an der Schnittstelle zwischen SQL Server und .NET platziert, von einem SQL-Datentyp sein. Auch der Rückgabewert der Funktion wird von dem standardmäßig angebotenen Datentyp für dieses Beispiel auf *SqlMoney* geändert. Für die Bearbeitung innerhalb der Funktion wird der beim Aufruf übergebene Wert in einen .NET-Datentyp konvertiert. Danach erfolgt die Bearbeitung. Ein eventuell vorhandenes Minuszeichen wird nach vorne gestellt, Tausendertrennpunkte werden entfernt und das Ergebnis in eine Zahl konvertiert. Nach der Konvertierung in den entsprechenden SQL-Datentyp wird das Ergebnis mit Return zurückgegeben.

```
Partial Public Class UserDefinedFunctions
    <Microsoft.SqlServer.Server.SqlFunction()> _
    Public Shared Function fn_neg_zahl(ByVal sql_wert As SqlString) As SqlMoney
        Dim betrag As Decimal
        Dim sql_betrag As SqlMoney
        Dim wert As String = sql_wert.ToString

        If wert.Substring(1, 1) = "-" Then
            wert = "-" & wert.Replace("-", "")
        End If
        wert = wert.Replace(".", "")
        betrag = Convert.ToDecimal(wert)
        sql_betrag = CType(betrag, SqlMoney)
        Return sql_betrag
```

```
      End Function
End Class
```

 Sie finden alle Codebeispiele bei den Beispieldateien zum Buch. Manchmal können aufgrund ihrer Länge die Codezeilen nicht in einer Zeile im Buch dargestellt werden und Leerzeilen entfallen aus Platzgründen. Falls dies zu Unklarheiten beim Lesen führen sollte, nehmen Sie bitte den originalen Beispielcode in der jeweiligen Datei zu Hilfe. ▪

Wieder veröffentlichen wir das Ergebnis auf dem SQL Server und rufen die Funktion direkt in einem Abfrageeditor-Fenster auf. Damit wir die Verbindung zur Datenbank nicht erneut festlegen müssen, können wir auf das zuvor gespeicherte Profil zurückgreifen. Über die Schaltfläche *Profil laden...* können Sie auf die Datei mit der Erweiterung *publish* zugreifen.

```
SELECT dbo.fn_neg_zahl('2.412,70-') AS betrag;
```

liefert:

```
betrag
--------------------
-2412,70
(1 Zeile(n) betroffen)
```

 HINWEIS: So wie bei mit Transact-SQL programmierten benutzerdefinierten Funktionen muss beim Aufruf der Schemaname (zum Beispiel dbo) stets mit angegeben werden. (Informationen zum Thema Schema finden Sie in Kapitel 10.) Andernfalls erhalten Sie eine Fehlermeldung.

```
Meldung 195, Ebene 15, Status 10, Zeile 1
'fn_neg_zahl' wird nicht als Funktionsname erkannt.
```
▪

Ein weiteres Beispiel möchte ich Ihnen an dieser Stelle für die Verwendung von *Regular Expressions* zeigen. Regular Expressions werden in den verschiedensten Programmiersprachen für die Überprüfung von Zeichenfolgen nach gültigen Mustern verwendet. Mit einer CLR-Funktion können diese dann auch in SQL-Anweisungen verwendet werden. Wir erstellen im nächsten Schritt eine Funktion, mit deren Hilfe die Gültigkeit von E-Mail-Adressen überprüft werden kann. In .NET ist dazu nur ganz wenig Programmcode vonnöten, daher bietet sich eine Umsetzung als .NET-Funktion geradezu an. Legen wir dazu wieder eine neue Funktion in unserem Projekt an und ergänzen wir einen Verweis auf die für Regular Expressions zuständige Klasse.

```
Imports System.Text.RegularExpressions
```

Der Beispielcode zeigt, wie einfach so eine Aufgabe mit .NET gelöst werden kann. Den Prüfstring für eine E-Mail-Adresse finden Sie leicht im Internet. Ich habe den Ausdruck

`^[a-zA-Z0-9._%+-]+@[a-zA-Z0-9.-]+\.[a-zA-Z]{2,4}$` von der Seite *http://www. regular-expressions.info/email.html* übernommen.

Wir übergeben unserer Prozedur fn_mail_ok die E-Mail-Adresse als *SqlString*. Diesen konvertieren wir gleich einmal in einen normalen String. Danach erzeugen wir ein neues Regex-Objekt mit dem angeführten Ausdruck. Mit der Methode IsMatch prüfen wir, ob die übergebene Adresse dem Ausdruck entspricht.

```
Partial Public Class UserDefinedFunctions
    <Microsoft.SqlServer.Server.SqlFunction()> _
    Public Shared Function fn_mail_ok(ByVal email As SqlString) As SqlBoolean
        Dim mailadresse As String = email.ToString
        Dim mailexpr As Regex = New Regex("^[a-zA-Z0-9._%+-]+@[a-zA-
                                           Z0-9.-]+\.[a-zA-Z]{2,4}$")
        Dim ok As Boolean = mailexpr.IsMatch(mailadresse)
        Return New SqlBoolean(ok)
    End Function
End Class
```

Veröffentlichen Sie das Projekt wieder, um die neue Funktion auf dem SQL Server zu testen.

HINWEIS: Wenn Sie das beschriebene Veröffentlichen des Visual Studio nutzen, müssen Sie vor dem Einspielen von Erweiterungen und Änderungen die alten Funktionen und Assemblys nicht manuell löschen. Dies wird automatisch erledigt, was uns viel Arbeit erspart.

```
SELECT dbo.fn_mail_ok('klemens@konopasek.at') AS email_gueltig;
```

liefert:

```
email_gueltig
-------------
1
```

Folgende Varianten liefern alle 0 als Ergebnis, da es sich nicht um gültige E-Mail-Adressen handelt.

```
SELECT dbo.fn_mail_ok('klemens@kono#pasek.at') AS email_gueltig;
SELECT dbo.fn_mail_ok('klemens@kono.pasek') AS email_gueltig;
SELECT dbo.fn_mail_ok('klämens@konopasek.at') AS email_gueltig;
SELECT dbo.fn_mail_ok('kle#mens@konopasek.at') AS email_gueltig;
SELECT dbo.fn_mail_ok('kle?mens@konopasek.at') AS email_gueltig;
```

■ 7.4 .NET Stored Procedures

Nach den benutzerdefinierten Funktionen wenden wir uns nun den .NET-gespeicherten Prozeduren zu. Auch für diese gilt in Bezug auf ihren Einsatzbereich und ihre Verwendung das bisher Gesagte.

Als Beispiel setzen wir die Lagerbuchungsprozedur, die wir im vorigen Kapitel mit Transact-SQL erstellt haben, mit .NET um. Sollte Ihnen das Beispiel und die damit verbundene Aufgabenstellung nicht mehr ganz geläufig sein, so lesen Sie bitte nochmals in Kapitel 6 nach.

Die Erstellung einer Prozedur im Visual Studio gleicht der Erstellung einer Funktion. Die Ergebnisrückgabe können wir wie von Transact-SQL gewohnt auf drei Arten realisieren.

- *Return*: Rückgabe eines einzigen skalaren Wertes
- *Output-Parameter*: Rückgabe eines oder mehrerer skalarer Werte
- *Datenzeilen*: Eine oder mehrere Zeilen mit einer oder mehreren Spalten, analog zu einer SELECT-Anweisung in einer Transact-SQL-Prozedur

Wir werden im Folgenden alle drei Varianten vergleichend behandeln.

 HINWEIS: Das Visual Studio erstellt für eine Prozedur innerhalb der Klasse *StoredProcedures* eine SUB. Soll das Ergebnis mittels Return zurückgegeben werden, müssen Sie daraus eine FUNCTION machen. ■

7.4.1 Datenzugriff aus der CLR heraus

In unserem Lagerbuchungs-Beispiel greifen wir lesend und schreibend auf Daten der Datenbank zu. Diese Zugriffe geschehen wie in .NET üblich über ADO.NET. Hier gibt es keine entscheidenden Unterschiede. Lediglich einige spezifische Erweiterungen wurden für die SQL Server-Integration vorgenommen.

SqlContext

Die Klasse *SqlContext* stellt Funktionalitäten zur Verfügung, die sich auf den Kontext der bereits aktiven SQL Server-Session beziehen. Dies wird in der Regel bereits beim Erstellen einer Connection von Bedeutung sein. Selbstverständlich können Sie aus einer Prozedur heraus eine Connection zur Datenquelle wie mit ADO.NET gewohnt erstellen. Wenn man aber davon ausgeht, dass ein Benutzer, der eine gespeicherte Prozedur startet, sich bereits am Server angemeldet hat, wird man keine zweite Anmeldung mit womöglich einem anderen Anmeldenamen für die Prozedur verwenden wollen. Die Prozedur soll mit dem Anmeldekontext des aktuellen Benutzers auf Daten zugreifen.

Dazu erstellen Sie auf folgende Weise eine Connection mit dem *SqlContext*:

```
Dim dbcon As New SqlConnection("context connection=true")
dbcon.Open()
```

Lesezugriffe

Für Lesezugriffe aus einer Prozedur heraus verwenden Sie üblicherweise einen *SqlData-Reader*, den Sie mithilfe eines *SqlCommand* befüllen. Die Zeilen eines solchen Readers lesen Sie mit der Methode *Read* aus.

Schreibzugriffe

Um auf Daten schreibend zuzugreifen, nutzen Sie die Möglichkeiten, die ADO.NET Ihnen bietet. Typischerweise werden Sie einen *SqlCommand* einsetzen, den Sie mit der Methode *ExecuteNonQuery* ausführen.

7.4.2 Prozeduren mit Werterückgabe

Widmen wir uns nun der Prozedur mit dem Lagerbuchungs-Beispiel. Da ein Schreibzugriff auf die Tabelle *lagerstand* benötigt wird, wird eine *Connection* auf Basis von *SqlContext* erstellt. Ein *SqlCommand* wird mit einer UPDATE-Anweisung erstellt, um den Lagerstand anzupassen. Liefert dieses Update kein Ergebnis, kann dies daran liegen, dass der Artikel erstmals auf dieses Lager gebucht wird. Daher wird in diesem Fall ein Einfügen versucht, indem dem *SqlCommand* ein neuer *CommandText* zugewiesen wird. Dieser enthält eine INSERT-Anweisung. Sie wird ausgeführt. Da diese Anweisung zu einem Fehler führt, falls eine ungültige Artikelnummer oder Lagernummer betroffen ist, wird dies innerhalb eines TRY-CATCH-Blocks erledigt.

Die Prozedur liefert demzufolge folgende Ergebnisse: 1, wenn die Buchung erfolgreich gewesen ist, und -1, wenn dies nicht der Fall ist. In den nachfolgenden Codebeispielen werden wir herausarbeiten, wie die zuvor beschriebenen Arten der Rückgabe dieses Ergebnisses zu handhaben sind.

Return

Die erste Variante liefert das Ergebnis mit Return zurück. Wie bereits erwähnt, muss bei dem im Visual Studio erstellten Basiscode der Typ von Sub auf Function geändert werden. Auch der Rückgabetyp mit SqlInt32 wird ergänzt, ebenso wie die Aufrufparameter für die Übergabe der Artikel- und Lagernummer sowie der zu buchenden Menge.

```
Partial Public Class StoredProcedures
    <Microsoft.SqlServer.Server.SqlProcedure()> _
    Public Shared Function sp_lagerbuchung_clr_return(ByVal artikel As SqlInt32,
                          ByVal lager As SqlByte, ByVal stk As SqlInt32) As SqlInt32
        Dim str_sql As String
        Dim cmd As SqlCommand
        Dim anzahl As Int32
        Dim dbcon As New SqlConnection("context connection=true")
```

```
            dbcon.Open()
            str_sql = "UPDATE dbo.lagerstand SET menge = menge + @stk
                        WHERE artnr = @artikel AND lagnr = @lager;"
            cmd = New SqlCommand(str_sql, dbcon)
            cmd.Parameters.AddWithValue("@artikel", artikel)
            cmd.Parameters.AddWithValue("@lager", lager)
            cmd.Parameters.AddWithValue("@stk", stk)
            anzahl = cmd.ExecuteNonQuery()
            If anzahl = 0 Then
                Try
                    str_sql = "INSERT INTO dbo.lagerstand (artnr, lagnr,
                                menge) VALUES (@artikel, @lager, @stk);"
                    cmd.CommandText = str_sql
                    anzahl = cmd.ExecuteNonQuery()
                Catch ex As Exception
                    anzahl = -1
                End Try
            End If
            cmd.Dispose()
            Return New SqlInt32(anzahl)
        End Function
End Class
```

Am Ende der Prozedur wird das Ergebnis mit der Anweisung – analog zu einer Funktion – mit Return zurückgegeben. Dabei wird das Ergebnis in einen SQL-Datentyp konvertiert.

Nachdem die Prozedur in der Datenbank veröffentlicht worden ist, rufen Sie sie exakt wie eine Transact-SQL-Prozedur im Management Studio auf. (Vergleichen Sie hierzu auch das vorhergehende Kapitel.)

Das mit Return gelieferte Ergebnis wird beim Aufruf einer Transact-SQL-Variablen zugewiesen, indem diese dem Prozedurnamen vorangestellt wird. Danach wird der Variableninhalt mit SELECT ausgegeben.

```
DECLARE @ok int;
EXEC @ok = dbo.sp_lagerbuchung_clr_return 1234, 2, 50;
SELECT @ok AS Ergebnis;
```

liefert:

```
Ergebnis
--------------------
1
```

Testen Sie das Ergebnis bitte auch mit anderen Aufrufwerten. Verwenden Sie dabei auch ungültige Artikel- oder Lagerwerte.

 HINWEIS: Die gespeicherte Prozedur wird vom Visual Studio in der Datenbank mit dem Namen angelegt, den Sie für die .NET-Prozedur im Visual Studio vergeben haben. Dieser ist daher auch für den Aufruf der fertigen gespeicherten Prozedur zu verwenden.

```
Public Shared Function sp_lagerbuchung_clr_return(...)
```

Sie können den Namen allerdings im Management Studio ändern oder die betreffende Prozedur skripten und mit einem anderen Namen erstellen. Entscheidend ist der Name der Prozedur in der Assembly, nicht der in der Datenbank vergebene. Beim Veröffentlichen aus dem Visual Studio wird aber automatisch derselbe Name vergeben. Dasselbe gilt für die Namen der Parameter. Achten Sie aber immer darauf, dass die Reihenfolge und die Datentypen von Parametern beim Erstellen der Prozedur unverändert bleiben müssen.

Der originale Aufruf zum Erstellen der Prozedur sieht so aus (die nicht benötigten eckigen Klammern habe ich für eine bessere Lesbarkeit nach dem Skripten entfernt):

```
CREATE PROCEDURE dbo.sp_lagerbuchung_clr_return
    @artikel int,
    @lager tinyint,
    @stk int
WITH EXECUTE AS CALLER
AS
EXTERNAL NAME wawi_basis_2017.[wawi_basis_2017.StoredProcedures].sp_lagerbuchung_clr_
return;
```

Alternativ könnte die Prozedur zum Beispiel auch so erzeugt werden:

```
CREATE PROCEDURE dbo.sp_buchen
    @artnr int,
    @lagnr tinyint,
    @menge int
WITH EXECUTE AS CALLER
AS
EXTERNAL NAME wawi_basis_2017.[wawi_basis_2017.StoredProcedures].sp_lagerbuchung_clr_
return;
```

Theoretisch können Sie auch beide Varianten parallel verwenden, aber ob das wirklich Sinn macht, sei dahingestellt.

Output-Parameter und Referenzvariablen

Für das gleiche Beispiel verwenden wir nun Output-Parameter. Bei dieser Variante behalten wir die vom Visual Studio vorgeschlagene Sub bei. Da ein Output-Parameter in Transact-SQL dasselbe ist wie eine in Visual Basic per Referenz übergebene Variable, wird ein solcher Übergabeparameter zu den schon verwendeten Parametern ergänzt. Die Variable anzahl wird ByRef übergeben. Da der Inhalt des Parameters automatisch am Ende der Prozedur der aufrufenden Stelle zur Verfügung steht, ist keine gesonderte Ergebnisrückgabe mehr notwendig.

```
Public Shared Sub sp_lagerbuchung_clr_output(ByVal artikel As SqlInt32, ByVal lager
As SqlByte, ByVal stk As SqlInt32, ByRef anzahl As SqlInt32)
    Dim str_sql As String
    Dim cmd As SqlCommand
    Dim dbcon As New SqlConnection("context connection=true")
    dbcon.Open()
    str_sql = "UPDATE dbo.lagerstand SET menge = menge + @stk
               WHERE artnr = @artikel AND lagnr = @lager;"
    cmd = New SqlCommand(str_sql, dbcon)
    cmd.Parameters.AddWithValue("@artikel", artikel)
    cmd.Parameters.AddWithValue("@lager", lager)
```

```
    cmd.Parameters.AddWithValue("@stk", stk)
    anzahl = cmd.ExecuteNonQuery()
    If anzahl = 0 Then
        Try
            str_sql = "INSERT INTO dbo.lagerstand (artnr, lagnr, menge)
                        VALUES (@artikel, @lager, @stk);"
            cmd.CommandText = str_sql
            anzahl = cmd.ExecuteNonQuery()
        Catch ex As Exception
            anzahl = -1
        End Try
    End If
    cmd.Dispose()
End Sub
```

Der Aufruf der in der Datenbank bereitgestellten Prozedur erfolgt im Management Studio durch Übergabe eines Output-Parameters.

```
DECLARE @ok int;
EXEC dbo.sp_lagerbuchung_clr_output 12345, 3, -5, @ok OUTPUT;
SELECT @ok AS Ergebnis;
```

Tabellarisches Ergebnis

Die Ausgabe eines Ergebnisses in Tabellenform wird über das Objekt *Pipe* der *SqlContext*-Klasse realisiert. Über dieses kann wahlweise ein einfacher Text oder ein tabellarisches Ergebnis aus einzelnen Zeilen zurückgegeben werden.

Um einen einfachen Text auszugeben, verwenden Sie die Methode Send mit dem gewünschten Text. Dazu müssen Sie die Prozedur mit der Anweisung SqlContext.Pipe.Send beenden.

```
            ...
            End Try
        End If
        cmd.Dispose()
        SqlContext.Pipe.Send(anzahl.ToString)
    End Sub
End Class
```

Dieser Text wird im Management Studio allerdings nicht in Form einer Tabelle ausgegeben, sondern entspricht der Verwendung der Anweisung PRINT in Transact-SQL. Da diese Form der Ausgabe in der Praxis eher für Debugging-Informationen genutzt wird, wollen wir im nächsten Beispiel ein Ergebnis in Tabellenform erzeugen.

Dafür wird die Methode *SendResultsRow* anstelle der einfachen *Send*-Methode der Pipe verwendet. Mit dieser Methode wird über ein Objekt des Typs *SqlDataRecord* an der Aufrufstelle eine Zeile ausgegeben. Die Struktur des *SqlDataRecord* wird über ein *SqlMetaData*-Objekt definiert.

In unserem Beispiel enthält die Struktur nur eine Spalte, nämlich die Spalte *ergebnis* mit einem Wert vom Datentyp Integer.

Das Ergebnis, das vorerst in der Variablen *anzahl* zwischengespeichert wird, wird mit der Methode *SetValue* in das *SqlDataRecord* geschrieben. Die 0 im Beispiel steht dabei für die erste (und einzige) Spalte. Die Ausgabe erfolgt in drei Schritten:

- SendResultsStart: Mit dieser Methode wird die Ausgabe initialisiert. Dabei wird bereits ein *SqlDataRecord*-Objekt übergeben, um die Struktur für die Ausgabe bekannt zu geben. Dies ist quasi die Überschrift der Tabelle in Form der Spaltennamen.

- SendResultsRow: Das Senden der Daten erfolgt zeilenweise. Bei einem mehrzeiligen Ergebnis wird diese Methode für jede einzelne auszugebende Zeile angewendet.

- SendResultsEnd: Dies bildet den Abschluss und wird ohne Parameter aufgerufen.

```
Public Shared Sub sp_lagerbuchung_clr_select(ByVal artikel As SqlInt32, ByVal lager
As SqlByte, ByVal stk As SqlInt32)
    Dim str_sql As String
    Dim anzahl As Int32
    Dim cmd As SqlCommand
    Dim dbcon As New SqlConnection("context connection=true")
    Dim ergebnis As New SqlMetaData("Ergebnis", SqlDbType.Int)
    Dim zeile As New SqlDataRecord(ergebnis)
    dbcon.Open()
    str_sql = "UPDATE dbo.lagerstand SET menge = menge + @stk
              WHERE artnr = @artikel AND lagnr = @lager;"
    cmd = New SqlCommand(str_sql, dbcon)
    ...
    cmd.Dispose()
    zeile.SetValue(0, anzahl)
    SqlContext.Pipe.SendResultsStart(zeile)
    SqlContext.Pipe.SendResultsRow(zeile)
    SqlContext.Pipe.SendResultsEnd()
End Sub
```

Der Aufruf im Management Studio erfolgt auf folgende Weise:

```
EXEC dbo.sp_lagerbuchung_clr_select 1234, 2, 10
```

liefert:

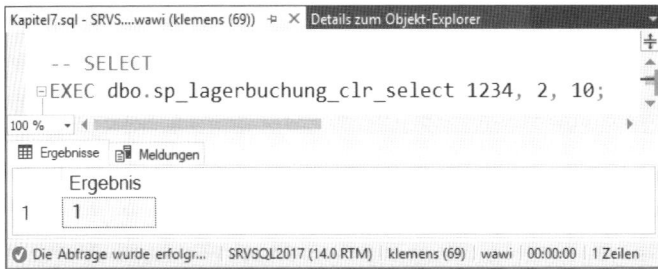

Bild 7.14 Tabellarisches Ergebnis aus CLR heraus

Lässt sich eigentlich auch über die CLR eine Version erstellen, die das Ergebnis wahlweise über einen Output-Parameter oder über SELECT zurückgibt, so wie wir es schon in Kapitel 6 mit Transact-SQL mit der Prozedur *sp_lagerbuchung_kombi* umgesetzt haben?

Was wir dazu benötigen, sind optionale Parameter mit Standardwerten, damit sie wahlweise beim Aufruf nicht mit übergeben werden müssen. Zur Erinnerung: Wir haben den Output-Parameter über den Standardwert optional gemacht, damit er nicht übergeben werden muss und beim Aufruf auch weggelassen werden darf. Über den ebenso optionalen Parameter @select wird gesteuert, ob das Ergebnis am Ende der Prozedur auch über SELECT ausgegeben wird.

```
CREATE PROCEDURE dbo.sp_lagerbuchung_kombi
    @artikel int,
    @lager tinyint,
    @stk int,
    @ok bit = NULL OUTPUT,    -- optional!
    @select bit = 0           -- optional!
AS
BEGIN
...
    IF @select = 1
        SELECT @ok AS ergebnis;
END;
```

Bauen wir diesen Prozedurheader für eine CLR-Prozedur nach, müssen wir für eine Prozedur mit dem Namen *sp_lagerbuchung_clr_kombi* bei den beiden letzten Parametern Optional voranstellen. Akzeptiert werden lediglich konstante Werte als Standardwerte, daher weisen wir hier Nothing zu. Die direkten Pendants DBNull.Value und True/False werden leider hier nicht als konstante Werte akzeptiert und führen beim Kompilieren zu Fehlern. Außerdem können wir *select*, da es sich um ein reserviertes Wort handelt, nicht als Parametername verwenden und setzen daher *zeilenausgabe* ein.

```
Public Shared Sub sp_lagerbuchung_clr_kombi(ByVal artikel As SqlInt32, ByVal lager As
SqlByte, ByVal stk As SqlInt32, Optional ByRef anzahl As SqlInt32 = Nothing, Optional
ByVal zeilenausgabe As SqlBoolean = Nothing)
```

Verwenden wir als Basis den Code der Prozedur *sp_lagerbuchung_clr_select*, müssen folgende Änderungen an diesem Code vorgenommen werden:

- Da die Variable *anzahl* nun als Output-Parameter verwendet wird, entfällt deren Deklaration im Programmcode:

  ```
  Dim anzahl As Int32
  ```

- Da *zeilenausgabe* noch mit Nothing vorbelegt ist, muss der gewünschte Standardwert mit True oder False im Code gesetzt werden.

  ```
  If zeilenausgabe = Nothing Then
    zeilenausgabe = False
  End If
  ```

- Die Ausgabe über den SqlContext muss an die Bedingung geknüpft werden, dass die Ausgabe erfolgen soll:

  ```
  If zeilenausgabe = True Then
    zeile.SetValue(0, anzahl)
    SqlContext.Pipe.SendResultsStart(zeile)
  ```

```
SqlContext.Pipe.SendResultsRow(zeile)
SqlContext.Pipe.SendResultsEnd()
End If
```

Deployen wir diese Prozedur in die Datenbank, kommt beim Aufruf der Prozedur die Ernüchterung. Eine Fehlermeldung wird ausgegeben, wenn einer der beiden vermeintlich optionalen Parameter nicht mit übergeben wird.

Skripten wir diesen Wrapper über das Management Studio oder betrachten wir das Veröffentlichungsskript, wird sofort klar, woran dies liegt. Die Standardwerte werden nicht in den Transact-SQL-Wrapper mit übernommen.

```
CREATE PROCEDURE [dbo].[sp_lagerbuchung_clr_kombi]
    @artikel [int],
    @lager [tinyint],
    @stk [int],
    @anzahl [int] OUTPUT,
    @zeilenausgabe [bit]
WITH EXECUTE AS CALLER
AS
EXTERNAL NAME [wawi_basis_2017].[wawi_basis_2017.StoredProcedures].[sp_lagerbuchung_
clr_kombi]
```

Also löschen wir die Prozedur und erstellen sie manuell mit den nötigen Ergänzungen neu. Wir können für den CLR-Parameter @zeilenausgabe nun auch alternativ wieder @select vergeben.

```
DROP PROCEDURE dbo.sp_lagerbuchung_clr_kombi;
GO
CREATE PROCEDURE dbo.sp_lagerbuchung_clr_kombi
    @artikel int,
    @lager tinyint,
    @stk int,
    @anzahl int = NULL OUTPUT,
    @select bit = 0
WITH EXECUTE AS CALLER
AS
EXTERNAL NAME wawi_basis_2017.[wawi_basis_2017.StoredProcedures].sp_lagerbuchung_clr_
kombi;
```

Danach werden analog zum T-SQL-Vorbild beide Aufrufarten unterstützt:

```
DECLARE @ok int
EXEC dbo.sp_lagerbuchung_clr_kombi 1234, 3, -5, @ok OUTPUT;
SELECT @ok AS Ergebnis;
```

oder

```
EXEC dbo.sp_lagerbuchung_clr_kombi 1234, 3, -5, @select = 1;
```

Da die Standardwerte über den T-SQL-Wrapper definiert werden, kann die Definition in der CLR-Prozedur entfallen und der Code ein wenig rückgebaut werden. Die Optionalität sowie die Standardwerte können entfallen:

```
Public Shared Sub sp_lagerbuchung_clr_kombi(ByVal artikel As SqlInt32, ByVal lager As
SqlByte, ByVal stk As SqlInt32, ByRef anzahl As SqlInt32, ByVal zeilenausgabe As
SqlBoolean)
```

Zusätzlich kann der Code zum Ersetzen des Nothing-Wertes für den Parameter *zeilenausgabe* entfallen, da dieser nun keinen Nutzen mehr bringt.

7.4.3 Zugriff auf externe Daten

Ein großes Plus der .NET-Integration ist die Fähigkeit, auf externe Daten zuzugreifen. Dadurch ergeben sich Möglichkeiten, die über T-SQL nur sehr schwierig oder überhaupt nicht realisiert werden können.

Durch die Integration stehen alle Features, die .NET bietet, auch aus der Datenbank heraus zur Verfügung. Die reicht von Dateizugriffen, Mailversand bis hin zur Bearbeitung von Grafikdateien.

Berechtigung bei Zugriffen auf externe Ressourcen

Werden CLR-Prozeduren für den Zugriff auf externe Ressourcen genutzt, kommt es dabei immer auf die Berechtigungen des Dienstkontos an, mit dem der SQL Server-Dienst gestartet worden ist. CLR-Code wird immer im Sicherheitskontext des SQL Server-Dienstkontos ausgeführt. Daher ist bei einem Einsatz von CLR-Code mit externem Zugriff Folgendes zu berücksichtigen:

- Da das Dienstkonto des SQL Server-Dienstes beim Zugriff auf externe Ressourcen verwendet wird, kann der Zugriff nur auf lokale Ressourcen des Servers erfolgen, wenn der Server-Dienst mit dem Standardkonto gestartet wird. Diesem lokalen Systemkonto können keine Berechtigungen für externe Ressourcen zugewiesen werden.

- Um auf Ressourcen auf anderen Rechnern zugreifen zu können, ist es notwendig, dass der Server-Dienst mit einem Domänenkonto gestartet wird, dem die entsprechenden Berechtigungen zugewiesen werden (können).

- Beim Ausführen von .NET-Prozeduren mit externem Zugriff sind die Berechtigungen der ausführenden Person nicht relevant. Lediglich die Berechtigung, die Prozedur auszuführen, muss auf dem SQL Server erteilt worden sein.

- Es ist nicht möglich, mit unterschiedlichen Konten und Berechtigungen bei externen Zugriffen zu operieren. Eine Differenzierung bei den Berechtigungen ist hier leider nicht möglich, da alle Zugriffe mit ein und demselben Windows-Konto erfolgen.

Beachten Sie diese Einschränkungen beziehungsweise Voraussetzungen, wenn Sie den Einsatz von Prozeduren mit externen Ressourcen planen.

 HINWEIS: Das Dienstkonto des SQL Server-Dienstes können Sie über den SQL Server-Konfigurations-Manager einstellen. Beachten Sie allerdings, dass die hier vorgenommene Einstellung weiterreichende Konsequenzen haben kann. Wie Sie Berechtigungen für das Ausführen von Prozeduren vergeben, lesen Sie in Kapitel 10.

Die Klasse System.IO

Für den Zugriff auf das Dateisystem stellt das .NET Framework die Klasse *System.IO* zur Verfügung. Diese bietet alle für einen Dateizugriff notwendigen Objekte und Methoden an. Die Objekte *File* und *Directory* werden für das Bearbeiten von Verzeichnissen und Dateien verwendet. Informationen verschiedenster Art können über die Objekte *FileInfo* und *DirectoryInfo* gesammelt werden.

Da wegen des Zugriffs auf das Dateisystem spezielle Einstellungen benötigt werden, legen wir dafür ein neues Projekt an. Ich habe es *wawi_extern_2017* genannt. Im nachfolgenden Beispiel wird der gespeicherten Prozedur sp_ordnerinhalt ein Pfad übergeben. Die Prozedur liest alle Dateinamen und Ordner aus diesem Verzeichnis aus und gibt sie in Form einer Tabelle zurück. In der ersten Variante werden wir uns auf die Dateien beschränken.

Nach der Deklaration eines *DirectoryInfo*-Objekts und eines *FileInfo*-Objekts wird geprüft, ob der Ordner existiert. Ist dies der Fall, werden in einer For Each-Schleife die Namen aller Dateien ausgelesen. Diese werden wie im vorigen Beispiel über eine Pipe ausgegeben.

```
Partial Public Class StoredProcedures
    <Microsoft.SqlServer.Server.SqlProcedure()> _
    Public Shared Sub sp_ordnerinhalt(ByVal pfad As SqlString)
        Dim dateien As New SqlMetaData("objektname", SqlDbType.NVarChar, 255)
        Dim zeile As New SqlDataRecord(dateien)
        Dim ordner As New System.IO.DirectoryInfo(pfad.ToString)
        Dim datei As System.IO.FileInfo
        SqlContext.Pipe.SendResultsStart(zeile)
        If ordner.Exists Then
            For Each datei In ordner.GetFiles()
                zeile.SetValue(0, datei.Name)
                SqlContext.Pipe.SendResultsRow(zeile)
            Next
        End If
        SqlContext.Pipe.SendResultsEnd()
    End Sub
End Class
```

 HINWEIS: SendResultsStart() und SendResultsEnd() werden in diesem Beispiel auch dann ausgeführt, wenn es den Ordner gar nicht gibt. Damit ist der Fall ausgeschlossen, dass von der Prozedur gar kein Ergebnis geliefert wird. Wartet ein Programm, das diese Prozedur aufruft, auf ein Ergebnis, bekommt aber nichts geliefert, führt dies unter Umständen zu einem Programmfehler.

Wir können die Prozedur nun wie im vorigen Abschnitt auch veröffentlichen, müssen dabei wieder darauf achten, dass dabei die TRUSTWORTHY-Einstellung für die Datenbank nicht deaktiviert wird.

Führen wir diese Funktion nun im Management Studio aus, erhalten wir folgende Fehlermeldung:

```
EXEC dbo.sp_ordnerinhalt 'c:\windows';
```

liefert:

```
Nachricht 6522, Stufe 16, Status 1, Prozedur dbo.sp_ordnerinhalt, Zeile 0
[Batchstartzeile 252]
.NET Framework-Fehler beim Ausführen der benutzerdefinierten Routine oder des
benutzerdefinierten Aggregats "sp_ordnerinhalt":
System.Security.SecurityException: Fehler bei der Anforderung des Berechtigungstyps
"System.Security.Permissions.FileIOPermission, mscorlib, Version=4.0.0.0,
Culture=neutral, PublicKeyToken=b77a5c561934e089". ...
```

Was wir noch tun müssen, um diese Prozedur zum Laufen zu bringen, erfahren Sie im folgenden Abschnitt.

Externe Berechtigungen

Damit die Prozedur ausgeführt werden kann, muss das Permission Set (Berechtigungsebene) jener Assembly, die diese Prozedur enthält, auf EXTERNAL_ACCESS gesetzt sein. Diese Einstellung kann bereits in den SSDT beim Anlegen der Assembly im SQL Server oder auch nachträglich erfolgen.

Im Visual Studio/SSDT:

- Auf der Seite *SQL CLR* bei den Projekteinstellungen kann die Berechtigungsebene des Projekts von der Standardeinstellung *SAFE* auf *EXTERNAL_ACCESS* geändert werden.

Bild 7.15 Berechtigungsstufe für die Assembly in SSDT einstellen

Im Management Studio des SQL Servers:

- Sie können den Berechtigungssatz über die Eigenschaften der Assembly, zu dem Sie über das Kontextmenü im Objekt-Explorer gelangen, ebenfalls einstellen.

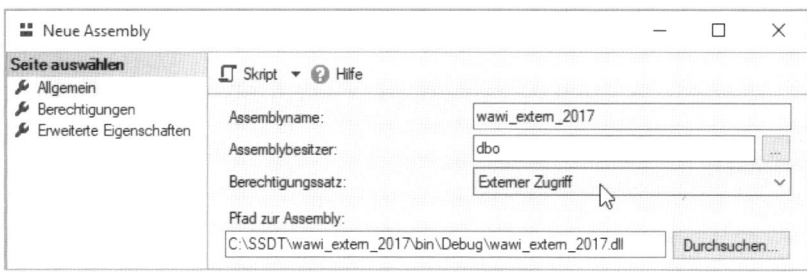

Bild 7.16 Assemblyeigenschaften einstellen: Berechtigungssatz

■ Das Gleiche können Sie auch über die Anweisung ALTER ASSEMBLY erledigen.

```
ALTER ASSEMBLY wawi_extern_2017
WITH PERMISSION_SET = EXTERNAL_ACCESS;
```

■ Falls Sie die Assembly nicht über die SSDT veröffentlichen, können Sie den Berechtigungssatz bereits beim „Hereinladen" der Assembly in die Datenbank bestimmen.

Bild 7.17 Eine neue Assembly mit externem Zugriff anlegen

■ Auch diese Anweisung können Sie direkt in einem Abfrageeditor-Fenster vornehmen:

```
CREATE ASSEMBLY wawi_extern_2017
AUTHORIZATION dbo
FROM 'D:\sql_clr\wawi_extern_2017.dll'
WITH PERMISSION_SET = EXTERNAL_ACCESS;
```

HINWEIS: Für SQL Server-Versionen vor 2017 benötigen Sie für externen Zugriff auch jene Einstellungen, die wir mit dem SQL Server 2017 aufgrund der neuen Sicherheitseinstellungen für alle Assemblys vorgenommen haben. Die Option TRUSTWORTHY muss auf ON gestellt sein und der Datenbankeigentümer (Login) muss entweder Mitglied der Rolle *sysadmin* sein oder die Berechtigung EXTERNAL ACCESS ASSEMBLY besitzen. Letzteres können Sie mit folgender Anweisung erledigen, nachdem Sie TRUSTWORTHY aktiviert haben:

```
ALTER DATABASE wawi SET TRUSTWORTHY ON;
GRANT EXTERNAL ACCESS ASSEMBLY TO loginname;
```

Nun können wir die Assembly beziehungsweise die Prozedur einspielen und testen!

```
EXEC dbo.sp_ordnerinhalt 'c:\windows';
```

liefert:

```
objektname
------------------------------
bfsvc.exe
bootstat.dat
DtcInstall.log
explorer.exe
HelpPane.exe
...
```

 PRAXISTIPP: In der Praxis ist es sinnvoll, Prozeduren aus Sicherheitsgründen in Assemblys mit der passenden Berechtigungsebene zusammenzufassen. Daher habe ich die bisherigen Beispiele auf die beiden Projekte/Assemblys *wawi_basis_2017* und *wawi_extern_2017* verteilt. ∎

 HINWEIS: Sogar wenn Sie eine Assembly im Visual Studio vor der Veröffentlichung mit den Einstellungen EXTERNAL_ACCESS oder UNSAFE versehen, enthält das generierte Veröffentlichungsskript weiterhin die Anweisung, um TRUSTWORTHY zu deaktivieren. Dadurch kommt es bei diesen Berechtigungsstufen nicht nur beim SQL Server 2017 zu Problemen. Also editieren Sie das generierte Skript weiterhin, bevor Sie es ausführen, solange Sie nicht eine der alternativen Methoden implementiert haben, die wir am Ende des Kapitels kennenlernen werden. ∎

Tabellen mit mehreren Spalten zurückliefern

Bevor wir uns einem weiteren Thema widmen, möchte ich das letzte Beispiel nun noch inhaltlich ausbauen und mit dem Namen *sp_ordnerinhalt2* erstellen:

- Es sollen nicht nur enthaltene Dateien, sondern auch Unterordner ausgegeben werden.
- Bei Dateien soll die Dateigröße ebenso im Ergebnis angeführt werden.

Damit ein derartiges Ergebnis sinnvoll ist, muss das tabellarische Ergebnis mehrere Spalten enthalten. Eine zweite Spalte muss für die Dateigröße vorgesehen werden, eine dritte zur Unterscheidung zwischen Dateien und Unterordnern.

In der bisherigen Form haben wir die Zeile zur Aufnahme der Daten in der .NET-Prozedur mit folgenden Anweisungen deklariert. Damit besteht diese aus einer einzelnen Spalte.

```
Dim dateien As New SqlMetaData("objektname", SqlDbType.NVarChar, 255)
Dim zeile As New SqlDataRecord(dateien)
```

Im erweiterten Beispiel benötigen wir drei Spalten, daher müssen wir für jede dieser Spalten eine separate Spaltendefinition mit SqlMetaData vorsehen. Ich gebe diesen Variablen die Namen *spalte1* bis *spalte3*.

```
Dim spalte1 As New SqlMetaData("objektname", SqlDbType.NVarChar, 255)
Dim spalte2 As New SqlMetaData("groesse", SqlDbType.Int)
Dim spalte3 As New SqlMetaData("ist_ordner", SqlDbType.Bit)
```

Mit diesen drei Spalten muss ein Array gebildet werden, um damit den Zeilenaufbau zu definieren. Daher unterscheidet sich diese Anweisung ein wenig von der Form, wenn nur eine Spalte verwendet wird.

```
Dim zeile As New SqlDataRecord(New SqlMetaData() {spalte1, spalte2, spalte3})
```

Bevor eine Zeile über die Methode SendResultsRow zurückgegeben wird, müssen nun alle drei Spalten mit der Angabe ihres Spaltenindexes, beginnend mit 0, befüllt werden. Da bei Dateien in der dritten Spalte, die im Beispiel den Namen *ist_ordner* trägt, immer False eingetragen wird, erfolgt dies einmalig vor der Schleife. Innerhalb der Schleife werden für alle Dateien die Dateinamen in die erste Spalte (*objektname* mit Spaltenindex 0) und in der zweiten Spalte (*groesse* mit Spaltenindex 1) die Dateigröße in Bytes eingetragen. Da der implizite Cast bei manchen Datentypen nicht unterstützt wird und zu einem Laufzeitfehler führen würde, erfolgt ein expliziter Cast mit CType in den jeweiligen SQL-Datentyp.

Bevor in der zweiten Schleife die Namen der Unterordner in die erste Spalte eingetragen werden, werden die zweite und dritte Spalte fix vorbelegt. Da sie für alle Unterordner immer denselben Wert aufweisen, ist dies so effizienter. Sie Spalte *groesse* bleibt für alle Unterordner leer (DBNull.Value), die Spalte *ist_ordner* bekommt als fixen Inhalt True.

```
SqlContext.Pipe.SendResultsStart(zeile)
If ordner.Exists Then
    'Dateien
    zeile.SetValue(2, CType(False, SqlBoolean))
    For Each datei In ordner.GetFiles()
        zeile.SetValue(0, datei.Name)
        zeile.SetValue(1, CType(datei.Length, SqlInt32))
        SqlContext.Pipe.SendResultsRow(zeile)
    Next
    'Unterordner
    zeile.SetValue(1, DBNull.Value)
    zeile.SetValue(2, CType(True, SqlBoolean))
    For Each subordner In ordner.GetDirectories
        zeile.SetValue(0, subordner.Name)
        SqlContext.Pipe.SendResultsRow(zeile)
    Next
End If
SqlContext.Pipe.SendResultsEnd()
```

Veröffentlichen Sie die neue Prozedur, können wir die Inhalte aus einem Ordner nun mit den Unterordnern ausgeben.

```
EXEC dbo.sp_ordnerinhalt2 'c:\windows';
```

liefert:

```
objektname                groesse     ist_ordner
------------------------- ----------- ----------
bfsvc.exe                 61440       0
bootstat.dat              67584       0
DtcInstall.log            4056        0
explorer.exe              4674872     0
...
ADFS                      NULL        1
appcompat                 NULL        1
AppPatch                  NULL        1
AppReadiness              NULL        1
assembly                  NULL        1
...
```

 PRAXISTIPP: Wenn Sie das von einer Prozedur gelieferte Ergebnis weiterbearbeiten möchten, fügen Sie es zum Beispiel in eine temporäre Tabelle ein. Danach können Sie das Ergebnis filtern, Berechnungen ausführen und vieles mehr. ∎

Erzeugen Sie dazu eine temporäre Tabelle, deren Struktur dem Ergebnis der Prozedur entspricht. Wichtig ist, dass die Anzahl der Spalten und der Datentypen passt, die Namen der Spalten ist hierbei nicht relevant.

```
CREATE TABLE #ordnerinhalt
(  objektname nvarchar(255),
   groesse int,
   ist_ordner bit
);
```

Verwenden Sie den Prozeduraufruf in einer INSERT-Anweisung anstelle einer VALUES-Klausel beziehungsweise eines SELECT-Statements, um das von der Prozedur gelieferte Ergebnis in die Tabelle einzutragen.

```
INSERT INTO #ordnerinhalt (objektname, groesse, ist_ordner)
EXEC dbo.sp_ordnerinhalt2 'c:\windows';
```

Danach verwenden Sie die Daten in jeglicher erdenklicher Form über ein entsprechendes SELECT-Statement. Auch die Verwendung in einem Cursor ist beispielsweise möglich. In der nachfolgenden Anweisung verwende ich beispielhaft eine Filterung, einen Berechnungsausdruck und eine Sortierung.

```
SELECT objektname,
       FORMAT(groesse / 1024, '#,##0 KB', 'de-de') AS dateigroesse,
       ist_ordner
FROM #ordnerinhalt WHERE objektname LIKE 'e%'
ORDER BY groesse, objektname;
```

liefert (zum Beispiel):

```
objektname              dateigroesse        ist_ordner
--------------------    ----------------    ----------
ELAMBKUP                NULL                1
en-US                   NULL                1
explorer.exe            4.565 KB            0
```

 HINWEIS: Sie finden im Projekt, das den Beispieldateien zu diesem Kapitel beiliegt, noch eine dritte Variante der Prozedur mit dem Namen *sp_ordnerinhalt2*. Über zwei weitere Parameter kann bei dieser Version festgelegt werden, ob die Prozedur nur Unterordner, nur Dateien oder beides auslesen soll. Im Beispielskript finden Sie die Anweisungen, die diese Parameter in der T-SQL-Wrapperprozedur optional machen sowie Beispielaufrufe. Welche der beiden Parameter Sie mit dem Standardwert *True* oder *False* belegen, können Sie dabei für sich noch variieren.

 ACHTUNG! Beachten Sie beim Aufruf dieser Prozeduren, das eingangs zu diesem Abschnitt über Berechtigungen Geschriebene. CLR-Code wird im Kontext des SQL Server-Dienstkontos ausgeführt. Wird also zum Beispiel ein Netzwerkpfad beim Prozeduraufruf übergeben, ist es von diesem Konto abhängig, ob wir ein Ergebnis bekommen. Fehlende Berechtigungen führen aber nicht – wie vielleicht zu erwarten – zu einem Laufzeitfehler, sondern sie liefern hier lediglich ein leeres Ergebnis.

```
EXEC dbo.sp_ordnerinhalt2 '\\meinserver\projekte\hanser\sql2017';
```

■ 7.5 .NET-Trigger

Nach den gespeicherten Prozeduren und den benutzerdefinierten Funktionen gelangen wir nun noch zum Dritten im Bunde, den .NET-Triggern. Auch diese entsprechen in der Logik und dem Einsatzbereich den mit Transact-SQL programmierten Pendants.

Folgende wichtige Funktionalitäten bietet Ihnen auch ein .NET-Trigger:

- Der Zugriff auf die internen Tabellen *Inserted* und *Deleted*, um auf die Daten des auslösenden Trigger-Ereignisses zuzugreifen, besteht. Dazu verwenden Sie einen *SqlDataReader*.
- Beenden der Transaktion, um den Schreibvorgang zu unterbinden: Mit *Transaction.Current.Rollback()* rollen Sie die aktuelle Transaktion zurück.
- Zugriff auf die geänderten Spalten und das auslösende Ereignis: Über den *TriggerContext* des *SqlContext* liefert die Eigenschaft *ColumnsUpdated* ein Array mit den geänderten Spalten. Die Eigenschaft *TriggerAction* liefert Auskunft darüber, welcher Vorgang einen Trig-

ger ausgelöst hat. Diese Information wird oft in Triggern benötigt, die für mehrere Ereignisse feuern.

Um die speziellen Einsatzmöglichkeiten eines .NET-Triggers gegenüber einem konventionellen Trigger herauszustreichen, verwenden wir ein Beispiel, für das der Zugriff auf externe Dateien notwendig ist. Dies wäre mit einem klassischen Trigger direkt nicht möglich.

Wir stellen uns vor, wir haben eine Webapplikation, über die Kunden Dateien für uns auf unseren Webserver heraufladen können. Aus Sicherheitsgründen dürfen diese Dateien nur in einem lokalen Verzeichnis auf dem Webserver landen, der in der demilitarisierten Zone (DMZ) unseres Netzwerks steht. Vom Webserver aus sind keine Zugriffe auf das interne Netzwerk möglich. Lediglich der Zugriff auf den Datenbankserver über den Port 1433 ist freigeschaltet. Die Webapplikation hat also keine Möglichkeit, die heraufgeladene Datei in den Kundenordner auf dem internen Fileserver zu verschieben. Außerdem müsste dort der Ordner, dessen Name aus der Kundennummer und dem aktuellen Datum besteht, noch angelegt werden.

Die Lösung zu dieser Aufgabenstellung liefert ein .NET-Trigger. Der Upload-Vorgang muss ohnehin in der Datenbank registriert werden. Sonst erfährt ja kein Mitarbeiter etwas von dieser Datei. Ein für diese Tabelle definierter Trigger übernimmt diese Aufgabe. Damit Sie das Beispiel auch bei sich nachstellen können, ohne dafür eine DMZ mit Webserver zu konfigurieren, wird im Beispiel die Datei nur von einem lokalen Pfad in einen anderen verschoben. Um das Beispiel überschaubar zu halten, werden der Herkunfts- und Zielpfad im Code fest eingetragen. In der Praxis würden diese aus der Datenbank ausgelesen werden.

Für das Beispiel wird die Tabelle *uploads* benötigt:

```
CREATE TABLE dbo.uploads
(  id int IDENTITY CONSTRAINT pk_uploads PRIMARY KEY,
   kunde int NOT NULL,
   datei nvarchar(100) NOT NULL,
   datum datetime2(0) NOT NULL CONSTRAINT df_uploads_datum DEFAULT SYSDATETIME(),
   CONSTRAINT fk_uploads_kunden FOREIGN KEY (kunde) REFERENCES dbo.kunden (kdnr)
);
```

Die *id* als Identität und das Datum über den Standardwert werden automatisch vergeben, es müssen nur die Kundennummer und der Dateiname erfasst werden.

Fügen Sie zum Projekt ein neues Element vom Typ *SQL CLR VB-Trigger* hinzu. Vergeben Sie für den neuen Trigger zum Beispiel den Namen *uploads_ins*.

In der Klasse *Triggers* referenzieren wir mit Imports... neben den klassischen fünf Referenzen auch die Namespaces *System.IO* und *System.Transactions*. Ersterer wird für den Dateizugriff, letzterer für das Beenden der Transaktion, falls die Datei nicht vorhanden ist, benötigt.

 ACHTUNG! Der Verweis auf *System.Transactions* ist bei SQL Server-Projekten standardmäßig nicht gesetzt. Setzen Sie diesen bei Bedarf in Ihrem Projekt, um ihn auch referenzieren zu können!

Verwenden Sie dazu den Befehl VERWEIS HINZUFÜGEN... im Kontextmenü für den Ordner *Verweise* im Projektmappen-Explorer. Setzen Sie einen Verweis auf diese Assembly. Sie ist in der Kategorie *Framework* zu finden.

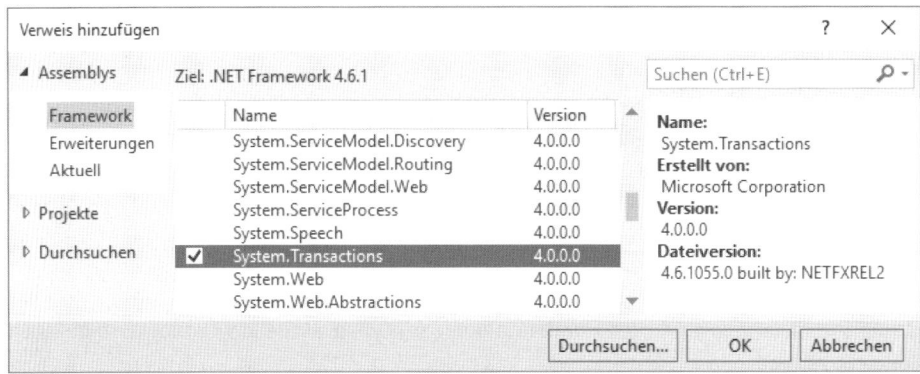

Bild 7.18 Verweis auf System.Transactions hinzufügen

In der Definitionszeile werden der Name des Triggers, der Name der Tabelle und das oder die auslösenden Ereignisse eingetragen. Dies ist als Kommentar schon vorgegeben.

Um auf die Tabelle *Inserted* zuzugreifen, werden ein *Connection*-, ein *SqlCommand*- und ein *SqlDataReader*-Objekt deklariert. Für die Verbindung wird auch hier der *SqlContext* verwendet. Existiert die im Datensatz angegebene Datei, wird im Zielordner der Unterordner, bestehend aus der Kundennummer und dem aktuellen Datum, erstellt, bevor die Datei dorthin verschoben wird. Da es bei der Methode File.Move keine Möglichkeit gibt, eine bestehende Datei zu überschreiben, wird die Datei mit der Methode File.Copy zuerst kopiert und danach mit der Methode File.Delete gelöscht. Der dritte Parameter der Copy-Methode (True) legt fest, dass eine vorhandene Datei überschrieben werden soll. Gibt es die zu verschiebende Datei nicht, wird die Transaktion zurückgerollt. Dies geschieht mit der Methode Rollback für die aktuelle Transaktion. Da dies nicht nur die Transaktion zurückrollt, sondern auch eine Exception wirft, wird diese über den Try-Catch-Block abgefangen.

```
Imports System
Imports System.Data
Imports System.Data.SqlClient
Imports System.Data.SqlTypes
Imports Microsoft.SqlServer.Server
Imports System.IO
Imports System.Transactions

Partial Public Class Triggers
    <Microsoft.SqlServer.Server.SqlTrigger(Name:="uploads_ins",
     Target:="uploads", Event:="FOR INSERT")> _
    Public Shared Sub uploads_ins()

        Dim datei As String, kunde As String
        Dim herkunft As String = "c:\inetpub\wwwroot\uploads\"
        Dim ziel As String = "d:\projekte\dateien\"
        Dim ordner As String = DateTime.Today.ToString("yyyy-MM-dd")
        Dim herkunft_voll As String, ziel_voll As String
```

```
        Dim cmd As SqlCommand
        Dim dbcon As New SqlConnection("context connection=true")
        Dim rdr As SqlDataReader
        Dim str_sql As String = "SELECT * FROM inserted;"

        dbcon.Open()
        cmd = New SqlCommand(str_sql, dbcon)
        rdr = cmd.ExecuteReader()

        While rdr.Read()
            datei = CType(rdr("Datei"), String)
            kunde = CType(rdr("Kunde"), String)
            herkunft_voll = herkunft & datei
            If File.Exists(herkunft_voll) Then
                ziel_voll = ziel & kunde & "\" & ordner
                If Not Directory.Exists(ziel_voll) Then
                    Directory.CreateDirectory(ziel_voll)
                End If
                ziel_voll = ziel_voll & "\" & datei
                File.Copy(herkunft_voll, ziel_voll, True)
                File.Delete(herkunft_voll)
            Else
                Try
                    Transaction.Current.Rollback()
                Catch ex As SqlException
                    '... nichts tun
                End Try
            End If
        End While

        rdr.Close()
        cmd.Dispose()
        'SqlContext.Pipe.Send(datei)
    End Sub
End Class
```

HINWEIS: Die letzte Zeile des Triggers ist auskommentiert. Ein Trigger kann zwar ein Ergebnis zurückliefern, dies macht aber außer für die Ausgabe von Debugging-Informationen keinen Sinn. Die verwendete Anweisung entspricht der Anweisung PRINT in einem T-SQL-Trigger.

Beim Versuch, den Trigger aus einem SSDT-Projekt heraus zu veröffentlichen, erhalten Sie bereits beim Erstellen der Projektmappe einen Fehler.

```
Fehler: SQL71501: "Trigger: [dbo].[uploads_ins]" enthält einen nicht aufgelösten
Verweis auf "Objekt [dbo].[uploads]
```

Dies hängt mit der Logik von SSDT-Projekten zusammen. Hier werden die Datenbankobjekte bereits beim Kompilieren, das heißt beim Erstellen der Projektmappe, geprüft. Ohne einen Verweis auf die Datenbank kann dieser aber nicht erfolgen. Bei Prozeduren spielt das zwar keine Rolle, aber bei Triggern ist dies von Bedeutung, da diese direkt mit Tabellen zusammenhängen. Die erhaltene Fehlermeldung besagt, dass der Verweis auf die im Trigger-Header angegebene Tabelle nicht möglich ist. Um dieses Problem zu beheben, haben Sie zwei Möglichkeiten:

- Richten wir einen Verweis auf unsere Datenbank ein. Dazu benötigen wir eine Datenebenenanwendung (dacpac-Datei), die die Datenbank beschreibt.

 HINWEIS: Details zu Datenebenenanwendungen lesen Sie im nachfolgenden Kapitel 8.

- Importieren Sie sich Ihre Datenbank in das Projekt.

An dieser Stelle zeige ich Ihnen die Variante mit der Datenebenenanwendung, die Importvariante sehen wir bei einem späteren Beispiel in diesem Kapitel.

Eine Datenebenenanwendung und damit die benötigte Datei mit der Erweiterung *dacpac* können Sie zum Beispiel direkt im Objekt-Explorer des SQL Server Management Studios erzeugen. Markieren Sie die Datenbank *wawi* und wählen Sie im Kontextmenü den Befehl TASKS/DATENEBENENANWENDUNG EXTRAHIEREN... oder TASKS/DATENSCHICHTANWENDUNGEN EXTRAHIEREN... aus. Hier ist bei der deutschen Übersetzung im Management Studio geschlampt worden. Je nach eingesetzter Version finden Sie einen der beiden Befehle.

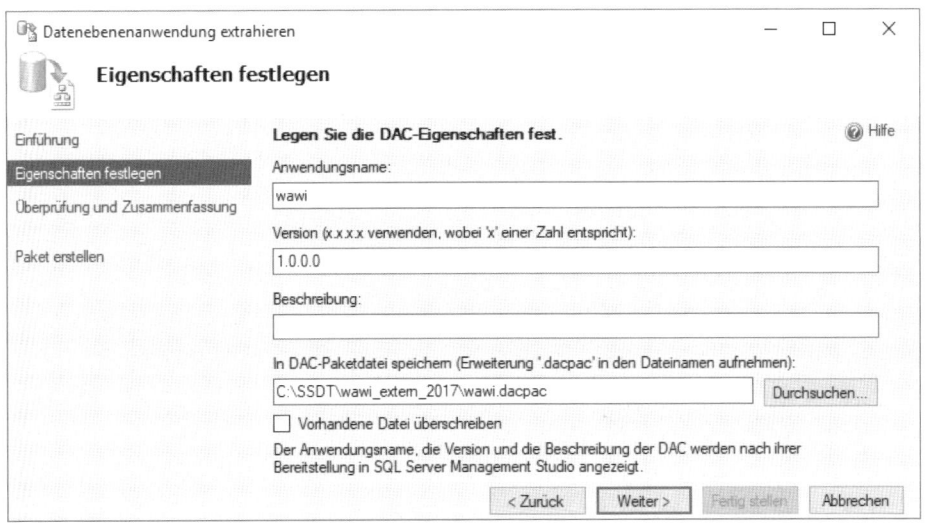

Bild 7.19 Datenebenenanwendung extrahieren

PRAXISTIPP: Manchmal schlägt das Erzeugen einer Datenebenenanwendung mit diversen Fehlermeldungen fehl. Das ist vor allem in der Situation lästig, wenn man, wie wir gerade eben, einen Trigger erzeugen möchte und sich nicht lange mit dem Beheben von Problemen, die das Extrahieren einer Datenebenenanwendung verhindern, aufhalten lassen möchte. In diesem Fall erzeugen wir einfach eine neue leere Datenbank, in der wir nur die gerade für den Trigger benötigten Tabellen erstellen. In unserem Beispiel könnte das eine Datenbank mit dem Namen *wawi_dacpac* sein, in der wir lediglich die beiden Tabellen *kunden* sowie *uploads* erstellen. Die dazu notwendigen Anweisungen finden Sie im Beispielskript des Kapitels. Nach dem Extrahieren der Datenebenenanwendung könnte diese Datenbank unmittelbar wieder gelöscht werden.

Wir haben nun eine Datei mit der Erweiterung *dacpac*, welche die benötigten Strukturinformationen der Zieldatenbank für den Trigger enthält. Um diese Daten in den SSDT zu referenzieren, wählen Sie den Ordner *Verweise* im Projektmappen-Explorer aus und führen den Befehl DATENBANKVERWEIS HINZUFÜGEN... im Kontextmenü aus. Wählen Sie die zuvor erzeugte *dacpac*-Datei aus. Als Datenbankort legen Sie im Dialog zum Beispiel *Dieselbe Datenbank* fest. Bild 7.20 zeigt sowohl den Dialog zum Einrichten des Datenbankverweises als auch die beiden angelegten Verweise im Projektmappen-Explorer.

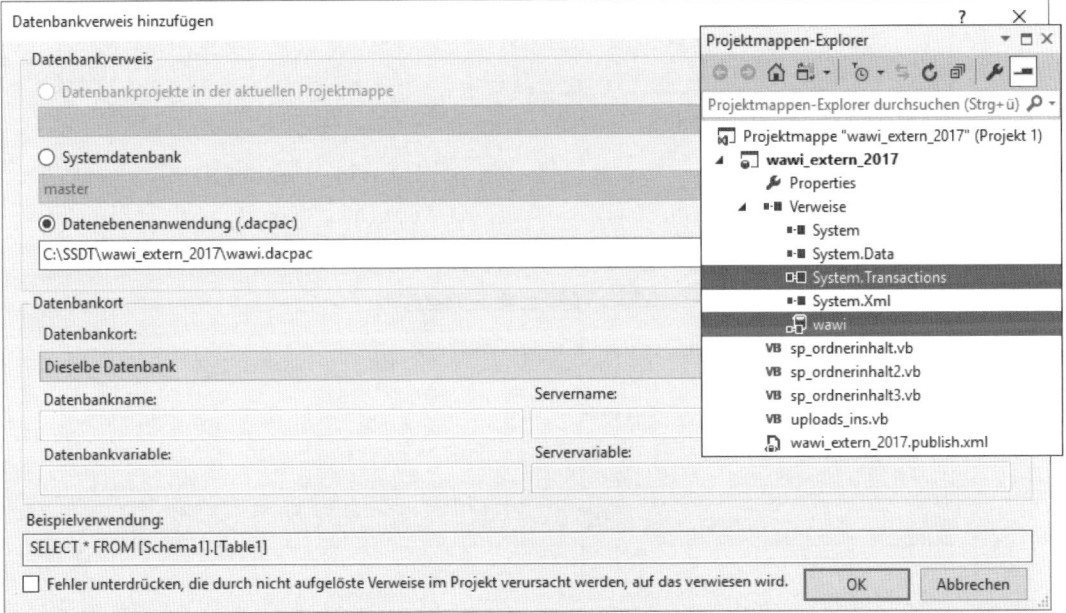

Bild 7.20 Datenbankverweis hinzufügen und angelegte Verweise

Veröffentlichen Sie das Projekt nun in der Datenbank wie gewohnt. Ist die Assembly noch nicht für externen Zugriff eingerichtet, erledigen Sie das nach dem Veröffentlichen noch direkt in der Datenbank.

```
ALTER ASSEMBLY wawi_extern_2017 WITH PERMISSION_SET = EXTERNAL_ACCESS;
```

 ACHTUNG! Wenn beim Erstellen der dacpac-Datei dieselbe Assembly in einer Vorversion in der Datenbank schon existiert, bekommen Sie mehrere Fehlermeldungen wegen nicht aufgelöster Verweise und schon existierender Objekte. Löschen Sie in diesem Fall die Assembly noch einmal aus der Datenbank *wawi*, bevor Sie die Datenebenenanwendung extrahieren, oder gehen Sie wie im vorangegangenen Tipp beschrieben mit einer neuen Datenbank vor.

Im Objekt-Explorer werden CLR-Trigger wie „normale" DML-Trigger dargestellt. Im Symbol deutet ein kleines Vorhängeschloss im rechten unteren Eck an, dass dieses Objekt im Management Studio direkt nicht bearbeitet werden kann. Dies ist bei allen CLR-Objekten so.

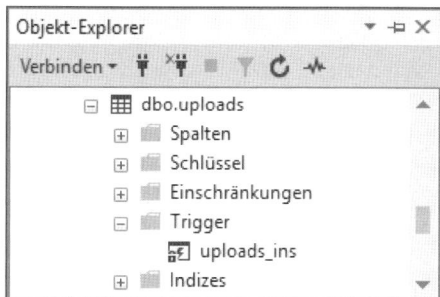

Bild 7.21 CLR-Trigger im Objekt-Explorer

Um den Trigger zu testen, passen Sie die Pfade zuvor an Ihre Gegebenheiten an und fügen dann neue Datensätze in die Tabelle *uploads* ein. Versuchen Sie auch, nicht vorhandene Dateien zu verwenden, um das ROLLBACK durch den Trigger zu testen.

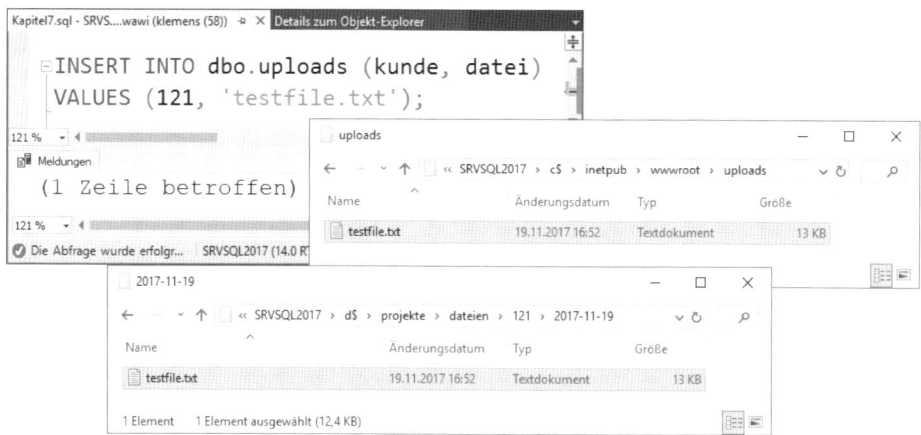

Bild 7.22 CLR-Trigger in Aktion

Arbeiten mit dem TriggerContext

Werden innerhalb des Triggercodes weitere Informationen über den Vorgang benötigt, können diese bei einem CLR-Trigger über den *TriggerContext* eruiert werden. Darunter fallen folgende Inhalte:

- Bei einem Trigger, der für mehrere Vorgänge festgelegt ist, ob es sich beim aktuellen Vorgang um ein INSERT, UPDATE oder DELETE handelt.

- Feststellen, welche Spalten von einem UPDATE betroffen sind, wie es bei einem klassischen T-SQL-Trigger über die Funktion UPDATED() geschieht.

Dazu erweitern wir den Trigger, sodass er auch für die Ereignisse UPDATE und DELETE feuert. Er soll demnach einerseits verhindern, dass ein bestehender Eintrag wieder gelöscht werden kann und andererseits eine nachträgliche Änderung von Dateiname oder Kundennummer nicht zulassen.

HINWEIS: Sie finden den kompletten angepassten Code des Triggers im SSDT-Projekt *wawi_extern_2017*. Ich beschränke mich in der nachfolgenden Betrachtung auf die Beschreibung der essentiellen Codeteile und werde daher nicht mehr den vollständigen Code anführen.

Den ursprünglichen Code der bisherigen Lösung finden Sie hier in auskommentierter Form, um ihn bei Bedarf in leserlicher Form besser nachvollziehen zu können.

Damit finden Sie den Code für beide Varianten im Projekt in vollständiger Form vor.

Im ersten Schritt zur Version 2 des Beispiels passen wir den Header an. Zum einen ergänzen wir beim Event die Ereignisse UPDATE und DELETE. Zusätzlich macht es Sinn, den Namen des Triggers von *uploads_ins* auf *uploads_ins_upd_del* zu ändern. Der Name der Sub (Public Shared Sub uploads_ins) sowie der Name der Datei im Projekt (*uploads_ins.vb*) müssen nicht unbedingt geändert werden.

```
<Microsoft.SqlServer.Server.SqlTrigger(Name:="uploads_ins_upd_del",
Target:="uploads", Event:="FOR INSERT, UPDATE, DELETE")>
```

Um festzustellen, um welchen Vorgang es sich gerade handelt, erstellen wir einen Verweis auf den TriggerContext.

```
Dim vorgang As SqlTriggerContext
vorgang = SqlContext.TriggerContext
```

Die Eigenschaft TriggerAction liefert den tatsächlichen Vorgang. Mögliche Ausprägungen dieser Eigenschaft liefert die gleichnamige Enumeration:

- TriggerAction.Insert entspricht dem Wert 1
- TriggerAction.Update entspricht dem Wert 2
- TriggerAction.Delete entspricht dem Wert 3

Handelt es sich um einen Löschvorgang, soll dieser ohne weitere Umschweife abgebrochen werden.

```
If vorgang.TriggerAction = TriggerAction.Delete Then          'DELETE
    Try
        Transaction.Current.Rollback()
    Catch ex As SqlException
        '... nichts tun
    End Try
```

Bei einem Updatevorgang sollen die von diesem Update betroffenen Spalten ausgelesen werden. Dazu muss, wie beim bisherigen Trigger schon, ein Reader verwendet werden, um auf die interne Triggertabelle INSERTED zuzugreifen. Dies ist notwendig, um die Namen der betroffenen Spalten zu eruieren.

Die Eigenschaft ColumnCount des TriggerContext liefert uns die Anzahl der enthaltenen Spalten.

```
ElseIf vorgang.TriggerAction = TriggerAction.Update Then        'UPDATE
    Dim spalten_anz As Integer = vorgang.ColumnCount - 1
    Dim aktuelle_spalte As Integer
    Dim abbruch As Boolean = False
    Dim spaltenname As String
```

Der Reader zum Auslesen der geänderten Daten wird analog zur ersten Triggervariante geöffnet und die erste Zeile eingelesen.

```
    dbcon.Open()
    cmd = New SqlCommand(str_sql, dbcon)
    rdr = cmd.ExecuteReader()
    rdr.Read()
```

Um festzustellen, welche Spalte geändert worden ist, ist die erste Zeile ausreichend. Weitere werden gar nicht mehr benötigt. In einer Schleife werden nun alle Spalten durchlaufen und über die Eigenschaft IsUpdatedColumn geprüft, ob diese Spalte geändert ist. Dazu wird der Spaltenindex verwendet. Nur wenn es sich um eine geänderte Spalte handelt, wird deren Name mit der Methode GetName des Readers ermittelt. Gehört der Name zu den beiden, die einen Abbruch bewirken sollen, wird die Variable *abbruch* auf Wahr gesetzt, die Schleife verlassen und der Reader geschlossen.

```
    For aktuelle_spalte = 0 To spalten_anz
        'Ist diese Spalte geändert?
        If vorgang.IsUpdatedColumn(aktuelle_spalte) Then
            spaltenname = rdr.GetName(aktuelle_spalte)
            If spaltenname = "kunde" Or spaltenname = "datei" Then
                abbruch = True
                Exit For
            End If
        End If
    Next
    rdr.Close()
    cmd.Dispose()
```

Wenn die Variable *abbruch* zuvor auf `True` gesetzt worden ist, kommt es zum Zurückrollen der Transaktion.

```
If abbruch Then
    Try
        Transaction.Current.Rollback()
    Catch ex As SqlException
        '... nichts tun
    End Try
End If
```

Bei einem Update wird der bereits aus der ersten Version bekannte Code verwendet.

Im Beispielskript zum Kapitel finden Sie die entsprechenden Anweisungen, um noch einmal alle Varianten des Codes zu testen. Spielen Sie diese Varianten zum Abschluss des Beispiels noch einmal durch.

■ 7.6 User-Defined Aggregates (UDA)

Das Erstellen von eigenen Aggregatfunktionen ist durch die .NET-Integration ebenfalls möglich. Diese sind wie andere Aggregatfunktionen in SQL-Anweisungen alleine oder in Kombination mit einer GROUP BY-Klausel einsetzbar. So sind ganz neue Lösungen realisierbar.

Die am meisten vermisste Aggregatfunktion ist in der Vergangenheit diejenige gewesen, die Werte innerhalb der Gruppe zu einem String mit einem Zeichen getrennt aneinanderfügt. Mit dem SQL Server 2017 ist diese endlich eingeführt worden: `STRING_AGG()`

Bei meinen Kunden sind aber noch jede Menge SQL Server der Versionen 2008 R2, 2012, 2014 und 2016 im Einsatz, nd werden es teilweise auch noch länger bleiben. Bei denen ist diese Aggregatfunktion nicht verfügbar, kann aber über ein User-Defined Aggregat jederzeit problemlos nachgerüstet werden.

In der Tabelle *kundeninteressen* unserer Beispieldatenbank *wawi* finden wir die Kundennummern und Interessenkürzel. Nachfolgend ist ein Auszug der Daten dieser Tabelle zu sehen.

```
kdnr         intcode
-----------  -------
100          BAU
100          HWE
101          KUE
102          HWE
102          KUE
103          HUG
104          HUG
104          KUE
104          SPO
...
```

In der nachfolgenden Ergebnisdarstellung sehen Sie die Kundennummern gruppiert und die einzelnen Interessen zu einem mit Semikolon oder Komma getrennten String zusammengefügt. Diese Darstellung ist unser Ziel.

```
kdnr        interessen
----------  ---------------
100         BAU,HWE
101         KUE
102         HWE,KUE
103         HUG
104         HUG,KUE,SPO
...
```

Ab dem SQL Server 2017 können Sie dieses Ergebnis mit der neuen Aggregatfunktion STRING_AGG() erzielen. Neben dem zu aggregierenden Text übergeben Sie mit dem zweiten Parameter das gewünschte Trennzeichen.

```
SELECT kdnr, STRING_AGG(intcode, ',') AS interessen
FROM dbo.kundeninteressen
GROUP BY kdnr
ORDER BY kdnr;
```

Für andere SQL Server-Versionen greifen wir auf ein benutzerdefiniertes Aggregat zurück, um dieselbe Funktionalität zu erzielen.

Eine solche Aggregatfunktion besteht aus vier Teilen. Die dazu benötigte Grundstruktur stellt das Visual Studio nach dem Hinzufügen eines *Aggregats* bereit:

- **Init**: In diesem Abschnitt wird die Variable, in der danach das Ergebnis aufgebaut wird, initialisiert und auf ihren Startwert gesetzt. Im nachfolgenden Beispiel wird die Variable *ergebnis* initialisiert.

- **Accumulate**: Beim Gruppieren werden alle in der Gruppe enthaltenen Details durchlaufen und jeder Wert in das Gesamtergebnis eingearbeitet. In unserem Beispiel wird für jede in der Gruppe enthaltene Zeile ein neuer Wert mit Semikolon getrennt an das bisherige Ergebnis angehängt. Der Zeilenwert wird der Prozedur als *value*-Parameter übergeben.

- **Merge**: Der Merge-Abschnitt wird nur intern für den Abfrage-Prozessor benötigt. Dieser kann den Vorgang in mehreren Teilschritten abarbeiten. Daher wird das gesamte bisherige Ergebnis angefügt, um so zum Gesamtergebnis zu kommen.

- **Terminate**: Der Abschluss wird von diesem Teil gebildet. Das generierte Ergebnis wird verarbeitet und in die richtige Form gebracht, bevor es an die aufrufende Anweisung zurückgegeben wird. In unserem Beispiel wird das erste Semikolon am Beginn des Rückgabestrings abgeschnitten.

Da Eigenschaften einer Aggregatfunktion nicht unerheblichen Einfluss auf die Arbeit des Abfrage-Optimierers haben, müssen Sie dem Server verschiedene Informationen über das selbst erstellte Aggregat geben. Über die Standard-Aggregatfunktionen weiß das System ja Bescheid. Aber es kann die Arbeitsweise Ihres Aggregats nicht kennen. Tragen Sie folgende Informationen in den Header des Aggregats ein:

- **Format**: Gibt die Art der Serialisierung der Daten an.

- **IsInvariantToNulls**: Dieser Wert teilt dem Server mit, ob das Aggregat NULL-Werte so wie die meisten Standard-Aggregatfunktionen ignoriert. Dies tut beispielsweise die Funktion *SUM()*. Da wir in unserem Beispiel NULL-Werte ignorieren, wird diese Eigenschaft auf *True* gesetzt. Im Accumulate-Teil finden Sie im Code die Bedingung vor, dass nur Werte, die nicht NULL sind, an den Ergebnisstring angefügt werden.

- **IsInvariantToDuplicates**: Diese Eigenschaft teilt dem Server mit, ob Duplikate das Ergebnis verändern. *True* für diese Eigenschaft bedeutet, dass Duplikate das Ergebnis nicht verändern, so wie dies bei *MIN()* und *MAX()* der Fall ist. Wir verwenden in unserem Beispiel *False*, weil Duplikate ins Ergebnis mit eingehen und es daher beeinflussen.

- **IsInvariantToOrder**: Diese Eigenschaft teilt dem Server mit, ob eine Sortierung der Daten für das Ergebnis von Bedeutung ist. Setzen Sie diese Eigenschaft auf *True*, wenn eine Sortierung das Ergebnis nicht verändert, so wie es auch bei den internen Aggregatfunktionen der Fall ist. So ist für *COUNT()* zum Beispiel die Reihenfolge irrelevant. Außerdem erspart sich der Server eine vorherige Sortierung, wenn Sie ihm auf diesem Wege mitteilen, dass Sie eine solche nicht benötigen.

- **IsNullIfEmpty**: Wird dieser Wert auf *True* gesetzt, teilen Sie dem Server damit mit, dass das Aggregat sogleich NULL zurückgibt, wenn es keine Werte zu aggregieren gibt. In diesem Fall spart sich der Server den Aufruf der Prozedur für diese Gruppe, wenn es gar keine Werte gibt. In der Regel wird diese Eigenschaft auf *True* gesetzt werden.

- **MaxByteSize**: Die Größe des Buffers für die zu aggregierenden Daten wird über diese letzte Eigenschaft festgelegt. Der maximale Wert, der hier vergeben werden kann, ist 8000. Liefert die Aggregatfunktion ein diesen Wert übersteigendes Ergebnis – zum Beispiel einen zu langen Text – erzeugt dies einen Fehler.

> **HINWEIS:** Achten Sie bitte darauf, dass die vorgenommenen Einstellungen die Realität widerspiegeln, damit Sie die optimale Performance für die Ausführung des Aggregats erzielen.

Beim Hinzufügen eines neuen Aggregats in den SSDT wird die Basis dieser komplexen Struktur wie erwartet bereits vorgegeben. Damit ist das Grundgerüst gegeben, was das Programmieren eines Aggregats natürlich erleichtert.

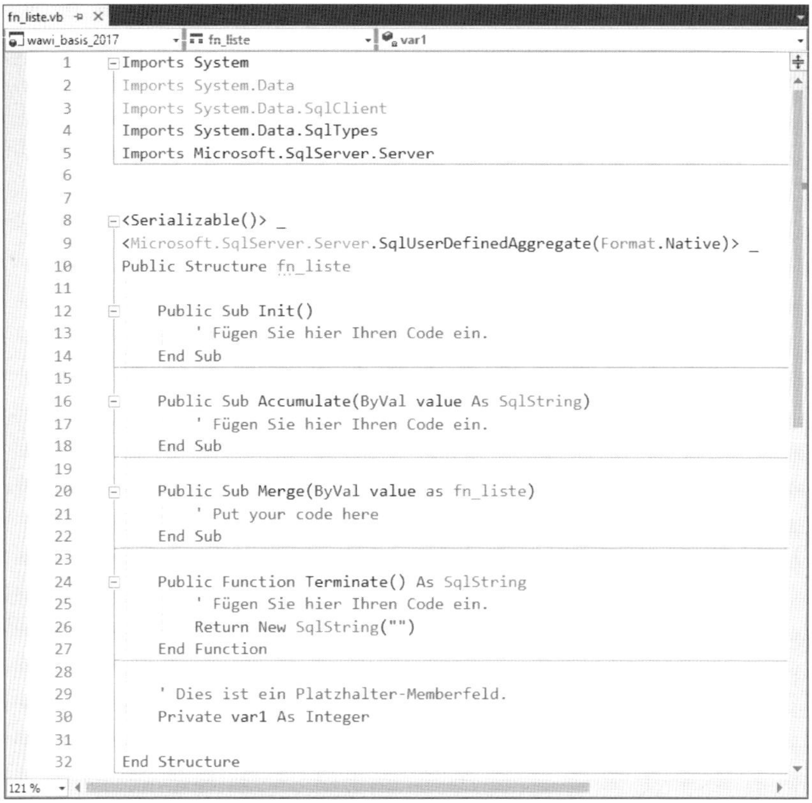

```
fn_liste.vb
wawi_basis_2017    fn_liste    var1
Imports System
Imports System.Data
Imports System.Data.SqlClient
Imports System.Data.SqlTypes
Imports Microsoft.SqlServer.Server


<Serializable()> _
<Microsoft.SqlServer.Server.SqlUserDefinedAggregate(Format.Native)> _
Public Structure fn_liste

    Public Sub Init()
        ' Fügen Sie hier Ihren Code ein.
    End Sub

    Public Sub Accumulate(ByVal value As SqlString)
        ' Fügen Sie hier Ihren Code ein.
    End Sub

    Public Sub Merge(ByVal value as fn_liste)
        ' Put your code here
    End Sub

    Public Function Terminate() As SqlString
        ' Fügen Sie hier Ihren Code ein.
        Return New SqlString("")
    End Function

    ' Dies ist ein Platzhalter-Memberfeld.
    Private var1 As Integer

End Structure
121 %
```

Bild 7.23 Grundgerüst für ein Aggregat

Da für dieses Beispiel kein externer Zugriff vonnöten ist, fügen wir dieses Beispiel wieder in das Projekt *wawi_basis_2017* ein.

```
Imports System.IO

<Serializable()> _
<Microsoft.SqlServer.Server.SqlUserDefinedAggregate(Format.UserDefined,
IsInvariantToNulls:=True, IsInvariantToDuplicates:= False, IsInvariantToOrder:=True,
IsNullIfEmpty:=True, MaxByteSize:=8000)> _
Public Structure fn_liste
    Implements IBinarySerialize
    Private ergebnis As System.Text.StringBuilder

    Public Sub Init()
        ergebnis = New System.Text.StringBuilder
    End Sub

    Public Sub Accumulate(ByVal value As SqlString)
        If Not value.IsNull Then
            ergebnis.Append("," & value.ToString)
        End If
    End Sub
```

```
      Public Sub Merge(ByVal value As fn_liste)
          ergebnis.Append(value.ergebnis)
      End Sub

      Public Function Terminate() As SqlString
          If ergebnis.ToString.Length = 0 Then
              Return SqlString.Null
          Else
              Dim zwi_ergebnis As String
              zwi_ergebnis = ergebnis.ToString
              zwi_ergebnis = zwi_ergebnis.Substring(1)
              Return New SqlString(zwi_ergebnis)
          End If
      End Function

      Public Sub Read(ByVal r As BinaryReader) Implements IBinarySerialize.Read
          ergebnis = New System.Text.StringBuilder(r.ReadString())
      End Sub

      Public Sub Write(ByVal w As BinaryWriter) Implements IBinarySerialize.Write
          w.Write(ergebnis.ToString())
      End Sub
End Structure
```

Für die benutzerdefinierte Serialisierung des Ergebnisses implementieren Sie nach dem Muster im Beispiel die *IBinarySerialize*-Schnittstelle. Dazu gehören auch die Elemente Read() und Write(). Für *BinaryReader* und *BinaryWriter* habe ich zu Beginn die Klasse *System.IO* referenziert. Dadurch muss sie an dieser Stelle nicht explizit angegeben werden. Ersetzen Sie im Header den Eintrag Format.Header durch folgende Parameter, um die Funktion genauer zu definieren:

```
Format.UserDefined, IsInvariantToNulls:=True, IsInvariantToDuplicates:= False,
IsInvariantToOrder:=True, IsNullIfEmpty:=True, MaxByteSize:=8000
```

So legen Sie zum Beispiel mit der Einstellung IsInvariantToDuplicates:= False fest, dass auch DISTINCT mit der Gruppenfunktion verwendet werden kann. Der Parameter MaxByteSize legt fest, wie viele Bytes der zurückgelieferte Wert maximal belegen kann. Ein zu hoher Wert kann die Performance beeinträchtigen, ist der Wert zu gering und wird im Ergebnis überschritten, führt dies zu einem Fehler bei der Anweisung, die das Aggregat verwendet.

Stellen Sie das Aggregat in der Datenbank bereit und testen Sie das Ergebnis mit den nachfolgenden Anweisungen, die unter anderem das eingangs dargestellte Ergebnis liefern.

 PRAXISTIPP: Wenn Sie beim Veröffentlichen schon einmal ein Profil gespeichert haben, scheint dieses auch im Projektmappen-Explorer auf. Wenn Sie also während des Entwickelns immer wieder veröffentlichen, können Sie das sehr effizient, einfach und schnell mit einem Doppelklick auf diesen Eintrag erledigen.

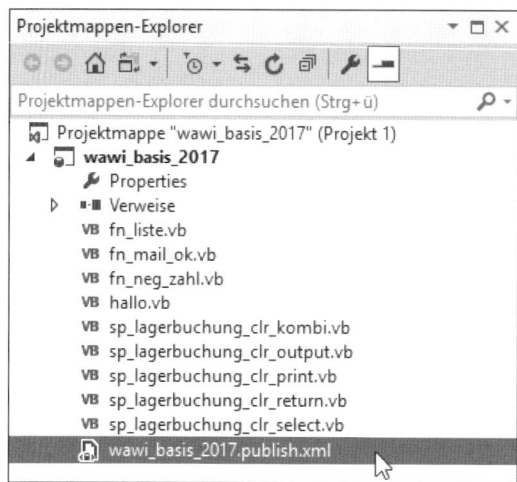

Bild 7.24 Veröffentlichungsprofil im Projektmappen-Explorer

```
SELECT kdnr, dbo.fn_liste(intcode) AS interessen
FROM dbo.kundeninteressen
GROUP BY kdnr;
```

 HINWEIS: Wenn Sie das Trennzeichen variieren möchten, bearbeiten Sie das Ergebnis der Aggregierung mit der Funktion REPLACE.

```
SELECT k.nachname + ' ' + k.vorname AS kunde,
       REPLACE(dbo.fn_liste(i.bezeichnung),',','/') AS interessen
FROM dbo.kundeninteressen ki
INNER JOIN dbo.kunden k ON ki.kdnr = k.kdnr
INNER JOIN dbo.interessen i ON ki.intcode = i.intcode
GROUP BY k.nachname
ORDER BY COUNT(*) DESC;
```

liefert:

```
kunde               interessen
------------------  ------------------------------------------
Schmid Jochen       Haus und Garten/Küche und Kochen/Sportartikel
Weiser Karin        Haus und Garten/Küche und Kochen
Wolf Franz          Werk- und Baustoffe/Heimwerken
Frisch Michael      Heimwerken/Küche und Kochen
Kahr Ulrike         Heimwerken/Küche und Kochen
Thomaselli Ulrike   Küche und Kochen
Sauber Ursula       Küche und Kochen
Zimmer Alexandra    Werk- und Baustoffe
...
```

Ich möchte Ihnen an einem weiteren Einsatzbeispiel zeigen, dass sich diese selbsterstellten Aggregatfunktionen tatsächlich wie Standard-Aggregatfunktionen verhalten. Das Schlüsselwort DISTINCT bewirkt bei Gruppenfunktionen – so werden Aggregatfunktionen auch genannt – dass jeder Wert nur einmal berücksichtigt wird. Dies wird in der Praxis häufig in Kombination mit COUNT() verwendet, um nicht alle, sondern die unterschiedlichen Werte zu zählen. Wandeln wir das letzte Beispiel ein wenig ab und geben nicht die Interessen je Kunde, sondern je Postleitzahlgebiet aus.

```
SELECT k.land + '-' + k.plz AS region,
       dbo.fn_liste(i.bezeichnung) AS interessen
FROM dbo.kundeninteressen ki
INNER JOIN dbo.kunden k ON ki.kdnr = k.kdnr
INNER JOIN dbo.interessen i ON ki.intcode = i.intcode
GROUP BY k.land, k.plz
ORDER BY k.land, k.plz;
```

liefert manche Interessen mehrmals, wenn sie öfter in einer Region vorkommen:

```
region          interessen
-------------   ------------------------------------------------------------
A-1200          Heimwerken;Küche und Kochen
A-6020          Küche und Kochen
...
D-40225         Haus und Garten;Haus und Garten;Küche und Kochen;Sportartikel
D-47198         Werk- und Baustoffe
D-70376         Werk- und Baustoffe;Haus und Garten;Werk- und Baustoffe
D-78467         Heimwerken;Küche und Kochen
...
```

Um diese doppelten Werte innerhalb der Gruppierung zu unterdrücken und nur jedes Vorkommen einmal zu berücksichtigen, verwendet man auch in einer selbst erstellten Gruppenfunktion DISTINCT. Allerdings funktioniert dies nur wie gewünscht, wenn das Aggregat mit dem Attribut IsInvariantToDuplicates:=False erzeugt wird.

```
SELECT k.land + '-' + k.plz AS region,
       dbo.fn_liste(DISTINCT i.bezeichnung) AS interessen
FROM dbo.kundeninteressen ki
INNER JOIN dbo.kunden k ON ki.kdnr = k.kdnr
INNER JOIN dbo.interessen i ON ki.intcode = i.intcode
GROUP BY k.land, k.plz
ORDER BY k.land, k.plz;
```

liefert:

```
region          interessen
-------------   ------------------------------------------------------------
...
D-40225         Haus und Garten;Küche und Kochen;Sportartikel
...
```

 HINWEIS: Auch bei benutzerdefinierten Aggregaten muss das Schema stets mit angegeben werden.

■ 7.7 Externe Assemblys verwenden

Bei der Nutzung der SQL Server CLR sind Sie nicht ausschließlich darauf angewiesen, selber zu programmieren. Auch externe Komponenten können dabei verwendet werden, um zusätzliche Funktionalität zu bekommen. .NET-Komponenten werden von vielen Anbietern angeboten. Für sehr viele Aufgabenstellungen finden Sie fertige integrierbare Lösungen, wenn Sie ein wenig im Internet suchen.

Ich möchte Ihnen in diesem Abschnitt ein Beispiel für eine sehr gut in der CLR einsetzbare Komponente geben. FTP ist ein in .NET direkt unterstütztes Protokoll und kann daher problemlos in der SQL Server-Programmierung genutzt werden. Auch FTPS sorgt bei der Entwicklung mit .NET nicht für Probleme. Anders sieht es dabei mit SFTP aus. Vor einiger Zeit stand ich vor der Anforderung, meine .NET-Prozeduren, die Dateien von FTP-Servern transferieren und importieren, auf SFTP zu erweitern. Als Entwickler und Nicht-Systemadministrator wusste ich bis zu diesem Zeitpunkt nicht, dass SFTP und FTPS nicht dasselbe sind.

Bei meinen Recherchen habe ich herausgefunden, dass die Komponenten der Firma Rebex gut für die CLR geeignet sind. Die Rebex-SFT-Komponente wird selbst von Microsoft verwendet. Da auch der Support äußerst kompetent ist und sehr rasch reagiert, auch wenn man noch nicht Kunde ist, kann ich diese Komponenten empfehlen. Daher möchte ich diese Komponente auch für mein Beispiel einsetzen.

In dem Beispiel zeige ich Ihnen, wie Sie den Inhalt eines Ordners auf einem FTP- und einem SFTP-Server auslesen können. Die Dateinamen werden dabei in eine temporäre Tabelle eingetragen. Danach könnte man diese Dateien zum Beispiel herunterladen und weiter verarbeiten.

Komponente in die Datenbank einspielen

Der erste Schritt ist es, die Assembly in die Datenbank einzuspielen. Für unser Beispiel erzeuge ich dazu eine neue Datenbank mit dem Namen *wawi_sftp.* und aktiviere für diese gleich wieder TRUSTWORTHY.

```
CREATE DATABASE wawi_sftp;
GO
ALTER DATABASE wawi_sftp
SET TRUSTWORTHY ON;
GO
USE wawi_sftp;
GO
```

Die Testversion der Komponente laden Sie sich, wenn Sie dieses Beispiel selber nachvollziehen möchten, von *http://www.rebex.net/sftp.net* herunter. Nach der Installation der Komponenten können Sie die benötigte Assembly *Rebex.Sftp* in ein Verzeichnis auf den Server kopieren und von dort in die Datenbank einspielen. Ich verwende dazu die Anweisung CREATE ASSEMBLY. Da diese Assembly Verweise auf die Assembly *Rebex.Networking* und diese wiederum auf *Rebex.Common* enthält, müssen diese drei in der angeführten Reihenfolge eingespielt werden. Alle drei benötigen die Berechtigungsstufe UNSAFE.

```
CREATE ASSEMBLY [Rebex.Common]
FROM 'D:\REBEX\Rebex.Common.dll'
WITH PERMISSION_SET = UNSAFE;

CREATE ASSEMBLY [Rebex.Networking]
FROM 'D:\REBEX\Rebex.Networking.dll'
WITH PERMISSION_SET = UNSAFE;

CREATE ASSEMBLY [Rebex.Sftp]
FROM 'D:\REBEX\Rebex.Sftp.dll'
WITH PERMISSION_SET = UNSAFE;
```

HINWEIS: Das manuelle Anlegen der drei Assemblys ist unbedingt notwendig, da beim Veröffentlichen eines Projekts aus Visual Studio oder den SSDT heraus keine Assemblys mit angelegt werden, auf die im Projekt verwiesen wird. Daher ist es auch notwendig, dies zu erledigen, bevor das Projekt mit dem eigenen Programmcode veröffentlicht wird.

Im Objekt-Explorer können die drei Assemblys danach angezeigt werden, aktualisieren Sie dazu bei Bedarf die Anzeige.

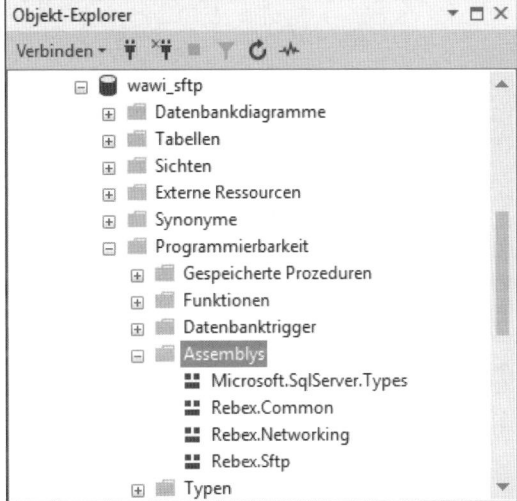

Bild 7.25 Assemblys aus externer Komponente

PRAXISTIPP: Wenn Sie die drei DLLs für die Assemblys im selben Ordner abgelegt haben, genügt es alternativ, nur die Assembly *Rebex.Sftp* zu erstellen. Die beiden anderen referenzierten Assemblys werden dann automatisch mit übernommen.

Komponente im Datenbankprojekt registrieren und verwenden

Damit diese Komponente auch beim Programmieren der CLR Stored Procedure verwendet werden kann, muss diese im Projekt registriert werden. Ich erstelle für dieses Beispiel ein neues SQL Server-Datenbankprojekt mit dem Visual Studio 2017. Ich vergebe diesem Projekt den Namen *wawi_sftp_2017*.

In einem früheren Abschnitt haben wir die Möglichkeit kennengelernt, einen Verweis auf eine Datenbank über eine Datenebenenanwendung einzurichten. Diese Variante ist nicht ausreichend, um Assemblys zu registrieren. Daher verwenden wir die zweite Möglichkeit, die uns die SSDT bieten, wir importieren die Datenbank. Hierbei werden natürlich keine Daten, sondern nur die Struktur der Datenbank übernommen. Dazu führen Sie im Projektmappen-Explorer im Kontextmenü für das aktuelle Projekt den Befehl IMPORTIEREN/DATEN-BANK... aus. Richten Sie im Dialog eine Verbindung zur Datenbank ein und übernehmen Sie sonst die vorgegebenen Einstellungen.

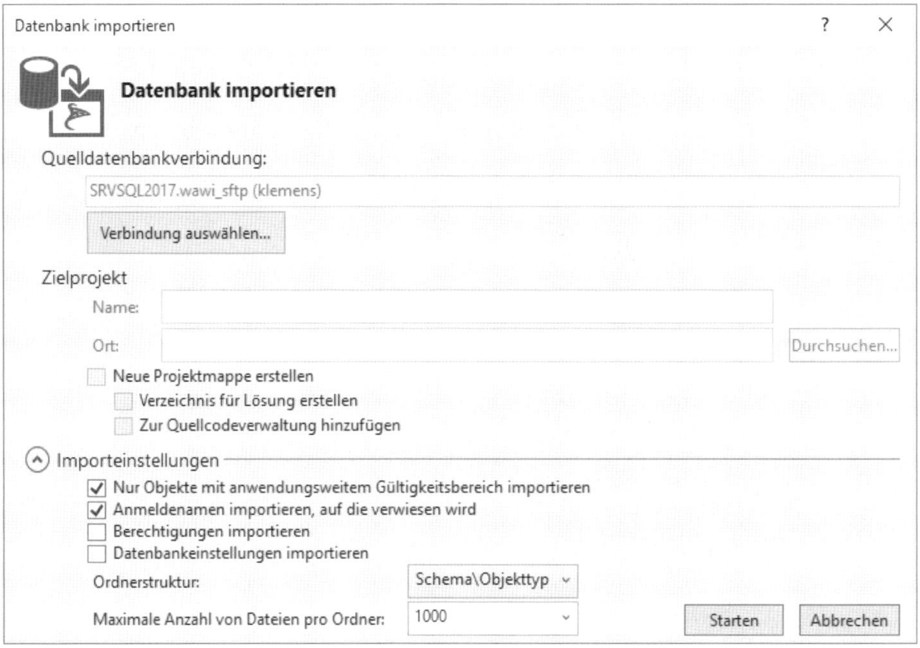

Bild 7.26 Datenbank in SSDT importieren

Nach dem erfolgten Import können Sie die Elemente der Datenbank im Projektmappen-Explorer sehen. Für uns von Bedeutung sind in diesem Beispiel die Assemblys. Durch diesen Import werden die benötigten Verweise auf die Bibliotheken automatisch eingerichtet, wenn diese auf dem Rechner verfügbar sind.

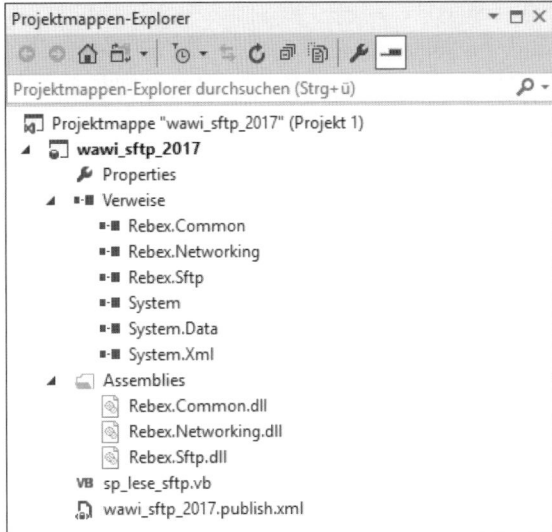

Bild 7.27 Importierte Datenbankstruktur und Verweise

Alternativ können die Verweise auf die externen DLLs auch manuell im Projektmappen-Explorer vorgenommen werden, dann kann der Import der Datenbank unterbleiben. Dazu wählen Sie auf dem Ordner *Verweise* den Befehl VERWEIS HINZUFÜGEN... aus dem Kontextmenü und fügen die Verweise auf die drei DDLs mittels DURCHSUCHEN... hinzu.

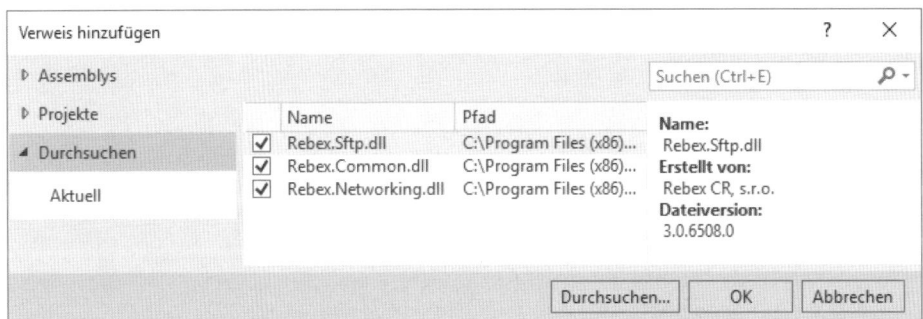

Bild 7.28 Verweise manuell hinzufügen

Nun können wir wie beschrieben eine neue in CLR gespeicherte Prozedur hinzufügen. Ich vergebe für diese den Namen *sp_lese_sftp*. Um die externe Komponente zu nutzen, müssen wir nun auf Objekte aus dem Namespace *Rebex.Net* zugreifen. Durch das vorherige Importieren der Datenbank ist das möglich, weil wie beschrieben ein korrekter Verweis im Projekt eingerichtet worden ist. Zur einfacheren Verwendung importiere in den Namespace in die Klasse.

```
Imports Rebex.Net
```

Der Prozedur übergeben wir folgende Parameter:

- `teilname`: Über diesen Parameter kann ein Namensbestandteil angegeben werden, wenn Sie nur Dateien auslesen möchten, deren Namen eine bestimmte Zeichenfolge enthält. Wenn Sie alle Dateien aus einem Ordner einlesen möchten, übergeben Sie hier einen leeren String.

- `ftpserver`: Die URI des SFTP-Servers.

- `ftpordner`: Name des Ordners auf dem Server, der ausgelesen werden soll. Unterordner werden, wie bei FTP üblich, mit einem normalen Schrägstrich getrennt angegeben.

- `ftpuser`: Der Benutzername, mit dem Sie sich am Server anmelden möchten.

- `ftppwd`: Das für die Anmeldung benötigte Kennwort.

- `ftpkey`: Alternativ kann ein Schlüsselwert anstelle von Benutzername und Kennwort zur SFTP-Anmeldung verwendet werden.

Für das Ergebnis wird eine zweispaltige Tabellenstruktur erzeugt. In der ersten Spalte, die den Datentyp *tinyint* bekommt, soll eine Eins bei gefundenen Dateien und eine Null im Fehlerfall eingetragen werden. In der zweiten Spalte soll der Dateinamen bei gefundenen Dateien oder gegebenenfalls die Fehlermeldung eingefügt werden.

Nach dem Aufbau der Verbindung zum SFTP-Server mit den angegebenen Parametern und dem Wechsel in den Zielordner werden die Dateinamen in einer Schleife eingelesen und in die vorbereitete Tabelle eingetragen. Tritt ein Fehler auf, wird dieser in der dafür vorgesehenen Protokolltabelle eingetragen.

 HINWEIS: Ich habe den abgebildeten Code hier aus Platzgründen gekürzt. Sie finden den gesamten kommentierten Code bei den Beispieldateien zum Buch. ∎

```
Public Shared Sub sp_lese_sftp(ByVal teilname As SqlString, ByVal ftpserver As
SqlString, ByVal ftpordner As SqlString, ByVal ftpuser As SqlString, ByVal ftppwd As
SqlString, ByVal ftpkey As SqlString)
..Dim ftp_req As New Rebex.Net.Sftp
  Dim serverid As String
  Dim info As New SqlMetaData("typ", SqlDbType.TinyInt)
  Dim dateien As New SqlMetaData("datei", SqlDbType.NVarChar, 500)
  Dim zeile As New SqlDataRecord(New SqlMetaData() {info, dateien})
  Dim eingeloggt As Boolean = False

  SqlContext.Pipe.SendResultsStart(zeile)
  cmd = New SqlCommand(str_sql, dbcon)
  cmd.ExecuteNonQuery()
  cmd.Dispose()

  Try
    ftp_req.Connect(ftpserver.ToString)
    serverid = ftp_req.Fingerprint
    If ftpkey.ToString <> "" Then
      If IO.File.Exists(ftpkey.ToString) Then
        Dim loginkey As New SshPrivateKey(ftpkey.ToString, ftppwd.ToString)
        ftp_req.Login(ftpuser.ToString, loginkey)
        eingeloggt = True
```

```
        Else
          zeile.SetValue(0, CType(0, SqlByte))
          zeile.SetValue(1, "SFTP-Key not found!")
          SqlContext.Pipe.SendResultsRow(zeile)
        End If
      Else
        ftp_req.Login(ftpuser.ToString, ftppwd.ToString)
        eingeloggt = True
      End If

      ftp_req.Login(ftpuser.ToString, ftppwd.ToString)
      ftp_req.ChangeDirectory(ftpordner.ToString)
      Dim ordnerinhalt As SftpItemCollection = ftp_req.GetList()
      Dim datei As SftpItem

      If eingeloggt = True Then
        ftp_req.ChangeDirectory(ftpordner.ToString)
        Dim ordnerinhalt As SftpItemCollection = ftp_req.GetList()
        Dim datei As SftpItem

        For Each datei In ordnerinhalt
          If (InStr(datei.Name, teilname.ToString) > 0 Or teilname.ToString = "") And
datei.IsFile Then
              zeile.SetValue(0, CType(1, SqlByte))
              zeile.SetValue(1, datei.Name)
              SqlContext.Pipe.SendResultsRow(zeile)
          End If
        Next datei
      End If
      ftp_req.Disconnect()
    Catch ex As Exception
      zeile.SetValue(0, CType(0, SqlByte))
      zeile.SetValue(1, Left(ex.Message, 500))
      SqlContext.Pipe.SendResultsRow(zeile)
    End Try
    SqlContext.Pipe.SendResultsEnd()
  End Sub
```

Danach können wir das Projekt wieder wie schon bei den vorangegangenen Projekten veröffentlichen.

 ACHTUNG! Da unsere Assembly sowie die referenzierte Assembly die Berechtigungsstufe UNSAFE verwendet, kann es auch hier zum bereits früher beschriebenen Problem mit der Fehlermeldung beim automatischen Veröffentlichen kommen. Verwenden Sie daher wie zuvor beschrieben die Möglichkeit, ein Skript zum Veröffentlichen zu generieren. Editieren Sie dieses Skript, um sicherzustellen, dass die TRUSTWORTHY-Eigenschaft in der Zieldatenbank aktiviert bleibt. ∎

Da diese Prozedur wahlweise Benutzername und Kennwort oder ein Keyfile zur Authentifizierung am SFTP-Server verwenden kann, wäre es praktisch, hier in der T-SQL Wrapper-Prozedur diese Parameter wieder optional zu machen. Dazu erstellen wir die Wrapper-Prozedur wie schon vorhin manuell neu und ergänzen die Standardwerte.

```
CREATE PROCEDURE dbo.sp_lese_sftp
    @teilname NVARCHAR (MAX),
    @ftpserver NVARCHAR (MAX),
    @ftpordner NVARCHAR (MAX),
    @ftpuser NVARCHAR (MAX) = '',
    @ftppwd NVARCHAR (MAX) = '',
    @ftpkey NVARCHAR (MAX) = ''
AS EXTERNAL NAME wawi_sftp_2017.[wawi_sftp_2017.StoredProcedures].sp_lese_sftp;
```

Allerdings führt dies so zu einer Fehlermeldung, da der hier standardmäßig für *SqlString* zugeordnete Datentyp *nvarchar(max)* zu einem Fehler führt.

```
Nachricht 1096, Stufe 16, Status 2, Prozedur sp_lese_sftp, Zeile 1 [Batchstartzeile 557]
Für CLR-Typen, "nvarchar(max)", "varbinary(max)", "xml" und verschlüsselte Typen
werden keine Standardparameterwerte unterstützt.
```

Daher verwenden wir als kompatible Einstellung den Datentyp mit geringerer Größe, was problemlos möglich ist.

```
CREATE PROCEDURE dbo.sp_lese_sftp
    @teilname NVARCHAR (100),
    @ftpserver NVARCHAR (100),
    @ftpordner NVARCHAR (200),
    @ftpuser NVARCHAR (100) = '',
    @ftppwd NVARCHAR (100) = '',
    @ftpkey NVARCHAR (100) = ''
AS EXTERNAL NAME wawi_sftp_2017.[wawi_sftp_2017.StoredProcedures].sp_lese_sftp;
```

Verwenden Sie die nachfolgenden Anweisungen, um die Funktionsweise zu testen.

```
EXEC dbo.sp_lese_sftp  @teilname = '.pdf',
                       @ftpserver = 'sftp.einer.de',
                       @ftpordner = 'dateien/upload',
                       @ftpuser = 'alina',
                       @ftppwd = 'alina2018';
```

Ein Ergebnis für das Auslesen der PDFs aus dem angegebenen Order auf einem SFTP-Server sehen Sie sowohl mit korrekten als auch mit fehlerhaften Anmeldeinformationen in Bild 7.29. Diese Informationen könnten für die Weiterverarbeitung mit entsprechendem T-SQL-Code in einer Tabelle eingefügt werden.

Bild 7.29 Prozedurergebnis mit externer Komponente

Wenn Sie keinen SFTP-Server zur Verfügung haben, verwenden Sie anstelle der SFTP- die klassische FTP-Komponente von Rebex. Im Beispielprojekt bei den Dateien zum Buch finden Sie auch eine Funktion mit dem Namen *fn_transfer_sftp*, mit der Dateien von einem SFTP-Server heruntergeladen oder welche hinaufgeladen werden können.

Trauen Sie sich, verschiedene Komponenten in Ihren Projekten einzusetzen, um auf diese Art die nutzbaren Funktionalitäten Ihrer Anwendungen weiter zu erhöhen.

HINWEIS: Die beschriebene und andere Komponenten finden Sie unter *http://www.rebex.net*. Wenn Sie sie verwenden möchten, fordern Sie beim dortigen Support einen Trial Key an.

■ 7.8 CLR-Sicherheitseinstellungen

Wire bereits erwähnt, hat es mit dem SQL Server 2017 sicherheitsrelevante Änderungen beim Einsatz von .NET-Code mit der CLR ergeben. Die neue Servereinstellung *CLR strict security* ist standardmäßig aktiviert. Diese Einstellung sollte auch aktiviert bleiben, lediglich ein abwärtskompatibles Verhalten würde ein Deaktivieren dieser Einstellung rechtfertigen. Vor allem, da es sich bei dieser Einstellung um eine serverweite Konfiguration handelt, ist ein Deaktivieren gut zu überlegen.

Diese neue Einstellung bewirkt, dass Assemblys mit jedem Berechtigungssatz, also auch SAFE und EXTERNAL_ACCESS, wie UNSAFE behandelt werden. Und zwar bezieht sich das auf die Anforderungen, die erfüllt sein müssen, dass der CLR-Code zur Ausführung gelangt. Dies ändert nichts grundsätzlich an den notwendigen Berechtigungssätzen für unterschiedliche Aufgabenstellungen. Hierbei gibt es keine Änderungen.

Wenn Sie keine Vorkehrungen treffen, erhalten Sie beim Versuch, eine Assembly in einer Datenbank zu erstellen, folgende Fehlermeldung:

```
Meldung 10343, Ebene 14, Status 1, Zeile 7
Fehler bei CREATE oder ALTER ASSEMBLY für die Assembly "wawi_basis_2017" mit der
Option SAFE oder EXTERNAL_ACCESS, weil die Option "clr strict security" von sp_
configure auf 1 festgelegt ist. Microsoft empfiehlt, die Assembly mit einem Zertifikat
oder einem asymmetrischen Schlüssel zu signieren, bei dem die zugehörige Anmeldung
die UNSAFE ASSEMBLY-Berechtigung aufweist. Alternativ dazu können Sie die Assembly
unter Verwendung von sp_add_trusted_assembly als vertrauenswürdig festlegen.
```

ACHTUNG! Aber nicht nur beim Erstellen einer Assembly kommt es zu Problemen. Wenn Sie eine bestehende Datenbank von einer Vorversion, die bereits CLR-Code enthält, auf einen SQL Server 2017 anhängen (CREATE DATABASE FOR ATTACH) oder über Wiederherstellung (RESTORE DATABASE) einspielen, können die in dieser Datenbank enthaltenen Prozeduren und Funktionen auf dem neuen Server nicht mehr ausgeführt werden.

Die Fehlermeldung, die beim Ausführen einer Prozedur oder Funktion nach der Übernahme auf den neuen SQL Server 2017 auftritt, sehen Sie gleich im Anschluss im folgenden Abschnitt.

Damit CLR-Code ausgeführt werden kann, muss also eine der folgenden Bedingungen erfüllt sein:

- Für die betroffene Datenbank ist die TRUSTWORTHY-Eigenschaft aktiviert und der Eigentümer der Datenbank hat die Berechtigung UNSAFE ASSEMBLY. Diese Variante haben wir vorübergehend zum Entwickeln verwendet, sollte aber in Produktivumgebungen aus Sicherheitsgründen nicht zum Einsatz kommen. Dies stellt also in der Praxis keine wirkliche Option dar!

- Die Assembly ist mit einem Zertifikat oder einem asymmetrischen Schlüssel signiert worden. Für dieses Zertifikat oder diesen Schlüssel ist eine Anmeldung (Login) erstellt worden, der die Berechtigung UNSAFE ASSEMBLY erteilt worden ist. Diese Variante ist aus Sicherheitssicht die zu empfehlende.

- Ebenso als schnelle Lösung gedacht, kann eine Assembly mit der Systemprozedur *sp_add_trusted_assembly* als vertrauenswürdig festgelegt werden. Unter anderem auch deshalb, weil diese Einstellung serverweit gilt, wird sie häufig nicht empfohlen. Zusätzlich gibt es auch andere Sicherheitsbedenken, da hier nur ein Hashwert der Assembly gespeichert wird, der nicht zwangsweise eindeutig sein muss.

Ich möchte Ihnen nun in den nachfolgenden Beispielen zeigen, wie Sie relativ einfach und mit überschaubarem Mehraufwand CLR-Code auch mit dem SQL Server 2017 einsetzen können. Die in den vorigen Abschnitten nur vorübergehend der Einfachheit halber verwendete TRUSTWORTHY-Einstellung für die gesamte Datenbank werden wir nun durch die dauerhafte sichere Vorgehensweise ersetzen.

7.8.1 Assembly als vertrauenswürdig erklären

Im ersten Schritt wenden wir uns unseren vorhandenen Assemblys zu, die wir dank der TRUSTWORTHY-Einstellung bereits erzeugen konnten. Wir deaktivieren diese Einstellung nun mit der entsprechenden ALTER DATABASE-Anweisung.

```
ALTER DATABASE wawi SET TRUSTWORTHY OFF;
```

Nun haben wir die Situation, dass die Assembly in der Datenbank zwar existiert, da sie bereits angelegt worden ist, aber eben nicht vertrauenswürdig ist. Dieselbe Situation finden Sie vor, wenn Sie eine bestehende Datenbank von einer Vorversion des SQL Servers wie zuvor erwähnt übernommen haben. Führen wir nun beispielsweise die Prozedur *sp_lagerbuchung_clr_kombi* aus der Assembly *wawi_basis_2017* aus. Diese Assembly ist mit dem Berechtigungssatz Sicher (SAFE) versehen, da sie keinerlei Programmcode enthält, der Ressourcen außerhalb der Datenbank nutzt. In früheren Versionen des SQL Servers konnte deren Code somit problemlos ohne weitere Vorkehrungen ausgeführt werden.

```
EXEC dbo.sp_lagerbuchung_clr_kombi 1566, 1, 30, @select = 1;
```

Da die Assembly nun nicht mehr vertrauenswürdig ist, erhalten wir eine Fehlermeldung. Der Inhalt dieser Fehlermeldung ist dem Inhalt der Fehlermeldung ähnlich, die wir beim Versuch, eine Assembly neu zu erstellen, erhalten haben. Die Meldung beginnt mit folgendem Text:

```
Meldung 10314, Ebene 16, Status 11, Zeile 616
Fehler in Microsoft .NET Framework beim Laden der Assembly mit der ID "65558". Auf
dem Server sind möglicherweise nicht genügend Ressourcen verfügbar, oder die Assembly
ist nicht vertrauenswürdig. Führen Sie die Abfrage erneut aus, oder lesen Sie in der
Dokumentation nach, wie Sie Probleme mit der Vertrauenswürdigkeit von Assemblys
lösen. Weitere Informationen zu diesem Fehler finden Sie unter:
System.IO.FileLoadException: Die Datei oder Assembly "wawi_basis_2017,
Version=0.0.0.0, Culture=neutral, PublicKeyToken=null" oder eine Abhängigkeit davon
wurde nicht gefunden. Es ist ein Sicherheitsfehler aufgetreten. (Ausnahme von
HRESULT: 0x8013150A)
...
```

Ein schnelle Variante, den Code aus einer Assembly auf dem SQL Server 2017 ausführen zu können, ist es, diese als eine vertrauenswürdige Assembly zu erklären. Dazu verwenden Sie die Systemprozedur *sp_add_trusted_assembly*. Um mithilfe dieser eine Assembly zu einer vertrauenswürdigen zu erklären, benötigen Sie den Hashwert der Assembly im Algorithmus SAH2 mit 512 Bit (64 Bytes).

 PRAXISTIPP: Die einfachste Variante ist aus meiner Sicht die Umsetzung mit SQL Server-Bordmitteln. Dazu ist es notwendig, dass die Assembly bereits in einer Datenbank auf dem Server vorhanden ist. Daher ist der pragmatische Ansatz, für den kurzen Zeitraum der Erstellung der Assembly die TRUSTWORTHY-Eigenschaft der Datenbank zu aktivieren, um sie danach sofort wieder zu deaktivieren.

In Produktivumgebungen können Sie dazu auch eine separate Datenbank oder sogar eine eigene Serverinstanz nutzen.

Aus den beschriebenen Umständen gehen wir also davon aus, dass wir die betroffene Assembly in einer Datenbank verfügbar haben.

Informationen über die Assemblys können wir über die Systemtabellen *sys.assemblies* sowie *sys.assembly_files* auslesen.

```
SELECT * FROM sys.assemblies;
SELECT * FROM sys.assembly_files;
```

Erstere liefert allgemeine Informationen, wie zum Beispiel den Namen und den Berechtigungssatz (Permission Set). Aber auch die ID der Assembly, die in der vorherigen Fehlermeldung zu lesen war, scheint hier auf. Die zweite Tabelle liefert die für uns interessante binäre Form der Assembly, wie in Bild 7.30 zu sehen.

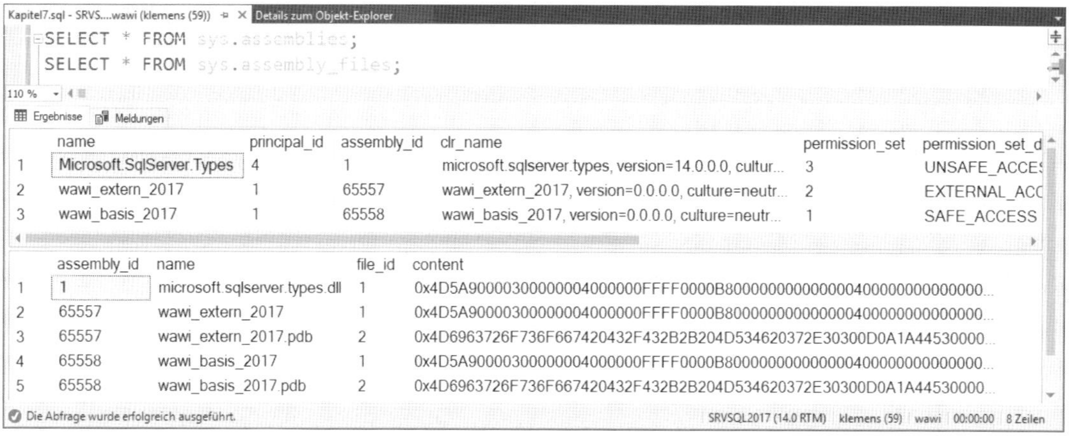

Bild 7.30 Assembly-Informationen aus Systemtabellen

Ist eine Assembly in eine Datenbank schon mehrmals mit den SSDT deployed worden, finden Sie manchmal mehrere Fileeinträge vor, wie auch in unserem Fall zu sehen. Wird eine Assembly aus einer DLL neu in einer Datenbank erstellt oder erstmals in eine neue Datenbank deployed, werden Sie in der Regel nur ein File vorfinden. Für unser Vorhaben ist es nicht relevant, ob hier ein einziger Fileeintrag oder mehrere vorhanden sind. Wir verwenden jeweils das File mit der *file_id* eins.

Wir lesen im ersten Schritt den Inhalt der Spalte *content* für die gewünschte Assembly aus und speichern ihn in einer Variablen. Da der Inhalt in der Spalte *name* hier eindeutig ist, ist dieser in unserem Fall als Filterkriterium dazu ausreichend. Sie können bei Bedarf aber auch die Spalten *assembly_id* und *file_id* zum Filtern in der WHERE-Klausel verwenden. Für die Variable verwenden wir den Datentyp varbinary(max). Um den Hashwert für die Assembly zu erzeugen, verwenden wir die interne Funktion HASHBYTES(). Da der benötigte Hashalgorithmus SHA2_512 ein Ergebnis mit 64 Byte liefert, verwenden wir dafür eine Variable mit dem Datentyp varbinary(64). Die Funktion benötigt den zu verwendenden Algorithmus sowie den Ausgangswert für die Hashbildung. Dies kann eine Zeichenfolge oder eine Binärfolge sein. Der Name des zweiten benötigten Parameters @clr_name täuscht etwas. Hier würde man erwarten, dass der genaue Name der Assembly eingegeben werden muss. Dies ist aber nicht der Fall, hier kann ein beliebiger beschreibender Text verwendet werden. Dennoch lesen wir den Namen der Assembly aus der Systemtabelle aus und verwenden diesen, um eine saubere Lösung zu erzielen. Schließlich wird diese Beschreibung später notwendig sein, um einen Hashwert – zum Beispiel zum Löschen – zu identifizieren. Die im Beispiel verwendete PRINT-Anweisung, um den Hashwert auszugeben, ist nicht für den Ablauf notwendig, sondern dient vielmehr zur Kontrolle für uns selber, dass eine passende Berechnung erfolgt ist.

Der Hashwert sowie die Beschreibung werden der Prozedur *sp_add_trusted_assembly* schließlich als Parameter übergeben.

```
DECLARE @clr_code varbinary(max) = (SELECT content FROM sys.assembly_files
                            WHERE name = 'wawi_basis_2017');
DECLARE @clr_hash varbinary(64) = HASHBYTES('SHA2_512', @clr_code);
DECLARE @clr_name nvarchar(4000) = (SELECT clr_name FROM sys.assemblies
```

```
                               WHERE name = 'wawi_basis_2017');
PRINT @clr_hash;

EXEC sys.sp_add_trusted_assembly @clr_hash, @clr_name;
```

Die Hashwerte der Assemblys, die auf diesem Weg serverweit zu vertrauenswürdigen Assemblys erklärt worden sind, können Sie über die Systemtabelle *sys.trusted_assemblies* anzeigen. In unserem Beispiel ist dies im Moment nur eine einzige, wie in Bild 7.31 zu sehen.

```
SELECT * FROM sys.trusted_assemblies;
```

	hash	description	create_date	created_by
1	0x39CAF26FB39579A08C3F230A69F2B48...	wawi_basis_2017, version=0.0.0.0, culture...	2017-12-08 11:24:43.5172500	klemens

Bild 7.31 Vertrauenswürdige Assembly

Führen Sie nun zum Beispiel die Prozedur *dbo.sp_lagerbuchung_clr_kombi* erneut aus, ist dies nun erfolgreich.

Um den Vorgang wieder rückgängig zu machen, verwenden Sie die Systemprozedur *sp_drop_trusted_assembly*. Ihr ist als Parameter lediglich der Hashwert zu übergeben. Diesen können Sie bei Bedarf dazu direkt aus der Tabelle *sys.trusted_assemblies* auslesen. Verwenden Sie zum Filtern beispielsweise den in der Beschreibung eingetragenen Text.

```
DECLARE @clr_hash varbinary(64) = (SELECT hash FROM sys.trusted_assemblies
                               WHERE description LIKE 'wawi_basis_2017%');
EXEC sys.sp_drop_trusted_assembly @clr_hash;
```

Zu dieser Methode ist zusammenfassend Folgendes zu bemerken:

- Diese Methode ist von Microsoft ergänzt worden, um vor allem für bestehenden CLR-Code eine einfache und schnelle Möglichkeit zu schaffen, mit der neuen *CLR strict security* umzugehen. Aber eigentlich führt sie wieder eine Ausnahme ein, um das zu umgehen, was man mit der Einführung der neuen Sicherheit erreichen wollte. Mit ihr wird nicht die gewünschte Sicherheit hundertprozentig erzielt, da der Hashwert nicht zwingend eindeutig sein muss.

- Es handelt sich bei dieser Einstellung um eine serverweite Einstellung, die für alle Datenbanken auf dieser Instanz gilt. Wird eine Assembly in mehreren Datenbanken verwendet, wird ihr generell vertraut.

- Es besteht keine direkte Verbindung zwischen dem Hashwert und der Assembly. Wird eine Assembly gelöscht, bleibt der Hasheintrag bestehen, selbst wenn die Assembly in keiner Datenbank mehr vorhanden ist. Es liegt also in der Verantwortung der Administratoren und Entwickler, hier keinen Wildwuchs entstehen zu lassen. Zum Erkennen von verwaisten Einträgen müssen Sie selber Code schreiben, es gibt dazu keine fertige Lösung.

- Es wird nicht geprüft, ob beim Erstellen einer Vertrauensstellung eine zu einem Hashwert passende Assembly in einer Datenbank existiert. Dies ist zwar notwendig, um mit dieser Methode Assemblys erstellen zu können, die noch nicht in einer Datenbank existieren. Andererseits ermöglicht es auch das Erstellen von Fantasie- beziehungsweise Fehlereinträgen, wie im Beispielskript zu diesem Kapitel demonstriert.

7.8.2 Assembly signieren

Die favorisierte Variante zum sicheren Einsatz von Assemblys aus meiner Sicht ist das Signieren mit einer Assembly oder einem asymmetrischen Schlüssel. Dazu gibt es eine Reihe an Möglichkeiten innerhalb und außerhalb der Datenbank. Dies betrifft sowohl das Erstellen von Zertifikaten und Schlüsseln, als auch das Signieren selber.

Als Erstes kommt einem da in den Sinn, dass ja das Visual Studio beziehungsweise die SSDT das Signieren von Code direkt unterstützen. Also wäre es ja naheliegend, diese Möglichkeit zu nutzen. In den Projekteigenschaften befindet sich auf der ersten Seite *SQLCLR* die Schaltfläche SIGNIEREN… am unteren Dialogrand. Anhand dieser können Sie nicht nur eine Schlüsseldatei auswählen, sondern gleich auch einen neuen Schlüssel mit Angabe eines Schlüsseldateinamens sowie eines Kennworts generieren.

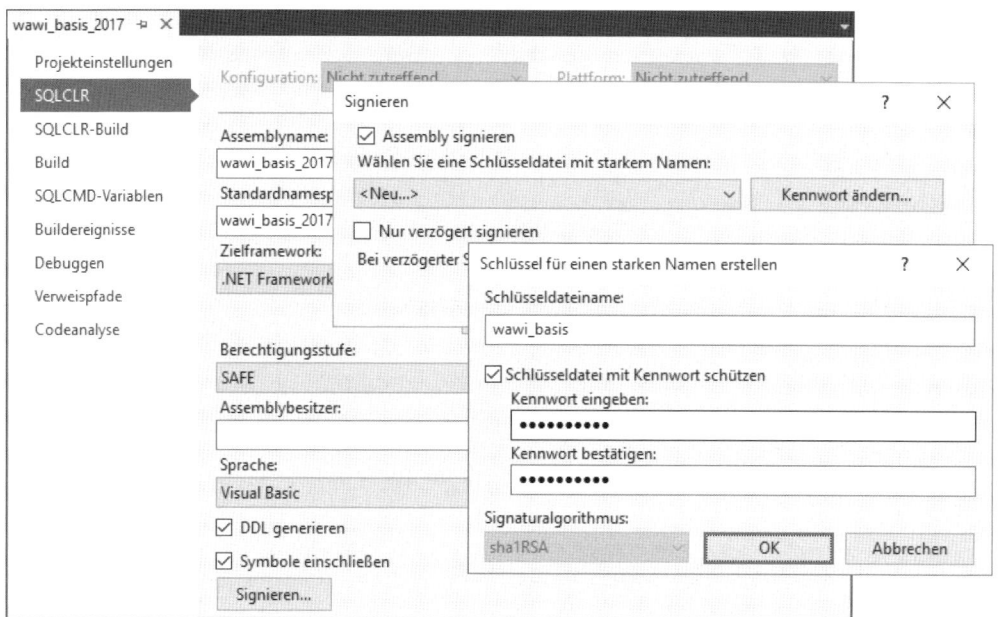

Bild 7.32 Code in SSDT mit Schlüssel signieren

 ACHTUNG! Der mit den SSDT generierte Schlüssel ist aufgrund des verwendeten Signaturalgorithmus im Moment nicht mit dem SQL Server kompatibel. Eine derart erstellte Signatur lässt sich nicht mit der Anweisung CREATE ASYMMETRIC KEY FROM FILE am SQL Server erstellen. Daher fällt diese Methode im Moment für das Signieren von CLR-Code für uns aus.

> Es ist zu erwarten, dass dies in Zukunft einmal durch Updates oder Service Packs bei den SSDT und/oder dem SQL Server ermöglicht werden wird. Aber vorerst werden wir eine andere Methode einsetzen. ∎

Da die automatisierte Variante beim Deployment ausfällt, greifen wir auf manuelle Methoden der Signatur zurück.

- Für das Erstellen eines Zertifikats können Sie ab dem Windows Server 2012 oder Windows 8 auf die PowerShell mit `New-SelfSignedCertificate` zurückgreifen. Für ältere Windows-Versionen nutzen Sie dazu das Tool *MakeCert*.

- Eine fertige Assembly lässt sich auf der Kommandozeile mit dem Tool *SignTool.exe* mit einem derartigen Zertifikat signieren.

- Der SQL Server bietet die Möglichkeit, ein Zertifikat direkt zu erstellen und zu speichern.

- Eine auf dem SQL Server befindliche Assembly kann dort mit einem am SQL Server erstellten oder eingespielten Zertifikat signiert werden.

Ich persönlich bin ein Fan von Methoden, die mit Werkzeugen innerhalb des Datenbanksystems auskommen. Daher habe ich mich entschieden, unter all den Varianten diejenige für Sie auszuwählen, die in Summe der Arbeitsschritte aus meiner Sicht die am einfachsten und schnellsten umzusetzende ist. Dazu benötigen Sie nicht nur den SQL Server alleine, sondern können die Vorgänge auch sehr schön in Skripts zusammenfassen und damit zumindest teilautomatisieren.

 HINWEIS: Die Methode zum Signieren von Assemblies innerhalb der Datenbank erfordert, dass die Assembly sich bereits in der Datenbank befindet. Daher erfolgt das Anlegen der Assembly in der Datenbank jeweils mit aktivierter TRUSTWORTHY-Einstellung, wie schon zuvor in diesem Kapitel verwendet. Diese Einstellung sollte beziehungsweise muss aber jeweils unmittelbar nach dem Erstellen einer neuen Assembly wieder deaktiviert werden. Das wäre ein Vorteil des externen Signierens, dass dieser Schritt unterbleiben könnte. Da die TRUSTWORTHY-Option für die Datenbank aber bei der gezeigten Methode immer nur wenige Augenblicke aktiv ist, stellt dies aus meiner Sicht kein Problem dar. ∎

Zertifikat erstellen

Im ersten Schritt erstellen wir ein Zertifikat in einer Benutzerdatenbank, am besten in jener, in der sich die zu signierende Assembly befindet. Ein solches Zertifikat lässt sich danach mit wenigen Anweisungen in eine andere Datenbank transferieren. Je nach Bedarf kann dieser Transfer mit oder ohne den privaten Schlüssel erfolgen. Dass diese Differenzierung unbedingt notwendig ist, werden wir gleich noch erfahren.

Mit der Anweisung `CREATE CERTIFICATE` erstellen Sie ein neues Zertifikat unter Angabe eines Namens, eines Kennworts sowie eines Ablaufdatums. Der Parameter `SUBJECT` dient der Angabe einer Art Beschreibung, ich verwende es für den Zweck des Zertifikats. In der Systemtabelle wird der hier vergebene Wert später als *issuer_name* angezeigt, was eigentlich dem Namen des Ausstellers entspräche.

```
CREATE CERTIFICATE wawi_clr
    ENCRYPTION BY PASSWORD = 'sqlserver2017isttoll'
    WITH SUBJECT = 'Trusted CLR-Code',
    EXPIRY_DATE = '20991231';
```

Als Ablaufdatum habe ich den 31. Dezember 2099 angegeben, um damit quasi ein endlos gültiges Zertifikat zu erstellen. Nach dem Ausführen der Anweisung kann es über die Systemtabelle *sys.certificates* ausgelesen werden.

```
SELECT * FROM sys.certificates WHERE name = 'wawi_clr';
```

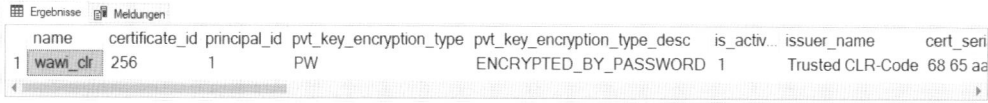

Bild 7.33 In Benutzerdatenbank erstelltes Zertifikat

Bild 7.33 zeigt lediglich die ersten sieben Spalten der Systemtabelle *sys.certificates*. Hinter der Seriennummer befinden sich noch Spalten wie beispielsweise das Ablaufdatum, der Fingerabdruck (*thumbprint*) und die Schlüssellänge (*key_length*).

 ACHTUNG! Merken Sie sich das Kennwort des Zertifikats unbedingt, denn ohne dieses kann das Zertifikat nicht zum Signieren verwendet werden. ∎

Assembly in Datenbank signieren

Nun haben wir in unserer Benutzerdatenbank ein Zertifikat zur Verfügung und können mit diesem unsere beiden Beispiel-Assemblys signieren.

Dazu verwenden wir die Anweisung ADD SIGNATURE. Dabei wird das zu signierende Element in der Syntax Modulklasse::Modulname angegeben. Die Modulklasse ist in unserem Fall ASSEMBLY. Neben dem Namen des Zertifikats muss auch das Kennwort angegeben werden, das zum Entschlüsseln des privaten Schlüssels benötigt wird.

```
ADD SIGNATURE
TO ASSEMBLY::wawi_basis_2017
BY CERTIFICATE wawi_clr
WITH PASSWORD = 'sqlserver2017isttoll';

ADD SIGNATURE
TO ASSEMBLY::wawi_extern_2017
BY CERTIFICATE wawi_clr
WITH PASSWORD = 'sqlserver2017isttoll';
```

Informationen über signierte Objekte können Sie über die Systemtabelle *sys.crypt_properties* anzeigen und auslesen.

```
SELECT * FROM sys.crypt_properties;
```

	class	class_desc	major_id	thumbprint	crypt_type	crypt_type_desc	crypt_property
1	5	ASSEMBLY	65557	0xD13FBCF94FF173285...	SPVC	SIGNATURE BY CERTIFICATE	0x0100050204000000D4BF...
2	5	ASSEMBLY	65558	0xD13FBCF94FF173285...	SPVC	SIGNATURE BY CERTIFICATE	0x01000502040000007D87...

Bild 7.34 Informationen über signierte Assemblys

Entscheidend sind die beiden in Bild 7.34 zu sehenden Spalten *major_id* und *thumbprint*. Die Spalte *major_id* enthält für unterzeichnete Assemblys die *assembly_id* aus der zuvor schon verwendeten Systemtabelle *sys.assemblies*. Der Inhalt der Spalte *thumbprint* wiederum entspricht dem Inhalt der gleichnamigen Spalte aus der Tabelle *sys.certificates* und repräsentiert das verwendete Zertifikat.

Nun sind wir dem Endziel schon einen entscheidenden Schritt näher, unsere Assemblys sind nun einmal mit dem erstellten Zertifikat signiert.

Möchten Sie die Signatur von einer Assembly aus wieder entfernen, verwenden Sie dazu die Anweisung DROP SIGNATURE. Anzugeben sind dabei lediglich der Name der Assembly sowie der Name des Zertifikats. Das Kennwort ist beim Entfernen der Signatur nicht notwendig.

```
DROP SIGNATURE
FROM ASSEMBLY::wawi_basis_2017
BY CERTIFICATE wawi_clr;
```

Auch die Anweisungen zum Entfernen der Signatur finden Sie im Beispielskript zu diesem Kapitel. Achten Sie darauf, dass Sie diese Anweisungen nicht versehentlich mit ausführen, wenn Sie den Code aus den Assemblys autorisieren möchten.

Zerfifikat in master-DB kopieren und Anmeldung erstellen

Den Abschluss des Vorgangs bildet das Kopieren des Zertifikats in die Systemdatenbank *master*, damit für dieses Zertifikat eine Anmeldung erstellt werden kann.

Da das Zertifikat in der master-Datenbank lediglich zum Prüfen der Signatur und nie selber zum Signieren verwendet werden soll, muss das Zertifikat ohne den privaten Schlüssel kopiert werden. Den privaten Schlüssel mit zu kopieren, würde eine Sicherheitslücke auftun.

> **HINWEIS:** In diesem Abschnitt werden Anweisungen zum Erstellen einer Anmeldung (Login) und zur Erteilung von Berechtigungen verwendet. Die Themen Zugriffe und Berechtigungen werden in Kapitel 10 behandelt. Wenn Sie möchten, lesen Sie dieses Kapitel vorweg, um sich beim Verständnis der Zusammenhänge leichter zu tun.

Wir haben zuvor mit der Anweisung CREATE CERTIFICATE unter Angabe eines Passworts ein neues selbstsigniertes Zertifikat erstellt. Alternativ kann die Anweisung aber auch dazu verwendet werden, ein extern erzeugtes Zertifikat auf dem SQL Server einzuspielen:

- CREATE CERTIFICATE FROM FILE: Angegeben wird der Name und der Pfad zu einer CER-Datei, die das Zertifikat enthält. Optional kann auch die PVK-Datei mit dem privaten Schlüssel mit angegeben werden.

- CREATE CERTIFICATE FROM EXECUTABLE FILE: Das Zertifikat wird aus einer zertifizierten ausführbaren Datei (zum Beispiel DLL) entnommen.

- CREATE CERTIFICTAE FROM BINARY: Die binäre Repräsentation des Zertifikats wird zur Erstellung des Zertifikats genutzt.

Die dritte dieser Varianten verwenden wir nun dazu, das Zertifikat in eine andere Datenbank zu kopieren. Dazu müssen wird die binäre Repräsentation des bestehenden Zertifikats auslesen, um diese für die Erstellung in der anderen Datenbank zu verwenden. Der SQL Server stellt uns dazu die Funktion CERTENCODED() zur Verfügung. Als Parameter wird für diese Funktion lediglich die ID des Zertifikats übergeben. Die ID des Zertifikats können wir aus der Systemtabelle *sys.certificates* auslesen.

```
DECLARE @zertifikat_id int = (SELECT certificate_id
                              FROM sys.certificates
                              WHERE name = 'wawi_clr');
```

Noch einfacher und kürzer funktioniert dies über die Funktion CERT_ID(). Diese liefert direkt die ID der Assembly, ähnlich der bereits bekannten Funktion OBJECT_ID(), welche die ID eines Objekts wie einer Tabelle, Prozedur oder eines Triggers zurückgibt. Die derart eruierte ID wird der Funktion CERTENCODED() übergeben und das Ergebnis dieser wiederum in einer Variablen mit dem Datentyp *varbinary(max)* abgelegt.

```
DECLARE @zertifikat_id int = CERT_ID('wawi_clr');
DECLARE @zertifikat_bin varbinary(max) = CERTENCODED(@zertifikat_id);
```

Leider kann die Variable nicht direkt zum Erstellen des Zertifikats verwendet werden, die Anweisung CREATE CERTIFICATE wawi_clr FROM BINARY = @zertifikat_bin liefert einen Fehler. Der binäre Inhalt muss hier direkt anstelle der Variable verwendet werden. Andererseits müssten wir vor dem Ausführen der Anweisung noch mit USE den Kontext auf die Datenbank master wechseln. Und dieser Vorgang müsste mit einem GO im Skript abgeschlossen werden, wodurch die Variable aber gleichzeitig ihre Gültigkeit verlieren würde.

Daher gehen wir den pragmatischen Weg: Wir geben den Inhalt der Variablen mit PRINT aus und kopieren ihn manuell in die Anweisung.

```
PRINT @zertifikat_bin;
```

Achten Sie beim Einfügen des binären Ergebnisses darauf, dass dieses innerhalb der Anweisung nicht wie Charakter unter Hochkomma zu setzen ist.

```
USE master
GO
CREATE CERTIFICATE wawi_clr
FROM BINARY = 0x308202C0308201A8A00302010...;
```

 HINWEIS: Mit der verwendeten Methode haben wir das Zertifikat ohne den privaten Schlüssel kopiert, da das Zertifikat in der master-Datenbank lediglich zum Prüfen, und nicht zum Signieren verwendet werden darf.

Vergleichen wir die beiden Zertifikate nun mit nachfolgender Anweisung, sehen wir den Verschlüsselungstyp des privaten Schlüssels für das in *master* gespeicherte Zertifikat als NA (not available) beziehungsweise als NO_PRIVATE_KEY angegeben. Hingegen wird für das Zertifikat in der Beispieldatenbank *wawi* der Wert PW (Password) beziehungsweise ENCRYPTED_BY_PASSWORD ausgegeben. Bis auf diese beiden Werte und die ID der Zertifikate sind alle anderen Spaltenwerte ident.

```
SELECT * FROM master.sys.certificates WHERE name = 'wawi_clr'
UNION ALL
SELECT * FROM wawi.sys.certificates WHERE name = 'wawi_clr';
```

	name	certificate_id	principal_id	pvt_key_encryption_type	pvt_key_encryption_type_desc	is_...	issuer_name	cert_serial_num
1	wawi_clr	261	1	NA	NO_PRIVATE_KEY	1	Trusted CLR-Code	68 65 aa 10 4c
2	wawi_clr	256	1	PW	ENCRYPTED_BY_PASSWORD	1	Trusted CLR-Code	68 65 aa 10 4c

Bild 7.35 Kopiertes Zertifikat in Systemdatenbank und Originalzertifikat

Nun trennen uns nur mehr zwei letzte Anweisungen von unserem Ziel, CLR-Code sauber ausführen zu können.

Wir erzeugen eine Anmeldung für das Zertifikat mit der Anweisung CREATE LOGIN. Danach erteilen wir dieser Anmeldung die Berechtigung UNSAFE ASSEMBLY. Dazu verwenden wir die Anweisung GRANT. Beide Anweisungen führen wir aus, wenn wir mit der Datenbank *master* verbunden sind. Die zweite würde einen Fehler erzeugen, wären wir mit einer anderen Datenbank verbunden, da Berechtigungen auf Serverebene nur erteilt werden können, wenn die aktuelle Datenbank die Masterdatenbank ist.

```
CREATE LOGIN wawi_clr FROM CERTIFICATE wawi_clr;
GRANT UNSAFE ASSEMBLY TO wawi_clr;
```

Es sei an dieser Stelle noch einmal wiederholt, dass Sie in Kapitel 10 ausführliche Informationen über das Erstellen von Anmeldungen und das Erteilen von Berechtigungen finden.

Wechseln Sie nun wieder in den Kontext der Beispieldatenbank *wawi* zurück und führen Sie eine der Prozeduren aus. Sie werden sehen, aufgrund der ordnungsgemäßen Signatur ist dies nun möglich.

Sie können testweise die Berechtigung wieder entziehen, und schon lässt sich der Code nicht mehr ausführen. Mit REVOKE entziehen Sie ein erteiltes Recht wieder.

```
REVOKE UNSAFE ASSEMBLY FROM wawi_clr;
```

Um gegebenenfalls die Anmeldung wieder zu löschen, verwenden Sie die DROP LOGIN-Anweisung.

```
DROP LOGIN wawi_clr;
```

Wird ein Zertifikat nicht mehr benötigt, löschen Sie es mit der Anweisung DROP. Dies ist aber erst möglich, wenn zuvor die Anmeldung entfernt worden ist, der das Zertifikat zugewiesen war.

```
DROP CERTIFICATE wawi_clr;
```

Zertifikat in andere Benutzerdatenbank kopieren

Beim Kopieren des Zertifikats in die Masterdatenbank haben wir den privaten Schlüssel nicht mit übertragen. Möchten Sie das Zertifikat nun in eine andere Benutzerdatenbank übertragen, um dort ebenso Assemblys damit zu signieren, müssen Sie den privaten Schlüssel mit übergeben.

Der Vorgang unterscheidet sich im Prinzip nicht von dem zuvor verwendeten, er muss nur ein wenig erweitert werden. Zum Auslesen des privaten Schlüssels in der Herkunftsdatenbank wird die Funktion CERTPRIVATEKEY() verwendet. Diese liefert die binäre Repräsentation des privaten Schlüssels, analog zur Funktion CERTENCODED(). Sie benötigt dazu drei Parameter:

- Die ID des Zertifikats, die typischerweise mit der Funktion CERT_ID() eruiert wird.
- Ein Passwort zur Verschlüsselung des Ergebnisses, damit der Schlüssel nicht allgemein sichtbar ausgegeben wird. Diese Verschlüsselung ist gleichsam eine temporäre Verschlüsselung, nur für den Transport des privaten Schlüssels. Das Passwort wird an dieser Stelle frei definiert und hat nichts mit dem Passwort zu tun, mit dem das Zertifikat erstellt worden ist.
- Das Passwort, mit dem das Zertifikat bei der Verschlüsselung erstellt worden ist. Dies wird zur Entschlüsselung und damit für das Auslesen des privaten Schlüssels aus dem Zertifikat benötigt. Ist dieses Passwort nicht mehr bekannt, kann der Schlüssel nicht mehr ausgelesen werden. Daher heben Sie das Kennwort, mit dem Sie ein Zertifikat erstellen, immer an einem sicheren Ort für die spätere Verwendung auf.

Wir verwenden für die temporäre Verschlüsselung das Passwort „nix_zu_sehen", das wir danach gleich wieder bei der Anlage des Zertifikats benötigen.

```
USE wawi;GO
DECLARE @zertifikat_id int = CERT_ID('wawi_clr');
DECLARE @zertifikat_bin varbinary(max) = CERTENCODED(@zertifikat_id);
DECLARE @private_key varbinary(max) = CERTPRIVATEKEY(@zertifikat_id,
                                                     'nix_zu_sehen',
                                                     'sqlserver2017isttoll');

PRINT @zertifikat_bin;
PRINT @private_key;
```

Wir geben die binären Werte des Zertifikats sowie des privaten Schlüssels jeweils mit der Anweisung PRINT aus, um sie danach in das Statement zur Anlage des Zertifikats in der anderen Datenbank einzufügen.

In der nachfolgenden Anweisung habe ich die Binärwerte in der Darstellung gekürzt. Die Anweisung CREATE CERTIFICATE wird nun um den Zusatz WITH PRIVATE KEY ergänzt.

```
USE kapitel3;
GO
CREATE CERTIFICATE wawi_clr
FROM BINARY = 0x308202C0308201A8A00302010...
WITH PRIVATE KEY ( BINARY = 0x1EF1B5B000000000010000000...,
                   DECRYPTION BY PASSWORD = 'nix_zu_sehen',
                   ENCRYPTION BY PASSWORD = 'ilovesqlserver2017');
```

Für die Option DECRYPTION BY PASSWORD wird das temporäre, zuvor für den Transport des Schlüssels vergebene Passwort verwendet. Die Option ENCRYPTION BY PASSWORD wird verwendet, um den privaten Schlüssel im neu kopierten Zertifikat zu verschlüsseln. Dies kann das ursprüngliche Passwort sein, kann aber auch anderes gewählt werden und wird später gegebenenfalls zum Entschlüsseln des Zertifikats wieder benötigt. Haben Sie in der Zieldatenbank nun ein anderes Passwort als in der Herkunftsdatenbank vergeben, sollten Sie auch dieses an einem sicheren Ort aufbewahren.

Nun können Sie auch in der Zieldatenbank Assemblys mit diesem Zertifikat verschlüsseln. Diese können danach ebenso ausgeführt werden wie jene in der Herkunftsdatenbank.

Geben wir nun zum Abschluss die Informationen des Zertifikats in den drei Datenbanken gemeinsam aus, können wir erkennen, dass die Zertifikatsinformationen in den beiden Benutzerdatenbanken ident sind und sich das Zertifikat in der Masterdatenbank lediglich durch den fehlenden privaten Schlüssel unterscheidet.

```
SELECT 'master' AS DB, * FROM master.sys.certificates WHERE name = 'wawi_clr'
UNION ALL
SELECT 'wawi', * FROM wawi.sys.certificates WHERE name = 'wawi_clr'
UNION ALL
SELECT 'kapitel3', * FROM kapitel3.sys.certificates WHERE name = 'wawi_clr';
```

	DB	name	certificate_id	principal_id	pvt_key_...	pvt_key_encryption_type_desc	is_act...	issuer_name	cert_serial_number
1	master	wawi_clr	264	1	NA	NO_PRIVATE_KEY	1	Trusted CLR...	68 65 aa 10 4c 58 a2
2	wawi	wawi_clr	256	1	PW	ENCRYPTED_BY_PASSWORD	1	Trusted CLR...	68 65 aa 10 4c 58 a2
3	kapitel3	wawi_clr	266	1	PW	ENCRYPTED_BY_PASSWORD	1	Trusted CLR...	68 65 aa 10 4c 58 a2

Bild 7.36 Kopierte Zertifikate

Der Vorteil der gezeigten Methode liegt darin, dass Sie einerseits mit SQL Server-Bordmitteln auskommen und sich der Deployment-Vorgang gut über SQL-Skripte automatisieren lässt. Möchten Sie eine neue oder bestehende angepasste Assembly über die SSDT bereitstellen, führen Sie folgende Schritte durch:

1. Die Zertifikate erstellen Sie vorab in der Datenbank und legen die korrespondierende Anmeldung an, sofern diese nicht ohnehin schon vorhanden sind.

2. Aktivieren Sie (vorübergehend!) die TRUSTWORTYH-Einstellung für die gewünschte Datenbank, am besten mit einem vorbereiteten Skript.

3. Stellen Sie den Code über SSDT mit generiertem Skript, wie in diesem Kapitel gezeigt, bereit, indem Sie das Deaktivieren von TRUSTWORTHY aus dem Bereitstellungsskript vor dem Ausführen entfernen.

4. Mit einem vorbereiteten Skript signieren Sie die neuen/alten Assemblys direkt in der Datenbank und deaktivieren die TRUSTWORTHY-Einstellung für die Datenbank danach sofort wieder.

■ 7.9 Verwalten des Servers mit SMO

.NET ist durch die CLR-Integration beim SQL Server stark vertreten. Daher ist es nur logisch, dass auch bei der Schnittstelle zur Programmierung der Verwaltung des SQL Servers .NET verwendet wird.

Die alte COM-basierte Schnittstelle für den Zugriff auf Funktionalitäten des SQL Servers ist inzwischen durch eine .NET-basierte ersetzt worden. Die Distributed Management Objects (DMO) sind durch die SQL Server Management Objects (SMO) ersetzt worden. Mit ihrer Hilfe können Sie sämtliche Funktionalitäten des SQL Servers aus einer eigenen Anwendung heraus aufrufen. Es gibt keine Funktionalität, die über diesen Weg nicht aufgerufen werden kann.

Typische Aufgabenstellungen, die über SMO zu erledigen sind, sind zum Beispiel:

- Auslesen von Informationen über Datenbankobjekte
- Erstellen und Verwalten von Datenbankobjekten
- Konfigurieren von Replikationen
- Verändern von Servereinstellungen
- Verwalten von Anmeldungen, Benutzern und Berechtigungen

Um Ihnen einen Eindruck von SMO zu geben, erstellen wir mit dem Visual Studio eine einfache WPF-App.

 ACHTUNG! Dieses Beispiel können Sie nicht mit der Visual Studio Shell der SSDT 2015/2017 realisieren, da Sie mit dieser keine Windows Forms-Anwendungen erstellen können. Installieren Sie dafür entweder ein Visual Studio Community, Professional oder höher. Das bisher auch schon in diesem Kapitel von mir verwendete Visual Studio Community 2017 bietet sich dafür an. ■

Wir verwenden SMO, um beim Start der Applikation die Namen der Datenbanken in ein Listenfeld einzulesen. Bei Auswahl einer Datenbank aus dieser Liste werden in das darunterliegende TreeView-Control die Namen von Tabellen, Sichten und Prozeduren dieser Datenbank eingelesen.

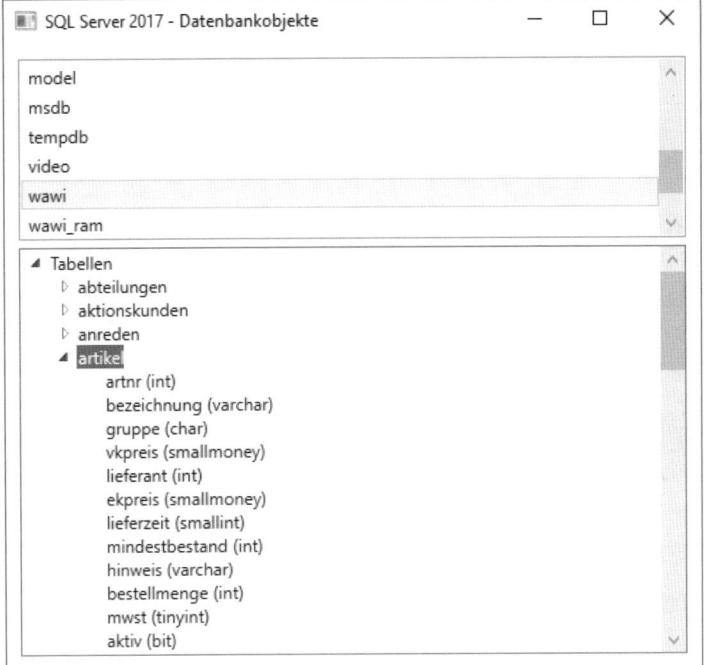

Bild 7.37 WPF-App mit SMO

Ich habe dazu im Visual Studio ein neues Projekt vom Typ *WPF-App (.NET Framework)* aus der Kategorie *Klassische Windows-Desktop* erstellt. Das hier standardmäßig erstellte *Main-Window.xaml* habe ich in *datenbankobjekte.xaml* umbenannt und eine ListBox mit dem Namen *lib_db* sowie ein TreeView mit dem Namen *tv_objekte* eingebaut.

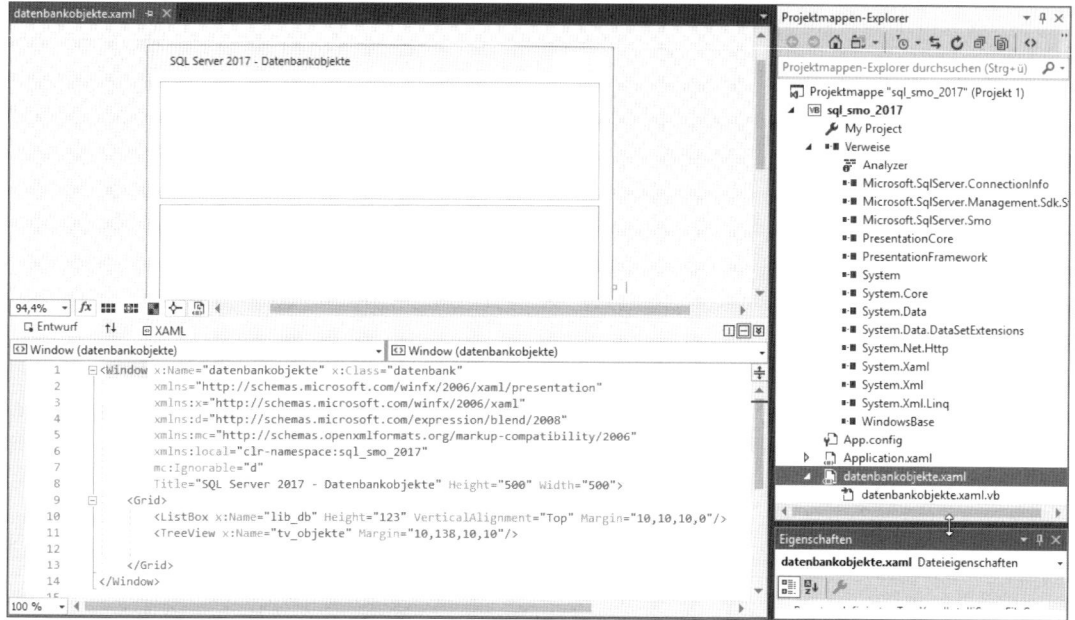

Bild 7.38 WPF-App-Projekt im Visual Studio

Damit Sie in einem Projekt SMO verwenden können, müssen Sie folgende drei Verweise einrichten.

- Microsoft.SqlServer.Smo
- Microsoft.SqlServer.Management.Sdk.Sfc
- Microsoft.SqlServer.ConnectionInfo

In Bild 7.38 sehen Sie diese Verweise im Projektmappen-Explorer bereits eingerichtet. Diese Verweise können Sie beispielsweise über die Projekteigenschaften einrichten. Wählen Sie dort die Seite *Verweise* und verwenden Sie die Schaltfläche HINZUFÜGEN. Sie finden die drei benötigten Verweise im Dialog *Verweis-Manager* unter *Assemblys* in der Kategorie *Erweiterungen*.

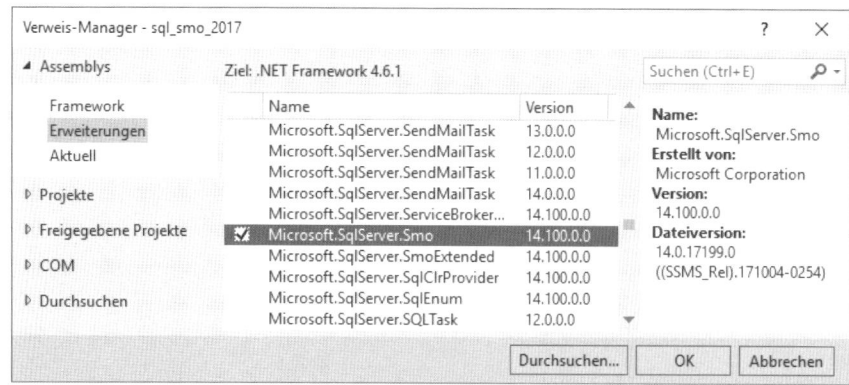

Bild 7.39 Verweis auf SMO-Komponenten einrichten

Alternativ gelangen Sie in diesen Dialog auch mit dem Befehl VERWEIS HINZUFÜGEN... über das Kontextmenü für den Eintrag *Verweise* im Projektmappen-Explorer.

Damit Sie nicht bei jedem Objekt den gesamten Verweis auf den Namespace eingeben müssen, referenzieren Sie in der Klasse des Formulars auf den SMO-Namespace.

```
Imports Microsoft.SqlServer.Management.Smo
Imports Microsoft.SqlServer.Management.Common
```

Beim Laden des Formulars wird die Sub *datenbanken_einlesen* aufgerufen, der als Parameter ein *ServerConnection*-Objekt übergeben wird. Dazu wird auf Klassenebene die Variable *server_conn* deklariert. Diese ist vom Typ *Microsoft.SqlServer.Management.Common.ServerConnection*.

```
Dim server_conn As New ServerConnection
```

Um dem *ServerConnection*-Objekt „Leben" einzuhauchen, können Sie entweder analog zum Beispiel für den Aufruf von Stored Procedures aus Kapitel 5 einen Connection-String verwenden oder aber das Objekt über verschiedene Eigenschaftseinstellungen für den Serverzugriff konfigurieren.

In dieser Variante verwenden Sie die Eigenschaft *ConnectionString*:

```
server_conn.ConnectionString = "server=SRVSQL2017;database=wawi;... "
```

Etwas übersichtlicher als der *ConnectionString* erscheint mir folgende Vorgangsweise: Festlegen des Servernamens über die Eigenschaft *ServerInstance*.

- Über die Eigenschaft *LoginSecure* legen Sie fest, ob Sie die Windows-Authentifizierung (True) oder die SQL Server-Authentifizierung (False) verwenden möchten.

- Bei der Verwendung der SQL Server-Authentifizierung legen Sie die Anmeldung und das Kennwort über die Eigenschaften *Login* und *Password* fest.

HINWEIS: Passen Sie die Verbindungsparameter in diesem Beispiel an Ihre Gegebenheiten an.

```
Private Sub datenbankobjekte_Loaded(sender As Object, e As RoutedEventArgs) Handles
datenbankobjekte.Loaded
    server_conn.ServerInstance = "SRVSQL2017"
    server_conn.LoginSecure = False
    server_conn.Login = "alina"
    server_conn.Password = "alina"
    datenbanken_einlesen(server_conn)
End Sub
```

PRAXISTIPP: Um sich mit Windows-Authentifizierung anzumelden, weisen Sie der Eigenschaft LoginSecure den Wert True zu und verzichten auf die Eigenschaften Login sowie Password.

Um die Datenbanknamen einzulesen, benötigen wir eine Objektvariable vom Typ *Microsoft. SqlServer.Management.Smo.Server,* um eine Verbindung mit dem Server herzustellen, und eine weitere vom Typ *Microsoft.SqlServer.Management.Smo.Database* für den Zugriff auf die Namen der Datenbanken. Im nachfolgenden Beispielcode der Prozedur *datenbanken_einlesen* sehen Sie, wie eine Verbindung über das zuvor beschriebene *ServerConnection*-Objekt hergestellt wird. In einer For Each-Schleife werden danach die Datenbanknamen eingelesen und dem Listenfeld angefügt.

```
Private Sub datenbanken_einlesen (ByVal srvconn As ServerConnection)
    Dim sql_server As New Server(srvconn)
    Dim db As Database
    Dim dbname As String
    Me.lib_db.Items.Clear()
    For Each db In sql_server.Databases
        dbname = db.Name
        Me.lib_db.Items.Add(dbname)
    Next
End Sub
```

Wird im Listenfeld eine Datenbank ausgewählt, wird die weitere Sub tabellen_einlesen aufgerufen. Der Name der Datenbank aus dem Listenfeld wird dabei mit übergeben.

```
Private Sub lib_db_SelectionChanged(sender As Object, e As SelectionChangedEventArgs)
Handles lib_db.SelectionChanged
    tabellen_einlesen(server_conn, Me.lib_db.SelectedItem)
End Sub
```

In der Prozedur *tabellen_einlesen* erfolgt der Zugriff auf die Tabellen, Sichten und Prozeduren. Deren Namen werden in Schleifen eingelesen und dem TreeView-Control als Elemente (Items) hinzugefügt.

Im ersten Schritt werden die Tabellennamen in einer For Each-Schleife eingelesen, innerhalb dieser für jede Tabelle die Spaltennamen und deren Datentyp in einer zweiten Schleife.

```
Private Sub tabellen_einlesen(ByVal srvconn As ServerConnection, ByVal dbname As String)
    Dim sql_server As New Server(srvconn)
    Dim db As Database = sql_server.Databases(dbname)
    Dim tabelle As Table, tabname As String
    Dim spalte As Column, spname As String, sptyp As String
    Dim sicht As View, sichtname As String
    Dim prozedur As StoredProcedure, prozname As String
    Dim param As Parameter, paramname As String

    Me.tv_objekte.Items.Clear()

    'Tabellen
    Dim objekt_tabellen As New TreeViewItem
    objekt_tabellen.Header = "Tabellen"
    Me.tv_objekte.Items.Add(objekt_tabellen)

    For Each tabelle In db.Tables
        tabname = tabelle.Name
        Dim tabelle_item As New TreeViewItem
        tabelle_item.Header = tabname
        objekt_tabellen.Items.Add(tabelle_item)
```

```vbnet
        For Each spalte In tabelle.Columns
            spname = spalte.Name
            sptyp = spalte.DataType.ToString
            Dim spalte_item As New TreeViewItem
            spalte_item.Header = spname & " (" & sptyp & ")"
            tabelle_item.Items.Add(spalte_item)
        Next
    Next
```

Beim Hinzufügen der Sichten wird zusätzlich das Schema abgefragt, um Systemsichten (*sys*) und jene des Informationsschemas (*INFORMATION_SCHEMA*) auszuschließen. Analog zu den Tabellen werden die Spalten mit Datentypen für jede Sicht eingelesen und jeweils darunter im Baum dargestellt.

```vbnet
'Sichten
Dim objekt_sichten As New TreeViewItem
objekt_sichten.Header = "Sichten"
Me.tv_objekte.Items.Add(objekt_sichten)

For Each sicht In db.Views
    If sicht.Schema <> "INFORMATION_SCHEMA" And sicht.Schema <> "sys" Then
        sichtname = sicht.Name
        Dim sicht_item As New TreeViewItem
        sicht_item.Header = sichtname

        objekt_sichten.Items.Add(sicht_item)

        For Each spalte In sicht.Columns
            spname = spalte.Name
            sptyp = spalte.DataType.ToString
            Dim spalte_item As New TreeViewItem
            spalte_item.Header = spname & " (" & sptyp & ")"
            sicht_item.Items.Add(spalte_item)
        Next
    End If
Next
```

Ebenso werden beim Hinzufügen der Prozeduren jene aus dem Schema *sys* nicht berücksichtigt. Anstelle der Spaltennamen werden bei den Prozeduren die Parameter ebenso mit dem jeweiligen Datentyp ausgelesen und eingefügt.

```vbnet
'Prozeduren
Dim objekt_proz As New TreeViewItem
objekt_proz.Header = "Prozeduren"
Me.tv_objekte.Items.Add(objekt_proz)

For Each prozedur In db.StoredProcedures
    proznamen = prozedur.Name
    If prozedur.Schema <> "sys" Then
        Dim proz_item As New TreeViewItem
        proz_item.Header = proznamen

        objekt_proz.Items.Add(proz_item)

        For Each param In prozedur.Parameters
```

```
                paramname = param.Name
                sptyp = param.DataType.ToString
                Dim param_item As New TreeViewItem
                param_item.Header = paramname & " (" & sptyp & ")"
                proz_item.Items.Add(param_item)
            Next
        End If
    Next
Sub
```

In Bild 7.40 sehen sie die Anzeige der Prozeduren mit den Parametern.

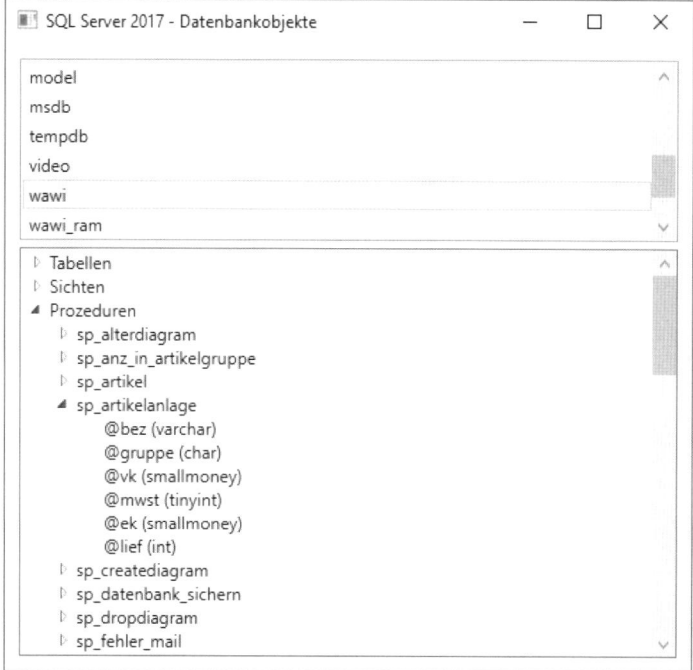

Bild 7.40 Prozeduren mit Parametern

Dieses Beispiel sollte Ihnen einen kleinen Einblick in die Verwendung von SMO geben. Wenn Sie mit Ihrer eigenen Oberfläche auf den SQL Server zugreifen oder eigene Utilities für den SQL Server entwickeln möchten, sind SMO das richtige Werkzeug dazu.

■ 7.10 Übrigens: Debuggen

Am Ende des vorigen Kapitels habe ich Ihnen erläutert, wie man mit dem Management Studio Transact-SQL debuggen kann. Sie können Stored Procedures aber auch mit den SSDT im Visual Studio debuggen. Der Vorteil besteht darin, dass Sie sowohl T-SQL Stored Procedures als auch .NET-Stored Procedures an einer Stelle testen können.

HINWEIS: Mit dem Visual Studio 2015 und 2017 kann das Debuggen bereits mit der freien Community Edition erfolgen, Sie benötigen kein Visual Studio Professional mehr dazu.

7.10.1 Debuggen einer T-SQL Stored Procedure

Um eine T-SQL-Prozedur zu debuggen, gehen Sie wie folgt vor.

5. Öffnen Sie im Visual Studio über das Menü ANSICHT den *SQL Server-Objekt-Explorer*.

6. Sofern Sie noch keine Verbindung zu Ihrem SQL Server eingerichtet haben, erstellen Sie eine neue Datenverbindung über das Kontextmenü. Anderenfalls wählen Sie den gewünschten Server aus und öffnen die Ordnerstruktur, bis Sie zu den gespeicherten Prozeduren gelangen.

7. Wählen Sie die zu debuggende Prozedur aus – egal ob eine .NET-gespeicherte Prozedur oder eine klassische in Transact-SQL programmierte Prozedur – und wählen Sie im Kontextmenü den Befehl PROZEDUR DEBUGGEN... aus.

8. Geben Sie im Dialog die Parameter für die Prozedur ein. Für die Prozedur *sp_lagerbuchung* ergibt sich beispielsweise folgendes Bild:

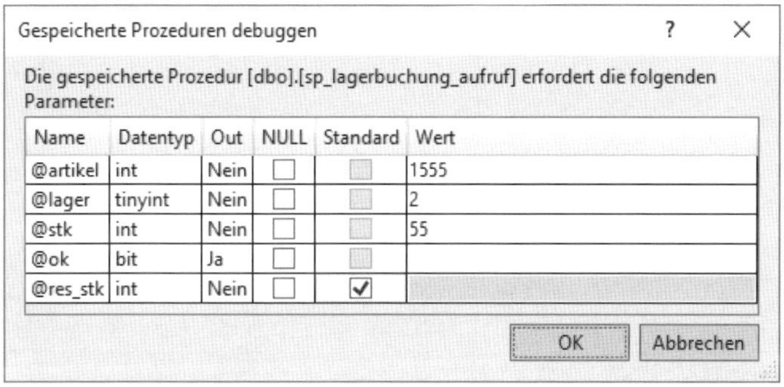

Bild 7.41 Parameter für zu testende Prozedur

9. Sie können die Prozedur nun analog zum Management Studio im Einzelschrittmodus über die Symbolleiste oder mit der Taste F11 durchlaufen.

Die üblichen Debugging-Instrumente wie zum Beispiel Haltepunkte, Lokal- und Überwachungsfenster, Aufrufreihenfolge usw. stehen Ihnen wie gewohnt zur Verfügung.

 HINWEIS: Gegebenenfalls werden Sie noch aufgefordert, die Firewall so konfigurieren zu lassen, dass Remote-Debugging ermöglicht wird. Die client- sowie serverseitigen Anforderungen für Remote-Debugging sind dieselben wie am Ende des vorigen Kapitels für das SQL Server Management Studio beschrieben.

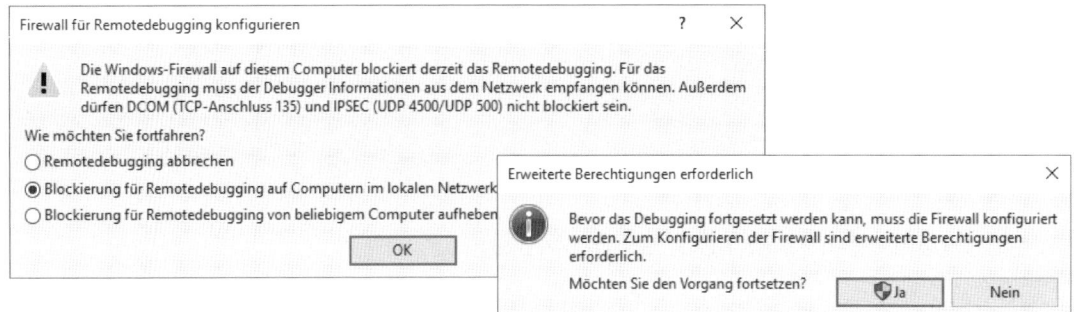

Bild 7.42 Firewall für Debuggen freischalten

In Bild 7.43 sehen Sie eine T-SQL Stored Procedure im Visual Studio im Einzelschrittmodus, die Variableninhalte im Fenster *Lokal* sowie die Aufrufreihenfolge im Fenster *Aufrufliste*.

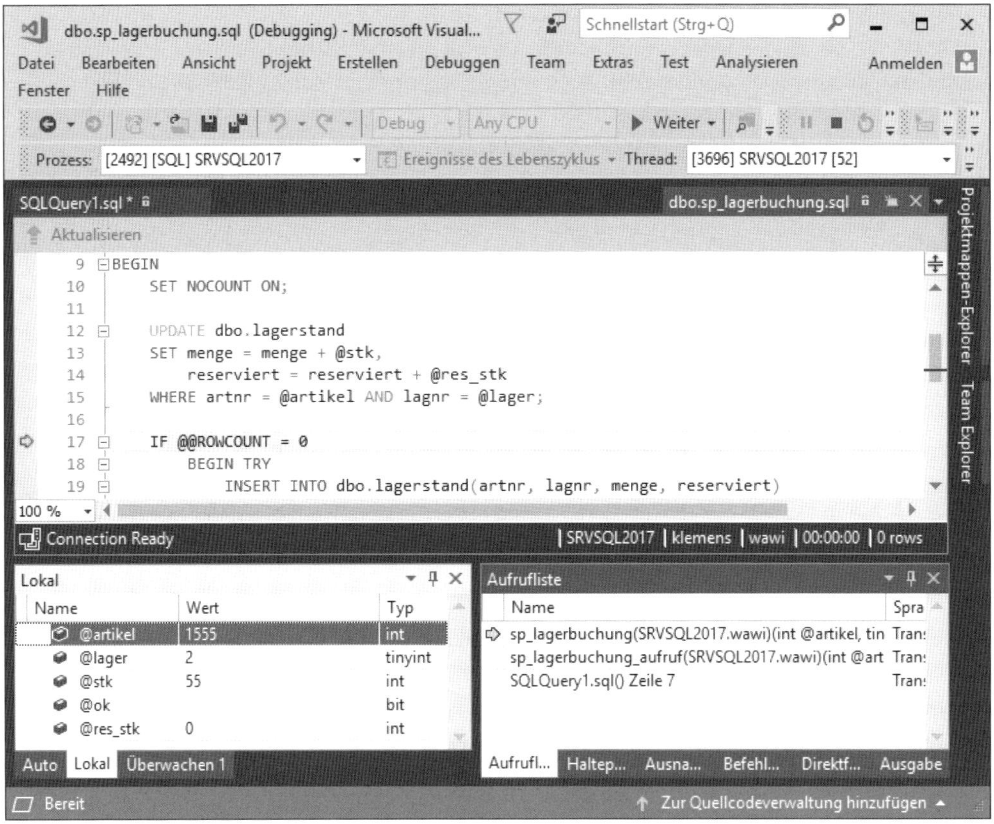

Bild 7.43 T-SQL Stored Procedure debuggen

7.10.2 Debuggen einer .NET-Stored Procedure

Etwas anders sieht es dabei aus, wenn Sie eine .NET-Prozedur debuggen möchten. Sie müssen sich vor Augen halten, dass der SQL Server eine Common Language Runtime verwendet. Also liegt der Code auf diesem nur in kompilierter Form und nicht als Quellcode vor. Die Verfügbarkeit des Quellcodes ist aber Voraussetzung für das Debuggen von Programmcode. Wenn Sie das Debuggen einer .NET-Prozedur auf dieselbe Art und Weise wie das einer T-SQL-Prozedur starten, können Sie vorerst im Einzelschrittmodus nicht den .NET-Code durchlaufen, sondern lediglich die darin enthaltenen SQL-Anweisungen. Diese werden als dynamisches Transact-SQL in jeweils einem eigenen Fenster angezeigt.

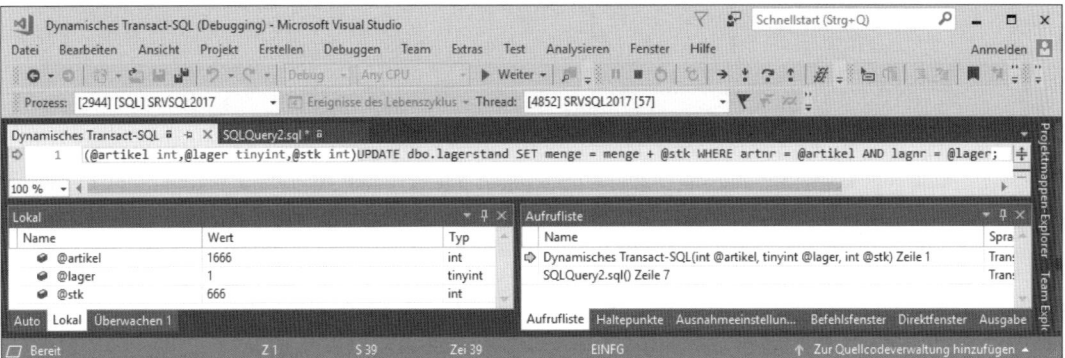

Bild 7.44 Dynamisches SQL debuggen

HINWEIS: Damit „richtiges" Debuggen möglich wird, muss man den Quellcode in Form des SSDT-Projekts zusätzlich zur Verfügung haben und nach dem Start des Debuggens bereitstellen.

ACHTUNG! Bevor Sie .NET-Prozeduren debuggen können, müssen Sie noch zusätzlich das CLR-Debuggen aktivieren. Erledigen Sie das über das Kontextmenü im SQL Server-Objekt-Explorer für den betroffenen Server.

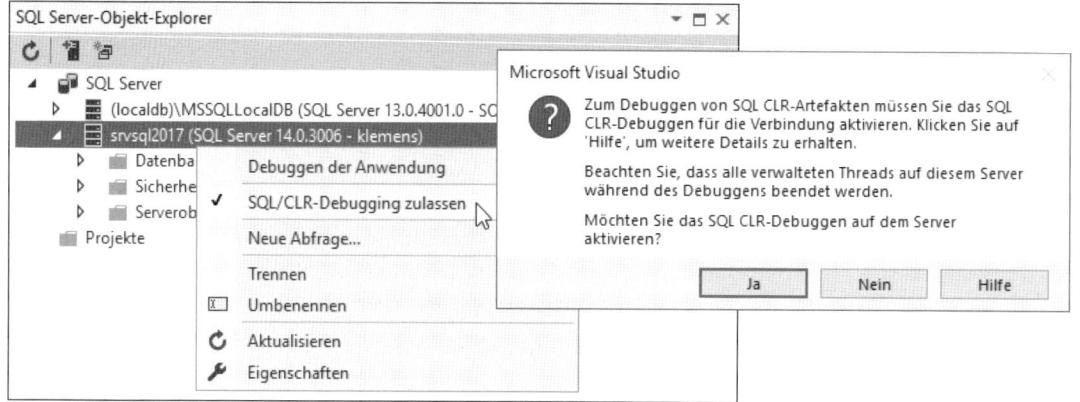

Bild 7.45 CLR-Debuggen aktivieren

Das Starten des Debuggens erfolgt auf dieselbe Art und Weise wie bei T-SQL-Prozeduren über das Kontextmenü. Im Dialog sind danach die Parameterwerte einzugeben, bevor der eigentliche Debugging-Vorgang startet. Ich habe wie in Bild 7.46 zu sehen die in diesem Kapitel erzeugte Prozedur *sp_lagerbuchung_clr_kombi* für das Debuggen ausgewählt.

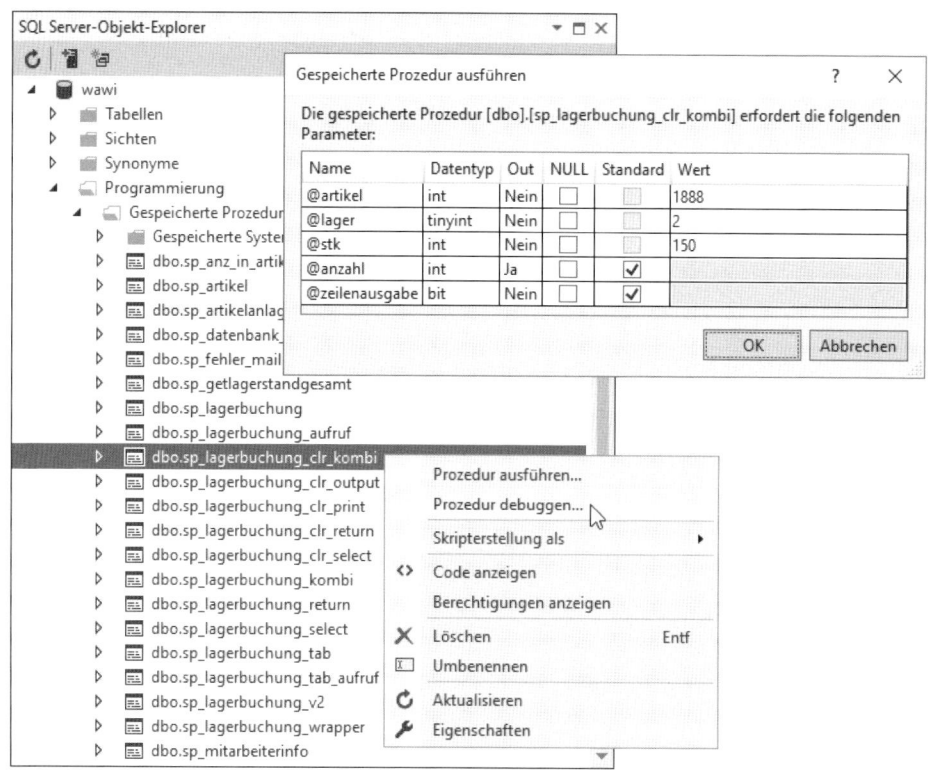

Bild 7.46 Aufruf für das Debuggen einer .NET-Prozedur

Bestätigen Sie beim Aufruf die Frage, ob Sie sich an den Prozess anhängen möchten. Sollte es Probleme beim Start des Debuggens geben, starten Sie das Visual Studio als Administrator.

Vorerst wird wie beim Debuggen von T-SQL-Prozeduren der Aufruf in ein Abfragefenster als EXECUTE-Anweisung eingetragen und gestartet. Fahren Sie hier im Einzelschrittmodus, zum Beispiel mit der Taste **F11**, fort. Sobald der .NET-Code aufgerufen wird, erscheint ein Öffnen-Dialog, um die benötigte Codedatei aus dem Projekt auszuwählen. Es ist ausreichend, wenn Sie den Projektordner auswählen. Achten Sie aber darauf, dass das angegebene Projekt mit der Version, die Sie auf dem Server bereitgestellt haben, übereinstimmt. Danach geht es in gewohnten Stil mit dem Debuggen weiter. Sie können Haltepunkte setzen, Variableninhalte im Fenster *Lokal* überwachen und vieles mehr.

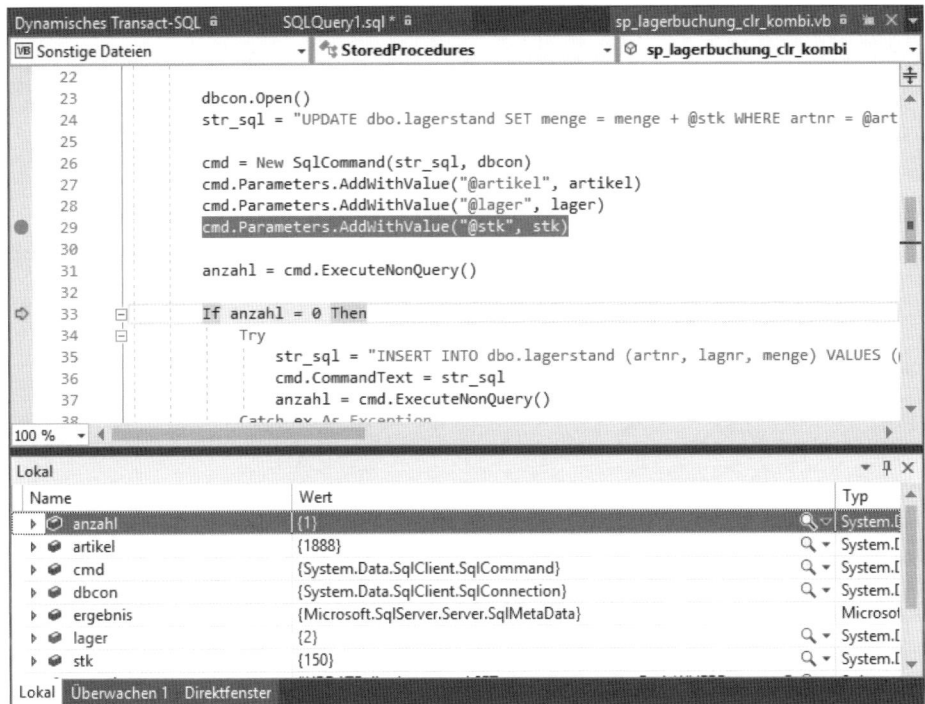

Bild 7.47 Debuggen einer .NET-Prozedur

Ist das Projekt noch lokal auf ihrem Rechner verfügbar und wird es vom Visual Studio auch gefunden, müssen Sie die manuelle Auswahl gar nicht vornehmen.

8

Data Tier Applications und SQL Server Data Tools

In diesem Kapitel möchte ich Ihnen den Einsatz von *Data Tier Applications* und den *SQL Server Data Tools* erläutern. Diese Werkzeuge zielen auf das Entwickeln und Verteilen von Datenbanklösungen ab. Da Datenebenenanwendungen – das ist die deutsche Bezeichnung für Data Tier Applications – teilweise Hand in Hand mit den SQL Server Data Tools arbeiten, habe ich mich entschlossen, diese beiden gemeinsam in einem Kapitel zu behandeln.

Während sich Datenebenenanwendungen dem Thema „Verteilen und Aktualisieren von Anwendungen" widmen, geht es bei den SQL Server Data Tools um Entwicklungswerkzeuge, die dem Entwickler ein Toolset zur Verfügung stellen, das alle Bereiche der Entwicklung mit dem SQL Server abdeckt. Entwickler sind damit in der Lage, auf das SQL Server Management Studio zur Gänze zu verzichten. Wir haben im vorigen Kapitel schon mit den SQL Server Data Tools (SSDT) bei der Programmierung für die SQL Server CLR gearbeitet. Dies ist aber nur eine spezielle Anwendung für dieses Werkzeug. In diesem Kapitel möchte ich Ihnen die allgemeinen Einsatzgebiete dieses Ansatzes zeigen.

■ 8.1 Datenebenenanwendungen

Das für Datenebenenanwendungen verwendete Kürzel *DAC* kommt vom englischen Originalbegriff **D**ata Tier **A**pplication. Ich gebe zu, für das Herleiten der Abkürzung benötigt man ein wenig Fantasie.

 HINWEIS: In der deutschen Übersetzung hat die Bezeichnung schon mehrmals gewechselt. In der Version 17 scheint die Daten**ebenen**anwendung wieder als Daten**schicht**anwendung im Menü auf. In den weiteren Dialogen scheint wieder die andere Bezeichnung auf. Lassen Sie sich von den wechselnden Bezeichnungen nicht irritieren.

Da es auch um das Erstellen und Verteilen der Grundstruktur einer Datenbank geht, hat sich auch das Kapitel 3 für dieses Thema angeboten. Da es hierbei aber über das Erstellen von Tabellen weit hinausgeht und auch den Umgang mit dem Visual Studio benötigt, habe ich mich letztendlich für die zuvor beschriebene Vorgangsweise entschieden.

Was ist eigentlich die Idee hinter den Datenebenenanwendungen?

In der Praxis sind die Aufgaben zwischen Entwickler und Administrator einer Datenbank oft verteilt. Der Entwickler erstellt eine Datenbank und Features, und der Administrator stellt diese auf einer Datenbankinstanz bereit. Das erfordert ein enges Zusammenarbeiten dieser beiden. Ziel dieser Funktion ist es, genau diese Zusammenarbeit zu vereinfachen und zu optimieren:

- Die Anwendung wird in Form einer einzigen Datei vom Entwickler zur Verfügung gestellt und kann mit einfachen Mitteln von einem Administrator auf eine oder mehrere Instanzen verteilt werden. Dadurch entfällt das teils unübersichtliche Handling von SQL-Skripten, das ja selber organisiert werden muss.

- Der Entwickler kann für seine Anwendung Anforderungen an den Zielserver definieren. Diese Richtlinien werden direkt beim Deployment geprüft.

- Eine Versionierung von Entwicklungsständen wird unterstützt.

Datenebenenanwendungen sind ein sehr mächtiges Feature, das neben dem reinen Erstellen von Datenbankobjekten noch zahlreiche Funktionen bietet. So können Sie zum Beispiel neben den Richtlinien für die ausführende Serverinstanz auch schon Anmeldungen und Datenbankbenutzer, die benötigt und beim Deployment mit erstellt werden, definieren. Ich möchte Ihnen Datenebenenanwendungen anhand eines einfachen kleinen Beispiels vorstellen. Dieses kann natürlich nicht alle Facetten dieses Themas abdecken, soll Ihnen aber einen guten Eindruck über dieses Feature und seine Verwendung bieten.

Für dieses Beispiel verwende ich folgendes Szenario: Eine Datenbankanwendung wird mit dem Visual Studio erstellt und auf einer Testinstanz direkt bereitgestellt. Da der Entwickler auf die Instanz des Produktivsystems keinen administrativen Zugriff hat, muss er die Anwendung dem Administrator zum Einspielen übergeben. Dazu wird die Anwendung im Visual Studio in eine einzige Datei, eine DAC-Paketdatei, gepackt. Diese verwendet die Dateierweiterung *.dacpac*. Daher wird sie auch gerne einfach als DACPAC bezeichnet.

Als Entwicklerinstanz verwende ich eine lokale Instanz. Es handelt sich um eine Express Edition, die als Standardinstanz auf meinem Rechner installiert ist. Als Produktivinstanz fungiert für dieses Beispiel die schon bisher verwendete Instanz *SRVSQL2017*.

8.1.1 DAC über Management Studio erstellen

Wenn Sie bereits eine fertig entwickelte Datenbank auf Ihrem Server haben, macht es Sinn, aus dieser direkt eine Datenebenenanwendung zu erstellen. Dazu wählen Sie für eine erstellte Datenbank im Kontextmenü den Befehl TASKS/DATENSCHICHTANWENDUNG EXTRA-HIEREN... aus. Ich verwende dazu eine fertige Beispieldatenbank auf meiner lokalen Serverinstanz.

HINWEIS: Wenn Sie das Menü öffnen, erscheinen zwei Befehle, die auf den ersten Blick nur schwer zu unterscheiden sind. Neben dem erwähnten Befehl scheint auch der Befehl DATENEBENENANWENDUNG EXPORTIEREN... auf. Mit diesem Befehl wird nicht eine DAC-, sondern die neue BAC-Datei erzeugt. Diese enthält im Unterschied zu ersteren nicht nur die Struktur der Anwendung, sondern auch Daten, die mit exportiert werden.

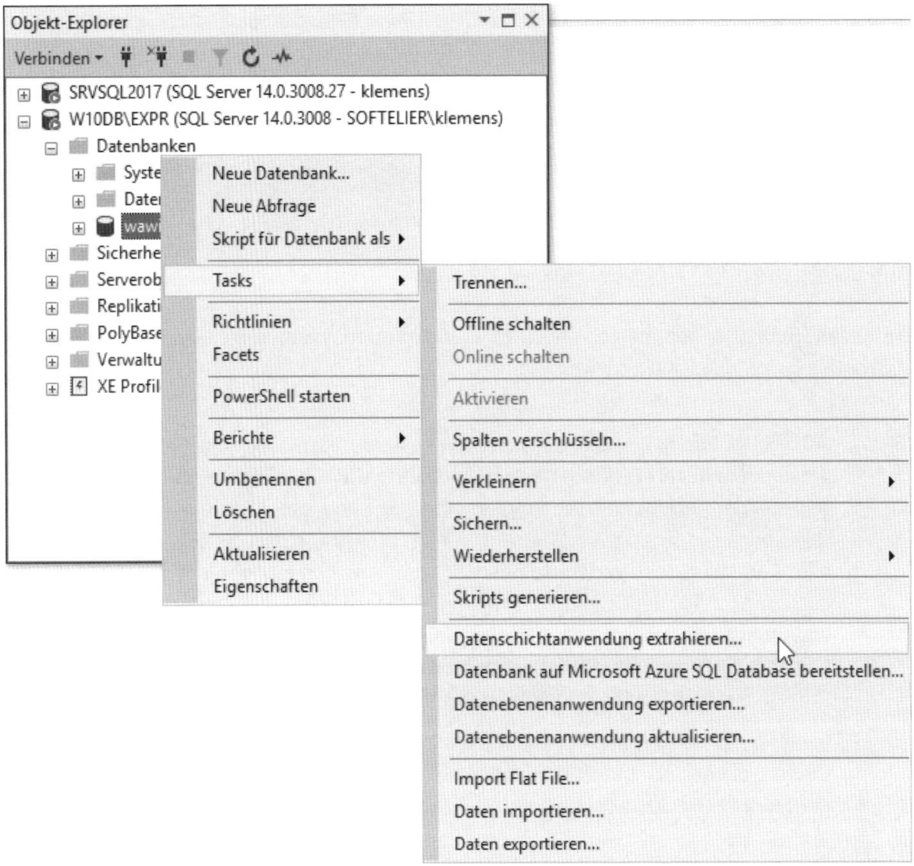

Bild 8.1 Datenebenen-/Datenschichtanwendung extrahieren

Im folgenden Dialog können Sie ein paar Eigenschaftseinstellungen für die Datenebenenanwendung vergeben. Neben dem Namen, der Version und einer optionalen Beschreibung geben Sie hier Namen und Pfad für die Paketdatei mit der Erweiterung *.dacpac* ein.

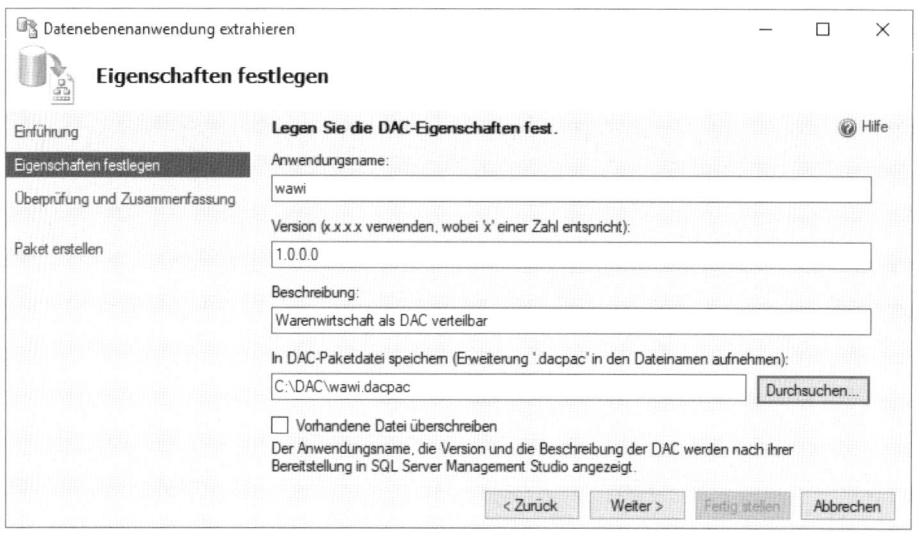

Bild 8.2 Eigenschaften für die Datenebenenanwendung

Im letzten Schritt bekommen Sie noch eine Zusammenfassung angezeigt, bevor dann der Extraktionsvorgang gestartet wird.

ACHTUNG! Beachten Sie, dass bestimmte Features, die externe Komponenten verwenden, nach wie vor das Erstellen eines DACPAC verhindern. Dies sind zum Beispiel der Aufruf der Prozedur `msdb.dbo.sp_send_dbmail` (siehe dazu Kapitel 6) oder der Einsatz von Change Data Capture (siehe dazu Kapitel 9). Auch vom Anmeldenamen verwaiste Benutzernamen stellen ein Problem dar (siehe dazu Kapitel 10). Jedoch ist zu erwähnen, dass es in früheren Versionen wesentlich mehr Hinderungsgründe für das erfolgreiche Erstellen einer Datenebenenanwendung gegeben hat. Hier wurden zum Beispiel auch Assemblys, .NET-Prozeduren, Funktionen und Trigger (siehe dazu Kapitel 7) nicht unterstützt.

Leider gehören aber auch die im letzten Kapitel verwendeten Signaturen zu den Dingen, die das erfolgreiche Erstellen einer Datenebenenanwendung verhindern, wie in Bild 8.3 zu sehen.

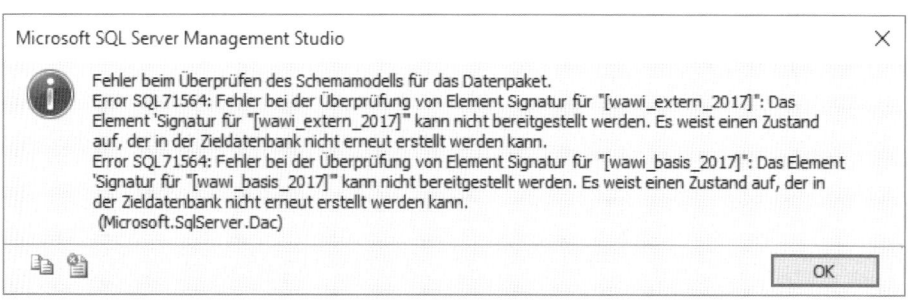

Bild 8.3 Fehler, weil Datenbank Signaturen enthält

Die erzeugte Datei enthält SQL-Skripte und beschreibende XML-Dateien. Mit einem Doppelklick auf diese PAC-Paketdatei starten Sie das Programm zum Entpacken des Pakets.

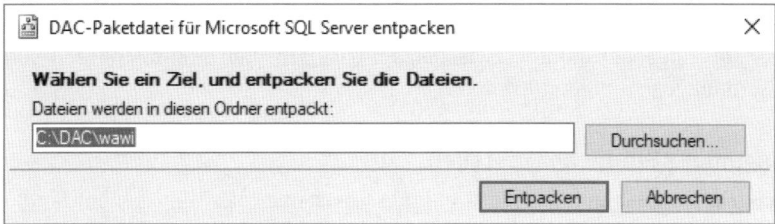

Bild 8.4 DAC-Paketdatei entpacken

In der Datei *model.sql* befinden sich die DDL-Anweisungen zum Erstellen der Datenbankobjekte. Wenn Sie einen Blick in diese Datei werfen, finden Sie dort die Anweisungen zum Erzeugen der im letzten Kapitel verwendeten Zertifikate, auch wenn das Signieren der Assemblys mit denselben leider nicht enthalten ist.

ACHTUNG! Wenn wir dies zu Ende denken, was bedeutet für eine Datenebenenanwendung die neue Strict Security für CLR-Code? (Enthält Ihre Datenbank, aus der Sie eine DAC generieren, keinen CLR-Code, können Sie dies natürlich ignorieren.)

Da zwar die Zertifikate und Assemblys Teil der DAC sind, aber die Signaturen vor dem Erstellen der DAC entfernt werden müssen, wird demzufolge das Bereitstellen der DAC auf dem Zielserver zu einem Fehler führen. Sofern eine Datenbank Assemblys enthält, wird nach dem Bereitstellen also manuelle Nacharbeit nötig sein. Damit das Bereitstellen in dieser Situation überhaupt funktionieren kann, müssen Sie vor dem Erstellen der DAC die TRUSTWORTHY-Eigenschaft für die Ausgangsdatenbank aktivieren. Nach dem Bereitstellen muss diese Einstellung auf dem Zielserver für die neue Datenbank wieder deaktiviert werden. Das Zertifikat muss, wie im vorigen Kapitel beschrieben, in die Masterdatenbank kopiert und eine Anmeldung mit diesem erstellt werden, der die Berechtigung UNSAFE ASSEMBLY erteilt wird.

8.1.2 Eine DAC auf dem SQL Server bereitstellen

Es gibt zwei Möglichkeiten, eine DAC auf einen SQL Server zu bringen. Welche Methode Sie einsetzen, hängt auch von den Rahmenbedingungen ab.

- Über die *SQL Server Data Tools*: Wenn Sie in den SSDT eine direkte Verbindung zum Zielserver einrichten können, kann die Anwendung mit einem einzigen Menübefehl automatisiert bereitgestellt und auch am Server als Datenebenenanwendung registriert werden.

- Über das *Management Studio*: Diese Variante wird typsicherweise verwendet, wenn der Entwickler keine Berechtigung zum Erstellen von Datenbanken auf dem Zielserver hat. In diesem Fall übergibt er die DAC-Paketdatei an den zuständigen Administrator, der dann das Bereitstellen übernimmt. Dies ist ja mitunter der Sinn- und Zweck von Datenebenenanwendungen, die Aufgabentrennung zwischen Entwicklern und Administratoren von Datenbankanwendungen zu unterstützen.

DAC mit Management Studio bereitstellen

In unserem Szenario wird das auf dem Entwicklungsserver über das Management Studio erzeugte File wiederum über das Management Studio auf dem Zielserver bereitgestellt. Führen Sie dazu im Objekt-Explorer auf dem Ordner *Datenbanken* im Kontextmenü den Befehl *Datenschichtanwendung bereitstellen…* aus. Der Assistent führt Sie nun durch die nachfolgenden Schritte. Wählen Sie die DAC-Paketdatei aus.

 HINWEIS: Beachten Sie, dass die Datei nicht – wie zum Beispiel beim Einspielen eines Backups (siehe dazu Kapitel 9) – zuerst auf das Filesystem des Servers kopiert werden muss. Die Datei wird auf dem Client mit dem Management Studio geöffnet und auf dem Server eingespielt, auch wenn dies eine Remote-Instanz ist. Dies ist vergleichbar mit einem SQL-Skript, das Sie manuell öffnen und ausführen.

Bild 8.5 Paket für Bereitstellung auswählen

Der Name der Datenbank wird aus der Paketdatei übernommen und vorgeschlagen. Wenn der Datenbankname bereits vergeben ist, wird neben dem Namen ein Ausrufezeichen angezeigt und Sie können erst fortfahren, wenn Sie diesen Namen ändern.

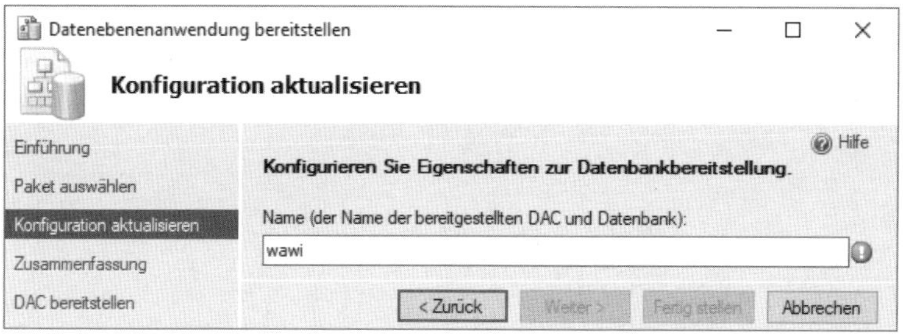

Bild 8.6 Zielname für die neue Datenbank

In diesem Fall ändern wir den Namen für die Datenbank auf *wawi_production*. Nach dem Bestätigen wird noch eine Zusammenfassung angezeigt, bevor die neue Datenbank am Server eingespielt und als Datenebenenanwendung registriert wird. Da auf diese Weise nur die Struktur einer Datenbank bereitgestellt wird, ist diese Datenbank zur Gänze leer.

> **HINWEIS:** Registrierte Datenebenenanwendungen sind im Management Studio bis zur Version 2012 im Objekt-Explorer noch unter VERWALTUNG/DATENEBE-NENANWENDUNGEN angezeigt worden. Dieser Eintrag ist seither offensichtlich vergessen worden. Daher müssen diese Informationen direkt aus der entsprechenden Systemtabelle der Systemdatenbank *msdb* ausgelesen werden.

Bevor wird dies tun, registrieren wir auch unsere bestehende Beispieldatenbank *wawi* als Datenebenenanwendung auf dem Server *SRVSQL2017*. Dazu wählen wir im Kontextmenü der Datenbank den Befehl TASKS/ALS DATENSCHICHTANWENDUNG REGISTRIEREN... aus. Auch wenn hier im Menü die Bezeichnung *Datenschichtanwendung* verwendet wird, sehen Sie in den nachfolgenden Dialogen wieder den Begriff *Datenebenenanwendung*.

```
SELECT * FROM msdb.dbo.sysdac_instances;
```

liefert:

	instance_id	instance_name	type_name	type_version	description	type_stream
1	7A6C790F-64FB-4557-86D6-AFB89...	wawi	wawi	1.0.0.0	Warenwirtschaft als DAC registriert	0x504B0304140000C
2	0E06324C-0D09-41B2-B0CD-E4FB...	wawi_production	wawi	1.0.0.0	Warenwirtschaft als DAC verteilbar	0x504B0304140000C

Bild 8.7 Registrierte Datenebenenanwendungen

8.1.3 Aktualisieren einer DAC

Ziel einer DAC ist in erster Linie aber nicht nur das erstmalige Deployment, sondern vielmehr die laufende Aktualisierung. Dazu legen wir in unserem Entwicklungssystem eine weitere Tabelle *einstellungen* an und ergänzen eine neue Spalte in der Tabelle *kunden*. In dieser soll vermerkt werden können, ob es sich bei einem Kunden um einen Stammkunden handelt.

```
CREATE TABLE dbo.einstellungen
( einst_code varchar(10),
  einst_wert nvarchar(500) NOT NULL,
  CONSTRAINT pk_einstellungen PRIMARY KEY (einst_code)
);

ALTER TABLE dbo.kunden
ADD stammkunde bit NOT NULL
CONSTRAINT df_kunden_stammkunde DEFAULT 0;
```

Nun können wir die Anwendung wie bei der Erstausrollung über den Menübefehl TASKS/ DATENEBENENANWENDUNG EXTRAHIEREN... ausgeben. Dabei erhöhe ich die Versionsnummer der Ordnung halber auf 1.0.0.1.

 PRAXISTIPP: Da Sie die Versionsnummer auch in der Anwendung auf dem Produktivserver auslesen können, macht es Sinn, diese Versionierung sauber zu führen. Damit haben Sie immer einen guten Überblick über die jeweiligen Stände auf dem Server.

Auf dem Produktivserver verwenden wir im Kontextmenü der Datenbank die Anweisung TASKS/DATENEBENENANWENDUNG AKTUALISIEREN..., um die neue Version einzuspielen. Wir wählen die Paketdatei mit der neuen Version aus und beginnen mit dem Vorgang. Im ersten Schritt läuft eine Änderungserkennung, in der die Definition der gewählten Datenbank mit der bereitgestellten DAC verglichen wird. Der Bereitstellungsassistent fragt uns im nächsten Schritt, ob bei einem Fehler ein Rollback durchgeführt wird, um in diesem Fall wieder in den Ausgangszustand zurückzukehren. In einer echten Produktivumgebung empfiehlt es sich durchaus, diese Option zu wählen, hier in meinem Test verzichte ich darauf.

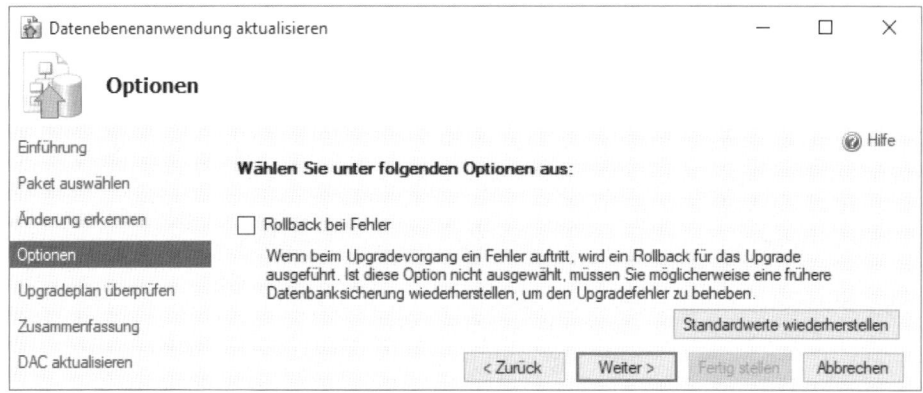

Bild 8.8 Rollback bei einem Fehler

Der Upgradeplan mit den auszuführenden Anweisungen wird zur Kontrolle noch einmal angezeigt. In unserem Fall zeigt er ein ALTER TABLE für die Tabelle *kunden* und ein CREATE TABLE für die Tabelle *einstellungen* an. Dies entspricht ja auch genau den Änderungen, die wir vorgenommen haben. Insofern ist dies nicht verwunderlich, aber in gewisser Hinsicht dennoch beachtlich. Außerdem hat das System erkannt, dass eine Sicht aktualisiert werden soll, da diese auf der geänderten Kundentabelle basiert.

 HINWEIS: Wir müssen uns vor Augen halten, dass das neu erstellte DAC-Paket nicht die von uns ausgeführten Änderungsanweisungen, sondern die neue fertige Struktur enthält. Die hier angezeigten Anweisungen sind also nicht eins zu eins übernommen worden, sondern sind aus dem Vergleich der Objekte aufgrund der erkannten Unterschiede neu generiert worden.

Optional können Sie diesen angezeigten Bericht speichern oder das Skript generieren, um dieses später manuell ausführen zu können.

Aktionen, die zu einem Datenverlust führen könnten, werden mit einer Warnung versehen. Eine solche sagt aber nicht aus, dass es wirklich zweifelsfrei zu einem Datenverlust kommen würde, wenn Sie die Aktualisierung fortsetzen. In unserem Beispiel werden keine derartigen Warnungen angezeigt.

Bild 8.9 Zusammengefasster Upgradeplan

 ACHTUNG! Zu Problemen können Änderungen führen, die beim Einspielen in der Zieldatenbank beispielsweise zu Constraint-Verletzungen führen. Daher haben wir in diesem Beispiel für die Spalte *stammkunde* auch einen Standardwert vergeben, da diese als NOT NULL sonst nicht ergänzt werden könnte.

Nach dem Ausführen der Änderungen ist die Datenbank wieder aktuell. Ein kleiner Test zeigt dies. Führen Sie die beiden nachfolgenden Anweisungen aus, um einerseits die neue Spalte zu sehen, und andererseits die neue Version der Anwendung aus der Systemtabelle auszulesen.

```
SELECT nachname, stammkunde
FROM dbo.kunden;

SELECT type_version
FROM msdb.dbo.sysdac_instances
WHERE database_name = 'wawi_production';
```

Wir sehen mit der ersten Anweisung, dass die alten Daten unversehrt erhalten geblieben sind.

8.1.4 Entfernen einer DAC

Wenn Sie eine Datenebenenanwendung nicht mehr benötigen, können Sie diese direkt über den Objekt-Explorer entfernen und somit wird wieder eine „normale" Datenbank daraus. Dazu wählen Sie wieder die betroffene Datenbank aus und wählen im Kontextmenü den Befehl TASKS/DATENEBENENANWENDUNG LÖSCHEN... aus. Mit dieser Option wird lediglich die Registrierung der Anwendung entfernt und entsprechende Systemeinträge ebenso. Die Datenbank bleibt als gewöhnliche Datenbank unverändert bestehen.

 HINWEIS: Wenn Sie die Datenbank trennen oder löschen, ohne die Registrierung als Datenebenenanwendung zuvor aufzuheben, bleibt diese in den Systemtabellen der *msdb*-Datenbank erhalten. Erstellen Sie danach eine neue Datenbank mit demselben Namen, übernimmt diese quasi die Registrierung. ∎

8.1.5 Von DACPAC zu BACPAC

Eine weitere Spielvariante von Datenebenenanwendungen sind die BACPAC-Dateien. Diese sind die Erweiterung von DACPAC-Dateien um Daten, da Letztere ja immer nur die Struktur einer Datenbank enthalten.

Ein BACPAC ist kein genereller Ersatz für ein DACPAC, es erweitert die Möglichkeiten.

- Eine BAC-Paketdatei kann auch Daten enthalten und kann damit dazu verwendet werden, eine Datenbank von einem Server auf einen anderen zu transferieren. Damit gibt es erstmals eine sinnvolle Variante zur Verwendung eines Backups für diesen Zweck.
- Ein BACPAC kann lediglich zum erstmaligen Generieren einer Datenbank verwendet werden. Sie können es nicht dazu verwenden, eine Datenbankstruktur zu aktualisieren. Dazu verwenden Sie weiterhin ein DACPAC.

Exportieren einer Datenebenenanwendung

Das Erstellen eines BACPAC erfolgt auf dieselbe Weise, wie Sie ein DACPAC erzeugen. Sie verwenden im Objekt-Explorer anstelle des Befehls DATENEBENENANWENDUNG EXTRAHIEREN... die beinahe gleichlautende Anweisung DATENEBENENANWENDUNG EXPORTIEREN...

Ich exportiere mit dieser Anweisung die Beispieldatenbank *wawi* von meinem Entwicklungsserver. Im Dialog können Sie als Ziel entweder einen lokalen Pfad angeben oder in Windows Azure speichern.

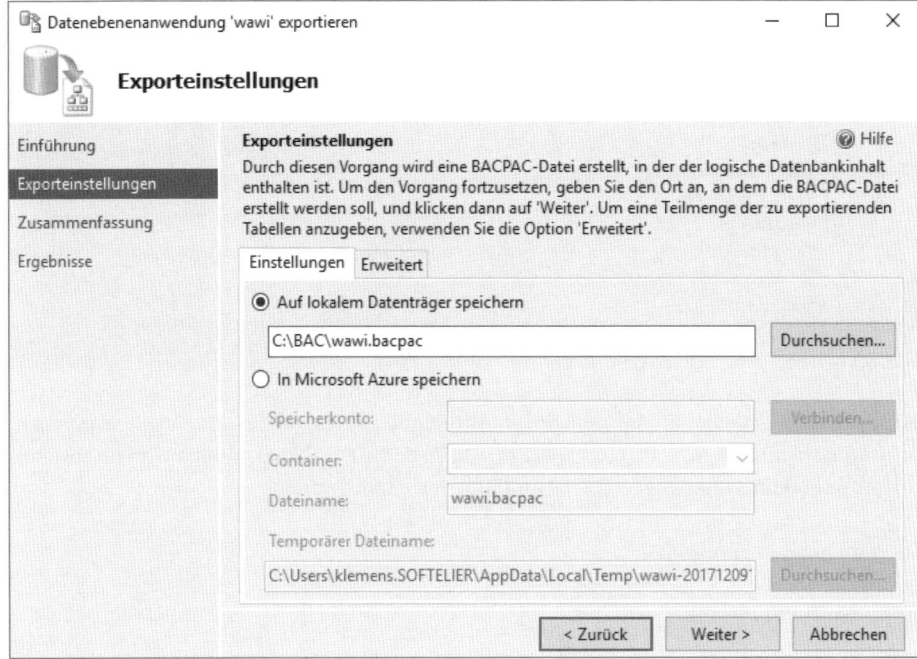

Bild 8.10 Exporteinstellungen für BACPAC

Für welche Tabellen Sie auch die Daten exportieren möchten, geben Sie auf dem Register *Erweitert* an. Als Vorgabe sind hier immer sämtliche Tabellen der Datenbank ausgewählt.

HINWEIS: BACPACs eignen sich gut dazu, eine neu entwickelte Datenbank auf ein Produktivsystem auszurollen. Dabei möchte man in der Regel einerseits die Testdaten nicht mit übernehmen, aber andererseits die Daten aus bestimmten Basistabellen mitgeben. Das wäre in unserer Beispieldatenbank *wawi* beispielsweise die Tabelle *anreden*. Hier können Sie gezielt nur diese Tabelle auswählen. Dies ist eine Arbeitserleichterung, denn mit den bisherigen Methoden musste man immer entweder die Testdaten vor dem Ausliefern der Datenbank manuell löschen oder danach die benötigten Daten einspielen.

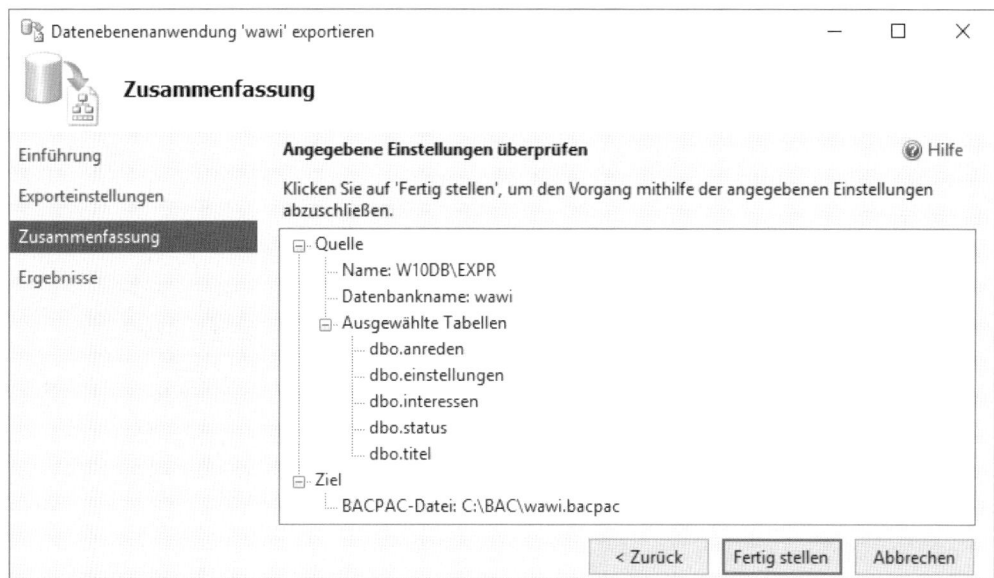

Bild 8.11 Tabellen für Datenexport auswählen

Bei unserer Beispieldatenbank macht die Mitnahme der Daten für die Tabellen *anreden*, *einstellungen*, *interessen*, *status* und *titel* Sinn. Nach der Auswahl bekommen wir wie gewohnt eine Zusammenfassung angezeigt, bevor dann der Export erfolgt.

Bild 8.12 Zusammenfassung der Einstellungen

ACHTUNG! So wie bei den normalen Datenebenenanwendungen auch, werden bestimmte Datenbankfeatures nicht unterstützt. Leider werden diese nicht ignoriert, sondern führen dazu, dass ein BAC-Paket nicht erstellt werden kann. Erfreulicherweise ist die Liste dieser Features mittlerweile wieder deutlich kürzer geworden. In unserer Beispieldatenbank *wawi* betrifft dies lediglich noch Assemblys, die nicht als SAFE markiert sind, sowie Zertifikate.

Die erzeugte BAC-Paketdatei lässt sich leider nicht wie eine DAC-Paketdatei mit einem Doppelklick extrahieren, um den Inhalt zu betrachten. Auch das Assoziieren der Dateierweiterung **.bacpac* mit dem Programm *DacUnpack.exe* bringt keine Lösung. Sie erhalten eine Fehlermeldung, dass eine Datei, die exportierte Daten enthält, nicht unterstützt wird. Ändern Sie daher die Erweiterung der Datei einfach auf **.zip*, um sie danach mit gewöhnlichen Mitteln zu entpacken. Bei den extrahierten Daten finden Sie einen Ordner *Data*, in dem für jede exportierte Tabelle ein eigener Ordner mit einer Datei mit der Erweiterung **.bcp* angelegt ist. Diese Bulk-Copy Datenfiles können Sie leider nicht mehr mit einem beliebigen Texteditor betrachten, wie das beim Fileformat, das in der Vorversion verwendet worden ist, der Fall gewesen ist. Aber der Inhalt lässt sich erahnen, wie hier in Bild 8.13 am Beispiel der Tabelle *anreden* zu sehen.

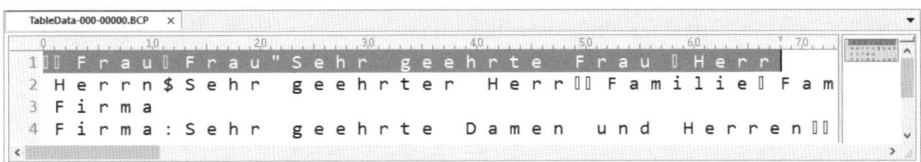

Bild 8.13 Bulk-Copy Datenfile im Editor betrachtet

Bei großen Datenmengen, würde ich persönlich die konventionelle Methode vorziehen, eine Datenbank über den Weg eines Backups oder das Kopieren der Datenfiles auf einen anderen Server zu bringen.

 HINWEIS: Ein weiterer Vorteil dieser Methode ist allerdings, dass Sie auf Betriebssystemebene für diese Variante keinerlei Berechtigungen auf dem Filesystem des Zielservers benötigen. Es ist ausreichend, auf dem SQL Server der Rolle *db_creator* anzugehören. Wie Zugriffe auf dem SQL Server verwaltet werden, lesen Sie in Kapitel 10.

Importieren einer Datenebenenanwendung

Man spricht bei dem Vorgang, bei dem der Inhalt eines BACPAC auf den Server übertragen wird, nicht von einem Bereitstellen, sondern von einem Import. Um eine Datenebenenanwendung aus einem BACPAC zu importieren, führen Sie im Objekt-Explorer auf dem Ordner *Datenbanken* den Menübefehl TASKS/DATENSCHICHTANWENDUNG IMPORTIEREN... aus. Da Sie mit einem BACPAC ja nicht aktualisieren können, wird hierbei immer eine neue Datenbank erstellt. Wählen Sie im ersten Schritt die gewünschte BAC-Paketdatei aus. An dieser Stelle können Sie auch aus Windows Azure importieren.

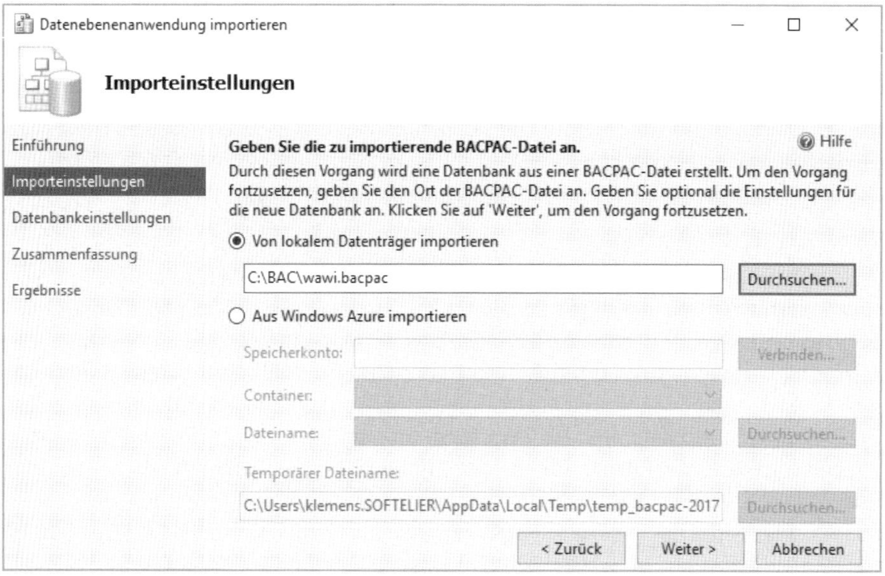

Bild 8.14 Importquelle auswählen

Da es sich um die Neuanlage einer Datenbank handelt, müssen im Bearbeitungsschritt die Zielpfade für die Daten- und Protokolldateien ebenso angegeben werden. Während der Pfad zur BACPAC im vorangegangenen Dialog sich auf das lokale Filesystem bezogen hat, beziehen sich hier anzugebende Pfade – wie bei jeder Neuanlage einer Datenbank – auf das Filesystem des Servers.

Bild 8.15 Zieldatenbankname und Pfade angeben

Danach wird die neue Datenbank aus dem BACPAC generiert. Diese wird auch als Datenebenenanwendung auf dem Server registriert. Für weitere Updates an der Struktur dieser Datenbank verwenden Sie DACPACs zum Aktualisieren.

 HINWEIS: Bei den Beispieldateien zum Buch finden Sie die Beispieldatenbank auch als DACPAC – allerdings ohne Daten – und als BACPAC. Diese können Sie sofort zum Bereitstellen oder Importieren verwenden. ∎

Manuelle Nacharbeit ergibt sich unter Umständen bei der Verwendung von Assemblys im Zusammenhang mit der neuen Strict Security, analog wie bei den DAC beschrieben.

8.1.6 Erstellen einer DAC mit dem Visual Studio

DACs sind mittlerweile ein fixer Bestandteil der SQL Server Data Tools. Zum Beispiel, wenn Sie mit diesen ein Projekt mit dem Projekttyp *SQL Server-Datenbankprojekt* erstellen. Sobald Sie bei einem solchen Projekt den Menübefehl ERSTELLEN/PROJEKTMAPPE ERSTELLEN... ausführen, wird das Projekt geprüft und das DACPAC generiert. Über die Projekteigenschaften können Sie den Pfad und den Namen dieser Datei einsehen und auch ändern.

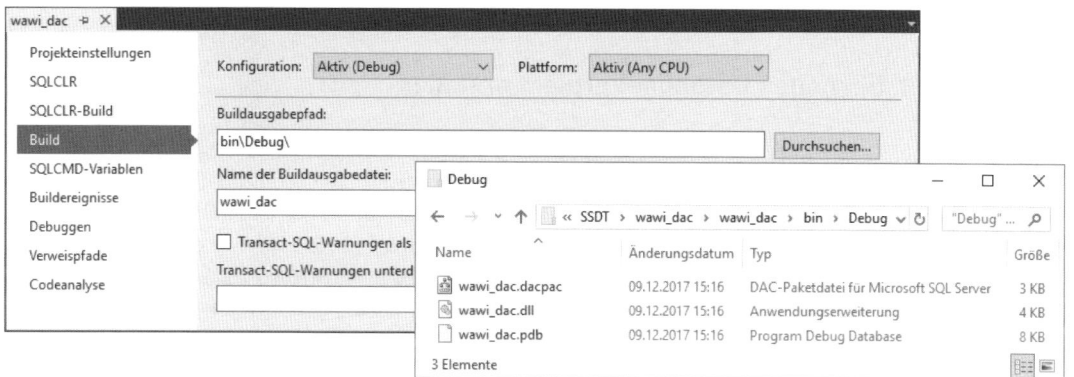

Bild 8.16 Build-Einstellungen für DACPAC

Die hier erzeugte Datei kann dann über die zuvor beschriebenen Wege mit dem Management Studio oder den Veröffentlichungsmethoden der SQL Server Data Tools bereitgestellt werden. Wie das Veröffentlichen über die SSDT genau funktioniert, erfahren Sie im nachfolgenden Abschnitt.

■ 8.2 Die SQL Server Data Tools

In diesem Abschnitt möchte ich Ihnen einen allgemeinen Überblick über die SQL Server Data Tools geben. Sie haben inzwischen ja schon an mehreren Stellen in diesem Buch über dieses Werkzeug gelesen. Einige der Funktionen haben wir schon in Kapitel 7 bei der Programmierung für die SQL Server CLR kennengelernt. Ich werde mich bemühen, nicht allzu redundant zu werden, gleichzeitig bitte ich Sie aber an dieser Stelle um Verständnis, wenn Ihnen die eine oder andere Information schon geläufig vorkommt. Einerseits musste ich aufgrund der Kapitelchronologie schon das eine oder andere vorwegnehmen, andererseits kann ich auch an dieser Stelle nicht allzu lückenhaft werden.

Die SQL Server Data Tools (SSDT) werden nicht mit dem SQL Server beim Setup mitinstalliert. Wie in Kapitel 2 beschrieben, installieren Sie diese als Bestandteil von Visual Studio 2015/2017-Editionen oder laden eine Stand-alone-Variante der SQL Server Data Tools 2015/2017 herunter.

Die SQL Server Data Tools, die in ähnlicher Form unter anderem Namen schon früher in verschiedenen lizenzpflichtigen Visual Studio-Editionen verfügbar gewesen sind, bieten ein komplettes Toolset für den SQL Server, und das auch noch in kostenloser Form.

Ich verwende in diesem Abschnitt, wie schon in Kapitel 7, die im Moment aktuelle Version der SSDT als Bestandteil des Visual Studio 2017.

8.2.1 Ein neues Datenbankprojekt erstellen

Wenn Sie das Kapitel 7 schon durchgearbeitet haben, kennen Sie den Vorgang zum Erstellen eines neuen Datenbankprojekts schon. Es ist nämlich derselbe einheitliche Projekttyp, der bei den SSDT sowohl für das Erstellen von klassischen Datenbankanwendungen als auch für die CLR-Programmierung eingesetzt wird. Starten Sie die SSDT und wählen Sie die Option, ein neues Projekt zu erstellen. Als Vorlage nutzen Sie *SQL Server/SQL Server-Datenbankprojekt*. Für unser Beispiel vergebe ich als Namen für dieses Projekt *wawi_ssdt* und behalte dies auch als Vorgabe für den Projektmappennamen bei.

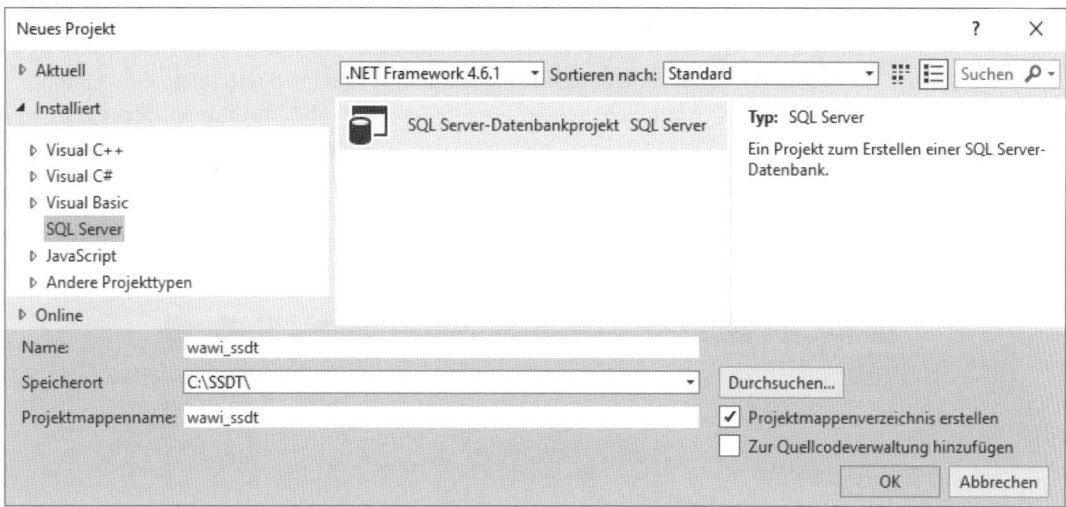

Bild 8.17 Neues Datenbankprojekt erstellen

Im *Projektmappen-Explorer* finden Sie innerhalb des Projekts vorerst nur das Projekt und darunter die Einträge *Properties* und *Verweise*.

 PRAXISTIPP: Innerhalb einer Projektmappe können Sie weitere Projekte einfügen. Dazu verwenden Sie den entsprechenden Menübefehl zum Hinzufügen im Kontextmenü.

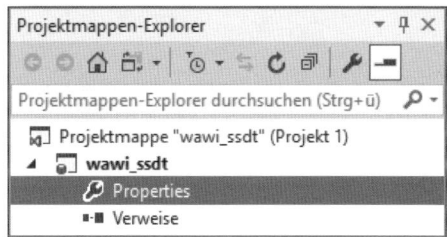

Bild 8.18 Projektmappen-Explorer

Mit einem Doppelklick auf den Ordner *Properties* gelangen Sie zu den Eigenschaften des Projekts. Diese gliedern sich in mehrere Kategorien. Die erste Kategorie beherbergt die *Projekteinstellungen*. Eine der wichtigsten Einstellungen hier ist die Wahl der Zielplattform. Voreingestellt ist hier die Version SQL Server 2016. Aber die SSDT unterstützen auch alle anderen SQL Server-Versionen ab der Version 2005 sowie Windows Azure-SQL-Datenbanken und natürlich den aktuellen SQL Server 2017. Damit können Sie die freien SSDT auch dann einsetzen, wenn Sie noch mit älteren SQL Server-Versionen arbeiten. Das ist deshalb erwähnenswert, weil dies nicht frei möglich gewesen ist, als diese Versionen aktuell gewesen sind.

In diesem Dialog sehen wir schon, dass die SSDT mit Datenebenenanwendungen arbeiten, also dass diese zwei eng miteinander verbunden sind. Über die Schaltfläche *Eigenschaften* können Sie, wie Sie es schon von Management Studio her kennen, den Namen, die Version und die Beschreibung der Datenebenenanwendung festlegen, die für dieses Projekt generiert wird, wenn Sie es später erstellen. Man nennt den Vorgang, wenn ein Projekt inhaltlich geprüft und die Ausgabedatei generiert wird, „erstellen". Dies ist ein eigener Vorgang und nicht mit dem Speichern des Projekts zu verwechseln. Gespeichert wird in der Regel, bevor das Erstellen beginnt. Allen, die mit dem Visual Studio schon gearbeitet haben, ist diese Vorgangsweise bereits bestens geläufig.

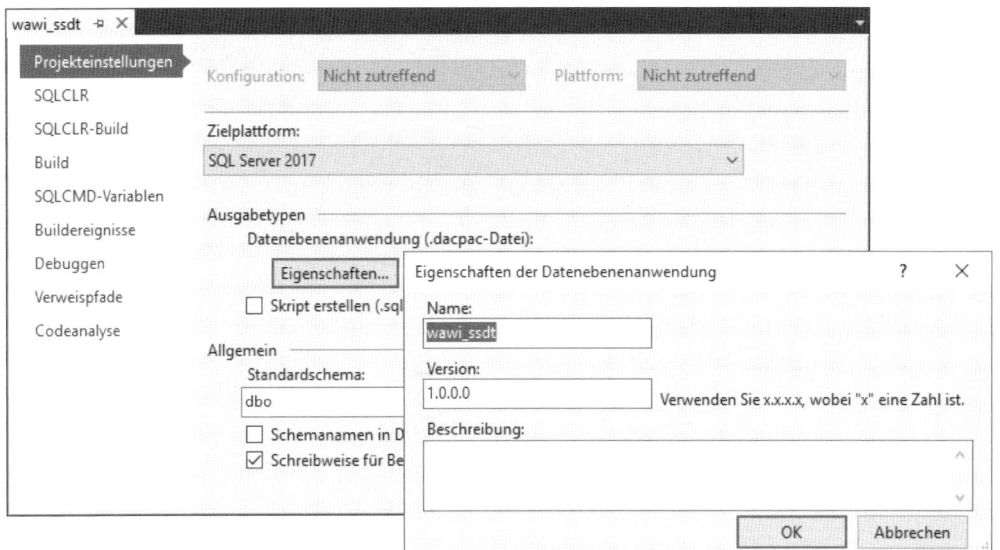

Bild 8.19 Projekteinstellungen

Als Standardschema für die später erzeugten Datenbankprojekte wird an dieser Stelle das Schema *dbo* vorgegeben, so wie es generell bei SQL Server-Datenbanken üblich ist. Informationen zum Thema Schema finden Sie in Kapitel 10.

8.2.2 Datenbankobjekte erstellen

Ziel der SSDT ist es, Entwicklern ein einheitliches Werkzeug zu geben, mit dem alle Aufgaben im Rahmen der Datenbankentwicklung abgedeckt werden können. Vor allem soll Entwicklern, die schon mit dem Visual Studio arbeiten, die Möglichkeit geboten werden, auch für die Arbeit mit der Datenbank in ihrer gewohnter Umgebung zu bleiben. Daher werden alle Tätigkeiten unterstützt, die bisher im Management Studio erledigt worden sind. Dazu gehört an erster Stelle natürlich das Erstellen von Datenbankobjekten, allen voran den Tabellen. Wir setzen uns an dieser Stelle exemplarisch für alle anderen Datenbankobjekte mit dem Erstellen von Tabellen auseinander. Noch ist unser neues Projekt *wawi_ssdt* noch leer. Wir erstellen eine neue Tabelle, indem wir im Projektmappen-Explorer für dieses Projekt im Kontextmenü die Anweisung HINZUFÜGEN/TABELLE... ausführen.

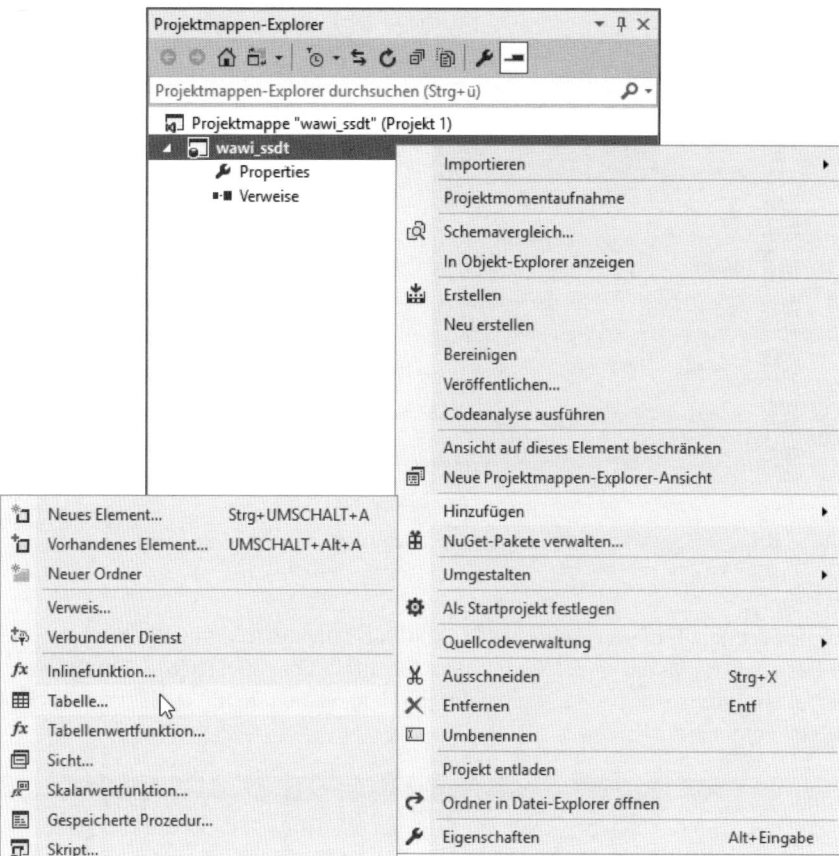

Bild 8.20 Neue Tabelle hinzufügen

Im nachfolgenden Dialog *Neues Element hinzufügen* finden Sie alle Objekte des SQL Servers angeführt, die mit dem SSDT erzeugt werden können. Und hier ist wirklich alles zu finden, selbst Objekte wie Anmeldungen und Rollen, die für die Steuerung von Zugriffsberechtigungen zuständig sind. In denselben Dialog gelangen Sie, wenn Sie im Menü den Befehl HINZUFÜGEN/NEUES ELEMENT... auswählen. Der Unterschied zwischen den beiden Befehlen liegt nur in der weiteren Vorauswahl im Dialog.

Das Objekt *Tabelle* ist somit vorausgewählt und es muss lediglich der Name für diese eingetragen werden. Als erstes Bespiel erstellen wir die Tabelle *artikelgruppen*.

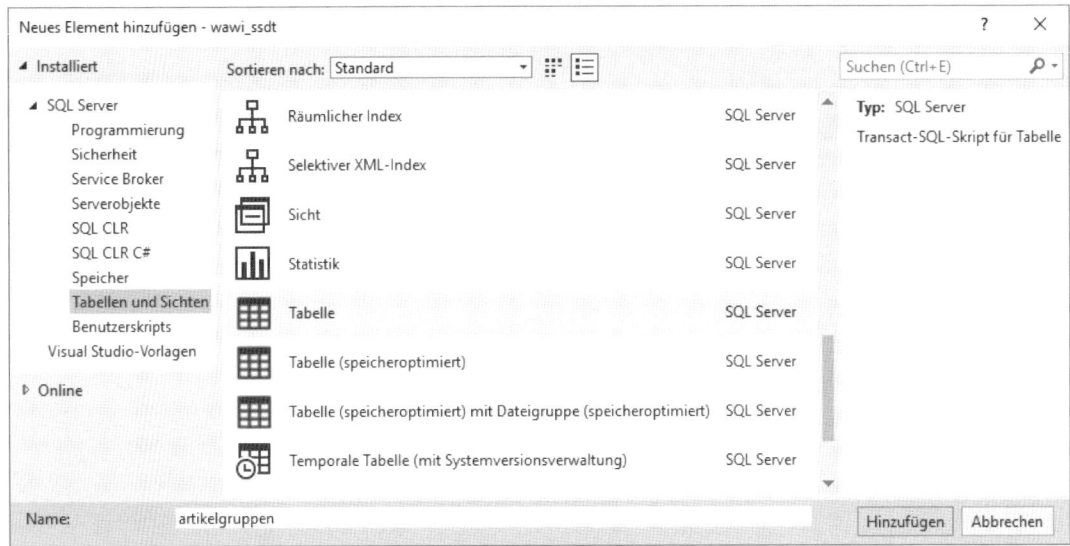

Bild 8.21 Tabelle hinzufügen

Es öffnet sich ein kombinierter Editor, der sowohl die Eingabe in ähnlicher Form wie im Tabellen-Designer des Management Studios als auch direkt über eine CREATE TABLE-Anweisung ermöglicht. Vorgegeben wird eine Spalte mit dem Namen *id*, die auch schon als Primärschlüssel vordefiniert ist.

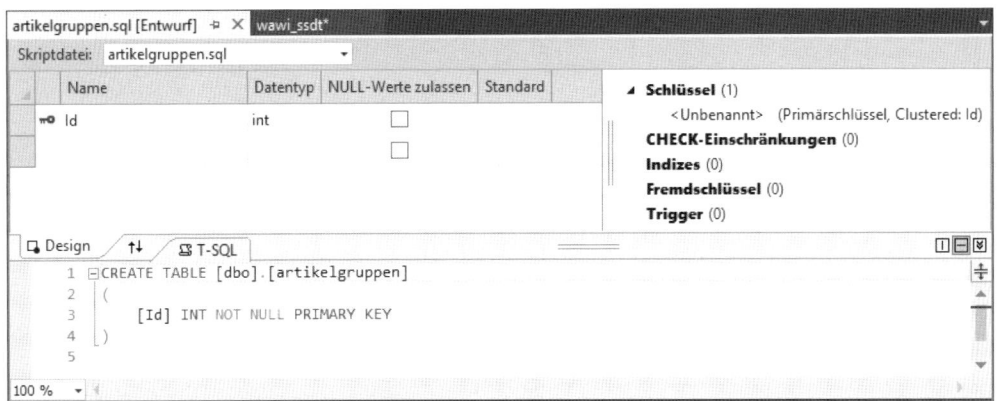

Bild 8.22 Editor für eine neue Tabelle

Nun können Sie die Spalten für die neue Tabelle definieren. Sobald Sie im oberen grafischen Editorteil eine Änderung vornehmen, wird diese im Statement darunter übernommen. Dies funktioniert in beide Richtungen. Eine Änderung an der SQL-Anweisung wird auch in die grafische Anzeige übernommen. Im rechten oberen Teil des Editors können Sie

- Schlüssel,
- Check-Constraints,
- Indizes,

- Fremdschlüssel und

- Trigger

ergänzen. Hierbei wird aber nur der Name für diese Objekte eingetragen. Die genauere Definition erfolgt im T-SQL-Teil des Editors oder in den Eigenschaften. So müssen wir zum Beispiel für das Check-Constraint für die Spalte *bezeichnung* den Prüfausdruck `bezeichnung LIKE '%___'` direkt in der `CREATE TABLE`-Anweisung ergänzen oder im Eigenschaftsfenster eintragen. Ich persönlich bin der Meinung, dass ein Datenbankentwickler in der Lage sein muss, alles auch direkt mit SQL und ohne grafisches Werkzeug bewerkstelligen zu können, daher bevorzuge ich die Eingabe im T-SQL-Teil. Mit dem soeben definierten Prüfausdruck legen wir fest, dass die Bezeichnung einer Artikelgruppe zumindest drei Zeichen lang sein muss, um vom System akzeptiert zu werden. Dasselbe könnten wir auch mit dem Ausdruck `LEN(bezeichnung)>=3` oder `bezeichnung LIKE '%___'` erreichen. Da ich ein Fan von sauberen Bezeichnungen bin, definieren wird noch den Namen des Primärschlüssels mit `pk_artikelgruppen`.

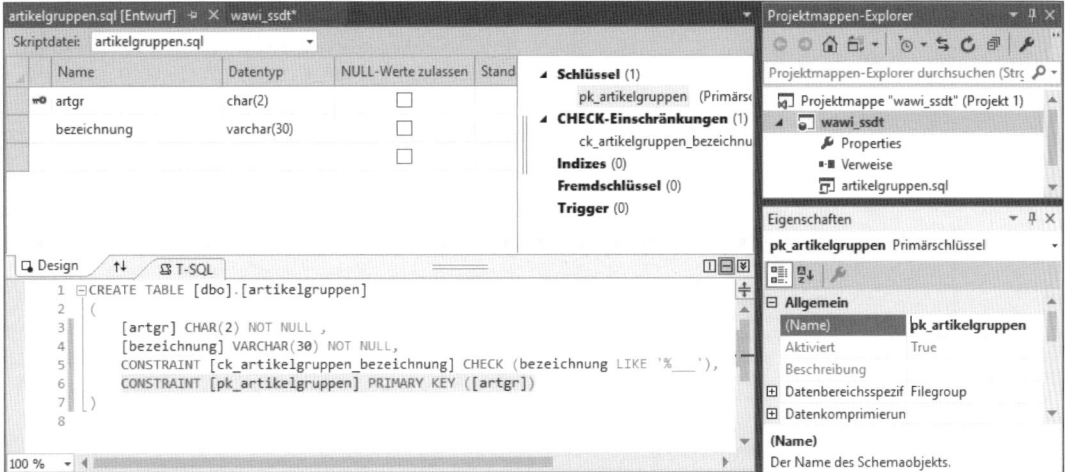

Bild 8.23 Definition der Artikelgruppen-Tabelle

Nach der Tabelle *artikelgruppen* erstellen wir noch die weitere Tabelle *artikel* nach dem Muster in Bild 8.24. Um die Beziehung zur ersten Tabelle *artikelgruppen* herzustellen, müssen wir in der Rubrik *Fremdschlüssel* einen Eintrag vornehmen. Hier wird gemäß der allgemeinen Namenskonvention für Einschränkungen als Name `FK_artikel_ToTable` vorgegeben. Wir ersetzen `ToTable` durch den Namen der Zieltabelle `artikelgruppen`. Da mir persönlich die Kleinschreibung mehr zusagt, ändere ich das `FK` am Beginn des Namens zu `fk`. Im T-SQL-Editor erscheint eine neue Zeile in der Anweisung:

```
CONSTRAINT [fk_artikel_artikelgruppen]
FOREIGN KEY ([Column]) REFERENCES [ToTable]([ToTableColumn])
```

In dieser allgemeinen Syntax müssen wir noch die Elemente `Column`, `ToTable` und `ToTableColumn` durch die tatsächlichen Bezeichnungen `gruppe`, `artikelgruppen` und `artgr` ersetzen.

Wenn wir noch einen Index für die Artikelbezeichnung ergänzen möchten, fügen wir nach demselben Schema einen neuen Index hinzu. Dieser wird sofort in der Anweisung im T-SQL-Editor ergänzt:

```
CREATE INDEX [IX_artikel_Column] ON [dbo].[artikel] ([Column])
```

Den Indexnamen können wir entweder im oberen Teil des Editors gleich auf ix_artikel_ bezeichnung ändern. Sie können dies aber auch gemeinsam mit dem Spaltennamen *bezeichnung* im T-SQL-Editor erledigen. Im Eigenschaftsfenster können Sie den Spaltennamen alternativ auch aus einer Liste auswählen.

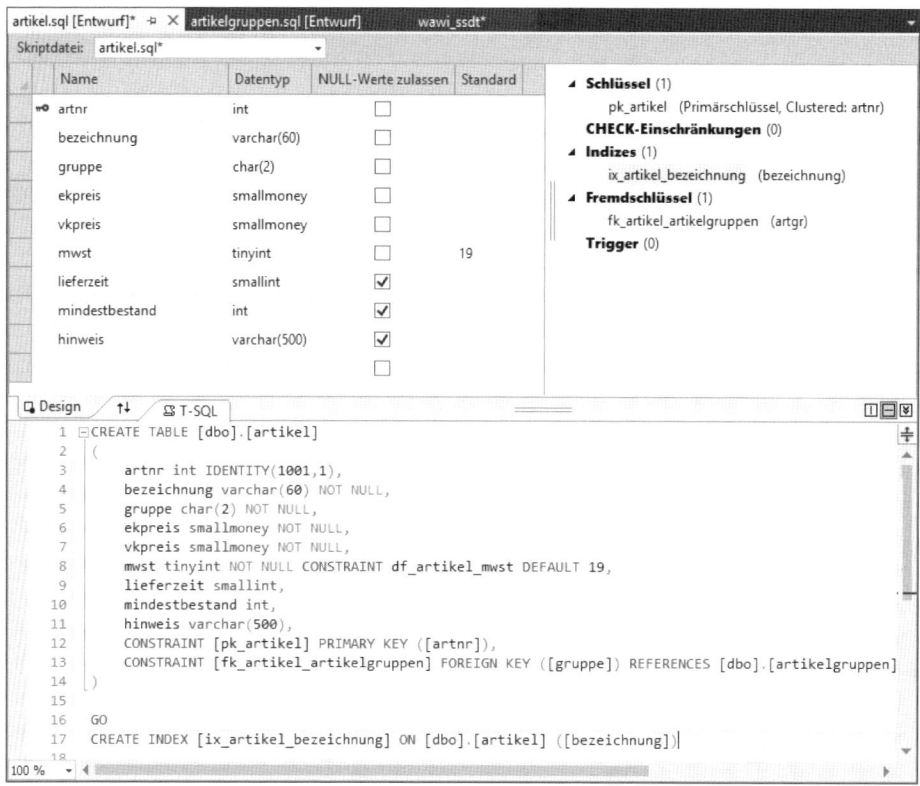

Bild 8.24 Tabelle mit Fremdschlüssel

Vorerst sollen uns diese beiden Tabellen genügen. In ähnlicher Vorgangsweise können Sie auch alle anderen Datenbankobjekte erzeugen. Die beiden Tabellen erscheinen nun im Projektmappen-Explorer.

 HINWEIS: Bisher sind wir noch immer offline, das heißt mit keinem Datenbankserver verbunden. Mit den SSDT benötigen wir während des Entwickelns noch nicht zwingend eine SQL Server-Instanz. Aber natürlich ist es sinnvoll, von Zeit zu Zeit den aktuellen Entwicklungsstand auf einen Server zu übertragen, um die bis dahin fertigen Teile schon einmal zu testen.

Wie diese Objekte auf einen Server übertragen werden können, sehen wir in den nächsten Schritten.

8.2.3 Datenbankprojekt bereitstellen

Damit ein Datenbankprojekt zu einer Datenbank auf einer SQL Server-Instanz werden kann, müssen nicht nur alle Änderungen im Projekt gespeichert, das Projekt muss auch erstellt werden. Wie erwähnt, versteht man in diesem Zusammenhang unter dem Erstellen das Prüfen auf Gültigkeit und das Erzeugen der DACPAC mit dem aktuellen Entwicklungsstand.

Diese Aufgabe können Sie entweder über das Menü ERSTELLEN mit der Anweisung PROJEKT-MAPPE ERSTELLEN oder über die Anweisung ERSTELLEN im Kontextmenü für das Projekt im Projektmappen-Explorer erledigen. Weist das Projekt noch Fehler auf, werden diese im Fenster AUSGABE angezeigt. Im Erfolgsfall sieht die Ausgabe in diesem Fenster für unser Beispiel so aus:

```
------ Erstellen gestartet: Projekt: wawi_ssdt, Konfiguration: Debug Any CPU ------
  C:\Program Files (x86)\Microsoft Visual Studio\2017\Community\...
  Projektverweise werden geladen...
  Projektdateien werden geladen...
  Das Projektmodell wird erstellt, und die Abhängigkeiten zwischen Objekten werden
aufgelöst....
  Das Projektmodell wird validiert....
  Das Modell wird in C:\SSDT\wawi_ssdt\wawi_ssdt\obj\Debug\Model.xml geschrieben....
  wawi_ssdt -> C:\SSDT\wawi_ssdt\wawi_ssdt\bin\Debug\wawi_ssdt.dll
  wawi_ssdt -> C:\SSDT\wawi_ssdt\wawi_ssdt\bin\Debug\wawi_ssdt.dacpac
========== Build: 1 erfolgreich oder aktuell, 0 fehlerhaft, 0 übersprungen ==========
```

Sie sehen hier auch den Pfad und den Dateinamen des erzeugten DACPAC. Beides können Sie in den Projekteigenschaften in der Rubrik *Build* einstellen.

Je nachdem, ob Sie an dieser Stelle einen physischen Zugriff auf den Zielserver haben, gehen Sie an dieser Stelle weiter vor. Wenn Sie keinen direkten Zugriff haben, leiten Sie das DAC-Paket weiter, um es über das Management Studio bereitstellen zu lassen.

Haben Sie Zugriff auf den Server, wählen Sie den Befehl VERÖFFENTLICHEN... über das Kontextmenü des Projektmappen-Explorers oder über das Menü ERSTELLEN aus. Diesen Vorgang kennen Sie unter Umständen schon aus Kapitel 7. Die Vorgangsweise ist an dieser Stelle dieselbe. Verwenden Sie vorerst die Schaltfläche BEARBEITEN..., um eine Verbindung zur Zieldatenbank einzurichten. Als Name für die Datenbank wird der Projektname vorgeschlagen. In unserem Fall behalten wir diesen Namen bei.

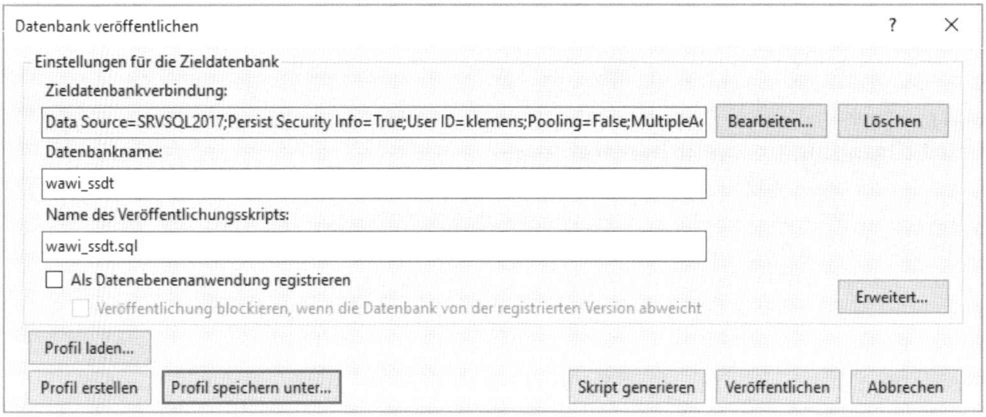

Bild 8.25 Datenbankprojekt veröffentlichen

> **PRAXISTIPP:** Damit Sie bei den weiteren Veröffentlichen-Durchläufen für dieses
> Projekt diese Eingaben nicht jedes Mal erneut vornehmen müssen, speichern
> Sie diese als Profil. In der Regel verwende ich dazu einfach die Schaltfläche *Profil*
> *erstellen*. Ich muss dann weder Speicherort noch Namen angeben. So wird ein
> Profil mit dem Projektnamen und dem Zusatz *.publish.xml* direkt im Projekt-
> mappenordner abgelegt. Beim nächsten Durchlauf muss ich dann lediglich auf
> *Profil laden...* klicken, um es direkt vor Augen zu haben und mit einem einzigen
> Doppelklick übernehmen zu können. Noch einfacher ist es, auf die Profildatei im
> Projektmappen-Explorer doppelt zu klicken. Dies ist meines Erachtens die
> schnellste und einfachste Vorgangsweise.

Klicken Sie noch auf *Veröffentlichen*, um den Deployment-Vorgang zu starten. Existiert die
Datenbank noch nicht, wird diese am SQL Server angelegt.

Durch den *SQL Server-Objekt-Explorer* können Sie das Ergebnis direkt in den SSDT kontrollieren.

Datenbank aktualisieren

Der entscheidende Unterschied beim Arbeiten mit den Datenebenenanwendungen und den
SSDT ist, dass wir als Entwickler nicht mehr zwischen Neuerstellen und Ändern unterscheiden müssen.

Betrachten wir uns das am Beispiel des folgenden Szenarios: Wir möchten in der Artikeltabelle eine neue Spalte mit dem Namen *aktiv*, dem Datentyp *bit* und dem Standardwert 1
ergänzen. Da es sich dabei um eine Erweiterung der bestehenden Tabelle handelt und diese
unter Umständen ja auch schon Daten enthält, muss diese neue Spalte in der klassischen
Vorgangsweise – zum Beispiel im SQL Server Management Studio - mit einer ALTER TABLE-
Anweisung ergänzt werden.

```
ALTER TABLE dbo.artikel
ADD aktiv bit NOT NULL DEFAULT 1;
```

Dies bedeutet, dass man bei jedem Update wissen muss, auf welchem Stand eine Datenbank ist, um die passenden Anweisungen zu verwenden.

Dies alles entfällt beim Einsatz der Datenbankprojekte mit den SSDT. Hier halten Sie immer nur den letztgültigen aktuellen Stand. In unserem Beispiel bedeutet dies, dass Sie die Tabelle *artikel* so editieren, als würden Sie diese neu erstellen. Wir ergänzen die neue Spalte im Editor. Diese wird in der CREATE TABLE-Anweisung eingebaut. Von einem ALTER TABLE ist für uns nichts zu sehen.

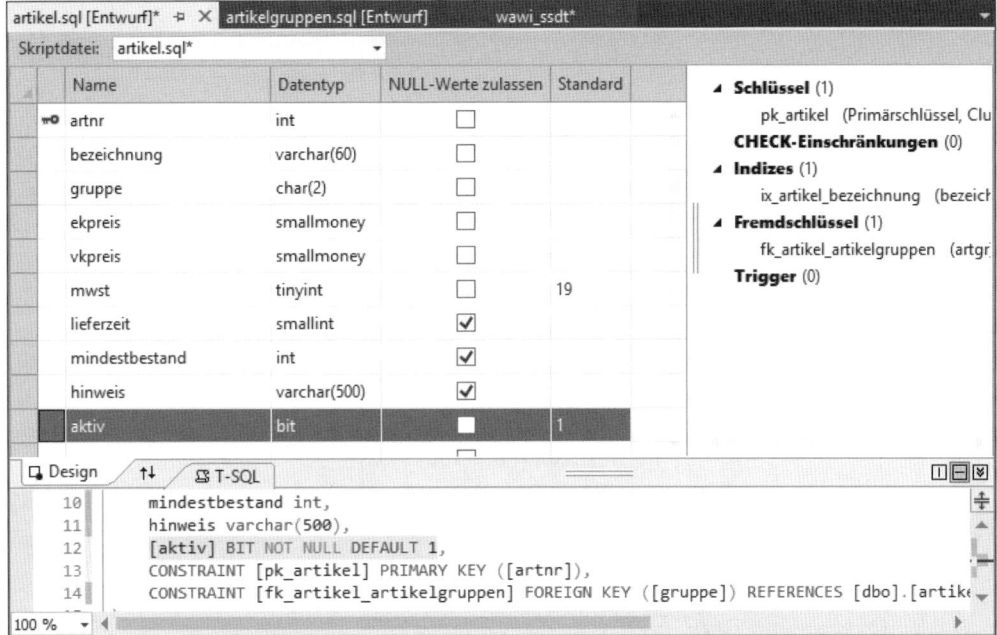

Bild 8.26 Neue Spalte ergänzen

Im Projekt wird auch immer nur der aktuelle Stand aller Objekte gespeichert. Dieser Zustand wird auch beim Erstellen des Projekts im DACPAC abgebildet.

Beim Veröffentlichen der neuen Version kommt nun jener Mechanismus zum Tragen, den wir schon beim Aktualisieren einer Datenebenenanwendung mit dem Management Studio kennengelernt haben. Die Differenz aus der vorhandenen Datenbank und dem veröffentlichten Projekt wird gebildet und entsprechend umgesetzt. Wir Entwickler müssen uns um Versionsstände deutlich weniger Gedanken machen.

 HINWEIS: Vereinfacht ausgedrückt: Es gibt für Entwickler nur mehr einheitlich CREATE, das jeweils benötigte spezifische ALTER wird für uns vom System generiert und ausgeführt.

Wenn Sie nun denken, das ist bei der Verwendung des Tabellen-Designers im Management Studio ja auch so, dann müssen Sie bedenken, dass dies dort nur online möglich ist. Die Änderungen werden sofort umgesetzt oder Sie generieren und verwalten die Änderungsskripte, die Sie selber aber in der korrekten Reihenfolge einspielen müssen. Mit den SSDT können Sie alle Änderungen offline vornehmen und dann mit einem Schritt automatisch veröffentlichen. Wie viele Änderungsschritte dazwischenliegen, muss Sie nicht interessieren, denn das System generiert immer die korrekten Änderungen. So gesehen ist dies ein riesiger, nicht zu unterschätzender Komfort bei der Entwicklung von Datenbanklösungen.

Erstellen wir nun das Projekt und veröffentlichen wir es erneut in die Datenbank *wawi_ssdt*. Wie wir im SQL Server-Objekt-Explorer kontrollieren können, ist die Änderung an der richtigen Stelle angekommen.

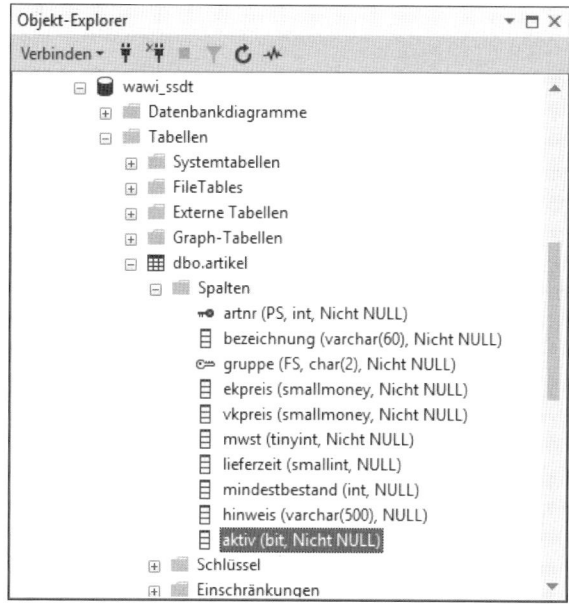

Bild 8.27 Neue Spalte in der Tabelle nach Veröffentlichung

8.2.4 Schemavergleich

Eine weitere tolle Möglichkeit, Änderungen zu übertragen, ist der Schemavergleich. Dieser ermöglicht es, die Struktur von Datenbankobjekten an unterschiedlichen Stellen zu vergleichen und aneinander automatisiert anzupassen. Damit kann man praktisch jeden Versionsstand auf einfache Art und Weise auf den aktuellen hochziehen.

Als Schema wird ein Bereich in einer Datenbank bezeichnet, für die es einen gemeinsamen Eigentümer gibt. Daher wird es in der Praxis gerne als Synonym für die Struktur einer Datenbank verwendet. In Kapitel 10 finden Sie im Zusammenhang mit Berechtigungen ausführliche Informationen über diesen Begriff.

Der Schemavergleich kann mit den SSDT als eigener Dateityp mit der Erweiterung *.scmp* (SQL Schema Compare) gespeichert werden und ist damit übergeordnet und nicht Teil eines Projekts. Er kann aber auf unterschiedliche Objekte zugreifen und von unterschiedlichen Stellen mit unterschiedlichen Vorgaben ausgeführt werden.

Schemavergleich mit aktuellem Projekt

In der ersten Variante starten wir einen Schemavergleich direkt aus unserem Projekt *wawi_ssdt* heraus. Damit der Vergleich etwas ergeben kann, habe ich in der Tabelle *artikel* eine weitere Spalte *lieferant* ergänzt.

Ich starte den Schemavergleich über das Kontextmenü für das Projekt im Projektmappen-Explorer. Dadurch ist das aktuelle Projekt schon als Quelle für den Vergleich vorausgewählt.

 ACHTUNG! Achten Sie darauf, dass Sie vor dem Ausführen des Schemavergleichs unbedingt das Projekt neu erstellen, damit Sie mit dem letzten aktuellen Stand arbeiten.

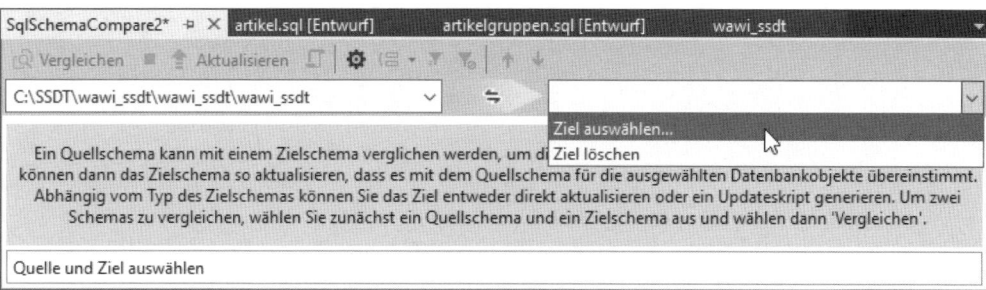

Bild 8.28 Ziel für Schemavergleich auswählen

Wählen Sie, wie in Bild 8.29 zu sehen, das Ziel für den Schemavergleich aus. Sie können sowohl Ziel als auch Herkunft auf eine von drei Arten angeben:

- *Projekt*: Als Projekt kann eines der in der aktuellen Projektmappe gespeicherten Projekte ausgewählt werden. Solange Sie kein weiteres Projekt hinzugefügt haben, steht hier immer nur das aktuelle Projekt zur Auswahl.
- *Datenbank*: Sie können eine Verbindung zu einer beliebigen Datenbank auswählen. Wenn Sie diese innerhalb des Projekts schon einmal ausgewählt haben, ist sie bereits im Auswahldialog enthalten. Sonst klicken Sie im Dialog *Verbinden* zum Einrichten einer neuen auf *Verbindungseigenschaften anzeigen*.
- *Datenebenen-Anwendungsdatei*: Hier können Sie eine beliebige DAC-Paketdatei angeben.

Wir wählen unsere Zieldatenbank *wawi_ssdt* aus, da wir den Schemavergleich ja für das Deployment nutzen möchten.

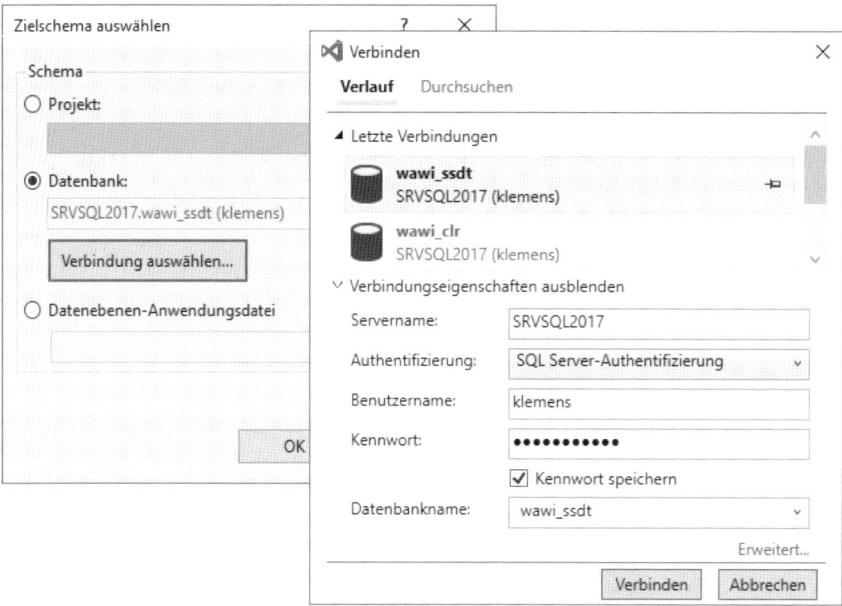

Bild 8.29 Zielschema für den Vergleich

Über die Schalfläche *Vergleichen* oder die Tastenkombination SHIFT + ALT + C wird der Vergleichsvorgang gestartet. Nach einer kurzen Weile bekommen wir das Ergebnis angezeigt. Wie wir in Bild 8.30 sehen, hat der Schemavergleich die Änderung an der Tabelle *artikel* erkannt. Im oberen Bereich der Ergebnisanzeige sehen wir diese Tabelle ausgewählt. In unserem Beispiel ist nur die eine Tabelle betroffen. Die geänderten Zeilen werden im unteren Bereich farblich hervorgehoben dargestellt. Es sind drei Unterschiede erkannt worden. Die ersten beiden davon sind nicht von Bedeutung, da es sich hier nur um die unterschiedlich gesetzten Klammern bei einem Prüfausdruck eines Check-Constraints sowie einen Standardwert handelt. Diese haben nur optischen, kosmetischen Charakter und stellen keinen inhaltlichen Unterschied dar, da sie keinerlei Auswirkungen haben.

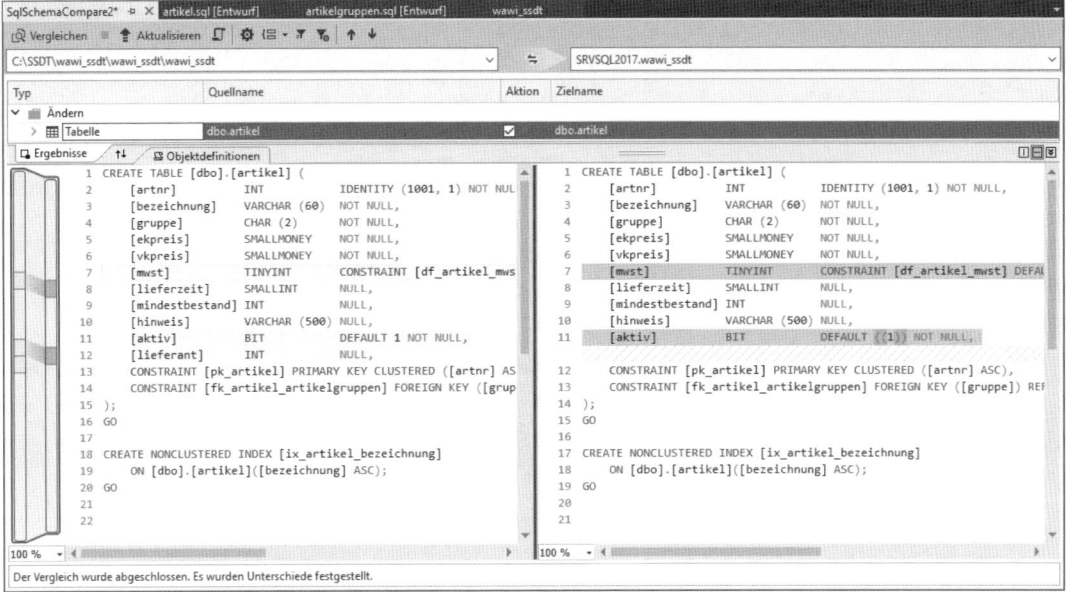

Bild 8.30 Ergebnis des Schemavergleichs

Der eigentliche Unterschied ist die Spalte *lieferant*, die auf der linken Seite im Quellschema zu sehen ist. Auf der Seite des Zielschemas fehlt diese, was an dem grau schraffierten Hintergrund gesehen werden kann.

Über die Schaltfläche *Aktualisieren* werden die Änderungen im Zielschema übernommen. Dabei wird über denselben Mechanismus, den ich zuvor beschrieben habe, automatisch das nötige Änderungsskript generiert und verarbeitet. Wenn Sie das Ergebnis nun in der Datenbank kontrollieren, finden Sie in der Artikeltabelle die neue Spalte für die Lieferantennummer.

Schemavergleich außerhalb eines Projekts

Um einen Schemavergleich durchführen zu können, muss in den SSDT nicht einmal ein Projekt geöffnet sein. Dies hängt damit zusammen, dass der Schemavergleich, wie zuvor beschrieben, ein eigenständiges Element ist. Daher habe ich unser Datenbankprojekt jetzt einmal geschlossen. Ich möchte im folgenden Beispiel das im ersten Teil dieses Kapitels aus der *wawi*-Beispieldatenbank über das Management Studio generierte DACPAC aktualisieren und damit alle fehlenden Tabellen in der Datenbank *wawi_ssdt* ergänzen.

Dazu starte ich den Vorgang über den Befehl SQL SERVER/NEUER SCHEMAVERGLEICH... im Menü *Extras*. Als Quelle wähle ich das erwähnte DACPAC aus, das bei mir als *C:\DAC\wawi.dacpac* gespeichert ist. Als Ziel gebe ich wie zuvor direkt die Datenbank *wawi_ssdt* an und starte den Schemavergleich.

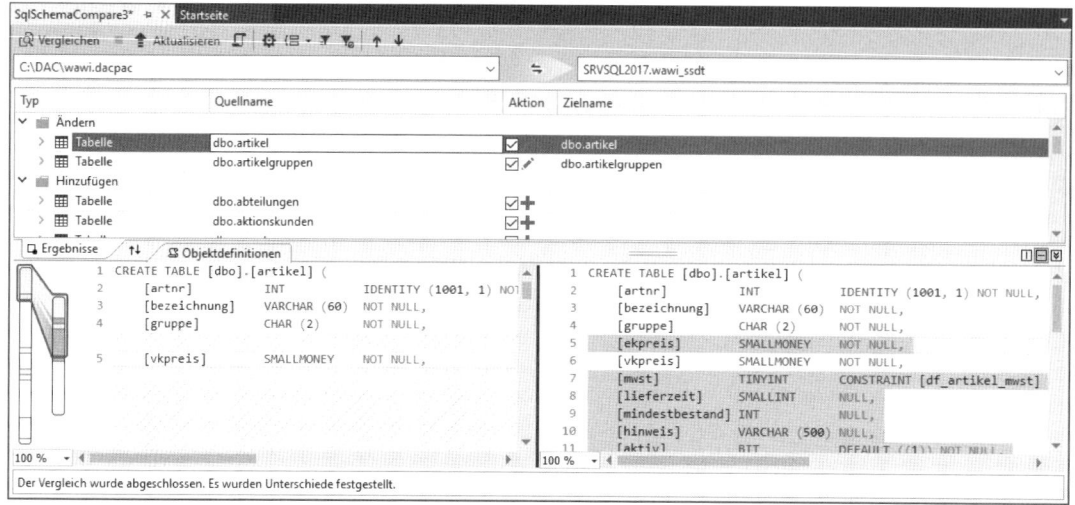

Bild 8.31 Schemavergleich zwischen DAC und Datenbank

Wie erwartet werden bei diesem Vergleich deutlich mehr Unterschiede gefunden als zuvor. Wie in Bild 8.31 zu erkennen, werden Änderungen für die beiden in der Zieldatenbank vorhandenen Tabellen *artikel* und *artikelgruppen* angezeigt. Einige Spalten fehlen in der neueren Datenbank ja beispielsweise noch. Alle anderen Tabellen aus unserer Beispieldatenbank *wawi* werden als neu zu erstellende unter *Hinzufügen* angezeigt, da sie in der neuen Datenbank *wawi_ssdt* noch gar nicht existieren.

PRAXISTIPP: Um sich die Unterschiede im Detail anzusehen, können Sie nicht nur ein im oberen Dialogbereich angezeigtes Objekt auswählen. Die geänderten Zeilen werden am linken Fensterrand des unteren Dialogbereichs farblich hervorgehoben. Klicken Sie einfach direkt in diesen Bereich, um die jeweiligen Änderungen anzuzeigen.

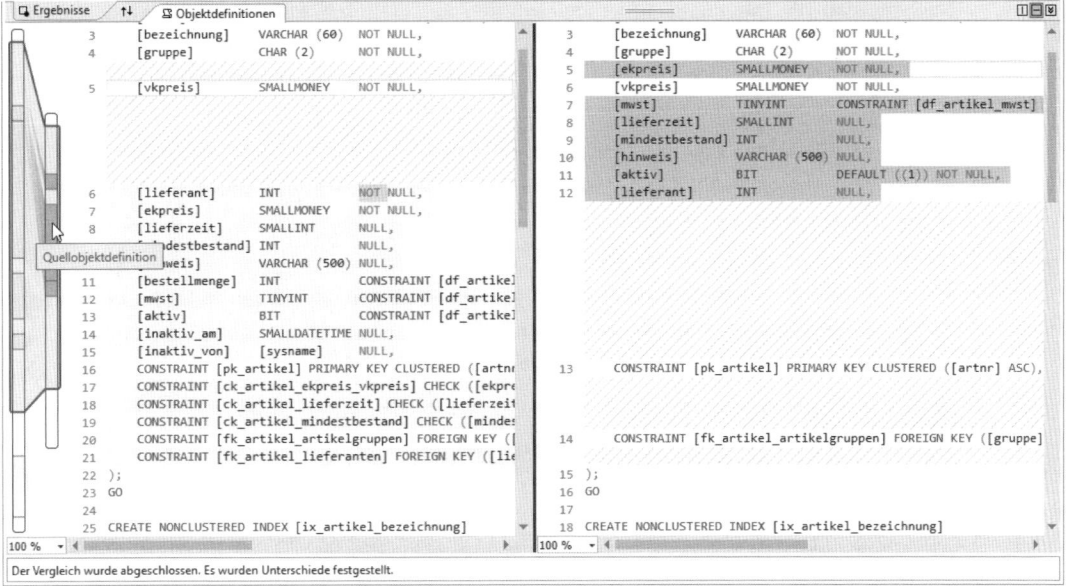

Bild 8.32 Grafische Aufbereitung der Unterschiede

Ich übernehme nun die Änderungen und habe die Datenbank *wawi_ssdt* damit auf den kompletten Anfangszustand unserer Beispieldatenbank *wawi* hochgezogen.

Wenn Sie diesen Schemavergleich wiederholt mit denselben Einstellungen vornehmen möchten, können Sie den Schemavergleich speichern und jederzeit wieder durchführen. Dies macht zum Beispiel dann Sinn, wenn Sie immer wieder die Änderungen Ihrer Entwicklungsdatenbank quasi auf Knopfdruck in die Produktivumgebung übernehmen möchten.

 PRAXISTIPP: Sie können einen Schemavergleich auch über das Kontextmenü im SQL Server-Objekt-Explorer starten. Dann ist die gewählte Datenbank bereits als Quelle für den Bereich vorausgewählt.

8.2.5 Datenbank in ein Datenbankprojekt importieren

Sie können Datenbankprojekte nicht nur für neue Datenbankprojekte nutzen. Vielmehr macht es Sinn, auch bestehende Datenbanken für die Weiterentwicklung in ein Datenbankprojekt zu übernehmen. Um den aktuellen Stand einer Datenbank in ein neues Projekt zu übernehmen, müssen Sie diese Datenbank in das Datenbankprojekt importieren.

Für den Import stehen drei Quellen zur Auswahl:

- Datenebenenanwendung (DACPAC)
- Datenbank
- SQL-Skript

Nachdem wir die Datenbank *wawi_ssdt* auf den kompletten Stand der Beispieldatenbank *wawi* aktualisiert haben, stimmt der Inhalt der Datenbank mit unserem Datenbankprojekt nicht mehr überein. Daher wäre es sinnvoll, den aktuellen Stand zu importieren.

 ACHTUNG! Die Importquellen DACPAC und Datenbank können nur bei neuen Projekten verwendet werden. Bei bestehenden Projekten können nur mehr SQL-Skripte importiert werden.

Die benötigten SQL-Skripte mit dem Management Studio zu generieren, wäre hier im Vergleich zu viel Aufwand. Daher erstellen wir ein neues Projekt, um damit dann wieder auf dem aktuellen Stand zu sein. Dieses neue Projekt trägt den Namen *wawi_ssdt2*.

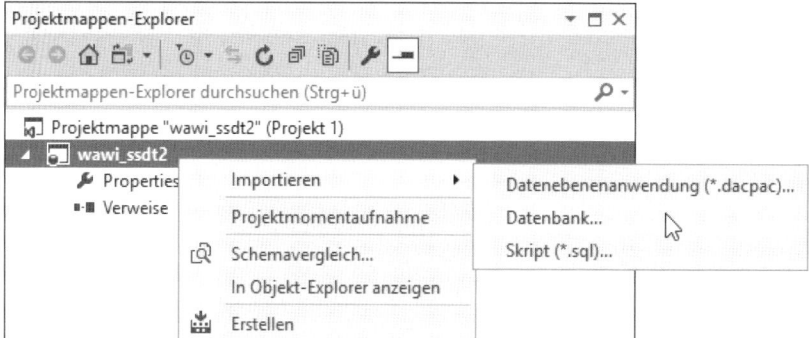

Bild 8.33 Datenbank importieren

Den Import starten wir über das Kontextmenü für das Projekt im Projektmappen-Explorer. Dort führen wir den Befehl IMPORTIEREN/DATENBANK... aus.

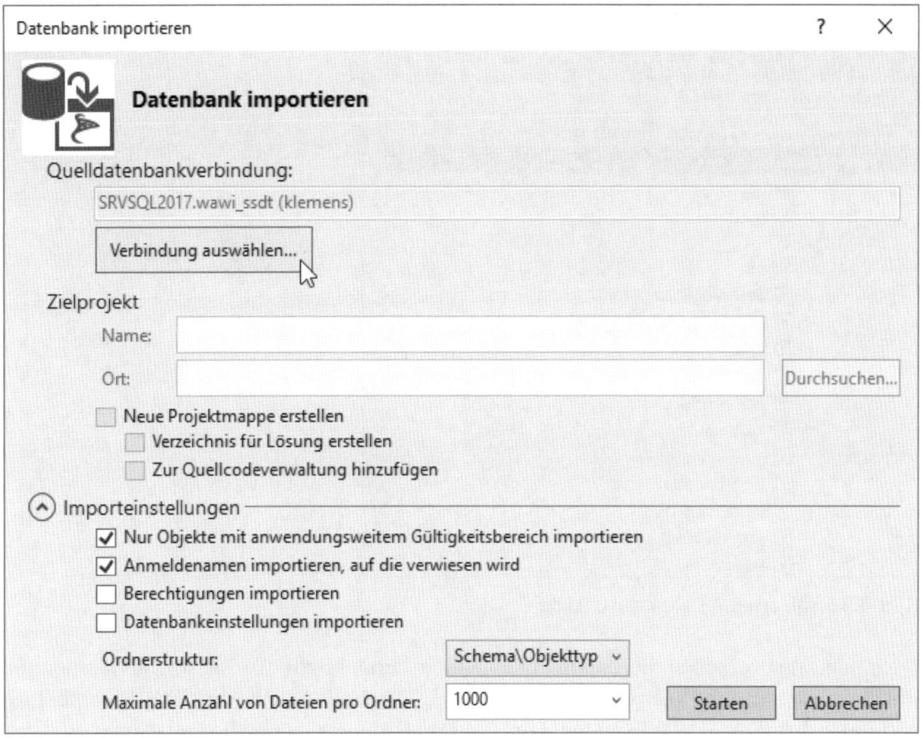

Bild 8.34 Datenbank in SSDT-Projekt importieren

Wählen Sie eine bestehende Verbindung aus, sofern es sie für die gewünschte Datenbank schon gibt, oder erstellen Sie sich eine neue. Den Auswahldialog kennen Sie ja schon vom Schemavergleich her. Die Ordnerstruktur für die Darstellung im Projektmappen-Explorer kann an dieser Stelle ausgewählt werden. Die Vorauswahl *Schema\Objekttyp* macht durchaus Sinn, daher würde ich diese beibehalten. Außerdem legt die Vorgabe der Importeinstellungen fest, dass nur Objekte mit anwendungsweitem Gültigkeitsbereich importiert werden. Objekte mit externen Verweisen werden nicht mit übernommen, aber diese gibt es in unserer Beispieldatenbank nicht. Anmeldungen, die zwar nicht in der Datenbank selber gespeichert werden, werden ebenso übernommen, sofern sie gültigen Datenbankbenutzern zugewiesen sind. Berechtigungen und Einstellungen werden nicht übernommen.

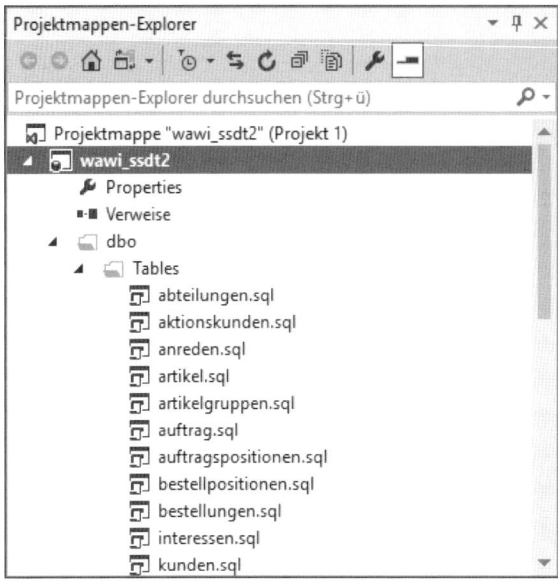

Bild 8.35 Importierte Datenbankobjekte

Nach dem Import stehen die Datenbankobjekte im Projekt zur Verfügung und können für die Weiterentwicklung verwendet werden. Bild 8.35 zeigt je Tabelle eine SQL-Datei im Projekt unter dem Schema-Ordner und dem Tabellen-Ordner. Klicken Sie einfach auf eine der Tabellen, um diese im Projekt zu bearbeiten.

8.2.6 Ersatz für das Management Studio?

Wir haben in diesem Kapitel nun einige der umfangreichen Möglichkeiten gesehen, die durch die neuen SQL Server Data Tools zur Verfügung stehen. Diese sind ja als umfassendes Tool für Entwickler positioniert. Sie sollen vor allem Programmierern, die mit dem Visual Studio vertraut sind, die Arbeit mit Datenbanken in einer gewohnten Entwicklungsumgebung ermöglichen. Hier ist mit diesen Tools zweifelsohne ein großer Wurf gelungen, da nicht nur vorhandene Funktionalitäten in die SSDT übernommen, sondern viele neue Funktionalitäten geschaffen worden sind.

Die entscheidende Frage ist, ob man durch den Einsatz der SSDT gänzlich auf das Management Studio verzichten kann. Für Entwickler, und diese sind ja die Zielgruppe, lässt sich diese Frage bejahen. Dazu tragen zusätzlich zu den gezeigten Funktionalitäten der

- Transact-SQL-Editor und
- der SQL Server-Objekt-Explorer

bei. Der Transact-SQL-Editor bietet einen vollwertigen Ersatz für den Abfrageeditor des Management Studios. Dieser Editor lässt sich in den SSDT über den Menübefehl EXTRAS/ SQL SERVER/NEUE ABFRAGE... öffnen. (In der aktuellen Version lautet der Befehl NEW QUERY, aber ich vermute, das wird sich mit einem Update wieder auf Deutsch ändern.) Im

SQL Server-Objekt-Explorer finden Sie denselben Befehl direkt auf einem Server- oder Datenbankknoten.

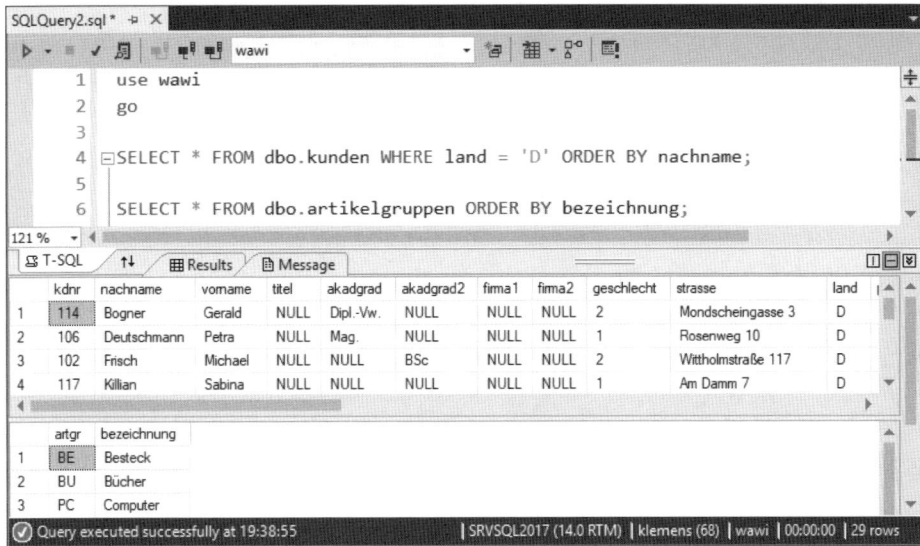

Bild 8.36 Transact-SQL-Editor

In diesem Editor können Sie SQL-Anweisungen direkt ausführen. Auch hier gilt analog, dass alle Anweisungen im Editor ausgeführt werden, wenn keine Markierung besteht. Ist eine Markierung gesetzt, werden nur markierte Anweisungen ausgeführt.

 ACHTUNG! Die Taste **F5**, die im Management Studio für das Ausführen von Anweisungen verwendet wird, ist im Visual Studio schon seit jeher für das Erstellen von Anwendungen und Projekten zuständig. Daher ist sie für das Ausführen von Anweisungen nicht mehr frei. Für das Ausführen von Anweisungen im Editor ist die Tastenkombination **STRG** + **SHIFT** + **E** vorgesehen. ∎

Der SQL Server-Objekt-Explorer bietet alle Funktionalitäten des Objekt-Explorers im Management Studio, die mit Entwicklungsaufgaben zu tun haben. Wenn er nicht angezeigt wird, öffnen Sie ihn über das Menü *Ansicht* oder die Tastenkombination **STRG** + **^**, **STRG** + **S**. Über das Symbol *Server hinzufügen*, das ist jenes mit dem Server und dem grünen Plus, fügen Sie neue Server hinzu.

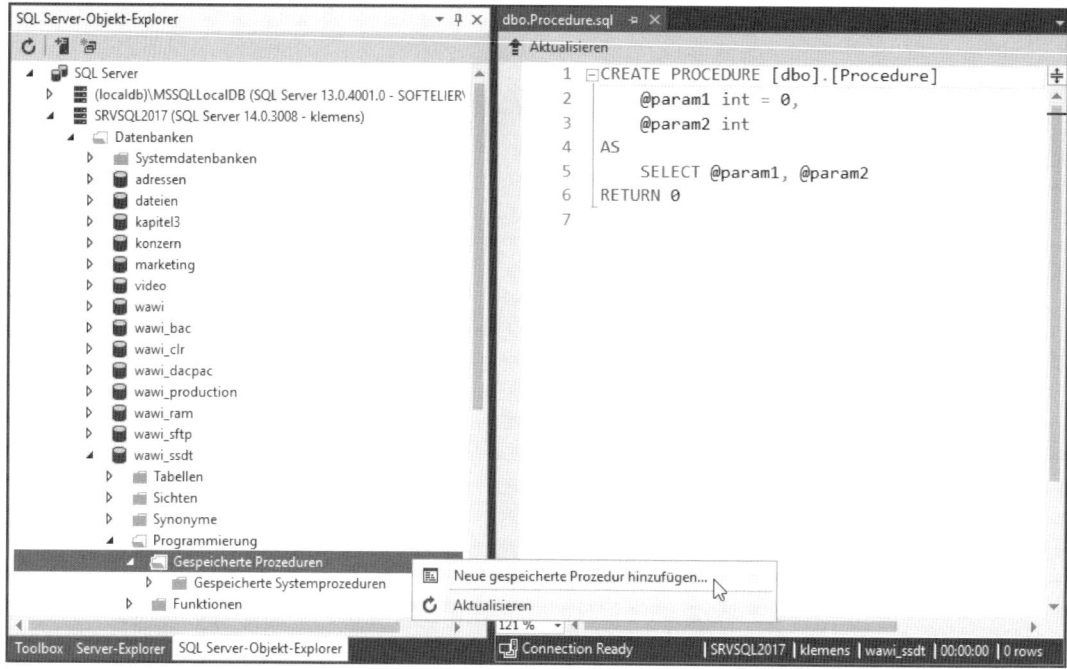

Bild 8.37 Neue Prozedur erstellen

Direkt aus dem SQL Server-Objekt-Explorer heraus lassen sich alle Datenbankobjekte erstellen und auch warten. Damit können Visual Studio-Entwickler, die keine Datenbankprojekte nutzen möchten, auch alles in ihrer gewohnten Umgebung erledigen. Das Management Studio wird weiterhin für administrative Aufgaben die erste Wahl sein.

9 Client-Server-Datenbank verwalten

Neben der Entwicklungsarbeit fallen bei einer Datenbank im laufenden Betrieb verschiedene Verwaltungstätigkeiten an. Auch wenn der SQL Server bei nicht allzu großen Datenbanken darauf ausgelegt ist, ohne Eingriffe von außen beziehungsweise ohne besonderen Verwaltungsaufwand zu arbeiten, kommt man um gewisse Tätigkeiten dennoch nicht herum. Dazu gehören in erster Linie

- das Anfügen und Trennen von Datenbanken,
- das Sichern und Wiederherstellen der Datenbank,
- das Garantieren der Verfügbarkeit sowie das
- Protokollieren von Veränderungen.

■ 9.1 Anfügen und Trennen von Datenbanken

SQL Server-Datenbanken lassen sich nicht wie eine Desktop-Datenbank wie zum Beispiel MS Access einfach durch Kopieren und Verschieben auf Betriebssystemebene von A nach B bringen. Zwar wird man eine Server-Datenbank nicht ständig zwischen Desktop und Notebook hin und her kopieren, aber dennoch gibt es Szenarien, bei denen es notwendig ist, eine Datenbank von einem Speicherort zu einem anderen zu transferieren. Zum Beispiel um eine fertig entwickelte Datenbank vom Entwicklungssystem auf das Produktivsystem einzuspielen, aber beispielsweise auch, um Datenbankdateien auf einem Server auf eine andere Festplatte zu transferieren. Ebenso müssen Sie die Datenbank zunächst trennen und danach mit den umbenannten Dateien wieder anfügen, um den Namen von Datenbankdateien zu ändern.

9.1.1 Trennen einer Datenbank

Um eine Datenbank an einen anderen Ort zu transferieren, muss sie vom System getrennt werden. Solange dies nicht geschieht, sind die Dateien der Datenbank aus Sicht des Betriebssystems in Benutzung.

 ACHTUNG! Sie müssen eine Datenbank immer vom Server trennen, bevor Sie die Datenbankdateien kopieren oder verschieben können. Wenn Sie Dateien im laufenden Betrieb wegkopieren, kann es sein, dass die kopierte Datei sich danach nicht verwenden lässt.

Ebenso problematisch kann es sein, den Serverdienst zu beenden und die Datenbankdateien danach zu kopieren, bevor der Dienst wieder gestartet wird. Die saubere Lösung ist es,

- die Datenbank vom Server zu trennen,
- die Dateien zu kopieren oder zu verschieben und
- die Datenbank wieder zu verbinden.

Um eine bestehende Datenbank von einem System zu trennen, verwenden Sie entweder das Menü im SQL Server Management Studio oder eine Transact-SQL-Anweisung.

Wählen Sie hierzu die zu trennende Datenbank und anschließend über das Kontextmenü den Befehl TASKS/TRENNEN... aus.

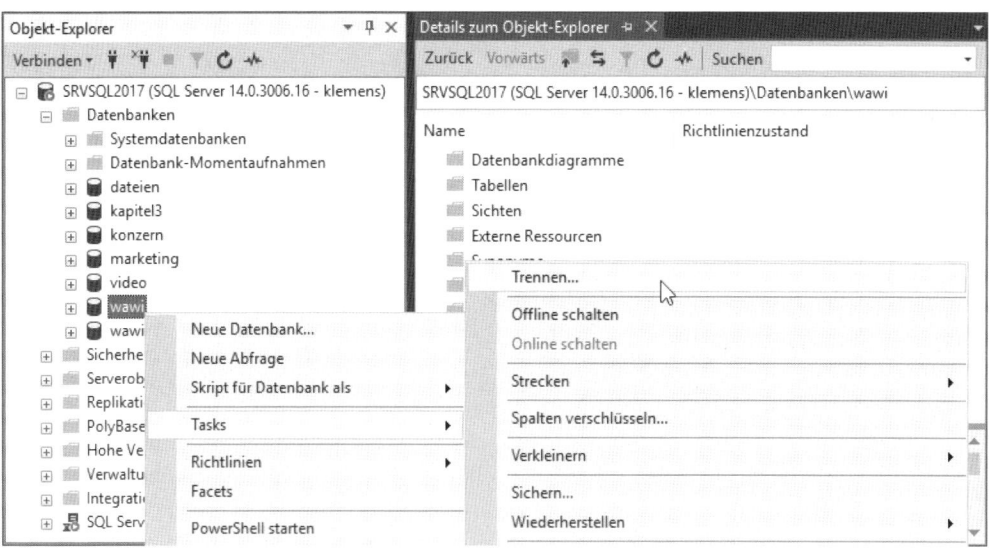

Bild 9.1 Trennen einer Datenbank

Im nachfolgenden Dialog *Datenbank trennen* werden Sie nochmals zur Bestätigung des Vorgangs aufgefordert. Die zu trennende Datenbank wird angezeigt. Sie können folgende Optionen beim Trennen verwenden:

- *Verbindungen löschen*: Sind noch Benutzer mit der Datenbank verbunden, kann die Datenbank nicht getrennt werden. In der Spalte *Meldung* wird dies gegebenenfalls angezeigt. Entweder beenden Sie die Verbindungen oder Sie wählen die Option *Verbindungen löschen*, um diese vor dem Trennvorgang zwangsweise zu beenden. Diese Option ist standardmäßig nicht ausgewählt.

 HINWEIS: Wenn Sie sich wundern, wer da eine aktive Verbindung zu Ihrer Datenbank hält, sollten Sie bedenken, dass es auch ein von Ihnen selbst im Management Studio geöffnetes Abfrageeditor-Fenster mit einer Verbindung zu der Datenbank sein kann.

- *Statistiken aktualisieren*: Mit dieser Option können Sie vor dem Trennen der Datenbank die Statistiken noch einmal aktualisieren. Für jeden Index in einer Datenbank existiert eine Statistik, um vor dem Ausführen einer Abfrage entscheiden zu können, ob der Index verwendet werden soll oder nicht. Auch diese Option ist standardmäßig nicht aktiviert.

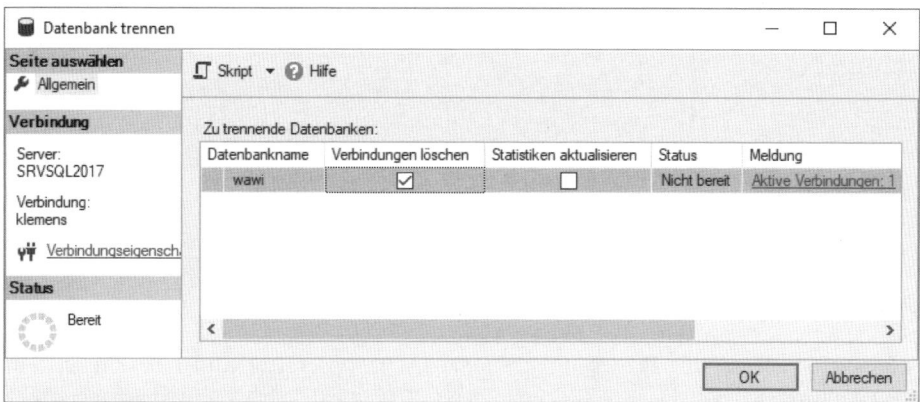

Bild 9.2 Optionen für das Trennen aktivieren

Versuchen Sie, die Datenbank zu beenden, ohne vorher noch bestehende Verbindungen zu löschen, erhalten Sie die nachfolgend gezeigte Fehlermeldung.

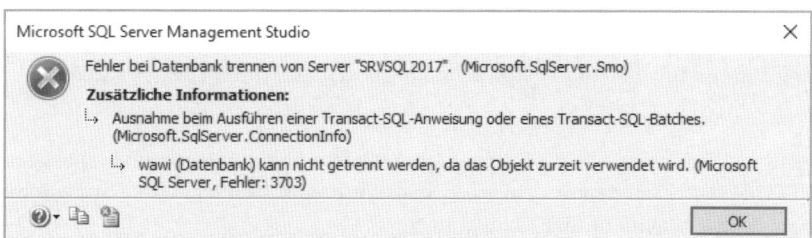

Bild 9.3 Fehlermeldung bei aktiven Verbindungen

PRAXISTIPP: Wenn Sie die Verbindungen nicht einfach so trennen möchten, verwenden Sie den Aktivitätsmonitor, um festzustellen, wer mit der Datenbank verbunden ist. Den Aktivitätsmonitor können Sie über das Kontextmenü über den Servernamen im Objekt-Explorer öffnen. Filtern Sie in der Rubrik *Prozesse* nach dem Datenbanknamen. In den Verbindungen sehen Sie, welche Anmeldenamen diese aufgebaut haben. Dort können Sie sich über das Kontextmenü sogar die Sitzungsdetails anzeigen lassen, zum Beispiel die zuletzt oder aktuell ausgeführte Anweisung (Bild 9.4). Dann können Sie diese Anwender bitten, ihre Arbeit in der Datenbank zu beenden und noch offene Transaktionen abzuschließen. ∎

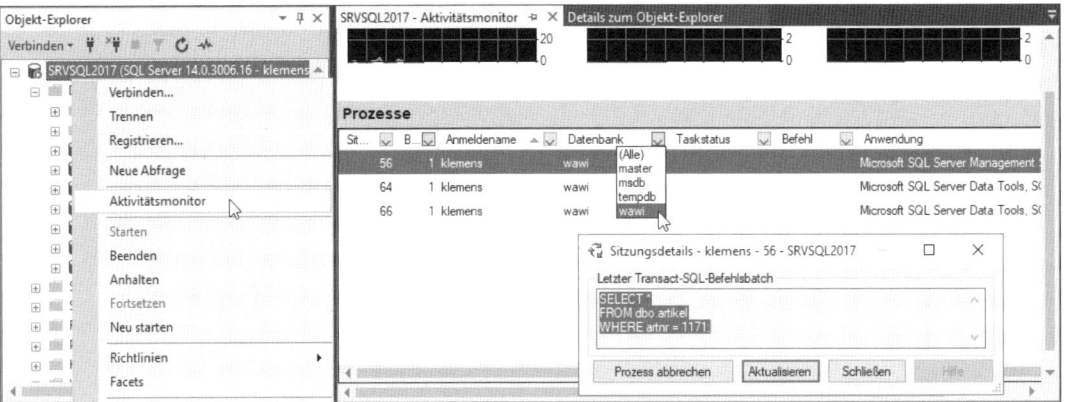

Bild 9.4 Aktive Prozesse in einer Datenbank im Aktivitätsmonitor anzeigen

Schließen Sie den Dialog *Datenbank* indem Sie den Trennvorgang mit *OK* bestätigen. War der Trennvorgang erfolgreich, so können Sie nun Datenbankdateien auf Dateisystemebene kopieren, verschieben oder löschen.

 PRAXISTIPP: Manchmal sucht man nach dem Trennvorgang die Dateien, weil man nicht mehr genau weiß, wo diese liegen und wie sie heißen. Damit Sie die Dateien nach einem Trennvorgang nicht suchen müssen, öffnen Sie bitte **vor** dem Trennvorgang die Datenbankeigenschaften und sehen Sie nochmals nach, in welchen Ordnern und unter welchen Dateinamen die Dateien zu finden sind. ∎

Alternativ zum menügeführten Trennvorgang können Sie eine Datenbank auch über eine Transact-SQL-Anweisung mit dem Aufruf einer Systemprozedur trennen. Diese Systemprozedur heißt *sp_detach_db* und besitzt drei Parameter:

- @dbname: Der Name der zu trennenden Datenbank
- @skipchecks: Sie können *true* oder *false* als String angeben (nicht 0 oder 1). Wenn Sie *true* übergeben, werden die Statistiken nicht aktualisiert. Standardmäßig wird die Anweisung UPDATE STATISTICS ausgeführt, falls Sie diesen Parameter nicht angeben.

- @keepfulltextindexfile: Auch hier können Sie als Parameter *true* oder *false* übergeben, je nachdem, ob Sie Volltextkataloge beim Trennen behalten oder löschen möchten. Standardmäßig ist dieser Parameter mit *true* belegt und muss nicht angegeben werden.

Um zum Beispiel die Datenbank *wawi* zu trennen, verwenden Sie die Anweisung

```
EXEC dbo.sp_detach_db @dbname = 'wawi';
```

in einem Abfrageeditor-Fenster.

Wenn Sie zuvor noch aktive Verbindungen trennen müssen, versetzen Sie dazu die Datenbank in den Einzelbenutzermodus. Dies erreichen Sie mit einer ALTER DATABASE-Anweisung:

```
ALTER DATABASE wawi SET SINGLE_USER WITH ROLLBACK IMMEDIATE;
```

Durch den Zusatz ROLLBACK IMMEDIATE werden alle offenen Transaktionen geschlossen. Danach kann das Trennen problemlos erfolgen. Beachten Sie bitte, dass Sie zwischen den beiden Anweisungen ein GO verwenden müssen, falls Sie beide gemeinsam ausführen.

 HINWEIS: Wenn Sie die Datenbank mit einer Transact-SQL-Anweisung trennen, verschwindet der Name der Datenbank nicht automatisch im Objekt-Explorer. Dies bedeutet aber nicht, dass der Trennvorgang fehlgeschlagen wäre, sondern lediglich, dass die Anzeige im Objekt-Explorer nicht aktuell ist. Aktualisieren Sie daher die Anzeige über das Kontextmenü. ∎

9.1.2 Anfügen einer Datenbank

Damit Datenbankdateien auf einem Server verwendet werden können, müssen sie diesem angefügt werden. Ein bloßes „Hinterlegen" der Datenbankdateien am Server genügt nicht.

Datenbankdateien können entweder direkt über den Objekt-Explorer oder über den Aufruf einer Systemprozedur auf einem Server hinzugefügt werden. Kopieren Sie dazu zuvor die Dateien in den gewünschten Zielordner. Klicken Sie auf dem Zielserver im Objekt-Explorer auf den Ordner *Datenbanken* und wählen Sie im Kontextmenü den Befehl ANFÜGEN... aus.

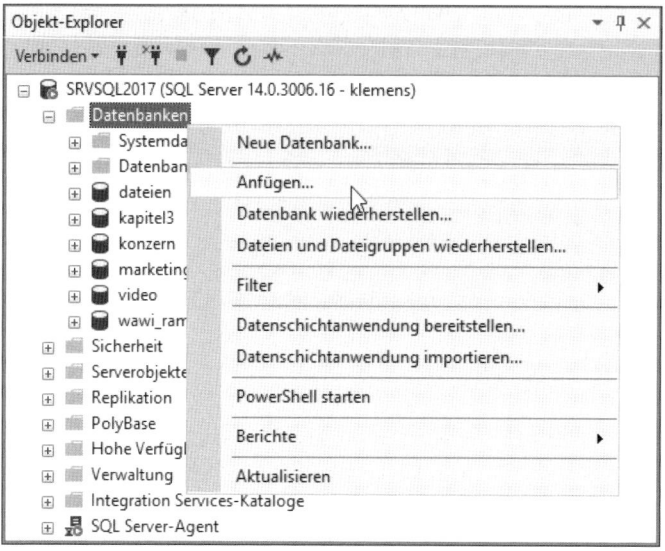

Bild 9.5 Anfügen einer Datenbank

Klicken Sie im Dialog *Datenbanken anfügen* auf die Schaltfläche *Hinzufügen*. Wählen Sie im Dialog *Datenbankdateien suchen* die primäre Datendatei der anzufügenden Datenbank aus. Primäre Datendateien tragen die Dateierweiterung MDF.

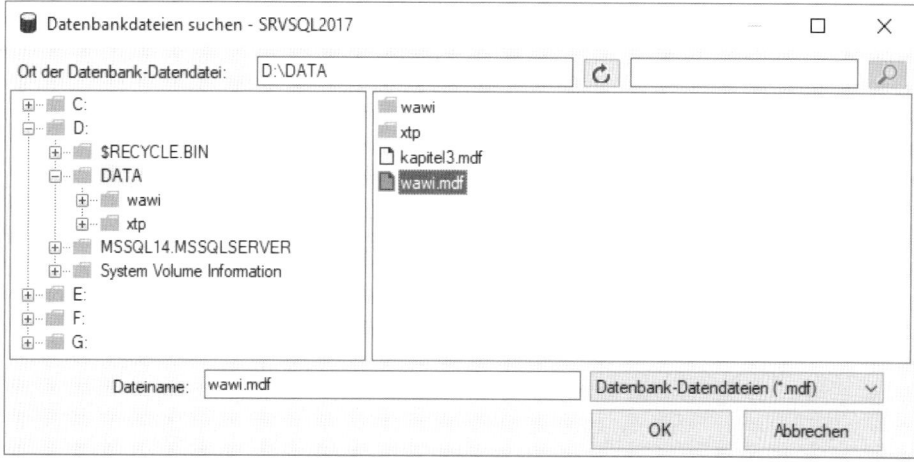

Bild 9.6 Datenbankdatei auswählen

 HINWEIS: Beachten Sie, dass die Ordnerstruktur des Servers und nicht die Ihrer Arbeitsstation angezeigt wird, falls Sie remote über das Netzwerk mit dem Management Studio auf den Server zugreifen.

Nachdem Sie die primäre Datenbankdatei der anzufügenden Datenbank ausgewählt haben, gelangen Sie in den Dialog *Datenbanken anfügen*. Dort können Sie weitere Einstellungen vornehmen.

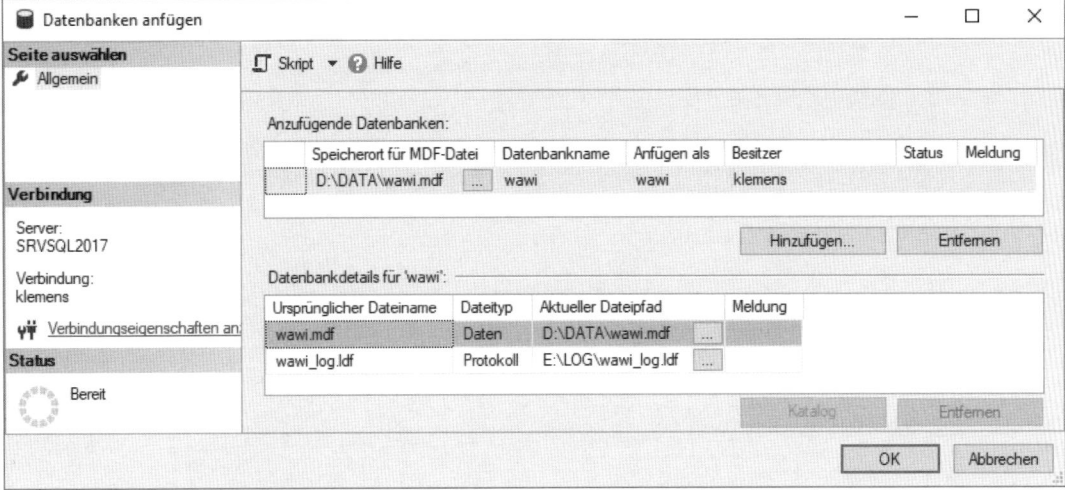

Bild 9.7 Datenbank anfügen

- Datendateien und Transaktionsprotokoll(e): In der primären Datendatei sind die Namen etwaiger weiterer Datendateien (*.ndf*) und der Transaktionsprotokolldatei(en) gespeichert. Haben Sie diese aber umbenannt oder an einen anderen Pfad verschoben, werden sie als fehlend angezeigt, da sie mit den intern gespeicherten Pfaden nicht übereinstimmen. Derartige Fehler werden in der Spalte *Meldung* angezeigt. Sie können den Pfad im Feld *Aktueller Dateipfad* manuell editieren oder die Datei über die Schaltfläche mit den drei Punkten suchen und auswählen. Wenn es sich um eine Protokolldatei handelt, können Sie den Eintrag entfernen, es wird in weiterer Folge eine neue Datei erzeugt.

 PRAXISTIPP: Sie können eine Datenbank auch dann anfügen, wenn Sie das Transaktionsprotokoll nicht zur Verfügung haben oder aus einem anderen Grund nicht mit transferieren möchten. Ist die Transaktionsprotokolldatei nicht vorhanden, wird dies in der Spalte *Meldung* angezeigt. Markieren Sie die Zeile mit dem Transaktionsprotokoll und entfernen Sie sie über die Schaltfläche *Entfernen* rechts unten. Die Transaktionsprotokolldatei wird danach beim Anfügen im Standardordner für Datenbankprotokolle neu erstellt.

In der im Moment aktuellen Version 17.2 des Management Studios hat sich ein Fehler eingeschlichen. Es werden umbenannte und umkopierte Dateien leider gar nicht angezeigt, und sie können daher im Dialog leider auch nicht editiert werden. So lange dieser Fehler in der Maske nicht behoben ist, muss das Hinzufügen bei geänderten Dateinamen daher über die CREATE DATABASE-Anweisung erfolgen. Bild 9.8 zeigt die Situation über eine Vorversion. Es handelt sich hierbei aber nur um einen Fehler im grafischen Tool.

Natürlich lässt sich die Aufgabenstellung problemlos mit der Verwendung der Anweisung RESTORE DATABASE lösen, wie es noch in diesem Kapitel beschrieben wird. Ich gehe aber davon aus, dass dieses Manko mit einem Update wieder behoben wird.

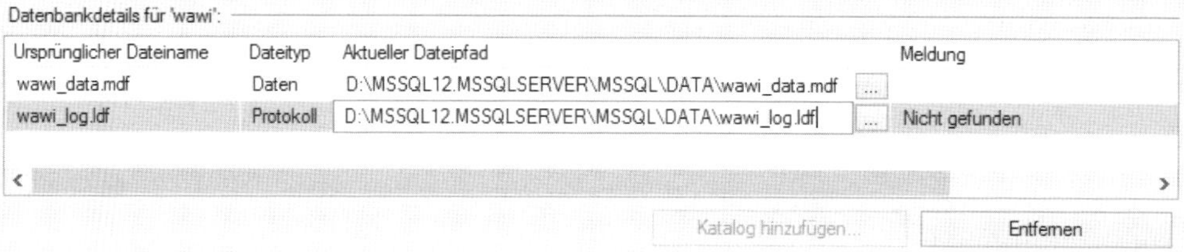

Datenbankdetails für 'wawi':

Ursprünglicher Dateiname	Dateityp	Aktueller Dateipfad		Meldung
wawi_data.mdf	Daten	D:\MSSQL12.MSSQLSERVER\MSSQL\DATA\wawi_data.mdf	...	
wawi_log.ldf	Protokoll	D:\MSSQL12.MSSQLSERVER\MSSQL\DATA\wawi_log.ldf	...	Nicht gefunden

[Katalog hinzufügen...] [Entfernen]

Bild 9.8 Nicht gefundene Datei

- Datenbankname: Der ursprüngliche Datenbankname wird in der Übersicht angezeigt. Sie können diesen ändern, indem Sie in das Feld *Anfügen als* klicken und den Namen editieren.

Skript ▼ ❓ Hilfe

Anzufügende Datenbanken:

Speicherort für MDF-Datei		Datenbankname	Anfügen als	Besitzer	Status	Meldung
D:\DATA\wawi.mdf	...	wawi	wawi2017	klemens		

[Hinzufügen...] [Entfernen]

Bild 9.9 Datenbanknamen beim Anfügen ändern

- Datenbankbesitzer: Um den Besitzer der Datenbank schon beim Anfügen festzulegen, wählen Sie ihn aus der Liste aller Logins aus.

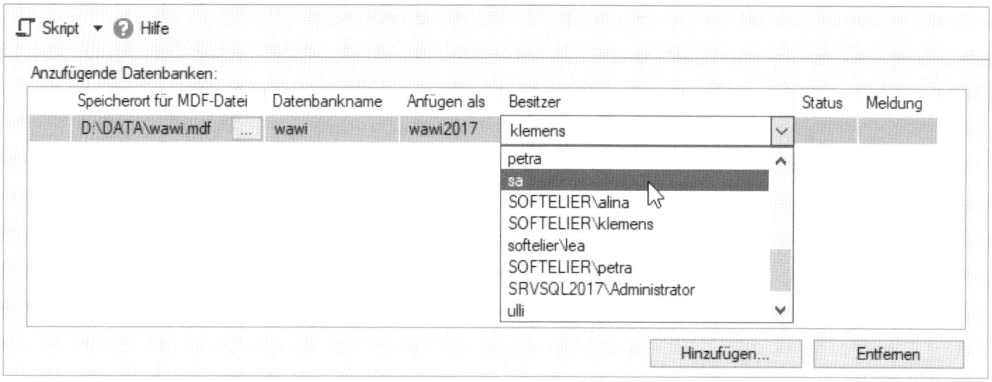

Skript ▼ ❓ Hilfe

Anzufügende Datenbanken:

Speicherort für MDF-Datei		Datenbankname	Anfügen als	Besitzer		Status	Meldung
D:\DATA\wawi.mdf	...	wawi	wawi2017	klemens	⌄		
				petra			
				sa			
				SOFTELIER\alina			
				SOFTELIER\klemens			
				softelier\lea			
				SOFTELIER\petra			
				SRVSQL2017\Administrator			
				ulli			

[Hinzufügen...] [Entfernen]

Bild 9.10 Datenbankbesitzer auswählen

Sie können den Datenbanknamen – der ja eigentlich nur ein Registrierungsname auf dem Server ist – auch nach dem Anfügen direkt im Management Studio ändern. Wählen Sie dazu die Datenbank aus und klicken Sie erneut auf den Datenbanknamen oder verwenden Sie die Taste F2.

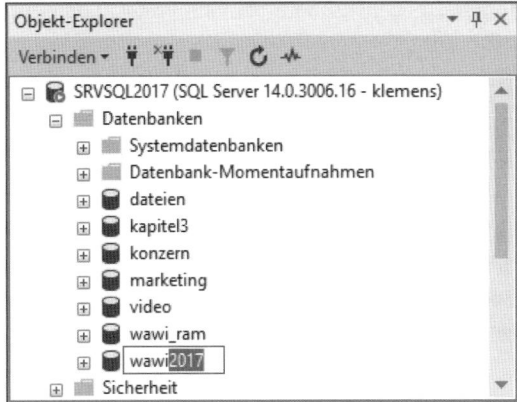

Bild 9.11 Ändern des Datenbanknamens

Sie können eine Datenbank auch direkt mit der Anweisung CREATE DATABASE anfügen. Dabei werden die Namen der Dateien und der Zusatz FOR ATTACH verwendet.

```
CREATE DATABASE wawi ON
(FILENAME = 'D:\MSSQL14.MSSQLSERVER\MSSQL\DATA\wawi_data.mdf'),
(FILENAME = 'D:\MSSQL14.MSSQLSERVER\MSSQL\DATA\wawi_log.ldf')
FOR ATTACH;
```

 HINWEIS: Pfade und Dateinamen können hier nach Belieben editiert und angepasst werden. Sie können damit einzelnen Dateien zuvor in andere Ordner verschieben oder auch umbenennen. Damit umgehen Sie auch den zuvor erwähnten Fehler im Management Studio.

Die ältere Form mit der Systemprozedur *sp_attach_db* funktioniert in der aktuellen Version zwar noch, sollte aber nicht mehr verwendet werden. In einer der nächsten Versionen wird die Prozedur nicht mehr enthalten sein. Sie ist historisch gesehen das Gegenstück zu der früher erwähnten Prozedur *sp_detach_db*, aber inzwischen durch die spezielle Syntaxvariante der CREATE DATABASE-Anweisung ersetzt worden.

```
EXEC sp_attach_db @dbname = 'wawi',
                  @filename1 = 'D:\MSSQL14.MSSQLSERVER\MSSQL\DATA\wawi_data.mdf',
                  @filename2 = 'D:\MSSQL14.MSSQLSERVER\MSSQL\DATA\wawi_log.ldf'
```

Wenn beim Anfügen ein neues Transaktionsprotokoll erstellt werden soll, dann führen Sie in der Anweisung lediglich den Namen der primären Datendatei an. Existiert das Transaktionsprotokoll mit dem in der Datenbank gespeicherten Namen, wird es beim Anfügen nicht verwendet.

```
CREATE DATABASE wawi ON
(FILENAME = 'D:\MSSQL12.MSSQLSERVER\MSSQL\DATA\wawi_data.mdf')
FOR ATTACH;
```

Existiert die Datei nicht, wird eine Meldung ausgegeben und eine neue Protokolldatei im Standardordner für Protokolldateien erstellt.

```
Dateiaktivierungsfehler. Der physische Dateiname 'D:\MSSQL14.MSSQLSERVER\MSSQL\DATA\
wawi_log.ldf' ist möglicherweise falsch.
Die neue Protokolldatei ' E:\LOG\wawi_log.ldf' wurde erstellt.
```

 PRAXISTIPP: Wenn Ihnen der verwendete Pfad oder der Dateiname nicht zusagen, trennen Sie danach die Datenbank erneut und verschieben Sie die neue Protokolldatei oder benennen sie um. Danach fügen Sie die Datenbank mit der früheren Variante unter Angabe der Protokolldatei erneut an.

Anstelle der Option FOR ATTACH können Sie an dieser Stelle auch FOR ATTACH_REBUILD_LOG verwenden. Wenn Sie den bei der Installation festgelegten Standardordner für Daten- oder Protokolldateien ändern möchten, öffnen Sie die Eigenschaften des Servers über das Kontextmenü. Im Dialog *Servereigenschaften* finden Sie die benötigte Einstellung auf der Seite *Datenbankeinstellungen*. Wenn Sie hier eine Änderung vornehmen, muss der Serverdienst neu gestartet werden, damit diese Änderung wirksam wird. Diese Einstellung wird nicht in der *master*-Datenbank, sondern in der Windows Registry gespeichert.

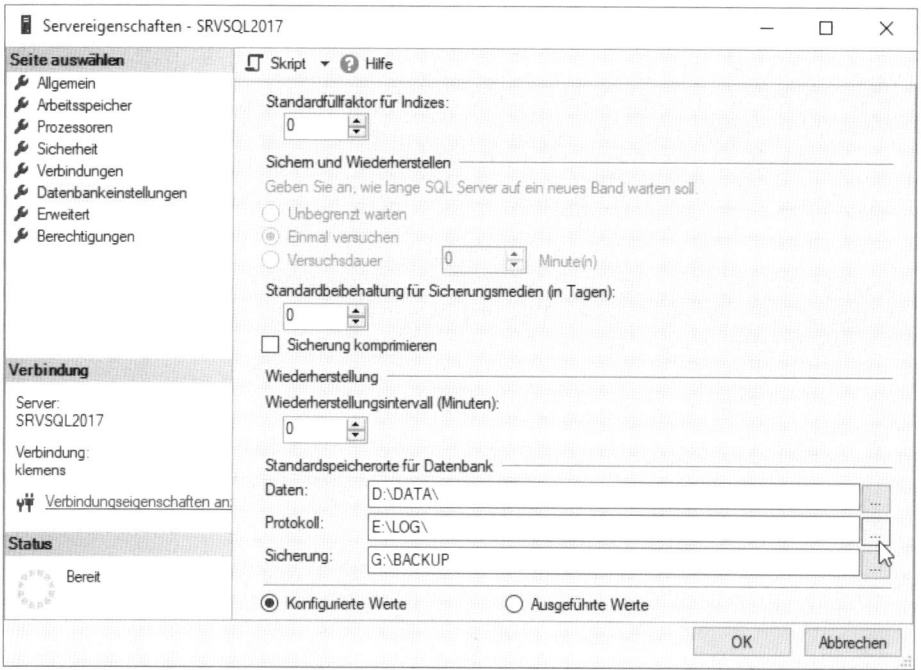

Bild 9.12 Standardspeicherorte für Datenbanken ändern

9.1.3 Option „Automatisch schließen"

Generell sind die Datendateien aller registrierten Datenbanken aus Sicht des Betriebssystems geöffnet und können nicht umbenannt oder gelöscht werden, solange der Serverdienst gestartet ist. Deshalb muss eine Datenbank, wie in den vorigen Abschnitten erläutert, getrennt werden, bevor die Dateien sauber kopiert werden können.

Wird die Datenbankoption *Automatisch schliessen* auf *True* gesetzt, wird die Verbindung zu den Datenbankdateien automatisch getrennt, falls kein Prozess mehr auf die Datenbank zugreift. Die Verbindung wird vom Server wiederhergestellt, wenn versucht wird, auf die Datenbank zuzugreifen.

 HINWEIS: Das automatische Trennen bringt keine Performanceverluste mit sich.

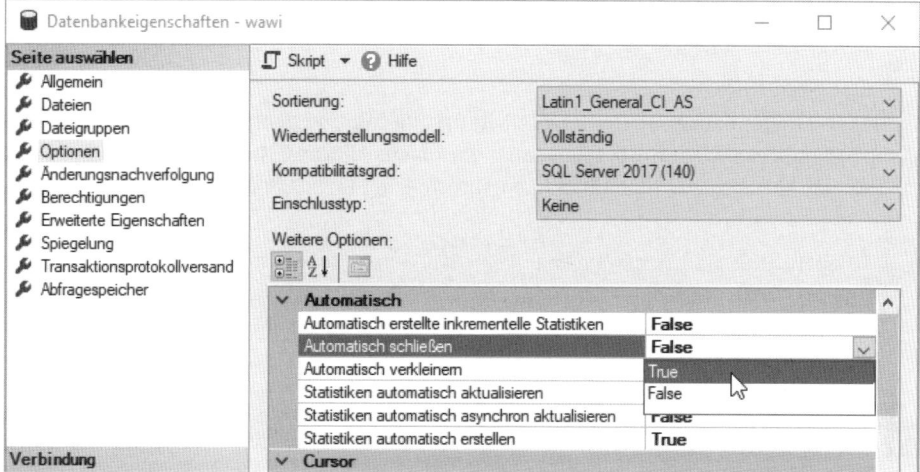

Bild 9.13 Option „Automatisch schließen"

Wird die Datenbank geschlossen, kann auf Betriebssystemebene auf die Datenbankdateien zugegriffen werden. Sie können eine diesbezügliche Einstellung über den Dialog *Datenbankeigenschaften* über die Seite *Optionen* einstellen. Sie finden die Option in der Rubrik *Automatisch*.

Um die Option AUTO_CLOSE über Transact-SQL einzustellen, verwenden Sie die Anweisung ALTER DATABASE:

```
ALTER DATABASE wawi SET AUTO_CLOSE ON WITH NO_WAIT;
```

 HINWEIS: Wie diese Eigenschaft standardmäßig eingestellt ist, hängt von der verwendeten SQL Server-Edition ab.

Wird eine Datenbank mit der Express Edition erstellt, wird die Eigenschaft *Automatisch schliessen* auf *True* eingestellt, wenn Sie die Anweisung CREATE DATABASE verwenden.

Bei Datenbanken, die mit der Standard Edition oder der Enterprise Edition erstellt werden, ist diese Eigenschaft auf *False* voreingestellt.

Datenbanken, die über das GUI-Tool des Management Studios erstellt werden, werden auch bei der Express Edition mit der Einstellung *False* angelegt.

Beachten Sie, dass diese Eigenschaftseinstellung auch beibehalten wird, wenn die Datenbank später auf einen anderen Server – unter Umständen mit einer anderen Edition – transferiert wird.

▓ 9.2 Datenbank sichern

Da in Serverdatenbanken in der Regel nicht private Adressdaten, sondern wichtige Unternehmensdaten gespeichert werden, kommt der Datensicherung ein besonderes Augenmerk zu. Der SQL Server bietet Ihnen hierzu entsprechende Möglichkeiten an.

 HINWEIS: Eine Sicherung kann beim SQL Server im vollen Betrieb erfolgen. Es ist nicht notwendig, dass Benutzer sich zuvor von der Datenbank abmelden.

9.2.1 Sicherungsvarianten

SQL Server stellt Ihnen unterschiedliche Sicherungsvarianten zur Verfügung. Die Wahl der geeigneten Methode erfolgt nach der Größe der Datenbank und der für die Sicherung zur Verfügung stehenden Zeit sowie dem Speicherplatz.

Folgende Varianten der Sicherung werden Ihnen angeboten:

- **Vollständig**: Es wird eine vollständige Sicherung der Datenbank angelegt, die den gesamten Zustand der Datenbank zu diesem Zeitpunkt widerspiegelt. Nach einer vollständigen Sicherung kann das Transaktionsprotokoll abgeschnitten werden, da alle protokollierten und abgeschlossenen Vorgänge in der gesicherten Datenbank festgeschrieben sind.

- **Differenziell**: Um Zeit – besonders bei großen Datenbanken oder häufigen Sicherungen – zu sparen, kann hierüber eine Sicherung erstellt werden, die lediglich die Änderungen seit der letzten vollständigen Sicherung enthält. Für das Wiederherstellen werden sowohl die letzte vollständige Sicherung als auch die differenzielle Sicherung benötigt. Jedoch ist es mit dieser Sicherungsmethode alleine nicht möglich, bei einem Ausfall der Datenbank den Zustand bis exakt vor dem Ausfall wiederherzustellen. Dazu werden zusätzliche

Transaktionsprotokollsicherungen benötigt, die zum Beispiel im Anschluss an die differenzielle Sicherung durchgeführt werden.

- **Transaktionsprotokoll**: Mithilfe einer Transaktionsprotokollsicherung kann der Zustand der Datenbank bei einem Ausfall bis zu diesem Zeitpunkt wiederhergestellt werden. Im Transaktionsprotokoll sind alle Transaktionen, die seit der letzten vollständigen Datenbanksicherung, differenziellen Sicherung oder Transaktionsprotokollsicherung abgeschlossen wurden, enthalten. Bei der Sicherung des Transaktionsprotokolls werden alle bereits inaktiven Transaktionen gesichert und im Anschluss aus dem Protokoll entfernt. Der nicht mehr benötigte Speicherplatz wird dabei freigegeben.

 ACHTUNG! Eine vollständige Wiederherstellung bis zum Zeitpunkt des Ausfalls ist auch mit einer Transaktionsprotokollsicherung nur dann möglich, wenn das Wiederherstellungsmodell der Datenbank auf *Vollständig* (*FULL*) eingestellt ist.

- **Datei- und Dateigruppensicherung**: Dies ist eine fortgeschrittene Möglichkeit, um die Sicherung extrem großer Datenbanken in mehrere Teilschritte aufzuteilen. Auf diese Variante wird zurückgegriffen, wenn die Datenbank so groß ist, dass eine gewöhnliche Sicherung in dem zur Verfügung stehenden Zeitfenster nicht möglich ist. Ein anderer Anwendungsfall wäre, dass in einer Datenbank separate Dateien oder Dateigruppen mit Archiv- oder Indexdaten vorhanden sind, die weniger oft gesichert werden müssen und sollen, als die aktuellen Daten.

 HINWEIS: Die Datei- und Dateigruppensicherung steht allerdings nur zur Verfügung, wenn die Datenbank aus mehreren Datendateien besteht, die zu verschiedenen Dateigruppen zusammengefasst worden sind. Für eine lediglich aus einer primären Datendatei (**.mdf*) bestehende Datenbank steht diese Option nicht zur Verfügung.

Bild 9.14 zeigt die Auswahl einer Dateigruppe im Dialog anhand der Beispieldatenbanken *konzern* und *dateien*. Bei letzterer könnte man beispielweise damit die Filestreamdaten separat sichern.

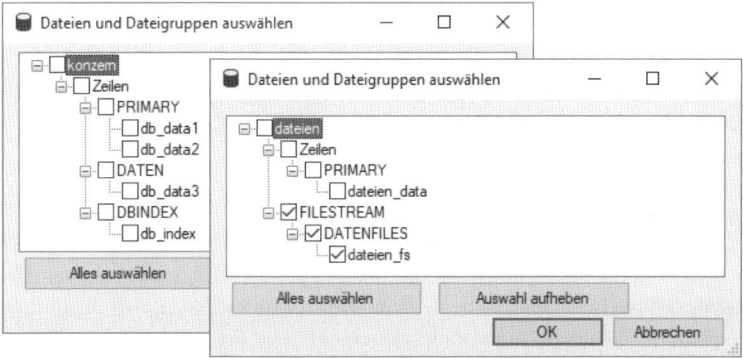

Bild 9.14 Dateigruppensicherung

9.2.2 Sicherungsziele

SQL Server unterstützt unterschiedliche Ziele für Sicherungen. Diese können je nach Gegebenheit eingesetzt werden.

Als Ziel für eine Sicherung kann eine

- Datei auf einer Festplatte,
- ein Windows Azure-Blob-Speicher oder
- ein Bandlaufwerk

angegeben werden. Die Möglichkeit, auf ein Bandlaufwerk zu sichern ist seit der Version 2014 aber abgekündigt und läuft daher aus.

 HINWEIS: Die empfohlene Methode ist es, Datenbanksicherungen auf einer Festplatte anzulegen, um diese zu einem späteren Zeitpunkt gemeinsam mit der täglichen Dateisicherung zum Beispiel auf ein externes modernes Sicherungsmedium zu sichern.

Sicherungsmedien einsetzen

Um die Verwaltung von Sicherungszielen zu vereinfachen, bietet der SQL Server die Möglichkeit, sogenannte Sicherungsmedien anzulegen. Diese ermöglichen es, einfach auf Sicherungsziele zuzugreifen, ohne sich jedes Mal über Pfade und Speicherorte Gedanken machen zu müssen. Sie können eine Sicherung allerdings auch ohne ein Sicherungsmedium direkt in eine Zieldatei erstellen. Die Verwendung eines Sicherungsmediums erhöht lediglich die Übersicht beim Sichern.

Beim Anlegen eines solchen Mediums wird ein Ziel festgelegt, auf das in weiterer Folge dann einfach über den Namen des Mediums zugegriffen werden kann. Wenn man so möchte, kann man ein Sicherungsmedium als einen Aliasnamen für ein Speicherziel bezeichnen.

Sie können Sicherungsmedien direkt im Management Studio unter dem Ordner *Serverobjekte* oder über eine Transact-SQL-Anweisung anlegen.

 HINWEIS: Der Dialog zum Sichern von Datenbanken bietet leider nicht die Möglichkeit, direkt bei der Definition des Sicherungsvorgangs ein neues Sicherungsmedium anzulegen. Diese Option ist vom Enterprise Manager der Version 2000 nicht mit übernommen worden und ist nun auch in der mittlerweile siebten Version des Management Studios noch nicht nachgezogen worden. Sie müssen daher Sicherungsmedien schon vor der eigentlichen Sicherung anlegen.

Um im Management Studio ein Sicherungsmedium anzulegen, öffnen Sie den Ordner *Serverobjekte* unter dem gewünschten Server. In diesem Ordner finden Sie den Unterordner *Sicherungsmedien*. Wenn Sie diesen auswählen, werden im Fenster *Details zum Objekt-Explorer* die bereits vorhandenen Sicherungsmedien angezeigt.

Um ein Sicherungsmedium anzulegen, klicken Sie mit der rechten Maustaste entweder auf den Ordner *Sicherungsmedien* oder in das Fenster *Details zum Objekt-Explorer.* Im Kontextmenü wählen Sie dann den Befehl NEUES SICHERUNGSMEDIUM... aus.

Geben Sie einen Namen für das neue Medium ein und wählen Sie einen Dateinamen oder gegebenenfalls ein Bandlaufwerk aus. Den Pfad einer Datei können Sie über die Schaltfläche mit den drei Punkten auswählen. Standardmäßig wird Ihnen das Verzeichnis angeboten, das auf dem Server als Standardordner für Backups festgelegt ist. Übernehmen Sie dieses oder wählen Sie ein beliebiges anderes Verzeichnis aus.

Bild 9.15 Name und Pfad für das Sicherungsmedium

PRAXISTIPP: Im Dialog zur Auswahl des Pfades für das Sicherungsmedium werden Ihnen nur physische und gemappte Laufwerke mit Laufwerksbuchstaben angeboten. Sie sind aber nicht auf diese beschränkt. Möchten Sie einen Netzwerk-Share verwenden, so mappen Sie diesen entweder als Laufwerk auf dem Datenbankserver oder geben den Verweis manuell ein. Achten Sie dabei darauf, dass der das Backup ausführende Dienst am Server die entsprechenden Rechte auf dem Netzwerklaufwerk besitzt. Dies ist nicht der Fall, wenn der ausführende Dienst (Server Agent) mit dem Standardkonto *NT Service\SQLSERVERAGENT* oder einem anderen lokalen Systemkonto (*LocalSystem*) ausgeführt wird.
Da es bei der Express Edition keinen Server Agent gibt, muss ein Backup ohnehin immer im Kontext eines angemeldeten Benutzers durchgeführt werden. Dies ist daher nicht relevant.

Generell wird empfohlen, die Sicherungsdatei auf einem Medium direkt auf einem dafür vorgesehenen Laufwerk auf dem Datenbankserver abzulegen und dieses danach (zusätzlich) auf ein externes Medium zu transferieren.

Es ist nicht wichtig, welche Dateierweiterung das Sicherungsmedium trägt. Für eine bessere Ordnung der Dateien empfiehlt es sich aber, eine einheitliche Erweiterung zu vergeben, beispielsweise die vorgeschlagene Erweiterung *BAK*.

Beim Anlegen einer neuen Sicherung wird dieses Sicherungsmedium als Sicherungsziel angeboten.

ACHTUNG! Verwenden Sie bitte für jede Datenbank ein separates Sicherungsmedium. Vermeiden Sie es, ein und dasselbe Medium abwechselnd für mehrere Datenbanken zu verwenden, auch wenn in einem Sicherungsmedium mehrere Sicherungssätze enthalten sein können. Außerdem sollten Sie bei der Namensvergabe für ein Sicherungsmedium darauf achten, dass aus dem Namen eindeutig hervorgeht, für welche Datenbank das Medium verwendet werden soll.

Bild 9.16 Neue Sicherungsmedien

Um ein Sicherungsmedium mithilfe von Transact-SQL anzulegen, verwenden Sie die gespeicherte Systemprozedur *sp_addumpdevice*. Diese Prozedur kann folgende Parameter verwenden:

- @devtype: Als Ziel für das Sicherungsmedium geben Sie über diesen Parameter entweder disk für eine Festplatte oder tape für ein Bandmedium an. Wie erwähnt, läuft die Option für ein Bandmedium aus.

- @logicalname: Der logische Name ist der eigentliche Name des Sicherungsmediums, der für die Sicherung verwendet und im Management Studio angezeigt wird.

- @physicalname: Der physische Name legt das eigentliche Sicherungsziel fest. Es handelt sich um den Pfad zu einer lokalen Datei, ein gemapptes Laufwerk oder einen UNC-Pfad. Für das erste Bandlaufwerk im Server geben Sie zum Beispiel \\.\TAPE0 ein.

Um beispielsweise ein Sicherungsmedium *konzern_sich* mit dem Dateinamen *konzern.bak* in dem Ordner, der bei Ihnen auch der Standardordner für Sicherungen sein könnte, anzulegen, verwenden Sie die folgende Anweisung in einem Abfrageeditor-Fenster:

```
EXEC dbo.sp_addumpdevice @devtype = 'disk', @logicalname = 'konzern_sich',
@physicalname = 'D:\MSSQL14.MSSQLSERVER\MSSQL\Backup\konzern.bak'
```

 HINWEIS: Der Standardordner für Backup-Dateien kann bei Ihnen je nach vorhandenen Laufwerken und der beim Setup verwendeten Einstellungen vom obigen Beispiel abweichen. Natürlich können Sie jederzeit auch einen anderen beliebigen Zielordner für ein Sicherungsmedium angeben.

Nachdem Sie ein Sicherungsmedium angelegt haben, kann dieses sofort für Sicherungen verwendet werden.

9.2.3 Sicherung mit dem Management Studio

Um eine Sicherung zu starten, stehen Ihnen auch hier die zwei gebräuchlichsten Varianten, nämlich die Sicherung über

- das Kontextmenü im Objekt-Explorer oder
- der Einsatz einer Transact-SQL-Anweisung

zur Verfügung.

 HINWEIS: Zur Begriffsklärung sei vorweg noch Folgendes erwähnt:

- Ein **Sicherungsmedium** ist eine Datei, in der ein oder mehrere Sicherungssätze gespeichert werden können. Es spielt dabei keine Rolle, ob es sich dabei um ein explizit erstelltes Sicherungsmedium handelt, wie zuvor beschrieben, oder eine simple Datei, deren Name und Pfad erst bei der Sicherung direkt angegeben werden.

- Ein **Sicherungssatz** ist das Ergebnis eines Sicherungslaufs. Dieser ist entweder das Ergebnis einer vollständigen, einer differenziellen oder einer Transaktionsprotokollsicherung. In einem Sicherungsmedium bzw. einer Sicherungsdatei können mehrere Sicherungssätze gespeichert werden. Beim Wiederherstellen muss dann angegeben werden, welcher der Sicherungssätze aus einem Medium zu verwenden ist. Geschieht dies nicht, wird immer der erste – das heißt der älteste – Sicherungssatz zur Wiederherstellung verwendet.

Um eine Sicherung über den Objekt-Explorer des Management Studios grafisch unterstützt zu starten, gehen Sie wie folgt vor:

1. Markieren Sie die gewünschte Datenbank und wählen Sie im Kontextmenü den Befehl TASKS/SICHERN... aus.

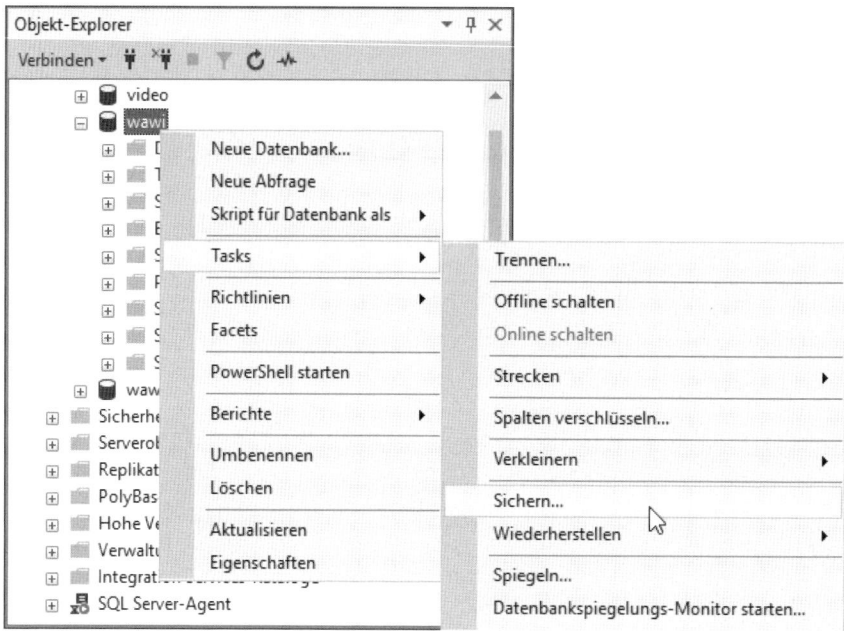

Bild 9.17 Datenbanksicherung im Management Studio

2. Nehmen Sie im Dialog *Datenbank sichern* die benötigten Einstellungen vor:

- Auswahl der *Datenbank* (sofern Sie zuvor nicht schon die richtige Datenbank markiert haben)
- Wählen Sie den *Sicherungstyp* aus den zu Beginn des Abschnitts vorgestellten Varianten aus. Standardmäßig ist hier *Vollständig* ausgewählt.
- Die Option *Kopiesicherung* bewirkt eine Sicherung, die keine Auswirkung auf die Sicherungssequenz hat. Der Ablauf von vollständigen, differenziellen oder Transaktionsprotokollsicherungen wird dann nicht beeinflusst. Diese Option entspricht dem Parameter COPY_ONLY bei der entsprechenden Transact-SQL-Anweisung.

 PRAXISTIPP: Ich verwende diese Option gerne, um bei einem Kunden ein Backup für Testzwecke zu ziehen. So komme ich zu einem aktuellen Datenstand für meine Tests, ohne den Backup-Lauf beim Kunden zu beeinflussen. Und mit diesem Backup kann ich bei mir eine Datenbank einrichten, in die ich meine Updates einspiele und in Ruhe teste. Und auch zum Ziehen einer Kopie, um einen aufgetretenen Fehler mit Echtdaten nachzuvollziehen oder nachzustellen, eignet sich diese Form ausgezeichnet.

- Als *Sicherungskomponente* ist die *Datenbank* als Voreinstellung ausgewählt. Einzelne Dateien oder Dateigruppen können bei großen Datenbanken separat gesichert werden.
- Festlegen des *Ziels*: Hier gibt es die Auswahlmöglichkeiten *Datenträger* und *URL. Band* gibt es an dieser Stelle nicht mehr. Dies hängt damit zusammen, dass die Möglichkeit der Sicherung auf Band ausläuft und daher im grafischen Tool gar nicht mehr angezeigt

wird. Hier können Sie sie nur mehr indirekt über ein zuvor erstelltes Sicherungsmedium verwenden. Über Transact-SQL wäre sie gegebenenfalls auch noch verfügbar.

Haben Sie bereits einmal eine Sicherung für diese Datenbank vorgenommen, wird das zuletzt verwendete Sicherungsziel angezeigt. Sonst wird eine Datei mit dem Namen der Datenbank und der Dateierweiterung *bak* im Standardbackupordner vorgeschlagen. Über die Schaltflächen *Hinzufügen* und *Entfernen* können Sie das Sicherungsziel ändern. Hier können Sie dann auch ein Sicherungsmedium als Sicherungsziel auswählen. Auch der eventuell schon vorhandene Inhalt eines Sicherungsmediums kann über die Schaltfläche Inhalt angezeigt werden.

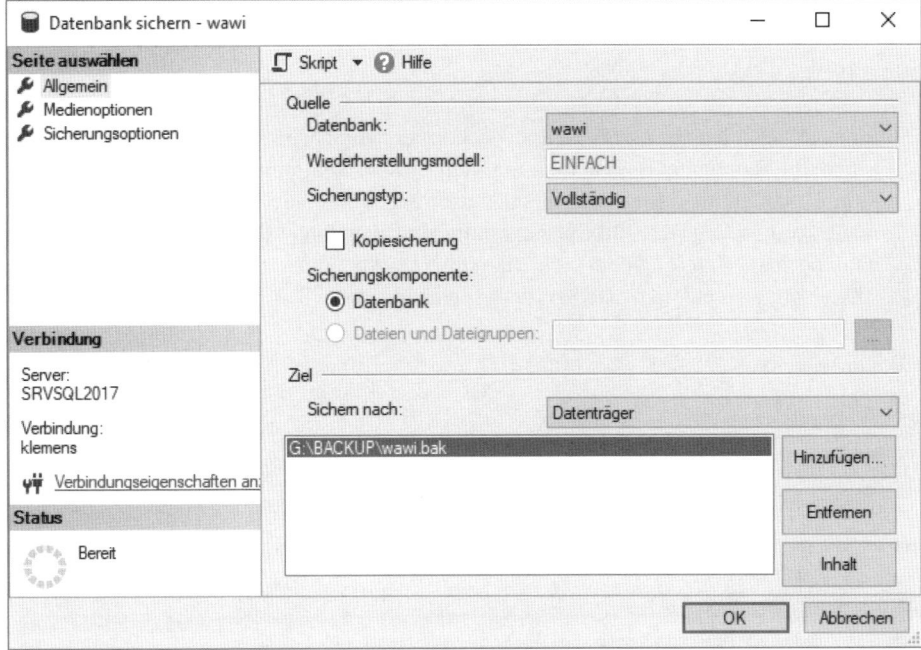

Bild 9.18 Allgemeine Sicherungseinstellungen

Über das gewählte Sicherungsziel *URL* können Sie einen Windows Azure-Blob-Speicher als Ziel angeben. Rufen Sie dies erstmalig auf, wählen Sie analog zum klassischen Dateiziel HINZUFÜGEN aus.

HINWEIS: Bevor Sie die nachfolgenden Schritte selber ausführen können, müssen Sie unter Azure ein Speicherkonto (*Storage account – blob, file, table, queue*) und einen Blob-Speicher erstellen. Diese Schritte können Sie in der Azure-Oberfläche einfach erledigen, indem Sie eine Ressource mit dem Plussymbol hinzufügen, *Speicherkonto* als Typ auswählen und dann die verlangten Eingaben im Dialog vornehmen. In erster Linie müssen Sie einen globalen Namen finden, der dann unter *.core.windows.net* eindeutig ist – ich habe hier den Namen *konodb* verwendet – und den Namen für eine Ressourcengruppe vergeben. Darin habe ich einen Blob-Container mit dem Namen *db-backup* angelegt.

Damit der SQL Server sich an Azure anmelden kann, benötigt er einen Azure-Speicher-container. Dahinter verbirgt sich eine Anmeldeinformation (Credential), die Sie in Kapitel 10 kennenlernen werden. Diese kann im Dialog direkt mit der Schaltfläche NEUER angelegt werden.

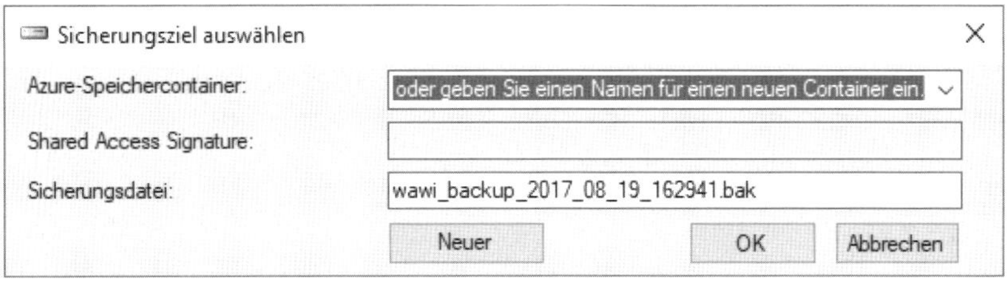

Bild 9.19 Neuen Azure-Speichercontainer anlegen

Im nachfolgenden Dialog müssen Sie sich im ersten Schritt mit den Zugangsdaten für Ihr Azure-Abonnement anmelden. Sind mit diesem Konto mehrere Abonnements ver-knüpft, wählen Sie das entsprechende aus. Danach wählen Sie das für dieses Abonne-ment zuvor schon erstellte Speicherkonto und den Blob-Container aus. Klicken Sie dann noch auf *Anmelden*, um eine Shared Access Signature zu generieren, die mit dem Anmeldenamen auf dem SQL Server gespeichert wird.

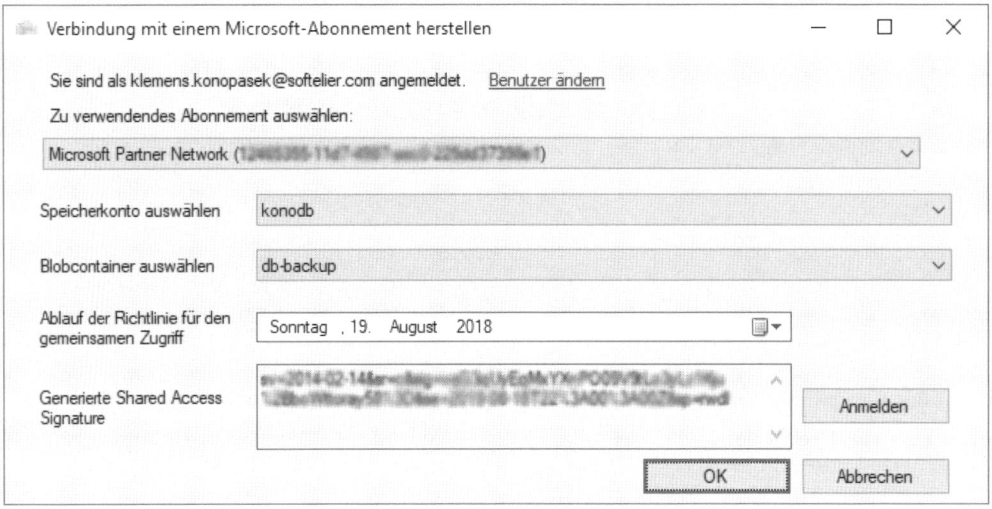

Bild 9.20 Verbindung mit einem Azure-Abonnement herstellen.

Der Speichercontainer wird in der in Bild 9.21 angezeigten Notation übernommen. Den Namen der Sicherungsdatei können Sie frei eingeben, die Vorgabe muss nicht beibehal-ten werden.

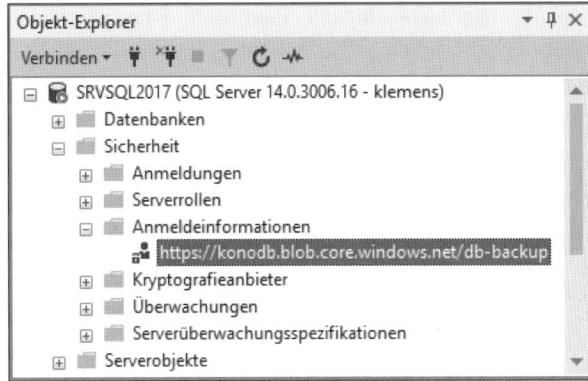

Bild 9.21 Fertiges Sicherungsziel im Azure-Blob-Speicher

Der Namen des Containers entspricht dem, der für die Anmeldeinformation vergeben wird. Diese finden Sie im Objekt-Explorer unter dem Ordner *Sicherheit*.

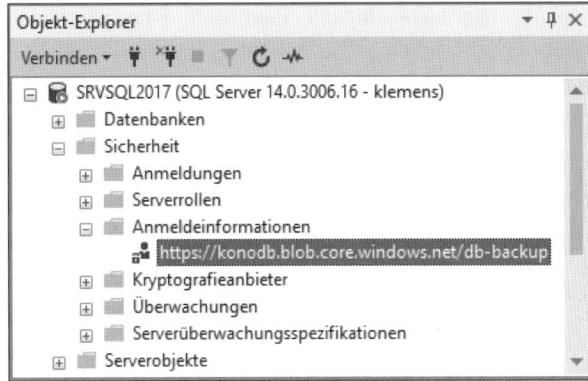

Bild 9.22 Anmeldeinformation für Azure

Die beiden nachfolgenden Einstellungen sind in der aktuellen Version von der ersten Seite *Allgemein* auf die Seite *Sicherungsoptionen* verschoben worden:

- Vergabe eines *Namens* und einer *Beschreibung* für die Sicherung. Diese können später abgerufen werden und erleichtern unter Umständen die Auswahl eines Sicherungssatzes, falls mehrere Sätze oder Medien zur Auswahl stehen.

- Eingeben eines *Ablaufdatums* für den Sicherungssatz. Wenn ein solches definiert wird, kann dieser Sicherungssatz nicht vor Ablauf der Zeit (absichtlich oder versehentlich) überschrieben werden.

3. Wir verwenden nun die Sicherung auf einen Datenträger. Klicken Sie auf die Schaltfläche *Hinzufügen*, um ein neues Sicherungsziel auszuwählen. Geben Sie entweder einen Dateinamen oder ein Sicherungsmedium an. Der Standardordner für Backup-Dateien wird angezeigt; ein Dateiname kann ergänzt werden. Geben Sie einen Dateinamen ein oder wählen Sie ein zuvor erstelltes Sicherungsmedium aus, zum Beispiel das Medium *wawi_sich*. Beenden Sie die Eingabe mit *OK*.

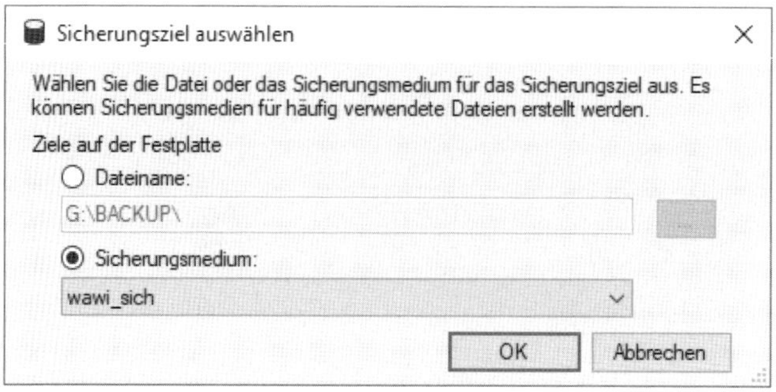

Bild 9.23 Ziel der Sicherung auswählen

Wie bereits erwähnt, kann der Inhalt eines Sicherungsmediums vom Sicherungsdialog direkt aus angezeigt werden. Zeigen Sie den Inhalt einer Sicherung an, so sehen Sie die in dieser Datei enthaltenen Sicherungen. Die Informationen über die enthaltenen Sicherungssätze bestehen aus:

- Name
- Typ (Sicherungskomponente)
- Komponente (Sicherungstyp)
- Server
- Datenbank
- Position (Nummer des Sicherungssatzes innerhalb der Datei)
- Start- und Beendigungsdatum
- Erste, Letzte und Prüfpunkt LSN (Log Sequence Number, Protokollfolgenummer)
- Größe
- Benutzer
- Ablaufdatum

Leider gibt es in der deutschen Version, wie Sie bei Typ und Komponente sehen, eine kleine Unschlüssigkeit in der Benennung und Unterschiede zwischen den Bezeichnungen in den Dialogen *Datenbank sichern* und *Medieninhalt*.

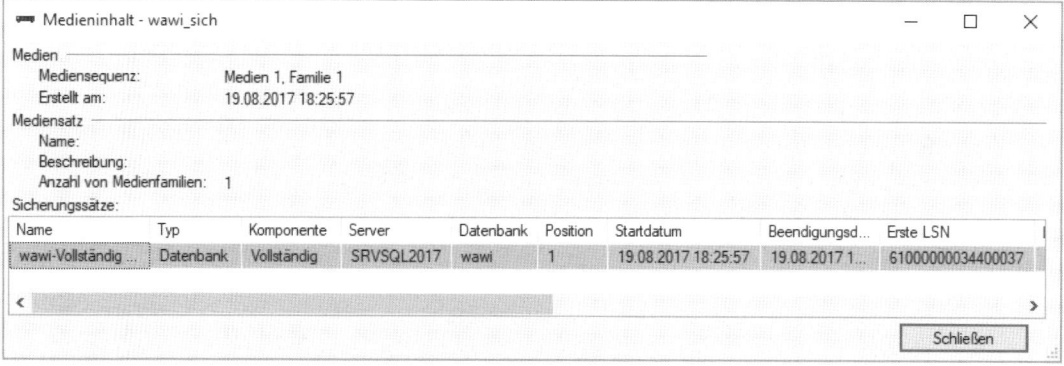

Bild 9.24 Inhalt eines Sicherungsmediums

4. Wählen Sie im Dialog *Datenbank sichern* die Seite *Medienoptionen*, um weitere Einstellungen vorzunehmen.

   ▪ Sie können hier einstellen, ob Sie vorhandene Sicherungssätze in der Datei überschreiben oder einen neuen Sicherungssatz anfügen möchten.

   ▪ Sie können eine Prüfung der abgeschlossenen Sicherung und die Bildung von Checksummen vorsehen.

   ▪ Bei einer Transaktionsprotokollsicherung kann festgelegt werden, ob das Transaktionsprotokoll abgeschnitten werden soll. Die Option *Protokollfragment sichern und Datenbank im Wiederherstellungsstatus belassen* wird bei einem Desaster Recovery benötigt.

5. Zum Abschluss wählen Sie noch die Seite *Sicherungsoptionen* aus. (Gegenüber der Vorversion ist die Seite *Optionen* in *Medienoptionen* und *Sicherheitsoptionen* aufgesplittert worden und die Option diesen neu zugeordnet worden.)

   ▪ Auf dieser Seite findet sich nun die bereits beschriebene Möglichkeit, einen Namen und eine Beschreibung für den Sicherungssatz einzugeben sowie ein Ablaufdatum festzulegen.

   ▪ Die Möglichkeit, die Sicherung zu komprimieren, steht nur in der Enterprise Edition zur Verfügung.

 ACHTUNG! Zwar wird die Komprimierung im Dialog zum Beispiel auch bei der Verwendung der Express Edition angeboten, aber es führt zu einem Fehler, wenn Sie sie verwenden.

Sie können hier die Standardeinstellung des Servers für diesen Sicherungsvorgang außer Kraft setzen. Die Serverkonfigurationsoption *backup compression default* ist standardmäßig auf 0 (*False*) eingestellt. Um diese zu ändern, verwenden Sie die schon früher beschriebene Systemprozedur sp_configure. Die aktuelle Einstellung können Sie aus den Systemkatalogen auslesen:

```
SELECT * FROM sys.configurations WHERE name LIKE 'backup%';
```

   ▪ Die Möglichkeit, eine Verschlüsselung für das Backup zu definieren, ersetzt die frühere Möglichkeit, ein Kennwort für ein Backup zu definieren. Zur Verschlüsselung müssen Sie zusätzlich ein Zertifikat verfügbar haben und angeben.

6. Starten Sie den Sicherungsvorgang, nachdem Sie alle Einstellungen vorgenommen haben, mit einem Klick auf die Schaltfläche **OK**.

9.2.4 Sicherung über TRANSACT-SQL

Wenn Sie die Sicherung Ihrer Datenbank programmgesteuert starten möchten, können Sie dazu auch den Transact-SQL-Befehl BACKUP DATABASE benutzen. Verwenden Sie diese Anweisung direkt in einem Abfrageeditor-Fenster oder verpacken Sie diese in eine gespeicherte Prozedur.

HINWEIS: Weitere Informationen zu Transact-SQL und gespeicherten Prozeduren finden Sie in den Kapiteln 5 und 6.

Die Syntax des Befehls zur vollständigen Sicherung einer Datenbank lautet:

```
BACKUP DATABASE datenbankname
TO backup_device | {DISK|TAPE|URL} = 'sicherungspfad'
```

Die Sicherung kann auch hier auf zwei Arten erfolgen:

- *Backup-Device*: Auf dem Server definierte Sicherungsmedien werden bei einer Sicherung als Ziel angegeben. Wie Sie ein neues Sicherungsmedium im Management Studio oder über Transact-SQL mit der Prozedur sp_addumpdevice erstellen, haben Sie weiter vorne in diesem Kapitel erfahren. Den Namen des Mediums verwenden Sie in der Backup-Anweisung als Zielangabe.

 PRAXISTIPP: Hier erkennen Sie einen weiteren Vorteil von serverseitig definierten Sicherungsmedien. Diese sind in der BACKUP-Anweisung wesentlich einfacher und kürzer anzugeben als ein vollständiger Zielpfad im Dateisystem.

- *Sicherungspfad*: Alternativ können Sie einen Pfad auf einem Speichermedium angeben. In der Regel ist das ein Pfad auf einer Festplatte. Ein Sicherungsband können Sie angeben, diese Option ist aber, wie erwähnt, bereits abgekündigt. Dafür besteht in dieser Version die neue Option URL. Als Pfadangabe für eine Datei kann ein Laufwerksbuchstabe oder auch ein UNC-Pfad verwendet werden. Geben Sie entweder nur den Namen des Mediums oder den Pfad der Datei an. Falls Sie kein definiertes Sicherungsmedium verwenden, müssen Sie vor dem Dateinamen den Vorsatz DISK= angeben. Zum Beispiel:

```
DISK = 'd:\backup\wawi_back.bak'
```

Um die Datenbank *wawi* in eine Datei zu sichern, verwenden Sie beispielsweise folgende Anweisung:

```
BACKUP DATABASE wawi
TO DISK = 'D:\MSSQL14.MSSQLSERVER\MSSQL\Backup\wawi.bak';
```

Wenn Sie diese Anweisung ein weiteres Mal ausführen, wird standardmäßig ein zusätzlicher Sicherungssatz in die Datei eingefügt. Um den alten Sicherungssatz mit der neuen Sicherung zu überschreiben, verwenden Sie die Option INIT.

```
BACKUP DATABASE WAWI
TO DISK = 'D:\MSSQL14.MSSQLSERVER\MSSQL\Backup\wawi.bak'
WITH INIT;
```

Um ein Backup in ein vorbereitetes Sicherungsmedium vorzunehmen, genügt beispielsweise folgende Anweisung:

```
BACKUP DATABASE wawi TO wawi_sich;
```

HINWEIS: Eine Übersicht über alle weiteren Optionen finden Sie in der Online-Dokumentation.

Die Sicherung in den Azure-Blob-Speicher können Sie ebenso über SQL ausführen, sofern Sie zuvor wie beschrieben die Verbindung dazu eingerichtet haben.

```
BACKUP DATABASE wawi
TO URL = 'https://konodb.blob.core.windows.net/db-backup/wawi_azure.bak'
WITH FORMAT;
```

Je nach Konfiguration des Blob-Speichers können Sie eine weitere Sicherung auf denselben Dateinamen nur vornehmen, wenn Sie die Option FORMAT verwenden, wodurch die Datei neu erstellt wird. INIT ist hier nicht ausreichend.

Sie können die Anweisung auch in eine gespeicherte Prozedur verpacken, welche die Datenbank an den angegebenen Pfad sichert.

```
CREATE PROCEDURE dbo.sp_datenbank_sichern
    @pfad varchar(200)
AS
BEGIN
    SET NOCOUNT ON

    BACKUP DATABASE wawi
    TO DISK = @pfad;
END
```

 ACHTUNG! Beachten Sie bei der Angabe des Sicherungspfades, dass dieser immer aus Sicht des Rechners, der als Datenbankserver fungiert, anzugeben ist. Dies ist wichtig, falls Sie die Sicherung remote von einem anderen Rechner aus starten.

Mit der beschriebenen Prozedur sind Sie sehr flexibel in der Wahl des Sicherungsziels. Es wäre auch die Variante denkbar, dass Sie in Ihre Frontend-Applikation eine Schaltfläche einbauen, mit der die Sicherung jederzeit durch einen Benutzer gestartet werden kann, indem der Programmcode hinter der Schaltfläche die Prozedur aufruft oder das Backup-Statement direkt abschickt.

 PRAXISTIPP: Wenn Sie einen Sicherungsvorgang mit speziellen Parametern starten wollen, aber diese Anweisung nicht selber erstellen möchten, können Sie sich die Anweisung als Skript erzeugen lassen.

Gehen Sie dazu wie unter dem Punkt 9.2.3 beschrieben vor. Sie definieren Ihren Sicherungsauftrag mit allen Einstellungen im Dialog. Wenn Sie damit fertig sind, wählen Sie die Schaltfläche *Skript*. Diese stellt Ihnen folgende vier Optionen zur Auswahl (die vierte wird erst etwas später behandelt):

- *Skript für Aktion in Fenster 'NeueAbfrage' schreiben.* Die generierte SQL-Anweisung wird in ein neues Abfrageeditor-Fenster übertragen. Verwenden Sie diese Option, falls Sie die Anweisung danach editieren und manuell ausführen möchten. Sie können das Skript zusätzlich in einer SQL-Datei speichern.

- *Skript für Aktion in Datei schreiben.* Die SQL-Anweisung wird nach dem Generieren sofort als Datei mit der Erweiterung *SQL* abgelegt. Verwenden Sie diese Option, wenn Sie zum Beispiel die Anweisung aufheben oder an eine andere Stelle transferieren möchten.

- *Skript für Aktion in Zwischenablage schreiben.* Da die generierte SQL-Anweisung in die Zwischenablage kopiert wird, ist diese Option die ideale Variante, wenn Sie die Anweisung anderwärtig verwenden möchten. Sie können sie dann einfügen, wo immer Sie möchten.

- *Skript für Aktion in Auftrag schreiben.* Damit kopieren Sie die Anweisung in einen neuen Auftrag für eine zeitgesteuerte Sicherung mit dem Server-Agent. Wie dies funktioniert, lesen Sie nun gleich im nachfolgenden Abschnitt.

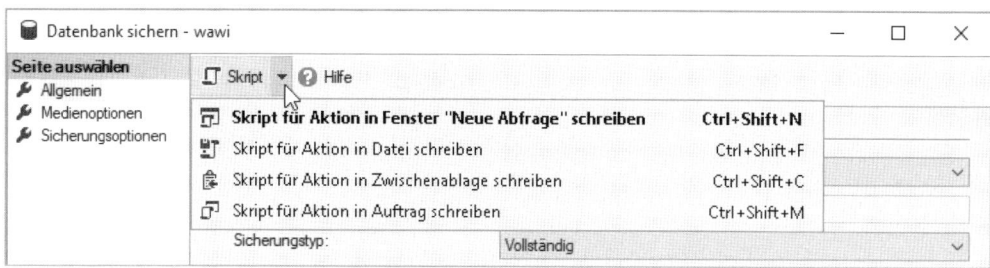

Bild 9.25 Skript aus Vorgang generieren

Die erste Option ist im Dialog fett dargestellt. Dies ist die Standardoption, die ausgeführt wird, wenn Sie direkt auf die Schaltfläche *Skript* klicken und nicht auf den integrierten Abwärtspfeil derselben.

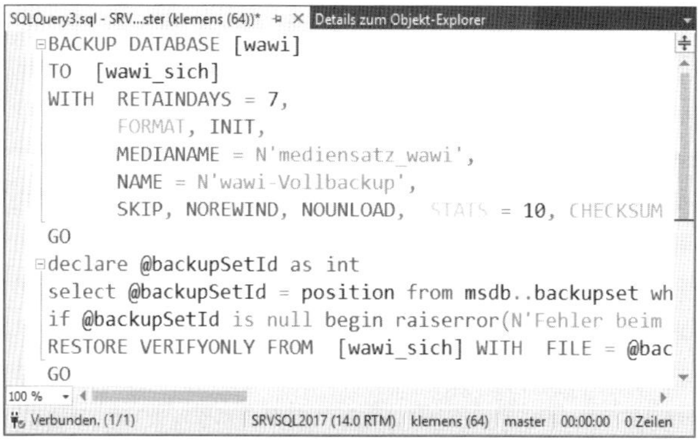

```
BACKUP DATABASE [wawi]
TO  [wawi_sich]
WITH  RETAINDAYS = 7,
      FORMAT, INIT,
      MEDIANAME = N'mediensatz_wawi',
      NAME = N'wawi-Vollbackup',
      SKIP, NOREWIND, NOUNLOAD,  STATS = 10, CHECKSUM
GO
declare @backupSetId as int
select @backupSetId = position from msdb..backupset wh
if @backupSetId is null begin raiserror(N'Fehler beim
RESTORE VERIFYONLY FROM  [wawi_sich] WITH  FILE = @bac
GO
```

Bild 9.26 Für Backup generiertes Skript

9.2.5 Zeitgesteuerte Sicherung mit dem SQL Server-Agent

Um eine regelmäßige Sicherung zu erstellen, muss ein Auftrag für den SQL Server-Agent erstellt werden. Dieser Auftrag wird mit einem Zeitplan versehen und dann vom Agent ausgeführt.

 HINWEIS: Mit der Express Edition des SQL Server 2017 kann auf die hier beschriebene Art keine zeitgesteuerte Sicherung erfolgen, da der Server-Agent nicht in den Gratis-Editionen enthalten ist. Daher können auch keine Aufträge erstellt und ausgeführt werden. Falls Sie diese Funktionalität benötigen, müssen Sie zum Beispiel die Standard Edition des SQL Server 2017 einsetzen. Damit Sie beim Einsatz der Express Edition nicht auf eine automatisierte Sicherung verzichten müssen, zeige ich Ihnen später in diesem Kapitel, wie Sie eine solche mit einfachen Mitteln auf eine andere Art einrichten können.

Um eine zeitgesteuerte Sicherung über einen Auftrag für den SQL Server-Agent zu erstellen, gehen Sie folgendermaßen vor:

1. Starten Sie eine manuelle Sicherung über das Kontextmenü des Objekt-Explorers, indem Sie für die gewünschte Datenbank den Befehl TASKS/SICHERN... ausführen.

2. Nehmen Sie alle Einstellungen für Ihre Sicherung vor. Erstellen Sie zum Beispiel eine vollständige Sicherung für die Datenbank *wawi*, die als Sicherungsziel das Sicherungsmedium *wawi_sich* verwendet, das wir in einem der vorhergehenden Abschnitte erzeugt haben. Stellen Sie unter *Optionen* ein, dass alle vorhandenen Sicherungssätze überschrieben werden sollen.

3. Wählen Sie unter *Skript* den Unterpunkt *Skript für Aktion in Auftrag schreiben*. Alternativ können Sie auch die Tastenkombination STRG + SHIFT + M verwenden.

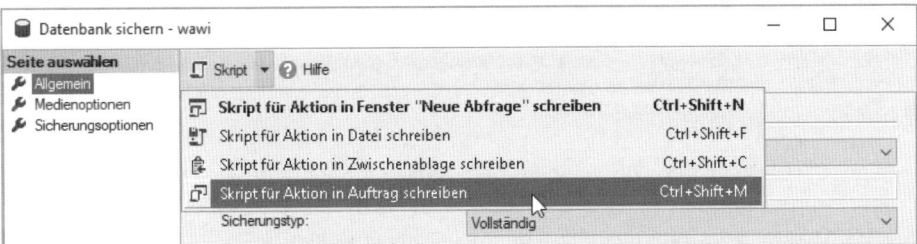

Bild 9.27 Skript für Aktion in Auftrag schreiben

4. Das Skript wird als erster Arbeitsschritt in einen neuen Auftrag eingefügt. Auf der Seite *Allgemein* können Sie den Namen (z. B. *wawi Tagessicherung*) vergeben, den Besitzer und die Kategorie des Auftrags auswählen sowie eine Beschreibung erfassen. Wählen Sie als Kategorie zum Beispiel *Datenbankwartung* aus. Wenn Sie möchten, erfassen Sie noch eine Beschreibung für den Auftrag.

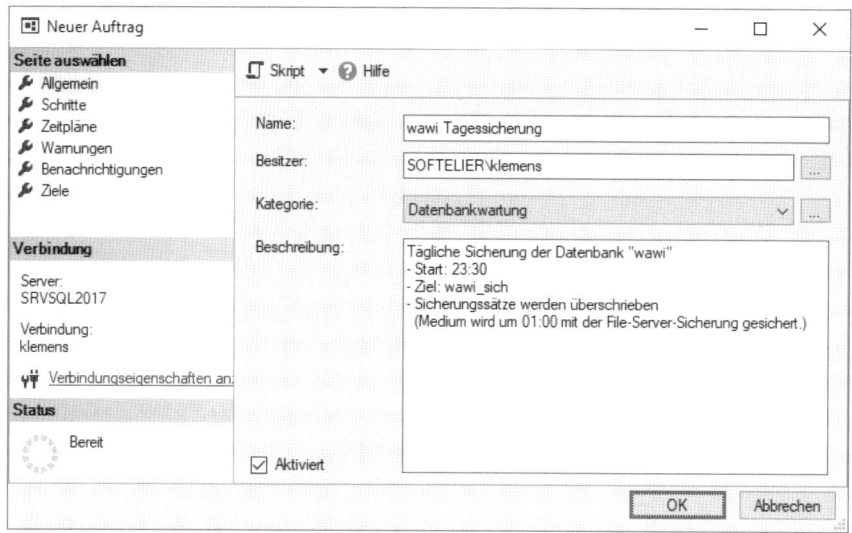

Bild 9.28 Angaben für neuen Auftrag

5. Wenn Sie die Seite *Schritte* auswählen, sehen Sie den Sicherungsauftrag als ersten Schritt eingetragen. Vorläufig ist für diesen der Name *1* vergeben. Sie können die generierte Transact-SQL-Anweisung über die Schaltfläche *Bearbeiten* einsehen und editieren, sollten Sie eine Änderung vornehmen wollen. Alternativ können Sie den Schritt auch mit einem Doppelklick öffnen. Auch den Namen des Schritts können Sie natürlich editieren.

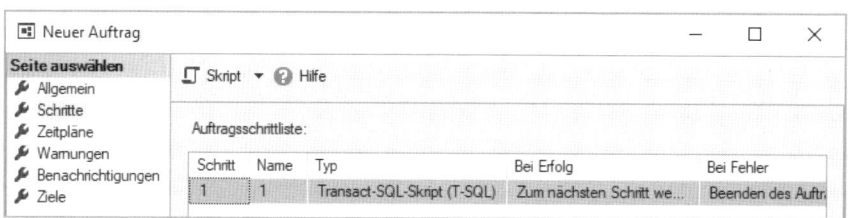

Bild 9.29 Automatisch angelegter Schritt 1

Sinnvollerweise ändern wir zumindest den Namen für den Auftragsschritt, zum Beispiel auf *Sicherung ausführen*. Im Feld *Befehl* können Sie die automatisch eingetragene Transact-SQL-Anweisung zum Ausführen der Sicherung einsehen.

```
BACKUP DATABASE [wawi] TO [wawi_sich]
WITH NOFORMAT, INIT,
NAME = N'wawi-Vollständig Datenbank Sichern',
SKIP, NOREWIND, NOUNLOAD, STATS = 10
GO
```

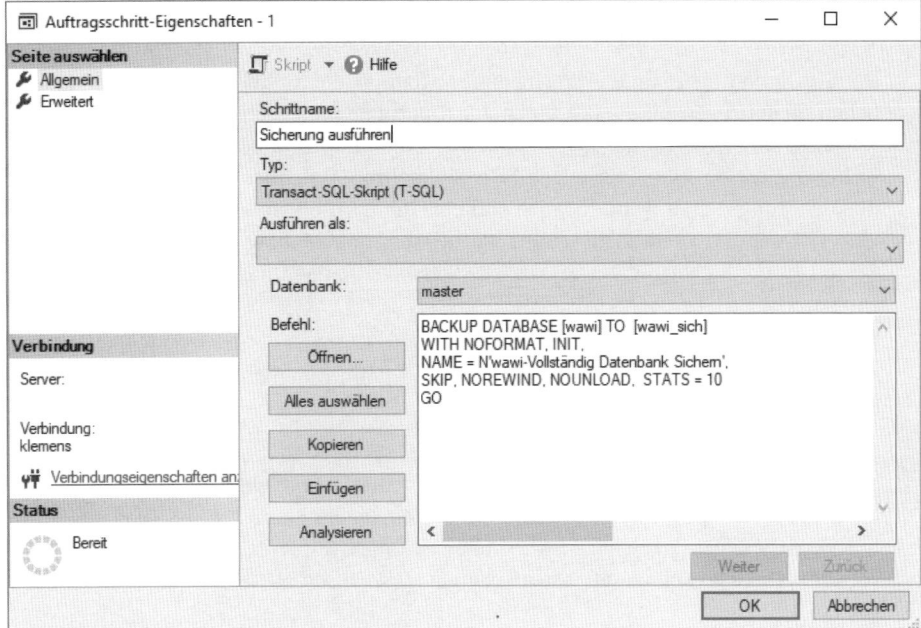

Bild 9.30 Eigenschaften des Auftragsschritts bearbeiten

6. Wählen Sie nun die Seite *Zeitpläne* aus, um einen Zeitplan für die Sicherung festzulegen. Als Erstes vergeben wir einen Namen für den Zeitplan.

PRAXISTIPP: Der Name für den Zeitplan sollte sprechend sein, vor allem wenn mehrere Zeitpläne für einen Auftrag vergeben werden. Dies ist zum Beispiel der Fall, wenn Sie unterschiedliche Sicherungszeiten für Tage mit unterschiedlichen Arbeitszeiten verwenden möchten.

Für die Festlegung des Zeitplans stehen Ihnen folgende Optionen zur Auswahl, die Sie im Listenfeld *Zeitplantyp* einstellen:

- *Automatisch starten, wenn SQL Server-Agent startet*: Der Server-Agent ist ein eigener Dienst des SQL Servers, der für alle zeitgesteuerten Vorgänge zuständig ist. Wählen Sie diese Option, so wird die Sicherung durchgeführt, sobald der Dienst läuft oder gestartet worden ist.

- *Starten, wenn sich die CPUs im Leerlauf befinden*: Diese Option können Sie verwenden, wenn Ihr Server zurzeit stark belastet ist und Sie eine Periode der Inaktivität für ein einmaliges Starten nutzen möchten, um die Belastung des Gesamtsystems zu minimieren.

- *Wiederholt*: Diese Standardoption verwenden Sie, um eine periodische Sicherung festzulegen. Dies ist wohl die Variante, die am häufigsten zum Einsatz kommen wird. Die genauen Sicherungszeitpunkte legen Sie darunter im Dialog fest.

■ *Einmal*: Wenn Sie diese Option wählen, legen Sie das Datum sowie die genaue Uhrzeit selber fest, zu der der Sicherungsvorgang einmalig gestartet werden soll.

Der SQL Server bietet Ihnen verschiedene Varianten, die es Ihnen erlauben, von monatlichen Sicherungen bis hin zu einer quasi permanenten Sicherung jeden beliebigen Wiederholungsalgorithmus zu definieren. In der Praxis wird zumeist eine tägliche Sicherung zur Nachtzeit festgelegt. Falls Sie mehrere Datenbanken sichern, sollten Sie die Sicherungszeiten wenn möglich staffeln. Die nachfolgende Abbildung zeigt Ihnen eine Einstellung, wonach die ganze Woche über von Montag bis Freitag jeweils um 23:30 Uhr die Sicherung gestartet wird. Samstags und sonntags erfolgen keine Sicherungen.

Durch die Angabe eines Start- und Enddatums können Sie unterschiedliche Sicherungen für spätere Zeitpunkte definieren, die dann automatisch aufeinanderfolgen, ohne dass Sie anwesend sein müssen.

 ACHTUNG! Zeitgesteuerte Sicherungen werden nur durchgeführt, wenn der SQL Server-Agent-Dienst gestartet ist. Stellen Sie die Startart dieses Dienstes entweder über den Eigenschaften-Dialog im Objekt-Explorer oder die SQL Server-Dienste im Konfigurationsmanager auf *automatisch starten*. ■

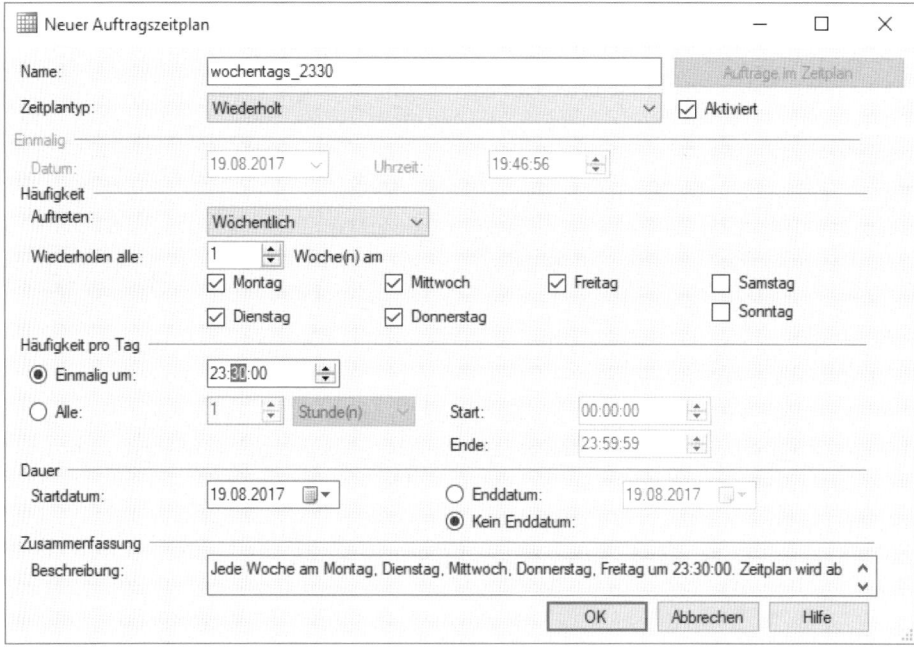

Bild 9.31 Zeitplan festlegen

HINWEIS: Sie können für eine Sicherung auch mehrere Zeitpläne erstellen, wenn Sie beispielsweise unter der Woche mehrmals täglich sichern möchten und am Wochenende aber mit einer Sicherung pro Tag auskommen. In diesem Fall definieren Sie einen Plan für die Werktage und einen zweiten, der das Wochenende abdeckt.

7. Speichern Sie den fertigen Auftrag ab. Dieser erscheint im Objekt-Explorer im Ordner *Aufträge* unter dem *SQL Server-Agent*.

 HINWEIS: Ich habe in diesem Beispiel die Einstellung gewählt, bei jeder Sicherung alle vorhandenen Sicherungssätze im Sicherungsmedium zu überschreiben. Dabei bin ich davon ausgegangen, dass die Sicherungsdatei nach erfolgter Datenbanksicherung mit der davon unabhängigen Tagessicherung der übrigen Daten mit gesichert wird. Was für ein Zielmedium auch immer dafür verwendet wird. Dadurch stehen mehrere Sicherungen der letzten Tage über die Versionierung der klassischen Sicherung zur Verfügung. Eine Historie über zum Beispiel mehrere Sicherungssätze in einer Datei ist damit nicht erforderlich.

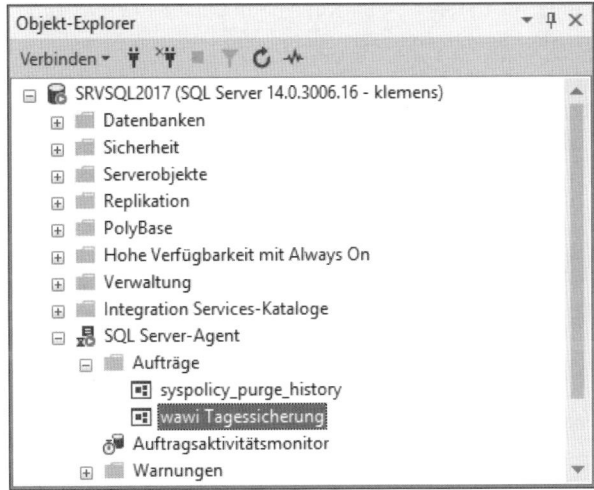

Bild 9.32 Auftrag im Objekt-Explorer

9.2.6 Zeitgesteuerte Sicherung mit der Express Edition

Wie im vorigen Abschnitt erwähnt, ist in der Express Edition des SQL Server 2017 der SQL Server-Agent nicht enthalten, weshalb eine über den SQL Server zeitgesteuerte Sicherung nicht möglich ist. Ich möchte Ihnen in diesem Abschnitt eine alternative Variante vorstellen, mit der dennoch eine automatisierte tägliche Sicherung erfolgen kann.

Dazu sind folgende Schritte notwendig:

- Erstellen einer SQL-Skriptdatei, welche die Anweisung für die Sicherung enthält.

- Erstellen einer Kommandozeilen-Batchdatei, die das Kommandozeilentool *SQLCmd* mit dem Parameter öffnet, die zuvor erstellte Skriptdatei auszuführen.

- Erstellen einer geplanten Aufgabe unter Windows, die diese Batchdatei zur gewünschten Uhrzeit startet. In älteren Windows-Versionen finden Sie Aufgaben noch unter der Bezeichnung Tasks.

Gehen wir diese Schritte der Reihe nach im Detail durch.

1. Erfassen Sie in einem neuen Abfrageeditor-Fenster die nachfolgende Anweisung oder generieren Sie sie, wie im vorigen Abschnitt beschrieben. (Falls Sie kein Sicherungsmedium namens *wawi_sich* angelegt haben, so geben Sie mit DISK= einen Dateinamen an.)

```
USE master
GO
BACKUP DATABASE wawi
TO wawi_sich
WITH INIT;
GO
```

2. Speichern Sie die Anweisungen als Skript auf dem Server, zum Beispiel unter dem Namen *wawi_backup.sql* im Standardordner für Datenbank-Backups (zum Beispiel *D:\MSSQL14. MSSQLSERVER\MSSQL\Backup*). Sie können natürlich auch jeden anderen Speicherort wählen.

3. Legen Sie eine neue Kommandozeilen-Batchdatei, beispielsweise mit dem Namen *wawi_backup_start.cmd*, im selben Ordner an. In diese Batchdatei fügen Sie folgende Anweisung ein:

```
sqlcmd -U sicherung -P sqlbackup -S (local)
-i d:\mssql14.mssqlserver\mssql\backup\wawi_backup.sql
```

Mit dieser Anweisung wird das Kommandozeilentool *SQLCmd* gestartet. Dabei werden folgende Parameter verwendet:

- -U: der Benutzername, mit dem die Session aufgebaut werden soll

- -P: das Kennwort des zuvor verwendeten Benutzernamens

- -S: der Name des Servers, an dem die Anmeldung erfolgen soll. Handelt es sich wie in unserem Beispiel um den lokalen Server, kann dieser Parameter weggelassen werden, sofern es sich nicht um eine benannte Instanz handelt.

- -i: Über diesen Parameter wird eine Input-Datei angegeben. Dies ist die zuvor erstellte SQL-Skriptdatei, welche die auszuführenden Anweisungen enthält. Wird dieser Parameter beim Aufruf mit angegeben, werden die in der Datei enthaltenen Anweisungen ausgeführt und *SQLCmd* danach sofort wieder beendet.

 ACHTUNG! Bei den beim Aufruf von *SQLCmd* verwendeten Parametern ist die Groß-/Kleinschreibung zu beachten. Eine Übersicht über alle Parameter erhalten Sie, wenn Sie an der Kommandozeile sqlcmd /? eingeben.

4. Testen Sie die Batchdatei, indem Sie sie manuell aufrufen. Dies muss im Beispielsfall zwar nicht lokal auf dem Rechner erfolgen, auf dem die SQL Server-Instanz läuft, aber ich empfehle es, alle Schritte dort auszuführen.

```
Eingabeaufforderung                                                    —  □  ×

D:\MSSQL14.MSSQLSERVER\MSSQL\Backup>wawi_backup_start

D:\MSSQL14.MSSQLSERVER\MSSQL\Backup>sqlcmd -U sicherung -P sqlbackup -S (local) -i d:\mss
ql14.mssqlserver\mssql\backup\wawi_backup.sql
Der Datenbankkontext wurde in "master" geändert.
3984 Seiten wurden für die wawi-Datenbank, Datei "wawi" für Datei 1, verarbeitet.
2 Seiten wurden für die wawi-Datenbank, Datei "wawi_log" für Datei 1, verarbeitet.
BACKUP DATABASE hat erfolgreich 3986 Seiten in 0.261 Sekunden verarbeitet (119.312 MB/s).

D:\MSSQL14.MSSQLSERVER\MSSQL\Backup>dir
 Datenträger in Laufwerk D: ist DATA
 Volumeseriennummer: 7668-8AAE

 Verzeichnis von D:\MSSQL14.MSSQLSERVER\MSSQL\Backup

26.08.2017  11:23    <DIR>          .
26.08.2017  11:23    <DIR>          ..
26.08.2017  11:23                79 wawi_backup.sql
26.08.2017  11:20               100 wawi_backup_start.cmd
26.08.2017  11:23        33.669.120 wawi_expr_sich.bak
               3 Datei(en),    33.669.299 Bytes
               2 Verzeichnis(se), 134.178.603.008 Bytes frei
D:\MSSQL14.MSSQLSERVER\MSSQL\Backup>_
```

Bild 9.33 Sicherung mittels Skript und Batchdatei

> **HINWEIS:** Ich habe in diesem Beispiel den Benutzer *sicherung* mit dem Kennwort *sqlbackup* zur Anmeldung an der Datenbank verwendet. Ich habe diesen Benutzer zuvor angelegt und in der Datenbank *wawi* der festen Datenbankrolle *db_backupoperator* hinzugefügt. Wie Sie Benutzer anlegen und Berechtigungen vergeben, erfahren Sie im nächsten Kapitel.

5. Erweitern Sie den Aufruf in der CMD-Datei um eine Ausgabedatei. Damit können Sie das Ergebnis und eine etwaige Fehlermeldung nachträglich zur Überprüfung in dieser Datei finden. *SQLCmd* schreibt alles in eine Ausgabedatei, was sonst am Bildschirm ausgegeben werden würde. Somit erhalten Sie eine einfache Form von Protokollierung.

```
sqlcmd -U sicherung -P sqlbackup -S (local)
-i d:\mssql14.mssqlserver\mssql\backup\wawi_backup.sql
-o d:\mssql14.mssqlserver\mssql\backup\wawi_backup_log.txt
```

```
wawi_backup_log - Editor                                               —  □  ×
Datei  Bearbeiten  Format  Ansicht  ?
Der Datenbankkontext wurde in "master" geändert.
3984 Seiten wurden für die wawi-Datenbank, Datei "wawi" für Datei 1, verarbeitet.
2 Seiten wurden für die wawi-Datenbank, Datei "wawi_log" für Datei 1, verarbeitet.
BACKUP DATABASE hat erfolgreich 3986 Seiten in 0.187 Sekunden verarbeitet (166.527 MB/s).
```

Bild 9.34 Ausgabedatei als Protokoll

6. Erstellen Sie eine geplante Aufgabe zum Aufruf dieser CMD-Datei. Starten Sie dazu die Desktop-App *Aufgabenplanung* auf demselben Rechner, auf dem Sie die Dateien platziert haben.

7. Fügen Sie mit dem Assistenten eine neue Aufgabe hinzu, welche die Batchdatei – zum Beispiel wochentags um 23:30 Uhr – ausführt. Wählen Sie dazu zum Beispiel die Aktion *Einfache Aufgabe erstellen...* aus.

Stellen Sie bei der geplanten Aufgabe ein, dass sie unabhängig von der Benutzeranmeldung ausgeführt werden soll. Damit ist es nicht erforderlich, dass der betreffende Benutzer am Rechner angemeldet ist. Es muss lediglich der Rechner gestartet sein, damit die Aufgabe ausgeführt wird. Ich habe dazu zum Beispiel den lokalen Benutzer *db_sicherung* auf dem ausführenden Server erstellt. Sie können diesen auch wahlweise mit Windows-Authentifizierung anstelle der SQL Server-Anmeldung für die Sicherung verwenden.

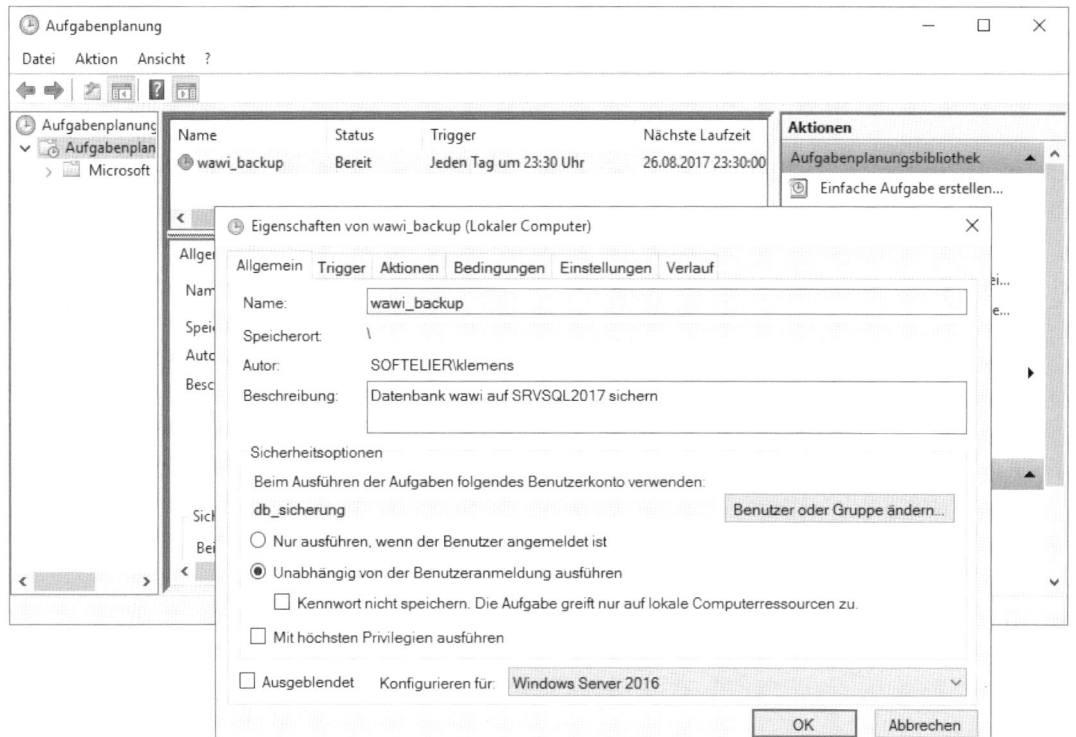

Bild 9.35 Geplante Aufgabe, um eine Datenbank zu sichern

Achten Sie bitte darauf, dass auf dem betroffenen Rechner der Dienst *Aufgabenplanung* gestartet ist. Ich empfehle Ihnen, dies auf einem Server einzurichten, denn dieser wird in der Regel über Nacht nicht heruntergefahren. Idealerweise verwenden Sie den Server, auf dem die SQL Server Express-Instanz läuft. Es macht Sinn, hierfür wie zuvor erwähnt ein eigenes Konto zu erstellen, bei dem das Kennwort nicht abläuft. Legen Sie die Batch-Datei in einem Ordner ab, auf den dieses Konto auch entsprechenden Zugriff hat. Alternativ können Sie den Aufruf natürlich auch von einem Client-Rechner aus starten. Um das Programm *SQLCmd* auf den Computer zu installieren, verwenden Sie entweder das Installationsprogramm und installieren die Client-Komponenten, oder Sie laden es separat herunter. Sie finden den Download für die *Microsoft Befehlszeilenprogramme für Microsoft SQL Server* (*MsSqlCmdLnUtils.msi*) als Bestandteil des SQL Server 2016 Feature Pack unter der Adresse *https://www.microsoft.com/de-de/download/details.aspx?id=54279*. Das Feature Pack für den SQL Server 2017 ist im Moment noch nicht verfügbar, vielleicht ist es inzwischen soweit, wenn Sie diese Zeilen lesen.

Sie können anstelle einer geplanten Aufgabe auch andere Programme verwenden, um die Befehlsdatei auszuführen. Insbesondere auch Sicherungsprogramme, die oft in der Lage sind, vor dem Start einer Sicherung ein Programm zu starten.

9.2.7 Datenbank wiederherstellen

Das Wiederherstellen einer Datenbank sollte hoffentlich nicht allzu oft notwendig sein, im Optimalfall nie. Dennoch wird der Vorgang häufig verwendet: in der Regel, um eine Datenbank von einem Server auf einen anderen zu übertragen. Dazu wird auf einem Server eine Sicherung erstellt und danach mit der Sicherungsdatei die Datenbank auf einem anderen Server wieder eingespielt.

Beim Wiederherstellen einer Datenbank können Sie zwei Ziele verfolgen:

- Wiederherstellen über eine *bestehende Datenbank*: Sie spielen ein Backup über eine bestehende Datenbank ein. Dies ist der Fall, wenn die Datenbank zum Beispiel defekt ist oder ungewollt Daten gelöscht worden sind. Dabei wird die Datenbank mit dem Backup überschrieben.

- Wiederherstellen als *neue Datenbank*: Geben Sie einfach als Ziel einen neuen Datenbanknamen an, so wird beim Wiederherstellen direkt eine neue Datenbank angelegt. Es ist also nicht notwendig, zuerst eine leere Datenbank anzulegen und diese anschließend durch ein Wiederherstellen mit der gewünschten Datenbank zu überschreiben.

Um eine Datenbank wiederherzustellen, markieren Sie im Management Studio zunächst die betreffende Datenbank. Wählen Sie anschließend im Kontextmenü den Befehl TASKS/WIEDERHERSTELLEN/DATENBANK... aus. Wenn Sie eine neue Datenbank erstellen möchten, können Sie auch direkt den Ordner *Datenbanken* wählen und den Befehl DATENBANK WIEDERHERSTELLEN... im Kontextmenü verwenden.

 HINWEIS: Über beide Varianten wird derselbe Dialog geöffnet. Der Unterschied besteht in der im Dialog bereits gewählten Voreinstellung, um die nötigen Eingaben zu verkürzen. Sie können bei beiden Varianten jedenfalls durch entsprechende Eingaben dieselben Vorgänge ausführen.

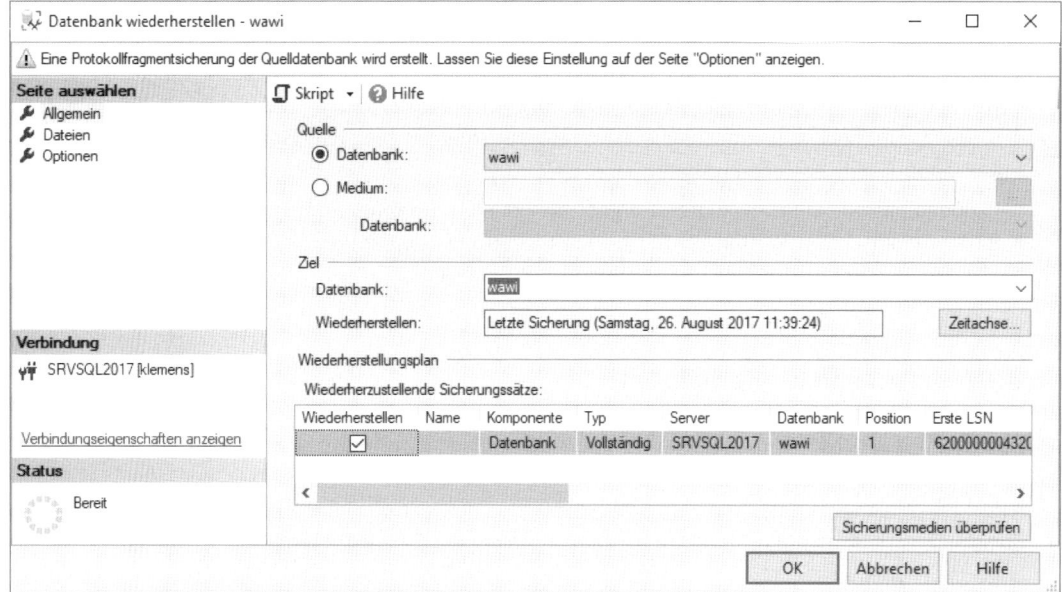

Bild 9.36 Wiederherstellen einer Datenbank

Der erste Schritt ist die Auswahl einer Quelle:

- *Datenbank:* Wird eine Datenbank ausgewählt, wird aufgrund des für diese Datenbank gespeicherten Sicherungsverlaufs das aktuellste Sicherungsmedium ausgewählt. Diese Option verwenden Sie, wenn Sie eine auf diesem Server bereits befindliche Datenbank wiederherstellen möchten. Dabei spielt es keine Rolle, ob Sie die vorhandene Datenbank überschreiben oder als neue Datenbank wiederherstellen möchten. Letzteres werden Sie zum Beispiel dann tun, wenn Sie nicht die gesamte Datenbank überschreiben können, aber versehentlich gelöschte Datensätze aus der wiederhergestellten neuen Datenbank in die originale zurück kopieren möchten.

- *Medium:* Diese Option wählen Sie, wenn Sie eine Sicherungsdatei oder ein Sicherungsmedium manuell auswählen möchten. Dies wird dann der Fall sein, wenn Sie eine Datenbank auf einem anderen Server wiederherstellen. Dazu rufen Sie über die Schaltfläche mit den drei Punkten die gewünschte Backup-Datei auf. Als Ursprung kann eine Datei oder ein definiertes Sicherungsmedium ausgewählt werden.

Wenn Sie ein Sicherungsmedium mit mehreren Sicherungssätzen auswählen, bekommen Sie im Dialog nur den neuesten Sicherungssatz angezeigt. Wenn Sie einen bestimmten Sicherungssatz aus einem Medium auswählen wollen, müssen Sie die Schaltfläche *Zeitachse* verwenden.

Spielen wir die Variante durch, dass wir eine Datenbank wiederherstellen, deren Backup von einem anderen Server stammt. Die Sicherungsdatei *wawi2017.bak* haben wir im Ordner *G:\BACKUP* auf dem Server abgelegt. Wählen wir nun die Option *Medium* und wählen wir eine Sicherungsdatei aus. Eine auszuwählende Datei muss physisch auf dem Server liegen, auf dem die Wiederherstellung erfolgen soll, damit sie direkt im Dialog ausgewählt werden kann. Einen UNC-Pfad können Sie manuell eintragen, sofern dieser vom Server aus erreichbar ist. Es gilt hier das beim Sichern von Datenbanken zu diesem Thema Gesagte analog. Auch den Inhalt der Datei können Sie sich an dieser Stelle sogleich anzeigen lassen.

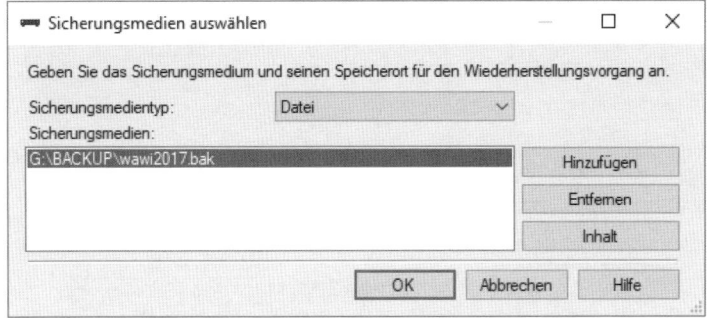

Bild 9.37 Ursprung der Wiederherstellung auswählen

Sehr praktisch ist, dass das Management Studio den Dateiinhalt analysiert und den aktuellsten Sicherungssatz für uns vorauswählt. Wenn Sie eine Wiederherstellung über Transact-SQL durchführen, müssen Sie selber den korrekten Sicherungssatz angeben. Wenn Sie dies nicht tun, wird automatisch der erste in der Datei verwendet, und das ist zugleich der Älteste.

Wenn Sie ein Backup zum Einspielen als neue Datenbank auf diesem Server verwenden möchten, so wählen Sie in der Zeile *Datenbank* nicht den Namen einer bestehenden Datenbank aus, sondern geben hier manuell den Namen für die neue Datenbank ein. So wird beim Wiederherstellen direkt eine neue Datenbank angelegt.

Beim Wiederherstellen greifen Prüfungen, um zu verhindern, dass eine falsche Sicherung eingespielt und damit die Datenbank durch ein Überschreiben zerstört wird.

 HINWEIS: Aufgrund der Sicherheitsoptionen kann über eine bestehende Datenbank die Sicherung einer anderen Datenbank nicht eingespielt werden. Wenn Sie die Sicherung einer Datenbank zum Beispiel über eine leere Datenbank einspielen möchten, so wählen Sie im Dialog *Datenbank wiederherstellen* auf der Seite *Optionen* die Wiederherstellungsoption *Vorhandene Datenbank überschreiben (WITH REPLACE)*.

Im Sicherungssatz ist nicht nur die Datenbank, sondern auch ihr Aufbau gespeichert. Die physischen Dateinamen der Datendatei(en) und der Protokolldatei(en) werden auf der Seite *Dateien* angezeigt, nachdem eine Backup-Datei ausgewählt worden ist. Hier können Sie die Pfade und Dateinamen anpassen, bevor Sie den Wiederherstellungsvorgang starten.

Häufig muss hier eine Anpassung vorgenommen werden, wenn beim Übertragen einer Datenbank der Ausgangsserver andere Datenverzeichnisse verwendet als der Zielserver. Im Falle von ungültigen Pfaden schlägt das Wiederherstellen fehl. Fehlende Unterverzeichnisse werden nicht automatisch angelegt, sondern müssen zuvor manuell erstellt werden. Wählen Sie dazu im Dialog die Seite *Dateien* aus.

Praktisch ist, dass abweichende gültige Pfade vorgeschlagen werden, wenn die aus dem Sicherungssatz ausgelesenen Pfade ungültig sind. Daher sollten Sie diese unbedingt kontrollieren, damit keine ungewollten Bezeichnungen und Zielordner zum Einsatz kommen. Sie können hier sowohl einzelne Dateien und Pfade anpassen als auch über die Option *Alle Dateien in Ordner verschieben* eine generelle Pfadauswahl treffen. Hierzu werden die Standardpfade vorgegeben, können aber auch editiert werden.

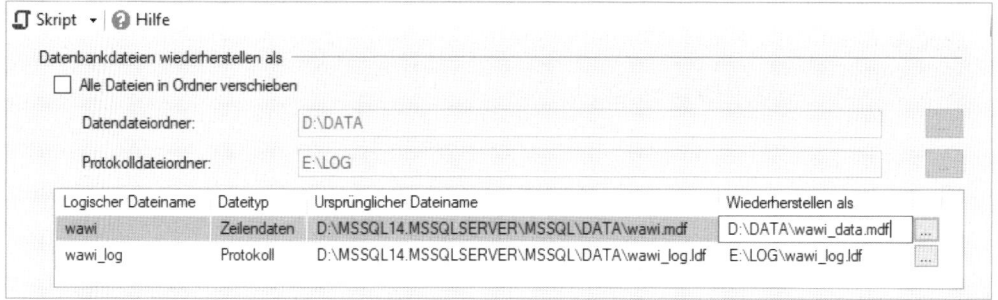

Bild 9.38 Pfade für Wiederherstellung anpassen

HINWEIS: Befindet sich hingegen die Datenbank, aus deren Sicherungsdateien Sie eine Wiederherstellung definieren, auch noch auf dem Server, wird im Dialog automatisch die Option zum Erstellen einer Protokollfragmentsicherung gewählt; auch, wenn Sie aus dem Backup eine neue Datenbank erstellen möchten. Dies wird im gelben Balken am oberen Rand des Dialogs angezeigt. Wenn Sie diese nicht benötigen, dann entfernen Sie die entsprechende Vorauswahl auf der Seite *Optionen*. Dasselbe geschieht, wenn Sie eine bestehende Datenbank als Sicherungsziel auswählen, um diese zu überschreiben. In diesem Szenario werden Sie diese automatische Sicherung des Protokollfragments jedenfalls deaktivieren. ∎

Bild 9.39 Aktivierte Protokollfragmentsicherung

Wenn Sie keine weiteren Einstellungen mehr benötigen, können Sie das Wiederherstellen mit **OK** nun durchführen.

9.2.8 Einsatz der Zeitachse beim Wiederherstellen

 PRAXISTIPP: Sehr praktisch ist die bereits erwähnte Zeitachse. Sie bietet zwar keine eigene inhaltliche Funktionalität, was das Wiederherstellen betrifft, unterstützt aber die Auswahl des Wiederherstellungspunktes und eines Sicherungssatzes durch eine gute grafische Aufbereitung.

Die Zeitachse kommt in folgenden Situationen zum Einsatz:

- Sie möchten einen anderen als den letzten Sicherungssatz aus einem Sicherungsmedium für die Wiederherstellung verwenden.

- Sie möchten aus dem Sicherungsverlauf einer Datenbank einen bestimmten Sicherungssatz auswählen. Im Sicherungsverlauf sind unter Umständen auch mehrere Sicherungsmedien enthalten, aus denen ausgewählt werden kann.

- Aus einem Sicherungsverlauf, der aus mehreren Sicherungssätzen aus Voll-, differenziellen und Transaktionsprotokollsicherungen besteht, möchten Sie auswählen, wie weit Sie diese zur Wiederherstellung verwenden möchten.

- Sie möchten die Option STOPAT verwenden, um die Wiederherstellung nur bis zu einem bestimmten Zeitpunkt aus einer Transaktionsprotokollsicherung zu vollziehen. Dies kann dann notwendig sein, wenn Sie zum Beispiel um 15:30 versehentlich Daten gelöscht haben und daher mit dem Backup eine Wiederherstellung bis zum Zeitpunkt 15:29 vornehmen möchten.

Im ersten Beispiel verwenden wir für die Wiederherstellung ein Sicherungsmedium, in dem mehrere Sicherungssätze enthalten sind. Im Dialog wird daher automatisch der letzte und damit neueste Sicherungssatz angeboten. In diesem Beispiel sind alle enthaltenen Sicherungssätze Vollsicherungen. Um einen anderen Sicherungssatz auszuwählen, klicken Sie auf die Schaltfläche *Zeitachse...* und öffnen den Dialog *Sicherungszeitachse*. Wählen Sie als Zeitachsenintervall jenes Intervall aus, das eine möglichst übersichtliche Darstellung der Sicherungssätze ergibt. Angeboten werden

- *Stunde,*

- *Sechs Stunden,*

- *Tag* und

- *Woche.*

Ist noch die Option *Letzte Sicherung* gewählt, kann die Zeitachse noch nicht verwendet werden. Aktivieren Sie daher die Option *Bestimmtes Datum und bestimmte Uhrzeit* und wählen Sie ein Zeitachsenintervall, das bei Ihrem Sicherungsmedium eine übersichtliche Anzeige ermöglicht.

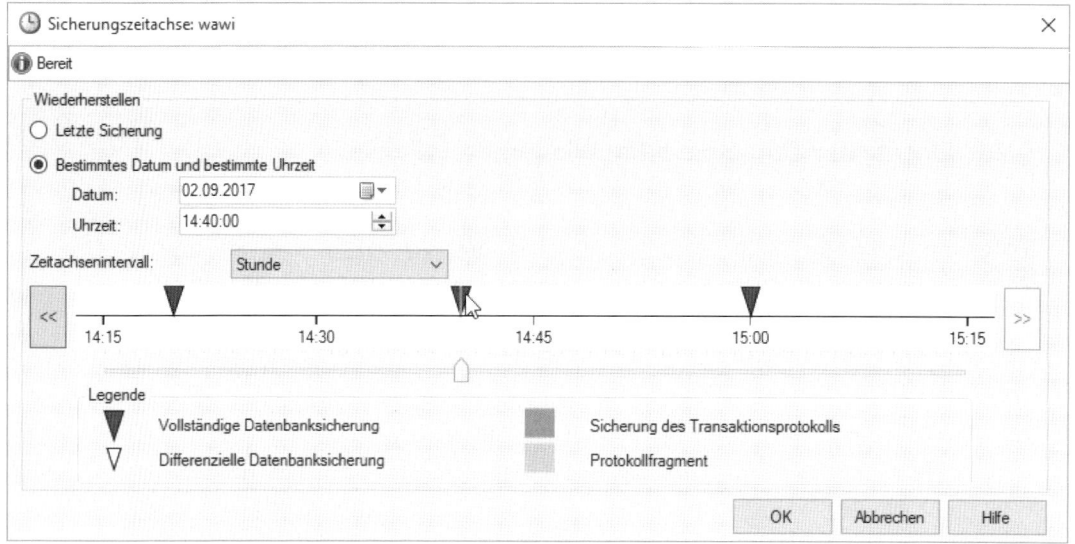

Bild 9.40 Zeitachse für angebotene Vollsicherungen

Über die Legende im unteren Fensterteil der Zeitachse können die einzelnen Sicherungsarten in der Zeitachse interpretiert werden:

- *Vollständige Datenbanksicherungen* werden mit einem grünen Dreieck dargestellt. Sie
  markieren einen exakten Zeitpunkt für den wiederherstellbaren Datenstand.

- *Differenzielle Datenbanksicherungen* werden mit einem weißen Dreieck angezeigt. Diese
  setzen auf einer vorangegangenen Vollsicherung auf und ermöglichen auch die Wiederherstellung zu einem genauen Zeitpunkt.

- *Sicherungen des Transaktionsprotokolls* sind durch einen grünen Balken in der Zeitleiste
  ersichtlich. Diese markieren den Zeitraum, aus dem ein beliebiger Zeitpunkt für die Wiederherstellung ausgewählt werden kann.

- Das *Protokollfragment* markiert in einem helleren Grün den Zeitraum, den ein aktuelles
  Transaktionsprotokoll noch abdeckt. Durch eine noch zu erfolgende Transaktionsprotokollsicherung könnte dieser Zeitraum ebenso noch abgedeckt werden und ein beliebiger
  Zeitpunkt innerhalb dieser Zeitspanne kann für die Wiederherstellung gewählt werden.
  Diese Möglichkeit besteht in der Praxis aber nur dann, wenn die betroffene Datenbank
  auf dem Server auch gerade verfügbar ist. In diesem Fall deckt diese den Zeitraum seit
  der letzten erfolgten Sicherung bis zum aktuellen Zeitpunkt ab.

Da Sie mit den Vollsicherungen in unserem Beispiel auch nur genau diesen Stand wiederherstellen können, dient die Zeitachse hier der Auswahl des Sicherungssatzes. Die einzelnen Sicherungssätze werden mit ihrem Symbol auf der Zeitachse angezeigt. Klicken Sie
entweder einen Sicherungssatz an oder verschieben Sie den Schieberegler. Sie merken
dabei, dass der kleine rote Balken, der die Auswahl darstellt, immer nur genau auf einem
der Dreiecke verschiebbar ist. In unserem Beispiel verschiebe ich den Regler von der um
15:00 Uhr gemachten Sicherung mit der Sicherungssatznummer vier auf jene um 14:40.
Diese Sicherung entspricht dem dritten Sicherungssatz. Die Sicherungssatznummer wird

hier zwar nicht direkt ersichtlich, aber wenn man sich mit der Maus über einen Sicherungssatz bewegt, werden diese und weitere Informationen in einem kleinen Popup angezeigt. Übernehmen wir die Auswahl aus der Zeitachse, wird der nun gewählte Sicherungssatz im Widerherstellungshauptdialog angezeigt.

Wiederherstellen	Name	Komponente	Typ	Server	Datenbank	Position	Erste LSN
☑	wawi-...	Datenbank	Vollständig	SRVSQL2017	wawi	3	87000000050400037

Wiederherstellungsplan
Wiederherzustellende Sicherungssätze:

Sicherungsmedien überprüfen

Bild 9.41 Über Zeitachse gewählter Sicherungssatz

Ziel dieser grafischen Auswahl ist es, die Auswahl des Sicherungssatzes zu erleichtern. Denn oft weiß man eher, dass man die Sicherung vom Zeitpunkt X wiederherstellen möchte, als welche Position dieser Sicherungssatz im File hat. Natürlich können Sie diesen Zeitpunkt auch sehen, wenn Sie im Dialog etwas nach rechts scrollen, aber eben nicht so elegant wie auf der Zeitachse.

Im nächsten Beispiel verwenden wir ein Szenario, in dem alle drei Sicherungsarten in je einer Sicherungsdatei verwendet werden. Eine Vollsicherung erfolgt kurz nach Mitternacht, differenzielle Sicherungen erfolgen tagsüber alle drei Stunden beginnend um 10:00 Uhr. Zusätzlich werden während des Tages zu jeder halben Stunde Transaktionsprotokollsicherungen vorgenommen. Ich habe diese Sicherungen und Dateien mit zeitgesteuerten Aufträgen über einen Tag hinweg erzeugt.

 HINWEIS: Die dazu verwendeten Anweisungen finden Sie im Beispielskript zum Kapitel, falls Sie dies nachvollziehen möchten. Auch die Anweisungen zur Anlage der Aufträge sind im Skript mit enthalten. Zusätzlich finden Sie die drei Sicherungsdateien bei den Beispielen, ebenso wie die Sicherungsdatei *wawi_mehrere_voll.bak*, die ich beim vorangegangenen Beispiel eingesetzt habe.

Kurz nach 19:30 starten wir eine Wiederherstellung. Erfolgt diese für die aktuelle Datenbank, werden die Sicherungen automatisch aus dem Sicherungsverlauf angezeigt. Für eine andere Datenbank oder gar auf einem anderen Server müssen alle drei Sicherungsdateien ausgewählt werden, danach ergibt sich dieselbe Anzeige im Dialog *Datenbank wiederherstellen*:

- Beginn mit der Vollsicherung mit Position 1. (Das wäre auch anders nicht möglich, muss ja jeder Wiederherstellungsvorgang mit einer Vollsicherung gestartet werden.)
- Fortgesetzt wird mit der letzten differenziellen Sicherung von 19:00, welche als vierte an diesem Tag nach 10:00, 13:00 und 16:00 die Position 4 innerhalb der Sicherungsdatei innehält.
- Die Transaktionssicherung von 19:30 mit Position 14 innerhalb ihrer Sicherungsdatei muss zum Abschluss folgen.

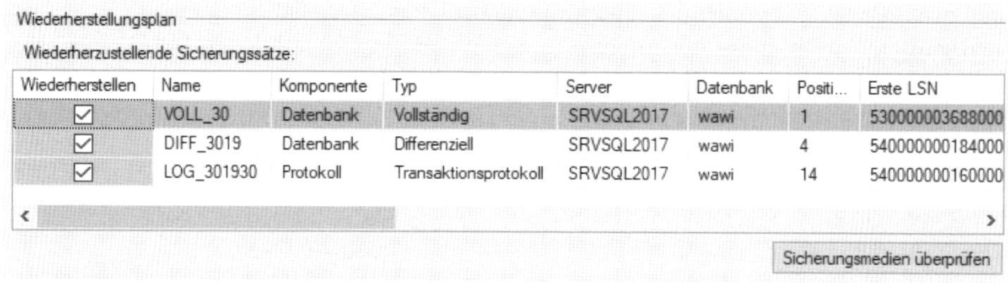

Wiederherstellungsplan

Wiederherzustellende Sicherungssätze:

Wiederherstellen	Name	Komponente	Typ	Server	Datenbank	Positi...	Erste LSN
☑	VOLL_30	Datenbank	Vollständig	SRVSQL2017	wawi	1	530000003688000
☑	DIFF_3019	Datenbank	Differenziell	SRVSQL2017	wawi	4	540000000184000
☑	LOG_301930	Protokoll	Transaktionsprotokoll	SRVSQL2017	wawi	14	540000000160000

Sicherungsmedien überprüfen

Bild 9.42 Vorschlag für Wiederherstellungsplan

Öffnen wir nun die Zeitachse, unterscheidet sich das gebotene Bild vom ersten Beispiel dahingehend, dass der gesamte Zeitraum nach der Vollsicherung mit einem grünen Balken hinterlegt ist. Aufgrund der Transaktionsprotokollsicherungen kann jeder Zeitpunkt nach dem Vollbackup innerhalb dieses grünen Bands gewählt werden. Ich wähle hier 17:00 als Zielzeitpunkt aus. Dies ist ein Zeitpunkt, der zwischen zwei differenziellen Sicherungen liegt.

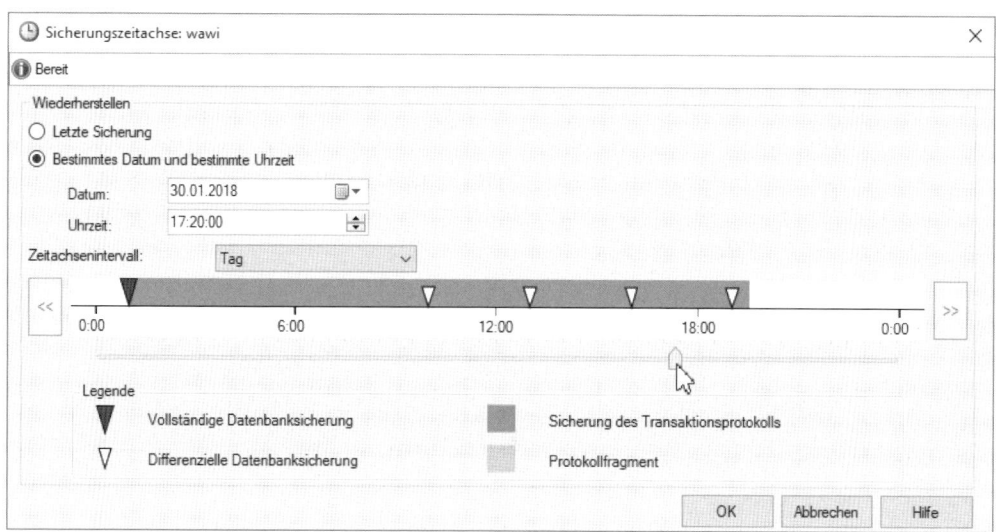

Bild 9.43 Sicherungszeitachse mit Transaktionsprotokollsicherung

Nach der Übernahme dieser Auswahl wird im Hauptdialog zur Datenbankwiederherstellung ein aktualisierter Wiederherstellungsplan angezeigt. Dieser enthält nun neben der Position 1 die vierte differenzielle Sicherung von 14:20 mit der Positionsnummer 8 und, da um 16:20 keine differenzielle Sicherung – und auch um 17:20 keine Protokollsicherung – erfolgt ist, die beiden darauf vorgenommenen Transaktionsprotokollsicherungen mit der Nummer 9 (15:20) und 11 (19:20 – enthält den Zeitpunkt 17:00). Der Sicherungssatz mit der Position 10 enthält die differenzielle Sicherung von 18:20 und beginnt erst nach dem gewählten Zeitpunkt. Er wird daher für die Wiederherstellung nicht benötigt. Die Inhalte der vorangegangenen differenziellen Sicherungen sind in der verwendeten ebenso enthalten, da eine differenzielle Sicherung immer bis zum letzten Vollbackup zurückreicht.

Wiederherstellen	Name	Komponente	Typ	Server	Datenbank	Position	Erste LSN
☑	VOLL_30	Datenbank	Vollständig	SRVSQL2017	wawi	1	5300000036880003
☑	DIFF_3016	Datenbank	Differenziell	SRVSQL2017	wawi	3	5400000000880000
☑	LOG_301630	Protokoll	Transaktionsprotokoll	SRVSQL2017	wawi	11	5400000000640000
☑	LOG_301730	Protokoll	Transaktionsprotokoll	SRVSQL2017	wawi	12	5400000001120000

Bild 9.44 Mit Zeitachse generierter Wiederherstellungsplan

HINWEIS: Der Vorteil der Zeitachse ist, dass Sie sich selber keine Gedanken darüber machen müssen, welche Sicherungssätze Sie in welcher Reihenfolge mit welchen Optionen ausführen müssen. In unserem Beispiel verwendet die letzte Anweisung die Option STOPAT, um die Daten exakt bis zum angegebenen Zeitpunkt wiederherzustellen.

Die im letzten Beispiel getätigten Eingaben führen zu folgenden Anweisungen:

```
RESTORE DATABASE wawi
FROM DISK = 'F:\BACKUP\wawi_voll_30.bak'
WITH FILE = 1, NORECOVERY, NOUNLOAD, STATS = 5;

RESTORE DATABASE wawi
FROM DISK = 'F:\BACKUP\wawi_diff_30.bak'
WITH FILE = 3, NORECOVERY, NOUNLOAD, STATS = 5;

RESTORE LOG wawi
FROM DISK = 'F:\BACKUP\wawi_log_30.bak'
WITH FILE = 11, NORECOVERY, NOUNLOAD, STATS = 5;

RESTORE LOG wawi
FROM DISK = 'F:\BACKUP\wawi_log_30.bak'
WITH FILE = 12, NOUNLOAD, STATS = 5, STOPAT = '2018-01-30T17:20:00';
```

Im nachfolgenden Abschnitt werden wir uns mit diesen Anweisungen im Detail auseinandersetzen. Dieses Beispiel soll zeigen, worin, wie bereits erwähnt, der große Vorteil der Zeitachse liegt, nämlich dass Sie sich keine Gedanken darüber machen müssen, welche Sicherungen Sie in welcher Reihenfolge einspielen müssen. Diese Festlegung wird Ihnen abgenommen. Sie müssen sich nicht einmal darum kümmern, welche Sicherungsdateien Sie benötig, sofern diese aus dem Sicherungsverlauf der Datenbank ausgelesen werden und sich noch immer am ursprünglichen Speicherort befinden.

PRAXISTIPP: Sehr praktisch ist der Einsatz der grafischen Oberfläche, wenn sich die unterschiedlichen Sicherungssätze wie in unserem Beispiel auf mehrere Sicherungsdateien verteilt sind. Fügen Sie einfach alle verfügbaren Dateien bei der Medienauswahl hinzu. Das Tool analysiert diese und sucht sich die passenden Sätze aus diesen Dateien selber zusammen.

9.2.9 Wiederherstellung über Transact-SQL

Um eine Datenbank wiederherzustellen, können Sie auch direkt die Anweisung RESTORE verwenden.

Die Basisanweisung lautet:

```
RESTORE DATABASE datenbankname
FROM <backup_device> | {DISK|TAPE|URL} = 'sicherungspfad';
```

Weitere Parameter entnehmen Sie der Online-Dokumentation. Wie beim Sichern einer Datenbank kann auch für den Wiederherstellungsvorgang das Skript direkt im Dialog *Datenbank wiederherstellen* generiert werden.

Einige Optionen werden wir im nachfolgenden Abschnitt verwenden. Diejenigen, die dort nicht zum Zuge kommen, möchte ich Ihnen hier auflisten:

- Sicherungssätze, die in einer Sicherungsdatei enthalten sind, können mit der Anweisung RESTORE HEADERONLY angezeigt werden.

  ```
  RESTORE HEADERONLY FROM DISK = 'd:\backup\wawi2017.bak';
  ```

- Der zu verwendende Sicherungssatz wird über die Option FILE angegeben. Diese entspricht der Nummer in der Datei. Standard ist der Wert 1, falls keine Angabe erfolgt. Daher aufgepasst: Denn der erste Sicherungssatz einer Datei ist stets auch der älteste!

  ```
  RESTORE DATABASE wawi
  FROM DISK = 'd:\backup\wawi2017.bak' WITH FILE = 7;
  ```

- Um beim Wiederherstellen den Speicherort zu verändern, wird der neue Speicherort mit der Option MOVE angegeben. Dabei muss neben dem logischen Namen der Datei der neue Speicherort angegeben werden. Im nachfolgenden Beispiel wird der letzte Sicherungssatz mit der Nummer 7 aus der Datei *wawi2017.bak* wiederhergestellt; die Dateien werden dabei an neue Speicherorte kopiert.

  ```
  RESTORE DATABASE wawi_neu
  FROM DISK = 'd:\backup\wawi2017.bak'
  WITH FILE = 5,
   MOVE 'wawi_data' TO 'e:\daten\wawi_neu.mdf',
   MOVE 'wawi_log' TO 'f:\protokoll\wawi_neu.ldf';
  ```

- Um Dateien an einen neuen Speicherort zu verschieben, muss der logische Name angegeben werden. Falls Sie diesen nicht kennen, können Sie diese und weitere Informationen aus den Dateien eines Sicherungssatzes mit der Anweisung RESTORE FILELISTONLY ermitteln.

  ```
  RESTORE FILELISTONLY
  FROM DISK = 'd:\backup\wawi2014.bak'
  WITH FILE = 7;
  ```

liefert (Auszug der Spalten):

```
LogicalName PhysicalName Type
------------ -------------------------------- -----
wawi_data D:\...\MSSQL\DATA\wawi_data.mdf D
wawi_log D:\...\MSSQL\DATA\wawi_log.ldf L
```

 HINWEIS: Weitere Beispiele für Parameter für das Wiederherstellen finden Sie im nachfolgenden Abschnitt.

9.2.10 Desaster Recovery

Eine der besonderen Stärken eines Datenbanksystems wie SQL Server ist, im Falle eines Crashs eine Datenbank bis zum Zeitpunkt desselben wiederherstellen zu können. Dies bedeutet, dass mithilfe des Transaktionsprotokolls alle Transaktionen, die nach der letzten Sicherung abgeschlossen wurden, nachgezogen werden.

Voraussetzung für ein solches Wiederherstellen ist, dass das Wiederherstellungsmodell der Datenbank auf *Vollständig* (*Full*) eingestellt ist, und zwar schon bevor die Datenbanksicherung erfolgt. Diese Einstellung können Sie entweder über den Dialog der Datenbankeigenschaften oder über die Anweisung ALTER DATABASE vornehmen.

```
ALTER DATABASE wawi SET RECOVERY FULL;
```

Um die Einstellung mit dem grafischen Tool vorzunehmen, öffnen Sie über das Kontextmenü im Objekt-Explorer die Datenbankeigenschaften der betroffenen Datenbank. Im Dialog *Datenbankeigenschaften* finden Sie auf der Seite *Optionen* an zweiter Stelle die Einstellung für das Wiederherstellungsmodell. Hier können Sie *Vollständig* auswählen.

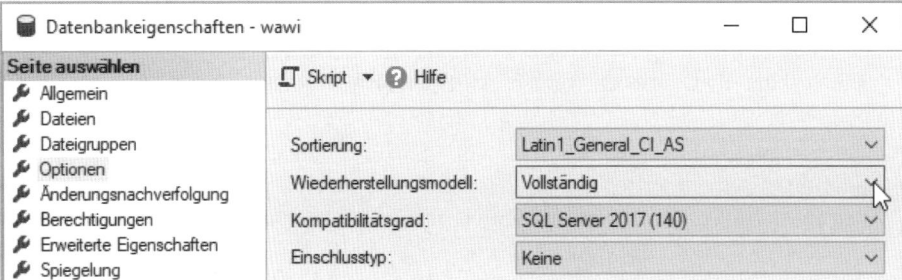

Bild 9.45 Wiederherstellungsmodell einstellen

PRAXISTIPP: Das Wiederherstellen einer Datenbank nach einem Crash ist in der Regel ein zeitkritischer Vorgang. Da in einer solchen Stresssituation leicht Fehler passieren, sollten Sie diesen Vorgang nicht mit dem grafischen Tool erledigen; denn allzu leicht wird vergessen, eine Option zu setzen, oder man verklickt sich.

Hat man die notwendigen Anweisungen aber als SQL-Skript zur Verfügung, bei dem eventuell nur noch der Name und der Pfad angepasst werden müssen, kann man Fehler weitgehend vermeiden. Legen Sie sich deshalb schon frühzeitig ein solches Skript an, das Sie im Notfall nur aus der Schublade ziehen müssen. Dann können Sie Schritt für Schritt nach diesem „Drehbuch" vorgehen und eine Anweisung nach der anderen ausführen. Außerdem gibt es Ihnen viel Sicherheit im Ernstfall, sofern Sie eine solche Wiederherstellung mit diesem Skript zuvor in einer Testsituation schon einmal erfolgreich durchgeführt haben. Kleinere Anpassungen, weil sich eventuell das Szenario etwas geändert hat, sind dann immer noch möglich.

Fassen Sie jene Teile aus dem nachfolgenden Beispiel in ein Skript zusammen, testen Sie es und heben Sie es für den Ernstfall auf. Damit haben Sie den Vorgang sozusagen immer „griffbereit in der Schublade".

 HINWEIS: Sie finden ein fertiges Skript bei den Buchdateien unter dem Namen *desaster_recovery.sql*.

Wir spielen nun im Beispiel einen solchen Fall durch. Wir bauen in dieses Beispiel auch inkrementelle Sicherungen mit ein, um möglichst viele Eventualitäten abzubilden. Falls Sie diese Komponenten nicht verwenden, überspringen Sie die betreffenden Punkte einfach.

Für das Beispiel betrachten wir folgendes Szenario:

- Am Wochenende wird jeweils eine vollständige Datenbanksicherung durchgeführt. Da die erzeugte Sicherungsdatei auf Sicherungsdatenträger gesichert wird, die erst in einem Vierer-Zyklus überschrieben werden, wird der Sicherungssatz in der Sicherungsdatei immer überschrieben.

- Täglich erfolgt während der Nacht eine differenzielle Datenbanksicherung, die nur die Änderungen seit der letzten vollständigen Sicherung speichert. Diese sechs Sicherungssätze werden in unserem Beispiel jeweils in einem gemeinsamen Sicherungsmedium gespeichert.

- Außerdem wird jeden Tag mittags zusätzlich eine Transaktionsprotokollsicherung durchgeführt.

Beginnen wir in unserem Beispiel mit der vollständigen Sicherung, die einmal wöchentlich durchgeführt wird. Diese sichert die Datenbank zum Beispiel in die Datei *wawi_voll.bak*. Damit in dieser Datei vorhandene Sicherungssätze stets überschrieben werden, wird der Parameter WITH INIT mitgegeben. Diese Sicherung würde in der Praxis in einen Auftrag verpackt werden, damit sie automatisch ausgeführt wird.

```
BACKUP DATABASE wawi
TO DISK = 'd:\mssql14.mssqlserver\mssql\backup\wawi_voll.bak'
WITH INIT, NAME = 'WE_VOLL';
```

Um dieses Beispiel einmal manuell durchzuspielen, führen Sie diese Anweisung bitte in einem Abfrageeditor-Fenster aus.

Lassen Sie sich nun den Inhalt der Tabelle *artikelgruppen* anzeigen.

```
SELECT * FROM dbo.artikelgruppen;
```

liefert:

```
artgr bezeichnung
----- ------------------------
BE    Besteck
BU    Bücher
EG    Elektrische Geräte
GA    Garten
GE    Geschirr
HH    Haushalt
HW    Heimwerken
KG    Küchengeschirr
(8 Zeile(n) betroffen)
```

Nun (am Montag) fügen wir einen neuen Datensatz in diese Tabelle ein, zum Beispiel die Artikelgruppe „Computer".

```
INSERT INTO dbo.artikelgruppen
VALUES ('PC', 'Computer');
```

Danach erstellen wir unsere erste Transaktionsprotokollsicherung (Montag zu Mittag) und fügen am Nachmittag einen weiteren Datensatz hinzu.

```
BACKUP LOG wawi
TO DISK = 'd:\mssql14.mssqlserver\mssql\backup\wawi_log_mo.bak'
WITH INIT, NAME = 'MO_LOG';

INSERT INTO dbo.artikelgruppen
VALUES ('TB', 'Tablet-Computer');
```

Daraufhin erstellen wir unsere erste differenzielle Datenbanksicherung (Montagnacht). Da es die erste (in dieser Woche) ist, werden alle bisherigen Sicherungssätze mit dem Parameter INIT überschrieben. Der Parameter DIFFERENTIAL macht den Sicherungsvorgang zu einer differenziellen Sicherung.

```
BACKUP DATABASE wawi
TO DISK = 'd:\mssql14.mssqlserver\mssql\backup\wawi_diff.bak'
WITH INIT, DIFFERENTIAL, NAME = 'MO_DIFF';
```

Danach fügen wir (am Dienstag) einen weiteren Datensatz ein und nehmen zu Mittag wieder eine Transaktionsprotokollsicherung vor.

```
INSERT INTO dbo.artikelgruppen
VALUES ('SP', 'Spielwaren');

BACKUP LOG wawi
TO DISK = 'd:\mssql14.mssqlserver\mssql\backup\wawi_log_di.bak'
WITH INIT, NAME = 'DI_LOG';
```

Nun erstellen wir die zweite differenzielle Datenbanksicherung (Dienstagnacht). Etwaige zuvor gemachte Transaktionsprotokollsicherungen werden damit obsolet. Gleiches gilt für die differenzielle Sicherung vom Montag. (Im Skript wird die Transaktionsprotokollsicherung vom Montag in der Datei *wawi_log_mo.bak* vorgenommen, die von Dienstag in der Datei *wawi_log_di.bak*.)

 HINWEIS: Diese wird eigentlich nur wegen der Historie noch aufgehoben, damit man unter der Woche gegebenenfalls auf den Stand von einem der Vortage zurückgreifen kann. Daher wird nur bei der differenziellen Sicherung am Montag INIT und an den anderen Tagen NOINIT verwendet.

```
BACKUP DATABASE wawi
TO DISK = 'd:\mssql14.mssqlserver\mssql\backup\wawi_diff.bak'
WITH NOINIT, DIFFERENTIAL, NAME = 'DI_DIFF';
```

Wir fügen einen weiteren Datensatz (Mittwochvormittag) in die Tabelle *artikelgruppen* ein.

```
INSERT INTO dbo.artikelgruppen
VALUES ('SW', 'Software');
```

Nun machen wir unsere (mittägliche) Transaktionsprotokollsicherung.

```
BACKUP LOG wawi
TO DISK = 'd:\mssql14.mssqlserver\mssql\backup\wawi_log_mi.bak'
WITH INIT, NAME = 'MI_LOG';
```

Danach (am Nachmittag) fügen wir einen weiteren Datensatz hinzu.

```
INSERT INTO dbo.artikelgruppen
VALUES ('WE', 'Werkzeug');
```

Betrachten Sie nun nochmals den Inhalt der Tabelle *artikelgruppen*, sehen Sie hier nun insgesamt 13 Datensätze.

Nun kommt es zum Crash!

Wir können diesen Crash wie folgt simulieren:

- Beenden des SQL Server-Dienstes
- Löschen oder Umbenennen der primären Datendatei der Datenbank
- SQL Server-Dienst wieder starten

Versuchen wir nun, auf diese Datenbank zuzugreifen – zum Beispiel mit einem SELECT auf die Tabelle *artikelgruppen* –, so erhalten wir eine Fehlermeldung.

```
Meldung 945, Ebene 14, Status 2, Zeile 1
Die wawi-Datenbank kann nicht geöffnet werden, da auf einige Dateien nicht
zugegriffen werden kann oder nicht genügend Platz im Arbeitsspeicher oder auf dem
Datenträger zur Verfügung steht. Detaillierte Informationen finden Sie im SQL Server-
Fehlerprotokoll.
```

Auch im Objekt-Explorer können keine Details zur Datenbank mehr angezeigt werden.

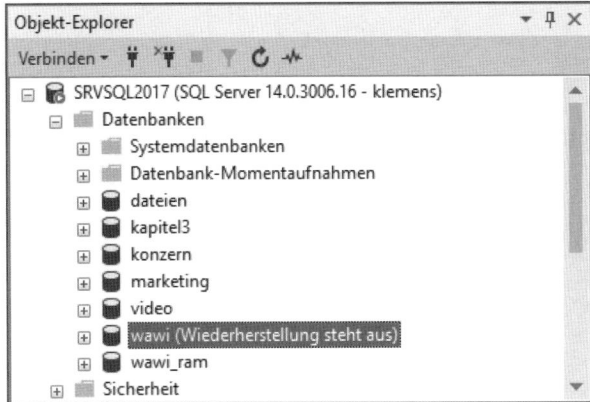

Bild 9.46 Fehlerhafte Datenbank

Nun muss das noch vorhandene Transaktionsprotokoll mit dem Parameter NO_TRUNCATE nochmals gesichert werden, bevor der Wiederherstellungsvorgang gestartet werden kann. Von der Verwendung dieser Option hängt es ab, ob der gesamte Vorgang letztendlich erfolgreich ist oder nicht! Sonst können wir nämlich nicht alles bis zum Crash, sondern nur bis zur letzten Sicherung davor wiederherstellen.

```
BACKUP LOG wawi
TO DISK = 'd:\mssql14.mssqlserver\mssql\backup\wawi_log_rest.bak'
WITH INIT, NO_TRUNCATE;
```

Nun kann mit der eigentlichen Wiederherstellung begonnen werden.

 ACHTUNG! Eine Datenbank kann nur wiederhergestellt werden, wenn kein Benutzer mit ihr verbunden ist. Im Crash-Fall ist dies ohnehin der Fall. Falls Sie aber nur testen und die Datenbank noch aktiv ist, könnte das Szenario eintreten. Wechseln Sie daher bitte auf eine andere Datenbank, bevor Sie den Vorgang fortsetzen.

In der Regel verbindet man sich mit der *master*-Datenbank, wenn eine Datenbank wiederhergestellt wird.

```
USE master;
```

Nun beginnt das Wiederherstellungsprozedere. Am Beginn eines solchen Vorgangs steht immer das Einspielen der letzten Vollsicherung der Datenbank.

HINWEIS: Das Wichtigste bei einem solchen Vorgang ist, dass bei jeder Sicherungsdatei, die hier eingespielt wird, die Option NORECOVERY verwendet wird. Dies lässt den Vorgang quasi offen, um danach noch weitere Dateien „draufzuspielen". Erst bei der letzten einzuspielenden Datei muss die Option RECOVERY verwendet werden.

```
RESTORE DATABASE wawi
FROM DISK = 'd:\mssql14.mssqlserver\mssql\backup\wawi_voll.bak'
WITH NORECOVERY;
```

Im Objekt-Explorer wird die Datenbank nun mit dem Zusatz *(Wird wiederhergestellt…)* und einem blauen Aufwärtspfeil im Datenbanksymbol dargestellt.

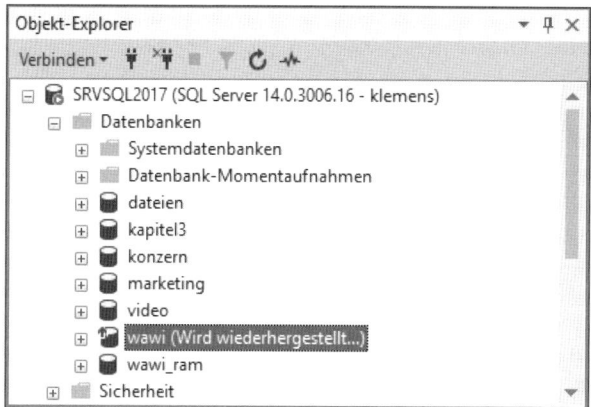

Bild 9.47 Datenbank nach RESTORE mit NORECOVERY

 ACHTUNG! Manchmal kann es notwendig sein, die kaputte Datenbank aus dem System endgültig zu entfernen, bevor man mit der Wiederherstellung startet. Liefert die erste RESTORE DATABASE-Anweisung einen Fehler, löschen Sie die Überreste mit einer DROP DATABASE-Anweisung, wie sie im Beispielskript enthalten ist.

Der nächste Schritt ist nur dann auszuführen, falls seit der letzten Vollsicherung differenzielle Sicherungen vorgenommen wurden. Dann muss die letzte differenzielle Sicherung ebenfalls mit der Option NORECOVERY eingespielt werden. Haben Sie keine differenziellen Sicherungen vorgenommen, so überspringen Sie diesen Punkt.

In unserem Beispiel ist die zweite Sicherung als letzte differenzielle Sicherung einzuspielen (Dienstagnacht). Um gezielt auf einen Sicherungssatz innerhalb der Sicherungsdatei zuzugreifen, wird die Option FILE verwendet.

```
RESTORE DATABASE wawi
FROM DISK = 'd:\mssql14.mssqlserver\mssql\backup\wawi_diff.bak'
WITH FILE = 2, NORECOVERY;
```

 PRAXISTIPP: Analog zum grafischen Tool können Sie den Inhalt einer Backup-Datei vor dem Wiederherstellen mit der Anweisung RESTORE HEADERONLY anzeigen. Dadurch können Sie die Nummer des Sicherungssatzes vor dem Rücksichern kontrollieren. In der Spalte *Position* ist die Dateinummer zu finden. ∎

```
RESTORE HEADERONLY
FROM DISK = 'd:\mssql14.mssqlserver\mssql\backup\wawi_diff.bak';
```

liefert (aus Platzgründen nur Auszug an Spalten):

```
BackupName   Position   ServerName     DatabaseName   BackupStartDate
-----------  ---------  -------------  -------------  ------------------------
MO_DIFF      1          SRVSQL2017     wawi           2017-08-26 15:33:58.000
DI_DIFF      2          SRVSQL2017     wawi           2017-08-26 15:35:01.000
```

Nach der Vollsicherung oder der letzten differenziellen Sicherung müssen alle danach vorgenommenen Transaktionsprotokollsicherungen in der richtigen Reihenfolge eingespielt werden. Falls keine weiteren Transaktionsprotokollsicherungen vor der letzten erfolgt sind, ist dieser Punkt zu überspringen. In unserem Beispiel verwenden wir zuerst die Protokollsicherung von Mittwoch zu Mittag.

```
RESTORE LOG wawi
FROM DISK = 'd:\mssql14.mssqlserver\mssql\backup\wawi_log_mi.bak'
WITH NORECOVERY;
```

Danach verwenden wir – und das ist zugleich der letzte Schritt – die nach dem Crash durchgeführte Sicherung des Transaktionsprotokolls. Hierbei wird die Wiederherstellung mit der Option RECOVERY endgültig abgeschlossen.

```
RESTORE LOG wawi
FROM DISK = 'd:\mssql14.mssqlserver\mssql\backup\wawi_log_rest.bak'
WITH RECOVERY;
```

Nun ist die Datenbank wieder verfügbar. Auch alle Datensätze, die bis zum Crash erfasst worden sind, sind wieder da. Sehen Sie nach!

```
SELECT * FROM wawi.dbo.artikelgruppen ORDER BY artgr;
```

liefert wie erwartet:

```
artgr bezeichnung
----- ------------------------
BE    Besteck
BU    Bücher
EG    Elektrische Geräte
GA    Garten
```

```
GE    Geschirr
HH    Haushalt
HW    Heimwerken
KG    Küchengeschirr
PC    Computer
SP    Spielwaren
SW    Software
TB    Tablet-Computer
WE    Werkzeug
(13 Zeile(n) betroffen)
```

Zusammenfassung:

Um eine Datenbank bis zum Schluss wiederherzustellen, sind folgende Schritte durchzuführen:

- Einspielen der letzten vollständigen Sicherung

- Einspielen der letzten differenziellen Sicherung (sofern vorhanden)

- Einspielen aller seither gemachten Transaktionsprotokollsicherungen in der richtigen Reihenfolge

Bei jedem dieser Vorgänge ist die Option NORECOVERY zu verwenden; der jeweils letzte Teilschritt ist mit der Option RECOVERY abzuschließen.

HINWEIS: Passiert Ihnen beim Wiederherstellen ein Fehler – beispielsweise Sie verwenden zu früh die Option RECOVERY –, können beziehungsweise müssen Sie wieder mit dem ersten Schritt beginnen. Dies können Sie aber beliebig oft wiederholen. ∎

PRAXISTIPP: Sie sehen, dass der gesamte Vorgang mit dem „Überleben" des Transaktionsprotokolls steht und fällt. Falls Sie kein RAID-System in Ihrem Server haben, ist es sinnvoll, die Datendateien sowie Transaktionsprotokolldateien auf unterschiedliche Festplatten zu legen, damit bei einem Festplatten-Crash nicht beides verloren geht. Denn geht die Platte mit dem Transaktionsprotokoll verloren, wird die Datenbank getrennt und beim Anfügen wieder eine neue Transaktionsprotokolldatei erzeugt. Erfolgt danach sofort ein vollständiges Backup, kommt es zu keinem Datenverlust. Dazu kommt, dass aus Performancesicht getrennte Platten für Daten und Protokoll sowie Indizes sinnvoller als ein RAID-System sind. ∎

9.2.11 Recovery mit FILESTREAM

In einem früheren Kapitel habe ich Ihnen die Features FILESTREAM und FILETABLE vorgestellt. Werden diese verwendet, werden Binärdaten (Multimedia-Daten, Dokumente etc.) nicht in der Datenbank, sondern im Dateisystem des Servers gespeichert.

Dies ist natürlich auch für das Backup von großer Bedeutung, da auf diese Art und Weise die im Dateisystem gespeicherten Dateien im Backup enthalten sind. Im nachfolgenden Beispiel werden die früher in diesem Buch erstellten Datenbanken *video* und *dateien* gesichert.

```
BACKUP DATABASE video
TO DISK = 'd:\mssql14.mssqlserver\mssql\backup\video.bak' WITH INIT;

BACKUP DATABASE dateien
TO DISK = 'd:\mssql14.mssqlserver\mssql\backup\dateien.bak' WITH INIT;
```

Wird der Inhalt des Backup-Files angezeigt oder das Wiederherstellen der Datenbank über das grafische Interface gestartet, sehen wir auf der Seite *Daten* wie bei einer klassischen Datenbankdatei den Ordner für die Daten. Dieser kann hier analog zu den bisher gesehenen Varianten bei der Wiederherstellung geändert werden.

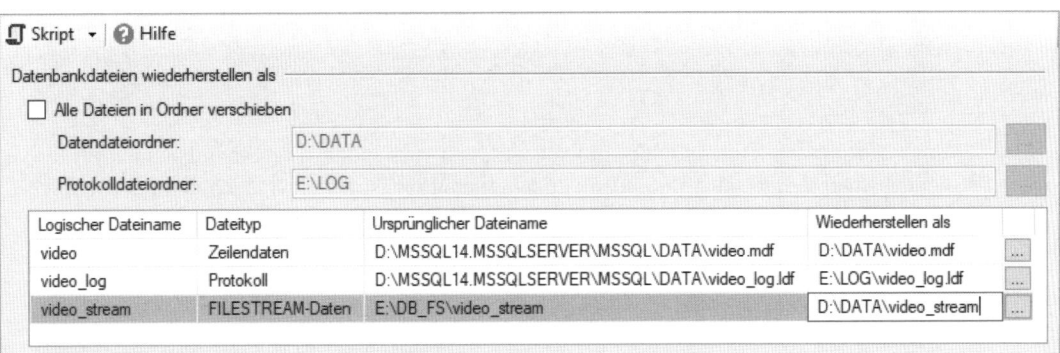

Bild 9.48 FILESTREAM beim Wiederherstellen

Direkt im Editor können Sie sich dieselben Inhalte wieder mit der Option FILELISTONLY anzeigen lassen.

```
RESTORE FILELISTONLY
FROM DISK = 'd:\mssql14.mssqlserver\mssql\backup\video.bak';
```

Stellen wir die Datenbank direkt über die RESTORE-Anweisung wieder her, verwenden wir wie gewohnt die Option MOVE für die Angabe des Zielspeicherortes.

```
RESTORE DATABASE video2017
FROM DISK = 'd:\mssql14.mssqlserver\mssql\backup\video.bak'
WITH
    MOVE 'video' TO 'd:\mssql14.mssqlserver\mssql\data\video2017_data.mdf',
    MOVE 'video_log' TO 'd:\mssql14.mssqlserver\mssql\data\video2017_log.ldf',
    MOVE 'video_stream' TO 'd:\sqlstream\video2017.Video_Stream';
```

 ACHTUNG! So wie schon beim Anlegen der Dateigruppe für FILESTREAM, muss auch beim Wiederherstellen der angegebene Zielordner bereits bestehen und mit den passenden Berechtigungen versehen sein, damit der Serverdienst auf diesen zugreifen kann.

Ähnlich erfolgt das Wiederherstellen der Datenbank mit FILETABLE.

```
RESTORE DATABASE dateien2017
FROM DISK = 'd:\mssql14.mssqlserver\mssql\backup\dateien.bak'
WITH
    MOVE 'dateien_data' TO 'd:\mssql14.mssqlserver\mssql\data\dateien2017_data.mdf',
    MOVE 'dateien_log' TO 'd:\mssql14.mssqlserver\mssql\data\dateien2017_log.ldf',
    MOVE 'dateien_fs' TO 'd:\db_fs\dateien2017';
```

Wichtig ist hier, dass der Basisordner bereits besteht, aber der letzte Ordner nicht. Dies bedeutet für unser Beispiel, dass der Ordner *d:\db_fs* bereits existieren muss, aber der Ordner *dateien2017* erst beim Wiederherstellen angelegt wird und daher noch nicht vorhanden sein darf.

 ACHTUNG! Achten Sie darauf, dass Sie nach dem Einspielen eventuell FILE-STREAM auf Serverebene noch konfigurieren müssen, sofern dies noch nicht der Fall ist. Passen Sie ebenso den FILESTREAM-Verzeichnisnamen für die wiederhergestellte Datenbank an, wie es in Kapitel 3 beschrieben ist.

Unter Umständen kann es noch sinnvoll sein, den verwendeten Verzeichnisnamen für die gerade wiederhergestellte Datenbank anzupassen. Dies ist vor allem auch dann notwendig, wenn Sie eine Datenbank mit FILETABLE auf demselben Server wiederherstellen. Erledigen Sie das direkt in den Datenbankeigenschaften oder über die ALTER DATABASE-Anweisung.

```
ALTER DATABASE dateien2017
SET FILESTREAM( DIRECTORY_NAME = 'dateidatenbank2017' ) WITH NO_WAIT;
```

Unter Umständen muss auch der Zugriff aktiviert werden, wenn dieser nach dem Wiederherstellen standardmäßig auf *Off* eingestellt ist.

```
ALTER DATABASE dateien2017
SET FILESTREAM( NON_TRANSACTED_ACCESS = FULL ) WITH NO_WAIT;
```

Danach ist der Ordner über die Freigabe des Datenbankservers verfügbar.

Bild 9.49 Netzwerkordner für FILETABLE

■ 9.3 Datenänderungen protokollieren

In Kapitel 6 haben Sie gelesen, wie Sie Vorgänge in einer Datenbank durch den Einsatz von Triggern protokollieren können. Dabei sind sowohl DML-Trigger als auch DDL-Trigger zum Einsatz gekommen. Der SQL Server liefert aber auch Bordmittel, um vereinfacht Vorgänge in einer Datenbank zu protokollieren.

Diese Bordmittel sind:

- Change Data Capture
- Änderungsnachverfolgung
- Temporale Tabellen, die als neues Feature mit dem SQL Server 2016 und 2017 eingeführt worden sind.

Alle drei funktionieren auf unterschiedliche Arten, liefern unterschiedliche Ergebnisse und weisen auch unterschiedliche Vor- und Nachteile auf. Die aus meiner Sicht effizientere Methode der beiden älteren möchte ich Ihnen an dieser Stelle vorstellen, ebenso die neuen temporalen Tabellen.

9.3.1 Change Data Capture

Ein Bordmittel, mit dem Sie Änderungen an Daten protokollieren können, heißt *Change Data Capture*. In der Praxis wird es für zwei Zwecke verwendet:

- Erkennen von geänderten Daten, um nur geänderte Daten gezielt zum Beispiel in ein Data Warehouse zu übertragen.
- Festhalten von Änderungen für Auditing-Zwecke, um feststellen zu können, wann sich was wie geändert hat.

Change Data Capture weist gegenüber der Trigger-Lösung folgende Vorteile auf:

- Sie müssen die Funktionalität nicht selber programmieren.
- Der Vorgang läuft im Gegensatz zur Trigger-Lösung asynchron, das heißt getrennt von der eigentlichen Transaktion. Daher beeinflusst er die Performance der betroffenen DML-Vorgänge nicht.

Der SQL Server verwendet das Transaktionsprotokoll, um die Änderungen in den Protokolldateien einzutragen. Die Änderungen werden mittels Log-Reader ausgelesen. Dieser Mechanismus ist bereits seit mehreren Versionen für den Replikationsprozess in Verwendung und nicht extra für Change Data Capture neu implementiert worden. Daher wird auch bei Change Data Capture ein Log-Reader-Job benötigt, der die Änderungen protokolliert. Dadurch wird die Asynchronität erzielt. Die Daten werden in eigens dafür angelegte Tabellen geschrieben. Zusätzlich werden Tabellenwertfunktionen in der Datenbank ergänzt, um diese Daten auszuwerten.

Change Data Capture konfigurieren

Um Change Data Capture zu verwenden, muss es zuerst auf Datenbankebene und danach für die gewünschten Tabellen aktiviert werden. Für das Aktivieren auf Datenbankebene wird die Prozedur *sys.sp_cdc_enable_db* verwendet. Sie können sie über die Spalte *is_cdc_enabled* aus der Katalogsicht *sys.databases* entnehmen.

```
SELECT name, is_cdc_enabled
FROM sys.databases
WHERE name = 'wawi';
```

Nach dem Ausführen der Systemprozedur *sys.sp_cdc_enable_db* ist Change Data Capture für die Datenbank aktiv. Dafür hat der SQL Server in der aktiven Datenbank einige neue Systemtabellen und andere Objekte im Schema *cdc* angelegt. In diesen werden die Einstellungen und Änderungen gespeichert.

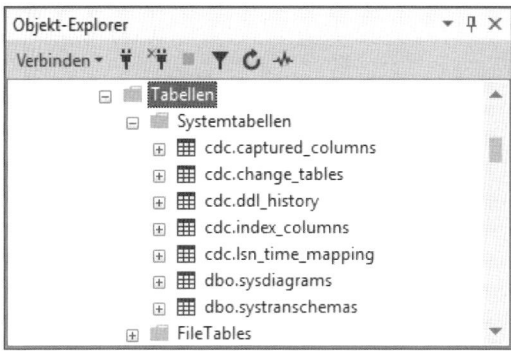

Bild 9.50 Neue Systemtabellen für Change Data Capture

Im zweiten Schritt muss Change Data Capture für die gewünschten Tabellen aktiviert werden. Dazu wird die Systemprozedur *sys.sp_cdc_enable_table* verwendet.

```
EXEC sys.sp_cdc_enable_table @source_schema = 'dbo',
                             @source_name = 'artikel',
                             @role_name = 'cdc_user',
                             @supports_net_changes = 1;
```

Dabei wird über Parameter festgelegt, welche Tabelle betroffen ist.

- `@source_schema`: Das Schema, in dem die Tabelle gespeichert ist
- `@source_name`: Der Name der Tabelle
- `@role_name`: Der Name der Rolle, deren Mitglieder lesend auf die Protokolldaten zugreifen dürfen. Dadurch können Sie die Berechtigungen so vergeben, dass normale Benutzer keinen Zugriff auf Protokollinformationen erlangen. Wenn Sie dies nicht nutzen möchten, so weisen Sie diesem Parameter explizit den Wert NULL zu.

 HINWEIS: Informationen zum Anlegen von Rollen und zur Vergabe von Berechtigungen finden Sie in Kapitel 10.

Immer wenn eine weitere Tabelle für Change Data Capture aktiviert wird, wird eine zusätzliche Systemtabelle im Schema *cdc* angelegt. Diese trägt den Namen der Tabelle mit dem Zusatz _CT. Nach dem Ausführen der vorigen Anweisung finden Sie im Objekt-Explorer die Tabelle *cdc.dbo_artikel_CT* vor.

Des Weiteren werden zwei Tabellenwertfunktionen erzeugt:

- *cdc.fn_cdc_get_all_changes_tabellenname*: Mit dieser Funktion werden die Protokollinformationen ausgewertet. Dabei werden alle Änderungen im angegebenen Zeitraum berücksichtigt.

- *cdc.fn_cdc_get_net_changes_tabellenname*: Diese Funktion ähnelt der ersten, gibt allerdings nur den letzten Stand wieder. Hat sich zum Beispiel der Preis eines Artikels während des ausgewerteten Zeitraums mehrmals geändert, wird die letzte effektive Änderung zurückgegeben.

Außerdem werden pro aktivierter Datenbank zwei Jobs für den SQL Server-Agent generiert. In unserem Beispiel sind es *cdc.wawi_capture* und *cdc.wawi_cleanup*. Diese Jobs werden für folgende Aufgaben benötigt:

- *cdc.dbname_capture*: Hinter diesem Job verbirgt sich der erwähnte Log-Reader, der die Änderungen aus dem Transaktionsprotokoll ausliest und in die vorgesehene Tabelle einträgt.

- *cdc.dbname_cleanup*: Der Cleanup-Job bereinigt die Tabellen. Dazu wird standardmäßig täglich die Systemprozedur *sys.sp_MScdc_cleanup_job* aufgerufen. Diese entfernt Einträge, die älter als zwei Tage sind. Falls Sie dies nicht möchten, so deaktivieren Sie den Job oder ändern seinen Zeitplan.

Um Change Data Capture für eine Datenbank wieder zu deaktivieren, führen Sie die Systemprozedur *sys.sp_cdc_disable_db* aus. Die angelegten Objekte werden dabei aus der Datenbank und aus dem System wieder entfernt.

 HINWEIS: Da Change Data Capture den SQL Server-Agent benötigt, steht dieses Feature in der Express Edition nicht zur Verfügung.

Auswerten von Änderungsinformationen

Änderungen werden vom Log-Reader in die dazu eingerichteten Tabellen im Schema *cdc* geschrieben. Die Auswertung der Daten sollte nicht direkt über diese Tabellen erfolgen, auch wenn dies prinzipiell möglich wäre und nicht unterbunden wird.

Für die Auswertung stehen je Tabelle die beiden beschriebenen Tabellenwertfunktionen *cdc.fn_get_all_changes_...* und *cdc.fn_get_net_changes_...* zur Verfügung. Da die Informationen aus dem Transaktionsprotokoll stammen, werden sie mit der betroffenen Protokollfolgenummer LSN (Log Sequence Number) abgelegt. Daher müssen den beiden Funktionen drei Parameter übergeben werden:

- *from_lsn*: Die LSN, ab der die Änderungen angezeigt werden sollen
- *to_lsn*: Die Ziel-LSN, bis zu der Änderungen gefiltert werden sollen

- *row_filter_option*: Für diese Option stehen die beiden Werte *all* und *all update old* als String zur Auswahl. Die zweite Option unterscheidet sich von der ersten dadurch, dass bei UPDATE-Vorgängen nicht nur die neuen, sondern auch die alten Werte angezeigt werden.

Diese beiden Funktionen liefern zusätzlich zu den Spalten der protokollierten Tabellen folgende Spalteninformationen:

- *__$start_lsn*: Die LSN, der die Änderung zugeordnet ist

- *__$seqval*: Dieser Sequenzwert wird für die Sortierung der Werte verwendet, um mehrere Änderungen an einem Datensatz, die innerhalb einer Transaktion vorgenommen wurden, zu sortieren.

- *__$operation*: Gibt Aufschluss darüber, von welcher Art die protokollierte Operation war. Diese kann einen Wert von 1 bis 4 annehmen. Die Werte haben folgende Bedeutung:
  - 1 steht für DELETE.
  - 2 steht für INSERT.
  - 3 steht für den alten Inhalt bei einem UPDATE.
  - 4 steht für den neuen Inhalt bei einem UPDATE.

- *__$update_mask*: Gibt in Form einer Bitmaske die geänderten Spalten an.

Die Angabe der Filterkriterien über die LSN scheint auf den ersten Blick etwas kompliziert. Daher werden auch Skalarwertfunktionen zum Ermitteln von LSNs zur Verfügung gestellt.

Um Ihnen die Verwendung in einem Beispiel zu zeigen, führen wir die folgenden zwei Änderungen an der Tabelle *artikel* durch.

```
UPDATE dbo.artikel
SET vkpreis = 13.49
WHERE artnr = 1799;

UPDATE dbo.artikel
SET vkpreis = 17.9, ekpreis = 9.8
WHERE artnr = 1800;
```

Um die Protokollierung dieser Änderungen anzuzeigen, verwenden wir die folgenden Anweisungen:

```
DECLARE @von binary(10) = sys.fn_cdc_get_min_lsn('dbo_artikel')
DECLARE @bis binary(10) = sys.fn_cdc_get_max_lsn()

SELECT * FROM cdc.fn_cdc_get_all_changes_dbo_artikel(@von, @bis, 'all');
SELECT * FROM cdc.fn_cdc_get_all_changes_dbo_artikel(@von, @bis, 'all update old');
```

Mit den Funktionen *sys.fn_cdc_get_min_lsn()* und *sys.fn_cdc_get_max_lsn()* werden die minimale und die maximale LSN ermittelt. Für die minimale LSN muss zusätzlich der Name der betroffenen Tabelle als Parameter mit angegeben werden. Dieses Beispiel liefert alle Einträge zur Tabelle *artikel*.

Um zusätzlich auch die alten Werte vor dem UPDATE-Vorgang anzuzeigen, muss der dritte Parameter auf *all update old* geändert werden.

Beide gemeinsam ausgeführt ergeben folgende Ergebnisse:

	__$start_lsn	__$seqval	_$o..	_$up..	artnr	bezeichnung	gruppe	vkpreis	lieferant	ekpreis
1	0x0000004F000000800003	0x0000004F000000800002	4	0x0008	1799	Schlüssel Profi 24 cm	GE	13,49	1001	5,19
2	0x0000004F000000880003	0x0000004F000000880002	4	0x0028	1800	Schlüssel Profi 28 cm	GE	17,90	1001	9,80

	__$start_lsn	__$seqval	_$o..	_$up..	artnr	bezeichnung	gruppe	vkpreis	lieferant	ekpreis
1	0x0000004F000000800003	0x0000004F000000800002	3	0x0008	1799	Schlüssel Profi 24 cm	GE	12,97	1001	5,19
2	0x0000004F000000800003	0x0000004F000000800002	4	0x0008	1799	Schlüssel Profi 24 cm	GE	13,49	1001	5,19
3	0x0000004F000000880003	0x0000004F000000880002	3	0x0028	1800	Schlüssel Profi 28 cm	GE	16,24	1001	6,50
4	0x0000004F000000880003	0x0000004F000000880002	4	0x0028	1800	Schlüssel Profi 28 cm	GE	17,90	1001	9,80

Bild 9.51 Inhalte über Change Data Capture erstellt

Oft möchte man Änderungen über den Zeitpunkt filtern. Dazu können Sie über die Funktion *sys.fn_cdc_map_time_to_lsn()* die LSN zu einem Zeitpunkt bestimmen. Dieser wird als Parameter neben dem Zeitpunkt einer der folgenden relationalen Operatoren als String übergeben:

- largest less than
- largest less than or equal
- smallest greater than
- smallest greater than or equal

Ich verwende im Beispiel großzügig einen ganzen Tag als Zeitraum; in der Praxis wird dies wohl ein kürzerer Zeitraum sein.

ACHTUNG! Beachten Sie bitte bei der Angabe des Zeitraums auf das gemäß der Datumseinstellung zu verwendende Datumsformat. Sinnvollerweise setzen Sie das Standardformat YYYYMMDD ein.

Mit diesen Anweisungen erhalten Sie die Änderungen vom 31. Mai:

```
DECLARE @von binary(10) = sys.fn_cdc_map_time_to_lsn('smallest greater than', '20170826');
DECLARE @bis binary(10) = sys.fn_cdc_map_time_to_lsn('largest less than','20170827');

SELECT * FROM cdc.fn_cdc_get_all_changes_dbo_artikel(@von, @bis, 'all');
SELECT * FROM cdc.fn_cdc_get_all_changes_dbo_artikel(@von, @bis, 'all update old');
```

Nun betrachten wir noch die zweite der beiden Tabellenwertfunktionen, welche die Nettoänderungen zeigt. Dazu ändern wir einen der beiden zuvor geänderten Artikel erneut.

```
UPDATE dbo.artikel
SET vkpreis = 14.29
WHERE artnr = 1799;
```

Danach verwenden wir beide Funktionen, um den Unterschied zu verdeutlichen.

```
DECLARE @von binary(10) = sys.fn_cdc_map_time_to_lsn('smallest greater than', '20170826');
```

```
DECLARE @bis binary(10) = sys.fn_cdc_map_time_to_lsn('largest less than',
'20170827');

SELECT *
FROM cdc.fn_cdc_get_all_changes_dbo_artikel(@von, @bis, 'all')
WHERE artnr = 1799;

SELECT *
FROM cdc.fn_cdc_get_net_changes_dbo_artikel(@von, @bis, 'all')
WHERE artnr = 1799;
```

▦ Ergebnisse ▨ Meldungen

	__$start_lsn	__$seqval	__...	__$update_...	artnr	bezeichnung	gruppe	vkpreis	lieferant	ekpreis
1	0x0000004F0...	0x0000004F0000008...	4	0x0008	1799	Schüssel Profi 24 cm	GE	13,49	1001	5,19
2	0x000000500...	0x000000500000003...	4	0x0008	1799	Schüssel Profi 24 cm	GE	14,29	1001	5,19

	__$start_lsn	__$operation	__$update_mask	artnr	bezeichnung	gruppe	vkpreis	lieferant	ekpreis	lieferzeit
1	0x000000500...	4	NULL	1799	Schüssel Profi 24 cm	GE	14,29	1001	5,19	3

Bild 9.52 Brutto- und Nettoänderungen

Die zweite Variante mit der Funktion *cdc.fn_cdc_get_net_changes_...* zeigt als Nettoänderung nur den letzten Zustand innerhalb der Änderungsspanne. Bei der ersten Variante werden hingegen alle hintereinander erfolgten Änderungen am selben Datensatz gezeigt.

 HINWEIS: Zwar lautet die Empfehlung, nur die Funktionen zur Auswertung zu verwenden und nicht direkt auf die Tabellen zuzugreifen, allerdings habe ich keinen Unterschied zwischen der Tabelle und der Funktion, die alle Änderungen liefert, festgestellt. ∎

Im abschließenden Beispiel greife ich direkt auf die Tabelle *cdc.dbo_tblArtikel_CT* zu. Dabei verwende ich die Funktion *sys.fn_cdc_map_lsn_to_time()*, um einerseits den Änderungszeitpunkt anzuzeigen und um andererseits auch nach diesem zu filtern.

```
SELECT sys.fn_cdc_map_lsn_to_time(__$start_lsn) AS zeitpunkt,
       CASE __$operation WHEN 1 THEN 'DELETE'
                         WHEN 2 THEN 'INSERT'
                         WHEN 3 THEN 'ULDATE_OLD'
                         ELSE 'UPDATE_NEW' END kategorie,
       artnr, vkpreis
FROM cdc.dbo_artikel_CT
WHERE sys.fn_cdc_map_lsn_to_time(__$start_lsn) BETWEEN '20140531' AND '20140601'
ORDER BY artnr, zeitpunkt;
```

liefert:

```
zeitpunkt                   kategorie    artnr      vkpreis
-------------------------   ----------   --------   ----------
2017-08-26 17:16:03.960     ULDATE_OLD   1799       12,97
2017-08-26 17:16:03.960     UPDATE_NEW   1799       13,49
2017-08-26 17:26:02.080     ULDATE_OLD   1799       13,49
2017-08-26 17:26:02.080     UPDATE_NEW   1799       14,29
```

```
2017-08-26 17:16:18.073    ULDATE_OLD    1800    16,24
2017-08-26 17:16:18.073    UPDATE_NEW    1800    17,90
(6 Zeile(n) betroffen)
```

Insgesamt finde ich dieses Feature praktisch, da es sehr einfach und ohne viel Aufwand eingesetzt werden kann. Persönlich fehlt mir aber im Protokoll der ausführende Benutzer, der die Änderung vorgenommen hat. Daher scheint mir für Auditing-Zwecke nach wie vor die Trigger-Lösung geeigneter, da auch die weitere Möglichkeit der Änderungsnachverfolgung nicht das gewünschte Ergebnis liefert.

9.3.2 Temporale Tabellen

Temporale Tabellen Sind ein neues Feature des SQL Server 2016. Es ist ein weiterer Anlauf, Datenänderungen mit Bordmitteln einfach verfügbar zu machen. Auch wenn mich diese Variante nicht zu einhundert Prozent zufriedenstellt, weist sie dennoch einige Vorteile auf und ist durchaus gut einsetzbar. Ein riesiger Pluspunkt sind jeweils die einfache Handhabe bei der Einrichtung als auch die einfache Form der Abfrage der Historiendaten. Diese ist um vieles komfortabler als bei Change Data Capture.

Es freut mich persönlich sehr, dass dieses Feature auch in der freien Express Edition verfügbar ist, und nicht nur auf die großen Editionen beschränkt ist.

 ACHTUNG! Beachten Sie beim Einsatz von temporalen Tabellen bei der Express Edition, dass durch diese der Speicherplatzbedarf scheinbar unbemerkt deutlich anwachsen kann und dabei die maximale Datenbankgröße von 10 GB bei dieser Edition schneller als gedacht erreicht werden könnte.

9.3.2.1 Erstellen einer temporalen Tabelle

Direkt aus dem Objekt-Explorer des Management Studios können Sie eine temporale Tabelle über das Kontextmenü auf dem Ordner *Tabellen* erstellen. Wählen Sie dazu den Befehl NEU/ TEMPORALE TABELLE/TABELLE MIT SYSTEMVERSIONSVERWALTUNG... aus.

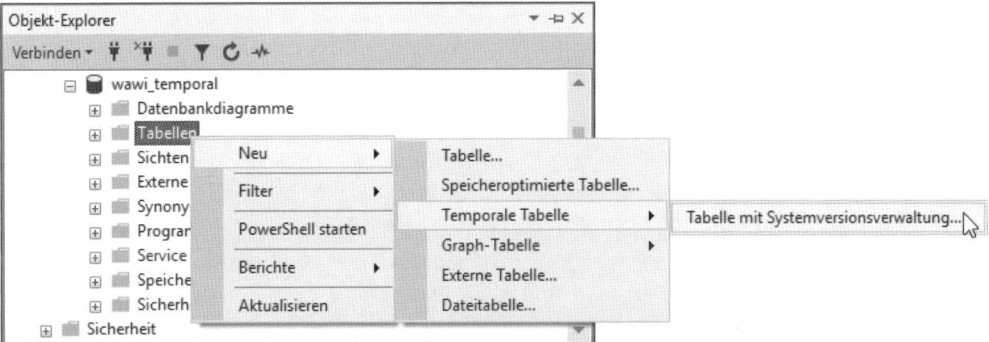

Bild 9.53 Neue temporale Tabelle

Wie schon von Dateitabellen und speicheroptimierten Tabellen her bekannt, erscheint nun kein grafischer Dialog, sondern eine entsprechende Vorlage für ein SQL-Skript in einem neuen Abfrageeditor-Fenster. Wie in ähnlichen Situationen auch, ist dies eine gute Gedankenstütze, um die benötigten Eingaben für diesen speziellen Typ korrekt vornehmen zu können. Andererseits müssen auch sehr viele nicht benötigte Elemente entfernt werden, sodass Sie unter Umständen die benötigten Anweisungen selber schneller eintippen und ohne die Vorlage starten. Es bleibt im Einzelfall Ihnen überlassen, wobei Sie sich wohler fühlen.

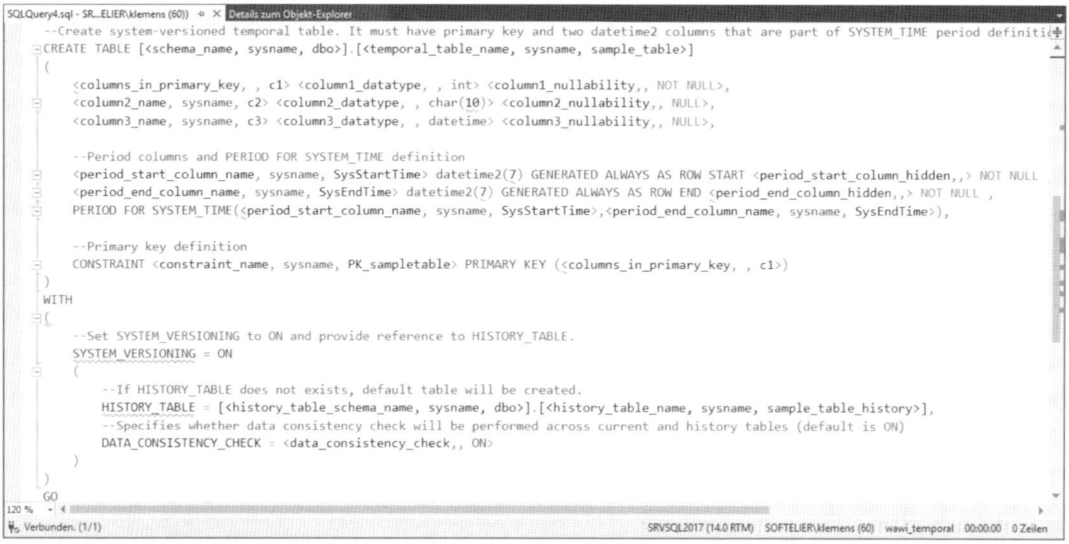


```
--Create system-versioned temporal table. It must have primary key and two datetime2 columns that are part of SYSTEM_TIME period definiti
CREATE TABLE [<schema_name, sysname, dbo>].[<temporal_table_name, sysname, sample_table>]
(
    <columns_in_primary_key, , c1> <column1_datatype, , int> <column1_nullability,, NOT NULL>,
    <column2_name, sysname, c2> <column2_datatype, , char(10)> <column2_nullability,, NULL>,
    <column3_name, sysname, c3> <column3_datatype, , datetime> <column3_nullability,, NULL>,

    --Period columns and PERIOD FOR SYSTEM_TIME definition
    <period_start_column_name, sysname, SysStartTime> datetime2(7) GENERATED ALWAYS AS ROW START <period_start_column_hidden,,> NOT NULL
    <period_end_column_name, sysname, SysEndTime> datetime2(7) GENERATED ALWAYS AS ROW END <period_end_column_hidden,,> NOT NULL ,
    PERIOD FOR SYSTEM_TIME(<period_start_column_name, sysname, SysStartTime>,<period_end_column_name, sysname, SysEndTime>),

    --Primary key definition
    CONSTRAINT <constraint_name, sysname, PK_sampletable> PRIMARY KEY (<columns_in_primary_key, , c1>)
)
WITH
(
    --Set SYSTEM_VERSIONING to ON and provide reference to HISTORY_TABLE.
    SYSTEM_VERSIONING = ON
    (
        --If HISTORY_TABLE does not exists, default table will be created.
        HISTORY_TABLE = [<history_table_schema_name, sysname, dbo>].[<history_table_name, sysname, sample_table_history>],
        --Specifies whether data consistency check will be performed across current and history tables (default is ON)
        DATA_CONSISTENCY_CHECK = <data_consistency_check,, ON>
    )
)
GO
```

Bild 9.54 Vorlage zum Erstellen einer speicheroptimierten Tabelle

Das Erstellen einer speicheroptimierten Tabelle bedeutet, dass eine zweite beinahe strukturgleiche Tabelle verwendet wird, um die Vergangenheitsdaten aufzunehmen. Sie können dazu eine der folgende Vorgehensweisen wählen:

- Temporale Tabelle mit anonymer Verlaufstabelle
- Temporale Tabelle mit anonymer Verlaufstabelle mit verborgenen Spalten
- Temporale Tabelle mit Default-History-Tabelle
- Temporale Tabelle mit benutzerdefinierter History-Tabelle
- Tabelle nachträglich zur temporalen Tabelle machen

Je nach Anforderung können Sie sich für eine dieser Varianten entscheiden, die wir uns nun im Vergleich ansehen werden.

Temporale Tabelle mit anonymer Verlaufstabelle

Die Verwendung einer anonymen Verlaufstabelle bedeutet, dass der Name für die Verlaufstabelle vom System generiert wird, und damit für uns kein schöner verwendbarer Name ist. Wenn Sie nicht direkt auf diese Tabelle mit SELECT-Anweisungen zugreifen möchten, spielt dies auch weiter keine Rolle. Wie wir etwas später sehen werden, ist der direkte Zugriff auf diese Tabellen auch gar nicht notwendig. Versionierte Daten werden über entsprechende Erweiterungen in der SELECT-Anweisung über die Originaltabelle ausgegeben.

Für unsere Beispiele verwenden wir die Tabellen *artikelgruppen* und *artikel* unserer Beispieldatenbank. Ich habe mich dazu entschieden, damit dieses Beispiel übersichtlicher und für Sie einfacher nachzuverfolgen ist, diese beiden dazu in einer neuen Datenbank neu anzulegen, wobei ich die Artikeltabelle auf die nötigsten Spalten reduziere. Die dazu notwendigen Anweisungen finden Sie wie gewohnt im SQL-Skript zu diesem Kapitel. Die neue Datenbank trägt zum Beispiel den Namen *wawi_temporal*. In der Basisversion beschränken wir die Artikeltabelle auf die in Bild 9.55 dargestellten Spalten.

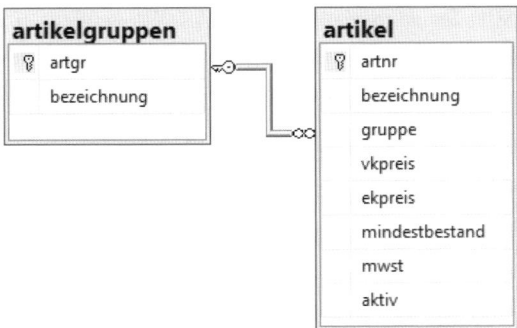

Bild 9.55 Beispieltabellen für temporale Tabelle

Um diese Tabelle als temporale Tabelle zu erstellen, müssen folgende Erweiterungen vorgenommen werden:

- Eine Datumsspalte mit dem Zusatz GENERATED ALWAYS AS ROW START, die in weiterer Folge den Beginn der Gültigkeit dieser Version enthält. Zusätzlich ist diese als NOT NULL zu definieren.

- Eine Datumsspalte mit dem Zusatz GENERATED ALWAYS AS ROW END, die in weiterer Folge das Ende der Gültigkeit dieser Version enthalten wird. Tatsächlich wird dieser Wert erst in der temporalen Tabelle mit einem echten Wert befüllt.

- Mit der Anweisung PERIOD FOR SYSTEM_TIME (spalte1, spalte2) werden die beiden zuvor angeführten Spalten zur Aufnahme der Zeiten festgelegt.

- Die CREATE TABLE-Anweisung wird mit der Klausel WITH (SYSTEM_VERSIONING = ON) abgeschlossen.

Ergänzen wir diese Teile in der Anweisung zum Erstellen der Tabelle. Alle anderen Elemente wie zum Beispiel Constraints oder die Definition einer Identität bleiben unverändert.

```
CREATE TABLE dbo.artikel
( artnr int IDENTITY(1001,1),
  bezeichnung varchar(60) NOT NULL,
  gruppe char(2) NOT NULL,
  vkpreis smallmoney NOT NULL,
  ekpreis smallmoney NOT NULL,
  mindestbestand int,
  mwst tinyint NOT NULL CONSTRAINT df_artikel_mwst DEFAULT 19,
  aktiv bit NOT NULL CONSTRAINT df_artikel_aktiv DEFAULT 1,
```

```
-- *** Speziell für temporale Tabelle ***
gueltig_ab datetime2 GENERATED ALWAYS AS ROW START NOT NULL,
gueltig_bis datetime2 GENERATED ALWAYS AS ROW END NOT NULL,
PERIOD FOR SYSTEM_TIME (gueltig_ab, gueltig_bis),
-- *************************************
CONSTRAINT pk_artikel PRIMARY KEY (artnr),
CONSTRAINT ck_artikel_ekpreis_vkpreis CHECK (ekpreis >= 0 AND vkpreis >= ekpreis),
CONSTRAINT fk_artikel_artikelgruppen FOREIGN KEY(gruppe)
REFERENCES dbo.artikelgruppen(artgr)
) WITH (SYSTEM_VERSIONING = ON);
```

Neben der temporalen Tabelle *artikel* wird nun zusätzlich eine Verlaufstabelle erstellt. Der Name für diese wird nach der Logik *MSSQL_TemporalHistoryFor_NNNNNNNN* gebildet. Im Objekt-Explorer wird diese unter der übergeordneten Tabelle angezeigt, deren Symbol auch mit einer Uhr versehen ist, um diese als temporale Tabelle zu erkennen. Die Verlaufstabelle wird direkt unter dieser auf einer Ebene tiefer angezeigt. Wie in Bild 9.56 zu sehen, werden zusätzlich auch hinter dem Namen der temporalen Tabelle der Hinweis *(System-Mit Versions-angabe)* und hinter dem Namen der Verlaufstabelle der Nachsatz *(Verlauf)* ergänzt.

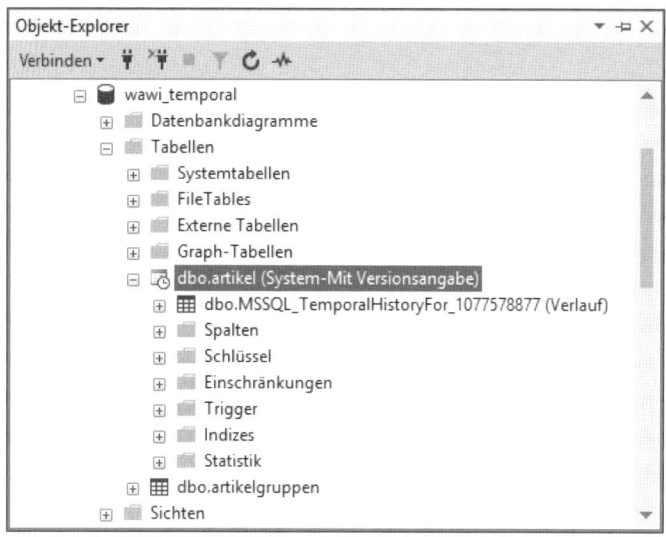

Bild 9.56 Temporale Tabelle und Verlaufstabelle im Objekt-Explorer

Die Nummer am Ende des Namens der Verlaufstabelle ist keine Zufallszahl, auch wenn dies vielleicht der erste Eindruck sein mag. Dies ist die interne Object-ID der temporalen Tabelle. Dies wird ersichtlich, wenn wir mit einem SELECT die entsprechenden Spalten der System-tabelle *sys.tables* ausgeben. Die Spalte *object_id* zeigt die eindeutige ID eines jeden Daten-bankobjekts. In Bild 9.57 sehen Sie, dass die Object-ID der Tabelle *artikel* am Ende des Namens der Verlaufstabelle aufscheint. Die Systemtabelle enthält für dieses neue Feature nun auch einige neue Spalten. Die Spalte *temporal_type* zeigt für normale Tabellen eine 0, für temporale Tabellen den Wert 2 und für Verlaufstabellen den Wert 1 an. Die beschreibende Bezeichnung dazu hält auch die Spalte *temporal_type_desc* bereit. Und die Verbindung von temporaler Tabelle und Verlaufstabelle wird durch die Spalte *history_table_id* ersichtlich. Hier ist die Object-ID der Verlaufstabelle bei der temporalen Tabelle eingetragen.

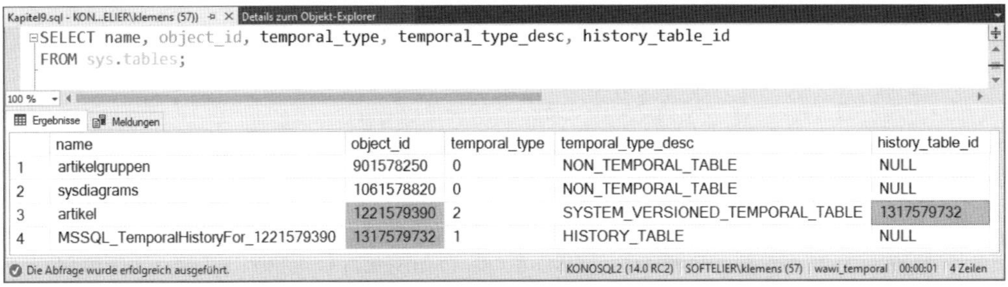

Bild 9.57 Übersicht über Tabelle und temporale Tabelle

Die Struktur der Verlaufstabelle gleicht ihrer temporalen Tabelle. Dies ist einerseits im Objekt-Explorer ersichtlich, kann aber auch über die Systemprozedur *sp_help* angezeigt werden.

```
EXEC dbo.sp_help 'MSSQL_TemporalHistoryFor_1221579390';
```

Enthält die Tabelle auch dieselben Spalten, werden Constraints und Indizes natürlich nicht mit übernommen.

Um Sie nicht zu lange auf die Folter zu spannen, möchte ich Ihnen, bevor wir uns den anderen Arten der Erstellung von temporalen Tabellen widmen, kurz zeigen, wie sich Einträge in diese neue Tabelle verhalten.

Daten in eine temporale Tabelle einfügen

Beim Einfügen von Daten in eine temporale Tabelle müssen Sie berücksichtigen, dass die beiden speziellen Datumsspalten ähnlich einer Identität nicht explizit befüllt werden können. In unserem Beispiel sind dies die beiden Spalten *gueltig_ab* und *gueltig_bis*.

Bei einem INSERT ohne Angabe der Zielspalten können die beiden Spalten nicht wie eine Identitätsspalte – in unserem Beispiel die Spalte *artnr* – ignoriert werden. Sie müssen vielmehr mit dem Standardwert befüllt werden. Dies wird durch das Schlüsselwort DEFAULT bewerkstelligt. Da die beiden Spalten am Ende der Tabelle enthalten sind, endet die VALUES-Klausel mit zweimaligem DEFAULT.

```
INSERT INTO dbo.artikel
VALUES ('Abdeckbänderset 4 tlg.', 'HH', 10.68, 4.27, 21, 19, 1, DEFAULT, DEFAULT);
```

Dasselbe gilt, wenn die Zielspalten in der INSERT-Klausel angeführt werden. Auch dann sind sie mit DEFAULT zu befüllen.

```
INSERT INTO dbo.artikel (bezeichnung, gruppe, vkpreis, ekpreis, mindestbestand, mwst,
aktiv, gueltig_ab, gueltig_bis)
VALUES ('Abflusssieb PVC Rund Hr 4 Stk. Pckg', 'KG', 7.52, 3.01, 11, 19, 1, DEFAULT,
DEFAULT);
```

Sinnvollerweise werden Sie die beiden Spalten wie andere Spalten mit einem Standardwert, der eingefügt werden soll, in der INSERT-Klausel unberücksichtigt lassen.

```
INSERT INTO dbo.artikel (bezeichnung, gruppe, vkpreis, ekpreis, mindestbestand, mwst,
aktiv)
VALUES ('Abfallsack 110 lt', 'HH', 3.16, 1.26, 0, 19, 1);
```

Im Skript zum Kapitel finden Sie diese drei Anweisungen sowie weitere sieben, um so insgesamt zehn Zeilen in die Tabelle einzufügen. Wenn wir die eingefügten Daten mit einem SELECT ausgeben, sehen wir in Bild 9.58, dass die Datumswerte in der Spalte *gueltig_ab* dem Zeitpunkt des Einfügens entsprechen. Die Spalte *gueltig_bis* wird in der temporalen Tabelle stets den Maximalwert des Datentyps, in unserem Fall den 31. Dezember 9999 enthalten. Eine wirkliche Bedeutung wird diese Spalte erst in der Verlaufstabelle bekommen. Nach einer Änderung eines Datensatzes erscheint der vorherige Wert der temporalen Tabelle nun in der Verlaufstabelle, und der Zeitpunkt der Änderung scheint hier in dieser Spalte auf.

	artnr	bezeichnung	gruppe	vkpreis	gueltig_ab	gueltig_bis
1	1001	Abdeckbänderset 4 tlg.	HH	10,68	2017-09-23 19:10:50.808	9999-12-31 23:59:59.999
2	1002	Abflussieb PVC Rund Hr 4 Stk. Packung	KG	7,52	2017-09-23 19:10:53.569	9999-12-31 23:59:59.999
3	1003	Abfallsack 110 lt	HH	3,16	2017-09-23 19:10:58.587	9999-12-31 23:59:59.999
4	1004	Abfallsack 60 lt	HH	2,07	2017-09-23 19:11:07.416	9999-12-31 23:59:59.999
5	1005	Abgiesser	KG	7,52	2017-09-23 19:11:07.416	9999-12-31 23:59:59.999
6	1006	Ausgiesser Gihale 6 Stk. Packung	GE	8,00	2017-09-23 19:11:07.416	9999-12-31 23:59:59.999
7	1007	Aquafit Erstausrüstungs-Set für Schwimi	GA	108,79	2017-09-23 19:11:07.431	9999-12-31 23:59:59.999
8	1008	Alu-Spiralstab 170 cm P60	HH	6,43	2017-09-23 19:11:07.431	9999-12-31 23:59:59.999
9	1009	Alu-Spiralstab 200 cm P60	HH	7,52	2017-09-23 19:11:07.431	9999-12-31 23:59:59.999
10	1010	Abdeckplane für Stahl-Rohrbecken 165x	HW	19,51	2017-09-23 19:11:07.431	9999-12-31 23:59:59.999

Bild 9.58 Temporale Tabelle mit Periodenspalten

Daten in einer temporalen Tabelle ändern

Solange keine einzige Änderung an den Daten in der temporalen Tabelle vorgenommen worden ist, ist die Verlaufstabelle noch leer.

```
SELECT artnr, bezeichnung, gruppe, vkpreis, gueltig_ab, gueltig_bis
FROM MSSQL_TemporalHistoryFor_1221579390';
```

liefert:

```
artnr   bezeichnung                            gruppe vkpreis   gueltig_ab   gueltig_bis
------- -------------------------------------- ------ --------- ------------ ------------
(0 Zeilen betroffen)
```

HINWEIS: In der Praxis werden Sie in der Regel nicht direkt auf die Verlaufstabelle zugreifen, sondern dies indirekt mit speziellen Anweisungsoptionen für die temporale Tabelle tun. Diese Zugriffe in diesem Abschnitt dienen lediglich der Veranschaulichung der Zusammenhänge.

Nun erhöhen wir in unserem Beispiel die Preise der Artikel mit den Nummern 1001 und 1002 jeweils um zwanzig Prozent und runden diese neuen Preise dabei zusätzlich auf zwei Nachkommastellen.

```
UPDATE dbo.artikel
SET vkpreis = ROUND(vkpreis * 1.2, 2)
WHERE artnr IN(1001, 1002);
```

Danach geben wir diese beiden Artikel und zusätzlich noch einen weiteren mit der Artikelnummer 1003 aus.

```
SELECT artnr, bezeichnung, vkpreis, gueltig_ab
FROM dbo.artikel
WHERE artnr IN(1001, 1002, 1003);
```

liefert:

```
artnr   bezeichnung                                vkpreis   gueltig_ab
------- ------------------------------------------ --------- ----------------------
1001    Abdeckbänderset 4 tlg.                     12,82     2017-09-30 10:37:16.9
1002    Abflusssieb PVC Rund Hr 4 Stk. Packung Sb  9,02      2017-09-30 10:37:16.9
1003    Abfallsack 110 lt                          3,16      2017-09-23 19:10:58.5
(3 Zeilen betroffen)
```

Wir sehen im Ergebnis, dass sich für die beiden Zeilen nicht nur der Preis, sondern auch der Wert in der Spalte *gueltig_ab* geändert hat, während er für den dritten Artikel gleich geblieben ist.

Die Verlaufstabelle ist nun nicht mehr leer, sondern enthält vielmehr die alten Werte der beiden geänderten Artikeldatensätze. Aus Platzgründen habe ich die Spalte mit der Artikelbezeichnung bei dieser Ausgabe weggelassen und nur die vier Spalten *artnr, vkpreis* und *gueltig_ab* sowie *gueltig_bis* ausgewählt. Anhand dieser können wir einerseits die Datensätze korrekt identifizieren, und sehen andererseits die vollzogenen Änderungen.

```
SELECT artnr, vkpreis, gueltig_ab, gueltig_bis
FROM MSSQL_TemporalHistoryFor_1221579390';
```

liefert nun:

```
artnr   vkpreis   gueltig_ab              gueltig_bis
------- --------- ----------------------- ----------------------
1001    10,68     2017-09-23 19:10:50.8   2017-09-30 10:37:16.9
1002    7,52      2017-09-23 19:10:53.5   2017-09-30 10:37:16.9
(2 Zeilen betroffen)
```

Neben dem ursprünglichen Preis der beiden Artikel enthält die Spalte *gueltig_ab* in der Verlaufstabelle das Datum, an dem die Datensätze ursprünglich eingefügt worden sind, während in der Spalte *gueltig_bis* der Zeitpunkt der nunmehrigen Preisänderung aufscheint. Damit sehen Sie nun den Sinn in der Namensgebung dieser beiden Spalten, da nun ersichtlich ist, von wann bis wann diese Version der Daten jeweils gültig gewesen ist.

ACHTUNG! Da die Verlaufstabelle vom System befüllt wird, lassen sich keine DML-Anweisungen direkt auf sie ausführen und jegliches INSERT, UPDATE oder DELETE führt zu einem Fehler.

```
DELETE FROM dbo.MSSQL_TemporalHistoryFor_1221579390;
```

liefert:

```
Meldung 13560, Ebene 16, Status 1, Zeile 570
Das Löschen von Zeilen aus einer temporalen Verlaufstabelle "wawi_temporal.dbo.MSSQL_
TemporalHistoryFor_1221579390" ist nicht möglich.
```

Löschen einer temporalen Tabelle

Da wir unserem Beispiel folgend die Artikeltabelle noch in weiteren Varianten als temporale Tabelle erstellen möchten, müssen wir die bereits erstellte zuerst noch einmal löschen. Versuchen wir dies in gewohnter Weise mit einem einfachen DROP TABLE, wird dies aber nicht funktionieren.

```
DROP TABLE dbo.artikel;
```

liefert:

```
Meldung 13552, Ebene 16, Status 1, Zeile 579
Fehler beim Löschen der Tabelle "wawi_temporal.dbo.artikel", weil dies kein
unterstützter Vorgang für temporale Tabellen mit Versionsverwaltung durch das System
ist.
```

Wie bei anderen Objektabhängigkeiten auch, müssen zuerst diese Abhängigkeiten entfernt werden, bevor das Objekt gelöscht werden kann. Sie kennen dies ja vielleicht vom Löschen einer Tabelle, auf die ein Fremdschlüssel verweist oder vom Ändern oder Löschen einer Tabellenspalte, mit der ein anderes Constraint verbunden ist.

Der erste Schritt ist es, die temporale Tabelle wieder in eine normale Tabelle umzuwandeln, indem die systemseitige Versionierung deaktiviert wird. Dies erledigen wir mit folgender ALTER TABLE-Anweisung.

```
ALTER TABLE dbo.artikel SET (SYSTEM_VERSIONING = OFF);
```

Aktualisieren Sie nach dem Ausführen dieser Anweisung die Anzeige in Objekt-Explorer, werden Sie an der Art der Anzeige und den Symbolen erkennen, dass nicht nur die Tabelle *artikel* zu einer normalen Tabelle geworden ist, sondern dasselbe auch mit der Verlaufstabelle geschehen ist.

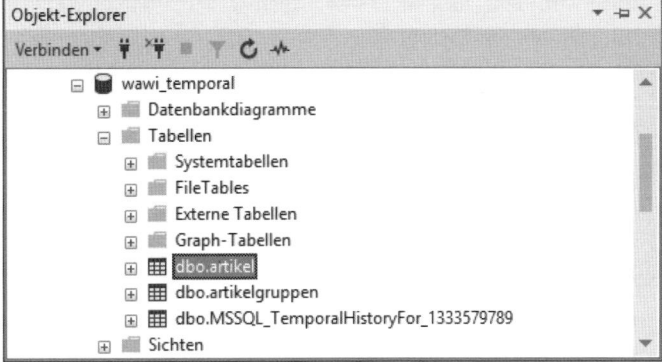

Bild 9.59 Die Tabelle ist nicht mehr temporal.

Nun können beide Tabellen mit DROP TABLE oder auch über das Kontextmenü des Objekt-Explorers wie gewohnt gelöscht werden.

9.3.2.2 Temporale Tabelle mit verborgenen Spalten

Bei der ersten Variante zum Erstellen einer temporalen Tabelle haben wir die beiden speziellen Spalten ROW START und ROW END kennengelernt. Wir haben ihnen die Spaltenbezeichnungen *gueltig_ab* und *gueltig_bis* gegeben. Eine praktische Bedeutung der Spalte ROW END, die ja immer den 31. Dezember 9999 aufweist, ist aus meiner Sicht für den Anwender nicht gegeben. Für ROW START kann man zumindest attestieren, dass der Zeitpunkt, wann ein Datensatz in der vorliegenden Form erstellt worden ist, für manche durchaus einen sinnvollen Informationsgehalt aufweist.

Je nach Dafürhalten können Sie eine oder auch beide Spalten daher auch als verborgen definieren. Dazu ergänzen Sie in der Anweisung beim Erstellen der Tabelle am Ende der Spaltendefinition das Schlüsselwort HIDDEN.

Erstellen wir mit dieser Erweiterung die temporale Tabelle erneut:

```
CREATE TABLE dbo.artikel
( artnr int IDENTITY(1001,1),
  bezeichnung varchar(60) NOT NULL,
  gruppe char(2) NOT NULL,
  vkpreis smallmoney NOT NULL,
  ekpreis smallmoney NOT NULL,
  mindestbestand int,
  mwst tinyint NOT NULL CONSTRAINT df_artikel_mwst DEFAULT 19,
  aktiv bit NOT NULL CONSTRAINT df_artikel_aktiv DEFAULT 1,
  -- *** Speziell für temporale Tabelle ***
  gueltig_ab datetime2 GENERATED ALWAYS AS ROW START HIDDEN NOT NULL,
  gueltig_bis datetime2 GENERATED ALWAYS AS ROW END HIDDEN NOT NULL,
  PERIOD FOR SYSTEM_TIME (gueltig_ab, gueltig_bis),
  -- ************************************
  CONSTRAINT pk_artikel PRIMARY KEY (artnr),
  CONSTRAINT ck_artikel_ekpreis_vkpreis CHECK (ekpreis >= 0 AND vkpreis >= ekpreis),
  CONSTRAINT fk_artikel_artikelgruppen FOREIGN KEY(gruppe)
  REFERENCES dbo.artikelgruppen(artgr)
) WITH (SYSTEM_VERSIONING = ON);
```

Diese beiden Spalten sind nun nicht mehr zu sehen. Sie können weder in einem SELECT angeführt werden, noch werden sie bei der Verwendung von SELECT * ausgegeben. Beim Einfügen von Daten dürfen diese Spalten gleichfalls nicht berücksichtigt werden. Jede Form einer Berücksichtigung führt zu einem Fehler.

Ein INSERT ohne Zielspaltenangabe würde diese Form haben:

```
INSERT INTO dbo.artikel
VALUES ('Abdeckbänderset 4 tlg.', 'HH', 10.68, 4.27, 21, 19, 1);
```

Einfügen von Zeilen mit Zielspaltenangabe würde dermaßen funktionieren:

```
INSERT INTO dbo.artikel (bezeichnung, gruppe, vkpreis, ekpreis, mindestbestand, mwst,
aktiv)
VALUES ('Abflusssieb PVC Rund Hr 4 Stk. Packung Sb', 'KG', 7.52, 3.01, 11, 19, 1),
       ('Abfallsack 110 lt', 'HH', 3.16, 1.26, 0, 19, 1),
       (...
```

In der strukturgleichen Verlaufstabelle werden die beiden Spalten natürlich ausgegeben. Einen Vergleich der Ergebnisse zeigt Bild 9.60, nachdem wieder die Preise von zwei Artikeln mit einem UPDATE geändert worden sind.

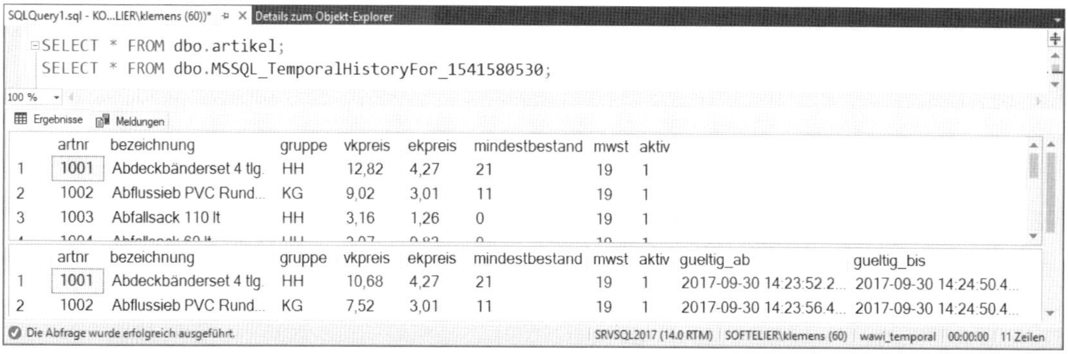

Bild 9.60 Verborgene Spalten in temporaler Tabelle

9.3.2.3 Temporale Tabelle mit Standard-Verlaufstabelle

Gefällt Ihnen die bisher zum Einsatz gekommene Namensgebung für die Verlaufstabelle nicht, können Sie für die Verlaufstabelle auch selber einen Namen festlegen. Der Automatismus beim Erstellen der Verlaufstabelle bleibt davon unangetastet. Beim Aktivieren der Versionierung ergänzen Sie dazu (HISTORY_TABLE = tabellenname). In der nun bereits dritten Version unseres Beispiels vergebe ich für die Verlaufstabelle den Namen *artikel_log*. Wie bei der vorangegangenen Version blende ich die Spalte *gueltig_bis*, die in der temporalen Tabelle ja keine Bedeutung hat, aus. Die Spalte *gueltig_von* blende ich allerding nicht aus, um mit dieser auch direkt in der Tabelle sehen zu können, wann die letzte Änderung beziehungsweise die Anlage erfolgt ist.

```
CREATE TABLE dbo.artikel
(  artnr int IDENTITY(1001,1),
   bezeichnung varchar(60) NOT NULL,
```

```
  gruppe char(2) NOT NULL,
  vkpreis smallmoney NOT NULL,
  ekpreis smallmoney NOT NULL,
  mindestbestand int,
  mwst tinyint NOT NULL CONSTRAINT df_artikel_mwst DEFAULT 19,
  aktiv bit NOT NULL CONSTRAINT df_artikel_aktiv DEFAULT 1,
  -- *** Speziell für temporale Tabelle ***
  gueltig_ab datetime2 GENERATED ALWAYS AS ROW START NOT NULL,
  gueltig_bis datetime2 GENERATED ALWAYS AS ROW END HIDDEN NOT NULL,
  PERIOD FOR SYSTEM_TIME (gueltig_ab, gueltig_bis),
  -- ***********************************
  CONSTRAINT pk_artikel PRIMARY KEY (artnr),
  CONSTRAINT ck_artikel_ekpreis_vkpreis CHECK (ekpreis >= 0 AND vkpreis >= ekpreis),
  CONSTRAINT fk_artikel_artikelgruppen FOREIGN KEY(gruppe)
  REFERENCES dbo.artikelgruppen(artgr)
) WITH (SYSTEM_VERSIONING = ON (HISTORY_TABLE = dbo.artikel_log));
```

Das Ergebnis unterscheidet sich von den bisherigen Varianten lediglich durch den Namen der Verlaufstabelle. Die Anzeige im Objekt-Explorer bleibt von der Struktur her gleich. Auch in der Systemtabelle *sys.tables* ist nach wie vor der Zusammenhang zwischen temporaler Tabelle und Verlaufstabelle über die Objekt-ID der Verlaufstabelle (History-Table) ersichtlich.

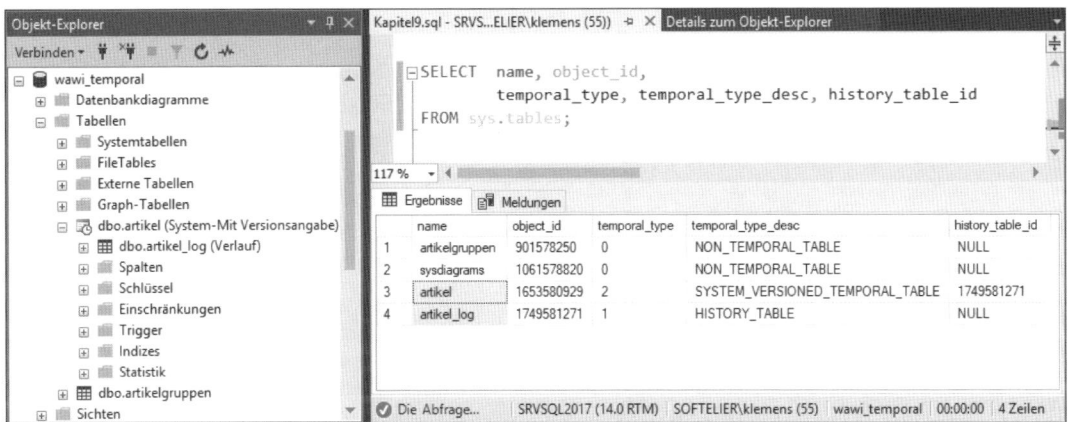

Bild 9.61 Verlaufstabelle mit selbst gewähltem Namen

9.3.2.4 Temporale Tabelle mit benutzerdefinierter Verlaufstabelle

Als vierte Variante erstellen wir die temporale Tabelle mit einer benutzerdefinierten Verlaufstabelle. Dazu wird die Verlaufstabelle schon vorweg erstellt und dann bei der Erstellung der temporalen Tabelle als solche mit angegeben.

 ACHTUNG! Damit diese Tabelle später als Verlaufstabelle zugewiesen werden kann, müssen die Spalten und Datentypen mit der zukünftigen temporalen Tabelle absolut übereinstimmen. Unterschiede in der Struktur würden zu einem Fehler bei der Anlage der temporalen Tabelle führen.

Wenn wir schon die Struktur der Tabelle nicht freier gestalten können, worin liegt dann überhaupt der Vorteil einer benutzerdefinierten Verlaufstabelle? Ich persönlich hätte beispielsweise gerne eine weitere Spalte ergänzt, die den Benutzer, der die Anlage oder Änderung vorgenommen hat, aufnehmen würde. Dies ist aber leider nicht möglich.

Vielmehr geht es dabei darum, Anpassungen vorzunehmen, welche die Datenspeicherung oder Indizierung der Tabelle betreffen und nach der Festlegung als Verlaufstabelle nicht mehr geändert werden können.

Spätestens an dieser Stelle stellt sich die Frage, wie denn die Struktur einer automatisch generierten Verlaufstabelle eigentlich im Detail aussieht:

- Sie Spalten mit ihren Namen und Datentypen entsprechen eins zu eins der temporalen Tabelle.
- Die Verlaufstabelle enthält keine Constraints wie Primärschlüssel, Fremdschlüssel, Check-Constraints oder Defaults.
- Die Verlaufstabelle bekommt einen gruppierten Index, der die beiden Zeitpunktspalten ROW START und ROW END enthält.
- Die Verlaufstabelle wird in derselben Dateigruppe wie die temporale Tabelle erstellt.

Jede davon abweichende Umsetzung, die zu einem späteren Zeitpunkt nicht mehr vorgenommen werden kann, bedarf einer benutzerdefinierten Verlaufstabelle.

 PRAXISTIPP: Da Verlaufstabellen mitunter einigen Speicherplatz belegen können, könnte es bei umfangreicheren Datenbanken durchaus angebracht sein, die Verlaufsdaten in einer eigenen Dateigruppe abzulegen (vergleichen Sie dazu Kapitel 3).

Auch ein anderer gruppierter Index und weitere Indizes können schon im Vorfeld definiert werden. Allerdings muss der Vollständigkeit wegen erwähnt werden, dass diese Anpassungen auch bei einer automatisch generierten Verlaufstabelle nachträglich noch möglich sind.

Für unser Beispiel ergänzen wir in der Datenbank *wawi_temporal* eine weitere Dateigruppe mit dem Namen *HISTORY*. In weiterer Folge erstellen wir in dieser Dateigruppe eine Datendatei mit dem Namen **WAWI_HISTORY.NDF**.

```
ALTER DATABASE wawi_temporal
ADD FILEGROUP HISTORY;
GO

ALTER DATABASE wawi_temporal
ADD FILE ( NAME = 'wawi_history',
           FILENAME = 'F:\Data\wawi_history.ndf',
           SIZE = 131072KB,
           FILEGROWTH = 65536KB)
    TO FILEGROUP HISTORY;
GO
```

Beim Erstellen der zukünftigen Verlaufstabelle geben wir diese Dateigruppe gleich darauf als Ziel an. Zusätzlich habe ich diesmal die Periodenspalten *gueltig_ab* und *gueltig_bis* mit dem Datentyp datetime2(0) versehen, da ich die Nachkommastellen hinter den Sekunden nicht benötige und damit auch Speicherplatz gespart wird.

```
CREATE TABLE dbo.artikel_log
( artnr int NOT NULL,
  bezeichnung varchar(60) NOT NULL,
  gruppe char(2) NOT NULL,
  vkpreis smallmoney NOT NULL,
  ekpreis smallmoney NOT NULL,
  mindestbestand int,
  mwst tinyint NOT NULL,
  aktiv bit NOT NULL,
  gueltig_ab datetime2(0) NOT NULL,
  gueltig_bis datetime2(0) NOT NULL,
) ON HISTORY;
```

In den gruppierten Index möchten wir nun zusätzlich zu den beiden Periodenspalten die Artikelnummer ebenso einbeziehen und legen diese dazu mit folgender Anweisung an:

```
CREATE CLUSTERED INDEX ix_artikel_log_gueltig_artnr
ON dbo.artikel_log (gueltig_ab, gueltig_bis, artnr);
```

Wir indizieren zusätzlich die Spalte mit der Artikelbezeichnung. Damit werden Suchanfragen mit Fragestellungen wie beispielsweise „wann und ob ein Artikel jemals eine Bezeichnung wie XYZ gehabt hat" optimiert.

```
CREATE INDEX ix_artikel_log_bezeichnung ON dbo.artikel_log (bezeichnung);
```

Um gewisse Preisspannen effizienter suchen zu können, wird ein weiterer Index für den Verkaufspreis erstellt.

```
CREATE INDEX ix_artikel_log_vpreis ON dbo.artikel_log (vkpreis);
```

 HINWEIS: Welche Indexform für eine Verlaufstabelle zu bevorzugen ist, hängt von der Art der vorwiegenden Verwendung der Verlaufstabelle ab:

- Steht die Möglichkeit im Vordergrund, die Veränderung von einzelnen Datensätzen bei Bedarf nachvollziehen und damit überwachen zu können, sind klassische Spaltenindizes zu empfehlen.
- Für Analysen im großen Stil mit Gruppierungen und Aggregierungen der Verlaufsdaten wird ein Columstore-Index als primärer und damit gruppierter Index empfohlen.

Ist die Verlaufstabelle einmal erstellt, wird die temporale Tabelle mit der exakt selben Syntax wie im vorhergehenden Beispiel erstellt. Auch hier wird die Anweisung mit der Erweiterung

```
WITH (SYSTEM_VERSIONING = ON (HISTORY_TABLE = dbo.artikel_log));
```

beendet. Der einzige Unterschied besteht darin, dass die Verlaufstabelle neu erstellt wird, wenn noch keine Tabelle mit diesem Namen existiert. Ist eine Tabelle mit dem angegebenen Namen bereits vorhanden, wird diese zur Verlaufstabelle gemacht.

Weicht die Struktur der Tabelle von der zuvor erstellten Verlaufstabelle ab, führt die Anweisung zu einem Fehler. Selbst wenn die Namen der Spalten nicht exakt dieselben sind, lässt sich die Tabelle nicht erstellen. Zum Test habe ich die Spalte *mindestbestand* mit dem Namen *min_best* versehen, was zu folgender Fehlermeldung führt:

```
Meldung 13524, Ebene 16, Status 1, Zeile 747
Fehler beim Festlegen von SYSTEM_VERSIONING auf ON, da die Spalte "mindestbestand"
bei der Ordnungszahl "6" in der Verlaufstabelle "wawi_temporal.dbo.artikel_log" einen
anderen Namen ausweist als die Spalte "min_best" bei der gleichen Ordnungszahl in
Tabelle "wawi_temporal.dbo.artikel".
```

Passt die Struktur, wird die neue temporale Tabelle erstellt und die vorhandene Tabelle als Verlaufstabelle festgelegt. In Bild 9.62 sehen Sie die beiden Tabellen im Objekt-Explorer sowie die Eigenschaften der Verlaufstabelle, aus der die Speicherung in einer anderen Dateigruppe ersichtlich ist.

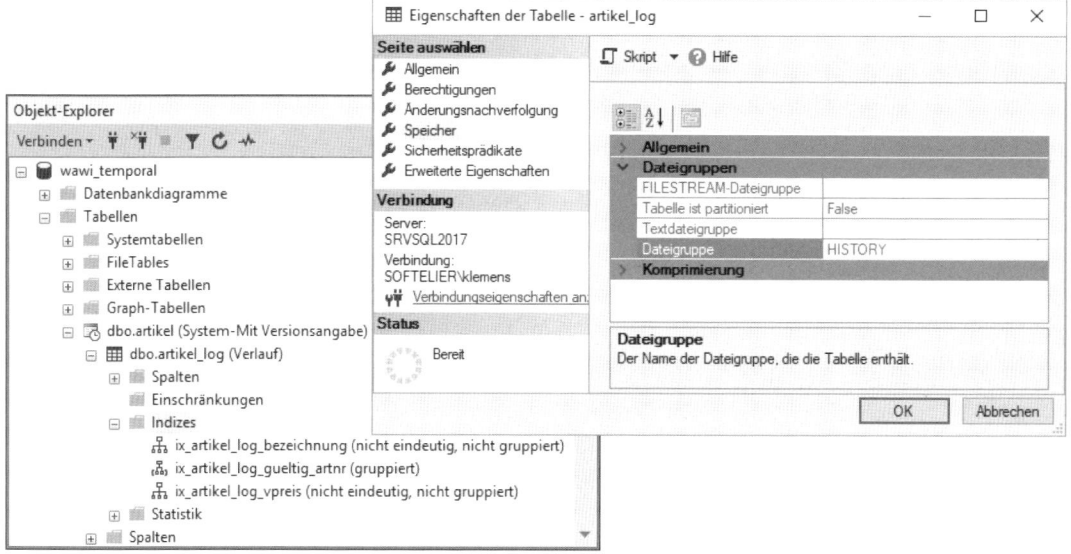

Bild 9.62 Benutzerdefinierte Verlaufstabelle in separater Dateigruppe

9.3.2.5 Bestehende Tabelle zur temporalen Tabelle machen

Sind schon bestehende Lösungen vorhanden, können auch bereits existierende Tabellen nachträglich in temporale Tabellen umgewandelt werden. Dazu müssen lediglich jene Elemente ergänzt werden, die zu einer temporalen Tabelle fehlen. Dies sind die beiden Periodenspalten ROW START und ROW END. Dazu verwenden Sie eine gewöhnliche ALTER TABLE-Anweisung.

Da Perioden immer in UTC-Time angegeben werden, ergänzen Sie entsprechende Standardwerte für diese Spalten. Für ROW START verwenden Sie die Funktion SYSUTCDATETIME(), für ROW END definieren Sie den größten möglichen Wert für den verwendeten datetime2-Datentypen. Wenn Sie wie ich die Nachkomastellen hinter den Sekunden nicht benötigen, verwenden Sie den Ausdruck CAST('99991231 23:59:59' AS datetime2(0)) für 23:59:59 am 31. Dezember 9999.

```
ALTER TABLE dbo.artikel
ADD gueltig_ab datetime2(0) GENERATED ALWAYS AS ROW START NOT NULL
    CONSTRAINT df_artikel_gueltig_ab DEFAULT SYSUTCDATETIME(),
    gueltig_bis datetime2(0) GENERATED ALWAYS AS ROW END HIDDEN NOT NULL
    CONSTRAINT df_artikel_gueltig_bis DEFAULT CAST('99991231 23:59:59' AS
datetime2(0)),
    PERIOD FOR SYSTEM_TIME (gueltig_ab, gueltig_bis);
```

 ACHTUNG! Ab und zu habe ich eine Fehlermeldung beim Ausführen dieser Anweisung bekommen, die besagt, dass Zeitwerte in der Zukunft liegen würden. Beim zweiten Anlauf funktioniert die Anweisung dann aber regelmäßig.

```
Meldung 13542, Ebene 16, Status 0, Zeile 832
Fehler ADD PERIOD FOR SYSTEM_TIME für Tabelle "wawi_temporal.dbo.
artikel", da geöffnete Datensätze vorhanden sind, bei denen der
Start des Zeitraums auf einen Wert in der Zukunft festgelegt ist.
```

Damit sind die Voraussetzungen nun geschaffen und es muss nur mehr die Systemversionierung aktiviert werden. Dies ist ebenso über eine ALTER TABLE-Anweisung zu bewerkstelligen, ähnlich jener, mit der wir vor dem Löschen einer temporalen Tabelle die Systemversionierung deaktiviert haben.

Die Logik gleicht der beim neuen Erstellen einer temporalen Tabelle. Die Verlaufstabelle kann entweder schon vorhanden sein oder mit benutzerdefiniertem oder systemseitig vergebenem Namen erstellt werden.

```
ALTER TABLE dbo.artikel
SET (SYSTEM_VERSIONING = ON (HISTORY_TABLE = dbo.artikel_log));
```

9.3.2.6 Daten aus einer temporalen Tabelle abfragen

Wie bereits erwähnt, müssen Sie die Verlaufstabelle beim Abfragen der Daten nicht selber explizit berücksichtigen, dies geschieht im Hintergrund automatisch. Sie ergänzen dabei lediglich die Erweiterung FOR SYSTEM_TIME in der FROM-Klausel.

Um die unterschiedlichen Varianten besser vergleichen zu können, beschränken wir uns auf die Preisänderungen (*vkpreis*) eines einzelnen Artikels mit der Artikelnummer 1001. Diese lesen wir vorerst aus der temporalen und der Verlaufstabelle selber aus, um diese anzuzeigen. Wir beschränken uns dabei zusätzlich auf die für unser Beispiel relevanten Spalten, um die Ergebnisse übersichtlicher zu halten.

Die Daten aus der temporalen Tabelle erhalten wir mit folgender Anweisung:

```
SELECT artnr, bezeichnung, vkpreis, gueltig_ab, gueltig_bis
FROM dbo.artikel
WHERE artnr = 1001;
```

Die dazugehörigen Einträge aus der Verlaufstabelle bekommen wir mit diesem Statement:

```
SELECT artnr, bezeichnung, vkpreis, gueltig_ab, gueltig_bis
FROM dbo.artikel_log
WHERE artnr = 1001
ORDER BY gueltig_ab;
```

Für die leichtere Nachvollziehbarkeit fügen wir die beiden Teilergebnisse mit UNION ALL zu einem zusammen. Um eine fortlaufende Nummer als Version zu bekommen, verpacken wir das Ganze noch in eine Unterabfrage und verwenden die Funktion ROW_NUMBER() mit der Sortierung nach der Spalte *gueltig_ab*. Aufgrund der bereits definierten Sortierung in der Funktion kann eine Sortierung über die Klausel ORDER BY unterbleiben.

```
SELECT ROW_NUMBER() OVER(ORDER BY gueltig_ab) AS version,
       artnr, bezeichnung, vkpreis, gueltig_ab, gueltig_bis
FROM ( SELECT artnr, bezeichnung, vkpreis, gueltig_ab, gueltig_bis
       FROM dbo.artikel
       WHERE artnr = 1001
       UNION ALL
       SELECT artnr, bezeichnung, vkpreis, gueltig_ab, gueltig_bis
       FROM dbo.artikel_log
       WHERE artnr = 1001) a;
```

Das Ergebnis der Abfrage sehen Sie in Bild 9.63 dargestellt. Die ersten drei Versionen stammen aus der Verlaufstabelle *artikel_log*, die vierte Version stellt den aktuellen Datensatz aus der temporalen Tabelle *artikel* dar. In den folgenden Beispielen werde ich diese Datensätze über ihre Versionsnummer in dieser Übersicht ansprechen. Ziehen Sie also diese Darstellung dazu immer zu Rate.

	version	artnr	bezeichnung	vkpreis	gueltig_ab	gueltig_bis
1	1	1001	Abdeckbänderset 4 tlg.	10,68	2017-10-01 13:19:27	2017-10-01 13:51:06
2	2	1001	Abdeckbänderset 4 tlg.	11,21	2017-10-01 13:51:06	2017-10-03 06:00:01
3	3	1001	Abdeckbänderset 4 tlg.	11,77	2017-10-03 06:00:01	2017-10-05 06:00:01
4	4	1001	Abdeckbänderset 4 tlg.	12,36	2017-10-05 06:00:01	9999-12-31 23:59:59

Bild 9.63 Daten aus temporaler Tabelle und Verlaufstabelle

HINWEIS: Wenn Sie diese Beispiele mit exakt denselben Werten nachstellen möchten, finden Sie die Datenbank *wawi_temporal* in Form eines Backups und auch als Datenfiles bei den Beispieldaten zu diesem Kapitel. Sie können alternativ die Tabellen auch mit dem Beispielskript zu diesem Kapitel selber erzeugen und Änderungen an den Datensätzen zum Generieren von Verlaufsdaten vornehmen, wenn die exakt identen Datumswerte für Ihre Versuche für Sie nicht relevant sind.

Datenstand zu einem bestimmten Zeitpunkt

Um den Zustand der Daten zu einem bestimmten Zeitpunkt abzufragen, verwenden Sie die Anweisung AS OF. Der Datum-Zeitwert ist dabei als UTC-Zeitwert anzugeben. Der SQL Server liefert den für diesen Zeitpunkt gültigen Datensatz, egal ob er aus der Verlaufstabelle stammt oder den aktuell noch immer gültigen Eintrag in der temporalen Tabelle repräsentiert.

Starten wir unsere Versuche mit einem Zeitwert, der vor der Gültigkeit der Version 1 liegt, dem 1. Oktober 2017 um 08:00 Uhr. Um die folgenden Ergebnisse noch übersichtlicher zu gestalten, verzichte ich ab sofort zusätzlich auf die Ausgabe der Spalte *bezeichnung*.

```
SELECT artnr, vkpreis, gueltig_ab, gueltig_bis
FROM dbo.artikel
FOR SYSTEM_TIME AS OF '20171001 08:00:00'
WHERE artnr = 1001;
```

liefert:

```
artnr   vkpreis      gueltig_ab              gueltig_bis
-------  ------------  ----------------------  ----------------------
(0 Zeilen betroffen)
```

Da der betroffene Artikeleintrag zu diesem Zeitpunkt noch gar nicht existiert hat, bekommen wir für diese Anweisung kein Ergebnis.

Die erstmalige Erfassung des Datensatzes ist am 1. Oktober 2017 um 13:19:27 Uhr erfolgt. Verwenden wir nun diesen Zeitpunkt in der Abfrage, bekommen wir die Version 1 mit dem Preis 10,68 € als Ergebnis.

```
SELECT artnr, vkpreis, gueltig_ab, gueltig_bis
FROM dbo.artikel
FOR SYSTEM_TIME AS OF '20171001 13:19:27
WHERE artnr = 1001;
```

liefert:

```
artnr   vkpreis      gueltig_ab              gueltig_bis
-------  ------------  ----------------------  ----------------------
1001    10,68        2017-10-01 13:19:27     2017-10-01 13:51:06
(1 Zeile betroffen)
```

Dasselbe Ergebnis erzielen wir, wenn wir 13:45 verwenden, denn da ist der Preis noch immer gültig gewesen.

Setzten wir beim selben Datum die Uhrzeit auf 13:52, erhalten wir bereits die Version 2 mit dem Preis von 11,21 €.

```
SELECT artnr, vkpreis, gueltig_ab, gueltig_bis
FROM dbo.artikel
FOR SYSTEM_TIME AS OF '20171001 13:52:00'
WHERE artnr = 1001;
```

liefert:

```
artnr    vkpreis      gueltig_ab              gueltig_bis
-------  ------------ ----------------------- -----------------------
1001     11,21        2017-10-01 13:51:06     2017-10-03 06:00:01
(1 Zeile betroffen)
```

Verwenden wir ein Datum ohne die Angabe einer Uhrzeit, wird dieses wie bei Datumswerten üblich als 0:00 interpretiert. Verwenden wir auf diese Weise den 4. Oktober 2017, erhalten wir bereits die dritte Version des Datensatzes.

```
SELECT artnr, vkpreis, gueltig_ab, gueltig_bis
FROM dbo.artikel
FOR SYSTEM_TIME AS OF '20171004
WHERE artnr = 1001;
```

liefert:

```
artnr    vkpreis      gueltig_ab              gueltig_bis
-------  ------------ ----------------------- -----------------------
1001     11,77        2017-10-03 06:00:01     2017-10-05 06:00:01
(1 Zeile betroffen)
```

Verwenden wir den 6. Oktober, erhalten wir mit der Version 4 den aktuellen Datensatz aus der temporalen Tabelle, denn die letzte Änderung ist am 5. Oktober erfolgt.

```
SELECT artnr, vkpreis, gueltig_ab, gueltig_bis
FROM dbo.artikel
FOR SYSTEM_TIME AS OF '20171006
WHERE artnr = 1001;
```

liefert:

```
artnr    vkpreis      gueltig_ab              gueltig_bis
-------  ------------ ----------------------- -----------------------
1001     12,36        2017-10-05 06:00:01     9999-12-31 23:59:59
(1 Zeile betroffen)
```

Zeiträume abfragen

Um den Zustand in einem bestimmten Zeitraum abzufragen, stehen uns drei unterschiedliche, teilweise sehr ähnliche Varianten zur Verfügung. Bei allen drei Varianten wird eine Zeitspanne anhand von zwei Datumswerten definiert.

- CONTAINED IN: Der gesamte Gültigkeitszeitraum muss innerhalb der festgelegten Zeitspanne liegen, damit der Datensatz angezeigt wird.

- BETWEEN...AND: Zumindest einer der beiden Gültigkeitswerte muss in der definierten Zeitspanne liegen, wobei die Grenzwerte jeweils inklusive zu sehen sind.

- FROM...TO: Auf den ersten Blick liefert diese Variante dieselben Resultate wie BETWEEN. Der kleine Unterschied besteht darin, dass der Beginn der Gültigkeit kleiner als der Endwert der erzielten Spanne sein muss. Gleichheit ist hier nicht ausreichend.

Sehen wir uns diese Varianten nun mit ein paar Beispielen an. In der ersten Variante verwenden wir CONTAINED IN mit dem ersten und dem dritten Oktober, jeweils 0:00.

```
SELECT artnr, vkpreis, gueltig_ab, gueltig_bis
FROM dbo.artikel
FOR SYSTEM_TIME CONTAINED IN('20171001', '20171003')
WHERE artnr = 1001;
```

liefert:

```
artnr   vkpreis     gueltig_ab              gueltig_bis
------- ----------- ----------------------- -----------------------
1001    10,68       2017-10-01 13:19:27     2017-10-01 13:51:06
(1 Zeile betroffen)
```

Im Ergebnis ist nur die Version 1 enthalten. Die Gültigkeit der Version 2 beginnt zwar in diesem Zeitraum, aber sie endet erst ein paar Stunden danach. Weiten wir die Zeitspanne exakt auf das Gültigkeitsende der Version 2 aus, ist diese im Ergebnis auch enthalten.

```
SELECT artnr, vkpreis, gueltig_ab, gueltig_bis
FROM dbo.artikel
FOR SYSTEM_TIME CONTAINED IN('20171001', '20171003 06:00:01')
WHERE artnr = 1001
ORDER BY gueltig_ab;
```

liefert:

```
artnr   vkpreis     gueltig_ab              gueltig_bis
------- ----------- ----------------------- -----------------------
1001    10,68       2017-10-01 13:19:27     2017-10-01 13:51:06
1001    11,21       2017-10-01 13:51:06     2017-10-03 06:00:01
(2 Zeilen betroffen)
```

 HINWEIS: Bei der Verwendung von CONTAINED IN führt der SQL Server die Abfrage immer nur auf die Verlaufstabelle aus, weshalb aktuelle Datenbestände per Definition nie im Ergebnis enthalten sind. Werden von vornherein nur historische Daten benötigt, ist diese Variante zu empfehlen, da sie daher auch performanter ist. ∎

Daher erhalten wir, selbst wenn wir als Enddatum den 1. November 2017 einsetzen, den aktuellen Datensatz mit der Version 4 nicht im Ergebnis, auch wenn dieser bereits ab dem 5. Oktober 2017 gültig ist.

```
SELECT artnr, vkpreis, gueltig_ab, gueltig_bis
FROM dbo.artikel
FOR SYSTEM_TIME CONTAINED IN('20171001', '20171101')
WHERE artnr = 1001
ORDER BY gueltig_ab;
```

liefert:

```
artnr    vkpreis      gueltig_ab              gueltig_bis
-------  -----------  ----------------------  ----------------------
1001     10,68        2017-10-01 13:19:27     2017-10-01 13:51:06
1001     11,21        2017-10-01 13:51:06     2017-10-03 06:00:01
1001     11,77        2017-10-03 06:00:01     2017-10-05 06:00:01
(3 Zeilen betroffen)
```

Sie sehen, die aktuelle Version 4 des Datensatzes findet sich im Ergebnis nicht.

Verwenden wir nur BETWEEN, ist es ausreichend, dass entweder der Beginn oder das Ende der Gültigkeit innerhalb des festgelegten Zeitraums liegen. Dazu verwenden wir in der ersten Variante als späteren Grenzwert 13:51:05 am 1. Oktober 2017. Obwohl Version 1 noch eine Minute länger ist, taucht sie im Ergebnis auf.

```
SELECT artnr, vkpreis, gueltig_ab, gueltig_bis
FROM dbo.artikel
FOR SYSTEM_TIME BETWEEN '20171001' AND '20171001 13:51:05'
WHERE artnr = 1001;
```

liefert:

```
artnr    vkpreis      gueltig_ab              gueltig_bis
-------  -----------  ----------------------  ----------------------
1001     10,68        2017-10-01 13:19:27     2017-10-01 13:51:06
(1 Zeile betroffen)
```

Verschieben wir die Gültigkeit eine weitere Minute nach hinten, ist auch Version 2 im Ergebnis enthalten, deren Gültigkeit exakt zu diesem Zeitpunkt beginnt.

```
SELECT artnr, vkpreis, gueltig_ab, gueltig_bis
FROM dbo.artikel
FOR SYSTEM_TIME BETWEEN '20171001' AND '20171001 13:51:06'
WHERE artnr = 1001;
```

liefert:

```
artnr    vkpreis      gueltig_ab              gueltig_bis
-------  -----------  ----------------------  ----------------------
1001     10,68        2017-10-01 13:19:27     2017-10-01 13:51:06
1001     11,21        2017-10-01 13:51:06     2017-10-03 06:00:01
(2 Zeilen betroffen)
```

Verwenden wir nun wie beim letzten Beispiel mit CONTAINED IN als oberen Grenzwert den 1. November, ist hier der aktuelle Wert ebenso enthalten.

```
SELECT artnr, vkpreis, gueltig_ab, gueltig_bis
FROM dbo.artikel
FOR SYSTEM_TIME BETWEEN '20171003' AND '20171101'
WHERE artnr = 1001
ORDER BY gueltig_ab;
```

liefert:

```
artnr   vkpreis     gueltig_ab               gueltig_bis
-------  ----------- ------------------------ ------------------------
1001    11,21       2017-10-01 13:51:06      2017-10-03 06:00:01
1001    11,77       2017-10-03 06:00:01      2017-10-05 06:00:01
1001    12,36       2017-10-05 06:00:01      9999-12-31 23:59:59
(3 Zeilen betroffen)
```

Im Ergebnis sind nun die Versionen 2 und 3 aus der Verlaufstabelle sowie die aktuelle Version 4 enthalten.

Betrachten wir nun noch die dritte Variante im Bunde, FROM...TO. Diese ist dem BETWEEN...AND grundsätzlich sehr ähnlich. Der einzige Unterschied ist, dass Datensätze, deren Gültigkeit exakt zum Zeitpunkt des oberen Grenzwertes beginnt, bei BETWEEN im Ergebnis noch enthalten sind, bei FROM nicht im Ergebnis erscheinen.

```
SELECT artnr, vkpreis, gueltig_ab, gueltig_bis
FROM dbo.artikel
FOR SYSTEM_TIME FROM '20171001' TO '20171001 13:51:06'
WHERE artnr = 1001
ORDER BY gueltig_ab;
```

liefert:

```
artnr   vkpreis     gueltig_ab               gueltig_bis
-------  ----------- ------------------------ ------------------------
1001    10,68       2017-10-01 13:19:27      2017-10-01 13:51:06
(1 Zeile betroffen)
```

Die Version 2, deren Gültigkeit exakt zu diesem Zeitpunkt beginnt, ist nicht enthalten. Erhöhen wir den Zeitpunkt auch nur um eine Zehntelsekunde, ist die Version 2 wieder dabei.

```
SELECT artnr, vkpreis, gueltig_ab, gueltig_bis
FROM dbo.artikel
FOR SYSTEM_TIME FROM '20171001' TO '20171001 13:51:06.1'
WHERE artnr = 1001
ORDER BY gueltig_ab;
```

liefert:

```
artnr   vkpreis     gueltig_ab               gueltig_bis
-------  ----------- ------------------------ ------------------------
1001    10,68       2017-10-01 13:19:27      2017-10-01 13:51:06
1001    11,21       2017-10-01 13:51:06      2017-10-03 06:00:01
(2 Zeilen betroffen)
```

Weitere Beispiele finden Sie im Beispielskript zu diesem Kapitel.

Alle Versionen anzeigen

Um alle Versionen eines bestimmten Datensatzes anzuzeigen, verwenden Sie die Option ALL. Mit dieser einfachen Variante können wir alle Datensätze aus der Verlaufstabelle sowie den aktuellen Datensatz aus der temporalen Tabelle bekommen. Um dieses Ergebnis zu erzielen, haben wir zu Beginn noch ein UNION ALL eingesetzt. Die Verwendung von ALL ist wesentlich kürzer, da die Verlaufstabelle gar nicht mit angegeben werden muss.

```
SELECT artnr, vkpreis, gueltig_ab, gueltig_bis
FROM dbo.artikel
FOR SYSTEM_TIME ALL
WHERE artnr = 1001
ORDER BY gueltig_ab;
```

liefert:

```
artnr   vkpreis      gueltig_ab                gueltig_bis
-------  -----------  ------------------------  ------------------------
1001     10,68        2017-10-01 13:19:27       2017-10-01 13:51:06
1001     11,21        2017-10-01 13:51:06       2017-10-03 06:00:01
1001     11,77        2017-10-03 06:00:01       2017-10-05 06:00:01
1001     12,36        2017-10-05 06:00:01       9999-12-31 23:59:59
(4 Zeilen betroffen)
```

9.3.2.7 Daten auf alten Wert zurücksetzen

Der SQL Server liefert auch eine sehr einfache und elegante Methode, einen aktuellen Wert bei Bedarf auf einen alten Wert zurückzusetzen. Dazu wird das zuvor kennengelernte FOR SYSTEM_TIME AS OF in einer UPDATE-Anweisung eingesetzt.

Geben wir dazu den Preisverlauf für den Artikel mit der Nummer1002 aus.

```
SELECT artnr, vkpreis, gueltig_ab, gueltig_bis
FROM dbo.artikel
FOR SYSTEM_TIME ALL
WHERE artnr = 1002
ORDER BY gueltig_ab;
```

liefert:

```
artnr   vkpreis      gueltig_ab                gueltig_bis
-------  -----------  ------------------------  ------------------------
1002     7,52         2017-10-01 13:19:27       2017-10-02 06:00:01
1002     7,90         2017-10-02 06:00:01       2017-10-04 06:00:00
1002     8,30         2017-10-04 06:00:00       2017-10-06 06:00:00
1002     8,72         2017-10-06 06:00:00       9999-12-31 23:59:59
(4 Zeilen betroffen)
```

Der aktuelle Preis des Artikels beträgt 8,72 € und soll im Beispiel auf den am 3. Oktober gültigen Preis zurückgesetzt werden.

Dazu ist der Name der Tabelle nicht nur in der UPDATE-Klausel anzugeben, sondern das Statement muss um eine entsprechende FROM-Klausel ergänzt werden. In dieser wird die Tabelle ein weiteres Mal mit der Option FOR SYSTEM_TIME AS OF mit einem Datumswert angegeben. Wir verwenden den 3. Oktober ohne die Angabe einer Uhrzeit, also mit 0:00.

```
FROM dbo.artikel
FOR SYSTEM_TIME AS OF '20171003' AS v
```

Da das Statement nicht nur auf den historischen Wert in der Verlaufstabelle zugreifen muss, sondern auch die Zuweisung aus der gleichnamigen Spalte *vkpreis* vornehmen muss, ist es unerlässlich, für die Verlaufstabelle hinter dem Datumswert noch einen Tabellenaliasnamen zu vergeben. Denn nur durch diesen kann bei einem Spaltennamen zwischen der Spalte aus der originalen Tabelle und der gleichnamigen Spalte aus der Verlaufstabelle unterschieden werden. Im Beispiel habe ich den Tabellenaliasnamen *v* für die Verlaufstabelle vergeben.

```
SET vkpreis = v.vkpreis
```

Jenen Spalten, deren Wert zurückgesetzt werden soll, weisen wir den entsprechenden Spalteninhalt der Verlaufstabelle zu. Dazu verwenden wir den definierten Tabellenaliasnamen als Präfix.

Da die Vergabe eines Tabellenaliasnamens für die temporale Tabelle hier nicht funktioniert, müssen wir in der WHERE-Klausel bei der Filterung auf die Artikelnummer den vollen Tabellennamen als Präfix einsetzen.

```
WHERE dbo.artikel.artnr = 1002
```

 ACHTUNG! Ganz wichtig ist es, dass die WHERE-Klausel die Filterung auf beide Tabellen enthält. Nur so ist sichergestellt, dass der korrekte Datensatz aus der Verlaufstabelle herangezogen wird. Daher ergänzen wir dieselbe Filterbedingung für die Verlaufstabelle:

```
AND v.artnr = 1002
```

Daraus ergibt sich nachfolgende Anweisung, um auf den Preis aus der Vergangenheit zurückzusetzen:

```
UPDATE dbo.artikel
SET vkpreis = v.vkpreis
FROM dbo.artikel
FOR SYSTEM_TIME AS OF '20171003' AS v
WHERE dbo.artikel.artnr = 1002
AND v.artnr = 1002;
```

Führen wir nun diese Anweisung aus. Danach lassen wir uns wieder den gesamten Verlauf für diesen Artikel ausgeben und erhalten das nachfolgende Ergebnis:

```
artnr   vkpreis     gueltig_ab              gueltig_bis
-------  ----------  ----------------------  ----------------------
1002    7,52        2017-10-01 13:19:27     2017-10-02 06:00:01
1002    7,90        2017-10-02 06:00:01     2017-10-04 06:00:00
1002    8,30        2017-10-04 06:00:00     2017-10-06 06:00:00
1002    8,72        2017-10-06 06:00:00     2017-10-17 19:43:20
1002    7,90        2017-10-17 19:43:20     9999-12-31 23:59:59
(5 Zeilen betroffen)
```

9.3.2.8 Abfragen mit mitteleuropäischer Zeit

Die Zeitangaben in temporalen und Verlaufstabellen werden in der Standardzeit (UTC) gespeichert. Alle Zeiten, die wir in den vorangegangenen Beispielen gesehen und eingegeben haben, sind in UTC und nicht in unserer Zeit (CET).

Wäre es nicht praktisch, alle Zeitangaben in unserer Zeit vornehmen zu können und auch die Ausgabe in unserer Zeit zu erhalten? Dazu müssten wir lediglich die Inhalte der Periodenspalten auf CET umrechnen und unsere Zeitangabe für die Filterung mit FOR SYSTEM_TIME in UCT umrechnen.

Der SQL Server bietet uns die dazu notwendigen Funktionen. Um auf die jeweilige Zeit umrechnen zu können, benötigen wir das Offset unserer Zeit zu UTC.

 ACHTUNG! Aufgrund der Sommerzeit ist es nicht möglich, die Umrechnung mit einer Stunde fix vorzunehmen. Der Versatz muss mithilfe von Systemfunktionen erfolgen, da diese die Sommerzeit korrekt berücksichtigen können.

Dafür nutzen wir den Datentyp DATETIMEOFFSET, der das Offset zu UTC enthält. Seit dem SQL Server 2016 gibt es eine komfortable Möglichkeit, ein DATETIME in ein DATETIMEOFF-SET zu konvertieren. Dazu wird der Zusatz AT TIME ZONE unter Angabe der Zeitzone nachgestellt.

Sehen Sie die Wirkung anhand eines kleinen Beispiels, das einen Datumswert vom 15. November ausgibt. Über die Funktionen DATEPART und DATENAME kann dieses Offset ausgelesen werden.

```
SELECT CAST('20171115 15:30:00' AS datetime2(0)) AS cet,
       CAST('20171115 15:30:00' AS datetime2(0)) AT TIME ZONE 'Central European
Standard Time' AS cet_offset,
       DATEPART(tz, CAST('20171115 15:30:00' AS datetime2(0)) AT TIME ZONE 'Central
European Standard Time') AS minuten,
       DATENAME(tz, CAST('20171115 15:30:00' AS datetime2(0)) AT TIME ZONE 'Central
European Standard Time') AS offset;
```

liefert:

```
cet                   cet_offset                    minuten       offset
--------------------  ----------------------------  -----------   -----------
2017-11-15 15:30:00   2017-11-15 15:30:00 +01:00    60            +01:00
```

Verwenden wir für dasselbe Beispiel den 15. August, der ja mitten in der Sommerzeit liegt, macht der Versatz 2 Stunden aus:

```
cet                   cet_offset                    minuten       offset
--------------------  ----------------------------  -----------   -----------
2017-08-15 15:30:00   2017-08-15 15:30:00 +02:00    120           +02:00
```

Die Spalte *minuten* in unserer Ausgabe enthält den Wert, den wir für die Berechnung in unserem Beispiel benötigen. Für ein einfacheres Handling packen wir die Berechnungen in zwei benutzerdefinierte Funktionen. Für die Umrechnung von UTC auf CET erstellen wir die Funktion *dbo.fn_cet*. In dieser wird das Offset in Minuten ausgelesen und dann zur übergebenen Uhrzeit ergänzt. Da dies beim Enddatum der temporalen Tabellen zu einem Überlauf führen würde, habe ich die Ausnahme ergänzt, dass nur Datumswerte vor 9999 berücksichtigt werden.

```
CREATE FUNCTION dbo.fn_cet(@zeit datetime2(0))
RETURNS datetime2(0)
AS
BEGIN
    IF @zeit < '99990101'
    BEGIN
        DECLARE @zone varchar(50) = 'Central European Standard Time'
        DECLARE @offset int = DATEPART(tz, SYSDATETIME() AT TIME ZONE @zone);
        SET @zeit = DATEADD(minute, @offset, @zeit)
    END;
RETURN @zeit;
END;
```

Für die Umrechnung von CET auf UTC erstellen wir die zweite Funktion *dbo.fn_utc*.

```
CREATE FUNCTION dbo.fn_utc(@zeit datetime2(0))
RETURNS datetime2(0)
AS
BEGIN
    DECLARE @zone varchar(50) = 'Central European Standard Time'
    DECLARE @offset int = DATEPART(tz, SYSDATETIME() AT TIME ZONE @zone);
    SET @zeit = DATEADD(minute, @offset * -1, @zeit);
RETURN @zeit;
END;
```

Diese Funktionen können wir nun verwenden, um die Periodenwerte in CET auszugeben und andererseits um die Zeitwerte für die Filterungen bei Bedarf in CET einzugeben.

Das erste Beispiel gibt die Uhrzeit nun in CET aus.

```
SELECT artnr, vkpreis,
       dbo.fn_cet(gueltig_ab) AS gueltig_ab,
       dbo.fn_cet(gueltig_bis) AS gueltig_bis
FROM dbo.artikel
FOR SYSTEM_TIME ALL
WHERE artnr = 1001
ORDER BY gueltig_ab;
```

liefert:

```
artnr   vkpreis   gueltig_ab               gueltig_bis
-------  --------- -----------------------  -----------------------
1001    10,68     2017-10-01 14:19:27      2017-10-01 14:51:06
1001    11,21     2017-10-01 14:51:06      2017-10-03 07:00:01
1001    11,77     2017-10-03 07:00:01      2017-10-05 07:00:01
1001    12,36     2017-10-05 07:00:01      9999-12-31 23:59:59
(4 Zeilen betroffen)
```

Für die Angabe von Zeitpunkten in FOR SYSTEM_TIME kann nur ein fixer Wert oder eine Variable verwendet werden, ein Ausdruck ist nicht möglich. Daher verwenden wir an dieser Stelle eine Variable.

```
DECLARE @zeit datetime2(0) = dbo.fn_utc('20171003 07:00:00');

SELECT artnr, vkpreis,
       dbo.fn_cet(gueltig_ab) AS gueltig_ab,
       dbo.fn_cet(gueltig_bis) AS gueltig_bis
FROM dbo.artikel
FOR SYSTEM_TIME AS OF @zeit
WHERE artnr = 1001;
```

Auf diese Weise können wir Zeitwerte in „unserer" Zeit eingeben, im Beispiel wird diese Zeit von 07:00 auf 06:00 in UTC umgerechnet und in der Anweisung verwendet. Der große Vorteil liegt außerdem in der korrekten Behandlung von Sommer- und Normalzeit.

 HINWEIS: Im Beispielskript zum Kapitel sind noch ein paar weitere Anweisungen zum Testen der gezeigten Methoden enthalten.

9.3.2.9 Temporale Tabelle zur normalen Tabelle machen

Möchten Sie eine temporale Tabelle wieder zu einer ganz normalen Tabelle machen, gehen Sie so vor, wie wir es bereits beim Löschen der Tabelle im Vorfeld getan haben, um jeweils eine neue Version umzusetzen. Der Unterschied ist diesmal, dass wir die Tabelle nicht ganz löschen möchten, sondern nur die Elemente der Systemversionierung entfernen wollen, damit wir die Tabelle als solche erhalten.

Deaktivieren Sie im ersten Schritt die Systemversionierung.

```
ALTER TABLE dbo.artikel SET (SYSTEM_VERSIONING = OFF);
```

Nachdem die Systemversionierung deaktiviert worden ist, kann die Periodisierung gelöscht werden.

```
ALTER TABLE dbo.artikel
DROP PERIOD FOR SYSTEM_TIME;
```

Da die Periodenspalten auch nicht mehr benötigt werden, sollen diese auch gelöscht werden.

```
ALTER TABLE dbo.artikel
DROP COLUMN gueltig_bis;
```

Allerdings führt dies zu einem Fehler, da die entsprechenden Standardwerte noch vorhanden sind:

```
Meldung 5074, Ebene 16, Status 1, Zeile 1146
Objekt "df_artikel_gueltig_bis" ist von Spalte "gueltig_bis" abhängig.
Meldung 4922, Ebene 16, Status 9, Zeile 1146
Fehler bei ALTER TABLE DROP COLUMN gueltig_bis, da mindestens ein Objekt auf diese
Spalte zugreift.
```

Den Namen des entsprechenden Default-Constraints benötigen Sie, um es zu löschen. Sofern Sie ihn nicht bei der Erstellung selber angegeben haben, können Sie ihn aus der Fehlermeldung entnehmen.

```
ALTER TABLE dbo.artikel DROP CONSTRAINT df_artikel_gueltig_bis;
ALTER TABLE dbo.artikel DROP COLUMN gueltig_bis;

ALTER TABLE dbo.artikel DROP CONSTRAINT df_artikel_gueltig_ab;
ALTER TABLE dbo.artikel DROP COLUMN gueltig_ab;
```

Nun ist die Tabelle *artikel* wieder eine ganz normale Tabelle.

Wenn Sie möchten, können Sie abschließend noch die ehemalige Verlaufstabelle löschen.

```
DROP TABLE dbo.artikel_log;
```

9.3.2.10 Welche Lösungsvariante soll ich verwenden?

Ich persönlich empfinde die Verwendung von temporalen Tabellen als grandiose Lösung. Im Vergleich zu Change Data Capture ist es aus meiner Sicht wesentlich einfacher und logischer in der Implementierung und vor allem in der Handhabung.

Für Change Data Capture spricht in erster Linie, dass Informationen aus dem Transaktionsprotokoll genutzt werden.

Für temporale Tabellen spricht die einfache und logische Form der Handhabung. Die Implementierung ist ohne jeglichen Programmieraufwand möglich. Vor allem das Abfragen der historischen Daten ist sehr elegant möglich, ohne überhaupt auf die Historientabelle explizit eingehen zu müssen.

Für die Implementierung über Trigger spricht nach wie vor die Flexibilität in der Umsetzung. Es lassen sich in der Historie zusätzliche Informationen wie zum Beispiel der Ort der Änderung (Rechner) oder der ausführende Benutzernamen für weitere Nachforschungen ergänzen. Der Aufwand in der Implementierung ist allerdings höher. Ob dieser Mehraufwand für das Mehr an erzielbaren Informationen gerechtfertigt ist, muss im Einzelfall entschieden werden.

Generell sollten Sie bei Änderungsprotokollierung den Speicherplatzbedarf für die Historiendaten berücksichtigen und bei Bedarf auf zusätzliche Datendateien in eigens dafür vorgesehenen Dateigruppen zurückgreifen. Diese können damit auch auf separaten Datenträgern ausgelagert werden.

■ 9.4 Mit mehreren Instanzen arbeiten

Clients den Zugriff auf den Server zu gewähren, zählt zu den Verwaltungsaufgaben, die Datenbankadministratoren zu erledigen haben. Ich habe mir lange überlegt, ob die Informationen, die ich Ihnen in diesem Abschnitt gebe, besser in Kapitel 1 bei der Installation des SQL Servers aufgehoben wären. Ich habe mich letztendlich für diese Stelle hier entschieden, da das erste Kapitel als Einleitungskapitel vor allem für Einsteiger einfach gestaltet sein sollte. Und da es in diesem Kapitel um verwaltende Tätigkeiten geht, passt es hier auch ganz gut dazu.

9.4.1 Standardinstanzen und benannte Instanzen

Bei der Installation einer SQL Server-Instanz haben Sie die Wahl, eine Standardinstanz oder eine benannte Instanz zu installieren. Da Sie auf einem Server nur eine einzige Standardinstanz installieren können, haben Sie die Wahl natürlich nur, solange noch keine derartige Instanz auf der Servermaschine installiert ist. Wir haben gelernt, dass wir uns mit Standardinstanzen über den Namen des Servers oder die IP-Adresse verbinden können. Wir haben bisher bei unseren Beispielen immer die Standardinstanz *SRVSQL2017* verwendet.

Möchten wir eine weitere Instanz auf einem Server installieren, müssen wir dieser einen für den Server eindeutigen Instanznamen geben. Dieser muss von Clients beim Herstellen der Verbindung mit dem SQL Server hinter dem Servernamen angegeben werden. Ich habe auf meinem Server bereits eine zweite Instanz mit dem Instanznamen *PROD* installiert. Um mich mit dieser Instanz zu verbinden, muss diese Eingabe verwendet werden: *SRVSQL2017\PROD*. Sie können generell auch Kleinbuchstaben verwenden, dies macht hier keinen Unterschied.

Bei der Installation eines SQL Servers werden bereits installierte Instanzen und Komponenten im Dialog angezeigt, wie in Bild 9.64 zu sehen. Standardinstanzen sind an dem Instanznamen *MSSQLSERVER* zu erkennen. Neben dieser wird auch die erwähnte Instanz *PROD* angezeigt. Es können auch mehrere Instanzen unterschiedlicher Version installiert werden. Die jeweilige Version ist in der letzten Spalte der Instanzübersicht zu sehen. Mit der Eingabe von Bild 9.64 würde eine neue benannte Instanz mit dem Instanznamen *DEV* installiert werden. Express-Editionen werden per Standardvorgabe mit dem Instanznamen *SQLExpress* installiert, wenn Sie dies an dieser Stelle des Setups nicht ändern.

PRAXISTIPP! Da sich die Instanzen die Ressourcen der Maschine, auf der Sie installiert sind, teilen, sollten Sie sich immer gut überlegen, ob Sie mehrere Instanzen einsetzen möchten. Da eine Instanz der Express Edition aber nur maximal 1 GB RAM nutzen kann, kann es Sinn machen, mehrere dieser Instanzen auf einer Maschine zu installieren, um die vorhandenen Ressourcen besser ausnützen zu können.

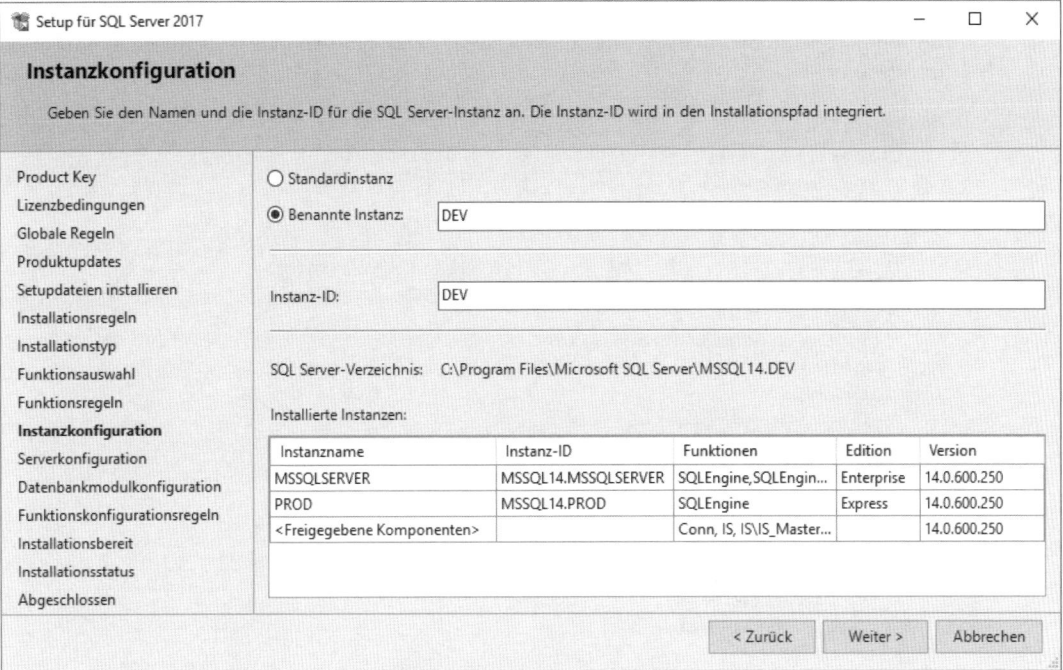

Bild 9.64 Instanzkonfiguration mit Anzeige vorhandener Instanzen

Nicht jede Instanz installiert alle Komponenten erneut auf einer Maschine. Besonders Client-Komponenten werden nur einmal installiert und gemeinsam genutzt. Sie erkennen während der Installation, welche Features separat installiert werden und welche nicht. Alle, die im Setup-Dialog bei der Funktionsauswahl unter *Instanzfunktionen* angeführt sind, werden für jede Instanz separat installiert. Zu diesen Funktionen gehören:

- *Database Engine Services*: Das eigentliche Datenbanksystem mit seinen optionalen Subkomponenten
    - *SQL Server-Replikation* für verteilte Datenbanken
    - *Volltextsuche* und *semantische Suche*
    - *Data Quality Services*
    - *Machine Learning-Dienste (datenbankintern) – R/Python*
    - *PolyBase-Abfragedienst für externe Daten*
    - *Volltext- und semantische Extraktion für die Suche*
- *Analysis Services*: Die Haupt-Serverkomponenten für Business Intelligence wie beispielsweise Data Warehouses.
- *Reporting Services – systemeigen*: Der Berichtsserver kann neben der klassischen Variante auch in Share Point integriert werden. Erstere Variante ist eine Instanzfunktion, jene für SharePoint hingegen nicht.

Freigegebene Funktionen werden von mehreren Instanzen gemeinsam genutzt und daher nur einmal installiert. Installieren Sie eine neuere Version, werden diese jeweils auf die jüngste aktualisiert.

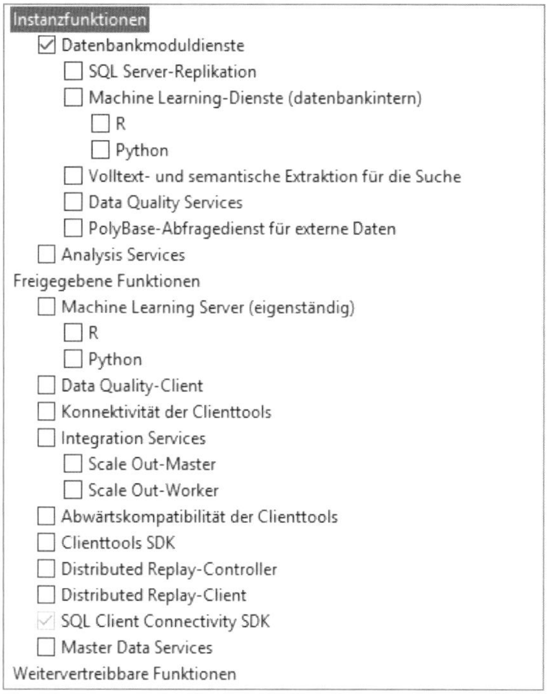

Bild 9.65 Instanz- und freigegebene Funktionen beim Setup

Umsteigern von Vorversionen werden beim SQL Server 2016 und 2017 bei den freigegebenen Funktionen vor allem die *Verwaltungstools* abgehen. Diese sind ja nun separat über ein eigenes Installationspaket zu installieren und im Server-Setup nicht mehr enthalten.

9.4.2 Zugriff auf Instanzen steuern

Sind mehrere Instanzen auf einer Maschine vorhanden, sind von administrativer Seite noch ein paar Vorarbeiten möglich, bevor sich Benutzer mit diesen verbinden können. Nach der Installation der neuen Instanz *PROD* kann ich zwar lokal, aber vorerst nicht remote auf diese zugreifen. Vielleicht erinnern Sie sich noch, dass wir in Kapitel 1 nach der Installation noch entsprechende Firewallregeln eintragen mussten. Aber welche eingehenden Regeln müssen wir auf dem Server noch anlegen?

Bei der Installation der ersten Instanz wird für diese für TCP/IP automatisch der Port 1433 vergeben. Da mehrere Instanzen nicht denselben Port verwenden können, wird für weitere Instanzen ein dynamischer Port beim Starten des Dienstes zugewiesen. Dieser Port ändert sich daher bei einem Neustart des Dienstes regelmäßig. Damit sich Clients mit einer solchen Instanz verbinden können, müssen sie von einem eigenen Dienst die Information bekommen, welchen Port sie dabei verwenden können. Dieser Dienst ist der *SQL Server-Browser*. Da dieser Dienst nicht benötigt wird, wenn nur eine Instanz auf einem Server installiert ist, wird er bei der Installation der ersten Instanz als Standardvorgabe deaktiviert. Bei der Installation der zweiten Instanz erkennt dies das Installationsprogramm und aktiviert ihn. Dies müssen wir daher schon einmal nicht selber erledigen.

Der SQL Server-Browser ist dafür verantwortlich, dass wir uns lokal auf dem Server bereits erfolgreich an der neuen benannten Instanz anmelden können. Beim Starten des Dienstes scannt dieser die lokalen Instanzen und deren Ports und leitet diese Informationen an die anfragenden Clients weiter. Die Clientbibliotheken, die den Zugriff auf den SQL Server herstellen, „wissen" gleichsam, wie Sie mit dem SQL Server-Browser kommunizieren müssen. Daher müssen wir uns als Endanwender nicht darum kümmern.

 HINWEIS: Dynamische Ports und Firewall sind zwei Dinge, die sich überhaupt nicht miteinander vertragen. Daher müssen wir der neuen Instanz einen fixen Port zuweisen, bevor wir die Firewall noch entsprechend konfigurieren.

Um den statischen Port für die neue Instanz zu vergeben, öffnen Sie den SQL Server-Konfigurations-Manager und wählen unter *SQL Server-Netzwerkkonfiguration* die gewünschte Instanz aus. Öffnen Sie danach die Eigenschaften für das Protokoll TCP/IP über das Kontextmenü. Tragen Sie den neuen Port in die jeweils dafür vorgesehenen Zeilen ein.

 ACHTUNG! In Bild 9.66 sehen Sie außerdem den im Moment dynamisch für den Dienst vergebenen Port, da er zurzeit gestartet ist. Löschen Sie diesen unbedingt heraus, dieses Eingabefeld muss bei der Verwendung eines fixen Ports leer sein.

Ich habe hier im Beispiel zum Scherz den Port 1522 vergeben. Dieser ist eigentlich der Standardport für Oracle-Datenbanken. Daher verwende ich ihn ausschließlich hier in meiner Testumgebung, bitte verwenden Sie in einer Produktivumgebung einen anderen Port in Absprache mit Ihrem Netzwerkadministrator.

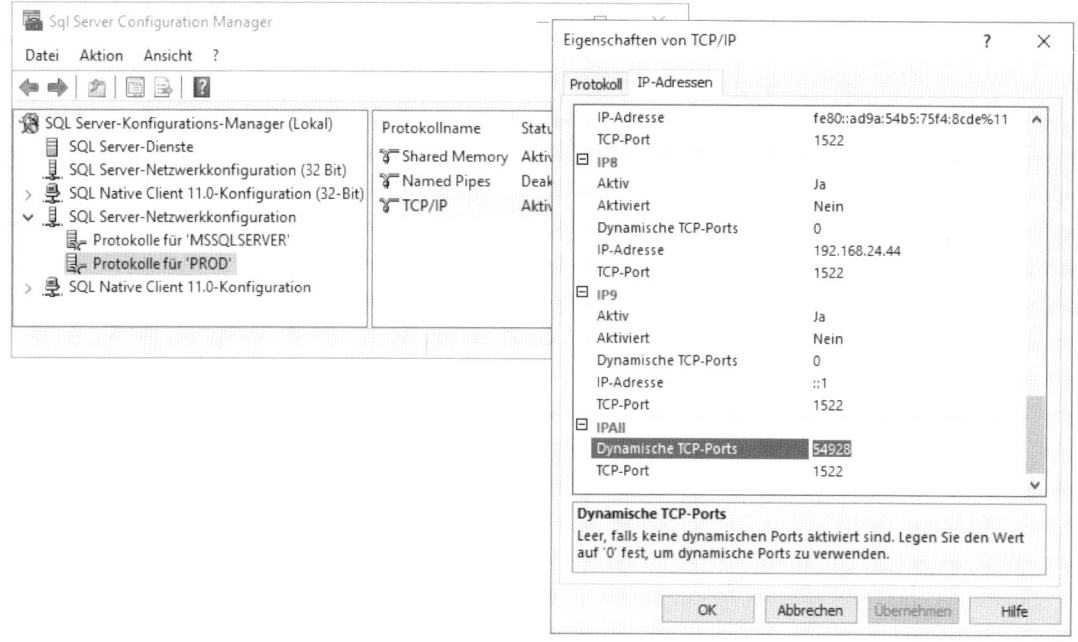

Bild 9.66 Port über Konfigurations-Manager anpassen

Nach der Einstellung des neuen Ports müssen Sie den Serverdienst neu starten, damit diese Änderungen auch aktiv werden.

Der SQL Server-Browser selber lauscht für TCP/IP auf dem Port UDP 1434. Er nimmt die Anfragen entgegen und verteilt Sie an die entsprechenden Instanzen. Daher benötigen wir in der Windows-Firewall neben der Regel für den Port 1433 noch zwei weitere eingehende Regeln:

- Port UDP 1434 für den SQL Server-Browser
- Den für die Instanz festgelegten Port, in unserem Beispiel den Port TCP 1522 für die Instanz PROD

Ob Sie für jeden Port eigene Regeln festlegen oder mehrere zusammenfassen, bleibt Ihrer internen Organisation überlassen.

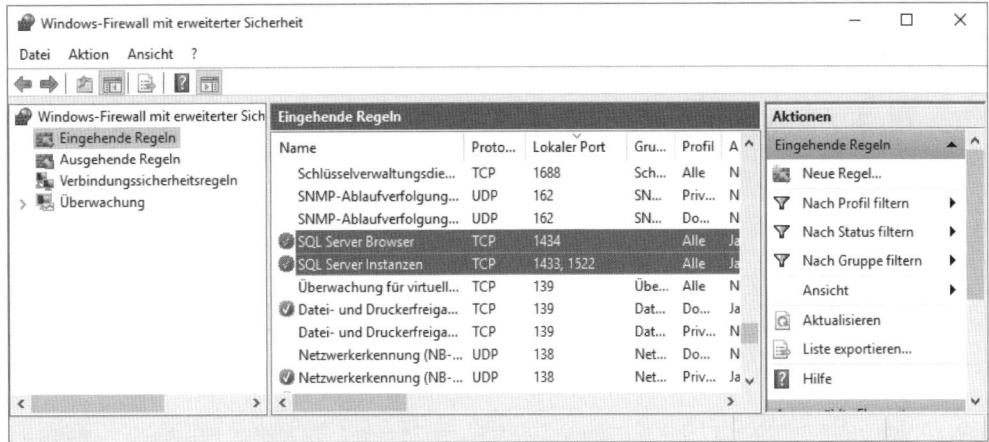

Bild 9.67 Firewallregeln für SQL Server und SQL Server-Browser

Ohne den SQL Server-Browser ist kein Zugriff auf benannte Instanzen, die nicht mit dem Standardport 1433 konfiguriert sind, ohne die Angabe des Ports möglich. Der Port oder das Protokoll können beim Anmelden mit angegeben werden. Um mit dem Management Studio sich explizit über das Protokoll TCP/IP oder Named Pipes anzumelden, setzen Sie vor dem Namen des Servers entweder *tcp:* oder *np:*. Voraussetzung ist natürlich, dass das entsprechende Protokoll für den Serverdienst auch aktiviert ist. Wenn Sie bei der Verbindung das Protokoll explizit angeben, benötigen Sie den SQL Server-Browser nicht. Außer in Spezialanwendungen wird dies aber nicht zweckmäßig sein. Der zu verwendende Port ist nach dem Servernamen mit einem Komma getrennt einzugeben. Sie sehen dies in Bild 9.68 für die Anmeldung mit dem Management Studio und SQLCmd. Wichtig ist, dass bei der Anmeldung mit SQLCmd vor und nach dem Komma, das vor dem Port angegeben wird, kein Leerzeichen eingegeben wird. Beim Management Studio spielt dies keine Rolle.

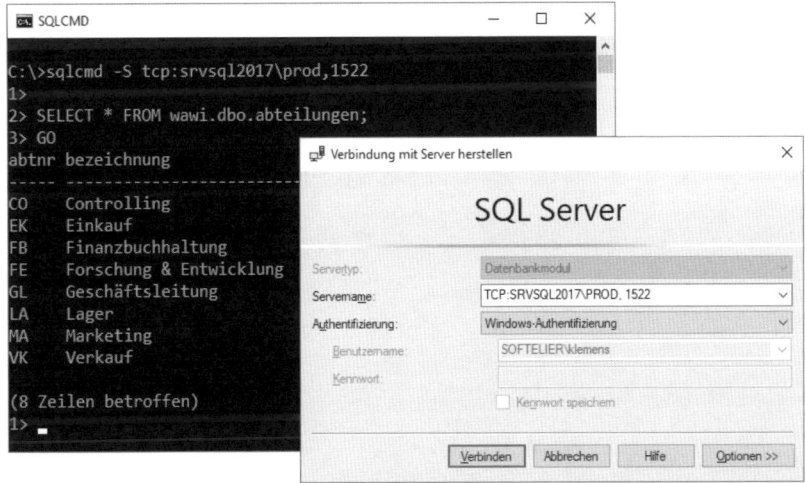

Bild 9.68 Verbinden mit Protokoll- und Portangabe

Wenn Sie nur den Port angeben, erfolgt die Verbindung analog, da das Protokoll ja nur optional angegeben werden muss.

 ACHTUNG! Achten Sie darauf, dass das angegebene Protokoll bei der Verbindung vor dem Instanznamen steht. Auch steht der Port vor dem Namen der benannten Instanz. Verwenden wir mit unserer aktuellen Serverkonfiguration beispielsweise *TCP:SRVSQL2017\PROD,1433* für den Verbindungsaufbau, schlägt die Verbindung nicht, wie vielleicht erwartet, fehl. Sofern die Anmeldeinformationen analog passend sind, werden wir mit der auf Port 1433 konfigurierten Standardinstanz und nicht mit der auf Port 1522 konfigurierten benannten Instanz *PROD* verbunden.

Um von einer dieser beiden Instanzen direkt mit SQL auf die andere zugreifen zu können, benötigen Sie einen *Verbindungsserver* (*Linked Server*). Wie Sie einen solchen einrichten und was bei der Vergabe der Berechtigungen dabei zu berücksichtigen ist, lesen Sie im folgenden Kapitel.

10

Sicherheit und Zugriffsberechtigungen

Meist ist der Grund für den Einsatz einer Client-Server-Datenbank, dass die Anzahl der Benutzer steigt. Auch das Größenwachstum der Datenbank und die zunehmende Wichtigkeit der gespeicherten Daten führen häufig zum Einsatz von Server-Datenbanken. Als Argument hierfür wird oft die Sicherheit der Daten ins Spiel gebracht. Doch Datensicherheit beschränkt sich nicht darauf, dass die Datenbank im Falle eines Ausfalls restlos wiederhergestellt werden kann. Oftmals sind es Benutzer, die erhebliche Schäden verursachen. Dabei sind oft nicht einmal böswillige Absichten der Grund – auch wenn diese nicht außer Acht gelassen werden sollten –, sondern viel öfter ist Fehlbedienung die Ursache für beschädigte Datenbestände.

Um solchen Problemen vorzubeugen, bietet der SQL Server Möglichkeiten, durch gezielte Rechtevergabe den einzelnen Benutzern innerhalb der Datenbank nur diejenigen Möglichkeiten zu eröffnen, die sie für ihre Arbeit benötigen.

 HINWEIS: Die in diesem Kapitel beschriebenen Funktionalitäten stehen gleichermaßen bei der Express Edition wie bei den anderen Editionen zur Verfügung.

Sie erfahren im Folgenden, wie das Berechtigungssystem des SQL Servers aufgebaut ist und aus welchen Komponenten es besteht. Sie lernen den Weg von der Anmeldung am Server bis zum Zugriff auf die Daten kennen.

■ 10.1 Authentifizierungsmodi – Anmeldungen und Benutzer

SQL Server unterstützt zwei Authentifizierungsmodi, um einen Zugriff auf den Server zu gewähren:

- Windows-Authentifizierung
- SQL Server-Authentifizierung

Je nach Modus werden dabei Windows-Benutzerkonten oder direkt auf dem SQL Server eingerichtete Konten verwendet.

 HINWEIS: Bei SQL Server wird bereits beim Setup festgelegt, ob nur die *Windows-Authentifizierung* oder die *Windows-Authentifizierung und SQL Server-Authentifizierung* verfügbar sein soll. Letztere wird auch als *Gemischter Modus* bezeichnet. Sie können diese Einstellung im Bedarfsfall ändern. Wählen Sie dazu im Objekt-Explorer des Management Studios den gewünschten Server aus. Öffnen Sie im Kontextmenü mittels des Befehls EIGENSCHAFTEN den Dialog *Servereigenschaften*. Auf der Seite *Sicherheit* können Sie dann diese Einstellung ändern.

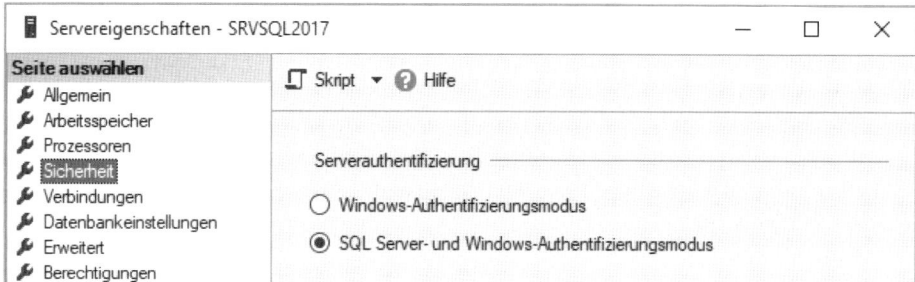

Bild 10.1 Serverauthentifizierung anzeigen und einstellen

 ACHTUNG! Beachten Sie, dass bei einer Änderung dieser Einstellung der Serverdienst neu gestartet werden muss. Erst danach ist eine Änderung wirksam.

Diese Einstellung wird in der Registry über die erweiterte Systemprozedur *xp_instance_regwrite* vorgenommen. Der *LoginMode* ist unter dem Registry-Schlüssel *HKEY_LOCAL_MACHINE\SOFTWARE\Microsoft\Microsoft SQL Server\INSTANZNAME\MSSQLServer* zu finden. Der Wert 1 steht für die Windows-Authentifizierung; 2 für den gemischten Modus. Der vorletzte Teil des Schlüssels entspricht dem Namen der installierten Instanz. Bei einer SQL Server 2017-Standardinstanz ist zum Beispiel *MSSQL14.MSSQLSERVER* an dieser Position zu finden. Sie können die Einstellung auch direkt hier im Registrierungs-Editor vornehmen. Damit können Sie den Authentifizierungsmodus auf einem Server ändern, wenn einmal kein grafisches Werkzeug zu Verfügung steht. Es kann auch nötig sein, dass Sie den Modus zum Wiedereinrichten eines verlorenen Administratorzugriffs ändern müssen und dies eben mangels Zugriff über die SQL Server Tools nur auf diesem Wege möglich ist. Zu einem diesbezüglichen Beispiel kommen wir noch später in diesem Kapitel.

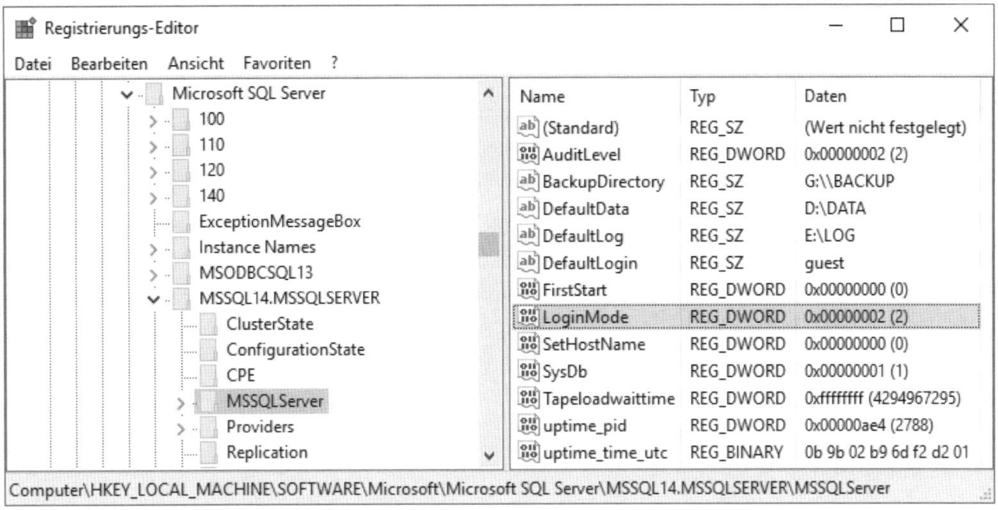

Bild 10.2 Serverauthentifizierung in der Registry

10.1.1 Windows-Authentifizierung

Bei der Windows-Authentifizierung übernimmt der SQL Server den Login von der Domänenanmeldung. Der Anwender muss daher kein separates Kennwort eingeben, wenn er auf den Datenbankserver zugreifen möchte. Die Anmeldung an der Betriebssystemdomäne reicht aus. Dies bedeutet jedoch nicht, dass jeder Benutzer, der sich an der Domäne des Betriebssystems anmelden kann, zugleich auch bereits Zugriff auf den Datenbankserver hat. Der Datenbankadministrator muss einem Betriebssystemkonto explizit das Zugriffsrecht auf den Datenbankserver gewähren.

> **PRAXISTIPP:** Mittels der Windows-Authentifizierung kann nicht nur einem Domänenbenutzerkonto, sondern auch einem Gruppenkonto der Zugriff auf eine Datenbank gewährt werden. Dies kann in einfachen Anwendungsfällen, bei denen keine besondere Differenzierung der Anwender notwendig ist, die Administration vereinfachen. Zugleich ist dies der einzige Fall, bei dem ein Domänenkonto quasi automatisch Zugriffsberechtigungen auf einen SQL Server bekommt. Ist eine Gruppe einmal autorisiert worden, bekommen auch alle später im Active Directory angelegten Konten, welche die Mitgliedschaft in dieser Gruppe erhalten, sofort Zugriff auf den SQL Server.

10.1.2 Gemischter Modus

Der gemischte Modus verwendet sowohl die Windows-Authentifizierung als auch die SQL Server-Authentifizierung. Besitzt ein Anwender aufgrund seiner Betriebssystemanmeldung keine Zugriffsrechte auf den Datenbankserver, kann er sich mithilfe einer SQL Server-Anmeldung anmelden, sofern er eine solche besitzt.

 HINWEIS: Clients, die nicht Mitglied der entsprechenden Domäne sind oder sein können, steht nur die SQL Server-Authentifizierung offen. So verwende ich in der Regel SQL Server-Authentifizierung, wenn ich mich von meinem eigenen Notebook auf einem Server bei einem meiner Kunden anmelde.

Dies gilt insbesondere für:

- den Zugriff über einen Webserver,
- andere Betriebssysteme als Windows-Betriebssysteme,
- einen gerouteten Zugriff über ein WAN,
- und auch bei der VNP-Verbindung mittels IPSEC kann in der Regel der Windows-Benutzer nicht verwendet werden.

Sollte einer dieser Fälle bei Ihnen vorliegen, so konfigurieren Sie für Ihren Server bitte unbedingt den gemischten Modus.

10.1.3 Anmeldung und Benutzer

Einer der wichtigsten Punkte beim Sicherheitskonzept des SQL Servers ist die Trennung von Anmeldung und Benutzer:

- **Anmeldung (Login)**: Mittels der Anmeldung erhält man Zugriff auf den Datenbankserver. Die Anmeldung erfolgt mit einer der beiden zuvor beschriebenen Authentifizierungsmethoden. Anmeldungen werden auf Serverebene erstellt und daher in der Systemdatenbank *master* gespeichert, ebenso wie Berechtigungen auf Serverebene. Anmeldungen wurden in früheren Versionen auch als *Systembenutzer* und *Sysuser* bezeichnet. Heute ist auch der Begriff *Server Principal* gebräuchlich.
- **Benutzer (User)**: Jede Anmeldung benötigt einen zugewiesenen Benutzer in einer Datenbank, um auf diese zugreifen zu können und dort Berechtigungen zu erhalten. Benutzer und deren Berechtigungen werden in der jeweiligen Datenbank gespeichert. In früheren Versionen wurden auch die Bezeichnungen *Datenbankbenutzer* und *User* verwendet. Der Begriff *Database Principal* kommt heutzutage auch zum Einsatz.

Die Trennung von Anmeldung und Benutzer hat vor allem zwei Gründe:

1. Durch die Trennung ist eine sinnvolle Integration der Windows-Authentifizierung in den SQL Server erst möglich.
2. Das Berechtigungssystem innerhalb einer Datenbank ist portabel, da es in der Datenbank selber gespeichert ist. Wird eine Datenbank transferiert, „wandern" alle Benutzer und

Berechtigungen mit. Am Zielsystem müssen lediglich die Verbindungen zwischen den Anmeldungen und den Benutzern neu hergestellt werden.

 HINWEIS: Mit der SQL Server-Version 2012 sind als Option sogenannte CONTAINED DATABASES eingeführt worden. Hier wird dieses zweistufige System durchbrochen, indem auf die Anmeldung verzichtet und ausschließlich ein Benutzer in der Datenbank benötigt wird. Ziel ist es, eine Form der Datenbank zu erhalten, die überhaupt vom umgebenden System unabhängig ist und daher ganz einfach von einem Server auf den anderen transferierbar wird. Daher wird auf alles verzichtet, was sich nicht in der Datenbank selber befindet. Und das sind eben auch Anmeldungen beziehungsweise Logins.

Die nachfolgende Abbildung zeigt das Standardschema eines Zugriffs auf Datenbanken.

- Die Anmeldung erfolgt mittels Windows- oder SQL Server-Authentifizierung.
- Einer Anmeldung können Serverrollen für Berechtigungen auf Serverebene zugewiesen werden.
- Einer Anmeldung können in einer Datenbank Benutzer zugewiesen werden. Erst dadurch erlangt ein angemeldeter Benutzer Zugriff auf die Datenbank.
- Innerhalb einer Datenbank werden den Benutzern in der Regel durch Rollenmitgliedschaften Berechtigungen erteilt.

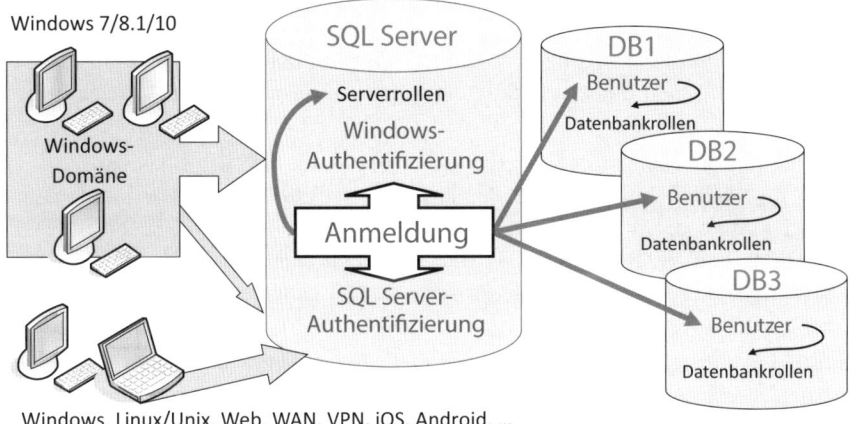

Bild 10.3 Schema eines Datenbankzugriffs

Benutzen Sie eine CONTAINED DATABASE, ändert sich diese Logik. Das Schema zeigt Bild 10.4. Der Zugriff erfolgt direkt auf die Datenbank, ein Zugriff auf andere Serverobjekte ist nicht möglich. Der Server wird quasi wie ein Tunnel passiert und direkt auf eine eigenständige Datenbank – so lautet die deutsche Übersetzung für diese Datenbankart – zugegriffen.

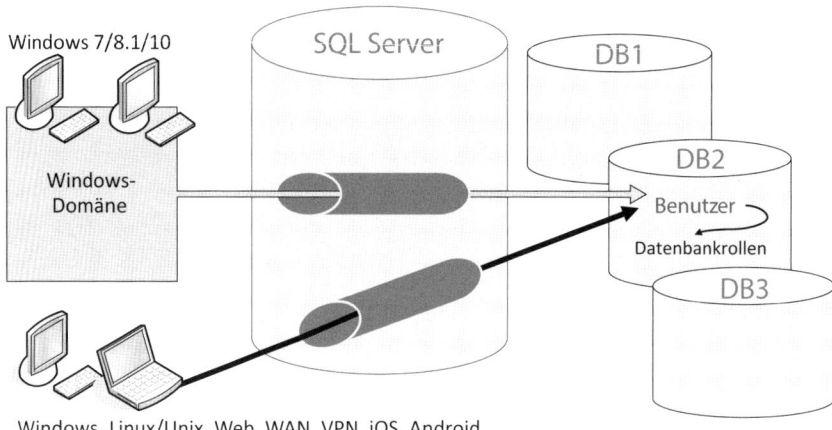

Bild 10.4 Zugriffsschema auf eine eigenständige Datenbank

Die einzelnen Schritte, um Zugriff auf eine Datenbank zu erhalten, werden in den folgenden Abschnitten genauer erläutert.

■ 10.2 Berechtigungen

Jeder Benutzer benötigt Berechtigungen, um innerhalb einer Datenbank etwas tun zu können. Hierbei wird zwischen Objektberechtigungen und Anweisungsberechtigungen unterschieden.

Objektberechtigungen erlauben den Zugriff auf Objekte innerhalb der Datenbank. Diese Objekte sind Tabellen, Spalten einer Tabelle, Sichten, gespeicherte Prozeduren und benutzerdefinierte Funktionen. Für Tabellen und Sichten werden zum Beispiel die Rechte SELECT, INSERT, UPDATE, und DELETE erteilt. Für Tabellen kann auch das Recht REFERENCES (DRI) vergeben werden. Für gespeicherte Prozeduren und benutzerdefinierte Funktionen gibt es das Recht EXECUTE.

Anweisungsberechtigungen werden „gewöhnlichen" Datenbankbenutzern in der Regel nicht gewährt. Sie beziehen sich nicht auf bestehende Objekte, sondern legen fest, wer Datenbankobjekte erstellen, verwalten und sichern darf. Anweisungsberechtigungen sind beispielsweise CREATE DATABASE, CREATE TABLE, CREATE VIEW und CREATE PROCEDURE. Das Recht BACKUP DATABASE wird benötigt, um eine Sicherung der Datenbank durchführen zu können.

10.3 Rollen

Bei einer Vielzahl an Benutzern ist es oft eine verwaltungstechnische Unmöglichkeit, einzelnen Benutzern Rechte zu erteilen oder zu entziehen. Wechselt ein Benutzer die Abteilung, kann dies bedeuten, viele Änderungen vornehmen zu müssen. Um diese Situation zu entschärfen, gibt es sogenannte Rollen. Zum besseren Verständnis können Sie Rollen mit Gruppen gleichsetzen, wie sie unter Windows zur Benutzerverwaltung verwendet werden. Aber selbst wenn die Anzahl an Benutzern überschaubar ist, sollten Berechtigungen stets aufgrund der besseren Verwaltbarkeit und Übersicht indirekt über Rollenmitgliedschaften erteilt werden.

10.3.1 Serverrollen

Bei Rollen wird zwischen *Serverrollen* und *Datenbankrollen* unterschieden. Serverrollen dienen zur Steuerung von Berechtigungen, die für den gesamten Server gelten. Folgende Serverrollen stehen auf einem SQL Server zur Verfügung:

Tabelle 10.1 Vordefinierte Serverrollen

Serverrolle	Beschreibung
sysadmin	Benutzer, die dieser Rolle angehören, können sämtliche Aktivitäten auf dem Server durchführen. Die Mitgliedschaft in dieser Rolle schließt kumulativ alle Berechtigungen mit ein, die den Mitgliedschaften in allen nachfolgenden Rollen entsprechen. Mitglieder dieser Rolle haben automatisch Vollzugriff auf alle Datenbanken auf dem Server, auch wenn ihnen kein Benutzer in den einzelnen Datenbanken zugewiesen ist. Dies ist der Fall, da sie in jeder Datenbank automatisch dem Benutzer *dbo* (Database Owner) zugewiesen werden.
securityadmin	Mitglieder dieser Rolle können die Erlaubnis zur Anmeldung an den Server an Benutzer und Datenbankberechtigungen vergeben.
serveradmin	Wer Mitglied dieser Rolle ist, kann den Server verwalten, Servereinstellungen verändern und ist in der Lage, den Server herunterzufahren.
setupadmin	Die Mitgliedschaft in dieser Rolle wird benötigt, um Replikationen auf dem Server zu konfigurieren.
processadmin	Mitglieder dieser Rolle dürfen SQL Server-Prozesse steuern und damit zum Beispiel Benutzerprozesse beenden, um Sperren aufzuheben.
diskadmin	Mitglieder dieser Rolle dürfen Datenträgerdateien verwalten.
dbcreator	Um eine Datenbank erstellen und modifizieren zu können, müssen Sie zumindest Mitglied dieser Rolle sein.
bulkadmin	Mitgliedern dieser Rolle ist es erlaubt, Masseneinfügeoperationen durchzuführen.
public	Jede Anmeldung ist Mitglied dieser Rolle und kann aus dieser auch nicht entfernt werden. Diese Rolle ist die einzige der vordefinierten Serverrollen, der neue Berechtigungen zugewiesen und entzogen werden können.

Sie finden die Serverrollen im Objekt-Explorer beim jeweiligen Server unter dem Ordner *Sicherheit*.

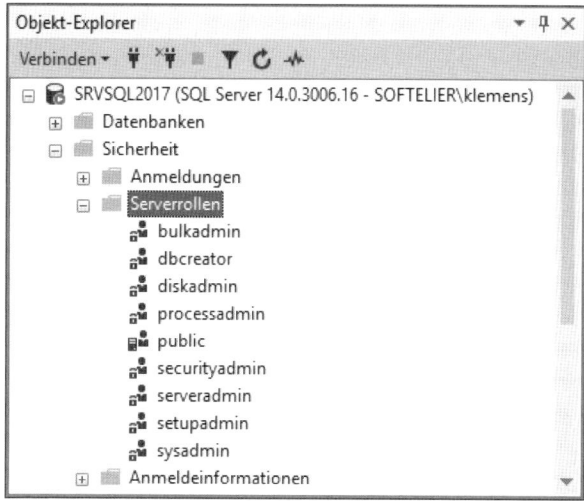

Bild 10.5 Serverrollen im Management Studio

 HINWEIS: Erst seit der Version 2012 können neue Serverrollen erzeugt werden. Dies bietet die Möglichkeit, auch auf Serverebene eine differenziertere Rechtevergabe als über die vorhandenen Rollen gegeben umzusetzen. Dadurch müssen Sie einzelne Berechtigungen auf Serverebene nicht mehr wie früher direkt an einen Anmeldenamen vergeben. Dies bedeutet, dass auf allen Ebenen Berechtigungen über Rollen verwaltet werden können, was wesentlich sinnvoller ist, als Berechtigungen direkt an einzelne Personen zu vergeben.

Im Management Studio erstellen Sie eine neue Serverrolle über das Kontextmenü mit dem Befehl NEUE SERVERROLLE... über den gleichnamigen Ordner.

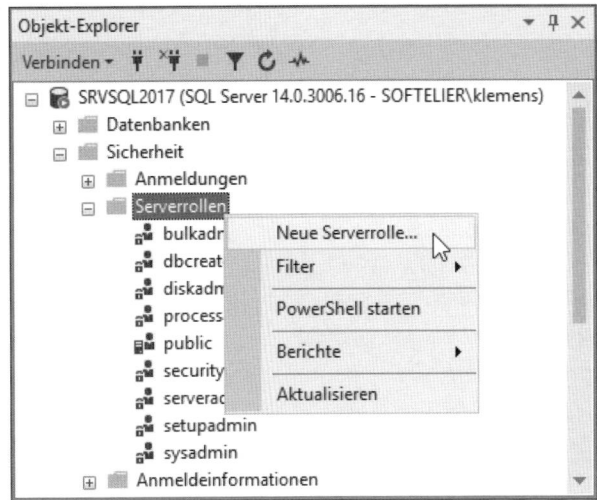

Bild 10.6 Neue Serverrolle erstellen

Für eine selber erstellte Serverrolle können Sie dieselben Berechtigungen erteilen wie für die fixe Serverrolle *public*. Zu den sicherungsfähigen Elementen auf Systemebene zählen

- Endpunkte,
- Anmeldungen,
- Server,
- Verfügbarkeitsgruppen und
- Serverrollen.

Zum Beispiel erstellen wir eine neue Serverrolle, die Verbindungsserver für diverse Schnittstellenimplementierungen erstellen und verwalten dürfen. Dazu vergeben wir im Dialog zum Beispiel den Rollennamen *schnittstellen* und wählen unter den *Sicherungsfähigen Elementen* den Eintrag *Server* aus. Im unteren Teil des Dialogs sind die für dieses Element erteilbaren Berechtigungen angeführt. Hier erteilen wir die Berechtigung mit der Bezeichnung *Beliebigen Verbindungsserver ändern*. Mitglieder dieser Rolle können einen Verbindungsserver einrichten und verwalten, mit dem der Zugriff auf einen anderen Server eingerichtet werden kann. Darüber lesen Sie später in diesem Kapitel. Wenn Sie auf die Seite *Mitglieder* wechseln, können Sie zuvor erzeugte Anmeldungen sogleich als Mitglieder für diese neue Rolle festlegen. Außerdem können Sie der Rolle die Mitgliedschaft in anderen Serverrollen erteilen. Dazu wechseln Sie auf die Seite *Mitgliedschaften*.

 PRAXISTIPP: Wenn Sie des Öfteren die Mitgliedschaft in mehreren gleichen Serverrollen in Kombination vergeben, können Sie alternativ eine eigene Serverrolle mit der Mitgliedschaft in diesen Rollen erzeugen. Danach müssen Sie einer Anmeldung anstelle der separaten Rollenmitgliedschaften nur mehr die Mitgliedschaft in dieser einen neuen Rolle erteilen, um denselben Effekt zu erzielen.

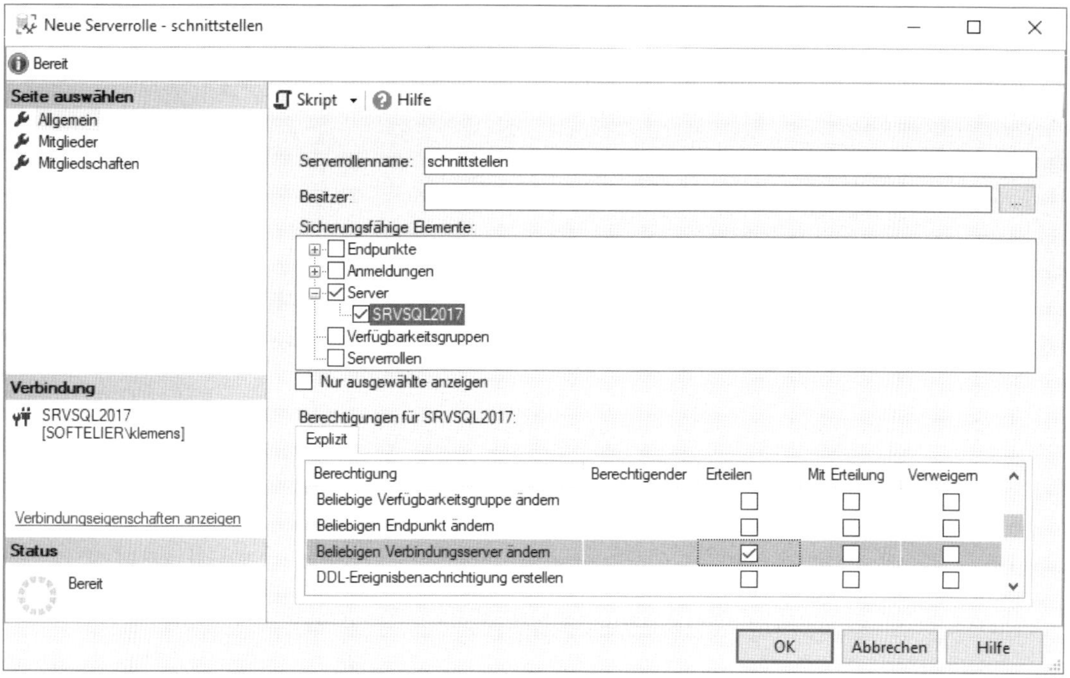

Bild 10.7 Berechtigung an neue Serverrolle vergeben

10.3.2 Datenbankrollen

Während Serverrollen Rechte auf Serverebene gewähren, dienen Datenbankrollen dazu, Rechte innerhalb von Datenbanken zu erteilen. Diese Rechte sind jeweils auf die Datenbank beschränkt, innerhalb der sie vergeben worden sind.

Neben der Möglichkeit, benutzerdefinierte Datenbankrollen zu erstellen, gibt es eine Reihe fester Datenbankrollen, mit denen bereits eine grundlegende Verwaltung der Berechtigungen möglich ist. Eine Übersicht über die festen Datenbankrollen gibt die nachfolgende Tabelle.

Tabelle 10.2 Datenbankrollen

Datenbankrolle	Beschreibung
db_owner	Der Datenbankbesitzer hat uneingeschränkten Zugriff auf die Datenbank und kann alle Aktivitäten in der Datenbank durchführen. Er vereint in sich alle Berechtigungen, die sich aus der Mitgliedschaft in allen anderen Rollen ergeben.
db_accessadmin	Mitglieder dieser Rolle können den Zugriff auf die Datenbank steuern, indem Sie Benutzer hinzufügen und entfernen.

Datenbankrolle	Beschreibung
db_securityadmin	Jeder, der diese Rolle besitzt, kann Anweisungs- und Objektberechtigungen innerhalb der Datenbank vergeben.
db_ddladmin	Durch diese Rolle kann man Datenbankobjekte erstellen, löschen und ändern (DDL = Data Definition Language).
db_backupoperator	Durch diese Rolle ist ein Anwender berechtigt, eine Sicherung der Datenbank durchzuführen.
db_datareader	Erhält man diese Rolle, kann man uneingeschränkt alle Daten in der Datenbank lesen. Mit dieser Rolle allein sind jedoch keinerlei Schreibrechte verbunden.
db_datawriter	Diese Rolle gewährt Schreibrechte auf die gesamte Datenbank. Dies schließt die Rechte INSERT, UPDATE und DELETE mit ein. Die Rolle selbst gewährt aber keinerlei Leserechte. In der Regel wird den Benutzern, die dieser Rolle angehören, auch die Rolle *db_datareader* zugewiesen.
db_denydatareader	Benutzern, die dieser Rolle zugewiesen sind, wird das Lesen (SELECT) in der gesamten Datenbank explizit verweigert.
db_denydatawriter	Diese Rolle verweigert den Schreibzugriff (INSERT, UPDATE, DELTE) auf die gesamte Datenbank.
public	Dieser Rolle gehören alle Benutzer einer Datenbank an. Verwenden Sie diese Rolle, um Rechte zu vergeben, die jeder haben soll. In der Praxis geht man damit allerdings sehr behutsam um.

10.3.3 Anwendungsrollen

Im Gegensatz zu Datenbankrollen werden Anwendungsrollen keine Mitglieder in Form von Benutzern zugewiesen. Anwendungsrollen werden mit einem Kennwort versehen. Die Berechtigungen, die einer Anwendungsrolle zugewiesen werden, werden durch die Eingabe des Kennworts erlangt.

Nach dem Aufbau einer Verbindung muss die Systemprozedur *sp_setapprole* ausgeführt werden, um in den Sicherheitskontext dieser Rolle zu wechseln. Dieser Prozedur werden der Name der Anwendungsrolle sowie das Kennwort übergeben. Der Benutzer tauscht seine eigenen Berechtigungen gegen jene der Anwendungsrolle. Das heißt, die Berechtigungen der Anwendungsrolle ergänzen nicht die eigenen, sondern ersetzen diese.

Die Berechtigungen werden so lange beibehalten, bis entweder die Verbindung zum Server beendet oder der alte Sicherheitskontext mit der Systemprozedur *sp_unsetapprole* wiederhergestellt wird.

 HINWEIS: In der Praxis spielen diese Rollen eher eine untergeordnete Rolle, sie kommen nur für spezielle Anforderungen zum Einsatz. Um Berechtigungen sauber zu regeln, setzen Sie sinnvollerweise benutzerdefinierte Datenbankrollen ein.

10.4 Anmeldeinformationen (Credentials)

Durch die CLR-Erweiterungen – denken Sie beispielsweise an die umfangreichen Möglichkeiten, die durch den Einsatz einer .NET-Stored Procedure bestehen – tauchen Anwendungsfälle auf, bei denen Sie die Datenbank „verlassen", um zum Beispiel auf eine Datei auf dem Dateisystem zuzugreifen.

Sobald Sie auf externe Ressourcen zugreifen, werden Berechtigungen auf Betriebssystemebene benötigt. Um diese einem Benutzer, der mit SQL Server-Authentifizierung an der Datenbank angemeldet ist, zu erteilen, werden *Anmeldeinformationen* (Credentials) benötigt. Diese müssen ein Windows-Konto und ein Kennwort enthalten.

Diese Anmeldeinformationen können einem Anmeldenamen zugeordnet werden. Die in der Anmeldeinformation gespeicherten Anmeldedaten werden dann beim Zugriff auf externe Ressourcen verwendet.

 HINWEIS: Für die Zuordnung von Anmeldeinformationen zu einem Anmeldenamen gilt Folgendes:

- Eine Anmeldeinformation kann nur einem Anmeldenamen zugeordnet werden.
- Sie können einem Anmeldenamen mehrere Anmeldeinformationen zuweisen.

Für unser Beispiel habe ich auf dem Server einen lokalen Benutzer mit dem Namen *dateizugriff* mit dem Kennwort *da2017tei* angelegt.

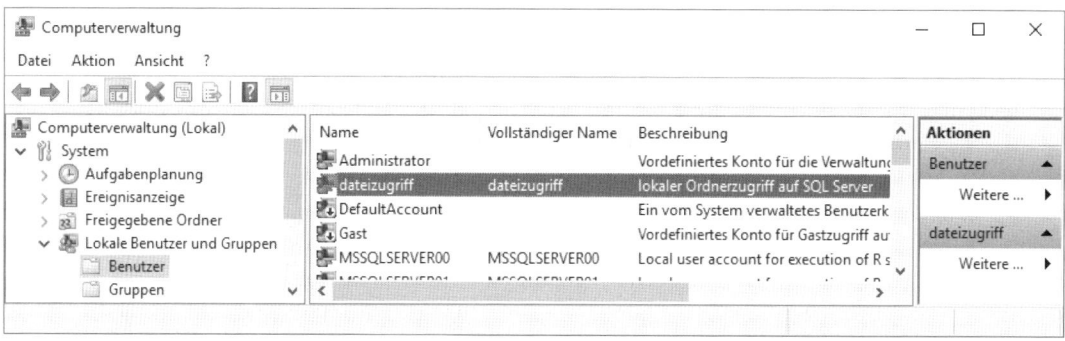

Bild 10.8 Windows-Benutzer für Anmeldeinformation

Um eine neue Anmeldeinformation zu erstellen, wählen Sie im Objekt-Explorer den Ordner *Anmeldeinformationen* aus. Dieser ist als Unterordner des Ordners *Sicherheit* zu finden. Wählen Sie im Kontextmenü den Befehl NEUE ANMELDEINFORMATIONEN... aus. Der Anmeldeinformationsname ist ein frei zu wählender Name. Als Identität wählen Sie – vorzugsweise über den Auswahldialog, den Sie über die Schaltfläche mit den drei Punkten öffnen – den Windows-Benutzernamen aus. Ergänzen Sie noch das Kennwort und speichern Sie die neuen Anmeldeinformationen ab.

Bild 10.9 Anmeldeinformationen anlegen

ACHTUNG! Beim Speichern der Anmeldeinformationen wird das Kennwort nicht gegen die Windows-Domäne geprüft. Es wird lediglich die Übereinstimmung des zuerst eingegebenen Kennworts mit der Kennwortbestätigung kontrolliert. Auch das Vorhandensein des Domänenkontos wird – anders als beim Erstellen einer Anmeldung – nicht geprüft. Die Prüfung, ob das angegebene Domänenkonto existiert, erfolgt lediglich, wenn Sie den Kontonamen nicht manuell eingeben, sondern über den Auswahldialog wählen.

Im Eigenschaftendialog einer Anmeldung kann dann die Zuordnung eines Anmeldenamens erfolgen.

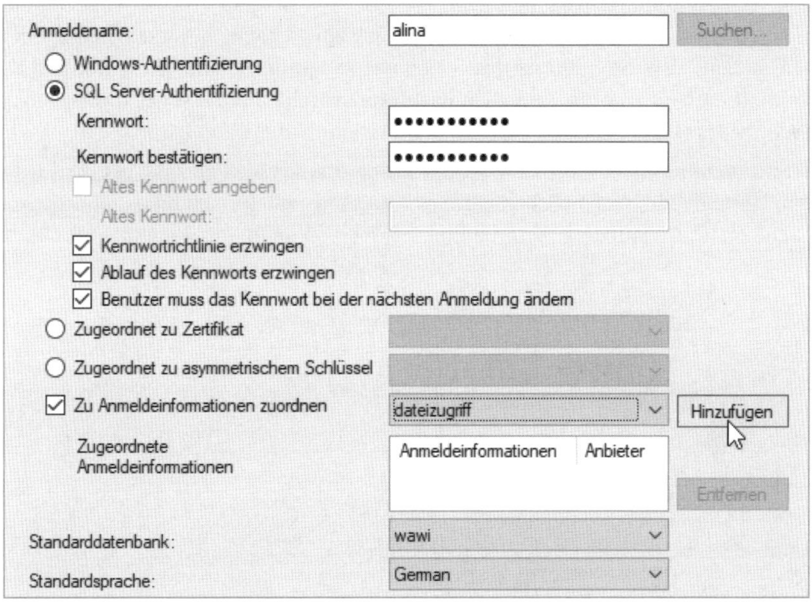

Bild 10.10 Anmeldeinformation einer Anmeldung zuordnen

■ 10.5 Schema

Das Schema ist ein Bereich in einer Datenbank, in dem Datenbankobjekte wie beispielsweise Tabellen oder Sichten gespeichert werden. Jedes Datenbankobjekt ist in einem Schema gespeichert. Der Besitzer eines Schemas ist somit der Eigentümer aller in diesem Schema gespeicherten Objekte. Deshalb werden diese Datenbankobjekte auch als *Schemaobjekte* bezeichnet. Ein Schema bildet somit eine Art Namensraum für Objekte.

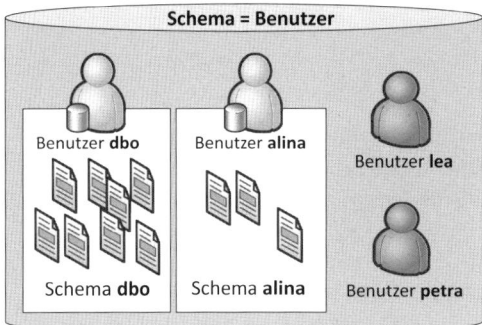

Bild 10.11 An einen Benutzer gekoppeltes Schema

Bis zur Version 2000 ist ein Schema fest an den gleichnamigen Datenbankbenutzernamen gebunden gewesen. Dies hatte den Nachteil, dass ein Benutzer, der Schemaobjekte besaß, nicht gelöscht werden konnte. Jeder Benutzer, der über die Berechtigung verfügt, Datenbankobjekte anzulegen, hat somit automatisch auch sein Schema besessen (siehe Bild 10.11). Schon mit der Version 2005 ist das Schema vom Benutzer entkoppelt worden. Es muss nun explizit erzeugt werden. Lediglich das Standardschema *dbo* sowie die Schemas der festen Datenbankrollen existieren bereits nach Erstellung der Datenbank.

Durch diese Entkopplung kann ein Benutzer, der Besitzer eines Schemas ist, gelöscht werden, nachdem der Besitz an dem Schema zuvor an einen anderen Benutzer übertragen worden ist. Schema und Benutzer existieren unabhängig voneinander (siehe Bild 10.12).

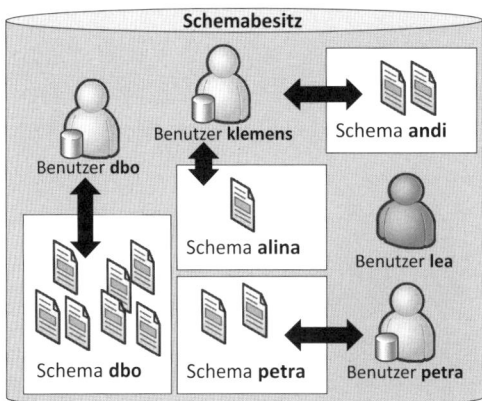

Bild 10.12 Das Schemaeigentum wird einem Benutzer übertragen.

Was gilt es für ein Schema in der Datenbank zu berücksichtigen?

- Ein Schema muss explizit erstellt werden. Es entsteht nicht implizit wie teilweise bei anderen Datenbankmanagementsystemen durch das Anlegen eines Benutzers.
- Das Standardschema *dbo* (Database Owner) ist in jeder Datenbank vorhanden.
- Der Besitzer eines Schemas hat alle Berechtigungen für alle Objekte innerhalb dieses Schemas.
- Ein Benutzer kann Besitzer mehrerer Schemas sein.
- Der Objektname eines Datenbankobjekts muss innerhalb eines Schemas eindeutig sein. Da für den globalen Namen eines Datenbankobjekts immer der Schemaname mit zu berücksichtigen ist, kann es Objekte mit demselben Namen in einer Datenbank, allerdings in unterschiedlichen Schemas, geben (zum Beispiel *dbo.artikel* und *lea.artikel* in einer Datenbank). Der Schemaname wird dem Objektnamen mit einem Punkt getrennt vorangestellt: `schemaname.objektname`
- Wird in einer SQL-Anweisung ein Objektname angegeben, wird beim Zugriff auf dieses Objekt wie folgt vorgegangen:
  - Wird der Schemaname mit angegeben, wird direkt dieses Objekt herangezogen. Gibt es das Objekt nicht oder ist der Schemaname falsch, wird ein Fehler ausgegeben.
  - Wird kein Schemaname angegeben, wird in folgender Reihenfolge vorgegangen:
    - Es wird auf das Objekt im Standardschema des Benutzers zugegriffen.
    - Gibt es kein Objekt mit diesem Namen im Standardschema des Benutzers, wird auf jenes im Schema *dbo* zugegriffen.
    - Gibt es auch im Schema *dbo* kein Objekt mit diesem Namen, wird eine Fehlermeldung ausgegeben.

> **HINWEIS:** Dies gilt nicht nur für Lesevorgänge mit SELECT, sondern für alle SQL-Anweisungen; so beispielsweise auch beim Erstellen einer Tabelle mit CREATE TABLE.

Wie sieht es mit der praktischen Bedeutung von Schemas aus?

Früher waren Schemas beim SQL Server in der Praxis von untergeordneter Bedeutung. Es galt die Empfehlung, dass alle Datenbankobjekte dem *dbo*-Schema angehören sollten. Man muss sich aber die Frage stellen, was unterschiedliche Schemas in einer Datenbank leisten. Stellen wir an dieser Stelle einen Vergleich mit einer Oracle-Datenbank an. Ein Oracle-Datenbanksystem unterscheidet sich von einem SQL Server-Datenbanksystem dadurch, dass pro Instanz nur eine Datenbank vorhanden ist. Daher ist das Schema dort die einzige Möglichkeit, Datenbankobjekte für unterschiedliche Applikationen logisch voneinander zu trennen. Beim SQL Server legt man typischerweise für jede Applikation eine eigene Datenbank an. Dadurch ist die Forderung nach einer Trennung der Anwendungsteile schon erfüllt. Es besteht daher keine zwingende Notwendigkeit mehr, Schemas zum Auseinanderhalten dieser Teile zu verwenden. Bei vielen Datenbanken wird also das sich Beschränken auf das Schema *dbo* vollkommen in Ordnung sein. In manchen Anwendungsfällen verwende ich unterschiedliche Schemas gerne, um eine bessere organisatorische Trennung zu erzielen. Da indirekte Berechtigungen standardmäßig nur innerhalb eines Schemas bestehen, können Schemas auch für bestimmte Berechtigungssteuerungen eingesetzt werden. Eine indirekte Berechtigung ist zum Beispiel, wenn ein Benutzer auf eine Tabelle keinerlei Zugriffsberechtigung hat, aber Berechtigungen für eine Sicht bekommt, die auf diese Tabelle zugreift. Dann kann dieser Benutzer die Inhalte, welche die Sicht aus dieser Tabelle zurückliefert, dennoch sehen.

■ 10.6 Verwaltung im Management Studio

Im nachfolgenden Abschnitt möchte ich Ihnen zeigen, wie die zuvor besprochenen Objekte im Management Studio mithilfe des Objekt-Explorers erstellt werden können.

10.6.1 Serveranmeldung hinzufügen

Sie können eine neue Serveranmeldung (Anmeldung) hinzufügen, indem Sie im Management Studio im Objekt-Explorer den Ordner *Sicherheit* öffnen. Darunter finden Sie den Ordner *Anmeldungen*. Über das Kontextmenü wählen Sie den Befehl **NEUE ANMELDUNG...** aus. Wie weiter vorne bei den Authentifizierungsmodi beschrieben, können Sie einen neuen Benutzer auf zwei Arten anlegen:

- *Windows-Authentifizierung*: Um ein Windows-Benutzerkonto für den Zugriff auf den Datenbankserver freizugeben, tragen Sie den Benutzernamen in der Syntax *Domäne \Benutzer* ein oder suchen den Namen über den Suchdialog. Klicken Sie dort auf **ERWEITERT...**, um in den Dialog *Benutzer, Dienstkonto oder Gruppe auswählen* zu gelangen.

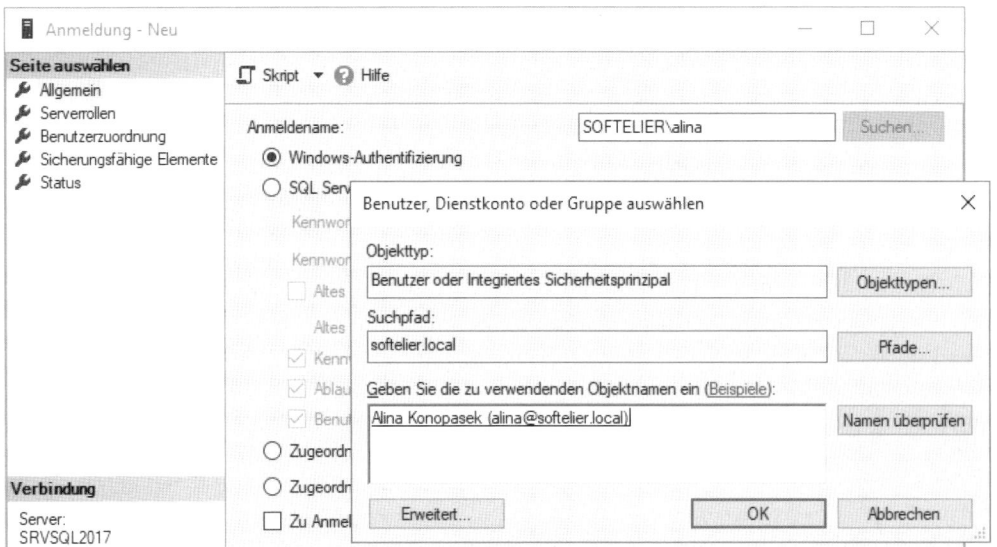

Bild 10.13 Domänenbenutzer oder -gruppe auswählen

Übernehmen Sie den ausgewählten Namen mit **OK**. Bei der Auswahl aus dem Active Directory wird zwar der Anzeigename angezeigt, wie in Bild 10.13 zu sehen. Nach der Übernahme wird aber wieder die Darstellungsform *Domäne\Benutzer* verwendet.

Die Eingabe eines Kennworts ist nicht notwendig, da der Benutzer schon bei der Domänenanmeldung sein Kennwort eingeben muss und dieses vom SQL Server nicht überprüft wird.

 ACHTUNG! Der Anmeldename kann nur erstellt werden, wenn das eingetragene Domänenkonto existiert.

- *SQL Server-Authentifizierung*: Bei dieser Option geben Sie unter *Anmeldename* den Namen und unter *Kennwort* das Anmeldekennwort sowie unter *Kennwort bestätigen* das Kennwort erneut ein.

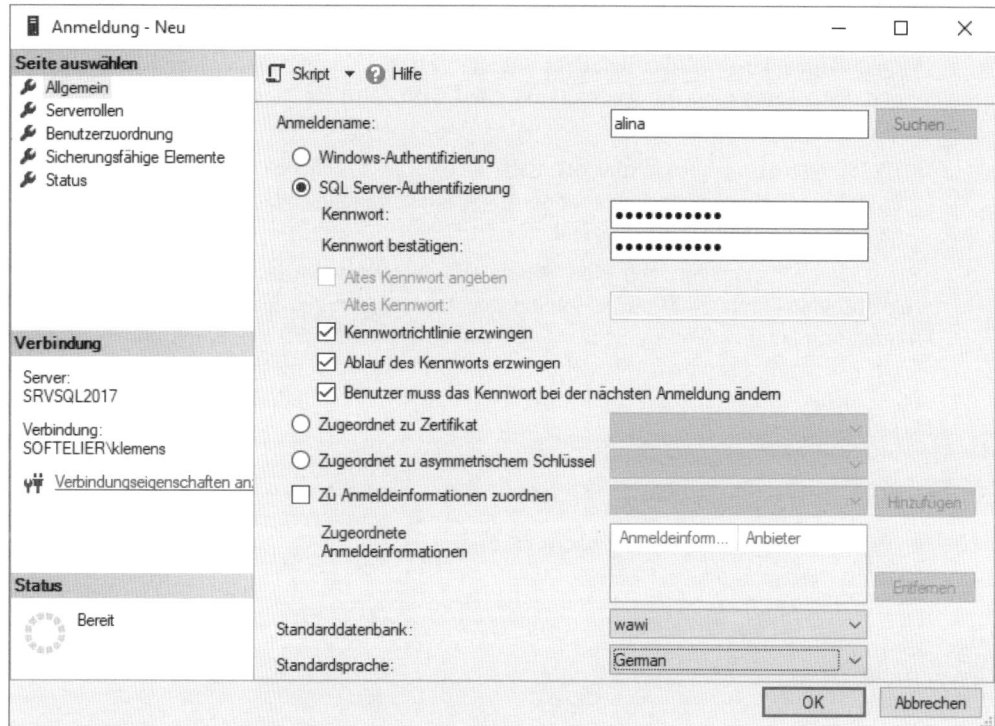

Bild 10.14 Neue Serveranmeldung mit SQL Server-Authentifizierung

Bei Kennwörtern wird zwischen Groß- und Kleinbuchstaben unterschieden. Weitere Kennwortoptionen sind:

- *Kennwortrichtlinie erzwingen*: Mit dieser Option binden Sie den Aufbau des Kennworts an die Kennwortrichtlinie der Domäne. Damit können zum Beispiel Mindestanforderungen (eine Ziffer oder ein Sonderzeichen muss beispielsweise im Kennwort enthalten sein) erzwungen werden.

- *Ablauf des Kennworts erzwingen*: Mit dieser Option werden, was den Ablauf des Kennworts betrifft, die Einstellungen der Domäne übernommen. Der Benutzer erhält nach Ablauf des Kennworts bei der nächsten Anmeldung die Aufforderung zur Eingabe eines neuen Kennworts.

- *Benutzer muss das Kennwort bei der nächsten Anmeldung ändern*: Bereits bei der ersten Anmeldung am Datenbankserver muss der Benutzer ein neues Kennwort vergeben.

- *Zugeordnet zu Zertifikat*: Die Anmeldung wird einem Zertifikat zugeordnet. Dieses Zertifikat muss zuvor in der *master*-Datenbank angelegt worden sein. Dort finden Sie die Zertifikate unter dem Ordner *Sicherheit*.

- *Zugeordnet zu asymmetrischem Schlüssel*: Die Anmeldung wird einem asymmetrischen Schlüssel zugeordnet. Auch dieser muss in der *master*-Datenbank erstellt werden.

- *Zu Anmeldeinformation zuordnen*: Wie bereits erwähnt, können Sie hier einer Anmeldung eine oder mehrere Anmeldeinformationen zuordnen.

Wenn Sie möchten, können Sie eine Standarddatenbank sowie eine Standardsprache für den Benutzer auswählen:

- Beim Anmelden wird der Benutzer automatisch mit seiner Standarddatenbank verbunden. Falls keine explizite Auswahl getroffen wird, wird die *master*-Datenbank hinterlegt und verwendet.

- Die Standardsprache wir hier ebenfalls festgelegt. Fehlermeldungen werden in dieser Sprache ausgegeben und auch andere Sub-Einstellungen, wie zum Beispiel das in der Session verwendete Datumsformat, gesetzt.

Wenn einem Anmeldenamen eine Standarddatenbank zugewiesen ist, in der aber kein zugeordneter Benutzer existiert, schlägt der Anmeldeversuch fehl. Da beim Anlegen der Anmeldung keine Warnung mehr erfolgt, wie noch in früheren Versionen üblich, kann es leicht passieren, dass man vergisst, auch einen Benutzer in dieser Datenbank anzulegen. Das gleiche Problem tritt auch nachträglich auf, wenn die Standarddatenbank eines Benutzers gelöscht wird.

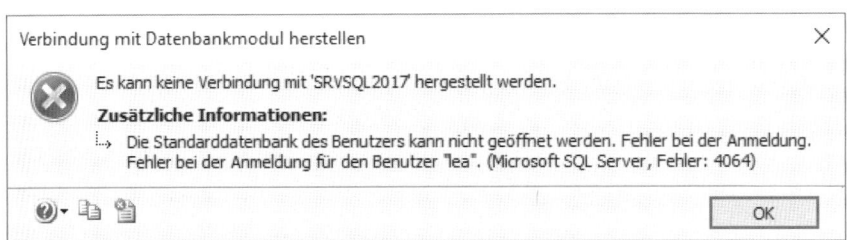

Bild 10.15 Anmeldefehler – Probleme mit der Standarddatenbank

Tritt dieses Problem auf, muss der betroffene Benutzer eine andere Datenbank für den Verbindungsaufbau angeben. Dazu verwenden Sie im Anmeldedialog des Management Studios die Schaltfläche *Optionen>>*. Auf dem Register *Verbindungseigenschaften* können Sie eine andere Datenbank angeben. Sie müssen deren Namen allerdings manuell eintippen, da ohne eine erfolgreiche Anmeldung auch die Liste zur Auswahl der Datenbanken nicht befüllt werden kann. Verwenden Sie daher nicht die Option *<Server durchsuchen...>*, denn Sie werden wieder in denselben Fehler laufen wie zuvor.

PRAXISTIPP: Auf die Datenbank *master* darf mit Gastberechtigungen immer lesend zugegriffen werden. Tragen Sie daher manuell den Namen der *master*-Datenbank ein, dann kann zumindest einmal die Anmeldung erfolgen.

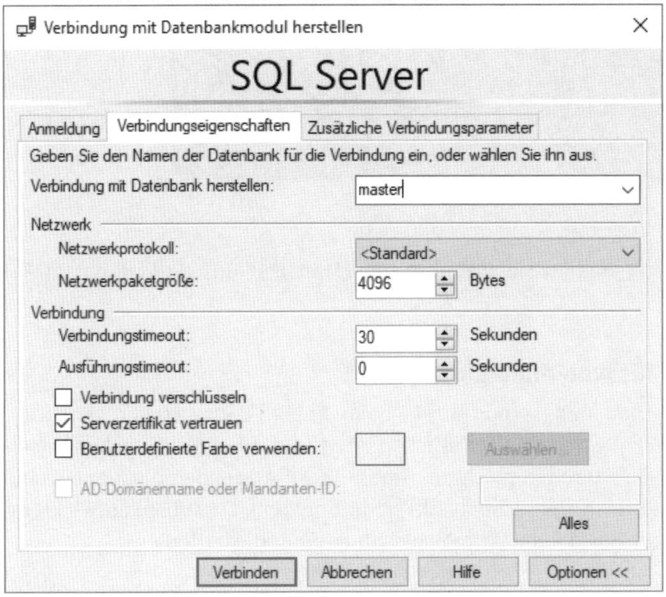

Bild 10.16 Zu verbindende Datenbank mit angeben

Danach ändern Sie die Standarddatenbank im Eigenschaftendialog der eigenen Anmeldung. Jeder kann Änderungen wie diese vornehmen oder das Kennwort für die eigene Anmeldung ändern.

Alternativ kann man sich mit dem Kommandozeilentool *SqlCmd* behelfen. Über einen Parameter bei der Anmeldung kann man angegeben, mit welcher (anderen) Datenbank man verbunden werden möchte. Dies ist der Parameter -d:

```
sqlcmd –S sqlsrv2017 –U lea –P lea –d master
```

Nach der Anmeldung kann man die Standarddatenbank selber auf *master* ändern:

```
ALTER LOGIN lea WITH DEFAULT_DATABASE = master;
```

Bild 10.17 Standarddatenbank mit sqlcmd ändern

Die ALTER LOGIN-Anweisung können Sie auch direkt im Management Studio in einem Abfragefenster verwenden.

Weitere Einstellungen für eine Anmeldung

Sie können einer neuen Anmeldung schon direkt beim Anlegen Serverrollen zuweisen. Wechseln Sie dazu auf die Seite *Serverrollen*. Klicken Sie dort die Kontrollkästchen neben denjenigen Rollen an, die sie zuordnen möchten. Gewöhnliche Anwender, die keine weiteren Sonderaufgaben im Bereich der Datenbankverwaltung und Datenbankentwicklung übernehmen, erhalten in der Regel keine Mitgliedschaft in einer dieser Rollen.

Bild 10.18 Einer neuen Anmeldung Serverrollen zuweisen

 HINWEIS: Einer Anmeldung kann auch jederzeit später die Mitgliedschaft in einer Rolle zugeordnet werden.

Auf der Seite *Benutzerzuordnung* können Sie festlegen, in welcher Datenbank sogleich ein Benutzer für die neue Anmeldung mit erstellt werden soll. Als Benutzername wird standardmäßig der Anmeldename vorgeschlagen. Um diesen Namen zu editieren, klicken Sie in die Spalte *Benutzer*.

HINWEIS: Es besteht kein inhaltlicher Zusammenhang zwischen dem gewählten Anmeldenamen und dem für diesen in einer Datenbank vergebenen Benutzernamen. Ebenso kann für eine Anmeldung in jeder Datenbank ein anderer Benutzername vergeben werden. In der Praxis ist es jedoch nicht praktisch, hier unterschiedliche Namen zu verwenden.

Zusätzlich zum Benutzernamen kann auch ein Standardschema für den Benutzer in einer Datenbank vergeben werden. Damit wird immer zuerst in diesem Schema nach einem in einer SQL-Anweisung ohne Schemanamen angegebenen Objekt gesucht. Falls Sie hier nichts eintragen beziehungsweise nichts auswählen, wird beim Anlegen *dbo* ergänzt.

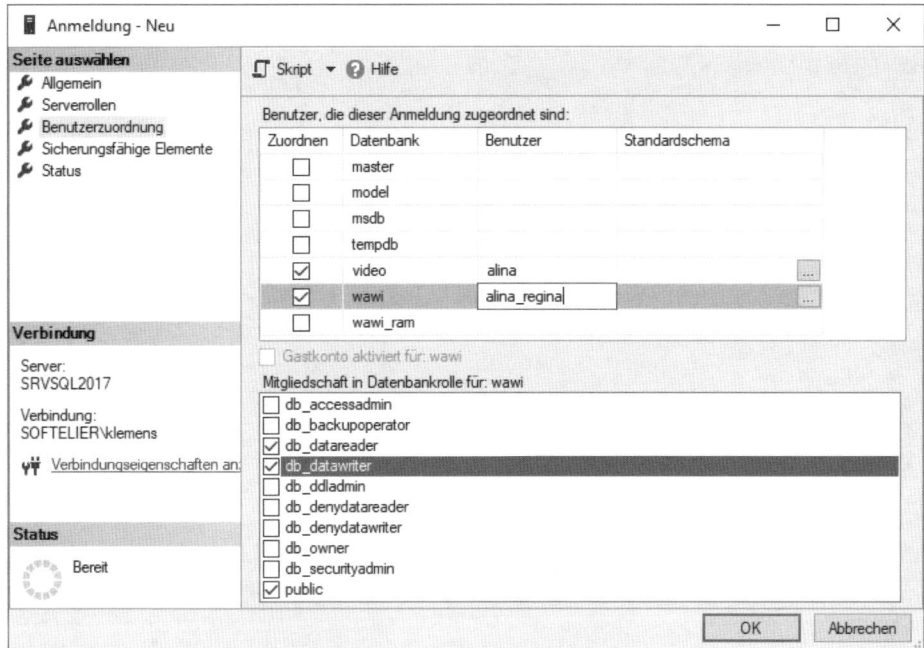

Bild 10.19 Datenbankzugriff gewähren

Für eine ausgewählte Datenbank können Sie im unteren Bereich des Dialogs die Datenbankrollen auswählen, die dem neuen Benutzer zugewiesen werden sollen. Für einen Standardbenutzer wählen Sie zum Beispiel die Rollen *db_datareader* und *db_datawriter* aus.

Beim Anlegen der Anmeldung wird bei der Verwendung von Windows-Authentifizierung überprüft, ob ein angegebenes Windows-Konto wirklich vorhanden ist. Fehlt das Konto, kann die Serveranmeldung nicht erstellt werden. Dies kann lästig sein, falls der Domänencontroller aus irgendeinem Grund im Moment nicht erreichbar ist.

10.6.2 Schema anlegen

Es empfiehlt sich, ein Schema vor den Benutzern anzulegen, sofern man das Schema als Standardschema für diese Benutzer verwenden möchte.

Im Objekt-Explorer finden Sie den Ordner *Schemas* als Unterordner des Ordners *Sicherheit* in der jeweiligen Datenbank. Dort befinden sich bereits die Schemas der Standarddatenbankrollen sowie *dbo*, *guest*, *sys* und *INFORMATION_SCHEMA*.

Im Kontextmenü legen Sie mit dem Befehl NEUES SCHEMA... ein neues Schema an. Neben dem Schemanamen können Sie sogleich auch einen Schemabesitzer angeben. Den Namen des dafür vorgesehenen Benutzers können Sie entweder manuell eintragen oder über die Schaltfläche *Suchen...* bestimmen.

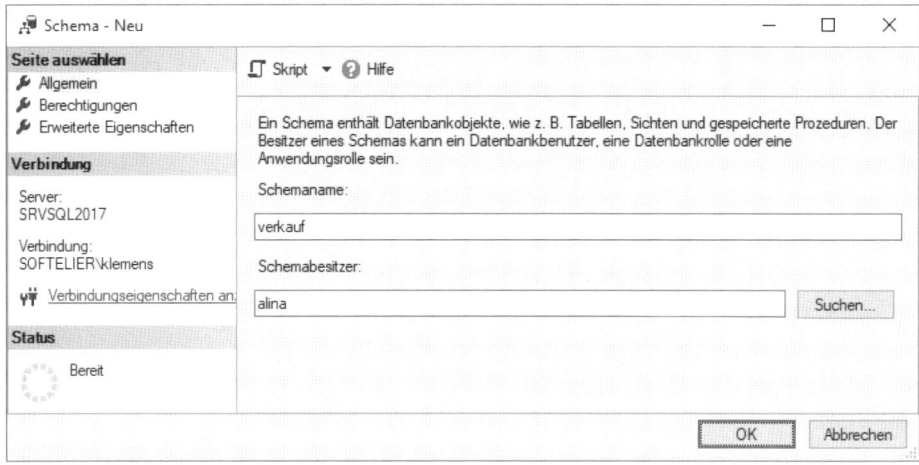

Bild 10.20 Neues Schema anlegen

Sie können ein Schema auch ohne Angabe eines Besitzers anlegen. In diesem Fall wird automatisch der Benutzer *dbo* als Schemaeigentümer übernommen. Sie können den Besitzer dann später über den Eigenschaften-Dialog ändern oder den Besitz einem Benutzer direkt beim Anlegen desselben übertragen. Als Besitzer für ein Schema kann

- ein Benutzer,
- eine Datenbankrolle oder
- eine Anwendungsrolle

angegeben werden.

10.6.3 Datenbankbenutzer hinzufügen

Falls beim Anlegen einer Anmeldung dieser noch kein Datenbankzugriff auf eine spezielle Datenbank gewährt wurde, existiert in der betroffenen Datenbank noch kein zugewiesener Benutzer. Dies ist natürlich auch dann der Fall, wenn eine Datenbank erst später angelegt wird.

Um zum Beispiel der Datenbank *wawi* einen neuen Benutzer hinzuzufügen, wählen Sie die Datenbank im Objekt-Explorer aus und markieren den Ordner *Benutzer*, der als Unterordner des Ordners *Sicherheit* zu finden ist. Über das Kontextmenü wählen Sie den Befehl NEUER BENUTZER... zum Anlegen eines neuen Benutzerkontos aus.

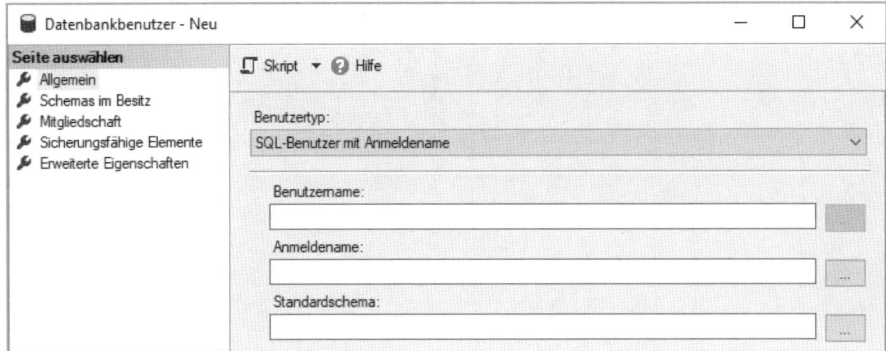

Bild 10.21 Neuen Datenbankbenutzer erstellen

Im Dialog erfolgt die Auswahl des Benutzertyps in Listenform. Es werden folgende Auswahlmöglichkeiten angeboten:

- Benutzer, der einem asymmetrischen Schlüssel zugeordnet ist
- Benutzer, der einem Zertifikat zugeordnet ist
- SQL-Benutzer mit Anmeldename
- SQL-Benutzer ohne Anmeldename
- Windows-Benutzer

Die Standardvariante, die in der Regel zum Einsatz kommen wird, ist *SQL-Benutzer mit Anmeldename*. Die Frage wirft sich auf, welchen Sinn denn ein SQL-Benutzer ohne einen Anmeldenamen machen würde. Als solcher kann sich niemand anmelden, aber ein anderer Benutzer kann beim Ausführen von Anmeldungen mit der Klausel EXECUTE AS USER dessen Berechtigungen übernehmen. Dies kann als Ersatz für eine Anwendungsrolle eingesetzt werden.

Verwenden Sie die Standardoption *SQL-Benutzer mit Anmeldename* und tragen Sie den Anmeldenamen, den Sie dem neuen Benutzer zuordnen möchten, ein. Oder klicken Sie auf die Schaltfläche mit den drei Punkten am rechten Rand, um einen Auswahldialog zu öffnen.

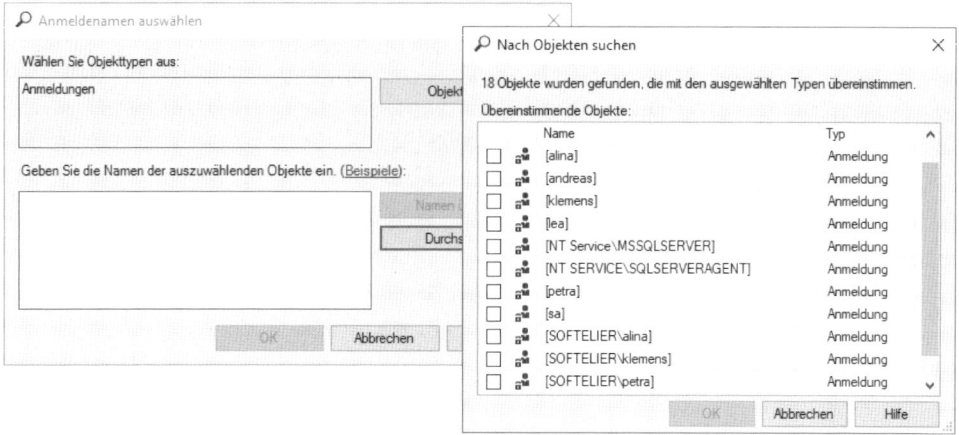

Bild 10.22 Einen Anmeldenamen auswählen

Auch im Auswahldialog müssen Sie den Anmeldenamen vorerst manuell erfassen, erhalten aber beim Übernehmen desselben sofort eine Fehlermeldung, falls er nicht vorhanden ist. Sie können mit der Schaltfläche *Namen überprüfen* sofort nach der Eingabe prüfen, ob der Name vorhanden ist. Wissen Sie nicht mehr genau, wie der Anmeldename geschrieben wird, können Sie sich mit der Schaltfläche *Durchsuchen...* eine Liste anzeigen lassen.

Wählen Sie aus den angezeigten Anmeldenamen denjenigen aus, den Sie übernehmen möchten. Leider wird der Anmeldename hier nicht automatisch als Benutzername vorgeschlagen, sondern muss noch manuell ergänzt werden.

Das Standardschema kann – sofern gewünscht – ausgewählt werden. Wenn Sie keines auswählen, wird beim Speichern des neuen Benutzers *dbo* als Standardschema ergänzt.

Zuletzt können Sie dem neuen Benutzer noch Datenbankrollen zuordnen. Wechseln Sie dazu auf die Seite *Mitgliedschaft*. In der Praxis werden Sie einem neuen Benutzer in der Regel immer eine oder mehrere Rollenmitgliedschaften zuweisen.

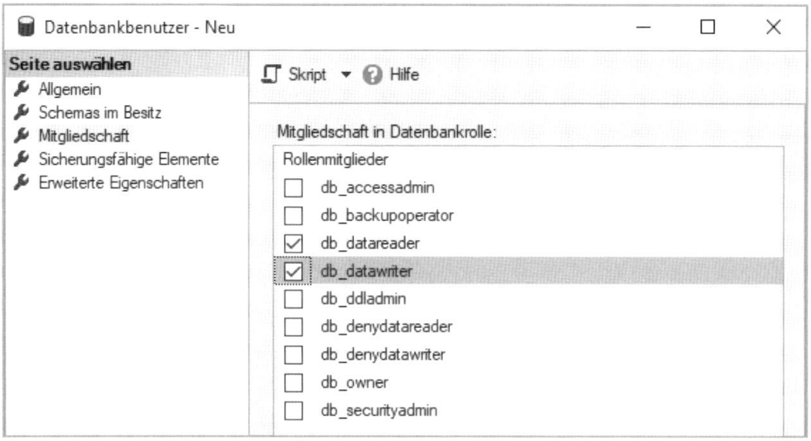

Bild 10.23 Rollenmitgliedschaften zuweisen

Falls Sie möchten, können Sie dem Benutzer noch spezifische Berechtigungen erteilen. Dazu müssen Sie im Dialog die Seite *Sicherungsfähige Elemente* aufrufen.

 HINWEIS: Der Begriff *Sicherungsfähige Elemente* erscheint auf den ersten Blick manchmal verwirrend. Hier wurde in der Begrifflichkeit eine Anleihe bei Windows genommen, wo Elemente, für die Berechtigungen erteilt werden können, auch als *Securables* bezeichnet werden. Dies ist der englische Ausdruck für sicherungsfähige Elemente. Hinter diesem Begriff verbergen sich beim SQL Server nun auch alle Datenbankobjekte, für die Berechtigungen erteilt werden können. ∎

Um die Übersicht zu wahren, werden zu Beginn keinerlei Elemente in der Auswahlliste *Sicherungsfähige Elemente* angezeigt. Klicken Sie auf SUCHEN..., um Elemente zur Anzeige hinzuzufügen. Im Auswahldialog können Sie vorerst unter den Optionen

- *Bestimmte Objekte...*,
- *Alle Objekte des Typs...* oder
- *Alle Objekte, die dem Schema angehören*

wählen. Bei Letzterem müssen Sie dann noch das Schema auswählen. Wenn Sie sich zum Beispiel für die zweite Option entscheiden, können Sie die Objekttypen aus einer Liste auswählen und markieren.

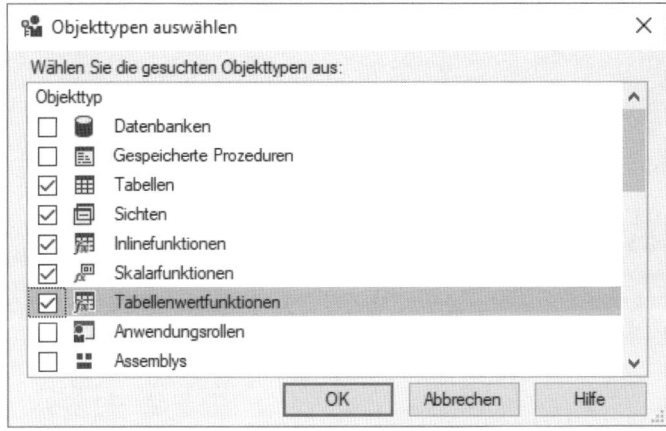

Bild 10.24 Objekttypen für Vergabe von Berechtigungen auswählen

Nun können Sie einzelne Objekte auswählen und im unteren Dialogteil entsprechende Berechtigungen erteilen. In Abhängigkeit vom gewählten Objekttyp – in der Abbildung sehen Sie eine Tabelle ausgewählt – werden Ihnen in der Liste darunter die möglichen Berechtigungsarten angezeigt.

HINWEIS: Die Berechtigungen sind in der Anzeige eingedeutscht. Ich bedauere dies, da ich die englischen Begriffe – vielleicht auch aus Gewohnheit – als unmissverständlicher empfinde. Anstelle von beispielsweise *Insert*, *Update* und *Delete* finden sich hier die Einträge *Einfügen*, *Aktualisieren* und *Löschen* wieder. Besonders die englischen Begriffe *Update* und *Alter* finde ich sprechender als ihre deutschen Übersetzungen *Aktualisieren* und *Ändern*. Denn diese beiden Begriffe können so leicht verwechselt werden. Meiner Ansicht nach wäre für die Berechtigungen hier eine inhaltliche Anordnung geeigneter als die alphabetische. Dies brächte einen besseren Überblick.

Berechtigungen für dbo.artikel:				Spaltenberechtigungen...
Explizit				
Berechtigung	Berechtigender	Erteilen	Mit Erteilung	Verweigern
Aktualisieren		☑	☐	☐
Ändern		☐	☐	☐
Änderungsnachverfolgung anzeigen		☐	☐	☐
Auswählen		☑	☐	☐
Besitz übernehmen		☐	☐	☐
Definition anzeigen		☐	☐	☐
Einfügen		☑	☐	☐
Löschen		☑	☐	☐
Steuern		☐	☐	☐
Verweise		☐	☐	☐

Bild 10.25 Explizite Berechtigungen für eine Tabelle erteilen

Über Berechtigungen und deren Vergabe erfahren Sie etwas später mehr.

 HINWEIS: Typischerweise werden in der Praxis wegen der besseren Wartbarkeit Berechtigungen – sofern möglich – nicht an Benutzer, sondern ausschließlich an Datenbankrollen erteilt. Benutzer erhalten somit ihre Berechtigungen ausschließlich indirekt über die Mitgliedschaft in Datenbankrollen.

10.6.4 Rollen in einer Datenbank anlegen

Wie Sie Serverrollen anlegen können, habe ich Ihnen früher in diesem Kapitel schon gezeigt. Nun werden Sie sehen, wie Rollen innerhalb einer Datenbank zu erzeugen sind. Diese ergänzen die festen Standarddatenbankrollen und werden verwendet, um spezifische Berechtigungen zu erteilen.

Wir erinnern uns, dass zwischen zwei Arten von benutzerdefinierten Rollen unterschieden wird:

- **Datenbankrollen**: Datenbankrollen werden explizit Benutzer als Mitglieder zugewiesen. Diese erhalten dadurch die diesen Rollen zugewiesenen Berechtigungen.

- **Anwendungsrollen**: Anwendungsrollen haben keine Mitglieder. Sie sind mit einem Kennwort versehen. Durch die Eingabe des Kennworts erlangt man die der Rolle zugewiesenen Berechtigungen.

Wegen ihrer größeren praktischen Bedeutung behandle ich hier nur Datenbankrollen.

Eine neue Datenbankrolle legen Sie im Management Studio über den Objekt-Explorer an, indem Sie bei der gewünschten Datenbank den Ordner *Datenbankrollen* markieren. Diesen finden Sie als Unterordner des Ordners *Rollen*, der wiederum dem Ordner *Sicherheit* eingegliedert ist.

Über das Kontextmenü wählen Sie den Befehl NEUE DATENBANKROLLE... aus. Im Dialog können Sie neben der Vergabe von *Rollenname* und *Besitzer* über die Schaltflächen *Hinzufügen...* und *Entfernen* sogleich Mitglieder zuweisen beziehungsweise wieder entfernen.

HINWEIS: Sie können nicht nur Benutzer als Mitglieder einer Rolle zuweisen. Rollen können auch anderen Rollen zugewiesen und damit ineinander geschachtelt werden. Dabei ist es auch möglich, eine benutzerdefinierte Rolle als Mitglied einer der fixen Datenbankrollen einzutragen.

PRAXISTIPP: Sie sollten stets Rollen verwenden, um Berechtigungen an Benutzer zu vergeben. Die Vergabe von Berechtigungen an Einzelbenutzer ist in der Praxis sehr aufwendig. Erteilen Sie Berechtigungen an verschiedene Rollen, müssen Sie in Folge nur die Mitgliedschaften von Benutzern verwalten, was wesentlich weniger Aufwand bedeutet.

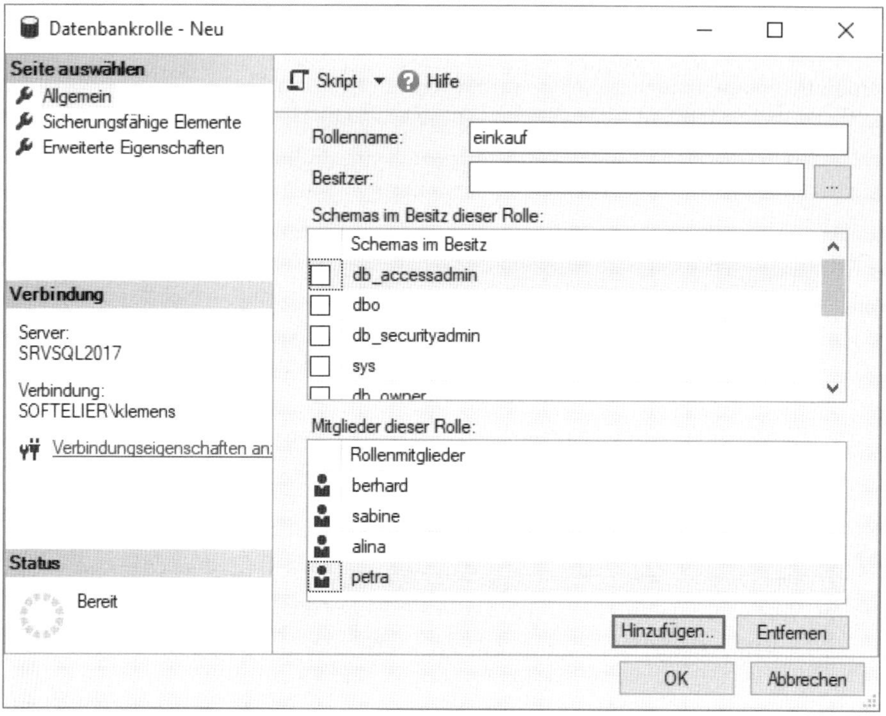

Bild 10.26 Datenbankrolle anlegen

Die Vergabe von Berechtigungen an eine Rolle erfolgt analog zur Berechtigungsvergabe an einen Benutzer. Wählen Sie die Seite *Sicherungsfähige Elemente* aus. Auch hier müssen Sie vorerst Elemente in die Liste übernehmen, damit später der Rolle Berechtigungen an ihnen erteilt werden können.

■ 10.7 Berechtigungen vergeben

Die Vergabe von Berechtigungen ist in sehr granularer Form möglich. Daher lässt sich mit den nachfolgend beschriebenen Mitteln jede gewünschte Berechtigungskombination realisieren.

10.7.1 Berechtigungen auf Datenbankebene

Bei der Zuweisung von Rechten sind drei Berechtigungsstufen vorgesehen:

- *Erteilt:* Dem Benutzer oder der Rolle ist die Berechtigung zugewiesen.
- *Neutral:* Die Berechtigung ist zwar nicht zugewiesen, aber der Benutzer kann das Recht dennoch indirekt über eine Rollenmitgliedschaft erhalten.

- *Verweigern:* Dem Benutzer ist das Recht explizit entzogen. Damit kann beispielsweise einem einzelnen Rollenmitglied ein bestimmtes Recht, das es indirekt über die Mitgliedschaft besitzt, „ausnahmsweise" entzogen werden. Ein Verweigern ist immer stärker als ein Erteilen auf einer anderen Ebene, sei es auf Rollen- oder Benutzerebene.

Als zusätzliche Option zu *Erteilt* gibt es noch:

- *Mit Erteilung:* Derjenige, der dieses Recht hat, kann es auch anderen weitergeben. Diese weitergegebenen Rechte gehen aber bei Entzug der ursprünglichen Berechtigung wieder verloren.

Berechtigungen können im Management Studio auf zweierlei Arten vergeben werden:

- Sie wählen das Datenbankobjekt aus – zum Beispiel eine Tabelle –, für das Sie Berechtigungen an einen Benutzer oder Rollen erteilen möchten. Sie können auf diese Weise bei einem Vorgang mehreren Rollen beziehungsweise Benutzern Berechtigungen erteilen oder entziehen.

- Sie wählen einen Benutzer oder eine Rolle aus und erteilen oder entziehen ihm oder ihr Berechtigungen. Sie können so in einem Vorgang beispielsweise Berechtigungen an mehreren Datenbankobjekten erteilen.

Die in der nachfolgenden Übersicht aufgeführten wichtigsten Berechtigungen in Tabelle 10.3 können für Objekte – je nach Objekttyp unterschiedlich – vergeben werden. Ich habe nicht nur die deutschen, sondern auch die englischen Begriffe aufgeführt, da wir später in diesem Kapitel Berechtigungen mit DCL-Anweisungen (Data Control Language) vergeben werden. Dort werden ausschließlich die englischen Ausdrücke zum Einsatz kommen.

Tabelle 10.3 Berechtigungen für Datenbankobjekte

Berechtigung	Wirkung
Select/Auswählen	Inhalte dürfen gelesen werden.
Insert/Einfügen	Einfügen von Datensätzen
Update/Aktualisieren	Ändern bestehender Datensätze
Delete/Löschen	Löschen von Datensätzen
Exec/Ausführen	Diese Berechtigung wird bei Prozeduren und Skalarfunktionen benötigt, um diese ausführen zu können.
DRI/Verweise	Ein Fremdschlüssel, der auf diese Tabelle verweist, darf erstellt werden.
Alter/Ändern	Mit dieser Berechtigung kann alles am betroffenen Element geändert werden. Ausgenommen ist nur der Besitz. Alle untergeordneten Elemente können erstellt, geändert und gelöscht werden. So erlaubt dieses Recht, an einem Schema beliebig Objekte innerhalb dieses Schemas zu erstellen, zu ändern und zu löschen.
Control/Steuern	Dieses Recht kommt beinahe dem Besitz an diesem Objekt gleich. Insbesondere können Berechtigungen für dieses Objekt vergeben werden. Das Recht umfasst alle untergeordneten sicherungsfähigen Elemente. Dieses Recht für ein Schema inkludiert dasselbe Recht für alle Schemaobjekte. Es beinhaltet dasselbe Recht für alle Schemas in dieser Datenbank.

(Fortsetzung nächste Seite)

Tabelle 10.3 Berechtigungen für Datenbankobjekte *(Fortsetzung)*

Berechtigung	Wirkung
Take ownership/ Besitz übernehmen	Mit dieser Berechtigung kann man den Besitz an einem Objekt übernehmen.
View definition/ Definition anzeigen	Betrachten von Metadaten für dieses Element

Die Rechte SELECT und UPDATE können auch auf Spaltenebene vergeben werden, wodurch eine Feinsteuerung bei der Rechtevergabe möglich wird.

Eine Reihe von Berechtigungen gibt es auch auf Datenbankebene. Mit neuen Funktionalitäten kommen mit neuen Versionen regelmäßig neue Berechtigungen hinzu, da für diese ja auch Zugriff benötigt wird. Einen Überblick über die wichtigsten Berechtigungen gibt Ihnen die nachfolgende Tabelle.

Tabelle 10.4 Berechtigungen auf Datenbankebene

Berechtigung	Wirkung
Alter any role/ Beliebige Rolle ändern	Verwalten von Datenbankrollen
Alter any schema/ Beliebiges Schema ändern	Verwalten von Datenbankschemas
Alter any user/ Beliebigen Benutzer ändern	Verwalten der Datenbankbenutzer
Backup database/ Datenbank sichern	Sichern der Datenbank
Backup log/ Sicherungsprotokoll	Sichern des Transaktionsprotokolls
Connect/Verbinden	Mit der Datenbank verbinden – diese Berechtigung erhält jeder neue Benutzer beim Anlegen automatisch.
Control/Steuern	Besitzähnliche Berechtigung für die gesamte Datenbank
Create function/ Funktion erstellen	Anlegen von neuen benutzerdefinierten Funktionen
Create procedure/ Prozedur erstellen	Erstellen von gespeicherten Prozeduren
Create role/Rolle erstellen	Erzeugen von Rollen
Create schema/ Schema erstellen	Erstellen von neuen Schemas
Create view/Sicht erstellen	Anlegen von Sichten in allen Schemas
Delete/Löschen	Löschen in allen Tabellen
Execute/Ausführen	Ausführen aller Prozeduren und Skalarfunktionen
Insert/Einfügen	Einfügen in alle Tabellen
Select/Auswählen	Inhalte aller Tabellen lesen
Update/Aktualisieren	Ändern der Inhalte aller Tabellen

Rechte innerhalb einer Datenbank können an Benutzer sowie Rollen vergeben werden.

Für die zwei vorhin erwähnten Varianten gehen Sie im Management Studio auf folgende Weise vor:

- *Ansatzpunkt Datenbankobjekte*: Sie wählen im Objekt-Explorer das Datenbankobjekt aus, für das Sie Berechtigungen erteilen möchten. Im Dialog *Eigenschaften* wählen Sie die Seite *Berechtigungen* und erteilen diese an Rollen und Benutzer.

- *Ansatzpunkt Benutzer und Rollen*: Nach Auswahl eines Benutzers oder einer Rolle im Objekt-Explorer öffnen Sie den Dialog *Eigenschaften*. Auf der Seite *Sicherungsfähige Elemente* wählen Sie die Objekte aus, für die Sie Berechtigungen vergeben möchten.

Die Vorgangsweise ist für einen Benutzer und eine Rolle dieselbe. Daher sehen wir uns den Vorgang für eine Rolle an.

 HINWEIS: Die Berechtigungen von Standarddatenbankrollen können Sie nicht verändern. Benötigen Sie eine differenziertere Rechtezuweisung, verwenden Sie in Ausnahmefällen die Rolle *public* oder erstellen Sie eine neue benutzerdefinierte Datenbankrolle. Beachten Sie bei Ihren Überlegungen, dass der Rolle *public* alle Datenbankbenutzer angehören. Aus dieser Rolle kann kein Benutzer entfernt werden. Seien Sie also mit der Erteilung von Berechtigungen für diese Rolle vorsichtig.

1. Wählen Sie eine Rolle – zum Beispiel *einkauf* – aus und öffnen Sie die Eigenschaften über das Kontextmenü. Wählen Sie im Dialog die Seite *Sicherungsfähige Elemente* aus.

2. Klicken Sie auf die Schaltfläche SUCHEN..., um Objekte auszuwählen, für die Sie der Rolle *einkauf* Berechtigungen erteilen möchten. Sie können zwischen drei Varianten wählen:

   - *Bestimmte Objekte*: Im nachfolgenden Auswahldialog können Sie zuerst einen oder mehrere Objekttypen auswählen und danach Objekte aus diesen Kategorien suchen.

   - *Alle Objekte des Typs*: Im nachfolgenden Dialog können ein oder mehrere Objekttypen ausgewählt werden. Alle Objekte dieser Typen werden danach hinzugefügt – unabhängig davon, in welchem Schema der Datenbank sie gespeichert sind.

   - *Alle Objekte, die dem Schema angehören*: Auf diese Weise können alle Objekte – ungeachtet ihres Objekttyps – aus einem ausgewählten Schema übernommen werden.

   Wir wählen hier die dritte Option und übernehmen alle Objekte des *dbo*-Schemas.

3. Nun wählen wir in der Liste der sicherungsfähigen Elemente die Tabelle *artikel* aus.

4. Im unteren Dialogbereich in der Liste *Berechtigungen für dbo.artikel* erteilen wir die Berechtigungen *Aktualisieren*, *Auswählen* und *Einfügen*.

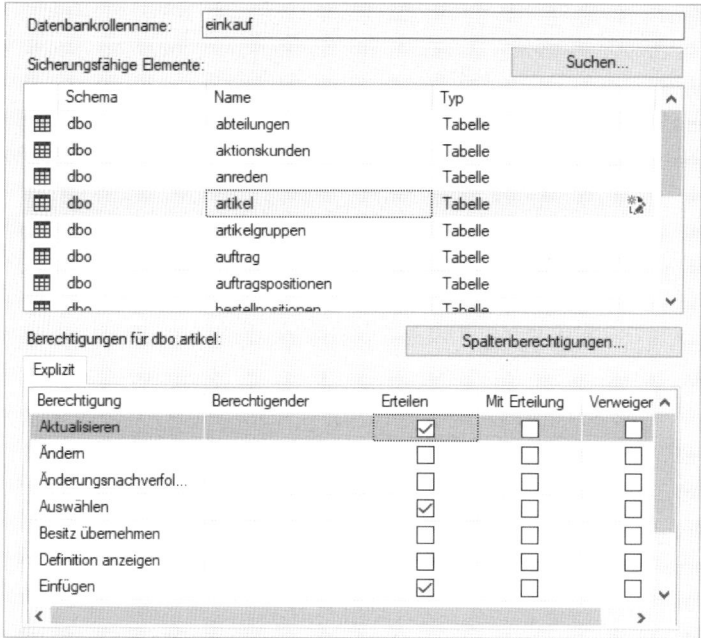

Bild 10.27 Berechtigungen erteilen

5. Um Berechtigungen auf Spaltenebene zu erteilen, wählen wir die Zeile mit der Berechtigung (in unserem Beispiel *Aktualisieren*) und klicken auf SPALTENBERECHTIGUNGEN....

6. Wir erteilen die Berechtigung für jene Spalten, die Einkäufer verändern dürfen (Bild 10.28). Leicht irritierend ist im Dialog, dass die Spaltennamen nicht gemäß ihrer Position in der Tabelle, sondern in alphabetischer Reihenfolge angeführt sind.

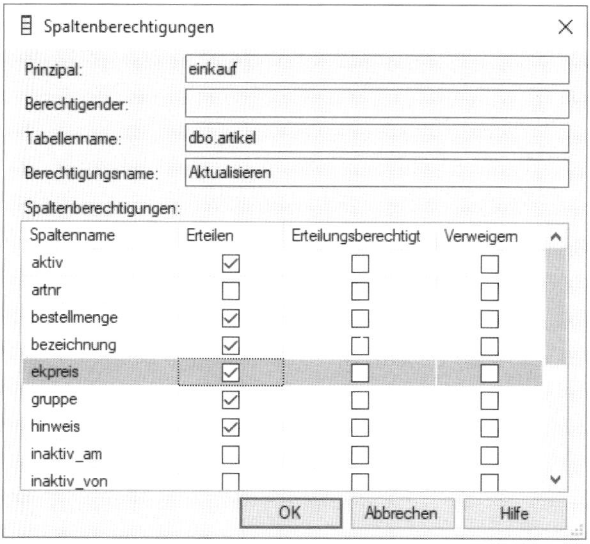

Bild 10.28 Spaltenberechtigungen auswählen

Nach der Übernahme der Spaltenberechtigungen wird die Aktualisieren-Berechtigung zwar als erteilt dargestellt, aber nicht mit einem Häkchen, sondern mit einem kleinen ausgefüllten Quadrat angezeigt. Dadurch ist auch späterhin sichtbar, dass das Recht nicht uneingeschränkt für alle Spalten erteilt worden ist.

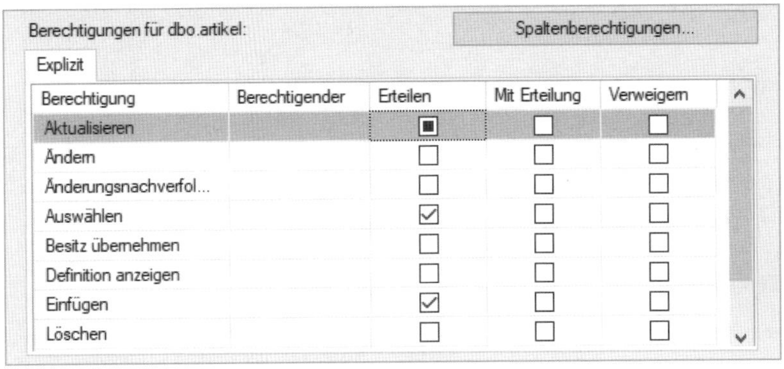

Bild 10.29 Auf Spalten eingeschränktes Aktualisieren

> **HINWEIS:** Wie erwähnt, wird neben dem Begriff Datenbankobjekte beziehungsweise Objekte für Tabellen, Sichten etc. – vor allem im Zusammenhang mit Berechtigungen – auch von *sicherungsfähigen Elementen* (*Securables*) gesprochen. Gemeint ist jedoch immer dasselbe. Letzterer Begriff wird verwendet, da vieles im Sicherheitsbereich von der Begrifflichkeit und der Funktionalität her an das Betriebssystem Windows angeglichen ist.

Um Berechtigungen für die gesamte Datenbank zu vergeben, benötigen Sie den Dialog *Datenbankeigenschaften*. In diesen gelangen Sie, indem Sie die gewünschte Datenbank auswählen und im Kontextmenü den Befehl EIGENSCHAFTEN auswählen.

Im nachfolgenden Beispiel in Bild 10.30 sehen Sie (beinahe), wie dem Benutzer *sicherung* die Berechtigungen *Datenbank sichern* und *Sicherungsprotokoll* erteilt werden.

Es wird bereits zu Beginn die Berechtigung *Verbinden* als erteilt angezeigt. Diese Berechtigung erhält ein Benutzer bei der Anlage automatisch.

Durch das Eindeutschen der Berechtigungen sind die drei Berechtigungen in der Abbildung leider nicht mehr auf einen Blick zu sehen. In einer früheren Version waren es noch *Backup database*, *Backup log* und *Connect*.

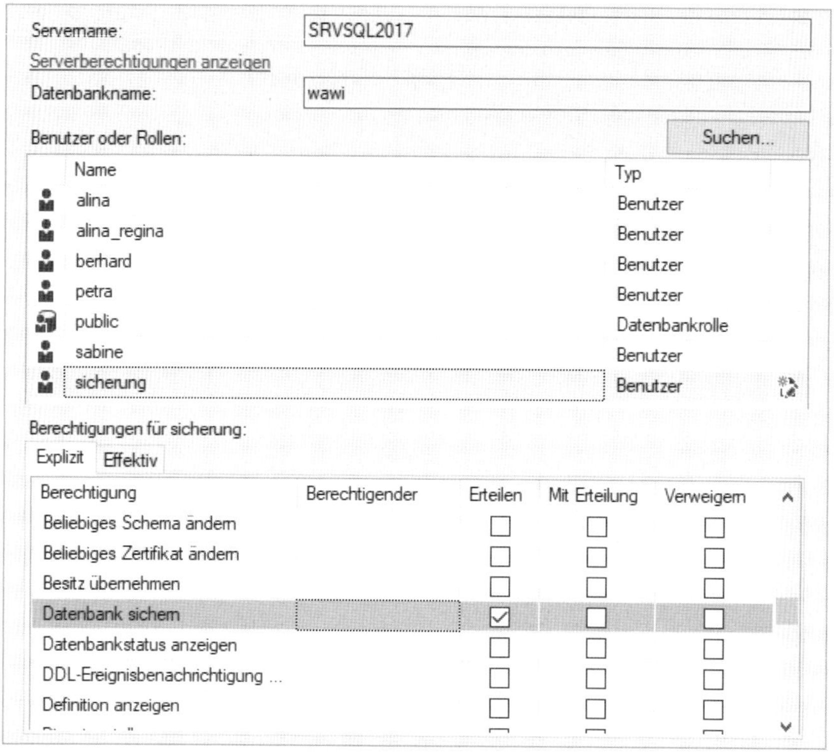

Bild 10.30 Eine Berechtigung für die gesamte Datenbank erteilen

PRAXISTIPP: Auf dem hinteren Register sehen Sie die effektiven Berechtigungen, die sich aufgrund von Rollenmitgliedschaften und direkt erteilten Berechtigungen ergeben.

Nach dem Speichern der soeben erteilten Berechtigungen ergibt sich beim erneuten Öffnen der Eigenschaften bei der Anzeige der effektiven Berechtigungen nachfolgendes Bild. Sehr von Vorteil ist, dass die effektiven Berechtigungen als eigene Liste angezeigt werden und nicht als markierte Einträge in einer Gesamtliste erscheinen. Außerdem werden hier wieder – zu meiner Freude – die englischen Bezeichnungen der Berechtigungen angezeigt.

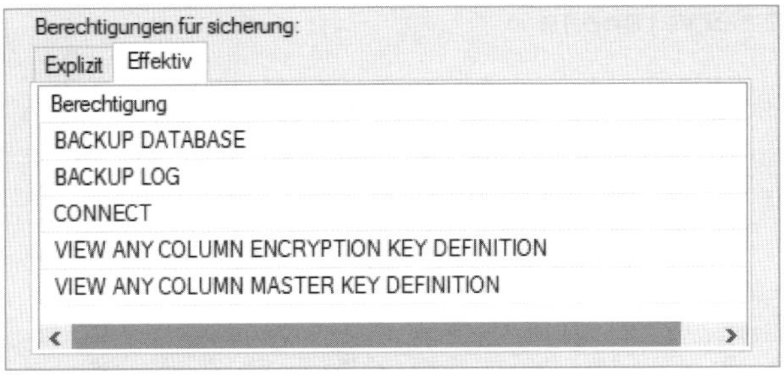

Berechtigungen für sicherung:

Explizit | **Effektiv**

Berechtigung
BACKUP DATABASE
BACKUP LOG
CONNECT
VIEW ANY COLUMN ENCRYPTION KEY DEFINITION
VIEW ANY COLUMN MASTER KEY DEFINITION

Bild 10.31 Effektive Berechtigungen

Um die effektiven Berechtigungen zu demonstrieren, habe ich dem Benutzer *sicherung* im Anschluss noch die Mitgliedschaft in den beiden fixen Datenbankrollen *db_backupoperator* sowie *db_datareader* erteilt. Dadurch erweitern sich die effektiven Berechtigungen um die beiden Berechtigungen *Checkpoint* und *Select*; erstere aufgrund der Rollenmitgliedschaft in *db_backupoperator*, letztere durch die Mitgliedschaft in *db_datareader*. Außerdem werden durch die Mitgliedschaft in der Rolle *db_backupoperator* die zuerst erteilen Berechtigungen obsolet. Auch wenn Sie diese wieder entfernen, ändert sich daher nichts an den effektiven Berechtigungen.

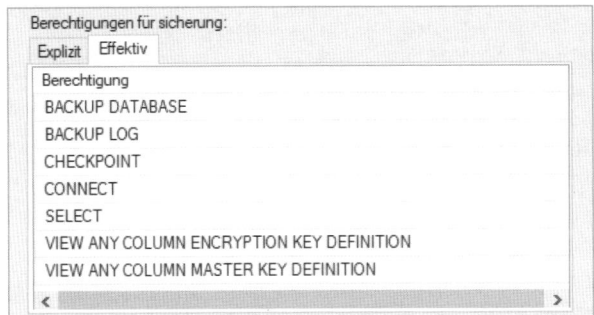

Berechtigungen für sicherung:

Explizit | **Effektiv**

Berechtigung
BACKUP DATABASE
BACKUP LOG
CHECKPOINT
CONNECT
SELECT
VIEW ANY COLUMN ENCRYPTION KEY DEFINITION
VIEW ANY COLUMN MASTER KEY DEFINITION

Bild 10.32 Effektive Berechtigungen mit zusätzlichen Rollenmitgliedschaften

HINWEIS: Die beiden Berechtigungen *VIEW ANY COLUMN ENCRYPTION KEY DEFINITION* (beliebige Spalten-Verschlüsselungsschlüsseldefinition anzeigen) und *VIEW ANY COLUMN MASTER KEY DEFINITION* (beliebige Spalten-Hauptschlüsseldefinition anzeigen) werden aufgrund der Rolle *public*, deren Berechtigungen immer alle Datenbankbenutzer erhalten, angezeigt. Diese sind aufgrund des mit dem SQL Server 2016 neuen Features der Verschlüsselung von Spalteninhalten erteilt. Diese Feature mit dem Namen *Always Encryptet* wird in Abschnitt 10.14 behandelt.

10.7.2 Berechtigungen auf Serverebene

Im Unterschied zum bisher Gesagten werden auf Serverebene Berechtigungen an Anmeldungen (Logins) und nicht an Benutzer (User) vergeben. Die nachfolgende Tabelle listet ein paar der wichtigsten Berechtigungen auf Serverebene auf.

Tabelle 10.5 Berechtigungen auf Serverebene

Berechtigung	Wirkung
alter any database	Ändern der Einstellungen aller Datenbanken
alter any login	Ändern der Einstellungen aller Anmeldenamen
alter settings	Verwalten der Servereinstellungen
control server	Volle Berechtigung auf Serverebene
create any database	Anlegen neuer Datenbanken
Shutdown	Beenden des SQL Server-Dienstes
view any database	Lesen von Metadaten aller Datenbanken über die *sys.databases*- und *sysdatabases*-Sichten sowie der Systemprozedur *sp_helpdb*
connect any database	Erlaubt einer Anmeldung den Zugriff auf alle Datenbanken und auch alle jene, die in der Zukunft noch erstellt werden, ohne dass ein DB-Benutzer benötigt wird. Sie hat dort jene Berechtigungen, die an die Rolle *public* erteilt worden sind.
impersonate any login	Diese Berechtigung ist dazu gedacht, um einen anderen Login zu impersonieren. Dies bedeutet, mit `EXECUTE AS LOGIN` in seine Rolle zu schlüpfen.
select all user securables	Gewährt einer Anmeldung Leserechte auf alle Objekte der Datenbanken, auf die sie Zugriff hat. Dies entspricht quasi der automatischen Mitgliedschaft in der Datenbankrolle *db_datareader* in den betroffenen Datenbanken.

Um Berechtigungen auf Serverebene zu erteilen, öffnen Sie den Dialog *Servereigenschaften* im Objekt-Explorer und wählen die Seite *Berechtigungen* aus. Im nachfolgenden Beispiel wird dem Anmeldenamen *petra* und der Serverrolle *schnittstellen* jeweils die Berechtigung *Beliebige Datenbank ändern/alter any database* erteilt.

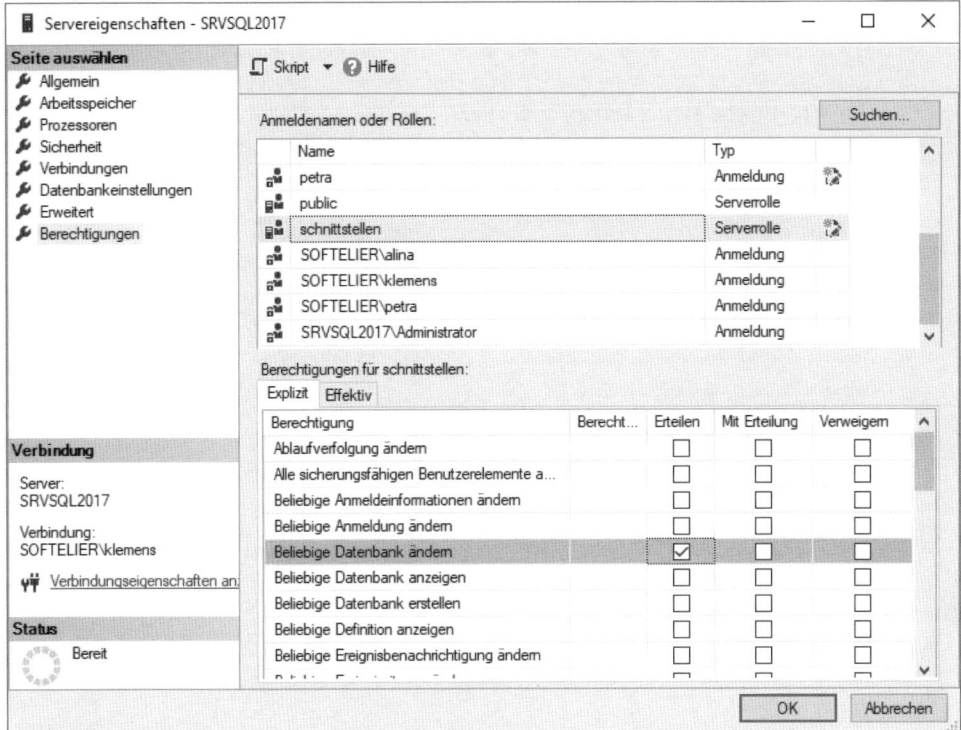

Bild 10.33 Berechtigungen auf Serverebene erteilen

 HINWEIS: Serveranmeldungen, Serverrollen, Serverberechtigungen und die Mitgliedschaften in Serverrollen werden in der *master*-Datenbank gespeichert. Deshalb sollten Sie nicht vergessen, auch diese Datenbank regelmäßig zu sichern. ∎

Datenbankbenutzer, Datenbankrollen und Berechtigungen werden in den Benutzerdatenbanken selber gespeichert. Wird eine Datenbank auf einen anderen Server übertragen – zum Beispiel bei einer Sicherung und Wiederherstellung –, bleiben diese Einstellungen auch in der Zieldatenbank erhalten.

■ 10.8 Lösungen mit T-SQL

Einzelne Anmeldungen, Benutzer und Ähnliches können sehr komfortabel mit grafischen Tools erzeugt und gewartet werden. Diese Vorgangsweise ist jedoch nicht mehr praktikabel, wenn zum Beispiel sehr viele Anmeldungen und Benutzer angelegt werden müssen. In solchen Fällen ist die Verwendung von Transact-SQL-Anweisungen praktischer, weil die entsprechenden Anweisungen als Skript ausgeführt werden können.

Die wichtigsten Anweisungen finden Sie hier in diesem Abschnitt zusammengefasst.

Das Management Studio ermöglicht es, diese Anweisungen aus dem jeweiligen Dialog direkt als SQL-Skript auszugeben. In jedem der zuvor beschriebenen Dialoge finden Sie dazu die Schaltfläche *Skript*. Lediglich die letzte der hier verfügbaren vier Optionen ist bei einer Express Edition nicht verfügbar, sie wird aber für diese Aufgabenstellungen auch gar nicht benötigt.

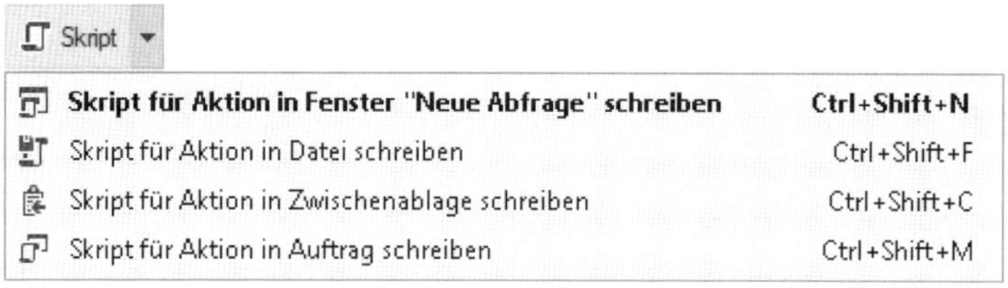

Skript für Aktion in Fenster "Neue Abfrage" schreiben	Ctrl+Shift+N
Skript für Aktion in Datei schreiben	Ctrl+Shift+F
Skript für Aktion in Zwischenablage schreiben	Ctrl+Shift+C
Skript für Aktion in Auftrag schreiben	Ctrl+Shift+M

Bild 10.34 Skript aus einem Dialog heraus generieren

Mit dieser Funktion können Sie auf einfache Weise alle nötigen Anweisungen generieren und speichern, um sie bei Bedarf schnell editieren und ausführen zu können.

Wenn Sie viele Objekte schnell anlegen müssen, können Sie diese Anweisungen mittels SQL-Statements erzeugen. Man spricht hierbei vom Einsatz generischer Skripte, da SQL verwendet wird, um SQL-Anweisungen zu erzeugen. Wie das funktioniert, zeige ich Ihnen später in diesem Kapitel.

10.8.1 Sicherheitsobjekte anlegen

Bis zur Version 2000 des SQL Servers wurden Anmeldungen und Benutzer über gespeicherte Systemprozeduren erstellt. Mittlerweile sind diese von Version zu Version schrittweise durch DCL-Anweisungen (DCL = Data Control Language) ersetzt worden und lediglich aus Gründen der Abwärtskompatibilität verfügbar. Sie sollten gespeicherte Systemprozeduren daher nicht mehr verwenden, da sie in einer zukünftigen Version nicht mehr implementiert sein werden. Damit sind Anforderungen von ANSI SQL umgesetzt. Erst beim SQL Server 2012 sind die Prozeduren zum Zuweisen von Rollenmitgliedschaften durch SQL-Anweisungen ersetzt worden.

Anmeldung

Eine Anmeldung wird über die Anweisung CREATE LOGIN erzeugt. Von dieser Anweisung ist beispielsweise die Systemprozedur *sp_addlogin* ersetzt worden.

Das erste Beispiel zeigt das Anlegen einer Anmeldung mit SQL Server-Authentifizierung, wobei die Standarddatenbank auf *wawi* gesetzt und der Ablauf des Kennworts (Standardeinstellung) und die Kennwortrichtlinie nicht erzwungen werden. Der letzte Punkt widerspricht der Standardeinstellung.

```
CREATE LOGIN lea WITH PASSWORD = 'lea',
DEFAULT_DATABASE = wawi, CHECK_EXPIRATION = OFF, CHECK_POLICY = OFF;
```

HINWEIS: Erzeugen Sie diese Anweisung als Skript aus dem Dialog heraus, so enthält sie leichte Abweichungen:

- Objektnamen werden in eckige Klammern gesetzt. Diese ermöglichen Sonder- und Leerzeichen innerhalb der Namen. Da in der Praxis niemand solche Zeichen verwenden wird, können Sie die eckigen Klammern bei manueller Erstellung auch weglassen.

- Der Buchstabe N vor einem Text (wie zum Beispiel dem Kennwort) bedeutet, dass der nachfolgende Text als Unicode angegeben wird. Da Sie in der Regel keine Zeichen verwenden, die nicht im Standardzeichensatz enthalten sind, ist auch die Verwendung dieses N nicht notwendig.

```
CREATE LOGIN [lea] WITH PASSWORD=N'lea', DEFAULT_DATABASE=[wawi] ...
```

Mit der Option `CREDENTIAL = credential_name` können Sie beim Anlegen einer Anmeldung dieser eine Anmeldeinformation für den Zugriff auf externe Ressourcen zuweisen. Diese Anmeldeinformation müssen Sie allerdings zuvor bereits erstellt haben.

Um eine Anmeldung mit Windows-Authentifizierung zu erstellen, ergänzen Sie den Parameter `FROM WINDOWS`. Die Option `PASSWORD` entfällt hier definitionsgemäß. Da der Name der Domäne und der Benutzername mit einem Schrägstrich voneinander getrennt eingegeben werden müssen, muss der gesamte Anmeldename entweder in eckigen Klammern oder unter doppelten Hochkommata eingegeben werden.

```
CREATE LOGIN [softelier\alina] FROM WINDOWS;
```

Um eine Anmeldung einer Serverrolle hinzuzufügen, musste vor der Version 2012 noch die Systemprozedur *sp_addsrvrolemember* verwendet werden. Dieser werden der Anmeldename sowie der Name der Serverrolle als Parameter übergeben. Nun wird für die Verwaltung der Rollenmitgliedschaften die Anweisung `ALTER SERVER ROLE` eingesetzt.

Mit der nachfolgenden Anweisung wird der Anmeldung des Windows-Kontos *alina* die Mitgliedschaft in der Rolle *sysadmin* verliehen:

```
ALTER SERVER ROLE sysadmin ADD MEMBER [softelier\alina];
```

Um die Mitgliedschaft in einer Serverrolle wieder zu entziehen, ersetzen Sie den Anweisungsteil `ADD MEMBER` durch `DROP MEMBER`.

```
ALTER SERVER ROLE sysadmin DROP MEMBER [softelier\alina];
```

Um eine Anmeldung zu löschen, verwenden Sie die Anweisung `DROP LOGIN`. Eigenschaften einer Anmeldung können mit der Anweisung `ALTER LOGIN` geändert werden.

Anmeldeinformationen

Anmeldeinformationen werden mit der Anweisung `CREATE CREDENTIAL` erzeugt. Das nachfolgende Beispiel erzeugt eine Anmeldeinformation mit dem Namen *datei*, die den gleichnamigen Windows-Benutzer mit dem Kennwort *datei2412* verwendet.

```
CREATE CREDENTIAL datei WITH IDENTITY = 'softelier\datei', SECRET = 'datei2412';
```

Änderungen nehmen Sie mit der Anweisung ALTER CREDENTIAL vor. Sie können einen Satz Anmeldeinformationen mit DROP CREDENTIAL wieder löschen.

Benutzer

In einer Datenbank werden Benutzer mit der Anweisung CREATE USER erstellt.

 ACHTUNG! Um einen Datenbankbenutzer anzulegen, muss man sich zuvor mit der entsprechenden Datenbank verbinden!

```
USE wawi
GO
CREATE USER alina FOR LOGIN [softelier\alina];
```

Eigenschaften des Benutzers können mit der Anweisung ALTER USER geändert werden. Das nachfolgende Beispiel weist einem Benutzer ein Standardschema zu.

```
ALTER USER alina WITH DEFAULT_SCHEMA = lea;
```

Benutzer werden über die Anweisung DROP USER wieder gelöscht.

Schema

Ein Schema „entsteht" nicht wie in anderen Datenbanksystemen und auch beim SQL Server früher mit dem Anlegen eines Benutzers, sondern muss (wie in diesem Kapitel beschrieben) explizit erzeugt werden. Dies erfolgt mittels der Anweisung CREATE SCHEMA. Im nachfolgenden Beispiel wird ein Schema mit dem Schemanamen *marketing* erzeugt. Zugleich wird der Benutzer *alina* als Besitzer diesem Schema zugeteilt.

```
CREATE SCHEMA marketing AUTHORIZATION alina;
```

Ein Schema wird über die Anweisungen ALTER und DROP geändert beziehungsweise gelöscht.

Rollen

Die Anweisung CREATE ROLE dient dem Erstellen von benutzerdefinierten Datenbankrollen.

```
CREATE ROLE verkauf;
```

 ACHTUNG! Die Namen von Benutzern und Datenbankrollen müssen innerhalb einer Datenbank eindeutig sein. Eine Rolle darf daher nie denselben Namen haben wie ein bereits bestehender Benutzer; das Gleiche gilt auch umgekehrt.

Analog zur Anweisung ALTER SERVER ROLE wird für das Erteilen von Mitgliedschaften in Datenbankrollen die Anweisung ALTER ROLE eingesetzt. Es entfällt lediglich das Schlüsselwort SERVER, der Rest der beiden Anweisungen ist identisch.

```
ALTER ROLE verkauf ADD MEMBER alina;
```

Mit DROP MEMBER wird die Rollenmitgliedschaft wieder entzogen.

```
ALTER ROLE verkauf DROP MEMBER alina;
```

Wenig überraschend ist die Tatsache, dass die benutzerdefinierten Serverrollen mit der Anweisung CREATE SERVER ROLE erstellt werden.

```
CREATE SERVER ROLE intern;
```

Es gibt in der Syntax keinen Unterschied, ob Sie eine Anmeldung einer festen oder benutzerdefinierten Serverrolle zuweisen oder die Mitgliedschaft wieder beenden.

```
ALTER SERVER ROLE intern ADD MEMBER [softelier\alina];
ALTER SERVER ROLE intern DROP MEMBER [softelier\alina];
```

Wenn Sie eine benutzerdefinierte Rolle nicht mehr benötigen, entfernen Sie diese mit der Anweisung DROP ROLE.

```
DROP ROLE verkauf;
DROP SERVER ROLE intern;
```

Berechtigungen

Berechtigungen werden mit der Anweisung

- GRANT erteilt,
- mit REVOKE entzogen und
- mit DENY verwehrt.

Dies gilt sowohl für Berechtigungen auf Serverebene als auch für Berechtigungen innerhalb einer Datenbank. In der Anweisung werden die Berechtigungen mit ihrer englischen Bezeichnung angegeben.

```
GRANT VIEW ANY DATABASE TO [softelier\alina] WITH GRANT OPTION;
```

 HINWEIS: Wird eine Berechtigung mit WITH GRANT OPTION erteilt, darf der Berechtigte diese Berechtigung auch an andere weitergeben. Verliert er selber die Berechtigung wieder, gehen damit auch alle von ihm aufgrund dieser Berechtigung erteilten Berechtigungen wieder verloren.

In einer Datenbank werden Berechtigungen auf dieselbe Art und Weise an Rollen wie an Benutzer erteilt.

```
GRANT UPDATE ON dbo.artikel TO verkauf;
DENY DELETE ON dbo.artikel TO alina;
```

Mit REVOKE wird nicht nur ein erteiltes Recht wieder entzogen, sondern auch eine Verweigerung wieder entfernt. Mit REVOKE kehrt man also in den neutralen Zustand zurück.

```
REVOKE UPDATE ON dbo.artikel FROM verkauf;
REVOKE DELETE ON dbo.artikel FROM alina;
```

Mit einer Anweisung können mehrere unterschiedliche Berechtigungen erteilt und entzogen werden. Diese Berechtigungen müssen mit einem Komma getrennt voneinander angegeben werden.

```
GRANT SELECT, INSERT, UPDATE ON dbo.artikel TO verkauf;
REVOKE INSERT, UPDATE ON dbo.artikel FROM verkauf;
```

Dasselbe gilt, wenn Sie Berechtigungen an mehrere Rollen oder Benutzer gleichzeitig erteilen möchten. Dann führen Sie alle mit einem Komma getrennt an.

```
GRANT SELECT ON dbo.personal TO verkauf, einkauf, buero, alina;
REVOKE UPDATE, DELETE ON dbo.artikelgruppen FROM buero, alina;
```

Spaltenberechtigungen für die Berechtigungen SELECT und UPDATE werden direkt hinter der jeweiligen Berechtigung in Klammern angeführt.

```
GRANT UPDATE (vkpreis, gruppe, mwst) ON dbo.artikel TO verkauf;
DENY SELECT (gebdatum, svnr, bank, iban, bic) ON dbo.personal TO einkauf, verkauf;
```

Eine SQL-Anweisung ist so lange erfolgreich, wie in ihr ausschließlich Tabellen und Spalten enthalten sind, für die der ausführende Benutzer berechtigt ist.

 PRAXISTIPP: Aus den Systemtabellen können Sie die Berechtigungen auch mit SELECT selber auslesen. Die benötigten Informationen sind in den Tabellen *sys.database_principals*, *sys.database_role_members* und *sys.database_permissions* in Kombination mit den Tabellen *sys.tables* sowie *sys.views* zu finden. Die Inhalte dieser Tabellen können über die entsprechenden IDs verknüpft und ausgewertet werden. Um dies zu vereinfachen, gibt es im *INFORMATION_SCHEMA* schon vorgefertigte Sichten, die dies bereits für Sie erledigt haben:

- *INFORMATION_SCHEMA.TABLE_PRIVILEGES*
- *INFORMATION_SCHEMA.COLUMN_PRIVILEGES*

Die nachfolgende Beispielanweisung zeigt die Zusammenhänge zwischen diesen Systemtabellen, indem sie alle Berechtigungen für die Benutzerin *alina* ausliest. Dabei werden auch die Berechtigungen berücksichtigt, die sich aus ihren Rollenmitgliedschaften ergeben.

```
SELECT u.name, p.permission_name, p.state_desc,
       t.name AS table_name, c.name AS column_name
FROM sys.database_principals u
INNER JOIN sys.database_permissions p ON u.principal_id = p.grantee_principal_id
INNER JOIN sys.tables t ON p.major_id = t.object_id
LEFT OUTER JOIN sys.columns c ON p.minor_id = c.column_id AND p.major_id = c.object_id
WHERE u.name = 'alina'
OR p.grantee_principal_id IN(SELECT role_principal_id
```

```
                        FROM sys.database_role_members m
                        INNER JOIN sys.database_principals p
                        ON m.member_principal_id = p.principal_id
                        WHERE p.name = 'alina')
ORDER BY u.name, t.name;
```

Diese Anweisung können Sie nach Belieben erweitern und ergänzen. Sie können auch nur die Spalten mit den Berechtigungsinformationen ausgeben und gruppieren, um derart die effektiven Berechtigungen zu erhalten.

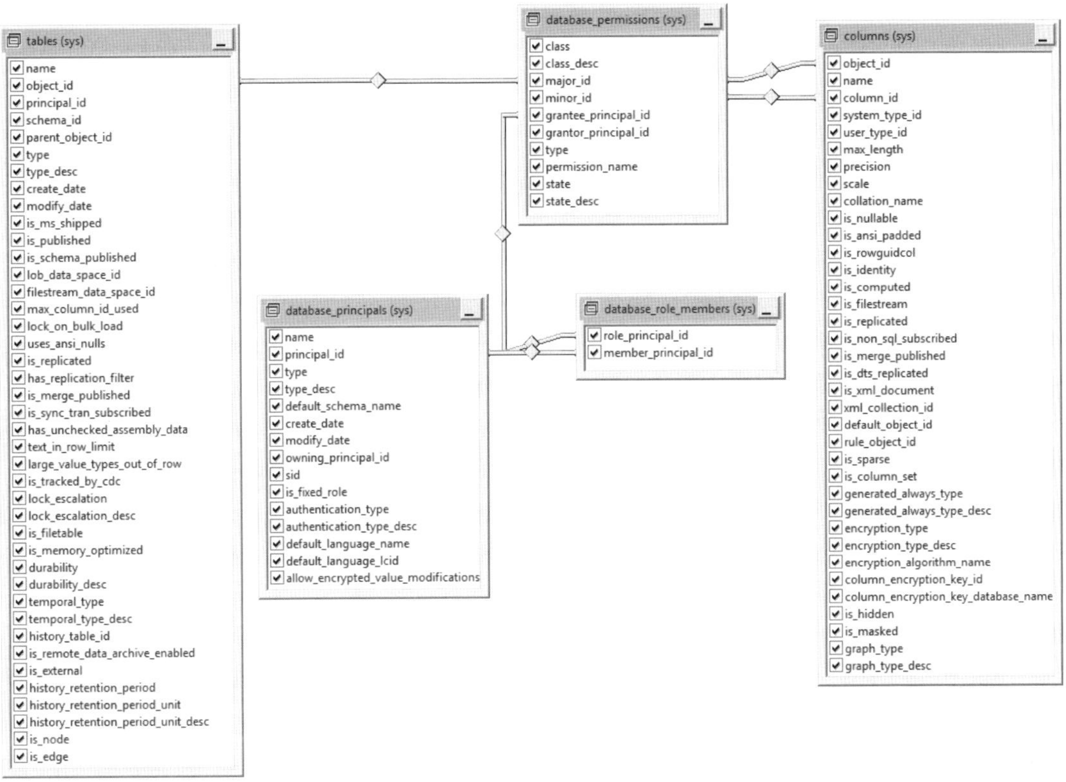

Bild 10.35 Systemtabellen für Berechtigungen

> **HINWEIS:** Generell können so gut wie alle Informationen über das System und die Datenbanken aus den Systemtabellen ausgelesen werden. Das Management Studio macht auch nichts anderes, wenn es diese Informationen grafisch visualisiert. Wenn Sie also selber Informationen auslesen möchten, weil Sie diese in Ihrer Applikation benötigen, setzen Sie sich mit den Systemtabellen in den Schemas *sys* und *INFORMATION_SCHEMA* auseinander.

10.8.2 Generische Skripte

Generische Skripte verwenden SQL-Statements, um andere SQL-Anweisungen zu generieren.

Betrachten wir einen solchen Vorgang an folgendem Beispiel: Für alle in der Tabelle *personal* der Datenbank *wawi* gespeicherten Mitarbeiter sollen Anmeldungen erstellt werden. Dabei sollen der Nachname als Anmeldename und der Vorname als Kennwort verwendet werden.

In einer SELECT-Anweisung werden als fixer Textteil die benötigten SQL-Anweisungen dynamisch mit den aus der Tabelle stammenden Informationen zu einer fertigen Anweisung verknüpft. Die im Ergebnis enthaltenen SQL-Befehle werden als Text unter Hochkommata eingegeben.

```
SELECT 'CREATE LOGIN ' + LOWER(nachname) +
       ' WITH PASSWORD = ''' + LOWER(vorname) + ''';'
FROM dbo.personal;
```

Die vorige Anweisung liefert als Ergebnis:

```
CREATE LOGIN obermann WITH PASSWORD = 'gernot';
CREATE LOGIN konstantin WITH PASSWORD = 'martin';
CREATE LOGIN hille WITH PASSWORD = 'bernadette';
CREATE LOGIN hoier WITH PASSWORD = 'marion';
CREATE LOGIN meister WITH PASSWORD = 'lorenz';
CREATE LOGIN ideenreich WITH PASSWORD = 'anastasia';
...
```

Diese Anweisungen müssen dann zum Beispiel über die Zwischenablage in ein Abfrageeditor-Fenster kopiert und ausgeführt werden. Auf diese Weise lassen sich viele Massenoperationen mit sehr wenig Aufwand ausführen.

Im SQL-Skript zum Kapitel finden Sie noch weitere Beispiele bis hin zum Erstellen von Benutzern und Zuweisen von Rollenmitgliedschaften.

■ 10.9 Contained Databases

Die Idee von eigenständigen Datenbanken (Contained Databases) ist, dass alles, was die Datenbank benötigt, in ihr selber und nicht auf Systemebene zu finden ist. Dadurch soll ein schnellerer und einfacherer Transfer auf einen anderen Server ermöglicht werden.

In einer eigenständigen Datenbank werden Dinge, die sonst in anderen – vor allem Systemdatenbanken – zu finden sind, innerhalb der Datenbank selber gespeichert. Dadurch werden die Abhängigkeiten nach außen reduziert. Die Idealvorstellung wäre, man spielt ein Backup einer Datenbank auf einem anderen Server ein, und schon „geht alles wieder". Beispiele für Objekte, die hier innerhalb der Datenbank selber gespeichert werden, sind etwa Verbindungsserver und Jobs des SQL Server-Agents.

Wir haben uns in diesem Kapitel bisher mit Anmeldungen (Logins) und Benutzern (User) beschäftigt. Sie haben gelesen, dass Anmeldungen auf Systemebene in der *master*-Datenbank gespeichert sind. In jeder Datenbank, auf die ein Anwender zugreifen muss, gibt es dann jeweils separat einen verbundenen Benutzer dazu. Was bedeutet dies, wenn eine Datenbank auf einem anderen Server eingespielt wird? Die Benutzer in der Datenbank sind vorhanden, aber verwaist, da die dazugehörigen Anmeldungen fehlen. Wie geht man nun vor, um Rollenmitgliedschaften und Berechtigungen in der Datenbank zu erhalten?

- Für Benutzer mit SQL Server-Authentifizierung werden neue Anmeldungen angelegt, die wieder mit ihnen assoziiert werden. Dazu wird die Anweisung `ALTER USER` verwendet.

`ALTER USER benutzer WITH LOGIN = anmeldung;`

- Für Windows-Benutzer ist dies davon abhängig, ob der neue Server sich in derselben Domäne befindet oder nicht.

  - Befindet sich der Server in derselben Domäne, ist es ausreichend, den passenden Windows-Benutzer am Server wieder anzulegen. Aufgrund derselben SID werden die beiden automatisch wieder assoziiert.

  - Befindet sich der Server in einer anderen Domäne, muss der User mit dem Login mit `ALTER USER` assoziiert werden.

```
ALTER USER benutzer WITH LOGIN = [domäne\benutzer];
ALTER USER benutzer WITH LOGIN = [domäne\benutzer], NAME = benutzer;
```

Wird der Paramater `NAME` dabei nicht angegeben, wird der Benutzername automatisch mit dem Namen der Anmeldung überschrieben.

Diese Vorgangsweise zu vereinfachen, ist mitunter ein Ziel der eigenständigen Datenbanken. Für diese gibt es keine Anmeldungen mehr auf Serverebene. Die Anmeldung erfolgt direkt in der Datenbank. Daher muss nach dem Transfer der Datenbank auch nichts wieder assoziiert werden.

Ich werde Ihnen nun im Folgenden zeigen, wie man eine solche eigenständige Datenbank erstellt und wie sich die Benutzer- und Rechteverwaltung von einer klassischen Datenbank unterscheidet.

 HINWEIS: Bevor wir auf einem Server eine eigenständige Datenbank anlegen können, müssen wir den Server dafür konfigurieren. ∎

Im Management Studio öffnen Sie dazu die Eigenschaften des Servers und wählen die Seite *Erweitert* aus. Ganz oben in der Liste finden Sie in der Kategorie *Einschluss* die Eigenschaft *Eigenständige Datenbanken aktivieren.*. Setzen Sie den Wert der Eigenschaft auf *True* und übernehmen Sie die Änderung.

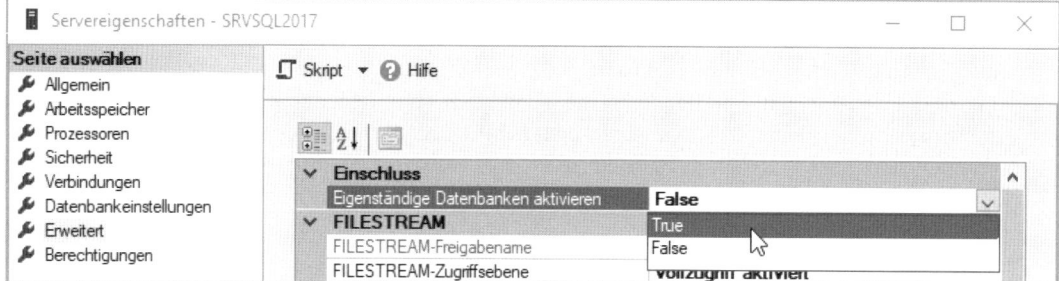

Bild 10.36 Eigenständige Datenbanken aktivieren

Alternativ können Sie diese Konfigurationseinstellung auch direkt im Abfrageeditor mit der Systemprozedur sp_configure erledigen. Vergessen Sie nicht, danach noch die Anweisung RECONFIGURE auszuführen.

```
EXEC sys.sp_configure 'contained database authentication', '1';
GO
RECONFIGURE WITH OVERRIDE;
GO
```

Beim Anlegen der neuen Datenbank wählen Sie im grafischen Dialog auf der Seite *Optionen* als Einschlusstyp die Option *Teilweise* aus.

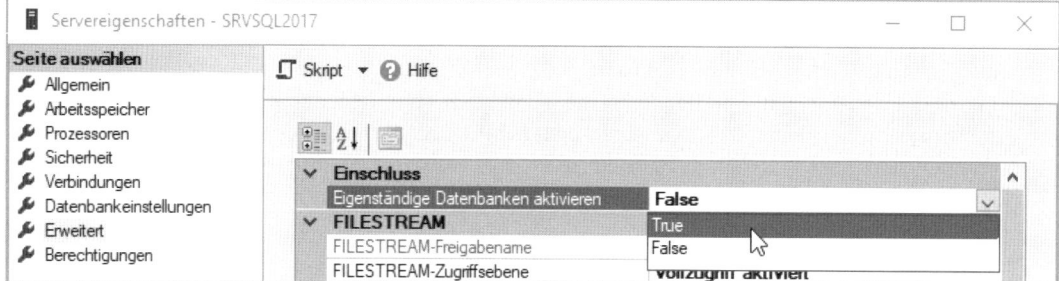

Bild 10.37 Einschlusstyp auswählen

Verwenden Sie zum Erstellen der neuen Datenbank direkt ein CREATE DATABASE-Statement, ergänzen Sie lediglich den Zusatz CONTAINMENT = PARTIAL.

```
CREATE DATABASE wawi_contained
  CONTAINMENT = PARTIAL
ON PRIMARY
( NAME = 'wawi_cont_data',
  FILENAME = 'D:\MSSQL13.MSSQLSERVER\MSSQL\DATA\wawi_cont_data.mdf',
  SIZE = 5120KB, FILEGROWTH = 1024KB)
LOG ON
( NAME = 'wawi_cont_log',
  FILENAME = 'D:\MSSQL13.MSSQLSERVER\MSSQL\DATA\wawi_cont_log.ldf',
  SIZE = 1024KB, FILEGROWTH = 10%);
```

Wenn Sie möchten, können Sie nun das Skript zum Generieren der Beispieldatenbank auch in dieser Datenbank starten. Werfen wir einen Blick in die Eigenschaften der neuen Datenbank. Auf der Seite *Optionen* finden wir die neue Rubrik *Einschluss*. Hier finden wir Optionen, die üblicherweise auf Serverebene konfiguriert werden. So entspricht die erste hier angeführte Option *Geschachtelte Trigger aktiviert* der Serveroption *Triggern ermöglichen, weitere Trigger auszulösen*. Etwas verwirrend ist hier die abweichende Übersetzung der beiden Optionen ins Deutsche.

Bild 10.38 Datenbankoptionen

Legen wir nun einen neuen Benutzer an. In der ersten Variante verwenden wird dazu den grafischen Dialog. Als Benutzertyp wählen wir *SQL-Benutzer mit Kennwort* aus. Hier wird der Unterschied zur klassischen Variante erstmals deutlich, da ein normaler Datenbankbenutzer kein Kennwort haben kann, sondern aufgrund der zugewiesenen Anmeldung verwendet wird. Der zweite Unterschied ist, dass nun eine Standardsprache auswählbar ist, was wir bisher nur von Anmeldungen gekannt haben.

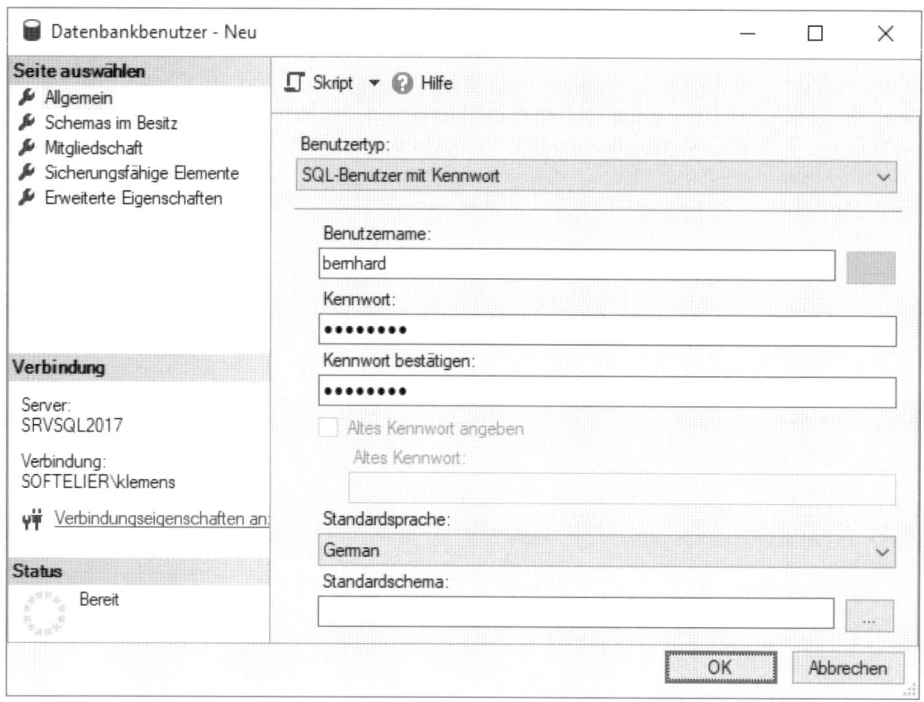

Bild 10.39 SQL-Benutzer mit Kennwort anlegen

Die Syntax der SQL-Anweisung zum Erstellen eines neuen Benutzers gleicht einer Kombination von CREATE LOGIN und CREATE USER. Die Anweisung CREATE USER übernimmt von den Anmeldungen die Optionen PASSWORD und DEFAULT_LANGAUGE.

```
CREATE USER bernhard WITH PASSWORD='$abin€', DEFAULT_LANGUAGE=German;
```

In eigenständigen Datenbanken müssen Sie auf Windows-Authentifizierung nicht verzichten. Auch diese Möglichkeit besteht. Im Dialog wählen Sie *Windows-Benutzer* als Benutzertyp aus. Den Benutzernamen tragen Sie entweder wie gewohnt von Hand ein oder verwenden den Suchdialog, um ihn aus der Domäne auszuwählen. Den Anmeldenamen können Sie auch leer lassen. Dieser wird hier nicht benötigt.

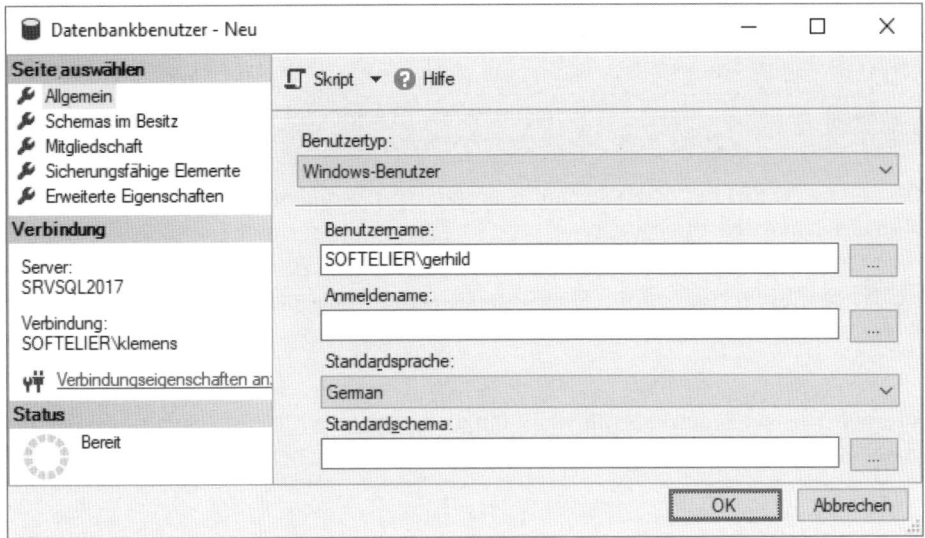

Bild 10.40 Windows-Benutzer in eigenständiger Datenbank

Es macht auch keinen Unterschied, ob Sie über SQL einen entsprechenden Benutzer mit oder ohne den Zusatz FOR LOGIN anlegen. In beiden Fällen ist das Ergebnis dasselbe.

```
CREATE USER [SOFTELIER\gerhild] FOR LOGIN [SOFTELIER\gerhild]
WITH DEFAULT_LANGUAGE=German;
CREATE USER [SOFTELIER\gerhild];
```

Wenn man den Zusatz FOR LOGIN verwendet, kommt die Vermutung auf, dass im Hintergrund doch ein entsprechender echter Login erzeugt wird. Wenn man dies in der *master*-Datenbank überprüft, sieht man, dass es nicht so ist.

```
SELECT name
FROM master.dbo.syslogins
WHERE name LIKE 'softelier%'
ORDER BY name;
```

Vielmehr verbirgt sich dahinter die Möglichkeit, auch einen vom Windows-Konto abweichenden Benutzernamen zu erstellen. Denn dazu müssen sowohl der neue Benutzername wie auch das Windows-Konto in der Anweisung vorkommen.

```
CREATE USER gerli FOR LOGIN [SOFTELIER\gerhild]
WITH DEFAULT_LANGUAGE=German;
```

Ein derart erstellter Benutzer wirkt auf den ersten Blick wie ein SQL Server-Konto, aber in den Systemtabellen ist der Unterschied erkennbar. Rufen wir die entsprechenden Informationen über die Tabelle *sys.database_principals* ab, wird die unterschiedliche Art der Authentifizierung erkennbar.

```
SELECT name, type, type_desc, sid, authentication_type, authentication_type_desc
FROM sys.database_principals
WHERE name IN('bernhard', 'gerli');
```

liefert:

```
name        type type_desc      sid                        auth_type auth_type_desc
----------- ---- -------------- -------------------------- --------- --------------
bernhard    S    SQL_USER       ...49E49931B08FEB71708CB   2         DATABASE
gerli       U    WINDOWS_USER   ...476D5537A5101380A0000   3         WINDOWS
```

Die angezeigte SID (verkürzt) stammt beim Benutzer *bernhard* vom SQL Server, bei *gerli* eben aus dem Active Directory.

 HINWEIS: Die Vergabe von Berechtigungen und Rollenmitgliedschaften unterscheidet sich nicht von der klassischen Variante.

So erteile ich dem Benutzer *bernhard* die Mitgliedschaft in der Rolle *db_datareader* über die gewohnte Anweisung.

```
ALTER ROLE db_datareader ADD MEMBER bernhard;
```

Etwas anders gestaltet sich der Anmeldevorgang. Da ja die Anmeldung nicht mehr am Server, sondern direkt in der Datenbank erfolgt, muss der Datenbankname beim Anmelden mit angegeben werden. Dazu klicken Sie im Anmeldedialog des Management Studios auf die Schaltfläche OPTIONEN. Auf dem Register *Verbindungseigenschaften* tragen Sie den Namen der Datenbank ein.

Bild 10.41 Datenbank für Verbindung angeben

 ACHTUNG! Sie müssen den Namen der Datenbank zumindest bei der ersten Anmeldung tatsächlich manuell eintragen. Denn um die Namen mit der Auswahl von *<Server durchsuchen>* anzeigen zu können, müsste bereits vorweg im Hintergrund eine Anmeldung am Server erfolgen, was in dieser Konstellation leider nicht möglich ist. Zum Glück merkt sich das Management Studio Ihre Eingabe und Sie können beim nächsten Mal schon darauf verzichten, die Optionen auszuwählen.

Wenn Sie sich derart angemeldet in einem Abfragefenster befinden und die Auswahlliste der Datenbanken öffnen, werden Sie hier immer nur die Datenbank, mit der Sie gerade verbunden sind, sowie die Systemdatenbanken *master* und *tempdb* angezeigt bekommen.

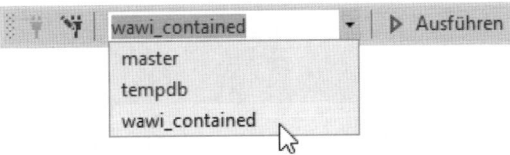

Bild 10.42 Eingeschränkte Datenbankauswahl

Sehr spartanisch präsentiert sich auch der Objekt-Explorer, wenn Sie sich mit dem Benutzer einer eigenständigen Datenbank anmelden. Außer dieser Datenbank bekommen Sie gar nichts angezeigt.

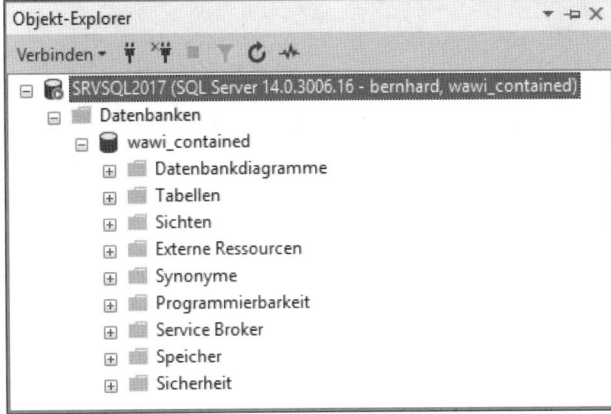

Bild 10.43 Eigenständige Datenbank im Objekt-Explorer

Wenn Sie sich an einer eigenständigen Datenbank mit dem Kommandozeilentool SQLCmd anmelden, müssen Sie ebenso den Datenbanknamen mit angeben. Wie Sie in Bild 10.44 sehen, bekommen Sie einen Fehler, wenn Sie nur den Benutzer und das Kennwort angeben.

```
sqlcmd –S sqlsrv2017 –U bernhard –P $abin€
```

Erst wenn Sie über den Parameter -d den Namen der Datenbank mit angeben, sind Sie erfolgreich.

```
sqlcmd –S sqlsrv2017 –U bernhard –P $abin€ –d wawi_contained
```

```
SQLCMD                                                              —   □   ×

C:\>sqlcmd -S srvsql2017 -U bernhard -P $abin€
Sqlcmd: Fehler: Microsoft ODBC Driver 13 for SQL Server : Fehler bei der Anmeldung für
den Benutzer "bernhard"..

C:\>sqlcmd -S srvsql2017 -U bernhard -P $abin€ -d wawi_contained
1>
2> SELECT * FROM dbo.artikelgruppen;
3> GO
artgr bezeichnung
----- -------------------------------------------------------
BE    Besteck
BU    Bücher
EG    Elektrische Geräte
GA    Garten
GE    Geschirr
HH    Haushalt
HW    Heimwerken
KG    Küchengeschirr
PC    Computer
SP    Spielwaren

(10 Zeilen betroffen)
1>
```

Bild 10.44 Eigenständige Datenbank mit SQLCmd

> **HINWEIS:** Parallel zu den eigenständigen Benutzern lassen sich auch klassische Benutzer, die einer Anmeldung auf dem Server zugeordnet sind, erstellen und benutzen. Auch der Benutzer *dbo*, zu dem alle Anmeldungen mutieren, die der Serverrolle *sysadmin* angehören, ist vorhanden.

Wird unsere Beispieldatenbank auf einen anderen Server übertragen, kann man sich dort mit dem Benutzer *bernhard* sofort anmelden.

■ 10.10 Administratorzugriff wiederherstellen

Es kann passieren, dass man keinen administrativen Zugriff mehr auf seine Datenbank hat. Das sollte eigentlich nicht vorkommen, kann aber geschehen. Dann ist es notwendig, sich den administrativen Zugriff über eine Hintertür wieder zu verschaffen. Dies kann zum Beispiel in folgenden Situationen notwendig sein:

- Die Domänenkonten mit administrativem Zugriff sind nicht mehr verfügbar, aus welchem Grund auch immer.
- Es gib nur SQL Server-Anmeldungen mit Administratorzugriff und das Kennwort ist nicht mehr verfügbar.

Gehen wir einmal von folgendem Szenario aus. Das einzige Domänenkonto mit Administratorzugriff ist nicht mehr verfügbar, und auch der Benutzer *sa* kann nicht verwendet werden kann, da nur Windows-Authentifizierung auf der betroffenen Instanz aktiv ist. Dieses Szenario deckt die meisten Varianten ab und ich kann Ihnen dabei am meisten zeigen. Wenn Sie einzelne Aspekte in Ihrem Szenario nicht benötigen, lassen Sie diese einfach unberücksichtigt.

 HINWEIS: Für die folgenden Schritte müssen Sie lokal am Server oder mit Remotedesktop angemeldet sein. Sie können nicht remote mit SQL Server Tools erledigt werden.

1. Beenden Sie den Serverdienst, zum Beispiel über den SQL Server-Konfigurations-Manager.

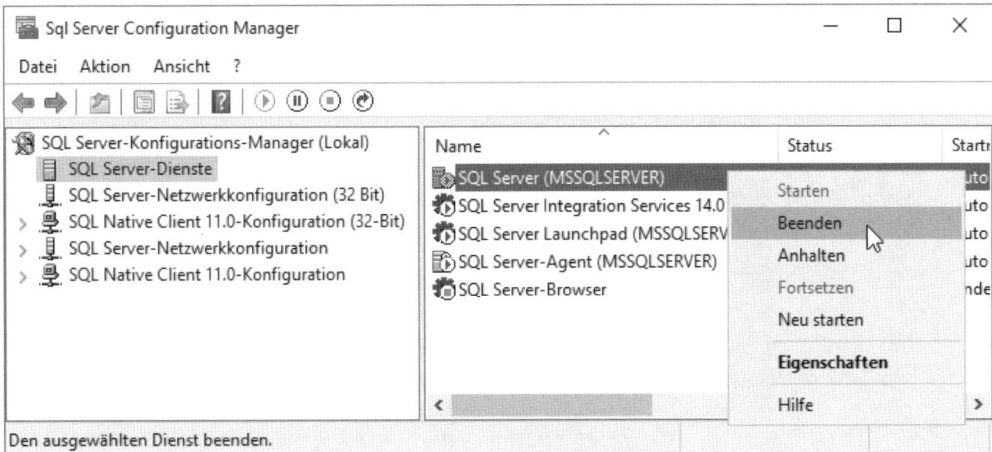

Bild 10.45 Serverdienst beenden

2. Der nun folgende zweite Schritt ist nur dann notwendig, wenn Sie die Anmeldung *sa* aktivieren möchten und im Moment nur Windows-Authentifizierung möglich ist. Denn ist nur Windows-Authentifizierung aktiv, sind alle SQL Server-Konten – wie eben auch *sa* – nicht benutzbar. Trifft dieses Szenario nicht zu, können Sie diesen Schritt überspringen. Öffnen Sie nun den Registrierungseditor und ändern Sie, wie bereits früher in diesem Kapitel beschrieben, im Schlüssel *HKEY_LOCAL_MACHINE\SOFTWARE\Microsoft\Microsoft SQL Server\MSSQL14.MSSQLSERVER\MSSQLServer* den Wert *LOGINMODE* von 1 auf 2. Damit aktivieren Sie den gemischten Modus.

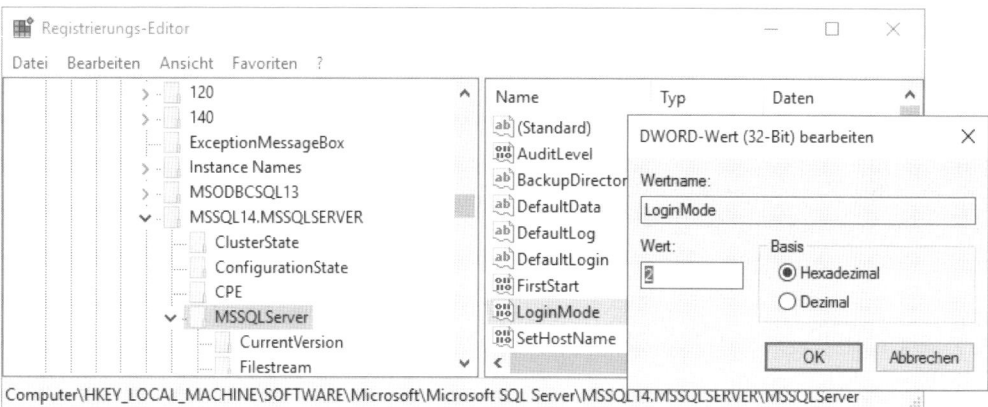

Bild 10.46 Gemischten Modus über Registry einstellen

3. Der Serverdienst muss direkt in einer Eingabeaufforderung (Konsole/Kommandozeile) im Einzelbenutzermodus gestartet werden.

 ACHTUNG! Wichtig ist, dass die Eingabeaufforderung mit der Option *Als Administrator ausführen* geöffnet wird, sonst schlägt das Starten des SQL Servers danach fehl.

In der Eingabeaufforderung müssen Sie nun in das Verzeichnis *BINN* der betroffenen Instanz wechseln. Wir haben ja bereits besprochen, wie Sie den Basisordner einer Instanz finden. Dies ist je nach der beim Setup gewählten Einstellung zum Beispiel der Ordner *D:\MSSQL14.MSSQLSERVER\MSSQL\Binn* oder *C:\Program Files\Microsoft SQL Server\MSSQL14.MSSQLSERVER\MSSQL\Binn* für die Standardinstanz meines SQL Server 2017. Dort wird der SQL Server direkt mit dem Parameter -m gestartet: `sqlservr.exe -m`

Sind auf der Maschine mehrere Instanzen des SQL Server installiert, muss der Instanzname mit dem Parameter -s zusätzlich mit angegeben werden. Bei einer Standardinstanz ist dies MSSQLSERVER: `sqlservr.exe -m -s mssqlserver`

```
Administrator: Eingabeaufforderung - sqlservr.exe  -m -s mssqlserver                                    —  □  ×
C:\>cd program files\microsoft sql server

C:\Program Files\Microsoft SQL Server>cd mssql14.mssqlserver

C:\Program Files\Microsoft SQL Server\MSSQL14.MSSQLSERVER>cd mssql

C:\Program Files\Microsoft SQL Server\MSSQL14.MSSQLSERVER\MSSQL>cd binn

C:\Program Files\Microsoft SQL Server\MSSQL14.MSSQLSERVER\MSSQL\Binn>sqlservr.exe -m -s mssqlserver
2017-11-04 13:02:17.10 Server      Microsoft SQL Server 2017 (RTM-CU1) (KB4038634) - 14.0.3006.16 (X64)
        Oct 19 2017 02:42:29
        Copyright (C) 2017 Microsoft Corporation
        Enterprise Edition (64-bit) on Windows Server 2016 Datacenter 10.0 <X64> (Build 14393: ) (Hypervisor)

2017-11-04 13:02:17.10 Server      UTC adjustment: 1:00
2017-11-04 13:02:17.10 Server      (c) Microsoft Corporation.
2017-11-04 13:02:17.11 Server      All rights reserved.
2017-11-04 13:02:17.11 Server      Server process ID is 6076.
2017-11-04 13:02:17.11 Server      System Manufacturer: 'Microsoft Corporation', System Model: 'Virtual Machine'.
2017-11-04 13:02:17.11 Server      Authentication mode is MIXED.
2017-11-04 13:02:17.11 Server      Logging SQL Server messages in file 'D:\MSSQL14.MSSQLSERVER\MSSQL\Log\ERRORLOG
```

Bild 10.47 SQL Server im administrativen Einzelbenutzermodus starten

Das Fenster muss nun unbedingt geöffnet bleiben! Schließen Sie das Fenster, beenden Sie damit den SQL Server auch wieder.

4. Melden Sie sich danach mit dem Kommandozeilentool *SqlCmd* in einem neuen Kommandozeilenfenster an dem auf diese Art gestarteten Server an. Sie müssen in dieser Situation keinen Benutzernamen und kein Kennwort eingeben, lediglich der Servername – gegebenenfalls mit dem Instanznamen – muss angegeben werden: `sqlcmd –S sqlsrv2017`

PRAXISTIPP: Da es sich ja in diesem Szenario um eine lokale Instanz handeln muss, können Sie sich auch mit `sqlcmd -S .` oder `sqlcmd –S (local)` anmelden. Bei einer benannten Instanz ergänzen Sie den Namen wie gewohnt mit `\instanzname`.

Bild 10.48 Anmelden mit SqlCmd

5. Nun muss lediglich das Konto *sa* aktiviert und mit einem Passwort versehen werden. Dies lässt sich beides über die Anweisung ALTER LOGIN realisieren.

```
ALTER LOGIN sa ENABLE;
GO
```

Vergessen Sie auf keinen Fall das GO, damit die Anweisung im Tool *SqlCmd* auch ausgeführt wird.

```
ALTER LOGIN sa WITH PASSWORD = 'neues_passwort';
GO
```

Beenden Sie *SqlCmd* mit der Anweisung quit oder exit.

Bild 10.49 Login sa aktivieren und Passwort zuweisen

6. Mit dem Schließen des Programmfensters der Eingabeaufforderung, in der Sie den Server gestartet haben, wird der SQL Server automatisch wieder beendet. Sie können den SQL Server-Dienst nun wieder normal über den Konfigurations-Manager starten. Vergessen Sie dabei nicht subsidiäre Dienste wie den SQL Server-Agent, die beim Beenden des Dienstes mit beendet worden sind.

Jetzt können Sie sich mit dem Benutzer *sa* wieder anmelden und alle administrativen Tätigkeiten auf dem SQL Server wie gewohnt ausführen.

 PRAXISTIPP: An dieser Stelle wären die verschiedensten Vorgangsweisen denkbar. Sie könnten zum Beispiel auch einen neuen Windows-Benutzer als Administrator hinzufügen, je nachdem wie es Ihrer Anforderung in dieser Situation entspricht.

```
CREATE LOGIN [softelier\petra] FROM WINDOWS;
ALTER SERVER ROLE sysadmin ADD MEMBER [softelier\petra];
```

Dass Sie den Authentifizierungsmodus ändern, war in unserem Beispielszenario notwendig. In Ihrem Szenario muss dies keinesfalls so sein. Das Entscheidende ist, dass Sie den Serverdienst im administrativen Einzelbenutzermodus starten und entsprechend mit einer administrativen Verbindung lokal anmelden. Ebenso entfällt das Aktivieren des Logins *sa*, wenn dieser bei Ihnen nicht deaktiviert ist.

Dass dieser Vorgang eine lokale Administratoranmeldung erfordert, ist keine Schikane, sondern aus Sicherheitsgründen unbedingt erforderlich. Schließlich soll das Verfahren nur von jemandem angewandt werden können, der physisch Herr der Maschine ist.

■ 10.11 Indirekte Zugriffe verwalten

Wie Sie direkte Zugriffe auf Tabellen erlauben, haben wir in diesem Kapitel schon gesehen. Aber manche Aufgabenstellungen lassen sich so noch nicht ganz lösen. Insbesondere folgende Szenarien kommen in der Praxis häufig vor:

- Benutzer sollen nicht alle Datensätze aus einer Tabelle im Zugriff haben. Über Berechtigungen können Sie zwar den Zugriff auf Spalten einschränken, nicht aber auf bestimmte Datensätze. Dies kann man mit dem Einsatz von Sichten und indirekten Berechtigungen erreichen.

- Für Aktionen, die Benutzer ausführen müssen, werden Daten benötigt, die diese Benutzer aber nicht direkt sehen sollen. In solchen Fällen verwendet man gespeicherte Prozeduren, um diese Informationen nur indirekt im Programmablauf zur Verfügung zu haben. Der direkte – und damit unter Umständen missbräuchliche – Zugriff bleibt verwehrt.

Diese beiden Methoden möchte ich Ihnen in diesem Abschnitt jeweils anhand eines kleinen Beispiels erläutern.

10.11.1 Datenzugriffe über Sichten

Wenn Sie verhindern möchten, dass alle Datensätze aus einer Tabelle gleichermaßen zur Verfügung stehen, dürfen Sie dem betroffenen Personenkreis keinen direkten Zugriff auf die Tabelle gewähren. Anstelle dessen erzeugen Sie eine Sicht, die genau jenen Ausschnitt an Daten liefert, auf den der Zugriff gewährt werden soll. Danach geben Sie diesen Personen die entsprechenden Berechtigungen auf diese Sicht. Damit haben Sie Ihr Ziel erreicht.

Wir beschränken uns in unserem Beispiel auf die SELECT-Berechtigung, aber alles Gezeigte gilt für die anderen Zugriffsarten analog.

 HINWEIS: Wie gewohnt, finden Sie die Anweisungen vollständig im Skript *Kapitel10.sql* bei den Beispieldateien zum Buch.

Für unser Beispiel legen wir eine neue Anmeldung *conny* an und weisen ihr gleich die Datenbank *wawi* als Standarddatenbank zu. Ich verwende dazu bewusst die SQL Server-Authentifizierung, da es dann beim Testen viel einfacher ist, sich mit jeweils einem anderen Konto anzumelden, als wenn man Windows-Authentifizierung einsetzt.

```
CREATE LOGIN conny WITH PASSWORD = 'conny',
CHECK_POLICY = OFF, DEFAULT_DATABASE = wawi;
```

In der Datenbank *wawi* legen wir für diesen Login noch einen dazu passenden Benutzer an.

```
CREATE USER conny FOR LOGIN conny;
```

Für die Verwaltung der Berechtigungen erstellen wir eine Datenbankrolle mit dem Namen *haushalt* und geben *conny* die Mitgliedschaft in dieser Rolle.

```
CREATE ROLE haushalt;
ALTER ROLE haushalt ADD MEMBER conny;
```

Da wir *conny* beziehungsweise der Rolle *haushalt* keinen Zugriff auf die Tabelle *artikel* gewähren wollen, erstellen wir nun dafür eine Sicht. Diese enthält einerseits nur ein paar Spalten. Das Entscheidende ist, dass sie andererseits aber nur die aktiven Artikel aus den Artikelgruppen Besteck, Geschirr, Küchengeschirr und Haushalt enthält.

```
CREATE VIEW dbo.vw_haushaltsartikel
AS
    SELECT artnr, bezeichnung, gruppe, ekpreis, vkpreis, mwst
    FROM dbo.artikel
    WHERE gruppe IN('BE', 'GE', 'KG', 'HH')
    AND aktiv = 1;
```

Der Rolle *haushalt* erteilen wir die Leseberechtigung für diese soeben erzeugte Sicht.

```
GRANT SELECT ON dbo.vw_haushaltsartikel TO haushalt;
```

Melden Sie sich nun mit der Anmeldung *conny* an. Am schnellsten sind Sie dabei, wenn Sie das Symbol *Verbindung ändern* dazu verwenden. Sie können alternativ auch ein neues Abfrageeditor-Fenster nutzen. Da wir für den Login lediglich in der Datenbank *wawi* einen Benutzer erstellt haben, kann nun auf keine andere Benutzerdatenbank zugegriffen werden. Die Anweisung use video führt daher zu folgender Fehlermeldung:

```
Meldung 916, Ebene 14, Status 1, Zeile 1
Der Serverprinzipal 'conny' kann unter dem aktuellen Sicherheitskontext nicht auf die
video-Datenbank zugreifen.
```

Bleiben wir also in der Datenbank *wawi*, mit der wir ja schon verbunden sein sollten, da diese als Standarddatenbank für diesen Login festgelegt worden ist. Versuchen wir nun, auf die Tabelle *artikel* direkt zuzugreifen, bekommen wir mangels Berechtigung eine Fehlermeldung ausgegeben.

```
SELECT artnr, bezeichnung FROM dbo.artikel;
```

liefert:

```
Meldung 229, Ebene 14, Status 5, Zeile 1
Die SELECT-Berechtigung wurde für das artikel-Objekt, wawi-Datenbank, dbo-Schema,
verweigert.
```

Allerdings funktioniert der Zugriff über die Sicht reibungslos und fehlerfrei.

```
SELECT * FROM dbo.vw_haushaltsartikel;
```

Damit hat die Benutzerin *conny* nur Zugriff auf bestimmte Zeilen und Spalten aus der Tabelle; nämlich genau jene, die über die Sicht zurückgeliefert werden. Sie sehen also, dass Sichten eine praktische Lösung sind, um Zugriffe nur auf Teile von Tabelleninhalten zu gewähren.

 ACHTUNG! Seien Sie sich aber auch bewusst, dass in dieser Konstellation der Zugriff über die Sicht selbst dann funktioniert, wenn der Zugriff auf die Tabelle mit DENY explizit verwehrt wird. Dabei spielt es auch keine Rolle, ob das DENY über eine Rolle oder direkt an den Benutzer erteilt wird.

```
DENY SELECT ON dbo.artikel TO haushalt;
```

10.11.2 Sicherheit mit Prozeduren erhöhen

In der Praxis weit verbreitet ist der Einsatz von gespeicherten Prozeduren für den Zugriff auf Daten, wenn die Datensicherheit ein wichtiges Thema ist. Die Vorgangsweise, die ich Ihnen in diesem Abschnitt erläutern werde, ist daher auch besonders bei der Entwicklung von Web-Applikationen beliebt.

HINWEIS: Die Berechtigung, eine Prozedur auszuführen, gilt für alle Lese- und Schreibzugriffe, die innerhalb der Prozedur anfallen. Es ist nicht notwendig, diese Berechtigungen separat zu erhalten.

Verwenden wir das Beispiel aus dem vorigen Abschnitt weiter. Die Benutzerin *conny* hat nach wie vor keine direkte Berechtigung für die Tabelle *artikel*. Sie soll auch keine erhalten, aber dennoch einen neuen Artikel – nur für eine ihrer Artikelgruppen – anlegen können. Dies lässt sich mit einer INSERT-Berechtigung für die für den eingeschränkten Lesezugriff verwendete Sicht nicht regeln. Die Spalte *lieferant*, für die ein Wert eingegeben werden muss, ist nämlich in der Sicht nicht enthalten. Dadurch würde jedes Einfügen über diese Sicht fehlschlagen. Daher setzen wir dafür nachfolgende gespeicherte Prozedur ein.

```
CREATE PROCEDURE dbo.sp_artikelanlage
    @bez varchar(60),
    @gruppe char(2),
    @vk smallmoney,
    @mwst tinyint,
    @ek smallmoney,
    @lief int
AS
BEGIN
    SET NOCOUNT ON;
    DECLARE @ergebnis int;
    BEGIN TRY
        IF @gruppe IN('BE', 'GE', 'KG', 'HH')
        BEGIN
            INSERT INTO dbo.artikel (bezeichnung, gruppe, vkpreis,
                                     mwst, ekpreis, lieferant)
            VALUES (@bez, @gruppe, @vk, @mwst, @ek, @lief);
            SET @ergebnis = SCOPE_IDENTITY();
        END
        ELSE
            SET @ergebnis = -1;
    END TRY
    BEGIN CATCH
        DECLARE @fehler nvarchar(4000) = ERROR_MESSAGE();
        IF @fehler LIKE '%fk_artikel_lieferanten%'
            SET @ergebnis = -2;
        ELSE IF @fehler LIKE '%ck_artikel_ekpreis_vkpreis%'
            SET @ergebnis = -3;
        ELSE
            SET @ergebnis = -9;
    END CATCH
    SELECT @ergebnis AS ergebnis;
END;
```

Als Parameter werden der Prozedur beim Aufruf die Artikelbezeichnung, der Einkaufs- und Verkaufspreis, der Mehrwertsteuersatz sowie die Lieferantennummer übergeben. Kann der neue Datensatz eingefügt werden, liefert die Prozedur die automatisch vergebene Artikelnummer des neu angelegten Artikels zurück. Entspricht die Artikelgruppe nicht einer der vier erlaubten, liefert die Prozedur -1 als Ergebnis. Bei einer Fremdschlüsselverletzung durch Eingabe einer ungültigen Lieferantennummer liefert die Prozedur -2. Verstößt man gegen das Constraint, das den Verkauf unter dem Einstandspreis nicht zulässt, liefert die Prozedur -3. Alle anderen Fehler, die auftreten können, werden mit dem Fehlercode -9 zurückgemeldet.

 HINWEIS: Um diese Prozedur im Detail zu verstehen, lesen Sie bitte das Kapitel 6, falls Sie es übersprungen haben.

Nun erteilen wir der Rolle *haushalt* die Berechtigung, diese Prozedur auszuführen.

```
GRANT EXECUTE ON dbo.sp_artikelanlage TO haushalt;
```

Nun ist Benutzerin *conny* in der Lage, neue Artikel indirekt über die Prozedur anzulegen. Direkt in der Tabelle ist es nach wie vor nicht möglich.

```
EXEC dbo.sp_artikelanlage 'Testartikel', 'BE', 15, 19, 11, 1001
```

 ACHTUNG! Damit dies funktioniert, müssen die Objekte, auf die innerhalb der Prozedur zugegriffen wird, sich in derselben Datenbank befinden wie die Prozedur. Befindet sich eine Tabelle, auf die die Prozedur zugreift, in einer anderen Datenbank, muss dafür separat die Berechtigung erteilt werden. Sonst schlägt der Aufruf der Prozedur fehl.

Der große praktische Vorteil dieser Methode ist, dass Sie durch restriktive Rechtevergabe auf Tabellen den missbräuchlichen Datenzugriff hintanhalten können. Stellen Sie sich die Tabelle mit den Kundendaten einer Web-Applikation mit Shop-Funktion vor. Jeder Kunde muss seine Account-Daten über die Web-Applikation lesen und schreiben können. Ein Hacker, der den Webserver übernimmt, würde gerne diese Daten, vor allem die gespeicherten Kreditkarteninformationen, in seine Hände bekommen. Wenn der Benutzer, mit dem die Web-Applikation auf die Datenbank zugreift, jedoch keinerlei Lese- und Schreibzugriff auf diese Tabelle hat, ist dies unmöglich. Den Zugriff auf einzelne Daten und alle Schreibzugriffe erledigen Sie über gespeicherte Prozeduren. Sensible Daten werden gar nicht von der Prozedur an die Web-Applikation zurückgeliefert. Und wenn ein Kunde seine eigenen Account-Daten editieren möchte, liefert die entsprechende Prozedur, nachdem ihr der korrekte Login und das korrekte Passwort als Parameter übergeben worden sind, nur die wenigen Informationen zu diesem Account zurück. Gefährliche Anweisungen wie

```
SELECT * FROM dbo.kunden;
```

sind damit von vornherein nicht möglich.

Ausführen als …

Zusätzlich können Sie auch bei einer Prozedur Einfluss auf die Ausführungsberechtigungen innerhalb der Prozedur nehmen, indem Sie die Option EXECUTE AS ergänzen.

Zur Verfügung stehen die folgenden vier Varianten:

- EXECUTE AS CALLER
- EXECUTE AS SELF
- EXECUTE AS OWNER
- EXECUTE AS 'user_name'

Die Standardvariante – sprich wenn Sie die Option nicht explizit verwenden – lautet CALLER. Dies bedeutet, dass innerhalb der Prozedur die Anweisungsberechtigungen im Benutzerkontext desjenigen berücksichtigt werden, der die Prozedur ausführt. Damit muss derjenige auch die Berechtigungen für die Datenbankobjekte besitzen, die innerhalb der Prozedur verwendet werden.

Sehr ähnlich sind die Optionen 'user_name' und SELF. In beiden Fällen werden die Berechtigungen des angegebenen Benutzers verwendet. Bei SELF wird der Name nur nicht explizit angegeben, sondern implizit der Name desjenigen verwendet, der die Prozedur mit CREATE erzeugt oder mit ALTER ändert.

Verwenden Sie die Option OWNER, werden die Berechtigungen des Objekteigentümers verwendet. Gibt es diesen nicht, wird der Schemaeigentümer verwendet.

HINWEIS: Auf den ersten Blick scheint das ein Widerspruch zum zuvor Gesagten zu sein, da laut der Papierform bei der Standardvariante CALLER ja die eigenen Berechtigungen des Aufrufers verwendet werden. Richtig zum Tragen kommt dies aber erst, wenn sich die Datenbankobjekte in unterschiedlichen Schemas befinden.

Um dieses im Detail zu erläutern, betrachten wir uns das mit einem kleinen Beispiel. Dazu legen wir im ersten Schritt zwei weitere Benutzer für unsere Datenbank *wawi* an.

```
CREATE LOGIN ulli WITH password = 'ulli', CHECK_POLICY = OFF;
CREATE USER ulli FOR LOGIN ulli;

CREATE LOGIN felix WITH password = 'felix', CHECK_POLICY = OFF;
CREATE USER felix FOR LOGIN felix;
```

Nun erzeugen wir eine einfache Prozedur, die Informationen zu einer angegebenen Artikelnummer aus den Tabellen *artikel* und *artikelgruppen* ausliest und ausgibt. Den beiden soeben angelegten Benutzern erteilen wir keinerlei direkte Berechtigungen für diese beiden Tabellen. In der ersten Variante verwenden wir die Standardoption EXECUTE AS CALLER. Die Funktion USER_NAME() habe ich mit in die Ausgabe eingebaut, damit wir den Benutzerkontext, in dem die Anweisung ausgeführt wird, auch sichtbar machen können.

```
ALTER PROCEDURE dbo.sp_artikel
    @artikel int
WITH EXECUTE AS CALLER
AS
BEGIN
    SELECT a.bezeichnung AS artikel,
           a.vkpreis AS preis,
           g.bezeichnung AS gruppe,
```

```
            USER_NAME() AS benutzer
    FROM dbo.artikel a
    INNER JOIN dbo.artikelgruppen g ON a.gruppe = g.artgr
    WHERE a.artnr = @artikel;
END;
```

Über die Spalte *execute_as_principal_id* der Systemsicht *sys.sql_modules* kann die ID des Benutzers, in dessen Kontext die Prozedur je nach gewählter Option ausgeführt wird, ausgelesen werden. Im Moment zeigt uns diese den Wert NULL als Ergebnis, da der Kontext ja immer vom Aufrufer abhängt und damit nicht generell fixiert ist.

```
SELECT OBJECT_NAME(object_id) AS prozedur, execute_as_principal_id
FROM sys.sql_modules
WHERE OBJECT_NAME(object_id) = 'sp_artikel';
```

Nun erteilen wir Ulli die Berechtigung, die Prozedur auszuführen.

```
GRANT EXECUTE ON dbo.sp_artikel TO ulli;
```

Ulli darf nun die Prozedur ausführen. Obwohl wir die Option EXECUTE AS CALLER verwenden und sie keine Berechtigung auf die zugrunde liegenden Tabellen hat, bekommt sie das gewünschte Ergebnis, wie in Bild 10.50 zu sehen. Zum Vergleich geben wir den Namen des aktuellen Benutzers vor dem Prozeduraufruf zusätzlich aus. Das liegt daran, dass Prozedur und Tabellen, wie schon beschrieben, demselben Schema angehören.

```
SELECT USER_NAME() AS "Aktueller Benutzer";
EXECUTE dbo.sp_artikel 1234;
```

Versuchen Sie als Ulli angemeldet direkt auf die beiden Tabellen zuzugreifen, scheitern Sie hingegen mangels Berechtigung.

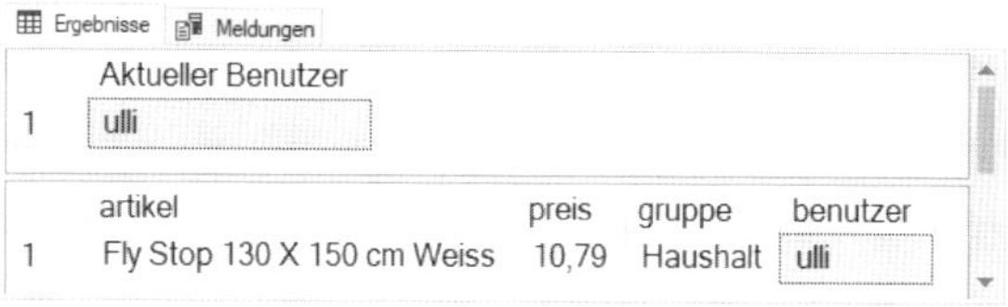

Bild 10.50 Prozedur als CALLER ausgeführt

Ändern wird nun die Prozedur und verwenden diesmal die Option EXECUTE AS OWNER. Danach liefert uns die schon vorher verwendete Anweisung zum Auslesen der Informationen über die Prozedur in der Spalte *execute_as_principal_id* den Wert -2. Danach führen wie die Prozedur wieder als Ulli angemeldet aus und bekommen auf den ersten Blick das idente Ergebnis wie vorhin, allerdings wird aus der Prozedur als Benutzer nicht *ulli*, sondern der Eigentümer *dbo* als aktueller Benutzer ausgegeben (Bild 10.51).

```
ALTER PROCEDURE dbo.sp_artikel
    @artikel int
WITH EXECUTE AS OWNER
AS
BEGIN ...
```

Ergebnisse | Meldungen

	Aktueller Benutzer
1	ulli

	artikel	preis	gruppe	benutzer
1	Fly Stop 130 X 150 cm Weiss	10,79	Haushalt	dbo

Bild 10.51 Prozedur als OWNER ausgeführt

Der Vorgang wiederholt sich, wenn wir die Option `EXECUTE AS SELF` verwenden und selber als Benutzer *dbo* agieren. Lediglich als *execute_as_principal_id* bekommen wir nun die 1, die in jeder Datenbank immer mit dem fix vorhandenen Benutzer *dbo* verbunden ist. Daher verwenden wir nun die Option `EXECUTE AS 'user_name'` mit dem Benutzer *felix*. Nun erhalten wir als *execute_as_principal_id* für die Prozedur die aktuelle ID des gerade verwendeten Benutzers. Diese ID kann bei Ihnen variieren, bei meinem Beispiel ist es bei mir im Moment die 17.

```
ALTER PROCEDURE dbo.sp_artikel
    @artikel int
WITH EXECUTE AS 'felix'
AS
BEGIN ...
```

Führen wir nun wieder als Ulli angemeldet die Prozedur aus, bekommen wir als *felix* dasselbe Ergebnis wie als *ulli*, da ja beide gleichermaßen keine Berechtigung für den Zugriff auf die zugrunde liegenden Tabellen haben. Und wenn es schon als *ulli* funktioniert, muss es ja als *felix* auch so sein.

Ergebnisse | Meldungen

	Aktueller Benutzer
1	ulli

	artikel	preis	gruppe	benutzer
1	Fly Stop 130 X 150 cm Weiss	10,79	Haushalt	felix

Bild 10.52 Prozedur als user_name ausgeführt

Wir haben also gesehen, dass diese Optionen nicht so relevant sind, wenn sich die betroffenen Objekte im selben Schema befinden. Daher führen wir unser Beispiel nun wie folgt mit einem weiteren Schema fort. Wir erzeugen dazu einen neuen Benutzer *wolfgang* und geben ihm die Mitgliedschaft in der Rolle *db_owner*. Zusätzlich legen wir ein neues Schema *prod* mit ihm als Besitzer an.

```
CREATE LOGIN wolfgang WITH PASSWORD = 'wolfgang', CHECK_POLICY=OFF;
CREATE USER wolfgang FOR LOGIN wolfgang;
ALTER ROLE db_owner ADD MEMBER wolfgang;
GO
CREATE SCHEMA prod AUTHORIZATION wolfgang;
```

ACHTUNG! Wenn Sie diese Anweisungen gemeinsam ausführen, müssen Sie unbedingt ein GO vor die letzte Anweisung setzen. Sie bekommen sonst eine Fehlermeldung, wenn CREATE SCHEMA nicht die erste Anweisung im Batch ist.

Als Wolfgang angemeldet erzeugen wir dieselbe Prozedur mit der Option EXECUTE AS CALLER, aber diesmal im Schema *prod*.

```
CREATE PROCEDURE prod.sp_artikel
    @artikel int
WITH EXECUTE AS CALLER
AS
BEGIN...
```

Beim Abrufen der Informationen zu dieser neuen Prozedur verknüpfen wir zusätzlich die Systemsichten *sys.objects* und *sys.schema*. Damit können wir das Schema mit anzeigen, um unsere beiden gleichnamigen Beispielprozeduren besser unterscheiden zu können.

```
SELECT OBJECT_NAME(m.object_id) AS prozedur, execute_as_principal_id,
       s.name AS "schema"
FROM sys.sql_modules m
INNER JOIN sys.objects o ON m.object_id = o.object_id
INNER JOIN.sys.schemas s ON o.schema_id = s.schema_id
WHERE OBJECT_NAME(m.object_id) = 'sp_artikel';
```

	prozedur	execute_as_principal_id	schema
1	sp_artikel	17	dbo
2	sp_artikel	NULL	prod

Bild 10.53 Prozeduren mit ausführendem Benutzer und Schema

Wenn wir diese neue Prozedur aus dem Schema *prod* nun als Ulli angemeldet ausführen, erhalten wir eine Fehlermeldung, da die Tabellen in einem anderen Schema sind als die Prozedur und nun die tatsächlichen Berechtigungen der Aufruferin *ulli* herangezogen werden. Und bekanntlich hat sie keine Berechtigung für den direkten Zugriff auf die beiden Tabellen. Dasselbe wird passieren, wenn wir die Prozedur mit EXECUTE AS 'felix' definieren. Da Wolfgang ja als Mitglied der Rolle *db_owner* Zugriff auf alle Tabellen und damit auch auf *artikel* und *artikelgruppen* besitzt, führen im Beispielsfall folgende Varianten dazu, dass Ulli diese Prozedur erfolgreich ausführen kann:

- EXECUTE AS OWNER, der ja Wolfgang ist (Bild 10.54)
- EXECUTE AS 'dbo', EXECUTE AS 'wolfgang'
- EXECUTE AS SELF (wenn beispielsweise *dbo* oder *wolfgang* die Prozedur erstellen oder ändern)

Bild 10.54 Prozedur mit Schemawechsel als OWNER ausgeführt

 HINWEIS: Sie finden alle Anweisungen in chronologischer Reihenfolge im Beispielskript zu diesem Kapitel, damit Sie dieses einfach nachvollziehen können.

Die Option EXECUTE AS können Sie nicht nur für Prozeduren, sondern auch für Trigger und Skalar- sowie Tabellenwertfunktionen einsetzen. Inlinefunktionen sind davon allerdings ausgeschlossen.

■ 10.12 Sicherheit auf Zeilenebene

Klassische Zugriffsberechtigungen können auf Tabellen- und Spaltenebene erteilt werden. Mit GRANT ist es nicht möglich, Berechtigungen an Benutzer und Rollen für bestimmte Zeilen (Datensätze) zu erteilen. Schon bisher ist es möglich gewesen, eine derartige Funktionalität über Sichten zu realisieren, wie schon zuvor im Abschnitt 10.11.1, „Datenzugriffe über Sichten", beschrieben. Allerdings hat diese Variante mit Sichten auch gewisse Nachteile, da es den Zugriff auf Daten etwas komplizierter gestaltet.

Betrachten wir dies anhand folgender Anforderung: Mitarbeiter sollen jeweils nur auf Personaldaten aus ihrer eigenen Abteilung zugreifen können. Lediglich Mitarbeitern der Personalabteilung ist der Zugriff auf alle Einträge in der Tabelle mit den Personalstammdaten erlaubt.

Um diese Funktionalität sicherzustellen, ist beim Einsatz von Sichten folgendermaßen vorzugehen:

- Für jede Abteilung im Unternehmen ist eine eigene Sicht zu erstellen, welche die Personaldaten auf jene aus der betreffenden Abteilung über entsprechende Einträge in der WHERE-Klausel filtert.
- Für jede Abteilung ist eine Rolle zu erstellen und den Mitarbeitern und Mitarbeiterinnen jeweils die Mitgliedschaft in der entsprechenden Rolle zu erteilen.
- Die Rolle für die Personalabteilung erhält Schreib- und Lesezugriff auf die Tabelle.
- Alle anderen Rollen bekommen entweder gar keinen Zugriff auf die Tabelle oder sogar explizit ein DENY.
- Jede Abteilungsrolle bekommt die Berechtigungen für die jeweilige Sicht erteilt.

Diese Methode ist zwar zielführend, weist aber einige Nachteile auf:

- In der Clientanwendung ist eine eigene Anwendungslogik notwendig, um immer auf die korrekte Sicht zuzugreifen, da sich die Namen der Sichten für die einzelnen Abteilungen unterscheiden.

- Wird eine neue Abteilung geschaffen, muss neben der neuen Rolle auch eine neue Sicht in der Datenbank erstellt und eventuell auch die Anwendungslogik für den Zugriff adaptiert werden.

- Wird eine Erweiterung an der Struktur der Grundtabelle vorgenommen, müssen jeweils alle Abteilungssichten zusätzlich angepasst werden.

Das ab dem SQL Server 2016 verfügbare Feature *Sicherheit auf Zeilenebene* (*Row Level Security*) verbessert diese Situation.

10.12.1 Bestandteile von Row Level Security (RLS)

Sicherheit auf Zeilenebene basiert nicht auf Berechtigungen, die mittels GRANT erteilt werden, denn dies ist in einer Datenbank nach wie vor nicht möglich. Vielmehr werden dazu Sicherheitsfunktionen eingesetzt.

Für RLS werden zwei Bestandteile benötigt:

- Eine Inline-Tabellenwertfunktion muss die Logik enthalten, mit der festgelegt wird, für welche Zeilen der Zugriff ermöglicht werden soll.

- Sicherheitsrichtlinien wenden diese Logik auf Tabellen an. Dazu werden diese Funktionen einer Tabelle als Sicherheitsprädikat zugewiesen. Es gibt dazu zwei Arten von Prädikaten:

  - FILTER-Prädikate nehmen gleichsam die Funktion einer WHERE-Klausel ein und legen fest, welche Datensätze beim Lesen (SELECT), Ändern (UPDATE) und Löschen (DELETE) verfügbar sind.

  - BLOCK-Prädikate verhindern bestimmte Schreibvorgänge an Tabellen. Hierbei wird zusätzlich noch zwischen Prädikaten, die BEFORE und AFTER eines Vorgangs gelten, unterschieden. Details zu dieser Unterscheidung erläutere ich Ihnen ein wenig später anhand des verwendeten Beispiels.

 PRAXISTIPP: Der große Vorteil von RLS ist, dass sie im Unterschied zur Lösung mit den unterschiedlichen Sichten für die Anwendung vollkommen transparent ist. Der Zugriff erfolgt direkt auf die Tabelle, er liefert aber nur jene Zeilen zurück, auf die der Zugriff gestattet ist. Es sieht für den Anwender quasi so aus, als gäbe es gar keine anderen Datensätze.

Implementieren von Row Level Security (RLS)

Ich möchte Ihnen die Implementierung von RLS anhand des Beispiels mit den Abteilungen erläutern. Wie schon zuvor beschrieben, sollen alle Mitarbeiter nur Zugriff auf die Personaldaten, die ihre eigene Abteilung betreffen, bekommen. Mitarbeiter der Personalabteilung sollen auf alle Datensätze zugreifen dürfen. Zusätzlich soll dies auch allen Benutzern möglich sein, die Mitglied der fixen Datenbankrolle *db_owner* sind.

Für die Umsetzung dieser Aufgabenstellung müssen wir die Datenbankstruktur ein wenig erweitern. Es muss uns möglich sein, über den aktuell angemeldeten Benutzer auf eine Mitarbeiterin oder einen Mitarbeiter und damit auf die Abteilungszugehörigkeit zu schließen.

Im ersten Schritt fügen wir eine neue Abteilung *Personalwesen* in die Tabelle *abteilungen* ein, falls es diese Abteilung in der Tabelle noch nicht gibt.

```
INSERT INTO dbo.abteilungen (abtnr, bezeichnung) VALUES ('PE', 'Personalwesen');
```

Zusätzlich fügen wir mindestens einen Datensatz in die Tabelle *personal* ein, den wir dieser neuen Abteilung zuweisen.

```
INSERT INTO dbo.personal (persnr, abteilung, nachname, vorname, akadgrad, geschlecht,
                          famstand, strasse, land, plz, ort, eintritt)
VALUES (166, 'PE', 'Berger', 'Beate', 'Dr.', 1, 2, 'Bewerberweg 22', 'D', '12249',
        'Berlin', '20101001');
```

Für die Anlage von Anmeldungen und Benutzern für alle Mitarbeiter verwenden wir ein generisches Skript, wie in Abschnitt 10.8.2, „Generische Skripte", beschrieben. Mit diesem Skript sollen die Anmeldungen, Benutzer sowie deren Mitgliedschaft in den fixen Datenbankrollen *db_datareader* und *db_datawriter* erzeugt werden.

 PRAXISTIPP: Wenn Sie generisch mehrere Anweisungen pro Zeile erhalten möchten, verwenden Sie in der Anweisung die Funktion CHAR(), um damit Zeilenumbrüche zwischen den Einzelanweisungen zu realisieren. Den Zeilenumbruch erhalten Sie mit dem ASCII-Code 10.

Damit diese Zeilenumbrüche auch im Ergebnis sichtbar sind und beim Kopieren der Anweisungen erhalten bleiben, verwenden Sie die Ausgabeoption *Ergebnisse in Text*. Sie erhalten damit ein brauchbares Ergebnis, wie in Bild 10.55 zu sehen.

Die Anweisung für das generische Skript finden Sie wie immer im Beispielskript zu diesem Kapitel. Bei diesem Skript werden die Nachnamen in Kleinbuchstaben für die Anmeldenamen und Benutzernamen verwendet, die Passwörter werden aus den Vornamen gebildet. Sollte bei Ihnen eine Passwortrichtlinie diese Kennwörter unterbinden, ergänzen Sie entweder die Option CHECK_POLICY=OFF oder passen Sie die Anweisung an, um komplexere Kennwörter zu generieren.

Um etwaige Umlaute und Sonderzeichen aus den Nachnamen zu eliminieren, verwenden wir die Funktion *fn_ohneumlaut()*, die wir in Kapitel 6 programmiert haben. Kopieren Sie die generierten Anweisungen aus dem Ergebnis in ein neues Abfrageeditor-Fenster.

```
SQLQuery1.sql - SR...wawi (klemens (54))*  ⇒ ×
 SELECT    'CREATE LOGIN ' + dbo.fn_ohneumlaut(LOWER(nachname)) + ' WITH PASSWORD = ''' + LOWER(vorname) + ''';' + CHAR(10) +
           'CREATE USER ' + dbo.fn_ohneumlaut(LOWER(nachname)) + ' FOR LOGIN ' + dbo.fn_ohneumlaut(LOWER(nachname)) + ';' + CHAR(10) +
           'ALTER ROLE db_datareader ADD MEMBER ' + dbo.fn_ohneumlaut(LOWER(nachname)) + ';' + CHAR(10) +
           'ALTER ROLE db_datawriter ADD MEMBER ' + dbo.fn_ohneumlaut(LOWER(nachname)) + ';' + CHAR(10) + 'GO' + CHAR(10)
 FROM dbo.personal;
100 %   ▾  ◂
Ergebnisse
 CREATE LOGIN obermann WITH PASSWORD = 'gernot';
 CREATE USER obermann FOR LOGIN obermann;
 ALTER ROLE db_datareader ADD MEMBER obermann;
 ALTER ROLE db_datawriter ADD MEMBER obermann;
 GO

 CREATE LOGIN konstantin WITH PASSWORD = 'martin';
 CREATE USER konstantin FOR LOGIN konstantin;
 ALTER ROLE db_datareader ADD MEMBER konstantin;
 ALTER ROLE db_datawriter ADD MEMBER konstantin;
 GO

 CREATE LOGIN berger WITH PASSWORD = 'beate';
 CREATE USER berger FOR LOGIN berger;
100 %   ▾  ◂
✓ Die Abfrage wurde erfolgreich ausgeführt.                                    SRVSQL2017 (14.0 RTM)   klemens (54)   wawi   00:00:00   23 Zeilen
```

Bild 10.55 Generisches Skript zur Benutzeranlage

Existieren nun für alle in der Tabelle *personal* eingetragenen Personen Benutzer, muss noch eine Verbindung zwischen diesen geschaffen werden. Dazu werden die Benutzernamen oder deren IDs in der Tabelle eingetragen.

PRAXISTIPP: Eine derartige Verbindung zwischen Benutzern und Benutzerdaten in einer Datenbank benötige ich in der Praxis häufig. Ich verwende diese in Anwendungen beispielsweise dazu, um Personen in der Anwendung automatisch anhand Ihrer Anmeldung zu erkennen. Zusätzlich kann ich Datenbankrollen auch zur Implementierung von Berechtigungen im Frontend nutzen, indem ich Mitgliedschaften in diesen auslese und in der Anwendung nutze.

Manchmal machen mir dabei jene Benutzer Probleme, die beispielsweise als IT-Mitarbeiter auch Mitglieder der Serverrolle *sysdamin* sind und daher in Datenbanken immer dem Benutzer *dbo* zugeordnet werden. Damit lässt sich der korrekte Name nicht über die Funktion USER_NAME() eruieren. Besser geeignet ist dazu schon die Funktion SUSER_NAME(), die den Namen der aktuellen Anmeldung eruiert. Sie liefert sogar dann den individuell korrekten Namen, wenn die Anmeldung über ein Windows-Gruppenkonto erfolgt. Alternativ können Sie auch mit der SID des jeweiligen Kontos arbeiten, denn auch diese wird über die Funktionen SUSER_SID() sowie USER_SID() immer eindeutig geliefert. Die nachfolgende Anweisung zeigt, dass für Mitglieder der Rollen *sysadmin* auf Serververe oder *db_owner* auf Datenbankebene die Funktion USER_NAME() immer *dbo* zurückliefert und damit nicht für alle eindeutig ist.

```
SELECT SUSER_NAME() AS anmeldung, USER_NAME() AS benutzer,
       SUSER_SID() AS sid_anmeldung, USER_SID() AS sid_benutzer;
```

liefert (wenn Sie *db_owner* sind):

```
anmeldung   benutzer   sid_anmeldung         sid_benutzer
----------- ---------- --------------------- --------------------
klemens     dbo        0xC1FB7908F9AA...     0xC1FB7908F9AA...
```

Die Funktion USER_SID() liefert immer die eigene SID, nicht jene des Benutzers *dbo* und ist daher für unsere Belange besser geeignet. Die wirklich eigenen Informationen können Sie als *dbo* also mit folgender Anweisung anzeigen:

```
SELECT * FROM sys.database_principals WHERE sid = USER_SID();
```

Um für die Zuordnung bei jedem Mitarbeiter die SID seines Benutzers zu speichern, ergänzen wir in der Tabelle *personal* eine weitere Spalte mit dem Namen *benutzer_sid* und dem Datentyp `varbinary(85)`. Dieser Datentyp entspricht demjenigen der entsprechenden Spalte in der Systemtabelle *sys.database_principals*.

```
ALTER TABLE dbo.personal ADD benutzer_sid varbinary(85);
```

Da wir die Nachnamen für die Anmeldungen und Benutzer verwendet haben, können wir die SIDs auf einfache Art und Weise auslesen und in die Tabelle *personal* übernehmen. Beim Verknüpfen der Tabellen müssen wir für die JOIN-Bedingung wieder die Funktion zum Entfernen der Umlaute und Sonderzeichen verwenden.

```
UPDATE p
SET p.benutzer_sid = u.sid
FROM dbo.personal p
INNER JOIN sys.database_principals u ON dbo.fn_ohneumlaut(LOWER(p.nachname)) = u.name;
```

Damit sind nun unsere Vorarbeiten abgeschlossen. In der Personaltabelle haben wir bei jedem Datensatz die SID des korrespondierenden Benutzers hinterlegt.

 PRAXISTIPP: Beim Testen der nachfolgenden Anweisungen müssen wir wiederholt in die Haut eines anderen Benutzers schlüpfen. Um sich nicht jedes Mal erneut anmelden zu müssen, können Sie als *db_owner* die Anweisung EXECUTE AS USER = 'username' verwenden, um in den Kontext des angegebenen Benutzernamens zu wechseln. Mit der Anweisung REVERT kehren Sie in den eigenen Kontext zurück.

10.12.2 Sicherheitsfunktion erstellen

Der erste Schritt zum Erstellen einer Sicherheitsfunktion ist es, sich zu überlegen, wie die Aufgabenstellung in einem SELECT mit SQL ausgedrückt werden kann. Dazu muss man Folgendes über den Aufbau einer Sicherheitsfunktion wissen:

- Die Sicherheitsfunktion ist eine Inline-Tabellenwertfunktion. Als solche besteht sie aus einer SELECT-Anweisung, die mit Parametern versorgt werden kann. Sie können dabei alle wichtigen Elemente eines SELECTs einsetzten. Häufig werden dies in der Praxis JOINs, Unterabfragen und Ausdrücke mit Funktionen sein.

- Als Parameter werden an diese Funktion Spalteninhalte aus der Tabelle übergeben, die sie sichern soll.
- Für als Parameter übergebene Spaltenwerte muss die Funktion eine 1 – in Transact-SQL der Wert für *True* (*Wahr*) – liefern, wenn der die Anweisung ausführende Benutzer diese Zeile sehen darf.

Beim Erstellen der SELECT-Anweisung wird Ihre Kreativität gefordert. Wie bei so vielen anderen Datenbankthemen auch, ist dies für Sie umso einfacher, je mehr Sie es gewohnt und geübt sind, mit SQL umzugehen. Sehen wir uns vorweg die Anweisungen an, die wir hier zur Lösung der Aufgabenstellung einsetzen werden.

Um die Abteilung des gerade angemeldeten Benutzers auszulesen, benötigen wir nachfolgende Anweisung. Da wir mit unserer eigenen Anmeldung voraussichtlich nicht in der Tabelle *personal* vorkommen werden, wechseln wir in den Kontext des Benutzernamens *berger*. In der WHERE-Klausel filtern wir mit der Funktion USER_SID() nach der in der Tabelle gespeicherten SID.

```
EXECUTE AS USER = 'berger';        --> Personal
SELECT abteilung FROM dbo.personal WHERE benutzer_sid = USER_SID();
REVERT;
```

liefert:

```
abteilung
----------------
PE
```

Sie können diese Anweisung testweise noch mit anderen Benutzern aus anderen Abteilungen wiederholen.

Um festzustellen, ob der aktuelle Benutzer Mitglied der fixen Datenbankrolle *db_owner* ist, setzen wir die Funktion IS_MEMBER() ein und übergeben ihr den Rollennamen als Parameter.

```
SELECT IS_MEMBER('db_owner') AS mitglied;
```

Diese Funktion liefert 1 für Mitglied und 0 für Nichtmitglied.

 HINWEIS: Es wird empfohlen, für Sicherheitsfunktionen ein eigenes Schema zu verwenden, um die Sicherheitslogik von der Datenlogik zu trennen.

Wir erstellen für die Sicherheitsfunktion ein neues Schema, zum Beispiel mit dem Namen *sicher*.

```
CREATE SCHEMA sicher;
```

Der neuen Sicherheitsfunktion geben wir den Namen *sicher.fn_personal_zugriff*. Das Kriterium, ob der Zugriff auf eine Zeile aus der Tabelle *personal* berechtigt erfolgt, ist von der jeweiligen Abteilung abhängig. Daher muss diese der Sicherheitsfunktion übergeben werden und wir legen dafür den Parameter @abteilung an, der denselben Datentyp wie die entsprechende Spalte in der Tabelle aufweist. Eine Sicherheitsfunktion wird als Inline-Tabellenwertfunktion als RETURNS TABLE definiert und muss fix mit der Option WITH SCHEMABINDING erzeugt werden.

Die Funktion soll für passende Zeilen eine 1 liefern, daher verwenden wir die SELECT-Klausel statisch mit SELECT 1 AS zugriff. Die WHERE-Klausel legt fest, ob diese 1 als Ergebnis zurückgeliefert wird oder nicht.

Als erste Bedingung verwenden wir das zuvor beschriebene Statement, um die Abteilung des aktuellen Benutzers auszulesen. Diese muss entweder der im Parameter übergebenen Abteilung entsprechen oder das Kürzel *PE* muss der Personalabteilung entsprechen. Diese Bedingung ist erfüllt, wenn die Abteilung des aktuellen Benutzers entweder *Personal* ist oder jene, die gerade geprüft wird. Da auch Mitglieder der Datenbankrolle *db_owner* auf alle Zeilen zugreifen dürfen, wird mit OR die zweite Bedingung ergänzt.

```
CREATE FUNCTION sicher.fn_personal_zugriff(@abteilung char(2))
RETURNS TABLE
WITH SCHEMABINDING
AS
RETURN
    SELECT 1 AS zugriff
    WHERE ( SELECT abteilung
            FROM dbo.personal
            WHERE benutzer_sid = USER_SID()) IN('PE', @abteilung)
    OR IS_MEMBER('db_owner') = 1;
```

Da es sich ja im Prinzip um eine normale Inline-Tabellenwertfunktion handelt, können Sie diese mit unterschiedlichen Parametern direkt aufrufen und testen.

```
SELECT * FROM sicher.fn_personal_zugriff('PE');
```

liefert (für Sie als *db_owner*):

```
zugriff
---------------
1
```

Für Benutzer *berger* als Mitarbeiterin aus der Personaltabelle liefern alle drei Anweisungen 1. Das wäre auch bei allen anderen Abteilungskürzeln so.

```
EXECUTE AS USER = 'berger';
SELECT * FROM sicher.fn_personal_zugriff('PE');
SELECT * FROM sicher.fn_personal_zugriff('VK');
SELECT * FROM sicher.fn_personal_zugriff('GL');
REVERT;
```

Für Benutzer *neumann* als Mitarbeiterin der Abteilung Verkauf liefern die erste und dritte Anweisung kein Ergebnis, die zweite jedoch 1.

```
EXECUTE AS USER = 'berger';
SELECT * FROM sicher.fn_personal_zugriff('MA');
SELECT * FROM sicher.fn_personal_zugriff('VK');
SELECT * FROM sicher.fn_personal_zugriff('');
REVERT;
```

Da der Begriff *Sicherheitsfunktion* ja nur ein funktionaler Begriff für die Verwendung einer Inline-Tabellenwertfunktion ist, finden Sie diese Funktion im Objekt-Explorer des Management Studios auch nicht unter dem Ordner *Sicherheit*, sondern unter den *Tabellenwertfunktionen*. Optisch ist sie von den anderen Funktionen in erster Linie über den Schemanamen unterscheidbar.

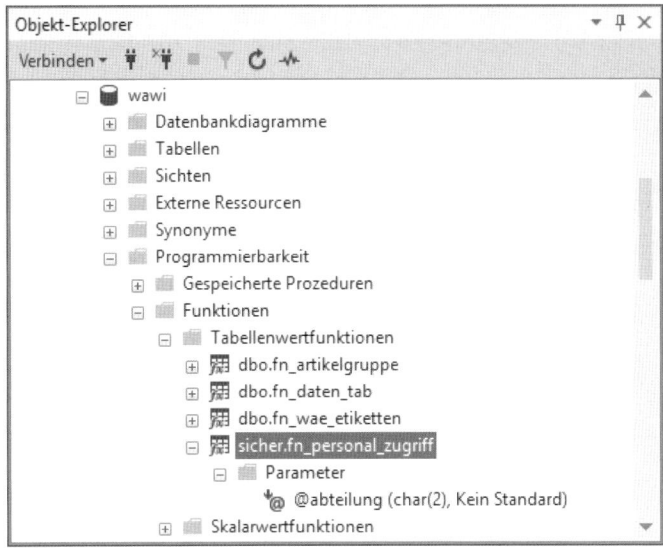

Bild 10.56 Sicherheitsfunktion im Objekt-Explorer

10.12.3 Security Policy definieren

Ist die Sicherheitsfunktion erst einmal fertig, kann im zweiten Schritt die *Sicherheitsrichtline* (Security Policy) erstellt werden. Sicherheitsrichtlinien sind im Objekt innerhalb der Datenbank unter dem Ordner *Sicherheit* zu finden. Eine neue Sicherheitsrichtlinie können Sie über das Kontextmenü erstellen. Über den Befehl NEUE SICHERHEITSRICHTLINIE... gelangen Sie allerdings in keinen Dialog, sondern die Vorlage für eine Sicherheitsrichtlinie wird in einem neuen Abfrageeditor-Fenster geöffnet. Sie können analog zu Triggern, Prozeduren und Funktionen entweder die Vorlage als Basis nutzen oder die Anweisung CREATE SECURITY POLICY manuell eintippen.

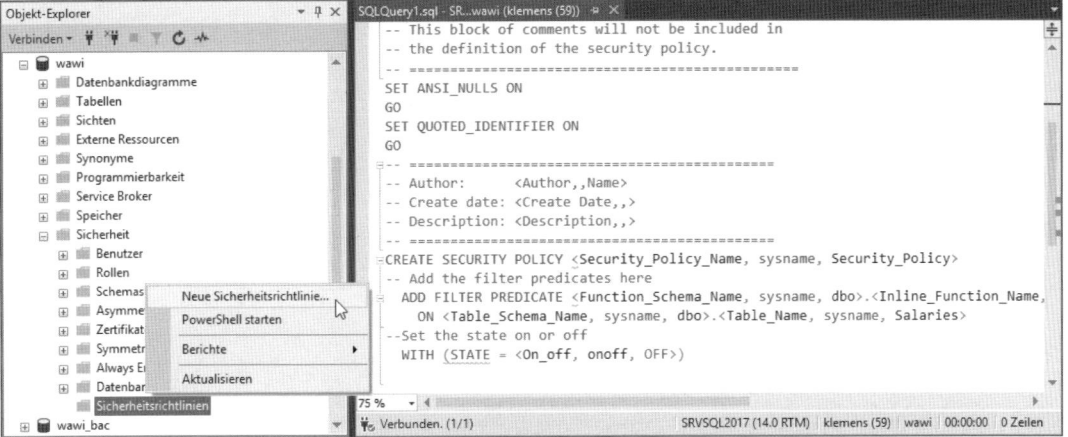

Bild 10.57 Neue Sicherheitsrichtlinie im Objekt-Explorer

 HINWEIS: Jeder Sicherheitsrichtlinie können Sie ein oder mehrere Sicherheits-prädikate mit jeweils einer Sicherheitsfunktion zuweisen. Zur Erinnerung: Diese Sicherheitsprädikate werden entweder zu Filterung (FILTER) oder zur Blockade (BLOCK) festgelegt.

Wir starten mit einem Sicherheitsprädikat FILTER und weisen die Sicherheitsfunktion zu. Dazu verwenden wir die Klausel ADD FILTER PREDICATE. Mit dem Schlüsselwort ON wird der Name der Tabelle, für die die Richtlinie erstellt werden soll, ergänzt. Als Parameter wird der Sicherheitsfunktion der Name der Spalte übergeben, die den relevanten Wert enthält. In unserem Beispiel ist dies die Spalte *abteilung*. Mit der Option STATE=ON wird die Richtlinie sofort nach dem Erstellen aktiviert.

```
CREATE SECURITY POLICY personal_zugriff
ADD FILTER PREDICATE sicher.fn_personal_zugriff(abteilung)
ON dbo.personal
WITH (STATE = ON);
```

Verwenden wir nachfolgende Anweisung, um die Funktion zu testen. Wir verwenden hier bewusst keine WHERE-Klausel, um die unverfälschte Wirkung der Sicherheitsrichtlinie zu sehen.

```
SELECT persnr, nachname, vorname, abteilung
FROM dbo.personal;
```

Führen wir die Anweisung als Mitglied der Rolle *db_owner* oder als Benutzer der Abteilung Personalwesen aus, bekommen wir alle Zeilen aus der Tabelle *personal* als Ergebnis. Wechseln wir allerdings wieder in den Kontext eines Benutzerkontos aus einer anderen Abteilung, bekommen wir nur mehr die Zeilen mit entsprechenden Einträgen aus der Datenbank, wie in Bild 10.58 zu sehen.

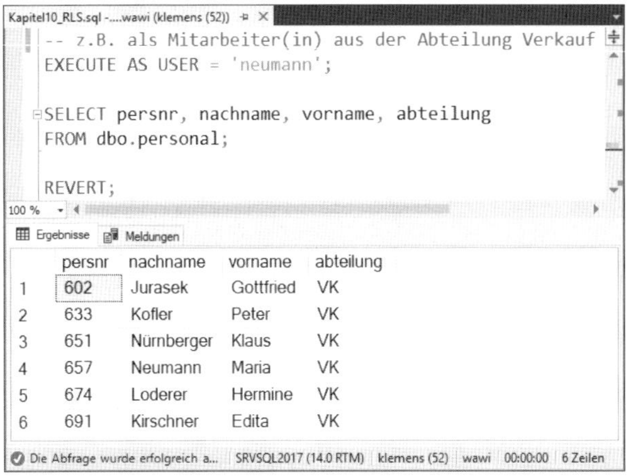

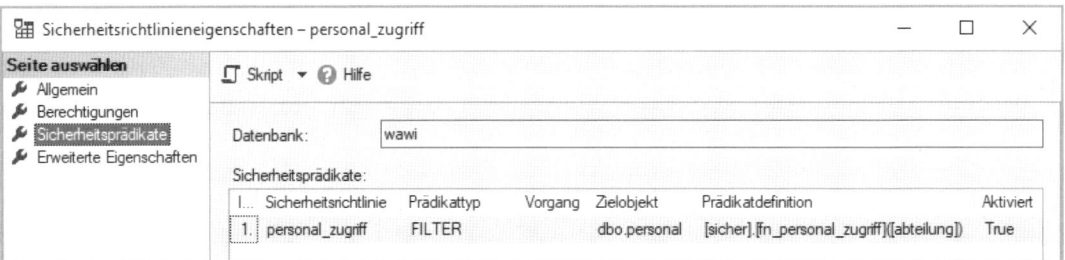

Bild 10.58 Row Level Security – Wirkung einer Sicherheitsrichtlinie

Dieses Beispiel zeigt sehr schön, dass *Sicherheit auf Zeilenebene* absolut transparent ist.

Informationen auslesen

Um Informationen über eine Sicherheitsrichtlinie anzuzeigen, können Sie den Objekt-Explorer nutzen. In den Eigenschaften, in die Sie über das Kontextmenü gelangen, können Sie sich beispielsweise die Sicherheitsprädikate anzeigen lassen.

Bild 10.59 Sicherheitsprädikat in Eigenschaften anzeigen

Direkt im Abfrageeditor-Fenster können Sie auch die Systemtabelle *security_policies* nutzen, um Informationen über Richtlinien auszugeben.

```
SELECT * FROM sys.security_policies;
```

Für Informationen über die Sicherheitsprädikate setzen Sie die Systemtabelle *security_predicates* ein.

```
SELECT * FROM sys.security_predicates;
```

Wenn Sie die Informationen aus diesen beiden Tabellen noch mit der Systemtabelle *tables* verknüpfen, bekommen Sie einen guten Überblick über vorhandene Richtlinien.

```
SELECT t.name AS tabelle, s.name AS richtlinie, p.predicate_definition AS funktion,
       p.predicate_type_desc AS prädikat, s.is_enabled AS aktiviert
FROM sys.tables t
INNER JOIN sys.security_predicates p ON t.object_id = p.target_object_id
INNER JOIN sys.security_policies s ON p.object_id = s.object_id;
```

liefert:

```
tabelle   richtlinie         funktion                                     prädikat  aktiv
--------- ------------------ -------------------------------------------- --------- -----
personal  personal_zugriff   ([sicher].[fn_personal_zugriff]([abt...      FILTER    1
```

Deaktivieren und aktivieren von Sicherheitsrichtlinien

In der letzten Anweisung haben wir die Spalte *is_enabled* mit ausgegeben. Diese zeigt an, ob eine Sicherheitsrichtlinie gerade aktiviert ist oder nicht. Eine Sicherheitsrichtlinie kann entweder über das Kontextmenü im Objekt-Explorer deaktiviert und aktiviert werden, oder über die entsprechende SQL-Anweisung.

Um eine Sicherheitsrichtlinie zu deaktivieren, verwenden Sie diese Anweisung:

```
ALTER SECURITY POLICY personal_zugriff
WITH (STATE = OFF);
```

Und mit dieser Anweisung können Sie eine deaktivierte Sicherheitsrichtlinie wieder aktivieren:

```
ALTER SECURITY POLICY personal_zugriff
WITH (STATE = ON);
```

10.12.4 Ändern von Sicherheitsrichtlinien

Unsere Sicherheitsrichtlinie *personal_zugriff* besitzt im Moment erst ein FILTER-Sicherheitsprädikat. Weitere Prädikate können wir mit ADD ergänzen.

FILTER-Prädikate legen fest, welche Datensätze bei SELECT-Vorgängen zurückgegeben werden. Zusätzlich wirken sie auch bei UPDATE und DELETE. Datensätze, die gemäß der Richtlinie gefiltert und damit auch nicht gefunden werden, können auch nicht geändert oder gelöscht werden.

BLOCK-Prädikate sind hingegen nur für DML-Anweisungen relevant. Werden sie als AFTER definiert, legen Sie fest, wie Daten nach erfolgtem Schreibzugriff beschaffen sein müssen, damit der Schreibvorgang nicht blockiert wird. Bei BEFORE-Prädikaten wird festgelegt, wie Daten inhaltlich beschaffen sein müssen, damit sie überhaupt geändert werden dürfen. Im Detail bedeute dies:

- AFTER INSERT: Legt fest, dass neu eingefügte Datensätze der Richtlinie entsprechen müssen. Verwenden wir unsere Sicherheitsfunktion mit einem derartigen Prädikat, können von Benutzern nur neue Mitarbeiter für die eigene Abteilung eingefügt werden. Dies gilt in unserem Beispiel nur, wenn der aktuelle Benutzer nicht *db_owner* ist oder in der Personalabteilung arbeitet.

- AFTER UPDATE: Daten müssen auch nach einer Änderung der Richtlinie entsprechen, wenn ein derartiges Prädikat festgelegt worden ist. Für unser Beispiel bedeutet dies, dass Änderungen an der Spalte Abteilung blockiert werden, wenn jemand dadurch in eine andere Abteilung verschoben würde.

- BEFORE UPDATE: Geändert werden können nur Daten, die vor der Änderung der Richtlinie entsprechen.

- BEFORE DELETE: Zeilen können nur gelöscht werden, wenn Sie der Richtlinie entsprechen.

 HINWEIS: Die Prädikate BEFORE UPDATE und BEFORE DELETE haben nur einen Sinn, wenn eine andere Funktion als zur Filterung verwendet wird. Denn wenn Datensätze den Filterkriterien nicht entsprechen, können sie ohnehin nicht geändert oder gelöscht werden, da sie nicht einmal gefunden werden.

Ergänzen wir mit nachfolgender Anweisung unsere Sicherheitsfunktion als BLOCK-Prädikat für das Ereignis AFTER INSERT.

```
ALTER SECURITY POLICY personal_zugriff
ADD BLOCK PREDICATE sicher.fn_personal_zugriff(abteilung)
ON dbo.personal AFTER INSERT;
```

Mit einem weiteren Statement ergänzen wir dasselbe für das Ereignis AFTER UPDATE.

```
ALTER SECURITY POLICY personal_zugriff
ADD BLOCK PREDICATE sicher.fn_personal_zugriff(abteilung)
ON dbo.personal AFTER UPDATE;
```

Sollen die beiden vorangegangenen Anweisungen durch eine ersetzt werden, muss zwischen den beiden Prädikaten ein Komma gesetzt werden:

```
ALTER SECURITY POLICY personal_zugriff
ADD BLOCK PREDICATE sicher.fn_personal_zugriff(abteilung)
ON dbo.personal AFTER UPDATE,
ADD BLOCK PREDICATE sicher.fn_personal_zugriff(abteilung)
ON dbo.personal AFTER DELETE;
```

Um Sicherheitsprädikate von einer Richtlinie zu lösen, nutzen Sie DROP PREDICATE in der Anweisung. Mit dem nachfolgenden Befehl werden beide zuvor ergänzten Prädikate wieder entfernt:

```
ALTER SECURITY POLICY personal_zugriff
DROP BLOCK PREDICATE ON dbo.personal AFTER UPDATE,
DROP BLOCK PREDICATE ON dbo.personal AFTER DELETE;
```

Um die komplette Sicherheitsrichtlinie zu löschen, verwenden Sie diese Anweisung:

```
DROP SECURITY POLICY personal_zugriff;
```

Wirkung von BLOCK-Prädikaten

Betrachten wir nun die Wirkung der beiden BLOCK-Prädikate in unserem Beispielszenario. Dazu wechseln wir erneut in den Kontext des Benutzers *neumann* und schränken damit alle Vorgänge auf die Abteilung Verkauf mit dem Kürzel *VK* ein.

```
EXECUTE AS USER = 'neumann';
```

Mit der ersten Anweisung wird ein neuer Datensatz in die Tabelle *personal* eingefügt. Da das Abteilungskürzel *VK* verwendet wird, ist das Einfügen erfolgreich.

```
INSERT INTO dbo.personal (persnr, abteilung, nachname, vorname, geschlecht)
VALUES (990, 'VK', 'Test', 'Test', 1);
```

Bei der zweiten Anweisung wird eine andere Abteilung verwendet. Da das Abteilungskürzel *MA* nicht dem aktuellen Benutzer entspricht, wir die Anweisung blockiert.

```
INSERT INTO dbo.personal (persnr, abteilung, nachname, vorname, geschlecht)
VALUES (991, 'MA', 'Test', 'Test', 1);
```

liefert:

```
Meldung 33504, Ebene 16, Status 1, Zeile 230
Fehler beim versuchten Vorgang, da das Zielobjekt "wawi.dbo.personal" ein
Blockprädikat aufweist, das mit diesem Vorgang in Konflikt steht. Falls der Vorgang
für eine Sicht ausgeführt wird, kann das Blockprädikat für die zugrunde liegende
Tabelle erzwungen werden. Ändern Sie den Vorgang so, dass als Ziel nur Zeilen
verwendet werden, die durch das Blockprädikat zugelassen sind.
```

Widerspricht das Ergebnis einer Änderung nicht der Richtlinie, ist das UPDATE erfolgreich. Die dritte Anweisung, mit der der Vorname und der Nachname des zuvor eingefügten Datensatzes wieder geändert werden, wird nicht geblockt.

```
UPDATE dbo.personal
SET nachname = 'Nachname', vorname = 'Vorname'
WHERE persnr = 990;
```

Die vierte Anweisung hingegen wird blockiert, da die Änderung der Abteilung auf eine andere der Richtlinie widerspricht. Wäre das UPDATE erfolgreich, würde man den Datensatz scheinbar löschen, da er nach der Änderung nicht mehr der Filterbedingung entspräche und nicht mehr angezeigt würde.

```
UPDATE dbo.personal
SET abteilung = 'GL'
WHERE persnr = 990;
```

 HINWEIS: In der Wirkung sind BLOCK-Prädikate durchaus mit Sichten vergleichbar, die mit der Option WITH CHECK OPTION erstellt worden sind. Auch hier werden alle DML-Operationen unterbunden, die der WHERE-Klausel der View widersprechen. In diesen Sichten können nur Daten mit INSERT eingefügt werden, die über die Sicht auch sichtbar sein werden. Alle Änderungen mit UPDATE, die Zeilen aus der Sicht entfernen würden, werden unterbunden.

Berechtigungen zum Erstellen von Sicherheitsrichtlinien

Mitglieder der Datenbankrolle *db_owner* können Sicherheitsrichtlinien erstellen, ändern und löschen.

Soll die Verwaltung von RLS an einen anderen Benutzer übertragen werden, muss dieser folgende Berechtigungen erhalten:

- Die Berechtigung ALTER (Ändern) für das Schema, in dem die zu sichernden Tabellen gespeichert sind.

- Auf Datenbankebene wird die Berechtigung ALTER ANY SECURITY (Ändern beliebiger Sicherheitsrichtlinien) vorausgesetzt, um Sicherheitsrichtlinien erstellen, ändern und löschen zu dürfen.

- Für den Zugriff auf die Sicherheitsfunktionen sind die Berechtigungen SELECT (Auswählen) und REFRENCES (Verweise) erforderlich.

- Die REFERENCES-Berechtigung wird ebenso für die von Richtlinien gesicherten Tabellen und für deren Spalten, die an die Sicherheitsfunktion übergeben werden, benötigt.

Mit den nachfolgenden Anweisungen wird die Anmeldung *sicherheitsmanager* mit einem gleichnamigen Benutzer erzeugt. Zusätzlich wird die Rolle *db_rls* erstellt und die Mitgliedschaft in dieser Rolle an den neuen Benutzer gegeben. Die beschriebenen Berechtigungen werden anschließend an diese Rolle erteilt.

```
CREATE LOGIN sicherheitsmanager WITH PASSWORD = 'sicherheit';
CREATE USER sicherheitsmanager FOR LOGIN sicherheitsmanager;

CREATE ROLE db_rls;
ALTER ROLE db_rls ADD MEMBER sicherheitsmanager;
GRANT ALTER ANY SECURITY POLICY TO db_rls;
GRANT ALTER ON SCHEMA::dbo TO db_rls;

GRANT SELECT, REFERENCES ON sicher.fn_personal_zugriff TO db_rls;
GRANT REFERENCES ON dbo.personal TO db_rls;
GRANT REFERENCES ON dbo.personal(abteilung) TO db_rls AS dbo;
```

Mitgliedern der Rolle *db_rls* ist es damit möglich, Row Level Security in der aktuellen Datenbank zu verwalten.

■ 10.13 Zugriff auf andere Server

Über *Verbindungsserver* (*Linked Server*) kann auf einfache Weise ein komfortabler Onlinezugriff auf andere Datenbanksysteme eingerichtet werden. Dies können sowohl weitere SQL Server als auch andere DBMS sein. Der Vorteil von Verbindungsservern ist, dass auf diese direkt in einem SQL-Statement zugegriffen werden kann, ohne dass sich der Benutzer darum kümmern muss, wie er sich zu dieser „fremden" Datenbank verbindet. Die Verbindung und vor allem die dazu verwendeten Accounts und Berechtigungen müssen vorweg vom Administrator eingerichtet werden. Und wie das funktioniert, lesen Sie in diesem Abschnitt.

Ist die Verbindung einmal eingerichtet und die Berechtigungen sind geregelt, ist der Zugriff für den Benutzer transparent. Lediglich der Name des Verbindungsservers muss im Statement mit angegeben werden. Dieser Name wird beim Einrichten des Verbindungsservers vergeben und muss nicht mit dem wirklichen Servernamen übereinstimmen.

Zugriff auf Daten eines Verbindungsservers

Ist der Verbindungsserver ein anderer SQL Server, ist der Zugriff über SQL ein sehr einfacher. Üblicherweise greifen wir auf Daten einer Tabelle zu, indem wir den Schemanamen und den Tabellennamen mit einem Punkt getrennt eingeben.

```
SELECT * FROM schema.tabelle;
```

Möchten wir auf ein Objekt in einer anderen Datenbank auf demselben Server zugreifen, müssen wir lediglich den Namen der Datenbank voranstellen.

```
SELECT * FROM datenbank.schema.tabelle;
```

Kommt nun noch der Verbindungsserver mit ins Spiel, wiederholt sich diese Logik in der Art, dass nun noch der Name des Verbindungsservers zusätzlich angegeben wird.

```
SELECT * FROM server.datenbank.schema.tabelle;
```

Handelt es sich um einen Server in einem Fremdformat, verwendet man die Methode OPENQUERY, um das Statement direkt in der Syntax des Zielsystems anzugeben.

```
SELECT *
FROM OPENQUERY(verbindungsserver, 'SELECT * FROM schema.tabelle;');
```

 PRAXISTIPP: Um den Zugriff auf Daten eines Verbindungsservers für Anwender noch einfacher zu gestalten, können Sie in der lokalen Datenbank Sichten für den Zugriff einrichten:

```
CREATE VIEW schema.sicht
AS
SELECT *
FROM server.datenbank.remoteschema.remotetabelle;
```

Dann können Sie ganz einfach mit der Anweisung

```
SELECT * FROM schema.sicht;
```

auf Daten des Verbindungsservers zugreifen.

10.13.1 SQL Server als Verbindungsserver

Richten wir nun einen SQL Server als Verbindungsserver ein. Ich habe dazu eine zweite Serverinstanz mit dem Instanznamen *PROD* auf meinem Server installiert und dort unsere Beispieldatenbank *wawi* eingerichtet. Diese Serverinstanz möchte ich nun auf dem ursprünglichen Server als Verbindungsserver einrichten.

Im Objekt-Explorer sind Verbindungsserver unter den *Serverobjekten* zu finden. Über das Kontextmenü kann ein neuer Verbindungsserver über den Befehl NEUER VERBINDUNGSSERVER... eingerichtet werden.

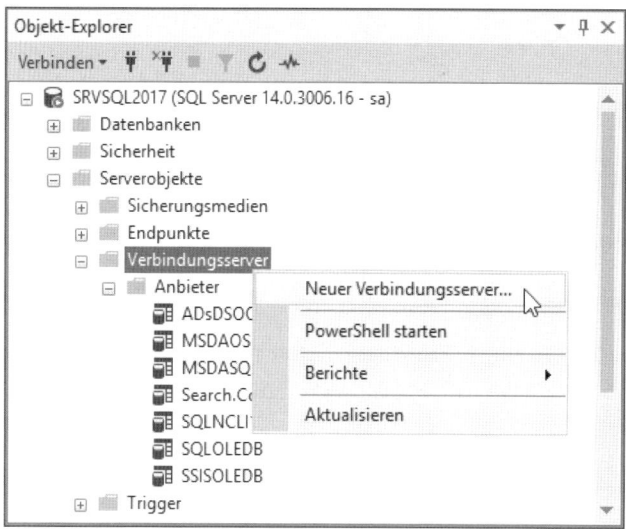

Bild 10.60 Neuen Verbindungsserver einrichten

Die erste Festlegung, die getroffen werden muss, ist die, ob Sie einen SQL Server oder eine andere Datenquelle als Verbindungsziel einrichten möchten. Bild 10.61 zeigt die beiden Auswahlvarianten. Für andere Datenquellen stehen verschiedene Schnittstellen auf der Basis von OLE DB zur Verfügung. Die Kürzel dieser verfügbaren Schnittstellen finden sich bereits im Objekt-Explorer unter dem Begriff *Anbieter*. Dies ist der deutsche Begriff für *Provider*, wie die Treiber unter OLE DB bezeichnet werden. Diese werden deaktiviert, wenn Sie als Servertyp *SQL Server* auswählen. In diesem Fall ist nur der Name des Servers einzugeben. Im Beispiel ist dies der Instanzname *SRVSQL2017\PROD*.

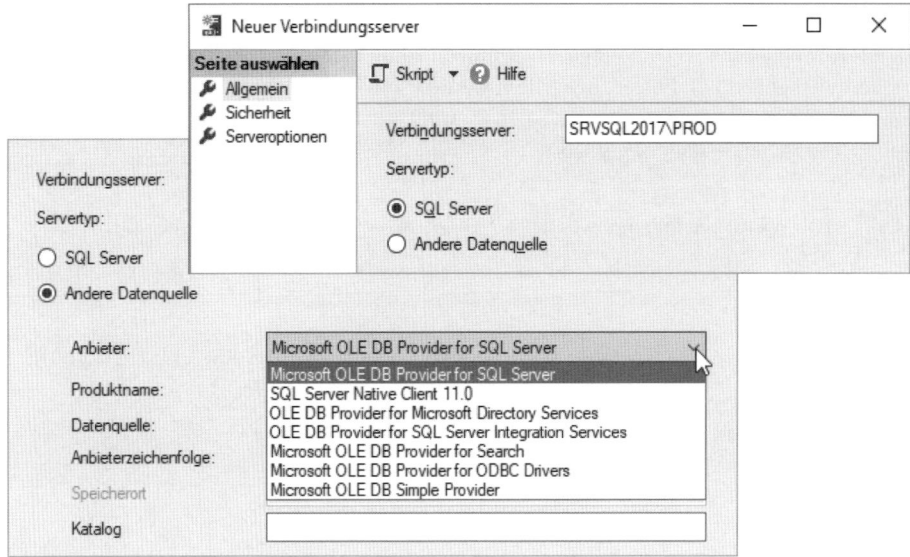

Bild 10.61 Servertyp und Servername festlegen

Bevor ich den Dialog mit **OK** schließe, wähle ich noch die Seite *Sicherheit* und wähle die Option *Im aktuellen Sicherheitskontext der Anmeldung verwendet* aus. Danach schließe ich den Dialog und betrachte das Ergebnis im Objekt-Explorer. Mit den aktuellen Sicherheitseinstellungen kann ich unter dem neuen registrierten Server bereits auf Datenbanken, die hier unter dem Begriff *Kataloge* angezeigt werden, zugreifen. Dieser Begriff kommt auch von OLE DB und ist die Übersetzung von *Catalog*.

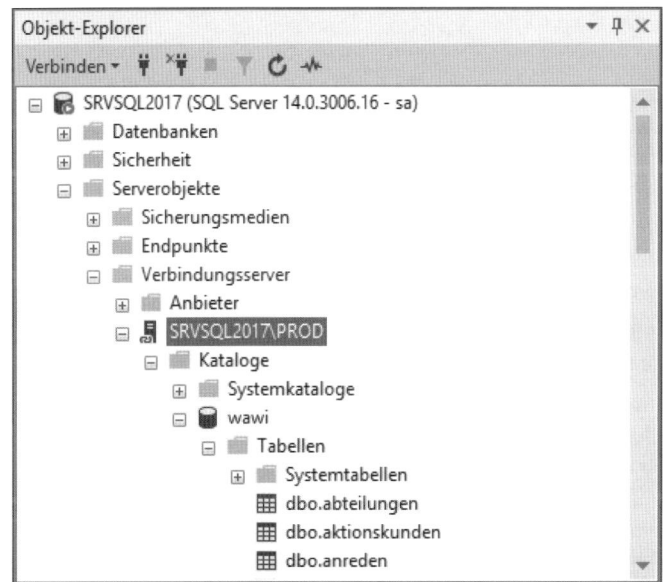

Bild 10.62 Verbindungsserver im Objekt-Explorer

Sicherheitseinstellungen für Verbindungsserver einrichten

Damit Anwender den Verbindungsserver nutzen können, müssen Sie festlegen, in welchem Sicherheitskontext auf diesen zugegriffen werden soll. Um dies nutzen zu können, lege ich auf dem Zielserver vorweg ein paar Logins sowie User für die Datenbank *wawi* an und vergebe entsprechende Rollenmitgliedschaften.

 HINWEIS: Sie finden die entsprechenden Anweisungen im Beispielskript zu diesem Kapitel.

```
CREATE LOGIN leser WITH PASSWORD = 'ichlesenur', CHECK_POLICY = OFF;
CREATE LOGIN alina WITH PASSWORD = 'alina', CHECK_POLICY = OFF;
CREATE LOGIN lea WITH PASSWORD = 'lea', CHECK_POLICY = OFF;
CREATE LOGIN felix WITH PASSWORD = 'felix', CHECK_POLICY = OFF;
CREATE LOGIN [softelier\petra] FROM WINDOWS;
GO


USE wawi
GO


CREATE USER leser FOR LOGIN leser;
CREATE USER alina FOR LOGIN alina;
CREATE USER lea FOR LOGIN lea;
CREATE USER felix FOR LOGIN felix;
CREATE USER petra FOR LOGIN [softelier\petra];
GO


ALTER ROLE db_datareader ADD MEMBER leser;
ALTER ROLE db_datareader ADD MEMBER petra;
ALTER ROLE db_datareader ADD MEMBER felix;
ALTER ROLE db_datawriter ADD MEMBER alina;


CREATE ROLE artikelstamm;
ALTER ROLE artikelstamm ADD MEMBER lea;
GRANT SELECT ON dbo.artikel TO artikelstamm;
GRANT SELECT ON dbo.artikelgruppen TO artikelstamm;
GO
```

Um die Sicherheitseinstellungen für den Verbindungsserver zu editieren, öffnen Sie die Eigenschaften des Verbindungsservers über das Kontextmenü und wechseln auf die Seite *Sicherheit*. Hier stehen folgende Optionen zur Auswahl:

- Sie nehmen direkte Zuordnungen von lokalen Anmeldungen zu Remoteanmeldungen vor. Hierbei sind folgende Konstellationen denkbar, die Sie in Bild 10.63 umgesetzt sehen:

  - Einer lokalen SQL Server-Anmeldung wird ein Remote-Login mit Name und Kennwort zugewiesen. (Eigentlich scheint der Begriff *Remotebenutzer*, wie er auch im Dialog angezeigt wird, nicht sauber übersetzt. Man würde korrekt Remoteanmeldung oder Remotelogin erwarten. Allerdings muss man berücksichtigen, dass das Remotesystem kein SQL Server sein muss und dann die Unterscheidung in Anmeldung und Benutzer nicht gilt.) An dieser Stelle müssen die zugeordneten Loginnamen nicht übereinstimmen, auch wenn dies in unserem Beispiel für den Login *alina* der Fall ist. Ändert *alina* auf dem lokalen Server ihr Kennwort, funktioniert die Remoteanmeldung weiterhin, da diese von der Änderung unberührt ist.

- Eine lokale SQL Server-Anmeldung wird mit der Option *Identität annehmen* verwendet. Dies setzt voraus, dass ein entsprechender gleichlautender Login mit demselben Kennwort auch auf dem Verbindungsserver existiert. Sind die Kennwörter, beispielsweise durch eine Änderung auf einem der Server, nicht mehr synchron, kann keine Anmeldung mehr auf dem Verbindungsserver erfolgen, bis wieder Gleichheit hergestellt ist. In unserem Beispiel wird diese Methode für die Anmeldung *felix* verwendet.

- Einer lokalen Windows-Anmeldung kann ebenso eine Remoteanmeldung mit einem Kennwort zugewiesen werden. Sie sehen dies am Beispiel der Anmeldung *softelier\lea*. Solange das angegebene Remotekennwort am Verbindungsserver nicht geändert wird, funktioniert die Anmeldung.

- Eine lokale Windows-Anmeldung wird mit der Option *Identität annehmen* hinzugefügt. Dies setzt voraus, dass beide Server in derselben Domäne sind und auf beiden Servern Logins für dasselbe Domänenkonto eingerichtet worden sind. Sie sehen dies in unserem Beispiel für die Anmeldung *softelier\petra* umgesetzt.

 ACHTUNG! Zugeordnete Remoteanmeldungen sind immer SQL Server-Anmeldungen. Sie können einer Windows-Anmeldung vom lokalen Server keine beliebige Windows-Anmeldung des Verbindungsservers zuordnen. Die einzige Ausnahme ist die Option *Identität annehmen* mit dem jeweiligen identen Windows-Konto auf beiden Seiten.

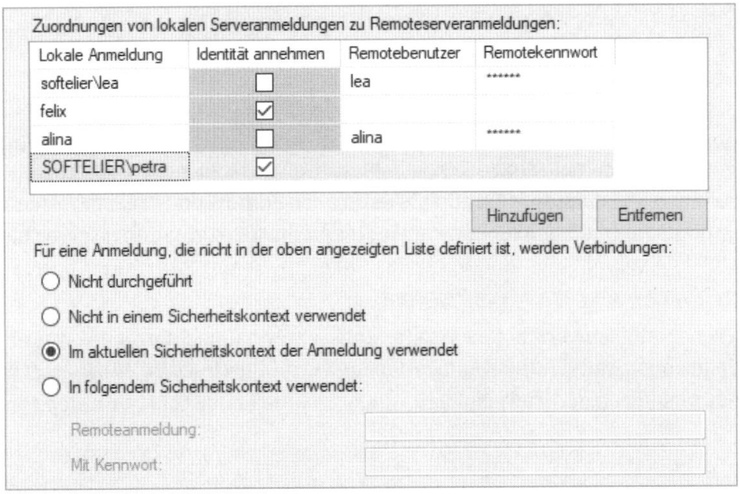

Zuordnungen von lokalen Serveranmeldungen zu Remoteserveranmeldungen:

Lokale Anmeldung	Identität annehmen	Remotebenutzer	Remotekennwort
softelier\lea	☐	lea	******
felix	☑		
alina	☐	alina	******
SOFTELIER\petra	☑		

Hinzufügen   Entfernen

Für eine Anmeldung, die nicht in der oben angezeigten Liste definiert ist, werden Verbindungen:

○ Nicht durchgeführt

○ Nicht in einem Sicherheitskontext verwendet

◉ Im aktuellen Sicherheitskontext der Anmeldung verwendet

○ In folgendem Sicherheitskontext verwendet:

Remoteanmeldung:

Mit Kennwort:

Bild 10.63 Zuordnung von Remoteserveranmeldungen

- Sie definieren für alle anderen Anmeldungen, für die keine direkte Zuordnung erfolgt ist, wie verfahren werden soll:

  - *Nicht durchgeführt*: Diese Option legt fest, dass alle anderen Anmeldungen generell keine Möglichkeit haben, den Verbindungsserver zu nutzen.

  - *Nicht in einem Sicherheitskontext verwendet*: Diese Option macht nur für Verbindungs-server einen Sinn, die keine Anmeldung erfordern, wie zum Beispiel eine Access-Datenbank oder eine Excel-Tabelle. Bei einem SQL Server als Verbindungsserver wird diese Option zu keiner erfolgreichen Verbindung führen.

  - *Im aktuellen Sicherheitskontext der Anmeldung verwendet*: Diese Option entspricht von der Logik her Remoteanmeldungen mit der Option *Identität annehmen*. Gibt es kein passendes Gegenkonto auf dem Remoteserver, kann mit der jeweiligen Anmeldung keine Verbindung hergestellt werden.

  - *In folgendem Sicherheitskontext verwendet*: Hier wird eine Remoteanmeldung mit einem Kennwort hinterlegt, mit dem dann alle weiteren lokalen Anmeldungen remote authen-tifiziert werden. Diese Option kann zum Sicherheitsrisiko werden, wenn die verwen-dete Remoteanmeldung zu viele Berechtigungen am Zielserver besitzt.

 PRAXISTIPP: Ich verwende diese letzte Option in der Praxis nur für unkritische Verbindungen mit einem Login, der beispielsweise nur Leserechte auf einge-schränkte Daten am Zielserver besitzt. ∎

 ACHTUNG! Achten Sie darauf, dass Ihre eigene Anmeldung über die aktuellen Einstellungen auch Zugriff auf den Verbindungsserver erhält. Sonst bekommen Sie einen Fehler beim Versuch, die Einstellungen zu speichern. ∎

Sie können die fertigen Einstellungen auch skripten, um diese bei Bedarf sofort neu gene-rieren zu können. Dies ist vor allem dann sehr praktisch, wenn Sie einen Verbindungs-server auf einem neuen Server neu einrichten möchten. Der zusätzliche Vorteil besteht darin, dass die geskripteten Systemprozeduraufrufe dann auch editiert und ergänzt werden können. Wie für gewöhnliche Datenbankobjekte auch, finden Sie für Verbindungsserver im Kontextmenü des Objekt-Explorers den Befehl für das Skripten: SKRIPT FÜR VERBINDUNGS-SERVER/CREATE IN/NEUES ABFRAGE-EDITOR-FENSTER

Das Skript für unseren gerade eingerichteten Verbindungsserver hat nachfolgendes Ausse-hen. Aus Sicherheitsgründen werden die Kennwörter im Skript durch ######## ersetzt und müssen vor dem Ausführen der Anweisungen wieder manuell eingetragen werden.

```
/****** Object:  LinkedServer [SRVSQL2017\PROD]     Script Date: 08.07.2017 16:35:21
******/
EXEC master.dbo.sp_addlinkedserver @server = N'SRVSQL2017\PROD', @srvproduct=N'SQL
Server'
/* For security reasons the linked server remote logins password is changed with
######## */
EXEC master.dbo.sp_addlinkedsrvlogin @rmtsrvname=N'SRVSQL2017\PROD',@
useself=N'True',@locallogin=NULL,@rmtuser=NULL,@rmtpassword=NULL
EXEC master.dbo.sp_addlinkedsrvlogin @rmtsrvname=N'SRVSQL2017\PROD',@
```

```
useself=N'False',@locallogin=N'alina',@rmtuser=N'alina',@rmtpassword='########'
EXEC master.dbo.sp_addlinkedsrvlogin @rmtsrvname=N'SRVSQL2017\PROD',@
useself=N'True',@locallogin=N'felix',@rmtuser=NULL,@rmtpassword=NULL
EXEC master.dbo.sp_addlinkedsrvlogin @rmtsrvname=N'SRVSQL2017\PROD',@
useself=N'False',@locallogin=N'softelier\lea',@rmtuser=N'lea',@rmtpassword='########'
EXEC master.dbo.sp_addlinkedsrvlogin @rmtsrvname=N'SRVSQL2017\PROD',@
useself=N'True',@locallogin=N'SOFTELIER\petra',@rmtuser=NULL,@rmtpassword=NULL
```

Wie Sie dem Skript entnehmen können, werden Verbindungsserver mit der Systemprozedur *sp_addlinkedserver* angelegt. Für das Ergänzen einer Remoteanmeldung wird die Systemprozedur *sp_addlinkedsrvlogin* eingesetzt. Wird beim Aufruf dieser Prozedur der Parameter *@locallogin* nicht übergeben oder ihm der Wert NULL zugewiesen, legt man damit die Einstellung für alle nicht explizit zugeordneten Anmeldungen wie vorhin im grafischen Dialog beschrieben fest. Das N vor den Parameterangaben, das den Text als Unicode festlegt, kann auch weggelassen werden. Mit der nachfolgenden Anweisung legen wir fest, dass alle nicht explizit angeführten Logins im Kontext der Anmeldung *leser* am Verbindungsserver agieren.

```
EXEC master.dbo.sp_addlinkedsrvlogin @rmtsrvname='SRVSQL2017\PROD',
                                     @useself='False',
                                     @locallogin=NULL,
                                     @rmtuser='leser',
                                     @rmtpassword='ichlesenur'
```

Nun ist es aber an der Zeit, den Zugriff auf Daten auf dem Verbindungsserver zu testen. Dazu muss der Name des Verbindungsservers zusätzlich vor dem Objektnamen angegeben werden.

```
SELECT * FROM [SQLSRV2017\PROD].wawi.dbo.artikelgruppen;
```

 ACHTUNG! Wenn der Instanzname des Verbindungsservers wie in diesem Fall Sonderzeichen enthält, muss dieser in eckige Klammern gesetzt werden. Sonst kommt es beim Ausführen der SELECT-Anweisung zu einem Fehler:

```
Meldung 102, Ebene 15, Status 1, Zeile 904
Falsche Syntax in der Nähe von '\'.
```

Testen Sie den lesenden als auch den schreibenden Zugriff mit verschiedenen Logins aus!

Um die Verwendung des Verbindungsservers für Endanwender etwas komfortabler zu gestalten, haben wir zum Beispiel folgende Möglichkeiten:

- Sichten in einer lokalen Datenbank für die benötigten Datenbankobjekte erstellen.

```
CREATE VIEW dbo.vw_remotegruppen
AS
    SELECT artgr, bezeichnung
    FROM [SRVSQL2017\PROD].wawi.dbo.artikelgruppen;
```

- Den Verbindungsserver mit einem einfacher einzutippenden Namen erstellen.

Wird ein Verbindungsserver direkt als SQL Server erzeugt, muss der Name dem Instanznamen des Zielservers entsprechen. Die im Dialog zu Beginn verwendete Variante entspricht der Option `@srvproduct='SQL Server'` beim Erstellen des Verbindungsservers.

```
EXEC master.dbo.sp_addlinkedserver @server = 'SRVSQL2017\PROD',
                                   @srvproduct = 'SQL Server'
```

Ein auf diese Art eingerichteter Verbindungsserver verwendet den SQL Server Native Client für die Kommunikation mit dem Zielserver. Richten Sie stattdessen den Verbindungsserver mit demselben Provider, aber wie einen „Fremdserver" mit dem Parameter `@datasrc='instanzname'` (Datasource) ein, können Sie einen beliebigen Namen vergeben.

```
EXEC master.dbo.sp_addlinkedserver @server = 'PROD',
                                   @srvproduct='',
                                   @provider = 'SQLNCLI',
                                   @datasrc = 'SRVSQL2017\PROD'
```

Das Ergebnis ist beinahe ident, lediglich zwei Eigenschaften für den Aufruf von Remote Procedures sind in der Standardeinstellung unterschiedlich. Sie können bei Bedarf jederzeit auf der Seite *Serveroptionen* in den Eigenschaften des Verbindungsservers auf *True* zu ändern.

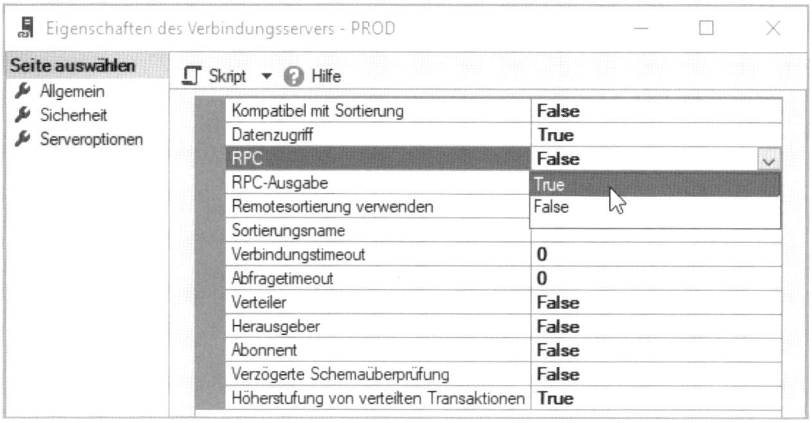

Eigenschaften des Verbindungsservers - PROD
Seite auswählen
Allgemein
Sicherheit
Serveroptionen
Skript
Hilfe
Kompatibel mit Sortierung
False
Datenzugriff
True
RPC
False
RPC-Ausgabe
True
Remotesortierung verwenden
False
Sortierungsname
Verbindungstimeout
0
Abfragetimeout
0
Verteiler
False
Herausgeber
False
Abonnent
False
Verzögerte Schemaüberprüfung
False
Höherstufung von verteilten Transaktionen
True

Bild 10.64 Serveroptionen für Verbindungsserver

Nun können Sie mit dem kürzeren und frei gewählten Namen komfortabler auf die Daten am Zielserver zugreifen.

```
SELECT * FROM prod.wawi.dbo.artikelgruppen;
```

Wenn Sie einen Verbindungsserver nicht mehr benötigen, können Sie ihn entweder über das Kontextmenü im Objekt-Explorer oder über die Systemprozedur *sp_dropserver* löschen. Diese Prozedur besitzt zwei Parameter. Einerseits den Namen des Servers, andererseits können Sie festlegen, ob die angelegten Remotelogins mitgelöscht werden.

```
EXEC master.dbo.sp_dropserver @server = 'PROD', @droplogins = 'droplogins'
```

Auffallend ist, dass bei einem SQL Server als Verbindungsserver nach wie vor OLE DB zum Einsatz kommt, obwohl Microsoft generell nun ODBC den Vorzug gibt und es schon seit der Version 2014 keinen neuen SQL Server Native Client mehr gibt. Ich bin schon gespannt, wie dies in einer der nächsten SQL Server-Versionen dann einmal umgesetzt sein wird.

10.13.2 Verbindungsserver mit Fremdprodukten

Interessant ist in der Praxis auch die Einbindung von DBMS anderer Herstellung als Verbindungsserver. Datenabgleiche und Schnittstellen lassen sich auf diese Weise sehr komfortabel umsetzen. Ich möchte Ihnen die Vorgangsweise am Beispiel einer MySQL-Datenbank zeigen.

Da es keinen OLE DB-Provider für dieses Datenbanksystem gibt, verwenden wir den allgemeinen Provider für ODBC. Über diesen können alle ODBC-fähigen DBMS bedient werden. Dazu müssen wir auf unserem SQL Server lokal den passenden ODBC-Treiber installieren und konfigurieren. Ich verwende in meinem Beispiel MySQL in der Version 5.7.18 und den zu diesem Zeitpunkt aktuellsten ODBC Treiber in der Version 5.3.8.

Einrichten einer ODBC-Verbindung

Dem Beispiel liegt folgendes Szenario zugrunde: Auf dem Server *srvmysql57* läuft die Datenbank mit dem Schema *wawi*, in dem sich dieselben Tabellen wie in unserer Beispieldatenbank befinden. Mit dem Benutzer *sqlremote* mit demselben Passwort haben wir Schreib- und Lesezugriff auf diese Daten.

Nach der Installation der ODBC-Treiber auf dem Server lege ich direkt am SQL Server einen DSN (Data Source Name) für die Verbindung zur MySQL-Datenbank fest. Dazu starte ich auf dem Server das Programm *ODBC-Datenquellen* und füge einen System-DSN mit dem Namen *mysqldb* hinzu. Dazu verwende ich den zuvor installierten Treiber. In Bild 10.65 sehen Sie die Einstellung mit den zuvor definierten Parametern.

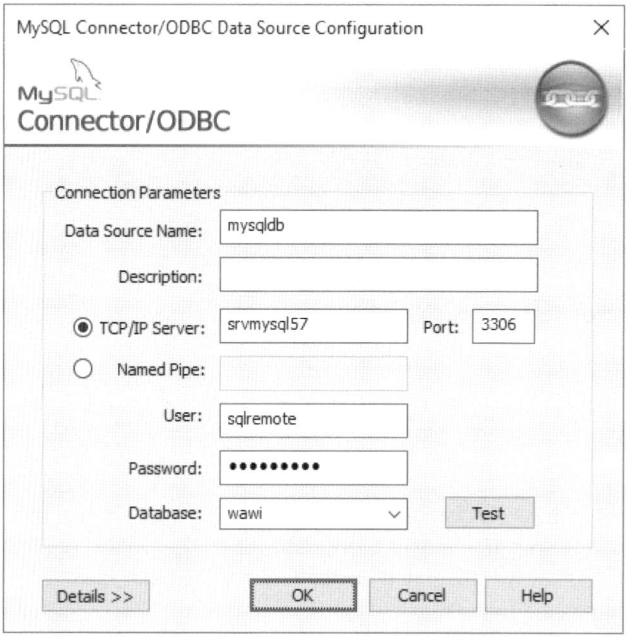

Bild 10.65 ODBC-System-DSN einrichten

ACHTUNG! Achten Sie darauf, dass auch die entsprechenden Firewalleinstellungen für den Port 3306 vorgenommen werden, damit der Zugriff vom SQL Server aus zur MySQL-Datenbank nicht geblockt wird.

Einrichten eines Verbindungsservers

Ich persönlich richte Verbindungsserver zu Fremdsystemen niemals mit dem grafischen Dialog ein, sondern immer mit der Systemprozedur *sp_addlinkedserver*. Dies ist darin begründet, dass hier mehrere Eingaben notwendig sind und es dadurch durchaus möglich ist, dass nicht der erste Versuch gleich zum Erfolg führt. Aber im Dialog lassen sich die Einstellungen nicht testen, sondern man muss dazu den Dialog verlassen. Aber ist der Verbindungsserver einmal erstellt, können die Einstellungen nicht mehr verändert werden. Die wiederholte Eingabe im Dialog wird sehr mühsam, daher verzichte ich von Vornherein auf diese Möglichkeit und ziehe die Prozedur vor, mit der ich die Parameter jederzeit anpassen und erneut ausführen kann.

Für das Einrichten des Verbindungsservers müssen nun ein paar Parameter mehr definiert werden, als dies bei einem SQL Server der Fall ist. Mit dem eingerichteten ODBC-Data Source Name ist dies aber nicht so viel Aufwand.

- @server: Der Name für den Verbindungsserver, der frei gewählt werden kann.
- @srvproduct: Handelt es sich beim Verbindungsserver nicht um einen SQL Server, kann der Wert frei gewählt werden und hat Informationscharakter.

- `@provider`: Der Name des OLE DB-Providers. Für den hier benötigten *Microsoft OLE DB Provider for ODBC Drivers* ist sein interner Name `MSDASQL` zu verwenden.

- `@datasrc`: Als Datasource ist in unserem Fall der Name des vorkonfigurierten DSN anzugeben.

- `@location`: Dieser Parameter legt den Servernamen fest und kann auch als IP-Adresse eingetragen werden. Die Angabe könnte hier entfallen, da sie auch im DSN bereits enthalten ist.

- `@provstr`: Über diesen Parameter wird der Connection-String des OLE DB-Providers festgelegt. Auch er muss hier nicht mit angegeben werden, da die benötigten Informationen für die Verbindung schon über die übrigen Parameter bereitgestellt werden. Er folgt der allgemeinen Syntax für OLE DB-Provider und könnte für unser Beispiel folgendermaßen aussehen: `Provider=MSDASQL.1;Data Source=mysqldb;User ID=sqlremote;Password= sqlremote;Persist Security Info=True;Initial Catalog=wawi`

- `@catalog`: Der letzte Parameter dient dem Festlegen der Zieldatenbank oder des Zielschemas. Welches von beiden es ist, hängt von den Gegebenheiten des Zieldatenbanksystems ab.

Mit den nachfolgenden beiden Prozeduraufrufen werden der Verbindungsserver zur MySQL-Datenbank eingerichtet und festgelegt, dass alle lokalen Logins mit dem Benutzer *sqlremote* auf die dortigen Daten zugreifen.

```
EXEC master.dbo.sp_addlinkedserver @server = 'mysql',
                                   @srvproduct = 'mysql',
                                   @provider = 'MSDASQL',
                                   @datasrc = 'mysqldb',
                                   @location = 'srvmysql57',
                                   @catalog = 'wawi';

EXEC master.dbo.sp_addlinkedsrvlogin @rmtsrvname = 'mysql',
                                     @useself = 'False',
                                     @locallogin = NULL,
                                     @rmtuser = 'sqlremote',
                                     @rmtpassword ='sqlremote';
```

Auch für weitere Remotelogins können Sie wie bereits zuvor für den SQL Server Zuordnungen vornehmen. Allerdings funktionieren bei einem Fremdsystem nur die Varianten mit Angabe von Login und Passwort.

Auf Daten in Fremdsystemen zugreifen

Auf die Daten in einem anderen DBMS kann nicht in der für SQL Server gewohnten Form zugegriffen werden. Dies hängt auch damit zusammen, dass es kleinere Unterschiede in den SQL-Dialekten geben kann, auch wenn alle ANSI SQL-kompatibel sind. Daher verwendet man für den Remotezugriff die Methode `OPENQUERY`. Diese bekommt als ersten Parameter den Namen des konfigurierten Verbindungsservers, als zweiten die SQL-Anweisung in der Syntax des Zielsystems. Solange Sie sich an den ANSI-Standard halten, werden hier keine Besonderheiten auftauchen. Diese Methode verwenden Sie in der FROM-Klausel der SELECT-Anweisung.

```
SELECT *
FROM OPENQUERY(mysql, 'SELECT * FROM wawi.artikelgruppen;');
```

Sie sehen in Bild 10.66 neben dem Verbindungsserver auch die im Abfrageeditor ausgeführte Anweisung, die die Daten aus der MySQL-Datenbank ausgibt.

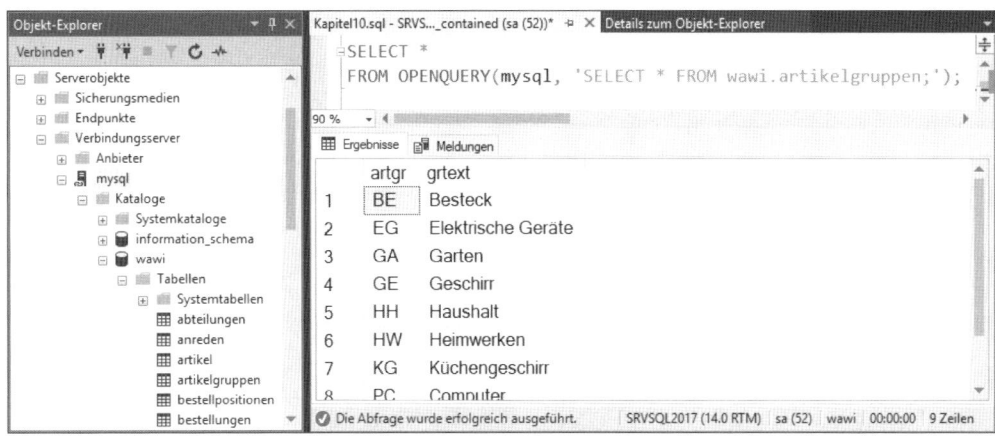

Bild 10.66 Verbindungsserver mit ausgeführter Remoteabfrage

Auch wenn es ein wenig gewöhnungsbedürftig ist, wird die Methode OPENQUERY auch für Schreibzugriffe eingesetzt. In den nachfolgenden INSERT-, DELETE- und UPDATE-Statements wird sie anstelle des Tabellennamens verwendet. Beim Update sehen Sie, dass es sinnvoll sein kann, schon beim Datenursprung zu filtern, weshalb die WHERE-Klausel bereits in der Anweisung bei OPENQUERY eingesetzt wird. Für das Update muss die Primärschlüsselspalte wie im Beispiel in der Remoteanweisung enthalten sein, sonst würde es nicht funktionieren.

```
INSERT INTO OPENQUERY(mysql, 'SELECT * FROM wawi.artikelgruppen;')
VALUES ('T1', 'Test1');

DELETE FROM OPENQUERY(mysql, 'SELECT * FROM wawi.artikelgruppen;')
WHERE artgr = 'T1';

UPDATE OPENQUERY(mysql, 'SELECT artnr, vkpreis FROM wawi.artikel
                        WHERE artnr = 1234;')
SET vkpreis = 55;
```

 PRAXISTIPP: Da diese Variante nur sehr versierten Benutzern zuzumuten ist, empfehle ich in solchen Szenarien unbedingt den Einsatz von lokalen Sichten.

Erstellen Sie daher Sichten, die diesen Remotezugriff kapseln. Um Fehlermeldungen bei Schemaänderungen am Ursprungsschema zu verhindern, sollten Sie zumindest im SELECT des lokalen Anweisungsteils die Zielspalten explizit angeben und nicht mit SELECT * arbeiten.

```
CREATE VIEW dbo.vw_remoteartikel
AS
    SELECT artnr, bezeichnung, gruppe, vkpreis, lief, ekpreis, lieferzeit,
           mindbestand, hinweis, mengebestellt, mwst, aktiv
      FROM OPENQUERY(mysql, 'SELECT * FROM wawi.artikel;');
```

Nun können Sie in gewohnter einfacher Art und Weise auf die Daten im verbundenen Datenbanksystem zugreifen.

```
SELECT * FROM dbo.vw_remoteartikel;

UPDATE dbo.vw_remoteartikel
SET vkpreis = 15
WHERE artnr = 1555;
```

■ 10.14 Daten verschlüsseln mit Always Encrypted

Mit dem SQL Server 2016 ist das neue Feature *Always Encrypted* eingeführt worden. Vorerst ist es nur in der Enterprise Edition, und damit in den featuregleichen Editionen Developer und Evaluation, verfügbar gewesen. Mit dem Service Pack 1 sowie dem SQL Server 2017 ist Always Encrypted auf alle Editionen ausgeweitet worden. Wie der Name dieser Funktionalität besagt, werden Daten in Spalten dabei dauerhaft verschlüsselt. Dauerhaft bedeutet in diesem Kontext, dass einmal verschlüsselte Daten in der Datenbank-Engine nie wieder entschlüsselt werden und damit permanent verschlüsselt bleiben. Liest man dies, stellt man unweigerlich die Frage: Und wie bitte greife ich dann auf diese Daten zu?

 HINWEIS: Die Entschlüsselung erfolgt aufseiten des Clients, an den die verschlüsselten Daten von der Datenbank-Engine weitergeleitet werden. Konkret wird dies von einem entsprechenden auf dem Client installierten Treiber – beispielsweise ODBC oder ADO.NET – bewerkstelligt. Dieser entschlüsselt die Daten und gibt sie danach entschlüsselt an die Clientanwendung weiter, für die dieser Vorgang damit transparent ist. Sie bekommt sozusagen davon nichts mit.

Mithilfe dieses Werkzeugs können Sie sensible Daten in der Datenbank verschlüsselt und damit gesichert(er) speichern. Dies ist insbesondere mit dem Inkrafttreten der Europäischen Datenschutzgrundverordnung (DSGVO) im Mai 2018 sehr hilfreich. In der Praxis werden Sie einzelne Spalten mit besonders sensiblen Daten in Tabellen verschlüsseln. Dies können klassischerweise Kreditkarteninformationen, aber beispielsweise auch Gesundheitsdaten und genetische sowie biometrische Daten sein.

ACHTUNG! Bevor Sie an das Verschlüsseln gehen, sollten Sie für die Auswahl der zu verschlüsselnden Spalten berücksichtigen, dass diese nach der Verschlüsselung datenbanktechnisch gewissen Einschränkungen unterliegen. Je nach gewählter Verschlüsselungsmethode können Sie diese Spalte nicht mehr verwenden für

- das Filtern in der WHERE-Klausel,
- das Verknüpfen mit anderen Tabellen mittels JOIN,
- Berechnungsausdrücke und
- das Gruppieren in der GROUP BY-Klausel.

Typischerweise werden Sie die Verschlüsselung von Daten verwenden, die eine Bedeutung in Bezug auf den Datensatz haben, zu dem sie gehören, aber nicht für Auswertungen eingesetzt werden. So benötigen Sie zum Beispiel die Kreditkarteninformationen für die Abwicklung eines Geschäfts mit einem bestimmten Kunden, werden aber nicht in einer Tabelle nach Kreditkarteninformationen suchen oder gar nach diesen gruppieren oder Berechnungen mit diesen Daten durchführen.

10.14.1 Voraussetzungen für Always Encrypted

Für die Umsetzung von Always Encrypted in einer Datenbank werden zwei Schlüssel benötigt.

- **Spaltenverschlüsselungsschlüssel**: Der im Original *Colum Encryption Key* (CEK) genannte Schlüssel dient dem Verschlüsseln von einzelnen Spalten in einer Tabelle. Dieser wird innerhalb der Datenbank gespeichert, und damit er nicht missbräuchlich verwendet werden kann, selber wieder in verschlüsselter Form. Innerhalb einer Datenbank können mehrere Spaltenverschlüsselungsschlüssel für unterschiedliche Spalten verwendet werden.

- **Spaltenhauptschlüssel**: Der Spaltenhauptschlüssel dient der Verschlüsselung der in der Datenbank abgelegten Spaltenverschlüsselungsschlüssel. Der im Original als *Master Encryption Key* (MEK) bezeichnete Schlüssel wird nicht in der Datenbank gespeichert, sondern lokal im Zertifikatspeicher des Clients. Daher muss dieser auch vor der Verwendung der verschlüsselten Daten auf alle betroffenen Clients verteilt werden.

Zum Entschlüsseln der Daten benötigt der Client, beziehungsweise der auf dem Client verwendete Treiber, also den Master Encryption Key, mit dem er wiederum den Column Encryption Key entschlüsselt. Dieser liegt nun im Klartext vor und entschlüsselt bei Lesevorgängen die verschlüsselt aus der Datenbank kommenden Daten. Soll in verschlüsselten Spalten gefiltert werden, muss der Suchwert für den Vergleich zuvor ebenfalls verschlüsselt werden. Dieser wird vom Client als Parameter an den Server übergeben, nachdem er vom Treiber mit dem CEK verschlüsselt worden ist. Wie diese Parameter verwendet werden, zeige ich Ihnen gleich im kommenden Beispiel. Zuvor müssen wir jedoch noch die beiden Schlüssel erzeugen.

10.14.2 Konfiguration von Always Encrypted

Der erste Schritt zur Konfiguration von Always Encrypted ist das Erzeugen von zumindest einem Master Encryption Key sowie einem Encryption Key. Deren Metadaten müssen in der Datenbank gespeichert werden. Wir erinnern uns, dass der Spaltenhauptschlüssel selber ja gar nicht in der Datenbank gespeichert wird, anhand seiner Metadaten kann er aufgefunden und eingesetzt werden. Natürlich ist dies nur möglich, wenn der Schlüssel am Client auch tatsächlich physisch verfügbar ist.

Es gibt verschiedene Methoden, die folgenden Schritte umzusetzen. Die einfachste davon ist die Verwendung des SQL Server Management Studios. Zusätzlich lassen sich einzelne Schritte mit Transact-SQL umsetzen. Wenn Sie schon mit PowerShell vertraut sind, können Sie auch dieses Werkzeug zur Umsetzung verwenden.

Alle Schritte, die innerhalb des Datenbanksystems stattfinden, lassen sich auch mit Transact-SQL umsetzten. Jene Aufgaben, die Aktionen außerhalb der Datenbank erfordern, benötigen eine Clientkomponente und dies kann entweder das Management Studio (SSMS) oder PowerShell sein. Eine Übersicht über die Aufgaben und die möglichen Werkzeuge zur Umsetzung gibt Ihnen die Tabelle 10.6.

Tabelle 10.6 Konfigurationsschritte für Always Encrypted

Aufgabe	SSMS	T-SQL	PowerShell
Generieren von Master und Column Encryption Key und die Zuordnung von MEK an den CEK	Ja	Nein	Ja
Eintragen der Metadaten der erzeugten Schlüssel in der Datenbank	Ja	Ja	Ja
Verschlüsseln von vorhandenen Daten innerhalb der Datenbank	Ja	Nein	Ja
Erstellen von Tabellen mit verschlüsselten Spalten	Ja	Ja	Ja

Im Folgenden zeige ich Ihnen die Umsetzung mit dem Management Studio.

 ACHTUNG! Berücksichtigen Sie bitte, dass für die Umsetzung der Schritte mit dem SQL Server Management Studio zumindest die Version 17 erforderlich ist.

Erstellen eines Spaltenhauptschlüssels

Sinnvollerweise beginnt man die Konfiguration von Always Encrypted mit dem Erstellen des Spaltenhauptschlüssels. Im Objekt-Explorer des SQL Server Management Studios navigieren Sie in der entsprechenden Datenbank im Ordner *Sicherheit* zum Eintrag *Always Encrypted-Schlüssel*. Unter diesem finden Sie noch die beiden Untereinträge *Spaltenhauptschlüssel* und *Spaltenverschlüsselungsschlüssel*. Um einen neuen Spaltenhauptschlüssel zu erstellen, verwenden Sie entweder im Kontextmenü für *Always Encrypted-Schlüssel* oder direkt für den Untereintrag *Spaltenhauptschlüssel* den Befehl NEUER SPALTENHAUPTSCHLÜSSEL..., wie in Bild 10.67 zu sehen. Wenn Sie möchten, können Sie für dieses Beispiel eine eigene Datenbank mit dem Namen *wawi_sicher* erzeugen, die Anweisungen dazu finden Sie im Beispielskript zum Kapitel.

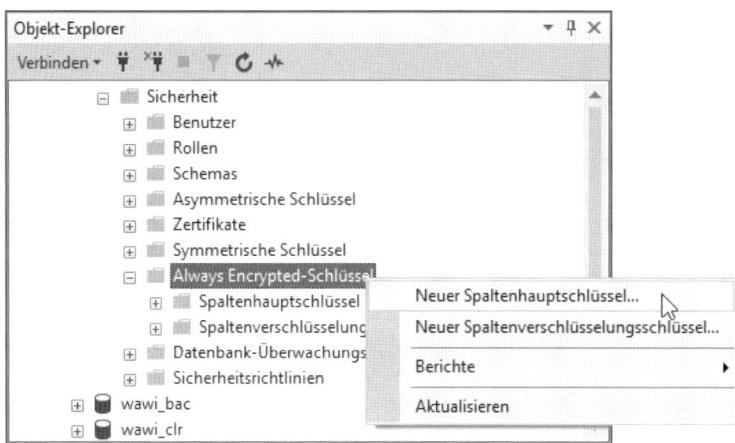

Bild 10.67 Spaltenhauptschlüssel über SSMS erstellen

Im Dialog *Neuer Spaltenhauptschlüssel* ist der Windows-Zertifikatspeicher für den aktuellen Benutzer bereits vorausgewählt. Alternativ können Sie einen anderen Zertifikatspeicher auswählen. Dazu stehen folgende Möglichkeiten zur Auswahl:

- *Windows-Zertifikatspeicher – aktueller Benutzer*: Zertifikate, die nur für den angemeldeten Windows-Benutzer auswählbar sind.

- *Windows-Zertifikatspeicher – lokaler Computer*: Zertifikate, die für alle Benutzer auf dem Rechner verfügbar sind.

- *Azure Key Vault*: Ein über Azure zur Verfügung gestellter Speicherort für Zertifikate, auf dessen Zugriff eine Anmeldung an Azure benötigt wird.

- *Schlüsselspeicheranbieter (CNG)*: Über verschiedene Provider lassen sich unterschiedliche Speicherziele nutzen. Darunter befindet sich beispielsweise auch der Provider für *Microsoft Passport*, das vielen Anwendern für die Anmeldung auf Webseiten bekannt ist.

Befinden sich im gewählten Schlüsselspeicher – wir verwenden für unser Beispiel den Windows-Zertifikatspeicher für den aktuellen Benutzer – bereits Schlüssel, werden diese in der Liste angezeigt. Auf meinem Rechner ist bereits einer vorhanden, wie in Bild 10.68 zu sehen ist. Über die Schaltfläche ZERTIFIKAT GENERIEREN erzeugen wir einen neuen Schlüssel. Das Management Studio generiert einen solchen mit dem Aussteller *Always Encrypted Certificate* und legt ihn im gewählten Speicher ab. Die Metadaten werden in der Datenbank eingetragen, sobald die Schaltfläche OK betätigt wird. Der unter *Name* eingetragene Name für den Schlüssel wird nur für die Metadaten und damit für die Anzeige des Schüssels im Objekt-Explorer verwendet.

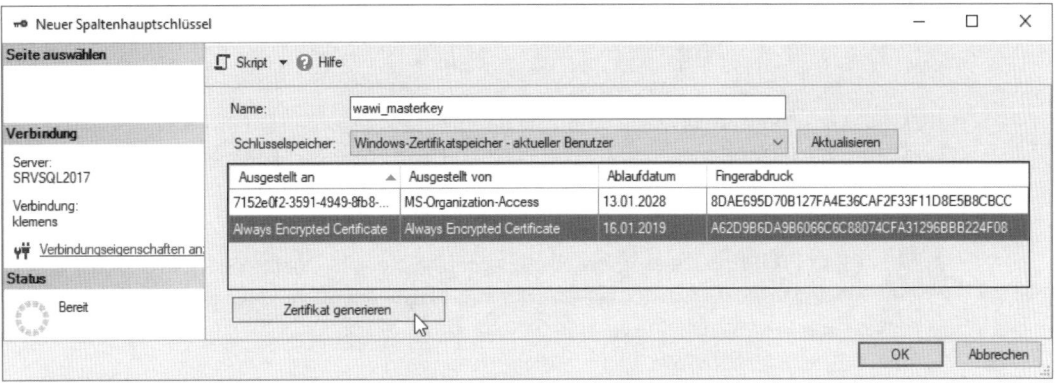

Bild 10.68 Spaltenhauptschlüssel im SSMS generieren

 HINWEIS: Um diesen Vorgang zu verdeutlichen, möchte ich noch einmal herausstreichen, dass er aus zwei separaten Schritten besteht, auch wenn dies im vorangegangenen Dialog nicht so deutlich zu Tage tritt:

- Der erste Schritt ist das Generieren eines Schlüssels im gewählten Schlüsselspeicher. Dies ist ein externer Vorgang, der noch nichts mit der Datenbank oder dem SQL Server zu tun hat. Da das Management Studio in der Lage ist, dies zu tun, bleibt uns der Einsatz eines separaten Tools für diesen Schritt erspart. Im Dialog erfolgt dies wie beschrieben über die Schaltfläche ZERTIFIKAT GENERIEREN. Alternativ kann der Schlüssel beispielsweise auch über den Einsatz von PowerShell generiert werden. Auch wenn Sie den Dialog mit ABBRECHEN wieder verlassen, ist der Schlüssel bereits generiert und im gewählten Schlüsselspeicher abgelegt worden.

- Der zweite Schritt ist das Speichern der Metadaten zu diesem Schlüssel in der aktuellen Datenbank. Diese Metadaten sind der Verweis auf den Speicherort und den Namen des Schlüssels. Damit ist der Datenbanktreiber am Client später in der Lage, diesen Schlüssel zu finden und zu nutzen. Im Dialog muss dazu entweder ein zuvor neu generierter oder ein bereits vorhandener Schlüssel ausgewählt werden. Mit dem Klicken auf OK erfolgt das Schreiben der Metadaten. Alternativ können Sie die Anweisung zum Erstellen der Metainformationen über die aus vielen anderen Dialogen im Management Studio bekannte Option *Skript* als Transact-SQL-Anweisung erzeugen. Da es sich hierbei um einen internen Vorgang auf dem SQL Server handelt, kann er auch mit Transact-SQL abgebildet werden.

Wenn Sie die Option zum Skripten der Anweisung im Dialog benutzen, erhalten Sie zum Beispiel nachfolgende Anweisung. Führen Sie diese aus, um die Metadaten für den angegebenen Schlüssel in einer beliebigen Datenbank einzutragen.

```
CREATE COLUMN MASTER KEY wawi_masterkey
WITH
```

```
(   KEY_STORE_PROVIDER_NAME = N'MSSQL_CERTIFICATE_STORE',
    KEY_PATH = N'CurrentUser/My/A62D9B6DA9B6066C6C88074CFA31296BBB224F08'
);
```

Dieselbe Anweisung erhalten Sie, wenn Sie im Objekt-Explorer den Befehl SKRIPT FÜR SPAL-TENHAUPTSCHLÜSSEL SCHREIBEN ALS/CREATE IN/NEUES ABFRAGE-EDITOR-FENSTER im Kontextmenü für den Spaltenhauptschlüssel, wie er in Bild 10.70 zu sehen ist, ausführen.

 PRAXISTIPP: Mit dieser Anweisung können Sie einen Schlüssel auch in anderen Datenbanken verfügbar machen oder einen zuvor am Client importierten Schüssel zur Verwendung registrieren. Wie Sie einen vorhandenen Schlüssel importieren, können Sie etwas später lesen. ∎

Informationen über Spaltenhauptschlüssel in einer Datenbank lassen sich aus der Systemtabelle *sys.column_master_keys* auslesen und ausgeben.

Erstellen eines Spaltenverschlüsselungsschlüssels

Ist der für sein Verschlüsseln notwendige Spaltenhauptschlüssel vorhanden, kann im zweiten Schritt der Spaltenverschlüsselungsschlüssel generiert werden. Der Vorgang im Management Studio erinnert an den zuvor beschriebenen. Wählen Sie im Objekt-Explorer den Befehl NEUER SPALTENVERSCHLÜSSELUNGSSCHLÜSSEL... aus.

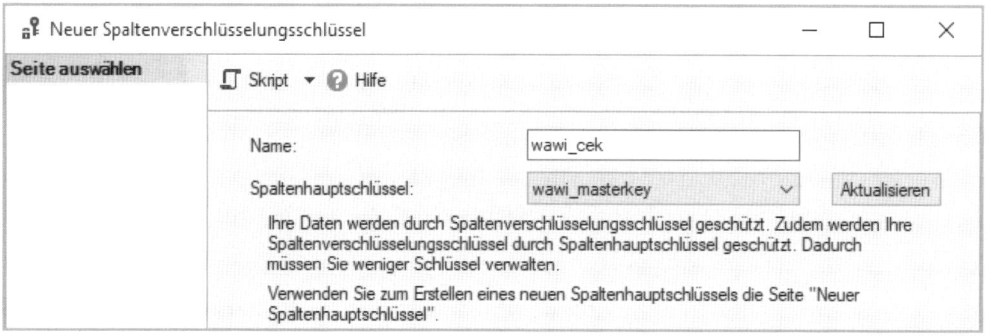

Bild 10.69 Spaltenverschlüsselungsschlüssel erstellen

Geben Sie den Namen ein und wählen Sie einen Spaltenhauptschlüssel aus der Liste aus. Haben Sie nur einen davon, ist dieser bereits ausgewählt. Erzeugen Sie den Spaltenverschlüsselungsschlüssel direkt aus dem Dialog oder generieren Sie das Skript, das Sie danach noch ausführen und zudem auch speichern können.

In der nachfolgenden Darstellung der Anweisung habe ich den ENCRYPTED_VALUE gekürzt, im Beispielskript zum Kapitel finden Sie den vollständigen Wert. Der Algorithmus für die Verschlüsselung ist mit RSA_OAEP fix vorgegeben, der verwendete Spaltenhauptschlüssel wird über den Parameter COLUMN_MASTER_KEY festgelegt.

```
CREATE COLUMN ENCRYPTION KEY wawi_cek
WITH VALUES
```

```
(   COLUMN_MASTER_KEY = wawi_masterkey,
    ALGORITHM = 'RSA_OAEP',
    ENCRYPTED_VALUE = x016E000001630075...5FBA769F3C4A4D2F6D2C8E89
);
```

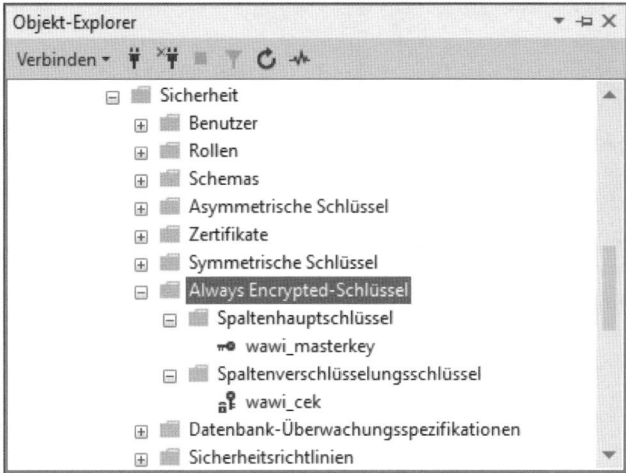

Bild 10.70 Master Encryption Key und Column Encryption Key

Um Informationen über den Spaltenverschlüsselungsschlüssel auszugeben, können Sie die folgenden beiden Systemtabellen verwenden:

- *sys.column_encryption_keys* liefert den Namen sowie den Zeitpunkt der Erstellung und der letzten Änderung.

- *sys.column_encryption_key_values* liefert den Verschlüsselungswert und die ID des zugehörigen Spaltenhauptschlüssels.

Zur gemeinsamen Ausgabe der Informationen können diese beiden mit der Tabelle für Spaltenhauptschlüssel verknüpft werden:

```
SELECT cek.name AS cek, mek.name AS mek, v.encrypted_value, cek.create_date
FROM sys.column_encryption_keys cek
INNER JOIN sys.column_encryption_key_values v ON cek.column_encryption_key_id =
v.column_encryption_key_id
INNER JOIN sys.column_master_keys mek ON v.column_master_key_id = mek.column_master_
key_id
```

liefert (zum Beispiel):

```
cek             mek               encrypted_value           create_date
-------------   ----------------  ------------------------  ------------------------
wawi_cek        wawi_masterkey    0x016E000001630075007...  2018-01-16 20:51:54.953
(1 Zeile betroffen)
```

Spaltenhauptschlüssel auf Clients verteilen

Da die Entschlüsselung nicht auf dem Server, sondern stets auf den Clients erfolgt, muss der eingesetzte Spaltenhauptschlüssel auf alle betroffenen Clients verteilt werden. Auch für diesen Vorgang können Sie verschiedene Werkzeuge einsetzen. Der Einfachheit halber verwenden wir die Export- und Importfunktionalität des Zertifikat-Snap-Ins der *Microsoft Management Console* (MMC).

Der erste Schritt ist der Export des Spaltenhauptschlüssels (Master Encryption Key) auf dem Client, auf dem er erstellt worden ist. Öffnen Sie die Management-Konsole, indem Sie im Windows-Startmenü **MMC** eintippen. Hat sich die Konsole geöffnet, verwenden Sie im Menü *Datei* den Befehl SNAP-IN HINZUFÜGEN/ENTFERNEN... und wählen danach in der Liste der verfügbaren Snap-Ins *Zertifikate* aus. So wie beim Generieren des Spaltenhauptschlüssels angegeben, finden wir ihn unter den eigenen Zertifikaten des aktuellen Benutzers. Markieren Sie ihn und verwenden Sie dann das Kontextmenü mit dem Befehl ALLE AUFGABEN/EXPORTIEREN..., wie in Bild 10.71 zu sehen.

Bild 10.71 Exportieren des Spaltenhauptschlüssels

Wählen Sie im ersten Schritt die Option *Ja, privaten Schlüssel exportieren* aus, dieser wird in diesem Szenario unbedingt benötigt. Beim Format PFX – nur dieses ist in dieser Variante verfügbar – können Sie die Vorgaben unverändert übernehmen.

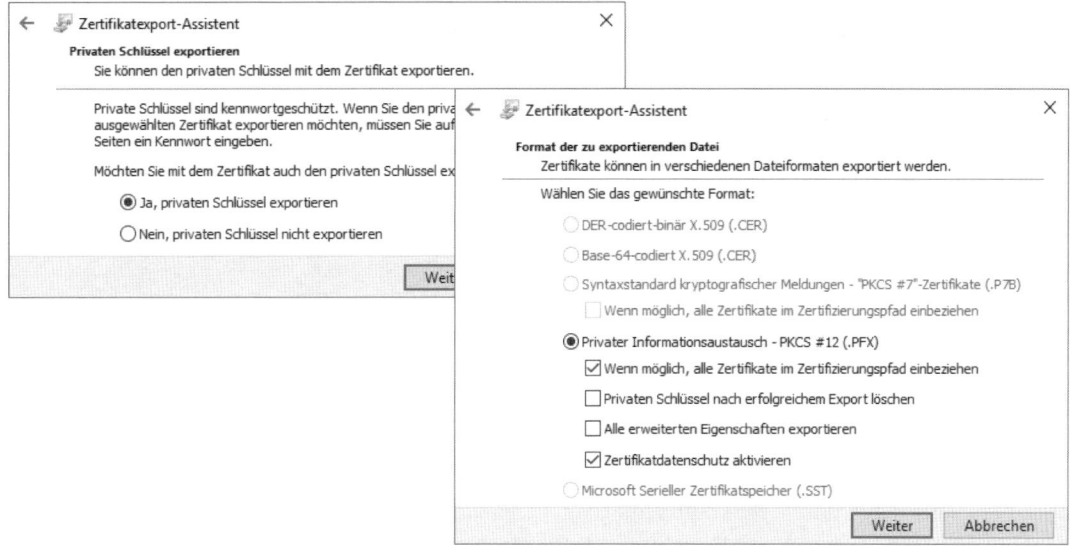

Bild 10.72 Format für den Zertifikatsexport festlegen

Damit das Zertifikat in der exportieren Form nicht als Klartext verfügbar ist, ist die Option *Zertifikatsschutz aktivieren* vorausgewählt und im nachfolgenden Schritt ist ein Kennwort zur Sicherung einzugeben. Da ich diesen Schlüssel nur zu Demozwecken erstellt und auch den Beispieldateien zum Buch beigefügt habe, habe ich als einfaches Kennwort „sql" verwendet. Mit diesem können Sie den Import auf Ihrem Rechner vornehmen, sofern Sie es verwenden möchten. In der Praxis empfehle ich Ihnen ein deutlich komplexeres Kennwort.

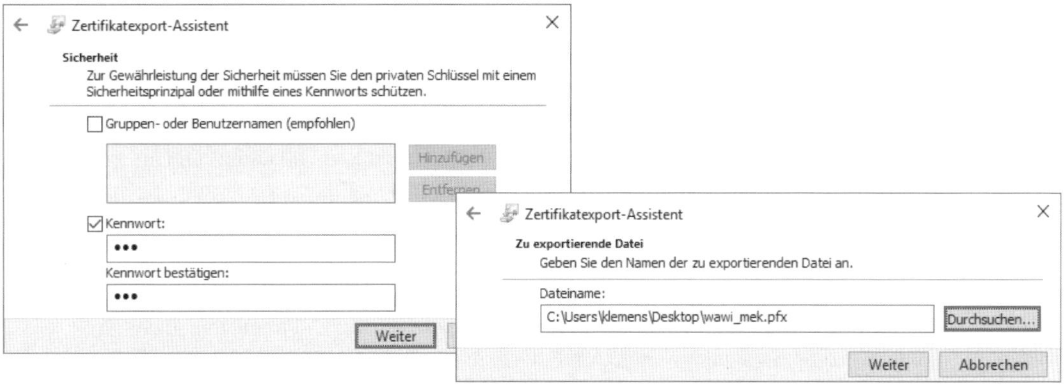

Bild 10.73 Kennwortschutz für exportierten Schlüssel

Auf dem Zielrechner wählen Sie in der Management-Konsole den Befehl für den Import aus, und importieren ihn an dieselbe Stelle, von der Sie den Export auf dem Ausgangsrechner vorgenommen haben.

In einer Produktivumgebung können Sie zum Beispiel PowerShell für eine automatisierte Verteilung auf eine größere Anzahl von Rechnern verwenden.

HINWEIS: Sie finden diesen Schlüssel bei den Beispieldateien zu diesem Kapitel unter dem Namen *wawi_mek.pfx*. Sie können ihn importieren und zum Testen verwenden, er ist mit dem Kennwort *sql* geschützt.

10.14.3 Vorhandene Daten verschlüsseln

Die Verschlüsselung von vorhandenen Daten erfolgt clientseitig mit einem Spaltenverschlüsselungsschlüssel und kann nicht über Transact-SQL erfolgen. Dies ist darin begründet, dass Transact-SQL-Anweisungen per Definition immer serverseitig ausgeführt werden, das Konzept von Always Encrypted aber die Ver- und Entschlüsselung immer am Client vorsieht.

Das SQL Server Management Studio ab der Version 17 besitzt diese Funktionalität und kann daher für die Verschlüsselung von vorhandenen Daten eingesetzt werden. Alternativ können Sie auch PowerShell für diese Aufgabe nutzen.

Arten der Verschlüsselung

Bevor wir uns dem Vorgang des Verschlüsselns widmen, möchte ich noch auf die zwei unterschiedlichen Arten der Verschlüsselung eingehen.

- *Deterministische Verschlüsselung*: Diese Form der Verschlüsselung liefert für jeden Ausgangswert immer denselben Verschlüsselungswert. Nur bei dieser Methode ist es möglich, verschlüsselte Spalten zum Beispiel zum Filtern in der WHERE-Klausel, zum Gruppieren mit GROUP BY oder in der Verknüpfungsbedingung in einem JOIN zu verwenden.

  Diese Methode ist jedoch etwas unsicherer bei Spalten mit vielen identischen Inhalten, da diese immer denselben verschlüsselten Wert aufweisen und dieser somit Rückschlüsse auf den unverschlüsselten Wert zulassen würde. Verschlüsseln Sie beispielsweise die Spalte mit dem Religionsbekenntnis in einer Personaltabelle auf diese Art, ist es ausreichend, das Bekenntnis einer einzelnen Person zu kennen, um alle anderen Personen mit demselben Religionsbekenntnis zu identifizieren. Verschlüsseln Sie zum Beispiel ein Datum mit dieser Methode, können nach wie vor alle Datensätze mit einem bestimmten Datumswert gefiltert werden.

- *Zufallsverschlüsselung*: Jeder verschlüsselte Wert ergibt ein anderes Ergebnis, der Verschlüsselungswert kann nicht reproduziert werden. Daher können auf diese Art verschlüsselte Spalten auch weder zum Filtern, noch zum Gruppieren oder zum Verknüpfen von Tabellen genutzt werden. Diese Methode ist daher sicherer und wird für Informationen genutzt, die ausschließlich mit ihrem Datensatz angezeigt werden, aber nicht der Selektion dienen. Verschlüsseln Sie zum Beispiel eine Kreditkartennummer, kann der Wert am Client entschlüsselt und die Nummer gemeinsam mit dem Kunden angezeigt werden. Es kann aber keine Suche nach einer bestimmten Kreditkartennummer durchgeführt werden.

Verschlüsseln mit dem SSMS

Zum Verschlüsseln von bestehenden Daten mit dem SQL Server Management Studio wählen Sie die gewünschte Spalte im Objekt-Explorer aus. Im Kontextmenü wählen Sie den Befehl SPALTE VERSCHLÜSSELN... aus, um den Assistenten zur Verschlüsselung zu starten.

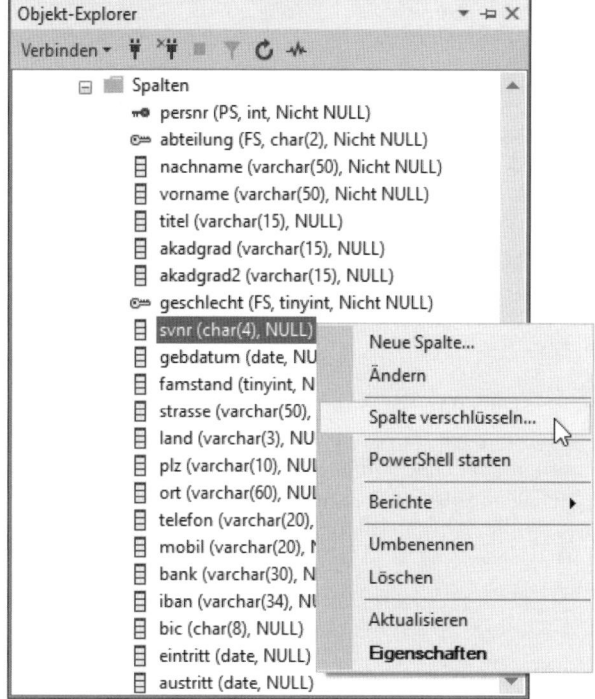

Bild 10.74 Verschlüsselung einer bestehenden Spalte starten

Die im Objekt-Explorer gewählte Spalte wird im Dialog angezeigt, weitere können dazu ausgewählt werden. Zusätzlich können unterschiedliche Spaltenverschlüsselungsschlüssel für einzelne Spalten oder einer für alle gewählten Spalten zugeordnet werden.

In unserem Beispiel wählen wir die deterministische Verschlüsselung für die Spalte *svnr* (Sozialversicherungsnummer) der Tabelle *personal* aus. Als Column Encryption Key wählen wir den zuvor erstellten Spaltenverschlüsselungsschlüssel *wawi_cek* aus.

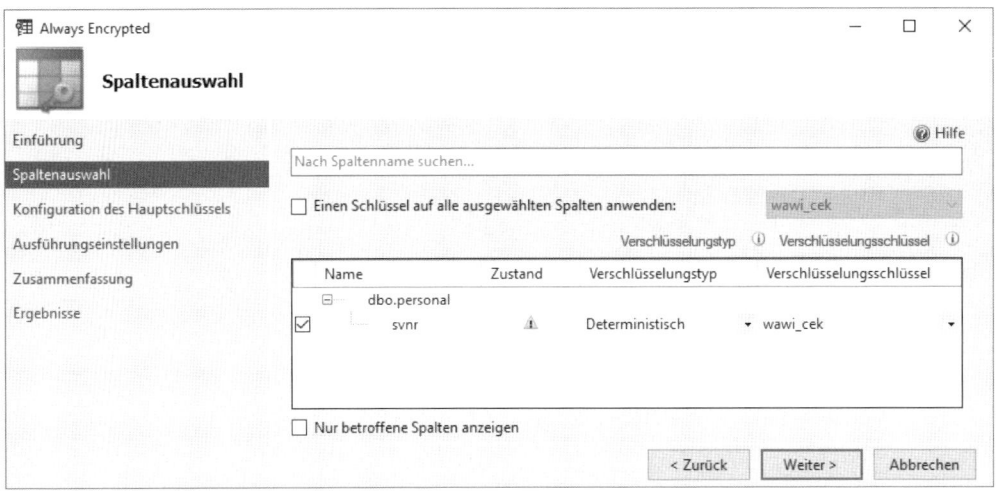

Bild 10.75 Verschlüsselungstyp und Schlüssel auswählen

Da wir die Konfiguration der Schlüssel schon im Vorfeld vorgenommen haben, ist an dieser Stelle keine weitere Maßnahme mehr vonnöten. Es bleibt nur mehr auszuwählen, ob der Vorgang unmittelbar ausgeführt werden soll, oder ob ein PowerShell-Skript zur späteren Ausführung generiert werden soll. In beiden Fällen bekommen Sie noch einmal eine Zusammenfassung angezeigt, bevor entweder die Verschlüsselung vorgenommen oder das Skript generiert wird.

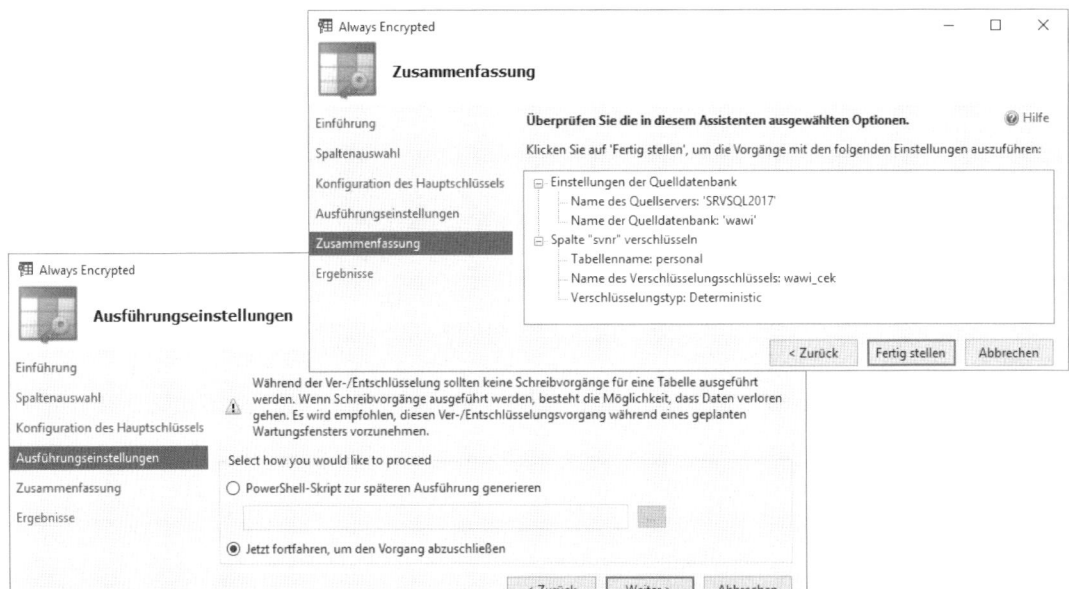

Bild 10.76 PowerShell-Skript generieren oder Verschlüsselung vornehmen

Die Spalte mit der Sozialversicherungsnummer – in der Beispielanwendung wird die österreichische Variante verwendet, die aus einer vierstelligen Ziffer kombiniert mit dem Geburtsdatum gebildet wird – ist nun in der Datenbank verschlüsselt gespeichert. Die Datenbank-Engine selber hat keinen Zugriff mehr auf die unverschlüsselten Werte. Wenn wir diese Daten nun selektieren, bekommen wir anstelle der vierstelligen Nummer den verschlüsselten Wert angezeigt.

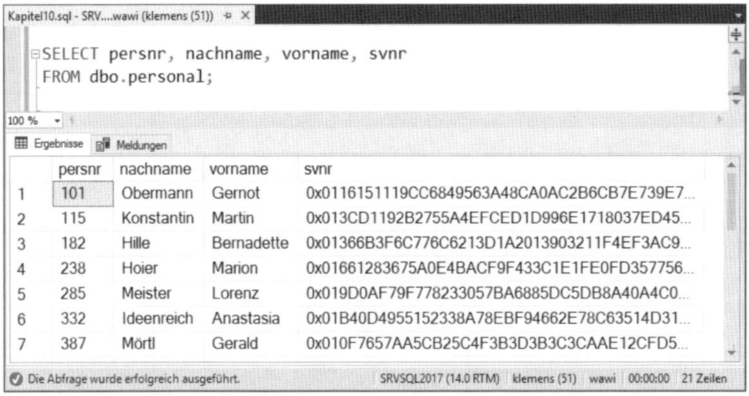

Bild 10.77 Verschlüsselter Spalteninhalt

10.14.4 Abfragen von verschlüsselten Daten

Wie bereits mehrfach erwähnt, erfolgt die Entschlüsselung am Client über den entsprechenden Treiber. Selbstverständlich ist auch das SQL Server Management Studio als Clientwerkzeug in der Lage, diese Entschlüsselung zu nutzen. Um dies zu aktivieren, muss eine entsprechende Option bei der Anmeldung aktiviert werden. Diese Einstellung lautet bei der Verwendung von ADO.NET, das vom Management Studio zur Verbindung mit dem SQL Server genutzt wird:

```
Column Encryption Setting = Enabled
```

Diese Option ist als Teil der Verbindungszeichenfolge zu verwenden. Verbindungszeichenfolgen werden bei allen gängigen Datenbanktreibern zum Herstellen einer Verbindung eingesetzt. Eine solche Verbindungszeichenfolge haben wir beispielsweise in Kapitel 6 verwendet, um aus VB.NET und C# heraus die gespeicherte Prozedur zur Lagerstandsbuchung aufzurufen.

Um diese Option bei der Verbindung im SSMS zu nutzen, wählen Sie im Anmeldedialog die Schaltfläche OPTIONEN>>. Auf dem Register *Zusätzliche Verbindungsparameter* kann der genannte Parameter eingetragen werden. Leider kann dieser hier nicht durch eine Auswahl aktiviert werden, sondern muss manuell eingetragen werden. Achten Sie daher auf die genaue Schreibweise.

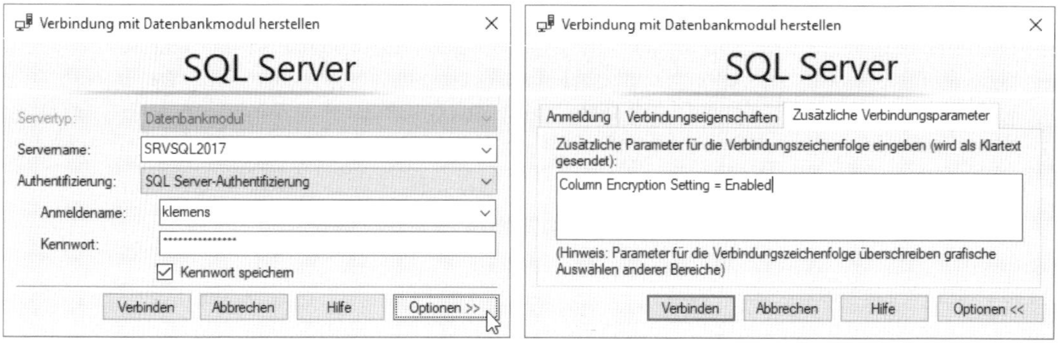

Bild 10.78 Zusätzliche Verbindungsparameter

Führen wir die Anweisung aus Bild 10.77 ein weiteres Mal aus, merken wir von der Verschlüsselung vorerst nichts mehr. Wir bekommen die entschlüsselten Daten angezeigt. Wohlgemerkt, die Entschlüsselung erfolgt vom Management Studio clientseitig, bevor die vom SQL Server in verschlüsselter Form gelieferten Daten zur Anzeige kommen.

Da wir die Spalte *svnr* in der Tabelle *personal* deterministisch verschlüsselt haben, kann diese prinzipiell zum Filtern in der WHERE-Klausel verwendet werden. Versuchen wir es einfach mit nachfolgender Anweisung.

```
SELECT persnr, nachname, vorname, svnr
FROM dbo.personal
WHERE svnr = '3442';
```

liefert:

```
Meldung 206, Ebene 16, Status 2, Zeile 1073
Operandentypkollision: varchar ist inkompatibel mit varchar(8000) encrypted with
(encryption_type = 'DETERMINISTIC', encryption_algorithm_name = 'AEAD_AES_256_CBC_
HMAC_SHA_256', column_encryption_key_name = 'wawi_cek', column_encryption_key_
database_name = 'wawi') collation_name = 'Latin1_General_CI_AS'
```

Dies kann allerdings nicht funktionieren, da die WHERE-Klausel von der Datenbank-Engine ausgewertet wird, die ja auf den unverschlüsselten Inhalt keinen Zugriff hat. Dies spiegelt sich in der Fehlermeldung wider, die wir bei diesem Versuch erhalten haben. Diese meldet eine Operandentypkollision beim Vergleich der Werte, deren Typ unterschiedlich ist. Ein verschlüsselter Wert kann nicht mit einem Klartextwert verglichen werden.

Der Wert 3442 müsste mit seinem verschlüsselten Wert verglichen werden. Veranschaulicht man dies, müsste nachfolgender Vergleich herangezogen werden, der links und rechts vom Gleichheitszeichen vollkommen unterschiedliche Werte aufweist.

```
... WHERE '3442' = '0x0172B730DF9FE59315BA7EDCAC55128B69DD3D34827F320F7B1CD287
0D3973A9E58EE1091146EE8E262E706ED271F9E6DB1524210CD6C87699F964CF71024A09A5'
```

Zusätzlich zu den unterschiedlichen Inhalten kommt es auch zum Fehler, da die verschlüsselten Inhalte einen anderen Typ aufweisen. Dieser Vorgang kann nur funktionieren, wenn für den Vergleich derselbe verschlüsselte Wert am Client errechnet und an den Server übergeben wird.

Parameter mit dem SSMS einsetzen

Da wir gerade gesehen haben, dass die direkte Eingabe von Vergleichswerten in eine SQL-Anweisung nicht funktionieren kann, müssen wir eine andere Methode verwenden. Diese bietet sich in Form von Parametern, sofern die Verwendung für diesen Zweck aktiviert worden ist.

Nach dem ersten Verbinden mit dem Parameter `Column Encryption Setting = Enabled` erfolgt die Frage, ob die Parametrisierung von Abfragen aktiviert werden soll (Bild 10.79). Alternativ können Sie die Aktivierung und Deaktivierung auch über die Abfrageoptionen, in die Sie über das Kontextmenü für ein Abfrageeditor-Fenster gelangen, vornehmen.

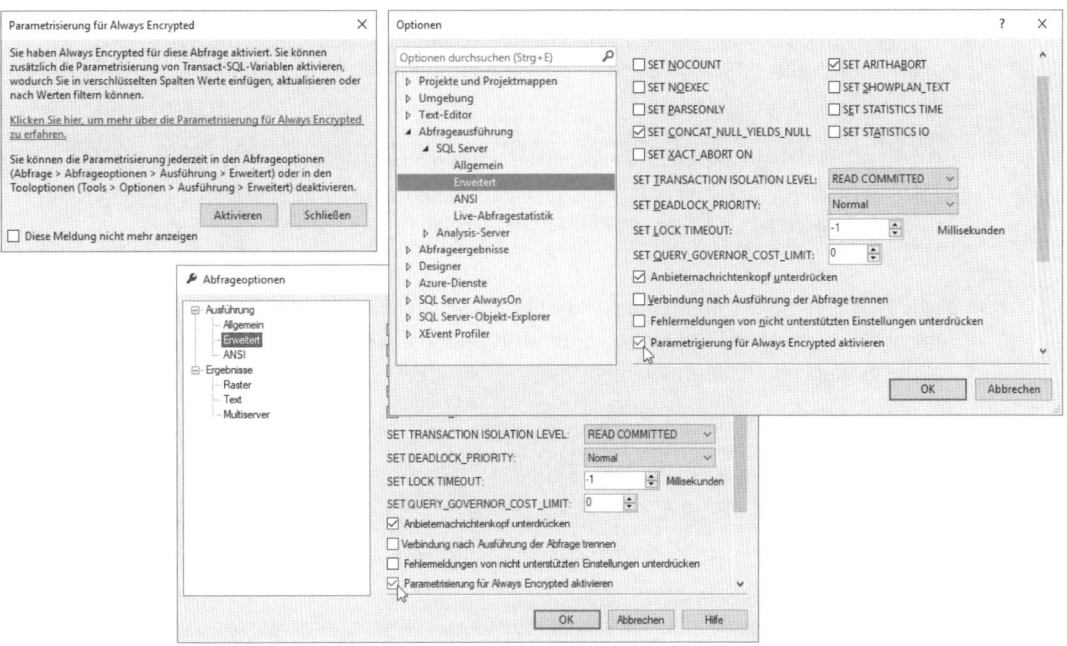

Bild 10.79 Parametrisierung für Always Encrypted aktivieren

Ist die Parametrisierung aktiviert, können Sie den Vergleichswert in einer Variablen ablegen und diese danach in der Anweisung verwenden. Wie Sie in Bild 10.80 sehen können, liefert diese Variante das gewünschte Ergebnis.

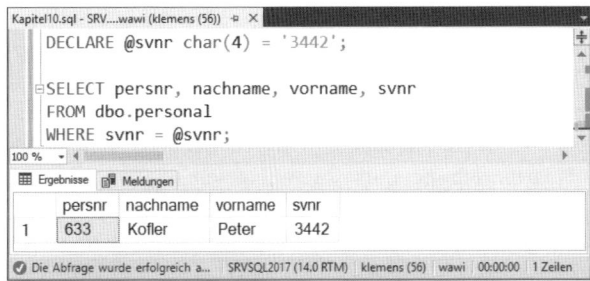

Bild 10.80 Parametrisierte Abfrage mit Always Encrypted

Dies funktioniert nach folgendem Prinzip:

- Der Parameter, der in der Anweisung verwendet wird, wird noch auf dem Client verschlüsselt.

- Zum SQL Server wird der verschlüsselte Wert im Parameter, in unserem Beispiel in Form der Variablen @svnr, übertragen.

- In der Datenbank-Engine erfolgt der Vergleich der beiden verschlüsselten Werte. Da die Verschlüsselung deterministisch vorgenommen wird, sind diese ident. Bildlich veranschaulicht entspricht dies in unserem Beispiel folgendem Vergleich:

```
... WHERE '0x0172B730DF9FE59315BA7EDCAC55128B69DD3D34827F320F7B1
nCD2870D3973A9E58EE1091146EE8E262E706ED271F9E6DB1524210CD6C87699F964CF71024A09A5' =
'0x0172B730DF9FE59315BA7EDCAC55128B69D D3D34827F320F7B1CD2870D3973A9E58EE1091146
EE8E262E706ED2 71F9E6DB1524210CD6C87699F964CF71024A09A5'
```

 ACHTUNG! Vergessen Sie nicht, dass dies ausschließlich bei deterministisch verschlüsselten Spalten möglich ist, die bei identen Werten und identen Schlüsseln auch den identen verschlüsselten Wert liefern.

Fehlt am Client der Spaltenhauptschlüssel (Master Encryption Key), kann die Entschlüsselung des Spaltenverschlüsselungsschlüssels (Column Encryption Key) nicht erfolgen und es kommt zu folgender Fehlermeldung:

```
Meldung 0, Ebene 11, Status 0, Zeile 0
Entschlüsseln der Spalte 'svnr' fehlgeschlagen.
Meldung 0, Ebene 11, Status 0, Zeile 0
Fehler beim Entschlüsseln eines Spaltenverschlüsselungsschlüssels mithilfe des
folgenden Schlüsselspeicheranbieters: 'MSSQL_CERTIFICATE_STORE'. Die letzten 10 Bytes
des verschlüsselten Spaltenverschlüsselungsschlüssels sind: '76-B7-C7-02-CD-41-F6-6C-
CD-12'.
Meldung 0, Ebene 11, Status 0, Zeile 0
Zertifikat mit Fingerabdruck 'A62D9B6DA9B6066C6C88074CFA31296BBB224F08' wurde nicht im
Zertifikatspeicher 'My' unter dem Speicherort 'CurrentUser' gefunden. Vergewissern Sie
sich, dass der Zertifikatpfad in der Hauptschlüsseldefinitionsspalte der Datenbank
korrekt ist und das Zertifikat richtig in den Zertifikatspeicherort/-speicher
importiert wurde.
Parametername: masterKeyPath
```

Einsatz mit dem Kommandozeilentool SQLCmd

Nicht nur das SQL Server Management Studio ist in der Lage, mit Always Encrypted umzugehen. Auch das vielfach eingesetzte Kommandozeilentool *SQLCmd* ist bereit für die Arbeit mit verschlüsselten Daten. Dazu gelten dieselben Voraussetzungen wie bei anderen Clients. Der Master Encryption Key muss so wie in den Metadaten in der verwendeten Datenbank festgelegt und auf dem Client verfügbar beziehungsweise zugreifbar sein.

Melden wir uns wie gewohnt mit SQLCmd am SQL Server an, bekommen wir nur die verschlüsselten Daten angezeigt. Im linken Kommandozeilenfenster in Bild 10.81 sehen Sie die Anmeldung am Server *SRVSQL2017*. Der Servername wird mit dem Parameter -S übergeben. Über den Parameter -E legen wir die Anmeldung mit Windows-Authentifizierung fest.

Ausgegeben wird der Inhalt der Tabelle *kreditkarten*, die wir im Anschluss erstellen werden. Die Spalte *bezeichnung* ist verschlüsselt und wird daher auch auf diese Weise ausgegeben.

 PRAXISTIPP: Wenn Sie verschlüsselte Werte mit SQLCmd entschlüsselt ausgeben möchten, verwenden Sie bei der Anmeldung den neuen Parameter -g. Beachten Sie, dass die Groß-/Kleinschreibung bei diesen Parametern relevant ist. Dieser Parameter aktiviert die Spaltenverschlüsselung. ∎

Im rechten Fenster in Bild 10.81 sehen Sie denselben Vorgang wie zuvor, allerdings wird bei der Anmeldung der Parameter -g zusätzlich verwendet. Verwenden wir dieselbe Anweisung, erhalten wir nun die entschlüsselten Bezeichnungen der Visitenkarten angezeigt.

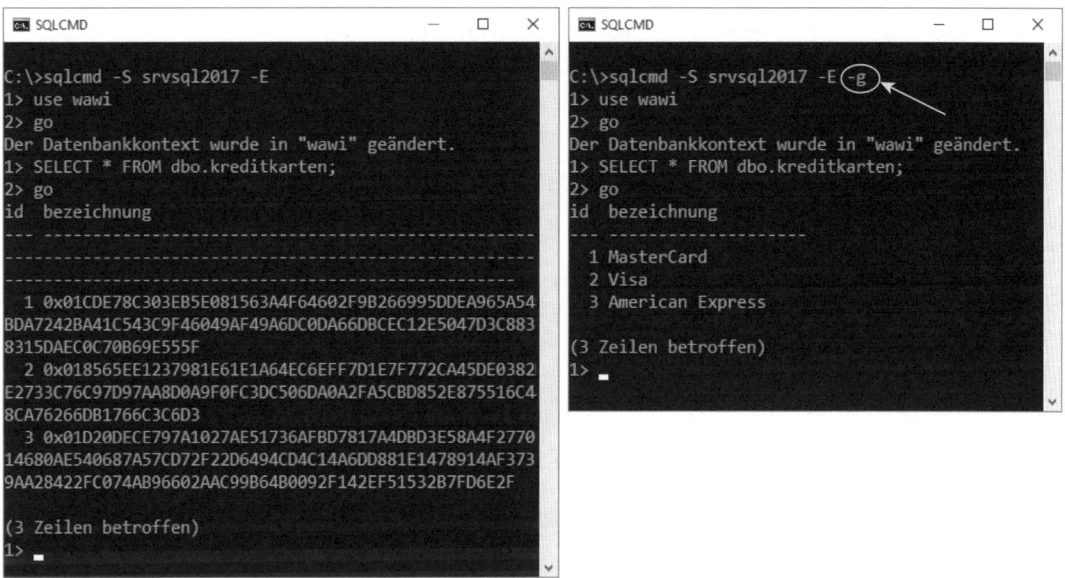

Bild 10.81 Verschlüsselte Spalten mit SQLCmd

10.14.5 Erstellen von Tabellen mit verschlüsselten Spalten

Zwar können vorhandene Daten, wie wir zuvor gesehen haben, nicht mit Transact-SQL verschlüsselt werden, aber neue Tabellen können jederzeit mit verschlüsselten Spalten angelegt werden.

Für unser Beispiel ergänzen wir zwei Tabellen für das Speichern von Kreditkarteninformationen, wie in Bild 10.82 dargestellt. Die Tabelle *kreditkarten* dient als Lookup-Tabelle für die Auswahl der möglichen Kreditkarten. Die Karteninformationen der Kunden werden in der Tabelle *kunden_kreditkarten* gespeichert. Diese steht über zwei Fremdschlüssel mit den Tabellen *kreditkarten* und *kunden* in Beziehung.

Bild 10.82 Neue Tabellen für Kreditkarten

Die nachfolgende Anweisung dient dem Erstellen der Tabelle *kreditkarten*. Zusätzlich zur Spalte *id* als Primärschlüssel wird die Spalte *bezeichnung* für den Namen der Kreditkarten verwendet.

```
CREATE TABLE dbo.kreditkarten
(   id smallint CONSTRAINT pk_kreditkarten PRIMARY KEY,
    bezeichnung varchar(20) NOT NULL
);
```

Nun soll die Spalte *bezeichnung*, die Aufschluss darüber gibt, um welche Karte es sich handelt, verschlüsselt werden. Da diese Spalte nicht als Filterkriterium verwendet werden wird, kann die zufällige Verschlüsselung anstelle einer deterministischen verwendet werden.

Die Verschlüsselung einer Spalte wird mit der Option ENCRYPTED WITH vorgenommen. Diese drei Parameter müssen dabei unbedingt mit angegeben werden, die Reihenfolge spielt dabei keine Rolle:

- **ENCRYPTION_TYPE:** Dieser Parameter legt fest, ob eine deterministische (DETERMINISTIC) oder zufällige Verschlüsselung (RANDOMIZED) zum Einsatz kommen soll.

- **ALGORITHM:** Auch wenn es hier keine weiteren Auswahlmöglichkeiten gibt, muss der Verschlüsselungsalgorithmus mit angegeben werden. Vielleicht kommen hier in Zukunft ja noch weitere Möglichkeiten hinzu. Im Moment muss AEAD_AES_256_CBC_HMAC_SHA_256 verwendet werden. Da es sich um kein Schlüsselwort oder Objekt handelt, muss er als Text in Hochkommata angegeben werden.

- **COLUMN_ENCRYPTION_KEY:** Der Name des Spaltenverschlüsselungsschlüssels wird über diesen Parameter eingetragen. Als SQL-Objektname ist dieser wieder ohne Hochkommata einzugeben.

```
CREATE TABLE dbo.kreditkarten
(   id tinyint CONSTRAINT pk_kreditkarten PRIMARY KEY,
    bezeichnung varchar(20)
        ENCRYPTED WITH ( ENCRYPTION_TYPE = RANDOMIZED,
                    ALGORITHM = 'AEAD_AES_256_CBC_HMAC_SHA_256',
                    COLUMN_ENCRYPTION_KEY = wawi_cek) NOT NULL
);
```

ACHTUNG! Die Verschlüsselung für eine Spalte ist im Statement direkt nach dem Datentyp anzugeben. Weitere Optionen, wie zum Beispiel NOT NULL, folgen erst danach. Eine andere Anordnung liefert einen Fehler.

Im zweiten Schritt erstellen wird noch die zweite Tabelle *kunden_kreditkarten*, in der wir alle Spalten mit relevanten Kreditkarteninformationen verschlüsseln möchten: die Kartennummer, den Namen des Inhabers oder der Inhaberin, das Ablaufdatum sowie den Sicherheitscode.

Um das Ablaufdatum später auch filtern zu können – zum Beispiel um alle Kunden, deren Karten in einem bestimmten Monat ablaufen, verständigen zu können –, wollen wir für diese Spalte die deterministische Verschlüsselung einsetzen.

 HINWEIS: Für Spalten mit deterministischer Verschlüsselung muss eine BIN2-Sortierung verwendet werden. Wir verwenden daher in unserem Beispiel anstelle der üblichen Sortierung `Latin1_General_CI_AS` als Alternative `Latin1_General_BIN2`.

Da die Sortierung eine Erweiterung des Datentyps ist, muss diese in der Syntax noch vor der Verschlüsselung angegeben werden.

Daraus ergibt sich nachfolgende Anweisung, um die Tabelle zu erstellen:

```
CREATE TABLE dbo.kunden_kreditkarten
(   id int IDENTITY CONSTRAINT pk_kunden_kreditkarten PRIMARY KEY,
    kdnr int NOT NULL CONSTRAINT fk_kunden_kreditkarten_kunden
                FOREIGN KEY REFERENCES dbo.kunden(kdnr),
    karte tinyint NOT NULL CONSTRAINT fk_kunden_kreditkarten_kreditkarten
                FOREIGN KEY REFERENCES dbo.kreditkarten(id),
    nummer varchar(16)
        ENCRYPTED WITH ( ENCRYPTION_TYPE = RANDOMIZED,
                    ALGORITHM = 'AEAD_AES_256_CBC_HMAC_SHA_256',
                    COLUMN_ENCRYPTION_KEY = wawi_cek) NOT NULL,
    inhaber varchar(80)
        ENCRYPTED WITH ( ENCRYPTION_TYPE = RANDOMIZED,
                    ALGORITHM = 'AEAD_AES_256_CBC_HMAC_SHA_256',
                    COLUMN_ENCRYPTION_KEY = wawi_cek) NOT NULL,
    ablaufdatum char(5) COLLATE Latin1_General_BIN2
        ENCRYPTED WITH ( ENCRYPTION_TYPE = DETERMINISTIC,
                    ALGORITHM = 'AEAD_AES_256_CBC_HMAC_SHA_256',
                    COLUMN_ENCRYPTION_KEY = wawi_cek) NOT NULL,
    sicherheitscode varchar(3)
        ENCRYPTED WITH ( ENCRYPTION_TYPE = RANDOMIZED,
                    ALGORITHM = 'AEAD_AES_256_CBC_HMAC_SHA_256',
                    COLUMN_ENCRYPTION_KEY = wawi_cek) NOT NULL
);
```

ACHTUNG! Sie können mit Ausnahme von Fremdschlüsseln für deterministisch verschlüsselte Spalten keine Constraints für Spalten definieren, die Always Encrypted nutzen. So müssen wir in diesem Beispiel auf ein Check-Constraint verzichten, das die Eingabe von abgelaufenen Kreditkarten verhindern könnte. Jede Form der Eingabeprüfung muss bei verschlüsselten Spalten im Frontend vorgenommen werden.

10.14.6 Einfügen von Daten mit Verschlüsselung

Auch beim Einfügen von Daten in eine Tabelle mit verschlüsselten Spalten müssen wir uns erneut vor Augen führen, dass die Verschlüsselung der Inhalte nicht in der Datenbank-Engine, sondern clientseitig erfolgt. Aus diesem Grund kann im Management Studio eine direkte Eingabe der Werte, wie Sie es für gewöhnliche Spalten gewohnt sind, nicht erfolgen.

```
INSERT INTO dbo.kreditkarten (id, bezeichnung)
VALUES (1, 'MasterCard'),
       (2, 'Visa'),
       (3, 'American Express');
```

liefert:

```
Meldung 206, Ebene 16, Status 2, Zeile 1401
Operandentypkollision: varchar ist inkompatibel mit varchar(8000) encrypted with
(encryption_type = 'RANDOMIZED', encryption_algorithm_name = 'AEAD_AES_256_CBC_HMAC_
SHA_256', column_encryption_key_name = 'wawi_cek', column_encryption_key_database_
name = 'wawi_sicher') collation_name = 'Latin1_General_CI_AS'
```

Die Lösung liegt, wie schon zuvor beim Filtern von Daten, in der Verwendung von Variablen.

 ACHTUNG! Um dies nutzen zu können, ist es nicht ausreichend, die Verbindung mit dem Verbindungsparameter Column Encryption Setting = Enabled herzustellen. Zusätzlich muss im Management Studio in den generellen Einstellungen (*Extras/Optionen*) oder in den Abfrageeinstellungen (*Abfrage/Abfrageoptionen*) gemäß Bild 10.79 die *Parametrisierung für Always Encrypted* aktiviert sein.

Verwenden wir drei Variablen, um ihnen zuvor die drei gewünschten Namen zuzuweisen. Anschließend verwenden wir diese drei Variablen als Parameter innerhalb der INSERT-Anweisung.

```
DECLARE @master varchar(20) = 'MasterCard';
DECLARE @visa varchar(20) = 'Visa';
DECLARE @amex varchar(20) = 'American Express';

INSERT INTO dbo.kreditkarten (id, bezeichnung)
VALUES (1, @master),
```

```
(2, @visa),
(3, @amex);
```

 HINWEIS: Woran können wir erkennen, dass hier eine Verschlüsselung der Werte innerhalb der Parameter erfolgt?

Sofern Sie nicht die Option SET NOCOUNT ON aktiviert haben, erhalten Sie beim Ausführen dieser Anweisung, wenn es sich um eine normale Tabelle handelt, folgendes Ergebnis:

```
(3 Zeilen betroffen)
```

Bei aufmerksamer Betrachtung ist Ihnen vielleicht aufgefallen, dass die idente Anweisung beim Einfügen in die Tabelle *kreditkarten* mit verschlüsselten Spalten folgendes Ergebnis anzeigt:

```
(1 Zeile betroffen)
(3 Zeilen betroffen)
(3 Zeilen betroffen)
```

Daran erkennen Sie, dass hier weitere Vorgänge – es geht um das Verschlüsseln der Parameterinhalte – vonstattengehen. Dies spiegeln die ersten beiden Werte wider. Nutzen wir den neuen XEvent Profiler, können wir damit ausgeben, welche Anweisung auf dem Server vom SSMS ausgeführt wird:

```
exec sp_executesql N'DECLARE @master AS VARCHAR (20) = @
p635323ab8f414ce6938efa9633fcdb67;    DECLARE @visa AS VARCHAR (20) = @
p17f8f9c012bb45a5835056ce34079748;    DECLARE @amex AS VARCHAR (20) = @
p65a3c7bb21d54b28b52946ca15f7a6e1;    ',N'@
p635323ab8f414ce6938efa9633fcdb67 varchar(20),@
p17f8f9c012bb45a5835056ce34079748 varchar(20),@
p65a3c7bb21d54b28b52946ca15f7a6e1 varchar(20)',@p635323ab8f414ce6938efa96
33fcdb67='MasterCard',@p17f8f9c012bb45a5835056ce34079748='Visa',@p65a3c7b
b21d54b28b52946ca15f7a6e1='American Express'
```

Wir können nun zwar die Werte aus der Tabelle *kreditkarten* ausgeben, aber filtern können wir nach der Spalte *bezeichnung* nicht, da diese nicht deterministisch verschlüsselt ist. Die nachfolgende Anweisung liefert daher einen Fehler.

```
DECLARE @karte varchar(20) = 'Visa';
SELECT * FROM dbo.kreditkarten WHERE bezeichnung = @karte;
```

Nutzen wir dieselbe Vorgangsweise, um auch Kreditkarteninformationen für einen Kunden einzutragen.

```
DECLARE @kdnr int = 100;
DECLARE @karte tinyint = 1;
DECLARE @nummer varchar(16) = '1111222233334444';
DECLARE @inhaber varchar(80) = 'Franz Wolf';
```

```
DECLARE @ablaufdatum char(5) = '05/2021';
DECLARE @sicherheitscode varchar(3) = '123';

INSERT INTO dbo.kunden_kreditkarten(kdnr, karte, nummer, inhaber, ablaufdatum,
                                    sicherheitscode)
VALUES(@kdnr, @karte, @nummer, @inhaber, @ablaufdatum, @sicherheitscode);
```

Verwenden von gespeicherten Prozeduren

Für Schreibvorgänge auf Tabellen können Sie in der Praxis auch gespeicherte Prozeduren einsetzen. Werte werden hier ebenso über Parameter übergeben. Verwenden wir ein einfaches Beispiel, um zu sehen, auf welche Weise hier die Verschlüsselung erfolgreich vorgenommen werden kann.

Sie sehen hier eine ganz einfache Prozedur mit dem Namen *sp_kreditkarte_neu*. Ihr werden die Spalteninhalte als Parameter übergeben und in der Prozedur werden diese verwendet, um eine neue Zeile in die Tabelle einzufügen. Der dabei vergebene Identitätswert wird danach als Ergebnis ausgegeben.

```
CREATE PROCEDURE dbo.sp_kreditkarte_neu
    @kdnr int,
    @karte smallint,
    @nummer varchar(16),
    @inhaber varchar(80),
    @ablaufdatum char(5),
    @sicherheitscode varchar(3),
    @id int = NULL OUTPUT,
    @select bit = 1
AS
BEGIN
    SET NOCOUNT ON

    INSERT INTO dbo.kunden_kreditkarten(kdnr, karte, nummer, inhaber, ablaufdatum,
                                        sicherheitscode)
    VALUES(@kdnr, @karte, @nummer, @inhaber, @ablaufdatum, @sicherheitscode);

    SET @id = SCOPE_IDENTITY();

    IF @select = 1
        SELECT @id AS id_neu;
END;
```

Rufen wir nun diese Prozedur auf und übergeben die Parameterwerte direkt, kann der Datensatz leider nicht erfolgreich eingefügt werden.

```
EXEC dbo.sp_kreditkarte_neu 106, 2, '1234123412341234', 'Petra Deutschmann',
                            '09/2020', '567';
```

Dieser Aufruf liefert einen Fehler, da die Verarbeitung der Parameter serverseitig erfolgt und damit die Verschlüsselung nicht erfolgen kann. Das Einfügen wird innerhalb der Prozedur mit den unverschlüsselten Werten versucht.

Die Lösung liegt darin, auch die Parameter wieder über Variablen zu übergeben, denn diese werden, wie schon im vorangegangenen Beispiel, clientseitig verschlüsselt. Die Prozedur bekommt dann letztendlich die schon verschlüsselten Werte übergeben.

```
DECLARE @nummer varchar(16) = '1234123412341234';
DECLARE @inhaber varchar(80) = 'Petra Deutschmann';
DECLARE @ablaufdatum char(5) = '09/2020';
DECLARE @sicherheitscode varchar(3) = '567';

EXEC dbo.sp_kreditkarte_neu 106, 2, @nummer, @inhaber, @ablaufdatum, @sicherheitscode;
```

liefert (beispielsweise):

```
id_neu
------------
2
```

 HINWEIS: Da wir die Spalte *ablaufdatum* deterministisch verschlüsselt haben, können wir diese nun auch als Filterkriterium einsetzen:

```
DECLARE @ablaufdatum char(5) = '09/2020';
SELECT *
FROM dbo.kunden_kreditkarten
WHERE ablaufdatum = @ablaufdatum;
```

liefert:

```
(1 Zeile betroffen)
(1 Zeile betroffen)
id   kdnr    karte nummer            inhaber              ablaufdatum sicherheitscode
---- ------- ----- ---------------- -------------------- ----------- ---------------
2    106     2     1234123412341234 Petra Deutschmann    09/20       567
(1 Zeile betroffen)
```

10.14.7 Treibereinsatz am Client

Nachdem schon mehrmals erwähnt worden ist, dass die Verschlüsselung und Entschlüsselung clientseitig erfolgt, möchte ich Ihnen dies zum Abschluss des Themas anhand eines einfachen Beispiels demonstrieren. Dazu verwende ich Microsoft Access und den Treiber ODBC.

 HINWEIS: Für den Einsatz am Client wird ein aktueller Always Encrypted-fähiger Treiber benötigt. Dieser erledigt das Ver- und Entschlüsseln, der ganze Vorgang ist für den Client transparent. Man könnte es auch so formulieren: Der Client bekommt davon gar nichts mit.

Der ODBC-Treiber ab der Version 13.1 kann dafür verwendet werden. Irreführend ist, dass diese Versionsnummer mit der Kommastelle beim Treiber im Dialog nicht angezeigt wird. Der Treiber *ODBC Driver 13 for SQL Server* in der Version 2017.140.3008.27, der mit dem Cumulative Update 2 des SQL Server 2017 installiert wird, wäre schon ein passender. Wenn Sie im Web nach dem Treiber in der Version 13.1 suchen, finden Sie schon die Version 13.1.4413.46, die dem SQL Server 2016 zuzuordnen ist. Lassen Sie sich also nicht irritieren, dass das „.1" nicht zu sehen ist.

Wenn Sie zum Einrichten einer Dateidatenquelle das Tool *ODBC-Datenquellen* unter Windows verwenden, aktivieren Sie im Dialog die Option *Column Encryption*, wie in Bild 10.83 zu sehen.

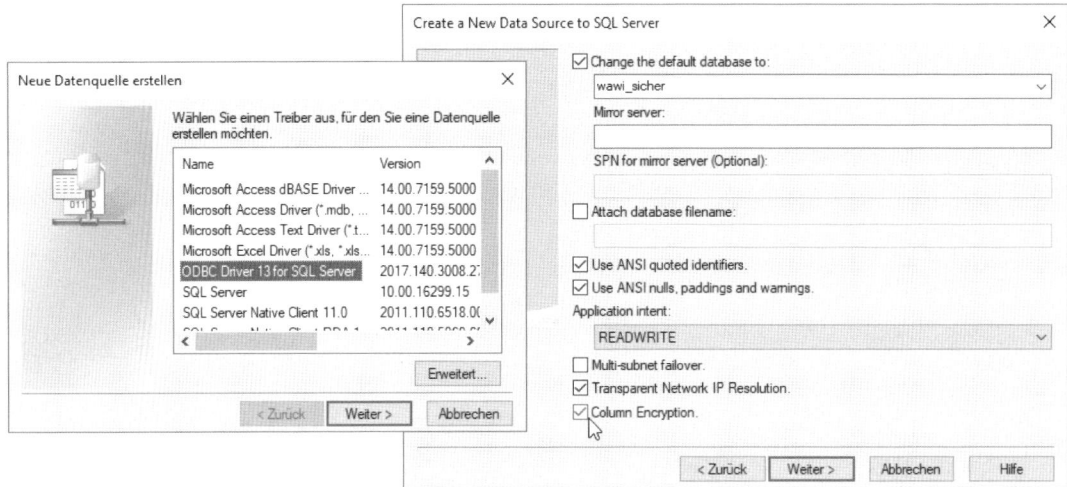

Bild 10.83 Einrichten einer ODBC-Verbindung

Ich habe einen Datei-DSN (Data Source Name) zu unserer Beispieldatenbank mit diesem Treiber erstellt. Das Ergebnis in Form der Datei *wawi_ae.dsn* lässt sich mit einem gewöhnlichen Texteditor betrachten. In dieser Datei finden wir den entscheidenden Eintrag `ColumnEncryption=Enabled`, analog zu der Option, die wir schon bei ADO.NET verwendet haben.

Bild 10.84 ODBC-DSN mit aktivierter Spaltenverschlüsselung

Diesen DSN können wir verwenden, um Tabellen aus der Datenbank in die Access-Datei zu verknüpfen. Dazu wählen Sie im Menüband *Externe Daten* das Symbol *ODBC-Datenbank*. Im Assistent wählen Sie die Option zum Einrichten einer Verknüpfung und folgen den Anweisungen. Am Ende haben wir die vier Tabellen der Datenbank *wawi_sicher* verknüpft und können sie mit Doppelklick öffnen. In Bild 10.85 sehen Sie die Tabelle *kunden_kreditkarten* geöffnet. Da der Treiber die Ent- und Verschlüsselung vornimmt, sehen wir die Kreditkarteninformationen im Klartext und können auch neue Datensätze erfassen. Dies zeigt, dass Always Encrypted für den Client transparent ist. MS Access als Client benötigt keine eigenständige Funktionalität, damit mit diesen Daten gearbeitet werden kann. Alles erledigt in diesem Fall der ODBC-Treiber.

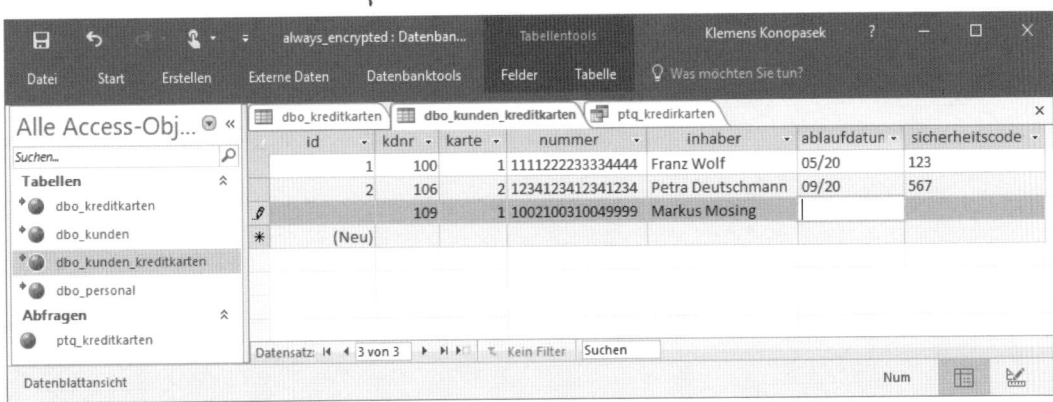

Bild 10.85 Tabellen in MS Access verknüpft

Neben verknüpften Tabellen können Sie in MS Access auch Pass-Through-Abfragen für den direkten Zugriff auf SQL Server-Daten mit ODBC nutzen. Dazu wird die ODBC-Verbindungszeichenfolge in den Abfrageeigenschaften abgelegt. Auch wenn Sie diese Abfrage, die im Beispiel den Namen *ptq_kreditkarten* trägt, starten, werden die Daten entschlüsselt dargestellt. Voraussetzung dafür ist, wie auch schon beim SSMS und bei SQLCmd, dass der Master Encryption Key auf dem Client verfügbar ist.

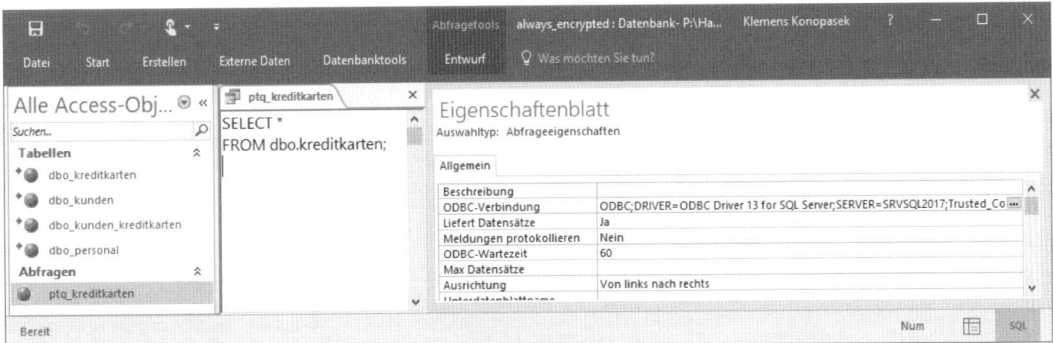

Bild 10.86 Pass-Through-Abfragen mit Always Encrypted

HINWEIS: Sie finden die Access-Datei mit dem Namen *always_encrypted.accdb* bei den Beispieldateien zu diesem Kapitel. Passen Sie die ODBC-Verbindungszeichenfolge Ihren Gegebenheiten an. Um die Verknüpfung der Tabellen zu aktualisieren, nutzen Sie den *Tabellenverknüpfungs-Manager*, den Sie über den gleichnamigen Befehl im Kontextmenü des Navigationsbereichs starten können.

Wenn Sie sich noch ausführlicher mit Always Encrypted auseinandersetzen möchten, können Sie diese Adresse als Ausgangspunkt dazu verwenden:

https://docs.microsoft.com/en-us/sql/relational-databases/security/encryption/always-encrypted-database-engine

11 Erweiterte Funktionalitäten

Ich möchte Ihnen nun einen Überblick über wichtige erweiterte Features des SQL Servers geben. Diese Themen habe ich ausgewählt, da sie sich in der Praxis als sehr wertvoll erwiesen haben. Ich sehe es auch als Aufgabe eines Buches mit dem Untertitel „Der schnelle Einstieg", Themen nach ihrer Praxisrelevanz zu filtern und Ihnen so zu helfen, schnell mit dem SQL Server arbeiten zu können.

Die Features, die ich Ihnen an dieser Stelle vorstellen möchte, sind Datenbank-E-Mail und die SQL Server Integration Services.

■ 11.1 Datenbank-E-Mail

Immer wieder ergibt sich aus Anwendungen heraus die Notwendigkeit, eine Nachricht in irgendeiner Form jemandem zukommen zu lassen. Dafür bietet sich Datenbank-E-Mail geradezu an. Datenbank-E-Mail nutzt direkt SMTP, daher ist keine weitere Installation auf dem Server erforderlich. Mittels Datenbank-E-Mail können aus einer Anwendung heraus Mails versendet werden. Zusätzlich kann es für administrative Benachrichtigungen verwendet werden, zum Beispiel wenn ein Server-Agent-Job fehlschlägt.

Für den Einsatz von Datenbank-E-Mail müssen folgende Voraussetzungen gegeben sein:

- Ein SMTP-Server für den Versand von Mails steht zur Verfügung.
- Ein Konto zum Versenden von Mails ist auf dem Server eingerichtet.
- Beim Einsatz einer Firewall muss der Port (Standardport für SMTP ist 25) für den Server ausgehend geöffnet sein, damit Mails versendet werden können.

 HINWEIS: Leider steht Datenbank-E-Mail in der Express Edition nicht zur Verfügung.

11.1.1 Einrichten von Datenbank-E-Mail

Das Einrichten von Datenbank-E-Mail ist mit dem Assistenten sehr einfach. Sie finden Datenbank-E-Mail im Objekt-Explorer unter *Verwaltung*. Um den Konfigurations-Assistenten zu starten, wählen Sie im Kontextmenü den Befehl DATENBANK-E-MAIL KONFIGURIEREN aus.

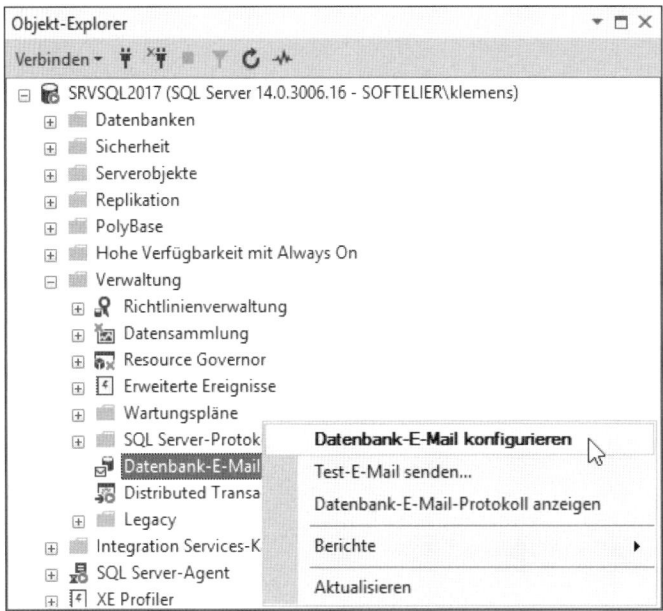

Bild 11.1 Datenbank-E-Mail im Objekt-Explorer

Im Startdialog der Konfiguration wählen Sie unter folgenden Möglichkeiten aus:

- Datenbank-E-Mail einrichten
- Konten und Profile für Datenbank-E-Mail verwalten
- Profilsicherheit verwalten
- Systemparameter anzeigen oder ändern

 HINWEIS: Falls Datenbank-E-Mail noch nicht eingerichtet ist, macht es Sinn, die erste der vier Möglichkeiten zu wählen, denn dann wird keiner der notwendigen Schritte ausgelassen. Sie können aber auch manuell die einzelnen Schritte durchführen.

Nach der Bestätigung der ersten Auswahl ist die Frage, ob die Datenbank-E-Mail-Funktion aktiviert werden soll, zu bejahen.

Im ersten Schritt ist ein neues Profil für den Mailversand einzurichten. Sie können später weitere Profile ergänzen. Beim Versenden einer Mail kann später ausgewählt werden, über welches Profil der Versand erfolgen soll.

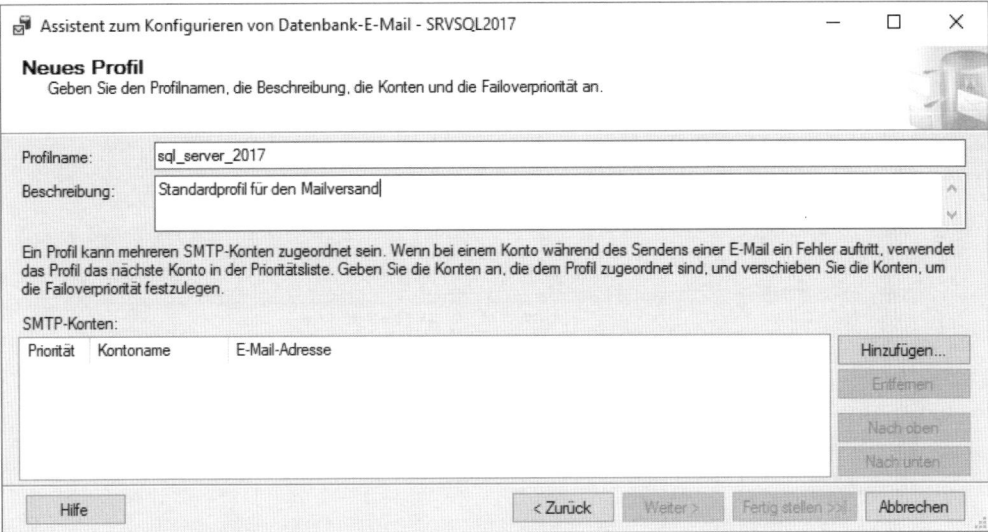

Bild 11.2 Neues Profil anlegen

 HINWEIS: Das Anlegen mehrerer Profile ist vor allem dann notwendig, wenn Sie aus Anwendungen heraus Mails mit wechselnder Absenderadresse versenden möchten. Zum Beispiel möchte man eine eingegangene Bestellung mit dem Absender *bestellung@mydom.de* bestätigen, ein vergessenes Zutrittskennwort mit *service@mydom.de* zusenden und die Rechnung mit *buchhaltung@mydom.de* verschicken. Für jedes Profil können Sie später eine oder mehrere E-Mail-Adressen hinterlegen.

Der zu verwendende Profilname wird beim Versenden angegeben und hat noch nichts mit der Mailadresse zu tun, von der versendet wird. Daher kann er frei gewählt werden und muss nicht mit der Mailadresse übereinstimmen. Jedoch ist es gerade bei der Verwendung mehrerer Profile übersichtlicher, einfach den Namen der Hauptmailadresse zu verwenden.

Neben dem Namen des Profils und einer optionalen Beschreibung muss zumindest ein E-Mail-Konto hinzugefügt werden. Im Dialog zum Erfassen der Kontodetails sind die üblichen Informationen für ein Mailkonto einzutragen. Der Kontoname ist wiederum unabhängig von der Mailadresse.

Für das Konto sind anzugeben:

- E-Mail-Adresse
- Anzeigename
- Eine Antwortadresse (optional)
- Name des SMTP-Servers
- Port für den SMTP-Versand

Falls Sie für dieses Konto eine Anmeldung beim SMTP-Server benötigen, so geben Sie bitte die Anmeldedaten im unteren Teil des Dialogs ein. Wird dies nicht benötigt, können Sie die anonyme Authentifizierung verwenden.

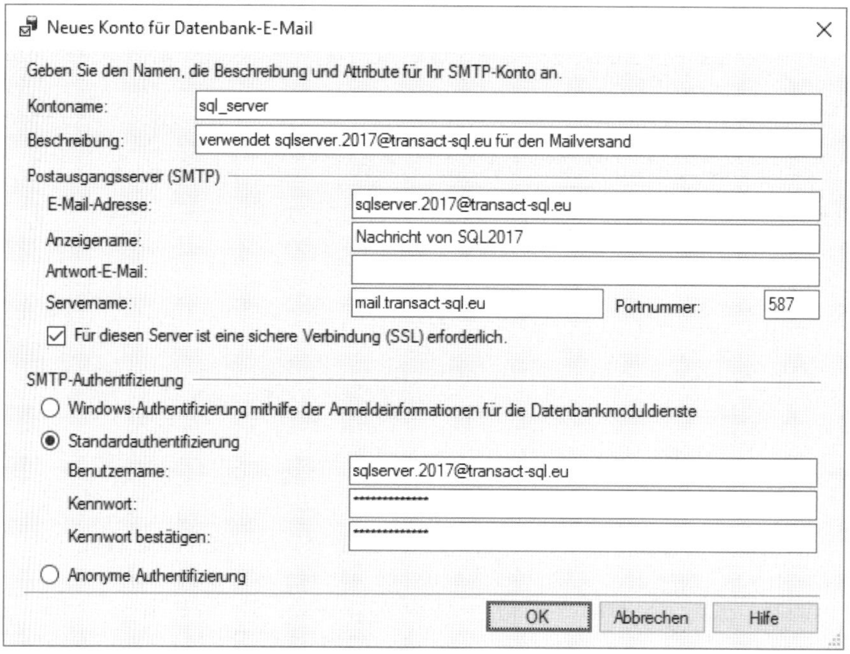

Bild 11.3 Neues Konto einrichten

> **PRAXISTIPP:** Richten Sie für jedes Profil zumindest zwei SMTP-Konten ein. Standardmäßig wird beim Versand über ein Profil das erste Konto verwendet. Schlägt der Versand über dieses Konto einmal aus irgendeinem Grund fehl, kann der Wiederholungsversuch über ein zweites, alternatives Konto erfolgen. Im Idealfall verwendet das Ersatzkonto auch einen alternativen SMTP-Server. Damit ist ein Versand besser gewährleistet, falls auch der erste SMTP-Server einmal nicht verfügbar sein sollte.

Um genau dieses Szenario umzusetzen, habe ich neben dem Konto *sql_server* noch ein zweites mit dem Namen *sql_server_backup* angelegt.

Sie können ein Konto mehreren Profilen zuordnen. So bietet es sich zum Beispiel an, ein Ersatzkonto zu erstellen, das Sie bei mehreren Profilen einsetzen.

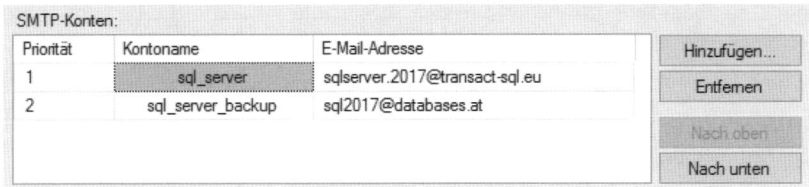

Bild 11.4 Konten für ein Profil erstellen und zuordnen

Im nächsten Schritt ist die Profilsicherheit einzustellen. Profile können als

- *öffentliche Profile*, die allen in *msdb* autorisierten Benutzern zur Verfügung stehen, oder als

- *private Profile*, die jeweils nur von einem dedizierten Benutzer verwendet werden können,

definiert werden.

Legen Sie ein Profil als Standardprofil fest, so wird es verwendet, falls beim Mailversand über die Systemprozedur *sp_send_dbmail* kein Profil explizit angegeben wird.

 ACHTUNG! Falls kein Profil als Standardprofil festgelegt ist, führt ein Versand ohne eine explizite Profilangabe zu einem Fehler.

In Bild 11.5 wird das soeben erstellte Profil *sql_server_2017* als öffentliches Profil sowie als Standardprofil eingerichtet.

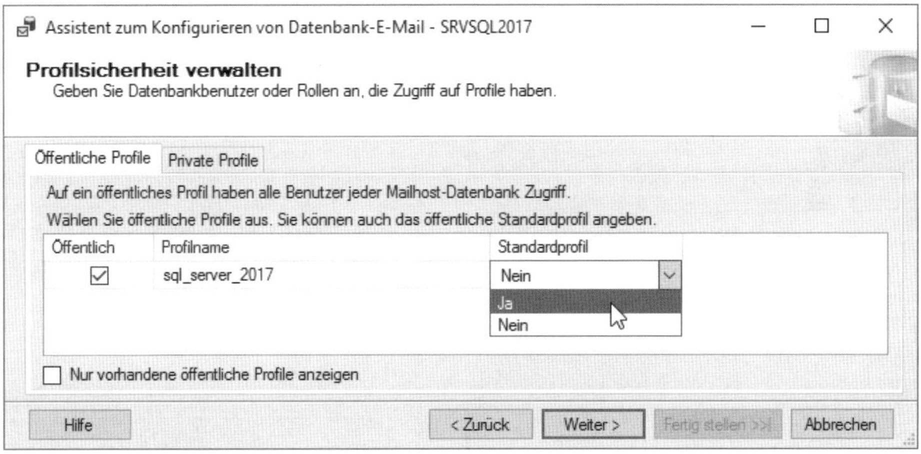

Bild 11.5 Profilsicherheit

Öffentliche Profile können von allen für den Versand von Mails verwendet werden, die der Datenbankrolle *DatabaseMailUserRole* angehören. Diese Rolle ist in der Systemdatenbank *msdb* zu finden. Diese Datenbank ist generell für alles zuständig, was mit Mailversand zu tun hat. Sowohl Konfigurationsinformationen von Datenbank-E-Mail als auch die Mails und Versandprotokolle werden in der Datenbank *msdb* in den Tabellen *dbo.sysmail_...* gespeichert. Neben den Mitgliedern der Datenbankrolle *DatabaseMailUserRole* haben auch alle

Mitglieder der Datenbankrolle *db_owner* und der Serverrolle *sysadmin* die Berechtigung, Mails über Datenbank-E-Mail zu versenden.

Als letzter Schritt in der Erstkonfiguration werden die Systemparameter eingestellt:

- Über die *Wiederholungsversuche* legen Sie fest, wie oft bei einem vergeblichen Versand ein weiterer Versuch erfolgen soll. Die Standardvorgabe ist hier 1.

- Die *Wiederholungsverzögerung* zwischen zwei Versuchen wird in Sekunden angegeben und ist standardmäßig auf 60 eingestellt.

- Die *maximale Dateigröße* ist vor allem beim Versand von E-Mails mit Anhängen (Attachments) von Bedeutung. Die Standardvorgabe lautet 1 MB.

- Aus Sicherheitsgründen können Anhänge mit bestimmten Dateierweiterungen blockiert werden. Als *unzulässige Erweiterungen* sind in der Vorgabe *exe*, *dll*, *vbs* und *js* eingestellt.

- Die *minimale Lebensdauer der ausführbaren Datei von Datenbank-E-Mail* legt in Sekunden fest, wie lange nach dem Abarbeiten der Warteschlange der Prozess noch aktiv bleibt, bis er beendet wird. Denn wenn längere Zeit keine Mails zu verarbeiten sind, wird der Prozess beendet. Ist der Prozess noch aktiv, wenn wieder eine neue Mail zum Versand ansteht, kann sie schneller versendet werden.

- Die letzte Einstellung ist der *Protokollierungsgrad*, der von Beginn an als *Erweitert* eingestellt ist. Weitere Grade sind *Normal* und *Ausführlich*. Bei der Einstellung *Normal* werden lediglich Fehlermeldungen protokolliert, während bei *Ausführlich* neben Warnungen und Informationsmeldungen auch Erfolgsmeldungen und zusätzliche interne Meldungen ins Protokoll aufgenommen werden.

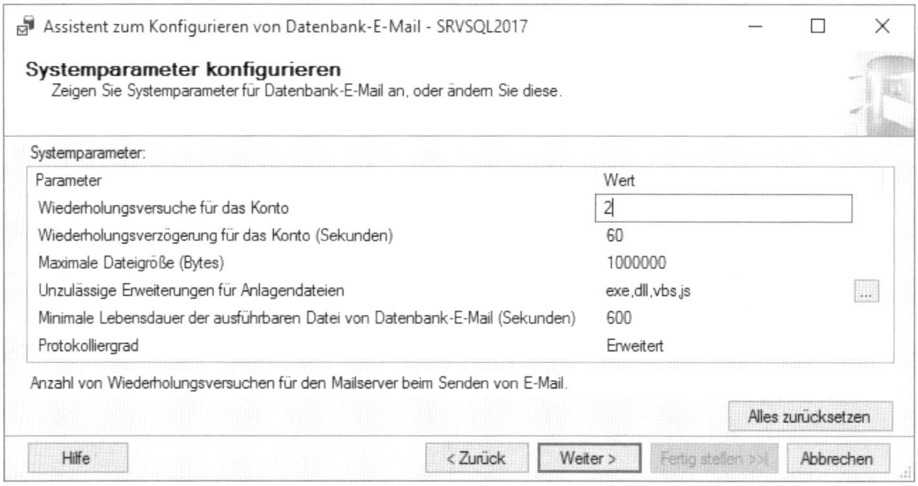

Bild 11.6 Systemparameter

Nach der Eingabe der Systemparameter ist der Vorgang abgeschlossen. Der Assistent führt die entsprechenden Systemprozeduren aus, um die Konfiguration wie festgelegt zu speichern. Jede vorgenommene Einstellung kann durch erneutes Ausführen des Assistenten geändert werden. So können Sie beispielsweise noch weitere Profile anlegen.

Die Konfiguration kann direkt aus den Tabellen der Datenbank *msdb* ausgelesen werden:

Tabelle 11.1 Konfigurationstabellen von Datenbank-E-Mail in der Datenbank msdb

Tabelle	Inhalt
sysmail_account	In dieser Tabelle werden alle erstellten Konten gespeichert.
sysmail_configuration	Die im letzten Konfigurationsschritt eingestellten Systemparameter finden sich in dieser Tabelle.
sysmail_principalprofile	Diese Tabelle enthält die Einstellungen zur Profilsicherheit. Hier finden sich zum Beispiel in der Spalte *principal_sid* die SID des Benutzers eines privaten Profils und in der Spalte *is_default* die Angabe, ob es sich um ein Standardprofil handelt.
sysmail_profile	Diese Tabelle enthält die erstellten Profile.
sysmail_profileaccount	Diese Tabelle speichert die Zuordnungen von Konten zu Profilen.
sysmail_server	Die Informationen bezüglich der verwendeten SMTP-Server für jedes Konto finden sich in dieser Tabelle.

Verwenden Sie SELECT-Anweisungen, um die Inhalte dieser Konfigurationstabellen anzuzeigen. Das nachfolgende Beispiel listet Profile und Mailadressen der soeben abgeschlossenen Konfiguration auf.

```
SELECT  p.name AS profil, a.name AS konto,
        a.email_address AS name, s.servername,
        pa.sequence_number AS reihenfolge
FROM msdb.dbo.sysmail_profile p
INNER JOIN msdb.dbo.sysmail_profileaccount pa ON p.profile_id = pa.profile_id
INNER JOIN msdb.dbo.sysmail_account a ON pa.account_id = a.account_id
INNER JOIN msdb.dbo.sysmail_server s ON a.account_id = s.account_id;
```

	profil	konto	name	servername	reihenfolge
1	sql_server_2017	sql_server	sqlserver.2017@transact-sql.eu	mail.transact-sql.eu	1
2	sql_server_2017	sql_server_backup	sql2017@databases.at	mail.databases.at	2

Bild 11.7 Profile und Adressen mit SELECT ausgelesen

Zum Abschluss der Konfiguration versenden wir eine Test-E-Mail. Dies ist direkt aus dem Objekt-Explorer über den Befehl **Test-E-Mail senden...** möglich. Sie können dabei ein Profil auswählen, eine oder mehrere Zieladressen (mit Semikolon voneinander getrennt) eintragen und einen Betreff sowie Text eingeben.

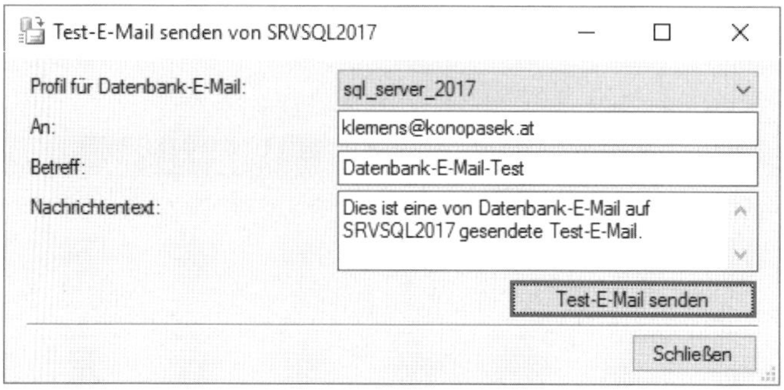

Bild 11.8 Test-E-Mail senden

Nach dem Senden erhalten Sie keine direkte Erfolgsmeldung. Sie können allerdings in der Tabelle *sysmail_mailitems* nachsehen.

```
SELECT mailitem_id, recipients, subject, sent_date
FROM msdb.dbo.sysmail_mailitems;
```

liefert:

```
mailitem_id recipients            subject                 sent_date
----------- --------------------- ----------------------- -----------------------
1           klemens@konopasek.at  Datenbank-E-Mail-Test   2017-11-04 15:28:33.000
```

> **HINWEIS:** Sie finden in der Tabelle *sysmail_mailitems* noch weitere Informationen zum E-Mail-Versand; so neben dem Status auch die Angabe, über welches Profil und welches Konto der tatsächliche Versand erfolgt ist. Dadurch können Sie beispielsweise nachverfolgen, wann ein alternatives Konto zum Einsatz kam und ein Hauptkonto nicht funktioniert hat oder der zuständige SMTP-Server nicht erreichbar war.

Von praktischer Bedeutung ist vor allem der Inhalt der Spalte *sent_status* der Tabelle *sysmail_mailitems*. Diese kann einen Wert von 0 bis 3 enthalten. Diese stehen für:

- 0 = nicht gesendet
- 1 = gesendet
- 2 = Fehler beim Senden
- 3 = Wiederholungsversuch steht an

In Klartext bekommen Sie den Status auch gemeldet, wenn Sie anstelle der Tabelle *sysmail_mailitems* die fast gleichnamige Sicht *sysmail_allitems* verwenden. Diese liefert an Mitglieder der Serverrolle *sysadmin* Informationen über alle Mails, für alle anderen über die Mails, deren Versand man selber beauftragt hat.

Wenn Sie aber lediglich wissen wollen, ob eine Mail versendet worden ist oder nicht, können Sie dazu auch die Spalte *sent_date* auswerten. Diese ist nämlich anfangs NULL und erhält erst bei erfolgreichem Versand einen Datumswert. Eine weitere Alternative stellen die Sichten *sysmail_sentitems* und *sysmail_faileditems* dar. Diese liefern aber nur die Mails mit dem entsprechenden Status. Dies bedeutet, man müsste unter Umständen zwei Anweisungen zur korrekten Bestimmung des Status absetzen.

11.1.2 E-Mails aus der Anwendung heraus versenden

Nachdem wir Datenbank-E-Mail auf unserem Server installiert haben, möchte ich Ihnen in einem kleinen Beispiel die Verwendung aus einer Anwendung heraus zeigen. Dafür benutzen wird folgendes Beispiel: Sobald von der Abteilung *Einkauf* ein neuer Artikel angelegt worden ist, soll eine Benachrichtigung an den Verkauf erfolgen, damit dieser den Verkaufspreis kalkulieren und ergänzen kann.

Zu diesem Zweck erstellen wir eine neue Tabelle *einstellungen*. Diese verwende ich in meinen Anwendungen, um alle möglichen Konfigurationseinstellungen abzulegen, die gegebenenfalls einfach geändert werden können, ohne den Programmcode angreifen zu müssen. Denn alles, was in der Datenbank gespeichert ist, kann bei Bedarf auch von einem einfachen Anwender angepasst werden. In dieser Einstellungstabelle verwende ich immer eine eindeutige ID, um eine Einstellung identifizieren zu können, sowie eine Spalte, in der die Einstellungswerte abgelegt werden. Da hier alle möglichen Werte vorkommen können, von Texten über numerische Werte bis hin zu Datumswerten, verwende ich gerne *varchar* als Datentyp; denn hier kann beinahe alles gespeichert werden.

```
CREATE TABLE dbo.einstellungen
(    id varchar(20) CONSTRAINT pk_einstellungen PRIMARY KEY,
     wert varchar(1000) NOT NULL
);
```

 HINWEIS: Eventuell haben Sie diese Tabelle schon beim Arbeiten mit Kapitel 6 erstellt, dort kommt diese Tabelle auch im Abschnitt *Praxistipps* zum Einsatz.

In dieser Tabelle legen wir zwei Einstellungen ab, die wir in einer Prozedur auslesen werden. Und zwar legen wir die Ziel-E-Mail-Adresse sowie das zu verwendende Profil ab. Verwenden Sie hier anstelle der dargestellten Werte solche, die in Ihrer Systemumgebung gültig sind.

```
INSERT INTO dbo.einstellungen (id, wert)
VALUES ('prof_mail_art_neu', 'einkauf'),
       ('mail_art_neu_empf', 'vertrieb@softelier.com');
```

Die eindeutigen Kürzel für die Einstellungen sind frei gewählt. Ich verwende dazu gerne sprechende Kürzel anstelle von nummerischen IDs.

 PRAXISTIPP: Da eine solche Tabelle, wie beschrieben, viele Vorteile hat, verwende ich sie regelmäßig in allen meinen Datenbanken. Legen Sie dort wirklich alle Einstellungen ab, die Sie später auch wieder einfach und komfortabel ändern können möchten.

Beim Versenden von E-Mails über die Prozedur *sp_send_dbmail* wird beim Aufruf die ID der erstellten Mail in der Tabelle *msdb.dbo.sysmail_mailitems* zurückgegeben. Über diese ID kann der Status der versendeten Mail später nachvollzogen werden. Daher speichern wir diese ID in der Artikeltabelle beim betroffenen Artikel. Dazu benötigen wir eine neue Spalte in der Artikeltabelle, die wir mit der folgenden Anweisung ergänzen:

```
ALTER TABLE dbo.artikel
ADD vk_mail_id int;
```

Nun erstellen wir eine Prozedur, die die Informations-E-Mail generiert und versendet. Beim Aufruf wird die Artikelnummer des betroffenen Artikels übergeben. Die Prozedur führt folgende Schritte aus:

- Aus den Einstellungen werden das zum Versenden zu verwendende Profil sowie die E-Mail-Adresse des Adressaten ausgelesen.

- Betreff und Nachrichtentext für die Mail werden in Variablen zusammengesetzt. Für den Mailtext wird die Bezeichnung des Artikels über eine Unterabfrage ausgelesen.

- Der Versand erfolgt über die Systemprozedur *sp_send_dbmail*. Dieser werden das Profil für den Versand, die Zieladresse, der Betreff sowie der Text der E-Mail übergeben. Die Variable *@mailid* wird für die Rückgabe der ID der E-Mail mit übergeben.

- Die ID der Mail wird im Artikelstamm bei dem entsprechenden Artikel vermerkt.

```
CREATE PROCEDURE dbo.sp_neu_artikel_mail
    @artikel int
AS
BEGIN
  SET NOCOUNT ON;

  DECLARE @an varchar(200);
  DECLARE @profil sysname;
  DECLARE @betreff varchar(100) ;
  DECLARE @text varchar(max) ;
  DECLARE @mailid int;

  SET @an = ( SELECT wert
              FROM dbo.einstellungen
              WHERE id = 'mail_art_neu_empf');

  SET @profil = ( SELECT wert
                  FROM dbo.einstellungen
                  WHERE id = 'prof_mail_art_neu');

  SET @betreff = 'Info neuer Artikel: ' + CAST(@artikel AS varchar(10));
  SET @text = 'Ein neuer Artikel ist angelegt worden:'
              + CHAR(10) + CHAR(10) + CAST(@artikel AS varchar(10))
              + ' - ' + ( SELECT bezeichnung
                          FROM dbo.artikel
                          WHERE artnr = @artikel)
              + 'Bitte ergänzen Sie den Verkaufspreis!';

  EXEC msdb.dbo.sp_send_dbmail @profile_name = @profil,
                               @recipients = @an,
                               @subject = @betreff,
                               @body = @text,
```

```
                     @mailitem_id = @mailid OUTPUT;

    UPDATE dbo.artikel
    SET vk_mail_id = @mailid
    WHERE artnr = @artikel;
END;
```

Nachdem ein neuer Artikel erfasst worden ist, sollte die Prozedur mit seiner Artikelnummer als Übergabeparameter aufgerufen werden. Dieser Aufruf kann über einen INSERT-Trigger oder eine Schaltfläche im Frontend erfolgen.

```
EXEC dbo.sp_neu_artikel_mail 2113;
```

Um zum Beispiel das Versanddatum für die Info-E-Mail eines Artikels zu prüfen, muss die Artikeltabelle über die Mail-ID mit der Tabelle *msdb.dbo.sysmail_mailitems* in einer SELECT-Anweisung verknüpft werden:

```
SELECT a.artnr, a.bezeichnung, m.mailitem_id, m.sent_date
FROM dbo.artikel a
INNER JOIN msdb.dbo.sysmail_mailitems m ON a.vk_mail_id = m.mailitem_id
WHERE a.ArtNr = 2113;
```

liefert:

```
artnr   bezeichnung                  mailitem_id sent_date
-------  ---------------------------  ----------- ----------------------
2113     Kochbuch "Einfach Wild"      2           2017-11-04 15:41:32.000
```

Dieses Beispiel zeigt in einfacher Form, wie ein E-Mail-Versand in einer Prozedur integriert werden kann.

11.1.3 Varianten des E-Mail-Versands

Im vorigen Beispiel haben wir nur einen kleinen Teil der Möglichkeiten genutzt, die für das Erstellen von Datenbank-E-Mails zur Verfügung stehen. So können zum Beispiel E-Mails auch in HTML-Form erstellt und Anlagen angefügt werden.

Die Prozedur *sp_send_dbmail* besitzt folgende Parameter:

Tabelle 11.2 Parameter für den E-Mail-Versand

Parameter	Bedeutung
@profile_name	Der Name des Profils, mit dem der Versand erfolgen soll. Wird dieser Parameter nicht übergeben, wird – sofern vorhanden – das Standardprofil verwendet. Besitzt der Absender ein privates Profil, so wird dieses verwendet.
@recipients, @copy_recipients, @blind_copy_recipients	Die Empfänger der E-Mail. Mehrere Adressen müssen mit Semikolon voneinander getrennt werden.

(Fortsetzung nächste Seite)

Tabelle 11.2 Parameter für den E-Mail-Versand *(Fortsetzung)*

Parameter	Bedeutung
@from_address	Hier kann optional eine Absenderadresse angegeben werden, die anstelle der aus dem Profil für den Versand verwendet werden soll. Sie müssen dabei allerdings beachten, dass die SMTP-Anmeldeparameter aus dem Profil zu dieser Adresse passen, widrigenfalls schlägt der Mailversand fehl.
@reply_to	Wird eine alternative Antwortadresse übergeben, wird diese anstelle der im Profil beziehungsweise im Konto konfigurierten Antwortadresse bei dieser Mail angegeben.
@subject	Der Betreff. Er darf maximal 255 Zeichen lang sein.
@body	Der Nachrichtentext ist als *varchar(max)* quasi beliebig lang.
@body_format	Das Nachrichtenformat kann entweder *TEXT* oder *HTML* sein. Wird nichts angegeben, wird *TEXT* benutzt.
@importance	Die Priorität der Nachricht ist entweder *LOW*, *NORMAL* oder *HIGH*, der Standardwert ist *NORMAL*.
@sensitivity	Die E-Mail-Vertraulichkeit kann einen der Werte *NORMAL*, *PERSONAL*, *PRIVATE* oder *CONFIDENTIAL* annehmen. Auch hier ist *NORMAL* der Standardwert.
@file_attachments	Dateianhänge können mit Semikolon voneinander getrennt angegeben werden. Die absolut angegebenen Pfade müssen vom Server erreichbar sein. Die bei der Konfiguration von Datenbank-E-Mail angegebene Maximalgröße für Anhänge wird hier beachtet.
@query	Über diesen Parameter kann eine Abfrage angegeben werden, deren Ergebnis in den Text der E-Mail eingefügt wird.
@execute_query_database	Der Name der Datenbank, in der die als *@query* angegebene Abfrage ausgeführt werden soll.
@attach_query_result_as_file	Bei 0 (Standardwert) wird das Abfrageergebnis an den Text angefügt, bei 1 als Anhang.
@query_attachment_filename	Der Dateiname für das als Anhang angefügte Abfrageergebnis.
@query_result_header	Dieser Parameter legt mit 0 und 1 fest, ob beim Abfrageergebnis die Spaltennamen enthalten sein sollen oder nicht. Standardwert ist 1.
@query_result_width	Ein Wert zwischen 10 und 32767, der die Breite des Ergebnisses in Zeichen angibt. Der Standardwert ist 256.
@query_result_separator	Gibt das Trennzeichen für das Ergebnis an.
@exclude_query_output	Gibt an, ob eine Ausführungsnachricht angegeben werden soll. Insbesondere wird die Standardausgabe von *E-Mail (ID: nnn) in der Warteschlange* unterdrückt.
@append_query_error	Legt fest, ob etwaige Fehlermeldungen in die Nachricht eingefügt werden sollen.
@query_no_truncate	Lange Spalteninhalte werden bei 256 Zeichen abgeschnitten. Soll dies nicht erfolgen, muss dieser Parameter mit 1 belegt werden.

Parameter	Bedeutung
@query_result_no_padding	Wird dieser Parameter auf 1 festgelegt, werden keine fixen Abstände zwischen den Spalten eingefügt. Das Trennzeichen erschient ohne Abstand nach den Daten, die Spaltenlänge ist dann in den einzelnen Zeilen nicht einheitlich.
@mailitem_id OUTPUT	Der letzte Parameter liefert die ID des angelegten Mail-Items in der Tabelle sysmail_mailitems.

Mail mit Daten in der Nachricht

Das nachfolgende Beispiel zeigt das Versenden einer E-Mail, in die ein Abfrageergebnis eingebunden wird. Um mögliche Varianten aufzuzeigen, weise ich manche Parameterwerte direkt beim Prozeduraufruf zu; für Trennzeichen, den Meldungstext und SELECT-Anweisung verwende ich Variablen. Vor allem beim Meldungstext bringt dies Vorteile, da die Zeilenumbrüche im Text so übersichtlicher eingegeben werden können.

 ACHTUNG! Die übergebene SQL-Anweisung darf keine lokalen Variablen enthalten, da mit der Prozedur sp_send_mail die E-Mail nicht direkt im Ausführungskontext erzeugt wird, sondern nur die Informationen für die Erzeugung der E-Mail hinterlegt werden. Die Ausführung erfolgt dann in einem eigenen Kontext (das heißt an einer anderen Stelle von einem anderen Mechanismus ausgeführt), der den Inhalt der Variablen nicht kennen kann.

```
DECLARE @sep char(1);
DECLARE @mailid int;
DECLARE @text varchar(max);
DECLARE @abfrage varchar(max);
SET @sep = '|';
SET @text = '
Hallo,
hier Infos zu den neuen Artikeln!
';
SET @abfrage='SELECT artnr AS NR, bezeichnung AS BEZ, vkpreis AS PREIS
              FROM dbo.artikel WHERE artnr >= 2100';

EXEC msdb.dbo.sp_send_dbmail @profile_name = 'einkauf',
                             @recipients = 'klemens@konopasek.at',
                             @subject = 'Mail mit Daten',
                             @body = @text,
                             @importance = 'high',
                             @query = @abfrage,
                             @execute_query_database = 'wawi',
                             @query_result_separator = @sep,
                             @exclude_query_output = 1,
                             @mailitem_id = @mailid OUTPUT;
SELECT @mailid;
```

Bild 11.9 zeigt die mit diesen Anweisungen erzeugte E-Mail. Das Ergebnis der SELECT-Anweisung wird mit dem angegebenen Trennzeichen dargestellt.

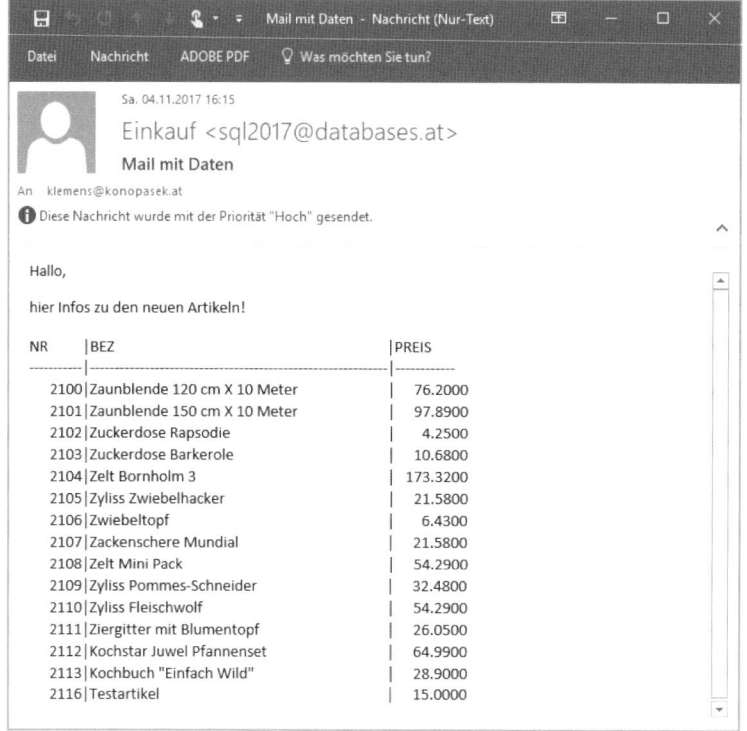

Bild 11.9 E-Mail mit integriertem Abfrageergebnis

Ob das Ergebnis in der Maildarstellung so schön ausgerichtet wie in Bild 11.9 dargestellt aussieht, hängt natürlich auch von der in Ihrem Mailprogramm verwendeten Schriftart ab. Bei proportionalen Schriftarten ist hier leider regelmäßig ein schönes Durcheinander zu sehen. (Ich habe hier in der Abbildung etwas nachgeholfen.)

Mail mit Daten als Anhang

Um dasselbe Abfrageergebnis als Dateianhang mit der E-Mail zu versenden, müssen beim obigen Beispiel lediglich zwei Parameter beim Aufruf der Prozedur *sp_send_dbmail* ergänzt werden. Damit wird festgelegt, dass das Ergebnis als Anhang angefügt werden und wie der Dateiname des Anhangs lauten soll. Falls kein expliziter Dateiname vergeben wird, vergibt das System einen Namen im Format *QueryResultsNNNNNN.txt*.

```
...
@attach_query_result_as_file = 1,
@query_attachment_filename = 'artikel.txt',
...
```

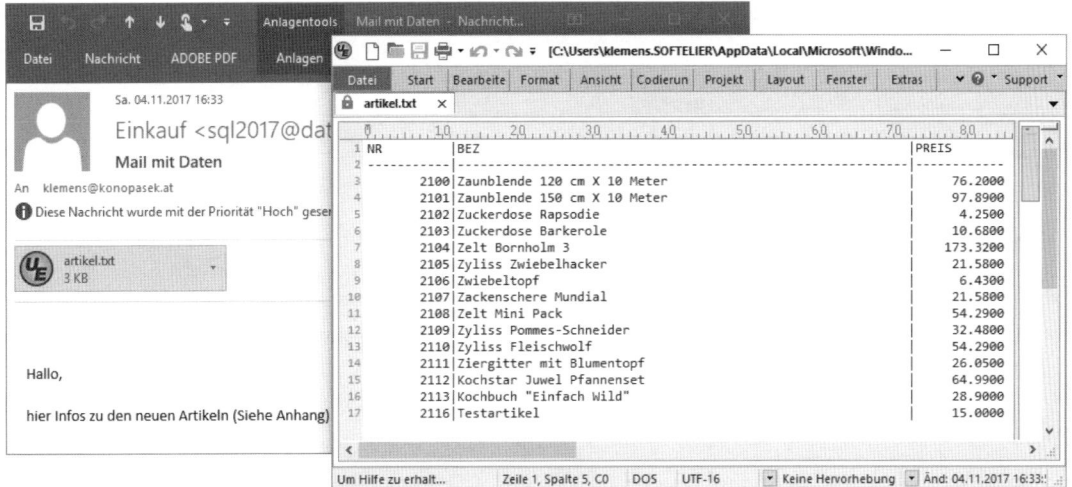

Bild 11.10 Abfrageergebnis als Dateianhang

Formatierte Mail versenden

Mit dem Parameter *@body_format* wird gesteuert, ob die Mail als reiner Text oder im HTML-Format gesendet werden soll. Möchten Sie eine formatierte Mail versenden, müssen Sie HTML als Format verwenden. In diesem Fall empfiehlt es sich, den Basis-Mailtext vorzubereiten und nicht erst im Programmcode zu „designen". Um Ihnen eine mögliche Vorgangsweise zu zeigen, greife ich auf das vorhin verwendete Beispiel zurück, bei dem wir den Verkäufern eine Nachricht haben zukommen lassen, wenn ein neuer Artikel ins Sortiment aufgenommen worden ist.

 PRAXISTIPP: Layouten Sie die Mail in einem HTML-Editor Ihrer Wahl und platzieren Sie eindeutige Platzhalter an denjenigen Stellen, an denen Sie später Inhalte aus der Datenbank einfügen möchten.

Ich habe den Mailtext in Dreamweaver geschrieben und formatiert und als HTML-Datei abgespeichert. Als Platzhalter habe ich zum Beispiel für die Artikelnummer *###nr###* in das Dokument übernommen. Diese Zeichenfolge werden wir dann in der Mail-Prozedur durch die richtige Artikelnummer ersetzen. Ein Muster der ganzen Mail zeigt Bild 11.11.

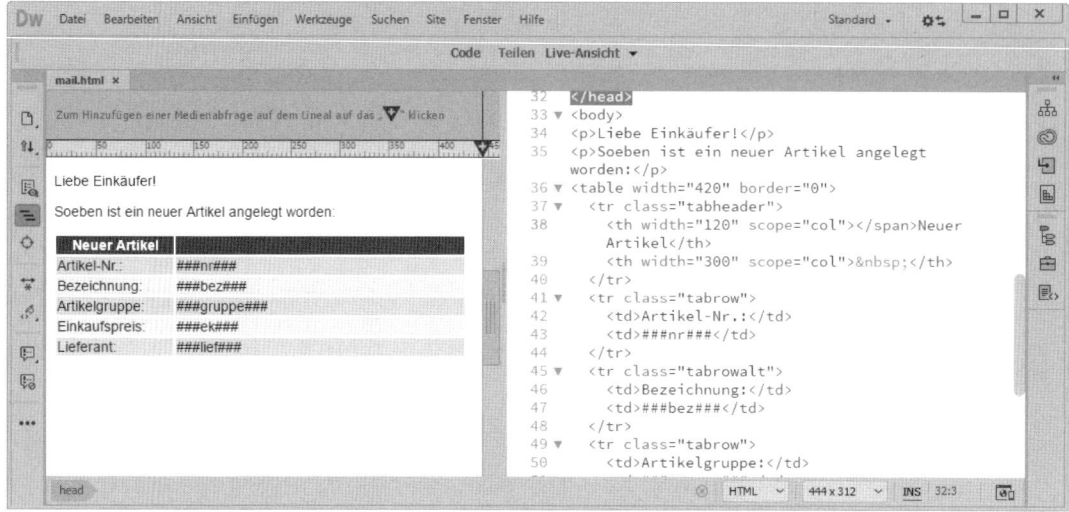

Bild 11.11 Mail-Vorlage als HTML

Bevor wir den HTML-Text in der Datenbank ablegen können, müssen wir noch zwei Dinge erledigen beziehungsweise berücksichtigen:

- Da ein derart erzeugter HTML-Text unter Umständen sehr lange sein kann, ändern wir den Datentyp der Spalte *wert* der Tabelle *einstellungen* auf *varchar(8000)*, damit sie den Text problemlos aufnehmen kann. Wenn Sie in der Praxis einmal nicht mit 8.000 Zeichen auskommen, dann verwenden Sie *varchar(max)*.

```
ALTER TABLE dbo.einstellungen
ALTER COLUMN wert varchar(8000) NOT NULL;
```

- Um den HTML-Text mit einem INSERT in die Einstellungstabelle schreiben zu können, darf kein einfaches Hochkomma enthalten sein. Ersetzen Sie daher gegebenenfalls jedes einfache Hochkomma durch zwei einfache Hochkommata.

Nun fügen wir den zukünftigen Mail-Body in die Einstellungstabelle ein. Um es im Skript übersichtlicher zu gestalten, verwende ich dazu wieder eine Variable. Im nachfolgenden Code-Fragment sehen Sie nur die ersten Zeilen, im Beispielskript finden Sie den vollständigen Code.

```
DECLARE @text varchar(8000);
SET @text ='
<!doctype html>
<html>
<style type="text/css">
html{
    font-size: 14px;
    font-family: Arial, Helvetica, Sans-Serif;
}...';

INSERT INTO dbo.einstellungen (id, wert)
VALUES ('mail_art_neu_body', @text);
```

In der Prozedur *dbo.sp_neu_artikel_mail* sind gegenüber der bisherigen Variante ein paar Ergänzungen zu machen. Für die ausführlichere Artikelinformation in der Mail müssen die Daten ausgelesen und in Variablen gespeichert werden. Dazu werden die nachfolgenden vier Variablen deklariert und mit einer SQL-Anweisung gemeinsam befüllt.

```
...
DECLARE @bez varchar(60), @gruppe varchar(50);
DECLARE @ek varchar(20), @lieferant varchar(101);

SELECT @bez = a.bezeichnung,
       @gruppe = g.bezeichnung,
       @ek = FORMAT(a.ekpreis, 'C','de-de'),
       @lieferant = l.firma1 + ISNULL(' ' + l.firma2, '')
FROM dbo.artikel a
INNER JOIN dbo.artikelgruppen g ON a.gruppe = g.artgr
INNER JOIN dbo.lieferanten l ON a.lieferant = l.liefnr
WHERE a.artnr = @artikel;
...
```

Später wird der Bodytext aus der Einstellungstabelle gelesen und die Platzhalter mit den eingelesenen Werten ersetzt.

```
...
SET @text = ( SELECT wert
                FROM dbo.einstellungen
                WHERE id = 'mail_art_neu_body');
SET @text = REPLACE(@text, '###nr###', CAST(@artikel AS varchar));
SET @text = REPLACE(@text, '###bez###', @bez);
SET @text = REPLACE(@text, '###gruppe###', @gruppe);
SET @text = REPLACE(@text, '###ek###', CAST(@ek AS varchar));
SET @text = REPLACE(@text, '###lief###', @lieferant);
...
```

 Achten Sie darauf, dass alle Variablen, die keinen Character-Datentyp aufweisen, mit CAST() oder CONVERT() in einen solchen konvertiert werden müssen, bevor deren Inhalte in den Text eingefügt werden können.

Beim Versenden der Mail muss der Parameter @body_format mit dem Wert HTML ergänzt werden.

```
EXEC msdb.dbo.sp_send_dbmail @profile_name = @profil,
                             @recipients = @an,
                             @subject = @betreff,
                             @body = @text,
                             @body_format = 'HTML',
                             @exclude_query_output = 1,
                             @mailitem_id = @mailid OUTPUT
```

PRAXISTIPP: Insbesondere, wenn ich Mails aus einer Prozedur heraus versende, verwende ich immer den Parameter `@exclude_query_output = 1`, um die Ausgabe von `E-Mail (ID: n)` in der Warteschlange zu unterbinden, da diese genauso störend ist, wie die Ausgabe von `(n Zeilen betroffen)`, wenn die Anweisung `SET NOCOUNT ON` nicht verwendet wird.

 HINWEIS: Den vollständigen angepassten Prozedurcode finden Sie im Beispielskript zu diesem Kapitel.

Als Ergebnis bekommen Sie eine schön designte Mail, wie Sie in Bild 11.12 sehen.

Bild 11.12 HTML-Mail aus der Datenbank

11.1.4 Konfiguration über Systemprozeduren

Die Einrichtung von Profilen und Konten lässt sich auch direkt über die entsprechenden Systemprozeduren bewerkstelligen. Da sämtliche Einstellungen zu Datenbank-E-Mail in der Datenbank *msdb* gespeichert sind, sind auch diese Prozeduren dort zu finden.

Datenbank-E-Mail aktivieren

Wenn Sie nicht den Assistenten zur Erstkonfiguration verwenden möchten, aktivieren Sie Datenbank-E-Mail über die Systemprozedur *sp_configure*. Da die benötigte Konfiguration *Database Mail XPs* zu den erweiterten Optionen gehört, müssen dazu erst diese selber aktiviert werden. Über den Wert 1 wird die entsprechende Konfiguration eingestellt. Mit der Anweisung `RECONFIGURE` wird sie danach auch aktiviert.

```
EXEC sp_configure 'show advanced options', 1;
GO
RECONFIGURE;
GO
EXEC sp_configure 'Database Mail XPs', 1;
GO
RECONFIGURE
GO
```

 ACHTUNG! Um die Prozedur *sp_configure* sowie die nachfolgend verwendeten Systemprozeduren ausführen zu können, müssen Sie der Serverrolle *sysadmin* angehören.

Damit ist Datenbank-E-Mail auf dem betroffenen Server schon einmal aktiviert. Weitere Konfigurationen, wie über die grafische Oberfläche in Bild 11.6 zu sehen, können Sie über die Systemprozedur *sysmail_configure_sp* erledigen. So wie alle Systemprozeduren, die mit Datenbank-E-Mail zu tun haben, ist diese in der Datenbank *msdb* zu finden.

 PRAXISTIPP: Wenn Sie zum Ausführen der Konfigurationsprozeduren zu Datenbank-E-Mail nicht immer in den Kontext der Datenbank *msdb* wechseln möchten, stellen Sie den Datenbanknamen den Anweisungen voran, so wie es in den nachfolgenden Beispielen zu sehen ist.

Der Prozedur sind als Parameter der Name der Konfiguration sowie der zu konfigurierende Wert zu übergeben. Setzen wir die Anzahl der Wiederholungsversuche für den Fehlerfall mit nachfolgender Anweisung auf zwei.

```
EXECUTE msdb.dbo.sysmail_configure_sp @parameter_name = 'AccountRetryAttempts',
                           @parameter_value = '2';
```

Da wir für den nächsten Abschnitt ohnehin ein weiteres Profil benötigen, erstellen wir dieses mit dem Namen *server_agent_srvsql2017* nun über die entsprechenden Proceduraufrufe. Zusätzlich werden wir zwei Konten für den Versand anlegen und diesem neuen Profil zuweisen.

Profil anlegen

Die Systemprozedur für das Anlegen eines neuen Profils trägt den Namen *sysmail_add_profile_sp*. Prinzipiell ist es ausreichend, ihr als Parameter den Namen des Profils (@profile_name) zu übergeben. Sinnvollerweise sollten Sie aber auch eine Beschreibung (@description) zur Dokumentation vergeben. Über den Output-Parameter @profile_id könnten wir die ID des neuen Profils zurückgeben lassen, worauf wir aber in der ersten Aufrufvariante verzichten werden. Führen Sie die nachfolgende Anweisung aus, bekommen Sie lediglich die Standardmeldung Die Befehle wurden erfolgreich ausgeführt zurück, sofern kein Fehler dabei aufgetreten ist.

```
EXECUTE msdb.dbo.sysmail_add_profile_sp
    @profile_name = 'server_agent_srvsql2017',
    @description = 'Profil zum Versand von Fehlernachrichten durch
                    den SQL Server Agent';
```

Zur Kontrolle können Sie sich das Profil über diese Anweisung anzeigen lassen:

```
SELECT *
FROM msdb.dbo.sysmail_profile
WHERE name = 'server_agent_srvsql2017';
```

	profile_id	name	description	last_mod_datetime	last_mod_user
1	2	server_agent_srvsql2017	Profil zum Versand von Fehlernachrichten ...	2017-11-05 16:09:32.067	SOFTELIER\klemens

Bild 11.13 Anzeigen des soeben angelegten Profils

Konto einrichten

Der zweite Schritt ist das Anlegen eines Kontos für dieses Profil mit der Prozedur *sysmail_add_account_sp*. Die Parameter, die dieser Prozedur mitzugeben sind, entsprechen den Eingaben im grafische Dialog, der weiter oben in Bild 11.3 dargestellt ist:

- @account_name: Der Name für diesen Account. Dieser muss eindeutig sein, da über diesen auch die Zuordnungen zu Profilen vorgenommen werden können. Jedes Konto kann bei mehreren Profilen eingesetzt werden. Besonders Backup-Konten, die nur bei einem vorübergehenden Ausfall eines Hauptkontos für wiederholte Sendeversuche zum Einsatz kommen, verwende ich oft bei mehreren Profilen.

- @description: Eine Beschreibung hilft vor allem bei späteren Anpassungen und Zuordnungen, das korrekte Konto auszuwählen, weshalb ich die Verwendung einer solchen immer empfehle.

- @email_address: Das Kernstück ist die E-Mail-Adresse, die zur Versendung verwendet werden soll.

- @display_name: Den optionalen Anzeigenamen verwende ich gerne, damit die Empfänger in ihren Mailprogrammen einen sauberen Namen anstelle der Absenderadresse angezeigt bekommen. Dies ist vor allem sinnvoll, wenn Systemadressen wie *noreply@...* zum Einsatz kommen. Beim Versenden von Nachrichten kann der hier konfigurierte Wert noch über einen gleichnamigen Parameter der Prozedur *sp_send_dbmail* mit einem anderen Namen überschrieben werden.

- @replyto_address: Die alternative Antwortadresse wird über diesen Parameter gesetzt.

- @mailserver_name: Der Name oder die IP-Adresse des für den Versand verwendeten SMTP-Servers.

- @username: Der Benutzername für die Anmeldung beim SMTP-Server.

- @password: Das Kennwort für die Anmeldung beim SMTP-Server.

PRAXISTIPP: Ich verwende für mehrere private Profile gerne eine einzige Absender-E-Mail-Adresse als Backupadresse. Dazu nutze ich dieselbe Adresse bei mehreren Konten, bei denen ich den Namen der jeweiligen Anwender als Anzeigename und deren eigentliche E-Mail-Adresse als Antwortadresse verwende.

Das erste Konto für unser neues Profil mit dem Namen *serveragent_1* erstellen wir mit nachfolgender Anweisung:

```
EXECUTE msdb.dbo.sysmail_add_account_sp
    @account_name = 'serveragent_1',
    @description = 'Standardaccount zum Versand von
                    Fehlernachrichten durch den SQL Server Agent',
    @email_address = 'serveragent@databases.at',
    @display_name = 'Auftragsfehler',
    @replyto_address = 'office@databases.at',
    @mailserver_name = 'mail.databases.at',
    @username = 'serveragent@databases.at',
    @password = '####hier_ihr_passwort####';
```

Besonders wenn Sie SMTP-Server außerhalb ihres lokalen Netzwerks verwenden, können Sie zusätzlich die Parameter @port und @enable_ssl verwenden, um eine verschlüsselte Übertragung zu aktivieren.

Mit diesem Auftrag sind Einträge in mehreren Systemtabellen erfolgt. Das Konto selber finden wir in *sysmail_accounts* (*msdb*), den SMTP-Server hingegen in *sysmail_servers* (*msdb*). Die Anmeldedaten sind in *sys.credentials* (*master*) zu finden.

```
SELECT * FROM msdb.dbo.sysmail_account
WHERE name = 'serveragent_1';
SELECT * FROM msdb.dbo.sysmail_server
WHERE servername = 'mail.databases.at';
SELECT * FROM sys.credentials
WHERE credential_identity = 'serveragent@databases.at';
```

	account_id	name	description	email_address	display_name	replyto_address	last_mod_datetir
1	3	serveragent_1	Standardaccount zum Versand von Fehlernachricht...	serveragent@databases.at	Auftragsfehler	office@databases.at	2017-11-05 17:5

	account_id	servertype	servername	port	username	credential_id	use_default_credentials	enable_ssl	flags	timeout	last_mod_datetime
1	3	SMTP	mail.databases.at	25	serveragent@databases.at	65538	0	0	0	NULL	2017-11-05 17:56

	credential_id	name	credential_identity	create_date	modify_date	target_type	target_id
1	65538	3004D28F-C638-424E-9E38-4850190229AB	serveragent@databases.at	2017-11-05 17:56:02.817	2017-11-05 17:56:02.817	NULL	NULL

Bild 11.14 Erzeugte Kontoeinstellungen

Konto einem Profil zuordnen

Der dritte Schritt ist es, das neue Konto dem Profil zuzuordnen. Dazu kommt die Prozedur *sysmail_add_profileaccount_sp* zum Einsatz. Die einfachste Variante ist es, die Namen von Profil und Konto zur Zuordnung zu verwenden. Zusätzlich wird über den Parameter @sequence_number festgelegt, in welcher Reihenfolge das Konto im Profil an die Reihe kommt. Dieser Parameter ist vor allem bei der Verwendung von mehreren Konten von Bedeutung.

```
EXECUTE msdb.dbo.sysmail_add_profileaccount_sp
    @profile_name = 'server_agent_srvsql2017',
    @account_name = 'serveragent_1',
    @sequence_number = 1;
```

Auch dieses Ergebnis können wir uns über die Verbindung der Systemtabellen ausgeben lassen.

```
SELECT  p.name AS profil, a.name AS konto, a.email_address AS name,
        s.servername, pa.sequence_number AS reihenfolge
FROM msdb.dbo.sysmail_profile p
JOIN msdb.dbo.sysmail_profileaccount pa ON p.profile_id = pa.profile_id
JOIN msdb.dbo.sysmail_account a ON pa.account_id = a.account_id
JOIN msdb.dbo.sysmail_server s ON a.account_id = s.account_id
WHERE p.name = 'server_agent_srvsql2017';
```

	profil	konto	name	servername	reihenfolge
1	server_agent_srvsql2017	serveragent_1	serveragent@databases.at	mail.databases.at	1

Bild 11.15 Fertiges Profil mit zugeordnetem Konto

IDs zur Zuordnung verwenden

In den bisherigen Beispielen haben wir die Namen von Profil und Konten für die Zuordnung verwendet. Die Zuordnung kann aber genauso über die jeweiligen IDs erfolgen. Diese können nicht nur aus den Systemtabellen ausgelesen werden, sondern werden auch direkt beim Erstellen von den jeweiligen Prozeduren über entsprechende Output-Parameter zurückgegeben.

 PRAXISTIPP: Ich nutze gerne die Möglichkeit, die benötigten Parameter über Variablen zuzuordnen. Mit vorbereiteten Skripts, die man bei Bedarf dann aus der Schublade holen kann, ist dies noch übersichtlicher. Mit entsprechenden Einrückungen können Sie die Übersichtlichkeit zusätzlich noch steigern, wie in Bild 11.16 zu sehen.

```
Kapitel11.sql - kon...ELIER\klemens (59))  ⊕ ✕ | Details zum Objekt-Explorer
   -- Konto anlegen und mit Profil verknüpfen

   DECLARE @prof_id int;
   DECLARE @prof_name varchar(100)      = 'server_agent_srvsql2017';
   DECLARE @prof_beschr varchar(300)    = 'Profil zum Versand von Fehlernachrichten durch

   DECLARE @kto1_id int;
   DECLARE @kto1_name varchar(100)      = 'serveragent_1';
   DECLARE @kto1_beschr varchar(300)    = 'Standardaccount zum Versand von Fehlernachricht
   DECLARE @kto1_email varchar(100)     = 'serveragent@databases.at';
   DECLARE @kto1_anzeige varchar(100)   = 'Auftragsfehler';
   DECLARE @kto1_antwort varchar(100)   = 'office@databases.at';
   DECLARE @kto1_server varchar(100)    = 'mail.databases.at';
110 %  ▾ ◀
⍦ Verbunden. (1/1)                                    SRVSQL2017 (14.0 RTM)  SOFTELIER\klemens (59)  master  00:00:00  0 Zeilen
```

Bild 11.16 Variablen für Parameterübergabe deklarieren und befüllen

In dieser Beispielsvariante deklarieren wir neben den Variablen zur Werteübergabe zwei weitere Variablen @prof_id und @kto1_id. Diese werden beim Erstellen des Profils sowie des neuen Kontos mit übergeben und liefern als Ergebnis die IDs der neuen Einträge.

```
EXECUTE msdb.dbo.sysmail_add_profile_sp
    @profile_name = @prof_name,
    @description = @prof_beschr,
    @profile_id = @prof_id OUTPUT;

EXECUTE msdb.dbo.sysmail_add_account_sp
    @account_name = @kto1_name,
    @description = @kto1_beschr,
    @email_address = @kto1_email,
    @display_name = @kto1_anzeige,
    @replyto_address = @kto1_antwort,
    @mailserver_name = @kto1_server,
    @username = @kto1_email,
    @password = @kto1_pwd,
    @account_id = @kto1_id OUTPUT;
```

Haben wir in der vorangegangenen Variante beim Zuordnen von Konto zu Profil noch die Parameter @profile_name und @account_name verwendet, setzen wir nun die Pendants @profile_id sowie @account_id ein.

```
EXECUTE msdb.dbo.sysmail_add_profileaccount_sp
    @profile_id = @prof_id,
    @account_id = @kto1_id,
    @sequence_number = 1;
```

ACHTUNG! Sie müssen die drei Prozeduraufrufe in einem einzigen Aufruf gemeinsam mit allen Variablen ausführen, da diese Variablen sonst keine Gültigkeit mehr haben. Schreiben Sie auch keinesfalls ein GO zwischen einzelne Anweisungen, denn auch das beendet den Gültigkeitsbereich von Variablen.

Sie finden im Skript zum Kapitel alle Anweisungen von der Deklaration der Variablen bis zur Anlage von Profil und zwei Konten inklusive der Zuordnung der beiden Konten zum Profil, um sie gemeinsam auszuführen. Sie müssen lediglich Ihre Mailkonten und Zugangsdaten einsetzen, bevor Sie die Anweisungen starten.

Als Ergebnis bekommen Sie ein neues Profil sowie neue Konten, die diesem mit den beiden Sequenznummern 1 und 2 zugeordnet worden sind.

Entfernen von Konten, Profilen oder Zuordnungen

Wir haben nun gesehen, wie wir Profile, Konten und Zuordnungen einrichten können. Manchmal müssen wir solche auch wieder löschen, entweder weil sie nicht korrekt erstellt worden sind, andere Zuordnungen mit neuen Konten benötigt werden oder sie schlichtweg in dieser Form gar nicht mehr benötigt werden oder überhaupt nur zu Testzwecken angelegt worden sind.

Um lediglich die Zuordnung eines Kontos zu einem Profil aufzuheben, ohne eines von ihnen selber zu löschen, verwenden Sie die Systemprozedur $sysmail\_delete\_profileaccount\_sp$. Die einfachste Form der Verwendung ist sicherlich, ihr über die beiden Parameter $@profile\_name$ sowie $@account\_name$ den Namen von Profil und Konto zu übergeben. Alternativ können Sie auch die IDs verwenden, aber diese müssten sie vorerst sicher noch aus den entsprechenden Tabellen auslesen, weshalb Sie in der Regel mit den Namen schneller sind.

```
EXECUTE msdb.dbo.sysmail_delete_profileaccount_sp
    @profile_name = 'server_agent_srvsql2017',
    @account_name = 'serveragent_1';
```

Soll hingegen nicht nur die Zuordnung aufgehoben, sondern ein Konto selber gelöscht werden, ist die Prozedur $sysmail\_delete\_account\_sp$ die richtige Wahl. Ihr ist lediglich der Name des Kontos als Parameter beim Aufruf zu übergeben, es kann aber auch hier wieder alternativ die ID des Kontos herangezogen werden.

```
EXECUTE msdb.dbo.sysmail_delete_account_sp
    @account_name = 'serveragent_1';
```

Analog ist die Vorgangsweise mit der Prozedur $sysmail\_delete\_profile\_sp$, wenn Sie ein Profil löschen möchten:

```
EXECUTE msdb.dbo.sysmail_delete_profile_sp
    @profile_name = 'server_agent_srvsql2017';
```

 HINWEIS: Sie müssen die Zuordnung eines Kontos zu einem Profil nicht extra aufheben, bevor Sie ein Konto oder ein Profil löschen. Beim Löschen werden vorhandene Zuordnungen automatisch mit entfernt.

11.1.5 Mailbenachrichtigung für Agent-Aufträge

Datenbank-E-Mail ist auch die Basis, wenn Sie administrative E-Mail-Warnungen versenden möchten. Typischerweise ist es sinnvoll, dass sich Administratoren auf diese Art und Weise benachrichtigen lassen, wenn bei Aufträgen des SQL Server-Agents Fehler auftreten.

Wir haben in Kapitel 9 unsere Datenbank *wawi* gesichert und dafür auch einen SQL Server Agent-Auftrag mit dem Namen *wawi Tagessicherung* eingerichtet. Dieser Auftrag wird gemäß dem für ihn festgelegten Zeitplan in der Nacht ausgeführt. Am Beispiel dieses Auftrags möchten wir uns ansehen, wie wir Warnmeldungen für solche Aufträge konfigurieren. Dazu sind folgende Schritte notwendig:

- Datenbank-E-Mail ist die Basis für Warnmeldungen. Ist dies noch nicht konfiguriert, muss dies erfolgen. Sinnvollerweise richten Sie für Warnmeldungen außerdem ein eigenes Profil ein. Dieses muss weder öffentlich noch das Standardprofil sein.

- Ein Mailprofil muss für den SQL Server-Agent aktiviert werden, damit dieser Mails versenden kann.

- Operatoren müssen für den Server-Agent als Empfänger eingerichtet werden.

- Warnmeldungen sind bei den einzelnen Aufträgen zu konfigurieren.

Alle diese Schritte lassen sich sehr einfach im Objekt-Explorer des Management Studios erledigen. Ich habe für unser Beispiel bereits ein eigenes Profil mit dem Namen *server_ agent_srvsql2017* für Datenbank-E-Mail mit einer eigenen Absenderadresse eingerichtet. Damit sind die Grundvoraussetzungen gegeben.

Aktivieren wir nun generell Mail für den SQL Server-Agent. Öffnen Sie dazu seine Eigenschaften über das Kontextmenü direkt im Objekt-Explorer. Wechseln Sie dort auf die Seite *Warnungssystem*, wie in Bild 11.17 zu sehen. Dort wählen Sie die Option *Mailprofil aktivieren* und wählen das dafür vorgesehene Mailprofil aus der Liste aus. Als Mailsystem ist Datenbank-E-Mail vorausgewählt und in der Regel auch die einzige Auswahlmöglichkeit. Mehr ist an dieser Stelle nicht zu tun und Sie können die Änderungen schon übernehmen.

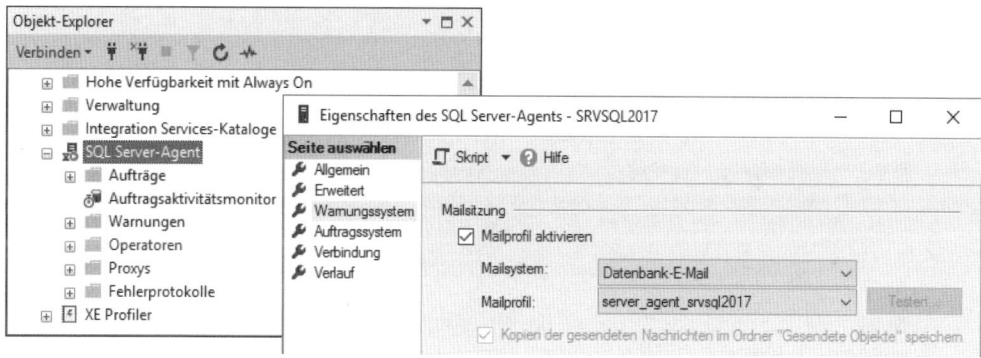

Bild 11.17 Mailprofil für SQL Server-Agent aktivieren

Alternativ können Sie das auch durch einen Aufruf der Systemprozedur *sp_set_sqlagent_ properties*, die in der Datenbank *msdb* zu finden ist, bewerkstelligen.

```
EXEC msdb.dbo.sp_set_sqlagent_properties
    @email_save_in_sent_folder = 1,
    @databasemail_profile = 'server_agent_srvsql2017',
    @use_databasemail = 1;
```

Damit ist der Absender für die Warnmeldungen schon festgelegt, nun müssen noch entsprechende Empfänger eingerichtet werden. Wie bereits erwähnt, benötigen Sie dazu sogenannte *Operatoren*. Diese sind im Objekt-Explorer unter dem Server-Agent zu finden. Einen neuen Operator legen Sie über das Kontextmenü entweder für den Ordner *SQL Server-Agent* oder direkt für den Ordner *Operatoren* an. Auf der Seite *Allgemein* vergeben Sie einen Namen und geben die gewünschte Empfänger-E-Mail-Adresse ein.

Sie sehen in Bild 11.18, dass Sie auch einen Pager-E-Mail-Namen eintragen können. Die Option *NET SEND -Adresse* ist mittlerweile verschwunden. In der Praxis wird in erster Linie eine Benachrichtigung über E-Mail erfolgen. Auch hier ist nicht mehr als dieser einfache Eintrag vorzunehmen und Sie können den Vorgang schon abschließen, um den neuen Operator zu erstellen.

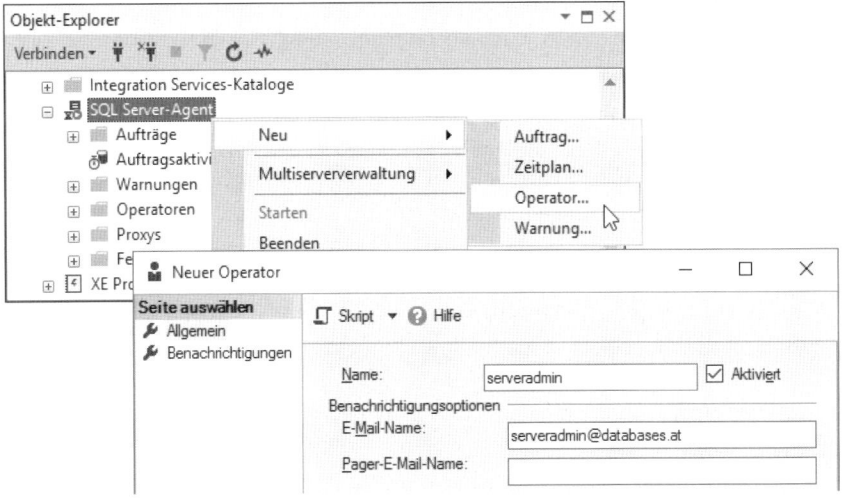

Bild 11.18 Operator erstellen

Auch dafür gibt es eine Systemprozedur, die Sie direkt zum Anlegen eines Operators nutzen.

```
EXEC msdb.dbo.sp_add_operator
    @name = 'serveradmin',
    @email_address = 'serveradmin@databases.at';
```

Nun bleibt nur mehr das Zuweisen des Operators zu den Aufträgen zu erledigen. Dazu öffnen Sie die Eigenschaften des Auftrags und wechseln zur Seite *Benachrichtigungen*. Dort können Sie unter der Option *Auszuführende Aktionen beim Abschluss des Auftrags* die Auswahl *E-Mail* aktivieren und danach den Operator als Empfänger auswählen und das Ereignis definieren. Hierbei stehen folgende Möglichkeiten zu Wahl:

- Bei erfolgreicher Auftragsausführung
- Bei Auftragsfehler
- Beim Abschluss des Auftrags

Wir wählen in unserem Beispiel die Option *Bei Auftragsfehler* und schließen die Eingaben, die Sie auch in Bild 11.19 sehen können, ab.

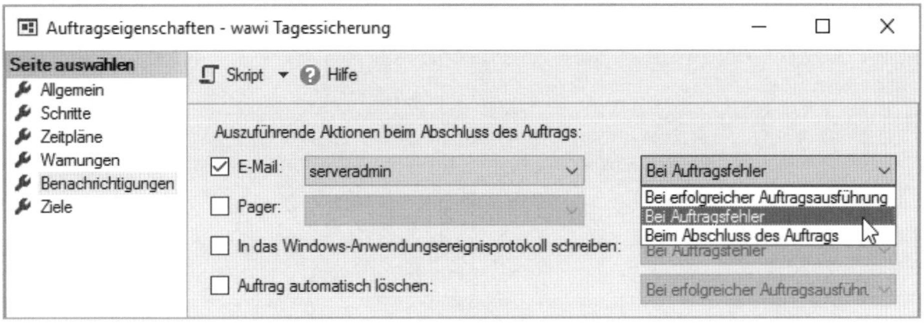

Bild 11.19 Benachrichtigung bei Auftrag einrichten

Natürlich lässt sich auch dieser abschließende Schritt ebenso über eine Systemprozedur erledigen. Dabei können Sie der Prozedur mit dem Namen *sp_update_job* alternativ den Namen des Auftrags oder die Auftrags-ID zur Identifizierung des Auftrags übergeben.

```
EXEC msdb.dbo.sp_update_job
    @job_name = 'wawi Tagessicherung',
    @notify_email_operator_name = 'serveradmin';
```

Die Auftrags-ID lässt sich bei Bedarf aus der Tabelle *sysjobs* auslesen und ist ein Unique Identifier.

```
SELECT job_id
FROM msdb.dbo.sysjobs
WHERE name = 'wawi Tagessicherung';
```

liefert (zum Beispiel):

```
job_id
------------------------------------
F71631D4-316E-4E16-BC2A-8CDDB9A00F13
```

Der Aufruf der Prozedur ließe sich dann auch über die nachfolgenden Anweisungen realisieren.

```
DECLARE @id varchar(36) = (SELECT job_id
                           FROM msdb.dbo.sysjobs
                           WHERE name = 'wawi Tagessicherung');
EXEC msdb.dbo.sp_update_job
    @job_id = @id,
    @notify_email_operator_name = 'serveradmin';
```

PRAXISTIPP: Wenn Sie mehrere Operatoren und sehr viele Aufträge verwalten, ist es sehr nützlich für die Übersichtlichkeit, sich auch bei den Eigenschaften der Operatoren direkt anzeigen zu lassen, welchen Benachrichtigungen sie zugeordnet sind. Dazu wählen Sie in den Eigenschaften des betroffenen Operators die Seite *Benachrichtigungen* und dort die Option für die Aufträge, wie in Bild 11.20 zu sehen.

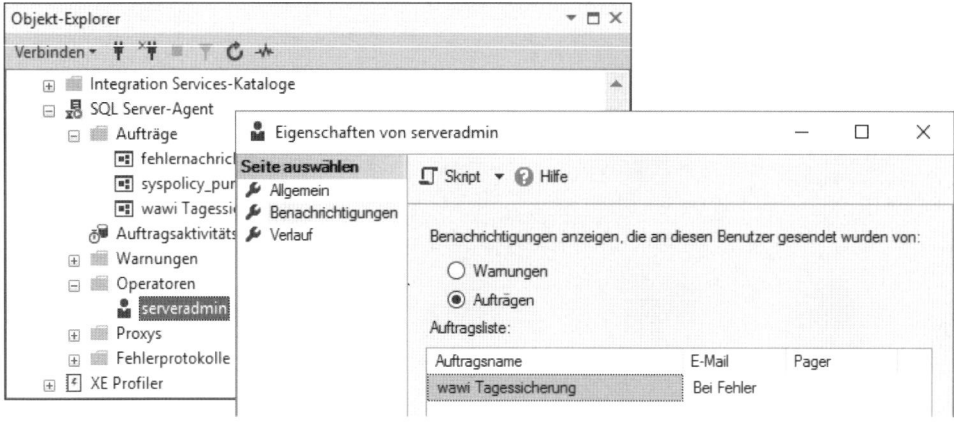

Bild 11.20 Die einem Operator zugewiesenen Benachrichtigungen anzeigen

Um die Benachrichtigung zu testen, werden wir nun einen Auftragsfehler herbeiführen. Dazu deaktivieren wir die zu sichernde Datenbank *wawi*, bevor wir den Sicherungsauftrag manuell starten. Um die Datenbank zu deaktivieren, können Sie das Kontextmenü im Objekt-Explorer verwenden oder eine entsprechende Anweisung ausführen.

 ACHTUNG! Das Deaktivieren von Datenbanken schlägt fehl, wenn noch Benutzer mit dieser verbunden sind. Im Dialog gibt es keine Option, diese zu trennen. Daher empfehle ich in solchen Fällen, die nachfolgenden Anweisungen zu verwenden. Natürlich ist dies nur in Situationen sinnvoll, in denen Anwender nicht bei ihrer Arbeit behindert werden. In Produktivdatenbanken sollten diese Anweisungen folglich nicht unüberlegt eingesetzt werden.

Um die Verbindungen andere Benutzer zu trennen, schalten Sie diese bei Bedarf in den Einzelbenutzermodus.

```
ALTER DATABASE wawi
SET SINGLE_USER WITH ROLLBACK IMMEDIATE;
```

Um sie später wieder in den „Normalbetrieb" zu versetzen, verwenden Sie die Option `MULTI_USER`.

```
ALTER DATABASE wawi
SET MULTI_USER;
```

Offline schalten Sie die Datenbank mit folgender Anweisung:

```
ALTER DATABASE wawi
SET OFFLINE;
```

Um sie später wieder online zu nehmen, verwenden Sie erwartungsgemäß folgende Anweisung:

```
ALTER DATABASE wawi
SET ONLINE;
```

 HINWEIS: Eine Datenbank „merkt" sich den Einzelbenutzermodus, wenn sie deaktiviert und danach wieder aktiviert wird. Sie müssen sie daher nach dem Aktivieren bei Bedarf auch wieder in den Mehrfachbenutzermodus zurückversetzen.

Nach diesem kurzen Exkurs wenden wir uns dem Test der eingerichteten Benachrichtigung zu. Die Datenbank ist dazu im Moment offline. Wir starten den Sicherungsauftrag direkt über das Kontextmenü mit dem Befehl **AUFTRAG STARTEN BEI SCHRITT...**, was erwartungsgemäß zu einem Fehler führt.

Erwartungsgemäß trifft kurz darauf die Benachrichtigung per Mail ein. Wie Sie in Bild 11.21 sehen, enthält die Benachrichtigung keine Details darüber, welcher Fehler aufgetreten ist. Das müssen Sie über den Auftragsverlauf leider selber herausfinden.

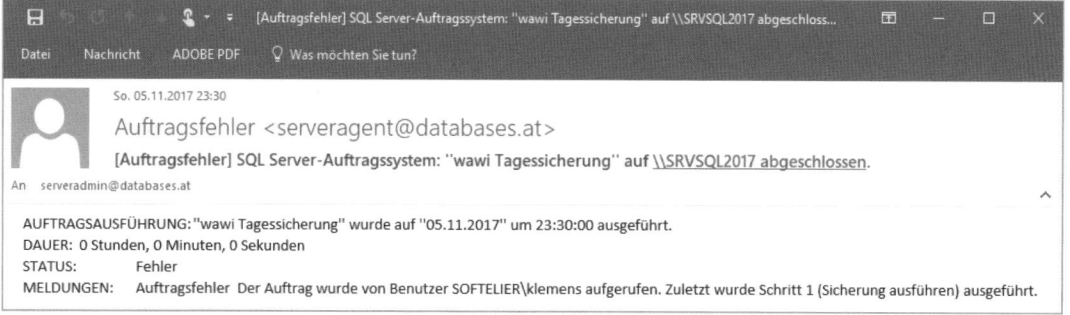

Bild 11.21 Benachrichtigungsmail bei Auftragsfehler

Über den Befehl **VERLAUF ANZEIGEN** im Kontextmenü für den betroffenen Auftrag gelangen Sie zur entsprechenden Übersicht, die auch in Bild 11.22 zu sehen ist. Klappen Sie die Details des Eintrags mit der Fehlermeldung auf und markieren Sie den entsprechenden Auftragsschritt. Im unteren Teil des Dialogs finden Sie am Ende der Übersicht die jeweilige Fehlermeldung. In unserem Fall mit dem erwarteten Inhalt:

```
Die wawi-Datenbank kann nicht geöffnet werden, da sie offline ist. [SQLSTATE 42000]
(Fehler 942)  BACKUP DATABASE wird fehlerbedingt beendet. [SQLSTATE 42000] (Fehler
3013)
```

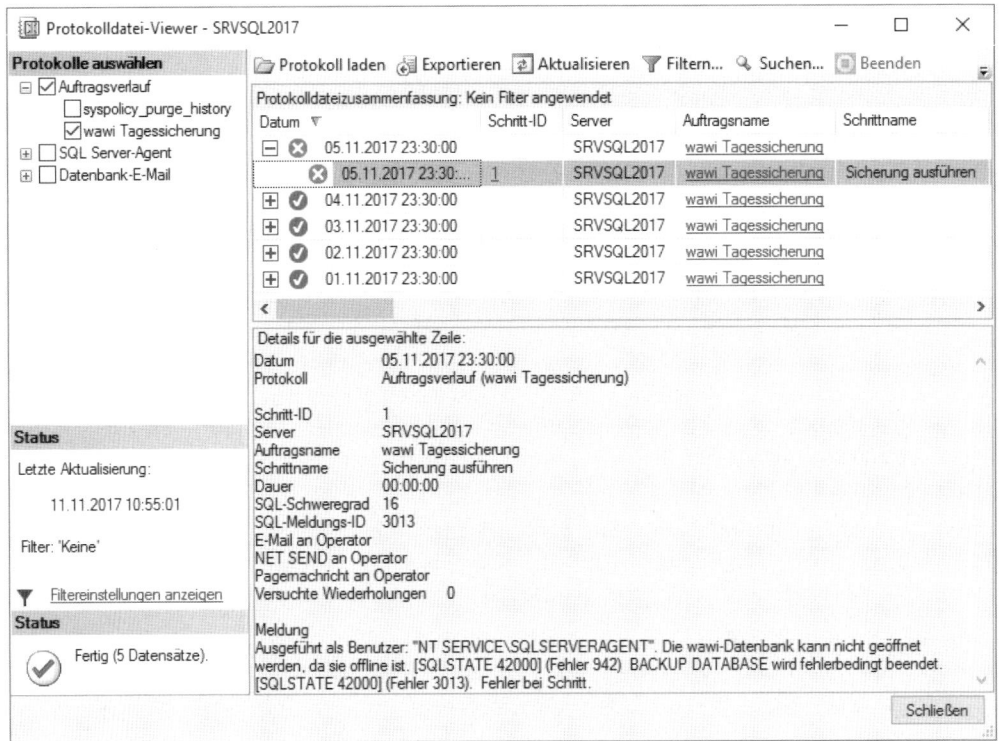

Bild 11.22 Auftragsverlauf mit Fehlermeldung

Vergessen Sie nicht, die Datenbank nach diesem Test wieder online zu schalten! Dieses Beispiel hat Ihnen gezeigt, dass Datenbank-E-Mail nicht nur für Entwickler, sondern auch für Administratoren ein unverzichtbares Feature darstellt.

Übrigens ...

Um Warnungen, die nicht Aufträge, aber unter Umständen allgemeine Zustände des SQL Servers betreffen, zu erhalten, konfigurieren Sie entsprechende *Warnungen*. Diese finden Sie direkt unter den Aufträgen im Objekt Explorer. Sie können für eine Warnung frei einen Namen vergeben und bestimmte Fehler in unterschiedlichem Kontext zuordnen. Ebenso wählen Sie einen oder mehrere Operatoren als Empfänger aus und können festlegen, ob die Fehlermeldung mit in den Nachrichtentext aufgenommen werden soll.

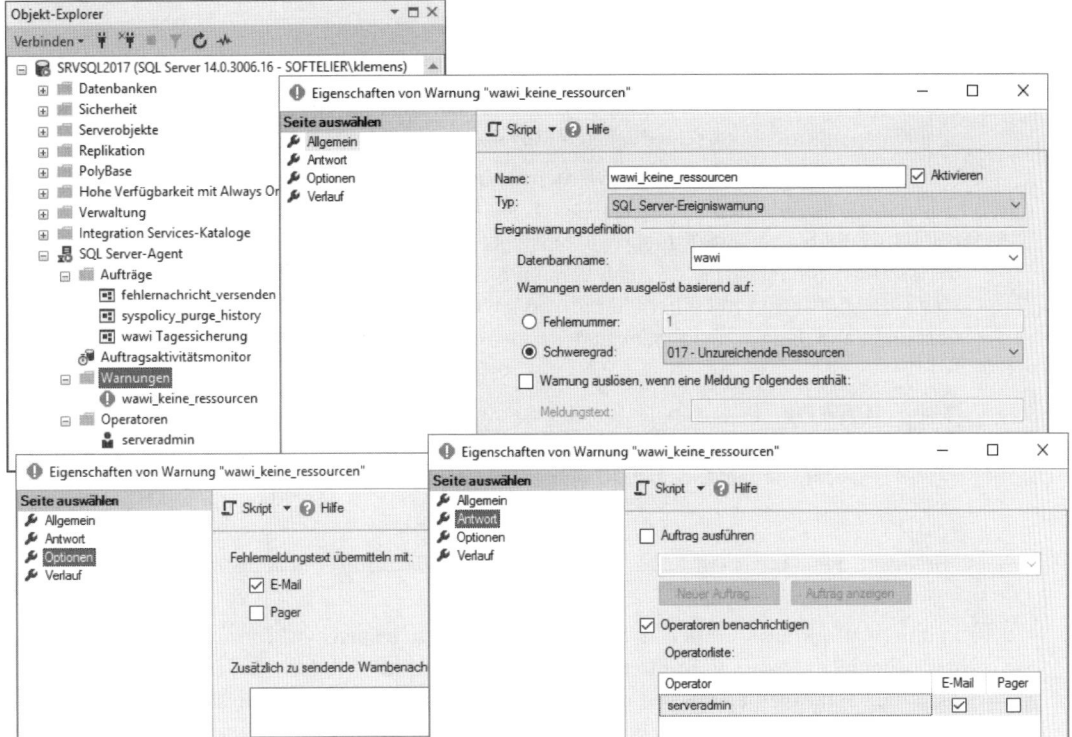

Bild 11.23 Warnungen

Tritt ein Fehler mit dem in diesem Beispiel definierten Schweregrad 17 auf, wird eine Nachricht an den definierten Operator versendet.

Alternativ können Sie die Systemprozedur `sp_add_alert` zur Anlage dieser Warnung verwenden.

```
EXEC msdb.dbo.sp_add_alert
    @name = 'wawi_keine_ressourcen',
    @severity = 17,
    @enabled = 1,
    @delay_between_responses = 0,
    @include_event_description_in = 1,
    @database_name = 'wawi';
```

Die Prozedur `sp_add_notification` muss im Anschluss dazu zusätzlich aufgerufen werden, um die Benachrichtigung an den gewünschten Operator zu ergänzen.

```
EXEC msdb.dbo.sp_add_notification
    @alert_name = 'wawi_keine_ressourcen',
    @operator_name = 'serveradmin',
    @notification_method = 1;
```

■ 11.2 Integration Services

Die *Integration Services* (*IS*) sind ein Werkzeug, mit dem Sie in der Lage sind, Workflows abzubilden, die aus unterschiedlichsten Einzelschritten bestehen können.

Für die Erstellung von IS-Lösungen werden ebenso die *SQL Server Data Tools* verwendet. Wir haben diese Tools schon an verschiedenen Stellen in diesem Buch verwendet und besprochen. Installieren Sie diese zuvor wie beispielsweise in Kapitel 2 beschrieben. Nutzen Sie die SSDT 2015 oder 2017 – welche Version Sie einsetzten, bleibt Ihnen überlassen, beide sind verwendbar. Ein mit einer älteren Version erstelltes Projekt wird beim Öffnen konvertiert und kann danach nicht mehr in der früheren Version geöffnet werden.

 HINWEIS: Sie finden die Projekte bei den Beispieldateien des Buches. Wenn Sie diese einsetzen, müssen die Verbindungs-Manager Ihren Gegebenheiten angepasst werden. Dies betrifft Pfade, Datenbanknamen, Logins und Kennwörter. ■

Mit diesen Tools muss ein neues Projekt mit der Vorlage *Integration Services-Projekt* angelegt werden.

Definierte Workflows werden in sogenannten *Paketen* gespeichert. Diese Pakete bestehen aus beliebigen *Tasks*, die in ihrer Gesamtheit den Workflow bilden. Da es hierbei um die Definition von Abläufen mit Bedingungen und Schleifen geht, werden diese als *Ablaufsteuerungskomponenten* bezeichnet. Für den Zugriff auf Daten werden zusätzlich *Datenflusskomponenten* benötigt.

- **Ablaufsteuerungskomponenten (Control Flow)**: Mit diesen Komponenten wird der logische Ablauf definiert. Jedes Paket enthält einen derartigen Ablauf. Auf jede Komponente kann eine weitere folgen. Verzweigungen sind möglich, da unterschiedliche Folgekomponenten für folgende Ergebnisse definiert werden können:
  - bei Erfolg (Success)
  - bei einem Fehler (Failure)
  - beim Abschluss (Completion)
- **Datenflusskomponenten (Data Flow)**: Da ein Datenflusstask immer nur eine leere Hülle ist, die erst mit Leben gefüllt werden muss, müssen Datenflusskomponenten hierfür definiert werden. Datenflusskomponenten beinhalten drei Gruppen von Komponenten:
  - *Datenflussquellen* (Woher stammen die Daten?)
  - *Datenflusstransformationen* (Wie werden sie bearbeitet?)
  - *Datenflussziele* (Wohin gehen die Daten?)

IS-Pakete können nicht nur mit einem Hilfsprogramm direkt gestartet werden, sondern sinnvollerweise auf einen Server übertragen und dort beispielsweise mit einem Auftrag zeitgesteuert ausgeführt werden. Sie können dazu entweder in der Systemdatenbank *msdb* oder im Dateisystem abgelegt und integriert werden.

11.2.1 Datenabgleich mit IS

Um Ihnen den Umgang mit IS zu demonstrieren, verwende ich ein Beispiel für das folgende Szenario:

- Täglich wird von einem FTP-Server eine ASCII-Datei mit Artikelpreisen heruntergeladen.
- Die Datei wird importiert und danach in einen Archivordner kopiert und vom FTP-Server gelöscht.
- Nach dem Import werden die Preise in der Artikeltabelle mit den importierten Daten abgeglichen.
- Bei einem Fehler soll eine E-Mail-Benachrichtigung erfolgen.

 HINWEIS: Sie finden sowohl die Basisdateien als auch das IS-Projekt bei den Beispieldateien zum Kapitel 11. Um das Beispiel in vollem Umfang nachbauen zu können, benötigen Sie einen FTP-Server. Falls Sie keinen zur Verfügung haben, wandeln Sie das Beispiel bitte so ab, dass die Datei nicht von einem FTP-Server, sondern einfach nur von einem freigegebenen Netzwerkordner kopiert wird.

Bevor wir mit den Integration Services loslegen, müssen wir noch ein paar Vorarbeiten in der Datenbank erledigen. Als Ziel für den Import legen wir eine Tabelle an. Zwar kann dies auch direkt über die Integration Services beim Import erfolgen, aber sofern man diesen Vorgang wiederholt ausführt, ist es einfacher, in eine fertige Tabelle, die vor jedem Neuimport geleert wird, zu importieren. Außerdem ist das Konfigurieren des Datenflusstasks für den Import wesentlich einfacher, wenn die Zieltabelle schon besteht und somit eine feste Struktur vorgegeben ist. Dies vereinfacht den nachfolgenden Abgleich. Daher legen wir in unserer Beispieldatenbank *wawi* eine neue Tabelle an, in die später die Artikelnummer und der Einkaufs- sowie der Verkaufspreis importiert werden.

```
CREATE TABLE dbo.tmp_preise
(   artnr int,
    ek smallmoney,
    vk smallmoney
);
```

Außerdem legen wir einen eigenen Benutzer an, der die nötigen Berechtigungen für den Import und den Abgleich erhält.

```
CREATE LOGIN is_import WITH PASSWORD = 'is_import',
                        DEFAULT_DATABASE = wawi,
                        CHECK_POLICY = OFF;
GO
ALTER SERVER ROLE bulkadmin ADD MEMBER is_import;
GO
USE wawi
GO
CREATE USER is_import FOR LOGIN is_import;
GO
CREATE ROLE abgleich;
GO
```

```
ALTER ROLE abgleich ADD MEMBER is_import;
GO
GRANT ALTER, SELECT, INSERT ON dbo.tmp_preise TO abgleich;
GO
GRANT SELECT, UPDATE ON dbo.artikel TO abgleich;
GO
```

 HINWEIS: Die Berechtigung ALTER wird für die temporäre Import-Tabelle vergeben, da ohne diese das Leeren der Tabelle mit der Anweisung TRUNCATE TABLE nicht möglich wäre. Die DELETE-Berechtigung würde hierfür nicht genügen, da TRUNCATE TABLE ein Befehl der Data Definition Language und daher an die ALTER-Berechtigung gebunden ist.

Die für den Import bestimmte Datei mit dem Namen *preise.csv* enthält mit Semikolon voneinander getrennt die Artikelnummer sowie Einkaufs- und Verkaufspreis.

```
NR;EK;VK
1001;4,33;11,19
1002;2,89;6,49
1003;1,31;3,19
1004;0,83;2,07
1005;3,01;7,52
1006;2,14;8,00
1007;43,52;108,79
1008;2,57;6,43
1009;3,01;7,52
...
```

Um Integration Services zu nutzen, müssen Sie zumindest die Standard Edition des SQL Servers einsetzen. IS stehen bei der Express Edition nicht zur Verfügung. Ich habe das Beispiel mit den SQL Server Data Tools 2017 realisiert.

Erstellen Sie ein neues Projekt mit der Vorlage *Integration Services-Projekt*, die Sie entweder direkt in der Gruppe *Business Intelligence* oder in der Untergruppe *Integration Services* vorfinden. Als Namen für das Projekt habe ich *preisabgleich* gewählt.

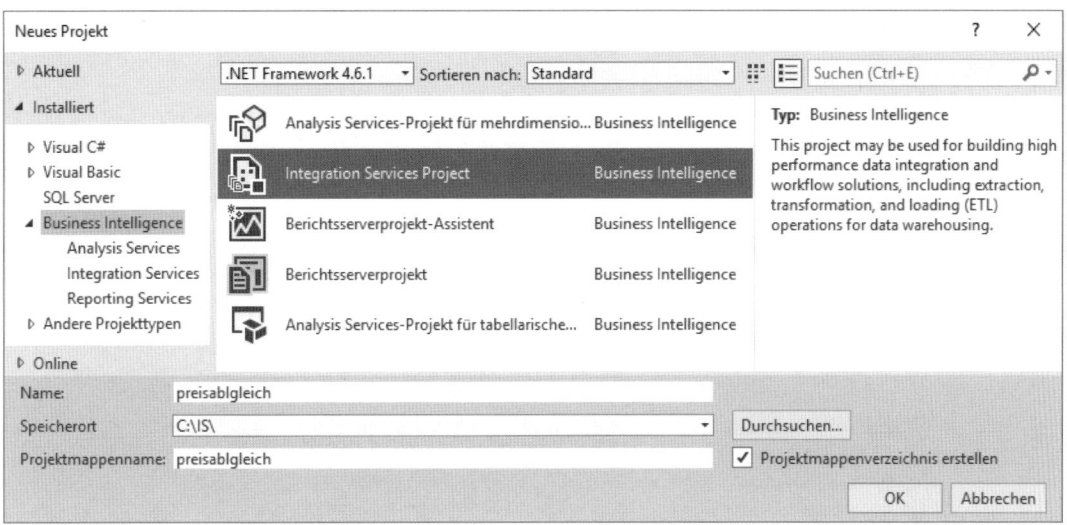

Bild 11.24 Ein IS-Projekt erstellen

In der SSIS-Toolbox finden sich unterschiedliche Ablaufsteuerungselemente, die beim Erstellen des Workflows benutzt werden können. Wir werden für unser Beispiel folgende Typen verwenden:

- Datenflusstask
- FTP-Task
- Task 'Dateisystem'
- Task 'Mail senden'
- Task 'SQL ausführen'

In Bild 11.25 sehen Sie im Überblick die zur Verfügung stehenden Ablaufsteuerungselemente in der SSIS-Toolbox.

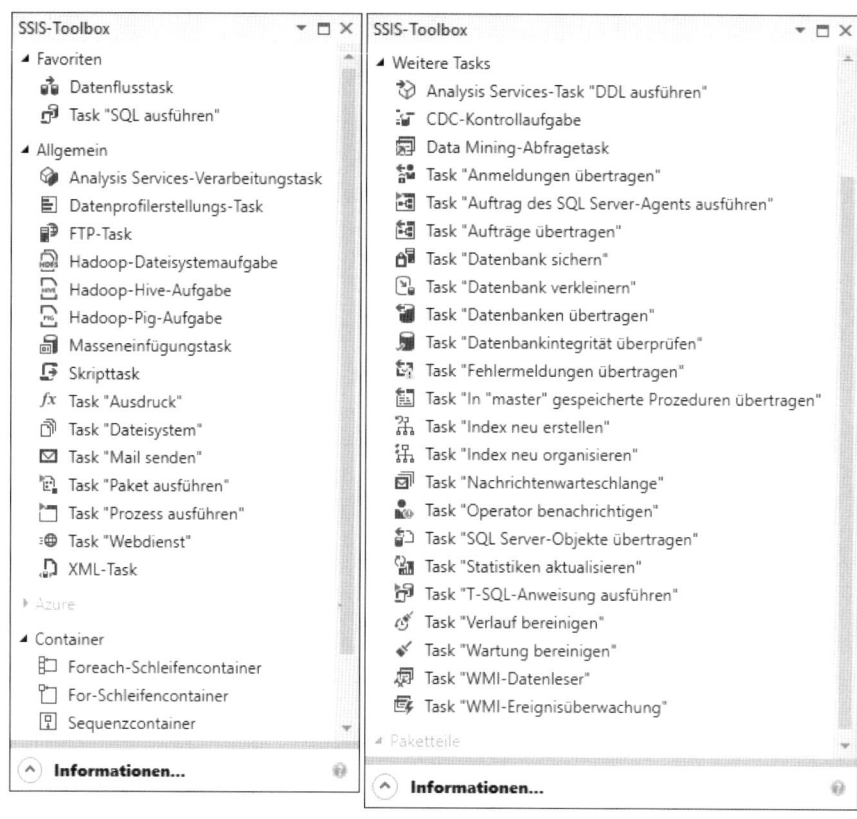

Bild 11.25 Ablaufsteuerungselemente

Im ersten Schritt wollen wir die Datei vom FTP-Server holen. Dazu ziehen wir einen *FTP-Task* aus der Toolbox in das Fenster *Ablaufsteuerung*. Um die Einstellungen für diesen Task vorzunehmen, klicken Sie ihn bitte doppelt an. Im Dialog können Sie die nachfolgenden Einstellungen vornehmen.

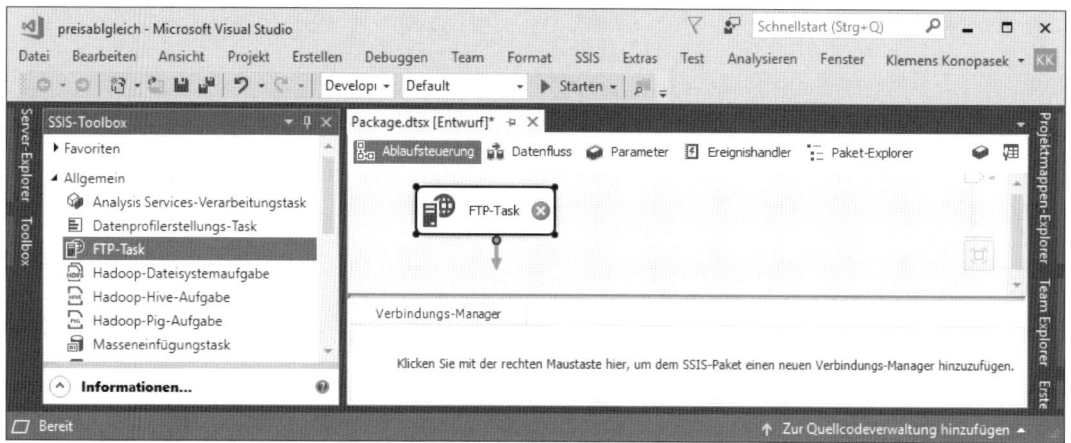

Bild 11.26 Task zur Ablaufsteuerung hinzufügen

PRAXISTIPP: Zur besseren Darstellung ist es praktisch, dem Task einen neuen, sprechenden Namen zu geben. Im Beispiel verwende ich als Namen *FTP-Datei holen*.

Der Name kann in der Rubrik *Allgemein* erfasst werden. Optional können Sie hier auch eine Beschreibung eintragen. In der Rubrik *Verbindung* wird für die Eigenschaft *FtpConnection* entweder eine bestehende Verbindung aus dem Verbindungs-Manager ausgewählt oder eine neue eingerichtet. Da wir gerade erst begonnen haben, müssen wir eine neue Verbindung erstellen.

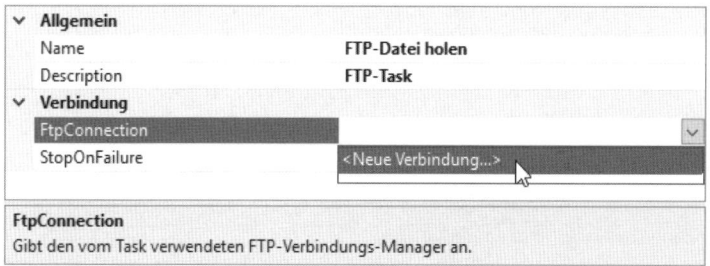

Bild 11.27 Allgemeine Einstellungen für einen FTP-Task

Für die neue Verbindung öffnet sich der FTP-Verbindungs-Manager-Editor, in dem Sie die benötigten Einstellungen für die Verbindung zu Ihrem FTP-Server einrichten.

 HINWEIS: Wenn Sie die Datei nicht von einem FTP-Server, sondern von einem anderen Speicherort wie zum Beispiel einem Netzwerk-Share kopieren, so verwenden Sie bitte anstelle des FTP-Tasks den *Task 'Dateisystem'*.

Bild 11.28 Verbindungseinstellungen zum FTP-Server

Nachdem die Verbindung zum FTP-Server eingerichtet ist, wechseln Sie in die Kategorie *Dateiübertragung*, um dort folgende Einstellungen zu treffen:

- Da eine Datei vom FTP-Server heruntergeladen werden soll, ist als Operation *Dateien empfangen* auszuwählen. Die Einstellung *Operation* ist in der Unterkategorie *Vorgang* zu finden.

- Für den lokalen Pfad wird eine Dateiverbindung zum Zielordner eingerichtet, wie in Bild 11.29 zu sehen. In diesen Dialog gelangen Sie, indem Sie in der Eigenschaft *LocalPath* unter *Lokale Parameter* die Option für eine neue Verbindung wählen.

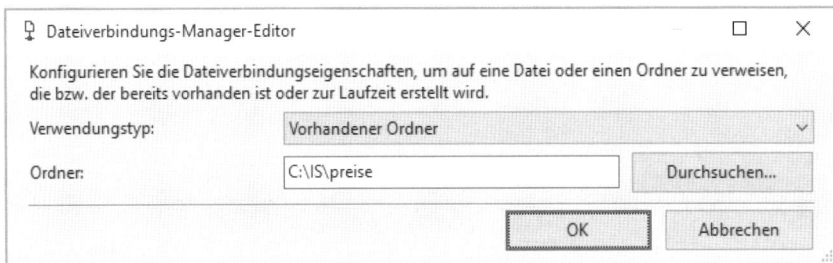

Bild 11.29 Dateiverbindung zum Zielordner einrichten

- Um die zu transferierende Datei auszuwählen, klicken Sie in der Eigenschaft *RemotePath* unter *Remoteparameter* auf die Schaltfläche mit den drei Punkten.

 PRAXISTIPP: Ist der Name der Datei nicht fest, können Sie ihn über eine Variable dynamisch zusammensetzen. Wie so etwas geschieht, zeige ich Ihnen ein wenig später beim Archivieren der Datei.

- Um die alte Datei bei jedem Download-Vorgang zu überschreiben, setzen Sie die Eigenschaft *OverwriteFileAtDest* unter *Lokale Parameter* auf *True*.

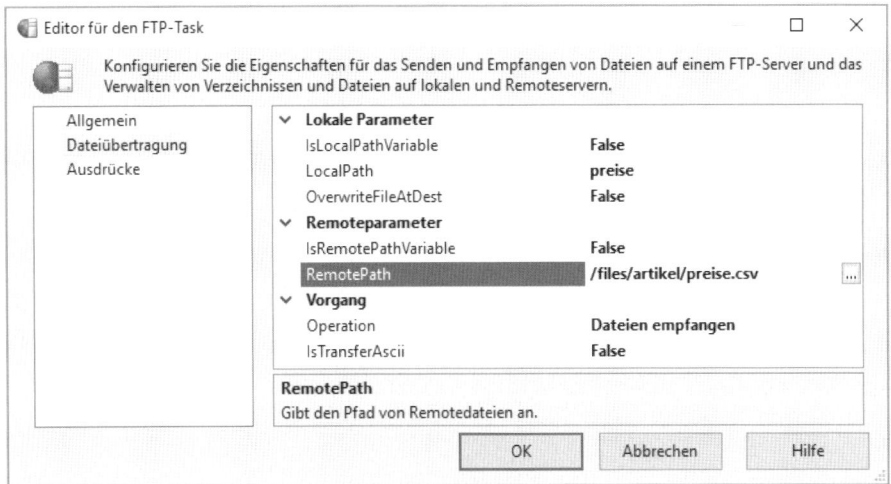

Bild 11.30 Einstellungen für Dateiübertragung

Nach dem Abschließen des FTP-Tasks fügen wir einen *Task 'SQL ausführen'* hinzu. Ziel ist es, die temporäre Tabelle vor dem erneuten Import zu leeren, damit keine Altdaten mehr enthalten sind. Dafür verwenden wir die Anweisung:

```
TRUNCATE TABLE dbo.tmp_preise;
```

Dies ist die schnellste und effizienteste Methode, den kompletten Inhalt einer Tabelle zu entfernen, da anders als bei einem DELETE keine Protokollierung erfolgt. Nach dem Einfügen des neuen Tasks markieren Sie nochmals den ersten und ziehen den Verbindungspfeil auf den neuen. Damit legen Sie fest, dass der zweite Task nach dem erfolgreichen Abschluss des ersten Tasks erfolgen soll.

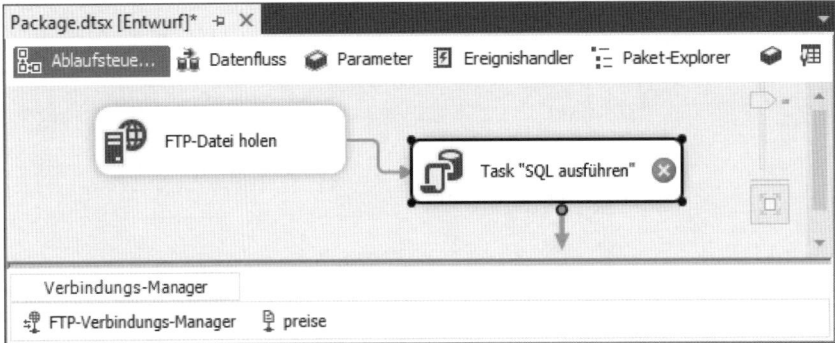

Bild 11.31 Tasks in ihrer Reihenfolge

Analog zum ersten Task wird auch der zweite durch einen Doppelklick eingerichtet. Unter der Kategorie *Allgemein* werden folgende Einstellungen getroffen:

- Als Namen vergeben wir *Tempdaten leeren*.

- Als *Connection* legen wir unter *SQL-Anweisung* eine neue Verbindung zum SQL Server an. Wir verwenden dafür die vorhin erstellte Anmeldung *is_import*. Es stehen für das Erstellen der Verbindung verschiedene Schnittstellen zur Verfügung. Verwenden Sie wahlweise *OLE DB*, *ODBC* oder *ADO.NET* und verwenden Sie die nachfolgenden Dialoge zum Einrichten dieser neuen Verbindung.

Nachdem Microsoft die Abkündigung von OLE DB wieder rückgängig gemacht hat und neue OLE DB-Provider angekündigt hat, können wir hier diese Vorauswahl beibehalten. Auch wenn wir dazu im Moment noch den älteren Treiber des SQL Server 2012 in Form des SQL Server Native Client 11.0 verwenden müssen, wie in Bild 11.32 zu sehen. Ich speichere hier das Kennwort, da es bei der automatischen Ausführung später benötigt wird.

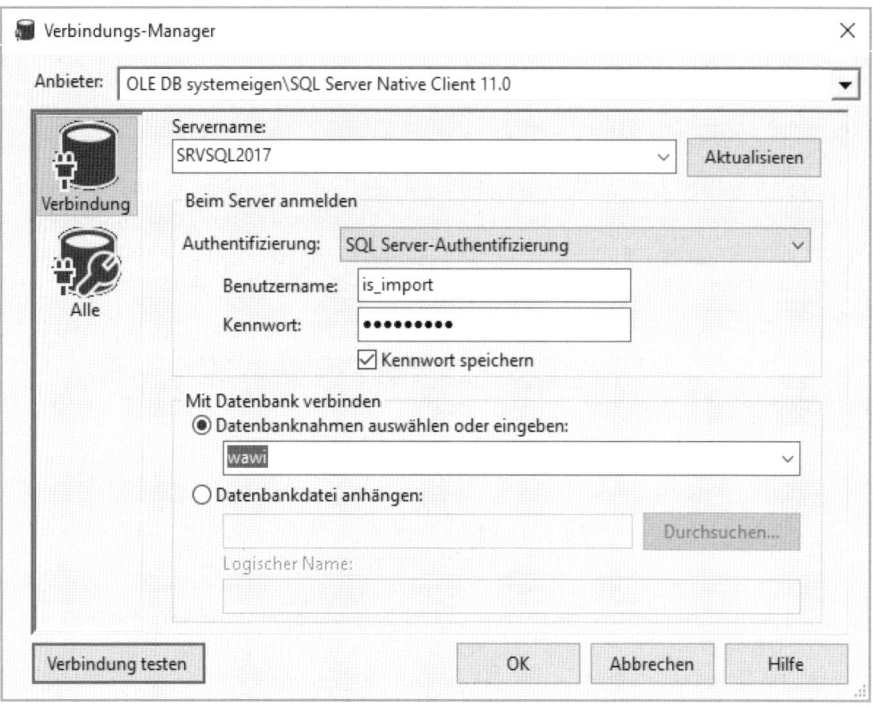

Bild 11.32 Verbindungsparameter eingeben

- Die zuvor erwähnte TRUNCATE-Anweisung können wir direkt in der Eigenschaft *SQLStatement* eintragen. Daher belassen wir die Einstellung *Direkteingabe* für den *SQLSourceType*.
- Alle übrigen Einstellungen können Sie auf ihrem Vorgabewert belassen.

 HINWEIS: Die erstellte Verbindung zur Datenbank erscheint wie alle anderen Verbindungen im Verbindungs-Manager am unteren Bildschirmrand. Diese Verbindungen werden wir sowohl für den Import als auch für den anschließenden Abgleich verwenden.

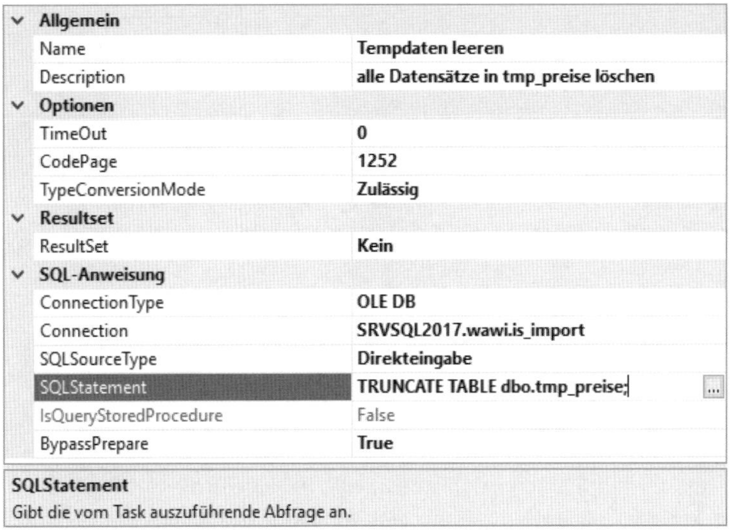

∨ **Allgemein**		
Name	**Tempdaten leeren**	
Description	**alle Datensätze in tmp_preise löschen**	
∨ **Optionen**		
TimeOut	**0**	
CodePage	**1252**	
TypeConversionMode	**Zulässig**	
∨ **Resultset**		
ResultSet	**Kein**	
∨ **SQL-Anweisung**		
ConnectionType	**OLE DB**	
Connection	**SRVSQL2017.wawi.is_import**	
SQLSourceType	**Direkteingabe**	
SQLStatement	**TRUNCATE TABLE dbo.tmp_preise;**	...
IsQueryStoredProcedure	False	
BypassPrepare	**True**	

SQLStatement
Gibt die vom Task auszuführende Abfrage an.

Bild 11.33 Einstellungen für SQL-Task

Nachdem die Datei vom FTP-Server geholt und die alten Daten entfernt worden sind, kann nun der Import erfolgen. Dazu wählen wir einen Datenflusstask aus der Toolbox aus und fügen ihn in das Fenster *Ablaufsteuerung* ein. Bevor wir ihn bearbeiten, legen wir ihn als Folgetask für den zuvor erstellten Task fest. Dazu ziehen wir den Pfeil vom SQL-Task auf den neuen.

Klicken Sie den neuen Task nun doppelt an, um ihn zu definieren. Sie wechseln so automatisch auf das Register *Datenfluss*. Wie bereits erwähnt, nehmen Datenflusstasks eine besondere Position ein und werden separat definiert.

Im Register *Datenfluss* müssen wir nun eine *Flatfilequelle* als Datenflussquelle und ein *OLE DB-Ziel*, *ODBC-Ziel* oder *ADO-NET-Ziel* als Datenflussziel aus der Toolbox ziehen und verbinden. Sinnvollerweise verwenden Sie dieselbe Schnittstelle zur Datenbank wie vorhin für den SQL-Task.

> **HINWEIS:** Praktisch ist der Quellen-Assistent, über den Sie eine beliebige Datenherkunft als Quelle definieren können. Die Auswahl des Quellformats erfolgt erst danach beim Ausführen des Assistenten.

Neben dem Assistenten stehen Ihnen folgende weitere Quellen zur Verfügung, wenn Sie direkt das Herkunftsformat wählen möchten:

- ADO.NET
- CDC (Change Data Capture)
- Excel
- Flatfile
- ODBC

- OLE DB
- Rohdatendatei
- XML

 HINWEIS: Eine Datenflusstransformation benötigen wir für dieses Beispiel nicht, da die Daten aus der CSV-Datei ohne weitere Bearbeitung direkt eins zu eins importiert werden können.

Optional könnte als Ziel auch *SQL Server-Ziel* verwendet werden. Dieses verwendet die Methode *Massenimport*. Sie steht allerdings nur zur Verfügung, wenn das Paket lokal am Server ausgeführt wird. Da wir im Moment remote arbeiten, verwenden wir ODBC, OLE DB oder ADO.NET, damit wir den Test direkt ausführen können. Sie können aber auch das *SQL Server-Ziel* auswählen, die Vorgangsweise beim Einrichten ist nahezu identisch.

Beginnen wir nun mit der Einrichtung der Flatfilequelle, indem wir diese doppelt anklicken. Im Dialog klicken wir neben der Liste mit den Verbindungs-Manager-Einträgen für Flatfiles auf die Schaltfläche *Neu...*, um die Verbindung zu unserer Importdatei *preise.csv* einzurichten. Unter *Allgemein* sind folgende Einstellungen vorzunehmen:

- Ein Name für den Verbindungs-Manager. Ich verwende hier den Namen *preise-import-csv*.
- Eine optionale Beschreibung
- Ein Pfad zur Datei. Das ist derjenige Pfad, zu dem der Transfer vom FTP-Server aus stattgefunden hat.

 HINWEIS: Wenn Sie remote arbeiten, benötigen Sie hier den Pfad aus Sicht des lokalen Rechners. Wird das fertige Paket später auf dem Server ausgeführt, muss dieser Pfad in denjenigen Pfad geändert werden, wie er aus Sicht des Servers lautet. Sie ersparen sich diese Änderung, wenn Sie am Server und lokal dieselben Pfade verwenden. Daher lege ich beim Entwickeln lokal immer die gleiche Ordnerstruktur wie am Server an. Eine Alternative, die nicht immer möglich und sinnvoll ist, wäre es, direkt lokal am Server zu arbeiten.

- Gebietsschema, Codepage und Format der Datei

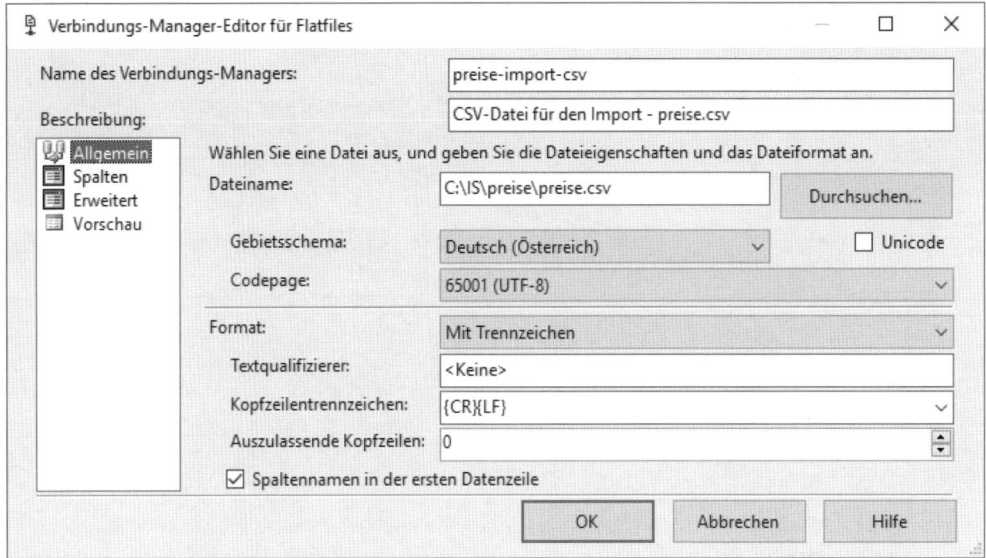

Bild 11.34 Allgemeine Einstellungen für Fileverbindung

Unter *Spalten* legen Sie das Spalten- und Zeilentrennzeichen fest. In unserem Beispiel ist das Semikolon das Spaltentrennzeichen. Der Wagenrücklauf als Zeilentrennzeichen ist Vorgabe und muss nicht geändert werden. Sehr praktisch ist hier die Vorschau auf die ersten Datensätze.

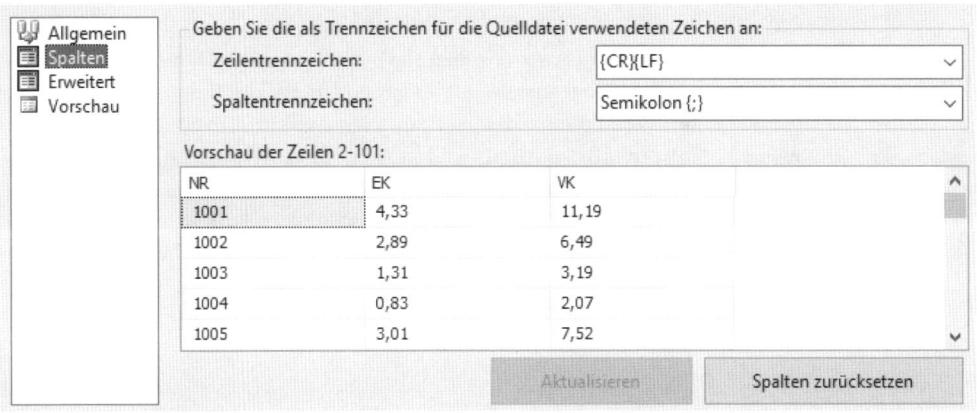

Bild 11.35 Spalten für Import

Unter *Erweitert* legen wir noch die Datentypen für die Spalten mit dem Einkaufs- und Verkaufspreis fest. Bei beiden wählen wir für die Eigenschaft *DataType* jeweils *Währung* aus. Für die Nummer können wir einen Integer mit 4 Byte auswählen. Wahlweise können Sie auch Vorschläge über die Schaltfläche TYPEN VORSCHLAGEN... einholen.

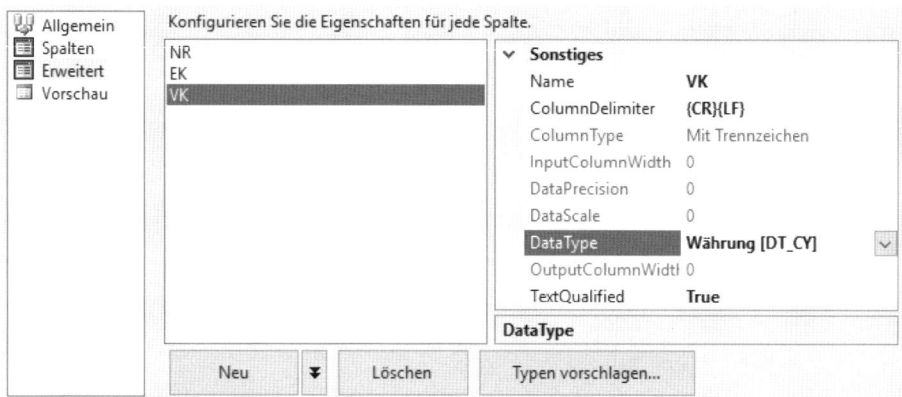

Bild 11.36 Erweiterte Einstellungen für Spalten

 PRAXISTIPP: Unter *Vorschau* können Sie noch einen Kontrollblick auf das Ergebnis Ihrer Einstellungen werfen. Hier werden standardmäßig die ersten 100 Datenzeilen aus der Datei angezeigt. Wenn Sie stichprobenartig auch Datensätze kontrollieren möchten, die weiter hinten in der Datei gespeichert sind, tragen Sie einen Startwert in das Feld *Auszulassende Datenzeilen* ein und bestätigen Sie mit der Schaltfläche *Aktualisieren*. Danach werden wieder bis zu einhundert Zeilen ab dieser Startposition angezeigt.

Bestätigen Sie Ihre Eingaben nun mit der Schaltfläche OK.

Nach der Datenflussquelle wenden wir uns dem Datenflussziel zu. Nach einem Doppelklick darauf – ich habe das OLE DB-Ziel ausgewählt – können wir als Verbindung den bereits für den SQL-Task erstellten Verbindungs-Manager zur Datenbank *wawi* verwenden. Lediglich die Zieltabelle *dbo.tmp_preise* ist noch als Ziel auszuwählen. Wichtig ist, dass Sie zuvor Datenquelle und Datenziel verbunden haben. Für den Datenzugriffsmodus belassen wir die Vorgabe *Tabellenname – Batch*. Diese verwendet die schnellere Bulk-Insert-Methode und wurde in der Vorversion noch als *Tabelle oder Sicht – schnelles Laden* bezeichnet. Daher haben wir auch zu Beginn die entsprechende Berechtigung für den verwendeten Benutzer *is_import* vergeben.

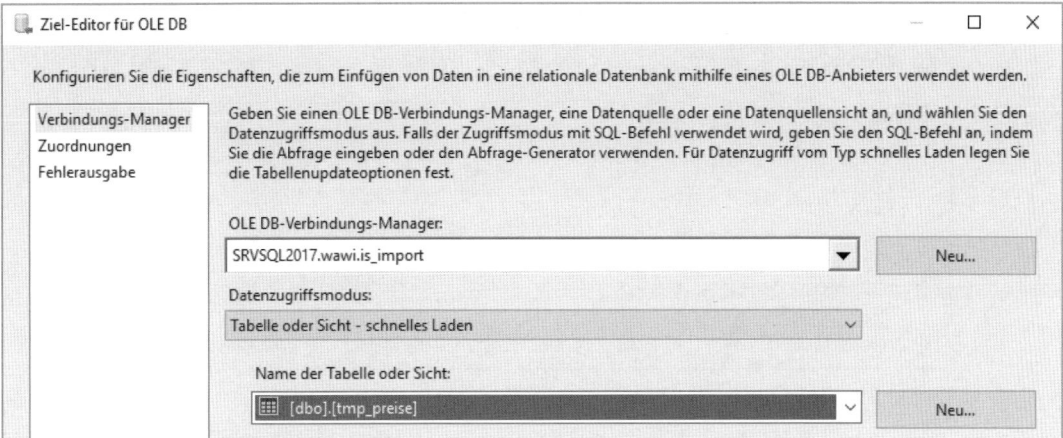

Bild 11.37 Datenflussziel definieren

Die Zuordnung zwischen Importdaten und Zieltabelle muss noch eingerichtet werden. Wählen Sie dazu die Rubrik *Zuordnungen* aus. Sofern es Übereinstimmung bei den Spaltennamen gibt, wird die Zuordnung für diese Spalten bereits vorgegeben. Die restliche Zuordnung legen Sie durch Ziehen mit der Maus fest. In unserem Beispiel ist noch die Verbindung zwischen *NR* und *artnr* herzustellen. Damit sind dann das Datenflussziel sowie der Datenflusstask fertig eingerichtet.

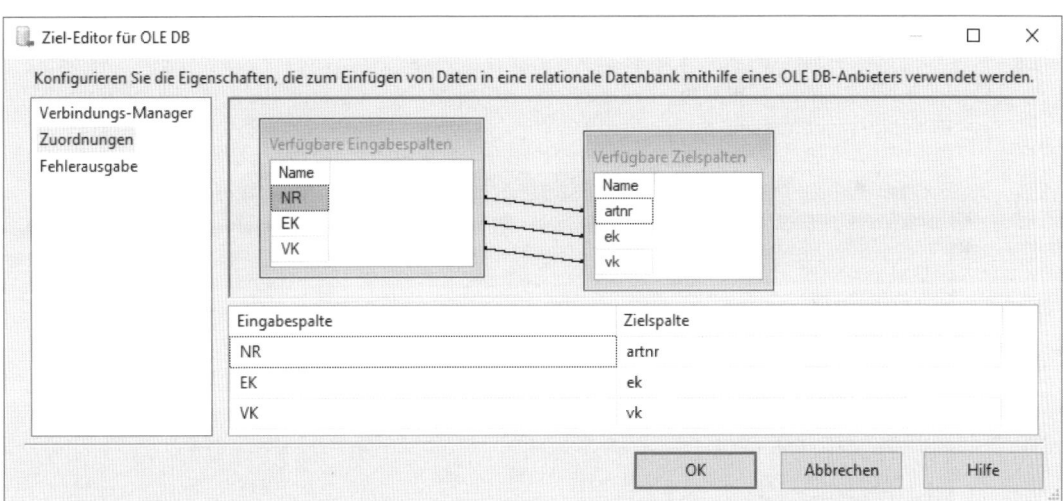

Bild 11.38 Spaltenzuordnungen

Wichtig ist, dass wie bei der Ablaufsteuerung auch hier die Verbindung zwischen Datenflussquelle und Datenflussziel durch Ziehen des Pfeils von der einen Richtung auf die andere hergestellt wird. Um den beiden in der Darstellung eine sprechende Bezeichnung zu geben, drücken Sie beispielsweise die Taste **F2** und benennen sie um. Auch den Datenflusstask selber können Sie auf diese Weise aussagekräftig benennen.

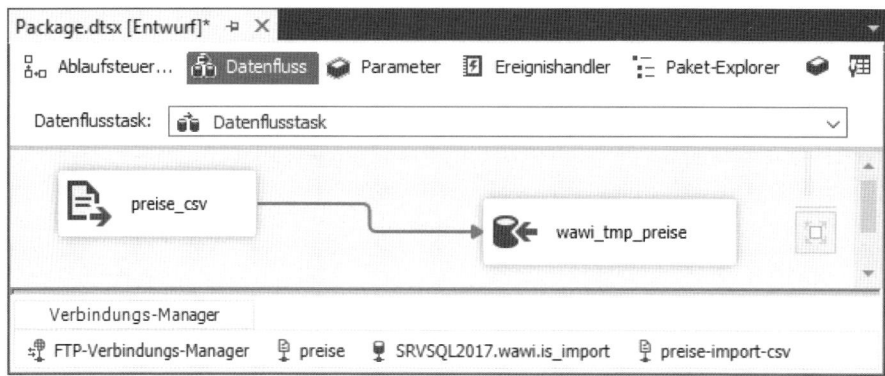

Bild 11.39 Fertiger Datenflusstask

Nach erfolgtem Import muss als nächster Schritt der Abgleich erfolgen. Dazu müssen die Preise in der Artikeltabelle (*artikel*) mit denen der Importtabelle (*tmp_preis*) abgeglichen werden. Dafür benötigen wir einen *Task 'SQL ausführen'*, den wir mit folgender Anweisung erstellen:

```
UPDATE a
SET a.ekpreis = p.ek,
    a.vkpreis = p.vk
FROM dbo.artikel a
INNER JOIN dbo.tmp_preise p ON a.artnr = p.artnr
WHERE a.ekpreis != p.ek
OR a.vkpreis != p.vk;
```

Ich habe dem Task die Bezeichnung *Preisabgleich* gegeben und als Folgeschritt für den Datenflusstask festgelegt.

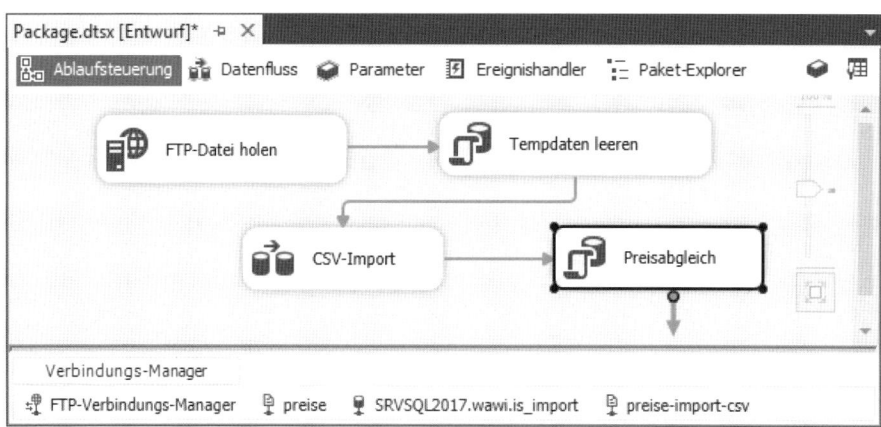

Bild 11.40 Vierter Schritt im Workflow

HINWEIS: Wir haben hier OLE DB verwendet. Verwenden Sie alternativ ODBC bei diesem Task, ergibt sich ein Fehler durch die Ergebnismeldung des SQL Servers *n Zeile(n) betroffen* mit der Einstellung *ResultSet*, auch wenn für DML-Anweisungen die Einstellung *Kein* die korrekte Wahl ist. Leider bieten auch die anderen Einstellungsmöglichkeiten (*Einzelne Zeile*, *Vollständiges Resultset* und *XML*) keine passende Lösung. Unterbinden Sie diese serverseitige Meldung daher, indem Sie die Anweisung SET NOCOUNT ON der UPDATE-Anweisung voranstellen. Wichtig ist, dass Sie diese beiden Anweisungen mit einem Semikolon voneinander trennen. Da im ersten SQL-Task die Anweisung TRUNCATE verwendet wird, welche diese Meldung nicht erzeugt, würde hier das Problem bei ODBC nicht auftreten. Würden wir hier anstelle von TRUNCATE die Anweisung DELETE verwenden, hätten wir dasselbe Problem. Verwenden Sie OLE DB oder ADO.NET für die Verbindung, tritt das Problem nicht auf und diese Erweiterung ist nicht notwendig. Als Alternative können Sie auch eine gespeicherte Prozedur für den Abgleich verwenden und hier die Einstellung für NOCOUNT schon inkludieren. In der Datei *Kapitel11. sql* finden Sie diese Alternativlösung ebenso.

Nach dem Abgleich kann die Datei am FTP-Server gelöscht und die importierte Datei ins Archiv transferiert werden. Für das Löschen der Datei werden wir etwas später wieder einen FTP-Task erstellen. Als Operation werden wir *Remotedateien löschen* wählen und ihn im Anschluss an den Task *Preisabgleich* anreihen.

Variablen verwenden

Auch bei der Verwendung von Integration Services gibt es – wie beim Programmieren von Transact-SQL – immer wieder Anforderungen für Variablen. Ich möchte Ihnen anhand eines der letzten Schritte in unserem Beispiel das Definieren und Verwenden von Variablen demonstrieren.

Wir haben als einen der Abschlussschritte in unserem Beispiel festgelegt, dass die importierte und verarbeitete CSV-Datei in einen Archivordner gespeichert werden soll. Da dies eventuell täglich geschieht, muss der Dateiname dafür angepasst werden. Dies kann durch den Einsatz von Variablen geschehen. Ziel: In den Dateinamen soll das aktuelle Datum integriert werden.

Wir verwenden für das Kopieren der Dateien einen *Task 'Dateisystem'*. Als Operation wählen wir *Datei kopieren* aus. Wahlweise könnten Sie hier auch *Datei verschieben* auswählen. Da die Datei aber bei erneutem Abgleich ohnehin überschrieben wird, spielt es daher keine Rolle, welche dieser Varianten Sie verwenden. Als Quelle (*SourceConnection*) können wir den vorhandenen Verbindungs-Manager zur Datei *preise.csv* mit dem Namen *preise-import-csv* verwenden. Bei der Definition der Zielverbindung ist die Eigenschaft *IsDestinationPath-Variable* auf *True* zu stellen.

 HINWEIS: Die Eigenschaft *Is...Variable* taucht überall dort bei Tasks auf, wo Variablen zur Definition von Einstellungen verwendet werden können.

Um eine neue Variable einzurichten, wählen Sie in der Liste für *DestinationVariable* den Eintrag <*Neue Variable...*> aus. Im Dialog können die Basiseinstellungen für eine Variable vorgenommen werden:

- *Container:* Das ist typischerweise das SSIS-Paket in Form der Datei mit der Erweiterung *dtsx*, in diesem Fall *preisabgleich.* (Oder *package,* wenn Sie noch keine Umbenennung der Standardvorgabe im Projektmappen-Explorer vorgenommen haben.)
- *Name:* Der Name für die Variable
- *Namespace:* User für eine selbst definierte Variable
- *Werttyp:* Der Datentyp für die Variable, in diesem Fall *String*
- *Wert:* Der Inhalt der Variablen. Da für unser Beispiel der Variablenwert über einen Ausdruck definiert werden muss, spielt der hier eingetragene Wert keine Rolle. Hier genügt ein beliebiger Dummy-Eintrag.

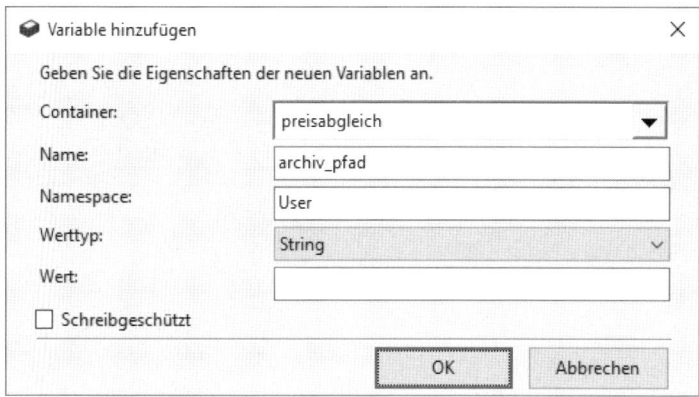

Bild 11.41 Variable festlegen

Der Dialog erlaubt keine Eingabe von Ausdrücken. Daher ist die Erstellung vorerst ohne diesen Ausdruck abzuschließen. Der Ausdruck wird anschließend ergänzt.

Wir erstellen der besseren Übersicht wegen in diesem Beispiel zwei Variablen, um die Komplexität der Ausdrücke zu verringern.

- *archiv_datum*: In dieser ersten Variablen ermitteln wir das aktuelle Datum als String im Format *JJJJMMTT.*
- *archiv_pfad*: In dieser Variablen erzeugen wir den gesamten Pfad aus Zielordner und Dateinamen, der das Datum aus der Variablen *archiv_datum* enthalten soll.

Sie können die zweite Variable entweder auf dem gleichen Weg erstellen wie die erste, indem Sie im Dialog in der Eigenschaft *DestinationVariable* nochmals <*Neue Variable ...*> auswählen. Um den Ausdruck für die Variablen zu definieren, benötigen wir den *Paket-Explorer* oder das Fenster *Variablen.* Der Vorteil des Letzteren ist, dass wir hier auch direkt neue Variablen erstellen können. Sie öffnen dieses Fenster entweder über den Menübefehl SSIS/VARIABLEN oder über das Variablen-Symbol rechts oben im Editor. Das Symbol sieht aus wie ein Baustein.

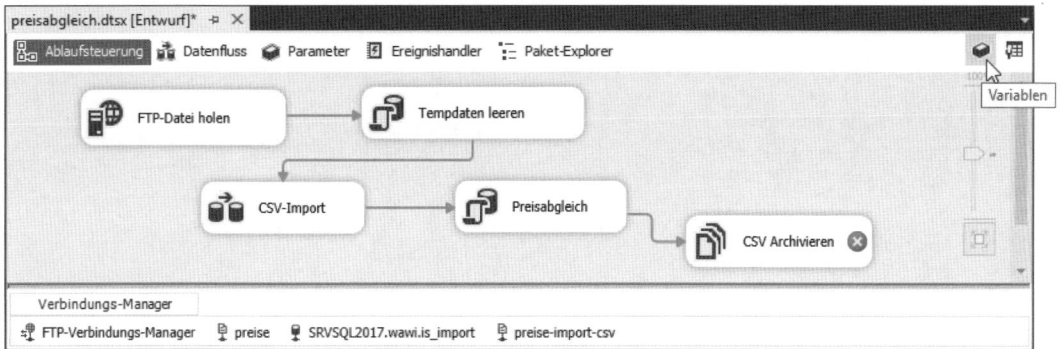

Bild 11.42 Fenster „Variablen" öffnen (rechts oben)

Im Fenster *Variablen* sehen wir die bereits erzeugte erste Variable, allerdings noch ohne einen Wert oder einen Ausdruck. Eine neue Variable können wir hier über das Symbol links oben – der Baustein mit dem Stern – erzeugen.

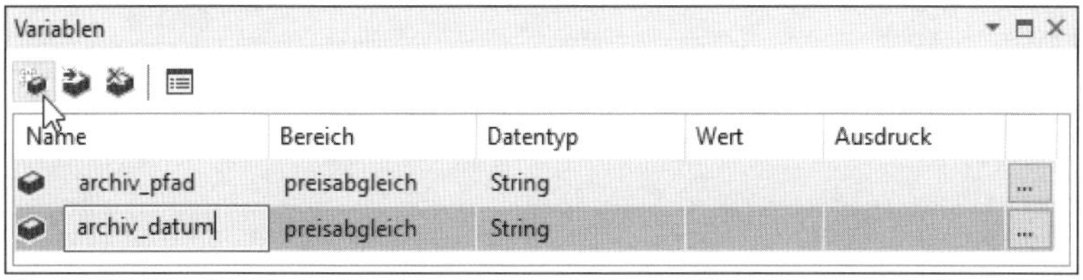

Name	Bereich	Datentyp	Wert	Ausdruck	
archiv_pfad	preisabgleich	String			...
archiv_datum	preisabgleich	String			...

Bild 11.43 Variablen

Wenn Sie die zweite Variable *archiv_datum* noch nicht erstellt haben, erledigen Sie das an dieser Stelle. Legen Sie für diese ebenso den Datentyp *String* fest. Bestimmen wir nun zuerst den Ausdruck für die Variable *archiv_datum*. Um diesen nicht ganz ohne Hilfe manuell eintragen zu müssen, klicken wir auf die Schaltfläche mit den drei Punkten rechts neben der Spalte *Ausdruck* in der betreffenden Zeile. Damit gelangen wir in den Ausdrucks-Generator. Der Ausdrucks-Generator bietet den Zugriff auf andere Variablen und Funktionen, die aus den einzelnen Kategorien ausgewählt werden können. Hilfreich ist die Möglichkeit, über die Schaltfläche *Ausdruck auswerten*, links unten im Dialog, den Ausdruck testweise auszuwerten, um das Ergebnis zu prüfen. Dies sehen Sie auch in Bild 11.44.

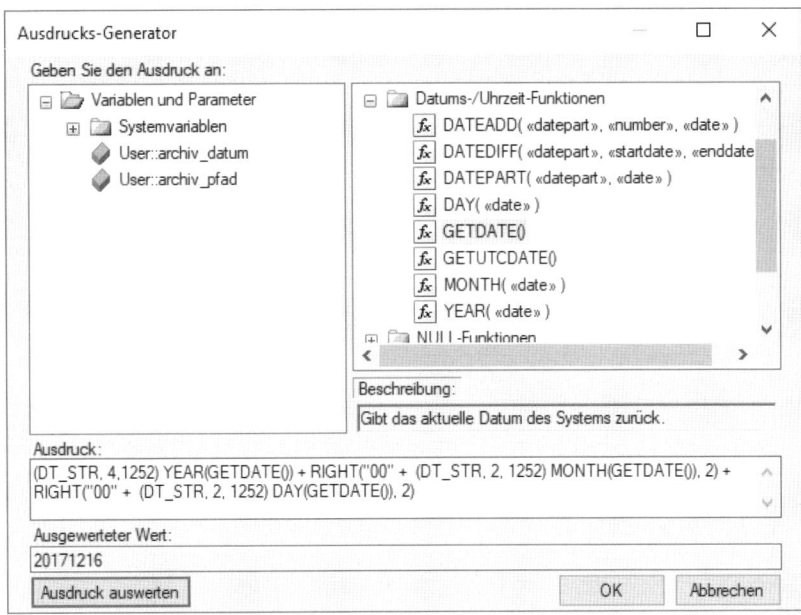

Bild 11.44 Ausdrucks-Generator

Für das Datum der Variablen *archiv_datum* verwenden wir den folgenden Ausdruck:

```
(DT_STR, 4, 1252) YEAR(GETDATE())  + RIGHT("00" +  (DT_STR,2, 1252) MONTH(GETDATE())
, 2) + RIGHT("00" + (DT_STR, 2, 1252) DAY(GETDATE()) , 2)
```

Jahr, Monat und Tag werden über Datumsfunktionen ermittelt und mit (DT_STR, 4, 1252) in einen Text konvertiert. Dabei steht DT_STR für den Datentyp, der zweite Parameter (hier 2 und 4) für die Anzahl an Stellen und 1252 für die Codepage. Mithilfe der Funktion RIGHT() werden die führenden Nullen bei Monat und Tag ergänzt. Im Ausdrucks-Generator finden Sie die zu verwendenden Datumsfunktionen in der Rubrik *Datums-/Uhrzeit-Funktionen*. Die verwendete Konvertierungsfunktion ist in der Kategorie *Typumwandlungen* zu finden.

Für den gesamten Pfad in der zweiten Variablen *archiv_pfad* verwenden wir folgenden Ausdruck:

```
"C:\\IS\\preise\\archiv\\preise_" + @archiv_datum + ".csv"
```

Analog zu Transact-SQL wird auf die andere Variable im Ausdruck mit dem Zeichen @ vor dem Variablennamen verwiesen.

 PRAXISTIPP: Diese und weitere Einstellungen für Variablen können Sie über das Fenster *Eigenschaften* definieren. Wenn dieses Fenster geöffnet ist, müssen Sie die jeweilige Variable nur markieren, um deren Eigenschaften angezeigt zu bekommen und editieren zu können.

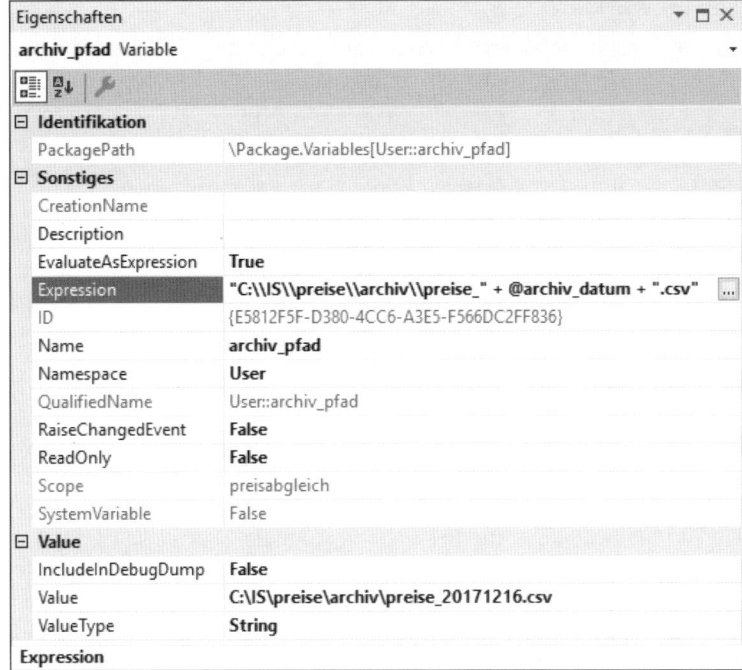

Bild 11.45 Eigenschaften einer Variablen

Im Dateisystem-Task mit dem Namen *CSV Archivieren* wird die Variable *archiv_pfad* dann in der Eigenschaft *DestinationVariable* eingetragen, sofern dies noch nicht der Fall ist.

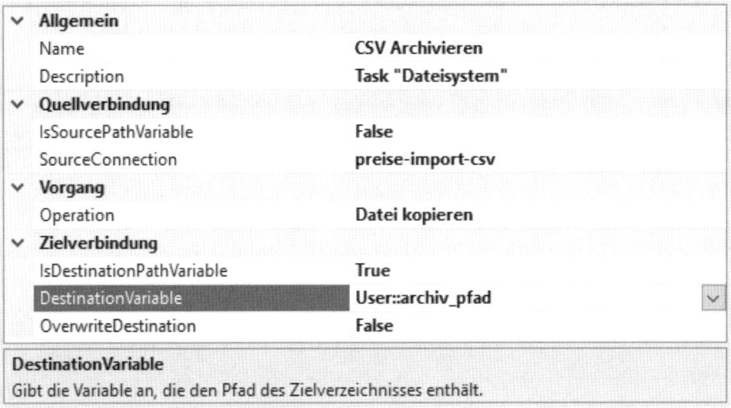

⌄ **Allgemein**		
Name	**CSV Archivieren**	
Description	**Task "Dateisystem"**	
⌄ **Quellverbindung**		
IsSourcePathVariable	**False**	
SourceConnection	**preise-import-csv**	
⌄ **Vorgang**		
Operation	**Datei kopieren**	
⌄ **Zielverbindung**		
IsDestinationPathVariable	**True**	
DestinationVariable	**User::archiv_pfad**	⌄
OverwriteDestination	**False**	

DestinationVariable
Gibt die Variable an, die den Pfad des Zielverzeichnisses enthält.

Bild 11.46 Variable für Zielpfad

Wenn Sie den Schritt im Workflow noch nicht an den vorherigen angefügt haben, erledigen Sie das an dieser Stelle noch.

11.2.1.1 Verzweigen im Workflow

Wird ein Task als Nachfolgeschritt für einen vorherigen festgelegt, wird dies standardmäßig als Vorgangsweise für den Fall festgelegt, dass der vorangegangene Schritt erfolgreich abgeschlossen wurde.

 PRAXISTIPP: Für einen Task können auch mehrere Nachfolgetasks definiert werden. Das ermöglicht es, auf unterschiedliche Weise fortzufahren.

Sie können für jede Verbindungslinie zwischen zwei Tasks festlegen, bei welchen Status sie verwendet wird.

Folgende drei Einstellungsmöglichkeiten (Einschränkungen) existieren:

- *Erfolg/Success* (Standard)
- *Fehler/Failure*
- *Beendigung/Completion*

Bei *Success* wird der Verbindungspfeil grün, bei *Failure* rot und bei *Completion* grau – in früheren Versionen ist es einmal blau gewesen – dargestellt. Um diese Einstellung festzulegen, markieren Sie die Verbindungslinie und nehmen die gewünschte Einstellung in der Eigenschaft *Value* vor. Alternativ können Sie auch mit einem Doppelklick auf die Verbindungslinie in einen Dialog gelangen. Hier werden die deutschen Ausdrücke verwendet, in den Eigenschaften die englischen Ausdrücke.

 HINWEIS: Zusätzlich zu den drei Einschränkungen können auch *Ausdrücke* verwendet werden, die mit logischem AND und OR kombinierbar sind. Damit lassen sich zum Beispiel Logiken erstellen, dass ein Folgeschritt nur an einem bestimmten Wochentag ausgeführt werden soll. Bei der Erstellung von Ausdrücken, die auch mit den Einschränkungen kombinierbar sind, lassen sich sehr komplexe Logiken abbilden. In den Eigenschaften werden die englischen Ausdrücke verwendet, für Einschränkung *Constraint* und für Ausdruck *Expression*.

Nun erstellen wir noch einen *Task 'Mail senden'*, mit dem eine Nachricht im Fehlerfall versendet wird; außerdem den schon erwähnten FTP-Task, um die abgeholte Datei auf dem FTP-Server zu löschen. Da sie zu diesem Zeitpunkt erfolgreich verarbeitet worden ist, wird sie mit Sicherheit nicht mehr benötigt. Dem Mail-Task geben wir den Namen *Fehlernachricht*. In der Eigenschaft *SmtpConnection* richten wir nach inzwischen gewohnter Vorgangsweise einen neuen Verbindungs-Manager für den zu verwendenden SMTP-Server ein. Wählen Sie dazu *<Neue Verbindung...>* aus und geben Sie den gewünschten Server an. Zieladressen und Mailtext erfassen Sie direkt in den jeweiligen Eigenschaften.

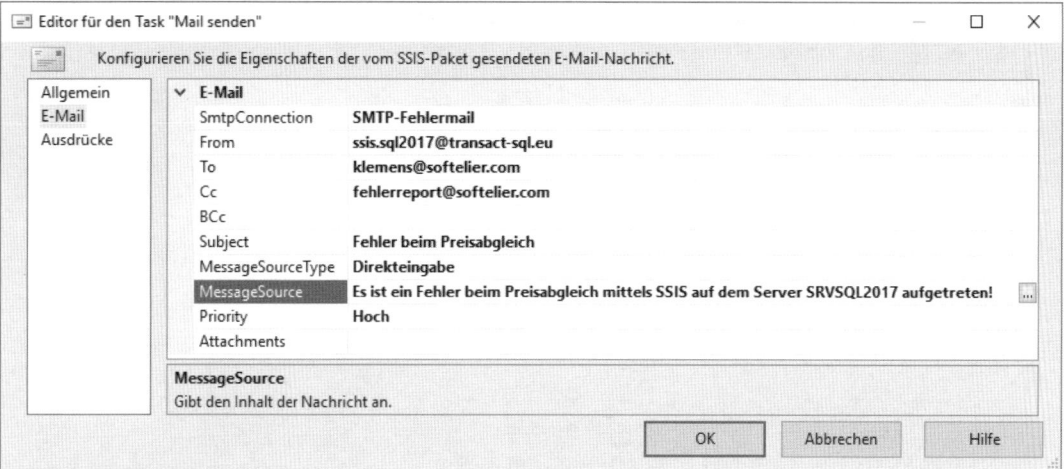

Bild 11.47 E-Mail-Task

Für den FTP-Task können Sie den bereits angelegten FTP-Verbindungs-Manager verwenden und unter *Allgemein/FtpConnection* eintragen. Unter *Dateiübertragung* wählen Sie als Operation den Eintrag *Remotedateien löschen* und nehmen als *RemotePath* dieselbe Datei wie beim ersten Task.

Allgemein	∨ **Remoteparameter**	
Dateiübertragung	IsRemotePathVariable	**False**
Ausdrücke	RemotePath	**/files/artikel/preise.csv**
	∨ **Vorgang**	
	Operation	**Remotedateien löschen**
	IsTransferAscii	**False**

RemotePath
Gibt den Pfad von Remotedateien an. Die Platzhalterzeichen "?" und "*" sind zulässig.
Beispiel: /reportsfolder/*.csv oder /reportsfolder/w?p.*

Bild 11.48 FTP-Task zum Löschen der Datei

Zum Abschluss ergänzen wir folgende Task-Verbindungen:

- Beim Datenabgleich wird im Erfolgsfall parallel die Datei auf dem FTP-Server gelöscht und die heruntergeladene Datei archiviert. Somit ist keiner der beiden Vorgänge vom Erfolg des anderen abhängig. Dies könnte auch erreicht werden, indem man die Vorgänge hintereinander mit der Einstellung *Completion* ausführen lässt.

- Von jedem der Tasks bis einschließlich zu jenem, der den SQL-Abgleich realisiert, soll im Fehlerfall zum soeben erstellten E-Mail-Task verzweigt werden.

Damit ergibt sich für das fertige Projekt die Darstellung in Bild 11.49. Im unteren Teil der Abbildung sind alle erstellten Verbindungen zu sehen. Diese Verbindungen müssen Sie editieren und anpassen, wenn Sie das Beispiel von den Dateien zum Buch bei sich einspielen und testen möchten. Klicken Sie dazu jeden Verbindungs-Manager doppelt an, um die Einstellungen zu editieren.

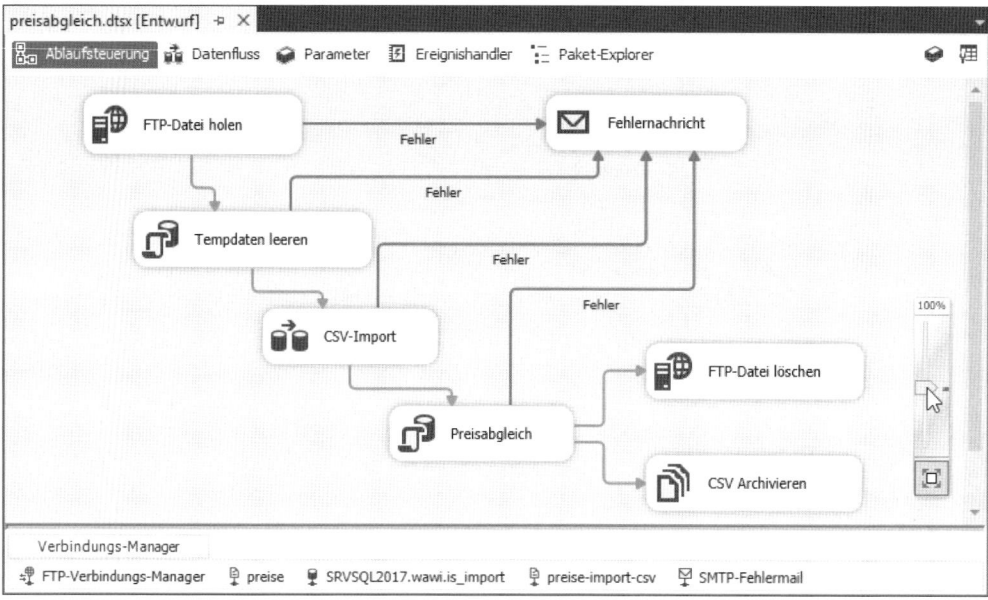

Bild 11.49 Fertige Lösung mit dem Verbindungs-Manager

 PRAXISTIPP: Nett finde ich die Möglichkeit, die Anzeige des Workflows über einen Schieberegler am rechten Rand zu zoomen.

11.2.1.2 IS-Projekt testen

Der Test eines Projekts erfolgt aus der Entwicklungsumgebung heraus: zum Beispiel über das Symbol *Starten* (grüner Rechtspfeil) oder die Taste F5. Während des Durchlaufs kann der aktuelle Stand durch die Bullets im rechten oberen Eck der Tasks mitverfolgt werden. Gerade ausgeführte Tasks haben ein gelbes Bullet, erfolgreich abgeschlossene ein grünes und fehlgeschlagene Tasks werden mit einem roten Bullet markiert. In Bild 11.50 sehen Sie, dass der Task *CSV Archivieren* noch im Gange ist, während beim Task *FTP-Datei löschen* bereits ein Fehler aufgetreten ist.

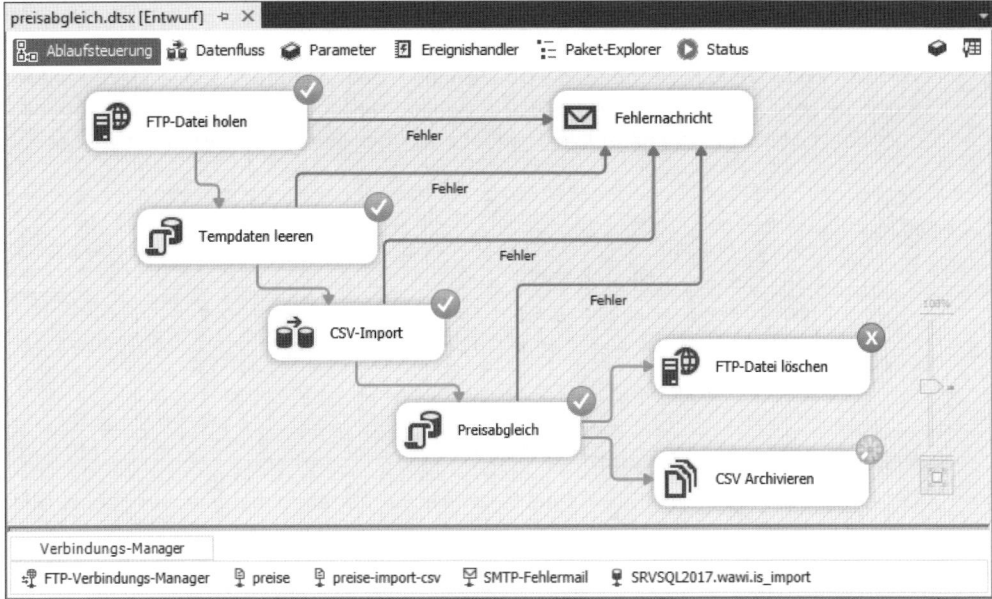

Bild 11.50 Testdurchlauf

Details zum Ablauf können Sie anschließend über das Register **STATUS** einsehen. Hier finden Sie insbesondere bei Fehlern wichtige Informationen, um diese zu beheben. Der hier beim letzten Schritt (absichtlich) aufgetretene Fehler rührt daher, dass ich dem Benutzer auf dem FTP-Server noch nicht ausreichende Berechtigungen erteilt habe, um die Datei zu löschen.

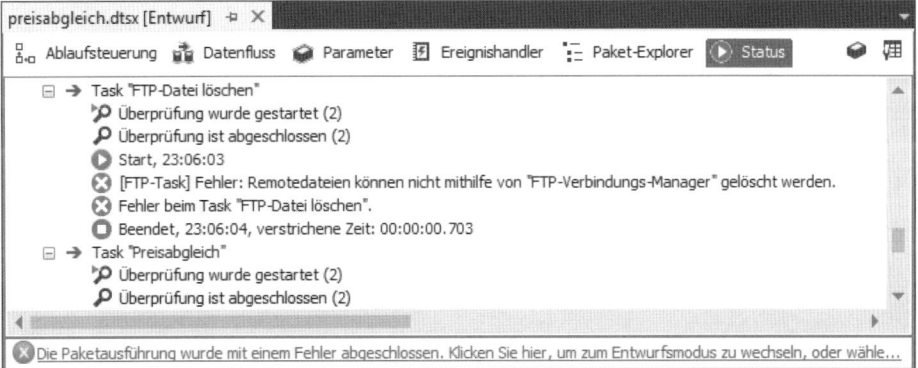

Bild 11.51 Statusinfo nach Debugging mit Fehlermeldung

PRAXISTIPP: Typischerweise werden Sie nicht erst mit dem Testen beginnen, wenn Sie fertig sind, sondern bereits nach jedem neuen Task einen Testlauf starten, um so Folgefehler zu vermeiden und einen besseren Überblick zu behalten.

11.2.2 Pakete ausführen und auf den Server bringen

Fertige Pakete können Sie nun auf verschiedene Arten ausführen. Eine Variante hierzu bietet die Datei mit der Erweiterung *dtsx* aus dem Projektordner. Dieses Paket kann lokal ausgeführt oder zum automatischen Ausführen auf den Server gebracht werden.

 HINWEIS: Wesentlich komfortabler ist die Variante des Deployments über die erzeugten Projekte, über die sogenannten ISPAC-Dateien. Man verwendet also SSIS-Projekte anstelle von SSIS-Paketen. Wir werden uns in erster Linie mit dieser Methode auseinandersetzen. Lediglich für das lokale Ausführen möchte ich noch kurz auf die Variante mit dem Paketausführungsprogramm eingehen.

Paketausführungsprogramm

DTSX-Dateien werden lokal direkt mit dem *Paketausführungsprogramm* ausgeführt. Hier können Sie zum Beispiel *Dateisystem* als Paketquelle einstellen und aus dem Projektordner die Datei mit der Endung *dtsx* auswählen. Sie müssen dazu die vollständigen Client-Komponenten installiert haben, was ja bei der Installation des SQL Server Management Studios der Fall ist. Sie können das Paktausführungsprogramm auch mit einem Doppelklick auf die Datei mit der Erweiterung *dtsx* starten. Sie finden diese im Projektordner Ihres IS-Projekts.

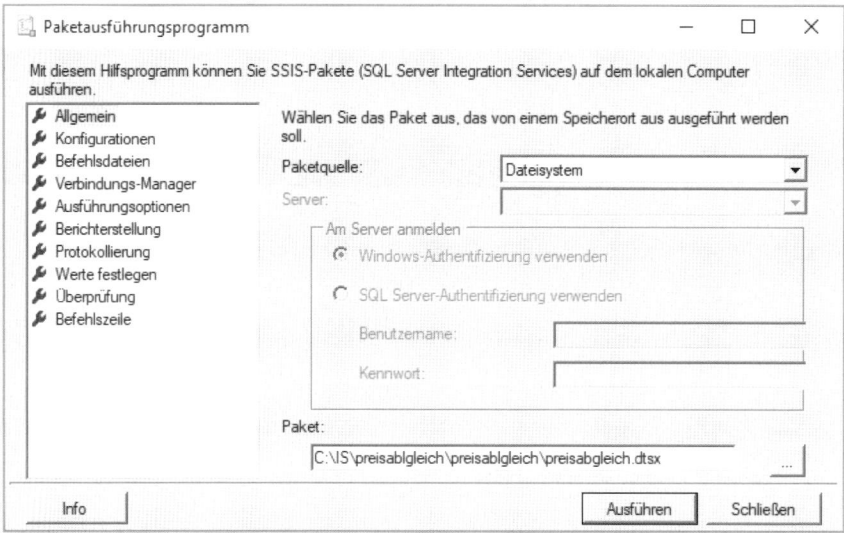

Bild 11.52 Paketausführungsprogramm

Vor dem Ausführen des Pakets können Sie die Einstellungen im Verbindungs-Manager anpassen. Dazu wählen Sie den Punkt *Verbindungs-Manager* im linken Fensterbereich aus und editieren die Verbindungsinformationen. Hier können Sie zum Beispiel die Pfade anpassen oder den Benutzer oder das Kennwort der Datenbankverbindung austauschen. Sie starten das Paket über die Schaltfläche *Ausführen*.

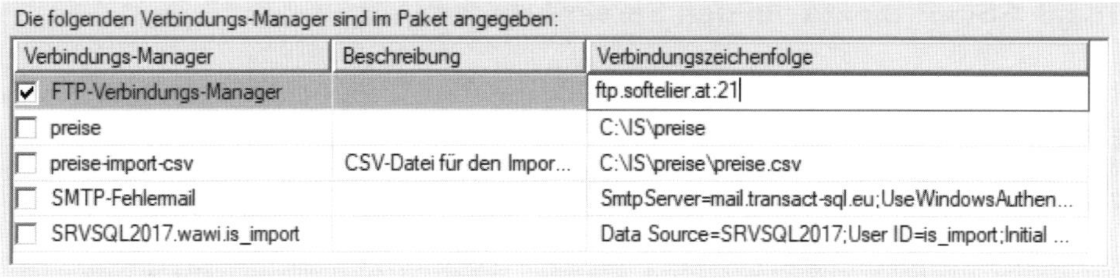

Die folgenden Verbindungs-Manager sind im Paket angegeben:

Verbindungs-Manager	Beschreibung	Verbindungszeichenfolge
☑ FTP-Verbindungs-Manager		ftp.softelier.at:21|
☐ preise		C:\IS\preise
☐ preise-import-csv	CSV-Datei für den Impor...	C:\IS\preise\preise.csv
☐ SMTP-Fehlermail		SmtpServer=mail.transact-sql.eu;UseWindowsAuthen...
☐ SRVSQL2017.wawi.is_import		Data Source=SRVSQL2017;User ID=is_import;Initial ...

Bild 11.53 Verbindungs-Manager

Die Statusanzeige nach dem Ausführen entspricht der auf dem Register *Status* im Visual Studio.

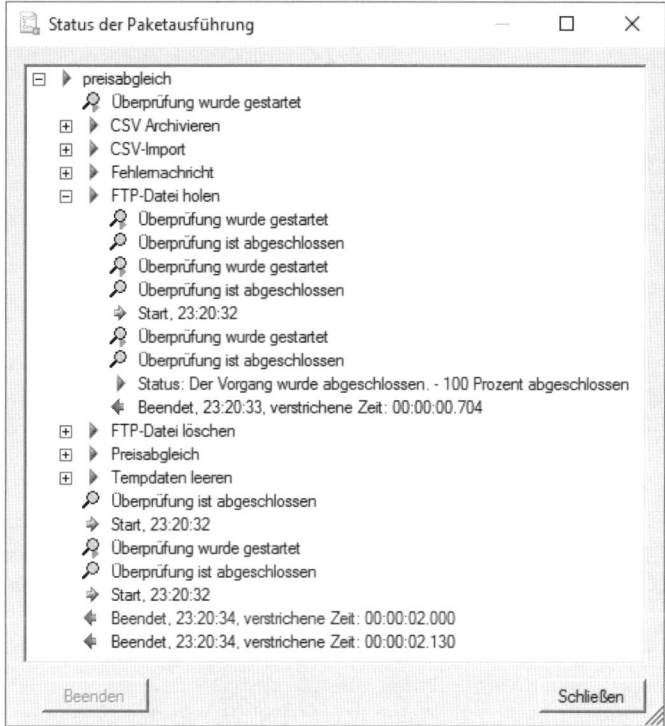

Bild 11.54 Status der Ausführung

  ACHTUNG! Das Paketausführungsprogramm liefert eine Fehlermeldung, wenn keine Integration Services Edition ab der Standard Edition auf dem Rechner installiert ist.

11.2.3 SSIS-Projekte auf den Server bringen

Die wohl unkomplizierteste Variante, um ein Paket auf den Server zu bringen, ist das Deployment über ein ISPAC. Vielleicht erinnern Sie sich noch an das DACPAC aus Kapitel 8. Mit diesem können Datenbanken auf einem Server eingespielt oder aktualisiert werden. Das ISPAC ist nun die Entsprechung für die Integration Services.

Bevor wir dies nutzen können, müssen wir auf dem Zielserver einen Integration Services-Katalog anlegen. Ein solcher wird für das Deployment benötigt.

Integration Services-Katalog

Um einen Integration Services-Katalog zu erstellen, melden Sie sich am Datenbankmodul an. Im Objekt-Explorer finden Sie den Eintrag *Integration Services-Kataloge*. Erstellen Sie einen neuen Katalog, indem Sie im Kontextmenü die Anweisung KATALOG ERSTELLEN... ausführen.

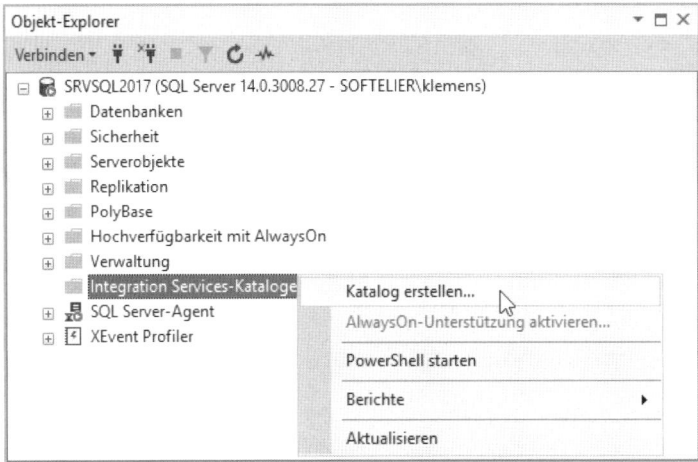

Bild 11.55 Integration Services-Katalog erstellen

Sie werden hier direkt durch einen Assistenten geführt. Da für dieses Feature die CLR-Integration aktiviert sein muss, wählen Sie die Option, dies zu erledigen, falls Sie dies noch nicht im Rahmen des Arbeitens mit Kapitel 7 erledigt haben. Für die Verschlüsselung der Daten im Katalog muss ein Kennwort vergeben werden.

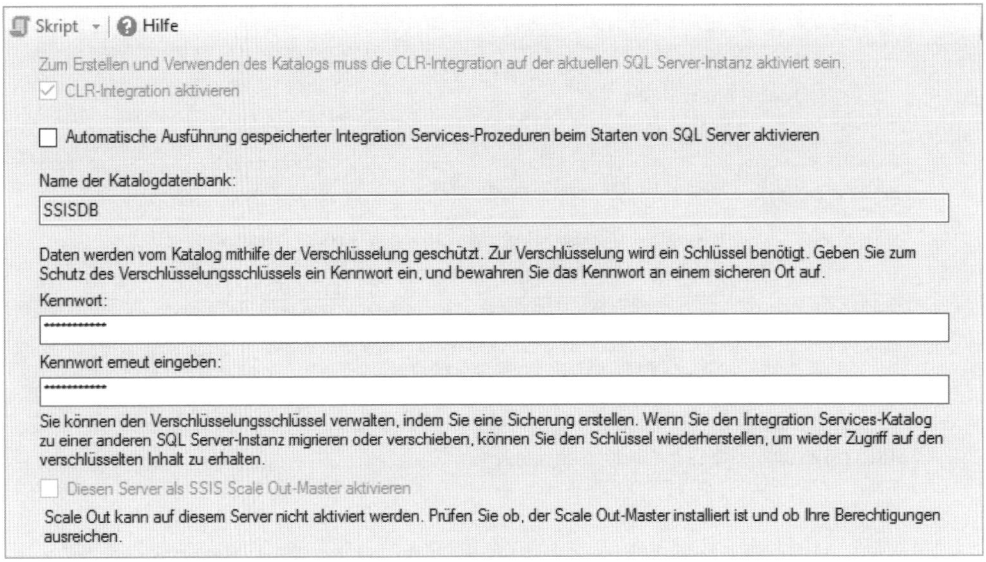

Bild 11.56 Einstellungen für SSIS-Katalog

Der Name SSISDB für den Katalog wird vorgegeben und kann nicht verändert werden. Sie können nun direkt in diesem Katalog über das Kontextmenü einen Ordner erstellen oder dies danach mit dem Bereitstellungs-Assistenten erledigen.

SSIS-Projekt bereitstellen

Um ein Paket bereitzustellen, wählen Sie im Windows-Explorer die Projektbereitstellungs-datei aus und klicken sie doppelt an. Sie finden diese in Ihrem Projektordner, den Sie mit dem Visual Studio erstellt haben, im Unterordner *bin\Development*. Diese Datei trägt den Namen des Projekts mit der Dateierweiterung *ispac*. In unserem Beispiel ist dies die Datei *preisabgleich.ispac*. Wenn dieser Dateityp nicht mit dem Bereitstellungs-Assistenten assozi-iert ist, dann öffnen Sie den SQL Server-Bereitstellungs-Assistenten manuell und wählen Sie die Datei manuell mit folgenden Einstellungen aus:

- *Projektbereitstellung* als Bereitstellungsmodell (die Alternative wäre *Paketbereitstellung*)
- *Projektbereitstellungsdatei* als Integration Services-Projekt

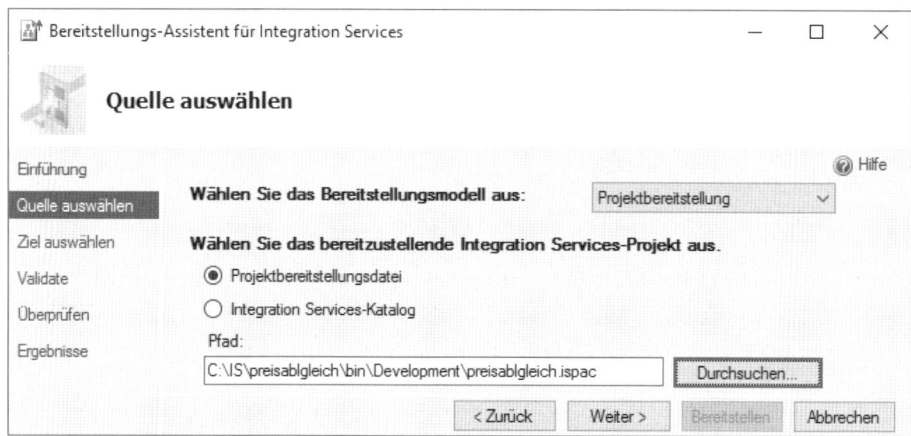

Bild 11.57 Quelle für Bereitstellung auswählen

HINWEIS: Wenn Sie die Bereitstellung nicht mit demselben Benutzer oder auf demselben Rechner durchführen, auf dem Sie die Datei zuletzt gespeichert haben, werden aus Sicherheitsgründen die Kennwörter aus den Verbindungs-Managern – in unserem Fall für die Anmeldung *is_import* und für den FTP-Server – entfernt und müssen später nachkonfiguriert werden. Sie ersparen sich diesen Schritt, wenn Sie das Deployment von derselben Maschine aus erledigen beziehungsweise das Projekt zuletzt direkt auf dem Server mit den SSDT speichern.

Wählen Sie nun den Namen des gewünschten Zielservers aus und wählen Sie den Anmeldemodus und klicken Sie auf *Verbinden*. Um den Pfad zu definieren, verwenden Sie die Schaltfläche *Durchsuchen...*, um den zuvor erstellten SSIS-Katalog *SSISDB* auszuwählen. Erstellen Sie hier einen neuen Ordner oder wählen Sie einen bestehenden aus. Wir erstellen hier den Ordner *abgleich* und wählen ihn als Ziel aus. Der Pfad wird in der Syntax */Katalog/ Ordner/Projekt* übernommen.

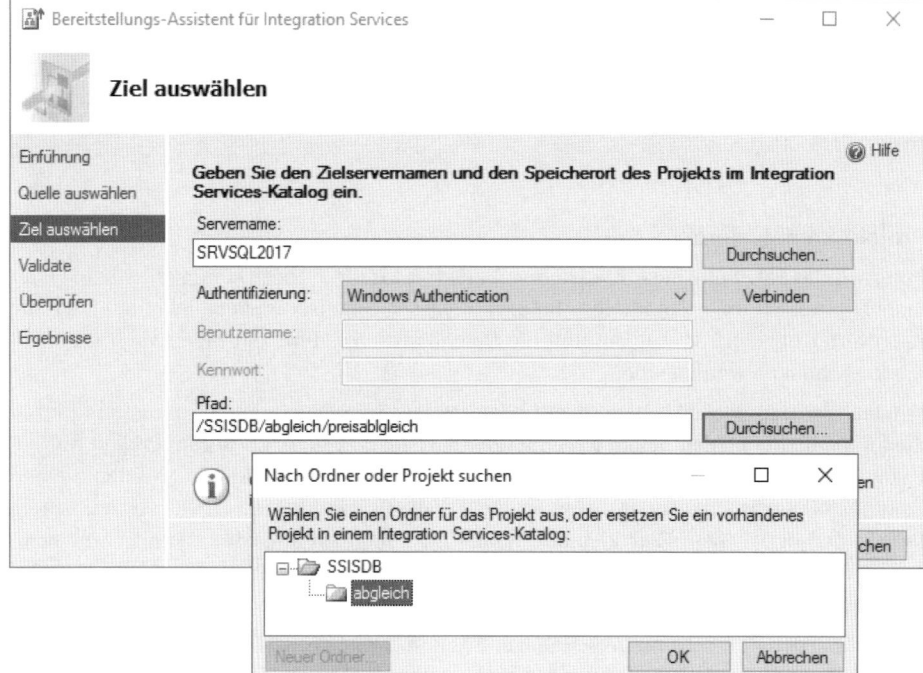

Bild 11.58 Ziel im SSIS-Katalog auswählen

Eine Validierung erfolgt im darauffolgenden Schritt, wenn die Bereitstellung in Azure erfolgt. Für den SQL Server wird diese nicht benötigt. Danach bekommen wir eine Zusammenfassung und können das Bereitstellen mit der entsprechenden Schaltfläche starten. Nach der erfolgreichen Bereitstellung können wir das Projekt im SSIS-Katalog im Objekt-Explorer anzeigen.

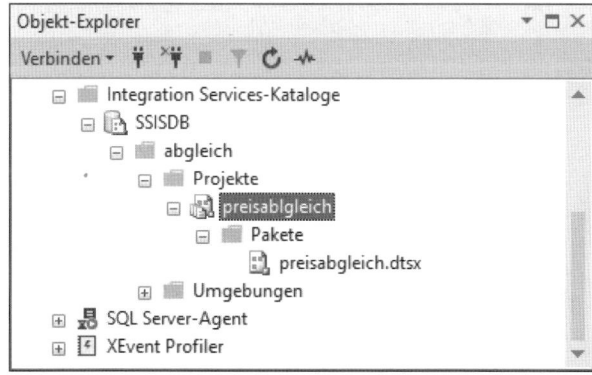

Bild 11.59 Bereitgestelltes Projekt mit Paket

Letztendlich finden Sie hier unter dem bereitgestellten Projekt im Ordner *Pakete* wieder das ursprüngliche Paket mit der Erweiterung *dtsx*.

PRAXISTIPP: Sie können den Bereitstellungs-Assistenten auch über das Kontextmenü für den Ordner *Projekte* mit dem Befehl *Projekt bereitstellen...* starten. Ebenso können Sie hier Pakete importieren, die dann zuerst zu einem ISPAC zusammengefasst werden.

Projekt konfigurieren

Bevor wir das Paket nun ausführen können, müssen wir dieses noch konfigurieren. In erster Linie müssen wir die Verbindungs-Manager anpassen. In unserem Beispiel müssen wir die Kennwörter für den FTP-Zugang und die Datenbankverbindung eintragen, da diese nicht mit übernommen worden sind.

Wählen Sie dazu entweder das Projekt oder das Paket im Objekt Explorer aus und führen Sie im Kontextmenü den Befehl KONFIGURIEREN... aus. Da sich in unserem Projekt nur ein Paket befindet, spielt es keine Rolle, welches der Objekte wir markieren. Wählen Sie den Reiter *Verbindungs-Manager* aus. Hier finden Sie alle Verbindungen vor, die wir in unserem Projekt definiert haben. Hier können Sie alle Einstellungen anpassen. Somit ist es nicht notwendig, wenn sie Pfade, Anmeldenamen, Kennwörter oder Ähnliches ändern, das Projekt neu zu erstellen und auf den Server zu laden.

Wir wählen den FTP-Verbindungs-Manager aus und tragen das FTP-Kennwort ein. Dasselbe wiederholen wir mit dem Verbindungs-Manager für den Datenbankzugriff.

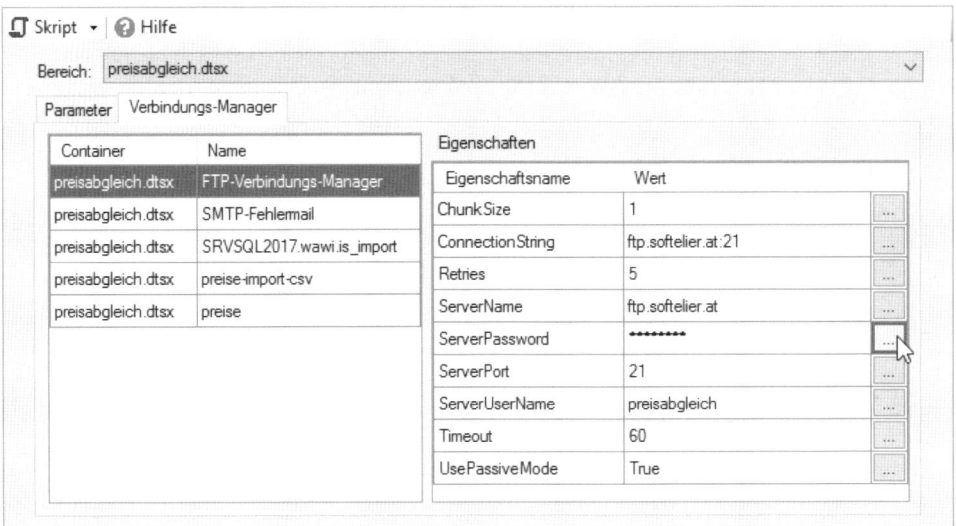

Bild 11.60 Verbindungs-Manager konfigurieren

Wenn Sie möchten, können Sie das Paket nun direkt mit der Anweisung AUSFÜHREN... ein erstes Mal starten.

Paket automatisch ausführen

Typischerweise werden Sie ein Paket periodisch über einen SQL Server-Agent-Job starten. Um einen derartigen Schritt für einen Job zu definieren, legen Sie einen neuen SQL Server-Agent-Auftrag mit einem neuen Arbeitsschritt an. Im Dialog wählen Sie als Typ *SQL Server Integration Services-Paket* aus. Als Paketquelle müssen wir nun *SSIS-Katalog* auswählen, um danach unser Paket als dasjenige einzustellen, das vom Auftrag ausgeführt werden soll. Für die Auswahl verwenden wir die Schaltfläche mit den drei Punkten.

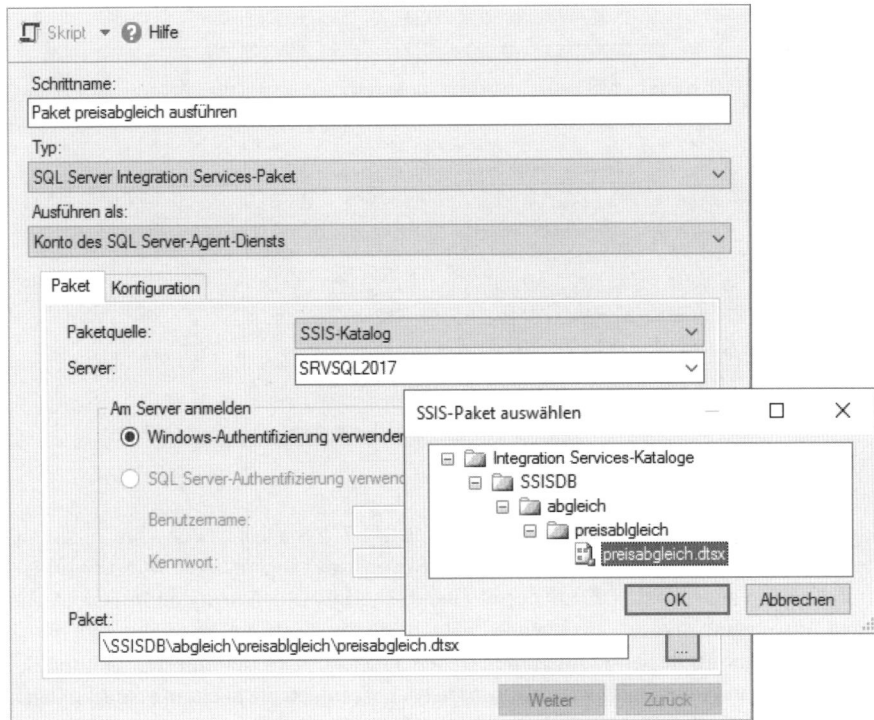

Bild 11.61 Auswahl des Pakets für Auftragsschritt

Auf dem Register *Konfiguration* finden wir unter anderem wieder dieselben Einstellungsmöglichkeiten für die Verbindungs-Manager vor. In diesem Fall ersparen wir uns eine weitere Konfiguration, da wir diese schon beim Paket selber vorgenommen haben. Um den Auftrag periodisch ausführen zu lassen, müssen Sie nun lediglich einen Zeitplan erstellen. Dazu gehen Sie analog vor, wie wir es in Kapitel 9 beim Thema Backup realisiert haben.

Übersichtsbericht anzeigen

Besonders gelungen finde ich die Ergebnisübersicht für ausgeführte Pakete. Hier ist wirklich in detaillierter Form ersichtlich, wann ein Paket wie erfolgreich ausgeführt worden ist. Wenn Sie ein Paket direkt aus dem Objekt-Explorer heraus starten, werden Sie danach gefragt, ob Sie diese Übersicht gleich angezeigt bekommen möchten.

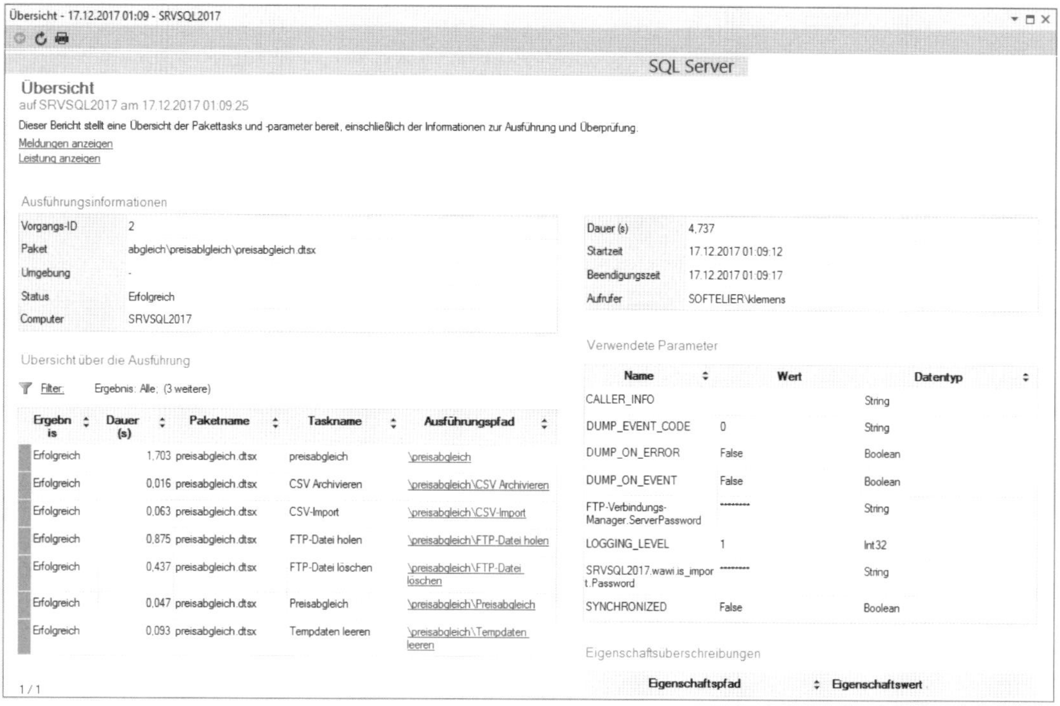

Bild 11.62 Ausführungsübersicht für SSIS-Paket

Um diese Übersicht jederzeit manuell zu öffnen, markieren Sie das gewünschte Paket und wählen im Kontextmenü den Befehl BERICHTE/STANDARDBERICHTE/ALLE AUSFÜHRUNGEN aus. Sie erhalten zuerst eine Übersicht mit allen bisherigen Ausführungen in Listenform. Um eine Ausführung speziell anzuzeigen, wählen Sie diese aus der Liste aus. Bild 11.63 zeigt die Übersicht für das erste Ausführen unseres Pakets. Noch detailliertere Informationen erhalten Sie mit dem Link *Meldungen anzeigen*. Hier finden Sie auch im Fehlerfall noch genauere Informationen.

HINWEIS: Integration Services sind ein sehr mächtiges Feature, das viele Möglichkeiten bietet. Ich habe Ihnen hier lediglich einen kleinen Ausschnitt gezeigt. Ein großer Vorteil aus meiner Sicht ist, dass dieses Werkzeug auch für Nichtprogrammierer gut einsetzbar ist. Vielleicht ist Ihnen aufgefallen, dass wir in unserem Beispiel keine einzige Zeile Programmcode benötigt haben.

PRAXISTIPP: Ich habe das Beispiel sowohl mit ODBC als auch mit OLE DB umgesetzt. Da OLE DB nun von Microsoft nicht mehr abgekündigt ist und in der Praxis einfacher zu handhaben ist, habe ich diese Variante in meiner Beschreibung verwendet. Das Beispielprojekt habe ich Ihnen in beiden Varianten zu den Buchdateien beigefügt.

12 SQL Server 2017 auf Linux

Was vor einigen Jahren noch absolut undenkbar gewesen ist, ist mittlerweile Realität. Microsofts Öffnung hin zu anderen Ökosystemen hat es möglich gemacht, dass nun erstmals ein SQL Server auf einer Nicht-Windows-Plattform zur Verfügung steht. Bereits die Ankündigung seitens Microsoft, den SQL Server auch für Linux auf den Markt zu bringen, hat einer kleinen Revolution geglichen. Da diese Ankündigung knapp vor der Veröffentlichung des *SQL Server 2016* gekommen ist, haben seinerzeit alle angenommen, dass diese Version im darauffolgenden Jahr als Linux-Version nachgeschoben werden würde. Erst ein knappes halbes Jahr nach dem Erscheinen des SQL Server 2016 ist mit den ersten Vorabversionen des *SQL Server vNext*, wie die Bezeichnung der neuen Version vor der Vergabe einer fixen Versionsnummer gelautet hat, klar geworden, dass es nochmals eine ganz neue Version des SQL Servers werden wird, die nun als *SQL Server 2017* vorliegt.

Implementierung des SQL Servers auf Linux

Beim SQL Server von Linux handelt es sich im Grundprinzip nicht um ein eigenes parallel entwickeltes Produkt, sondern um die Implementierung derselben Datenbank-Engine in einer anderen Umgebung. Dafür verantwortlich ist der sogenannte *SQL Server Platform Abstraction Layer*, kurz *SQLPAL* genannt. Dieser fungiert als Zwischenschicht zwischen dem SQL Server und dem Betriebssystem, die alle Aufrufe zwischen den beiden Systemen abwickelt. SQLPAL fordert zum Beispiel vom Betriebssystem den Speicher an und kümmert sich um das Lesen und Schreiben der Daten von den Festplatten (IO). In Bild 12.1sehen Sie den schematischen Ablauf dargestellt. In einem isolierten Softwareprozess läuft der SQL Server ident unter Windows und Linux. Dieser sendet seine Windows-Aufrufe an den SQLPAL, der dann ABI-Aufrufe (Application Binary Interface) an die Linux-Gasterweiterungen weiterleitet. SQLPAL ist gleichsam jener Teil, der sich bei der Windows- und der Linux-Version unterscheidet.

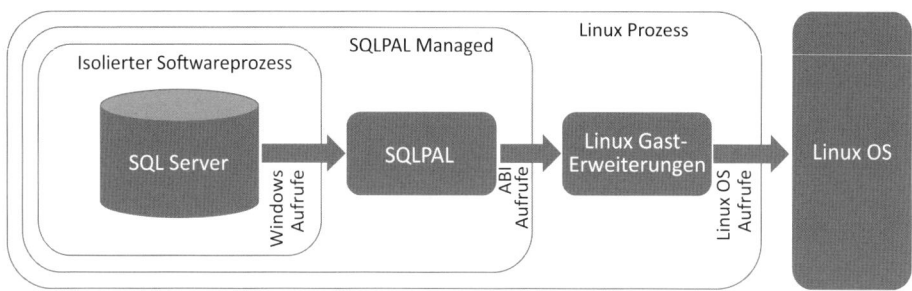

Bild 12.1 Interaktion SQL Server mit Linux über SQLPAL

Unterstützte Plattformen

Im Moment wird der SQL Server für folgende vier Linux-Plattformen unterstützt:

- Ubuntu 16.04 LTS mit EXT4 als Dateisystem.
- Red Hat Enterprise Linux 7.3 oder 7.4 Server, Workstation und Desktop. Als Dateisystem werden XFS und EXT4 unterstützt.
- SUSE Enterprise Linux Server v12 SP2 mit EXT4 als Dateisystem.
- Docker Engine 1.8+ auf Linux, Windows oder MacOS.

 HINWEIS: Diese Auflistung entspricht dem momentan aktuellen Stand. Werfen Sie vor der Installation einen Blick auf diese Seite, vielleicht hat es in der Zwischenzeit ja schon eine Aktualisierung oder Erweiterung gegeben:

https://docs.microsoft.com/de-de/sql/linux/sql-server-linux-release-notes

Auf dieser Seite finden Sie zusätzlich eine Liste der unter Linux nicht unterstützen Features. Werfen Sie auch dazu einen Blick auf diese Seite, bevor Sie einen Einsatz planen. Von den in diesem Buch behandelten Features werden folgende (zurzeit noch) nicht unter Linux unterstützt:

- Filetable und Filestream (Kapitel 3)
- CLR-Assemblys, die nicht als SAFE (sicher) markiert sind (Kapitel 7)
- Change Data Capture (Kapitel 9)
- Windows-Authentifizierung für Verbindungsserver (Linked Server, Kapitel 10)
- SQL Server-Browser (Kapitel 9)

Als Clientwerkzeuge kommen neben dem *SQL Server Management Studio* (SSMS) ab der Version 17 auch die *SQL Server Data Tools* (SSDT) ab der Version 17 infrage. Auch wenn dies ein wenig verwirrend ist, trägt die Version 17 das Visual Studio 2015, während das Visual Studio 2017 unter der Version 15 geführt wird und damit neuer und natürlich verwendbar ist. Diese zwei Werkzeuge sind nur unter Windows verwendbar, das wird sich in Zukunft auch nicht ändern.

Wenn Sie ein Clientwerkzeug suchen, das auch unter Linux eingesetzt werden kann, kommen für Sie zusätzlich das *Visual Studio Code* mit den Erweiterungen für den SQL Server sowie das *SQL Operations Studio* infrage. Letzteres ist im Moment erst als Vorabversion verfügbar. Diese beiden sind aber für Windows, Linux und MacOS verfügbar.

Visual Studio Code finden Sie hier:

https://code.visualstudio.com/Download

SQL Operations Studio finden Sie hier:

https://docs.microsoft.com/de-de/sql/sql-operations-studio/download

In dieser automatisch übersetzten Seite wird das Werkzeug als *SQL-Vorgänge Studio* bezeichnet. Ich bezweifle, dass dies der offizielle deutsche Name bei der Veröffentlichung der finalen Version sein wird. Ersetzen Sie in diesem Link de-de durch en-us, gelangen Sie auf die originale englische Seite. Auch wenn ich in diesem deutschsprachigen Buch wenn möglich immer die Links zu deutschen Seiten angebe, verwende ich selber oftmals die originalen englischen Seiten. Dies hilft, wenn die maschinelle Übersetzung der deutschen Seite zu offensichtlich wird und die Gefahr gegeben ist, dass dadurch der Sinn von Aussagen nicht immer klar erkennbar ist.

HINWEIS: Dem *SQL Operations Studio* widme ich mich noch am Ende dieses Kapitels. ∎

ACHTUNG! Begriffe und Vorgehensweisen, die in den vorangegangenen Kapiteln besprochen und erläutert worden sind, werden in diesem Kapitel verwendet, aber nicht nochmals im Detail erläutert. Lesen Sie bitte bei Bedarf die diesbezüglichen Erläuterungen an den entsprechenden Stellen. In diesem Kapitel wird davon ausgegangen, dass die Bestandteile des SQL Servers bekannt sind und Sie zumindest mit den Grundbegriffen von SQL und Zugriffsberechtigungen vertraut sind. ∎

■ 12.1 Installation des SQL Servers

Als eine der am weitesten verbreiteten Distributionen nutze ich Ubuntu für meine Erörterungen in diesem Kapitel. Sie können dazu eine Ubuntu-Maschine in der Azure-Cloud verwenden oder eine lokale Installation vornehmen. Ich installiere für dieses Beispiel Ubuntu in einer virtuellen Maschine auf meinem Server.

Die Installationsdateien für Ubuntu 16.04 LTS finden Sie unter dieser Adresse:

https://www.ubuntu.com/download/server

Wenn Sie Ubuntu installiert haben, geht die Installation von SQL Server in wenigen Schritten sehr einfach von der Hand. Der erste Schritt ist, den GPG Key (GNU Privacy Guard) ins

Public Repository des Servers zu importieren. Dazu verwenden Sie an der Kommandozeile folgende Anweisung:

```
wget -qO- https://packages.microsoft.com/keys/microsoft.asc | sudo apt-key add –
```

Nun kann der SQL Server im Ubuntu Repository registriert werden. Dies ist eine Voraussetzung, damit danach der Download der Dateien sowie die Installation vonstattengehen kann.

```
sudo add-apt-repository "$(wget -qO- https://packages.microsoft.com/config/
ubuntu/16.04/mssql-server-2017.list)"
```

Nun können der Download und die Installation des SQL Server 2017 starten. Für den Download der Dateien verwenden Sie die Anweisung apt-get mit der Option update.

```
sudo apt-get update
```

Anders als bei der Windows-Version erfolgen die Installation und die Konfiguration in zwei separaten Schritten. Starten Sie die Installation mit der Option install.

```
sudo apt-get install -y mssql-server
```

Nach erfolgter Installation starten Sie die Konfiguration der SQL Server-Instanz mit dieser Anweisung, die auch am Ende der Installation angezeigt wird:

```
sudo /opt/mssql/bin/mssql-conf setup
```

Der erste Konfigurationsschritt ist die Auswahl der Edition. Dabei stehen dieselben Editionen zu Verfügung, die wir von Windows her kennen. Ich wähle hier die kostenlose Developer Edition aus, die sich von der Enterprise Edition ja nur durch die Lizenzierung unterscheidet.

```
+------------------------------------------------------------------+
Führen Sie "sudo /opt/mssql/bin/mssql-conf setup" aus,
um das Setup von Microsoft SQL Server abzuschließen.
+------------------------------------------------------------------+

Trigger für libc-bin (2.23-0ubuntu9) werden verarbeitet ...
klemens@sqlx2017:~$ sudo /opt/mssql/bin/mssql-conf setup
Wählen Sie eine SQL Server-Edition:
  1) Evaluation (Kostenlos, keine Nutzungsrechte für die Produktion, auf 180 Tage begrenzt)
  2) Developer (Kostenlos, keine Nutzungsrechte für die Produktion)
  3) Express (kostenlos)
  4) Web (KOSTENPFLICHTIG)
  5) Standard (KOSTENPFLICHTIG)
  6) Enterprise (KOSTENPFLICHTIG)
  7) Enterprise Core (KOSTENPFLICHTIG)
  8) Ich habe eine Lizenz im Einzelhandel erworben und besitze einen Production Key.

Details zu den Editionen finden Sie hier:
https://go.microsoft.com/fwlink/?LinkId=852748&clcid=0x407

Die Nutzung KOSTENPFLICHTIGER Editionen dieser Software erfordert eine separate Lizenzierung über ein
Microsoft-Volumenlizenzierungsprogramm.
Durch die Auswahl einer KOSTENPFLICHTIGEN Edition bestätigen Sie, dass Sie die erforderliche
Anzahl von Lizenzen zur Installation und Ausführung dieser Software besitzen.

Edition eingeben(1-8): _
```

Bild 12.2 Auswahl der Edition

Auch bei Linux kommen Sie um das Bestätigen der Lizenzbedingungen nicht herum, was bei der Auswahl der Developer Edition eine reine Formsache darstellt.

```
Edition eingeben(1-8): 2
Die Lizenzbedingungen für dieses Produkt finden Sie hier:
/usr/share/doc/mssql-server oder können hier heruntergeladen werden:
https://go.microsoft.com/fwlink/?LinkId=855862&clcid=0x407

Die Datenschutzerklärung kann hier angezeigt werden:
https://go.microsoft.com/fwlink/?LinkId=853010&clcid=0x407

Stimmen Sie den Lizenzbedingungen zu? [Yes/No]:Yes
```

Bild 12.3 Lizenzbestimmungen zustimmen

Die Sprachauswahl erfolgt als nächster Konfigurationsschritt. Elf Sprachen stehen hier zur Auswahl, wie Sie in Bild 12.4 sehen können, die in Ermangelung der Zeichensätze nicht alle gelesen werden, was für uns aber nicht relevant ist, da ich davon ausgehe, dass Sie ohnehin entweder Englisch oder Deutsch auswählen werden. Da ich in diesem Buch einheitlich mit Deutsch operiere, wähle ich es auch an dieser Stelle für die Test-Installation aus. In einer Produktionsumgebung in einem Unternehmen werden Sie voraussichtlich sowohl beim Betriebssystem als auch bei der installierten Software einheitlich die englische Versionen einsetzen.

```
Wählen Sie die Sprache für SQL Server:
(1) English
(2) Deutsch
(3) Español
(4) Français
(5) Italiano
(6) ◆ ◆ ◆
(7) ◆ ◆ ◆
(8) Português
(9) Pycc◆◆◆
(10) ◆ ◆  - ◆ ◆
(11) ◆ ◆  ◆ ◆ ◆ ◆
Geben Sie Option 1-11 ein:
```

Bild 12.4 Sprache für den SQL Server wählen

Der abschließende und wichtige Schritt ist das Festlegen des Kennworts für das Administratorenkonto *sa*. Mit diesem können Sie später weitere Anmeldungen, wie in Kapitel 10 beschrieben, erstellen. Auch bei der Angabe des Kennworts müssen Sie die Komplexitätsanforderungen für das Kennwort erfüllen, wie in Bild 12.5 zu sehen. Nachdem ich hier ein zu einfaches Kennwort eingegeben habe, erscheint die Fehlermeldung mit der Beschreibung der Komplexitätsanforderungen. Nach Eingabe eines ausreichend komplexen Kennworts und der erneuten Eingabe zur Bestätigung, startet schon die Konfiguration des SQL Servers. In der Ubuntu-Kommandozeile werden die eingegebenen Zeichen, wie wir es von der Eingabe eines Kennworts gewohnt sind, nicht angezeigt. Daher können Sie das Kennwort in der Abbildung auch nicht ausmachen.

```
Geben Sie das SQL Server-Systemadministratorkennwort ein:
Das angegebene Kennwort entspricht nicht den SQL Server-Kennwortrichtlinien, weil es nicht komplex
genug ist. Das Kennwort muss mindestens 8 Zeichen lang sein und muss Zeichen aus mindestens drei der
folgenden vier Gruppen enthalten: Großbuchstaben, Kleinbuchstaben, Ziffern und Symbole.
Geben Sie das SQL Server-Systemadministratorkennwort ein:
Bestätigen Sie das SQL Server-Systemadministratorkennwort:
SQL Server wird konfiguriert...

Created symlink from /etc/systemd/system/multi-user.target.wants/mssql-server.service
to /lib/systemd/system/mssql-server.service.
Das Setup wurde erfolgreich abgeschlossen. SQL Server wird jetzt gestartet.
```

Bild 12.5　Kennwort für Systemadministratorenkonto sa festlegen

Nach erfolgter Installation beziehungsweise Basiskonfiguration möchten Sie natürlich wissen, ob Ihr neuer SQL Server nun wirklich aktiv ist und läuft. Dies können Sie sich Ubuntu mit der Anweisung `systemctl` ausgeben.

```
systemctl status mssql-server
```

Das Ergebnis sehen Sie in Bild 12.6 dargestellt.

```
klemens@sqlx2017:~$
klemens@sqlx2017:~$ systemctl status mssql-server
• mssql-server.service - Microsoft SQL Server Database Engine
   Loaded: loaded (/lib/systemd/system/mssql-server.service; enabled; vendor preset: enabled)
   Active: active (running) since Sa 2018-02-03 14:13:42 CET; 1h 30min ago
     Docs: https://docs.microsoft.com/en-us/sql/linux
 Main PID: 39249 (sqlservr)
   CGroup: /system.slice/mssql-server.service
           ├─39249 /opt/mssql/bin/sqlservr
           └─39293 /opt/mssql/bin/sqlservr

Feb 03 14:13:51 sqlx2017 sqlservr[39249]: [168B blob data]
klemens@sqlx2017:~$ _
```

Bild 12.6　Prüfung des SQL Server Status

 HINWEIS: Es spielt keine Rolle, ob Sie in den Anweisungen für den Serverdienst nur die kurze Form `mssql-server` oder die ausgeschriebene Variante `mssql-server.service` verwenden. Beide Varianten funktionieren, da der Servicezusatz intern gegebenenfalls ergänzt wird.

Um die Version zu überprüfen, verwenden Sie die Anweisung dpkg in der Konsole.

```
dpkg -s mssql-server
```

Die in Bild 12.7 angezeigte Version 14.0.3015.40 entspricht dem CU3 (Cumulative Update 3), das Anfang Januar 2018 herausgekommen ist.

```
klemens@sqlx2017:~$
klemens@sqlx2017:~$ dpkg -s mssql-server
Package: mssql-server
Status: install ok installed
Priority: extra
Section: misc
Installed-Size: 887161
Maintainer: Microsoft Data Platform Group <dpgswdist@microsoft.com>
Architecture: amd64
Version: 14.0.3015.40-1
Depends: libunwind8, libnuma1, libc6, adduser, libjemalloc1, libc++1, gdb, debconf, libcurl3,
  hostname, openssl (>= 1.0.1), openssl (<= 1.1.0),
python (>= 2.7.0), libgssapi-krb5-2, libsss-nss-idmap0, gawk, sed
Description: Microsoft SQL Server Relational Database Engine
  The mssql-server package contains the Microsoft SQL Server Relational Database Engine.
klemens@sqlx2017:~$
```

Bild 12.7 Aktuell installierte Version anzeigen

 PRAXISTIPP: Ich verwende gerne folgende Seite, um übersichtlich über die aktuellsten Versionsstände des SQL Servers informiert zu sein. Was mir hier besonders gut gefällt, ist, dass man auf einem Blick eine gute Übersicht bekommt, und das für alle Versionen. Dies ist hilfreich, da bei meinen Kunden alle Versionen ab 2008 R2 im Einsatz sind.

https://buildnumbers.wordpress.com/sqlserver

Verbinden wir uns nun nach erfolgter Installation erstmals mit dem SQL Server Management Studio zu unserem SQL Server unter Linux. Stellen Sie zuvor sicher, dass der Port 1433 über die Firewall nicht geblockt wird – bei meiner frischen Ubuntu-Installation ist dies nicht der Fall. Sofern Sie die IP-Adresse Ihrer Ubuntu-Installation noch nicht angepasst haben und diese noch über DHCP vergeben wird, lesen Sie die IP-Adresse mit der Anweisung ifconfig aus. Verwenden Sie danach je nach Ihrer Netzwerkkonfiguration die IP-Adresse oder den Servernamen zum Herstellen der Verbindung. Da wir ja bisher noch keine andere Anmeldung zur Verfügung haben, melde ich mich mit *sa* mittels SQL Server-Authentifizierung an. In Bild 12.8 sehen Sie die Verbindung im Objekt-Explorer. In den angezeigten Servereigenschaften erkennen Sie die Plattform Linux sowie das Betriebssystem Ubuntu in der Anzeige.

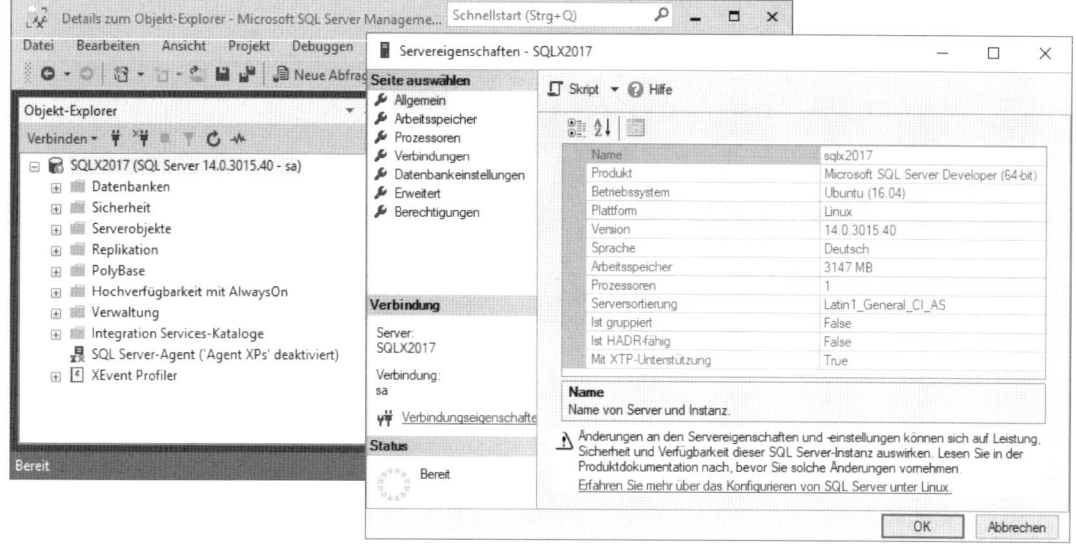

Bild 12.8 Verbindung zu SQL Server auf Linux mit SSMS

HINWEIS: In Bild 12.8 ist im Objekt-Explorer am unteren Ende der Anzeige ebenso zu sehen, dass der SQL Server-Agent für diese Installation noch deaktiviert ist. Dies liegt daran, dass dieses Paket noch separat nachinstalliert werden muss. Wie, das lesen Sie im Abschnitt 12.3.

■ 12.2 Kommandozeilentools installieren

Nachdem unser erster Remotezugriff auf den SQL Server 2017 auf Linux mit dem Management Studio erfolgreich gewesen ist, wollen wir uns nun noch lokal auf dem Server den Zugriff auf die Datenbank über die Verwendung von Kommandozeilentools einrichten. Die erste naheliegendste Variante dazu ist das Tool *SQLCmd*, das wir bereits unter Windows kennengelernt haben. Es nutzt ODBC für die Verbindung zum SQL Server. Ich möchte Ihnen in diesem Abschnitt aber auch das ganz neue *mssql-cli* vorstellen, das mit so manchem Feature des Abfrageeditors aus dem Management Studio aufwarten kann.

12.2.1 SQLCmd mit ODBC

Beim SQL Server unter Windows sind im Setup das Kommandozeilentool *SQLCmd* sowie der ODBC-Treiber standardmäßig bereits enthalten. Damit können Sie nach erfolgter Installation sofort auf den neuen Server zugreifen, um erste Einrichtungen vorzunehmen. Unter

Linux müssen diese Werkzeuge in einem separaten Schritt nachinstalliert werden. Der Vorgang ist der Installation des SQL Servers sehr ähnlich.

Da wir die PGP-Keys der Microsoft-Produkte bereits zuvor aktuell in das lokale Repository geladen haben, können wir gleich mit dem Registrieren des Microsoft Ubuntu Repositorys starten. Die dazu verwendete Anweisung unterscheidet sich von der im vorigen Schritt durchgeführten Registrierung lediglich darin, dass hier anstelle von `mssql-server-2017.list` nun `prod.list` anzugeben ist.

```
sudo add-apt-repository "$(wget -qO- https://packages.microsoft.com/config/
ubuntu/16.04/prod.list)"
```

```
klemens@sqlx2017:~$ sudo add-apt-repository "$(curl https://packages.microsoft.com/config/ubuntu/16.04/prod.list)"
  % Total    % Received % Xferd  Average Speed   Time    Time     Time  Current
                                 Dload  Upload   Total   Spent    Left  Speed
100    79  100    79    0     0     62      0 0:00:01 0:00:01 --:--:--    62
[sudo] Passwort für klemens:
```

Bild 12.9 Abrufen der verfügbaren Packages

Die zur Installation verfügbaren Dateien werden mit der Anweisung `apt-get update` eingelesen, falls dies nicht ohnehin schon erfolgt ist. Die Anzeige sehen Sie in Bild 12.10.

```
klemens@sqlx2017:~$ sudo apt-get update
OK:1 http://security.ubuntu.com/ubuntu xenial-security InRelease
OK:2 http://de.archive.ubuntu.com/ubuntu xenial InRelease
OK:3 http://de.archive.ubuntu.com/ubuntu xenial-updates InRelease
OK:4 http://de.archive.ubuntu.com/ubuntu xenial-backports InRelease
OK:5 https://packages.microsoft.com/ubuntu/16.04/mssql-server-2017 xenial InRelease
Holen:6 https://packages.microsoft.com/ubuntu/16.04/prod xenial InRelease [2.845 B]
Holen:7 https://packages.microsoft.com/ubuntu/16.04/prod xenial/main amd64 Packages [23,0 kB]
Es wurden 25,9 kB in 0 s geholt (33,7 kB/s).
Paketlisten werden gelesen... Fertig
```

Bild 12.10 Update der verfügbaren Installationsdateien

Starten Sie die Installation der Pakete `mssql-tools` (SQLCmd) und `unixodbc-dev` (ODBC-Treiber) mit der entsprechenden Anweisung.

```
sudo apt-get install -y mssql-tools unixodbc-dev
```

Für beide Tools müssen Sie die Lizenzbedingungen akzeptieren, bevor die Installation vorgenommen wird. Dies geschieht in den Dialogen *Konfiguriere mssql-tools* und *Konfiguriere msodbcsql*.

```
┤ Konfiguriere mssql-tools ├

The license terms for this product can be downloaded from http://go.microsoft.com/fwlink/?LinkId=746949
and found in /usr/share/doc/mssql-tools/LICENSE.TXT.

By choosing 'Yes', you indicate that you accept the license terms.

Do you accept the license terms?
                    <Ja>                                        <Nein>
```

Bild 12.11 Lizenzbedingungen der MSSQL-Tools akzeptieren

Bild 12.12 zeigt einen Ausschnitt aus den Installationsmeldungen der ODBC-Treiber. Hieraus erkennen Sie einerseits die Namen der beiden ausgewählten Pakete sowie die Namen der daraus installierten Produkte.

```
Entpacken von msodbcsql (13.1.9.1-1) ...
Vormals nicht ausgewähltes Paket mssql-tools wird gewählt.
Vorbereitung zum Entpacken von .../mssql-tools_14.0.6.0-1_amd64.deb ...
Entpacken von mssql-tools (14.0.6.0-1) ...
Vormals nicht ausgewähltes Paket unixodbc-dev wird gewählt.
Vorbereitung zum Entpacken von .../unixodbc-dev_2.3.1-4.1_amd64.deb ...
Entpacken von unixodbc-dev (2.3.1-4.1) ...
odbcinst1debian2:amd64 (2.3.1-4.1) wird eingerichtet ...
odbcinst (2.3.1-4.1) wird eingerichtet ...
unixodbc (2.3.1-4.1) wird eingerichtet ...
msodbcsql (13.1.9.1-1) wird eingerichtet ...
mssql-tools (14.0.6.0-1) wird eingerichtet ...
unixodbc-dev (2.3.1-4.1) wird eingerichtet ...
Trigger für libc-bin (2.23-0ubuntu9) werden verarbeitet ...
klemens@sqlx2017:~$ _
```

Bild 12.12 Installationsfortschritt der ODBC-Treiber

PRAXISTIPP: Bevor Sie *SQLCmd* erstmalig ausführen, sollten Sie einen Pfadeintrag (PATH) auf das Installationsverzeichnis setzen, damit Sie dieses beim Programmstart nicht jedes Mal mit angeben müssen.

Setzen Sie den Pfad für SQLCmd mit den nachfolgenden drei Anweisungen:

```
echo 'export PATH="$PATH:/opt/mssql-tools/bin"' >> ~/.bash_profile
echo 'export PATH="$PATH:/opt/mssql-tools/bin"' >> ~/.bashrc
source ~/.bashrc
```

```
klemens@sqlx2017:~$ echo 'export PATH="$PATH:/opt/mssql-tools/bin"' >> ~/.bash_profile
klemens@sqlx2017:~$ echo 'export PATH="$PATH:/opt/mssql-tools/bin"' >> ~/.bashrc
klemens@sqlx2017:~$ source ~/.bashrc
klemens@sqlx2017:~$ _
```

Bild 12.13 Pfad für MSSQL-Tools setzen

Nun können Sie SQLCmd in der von Windows bekannten Form starten. Es sind dieselben Startparameter wie bei der Windows-Version zu verwenden. Daher ist auch hier die Groß-/ Kleinschreibung der Parameter strikt zu beachten. Den Servernamen geben wir über den Parameter -S an. Wir verwenden dazu localhost, um uns mit der lokalen Instanz zu verbinden. Da Windows-Authentifizierung von der Unix-Konsole aus nicht verfügbar ist und von uns ohnehin noch nicht konfiguriert worden ist, geben wir den SQL Server-Anmeldenamen *sa* mit dem Parameter -U an.

PRAXISTIPP: Wenn Sie das Kennwort zur Anmeldung in der Konsole nicht sichtbar eintippen möchten, verzichten Sie auf den Parameter -P zur Eingabe des Kennworts. Lassen Sie diesen Parameter weg, werden Sie danach separat zur Eingabe des Kennworts aufgefordert, und diese Eingabe erfolgt nicht sichtbar.

Wir melden uns mit dem Kennwort an, das wir bei der Konfiguration des SQL Servers vergeben haben.

Die erste Aufgabe, die wir auf der frisch installierten Serverinstanz ausführen, ist, einen Login *wawi* für unsere Beispieldatenbank zu erstellen. Da ich hier der Einfachheit halber auch *wawi* als Kennwort vergeben möchte, ergänze ich bei der Anweisung CREATE LOGIN den Parameter CHECK_POLICY=OFF.Würden wir dies nicht tun, würden wir wieder eine Fehlermeldung erhalten, dass dieses Kennwort nicht komplex genug sei. Für unsere Testanmeldung auf einer Testinstallation sollte dies aber keine Rolle spielen. Auch unter Linux verwenden wir die Anweisung GO, um die Eingabe eines Befehls abzuschließen und ihn auszuführen.

```
CREATE LOGIN wawi WITH PASSWORD = 'wawi', CHECK_POLICY = OFF;
GO
```

Nach dem Erstellen der Anmeldung erzeugen wir eine neue Datenbank mit allen Standardeinstellungen und verwenden dazu ebenso den Namen *wawi*.

```
CREATE DATABASE wawi;
GO
```

Bevor wir in dieser Datenbank ein Benutzerkonto für diese Anmeldung erstellen können, müssen wir unbedingt mit der Anweisung USE wawi in den Kontext der neuen Datenbank wechseln. Dies dürfen wir auf keinen Fall vergessen, denn sonst würden wir das Konto in der Systemdatenbank *master* erstellen, mit der wir als *sa* angemeldet gerade noch verbunden sind.

```
CREATE USER wawi FOR LOGIN wawi;
GO
ALTER ROLE db_owner ADD MEMBER wawi;
GO
```

Wir schließen den Vorgang damit ab, dass wir dem Benutzer noch die Mitgliedschaft in der fixen Datenbankrolle *db_owner* erteilen.

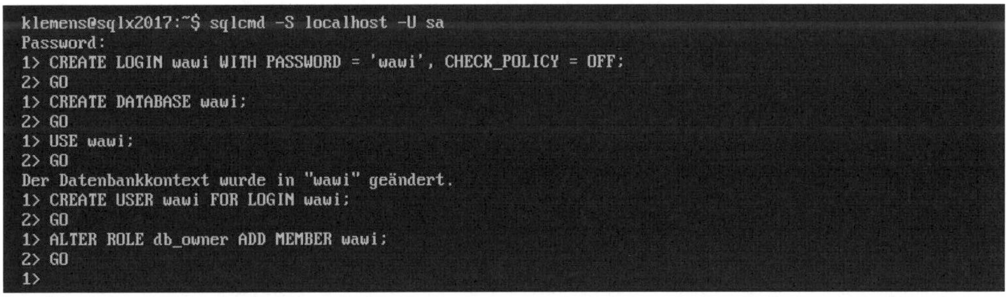

Bild 12.14 Kommandozeilentool SQLCmd in der Anwendung

HINWEIS: Verwenden Sie das Skript *beispieldatenbank_wawi.sql* aus den Beispieldateien zum Buch, um damit remote mit dem SQL Server Management Studio in der gerade erstellten Datenbank *wawi* die Inhalte unserer im Buch verwendeten Beispieldatenbank zu generieren. Denn im nachfolgenden Abschnitt werden wir auf die eine oder andere Tabelle zugreifen.

12.2.2 mssql-cli

Die Forderung an Microsoft, das Kommandozeilentool SQLCmd zu modernisieren, ist schon lange Zeit im Raum gestanden. Nach dem Erscheinen des SQL Server 2017 ist der Ruf nach einem Kommandozeilentool, das zumindest Autovervollständigung bietet, immer lauter geworden. Auf *Github* hat sich die Organisation *dbcli* (Database Client) schon längere Zeit mit ähnlichen Themen beschäftigt. Das Team SQL Developer Experiences von Microsoft hat sich mit den dortigen Open-Source-Entwicklern zusammengetan. Das Ergebnis dieser Zusammenarbeit ist *mssql-cli*.

Dieses Kommandozeilenwerkzeug bietet folgende Funktionalitäten:

- IntelliSense (Autovervollständigung) für die Eingabe von SQL-Anweisungen
- Farbliches Hervorheben von Syntaxbestandteilen (Syntax Highlighting)
- Formatierungsmöglichkeiten für die Ergebnisanzeige
- Modus zum Bearbeiten von mehreren Zeilen

 HINWEIS: Informationen zu diesem Projekt finden Sie unter *https://blogs.technet.microsoft.com/dataplatforminsider/2017/12/12/try-mssql-cli-a-new-interactive-command-line-tool-for-sql-server*

Dieses Tool ist gleichermaßen für Windows, Linux als auch für MacOS verfügbar. Ich installiere es lokal auf meinem Linux-Testserver, gleichermaßen kann es auch auf einem beliebigen Clientcomputer installiert werden.

Für *mssql-cli* wird Python benötigt, dieses muss vorab installiert werden. Wieder starten wir den Vorgang, sofern die Anweisung nicht schon zuvor ausgeführt worden ist, mit der Aktualisierung.

```
sudo apt-get update
```

Danach installieren wir die drei Pakete *libunwind8*, *python-pip* und *libicu55*.

```
sudo apt-get install -y libunwind8 python-pip libicu55
```

Nach der Installation von Python erfolgt die eigentliche Installation des Werkzeugs über pip. Dazu müssen folgende zwei Anweisungen ausgeführt werden.

```
sudo pip install --upgrade pip
sudo pip install mssql-cli
```

Nach erfolgter Installation starten wir das Programm mit der Eingabe von `mssql-cli` an der Konsole. Ohne Angabe von weiteren Parametern erfolgt die Anmeldung an der lokalen Standardinstanz. Die Eingabe von *Username* – gemeint ist damit natürlich nicht der *User* im Sinne des SQL Servers, sondern der *Login* (Anmeldename) – wird abgefragt. Da ich hier den Anmeldenamen *wawi* zur Anmeldung verwendet habe, dem wir noch keine andere Standarddatenbank zugewiesen haben, sind wir vorerst mit der Systemdatenbank *master* verbunden. Schon bei der Eingabe der Anweisung USE, um in den Kontext der Benutzerdatenbank *wawi* zu wechseln, erscheint IntelliSense, wie wir es vom Management Studio oder den SQL Server Data Tools her kennen. Alle Objektnamen werden in der Liste unter Gänsefüßchen angezeigt. Durch deren generelle Verwendung ist es unerheblich für das Funktionieren der Anweisungen, ob die Objektnamen Sonder- oder Leerzeichen enthalten. Ich persönlich vermeide Sonder- oder Leerzeichen in meinen Datenbanken generell und würde diese Auszeichnung daher nicht benötigen. Die Anwahl in der Liste passt sich wie im Management Studio den weiteren Eingaben an. Um einen Wert zu übernehmen, verwenden Sie die Abwärtstaste zur Selektion und die **ENTER**-Taste zum Übernehmen der Auswahl. Das Drücken der **ENTER**-Taste führt, wenn nicht gerade IntelliSense aktiv ist, zum Ausführen der Anweisung. Ein GO wie bei *SQLCmd* wird hier nicht benötigt.

Bild 12.15 Wechsel des Datenbankkontexts mit IntelliSense

Wenn Sie nicht erst extra in den Kontext der gewünschten Datenbank wechseln möchten, können Sie die Zieldatenbank schon beim Programmstart über einen Parameter mitgeben. Um eine Übersicht aller möglichen Startparameter für `mssql-cli` zu bekommen, verwenden Sie die Option `--help`, wie in Bild 12.16 zu sehen. Diese sind den Startparametern von *SQLCmd* sehr ähnlich, wenn es auch nicht die gleichen sind.

```
klemens@sqlx2017:~$ mssql-cli --help
Usage: main.py [OPTIONS]

Options:
  -S, --server TEXT               SQL Server instance name or address.
  -U, --username TEXT             Username to connect to the database.
  -W, --password                  Force password prompt.
  -E, --integrated                Use integrated authentication on windows.
  -v, --version                   Version of mssql-cli.
  -d, --database TEXT             database name to connect to.
  --mssqlclirc TEXT               Location of mssqlclirc config file.
  --row-limit INTEGER             Set threshold for row limit prompt. Use 0 to
                                  disable prompt.
  --less-chatty                   Skip intro on startup and goodbye on exit.
  --auto-vertical-output          Automatically switch to vertical output mode
                                  if the result is wider than the terminal
                                  width.
  -N, --encrypt                   SQL Server uses SSL encryption for all data
                                  if the server has a certificate installed.
  -C, --trust-server-certificate  The channel will be encrypted while
                                  bypassing walking the certificate chain to
                                  validate trust.
  -l, --connect-timeout INTEGER   Time in seconds to wait for a connection to
                                  the server before terminating request.
  -K, --application-intent TEXT   Declares the application workload type when
                                  connecting to a database in a SQL Server
                                  Availability Group.
  -M, --multi-subnet-failover     If application is connecting to AlwaysOn AG
                                  on different subnets, setting this provides
                                  faster detection and connection to currently
                                  active server.
  -a, --packet-size INTEGER       Size in bytes of the network packets used to
                                  communicate with SQL Server.
  -A, --dac-connection            Connect to SQL Server using the dedicated
                                  administrator connection.
  --enable-sqltoolsservice-logging
                                  Enables diagnostic logging for the
                                  SqlToolsService.
  --help                          Show this message and exit.
klemens@sqlx2017:~$ _
```

Bild 12.16 Startparameter für mssql-cli

Bevor wir uns erneut mit Parametern anmelden, verlassen wir *mssql-cli* mit der Tastenkombination STRG + D.

Zur erneuten Anmeldung verwenden wir die nachfolgende Anweisung, um hier explizit den Server (-S), den Anmeldenamen (-U) sowie die Datenbank (-d) mit anzugeben.

```
mssql-cli -S localhost -U wawi -d wawi
```

Ist die Anmeldung nach der Eingabe des Kennworts erfolgt, verwenden wir die Taste F3, um damit in den Multiline-Modus zu gelangen. Dieser Modus erlaubt nicht nur die mehrzeilige Eingabe von Anweisungen. Auch der Wechsel von Zeilen ist möglich. Dadurch haben Sie die Möglichkeit der Eingabe von SQL-Anweisungen, wie Sie es vom SSMS gewohnt sind.

Um eine Anweisung, wie in Bild 12.17 zu sehen, auszuführen, schließen Sie diese mit einem Semikolon ab und drücken danach die Taste ENTER. Die Darstellung des Ergebnisses erfolgt in einer sehr übersichtlichen Form.

```
klemens@sqlx2017:~$ mssql-cli -S localhost -U wawi -d wawi
Password:
Version: 0.9.0
Mail: sqlcli@microsoft.com
Home: http://github.com/dbcli/mssql-cli
wawi>SELECT a."artnr", a."bezeichnung", a."vkpreis", g."bezeichnung" AS artikelgruppe
.... FROM "dbo"."artikel" a
.... INNER JOIN "dbo"."artikelgruppen" g ON g."artgr" = a."gruppe"
.... WHERE a."vkpreis" >= 400
.... ORDER BY a."vkpreis" DESC ;

+-------+-------------------------------------+----------+---------------+
| artnr | bezeichnung                         | vkpreis  | artikelgruppe |
|-------+-------------------------------------+----------+---------------|
| 1106  | Black & Decker Akku-Rasenm?her Grc 840 | 762,8500 | Garten        |
| 2007  | Wolf Rasenm?her mit Korb 2.42 TA    | 761,9700 | Garten        |
| 1617  | Motorhacke Meppy                    | 543,9600 | Heimwerken    |
| 2020  | Wolf Rasenm?her mit Box 2.42 TL     | 511,2500 | Garten        |
| 1828  | Swimming Pool 360 cm Komplettset mit | 434,9500 | Garten        |
| 1293  | Gartenlaube W?rthersee              | 434,9500 | Garten        |
+-------+-------------------------------------+----------+---------------+

(6 rows affected)
Time: 2.095s (2 seconds)
wawi>
```

Bild 12.17 SELECT-Anweisung mit mssql-cli

Mit der Taste AUFWÄRTS können vorangegangene Zeilen jederzeit wieder zurückgeholt und auch editiert werden.

Besonders gut gefällt mir an IntelliSense in dieser Anwendung, dass eine wesentlich weiterführende Auswahlmöglichkeit als im SSMS geboten wird. So werden, wie in Bild 12.18 zu sehen, ganze JOIN-Bedingungen vorgeschlagen. Im Beispielsfall ist dies der JOIN über die Beziehung zwischen Fremd- und Primärschlüssel der beiden Tabellen *personal* und *abteilungen*.

```
klemens@sqlx2017:~$ mssql-cli -S localhost -U wawi -d wawi
Password:
Version: 0.9.0
Mail: sqlcli@microsoft.com
Home: http://github.com/dbcli/mssql-cli
wawi>SELECT
.... FROM "dbo"."personal" p
.... INNER JOIN "dbo"."abteilungen" a ON
                              a."abtnr" = p."abteilung"   fk join
                              a                           table alias
                              p                           table alias
```

Bild 12.18 Von IntelliSense vorgeschlagene JOIN-Bedingung

> **PRAXISTIPP**: Der oberste Listeneintrag kann auch mit der Tabulatortaste übernommen werden. Dasselbe gilt damit natürlich auch dann, wenn nur mehr ein einziger Eintrag in der Liste enthalten ist.

Wenn Ihnen dieses Kommandozeilentool gefällt, dann ist die gute Nachricht, dass Sie es auch auf Ihrem Windows-Client einsetzen können. Nett finde ich auch, dass wir bei der Eingabe von STRG + D zum Beenden von *mssql-cli* mit Goodbye! verabschiedet werden.

■ 12.3 Server-Agent ergänzen

Wie bereits in Bild 12.8 zu sehen war, ist der SQL Server-Agent auf unserem Server noch nicht verfügbar. Der Grund ist nicht, dass er etwa noch nicht gestartet ist, sondern dass er erst separat installiert werden muss. Dazu verwenden Sie die folgende Anweisung.

```
sudo apt-get install mssql-server-agent
```

Nach erfolgter Installation werden Sie aufgefordert, den SQL Server neu zu starten, um den SQL Server-Agent dadurch zu aktivieren.

```
klemens@sqlx2017:~$ sudo apt-get install mssql-server-agent
Paketlisten werden gelesen... Fertig
Abhängigkeitsbaum wird aufgebaut.
Statusinformationen werden eingelesen.... Fertig
Die folgenden NEUEN Pakete werden installiert:
  mssql-server-agent
0 aktualisiert, 1 neu installiert, 0 zu entfernen und 90 nicht aktualisiert.
Es müssen 1.598 kB an Archiven heruntergeladen werden.
Nach dieser Operation werden 9.343 kB Plattenplatz zusätzlich benutzt.
Holen:1 https://packages.microsoft.com/ubuntu/16.04/mssql-server-2017 xenial/main amd64
        mssql-server-agent amd64 14.0.3009.4-2 [1.598 kB]
Es wurden 1.598 kB in 1 s geholt (1.407 kB/s).
Vormals nicht ausgewähltes Paket mssql-server-agent wird gewählt.
(Lese Datenbank ... 77617 Dateien und Verzeichnisse sind derzeit installiert.)
Vorbereitung zum Entpacken von .../mssql-server-agent_14.0.3009.4-2_amd64.deb ...
Entpacken von mssql-server-agent (14.0.3009.4-2) ...
mssql-server-agent (14.0.3009.4-2) wird eingerichtet ...

+--------------------------------------------------------------------------+

Starten Sie mssql-server neu, um den Microsoft SQL Server-Agent zu aktivieren.

+--------------------------------------------------------------------------+

klemens@sqlx2017:~$ sudo systemctl restart mssql-server
```

Bild 12.19 SQL Server-Agent nachinstallieren

Wir haben bereits die Anweisung `systemctl` kennengelernt, um damit den aktuellen Status des SQL Servers auszugeben.

```
systemctl status mssql-server
```

Dieselbe Anweisung verwenden wir nun für den Neustart. Da wir für den Neustart des Dienstes Root-Berechtigungen benötigen, müssen wir dazu wieder die Anweisung `sudo` voranstellen. Für den Neustart verwenden wir den Parameter `restart`.

```
sudo systemctl restart mssql-server
```

Nach dem Neustart ist der SQL Server-Agent verfügbar. Das Ergebnis sehen Sie in Bild 12.20 remote über das SQL Server Management Studio:

- Der SQL Server-Agent im Objekt-Explorer ist nicht mehr deaktiviert dargestellt.
- Ich habe einen Job für das Sichern der Datenbank *wawi* eingerichtet, dieser ist im Objekt-Explorer auch schon zu sehen.
- Ich habe den Job über den SQL Server-Agent direkt im Objekt-Explorer aufgerufen.

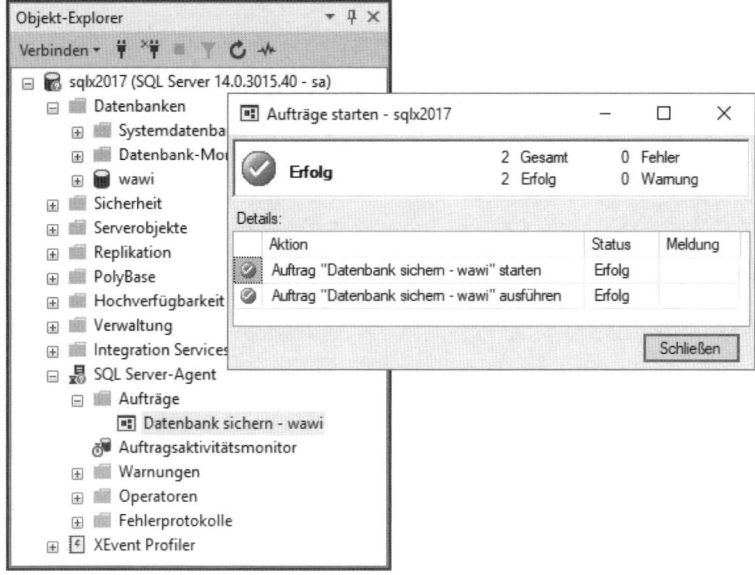

Bild 12.20 SQL Server-Agent auf Linux

◼ 12.4 Integration Services

Auch die Integration Services sind separat zu installieren. Die dazu notwendigen Schritte sind analog zu den bereits vorgenommenen Installationen vorzunehmen.

Sofern Sie den SQL Server zuvor installiert haben, können die beiden ersten Schritte entfallen. Anderenfalls starten Sie mit dem Import des GPG-Schlüssels ins öffentliche Repository des Servers.

```
curl https://packages.microsoft.com/keys/microsoft.asc | sudo apt-key add -
```

Gefolgt wird dieser von der Registrierung des SQL Servers im Ubuntu Repository.

```
sudo add-apt-repository "$(curl https://packages.microsoft.com/config/ubuntu/16.04/
mssql-server-2017.list)"
```

Auch die nächste Anweisung kann entfallen, wenn sie bereits zuvor ausgeführt worden ist. Erfolgt die Installation der Integration Services mit zeitlichem Abstand nach dem SQL Server selber, schadet eine Aktualisierung der eingelesenen Pakete jedoch nicht.

```
sudo apt-get update
```

Die eigentliche Installation wird mit install gestartet.

```
sudo apt-get install -y mssql-server-is
```

```
klemens@sqlx2017:~$ sudo apt-get install -y mssql-server-is
Paketlisten werden gelesen... Fertig
Abhängigkeitsbaum wird aufgebaut.
Statusinformationen werden eingelesen.... Fertig
Die folgenden NEUEN Pakete werden installiert:
  mssql-server-is
0 aktualisiert, 1 neu installiert, 0 zu entfernen und 10 nicht aktualisiert.
Es müssen 195 MB an Archiven heruntergeladen werden.
Nach dieser Operation werden 0 B Plattenplatz zusätzlich benutzt.
Holen:1 https://packages.microsoft.com/ubuntu/16.04/mssql-server-2017 xenial/main amd64 mssql-server-is
Es wurden 195 MB in 4 min 10 s geholt (778 kB/s).
Vormals nicht ausgewähltes Paket mssql-server-is wird gewählt.
(Lese Datenbank ... 112785 Dateien und Verzeichnisse sind derzeit installiert.)
Vorbereitung zum Entpacken von .../mssql-server-is_14.0.3015.40-1_amd64.deb ...
Entpacken von mssql-server-is (14.0.3015.40-1) ...
mssql-server-is (14.0.3015.40-1) wird eingerichtet ...


+-----------------------------------------------------------------------+
Führen Sie "sudo /opt/ssis/bin/ssis-conf setup" aus,
um das Setup von Microsoft SQL Server Integration Services abzuschließen.
+-----------------------------------------------------------------------+

klemens@sqlx2017:~$
```

Bild 12.21 Integration Services installieren

Nach erfolgter Installation muss noch die Konfiguration der Integration Services erfolgen. Die dazu benötigte Anweisung wird am Ende der Installation auch angezeigt.

```
sudo /opt/ssis/bin/ssis-conf setup
```

Ist das Setup gestartet, erfolgt wie bei der Installation des SQL Servers die Abfrage der gewünschten Edition. Tätigen Sie hier sinnvollerweise dieselbe Auswahl wie bei der Datenbank-Engine. Ich wähle bei meiner Installation die Option 2 für die Developer Edition. Die nachfolgende Abfrage gilt dem Zustimmen der Lizenzbedingungen. Bestätigen Sie diese, um mit der Konfiguration fortzufahren. Nun erfolgt nur mehr die Auswahl der Sprache, und schon können die SQL Server Integration Services eingesetzt werden.

■ 12.5 Serverdienst starten

Im Laufe der Installation haben wir bereits den Status des SQL Server-Dienstes abgefragt und einen Neustart durchgeführt. Ich möchte die Anweisungen an dieser Stelle noch einmal zusammenfassen.

 HINWEIS: Wird lediglich der Status des Dienstes abgefragt, sind keine Root-Berechtigungen erforderlich und die Anweisung sudo kann entfallen. Beim Starten, Beenden und Neustarten des SQL Servers müssen Sie entweder sudo voranstellen oder mit sudo su – permanent in den Root-Modus wechseln.

Dienste werden mit der Anweisung systemctl gesteuert.

Wenn Sie wissen möchten, ob der SQL Server-Dienst im Moment läuft, verwenden Sie die Anweisung `status` gefolgt vom Namen des Services, in unserem Fall *mssql-server*.

```
systemctl status mssql-server
```

Um den Service zu starten, wenn er noch deaktiviert ist, nutzen Sie die Anweisung `start`.

```
sudo systemctl start mssql-server
```

Zum Beenden des Dienstes verwenden Sie die Anweisung `stop`.

```
sudo systemctl stop mssql-server
```

Den Neustart des Dienstes, zum Beispiel nach Aktualisierungen, bewerkstelligt man mit `restart`.

```
sudo systemctl restart mssql-server
```

■ 12.6 Updates installieren

Wie schon am Beginn des Kapitels aufgezeigt, können Sie sich zum Beispiel über die Seite *https://buildnumbers.wordpress.com/sqlserver* sehr übersichtlich über die jeweils letzten Aktualisierungen zum SQL Server informieren. Hier werden zu jeder Version die aktuellsten Servicestände, einerseits *Service Packs* (SP) und andererseits auch die in kürzeren, fast regelmäßigen Abständen erscheinenden *Cumulative Updates* (CU), angezeigt.

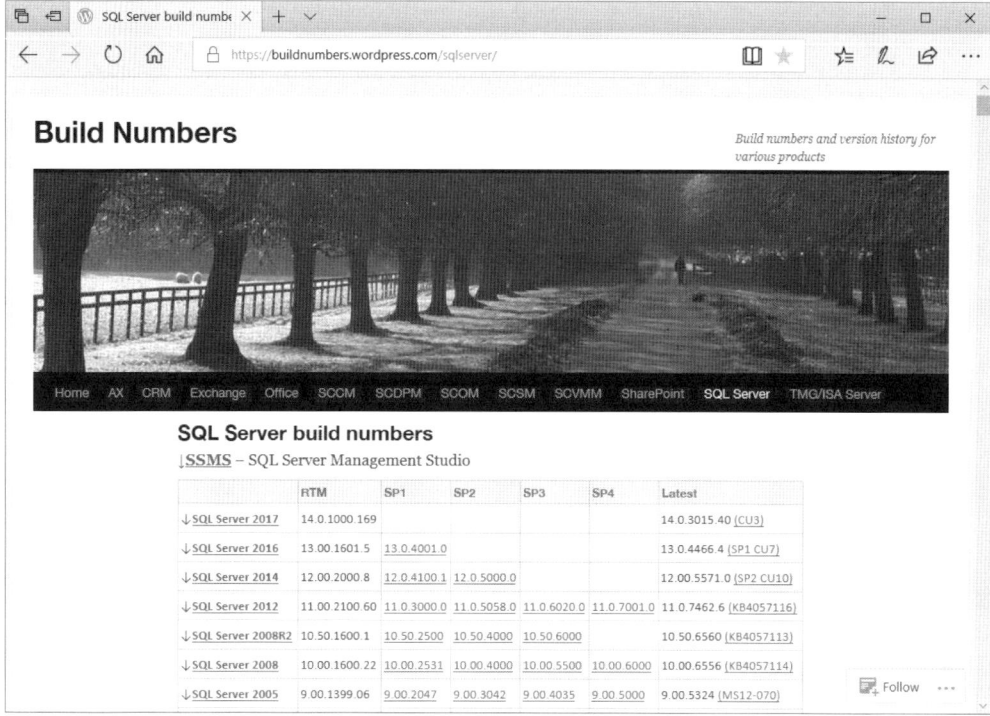

Bild 12.22 Aktuelle Versionsnummern aus dem Internet

Die aktuell installierte Version sehen Sie zum Beispiel in der Serververbindung im Objekt-Explorer angezeigt, Sie können sie aber auch mit der Funktion SERVERPROPERTY() auslesen.

```
SELECT SERVERPROPERTY('ProductVersion') AS aktuell;
```

liefert (zum Beispiel):

```
aktuell
-----------------
14.0.3015.40
```

Sind Updates für den SQL Server vorhanden, lesen Sie deren aktuellen Stand mit der bereits verwendeten Anweisung ein.

```
sudo apt-get update
```

Um generell alle verfügbaren Updates zu installieren, verwenden Sie die Anweisung upgrade ohne die Angabe eines Paketnamens.

```
sudo apt-get upgrade
```

Um speziell Updates für den SQL Server zu installieren, geben Sie den Produktnamen zusätzlich an.

```
sudo apt-get upgrade mssql-server
```

Ist im Moment kein Update vorhanden, wird zumindest die aktuell installierte Versionskennung angezeigt, wie in Bild 12.23 zu sehen.

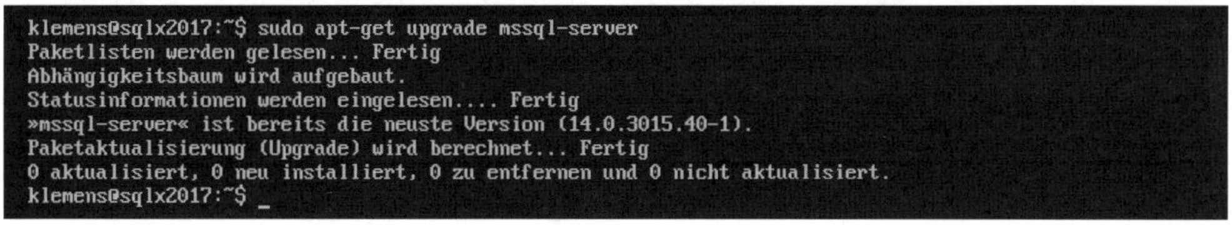

```
klemens@sqlx2017:~$ sudo apt-get upgrade mssql-server
Paketlisten werden gelesen... Fertig
Abhängigkeitsbaum wird aufgebaut.
Statusinformationen werden eingelesen.... Fertig
»mssql-server« ist bereits die neuste Version (14.0.3015.40-1).
Paketaktualisierung (Upgrade) wird berechnet... Fertig
0 aktualisiert, 0 neu installiert, 0 zu entfernen und 0 nicht aktualisiert.
klemens@sqlx2017:~$ _
```

Bild 12.23 Installieren von Updates – wenn vorhanden

■ 12.7 Weitere Konfiguration

Die Konfigurationseinstellungen, die wir im Rahmen der Installation vorgenommen haben, sind ja durchaus überschaubar gewesen. Zur weiteren Konfiguration wird dasselbe Konfigurationstool *mssql-conf* verwendet, das wir schon zur Basiskonfiguration mit der Option setup ausgeführt haben. Es deckt Konfigurationsmöglichkeiten ab, die bei der Windows-Version beispielsweise mit dem *SQL Server Konfigurationsmanager* oder mit dem Dialog *Servereigenschaften* im Management Studio erledigt werden.

Die wichtigsten Einstellungen sind:

Tabelle 12.1 Konfigurationsmöglichkeiten mit mssql-conf

Einstellung	Beschreibung
Serversortierung/Collation	Standardmäßig verwendet der SQL Server auf Linux die Sortierung *Latin1_General_CI_AS*. Nutzen Sie diese Option, um eine abweichende Einstellung vorzunehmen.
Mailprofil für Server Agent	Datenbank-Email können Sie mit dem Management Studio oder über das Ausführen der Systemprozeduren, wie in Kapitel 11 beschrieben, konfigurieren. Mit dieser Einstellung legen Sie fest, welches Mailprofil für Benachrichtigungen des SQL Server-Agents genutzt wird.
Standarddatenverzeichnis	Stellen Sie ein anderes Standardverzeichnis für neue Datenbanken als */var/opt/mssql/data* ein.
Standardprotokollverzeichnis	Nach der Erstkonfiguration wird dasselbe Verzeichnis für Protokolle wir für Daten verwendet. Hier ist Handlungsbedarf, um ein anderes Verzeichnis einzustellen.
Standardsicherungsverzeichnis	Verzeichnis, in dem standardmäßig Datenbanksicherungen abgelegt werden.

(Fortsetzung nächste Seite)

Tabelle 12.1 Konfigurationsmöglichkeiten mit mssql-conf *(Fortsetzung)*

Einstellung	Beschreibung
Speichernutzungslimit	Legen Sie fest, wie viel Arbeitsspeicher des Hostrechners vom SQL Server in Anspruch genommen wird.
TCP Port	Port, über den Clients auf den SQL Server mit TCP/IP zugreifen, wenn ein anderer Port als 1433 genutzt werden soll.
sa-Kennwort setzen	Haben Sie einmal das sa-Kennwort vergessen, lässt es sich sehr einfach und schnell zurücksetzen, wenn Sie Root-Berechtigungen auf dem Hostrechner besitzen.

Standardverzeichnis für Datenbanken und Protokolldateien ändern

Nach der Installation und Basiskonfiguration des SQL Servers unter Linux ist das Standarddatenbankverzeichnis sowie das Protokollverzeichnis auf den Ordner */var/opt/mssql/data* eingestellt. In Kapitel 3 habe ich erörtert, wie eine sinnvolle Aufteilung der Datenbankbestandteile auf unterschiedliche Datenträger zu organisieren ist. Auf jeden Fall sollten die Datendateien und das Transaktionsprotokoll schon aus Sicherheitsgründen getrennt werden. Auch wenn Sie bei der Anlage einer Datenbank manuell für jede Daten- und Transaktionsprotokolldatei einen bestimmten Zielordner angeben können und in keiner Weise auf die Standardordner beschränkt sind, ist hier eine Anpassung sinnvoll.

Bei einem SQL Server unter Windows können Sie die Standardspeicherorte für Datenbanken einerseits schon während der Installation anpassen, andererseits sehr einfach im Management Studio über den Dialog *Servereigenschaften* für den betroffenen Server eine Änderung vornehmen. Wechseln Sie dazu im Dialog auf die Seite *Datenbankeinstellungen*.

Öffnen Sie diesen Dialog über den Objekt-Explorer für eine Serverinstallation unter Linux, werden die Standardspeicherorte zwar angezeigt, sind aber ausgegraut und lassen sich an dieser Stelle nicht ändern, wie im rechten unteren Bereich von Bild 12.24 zu sehen.

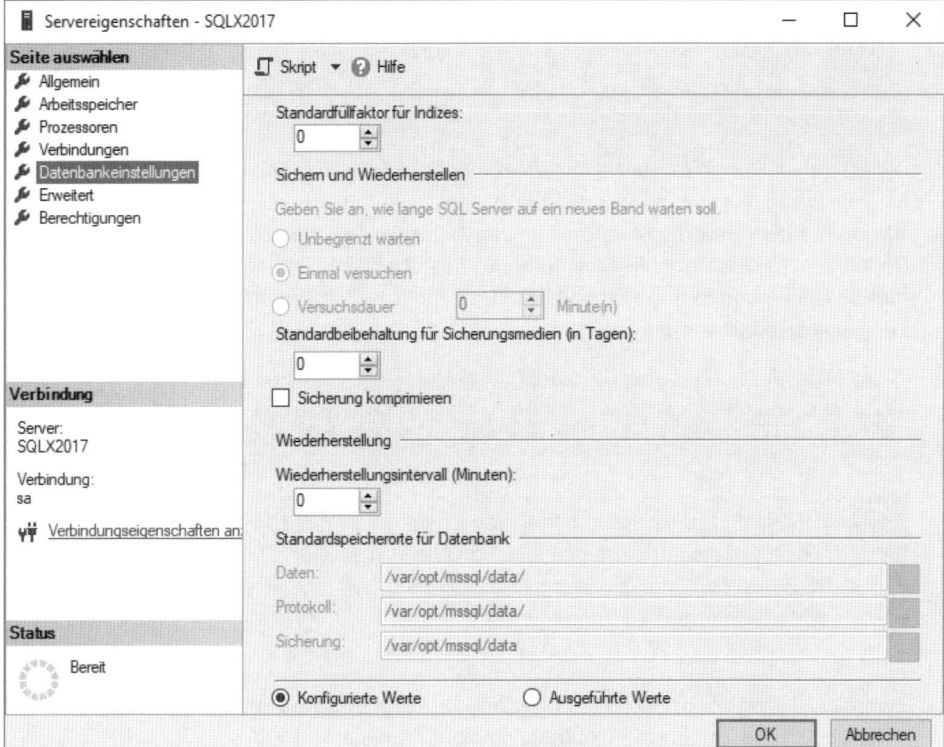

Bild 12.24 Standardspeicherorte in den Servereigenschaften

Ich möchte diese Standardordner nun neu konfigurieren. Ich habe in meinem für dieses Kapitel eingesetzten Server zwar keine weiteren Datenträger, zeige den Vorgang aber über unterschiedliche Ordner.

Im ersten Schritt erstelle ich drei unterschiedliche Zielordner für Datenbankdateien und Protokolldateien. Und da dies keinen Mehraufwand verursacht, erledige ich das Anlegen des Ordners für die Datenbanksicherungen gleich mit.

```
sudo mkdir /sqldb
sudo mkdir /sqldb/data

sudo mkdir /sqllog
sudo mkdir /sqllog/log

sudo mkdir /backup
sudo mkdir /backup/sqlsrv
```

Da die Inhalte dieser Ordner vom SQL Server verwaltet werden, übertragen wir dem Benutzer *mssql* das Eigentum und die Gruppenzugehörigkeit an diesen Ordnern. Im Kontext des Benutzers *mssql* wird der SQL Server-Dienst gestartet.

```
sudo chown mssql /sqldb/data
sudo chgrp mssql /sqldb/data
```

```
sudo chown mssql /sqllog/log
sudo chgrp mssql /sqllog/log

sudo chown mssql /backup/sqlsrv
sudo chgrp mssql /backup/sqlsrv
```

Die eigentliche Konfiguration erfolgt über den Aufruf des Tools *mssql-conf*, das sich im Ordner */opt/mssql/bin/* befindet. Rufen Sie es ohne weitere Parameter auf, bekommen Sie eine Übersicht über die verfügbaren Argumente angezeigt. Wir nutzen in unserem Beispiel die Option set filelocation. Bei der Konfiguration der drei Standardspeicherorte ändert sich nur die Option und in unserem Fall der Pfad. Alle Anweisungen müssen mit Root-Berechtigungen ausgeführt werden.

```
sudo /opt/mssql/bin/mssql-conf set filelocation.defaultdatapdir /sqldb/data
sudo /opt/mssql/bin/mssql-conf set filelocation.defaultlogdir /sqllog/log
sudo /opt/mssql/bin/mssql-conf set filelocation.defaultbackupdir /backup/sqlsrv
```

 HINWEIS: Sie werden unmittelbar nach dem Ausführen von jeder der drei Anweisungen aufgefordert, den SQL Server neu zu starten. Dies können Sie in Bild 12.25 sehen. Natürlich werden Sie dieser Aufforderung erst einmalig nach der dritten Anweisung nachkommen. ∎

Zum Neustart des SQL Servers führen Sie die vorgegebene Anweisung wieder mit sudo vorangestellt aus, um Root-Berechtigungen zu verwenden.

```
sudo systemctl restart mssql-server.service
```

```
klemens@sqlx2017:~$
klemens@sqlx2017:~$ sudo /opt/mssql/bin/mssql-conf set filelocation.defaultdatadir /sqldb/data/
SQL Server muss neu gestartet werden, um diese Einstellung anzuwenden. Führen Sie
"systemctl restart mssql-server.service" aus.
klemens@sqlx2017:~$ sudo /opt/mssql/bin/mssql-conf set filelocation.defaultlogdir /sqllog/log/
SQL Server muss neu gestartet werden, um diese Einstellung anzuwenden. Führen Sie
"systemctl restart mssql-server.service" aus.
klemens@sqlx2017:~$ sudo /opt/mssql/bin/mssql-conf set filelocation.defaultbackupdir /backup/sqlsrv/
SQL Server muss neu gestartet werden, um diese Einstellung anzuwenden. Führen Sie
"systemctl restart mssql-server.service" aus.
klemens@sqlx2017:~$
klemens@sqlx2017:~$ sudo systemctl restart mssql-server.service
klemens@sqlx2017:~$
```

Bild 12.25 Standardspeicherorte für Datenbanken anpassen

Das Ergebnis können Sie sehr einfach über den schon zuvor beschriebenen Dialog *Servereigenschaften* kontrollieren.

Standardspeicherorte für Datenbank

Daten:	/sqldb/data/	
Protokoll:	/sqllog/log/	
Sicherung:	/backup/sqlsrv/	

Bild 12.26 Geänderte Standardspeicherorte

sa-Kennwort zurücksetzen

In Kapitel 10 habe ich Ihnen gezeigt, wie Sie unter Windows den Administratorzugriff wiederherstellen, sollten Sie das Kennwort des Logins *sa* vergessen haben und es steht kein anderes verwendbares Konto mehr mit Mitgliedschaft in der Serverrolle *sysadmin* zur Verfügung. Dazu ist eine Reihe von Schritten notwendig, die nur lokal auf der Serverkonsole ausgeführt werden können.

Unter Linux lässt sich dies Dank des Tools *mssql-conf* wesentlich einfacher und schneller erledigen.

Auch hier muss dazu der Serverdienst beendet werden, eine Änderung dieser Konfiguration im laufenden Betrieb ist nicht möglich.

```
sudo systemctl stop mssql-server.service
```

Ist der SQL Server beendet, setzen Sie die Option `set-sa-password` für das Konfigurationstool ein.

 ACHTUNG! Versuchen Sie nicht, das neue Kennwort hier direkt als Parameter einzugeben. Wenn Ihnen jemand dabei über die Schulter blicken würde, wäre das neue Administratorkennwort sofort wieder auch anderen bekannt.

Führen Sie die Anweisung ohne weitere Parameter aus.

```
sudo /opt/mssql/bin/mssql-conf set-sa-password
```

Sie werden danach direkt zur Eingabe des neuen Kennworts aufgefordert, wie aber an der Konsole gewohnt, erfolgt die Eingabe an dieser Stelle verdeckt. Erst nach der erneuten Eingabe des neuen Kennworts wird dieses aktiviert. Danach starten Sie den Serverdienst erneut, und schon ist die Aufgabe erledigt. Die einzelnen Statusmeldungen, die an der Konsole ausgegeben werden, sehen Sie in Bild 12.27.

```
sudo systemctl start mssql-server.service
```

Sie sehen, dass die unter Linux mögliche Variante wesentlich einfacher und kürzer vonstattengeht.

```
klemens@sqlx2017:~$ sudo systemctl stop mssql-server.service
klemens@sqlx2017:~$ sudo /opt/mssql/bin/mssql-conf set-sa-password
Geben Sie das SQL Server-Systemadministratorkennwort ein:
Bestätigen Sie das SQL Server-Systemadministratorkennwort:
SQL Server wird konfiguriert...

Das Systemadministratorkennwort wurde geändert.
Führen Sie "sudo systemctl start mssql-server" aus, um SQL Server zu starten.
klemens@sqlx2017:~$ sudo systemctl start mssql-server.service
klemens@sqlx2017:~$ _
```

Bild 12.27 sa-Kennwort konfigurieren beziehungsweise zurücksetzen

Speichernutzung

Der SQL Server kann beim Thema Speichernutzung sehr unverschämt werden. Wenn die Menge des nutzbaren Arbeitsspeichers nicht beschränkt wird, kann es passieren, dass sich der SQL Server den ganzen verfügbaren Arbeitsspeicher unter den Nagel reißt. Aber ein wenig Speicher sollte man immer für das Hostbetriebssystem reservieren.

Meine Hostmaschine ist mit 4 GB RAM ausgestattet, davon soll der SQL Server maximal 3 GB nutzen können. Für die Konfiguration geben Sie den Speicher in Megabyte an.

```
sudo /opt/mssql/bin/mssql-conf set memory.memorylimitmb 3072
```

Ähnlich einfach wie die gezeigten Beispiele lassen sich die anderen mit diesem Werkzeug möglichen Konfiguration bewerkstelligen. Eine Übersicht über diese weiteren Möglichkeiten finden Sie unter folgender Adresse:

https://docs.microsoft.com/en-us/sql/linux/sql-server-linux-configure-mssql-conf

Auch hier bevorzuge ich die englische Seite gegenüber der maschinell übersetzten deutschen.

■ 12.8 Windows-Authentifizierung

Eine der komfortabelsten Zugriffsvarianten auf den SQL Server ist die Windows-Authentifizierung. Unter Windows die Standardvariante für den Zugriff auf den Datenbankserver, muss man nun auch unter Linux auf diese Methode nicht verzichten.

Linux, Red Hat Enterprise Linux sowie SUSE Linux Enterprise Server können für die Verwendung der Windows-Authentifizierung konfiguriert werden. In diesem Abschnitt zeige ich Ihnen wieder am Beispiel von Ubuntu, wie dieser Vorgang vonstattengeht. Voraussetzung dazu ist ein *Active Directory* (AD). Unter Windows können ja auch lokale Computerkonten für Windows-Authentifizierung genutzt werden, dies ist mit Linux natürlich nicht möglich.

Hostrechner des SQL Servers in AD-Domain einfügen

Der erste Schritt zur Windows-Authentifizierung unter Linux ist das Hinzufügen des Rechners, auf dem Sie den SQL Server installiert haben, zur Domäne. Dazu bietet sich das Kommandozeilentool *realmd* an.

Da Kerberos für die Authentifizierung mit einer AD-Domain verwendet wird, muss auch dieses auf dem Linux-Host installiert werden. Verwenden Sie zur Installation von *realmd* und dem Kerberos-Client unter Ubuntu nachfolgende Anweisung.

```
sudo apt-get install realmd krb5-user software-properties-common python-software-
properties packagekit
```

Wichtig ist, dass Sie den Namen Ihrer Domäne, wann immer Sie vom Kerberos-Client zur Eingabe aufgefordert sollten, in Großbuchstaben eingeben. Dies ist nicht notwendig, wenn

Sie den Domänennamen für DNS-Zwecke zum Herstellen einer Netzwerkverbindung eingeben.

Dies ist schon im nächsten Schritt der Fall, wenn es darum geht, den Domain-Controller als DNS-Server für den SQL Server-Host zu konfigurieren. Ich füge im nachfolgenden Beispiel meinen Linux-Host *sqlx2017* meiner Domäne *softelier.local* hinzu. Dazu trage ich die IP-Adresse meines Domänenkontrollers und den Domänennamen in die Datei */etc/network/interfaces* ein.

```
dns-nameservers 192.168.4.1
dns-search softelier.local
```

Verwenden Sie dazu einen beliebigen Editor Ihre Wahl, zum Beispiel *vi* oder *nano*.

 PRAXISTIPP: Für das Editieren von *interfaces* sowie für die meisten weiteren nachfolgenden Anweisungen benötigen Sie Root-Berechtigungen. Um nicht vor jeder Anweisung erneut sudo eingeben zu müssen, können Sie mit *sudo su -* dauerhaft mit Root-Berechtigungen agieren.

Im Moment bin ich noch als *klemens* angemeldet, was sich auch am Linux-Prompt widerspiegelt.

```
klemens@sqlx2017:~$ sudo su -
```

Nach dem Ausführen der Anweisung sowie der Eingabe des Kennworts ändert sich der Prompt auf diese Form, was die Anmeldung als root verdeutlicht:

```
root@sqlx2017:~#
```

Der Name ändert sich vom aktuellen Anmeldenamen auf root und das $ im Prompt weicht der #.

Zum Editieren von *interfaces* öffnen wir dieses mit dem Editor *nano* und geben den gesamten Pfad zur Datei an.

```
nano /etc/network/interfaces
```

 PRAXISTIPP für all jene, die mit der Linux-Kommandozeile nicht so vertraut sind: Sie müssen nicht den ganzen Pfad manuell eintippen. Beginnen Sie zum Beispiel mit der Eingabe von /e und verwenden Sie danach die Tabulatortaste zum Vervollständigen auf /etc. Dasselbe wiederholen Sie mit /net, um mit TAB auf /network zu ergänzen. Die Vervollständigung funktioniert immer auf den nächsten eindeutigen Wert.

Im Editor ergänzen Sie die beiden DNS-Einträge beim beziehungsweise unter dem betroffenen Netzwerkadapter. Typischerweise trägt der erste oder einzige Adapter den Namen *eth0*, es kann aber auch ein anderer Name vergeben sein. Speichern Sie die Änderungen. Die dazu benötigten Tastenkürzel werden am unteren Bildschirmrand angezeigt.

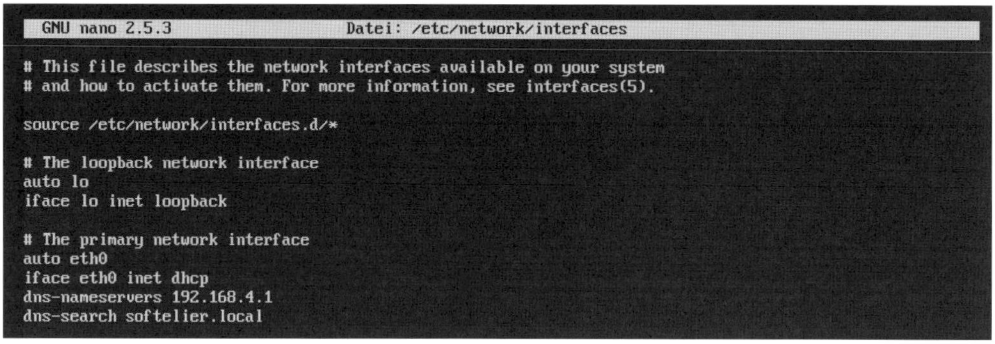

```
 GNU nano 2.5.3                     Datei: /etc/network/interfaces

# This file describes the network interfaces available on your system
# and how to activate them. For more information, see interfaces(5).

source /etc/network/interfaces.d/*

# The loopback network interface
auto lo
iface lo inet loopback

# The primary network interface
auto eth0
iface eth0 inet dhcp
dns-nameservers 192.168.4.1
dns-search softelier.local
```

Bild 12.28 Ergänzen der DNS-Einträge

Damit diese Änderungen auch wirksam werden, müssen Sie die Netzwerkverbindung beenden und erneut starten. Dazu verwenden Sie die Anweisungen ifdown sowie ifup, jeweils vom Adapternamen gefolgt. Wenn Sie nicht mit Root-Berechtigungen ausgestattet sind, stellen Sie wieder sudo voran.

```
sudo ifdown eth0
sudo ifup eth0
```

Zur Kontrolle, ob die Namensauflösung nun korrekt funktioniert hat, zeigen wir den Inhalt von */etc/resolv.conf* an. Diese Datei wird automatisch befüllt und sollte nicht editiert werden. Dies ist sogar als Kommentar in der Datei zu lesen. Ich verwende für die schnelle Anzeige die Anweisung cat.

```
cat /etc/resolv.conf
```

Das in Bild 12.29 zu sehende Ergebnis zeigt, dass die Namensauflösung funktioniert. Der zweite Namensserver der Domäne ist auch erkannt und übernommen worden.

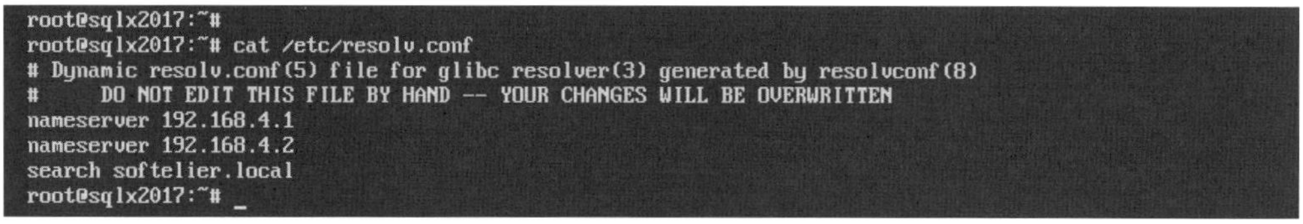

```
root@sqlx2017:~#
root@sqlx2017:~# cat /etc/resolv.conf
# Dynamic resolv.conf(5) file for glibc resolver(3) generated by resolvconf(8)
#     DO NOT EDIT THIS FILE BY HAND -- YOUR CHANGES WILL BE OVERWRITTEN
nameserver 192.168.4.1
nameserver 192.168.4.2
search softelier.local
root@sqlx2017:~# _
```

Bild 12.29 Konfiguration in resolv.conf anzeigen

Nun sind wir soweit, dass wir der Domäne beitreten und ein Computerkonto in dieser erstellen können. Dies bewerkstelligen wir mit der Anweisung realm join. Nach dem DNS-Namen der Domäne wird mit dem Parameter -U ein Benutzerkonto angegeben, das die nötigen Berechtigungen besitzt, einen Computer in die Domäne aufzunehmen. Wie erwähnt, muss der Domänenname für die Authentifizierung in Großbuchstaben eingegeben werden.

```
sudo realm join softelier.local -U 'kk.admin@SOFTELIER.LOCAL' -v
```

Nach dem Eingeben der Anweisung werden Sie zur Eingabe des Kennworts für den angegebenen Domänenbenutzer aufgefordert. Es erfolgt die Anzeige mehrerer Statusmeldungen. Ist der Vorgang erfolgreich, endet er mit der folgenden Meldung:

```
Successfully enrolled machine in realm
```

Achten Sie bei der Eingabe der Anweisung und des Kennworts auf die exakten Schreibweisen.

 PRAXISTIPP: Sollte die Authentifizierung mit Kerberos während des Vorgangs zu einem Fehler führen, editieren Sie die Datei */etc/krb5.conf*. Bei meiner Ubuntu-Installation ist diese Konfigurationsdatei mit einer Menge an nicht benötigten Einstellungen befüllt gewesen, die ich allesamt entfernt habe. Frei nach dem Motto „weniger ist mehr" habe ich nur die in Bild 12.30 zu sehenden Einträge vorgenommen.

In */etc/krb5.conf* werden drei Bereiche benötigt. Unter [libdefaults] geben Sie den Domänennamen in Großbuchstaben an. Die weiteren Einstellungen können Sie unverändert übernehmen.

Im Abschnitt [realms] definieren Sie quasi Ihre Domäne. Als KDC (Key Distribution Center) für Kerberos geben Sie Ihre Domänenkontroller an, den primären Domänenkontroller als admin_server.

Der Abschnitt [domain_realm] dient der Übersetzung von Domänen- und Rechnernamen in den Kerberos Realm-Namen, der wieder in Großbuchstaben angegeben wird.

```
GNU nano 2.5.3                    Datei: /etc/krb5.conf

[libdefaults]
        default_realm = SOFTELIER.LOCAL
        dns_lookup_realm = true
        dns_lookup_kdc = true
        ticket_lifetime = 24h
        renew_lifetime = 7d
        forwardable = true

[realms]
        SOFTELIER.LOCAL = {
        kdc = softdc1.softelier.local
        kdc = softdc2.softelier.local
        admin_server = softdc1.softelier.local
        default_domain = softelier.local
        }
[domain_realm]
        .softelier.local = SOFTELIER.LOCAL
        softelier.local = SOFTELIER.LOCAL
```

Bild 12.30 Kerberos Konfiguration manuell editieren

Nachdem der Beitritt des Hostrechners in die Domäne erfolgreich gewesen ist, werfen wir auf dem Domänenkontroller einen Kontrollblick in *Active Directory-Benutzer und -Computer* unter *Computers* in der betroffenen Domäne. In Bild 12.31 sehen Sie den Hostrechner des SQL Servers neben anderen im AD.

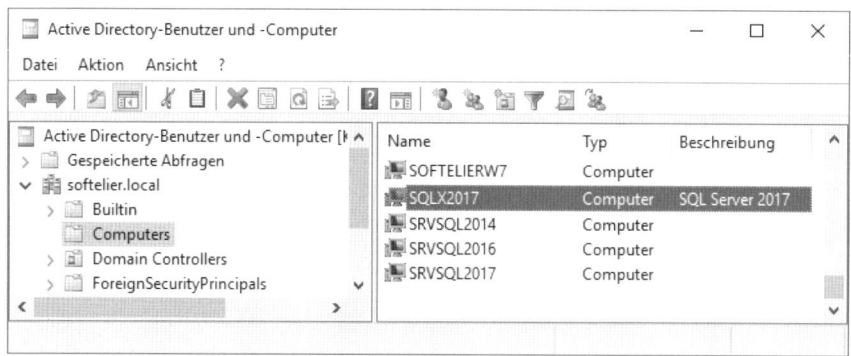

Bild 12.31 Linux-Computer im Active Directory

Domänenkonto und SPN für SQL Server erstellen

Nachdem der Hostrechner ins AD aufgenommen worden ist, benötigen wir im nächsten Schritt ein Domänenkonto für den SQL Server, um auf das AD zugreifen zu können. Zu diesem Zweck habe ich bereits einen AD-User mit dem Namen *sql2017* erstellt.

Nachdem wir mit dem SQL Server-Hostrechner der Domäne beigetreten sind, haben wir noch nicht geprüft, ob wir Benutzerinformationen aus diesem AD auslesen können. Das holen wir jetzt, zurück an der Linux-Kommandozeile, nach und verwenden dazu den gerade erstellten Benutzer *sql2017*.

- Mit der Anweisung id holen wir uns die UID des Benutzers sowie die Gruppen, deren Mitglied er ist.

- Mit kinit rufen wir ein Kerberos-Ticket für den angegebenen Benutzer ab. Dazu müssen Sie das Kennwort des Benutzers danach eingeben.

- Informationen über das abgerufene Kerberos-Ticket gibt uns klist aus.

```
id sql2017@softelier.local
kinit sql2017@softelier.local
klist
```

Die Beispielergebnisse der drei Anweisungen sehen Sie in Bild 12.32. Die ohne Fehlermeldungen erzielten Ergebnisse bestätigen uns, dass die vorangegangenen Schritte erfolgreich durchgeführt worden sind.

```
root@sqlx2017:~# id sql2017@softelier.local
uid=597003118(sql2017@softelier.local) gid=597000513(domänen-benutzer@softelier.local)
Gruppen=597000513(domänen-benutzer@softelier.local)
root@sqlx2017:~#
root@sqlx2017:~#
root@sqlx2017:~# kinit sql2017@SOFTELIER.LOCAL
Password for sql2017@SOFTELIER.LOCAL:
root@sqlx2017:~#
root@sqlx2017:~#
root@sqlx2017:~# klist
Ticket cache: FILE:/tmp/krb5cc_0
Default principal: sql2017@SOFTELIER.LOCAL

Valid starting       Expires              Service principal
05.02.2018 20:27:26  06.02.2018 06:27:26  krbtgt/SOFTELIER.LOCAL@SOFTELIER.LOCAL
        renew until 12.02.2018 20:27:21
root@sqlx2017:~#
root@sqlx2017:~#
```

Bild 12.32 Prüfen des Zugriffs auf Active Directory-Benutzer

Im Active Directory muss für den Zugriff des SQL Server-Dienstes auf das AD ein *Service-PrincipalName* (SPN) eingerichtet werden. Dieser muss an das zuvor erstellte Konto – das ist im Beispiel *sql2017* – gebunden werden.

Für das Einrichten des Dienstprinzipalnamens benötigen wir den *FQDN* (*Fully qualified Domain Name*) des Hostrechners sowie den Port für den SQL Server. Sofern Sie diesen nach der Installation nicht abweichend konfiguriert haben, ist dies der SQL Server-Standardport 1433. Der Name des Services ist *MSSQLSvc*, für den Sie den SPN zum Beispiel mit PowerShell auf dem Domain-Controller mit der Anweisung `setspn` erstellen.

```
setspn -A MSSQLSvc/sqlx2017.softelier.local:1433 sql2017
```

> **ACHTUNG!** Wie in der Titelleiste des PowerShell-Fensters in Bild 12.33 zu sehen, habe ich PowerShell als Administrator geöffnet.
>
> Zusätzlich habe ich in PowerShell noch vor der angezeigten Anweisung `Import-Module ActiveDirectory` ausgeführt.

```
Administrator: Windows PowerShell                                           —  □  ×
PS C:\Windows\system32> setspn -A MSSQLSvc/sqlx2017.softelier.local:1433 sql2017
Die Domäne "DC=softelier,DC=local" wird überprüft.

Dienstprinzipalnamen (SPN) für CN=sql 2017,CN=Users,DC=softelier,DC=local werden registriert.
        MSSQLSvc/sqlx2017.softelier.local:1433
Aktualisiertes Objekt
PS C:\Windows\system32> _
```

Bild 12.33 Dienstprinzipalnamen mit PowerShell erstellen

```
Keytab-Datei auf SQL Server erstellen
```

Um die Konfiguration abzuschließen, fehlt noch eine Keytab-Datei auf dem SQL Server, die für die Kerberos-Authentifizierung des SQL Servers verwendet wird. Diese ist notwendig, damit der SQL Server-Dienst sich beim Zugriff auf das Active Directory authentifizieren kann.

Beim Erstellen der Datei wird die Versionsnummer des Schlüssels (KVNO) für das verwendete Konto benötigt. Diese KVNO wird beim Ausführen der Anweisung kinit mit angezeigt. Vielleicht ist Ihnen diese ja beim letzte Ausführen schon aufgefallen, sonst verwenden Sie die Anweisung kinit sql2017@SOFTELIER.LOCAL ein weiteres Mal.

```
root@sqlx2017:~# kinit sql2017@SOFTELIER.LOCAL
Password for sql2017@SOFTELIER.LOCAL:
root@sqlx2017:~# kvno MSSQLSvc/sqlx2017.softelier.local:1433
MSSQLSvc/sqlx2017.softelier.local:1433@SOFTELIER.LOCAL: kvno = 2
root@sqlx2017:~# _
```

Bild 12.34 Auslesen der KVNO mit kinit

Starten Sie das Tool ktutil mit Root-Berechtigung. Wenn Sie, wie in Bild 12.35 zu sehen, bereits als Root arbeiten, müssen Sie sudo dazu nicht gesondert angeben.

```
sudo ktutil
```

Innerhalb von *ktutil* – zu erkennen am entsprechenden Prompt in Bild 12.35 – geben Sie die nachfolgenden drei Anweisungen ein. Die ersten beiden dienen der Eingabe des Passworts, das jeweils mit einem anderen Algorithmus verschlüsselt wird. Verwenden Sie die Parameter wie in den nachfolgenden Anweisungen. Die variablen Elemente, die mit den Parametern -p und -k angegeben werden, sind:

- Der Name des Services mit MSSQLSvc.
- Der vollqualifizierte Domänenname des Hostrechners mit einem Schrägstrich getrennt.
- Hinter einem Doppelpunkt der Port, hier der Standardport 1433.
- Vom Port mit einem @ getrennt der Kerberos-Domänenname.
- Der zuvor ermittelte KVNO (Key Version Number) wird mit dem Parameter -k übergeben.

Der Parameter -e legt den Algorithmus fest, mit dem das Kennwort verschlüsselt wird.

```
addent -password -p MSSQLSvc/sqlx2017.softelier.local:1433@SOFTELIER.LOCAL -k 2 -e
aes256-cts-hmac-sha1-96
addent -password -p MSSQLSvc/sqlx2017.softelier.local:1433@SOFTELIER.LOCAL -k 2 -e
rc4-hmac
```

Sie werden sich zurecht fragen, welches Kennwort hier verschlüsselt wird. Die Antwort auf diese Frage lautet: Nach jeder Eingabe werden Sie nach dem Kennwort gefragt, das dann direkt in der Kommandozeile einzugeben ist und verschlüsselt wird.

 ACHTUNG! Geben Sie das Kennwort unbedingt konzentriert und immer fehlerfrei ein, denn die Eingabe wir nicht geprüft. Sie erhalten daher auch keine Fehlermeldung, sollte das Kennwort nicht korrekt eingegeben werden.

Mit der dritten Anweisung schreiben Sie die Eingaben in eine Datei mit dem Namen *mssql.keytab*. Verwenden Sie dazu den in der Anweisung verwendeten Pfad und beenden Sie *ktutil* danach mit dem Befehl quit.

```
wkt /var/opt/mssql/secrets/mssql.keytab
```

```
root@sqlx2017:~# sudo ktutil
ktutil:  addent -password -p MSSQLSvc/sqlx2017.softelier.local:1433@SOFTELIER.LOCAL -k 2 -e aes256-cts-hmac-sha1-96
Password for MSSQLSvc/sqlx2017.softelier.local:1433@SOFTELIER.LOCAL:
ktutil:  addent -password -p MSSQLSvc/sqlx2017.softelier.local:1433@SOFTELIER.LOCAL -k 2 -e rc4-hmac
Password for MSSQLSvc/sqlx2017.softelier.local:1433@SOFTELIER.LOCAL:
ktutil:  wkt /var/opt/mssql/secrets/mssql.keytab
ktutil:  quit
root@sqlx2017:~#
```

Bild 12.35 Keytab für SQL Server anlegen

Die gerade erzeugte Keytab-Datei wird nun über diese Anweisung zur Verwendung zur Kerberos-Authentifizierung des SQL Servers konfiguriert.

```
sudo /opt/mssql/bin/mssql-conf set network.kerberoskeytabfile /var/opt/mssql/secrets/
mssql.keytab
```

Wie in Bild 12.36 zu sehen, erfordert diese Konfiguration einen Neustart des SQL Server-Dienstes.

```
sudo systemctl restart mssql-server
```

```
root@sqlx2017:~#
root@sqlx2017:~# sudo /opt/mssql/bin/mssql-conf set network.kerberoskeytabfile /var/opt/mssql/secrets/mssql.keytab
SQL Server muss neu gestartet werden, um diese Einstellung anzuwenden. Führen Sie
"systemctl restart mssql-server.service" aus.
root@sqlx2017:~# sudo systemctl restart mssql-server
```

Bild 12.36 Keytab für Kerberos-Authentifizierung konfigurieren

HINWEIS: Damit dieses Keytab-File nicht missbräuchlich für andere Zwecke verwendet werden kann, schränken Sie den Zugriff darauf auf das Konto *mssql* ein, indem Sie diesem das Eigentum übertragen.

```
sudo chown mssql:mssql /var/opt/mssql/secrets/mssql.keytab
sudo chmod 400 /var/opt/mssql/secrets/mssql.keytab
```

Damit es zu keinen Verwechslungen kommt, noch einmal zur Klarstellung:

- *mssql* ist das lokale Linux-Konto auf dem Hostrechner, in dessen Kontext der SQL Server-Dienst läuft. Dieses Konto ist bei der Installation beziehungsweise Konfiguration des SQL Servers automatisch erstellt worden.
- *sql2017@...* ist das AD-Benutzerkonto, mit dem der SQL Server-Dienst Zugriff auf das Active Directory bekommt. Diesen Namen habe ich frei gewählt.

Nach Abschluss der Konfiguration ist der SQL Server unter Linux für Windows-Authentifizierung bereit. Zum Test erstelle ich eine erste Anmeldung mit der Anweisung CREATE LOGIN "softelier\klemens" FROM WINDOWS.

Wie Sie aus Kapitel 10 wissen, schlägt diese Anweisung fehl, wenn das angegebene Konto nicht existiert. Zur Kontrolle verwende ich danach noch die folgende Anweisung, um die neue Anmeldung auszulesen. Zusätzlich sehen wir die neue Anmeldung auch schon im Objekt-Explorer in Bild 12.37.

```
SELECT name FROM sys.server_principals
WHERE type_desc = 'WINDOWS_LOGIN';
```

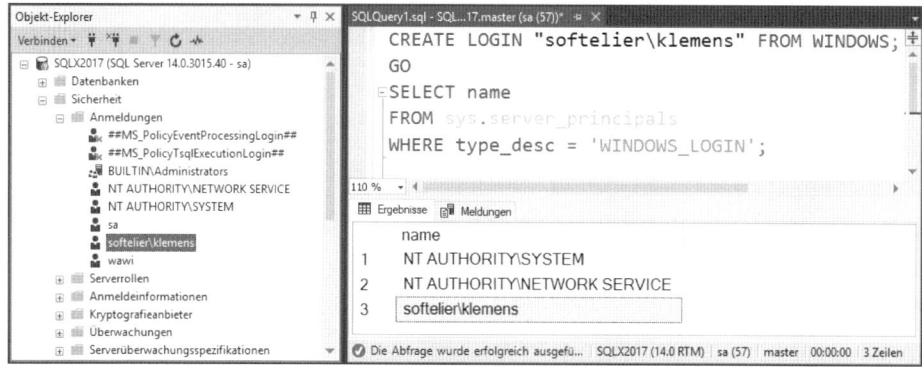

Bild 12.37 Windows-Authentifizierung auf einem SQL Server unter Linux

▪ 12.9 Linux auch am Client: SQL Operations Studio

Schon früher in diesem Kapitel habe ich das SQL Operations Studio erwähnt. Dieses ist im Moment zwar erst als Vorabversion verfügbar, ist aber als dem SQL Server Management Studio ähnliches Werkzeug auch für Linux- und MacOS-Clients verfügbar.

 HINWEIS: Sie können sich die aktuelle Version von dieser Adresse herunterladen:

https://docs.microsoft.com/en-us/sql/sql-operations-studio/download

Jeder, der schon mit dem SQL Server Management Studio gearbeitet hat, wird mühelos auch mit dem *SQL Operations Studio* zurechtkommen. Der erste Schritt ist, wie kann es auch anders sein, die Verbindung mit dem Datenbankserver. An der gemischten deutschen und englischen Oberfläche merken Sie schon, dass es sich hier um noch kein fertiges Produkt handelt.

Wie in Bild 12.38 zu sehen, sind die gewohnten Informationen für das Herstellen einer Verbindung einzugeben. Auch wenn unter *Connection type* keine andere Auswahl als *Microsoft SQL Server* angeboten wird, lässt das Vorhandensein dieser Auswahlliste erahnen oder erhoffen, dass mit einer späteren Version auch andere Datenbanksysteme verwendbar sind. Lassen wir uns überraschen!

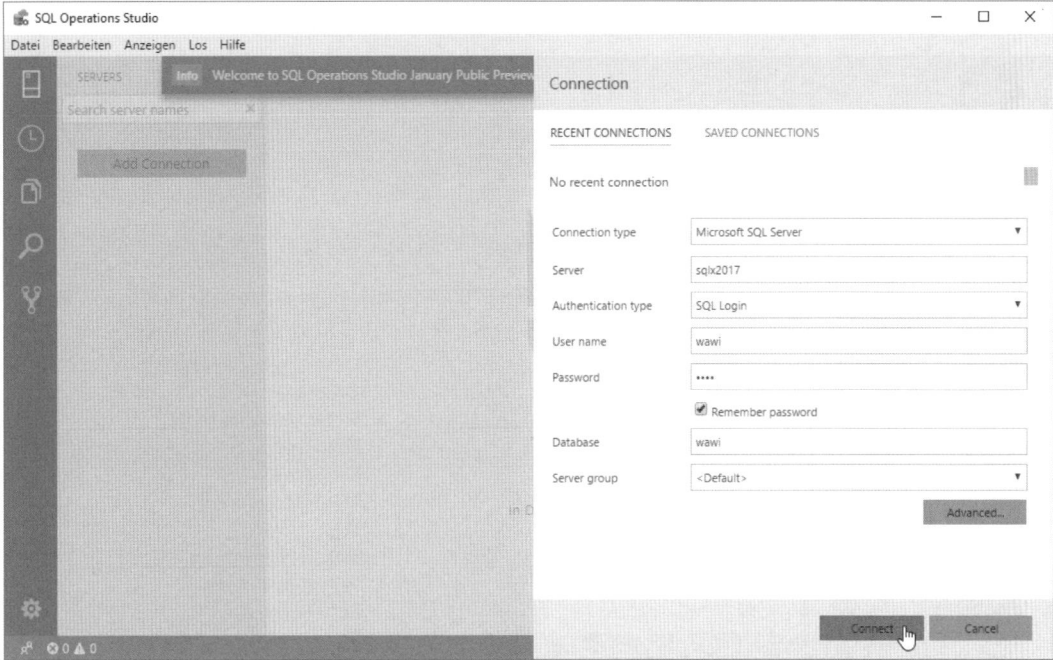

Bild 12.38 Verbindung einrichten

Nach dem Herstellen der Verbindung sehen wir die Objekte der verbundenen Datenbank im Fenster *Server*, vergleichbar mit dem Objekt-Explorer. Verschiedene Informationen sind direkt über das Dashboard abrufbar.

Als Tasks stehen Ihnen

- Sicherung einer Datenbank,
- Wiederherstellung einer Datenbank,
- Starten einer Abfrage

zur Verfügung. Dies sind auf den ersten Blick auch die wichtigsten Funktionen für die Praxis.

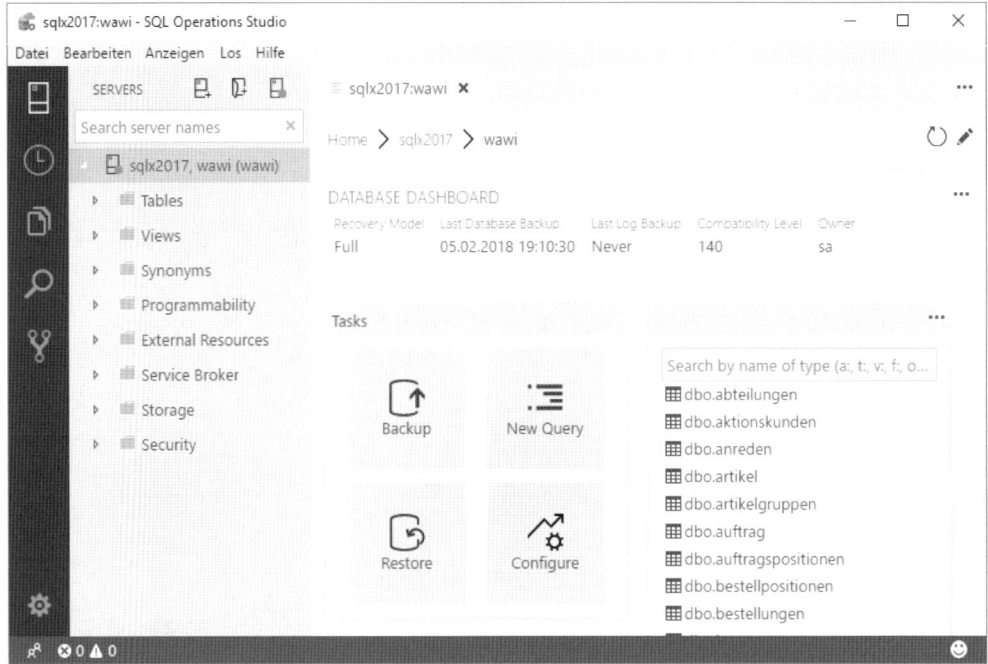

Bild 12.39 Serveransicht und Dashboard

Der Abfrageeditor hat mich mit einem IntelliSense überrascht, das die aktuellen Funktionalitäten des Management Studios übersteigt. Sehr positiv habe ich zum Beispiel empfunden, dass bei Eingabe eines Hochkommas das zweite schließende Hochkomma automatisch ergänzt wird.

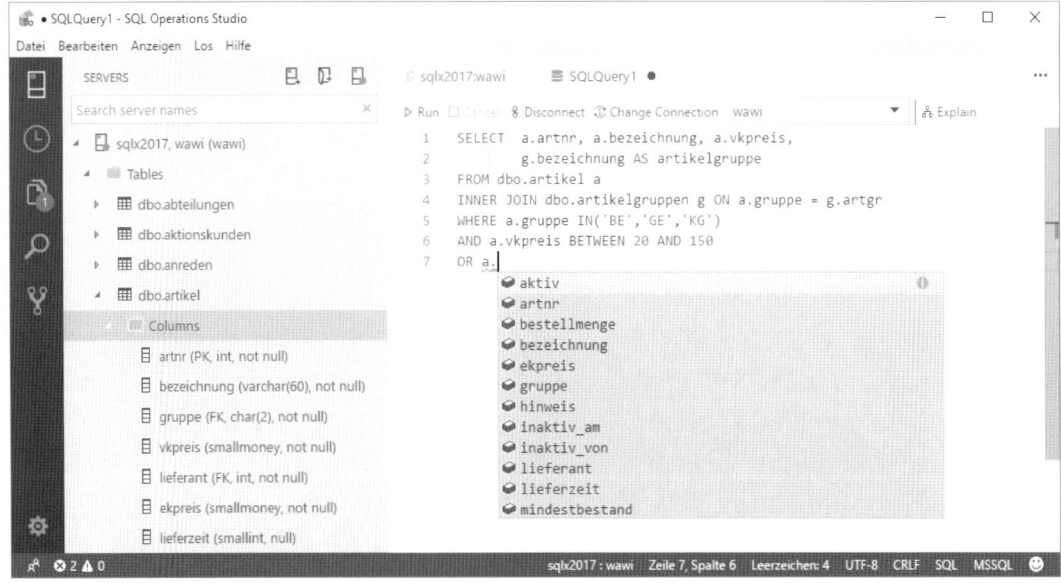

Bild 12.40 Eingabe einer Abfrage mit dem Operations Studio

Nach dem Ausführen der Anweisung kann das im Grid angezeigte Ergebnis mit einem Klick auf eines der am rechten Rand positionierten Symbole direkt als

- CSV oder Excel exportiert,
- als Json angezeigt oder
- als Chart dargestellt

werden. Wenn man sich vor Augen führt, dass das Management Studio in der aktuellen Version 17.4 nur die direkte Ausgabe als CSV- oder Textdatei ermöglicht, ist dies auch schon eine deutliche Verbesserung.

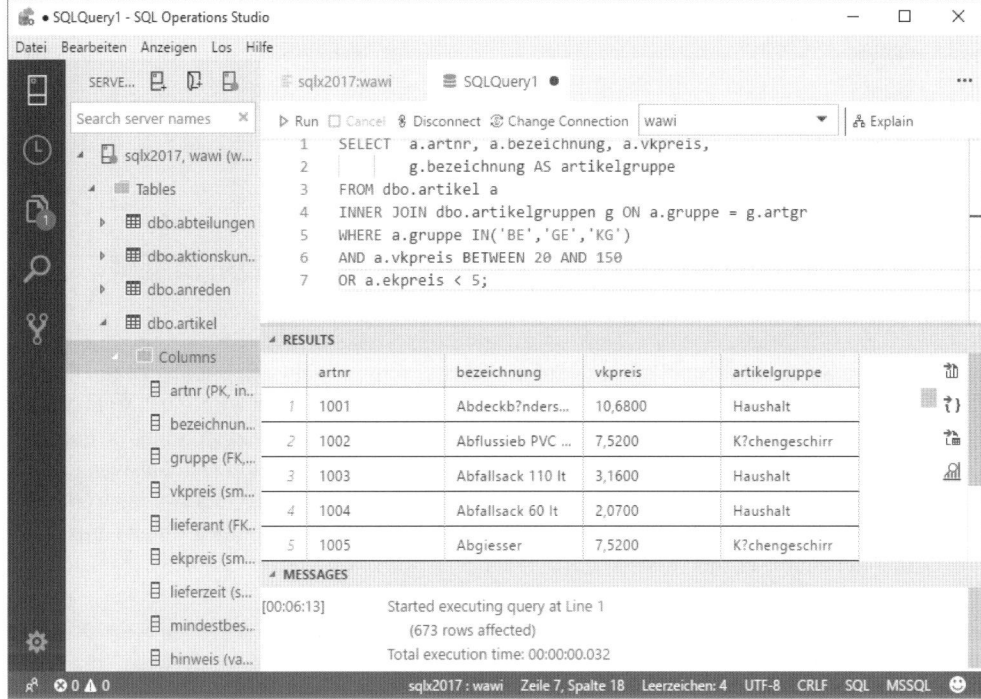

Bild 12.41 Abfrageergebnis

Die Ausgabe als Json erfolgt direkt in einem neuen Fenster und kann über das Menü jederzeit auch als Datei gespeichert werden.

Bild 12.42 Ausgabe im Json-Format

Nutzen Sie dieses neue Werkzeug auf der Plattform Ihrer Wahl. Ich bin überzeugt, dass es mit dem endgültigen Release noch weitere Funktionalitäten bieten wird. Auch wenn in den Bereichen Administration und Verwaltung das SQL Server Management Studio sicher noch die bessere Wahl ist und auch die SQL Server Data Tools im entwicklungsintensiven Einsatz die Nase weiterhin vorne haben werden, ist es ein sehr gut gelungenen Abfragewerkzeug, das mit seiner Verfügbarkeit auf unterschiedlichen Plattformen punktet. Unter Linux ist es im Moment die absolut erste Wahl.

A Anhang

A.1 Die Tabellen der Datenbank WAWI

Die Beispieldatenbank *wawi* besteht aus mehreren Tabellen, die alle miteinander in Beziehung stehen. Das gesamte Datenbankmodell der Anwendung ist im Datenbankdiagramm *diag_wawi* ersichtlich. Um Ihnen einen besseren Überblick über die Gesamtlösung zu verschaffen, habe ich einige Teildiagramme erstellt, deren Inhalt ich Ihnen in diesem Anhang erläutere. Dies soll Ihnen beim Durcharbeiten der Beispiele in diesem Buch zu einem besseren Verständnis verhelfen.

Artikel

In der Tabelle *artikel* sind die Artikelstammdaten gespeichert. Da jeder Artikel von einem bestimmten Lieferanten geliefert wird, steht die Artikeltabelle mit der Tabelle *lieferanten* in Beziehung. Die Tabelle *lieferanten* enthält sämtliche Lieferantenstammdaten.

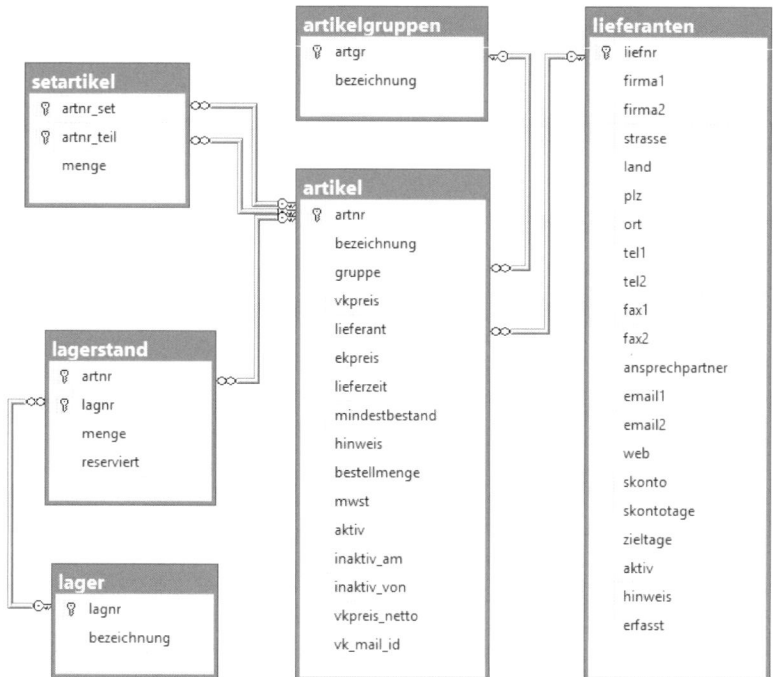

Bild A.1 Artikel, Lager und Lieferanten

Jeder Artikel ist einer Artikelgruppe zugeordnet. Die Artikelgruppen werden in der Tabelle *artikelgruppen* gespeichert.

Über die Tabelle *setartikel* können einzelne Artikel zu Sets zusammengefasst werden, um als ein solches gemeinsam verkauft zu werden.

Die Lagerstände der einzelnen Artikel sind in der Tabelle *lagerstand* ersichtlich. Diese Tabelle steht sowohl über die Artikelnummer mit der Tabelle *artikel* als auch über die Lagernummer mit der Tabelle *lager* in Relation.

 HINWEIS: Die berechnete Spalte *vpreis_netto* sowie die Spalte *vk_mail_id* werden erst später ergänzt.

Lieferantenbeziehungen

Bestellungen, die bei Lieferanten aufgegeben werden, werden in der Tabelle *bestellungen* gespeichert.

Der Inhalt jeder Bestellung ist in der Tabelle *bestellpositionen* zu finden. Diese ist einerseits mit der Bestellung und andererseits mit der Artikeltabelle über einen Fremdschlüssel verbunden.

Um zu dokumentieren, an welchen Lieferanten eine Bestellung geschickt wird, steht die Tabelle *bestellungen* mit der Tabelle *lieferanten* in Beziehung.

Außerdem wird in jeder Bestellung gespeichert, von welchem Mitarbeiter sie erstellt worden ist. Deshalb steht die Tabelle *bestellungen* mit der Tabelle *personal* in Beziehung.

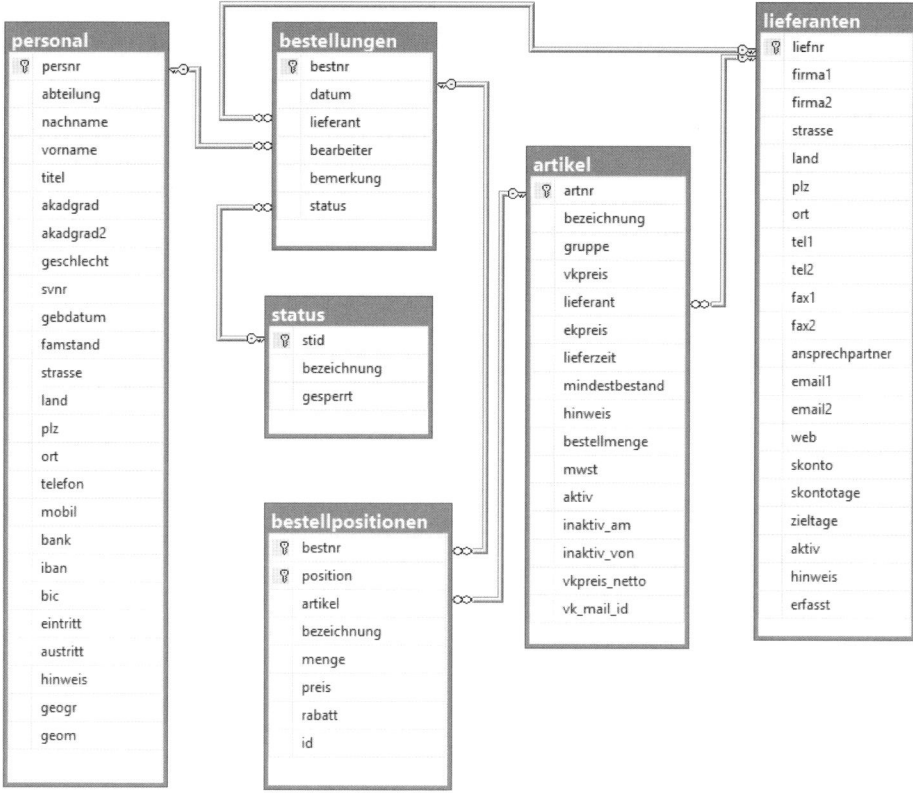

Bild A.2 Lieferanten, Bestellungen, Artikel

Auf jede Bestellung folgt später ein Wareneingang. Dieser wird in der Tabelle *wareneingang* erfasst. Die gelieferten Artikel werden in der mit dieser Tabelle in Beziehung stehenden Tabelle *wareneingangspositionen*, die wiederum mit der Tabelle *artikel* in Beziehung steht, gespeichert. Bei jeder Position wird vermerkt, in welches Lager die gelieferten Artikel verbracht werden. Daher gibt es auch eine Relation zur Tabelle *lager*.

Auch beim Wareneingang wird protokolliert, welcher Mitarbeiter die Waren übernommen hat. Deshalb besteht eine Beziehung der Tabelle *wareneingang* mit der Tabelle *personal*.

Um die Zuordnung zum Lieferanten abzubilden, steht die Tabelle *wareneingang* auch mit der Tabelle *lieferanten* in Beziehung.

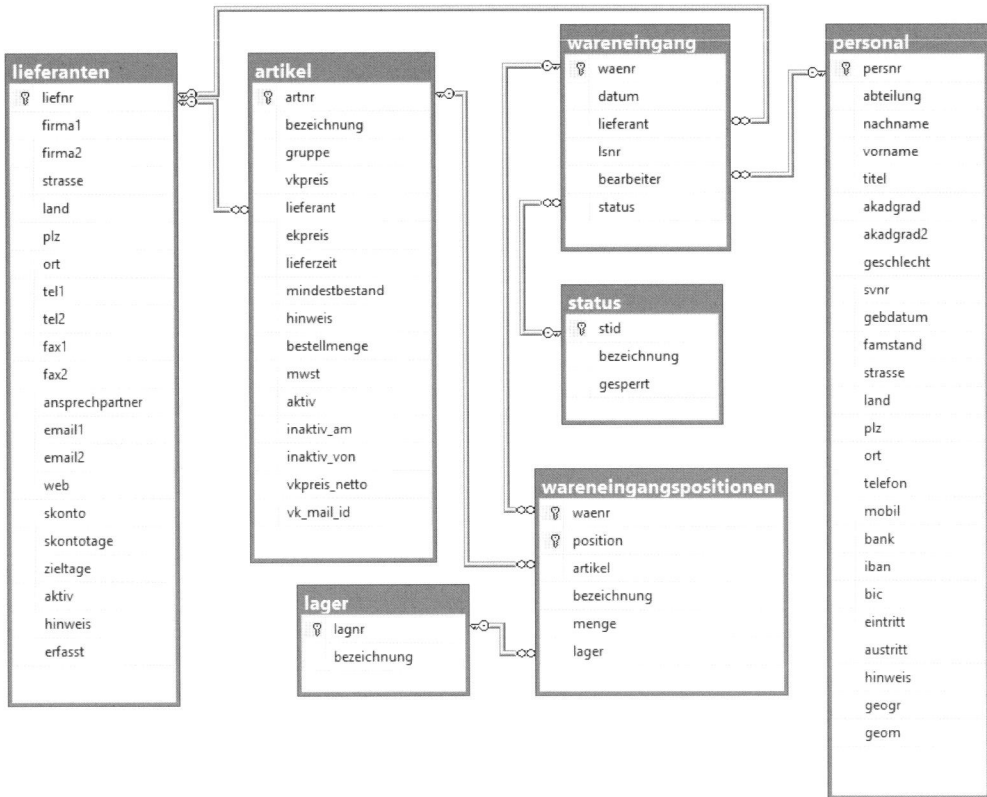

Bild A.3 Artikel, Wareneingang, Lieferanten

Sowohl bei den Bestellungen als auch beim Wareneingang wird jeweils der Status geführt. Um mögliche Ausprägungen für diesen vorzugeben, referenzieren beide auf die Tabelle *status*.

Aufträge, Lieferscheine und Rechnungen

Der Kontakt zu Kunden kann sich auf verschiedene Art und Weise darstellen. Kunden können Aufträge erteilen. Aus diesen Aufträgen können entweder zuerst Lieferscheine und danach Rechnungen resultieren oder direkt Rechnungen erstellt werden. Wenn ein Kunde direkt im Geschäft etwas mitnimmt, kann das entweder sofort fakturiert werden, oder es wird vorerst ein Lieferschein erstellt. Da es so viele verschiedene Abläufe gibt, die aufeinanderfolgen können – und später auch nachvollziehbar sein müssen –, stehen die Tabellen *auftrag* und *auftragspositionen*, die Tabellen *lieferscheine* und *lieferscheinpositionen* sowie die Tabellen *rechnungen* und *rechnungspositionen* untereinander in Beziehung.

Die Tabellen *auftrag*, *lieferscheine* und *rechnungen* sind jeweils mit der Tabelle *kunden* verknüpft. Die Positionen jeder dieser drei Tabellen stehen mit der Tabelle *artikel* in Beziehung.

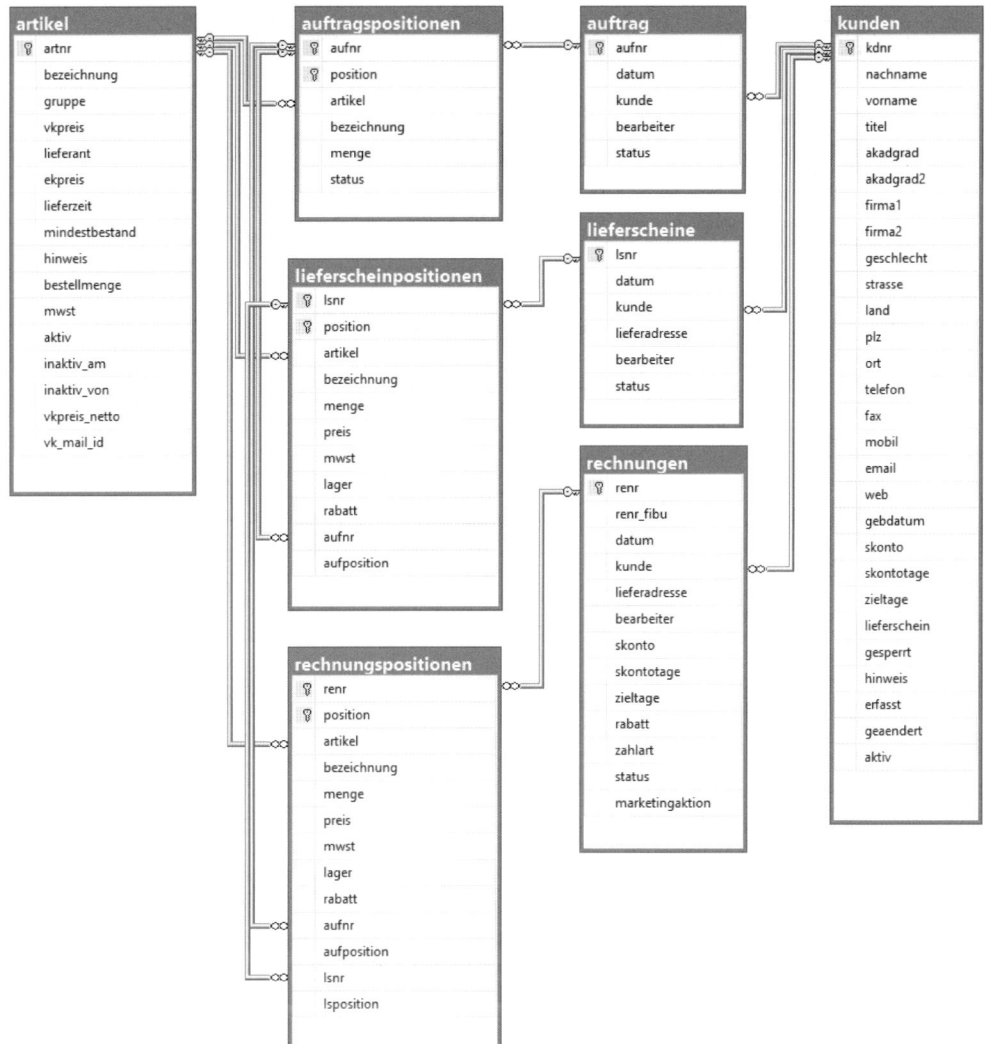

Bild A.4 Aufträge, Lieferscheine, Rechnungen

Die Lookup-Tabelle *status* wird für alle Tabellen, die mit dem Warenfluss zu tun haben, benötigt. Daher gibt es Beziehungen zu den Tabellen *auftrag, lieferscheine, rechnungen, bestellungen* sowie *wareneingang*.

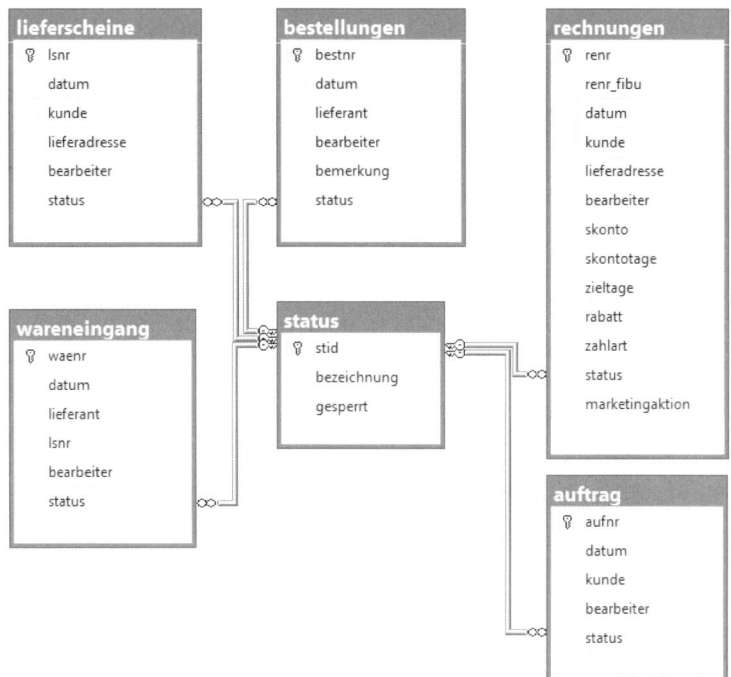

Bild A.5 Status für Rechnungen, Aufträge, Lieferscheine, Wareneingänge und Bestellungen

Kunden

Die Stamminformationen der Kunden werden in der Tabelle *kunden* gespeichert.

Um den Kunden gezielt Prospekt- und anderes Informationsmaterial zukommen zu lassen, werden die Interessen der Kunden in der Tabelle *kundeninteressen* gespeichert. Hier erfolgt die Zuordnung zu den Interessen, die ihrerseits in der Tabelle *interessen* abgelegt sind.

Von Zeit zu Zeit werden verschiedene Marketingaktionen durchgeführt, wie zum Beispiel der Versand von Prospekten. Diese Aktionen werden in der Tabelle *marketingaktionen* vermerkt. Um später nachvollziehen zu können, welcher Kunde von welcher Aktion betroffen war, wird dies in der Tabelle *aktionskunden* gespeichert. Hier wird der Nummerncode der Marketingaktion gemeinsam mit der Kundennummer abgelegt.

Zur Vereinheitlichung der Schreibweisen in der Korrespondenz werden Informationen wie Briefkopf und Briefanrede in der Tabelle *anreden* gespeichert und dem Geschlecht des Kunden zugeordnet.

Da die Kunden in Bild 13.4 bereits vollständig zu sehen sind, habe ich in Bild 13.6 die letzten Spalten ausgeblendet, um etwas Platz einzusparen.

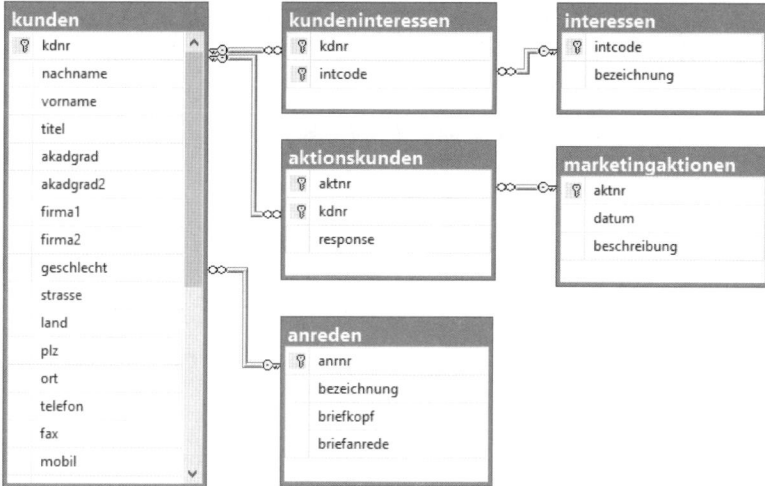

Bild A.6 Kunden

Personal

Alle Informationen über die Mitarbeiter werden in der Tabelle *personal* gespeichert. Diese steht mit der Tabelle *abteilungen* in Beziehung, um die Mitarbeiter den Abteilungen, in denen sie arbeiten, zuordnen zu können. Um bei diversen Vorgängen nachvollziehen zu können, von welchem Mitarbeiter sie durchgeführt wurden, wird die Personalnummer in den entsprechenden Tabellen vermerkt. Daraus ergeben sich Beziehungen der Tabelle *personal* zu den Tabellen *bestellungen*, *wareneingang*, *auftrag*, *lieferscheine* und *rechnungen*.

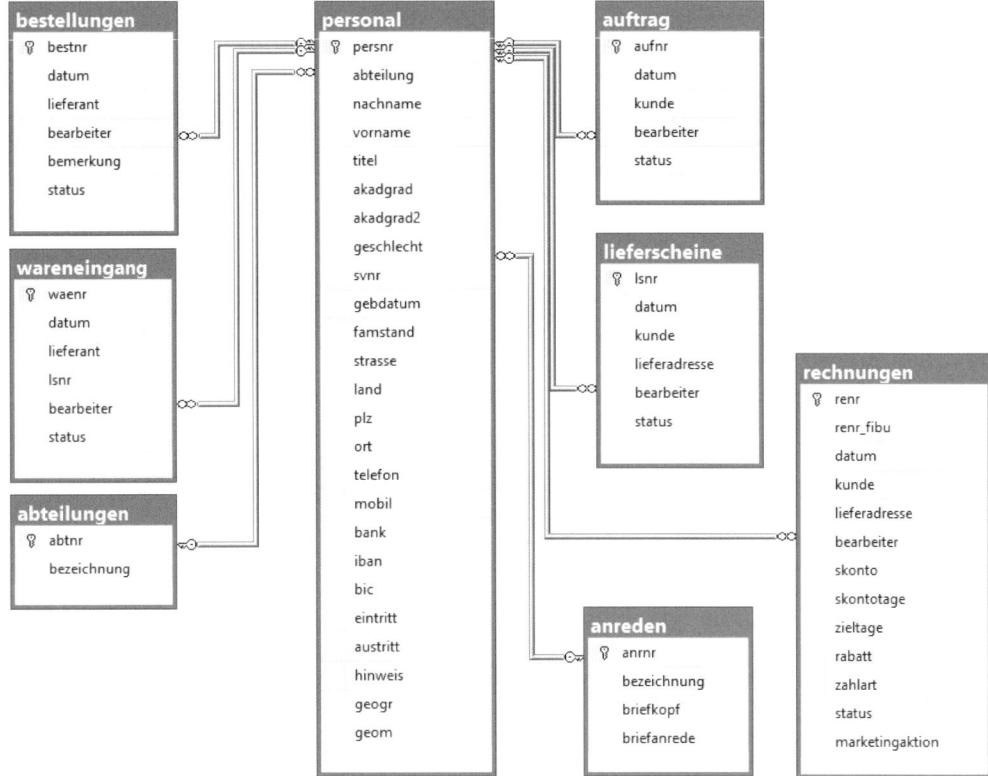

Bild A.7 Personal

Hilfstabellen

In Datenbanken werden immer wieder Tabellen für die Erledigung und Unterstützung von verschiedenen Aufgaben benötigt, die nicht direkt im relationalen Modell der Datenbank vorkommen. Einige dieser Hilfstabellen haben wir erst beim Durcharbeiten des Buches in einzelnen Kapiteln gemeinsam erstellt. Deshalb finden sich diese in der Basisversion der Beispieldatenbank *wawi* auch noch nicht wieder. In der Endversion, die Sie als Backupdatei und Datenfiles bei den Beispieldateien zum Buch vorfinden, sind sie dann allerdings alle enthalten. Zum Abschluss möchte ich diese Tabellen kurz vorstellen.

Die beiden Tabellen *testpersonal* und *testartikel* benötigen wir in Kapitel 5 beim Thema Transaktionen. Dabei werden Inhalte dieser Tabellen mit DML-Anweisungen verändert und explizite Transaktionen mit COMMIT bestätigt oder mit ROLLBACK zurückgerollt.

 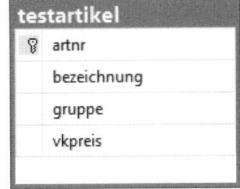

Bild A.8 Beispieltabellen für Transaktionen

In Kapitel 4 haben wir die MERGE-Anweisung kennengelernt. Für den Abgleich der Daten in der Tabelle *artikelgruppen* haben wir die zwei Tabellen *x_gruppe_merge1* und *x_gruppe_ merge2* verwendet.

Bild A.9 Hilfstabellen für MERGE

Ebenso in Kapitel 4 haben wir uns mit den Geodatentypen beschäftigt. Wir haben dort die Daten der deutschen Postleitzahlengebiete importiert und für Abfragen verwendet. Dafür haben wir die Tabelle *plzgebiete* erstellt.

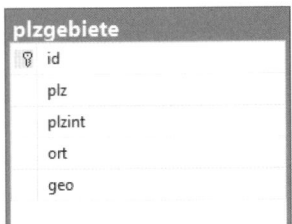

Bild A.10 Tabelle für Geodaten

Trigger zum Protokollieren von Datenänderungen haben wir in Kapitel 6 kennengelernt. Die Tabelle *protokoll* dient dem Ablegen der Protokollinformationen. Die Tabelle *protokoll- schutz* haben wir zu dem Zweck ergänzt, dass die TRUNCATE TABLE-Anweisung auf die Pro- tokolltabelle nicht angewandt werden kann. Für die Protokollierung von DDL-Aktionen haben wir außerdem die Tabelle *ddl_log* erstellt.

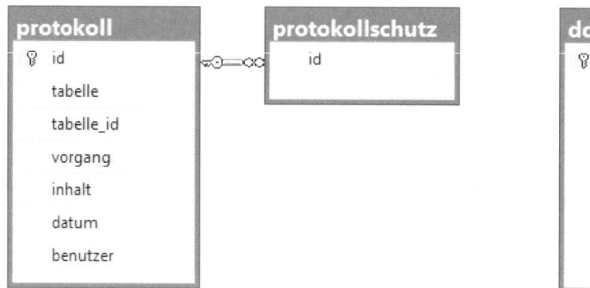

Bild A.11 Tabellen für Änderungsprotokollierungen

Die Tabelle *uploads* benötigen wir für ein .NET-Trigger-Beispiel in Kapitel 7. Hier werden Uploads von einer Webanwendung eingetragen, die danach vom Trigger über eine Firewall hinweg in den vorgesehenen Projektordner des jeweiligen Kunden verschoben werden.

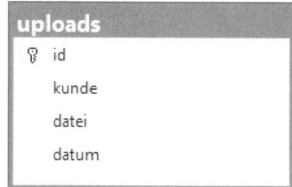

Bild A.12 Beispieltabelle für .NET-Trigger

Die Tabelle *einstellungen* haben wir erst in Kapitel 11 erstellt, um darin Einstellungen für die Anwendung zu hinterlegen. Konkret haben wir im Beispiel die Mailadressen und Profilnamen für das Beispiel, das Datenbank-E-Mail verwendet, in dieser Tabelle gespeichert.

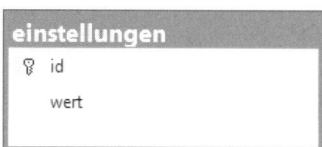

Bild A.13 Diverse anwendungsbezogene Einstellungen

Ebenso in Kapitel 11 haben Sie die Integration Services kennengelernt. Im Beispiel haben wir Artikelpreise in eine temporäre Tabelle importiert und diese danach mit der Artikeltabelle abgeglichen. Diese temporäre Tabelle haben wir mit dem Namen *tmp_preise* erstellt.

Bild A.14 Tabelle für IS-Beispiel

Schon in Kapitel 6 haben wir die Tabelle *fehlerprotokoll* erstellt. In diese fügen Prozeduren im Rahmen der Fehlerbehandlung Informationen über aufgetretene Fehler ein. Damit können diese Fehler nachvollzogen werden und es wird erleichtert, Maßnahmen zur Fehlervermeidung für die Zukunft abzuleiten.

Bild A.15 Tabelle für Fehlerprotokollierung

Index